# Le Routard

# Portugal

Cofondateurs : Philippe GLOAGUEN et Michel DUVAL

**Directeur de collection et auteur**
Philippe GLOAGUEN

**Rédacteurs en chef adjoints**
Amanda KERAVEL
et Benoît LUCCHINI

**Directrice de la coordination**
Florence CHARMETANT

**Directrice administrative**
Bénédicte GLOAGUEN

**Directeur du développement**
Gavin's CLEMENTE-RUÏZ

**Direction éditoriale**
Catherine JULHE

**Rédaction**
Isabelle AL SUBAIHI
Mathilde de BOISGROLLIER
Thierry BROUARD
Marie BURIN des ROZIERS
Véronique de CHARDON
Fiona DEBRABANDER
Anne-Caroline DUMAS
Géraldine LEMAUF-BEAUVOIS
Olivier PAGE
Alain PALLIER
Anne POINSOT
André PONCELET

**Conseiller à la rédaction**
Pierre JOSSE

**Administration**
Carole BORDES
Éléonore FRIESS

## 2016

hachette

# TABLE DES MATIÈRES

## PRÉAMBULE

- La rédaction du *Routard* ............... 6
- Introduction ....................... 11
- Nos coups de cœur ............. 12
- Lu sur routard.com ............... 27
- Itinéraires conseillés ................ 28
- Les questions qu'on se pose avant le départ ............... 33

## LISBONNE ET SES ENVIRONS ............... 37

### LISBONNE ............... 38

### LES ENVIRONS DE LISBONNE ............... 140

**Cap à l'ouest** ............... 141
- Queluz ............... 141
- Estoril ............... 144

# TABLE DES MATIÈRES

- Cascais .................... 146
- En suivant la route côtière vers Sintra .................... 151
- Sintra .................... 152
- Ericeira .................... 167
- Mafra .................... 170

**Au sud du Tage : la péninsule de Setúbal .................... 172**

- Cacilhas .................... 172
- Costa da Caparica .................... 176
- Sesimbra .................... 178
- Parque natural da Serra da da Arrábida .................... 181
- Setúbal .................... 182

## L'ALGARVE .................... 185

- Faro .................... 188

### AU NORD DE FARO, DANS LES TERRES .................... 196

- São Brás de Alportel .................... 196
- Loulé .................... 197

### À L'EST DE FARO .................... 200

- Olhão .................... 200
- Tavira .................... 203
- Vila Real de Santo António .................... 209

### À L'OUEST DE FARO .................... 212

**Le littoral d'Albufeira à Lagos .................... 212**

- Albufeira .................... 212
- Alcantarilha .................... 216
- Carvoeiro .................... 216
- Portimão .................... 218
- Praia da Rocha .................... 221
- Ferragudo .................... 221
- Alvor .................... 222
- Lagos .................... 224

**Les villages et les villes de l'intérieur .................... 232**

- Silves .................... 232
- Caldas de Monchique .................... 234
- Monchique .................... 235

### LE PARC NATUREL DU SUD-OUEST ALENTEJAN ET LA CÔTE VICENTINE ... 237

- Burgau .................... 237
- Salema .................... 238
- Vila do Bispo .................... 240
- Sagres .................... 241
- Carrapateira .................... 244
- Aljezur .................... 245
- Odeceixe .................... 247
- Zambujeira do Mar .................... 249
- Vila Nova de Milfontes .................... 251

## L'ALENTEJO .................... 255

- Mértola .................... 260
- Beja .................... 263
- Serpa .................... 268
- Moura .................... 271
- Vers Évora par l'Alentejo sauvage et le barrage d'Alqueva .................... 272
- Évora .................... 277
- Estremoz .................... 290
- Vila Viçosa .................... 294
- Elvas .................... 297
- Portalegre .................... 300
- La Serra de São Mamede .................... 303
- Marvão .................... 304
- Castelo de Vide .................... 307

## LE CENTRE .................... 313

- Peniche .................... 313
- Óbidos .................... 319
- Nazaré .................... 325
- Alcobaça et son monastère .................... 331
- Batalha et son monastère .................... 335
- Fátima .................... 339
- Tomar .................... 341
- Coimbra .................... 348
- Lousã et les Aldeias do Xisto .................... 365
- Luso et la forêt de Buçaco .................... 367
- Figueira da Foz .................... 369
- De Figueira à Aveiro .................... 372

# TABLE DES MATIÈRES

- Costa Nova ............................. 373
- Aveiro .................................... 374
- Viseu ..................................... 381
- Guarda ................................... 384
- La Serra da Estrela ................ 387
- Castelo Branco ....................... 390

## LE MINHO ET LA COSTA VERDE 392

- Porto ..................................... 394
- Barcelos ................................ 428
- Viana do Castelo ................... 431
- Caminha ................................ 438
- Valença (do Minho) ............... 441
- Monção .................................. 442
- Ponte da Barca ...................... 443
- Le parc national de Peneda-Gerês ............................. 444
- Ponte de Lima ........................ 447
- Braga ..................................... 450
- Entre Braga et Guimarães ..... 460
- Guimarães .............................. 460
- Amarante ............................... 467

**La région viticole du Haut-Douro** .............................. **470**

- Lamego .................................. 470
- La route de Regua à Pinhão ..... 472
- Pinhão .................................... 473

## LE NORD-EST 476

- Vila Real ................................ 476
- Chaves ................................... 481
- La route vers Bragança .......... 487
- Bragança (Bragance) ............. 487
- Miranda do Douro .................. 493
- La route entre Miranda do Douro et Vila Nova de Foz Côa ...... 495
- Vila Nova de Foz Côa ............. 495

## COMMENT Y ALLER ? 499

- En avion ................................. 499
- Les organismes de voyages ..... 500
- En train .................................. 506
- En voiture .............................. 508
- En bus .................................... 510
- Unitaid ................................... 510

## HOMMES, CULTURE, ENVIRONNEMENT 514

- Architecture .......................... 514
- Boissons ................................ 516
- *Calçada Portuguesa* ............. 518
- Cinéma ................................... 518
- Cuisine ................................... 519
- Économie ............................... 523
- Environnement ...................... 524
- Fado ....................................... 524
- *Futebol* ................................ 526
- Géographie ............................ 527
- Histoire .................................. 527
- Médias .................................... 532
- Personnages .......................... 533
- Population ............................. 536
- Religions et croyances .......... 536
- Savoir-vivre et coutumes ...... 538
- Sites inscrits au patrimoine mondial de l'UNESCO ............ 539
- *Tourada* ............................... 539

## PORTUGAL UTILE 541

- Avant le départ ..................... 541
- Argent, banques, change ...... 542
- Achats .................................... 543
- Budget ................................... 544
- Climat .................................... 545
- Dangers et enquiquinements ..... 545
- Décalage horaire ................... 547
- Électricité ............................. 548
- Fêtes et jours fériés ............. 548
- Hébergement ......................... 549
- Langue ................................... 551
- Livres de route ..................... 552
- Musées ................................... 554
- Poste ...................................... 554
- Pourboire ............................... 554
- Santé ...................................... 554
- Sites internet ........................ 554
- Téléphone et télécoms .......... 555
- Transports intérieurs ........... 556
- Urgences ................................ 560

## TABLE DES MATIÈRES

**Index général** .................................................................. 571
**Liste des cartes et plans** .................................................. 578

### Important : dernière minute

Sauf rare exception, le *Routard* bénéficie d'une parution annuelle à date fixe. Entre deux dates, des événements fortuits (formalités, taux de change, catastrophes naturelles, conditions d'accès aux sites, fermetures inopinées, etc.) peuvent modifier vos projets de voyage. Pour éviter les déconvenues, nous vous recommandons de consulter la rubrique « Guide » par pays de notre site • routard.com • et plus particulièrement les dernières *Actus voyageurs*.

---

**Recommandation à ceux qui souhaitent profiter des réductions et avantages proposés dans le *Routard* par les hôteliers et les restaurateurs.**

À l'hôtel, pensez à les demander au moment de la réservation ou, si vous n'avez pas réservé, **à l'arrivée**. Ils ne sont valables que pour les réservations en direct et ne sont pas cumulables avec d'autres offres promotionnelles (notamment sur internet). Au restaurant, parlez-en **au moment** de la commande et surtout **avant** que l'addition soit établie. Poser votre *Routard* sur la table ne suffit pas : le personnel de salle n'est pas toujours au courant et une fois le ticket de caisse imprimé, il est souvent difficile de modifier le total. En cas de doute, montrez la notice relative à l'établissement dans le *Routard* de l'année et, bien sûr, ne manquez pas de nous faire part de toute difficulté rencontrée.

---

☎ **112** : c'est le numéro d'urgence commun à la France et à tous les pays de l'UE, à composer en cas d'accident, agression ou détresse. Il permet de se faire localiser et aider en français, tout en améliorant les délais d'intervention des services de secours.

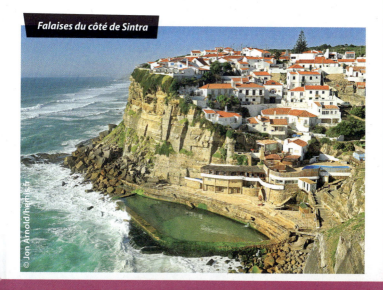

*Falaises du côté de Sintra*

# LA RÉDACTION DU ROUTARD

**(sans oublier nos 50 enquêteurs, aussi sur le terrain)**

Thierry, Anne-Caroline, Éléonore, Olivier, Pierre, Benoît, Alain, Fiona, Gavin's, André, Véronique, Bénédicte, Jean-Sébastien, Mathilde, Amanda, Isabelle, Géraldine, Marie, Carole, Philippe, Florence, Anne.

**La saga du *Routard* :** en 1971, deux étudiants, Philippe et Michel, avaient une furieuse envie de découvrir le monde. De retour du Népal germe l'idée d'un guide différent qui regrouperait tuyaux malins et itinéraires sympas, destiné aux jeunes fauchés en quête de liberté. 1973. Après 19 refus d'éditeurs et la faillite de leur première maison d'édition, l'aventure commence vraiment avec Hachette. Aujourd'hui, le *Routard*, c'est plus d'une cinquantaine d'enquêteurs impliqués et sincères. Ils parcourent le monde toute l'année dans l'anonymat et s'acharnent à restituer leurs coups de cœur avec passion.

**Merci à tous les Routards qui partagent nos convictions :** liberté et indépendance d'esprit ; découverte et partage ; sincérité, tolérance et respect des autres.

## NOS SPÉCIALISTES PORTUGAL

**Gavin's Clemente Ruiz :** né en 1978, belgo-hispano-normand, il vadrouille pour le *Routard* depuis 1999. Logique avec un tel pedigree ! Son plaisir : l'adresse introuvable dénichée en fin de journée. Et garder le contact avec les personnes croisées. Son défaut : ne quitte jamais son téléphone portable (« Bon, c'est pour le Facebook et l'Instagram du *Routard* » !).

**Cédric Fischer :** grandir entouré de voyageurs, ça donne la bougeotte ! Mais peu importe la destination. Pour lui, le voyage, c'est d'abord les rencontres... surtout hors piste autour d'une spécialité locale (capital !) et d'un bon cru (tout aussi vital !). L'appel de la route, ce fut en stop dès le lycée et à la fac d'histoire, puis avec le *Routard* depuis 2000.

**Pierre Josse :** sa maman fut une des premières à adhérer aux AJ en 1936. Elle mit Pierre sur un bateau pour ses 17 ans et le laissa naviguer 14 jours pour New York. Voyage fondateur. Il y en eut plein d'autres (une centaine de pays au compteur), notamment en 37 ans de *Routard* (de correcteur à rédac' chef). Ses passions : la rencontre, l'étonnement, puis la transmission.

**Florence Charmetant :** très tôt le voyage est devenu une nécessité, quelle que soit la destination. Le voyage pour les personnes, les rencontres, les liens, les lieux, les cultures, les langues, les valeurs, les goûts, les parfums, les différences… Trente années ont passé, son appétit demeure et son envie de transmettre, à vous lecteurs du *Routard*, tout autant.

## UN GRAND MERCI À NOS AMI(E)S SUR PLACE ET EN FRANCE

**Pour cette nouvelle édition, nous remercions particulièrement :**
- **Carmo Botelho,** de l'office de tourisme de Lisbonne.
- **Anne Typhagne,** pour sa « veille ».
- **Jean-Pierre Pinheiro et Rui Manuel Amaro,** de l'office de tourisme du Portugal à Paris.

### Pictogrammes du Routard

**Établissements**
- Hôtel, auberge, chambre d'hôtes
- Camping
- Restaurant
- Boulangerie, sandwicherie
- Glacier
- Café, salon de thé
- Café, bar
- Bar musical
- Club, boîte de nuit
- Salle de spectacle
- Office de tourisme
- Poste
- Boutique, magasin, marché
- Accès Internet
- Hôpital, urgences

**Sites**
- Plage
- Site de plongée
- Piste cyclable, parcours à vélo

**Transports**
- Aéroport
- Gare ferroviaire
- Gare routière, arrêt de bus
- Station de métro
- Station de tramway
- Parking
- Taxi
- Taxi collectif
- Bateau
- Bateau fluvial

**Attraits et équipements**
- Présente un intérêt touristique
- Recommandé pour les enfants
- Adapté aux personnes handicapées
- Ordinateur à disposition
- Connexion wifi
- Inscrit au Patrimoine mondial de l'Unesco

Tout au long de ce guide, découvrez toutes les photos de la destination sur • *routard.com* • Attention au coût de connexion à l'étranger, assurez-vous d'être en wifi !
© HACHETTE LIVRE (Hachette Tourisme), 2016
Le *Routard* est imprimé sur un papier issu de forêts gérées.

Tous droits de traduction, de reproduction et d'adaptation réservés pour tous pays.
© Cartographie Hachette Tourisme
I.S.B.N. 978-2-01-912427-4

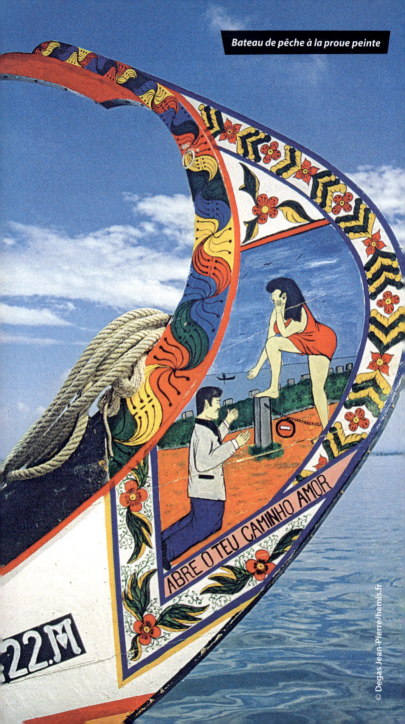

*Bateau de pêche à la proue peinte*

LE PORTUGAL

*L'Algarve, côté mer*

## « Portugal, lorsque l'Atlantique rencontre l'Europe. »

**Ainsi se présente ce pays du Sud**, confluent des éléments terrestres et maritimes aux apparences trompeusement méditerranéennes, alors qu'il ne possède aucune ouverture vers la *Mare Nostrum*. C'est un fait qu'au Portugal, peut-être plus qu'ailleurs, la terre et l'océan ont forgé une identité particulière, très différente de celle de son voisin espagnol, ce que d'aucuns ont appelé la « singulière spécificité portugaise ». Terre océanique par excellence, happée par la mer, le Portugal y a bâti son histoire et ses mythes, sur lesquels il veille jalousement.

Ce petit pays (un sixième de la France) est aussi l'un des plus vieux d'Europe et, de par son destin solitaire, il fut relativement préservé des turbulences politiques qui ont secoué notre continent. Le pays tente de trouver une voie originale entre intégration européenne et respect des traditions. Et si les côtes très urbanisées de l'Algarve fixent le tourisme de masse, le reste du pays recèle des quantités d'endroits propres à émerveiller les curieux.

La destination est prisée non seulement pour son doux soleil océanique et les précieux vestiges de son passé, mais aussi pour l'accueil quasi légendaire (mais tout à fait réel !) de ses habitants – notamment vis-à-vis des Français –, qui vous invitent, cher lecteur, à partir là-bas, à la rencontre de l'Atlantique.

L'Algarve, côté terre

# NOS COUPS DE CŒUR

## NOS COUPS DE CŒUR

♡ 1  **Prendre un petit déj au comptoir** de l'un des nombreux cafés où se pressent les Lisboètes le matin et s'imprégner de l'atmosphère.

On se croirait dans un film, ou dans un livre de Pessoa. Et pourtant, c'est bien réel. Ambiance au comptoir, où les fidèles se livrent les dernières nouvelles de la ville. *p. 68*

♡ 2  **Goûter plusieurs plats de chefs réputés** dans le vieux Mercado da Ribeira, pour trois fois rien, à Lisbonne.

L'un des meilleurs endroits pour se régaler à petits prix dans la capitale. Sous une somptueuse halle de verre et d'acier, le *mercado* abrite de nombreux stands où tous les chefs prestigieux de Lisbonne sont réunis. À vous de faire votre choix entre un plat d'Henrique Sa Pessoa, chef de l'Alma, ou d'Alexandre Silva qui officie habituellement dans Graça chez *Bica do Sapato*. Plus besoin de courir ! Ils sont tous là, la quarantaine rayonnante, proposant des plats entre 6 et 10 €. Si, si, vous avez bien lu… Viandes, fruits de mer, charcuterie, fromages, pâtisserie, tout y passe. Après, on s'installe sur les grandes tablées, et on déguste dans un joyeux brouhaha. L'un de nos endroits préférés à Lisbonne ! *p. 65*

*Bon à savoir :* avenida 24 de Julho. Tlj 10h-minuit (2h jeu-sam). Possible aussi de rapporter quelques victuailles et même des livres.

## NOS COUPS DE CŒUR

**♡ 3** **Faire une pause dans le jardin São Pedro de Alcântara** pour admirer le panorama sur les toits de la Baixa et le castelo São Jorge, dans le Bairro Alto à Lisbonne.

Lisbonne ne se révèle qu'à ceux qui font un effort pour l'approcher. Prenez de bonnes chaussures et filez vers les *miradouros,* ces spectaculaires belvédères où l'on peut humer l'air du large. Celui de São Pedro de Alcântara livre une magnifique échappée sur la ville basse, la colline du château Saint-Georges et le Tage. Un lieu qui a retrouvé tout son charme, après une sérieuse rénovation. *p. 76*

## NOS COUPS DE CŒUR

④ **S'offrir deux *pastéis* de nata encore tièdes et saupoudrés de cannelle, à la célèbre *Antiga Confeitaria* de Belém, à côté de Lisbonne.**

Rien de tel qu'une petite balade dominicale dans Belém pour découvrir le quartier qui fut au départ de tous les rêves portugais. Arrêt obligatoire dans cette vieille fabrique aux murs couverts d'azulejos du XVIIe s, pour goûter ces petits flans crémeux lovés dans une pâte feuilletée, servis tièdes et saupoudrés de cannelle et de sucre glace. Plus de 15 000 de ces délicieuses gâteries s'écoulent ici, les jours d'affluence ! *p. 133*

***Bon à savoir :*** pour se rendre à Belém, prendre le tramway n° 15 depuis la praça da Figueira. • pasteisdebelem.pt •

## NOS COUPS DE CŒUR

♡ 5 **Découvrir l'Algarve autrement que par ses plages** et visiter le musée consacré aux métiers de la mer à Portimão.

L'Algarve offre d'autres visages au sud du Portugal que son lot de stations balnéaires : les villes fortifiées aux cheminées ouvragées évoquent l'Andalousie, les petits ports nichés dans des criques rappellent quelque île méditerranéenne. Dans les hauteurs de Faro, on se promènera entre chênes-lièges, amandiers et caroubiers jusqu'au joli Musée ethnographique de São Brás de Alportel. *p. 220*

© Westend 61/hemis.fr

## NOS COUPS DE CŒUR

⑥ **Sillonner le littoral préservé** du parc naturel du Sud-Ouest alentejan et de la côte vicentine.
Ce parc s'étend de la pointe ouest de l'Algarve jusqu'à mi-hauteur de la façade atlantique de l'Alentejo. Ses paysages préservés sont un véritable bonheur : anses protégées par des falaises aux tons ocre, garrigues filant jusqu'aux à-pics, petites vallées menant à de belles plages, parfois ourlées de cordons de dunes. Un coin encore sauvage où l'on profitera des villages comme Odeceixe, Zambujeira do Mar ou Vila Nova de Milfontes à l'écart des foules. *p. 237*

⑦ **S'émerveiller du printemps dans l'Alentejo,** en comparant les couleurs des prairies en fleurs à une toile impressionniste.
L'Alentejo, c'est le cœur rural et le grenier à blé du Portugal. La plus grande province du pays est un gigantesque océan de plaines ponctué d'ondoyantes collines qui se couvrent au printemps d'un tapis de fleurs multicolores, composant un superbe tableau impressionniste. Avec ses paysages changeants, ses vignes, ses oliviers, ses élevages, l'Alentejo se prête à merveille au tourisme gastronomique et rural. *p. 255*

## NOS COUPS DE CŒUR

♡ **8** **Monter jusqu'au château de Mértola** pour admirer, depuis l'éperon rocheux, les méandres du fleuve Guadiana.

Perchée sur un éperon rocheux au confluent des *rios* Guadiana et Oeiras, Mértola est une vraie ville-musée, qui permet de replonger d'un coup dans l'histoire de cette région marquée par l'éternelle rivalité entre Maures et chrétiens. De l'imposant château fort, remanié par les Arabes au temps de l'invasion, puis investi par les chrétiens et finalement abandonné au XVIIIe s, la vue est imprenable sur les ruelles qui dévalent la colline et la région alentour. *p. 262*

♡ **9** **Emprunter les chemins de randonnée** autour de la cité fortifiée de Monsaraz, à la recherche de l'Europe mégalithique.

Proche de la frontière espagnole, la vieille citadelle de Monsaraz se dresse, bien mignonne, avec son église, son musée religieux et ses maisons du XVIe s. La région semble avoir inspiré nos ancêtres des temps préhistoriques : plusieurs menhirs et pierres levées ont été découverts aux alentours, créant une attractivité nouvelle autour de cette jolie cité. *p. 273*

## NOS COUPS DE CŒUR   19

 **Parcourir la serra de São Mamede** et s'enivrer de l'odeur suave des cistes en fleur, ponctuant vos promenades de Marvão à Castelo de Vide.
Traversé par quelques routes sinueuses, ce massif montagneux offre un résumé bucolique de la faune et la flore alentejanes : les petites prairies alternent avec des forêts de chênes-lièges, d'eucalyptus, d'oliviers, de châtaigniers et d'amandiers. La meilleure façon de découvrir la région reste d'entreprendre une randonnée au départ de Marvão, véritable nid d'aigle perché à quelque 900 m d'altitude. *p. 303*

## NOS COUPS DE CŒUR

**11  Admirer béatement une fenêtre du convento do Cristo à Tomar, en se disant que c'est la plus belle au monde.**

En surplomb de la ville se dresse l'un des édifices les plus emblématiques du Portugal, ensemble architectural constitué de greffons et de rajouts sur une base médiévale. La fameuse « fenêtre de Tomar » est la plus fascinante des sculptures manuélines du pays, une dentelle de pierre tout en symboles qui reflète à elle seule le désir de conquête des Portugais au XV$^e$ s. Ce site, classé au Patrimoine mondial de l'Unesco, est un enchantement permanent ! *p. 345*

**12  À l'ombre des vieux murs de Coimbra, verser sa petite larme en fredonnant un fado multiséculaire avec les étudiants affranchis.**

C'est à sa vieille université que Coimbra doit sa renommée. Un habitant sur trois étant un étudiant, autant dire que la ville fourmille d'adresses pour se restaurer ou boire un canon… en chanson. Plus littéraire que son cousin lisboète, le fado de Coimbra est intimement lié à la tradition universitaire et est exclusivement interprété par des hommes. On dit que les *fadistas* remercient ainsi Coimbra, personnifiée par une femme, de les avoir accueillis à bras ouverts pendant leurs années d'études. *p. 348*

## NOS COUPS DE CŒUR

**(13) Gravir hardiment les pentes du vieux Porto** dans un tramway des années 1920, en se la jouant poinçonneur des Lilas !

Étagée sur la rive escarpée du Douro, la deuxième ville du Portugal a gardé une taille humaine. On la découvre aisément à pied, en flânant au hasard de ses ruelles pittoresques… mais un peu casse-mollets ! Lorsque vos jambes n'en pourront plus, grimpez à bord d'un antique tramway : trois lignes parcourent la ville au rythme couinant de ces engins tout droit sortis des Années folles. *p. 402*
*Bon à savoir :* • *portotramcitytour.pt* •

## NOS COUPS DE CŒUR

 **Mirer l'ombre à poutrelles du pont Luís I???, qui se projette sur les eaux vertes du Douro, à Porto.**
Sur les rives du Douro, la mémoire maritime de la ville semble presque palpable avec ces nombreux *rabelos*, gabares utilisées jadis pour le transport du porto. Pour se rendre sur la rive opposée, emprunter le spectaculaire pont Dom Luis I???, réalisé par un ancien collaborateur d'Eiffel. L'ombre portée de ses structures métalliques sur le fleuve est superbe vue d'en haut. *p. 421*

## NOS COUPS DE CŒUR

**15** **Respirer l'odeur enivrante des caves à porto** de **Vila Nova de Gaia.**
Le porto n'est pas produit à Porto, mais à Vila Nova de Gaia, dans les chais situés de l'autre côté du Douro. Une quinzaine de caves ouvrent leurs portes pour des visites guidées, suivies d'une dégustation bienvenue. C'est ici que l'on approchera au mieux la production du porto : si les vignes se trouvent à une centaine de kilomètres en amont, c'est à Vila Nova de Gaia qu'a lieu la magie de l'élevage du divin nectar. *p. 427*

**16** **Imprégner sa mémoire de 20 000 ans d'histoire** en admirant un site unique au monde : les gravures rupestres du Paléolithique de la vallée du Côa.
Ce site préhistorique majeur fut découvert il y a 20 ans lors de la construction d'un barrage. Une nouvelle qu'on tenta de cacher à l'époque, pour ne pas retarder les travaux ! La visite, en compagnie de guides efficaces et compétents, est une fabuleuse balade dans le temps, à la rencontre d'aurochs, de cervidés, d'équidés et de poissons venus de la nuit des temps. *p. 497*
*Bon à savoir : en été, le coin est une fournaise qui peut atteindre les 50° C à l'ombre (sauf qu'il n'y a pas d'ombre !) ; préférer le printemps ou l'automne.* • arte-coa.pt •

## NOS COUPS DE CŒUR

**17 Dans la vallée du Haut-Douro,** **déguster des yeux les paysages graphiques de vignes en terrasses.**

Depuis 2 000 ans, la vigne pousse dans cette vallée pentue. Près de 25 000 viticulteurs cultivent ici une vingtaine de cépages, sur une terre aride et calcinée l'été par le soleil, conférant au porto des qualités exceptionnelles et uniques. L'implantation des vignes, en terrasses, fait la splendeur du paysage : un vrai travail d'orfèvre qui a d'ailleurs valu à la région d'être classée au Patrimoine mondial de l'Unesco !
*p. 470*

## NOS COUPS DE CŒUR

**18** **Sur le marché à Nazaré,** se mêler aux femmes en tenue traditionnelle et les écouter faire monter les enchères à la criée.
Typique Nazaré, avec ses ruelles étroites toutes transpirantes de linge à sécher, de braseros fumant le poisson et de canaris zinzinulant accrochés aux devantures des portes ! Malgré la fièvre touristique, le port de pêche le plus célèbre du Portugal conserve un cachet intact. Mais les mamies aux jupons superposés qui font monter les enchères à la criée ont désormais leurs boîtiers électroniques ! *p. 325*
*Bon à savoir :* marché ts les matins (sf lun en hiver) dans une halle sur l'av. Vieira Guimarães.

**19** **Goûter à la *cataplana*,** merveilleuse façon très parfumée de préparer le poisson, héritage culinaire direct des Maures.
Ce délicieux plat du sud emprunte son nom à une sorte de tajine typique en cuivre, composé d'un plat incurvé et d'un couvercle symétrique. Il permet de cuire lentement à l'étouffée, avec des épices, donnant ainsi un goût divin aux fruits de mer, morceaux de poisson, viandes et autres légumes cuits dedans. *p. 519*
*Bon à savoir :* les locaux vous diront que la région de Tavira est l'une des meilleures du pays pour le poisson, où il est servi pour un prix fixe, jusqu'à satiété !

## NOS COUPS DE CŒUR

**20** **Craquer pour une nuit romantique dans une *pousada*, de préférence chargée d'histoire.**

La *pousada*, c'est un établissement chic (géré par l'État) installé soit dans un Monument historique (ancien monastère, château, etc.), soit dans une construction récente mais valorisée par son site exceptionnel. Pour une nuit de rêve, mieux vaut réserver très longtemps à l'avance… *p. 551*

*Bon à savoir :* possibilité de rêver sur • *pousadas.pt* •, qui recense l'ensemble des pousadas *du pays.*

# Lu sur routard.com

## De Porto à Nazaré, voyage en terre baroque
### (tiré du carnet de voyage d'Éric Milet)

Deux heures de vol depuis la France, et au bout de la piste : **Porto.**

Porto comme un port, un vin, un nom, une couleur qui n'en est pas une : le noir, quand le Portugal tout entier est aujourd'hui dans le rouge. Quel est-il vraiment, ce pays aujourd'hui frappé par la crise ? Comment évaluer ce qu'il fut à l'époque où il dominait le monde ?

Il me fallait des traces pour comprendre. Des villes, des places, des églises et des jardins. Il me fallait le ressac puissant de l'Atlantique, les pinèdes et les forêts d'eucalyptus. La générosité d'un peuple en équilibre sur le rebord du monde.

De Porto à Nazaré, la route qui passe tantôt par l'intérieur, tantôt par la côte, dresse l'inventaire d'un monde de pierre mangé par le temps : monastères, cathédrales... Un univers qui, du style manuélin au baroque, témoigne encore du temps où le pays, animé par son désir d'ailleurs, révélait à l'Europe tout entière l'étonnante réalité du monde.

Début du XVe s. Sous l'impulsion d'Henri le Navigateur, les navires portugais parviennent à franchir la zone de convergence intertropicale. Dénuée de vent, elle empêchait jusqu'alors les navires à voile de passer l'Équateur. Bartolomeu Dias double le cap de Bonne-Espérance en 1488. La route des Indes par circumnavigation de l'Afrique est désormais ouverte.

Quatre ans plus tard, Christophe Colomb, qui navigue pour le compte d'Isabelle de Castille, débarque dans une île des Bahamas. Deux options, deux routes vers les Indes. Il faut trancher. Le pape s'en charge lors du traité de Tordesillas en 1494. On coupe le pamplemousse en deux.

Un méridien situé arbitrairement à 370 lieues (environ 1 800 km) à l'est des îles du Cap Vert définit la ligne de partage du monde. Toutes les terres découvertes à l'ouest de celui-ci seront désormais espagnoles, celles à l'est portugaises. Anglais et Français sont écartés de ce partage...

À l'époque, on ignore encore que le continent sud-américain pénètre en Atlantique bien à l'est du fameux méridien. Le Brésil, dont la partie orientale se retrouve attribuée au Portugal, ne sera découvert qu'en 1500. Et ce sera le jackpot pour les Portugais.

Grâce à leur suprématie navale, les Portugais connaissent l'état de grâce pendant un siècle. Ils ouvrent des comptoirs marchands sur pratiquement toutes les côtes, de l'Afrique aux Indes, jusqu'aux Moluques. Leur mainmise sur le commerce des épices prendra fin à l'aube du XVIIe s, quand les Flamands réclameront eux aussi leur part du gâteau.

« Le monde est à qui naît pour le conquérir, et non pour qui rêve, fut-ce à bon endroit, qu'il peut le conquérir. »
Fernando Pessoa

Retrouvez l'intégralité de cet article sur

Et découvrez plein d'autres récits et infos

# ITINÉRAIRES CONSEILLÉS

## Idée week-end (2-3 jours) à Lisbonne

➢ Vols directs depuis Paris et d'autres capitales régionales françaises.

Les inévitables : praça de Dom Pedro IV, praça do Comércio, quartier du *Chiado* pour l'architecture, le *Bairro Alto* pour les folles nuits lisboètes, l'*Alfama* et toute l'âme portugaise. Également le nord de la ville pour le musée Calouste-Gulbenkian, le parc des Nations pour son aquarium et le pont Vasco da Gama, sans oublier *Belém* et le *mosteiro dos Jerónimos*. Extensions possibles sur *Cascais*, *Sintra* et *Estoril* (voir l'itinéraire « Lisbonne et la serra de Sintra »).

## Idée week-end (2-3 jours) à Porto

➢ Idem : vols directs depuis Paris et plusieurs villes de province.

Les indispensables : le *centre historique de Porto,* classé au Patrimoine mondial de l'Unesco (1996), la cathédrale *(sé)*, l'église São Francisco, la gare de São Bento pour ses azulejos, le palais de la Bourse, une balade dans les ruelles de la Ribeira avant d'aller prendre un verre sur le quai, l'observation des ponts et des ouvrages d'architecture tous différents. Les caves de porto à *Vila Nova de Gaia* et les balades en bateau sur le Douro.

## Les origines du vin de porto

Un chouette itinéraire ouest-est pour devenir incollable sur la fabrication du doux breuvage, de l'embouchure du Douro aux confins du Trás-os-Montes.

*Porto (1 ; 3 j.)* en premier lieu (voir plus haut), puis *Guimarães (2 ; 2 j.)* pour son centre historique classé au Patrimoine mondial de l'Unesco – extension possible au nord, avec *Ponte de Lima (3 ; 1 j.)* et ses belles demeures dans des ruelles assoupies. Non loin, pour les marcheurs, le *parc national de Peneda-Gerês (4 ; 2-3 j.)*. Inévitable, *Braga (5 ; 1-2 j.)*, la troisième ville du pays, d'une étonnante jeunesse et vitalité, non loin du *santuário de Bom Jesus (6)*. Plus au sud, la *région du Haut-Douro (2 j.)* avec ses superbes panoramas sur les cultures et le fleuve : un vrai travail d'orfèvre ! Très vert. On visite les *quintas* fabricantes. Et *Pinhão (7)*, terminus ! Sublime, au milieu des vertes vallées. Puis le *solar de Mateus (8)* et son architecture baroque. On peut pousser plus à l'est vers le *parc archéologique de la vallée du Côa (9 ; 1 j.)*, célèbre pour ses gravures rupestres vieilles de 20 000 ans. Au nord-est où, vers l'Espagne, le paysage est aride, *Chaves (10)*, *Bragança (11 ; 2 j.)*, le *parc de Montesinho (12 ; 2 j.)* pour faire des randos. Montagnes et terres nues, sensation de bout du monde...

## Le Centre, entre histoire et religion

Les fans d'histoire et de monastères s'en donneront à cœur joie, entre les fortifications à *Peniche (13)* et *Óbidos (14 ; 3 j. pour les deux)*, les sites romains comme celui de *Conimbriga (19 ; 1 j.)*, les monastères d'*Alcobaça (15)* et de *Batalha (16 ; 2 j.)*, les couvents et synagogues tel à *Tomar (18 ; 2 j.)* et les lieux de culte que sont *Fátima (17)* et *Buçaco (21)*. Achever la visite par l'une des plus grandes universités du monde, *Coimbra (20 ; 3 j.)*. Le tout ponctué de pauses plage à volonté, la mer n'étant jamais très éloignée.

## Lisbonne et la serra de Sintra

On reprend Lisbonne (voir plus haut), en approfondissant les quartiers de Madragoa et de Lapa.
On ira flamber au casino d'*Estoril (22)* un soir, faire trempette à *Cascais (23)* (sans y dormir nécessairement). À *Sintra (24 ; 2 j.)*, arrêt obligatoire au Palácio nacional et à la quinta da Regaleira. Belles promenades dans les environs, vers *Pena* notamment ou *Mafra (25 ; 1 j. chaque)*.

Le monsatère d'Alcobaça

## L'Alentejo, remparts et citadelles

C'est le Portugal nature, avec des paysages changeants, des vallées, des vignes (AOC Alentejo), des oliviers (huile de Moura), des élevages (fromages) et du blé (excellent pain). Sans oublier les cigognes !

Trois pôles d'exploration : si l'on vient du nord, on rejoint facilement *Portalegre (28 ; 1 j.)* et autour *Castelo de Vide (26 ; 1 j.),* jolie cité médiévale avec son quartier juif, et *Marvão (27 ; 1 j.),* l'un des plus beaux villages de l'Alentejo. Autre pôle pour ceux qui arrivent de Lisbonne : *Évora (29 ; 3 j.),* classée au Patrimoine mondial de l'Unesco, avec son plan de rues en toile d'araignée. Cathédrale, galeries, musées, églises… *Estremoz (31 ; ½ journée)* avec sa belle place centrale, le village viticole de *Borba (34)* et *Vila Viçosa (33 ; ½ journée)* avec le palais ducal. Puis *Elvas (35 ; 2 j.),* ville de garnison frontalière inscrite au Patrimoine mondial de l'Unesco en 2012, ses remparts et son étonnant musée d'Art moderne.

Enfin, dernier pôle vers le sud pour ceux qui le combinent avec un séjour plage dans l'Algarve : *Beja (37 ; 1 j.)* et son vieux centre-ville, *Serpa (38 ; 1 j.)* et son dédale de ruelles blanchies à la chaux, et l'Alentejo des citadelles avec *Monsaraz (36 ; 1 j.)* et *Mértola (39 ; 1 j.).*

## Le Sud : plages, golf et parc naturel

➢ Vols directs depuis la France jusqu'à Faro, c'est bien pratique.
Farniente, sports de glisse, greens verts à souhait ! C'est l'Algarve.

*Faro (40), 2 j.* d'arrêt ! Ville phare et villages des alentours se conjuguent bien, comme celui de São Brás de Alportel. Vers l'est, *Olhão (41 ; 2 j.)* avec les *îles de Fuzeta* et *Culatra,* les plages de *Tavira (42 ; 2 j.)* et *Vila Real de Santo António (43 ; 1 j.)* pour passer la frontière avec l'Espagne ! De Faro vers l'ouest, *Loulé (44 ; 2 j.), Albufeira (45)* (3 j. de plage ou carrément passer son chemin), station balnéaire la plus touristique de l'Algarve. Plein de terrains de golf en route pour s'essayer aux putts. *Portimão (46 ; 2 j.),* port « sardinier », et sa plage voisine sont une halte agréable. *Lagos (47 ; 3 j.),* douceur de vivre, marché, plage. Un conseil : n'hésitez pas à partir à l'intérieur des terres, vers *Monchique (48 ; 2 j.).* Enfin, le parc naturel du Sud-Ouest alentejan et de la côte vicentine avec *Sagres (49 ; ½ journée),* une visite express pour son cap et sa forteresse d'où partit Henri le Navigateur ; puis *Odeceixe (50), Zambujeira do Mar (51)* et *Vila Nova de Milfontes (52 ; 1-3 j., voire plus),* plages ouvertes et randonnées en perspective, un coin encore sauvage, entre mer et falaises.

*Plages de la côte vicentine*

Le sanctuaire du Bom Jesus, à Braga

# LES QUESTIONS QU'ON SE POSE AVANT LE DÉPART

## ABC du Portugal

- ***Population :*** 10 610 000 hab.
- ***Superficie :*** 91 906 km², soit grosso modo 1/5ᵉ de sa voisine, l'Espagne.
- ***Capitale :*** Lisbonne.
- ***Langue :*** le portugais. Le français est fréquemment utilisé dans la région du Minho par des personnes ayant vécu en France. Mais dans le Sud, et notamment en Algarve, l'anglais et l'allemand prédominent.
- ***Régime :*** république parlementaire.
- ***Chef de l'État :*** Aníbal Cavaco Silva, élu en janvier 2006.
- ***Premier ministre :*** Pedro Passos Coelho (depuis juin 2011).
- ***Le Portugal compte 18 districts,*** **équivalents des départements français :** Viana do Castelo, Braga, Porto, Vila Real, Bragança, Aveiro, Viseu, Guarda, Coimbra, Leiria, Castelo Branco, Lisboa, Santarém, Portalegre, Setúbal, Évora, Beja et Faro.
- ***Territoires autonomes :*** Açores, à 1 200 km au large de Lisbonne, archipel volcanique de neuf îles et quelques îlots, capitale : Ponta Delgada sur l'île de São Miguel ; Madère, à 980 km vers le sud-ouest, au large de l'Afrique, capitale : Funchal.
- ***Indice de développement humain :*** 0,82. Rang : 42/187.
- ***Le Portugal est le pays du monde qui consomme le plus de vin après la Suisse et la France.***

### ➢ Quels sont les papiers nécessaires pour aller au Portugal ?

Pour les ressortissants de l'Union européenne et de la Suisse, carte nationale d'identité ou passeport en cours de validité. Pour les ressortissants canadiens, un passeport valide est nécessaire. Pour les mineurs non accompagnés, une carte nationale d'identité est suffisante.

### ➢ Comment contacter l'office de tourisme du Portugal en France ?

Uniquement par Internet via ● *visit portugal.com* ● et par téléphone au ☎ *01-56-88-31-90 (lun-ven 9h30-13h, 14h-17h30).*

### ➢ Quelles sont les coordonnées de l'ambassade et du consulat du Portugal en France ?

■ ***Ambassade :*** 3, rue de Noisiel, 75116 Paris. ☎ *01-47-27-35-29 (lun-ven 10h-18h).* ● embaixada-portugal-fr.org ●
■ ***Consulat :*** ☎ *01-56-33-81-00* ● consuladoportugalparis.com ●

### ➢ À quel numéro appeler les ambassades du Portugal dans les pays francophones et au Canada ?

– En Belgique (Bruxelles) : ☎ *02-286-43-70.*
– En Suisse (Berne) : ☎ *(4131) 352-86-68.*

– Au Canada (Ottawa) : ☎ *(613) 729-2270.*

### ➢ En quoi mon passeport européen peut m'être utile ?

En cas de non-représentation de son pays à l'étranger, un ressortissant européen peut se rendre dans une ambassade ou un consulat européen pour demander de l'aide à l'ambassade ou au consulat (pas à un consulat honoraire) de n'importe quel État membre de l'UE. Valable pour les cas d'extrême urgence (mort, accident, détention) ou de vol de papiers (ils peuvent produire des documents provisoires).

### ➢ Puis-je utiliser ma carte européenne d'assurance maladie au Portugal ?

Oui. Elle permet de bénéficier de la prise en charge des soins médicalement nécessaires par les services publics. Pour l'obtenir, contacter votre centre de Sécurité sociale, qui vous enverra sous 15 j. votre carte plastifiée bleue, valable 2 ans, gratuite et personnelle (chaque membre de la famille doit avoir la sienne). Elle fonctionne avec tous les pays membres de l'UE ainsi qu'en Islande, au Liechtenstein, en Norvège et en Suisse. Par contre, mieux vaut le savoir, les hôpitaux sont bondés et il faudra attendre en cas de bobo. Quant aux spécialistes, ils n'appartiennent pas à la Sécurité sociale portugaise (A Caixa).

### ➢ Pour une assurance voyages, qui contacter ?

■ **Routard Assurance :** *c/o AVI International, 40-44, rue Washington, 75008 Paris.* ☎ *01-44-63-51-00.* ● *avi-international.com* ● Ⓜ *George-V.*
■ **AVA :** *25, rue de Maubeuge, 75009 Paris.* ☎ *01-53-20-44-20.* ● *ava.fr* ● Ⓜ *Cadet.*
■ **Pixel Assur :** *18, rue des Plantes, BP 35, 78601 Maisons-Laffitte.* ☎ *01-39-62-28-63.* ● *pixel-assur.com* ● *RER A : Maisons-Laffitte.*

### ➢ La carte internationale d'étudiant (ISIC) fonctionne-t-elle ?

Oui, elle prouve le statut d'étudiant dans le monde entier et permet de bénéficier de tous les avantages, services et réductions dans les domaines du transport, de l'hébergement, de la culture, des loisirs, du shopping...
La carte ISIC permet aussi d'accéder à des avantages exclusifs (billets d'avion spécial étudiants, hôtels et auberges de jeunesse, assurances, cartes SIM internationales, location de voiture...).

*Renseignements et inscriptions*

– *En France :* ● *isic.fr* ●
– *En Belgique :* ● *isic.be* ●
– *En Suisse :* ● *isic.ch* ●
– *Au Canada :* ● *isiccanada.com* ●

### ➢ Puis-je utiliser ma carte carte d'adhésion internationale aux auberges de jeunesse (FUAJ) ?

Carrément ! Cette carte vous ouvre les portes des 4 000 auberges de jeunesse du réseau *HI-Hostelling* International en France et dans le monde. Vous pouvez ainsi parcourir 90 pays à des prix avantageux et bénéficier de tarifs préférentiels avec les partenaires des Auberges de Jeunesse *HI*. Enfin, vous intégrez une communauté mondiale de voyageurs partageant les mêmes valeurs : plaisir de la rencontre, respect des différences et échange dans un esprit convivial. Il n'y a pas de limite d'âge pour séjourner en auberge de jeunesse. Il faut simplement être adhérent.

*Renseignements et inscriptions*

– *En France :* ● *hifrance.org* ●
– *En Belgique :* ● *lesaubergesdejeunesse.be* ●
– *En Suisse :* ● *youthhostel.ch* ●
– *Au Canada :* ● *hihostels.ca* ●
Si vous prévoyez un séjour itinérant, vous pouvez réserver plusieurs auberges en une seule fois en France et dans le monde : ● *hihostels.com* ●

## LES QUESTIONS QU'ON SE POSE AVANT LE DÉPART

### ➤ Quelle est la meilleure période pour aller au Portugal ?

Le climat du Portugal est agréable en toute saison. Le littoral est toujours aéré, même aux heures les plus chaudes de l'été. Le printemps et l'automne sont les périodes idéales pour visiter l'intérieur et le Sud. Dans le Nord, les hivers sont humides avec pas mal de brouillard.

### ➤ Est-il facile de se déplacer dans le pays ?

Oui. Pour les automobilistes, l'état des grands axes qui traversent le pays est excellent, mais la conduite sportive. Pour les non-motorisés, les nombreuses compagnies de bus permettent de se déplacer partout. Le train reste une option sensiblement plus économique et sûre entre Porto, Lisbonne et Faro, mais les liaisons sont moins fréquentes.

### ➤ Quels types d'hébergement y trouve-t-on ?

Du camping aux *pousadas* (hébergements très chic, souvent dans des monuments historiques) en passant par les AJ, pensions, hôtels et chambres d'hôtes de charme dans de belles propriétés (*montes, solares* et *quintas*), tous les goûts seront satisfaits.

### ➤ Le coût de la vie est-il élevé ?

Pour l'hébergement, le coût de la vie est plutôt moins élevé qu'en France, d'autant que les promos sont fréquentes. Pour la restauration et les transports, il reste nettement inférieur. En revanche, le prix des carburants est plus élevé.

#### Côté hôtels

En saison (à Pâques et de juin à octobre), les prix peuvent grimper de 30 à 50 %.
– *Très bon marché :* de 15 à 25 € en camping et auberges de jeunesse (de plus en plus privées). Pour les campings, nous indiquons le prix de l'emplacement pour deux, tente et véhicule inclus.
– *Bon marché* (certaines chambres chez l'habitant et pensions) *:* 25-45 €.
– *Prix moyens :* de 45 à 70 €.
– *Plus chic :* de 70 à 95 €.
– *Beaucoup plus chic :* de 95 à 150 €.
– *Très chic :* au-delà de 150 €.

#### Côté restos

– *Très bon marché :* moins de 10 €.
– *Bon marché :* de 10 à 15 €.
– *Prix moyens :* de 15 à 25 €.
– *Plus chic :* de 25 à 45 €.
– *Beaucoup plus chic :* au-delà de 45 €.

### ➤ Partir un week-end, n'est-ce pas trop court ?

Non, Lisbonne ou Porto et leurs environs peuvent être d'agréables lieux d'évasion et de dépaysement pour un week-end prolongé (voir « Itinéraires conseillés »).

### ➤ Peut-on facilement se faire comprendre ?

Le français est souvent parlé et compris par les classes aisées, les plus de 40 ans, ainsi que dans le nord/nord-est du pays, d'où de nombreux Portugais ont émigré en France et en sont revenus. L'anglais, première langue apprise désormais à l'école, est plus répandu chez les jeunes. Quant à l'espagnol, langue voisine étymologiquement et géographiquement, il peut être utile.

### ➤ Y a t il un décalage horaire ?

Il y a 1h de décalage entre le Portugal et la France : quand il est 12h à Paris, il est 11h à Lisbonne, été comme hiver.

### ➤ Peut-on y aller avec des enfants ?

Bien sûr : plages, aires de jeux, balades découvertes tendent les bras à vos petits et grands chérubins. Repérez nos meilleurs sites grâce au symbole 🚶. À Lisbonne et Porto, en revanche, ça monte et ça descend !

## LES QUESTIONS QU'ON SE POSE AVANT LE DÉPART

### ➤ Est-il facile d'y aller avec des animaux ?

Un certificat de bonne santé récent et un passeport attestant de la vaccination contre la rage (chien et chat) sont demandés. À part en location, il est assez difficile de faire accepter Médor.

### ➤ Les cartes de paiement sont-elles acceptées partout ?

Le paiement par carte est assez bien développé, sauf dans les lieux d'hébergement modestes et les petits restos.

### ➤ Les prises de courant sont elles les mêmes qu'en France ?

Oui, les prises sont de type continental. Le courant est du 220 V. Pour nos amis canadiens, un adaptateur sera nécessaire.

### ➤ Doit-on laisser un pourboire ?

Pas nécessairement, mais il est le bienvenu !

### ➤ Y a-t-il vraiment 365 façons de préparer la morue ?

On ne les a pas toutes goûtées ! Il semblerait qu'il y en ait même davantage... mais ce sont souvent les mêmes recettes qui reviennent à la carte !

### ➤ Le fado fait-il toujours pleurer ?

Plus que jamais ! Si la célèbre *fadista* Amália Rodrigues n'est plus, une kyrielle de jeunes assurent déjà la relève, comme Mariza, Mísia ou Cristina Branco.

### ➤ Pour appeler depuis/vers le Portugal, comment faire ?

– *France* ➜ *Portugal :* 00 + 351 + numéro du correspondant à 9 chiffres.
– *Portugal* ➜ *France :* 00 + 33 (indicatif de la France) + numéro du correspondant sans le 0. Pour la Suisse, 00 + 41 et, pour la Belgique, 00 + 32 et tout pareil ensuite !
– *Pour appeler en PCV* (demander « *Pagar no destino* ») : ☎ *171* en Europe ; ou ☎ *800-800-330,* numéro gratuit depuis une cabine, qui donne accès à un opérateur en France.

### ➤ Quels sont les numéros d'urgence ?

*Santé*

– Urgences : ☎ *112.*

*Cartes de paiement*

– *Carte Visa :* numéro d'urgence (Europe Assistance) : ☎ (00-33) 1-41-85-85-85 (24h/24). ● visa.fr ●
– *Carte MasterCard :* assistance médicale incluse ; numéro d'urgence : ☎ (00-33) 1-45-16-65-65. ● mastercard france.com ●
– *Carte American Express :* téléphonez en cas de pépin au ☎ (00-33) 1-47-77-72-00. ● americanexpress.com ● au Portugal, ☎ 707-50-40-50 ou 21-427-82-05 (tlj, 24h/24).
– *Pour toutes les cartes émises par La Banque Postale :* composez le ☎ 0825-809-803 (0,15 €/mn) depuis la France métropolitaine et les DOM-TOM, et le ☎ (00-33) 5-55-42-51-96 depuis l'étranger. ● labanquepostale.fr ●

*Téléphones*

Avant de partir, notez (ailleurs que dans votre téléphone portable !) votre numéro IMEI, utile pour bloquer à distance l'accès à votre téléphone en cas de perte ou de vol. Comment avoir ce numéro ? Taper *#06# sur votre clavier, puis reportez vous au site ● mobilevole-mobilebloque.fr ●

Pour suspendre votre ligne, voici les numéros des quatre opérateurs français, accessibles depuis la France et l'étranger :
– *SFR :* depuis la France, ☎ 1023 ; depuis l'étranger, 📱 + 33-6-1000-1023.
– *Bouygues Télécom :* depuis la France comme depuis l'étranger, ☎ +33-800-29-1000.
– *Orange :* depuis la France comme depuis l'étranger, 📱 +33-6-07-62-64-64.
– *Free :* depuis la France, ☎ 3244 ; depuis l'étranger, ☎ + 33-1-78-56-95-60.

# LISBONNE ET SES ENVIRONS

**LISBONNE** ..............................38
- Infos pratiques sur place ........................38
- Baixa et Rossio ..............48
- Bairro Alto, Chiado et Cais Do Sodré ...........59
- Madragoa, Lapa, Campo de Ourique, Santos et Docas (les Docks)........76
- Quartiers de Rato, de l'avenida da Liberdade et de Sant'Ana................87
- Alfama, Castelo São Jorge, Mouraria et Graça ..........................96
- À l'est, le parque das Nações (parc des Nations) ......................116
- Au nord de l'avenida da Liberdade, autour du musée Gulbenkian et Campo Grande ......121
- Belém et Ajuda ............130

**LES ENVIRONS DE LISBONNE** ..............140
*Cap à l'ouest* ..................141
- Queluz .........................141
- Estoril ...........................144
- Cascais ........................146
- En suivant la route côtière vers Sintra .......151
- Sintra ...........................152
  - Parque e palácio de Monserrate • Hotel palácio de Seteais • Convento dos Capuchos • Mosteiro da Peninha • Les plages
- Ericeira .........................167
- Mafra ............................170

*Au sud du Tage : la péninsule de Setúbal* ....172
- Cacilhas .......................172
- Costa da Caparica ........176
- Sesimbra ......................178
  - Cabo Espichel • Praia Aldeia do Meco
- Parque natural da Serra da Arrábida ........181
- Setúbal .........................182
  - La réserve naturelle de l'estuaire do Sado

*« Je suis au ciel car nous approchons de la fameuse Lisbonne. »*
Cervantès

**LISBONNE ET SES ENVIRONS**

Campée sur la rive droite de l'estuaire du Tage, Lisbonne est avant tout un site d'une incomparable beauté, beauté parfois déroutante, certes, mais qui a su remarquablement traverser le temps. S'il y a une capitale qui s'acharne à bluffer ses visiteurs, c'est bien cette cité incroyable, que d'éternels travaux continuent de mettre à mal avant de lui faire le plus grand bien, pour parodier dom Francisco Manuel de Melo : « Un mal dont on jouit, un bien dont on souffre. » Au XVIIe s, l'écrivain portugais qualifiait ainsi la *saudade,* sentiment de nostalgie supposé envahir tout Lisboète à la vue du Tage, cette « mer de Paille » aux reflets dorés porteuse des rêves de voyage de tout un peuple.
Une nostalgie qui n'est plus ce qu'elle était, rassurez-vous ! Lisbonne n'est pas triste (sauf en hiver, peut-être, car le froid chargé d'humidité, ici, est pénétrant), elle ne vit pas chaque instant qui passe dans le souvenir de ses heures glorieuses. Bien au contraire ! Ne vous fiez pas pour autant à ces images montrant la nuit lisboète comme une fête perpétuelle se déroulant sous les étoiles, au bord du Tage, sur les anciens docks ou dans le Bairro Alto : le mal de vivre n'a pas simplement engendré une fureur de vivre ; ici, les deux coexistent, simplement.
Les artisans des vieux quartiers côtoient sereinement des boutiques à la mode ou de design, les restaurants où l'on décline la morue de dizaines de façons différentes (on dit qu'il existe 365 recettes possibles) s'alignent à côté des bars

tendance. Et n'hésitez pas à entamer la conversation, en français, en anglais, avec les gestes ou même votre *Guide de conversation* en portugais !

# LISBONNE

● Pour se repérer, voir le plan détachable en fin de guide.

## INFOS PRATIQUES SUR PLACE

### Arrivée à Lisbonne

#### En avion

➜ **Aéroport de Lisbonne** *(hors plan d'ensemble détachable par E1)* **:** *se situe à moins de 8 km au nord du centre historique.* ☎ 21-841-35-00. ● ana. pt ● On y trouve un bureau de change, des distributeurs de billets *(multibanco)*. Comptoir information des vols *(balcão de informação)* dans le hall des arrivées, tlj 7h-minuit. Les vols *low-cost* partent d'un autre terminal, accessible en navette gratuite. Dans tous les cas, l'Aero-Bus part du terminal principal.

**🛈 Office de tourisme de l'aéroport :** *hall des arrivées. Tlj 7h-minuit.* Vente de la *Lisboa Card* (voir plus loin), vente de tickets prépayés pour les taxis et réservation d'hébergements. Se procurer le plan de la ville et des transports.

*Comment rejoindre le centre-ville depuis l'aéroport ?*

Il est très simple de rejoindre le centre-ville en transports en commun :

➢ **Le métro (ligne rouge) :** c'est la ligne rouge qui relie l'aéroport à la station São Sebastião avec une dizaine d'arrêts, dont Alameda et Saldanha (correspondances avec les lignes verte, jaune et bleue). Billet : 1,40 €. Tlj 6h30-1h.

➢ **L'Aero-Bus n° 1 :** à la sortie du hall des arrivées. ● yellowbustours. com ● Tlj 7h-23h20, bus ttes les 20 mn (j. fériés 7h-22h50, bus ttes les 25 mn). En sens inverse : lun-ven 7h40-23h, bus ttes les 20 mn, w-e et j. fériés 7h45-23h10, bus ttes les 25 mn. *Pass 24h :* 3,50 € (5,50 € pour 48h) ; réduc via Internet ; gratuit moins de 4 ans. Billet vendu à bord. Avantage, le billet est valable sur le réseau de la compagnie *Carris* (bus, ascenseur). Réduc de 25 % dans les bus touristiques *Yellowbus*. Cet Aero-Bus n° 1 dessert très bien le centre-ville, voici les arrêts dans les deux sens : Entrecampos – Campo Pequeno – Avenida da República – Saldanha – Picoas – Fontes Pereira de Melo – Marquês de Pombal – Avenida da Liberdade – Restauradores – Rossio – Praça do Comércio – Cais do Sodré (terminus). Demander l'arrêt, le chauffeur ne s'arrête pas systématiquement.

➢ **L'Aero-Bus n° 2 :** à la sortie du hall des arrivées. Prix et avantages identiques à l'Aero-Bus n° 1. L'Aero-Bus n° 2 (Financial Center) dessert : Entrecampos – Sete Ríos – Av. Columbano B. Pinheiro – Praça de Espanha – Avenida José Malhoa – Avenida José Malhoa (Sul), tlj 7h30-23h de l'aéroport ; en sens inverse 8h-23h30 ; départs ttes les 40 mn puis ttes les heures après 20h (après 20h30 du centre-ville).

➢ **Bus (classiques) :** desservent la ville. En sortant de l'aéroport, les Abribus se trouvent juste à droite de l'arrêt des Aero-Bus. Moins chers (1,80 €), certains d'entre eux (les n°s 22, 44 et 745) ont un parcours proche, voire très proche, de l'Aero-Bus. Le bus express n° 83 part d'Amoreiras (quartier un chouia au nord-ouest de Rato) et passe par Marquês de Pombal (ne circule qu'en semaine) et le bus de nuit n° 208 relie Cais do Sodré à la gare do Oriente en passant par l'aéroport.

Attention, certains chauffeurs n'acceptent pas systématiquement les voyageurs avec de gros sacs. Le règlement voudrait qu'ils soient réservés aux voyageurs ayant au maximum un bagage à main.

➢ *Les taxis :* plutôt bon marché à Lisbonne, mais ceux de l'aéroport n'ont pas tous bonne réputation ! Un conseil, préférez les taxis au niveau des départs, réputés moins arnaqueurs. Si vous craignez d'être trimbalé, vous pouvez vous procurer un *táxi voucher* forfaitaire (cher) à l'office de tourisme de l'aéroport : compter 21-59 € de jour et 25-64 € de nuit, selon que vous allez dans le centre de Lisbonne (1re couronne), Belém (2e couronne) ou Estoril et Cascais (3e couronne), et selon qu'il s'agisse du tarif de jour ou de nuit. Sinon, la course se fait au compteur (compter 12-15 € pour rejoindre le centre-ville de jour), avec un supplément forfaitaire de 2 € pour les bagages.

Si vous doutez sur le montant à payer, demandez un reçu (qu'ils ont obligation de vous donner), relevez le numéro du taxi et la compagnie, puis avant de payer demandez l'avis du réceptionniste de l'hôtel, en général ça s'arrange tout de suite !

## En train

**Gare ferroviaire Estação do Oriente** (hors plan d'ensemble détachable par N7 et plan Parque das Nações) : bien desservie par le réseau de transports en commun (métro, bus, route), elle reçoit les trains venant du nord du Tage. Consigne automatique au sous-sol (ouv 8h-minuit) ; c'est la porte à droite du poste de police (difficile à trouver : aucune indication).

**Gare ferroviaire Santa Apolónia** (plan d'ensemble détachable, M8) : accueille toujours les trains en provenance du centre et du nord du pays, de l'Espagne et de la France. Désormais reliée par le métro, elle a retrouvé sa vitalité. Les bus et les taxis se prennent devant l'entrée principale.

**Office de tourisme de Santa Apolónia :** au terminal international. ☎ *21-882-16-06. Mar-sam 7h30-9h30.* Vente de la *Lisboa Card.*

## En bus

Pour information, les bus *Eurolines* passent par les 2 gares routières.

**Gare routière Terminal Sete Rios** (plan d'ensemble détachable, D-E1) : *juste à côté de la gare de banlieue Sete Rios.* ☎ *707-22-33-44 (infos tlj 8h-21h).* ● *rede-expressos.pt* ● Face au jardin zoologique, de l'autre côté de la route et de la place Marechal-Delgado ; passer sous le pont (bien cachée, suivre les indications pour le parking qui la jouxte). De la gare ferroviaire, en sortant prendre à droite sur l'esplanade et repérer la petite tour Rede Expressos ; l'escalier à ses pieds mène à la gare routière. Reliée au centre-ville par la ligne bleue du métro. Accès avec les bus nos 16, 726, 31, 746 (départ Marquês de Pombal), 58 et 708 ainsi que les bus de nuit nos 202 et 205. Tlj 6h-1h. Gare pour les bus nationaux et internationaux. Consigne à bagages gardée *(ouv aux mêmes horaires que la gare).*
– Attention, le terminus des bus de la compagnie *TST (Transportes Sul do Tejo,* ● *tsuldotejo.pt* ●*)* desservant la région de Lisbonne n'est pas la gare routière de Sete Rios mais la praça de Espanha *(plan d'ensemble détachable, F2).*

**Gare routière Estação do Oriente** (hors plan d'ensemble détachable par N7 et plan Parque das Nações) : *au pied de la gare do Oriente.* Ⓜ *Oriente.* Cette gare accueille aussi des bus internationaux.

## En voiture

➢ *Par le nord :* autoroute A1 puis voie rapide *2a Circular.* Les heures de pointe sont très étendues sur cet axe.
➢ *Par l'ouest :* l'IC19 qui vient de Sintra est l'une des voies rapides les plus encombrées du pays ; évitez le début de matinée et la fin d'après-midi, si possible.
➢ *Par le sud et l'est :* **ponte 25 de Abril** (● *lusoponte.pt* ● ; péage à partir de 1,65 €), souvent embouteillé, ou **ponte Vasco da Gama** (même site

internet), en général moins chargé mais plus cher (péage à partir de 2,65 €). ***Traversée gratuite pour sortir de Lisbonne.***
Attention aux départs et retours de week-ends et de vacances ! Évitez d'arriver aux heures de pointe (à partir de 17h en semaine, un peu plus tôt le vendredi).
Se garer à Lisbonne est difficile. Pour éviter les amendes et la fourrière, le plus sûr est d'utiliser les parkings gardés (bien indiqués, mais pas donnés).

## S'orienter

Le découpage de Lisbonne que vous trouverez dans le guide procède à la fois d'une cohérence géographique et d'une homogénéité sociale. On part du centre pour aller ensuite un peu plus loin vers l'ouest, le nord et terminer par l'est où se trouvent les quartiers les plus anciens... Mais, comme tout découpage, il est arbitraire, et certains lieux à visiter auraient pu tout aussi bien être associés à un autre quartier que celui auquel nous les avons rattachés.

### Comment lire une adresse ?

Dans l'ordre, une adresse comporte le nom de la rue suivi du numéro. Le cas échéant, un second numéro pour préciser l'étage avec « º » en exposant. Puis une ou plusieurs lettres pour positionner la porte d'entrée par rapport à l'escalier. Par exemple, 1º Dto ou 1º D signifie 1er étage à droite. On indique Esq ou E pour *esquerdo* (à gauche), Fte ou F pour *frente* (en face de l'escalier).
Si le nom de la rue est un nom propre, bien noter le prénom : il vous permettra de trouver la rue dans l'indice alphabétique des plans de ville (rua José Afonso est classée à la lettre J). Idem avec les titres, tels que « Doutor », « Engenheiro », « Dom » ou « Dona ».

### Orientation et mode d'emploi de la ville

Lisbonne s'ouvre sur le Tage et s'étend de Belém au parc des Nations (voir « À l'est, le Parque das Nações »). Un axe suivant l'avenida de la Liberdade depuis la praça Marquês de Pombal et le quartier rectiligne de Baixa jusqu'à la praça do Comércio semble couper la ville en deux. À l'est, les vieux quartiers populaires du Castelo, de l'Alfama et de Graça. À l'ouest, le Chiado, le Bairro Alto et Madragoa déroulent leurs bars et leurs restos dans des rues où le jour est aussi animé que la nuit, puis le quartier des Docas (docks). Au nord de l'avenida da Liberdade, l'urbanisme est plus récent, noyant quelques *quintas* et anciens couvents au milieu d'immeubles de bureaux futuristes et de centres commerciaux : ces quartiers s'appellent Saldanha, Campo Grande ou Sete Ríos.

### Les quartiers incontournables... et les autres

– Les incontournables : Alfama, Bairro do Castelo, Chiado, Bairro Alto, Baixa, Rossio, Belém, le parque das Nações (des Nations) et le quartier, quelque peu excentré, autour du musée Calouste-Gulbenkian.
– Les lieux que l'on peut rater sans trop de regrets si le temps manque : Benfica, son stade, ses grands magasins.
– Un lieu peu connu, mais que les routards découvrent avec ravissement : les anciens faubourgs, des hauteurs de Graça à la gare de Santa Apolónia.

## Informations pratiques et adresses utiles

### *Lisboa Card*

Cette carte propose la libre circulation dans les transports urbains (métro, bus, tram, funiculaire et train des lignes de Sintra et Cascais). Gratuité dans certains musées et réductions de 10 à 50 % pour d'autres. Nous précisons ces infos directement dans les rubriques « À voir. À faire ». Réductions sur des spectacles, circuits touristiques et certains magasins d'artisanat. Attention, soyez bien décidé à vous lancer dans un marathon si vous voulez la rentabiliser. Avant son achat, vérifiez que les sites que vous désirez visiter sont inclus dedans. **À noter** qu'un bon nombre de musées sont gratuits le 1er dimanche de chaque mois ! Tarifs 2015 : pour 24h, 18,50 € ; 48h, 31,50 € ; 72h, 39 € ; réduc pour les 4-15 ans. Elle s'achète dans tous les offices de tourisme *(Ask me Lisboa).*

## Offices de tourisme

Plusieurs bureaux d'information sur Lisbonne. Tous offrent plus ou moins le même genre de prestations : vente de la *Lisboa Card,* informations touristiques générales, plan des transports, vente de billets prépayés pour les taxis, réservation d'hébergements... Généralement accueil francophone de qualité.
• askmelisboa.com • visitlisboa.com •

**ⓘ *Ask me Lisboa Center Welcome*** *(plan centre détachable, J10,* **1***) :* angle rua do Arsenal et praça do Comércio. ☎ 21-031-28-10. Ⓜ Baixa-Chiado. Tlj 9h-20h. 🖥 *(payant).*

**ⓘ *Ask me Lisboa Palácio Foz*** *(plan centre détachable, I8,* **2***) :* praça dos Restauradores. ☎ 21-346-33-14. Ⓜ Restauradores. Tlj 9h-20h. Bon accueil et excellent niveau de compétence. Consigne à bagages, environ 3 €/j.

**ⓘ *Ask me Lisboa Espaço y Lisboa*** *(plan centre détachable, J8,* **3***) :* rua do Jardim do Regedor, 50. ☎ 21-347-21-34. Tlj 10h-18h. 🖥 *(payant).* Espace dédié aux jeunes voyageurs. Micro-ondes à dispo, consigne payante pour laisser son sac. Bon niveau d'information et accueil disponible.

**ⓘ *Ask me Lisboa Rossio*** *(plan centre détachable, J8,* **4***) :* kiosque au milieu de la Praça Dom Pedro IV. ☎ 91-051-79-14. Ⓜ Rossio. Tlj 10h-13h, 14h-18h. Un point info très pratique et centrale. Très bon accueil.

## Argent, banque, change

■ ***Retrait d'argent :*** pas de difficultés, nombreux distributeurs un peu partout. Se laisser guider par les infos en français. Vérifiez auprès de votre banque avant le départ le montant maximum hebdomadaire auquel vous avez droit et l'éventuel coût d'un retrait.

■ ***Change*** *(plan d'ensemble détachable, M8) :* à la gare de Santa Apolónia, tlj 8h30-20h30. À l'aéroport, tlj 5h-1h.

■ ***Banques :*** les principales se trouvent dans la Baixa. Lun-ven 8h30-15h ; certaines ouvrent sam pour le change. Attention, pour les chèques de voyage elles facturent une commission assez importante.

■ ***American Express :*** au Portugal, ☎ 707-50-40-50 ou 21-427-82-05 *(tlj, 24h/24).*

## Police touristique

**ⓘ *Policia de Segurança Pública*** *(plan centre détachable, I8,* **2***) :* palácio Foz, praça dos Restauradores. ☎ 21-342-16-34 ou 21-814-97-16 ou le ☎ 112. Même bâtiment que l'office de tourisme Ask me Lisboa Palácio Foz. 24h/24. Pour les déclarations de perte ou de vol et en cas d'agression, de vol, d'escroquerie ou d'arnaque, c'est ici qu'il faut s'adresser. On y parle le français. Excellent accueil.

■ ***Pour les objets trouvés*** *(extensos achadas) :* ☎ 21-853-54-03 *(en portugais slt). Ouv 9h-17h. Fermé w-e et j. fériés.*

## Représentations diplomatiques

■ ***Consulat et ambassade de France*** *(plan centre détachable, F10,* **16***) :* rua de Santos-o-Velho, 5. ☎ 21-393-92-94/91-00. 📱 966-16-07-01 *(portable d'urgence 24h/24).* • consulat.lisbonne@ambafrance-pt.org • Bus nos 706, 727 et 760. Ⓣ n° 25E. Lun-ven 8h30-12h.

■ ***Ambassade de Belgique*** *(plan centre détachable, H5,* **17***) :* praça Marquês de Pombal, 14 ; 6°. ☎ 21-317-05-10. 📱 919-81-00-31 *(portable d'urgence 24h/24).* • lisbon@diplobel.fed.be • diplomatie.be • *Lun-ven 9h-13h, l'ap-m slt sur rdv.*

■ ***Ambassade de Suisse*** *(plan d'ensemble détachable, E8) :* travessa do Jardim, 17. ☎ 21-394-40-90. • eda.admin.ch/lisbon • À côté du jardim da Estrela. Lun-ven 9h-12h.

■ ***Ambassade et consulat du***

**Canada** (plan centre détachable, I6, 18) : edificio Victória, av. da Liberdade, 198-200 ; 3°. ☎ 21-316-46-00. Urgences : ☎ 613-996-88-85. • sos@international.gc.ca • canadainternational.gc.ca/portugal/ • Consulat lun-ven 9h-12h, ambassade lun-ven 8h30-12h30 et 13h-17h15.

## Médecins parlant le français

■ **Dr Pierre Baysset** : av. 5 de Outubro, 104 ; 3°. ☎ 21-797-21-75.
■ **Dr Luis Da Silva** : av. Sidonio Pais, 10 ; 2° Dto. ☎ 21-386-02-44. 📱 936-80-58-74. • drluisdasilva@sapo.pt •
■ **Dr Mario Ferreira** : Clinica Vila Saude, rua Saraiva de Carvalho, 286 A. ☎ 21-393-40-50. 📱 919-35-02-96.

## Postes et télécommunications

✉ **Postes** : praça dos Restauradores, 74 (plan centre détachable, I-J8 ; lun-ven 8h-22h, sam 9h-18h). Rua Santa Justa, 17 (plan centre détachable, J8 ; lun-ven 9h-18h). Au parc des Nations (plan Parque das Nações ; au rdc de la gare ; lun-ven 10h-19h).

### Cybercafé

@ **Wasp Bar** (plan centre détachable, I8, **20**) : rua Diário de Notícias, 126. Tlj 19h-2h (3h ven-sam). Un café Internet où l'on peut boire un cocktail sur fond de musique jazzy.

## Compagnies aériennes

■ **Air France** : à l'aéroport, ☎ 707-20-28-00. • airfrance.pt • Tlj 9h-19h.
■ **Iberia** : à l'aéroport, ☎ 707-20-00-00 (tlj 8h-20h). • iberia.com/pt •
■ **Swiss International Air Lines** : ☎ 808-20-04-87 (24h/24). • swiss.com • Tlj 8h-20h.
■ **Tap Air Portugal** : à l'aéroport, ☎ 707-20-57-00. • flytap.com • Tlj 6h-23h.

## Culture, francophonie

■ **Alliance française et Institut franco-portugais** (plan d'ensemble détachable, H3, **6**) : av. Luís Bivar, 91. ☎ 21-311-14-84. Ⓜ São Sebastião ou Picoas. Fermé dim. Cafétéria, librairie, spectacles, expos, bibliothèque très bien fournie avec un bon florilège de la presse française et de la documentation sur Lisbonne, en français !
■ **Tabacaria Monaco** (journaux étrangers ; plan centre détachable, J8, **10**) : praça Dom Pedro IV, 21. Superbe maison de la presse 1900, vestige du vieux Lisbonne. Petite échoppe tout en longueur où il faut lever les yeux pour profiter du spectacle.

### Librairies

■ **Librairie Fabula Urbis** (plan centre détachable, K9, **5**) : rua de Augusto Rosa, 27. ☎ 21-888-50-32. • fabulaurbis.pt • Tlj en principe, 10h30-13h30, 15h-20h, mais c'est aléatoire. Une librairie exclusivement consacrée à Lisbonne. Romans, poésie, livres d'histoire, recettes de cuisine, B.D., plans... on trouve tout, en français, et en plus on est bien conseillé ! Également des CD de musique portugaise triés sur le volet (du fado, bien sûr, mais pas seulement) et, à l'étage, expos et petits concerts réguliers.
■ **Livraria Ferin** (plan centre détachable, J9, **19**) : rua Nova do Almada, 70-74. Lun-sam 10h-20h. Dans le Chiado, l'une des plus vieilles librairies de Lisbonne. Accueil francophone et bon conseil. De nombreux livres en français, surtout d'histoire.
■ Deux **Fnac** (rua do Carmo, au cœur du Chiado, et au centre commercial Colombo – voir la rubrique « Achats » dans « Portugal utile »). Bon choix de musique portugaise et brésilienne.

### Magazines

– **Follow me Lisboa** : mensuel culturel édité par la municipalité, bilingue anglais et portugais. Spectacles, expositions, musées, boutiques... Disponible gratuitement dans les offices de tourisme (Ask me Lisboa), certains musées et hôtels.
– **Lisboa ConVida** : petits guides disponibles dans les bars et les boutiques. Plein de tuyaux sur les différents quartiers de la ville (Baixa, Chiado, Liberdade, etc.). À retrouver aussi sur • lisboa.convida.pt •

## Comment se déplacer ?

### Les cartes de transports

– *Cartão Viva Viagem/Sete Colinas :* carte de transport magnétique valable dans le métro, les bus, les trams et les funiculaires. Elle peut être rechargée au fur et mesure des besoins. Achat dans les automates et guichets du métro. Attention, c'est une carte par personne, on ne peut pas charger tous les titres de transport pour toute la famille ou les amis sur une seule carte. Vous seriez vite coincés dans le métro...

En premier lieu il faut acheter la carte pour 0,50 € (valable 1 an). Un billet pour 1 j. coûte 6 € en 2015. Sinon on peut recharger la carte pour 10 voyages, le ticket à l'unité revient moins cher. À chaque rechargement, demander et conserver le reçu *(recibo)* en cas de mauvais fonctionnement. Très vite avantageux ! Les cartes de paiement autres que portugaises ne passent pas. Faire l'appoint, ou glisser un billet de 10 € (celui de 20 € ne marche pas, malgré les indications). Possibilité de charger sur la carte des voyages à l'unité, à condition de vider la carte intégralement. Une carte ne peut pas supporter deux options chargées. Une autre option appelée « Zapping » permet de charger la carte avec des sommes d'argent. Avec cette option on peut prendre les ferries pour Cacilhas. On dépense au fur et à mesure en fonction des besoins.

– Pour les tickets propres à chaque moyen de transport, se reporter aux rubriques concernées.

– *Lisboa Card :* cette carte offre la libre circulation sur les transports urbains, ainsi que sur les trains pour Cascais et Sintra. Pour plus d'infos, voir plus haut « Informations pratiques et adresses utiles ».

– Enfin on rappelle que le billet de l'*Aero-Bus* est valable 24h (voir plus haut « Arrivée à Lisbonne »).

### Le métro

● Pour le plan du métro, se reporter au plan détachable en fin de guide.

– *Infos :* ☎ 21-350-01-15. ● metro.transporteslisboa.pt ●

Le métro circule de 6h30 à 1h (le dernier métro part à 1h de chaque terminus). Peu de lignes, mais elles mènent à l'essentiel rapidement. Ticket à 1,40 € pour un trajet par station. Sinon, prendre la carte *Viva Viagem/Sete Colinas* à recharger ensuite (voir ci-dessus). Gratuit pour les enfants de moins de 4 ans. Depuis sa naissance en 1959, le métro de Lisbonne s'est fixé comme objectif de concevoir ses stations comme des lieux d'expression de l'art portugais. Attardez-vous dans ces authentiques musées que sont les stations Marquês de Pombal, Parque, Picoas, Campo Pequeno, Jardim Zoológico, entre autres.

Il existe deux zones : *coroa L,* où se concentrent les points d'intérêt touristique, et *coroa 1,* en périphérie (stations de Amadora Este, Alfornelos et Odivelas). Aller-retour se dit *ida e volta.*

### Les bus (*autocarros* ou *bus*)

Très nombreux, les bus desservent pratiquement toute la ville. La société qui gère les bus et tram s'appelle la *Carris.*

■ *Carris :* ☎ *21-350-01-15.* ● *carris.transporteslisboa.pt* ●
■ *Points de vente et d'information Carris en ville :* Casa da Sorte Lotarias, praça da Figueira (plan centre détachable, J8, 7 ; tlj sf dim 8h-20h) ; à la gare Santa Apolónia, kiosque Totobola, porte 8 (plan d'ensemble détachable, M8 ; tlj 9h-19h) ; ou devant le jardin zoologique (plan d'ensemble détachable, D1 ; tlj 8h-20h).

Les bus circulent de 5h30 à 1h environ selon les lignes. Les horaires sont indiqués à chaque arrêt *(paragem).* Mais attention, le circuit n'est pas rappelé à l'intérieur du bus. L'usage veut que l'on monte par l'avant des bus et des trams. La nuit, fonctionnement de la *Rede de Madrugada :* quelques lignes de bus relient les principales destinations de la ville entre minuit et 5h ; les numéros de ces bus commencent par 200.

Pour avoir une idée du prix des titres de transport valables sur ce réseau (y compris trams et funiculaires) :
– *Cartão Viva Viagem/Sete Colinas* (voir plus haut) : elle permet, entre autres, un nombre illimité de voyages en bus, métro et tram pour 24h.
– *Tarifa de bordo :* à bord, compter 1,80 € pour un ticket sans correspondance. Aucune réduction ; gratuité pour les moins de 4 ans.
Pour ceux qui deviendraient accros aux transports lisboètes, *museu da Carris* (*rua 1º de Maio, 103, sous le ponte 25 de Abril ;* ☎ *21-361-30-87 ;* ● *museu.carris.pt* ● *; lun-sam 10h-18h ; entrée 4 €, réduc avec la Lisboa Card*). Accessible avec les trams nos 15E ou 18E. Un autre voyage, dans le temps cette fois, à travers expositions d'objets, uniformes, machines...

## Le tram *(eléctrico)*

– *Tarifa de bordo :* à bord, compter 2,85 € pour un ticket sans correspondance.
– *Cartão Viva Viagem/Sete Colinas* (voir plus haut) : elle permet entre autres un nombre illimité de voyages en bus, métro, tram et même l'*elevador* de Santa Justa pour 24h.
À la fin de l'été 1901, les Lisboètes inaugurèrent le premier *eléctrico* reliant Cais do Sodré à Algés. Appartenant à la mémoire de la ville, il en reste quelques-uns, vieux trams rouges ou jaunes en tôle et en bois clair, à l'aspect de boîtes de conserve un rien cabossées, aux frontons desquels s'affichent un chiffre et une destination. Pour avoir une chance d'être assis, mieux vaut éviter les heures de pointe. Ne faites pas comme certains touristes, toujours pressés de monter et doublant tout le monde, sous le regard noir des Lisboètes.
*Un tramway à ne pas manquer :* le *nº 28,* qui effectue la traversée des quartiers les plus intéressants sur le plan historique (Bairro Alto, Alfama, Graça). Une balade inoubliable, avec des plongées éperdues qui livrent le soir des points de vue flamboyants sur la ville.

Le *nº 12* fait le tour des collines du *castelo* et de l'Alfama, sans s'écarter beaucoup du trajet du nº 28 (départ praça da Figueira ou largo do Martim Moniz). Le tram *nº 25,* qui circule entre la *casa dos Bicos* et Estrela/Prazeres, emprunte une petite partie du parcours du nº 28, mais traverse Lapa et Madragoa ; un complément intéressant pour le retour. Pour aller à Belém, montez donc à bord du *nº 15,* et si vous voulez découvrir un dernier tram, prenez le *nº 18* jusqu'au *palácio da Ajuda.*
*ATTENTION, faites bien attention aux voleurs et aux pickpockets* qui profitent de votre distraction, surtout dans le nº 28 et le nº 15E, lorsque le tram est bondé, ou qui, en petits groupes, jouent aux touristes dans les files d'attente... La police veille et arrive souvent à l'improviste, mais ces bandes sont bien organisées ! Il arrive même que l'un d'eux crie « au voleur » pour permettre à ses complices de voir où les mains des voyageurs se portent illico – vieux réflexe – pour vérifier si papiers et argent sont bien en place. Si vous n'y faites pas gaffe, c'est vous-même qui ferez votre malheur. Malin !
– *Tramways touristiques :* ● *yellowbustours.com* ● *2 circuits « Tram Castle Tour » (tram vert), au départ de la praça da Figueira, tlj 10h-17h40 (10h30-16h30 oct-fév) ; départ ttes les 40 mn. Durée : 40 mn. Tarif : 10 € ; réduc ; valable 24h. Et « Hills Tramcar Tour » (tram rouge), au départ de la praça do Comércio, tlj 9h20-18h20 (9h30-17h30 oct-mai) ; départ ttes les 20 mn (30 mn oct-mai). Durée : 1h25. Tarif : 19 € ; réduc ; valable 24h.* Dans un tram du début du siècle dernier restauré. Ils empruntent plus ou moins les mêmes voies que le nº 12 (tram vert) et le nº 28 (tram rouge). Moins de voleurs à bord, mais bien plus cher...
– *Bus touristique : même compagnie que pour le tram touristique. « Tagus Tour », tlj juin-sept 9h-20h (17h30 oct-mai) ; départ praça da Figueira, ttes les 15-30 mn. Tarif : 16 €. Durée : 1h40. D'autres excursions proposées 16-29 €.* Visite de la ville dans un bus à étage.

## Les funiculaires (ascensores) et l'elevador de Santa Justa

Miniaturisés, désuets, ils ressemblent à des jouets pour enfant sage du début du XX$^e$ s. Ils sont utiles aux Lisboètes et aux touristes pour rejoindre leur pension perchée sur les hauteurs. Le tarif à bord des *ascensores* n'est pas avantageux (3,60 € l'A/R) et encore plus dans l'*elevador* de Santa Justa où il faut débourser 5 €. Gratuit avec la carte *Sete Colinas/Viva Viagem* et la *Lisboa Card*.

– **Ascensor do Lavra** (plan centre détachable, I-J7) : *tlj 7h45 (9h dim)-20h.* Le plus ancien (1884) et le moins connu. Relie les bords de l'avenida da Liberdade aux vieux quartiers à l'est de Restauradores. Il permet d'accéder au jardim do Torrel.

– **Ascensor da Glória** (plan centre détachable, I8) : *lun-ven 7h-minuit (0h30 ven), sam 8h30-0h30, dim 9h-minuit.* Frère jumeau du funiculaire do Lavra, il conduit de Restauradores au Bairro Alto, près du *miradouro* de S. Pedro de Alcântara. **Méfiez-vous des pickpockets** et des voleurs à la tire à la sortie de ce funiculaire très fréquenté.

– **Ascensor da Bica** (plan centre détachable, H-I9) : *tlj 7h (9h dim)-21h.* Le plus beau (classé Monument national). À la différence des autres, il trace son sillon dans une rue animée et pleine de restos, entre la rua de São Paulo et le Bairro Alto. Ne le manquez pas, le funiculaire est très discret au départ de la rua de São Paulo (dans un passage couvert, il est dissimulé par une grande porte verte).

– **Ascensores pour l'Alfama** (plan centre détachable, K9) : *tlj 8h-21h.* Derniers-nés de la ville, ces **deux ascenseurs** permettent de grimper directement au sommet, au pied du château. Autre avantage, ils sont gratuits ! De haut en bas, donc : le premier ascenseur (« Elevador do Castelo ») est situé dans une belle bâtisse rénovée recouverte d'azulejos bleus et jaunes, située rua Franqueiros, 170, en face de la rua da Victoria. Vous arrivez rua da Madalena. L'autre ascenseur est accessible depuis le largo A. Amaro da Costa, en sortant, à gauche, puis à droite (indiqué) puis le largo do Chao da Loureiro, à l'intérieur du supermarché *Pigo Doce* (mêmes horaires). Et vous voilà à deux pas du château !

– **Elevador de Santa Justa** (plan centre détachable, J8-9, 367) : *tlj 7h-22h45 (21h45 oct-mai). Accès plus intéressant avec la carte Viva Viagem/Sete Colinas.* Ne manquez pas ce monument insolite ! L'*elevador* de Santa Justa fut construit en 1900 pour faciliter l'accès à l'église du Carmo, dans le Chiado, depuis la ville basse. C'est un chef-d'œuvre d'architecture néogothique et sa silhouette est une remarquable ciselure de fer forgé. Belvédère au-dessus. Point de vue magnifique, surtout la nuit. Lire aussi plus loin dans le quartier du Bairro Alto « À voir. L'*elevador* de Santa Justa ».

## Le taxi

La plupart des taxis sont peints en beige clair, d'autres en vert et noir. Bon marché, efficaces et en général de bonne compagnie. Les taxis ont tous un compteur. Prévoir 3 à 7 € pour une course dans le centre-ville. Prise en charge : 3,25 € dans la journée et 3,90 € le soir et le week-end. Supplément bagages : 2 € minimum, quel que soit le nombre de valises. Plusieurs compagnies dont : **Cooptaxis** (☎ 21-793-27-56), **Rádio Táxis de Lisboa** (☎ 21-936-21-13) et **Teletáxis** (☎ 21-811-11-00. 938-11-11-00 et 919-78-10-10). Supplément du fait de l'appel.

## Les trains de banlieue

Les tickets achetés aux distributeurs automatiques sont à utiliser dans les 2h (au guichet, pas de limite de temps). Voyage gratuit avec la *Lisboa Card*. Il existe un « **Billet touristique** » pour la ligne de Cascais et Sintra, assez avantageux, valable 24h ou 72h, qui coûte 6 ou 13,50 € + 0,50 € pour la carte ; achat dans les gares de Rossio, Cais de Sodré et Belém. Il permet de prendre les trains et les bus pour visiter ces villes et les environs. *Rens :* ● cp.pt ●

*pour les trains et • scotturb.com • pour les bus.*

Pour faire simple, la ligne de train pour Sintra part de la gare de Rossio et celle de Cascais via Belém part de Cais do Sodré. Puis bus reliant Sintra à Cascais et cabo da Roca.

🚂 *Estação do Rossio (plan d'ensemble détachable et plan centre détachable, I-J8) :* Ⓜ *Restauradores ou Rossio.* C'est le terminal des trains pour Sintra. Pratique. Billets en haut de l'escalator. Idéal pour visiter Queluz (durée 15 mn, ttes les 30 mn) et Sintra, si vous ne voulez pas louer de voiture.

🚂 *Estação de Sete Ríos (plan d'ensemble détachable, D2) :* Ⓜ *Jardim Zoológico.* Départs et arrivées des trains de la compagnie *Fertagus*, reliant les villes au sud du Tage et la péninsule de Setúbal.

🚂 *Estação de Entre Campos (plan d'ensemble détachable, H1) :* Ⓜ *Entre Campos ou Campo Pequeno.* Départs et arrivées des trains de la compagnie *Fertagus*, reliant les villes au sud du Tage et la péninsule de Setúbal.

🚂 *Estação de Roma-Areeiro (plan d'ensemble détachable, J1) :* Ⓜ *Areeiro ou Roma (dans les 2 cas, gare assez loin du métro).* Ici également, départs et arrivées des trains de la compagnie *Fertagus*, reliant les villes au sud du Tage et la péninsule de Setúbal.

🚂 *Estação de Cais do Sodré (plan d'ensemble détachable et plan centre détachable, I10) : située à 800 m à l'ouest de la praça do Comércio.* Ⓜ *Cais do Sodré. Trains 5h30-1h30. Pour Cascais, A/R env 5 €. Trajet : 40 mn.* Terminal au départ duquel un train local dessert des hauts lieux de la nuit lisboète (Alcântara, Docas), avant de poursuivre jusqu'à Cascais en passant par Belém, Algés et Estoril. En journée, très pratique aussi pour rejoindre les plages.

## Les gares fluviales

Pour se rendre sur l'autre rive du Tage (l'*Outra Banda* ou *Outro Lado*), où la majorité des Lisboètes ont leurs pénates (loyers moins chers), plusieurs embarcadères selon la destination (certains sont provisoires : bien se faire confirmer le lieu de départ à l'office de tourisme). *Infos :* ☎ *808-20-30-50.* • *transtejo.pt* •

Pour une minicroisière à prix modique :

🚢 *Estação fluvial do Cais do Sodré (plan centre détachable, I10) : caché derrière la gare ferroviaire.* Pour Cacilhas, Seixal et Montijo.

➤ *Pour Cacilhas :* départ ttes les 15-30 mn, 5h40-1h40 (prix 2,90 € l'A/R ; réduc avec « Zapping », voir plus haut).

➤ *Pour Seixal :* départ ttes les 30 mn (1h après 20h), 6h35-23h15 ; w-e départ ttes les heures, sam 7h30-22h, dim 8h30-21h30.

🚢 *Estação fluvial do Terreiro do Paço (plan centre détachable, K10) : à côté de la praça do Comércio.* Passagers exclusivement.

➤ *Pour Barreiro* (joli hall décoré d'azulejos) *:* départ ttes les 10-30 mn, 5h45-2h.

➤ *Pour Montijo :* 1 ou 2 départs/h en sem 6h30-23h15 ; 1 départ/h le w-e, sam 7h-22h et dim 8h40-21h30.

🚢 *Estação fluvial de Belém (plan détachable Belém) :*

➤ *Pour Trafaria et Porto Brandão :* 1 ou 2 départs/h, 7h-22h (w-e 7h30-21h30).

– *Bateaux touristiques :* ☎ *21-882-46-74 ou 75.* • *cruzeirostejo.com* • *Circuit « Lisbonne, vue du fleuve » : env 2h30. Départ de l'estação fluvial do Terreiro do Paço (praça do Comércio), tlj à 15h, avec arrêt facultatif à Belém. Tarif : 20 €, durée 2h30. Et « Circuit des découvertes », départ de Cais do Sodré. Tarif : 15 €, durée 1h. Pour les 2 circuits, réduc de 20 % avec la Lisboa Card ; réduc pour les 6-12 ans et les plus de 65 ans.* Du 1er avril au 31 octobre, des bateaux touristiques parcourent le fleuve en offrant des vues inédites sur les collines de Lisbonne.

## Le vélo

La topographie de la ville aux sept collines ne se prête pas vraiment au cyclisme, sans compter que le pavage d'un grand nombre de rues rend la circulation inconfortable, notamment s'il a plu. Cela dit, pour les adeptes du *mountain bike* cela peut être sportif. D'autre part, des pistes cyclables ont été aménagées le long du Tage à partir de Cais do Sodré, et dans le parque das Nações. Pour les locations de vélos, se renseigner auprès des offices de tourisme.

## La voiture

*Si vous avez loué une voiture pour circuler en ville, annulez votre réservation !* Éviter de rouler en voiture. Sont fous, ces Lisboètes, mais ils savent où stationner sans avoir de PV. Gare à la fourrière, sinon, vous êtes bon pour le *reboque*. Pour les irréductibles, sachez que les horodateurs peuvent être approvisionnés pour 3h max. Les parkings en centre-ville peuvent coûter jusqu'à 40 € pour 24h. La voiture s'avérera en revanche assez pratique pour sillonner les alentours (mais pas obligatoirement).
Les principaux loueurs sont présents à l'intérieur de l'aéroport, à droite après le hall d'arrivée.

■ *Europcar :* ☎ 21-940-77-90. Gare do Oriente, av. D. João II : ☎ 21-894-60-71. Aéroport : ☎ 21-840-11-76. ● europcar.pt ●

■ *Hertz :* ☎ 808-20-20-38 et 21-942-63-00 (à l'aéroport). ● hertz.com.pt ● Dispose d'un guichet à l'aéroport et d'une agence en centre-ville.

■ *Avis :* en France : ☎ 0821-230-760 (0,08 €/mn). Aéroport : ☎ 21-843-55-50. ● avis.com.pt ● Dispose d'un guichet à l'aéroport et de plusieurs agences à Lisbonne.

## Découvrir Lisbonne autrement

■ *Lisbonne à pied :* ☎ 961-16-42-96. ● info@lisbonneapied.com ● lisbonneapied.com ● Compter 110-120 €/famille (2 adultes + 3 enfants), 30-55 €/pers selon le groupe ; réduc enfant ; réduc supplémentaire de 10 % pour les lecteurs de ce guide. Cette association de jeunes guides français amoureux de Lisbonne propose des visites guidées individualisées dans les quartiers les plus intéressants de la ville : les ruelles pittoresques de l'Alfama, le quartier animé du Chiado et de Baixa. Ces visites hors des sentiers battus vous permettront de vous imprégner de l'ambiance lisboète. Visite de 3h environ, bourrée d'anecdotes surprenantes pour mieux connaître Lisbonne et les Portugais.

■ *Lisbon Walker* (plan centre détachable, L8, 12) *:* rua dos Remédios, 84. ☎ 21-886-18-40. ● info@lisbonwalker.com ● lisbonwalker.com ● *Infos, dates et horaires sur leur site internet ou par tél. Billet : 15 € ; réduc.* Une jeune association lisboète qui organise des visites guidées à pied, en français (seulement 3 balades dispo) ou en anglais. Pour les francophones, nécessité de constituer un groupe de 6 personnes minimum et de réserver à l'avance. Thèmes très variés : « Tour révélation de Lisbonne », « La vieille ville », « Lisbonne des découvertes »... Promenades faciles (environ 2h). Rendez-vous et départs à l'angle de la praça do Comércio et de la rua da Alfândega.

■ *Lisbonne Âme Secrets :* résa nécessaire au ☎ 963-967-967. ● resa@lisbonne-ame-secrets.com ● lisbonne-ame-secrets.com ● *Départs tlj à 10h et 15h30.* Promenades guidées (en français) de 3 à 4h dans les quartiers d'Alfama, Graça, Baixa, Mouraria et Chiado. Groupes de 10 personnes. Visite de l'Alfama très bien faite, pour apprécier et comprendre la vie du quartier.

■ *En tuk-tuk :* ☎ 21-347-81-03. ● tuktuk.lisboa@gmail.com ● tuk-tuk-lisboa.pt ● *Départ depuis l'esplanade du miradouro de Santa Luzia. Durée : de 30 mn à 3h (compter de 25 à 55 € env). Le prix est le même quel que soit le nombre de passagers.* À l'image des tuk-tuk en Asie, le triporteur, équipé d'un moteur de moto, peut contenir jusqu'à 6 passagers, et se propose ici en véhicule de promenade.

■ *En scooter* (location) *: Lisbon Scooter* (plan centre détachable, l8, 13), rua do Grémio Lusitano, 9. ☎ 919-76-92-49. ● lisbonscooter.com ● *Compter 35-39 €/j.* Une adresse pour louer un scooter.

■ *En Segway* (location ou visite

*guidée)* : **Lisbon by Segway** *(plan centre détachable, K9, 14)*, rua dos Douradores, 16. ☎ 21-096-50-30. • *lisbonbysegway.com* • Ⓜ Baixa-Chiado. *Visites guidées, env 35 à 69 € (tours de 1h à 3h).* Et **Moving Free** *(plan détachable Belém, 15)*, av. Brasilia, Junto ao Padrão dos Descobrimentos. ☎ 91-277-70-70. • *movingfree. com* • *Tlj 10h-19h (20h l'été). Loc 1h30 à 2h, 35-45 €.* La mode des Segway est aussi arrivée à Lisbonne. Il s'agit d'une sorte de trottinette, propulsée par une batterie électrique, dirigée par une personne, dont la seule difficulté est de trouver son équilibre (on s'y tient debout). Les adeptes circulent souvent en groupe.

■ On peut aussi louer des **voiturettes à 3 roues auprès de la compagnie Gocar** : *rua dos Douradores, 16.* ☎ *21-096-50-30.* • *gocartours.pt* • *Ouv 9h-18h. Compter à partir de 29 €/pers.* Il faut avoir 18 ans au moins et posséder un permis de conduire. La voiturette peinte en jaune accueille 2 passagers, casque obligatoire, l'engin n'a pas de toit. Le plus intéressant est le système de guidage par GPS et les commentaires touristiques qui sont délivrés par la machine. Une manière insolite et instructive de découvrir Lisbonne.
– **En tramway :** voir plus haut « Le tram *(eléctrico)* ».

# LISBONNE QUARTIER PAR QUARTIER

C'est au cœur de la Ville blanche que commence la balade, par les quartiers les plus célèbres (Baixa, Rossio, Chiado, Bairro Alto), en attendant de reprendre des forces pour remonter l'avenida da Liberdade et grimper les rues de l'Alfama jusqu'au pied du Castelo et voir Lisbonne d'en haut.

## *BAIXA ET ROSSIO*

Baixa, c'est un peu la vallée de Lisbonne, à l'ombre des collines du Chiado, de l'Alfama et du Castelo. Ce quartier constitue une pièce essentielle sur la carte de la ville. Limitée au nord par le Rossio et au sud par le Tage, fleuve mythique se jetant dans l'océan Atlantique, voici donc la partie la plus basse et plate de la capitale.
La Baixa forme un grand rectangle urbain, fruit de la reconstruction de la ville par le marquis de Pombal après le terrible tremblement de terre de 1755. Les rues se coupent à angle droit et présentent un côté fonctionnel, qui séduisit les francs-maçons du Siècle des lumières. Aujourd'hui c'est un heureux mélange d'appartements et de bureaux, de petits commerces et de vie de quartier. Pour un voyageur, c'est aussi un des endroits pour poser son sac dans l'une des pensions bon marché.

### Où dormir ?

**De très bon marché à prix moyens**

Certaines des adresses suivantes offrent deux types d'hébergement : des lits en dortoir dans la catégorie « Très bon marché » et des chambres doubles de « Bon marché » à « Prix moyens » ouvertes à tous.

*Auberges de jeunesse et hostels*

⌂ **Golden Tram 242** *(plan centre détachable, J8-9, 30)* : *rua Áurea, 242.* ☎ *21-322-91-00.* • *goldentram242 lisbonnehostel.com* • *Dortoirs de 4 à 10 pers, env 13-25 €/pers, doubles 30-35 €. Petit déj en sus, bon marché.* 🛜 Grande AJ moderne très colorée, toute fraîche et pimpante. Des dortoirs de 4 à 10 lits mais aussi quelques chambres doubles avec salle de bains privée. Chaque niveau a une couleur. Au 1er étage, une grande salle commune, tout aussi lumineuse et colorée, avec cuisine, bar, bibliothèque et ordi à disposition. Le tout est très propre et l'accueil vraiment chaleureux. Une vraie pépite !

● **Yes Lisbon Hostel** (plan centre détachable, J9, **31**) : rua de São Julião, 148. ☎ 21-342-71-71. ● yeshostels.com ● Ⓜ Baixa ou Chiado. Compter 16-25 €/pers ; une double 60-66 € selon saison ; petit déj inclus. Proche du musée du Design et du Tage, cette AJ est une excellente adresse, arrangée à la fois de façon fonctionnelle et design. Toujours beaucoup de jeunes, pensez donc à réserver. À l'entrée, grand bar en U avec la réception attenante. Accueil dynamique. Les dortoirs (4, 5 et 6 lits) ont les toilettes à l'intérieur ou sur le palier. Pour plus d'intimité, il y a aussi une chambre double. Repas possible sur place, cuisine à disposition, sorties organisées à Lisbonne.

● **Living Lounge Hostel** (plan centre détachable, J9, **32**) : rua do Crucifixo, 116 ; 2°. ☎ 21-346-10-78. ● info@livingloungehostel.com ● lisbonloungehostel.com ● Selon saison, dortoirs 2-8 lits 18-25 €/pers et doubles sans sdb 54-64 €, petit déj inclus. Un de nos coups de cœur. Chaque chambre a une déco particulière : nos préférées ont de l'herbe artificielle sur les murs, ou les traces d'une scène de crime ou tous les ingrédients d'un(e) fadista convaincu(e). Salon commun très sympa avec son siège de coiffeur, son jeu d'échecs escamotable, ses larges sofas et la grande table pour le petit déj (excellent). Très bon accueil. Cuisine à dispo, repas tous les soirs si vous le souhaitez et vélos à louer. On vous avait prévenu.

● **Lisbon Lounge Hostel** (plan centre détachable, J9, **33**) : rua São Nicolau, 41 ; 1°. ☎ 21-346-20-61. ● info@lisbonloungehostel.com ● lisbonloungehostel.com ● Selon saison, dortoirs 4-8 lits 18-25 €/pers et doubles sans sdb 54-64 €, petit déj inclus. Même proprio que le Living Lounge Hostel. Ambiance jeune et agréable. Grand salon pour surfer ou écouter de la musique lounge (ah, c'est ça le nom !). Chambres bien décorées, colorées, propres et fonctionnelles. Casiers à clé. Salles de bains bien équipées et nickel. Cuisine à dispo. Repas organisé tous les soirs par le cuisinier de la maison. On va vous chouchouter !

● **Travellers House** (plan centre détachable, J9, **34**) : rua Augusta, 89 ; 1°. ☎ 21-011-59-22. ● info@travellershouse.com ● travellershouse.com ● Selon saison, dortoirs 4-6 lits 18-27 €/pers et doubles sans sdb 24-75 €, petit déj inclus. Une AJ privée, centrale, pimpante à souhait avec ses parquets bien cirés. Les dortoirs sont impeccables, équipés de couettes douillettes et de coffres individuels pratiques (tous dotés d'un petit coffre-fort). Jolie cuisine à disposition. Quant aux doubles, il faut réserver : il s'agit en fait d'un appartement très coquet, au 4e étage, composé de 2 chambres, d'une cuisine et d'une salle de bains. Une adresse jeune qui ne manque pas de charme !

● **Lisbon Story Guesthouse** (plan centre détachable, J8, **35**) : largo de São Domingos, 18 S/L ; 1°. ☎ 21-887-93-92. ● info@lisbonstoryguesthouse.com ● lisbonstoryguesthouse.com ● Doubles sans ou avec sdb 40-110 € selon saison, petit déj inclus. Possibilité de chambres familiales. CB refusées. Une dizaine de chambres toutes différentes, certaines plus petites que d'autres, demander à voir si possible. Trois ont même leur propre salle de bains. Déco très colorée, composée d'objets chinés et de motifs très modernes et originaux. Salon commun avec gros coussins. Café à disposition. Une adresse avec un bon esprit.

● **Rossio Hostel** (plan centre détachable, J8, **36**) : calçada do Carmo, 6 ; 2°. ☎ 21-342-60-04. ● rossiohostel@hotmail.com ● rossiohostel.com ● Selon saison, dortoirs 2-4 lits 18-24 €/pers et doubles sans sdb 54-70 €, petit déj inclus. Séjour min de 2 nuits. Hyper central, à deux pas de l'arrêt Rossio de l'Aero-Bus, ce n'est qu'un atout d'une adresse qui les collectionne. Parquetés, les dortoirs et chambres sont de tailles modestes mais toujours clairs et coquets, avec parfois vue sur la place.

Salles de bains correctes. Les espaces communs tirent le meilleur profit de cet immeuble classique : poutres apparentes, grandes fenêtres, salon avec banquettes, poufs et écran ciné pour mater la télé, vraie salle à manger et cuisine où rien ne manque, pas même les boissons chaudes gratuites. Organisation de sorties dans Lisbonne. Accueil top. Bref, un modèle d'*hostel* !

▲ **Home Lisbon Hostel** *(plan centre détachable, K9, 37) : rua de São Nicolau, 13 ; 2º. ☎ 21-888-53-12. ● info@mylisbonhome.com ● mylisbonhome.com ● Dortoirs 4-8 lits 12,50-24 €/pers selon saison, petit déj inclus.* 🛜 Ambiance définitivement routarde pour cette adresse qui cumule sympathie et décontraction. Parfois un peu en désordre quand les autres routards ne prennent pas soin de l'espace commun. Cuisine et petite terrasse sur l'arrière. Grand salon agréable à vivre. Accueil souriant.

▲ **Vistas Lisboa Hostel** *(plan centre détachable, J8, 38) : rua dos Douradores, 178 (angle avec la rue de Santa Justa). ☎ 21-886-72-56. ● vistasdelisboa.com ● Lit en dortoir (4, 6 ou 8 lits) 12-18 €/pers ; chambres privatives 30-40 €. Petit déj inclus.* 🛜 Un bon emplacement au cœur de la Baixa, des dortoirs modestes mais impeccables. Accueil anglophone, voilà une auberge de jeunesse de dimension raisonnable. Toilettes extérieures. Ventilateur mais pas de climatisation. Les chambres donnent sur la rue ou sur l'arrière.

### Pensions, hôtels

Rien à voir avec les adresses précédentes, mais vraiment pas chères.

▲ **Pensão Praça da Figueira** *(plan centre détachable, J8, 39) : travessa nova de São Domingos, 9 ; 2º. ☎ 21-342-43-23. ● pensaofigueira@clix.pt ● pensaopracadafigueira.com ● Doubles 33-74 € selon confort et saison. Suites (5 pers) 22-39 €/j. par pers selon nombre de pers. Petit déj inclus.* 🛜 *Apéritif ou petit déj offert sur présentation de ce guide.* Confortable pension (AC, TV) à la déco simple. Certaines chambres avec ou sans salles de bains. On peut choisir l'une de celles du 2e étage, avec la vue sur la place de Figueira ou sur la rue piétonne à l'arrière (moins lumineux, mais plus calme). Accueil charmant.

▲ **Pensão Moderna** *(plan centre détachable, J8, 40) : rua dos Correeiros, 205 ; 4º. ☎ 21-346-08-18. ● pensaomoderna@sapo.pt ● pensaomoderna.com ● Doubles 25-35 €.* Si vous cherchez une pension portugaise authentique, mais aussi propre et bien tenue, c'est ici qu'il faut dormir. La petite dame ne parle que le portugais mais on arrive toujours à se faire comprendre. Le plus intéressant est le prix d'avant la crise et la taille de l'appartement. Il abrite une dizaine de chambres très propres, et de confort minimum, avec tout de même ventilo et TV. Douches et toilettes sont sur le palier.

▲ **Albergaria Insulana** *(plan centre détachable, J9, 41) : rua da Assunção, 52 ; 2º. ☎ 21-342-31-31 ou 76-25. ● info@insulana.net ● insulana.net ● Doubles 43-70 € selon saison, petit déj compris.* 🛜 *(réception).* Pension très bien située, calme, très stylée années 1970, avec un côté fonctionnel et vieillot. Ensemble propre et bien tenu. Accueil aimable.

▲ **Pensão-residencial Gerês** *(plan centre détachable, J8, 35) : calçada do Garcia, 6 ; 1º et 2º. ☎ 21-881-04-97. ● info@pensaogeres.net ● pensaogeres.com ● À 150 m du métro pour l'aéroport (lignes verte puis rouge). Selon saison, doubles sans ou avec douche 45-60 € ; 60-75 € pour 3 pers et 80-85 € pour 4. Pas de petit déj.* 💻 🛜 Vieille maison à l'intérieur soigné et bien tenu. Joli corridor aux murs en partie couverts d'azulejos. Les chambres sont plus anonymes, un rien étroites et sombres, et les oreillers et matelas sont très durs !

## De plus chic à très chic

Ne boudez pas certaines des adresses de cette catégorie qui peuvent offrir de bons prix en basse saison.

▲ **Lisboa Prata Boutique-Hôtel** *(plan centre détachable, J9, 42) : rua da Prata, 116. ☎ 21-880-50-20. ● lpboutiquehotel.com ● Doubles env 92-180 €, selon catégorie et saison. Petit déj en sus.* 🛜 Hôtel de charme, récemment rénové, dans une belle bâtisse du XVIIIᵉ s. Chambres à la déco raffinée, dont certaines avec balcon. Les plus chères sont un peu petites, mais toutes ont un confort parfait. Petit salon cosy, avec sol vitré sur les anciennes fortifications romaines. On l'apprécie aussi pour son emplacement stratégique et son personnel avenant.

▲ *158 Lisbon Short Stay (plan centre détachable, J9, 43) : rua dos Sapateiros, 158.* ☎ *21-193-16-46.* ● *info@ lisbonshortstay.com* ● *lisbonshortstay. com* ● *Loc à la nuit ou à la sem de studios équipés : 40-160 €/j. pour 2 selon taille et saison ; pers supplémentaire 25 €.* 🛜 Un immeuble en plein centre proposant des studios indépendants à la décoration très contemporaine, béton ciré pour certains et couleurs pétaradantes pour d'autres. Kitchenette simple mais bien aménagée. Terrasse au sommet de l'immeuble avec une vue sur l'*elevador*, le château et le Tage. On adore ! Resto-bar au rez-de-chaussée, concerts en fin de semaine, mais aucun danger côté bruit.

▲ *Hotel Metropole (plan centre détachable, J8, 44) : praça Dom Pedro IV (Rossio), 30 ; 1º.* ☎ *21-321-90-30.* ● *metropole@themahotels.pt* ● *thema hotels.pt* ● *Doubles 80-200 € selon saison, petit déj-buffet compris.* 🖥 🛜 Au cœur de la ville basse, pas loin des moyens de transport. Bien visiter sa chambre, certaines sont plus vieillottes que d'autres et mériteraient une petite rénovation. Les plus belles donnent sur la place.

▲ *Hotel Lisboa Tejo (plan centre détachable, J8, 45) : rua dos Condes de Monsanto, 2.* ☎ *21-886-61-82.* ● *lisboatejohotel.com* ● ♿ *Doubles 74-150 € selon saison, petit déj copieux (inclus ou pas, selon le prix de la chambre). Parking à tarif avantageux ; les places étant rares, demandez-en une dès la résa.* 🖥 🛜 Un bel hôtel redécoré, installé dans une bâtisse ancienne. Les chambres spacieuses et confortables, un peu moins design mais à la déco soignée et personnalisée, jouissent des qualités de leur catégorie (AC, TV, services...). Accueil aimable. Chambres quelquefois inégales, essayez d'en visiter plusieurs. Accueil adorable et d'une grande disponibilité.

▲ *Internacional Design Hotel (plan centre détachable, J8, 46) : rua da Betesga, 3.* ☎ *21-324-09-90.* ● *book@ idesignhotel.com* ● *idesignhotel.com* ● ♿ *Doubles 133-300 € selon taille et saison.* 🛜 *(réception).* Plusieurs ambiances pour cet hôtel design : urban, zen, tribal, pop, avec déco, sons et odeurs adaptés à chaque étage ! Lignes épurées, jeux des matières, et tout le confort nécessaire (AC, TV, machines à expresso, etc.). Belle vue sur la place du Figuier pour certaines chambres (avec double vitrage).

## Où manger ?

Un paquet de restos touristiques pas folichons. Pour une restauration rapide locale, nous vous indiquons quelques-unes de ces *tascas* (gargotes locales) si prisées par les employés pressés à l'heure du déjeuner.

### Très bon marché

I●I *Casa Brasileiria (plan centre détachable, J8, 120) : rua Augusta, 267.* ☎ *21-346-97-13. Tlj. Repas 5-6 €.* Idéal pour grignoter sur le pouce des beignets de morue (délicieux), de petits sandwichs, des feuilletés aux saucisses, debout autour du comptoir. En dessert, une foule de délices pour les becs sucrés. Les flots de touristes n'ont rien enlevé à la qualité des produits, toutefois on déplore quelques manquements du côté du service. Faites comme nous, prenez à emporter !

I●I *Cantina das Freiras (plan centre détachable, J9-10, 121) : travessa do Ferragial, 1 ; 3º.* ☎ *21-324-09-10.* ● *ferragial@gmail.com* ● *Repas 7-8 €.* Il s'agit d'un self-service tenu et géré par une association catholique internationale. La « Cantine des Frères » n'est pas un réfectoire de prêtres et de moines, mais un resto ouvert au public. C'est propre, sain, frais et vraiment pas cher. Le grand avantage de cette cantine réside dans sa belle terrasse lumineuse qui offre une superbe vue dominante sur les toits du Chiado et le Tage.

|●| *Sacolhina (plan centre détachable, I9, 122) : rua Paiva de Andrada, 8-12. À deux pas de l'animation de la pl. Camoens. Tlj 8h-21h. Salades 5,50-7 €, sandwichs 3-4 €.* Enfin une antenne de cette fameuse boulangerie-pâtisserie-snack de Cascais. Quelques tables pour se poser et admirer les nombreux desserts en devanture. La spécialité de la maison est le *Bolas de Berlim*, un gâteau fourré à la crème. Salades et sandwichs sont tout aussi appétissants. Bon rapport qualité-prix.

|●| *Buffet do Leão (plan centre détachable, J8, 123) : rua Iº de Dezembro, 93. ☎ 21-342-61-95. ● leao_douro@sapo.pt ● Tlj 12h-23h. Menu lun-ven midi 7,90 € ; plus cher soir et w-e.* « Mangez autant que vous voulez », tel est le slogan de ce resto-buffet à volonté. La cuisine y est de qualité et c'est bien là le point fort de cette adresse. Les légumes sont frais et les grillades savoureuses. Toutefois, quelques déconvenues.

|●| *A Tendinha (plan centre détachable, J8, 124) : praça Dom Pedro IV (Rossio). Lun-ven 7h-19h.* Une minuscule *tasca* pour manger debout et sur le pouce dans un cadre qui a gardé depuis 1840 un petit quelque chose sinon des fastes, du moins de la place d'antan. Quelques tables en terrasse.

|●| ♈ *Casa das Bifanas (plan centre détachable, J8, 125) : praça da Figueira, 7 A. Tlj sf dim, 6h30-minuit.* Bon choix salé-sucré, très bien pour boire un verre ou prendre le petit déj sur la terrasse au soleil le matin. Bonne soupe de poissons. Service aimable. Serveurs efficaces, et tout aussi sympas avec les touristes qu'avec les habitués.

|●| *Tao (plan centre détachable, K9, 126) : rua dos Douradores, 10. ☎ 21-885-00-46. Tlj sf dim et lun soir 12h30-15h30, 19h-21h30. Menu 4-7 €. Eau et salade offertes sur présentation de ce guide.* Dans une rue calme, une cantine placée sous le signe de la sagesse orientale. On prend son plateau et on choisit au comptoir parmi les différents plats proposés. Cuisine naturelle, simple et plutôt bonne (même si un peu « fatiguée » et froide en fin de journée !) : salades, tartes, plats de légumes, beignets...

|●| *O Bacalhoeiro et A Licorista (plan centre détachable, J8, 127) : rua dos Sapateiros, 222-224. ☎ 21-343-14-15. Tlj sf dim. Plats 7-10 €.* Adresses appréciées des employés du quartier le midi, et des amateurs d'atmosphère. 2 restos avec une cuisine en commun, selon que vous préférez manger dans une ambiance néomauresque ou sous des voûtes de brique, toutes deux agréables. Très bonne *bacalhau à Minha*. Accueil en français.

|●| *Ena Pai (plan centre détachable, J8, 128) : rua dos Correeiros, 180-182. ☎ 21-342-17-59. Tlj 12h-16h, 18h-23h. Menu à 12 €.* 📶 Petite adresse typique, comme on aime. Spécialités de poisson, très frais et bien cuisiné pour un prix assez doux. Installée au calme dans une petite rue piétonne.

## De bon marché à prix moyens

|●| *Pizzaria Lisboa (plan centre détachable, I9, 129) : rua dos Duques de Bragança, 5 H. ☎ 21-155-49-45. ● pizzarialisboa.pt ● Tlj 12h30-15h, 19h-minuit (sans interruption sam, 12h30-23h dim et j. fériés). Pizzas 8-16 €, plats 8-14 €. Compter 20 € pour un repas.* C'est un resto économique fréquenté plutôt le midi que le soir. Il s'agit d'une sorte d'annexe (située juste à côté) du resto chic (et plus cher) du chef José Avillez, valeur montante de la gastronomie portugaise. Voici donc une petite table du grand chef, à prix doux. Dans une salle voûtée joliment décorée, on déguste des pizzas savoureuses (comme l'« Extravagante » à partager) et des plats italiens (*pasta*, risottos). Une curiosité : le thé des Açores servi froid, parfumé à la cannelle et à l'orange. Accueil sympa.

|●| *Populi (plan centre détachable, J9, 130) : Terreiro do Paço, Ala Nascente, 85-86. ☎ 21-887-73-95. ● populi@populi.pt ● Tlj 10h-minuit. Plats env 10-18 € ; snacks 5,50-7 € ; assiettes de fromage 9-12,50 €.* 📶 On vient d'abord pour la terrasse, une des dernières de l'aile est de la praça do Comércio en

fin de journée. Possibilité de grignoter sardines, pain, thon, fromages et autres gourmandises. Et puis on se laisse surprendre par l'intérieur : superbe resto, avec monumental mur de bouteilles de vin. Déco élégante, très cosy, avec assises rétro et mosaïques graphiques au sol. Et puis on découvre la carte, portugaise, mixée avec des touches originales. Carte des vins (possible au verre) riche et bien fournie, célébrant toutes les régions du Portugal. Service très aimable. Musique un peu bruyante, mais atmosphère romantique à souhait en soirée.

**|●| Restaurante Regional** (plan centre détachable, J9, **131**) : *rua dos Sapateiros, 68. ☎ 21-342-10-27. ● regionalrestaurante@gmail.com ● Tlj sf dim 12h-15h, 19h-22h. Menu déj 9,50 €. Repas env 15-25 €. Apéritif maison offert sur présentation de ce guide.* Une des cantines des cols blancs du quartier. N'espérez pas y manger dans l'intimité. La salle bourdonne du bruit du service et des conversations. Ballet virevoltant des serveurs. Le soir, l'ambiance y est un peu blafarde, car l'éclairage est assez cru. Cuisine roborative, de qualité, et il faut avoir un bon appétit pour finir les plats !

**|●| Leão d'Ouro** (plan centre détachable, J8, **132**) : *rua 1º de Dezembro, 105. À côté de Buffet do Leão, voir plus haut. ☎ 21-342-61-95. ● leao_douro@sapo.pt ● Tlj midi et soir. Plats 14-25 € (homard 70-75 €).* Grande brasserie, à deux pas de la praça Dom Pedro. Spécialités de poisson, *cataplana* de poisson et fruits de mer. Grande salle haute de plafond, tables en bois et azulejos sur les murs. *Cataplana* délicieux, poissons frais que l'on peut choisir à l'entrée, et excellentes charcuteries pour les aficionados ; on peut même goûter le fameux *pata negra* ! Service brasserie agréable. Soirée fado en principe le mercredi à 20h.

## Pâtisseries, cafés et salons de thé

**☕ |●| Confeitaria Nacional** (plan centre détachable, J8, **250**) : *praça da Figueira, 18 B. ☎ 21-342-44-70. ● info@confeitarianacional.com ● Tlj 8h-20h. Compter 16-22 € le repas (sans boisson). Espace non-fumeurs. Apéritif maison offert sur présentation de ce guide.* Fondée en 1829, cette vieille maison, toujours à l'effigie de Baltazar Castanheiro, a fêté ses 180 ans. Une jolie bonbonnière en laque crème, avec des formes arrondies, des miroirs courbes et des serveuses en tenue classique. Un lieu idéal pour papoter entre amis. Demander les *torradas*, ces grosses tranches de pain de mie servies grillées et tartinées de beurre salé, que l'on mange à 16h avec un chocolat chaud ou un thé. Sert aussi des repas le midi (self).

**☕ |●| Casa Chinesa** (plan centre détachable, J8, **251**) : *rua Áurea, 278. ☎ 21-342-36-80. Tlj sf dim 7h-20h.* Depuis 1866, cette pâtisserie torréfie les meilleurs cafés d'Afrique et du Brésil, qu'on vient déguster debout, accoudé à des zincs rutilants, ou acheter par kilos entiers. Ici, on boit suavement son *carioca* de café qu'on agrémente, bien sûr, d'un *bolo de mel da Madeira*... Petits snacks très frais le midi, et possibilité d'y prendre le petit déj.

**☕ |●| Pastelaria Suiça** (plan centre détachable, J8, **252**) : *praça Dom Pedro IV, 96-104. Ouv 7h-21h.* Immense pâtisserie au service stylé, avec 2 grandes terrasses, à l'arrière et à l'avant, dont l'une est forcément toujours au soleil ! Vrais chocolats chauds épais et délicieux jus de fruits. Petite restauration salée et pâtisseries succulentes. Un peu plus cher en terrasse qu'à l'intérieur, mais elles sont prises d'assaut par les touristes aux beaux jours !

## Où boire un verre ?

### Ginjinhas, buvettes

Pour avaler prestement une liqueur aux cerises macérées ou une infusion de plantes, petits remontants indispensables à la vie des Lisboètes, rendez-vous selon votre humeur largo São Domingos, rua das Portas de Santo Antão, ou même rua Barros Queirós et rua da Mouraria. On y boit debout dans les buvettes ou sur le trottoir. À la façon d'une station-service, on y recharge les batteries et en route pour de folles enjambées en direction de la suivante ginjinha...

▼ *A Ginjinha* (plan centre détachable, J8, **270**) : largo São Domingos, 8. Tlj 9h-270h. Admirez en entrant les peintures sur les contrevents de la buvette, dans le style savoureux de la Belle Époque : homme à panama, femme en crinoline, le verre à la main. Pas la peine de parler le portugais, le geste suffit pour se faire remplir un peu plus qu'un dé de liqueur, avec une ou deux petites cerises. Allez boire sur le trottoir, comme tout un chacun.

## Bars design

▼ *A Outra Face da Lua* (plan centre détachable, J8-9, **271**) : rua da Assunção, 22. ☎ 21-886-34-30. ● baixa@aoutrafacedalua.com ● Tlj sf dim 10h-20h. 📶 « L'Autre face de la Lune » n'est pas dans l'ombre mais dans la lumière de la créativité. Voici un bar-boutique doublement à la mode, où l'on peut boire un verre parmi les collections de vêtements anciens redessinés par Carla Belchior, une créatrice toujours très tendance. Pour plus de détails, voir plus loin la rubrique « Achats ».

▼♪ *Ministerium* (plan centre détachable, K9, **272**) : Terreiro do Paço, Ala Nascente, 72-73. ☎ 21-888-84-54. ● ministerium.pt ● facebook.com/MinisteriumClub ● C'est l'exemple type des nouveaux bars-clubs qui ont vu le jour depuis la rénovation de l'aile est (ala nascente) de la praça do Comércio (aussi appelée Terreiro do Paço). *Ministerium* ? Parce qu'il y avait et il y a encore des bureaux des ministères dans les bâtiments au-dessus des arcades. La salle intérieure de ce bar est design, la terrasse agréable, les jus de fruits sont naturels. À l'arrière, il y a un club musical branché.

## Cafés littéraires

▼ *Martinho da Arcada* (plan centre détachable, K9, **273**) : praça do Comércio, 3. ☎ 21-886-62-13. Tlj sf dim 8h-22h. Véritable monument historique datant de 1782. C'est ici que Fernando Pessoa avait ses habitudes en sortant du bureau où il travaillait. Une petite salle de bar-cantine où l'on peut manger au comptoir et une grande salle aux boiseries anciennes, tables de marbre, nappes blanches, et photos de Pessoa et de plusieurs écrivains sur les murs. Le Prix Nobel José Saramago, l'écrivain brésilien Jorge Amado y sont venus pour des causeries littéraires, et même des politiques comme Mário Soares ou Álvaro Cunhal. Également une terrasse sous les arcades.

▼ *Café Nicola* (plan centre détachable, J8, **274**) : praça Dom Pedro IV, 24. ☎ 21-346-05-79. Lun-ven 8h-23h, sam 10h-22h. Un des grands cafés de la capitale. Ouvert au XVIIe s, il fut l'un des premiers cafés de Lisbonne, connu sous le nom de *Nicola's Tavern*. En 1929, la façade extérieure a été refaite dans le style Art nouveau. Les peintures intérieures datent de 1935. Aujourd'hui, *Nicola* reste un monument culturel, avec, dans la salle du fond, la statue de Barbosa du Bocage, un poète portugais d'origine française, qui était un habitué du café. Incontournable. Il s'est même agrandi, proposant une annexe, plus tranquille, dans la rue parallèle (rua 1º de Dezembro).

## Achats

### À boire et à manger

🍷 *Napoleão* (plan centre détachable, K9, **330**) : rua dos Fanqueiros, 70. ☎ 21-887-20-42. Tlj sf dim 9h30-20h (12h-19h l'été). Non, ce n'est pas un musée à la gloire de Napoléon mais un beau magasin-œnothèque, à la limite de la Baixa et de l'Alfama. Spécialisé dans les vins du Portugal, il propose une très grande variété de crus. Les prix sont bien affichés et l'accueil est dynamique. N'hésitez pas à demander conseil aux vendeurs.

🍷 *Manuel Tavares* (plan centre détachable, J8, **331**) : rua da Betesga, 1 A/B. ☎ 21-342-42-09. ● manueltavares.com ● Tlj sf dim 9h30-19h30.

Une charcuterie de la Baixa qui a fêté ses 150 ans en 2010. Sorte de caverne d'Ali Baba où vous trouverez aussi bien du chorizo de l'Alentejo que du jambon, des fromages de pays, sans oublier les vins, la fameuse marmelade de coings, et même des dragées maison.

## De la tête aux pieds

🌸 *A Outra Face da Lua* (plan centre détachable, J8-9, **271**) : rua da Assunção, 22. ☎ 21-886-34-30. • aoutrafacedalua.com • Tlj sf dim 10h-20h. L'idée de base de ce magasin de *vintage clothing* (vêtements anciens et rétro) est maligne : repenser, revoir et améliorer des vestes, des chemises, des gilets des années 1960-1970. Grâce à la baguette magique de cette styliste lisboète inspirée.

🌸 *Typographia* (plan centre détachable, J9, **332**) : rua Augusta, 93. ☎ 21-346-31-56. Tlj 10h-21h. La crème des designers portugais s'est amusée à créer des tee-shirts funky. Pour environ 18 €, un souvenir unique, coloré, et à porter !

🌸 *Chapelaria Azevedo* (plan centre détachable, J8, **333**) : praça do Rossio, 69, 72 et 73. ☎ 21-342-75-11. Tlj sf dim 9h-19h (13h sam). Depuis 1886, toutes les têtes bien nées ou bien faites de Lisbonne sont passées par là. Du borsalino au panama en passant par la voilette ou le chapeau à plumes, il y en a pour tous les goûts.

## Antiquités, artisanat, art

🌸 *Santos Ofícios* (plan centre détachable, K9, **334**) : rua da Madalena, 87. ☎ 21-887-20-31. • santosoficios@santosoficios-artesanato.pt • Tlj sf dim 10h-20h. Le rendez-vous des amateurs d'art populaire, fidèle au poste autant qu'à lui-même depuis des années déjà. On aime bien ces objets de la vie quotidienne du nord du pays... et toutes ces plaques émaillées du *Routard* !

# À voir. À faire

🎭 *Praça Dom Pedro IV* (plan centre détachable, J8) : plus communément appelée le *Rossio*, c'était déjà le cœur de la ville au Moyen Âge, l'endroit des fêtes et des autodafés. Bordée de grands cafés à terrasses et par le Théâtre national, elle reste aujourd'hui le cœur battant de la vie lisboète et le point de ralliement des manifestations politiques. Ce serait sur cette place qu'un fleuriste aurait offert un bouquet d'œillets à un soldat, le 25 avril 1974, en signe de victoire contre la dictature. Ce geste s'est vite répété dans la foule en liesse, donnant son nom à la révolution des Œillets.

> **ATTENTION, UN ROI PEUT EN CACHER UN AUTRE !**
>
> *Les pigeons, qui ne respectent rien et défèquent sur tout, se moquent bien de savoir si c'est ou non la statue de Dom Pedro IV qui est au cœur du Rossio. En fait, l'artiste français chargé de sculpter le roi en bronze s'est contenté d'envoyer à sa place une statue de Maximilien, l'empereur du Mexique, qui devait traîner dans son atelier. Il faut dire que le règne de Maximilien fut court. On le fusilla au bout d'à peine 3 ans. De toute façon, si on ne vous l'avait pas dit, vous ne l'auriez même pas remarqué !*

– *Teatro nacional Dona Maria II* (théâtre national Dona Maria II ; plan centre détachable, J8) : sur la place. ☎ 21-325-08-00. • teatro-dmaria.pt • Inauguré en 1846, à l'emplacement d'un ancien palais royal, dans le but « d'élever et d'améliorer la moralité de la nation ». Petit café *Garrett* au rez-de-chaussée, dans une déco minimaliste mais agréable, et une sympathique terrasse.
– Au n° 24, le *Café Nicola*, vieux café littéraire de Lisbonne, avec une terrasse aux beaux jours (voir plus haut la rubrique « Où boire un verre ? »).

– Au n° 73, vieux magasin de chapeaux, la *Chapelaria Azevedo* (voir plus haut la rubrique « Achats »).

🎭 *Igreja do convento de São Domingos* (église Saint-Dominique ; plan centre détachable, J8) : largo de São Domingos. ● isdomingos.com ● Tlj 8h-19h.
Son histoire agitée est plus intéressante que son intérieur. São Domingos aurait pu disparaître plusieurs fois, mais elle a survécu, « par miracle ». Fondée en 1242 par dom Sancho II, cette église fut celle des dominicains. Les plus grandes cérémonies officielles y avaient lieu : mariages, baptêmes, couronnements et enterrements royaux. L'Inquisition y a tenu aussi plusieurs de ses sinistres autodafés et pogroms. Sur le parvis de l'église, un petit monument marqué de l'étoile de David commémore le massacre des juifs portugais en 1506. Si vous n'avez pas emporté avec vous *Le Dernier Kabbaliste de Lisbonne* (voir la rubrique « Livres de route » dans « Portugal utile »), faites confiance à Fernando Pessoa pour résumer la situation : « En 1506, après le service divin, de nombreux juifs ont été mis en pièces par la populace fanatisée, puis le massacre s'est étendu à d'autres parties de la ville. » L'église a été détruite en 1531, puis à nouveau anéantie par le grand tremblement de terre de 1755. Une fois reconstruite, la voilà derechef ravagée par le grand incendie de 1959. Rouverte en 1997, elle présente un intérieur plutôt sombre, avec des piliers grignotés par les stigmates de l'Histoire. Les historiens assurent que le pouvoir avait interdit aux Africains de Lisbonne de danser en public, de se réunir, de participer à des manifestations, mais qu'il autorisa l'existence d'une confrérie réservée aux Noirs : la confrérie de Notre-Dame-du-Rosaire-des-Hommes-Noirs (*Nossa Senhora do Rosario dos Homens Pretos*). Ses membres pouvaient se rassembler dans l'église São Domingos. On sait qu'un prêtre africain y officia au temps jadis, ce qui expliquerait pourquoi la place São Domingos est devenue le lieu de rendez-vous de nombreux Africains, des anciennes colonies d'Angola, du Mozambique, de São Tomé et du Cap-Vert.

🎭🎭 *Praça da Figueira* (place du Figuier ; plan centre détachable, J8) : moins élégante que sa voisine, on y trouve une statue de dom João I. Au bord de cette place, la vieille *Confeitaria Nacional,* une de nos bonnes adresses de pâtisseries (voir plus haut la rubrique « Pâtisseries, cafés et salons de thé ») et une étrange boutique, 🎭🎭 l'*hospital das Bonecas* (hôpital des Poupées ; plan centre détachable, J8, 360), au n° 7 de la place. Au rez-de-chaussée, la boutique *(lun-sam 10h-19h – 18h sam),* et à l'étage, l'hôpital-musée *(lun-sam 10h30-12h30, 15h30-17h).* Un endroit surréaliste, tout petit, où l'on vient déposer ses joujoux abîmés. Numéro de lit, chirurgie esthétique, salle des traumatisés... comme un « vrai » hôpital.

🎭 *Le quartier de la Baixa* (plan centre détachable, J-K8-9) : au sud du Rossio, curieux quartier au plan régulier avec rues se coupant à angle droit et bordées d'immeubles uniformes. C'est dans la Baixa que le tremblement de terre de 1755 frappa le plus violemment Lisbonne. Le marquis de Pombal, en avance sur son temps, fit reconstruire le quartier avec des normes antisismiques : la Baixa repose sur une structure de bois debout.

🎭 🍸 *Le grand magasin Pollux* (plan centre détachable, J8, 361) : rua dos Fanqueiros, 276.
● pollux.pt ● Tlj sf dim 10h-19h. Envie d'une jolie vue sur Lisbonne ? Vous l'aurez

### DES SIGNES BIEN MYSTÉRIEUX

*Dans le plan de la Baixa, le chiffre 3, symbole de la raison chez les francs-maçons, se retrouve un peu partout : 3 grandes rues relient la praça do Comércio au Rossio. D'est en ouest, 9 rues parallèles coupent le quartier. Chacune porte le nom de métaux précieux ou de corporations d'artisans : Áurea (ou d'Ouro, « de l'Or »), da Prata (« de l'Argent »), rua dos Correeiros (« des Selliers »), dos Sapateiros (« des Cordonniers »), etc. Serait-ce le début d'une énigme à la façon d'un « Da Baixa Code » ?*

en grimpant au 9ᵉ étage de ce *BHV* désuet qui abrite une petite cafétéria avec terrasse et vue sur les toits de la ville. Juste en face, l'*elevador de Santa Justa*.

🎯 *Núcleo arqueológico da rua dos Correeiros* (base archéologique de la rua dos Correeiros ; plan centre détachable, J9, **362**) : rua dos Correeiros, 9 ou 21. ☎ 21-113-10-04. Lun-ven 15h-17h ; sam 10h-12h, 15h-17h. Visites guidées gratuites sur résa (par tél ou sur place). GRATUIT. Dans le sous-sol d'une agence bancaire, on peut observer des vestiges (pans de mur) de la période romaine du temps où Lisbonne s'appelait *Olisippo Felicitas Julia*. Rien de grandiose, mais ce qui a été trouvé là est bien conservé et soigneusement mis en valeur. Et on voit déjà pas mal de choses de l'extérieur.

🎯 *MUDE, museu do Design e da Moda* (plan centre détachable, J9, **363**) : rua Augusta, 24. ☎ 21-888-61-17. ● mude@cm-lisboa.pt ● Ⓜ Baixa-Chiado. Tlj sf lun 10h-18h. GRATUIT. Explications en portugais et en anglais. Expo permanente au rdc ; expos temporaires dans les étages et au sous-sol.
Installé dans l'ancien siège de la Banque nationale d'Outre-Mer, ce musée est consacré au design et à la mode. De la banque, on a conservé l'immense comptoir circulaire en marbre noir et vert, élément central dans l'organisation des expos. Le classement chronologique des collections commence des années avant 1914 jusqu'à nos jours. À l'entrée, une voiture « écorchée » rappelle que le Portugal est un fabricant de pièces détachées.
Pour les amateurs, beau mobilier des années 1950 et notamment de Charlotte Perriand, des ferronneries de Subes et présence de pièces de designers de carrure internationale. Produits dans les années 1960, les mobiliers de Christian Daninos et Roger Tallon. Superbe sofa glamour (Sofa Bocca) qui représente des lèvres de femme en rouge vif (Marylin Lips). Les années 1980 et 1990 sont celles du design postmoderniste. On y voit aussi des inventions géniales et pratiques comme le Post-it dans une vitrine. Les designers français comme Philippe Starck et Jean-Charles de Castelbajac sont présents. Les artistes portugais ne sont pas oubliés : Fernando Brizio, Marco Sousa Santos, Francisco Rocha, Pedro Silva Dias... À terme, le musée devrait accueillir la totalité de la collection Capelo, dont les plus belles pièces dorment dans un entrepôt de la banlieue de Lisbonne ! À suivre...

🎯🎯 *Arco da rua Augusta* (plan centre détachable, J9) : tt au bout de la... rua Augusta. Tlj 9h-19h (21h l'été). Entrée : 2,50 €. Billet combiné avec le Lisboa Story Centre : 8 €. Si vous voulez admirer la Baixa et toute la praça do Comércio vue d'en haut, direction le sommet de l'arc de triomphe, à plus de 30 m, par ascenseur (ouf !), construit pour commémorer le tremblement de terre de 1755. Vue panoramique spectaculaire. Au passage, on apprécie le fonctionnement de l'horloge fabriquée en 1941 au Portugal.

🎯🎯 *Praça do Comércio* (pl. du Commerce ; Terreiro do Paço ; plan centre détachable, J-K9-10) : une des plus belles places d'Europe. Les Lisboètes l'appellent aussi Terreiro do Paço. Bordée d'harmonieux édifices avec galeries à arcades, d'un arc de triomphe et d'un ponton monumental sur le Tage, elle est actuellement le siège des principaux ministères. Après avoir fait office de parking, puis de place vide, la mairie a choisi de la rendre aux promeneurs. Aujourd'hui, l'office de tourisme de Lisbonne est installé près de l'endroit où le roi Carlos et son fils aîné furent assassinés en 1908 (devant la poste centrale, à l'angle de la rua do Arsenal). C'est d'ici que partent nombre de trams et de bus que vous emprunterez certainement pour la suite de votre visite dans la capitale lisboète.
– Sur le côté oriental de la place, on peut visiter le Lisboa Story Center, et plus loin le museu da Cerveja, et s'arrêter, juste à côté, dans « les toilettes les plus sexy du monde » *(tlj 10h-20h).* Des toilettes publiques hyper design (à 1 € quand même !) où l'on choisit la couleur de son papier toilette tout en surfant (gratuitement) en wifi ou en observant les photos d'artistes !

### 🎭🎭 Lisboa Story Center (Memorias da Cidade ; plan centre détachable, K10, 364) : Terreiro do Paço, 78 à 81. ☎ 21-194-10-99. • lisboastorycentre.pt • Ⓜ Terreiro do Paço (ligne bleue) ou Baixa-Chiado (ligne verte). Tlj 10h-20h (dernière entrée 19h). Billet : 7 € ; réduc. Billet combiné avec l'Arco da rua Augusta : 8 €.

Un musée qui raconte brillamment l'histoire de Lisbonne dans un bâtiment ancien, restauré, sous les arcades (aile est, *Ala Nascente*) du vaste Terreiro do Paço, c'est-à-dire à un endroit qui fut le centre névralgique de la capitale pendant des siècles. La première chose qui frappe dans ce musée, c'est la modernité de la présentation. Les audioguides se déclenchent automatiquement en passant devant les pièces et les panneaux, comme avec des GPS. L'audiovisuel, les techniques digitales (3D), la musique et le cinéma sont des arts et des techniques utilisés avec beaucoup d'adresse et de pédagogie. Ils réactivent l'histoire de Lisbonne et la rend attrayante aux familles et aux jeunes en particulier. Dans la salle 8, par exemple, une sorte d'oiseau gigantesque suspendu au plafond emporte le père Gusmão dans les airs... ce serait la première tentative de vol faite en 1709 sur le Paço do Terreiro. Dans la salle 11, c'est le clou du spectacle : un superbe film (digne de Hollywood) retrace en une vingtaine de minutes le tremblement de terre à Lisbonne de 1755. Suivi d'un tsunami, ce séisme détruisit le centre de Lisbonne en faisant 6 000 à 8 000 morts et d'innombrables blessés.

### 🎭 Museu da Cerveja (plan centre détachable, K9, 365) : Terreiro do Paço, Ala Nascente, 62 à 65. ☎ 21-098-76-56. • museudacerveja.pt • Tlj 12h-22h30. Entrée : 3,50 € ; réduc.

Ce musée a été financé par des grandes marques de fabricants de bière comme *Super Bock, Sagres, Cuca, Brahma, Laurentina* et d'autres encore (tous unis par leur identité lusophone et la langue portugaise). On entre au rez-de-chaussée dans une grande brasserie à la déco recherchée (bonne cuisine, prix raisonnables). Si l'on y mange, l'entrée du musée est gratuite. Il y a quatre parties distinctes qui suivent l'histoire de la bière au Portugal, depuis les origines jusqu'à aujourd'hui.
On suit bien l'évolution des méthodes et des techniques, de la petite brasserie artisanale tenue par des moines scrupuleux jusqu'aux grosses cuves en cuivre des brasseurs industriels du XX$^e$ s. Malgré le progrès, la méthode reste la même depuis des siècles : au départ il faut de l'orge (et du bon), de l'eau (et de la pure) et du houblon (une curieuse plante grimpante dont on utilise les feuilles), éléments de base sinon la bière ne peut être élaborée. À noter que le whisky commence de la même manière que la bière (orge et eau, sans le houblon) mais finit différemment...

### 🎭🎭🎭 Viniportugal (plan centre détachable, J10, 366) : praça do Comércio. ☎ 21-342-06-90. • viniportugal.pt • Mar-sam 11h-19h (dernière dégustation à 18h30 ; ferme plus tôt avr-oct si groupes ; le mieux, c'est le mat). Les curieux, gourmands, œnologues en herbe ou confirmés peuvent venir découvrir ici les vins du Portugal, encore injustement méconnus. Tous les mois, trois régions sont à l'honneur. Des passionnés vous font déguster vins blancs ou rouges (payant). N'hésitez pas à remplir le questionnaire avec vos impressions sur le goût, la couleur, l'odeur. Rassurez-vous, il est inutile d'être un professionnel. Quelques vins sont disponibles à l'achat. Accueil extra !
– À proximité se trouve la **praça do Município** (place de la Mairie ; plan centre détachable, J9-10). Une colonne coiffée d'une sphère armillaire symbolise le pouvoir municipal face à la mairie, édifiée au XIX$^e$ s.

### 🎭🎭 Promenade piétonne le long du Tage (plan centre détachable, J10) : entre la praça do Comércio et la station de Cais do Sodré, les berges du Tage ont été aménagées en promenade piétonne. Au niveau de Ribeira das Naus, où accostaient autrefois les caravelles des découvertes, s'étend aujourd'hui (entre la route et les eaux) cette longue promenade bordée par une pente douce aménagée, endroit très agréable pour se reposer, bronzer comme sur une plage, en contemplant la mer de Paille étincelante. De nombreux joggers, cyclistes et piétons l'empruntent aux beaux jours. La partie arrière, du côté des bâtiments

de Ribeira das Naus, est en cours de réaménagement et devrait former à terme un très bel espace pour les visiteurs.

**๚๚ Croisières sur le Tage** *(cruzeiros no Tejo ; plan centre détachable, K10) : terminal fluvial do Terreiro do Paço, à côté de la praça do Comércio.* ☎ *21-042-24-17.* • *cruzeirostejo.com* • *Circuit de 2h30 : départ tlj à 15h, 1ᵉʳ avr-31 oct. Billet : 20 €/pers ; réduc. Une autre croisière, plus courte (1h15), part à 11h15, 11h30 ou 16h15 de Cais do Sodré. Compter 15 €/pers ; réduc. Les boissons sont incluses ainsi que les services de guide multilingue (dont le français).* La balade sur le fleuve décrit une boucle entre le centre de Lisbonne, le quartier du parc des Nations et Belém pour la plus longue. La plus courte vous mène seulement à Belém. Voir aussi plus haut « Les gares fluviales » dans « Infos pratiques sur place. Comment se déplacer ? ».

## *BAIRRO ALTO, CHIADO ET CAIS DO SODRÉ*

Au cœur de la vieille ville, le Bairro Alto est l'un des quartiers les plus intéressants à visiter, un vrai caméléon qui change de peau et d'humeur selon les heures de la journée et l'endroit où l'on se trouve. Assoupi en matinée, il s'éveille doucement dans l'après-midi, et il y règne alors comme une ambiance de village paisible, où le flâneur s'égare dans les ruelles, découvrant, avec un peu de chance, si les portes sont déjà ouvertes, nombre de petites boutiques originales. Des cigales qui ne durent parfois que le temps d'un été, telle boutique de chaussures complètement déjantée étant remplacée à votre nouveau passage, quelques mois après, par un salon de coiffure encore plus décalé ou par une boutique de fringues.

Mais attention, quand le soleil décline, les façades lézardées, couvertes de tags, s'ouvrent et dévoilent une multitude de restos, très tendance, donc éphémères eux aussi, puis de cafés, de bars, dont on ne soupçonnait même pas l'existence quelques heures auparavant. Les couche-tôt devront revoir leurs habitudes. Ici, on papillonne d'un lieu à un autre, dans une ambiance interlope où se retrouvent touristes et fêtards de tout poil.

Du haut du Bairro Alto, on oublie trop souvent que Lisbonne est un port, un vrai, avec sa mythologie de marins en goguette, soiffards et bagarreurs. Les ruas de São Paulo et Nova de Carvalho, qui se glissent honteusement sous le pont de la rua do Alecrim, à moins de 800 m de la praça Luís de Camões, leur appartiennent. Mais on ne peut décidément lutter contre la mode qui veut que les anciens lieux « chauds » ne soient plus aujourd'hui que des lieux « shows » : *Jamaïca*, la cathédrale lisboète du reggae, *Music Box* et autres bars plus *lounge* que louches, désormais. Un espace de liberté unique au Portugal, où toutes les tendances, toutes les nationalités et tous les appétits osent s'afficher sans complexe et se mélanger aussi bien sur les sonorités des années 1970 que sur du *heavy metal*...

### Où dormir ?

**De bon marché à prix moyens**

Plein de bonnes adresses dans cette catégorie.

▲ **Shiado Hostel** *(plan centre détachable, J9, 47) : rua Anchieta, 5.* ☎ *21-342-92-27.* • *shiadohostel.com* • *Dortoir 16-22 €/nuit, chambre double 60 € ; petit déj compris.* 🖥 📶 Une belle auberge, dont la déco mêle ancien et moderne. Des dortoirs de 4 à 8 lits (dont un pour les filles) impeccables et 4 chambres doubles, salle de bains commune. Salon TV avec des canapés confortables et une bibliothèque. Grande cuisine bien aménagée accessible à tous. Accueil charmant.

▲ **Lisb'on Hostel** *(plan centre détachable, I9, 48) : rua do Ataíde, 7 A.* ☎ *21-346-74-13.* • *info@*

lisb-onhostel.com • lisb-onhostel.com • ♿ Ⓜ Baixa-Chiado ou Cais do Sodré. *Fermé en janv. Selon saison et vue, dortoirs 4-10 lits 17-30 €/pers et doubles sans ou avec w-c 72-75 € ; familiales à partir de 120 €/nuit ; petit déj inclus.* 🖥 📶 *Café offert sur présentation de ce guide.* Installé dans un ancien palais du XIXᵉ s, autrefois école de musique, cet *hostel* propose des chambres et des dortoirs fonctionnels et confortables, accessibles par ascenseur. Tous avec AC. La pièce à vivre est installée dans les salons de réception sous de hauts plafonds moulurés, avec TV, billard, bière à la pression et expresso gratos. Gigantesque terrasse avec vue époustouflante sur le Tage. Grand jardin pour flemmarder dans des hamacs. Cuisine au top de l'équipement à dispo. Ça va être dur de décoller ! Une bonne adresse à deux pas de l'animation. Excellent accueil.

▲ *The Independente* (plan centre détachable, I8, **49**) : rua de São Pedro de Alcântara, 81. ☎ 21-346-13-81. • reservations@theindependente.pt • theindependente.pt • Ⓜ Baixa-Chiado. *Selon saison, dortoirs 6-12 lits 16-22 €/pers et quelques doubles 80-140 €, petit déj inclus.* 🖥 📶 Une AJ privée installée dans l'ancienne résidence de l'ambassadeur de Suisse, rien que ça ! Un palace pour routards, où l'on accède au dortoir par un fastueux escalier d'apparat. Un grand soin est donné à la décoration réalisée avec des objets et du mobilier vintage. Lits superposés à 3 étages : fêtards de retour tardif, attention à la chute ! D'ailleurs, c'est un peu bruyant... Resto super au rez-de-chaussée et bar sur le toit (ouvert le soir ; voir « Où boire un verre ? Bars branchés »).

▲ *Lisbon Poets Hostel* (plan centre détachable, I9, **50**) : rua Nova da Trindade, 2 ; 5º. ☎ 21-346-12-41. • lisbonpoetshostel@gmail.com • lisbonpoetshostel.com • ♿ Ⓜ Baixa-Chiado. *Fermé pdt les fêtes de Noël. Selon saison, dortoirs 4-6 lits 18-22 €/pers et doubles 45-60 €, petit déj inclus. CB acceptées à partir de 4 nuits.* 🖥 📶 Derrière une façade d'immeuble anonyme se cache une superbe AJ privée. Déco contemporaine colorée et de très bon goût. Poèmes sur les murs, et les noms de leurs auteurs identifient les chambres. Salles de bains communes impeccables. Un immense salon, esprit loft, décoré de gros poufs colorés. Cuisine américaine et hamac à dispo. Une adresse amicale stratégiquement placée en plein centre-ville. Organise régulièrement des virées dans Lisbonne.

▲ *Old Town Lisbon Hostel* (plan centre détachable, I9, **51**) : rua do Ataíde, 26 A. ☎ 21-346-52-48. • lisbonoldtownhostel@gmail.com • lisbonoldtownhostel.com • Ⓜ Baixa-Chiado ou Cais do Sodré. *Selon saison et j. de la sem, dortoirs 4-10 lits 10-22 €/pers et doubles 40-60 € ; petit déj inclus.* 📶 Installé dans ce qui fut une annexe « très discrète » de l'ambassade britannique, en somme un rendez-vous d'espions pendant la Seconde Guerre mondiale. Une adresse conviviale et sans chichis avec de grandes chambrées façon colonie de vacances. L'ambiance y est simple et amicale. Accueil adorable.

▲ *Oasis Backpacker's Mansion* (plan centre détachable, H9, **52**) : rua de Santa Catarina, 24. ☎ 21-347-80-44. • reservation@oasislisboa.com • hostelsoasis.com • *Selon saison et confort, dortoirs 4-12 lits 13-27 €/pers et doubles 45-66 € ; petit déj en plus (3 €).* 🖥 📶 Une séduisante demeure jaune à l'intérieur élégant, presque chic (beaux parquets, salon avec cheminée). Idéalement placée, à deux pas de l'activité nocturne mais dans un joli quartier paisible. Sanitaires et salles de bains un peu limite côté propreté. Dîner possible dans la salle à manger conviviale, cuisine à dispo. Agréable terrasse-jardin, où se dresse un palmier solitaire, avec bar barbecue.

▲ *Passport Hostel* (plan centre détachable, I9, **53**) : praça Luís de Camões, 36. ☎ 21-342-73-46. • info@passporthostel.com • passporthostel.com • *En plein centre ; au fond d'un tabac. Réception au 2ᵉ étage. Selon confort et saison, dortoirs mixtes ou filles 6-8 lits 15-19 €/pers, doubles 65-75 €, apparts 80-120 € ; petit déj inclus.* 📶 Une adresse de charme, décorée d'objets vintage qui semblent avoir été chinés aux quatre coins du monde : vieilles valises, patins à glace, cadres jaunis, machine à coudre Singer... Une adresse en kit : au 2e étage, les dortoirs, assez spacieux, qui donnent directement sur la place. Salles de bains un peu fatiguées, mais on n'est pas venu ici pour faire les marmottes et passer son temps sous la douche ! Parties communes sympas, cuisine, télé, etc. Aux 4e et 5e étages, on trouve les doubles avec ou sans salle de bains et accès indépendant. On se croirait presque à la maison ! Chambres plutôt spacieuses et, au sommet, vue superbe sur le Tage. Colombages et poutres au naturel, vieux parquets, mixés avec de vieux objets. Salle de bains superbes. On adore les chambres 504 et 505. AC à tous les étages.

▲ **Stay Inn Hostel** (plan centre détachable, I9, **54**) : *rua Luz Soriano, 19 ; 1º.* ☎ *21-346-51-49.* • *stayinnlisbonhostel.com* • *Dortoirs 6-8 lits 20-25 €/pers, doubles 65-85 € ; petit déj inclus.* 🛜 Dans une vieille bâtisse, une auberge toute rénovée, avec des chambres spacieuses, basiques mais confortables. Salles de bains élégantes et impeccables. Déco pop et acidulée. Vieux parquets et colombages ont été préservés. Sans oublier la salle de petit déj et le salon, avec sa télé, ses canapés pour se reposer et ses DVD à disposition. Cuisine extra, lave-linge, sèche-linge. Bon accueil de surcroît.

▲ **Pensão Pérola da Baixa** (plan centre détachable, I7, **55**) : *rua da Glória, 10 ; 2º.* ☎ *21-346-28-75.* • *pensaoperoladabaixa@gmail.com* • *pensaoperoladabaixa.com* • *Doubles 20-40 € selon confort (sans ou avec sdb privée) et saison. Pas de petit déj.* 💻 Pension de quelques chambres blanches et claires, des lits sévères en bois et toujours un détail kitsch dans la décoration. Certaines n'ont cependant pas de fenêtre directe sur l'extérieur. Préférez une chambre ne donnant pas directement sur la petite entrée si vous ne voulez pas entendre les allées et venues. Notre préférence va à la 11. Propreté irréprochable, toutefois demandez une chambre non-fumeurs. Accueil souriant (en espagnol ou en italien, si cela peut vous aider).

▲ **Pensão Estação Central** (plan centre détachable, J8, **56**) : *calçada do Carmo, 17 ; 2º.* ☎ *21-342-33-08.* • *pensaoestacaocentral@clix.pt* • *Doubles avec douche et w-c pour la plupart 40-50 € selon confort, taille et saison. Pas de petit déj.* Au cœur d'un quartier animé, et pourtant, une fois dans les chambres, l'agitation semble lointaine. Pension patinée par le temps et qui reste correcte, même si l'accueil, à l'image du cadre, manque toujours un peu de chaleur.

▲ **Lisbon Destination Hostel** (plan centre détachable, I-J8, **57**) : *estação do Rossio ; 2º.* ☎ *21-346-64-57.* • *lisbon@destinationhostels.com* • *destinationhostels.com* • *Entrée au 2e étage de la gare, dos aux escalators une fois en haut. Selon saison, dortoirs 4-10 lits 17-25 €/pers, et doubles 35-70 € selon confort, petit déj inclus.* 💻 🛜 Les chambres et les dortoirs sont répartis autour d'un grand patio sous une véranda baignée de soleil à midi. Lieu de convivialité et d'échanges, on y trouve quelques hamacs pour se prélasser et un piano, que certains n'hésitent pas à utiliser pour réviser leurs gammes, pour le plus grand bonheur des clients. Cuisine à l'allure new-yorkaise pour se préparer un frichti. Ensemble sanitaire un peu léger dans sa conception. On recommande cette adresse surtout pour ses dortoirs et ses *partys*. Dîner sur résa (9 €). Accueil aimable.

▲ **Residencial Camões** (plan centre détachable, I8, **58**) : *travessa do Poço da Cidade, 38 ; 1º.* ☎ *21-346-75-10.* • *reservas@pensaoresidencialcamoes.com* • *pensaoresidencialcamoes.com* • *Doubles 30-50 € selon saison, petit déj inclus (slt avr-sept).* Une quinzaine de chambres, petites, très propres et simples, certaines avec salle de bains, d'autres avec salle de bains et w-c communs sur le palier. Si vous aimez le calme, en revanche, vous risquez d'être déçu. Par contre, vous serez au cœur de l'activité nocturne de Lisbonne.

▲ **Pensão Globo** (plan centre détachable, I8, **59**) : *rua do Teixeira, 37.* ☎ *21-346-22-79.* • *pensaoglobo@gmail.com* • Ⓜ *Restauradores. Doubles avec douche et w-c dès 25-50 € selon saison.* 🛜 *Sur présentation de ce guide, 10 % de réduc sur le prix de* *la chambre.* Rue calme et bien située, donnant dans la travessa da Cara. Les chambres, vraiment petites, sont toutes proprettes et agréables, toutefois n'hésitez pas à en visiter plusieurs afin de choisir. Les n°s 202 et 401 sont plus spacieuses et disposent d'un petit balcon. Bon accueil. Une adresse simple.

▲ **Hotel Anjo Azul** *(plan centre détachable, I8, 60)* : *rua Luz Soriano, 75.* ☎ *21-347-80-69 ou 21-346-71-86.* ● *hotelanjoazul@gmail.com* ● *anjoazul. com* ● *Selon confort et saison, doubles avec douche ou bains 40-50 €. Petit déj 10 € (sur commande et slt servi en chambre).* 🛜 *Sur présentation de ce guide, 10 % de réduc sur le prix de la chambre.* L'« Ange bleu » est en plein cœur du quartier gay. Les chambres les moins chères sont au rez-de-chaussée et vraiment exiguës. Dans les étages, certaines affichent des couleurs sages, et d'autres jouent les pimpantes avec leurs couleurs vives qui réveillent. Avec un peu de chance, vous aurez droit à celles jouissant d'une petite terrasse privée. Accueil sympathique. Clientèle gay, mais pas exclusivement.

## Plus chic

▲ **Shiadu Ribeira Tejo Boutique Guesthouses** *(plan centre détachable, I10, 61)* : *traversa de Saõ Paulo, 5.* ☎ *914-17-69-69.* ● *shiadu.com* ● *Chambres doubles env 95-130 €, selon confort et vue, petit déj inclus.* 🛜 Un petit hôtel charmant aux derniers étages d'un immeuble, à deux pas du Mercado da Ribeira. Les 15 chambres à la déco vintage sont de très bon confort et très bien tenues. Certaines ont vue sur le Tage (les plus chères). Charmante salle de petit déj sous les toits, dont les tables sont tapissées de B.D. Personnel absolument charmant et serviable. En témoignant, les Post-it sur le mur de la réception avec de jolis messages ou des dessins d'enfants.

▲ **Pensão Londres** *(plan centre détachable, I8, 62)* : *rua Dom Pedro V, 53 ; 2°.* ☎ *21-346-22-03.* ● *pensao londres@pensaolondres.com.pt* ● *pensaolondres.com.pt* ● *Doubles 55-125 € selon confort et saison, petit déj inclus.* 🛜 Cette grande pension gérée avec une efficacité anglo-saxonne porte bien son nom : 4 étages dans un immeuble bourgeois et cossu, avec grande hauteur sous plafond, frises et moulures. Un ascenseur facilite l'accès aux étages. Les chambres les plus onéreuses sont jolies et vraiment confortables, avec salle de bains, certaines ont même vue sur le *castelo* ; le confort s'amenuisant (douches, bains, taille de la chambre, etc.), les prix suivent. Toutes avec TV, AC et double vitrage. Propose des familiales pour 3 et 4 personnes.

▲ **Hotel Alegria** *(plan centre détachable, I7, 63)* : *praça da Alegria, 12.* ☎ *21-322-06-70.* ● *mail@alegrianet. com* ● *alegrianet.com* ● ♿ *Résa indispensable. Doubles 38-118 € selon confort et saison ; petit déj en sus (5,50 €).* 🛜 Dans un quartier plutôt calme du centre historique, une belle adresse tenue par un adorable couple de Français, Karine et Olivier. Prestation hôtelière de qualité, les chambres, avec parquet d'origine, sont toutes différentes, propres, claires et chaleureuses (demandez à Olivier de vous parler de ces céramiques redécouvertes !). TV, AC. Nos chambres préférées (plus spacieuses) ont des portes-fenêtres à double vitrage et donnent côté place (pas très bruyante, d'ailleurs). À gauche de la réception, une charmante petite salle à manger avec cheminée où l'on sert les petits déj. Coup de cœur !

▲ **Hotel Botânico** *(plan centre détachable, H7, 64)* : *rua Mãe de Água, 16-20.* ☎ *21-342-03-92.* ● *hotelbota nico@netcabo.pt* ● *hotelbotanico.net* ● ♿ *En haut de la rua da Alegria. Réception 24h/24. Doubles 45-110 € selon saison ; petit déj en sus (6 €).* 🛜 Dans un bâtiment moderne, une adresse pour qui privilégie le confort au charme. Les chambres sont agréables. Petit plus, chaîne hi-fi à dispo dans les chambres. Accueil sympa en français.

## Beaucoup plus chic

▲ **House4 Bairro Alto** *(plan centre détachable, I8, 65)* : *travessa de São Pedro, 9 R/C.* ☎ *21-343-03-45.*

● house4lisboa@gmail.com ● house4ba.com ● Doubles 95-120 € selon saison et ambiance, petit déj inclus. 🛜 Des amis graphistes, designers et photographes se sont réunis pour réaliser leur lieu idéal. Pari réussi ! Seulement 4 chambres. Certaines avec du mobilier vintage chiné à droite et à gauche puis savamment intégré à une déco moderne et ludique. D'autres sont en proie à un jeu de lumières fluo et changeantes. Dans cette ambiance, les rêves extatiques sont au programme ! Confortable, sans TV, mais petit salon pour apprécier ses DVD préférés ou siroter un verre. Accueil souriant.

▲ *LX Boutique Hotel* (plan centre détachable, I10, **66**) : rua do Alecrim, 12. ☎ 21-347-43-94. ● book@lxboutiquehotel.com ● lxboutiquehotel.com/fr ● Doubles 90-300 € (réduc via Internet). Petit déj 10-15 €. 💻 🛜 Hôtel cosy, d'une soixantaine de chambres, avec vieilles photos et papiers peints à ramages. On a presque l'impression d'arriver chez des amis ! Chambres plus modernes, avec moquette, aux tonalités bleutées, confortables. Un thème par étage : les sept collines, Pessoa, le fado, etc., qu'on retrouve au niveau des têtes de lit un peu écrasantes. Si vous êtes en fonds, essayez d'avoir une chambre avec vue sur le Tage. Bon accueil.

▲ *Hotel Borges* (plan centre détachable, I9, **67**) : rua Garrett, 108. ☎ 21-045-64-00. ● reservas@hotelborges.com ● hotelborges.com ● Doubles 76-130 € selon saison, petit déj compris ; voir promos sur le site. 🛜 (payant). Très bien situé, juste à la sortie du métro Baixa-Chiado, côté largo do Chiado, un hôtel classique et standard aux chambres vastes, impeccables et calmes. Dans le meilleur des cas du moins, car des dérapages peuvent se faire sentir, en saison, côté service. L'accueil, francophone, pourrait déjà être plus souriant.

### Coup de folie

▲ *Bairro Alto* (plan centre détachable, I9, **68**) : praça Luís de Camões, 8. ☎ 21-340-82-88. ● info@bairroaltohotel.com ● bairroaltohotel.com ● Doubles 160-380 € selon saison, petit déj inclus ; également des suites. Fréquentes promos sur Internet jusqu'à moitié prix. 💻 🛜 L'hôtel de charme chic et choc, simple et cosy, aux teintes colorées, avec cette touche rétro des boiseries peintes et des armoires cannées qui fait craquer les magazines de mode. Propose une cinquantaine de chambres pas bien grandes mais tout confort, de la salle de bains carrelée aux tapis de laine et parquet verni. Salle de fitness en sus. Bar en terrasse au dernier étage avec vue sur le Tage.

## Où manger ?

La rua da Atalaia (plan centre détachable, I8-9) et les rues transversales, épine dorsale du Bairro Alto touristique, concentrent un maximum de petits restos populaires, troquets de tous genres pour tous les goûts. Attention, pas mal de ces adresses sont fermées en août, mois en général peu propice à une visite de la capitale lisboète.

### De très bon marché à bon marché

|●| *A Mercearia* (plan centre détachable, I9, **133**) : rua Vitor Gordon, 40. Angle rua dos Duques de Bragança. ☎ 21-347-11-16. ● geral@amercearia.net ● amercearia.net ● Lun-ven 8h-20h, w-e 10h-17h. Plats env 4,60-7 €. 🛜 Adorable épicerie à l'ancienne où l'on peut déjeuner sur de grandes tables en bois peint et chaises vintages dépareillées. Idéale pour une pause snack ou pour boire un délicieux jus de fruits, avant d'attaquer la montée vers le largo do Chiado. Déco très sympa et excellente musique.

|●| *Adega Dantas* (plan centre détachable, H9, **134**) : rua Marechal Saldanha, 15. ☎ 21-342-03-29. ● mariaodegadantas@hotmail.com ● Tlj sf dim 12h-19h. Plats 7-14,50 €. Cuisine traditionnelle avec spécialités de poisson et

de viande. Plats servis copieusement. Déco simple, sans grand intérêt, mais la cuisine est bonne et d'un excellent rapport qualité-quantité-prix... au risque de se répéter !

**|●| Taberna da rua das Flores** (plan centre détachable, I9, **135**) : *rua das Flores, 103. Près de la praça Luís de Camões. Tlj sf dim 12h-minuit (18h-minuit sam). Plats 6-12 €.* Modeste et discret dans sa petite rue, un peu à l'écart, ce resto tenu par des jeunes propose des tapas et des plats végétariens. Choisir sur l'ardoise. C'est frais et naturel, comme l'omelette aux asperges et aux champignons.

**|●| Restaurante-cervejaria-churrasqueira Casa da India** (plan centre détachable, I9, **136**) : *rua do Loreto, 49-51. ☎ 21-342-36-61. Tlj sf dim 9h-2h. Compter 8-10 € pour un repas.* Une grande salle tout en longueur où l'on prend ses repas aussi bien sur le bar qu'à table. Cuisine simple et, malgré le nom, elle est 100 % portugaise. Bon rapport qualité-prix.

**|●| Leitaria Academica** (plan centre détachable, J9, **137**) : *largo do Carmo, 1. ☎ 21-346-90-92. Tlj 7h-minuit. Quiches, soupes max 5 €.* Oh ! rien d'exceptionnel dans ce petit bout d'adresse hébergée dans une maison très rose, si ce n'est, aux beaux jours, la bien agréable terrasse sur la jolie place, sous les arbres. Un véritable appel au farniente !

**|●| ⚲ Esplanada** (plan centre détachable, H7, **138**) : *sq. de la praça do Príncipe Real. ▯ 96-165-87-68. Tlj 9h-minuit (20h mar et 2h jeu-sam). Salades, pâtes, sandwichs env 7-8 € ; plat du jour env 7,50 €.* Un pavillon-verrière en demi-lune sous les cyprès du square, histoire de voir le ciel lisboète et de sortir des circuits touristiques. Quelle que soit l'heure, on peut toujours choisir entre ombre ou soleil. L'endroit est aussi très agréable pour un café le matin, un verre l'après-midi... Service un poil longuet !

**|●| El Tomate** (plan centre détachable, H7, **139**) : *rua da Escola Politécnica, 21-23. ☎ 21-136-26-97. ● eltomate.pt ● Tlj sf lun 12h30-minuit (1h ven-sam). Compter env 15 €.* Une poignée de tables hautes et basses, flanquées de chaises métalliques, dans une salle au style épuré, avec sa cuisine ouverte. Dans l'assiette, au choix, tapas et autres snacks, ou encore des plats un peu plus élaborés, réussis. Carte des vins courte, mais qui offre une belle sélection. Accueil chaleureux.

**|●| Alto Minho** (plan centre détachable, H-I9, **140**) : *rua da Bica Duarte Belo, 61. ☎ 21-346-81-83. Dans la rue du funiculaire da Bica. Service jusqu'à 22h. Fermé ven soir-sam. Compter 10-12 €. Apéritif maison offert sur présentation de ce guide.* Les habitués de la Bica le connaissent sous le nom de son propriétaire, *Chez João*. Et pour cause, depuis longtemps João réussit le tour de force de marier de bons plats copieux à des prix populaires, comme le sont ses clients. Toute la faune de ce quartier particulièrement diversifié s'y donne rendez-vous le midi. Le soir, il redevient plus paisible avec des célibataires hypnotisés par l'inévitable télévision. Sa spécialité : la morue au four, cuite ou grillée. Accueil adorable.

**|●| Quermesse** (plan centre détachable, I7, **141**) : *rua da Glória, 85. ☎ 21-150-79-01. ● quermesse.restaurante@gmail.com ● Tlj 11h-15h, 19h-minuit. Fermé 15 j. en janv et en juin. Menus en sem, 7 € au déj et 18 € le soir. Compter 12-25 € à la carte.* Grand bar à l'entrée, où les teintes acier et le bois se mêlent. En enfilade, une petite salle mignonne, dans les mêmes tonalités. À l'étage, galerie d'art. Dans l'assiette, une cuisine portugaise revisitée juste ce qu'il faut, pour un risotto de morue, des poireaux braisés pour les végétariens, et d'autres agréables surprises côté viandes. On est loin de la kermesse ! Bonne petite halte si vous résidez dans les parages.

**|●| Restaurante Glória** (plan centre détachable, I7, **142**) : *rua da Glória, 39. ☎ 21-342-75-85. Ⓜ Avenida. Tlj sf w-e. Plats env 5-6 €.* Une petite adresse sans prétention où l'on vous sert rapidement et avec le sourire de copieux plats de cuisine familiale sur des nappes à carreaux : poulet et riz aux petits pois-carottes, poisson grillé... Azulejos, grandes photos de la campagne portugaise et fausses fleurs, le décor est planté. Les employés du coin viennent en habitués et les conversations vont bon train avec le patron. Très bien tenu.

**I●I Alfaia Garrafeira** (plan centre détachable, I8, **143**) : rua do Diário de Notícias, 125. ☎ 21-343-30-79. ● garrafeira.alfaia@clix.pt ● Tlj 16h-1h. Vins au verre 4-5 € ; tapas, fromages, salades et charcuteries 2-13 €. Boutique-bar à vins installée dans une vieille maison du XIXe s, avec une belle façade tout en azulejos. On y trouve à acheter toutes sortes de *vinho verde* et autres vins portugais, mais aussi toutes sortes de portos. On peut s'asseoir à l'intérieur ou dehors sur des bancs à côté des tonneaux pour goûter les vins, accompagnés de charcuteries, fromages ou même de petites salades.

**I●I Jardim das Cerejas** (plan centre détachable, J9, **144**) : calçada do Sacramento, 36. ☎ 21-346-93-08. Ⓜ Baixa-Chiado. Lun-sam 8h-22h ; dim 11h-14h, 19h-22h. Sous forme de buffet : 7,50 € au déj et 9,90 € au dîner, boissons en plus. Tables laquées noir et rouge pour ce resto d'une quarantaine de places. Bonne cuisine végétarienne et accueil aimable.

**I●I A Camponesa de Santa Catarina** (plan centre détachable, H9, **145**) : rua Marechal Saldanha, 23-25. ☎ 21-346-47-91. Tlj sf dim et parfois lun. Vu de l'extérieur, rien d'exceptionnel, mais c'est souvent plein à craquer. Bel accueil d'un patron bilingue, carte typique (moules marinière, curry de gambas, *bacalhau*, etc.), prix doux et service efficace, on en redemande.

**I●I Vertigo Café** (plan centre détachable, I-J9, **146**) : travessa do Carmo, 4. ☎ 21-343-31-12. Tlj sf dim. Petite restauration (quiches, salades, plats du jour) 4,50-12 €. De vieilles chaises dépareillées, des tables qui ont pris leur pied en dépouillant de vieilles machines à coudre, un faux plafond en verre Art nouveau, un sol d'origine, des bougies colorées... Un lieu où l'on se sent bien à toute heure, du café du matin au cocktail du soir, avec son journal ou son café que l'on prend en regardant de vieilles photos aux murs (vrais mâles, vraies femmes fatales) et en discutant avec la clientèle bien vivante, mélangée, qui, sur fond musical d'époque, vient ici chercher refuge. Allez choisir votre quiche ou votre plat du jour au comptoir, au fond de la salle.

## Prix moyens

**I●I Le Petit Bistrot** (plan centre détachable, H9, **147**) : rua do Almada, 29. ☎ 21-346-13-76. ● pascalchesnot@gmail.com ● Mar-ven 19h-minuit, w-e 13h-16h, 19h-minuit. Plats env 8-15 €. Un sympathique petit bistrot, tenu par un Français. Sur le tableau noir, on navigue entre cuisine traditionnelle et contemporaine de bistrot parisien et spécialités portugaises. Brunch le week-end. Patron accueillant.

**I●I Atalho Real** (plan centre détachable, H7, **148**) : calçada do Patriarcal, 40. ☎ 21-346-03-11. ● grupoatalho.pt ● Tlj 12h-minuit. Plats 11,50-14,50 € (viande et 2 accompagnements au choix inclus). Cet ancien palais abandonné, dans la partie sud du Jardin botanique, abrite, après une belle restauration, 3 grandes salles. On s'installe au choix sur une grande table d'hôtes, dans la cuisine ou plus intimement sur des tables individuelles dans les autres salles. L'un des meilleurs restos de la ville pour les carnivores, et pour cause, ouvert par la meilleure boucherie de Lisbonne (au Mercado de Campo Ourique). La spécialité, c'est la viande de bœuf. On choisit son morceau (à la carte ou à la cuisine) et on l'accompagne de délicieuses frites. Pour les autres, quelques salades également ! Immense et agréable terrasse, à l'orée du Jardin botanique, aux beaux jours.

**I●I Mercado da Ribeira** (plan centre détachable, H-I10, **149**) : av. 24 de Julho. Tlj 10h-minuit (2h jeu-sam). 📶 Il faut entrer dans les halls. Imaginez un projet un peu fou de réunir en un seul lieu toute la fine fleur de la gastronomie portugaise. Eh bien, c'est chose faite ! On retrouve dans cette somptueuse halle de verre et d'acier de nombreux stands où tous les chefs prodigieux de Lisbonne se sont réunis. À vous de faire votre choix entre un plat d'Henrique Sá Pessoa, chef de l'*Alma*, ou Alexandre Silva qui officie habituellement dans Graça chez *Bica do Sapato*. Plus besoin de courir ! Ils sont tous là, la quarantaine rayonnante, proposant des plats entre 7 et 12 €. Un vrai challenge ! Viandes, fruits de mer, charcuterie, fromages, pâtisserie, tout y passe. Les petits s'amuseront de leurs burgers gourmets, les becs sucrés passeront la tête au goûter, et les amateurs de vin s'arracheront les bouteilles sélectionnées. Après, on s'installe sur les grandes tablées, et on déguste tout cela dans un joyeux brouhaha. Possible aussi de rapporter quelques victuailles (voir « Achats ») et même des livres. L'un de nos endroits préférés.

|●| *Faca & Garfo* (plan centre détachable, J8, 149) : *rua da Condessa, 2 (à l'angle et en haut de la calçada do Carmo qui descend vers la gare de Rossio).* ☎ *21-346-80-68. Fermé dim et 1ʳᵉ quinzaine de janv. Repas env 13-16 €.* Une petite salle triangulaire chaleureuse aux murs ocre tapissés d'azulejos à mi-hauteur. Carte courte mais produits frais (viande ou poisson), plats traditionnels copieux et soignés. Accueil aimable et discret.

|●| *Artis Wine Bar* (plan centre détachable, I8, 150) : *rua do Diário de Notícias, 95.* ☎ *21-342-47-95. Ouv slt le soir à partir de 17h30, tlj sf lun. Compter 12-18 € pour un repas.* Spécialité de saucisses de viande flambées. La cuisine est de bonne facture, servie sous forme de tapas plutôt consistantes. Salle cosy, décorée d'objets choisis où trône (par snobisme) un écran plat diffusant des images de foot. Service efficace. On vous conseille de réserver, la salle est petite.

|●| *Agito Bar Restaurante* (plan centre détachable, I8, 151) : *rua da Rosa, 261.* ☎ *21-343-06-22. Tlj sf dim 20h-minuit (3h pour le bar). Fermé pdt les fêtes de fin d'année. Repas 15-21 €.* Une seconde vie pour ce bar coloré au charme certain. Emmenez votre Cendrillon dîner avant minuit, dans la salle au fond, sous la verrière. Bonne cuisine du monde (tapas, viandes, plats végétariens). Une atmosphère détendue, comme le service, agréable et souriant.

|●| *Fidalgo* (plan centre détachable, I9, 152) : *rua da Barroca, 27.* ☎ *21-342-29-00. Tlj sf dim. Repas 15-25 €. Digestif offert sur présentation de ce guide.* L'atmosphère se veut à la bonne franquette, avec un mur garni de bouteilles ; mais point de populaire, ce n'est qu'un décor de théâtre qui attire plutôt une clientèle des médias. On y savoure une cuisine de la mer plutôt inventive (poulpes grillés, *camarons,* etc.). Une poignée de tables, ambiance calme et détendue, plutôt chic.

|●| *O Cantinho do Bem Estar* (plan centre détachable, I9, 153) : *rua do Norte, 46.* ☎ *21-346-42-65. Tlj sf lun. Plat env 11 €.* Un resto pour goûter la cuisine de l'Alentejo. Bar-cuisine réparti sur 5 ou 6 tables serrées les unes contre les autres dans une jolie salle blanche décorée d'azulejos. Même en semaine, on fait la queue sur le trottoir, et, du coup, on commande avant même de s'asseoir. Vite fait, bien fait.

## Plus chic

|●| *Found You* (plan centre détachable, I8, 154) : *travessa dos Inglesinhos, 36-42.* ☎ *21-346-11-37.* • *foundyou@ outlook.pt* • *Service 18h (14h dim)-1h. Fermé mer soir et j. fériés. Fondues 20-32 €/pers (langouste 31 €).* 📶 *Apéritif maison offert sur présentation de ce guide.* Au menu, des fondues (« found you ») à toutes les sauces : bœuf, vég', fromage portugais, etc. Et 10 sortes de chocolats différents ! À partager à deux dans un cadre moderne, avec un service jeune et dynamique.

|●| *Meson Andaluz* (plan centre détachable, I9-10, 155) : *travessa do Alecrim, 4.* ☎ *21-460-06-59. Tlj sf dim midi et j. fériés. Résa conseillée le w-e. Tapas 3,50-10 € ; menu déj 12 €. Café offert sur présentation de ce guide.* Entre 2 escaliers, une petite terrasse. Spécialités espagnoles. Quelques tables à l'écart de la circulation pour une cuisine recherchée, mais sans chichis, avec des produits de qualité. Belle salle voûtée en brique aux accents baroques un peu clinquants (les citations aux murs, avec des fautes, n'étaient pas nécessaires). Mais l'essentiel est dans l'assiette. Bon accueil.

|●| *Buenos Aires* (plan centre détachable, I8, 156) : *calçada do Duque, 31.* ☎ *21-342-07-39. Entrée en haut de l'escalier. Tlj 18h-2h. Résa plus que conseillée. Repas 25-30 €.*

Suggestions du jour au tableau noir : cuisine argentine, viande délicieuse... Petite salle un peu de guingois, enfumée, éclairage intimiste, murs patinés de jaune, ventilos, photos de Carlos Gardel (ne dites surtout pas qu'il s'agit de Rudolph Valentino, si vous ne voulez pas les faire marrer). Une tranche de tango au pays du fado. Annexe dans la rue à gauche (rua do Duque), où l'ambiance est un doux mélange de Buenos Aires et de Paris.

I●I *A Velha Gruta* (plan centre détachable, I9, **157**) : *rua da Horta Seca, 1.* ☎ *21-342-43-79. Tlj sf dim 12h-15h, 20h-minuit. Plats 13-21 € ; formule déj 6,90 €.* Sans se prendre au sérieux, ce petit resto joue la carte « vin et gastronomie » autour de quelques standards rassurants de la cuisine française comme le coq au vin, le cassoulet et divers accompagnements et sauces (pistou, clafoutis de légumes). La déco hésite entre bistrot, pub et bar de nuit, peut-être pour mieux retenir les convives, nombreux, avant qu'ils ne rejoignent la grande kermesse nocturne du Bairro Alto.

I●I *Cervejaria da Trindade* (plan centre détachable, I8, **158**) : *rua Nova da Trindade, 20 C.* ☎ *21-342-35-06.* ♿ *Tlj 12h-2h. Plats 8,50-15 € ; menus 12,50-23 €.* Immense brasserie fondée en 1836, installée dans un ancien couvent du XIIIe s. Plusieurs salles en enfilade, décorées de très beaux azulejos anciens (les initiés remarqueront quelques signes maçonniques). En été, petite terrasse bien fraîche dans la verdure. Spécialités de fruits de mer, mais également de fameux steaks maison. Quelques déceptions tout de même.

I●I *Bota Alta* (plan centre détachable, I8, **159**) : *travessa da Queimada, 35-37, et angle rua da Atalaia, 122.* ☎ *21-342-79-59. Tlj sf sam midi et dim. Fermé 1er-15 sept. Résa indispensable. Repas 18-30 €.* Cuisine portugaise assez typique servie dans un chaleureux bistrot aux murs bleus tapissés de tableaux. Précisons que l'on apprécie surtout l'endroit pour le cadre et l'ambiance. Quant à la nourriture servie, elle reste assez chère et de qualité variable.

## De plus chic à beaucoup plus chic

I●I *A Cevicheria* (plan centre détachable, H8, **160**) : *rua Dom Pedro V, 129.* ☎ *21-803-88-15.* ● *acevicheria. pt* ● *Tlj 12h30-minuit. Menu dégustation (6 plats) 35 € ; plats env 7-15 € ; dessert 6,30 €.* Avec son sol d'azulejos bleus et son bar en U, façon poissonnerie, on ne peut pas se tromper, c'est bien ici que le chef talentueux, Kiko Martins, vous régale de ses ceviches. Pas de réservation, il faut donc arriver tôt pour pouvoir s'asseoir à l'une des tables ou au comptoir, car la salle n'est pas bien grande. Sinon, ça vaut le coup d'attendre un peu. Poissons super frais et ceviche délicieux, que l'on prépare sous vos yeux, si vous êtes aux premières loges au comptoir. Accompagné d'un bon verre de vin blanc ou d'un *pisco sour*. Le tout pour un rapport qualité-prix incontestable.

I●I *100maneiras* (plan centre détachable, I8, **161**) : *rua do Teixeira, 35.* ☎ *91-030-75-75.* ● *info@restauran te100maneiras.com* ● *Tlj 20h-minuit. Résa fortement conseillée. Menu dégustation (choix unique, plus de 10 plats !) 35-60 €.* Une belle découverte, dans une toute petite salle toute blanche, où une escouade de serveurs et serveuses s'affaire pour annoncer sans chichis les 10 plats choisis par le talentueux chef Ljubomir Stanisic. Il s'amuse à réinventer la cuisine portugaise en s'invitant dans des contrées plus lointaines, au gré du marché. Et rien que l'intitulé des plats fait sourire ! C'est original et délicieux, comme cette purée de lupins, ce caviar de poires, ou encore cette pomme de terre au maquereau. Et le tout s'accorde merveilleusement bien, notamment grâce aux verres de vin sélectionné par le sommelier. N'oubliez pas d'indiquer vos exigences alimentaires. Service extra. L'idéal pour un repas en amoureux.

I●I *Mini Bar Teatro* (plan centre détachable, I9, **162**) : *rua Antonio Maria Cardoso, 58.* ☎ *21-130-53-93.* ● *minibar. pt* ● *Tlj 19h-1h (2h pour le bar). Menus 39-48,50 € ; carte env 35-50 €. Vin au verre 3 €.* Le chef superstar, José

Avillez (passé entre autres chez Ducasse, Troigros et El Bulli), a ouvert un bar-gastro dans cet ancien théâtre. Grande salle à la déco moderne, offrant plusieurs espaces distincts, plus ou moins séparés les uns des autres. Le 1er menu, décliné en « 5 actes » plus l'« isolated act » (le dessert), permet de goûter, en tout, 11 plats différents en portion dégustation. Une très jolie balade gustative, surprenante, car le chef n'a pas oublié son passage chez Ferran Adria et sa cuisine moléculaire ! « Branchitude » oblige, mieux vaut réserver.

l●l *Pap'Açorda* (plan centre détachable, I8, **163**) : *rua da Atalaia, 57-59. ☎ 21-346-48-11. Tlj sf dim-lun. Service jusqu'à 23h30. Plats 17-30 € ; repas 35-50 €.* Une institution, on peut le dire désormais, reconnue même par ceux qui ont l'habitude de cracher dans la soupe : la fameuse *açorda* du pauvre a donné une riche idée aux créateurs de ce lieu toujours mode, qui réussit l'exploit d'offrir une atmosphère somme toute bon enfant dans un emballage minimaliste chic et snob. On vous offre des bonbons au bar pour vous faire patienter, même si vous n'avez plus l'âge de jouer les petites filles ; d'étonnants lustres en cristal atténuent l'insolence de la déco. Recettes du terroir classiques, revues et corrigées comme il se doit.

l●l *Pharmacia* (plan centre détachable, H9, **164**) : *rua Marechal Saldanha, 1. ☎ 21-346-21-46. Fermé lun. Repas 20-30 € ; menu surprise 28 € sans boissons.* Une adresse insolite ! Ce magnifique hôtel particulier du XVIIIe s, bordé d'une (fausse) pelouse rase, cache un secret. Poussons la grille. C'est une adresse idéale pour un tête-à-tête entre le docteur Frankenstein et Morticia Adams. Bienvenue dans l'étrange restaurant du musée de la Pharmacie où le mobilier dépareillé est tout droit sorti d'un vieux labo. Dans l'assiette, façon tapas, de bons plats portugais. Privilégier ceux à base de riz, ce sont les plus copieux. Des laborantins apportent les po(r)tions magiques avec sourire. Cuisine finalement classique mais ambiance très sympa avec des enfants. Terrasse aux beaux jours, avec vue sur le miradouro de Santa Catarina.

## Pâtisseries, glaces, cafés et salons de thé

☕ l●l 🍰 *Pastelaria e Confeitaria Cister* (plan centre détachable, G-H7, **253**) : *rua da Escola Politécnica, 101-107. ☎ 21-396-24-13.* Fréquentée en 1838 par l'écrivain Eça de Queiróz qui y avait ses habitudes. Excellentes confiseries et spécialités régionales à offrir à votre retour ou à savourer égoïstement. On peut surtout y déjeuner et profiter d'une bonne cuisine portugaise, préparée avec grand soin. Une bonne adresse.

☕ *Pastelaria Benard* (plan centre détachable, I9, **276**) : *rua Garrett, 104. Tlj sf dim 8h-23h.* Très bons croissants, pâtisseries et glaces (voir « Où boire un verre ? Où sortir ? Beaux bars et vrais cafés » plus loin).

🍰 ☕ *Doce Real* (plan centre détachable, H8, **255**) : *rua Dom Pedro V, 121. Tlj sf dim 7h-19h (8h-13h sam).* Lieu minuscule mais grande adresse. Des *pastéis de nata* tièdes et des cakes chauds toute la journée, ainsi que des en-cas à emporter pour pique-niquer dans le jardin du Príncipe Real tout proche.

☕ l●l *O Chá do Carmo* (plan centre détachable, I-J8-9, **256**) : *largo do Carmo, 21. ☎ 21-342-13-05. ● cha_do_carmo@netcabo.pt ● Lun-ven 7h-22h (20h hors saison), sam 10h-20h. Fermé 1re quinzaine de juin. Prévoir 15-20 € pour un repas.* Pour un thé ou un vrai petit déj, servi avec le sourire. On peut venir aussi dans l'après-midi manger une petite douceur, comme le gâteau à la pomme et à la cannelle, fait maison. Sert aussi quiches, salades, soupes le midi... Typique !

☕ 🍸 *Detox Lounge* (plan centre détachable, I-J8-9, **256**) : *rua da Trindade, 1, (près du Largo do Carmo). Tlj 10-20h. Repas env 15-19 €.* Comme son nom l'indique, boire et manger ici se décline bio et sans gluten. Petit déj brunch le dimanche... installé confortablement près des fenêtres ouvertes sur l'animation du Largo do Carmo. Pessoa a vécu 4 ans dans cette maison, où il louait une chambre !

▼ *Pastelaria Padaria* (plan centre détachable, H-I8, 257) : *à l'angle de la rua da Rosa. Tlj 6h-minuit.* Une boulangerie-pâtisserie des années 1930 avec une salle en rotonde ayant échappé à l'affront de l'inox et des néons qui défigurent tant de ses homologues. On peut même s'y attabler pour boire un café ou un jus de fruits frais accompagné d'une petite douceur.

▼ *Pastelaria Flor do Mundo* (plan centre détachable, I8-9, 258) : *rua da Misericórdia, 87.* Une pâtisserie simple mais accueillante avec des tables pour se poser un peu. Bon jus de fruits frais et pâtisseries à prix très raisonnables. On y parle le français.

♀ *Glaces Santini* (plan centre détachable, J9, 259) : *rua do Carmo, 9. Tlj 11h-minuit.* Miniterrasse et souvent la queue, chez ce glacier vêtu de rayures rouges et blanches, mais les glaces sont délicieuses et le service rapide !

## Où boire un verre ? Où sortir ?

Jusqu'au début des années 1990, la **rua da Atalaia** et ses voisines avaient le monopole de la vie nocturne lisboète : une des plus fortes concentrations d'Europe ! C'est le *Frágil*, la boîte créée par le designer Manuel Reis, qui a lancé le quartier. Mais les noctambules sont par nature volages. Au XXIe s, ce sont les entrepôts transformés en mégaboîtes chic et technologiques de l'**avenida 24 de Julho,** le long du Tage, qui ont eu la cote, fortement concurrencés par la zone des **Docas** près des bassins à flot de l'Alcântara et de Santo Amaro. Aujourd'hui, on redescend sur **Bica** pour se retrouver dans la célèbre rue en pente (le funiculaire ne fonctionne plus la nuit !) ou dans les anciennes venelles chaudes de **Cais do Sodré.** Qu'importe, le parcours noctambule commence toujours ici par un cabotage de bar en bar. Du populaire bistrot bien crasseux au plus snob. Le rappeur, le galeriste en vue, le néobaba, l'étudiant fauché... cohabitent dans l'intelligence du petit prix des consommations. Attention, les lieux restent étrangement déserts avant 23h.

### Beaux bars et vrais cafés

♀ *A Brasileira* (plan centre détachable, I9, 275) : *rua Garrett, 120 A. Tlj 8h-2h.* Un café centenaire, l'un des plus anciens de la ville. Il a conservé sa décoration chargée du XIXe s, lambris et miroirs, et sa fidèle clientèle d'intellos aux tempes blanches. Journalistes, vieux profs à la retraite, artistes, phosphorent et dégustent leur *bica* au milieu des nombreux touristes. Un Fernando Pessoa en bronze vous attend même à sa table en terrasse dans la rue ! D'ailleurs, si vous ne désirez pas figurer sur les photos des personnes qui s'arrêteront immanquablement pour prendre un cliché, mieux vaut éviter les tables autour du cher Fernando ! Déconseillé comme resto.

♀ ▼ *Pastelaria Benard* (plan centre détachable, I9, 276) : *rua Garrett, 104. Tlj sf dim 8h-23h.* Juste à côté d'*A Brasileira*, bel établissement ancien avec une jolie salle intérieure et une grande terrasse aux beaux jours. Petite restauration, très bons cafés, mais aussi pâtisseries, glaces... Ambiance sympa. (Voir aussi « Pâtisseries, glaces, cafés et salons de thé » plus haut.) Parfait pour un verre, mais pas plus.

♀ |●| *Enoteca Chafariz do Vinho* (plan centre détachable, H7, 277) : *rua da Mãe d'Água à Praça da Alegria.* ☎ *21-342-20-79.* ● *clientes@ chafarizdovinho.com* ● *Accès au pied de l'escalier. Tlj sf lun 18h-2h. Fermé 23 déc-8 janv. Tapas 6-12 € ; menu env 48 €. CB acceptées. Apéritif maison offert sur présentation de ce guide.* Voilà un lieu pour le moins étonnant : c'était un bâtiment appartenant au système de distribution d'eau du bas Lisbonne. Situé au pied d'une descente venant du réservoir de la place Príncipe Real. Haute salle de pierre avec citerne et fontaine, galerie mystérieuse... C'est aujourd'hui un bar à vins proposant sur fond jazzy des tapas (sans grand intérêt) pour accompagner un large choix de vins portugais et de portos de tous âges. Mais on y vient surtout pour le cadre, atypique.

**♀ Noobai Café** (plan centre détachable, H9, **278**) : miradouro de Santa Catarina, calçada Salvador Correia de Sá, 40-42. ☎ 21-346-50-14. Tlj 12h-minuit (11h w-e). Fermé 10 j. en janv. Ce café très fréquenté dont la grande terrasse en surplomb offre une belle vue sur les toits de Lisbonne et le ponte 25 de Abril. Idéal pour un café ou un verre, loin du brouhaha urbain (vous pouvez ignorer la carte des petits plats...). Ambiance assez jeune.

**♀ Pavilhão Chinês Bar** (plan centre détachable, H8, **279**) : rua Dom Pedro V, 89-91. ☎ 21-342-47-29. Tlj 18h (21h dim)-2h. Hallucinante création d'un célèbre architecte d'intérieur. Imaginez un collectionneur fou à qui l'on aurait confié les salons douillets d'un club anglais pour y exposer ses trouvailles. Pas un centimètre carré de mur qui ne soit exploité dans l'enfilade de ces 3 salles, mais avec la méthodologie du Muséum d'histoire naturelle : les poupées en céramique, les soldats de plomb, les maquettes de bombardiers, les grenouilles en faïence, les statues de Chinois... Le lieu lui-même est bizarre, comme si les fauteuils 1900, la moquette rouge, les lampes tamisées, le billard ancien avaient appartenu à un baron excentrique. Carte de cocktails délicieux, longue comme le bras, et surtout illustrations coquines des Années folles. Plus qu'un bar, c'est une institution !

**♀ Sol e Pesca** (plan centre détachable, I10, **280**) : rua Nova do Carvalho, 44. ☎ 21-346-72-03. ● solepesca@gmail.com ● Tlj sf dim 12h-4h. Minuscule bar décoré de filets de pêche, d'hameçons, de cannes et de conserves de sardines. Chaises et tables chinées. Bonne ambiance. Passé 23h, l'animation est surtout dans la rue dont le sol a été peint en rose.

**♀ Lost'In** (plan centre détachable, I8, **281**) : rua D. Pedro V, 56 D. ☎ 91-775-92-82. Tlj sf dim 12h30 (16h lun)-minuit. D'abord une boutique d'articles indiens (tissus, coussins, etc.). Mais le principal se situe à l'arrière de la boutique : immense terrasse surplombant la ville, soit à l'abri, soit en plein air. Le tout dans des fauteuils recouverts de tissus et coussins très colorés de la maison. Petite carte de desserts.

**♀ Solar do Vinho do Porto** (plan centre détachable, I8, **282**) : Instituto dos vinhos do Douro e do Porto, rua de São Pedro de Alcântara, 45. ☎ 21-347-57-07. ● solarlisboa@ivp.pt ● Tlj sf dim 11h (14h sam)-minuit. Juste en face du funicular da Glória, un palais du XVIIIe s (même architecte que le palais de Mafra) réaménagé en une sorte de pub. L'institut du vin de Porto (on peut vraiment parler d'institution, ici) y propose plus de 200 appellations à la dégustation et à la vente. Assiettes de fromage pour l'idéale découverte. Ambiance délicate qui fait oublier les turpitudes du monde afin de profiter pleinement du divin breuvage. Fréquenté par une clientèle aux papilles distinguées. On aime beaucoup.

**♀ British Bar** (plan centre détachable, I10, **283**) : rua Bernardino Costa, 52-54. ☎ 21-343-23-67. Tlj sf dim 8h-minuit (2h ven-sam). Un vrai beau bar, lambrissé, avec un grand choix de mousses et de whiskies. Au plafond, le ventilateur fait son office de rafraîchisseur d'ambiance. Attire un grand nombre de Lisboètes à la sortie des bureaux.

## Bars branchés

**♀ L'Insolito** (plan centre détachable, I8, **49**) : rua de São Pedro de Alcântara, 81. Voir plus haut « Où dormir ? ». Bar roof-top de l'AJ Independente, qui vaut surtout pour la superbe vue sur toute la ville et son ambiance jeunes-branchés.

**♀ ♪ |●| Fabulas** (plan centre détachable, J9, **284**) : calçada Nova de São Francisco, 14. ☎ 21-347-63-21. ● galeriafabulas@gmail.com ● Tlj sf dim 11h-minuit (3h ven-sam). Salades, crêpes, tartes salées et petite restauration 5-12 €. Vins au verre 1,50-7 €. ☐ Bar à vins tendance, café et galerie tout à la fois. Un lieu sympa où se mêle une tranche de population, jeune et moins jeune, branchée de Lisbonne. Installé dans une immense salle voûtée en entresol, meublée de bric et de broc, dans une ambiance chaleureuse. Les tables sont, pour certaines, celles d'anciennes machines à coudre. Lustres anciens au plafond, éclairage à la bougie comme dans les vieux châteaux et gros canapés confortables dans certains recoins. Terrasse avec quelques tables devant. Une autre salle au fond donnant sur une cour pavée permet d'accéder à une autre terrasse à l'abri de la rue en été. Un lieu où l'on se sent bien.

**♦ ♪ Pensão Amor** (plan centre détachable, I10, 285) : *rua do Alecrim, 19 ; autre entrée rua Nova do Carvalho, 38.* ☎ *21-314-33-99. Tlj sf dim 12h-2h (4h ven-sam).* Installé dans un ancien bordel ! Le boudoir semble intact et les tentures rouge écarlate façon muleta émoustilleraient le premier taureau échappé d'une *tourada* (corrida portugaise). Eh bien non ! L'atmosphère est au raffinement et à la tranquillité, on sirote bien sagement thé ou fin breuvage, les fesses dans un petit fauteuil crapaud. Plusieurs salons offrent diverses réjouissances : l'un d'entre eux, dans une quasi-obscurité, fait office de bar et piste de danse (pas beaucoup de place pour se déhancher !). Plus loin on trouve aussi une librairie coquine et une boutique de gadgets extatiques. Un lieu à voir et à boire.

## Bars de nuit

Il y en a à tous les coins de rue, ou presque. Pour faire des rencontres, ne cherchez plus, c'est ici ! Faites attention quand même : près des bars de nuit, on vous proposera, surtout le week-end, pas mal de drogues. Passez tranquillement votre chemin ! Les dealers ne sont pas particulièrement agressifs, mais un routard averti en vaut deux.

**♦ ♪ A Bicaiense** (plan centre détachable, I9, 286) : *rua da Bica de Duarte Belo, 42.* ☎ *21-325-79-40. Tlj.* Dans une rue sacrément en pente (attention aux derniers ou aux premiers passages du funiculaire !), où la jeunesse branchée design et artistique de Lisbonne se retrouve. Pas bien grand, comptoir métal et noir, projections de films expérimentaux et musiques tendance livrées par des DJs à la pointe. Et surtout, la rue rien que pour vous !

**♦ Portas Largas** (plan centre détachable, I8, 287) : *rua da Atalaia, 105.* ☎ *21-346-63-79. Tlj.* Un repaire d'oiseaux de nuit au plumage multicolore. Plus de garçons que de filles, vous comprendrez vite pourquoi. C'est toujours plein à craquer, et le samedi soir, ça déborde allègrement sur le trottoir. Belle atmosphère entre les murs à damiers de ce bar à la déco oscillant entre rustique et rétro.

**♦ ♪ Bar Lounge** (plan centre détachable, H9, 288) : *rua da Moeda, 1.* ● *loungelisboa@gmail.com* ● *Tlj sf lun 22h-4h.* Groupes ou DJs emplissent de sons la grande salle, dont les jolies tapisseries s'accordent parfaitement au style décalé de l'endroit ! Quand la nuit tire à sa fin, la place devant le bar est, elle aussi, inondée de monde.

**♦ ♪ Clandestino** (plan centre détachable, I8, 300) : *rua da Barroca, 99. Tlj sf dim 17h-2h. Interdit aux moins de 16 ans. Cocktails 2-4 €.* Minuscule petit bar de nuit. 2 petites salles en enfilade, aux murs décorés de tags par les clients, du sol au plafond. Très sympa, bonne musique et bonne ambiance. Patron accueillant et jovial.

## Où écouter du fado ?

Ne demandez pas où l'on peut encore trouver des adresses qui ne soient pas touristiques, ça fait rire même ceux qui sont en pleine *saudade party* !

**♪ ⦿ Café Luso** (plan centre détachable, I8, 310) : *travessa da Queimada, 10.* ☎ *21-342-22-81.* ● *cafeluso@ cafeluso.pt* ● *cafeluso.pt* ● *Conso min 25 €/pers à partir de 19h30, 16 € après 22h30 ; carte 45-50 € ; menu touristique à 41 €. Fado tlj à partir de 20h30 (le resto ouvre à 20h).* Sous des voûtes en pierre du XIIe s, dans les anciennes écuries et caves du palais São Roque. On vient ici pour écouter du fado au

## Où écouter de la musique ? Où danser ?

Quelques boîtes ont bien survécu, mais le Bairro Alto, c'est avant tout des bars et il y en pas mal dans un rayon restreint. Pour les boîtes, on ira plutôt dans le coin des Docas (voir plus loin).

♪ **ZDB** (Zé Dos Bois ; plan centre détachable, I9, **311**) : *rua da Barroca, 59.* ☎ *21-343-02-05.* ● *zdb@zedosbois.org* ● *Tlj 22h-2h.* Petit lieu alternatif dynamique pour les 18-30 ans. D'abord consacré à l'art contemporain, notamment aux arts visuels (expos à l'étage), il abrite également une petite salle proposant presque tous les soirs des concerts à prix très raisonnables. Programmation éclectique.

♪ **Frágil** (plan centre détachable, I8, **312**) : *rua da Atalaia, 126.* ☎ *21-346-95-78.* ● *info@fragil.com.pt* ● *Tlj sf dim 23h-4h. Entrée : env 10 €.* Frágil et résistant tout à la fois. Sans la création de cette discothèque dans les années 1990, il n'y aurait pas eu de Bairro Alto. Un décor élitiste de designer où une faune d'adultes postmodernes se laisse aller au métissage des sexualités. Musique house, électro et dance.

♪ ♪ **Music Box** (plan centre détachable, I10, **313**) : *rua Nova do Carvalho, 24 (entrée sous une arche).* ● *office@musicboxlisboa.com* ● *Tlj sf dim 22h-7h. Concert à partir de minuit et DJ à partir de 2h. Entrée : 7-20 € selon programme.* Au cœur de l'ancien quartier chaud qui naguère offrait un peu de joie terrestre au marin de passage. Quand les bars ferment, c'est la boîte troisième partie de soirée de Cais do Sodré.

## Achats

### À boire et à manger

⊛ **Mercado da Ribeira** (plan centre détachable, H-I10) : *av. 24 de Julho. Tlj 10h-minuit (2h jeu-sam).* Un marché traditionnel (fruits, fleurs et légumes) doublé d'une halle entièrement dédiée à la fine fleur de la gastronomie portugaise, voire lisboète. Conserves de poisson, vins, chocolats, de quoi faire ses emplettes. Et même des restos (voir plus haut) !

⊛ **Bettina et Niccolo Corallo** (Casa das Corticas ; plan centre détachable, H7, **335**) : *rua da Escola Politécnica, 4.* ☎ *91-495-16-10. Lun-sam 10h-20h.* Vous pensiez savoir ce qu'est du cacao ? Eh bien, vous verrez qu'il n'en est rien. La famille Corallo veille au grain (!), de sa plantation de São Tomé jusqu'aux produits finis vendus dans sa boutique lisboète. Chocolat en plaques, en sorbet, mais aussi café sous toutes ses formes. Un régal pour les gourmands !

🍷 **Alfaia Garrafeira** (plan centre détachable, I8, **143**) : *rua do Diário de Notícias, 125.* ☎ *21-343-30-79.* ● *garrafeira.alfaia@clix.pt* ● *Tlj 16h-1h.* Boutique-bar pour faire le plein de raisins (à boire) ! Voir « Où manger ? » plus haut.

⊛ **Loja das Conservas** (plan centre détachable, J10, **336**) : *rue do Arsenal, 130.* ☎ *91-118-12-10. Ouv lun-sam 10h-21h, dim 12h-20h.* 🛜 Belle conserverie où de nombreuses marques sont représentées. Idéal pour faire vos provisions ou vos cadeaux. Équipe de bon conseil (aussi en français) et accueillante.

⊛ **Garrafeira Internacional** (plan centre détachable, H7, **335**) : *rua da Escola Politécnica, 15-17.* ☎ *21-234-62-92. Tlj sf dim 10h-20h.* Bon choix de vins portugais, de régions trop peu connues. Une bonne occasion de les découvrir ! Dégustation gratuite de vin de table et de porto. Bons conseils (et bons emballages pour le retour).

### De la tête aux pieds

⊛ **Paris em Lisboa** (plan centre détachable, I9, **337**) : *rua Garrett, 77.* ☎ *21-346-81-44. Tlj sf dim 10h-19h*

*(13h sam)*. Du beau linge, en vitrine comme sur les rayons, on peut le dire. C'est à Torres Novas (100 km) qu'on fabrique les *turcos* (tissu éponge) les plus réputés du pays. Serviettes de toilette douces au toucher dans une gamme de coloris variée.

❀ *El Dorado (plan centre détachable, I9, 338) : rua do Norte, 25. ☎ 21-343-12-39. Lun-ven 13h-23h (minuit jeu-ven), sam 14h-minuit*. Les fringues vintage déjantées côtoient des 33-tours collector. Pour les fouineurs branchés ou les nostalgiques.

❀ Les ruas Dom Pedro V et da Escola Politécnica rivalisent à chaque numéro ou presque en termes de *concept stores* de fringues, bijoux, objets design, gadgets, chaussures et autres. Le plus spectaculaire est **Embaixada** *(plan centre détachable, H7, 339)*, en face de la praça do Príncipe Real, au n° 26, installé dans un ancien palais superbe *(tlj 12h-20h)*.

## Artisanat, art

❀ *A Vida Portuguesa (plan centre détachable, J9, 340) : rua Anchieta, 11. ☎ 21-346-50-73. ● avidaportuguesa.com ● Tlj 10h (11h dim)-20h*. Dans une ancienne fabrique de cosmétiques, préservée de la démolition, une vieille boutique qui vend « l'âme portugaise ». Belle sélection de produits fabriqués localement et qui ont marqué la mémoire portugaise : cosmétiques, crèmes pour les mains, parfums, shampoings, eaux de Cologne, savons, bougies, huile d'olive, conserves de sardines, jouets pour enfants, bibelots, petits souvenirs de qualité et rares. Une autre boutique largo de Intendente, voir rubrique « Achats » dans le quartier de Graça.

❀ **Vista Alegre** *(plan centre détachable, I9, 341) : largo do Chiado, 20-23. ☎ 21-346-14-01. Tlj sf dim 10h-19h*. La plus réputée des fabriques de porcelaines portugaises, fondée en 1824 (peut se visiter près d'Aveiro). Du classique tendance chic. On n'est plus obligé d'acheter un service complet.

❀ **Sant'Anna** *(plan centre détachable, I9, 342) : rua do Alecrim, 95. ☎ 21-342-25-37. ● santanna.com.pt ● Lun-sam 9h30 (10h sam)-19h*. Très belle boutique d'azulejos, mais également toutes sortes de céramiques, vaisselle, etc.

## Azulejos

❀ **Solar** *(plan centre détachable, H-I8, 343) : rua Dom Pedro V, 68-70. ☎ 21-346-55-22. Tlj sf dim 10h-19h (13h sam)*. Attention, pas d'enseigne ! Cet antiquaire est spécialisé dans la vente d'azulejos anciens (XVI$^e$-XX$^e$ s). Les prix sont corrects, compte tenu de la qualité, et il est inutile de discuter.

## Linge de maison, broderies, layettes

❀ **Teresa Alecrim** *(plan centre détachable, J9, 344) : rua Nova do Almada, 76. ☎ 21-342-18-31*. Magnifique boutique de linge de maison brodé, serviettes de toilette... Tout ou presque est fait main. Pas donné, mais bon rapport qualité-prix vu le travail que tout cela représente !

# À voir. À faire

## Les quartiers du Carmo et du Chiado

Le 25 août 1988, le cœur de Lisbonne brûle : un incendie s'est déclaré dans le grand magasin *Grandela*, au bas de la place du Rossio. Le feu se propage très vite, les pompiers accèdent difficilement aux immeubles. Les rues do Carmo, Nova do Almada, Assunção et do Crucifixo sont les plus touchées. Cet incendie a infligé à ce quartier historique l'un des plus graves dommages depuis le tremblement de terre de 1755. Pour la reconstruction, l'architecte Álvaro Siza Vieira a tenu à préserver le style du quartier au charme années 1930.

Aujourd'hui, boutiques de luxe et immeubles de standing donnent le ton. Le soir venu, l'animation quitte peu à peu le Chiado pour se glisser dans les ruelles du Bairro Alto voisin. Pour accéder au quartier du Carmo, emprunter l'âpre calçada do Carmo.

António Ribeira Chiado était un moine poète du XVIe s. Trop bon vivant, il préféra abandonner son froc. Si on le vénère moins pour ses vers gouailleurs que Pessoa, qui est assis pour l'éternité à quelques pas de lui devant le café *A Brasileira*, c'est quand même lui qui a eu le dernier mot : un quartier à son nom, si vivant que tout Lisbonne passe et repasse.

🚶🚶 🚶 Auparavant, faites un tour (d'horizon) en empruntant l'*elevador de Santa Justa* (plan centre détachable, **J8-9, 367** ; voir plus haut « Infos pratiques sur place. Comment se déplacer ? Les funiculaires *(ascensores)* et l'*elevador* de Santa Justa »). Du haut de l'édifice, outre la machinerie, on a une vue sur la colline du *castelo* et sur les alignements de la Baixa. À faire en début de matinée, de préférence, il y a moins de monde. Astuce : il est possible d'accéder gratuitement au belvédère qui est au 1er étage

### UNE MACHINE À VISITER LA LUNE

*Jusqu'en 1907, l'elevador de Santa Justa fonctionnait grâce à une turbine à vapeur, puis il fut électrisé. On imagine bien les nuages de vapeur débordant de cette mécanique julesvernesque. « Une machine à visiter la Lune », comme le disait l'écrivain Valery Larbaud ! Et ne dites pas qu'il fut construit par Eiffel : ce fut l'un de ses élèves qui s'attela à la tâche, Raoul Mesnier du Ponsard !*

de l'*elevador* de Santa Justa en passant par le largo do Carmo juste à côté du museu arqueológico do Carmo et en empruntant la passerelle qui passe au-dessus de la rua do Carmo, on a déjà une très belle vue !

🚶🚶🚶 ***Convento-museu do Carmo – Museu arqueológico do Carmo*** (plan centre détachable, **J8, 368**) : *largo do Carmo.* ☎ 21-347-86-29. ● museuarqueologicodocarmo.pt ● *Tlj sf dim 10h-18h (19h juin-sept). Entrée : 3,50 € ; réduc avec la* Lisboa Card.
Cette église du XIVe s, l'une des plus grandes de la ville, avec sa nef à ciel ouvert, est restée dans l'état où l'a laissée le tremblement de terre de 1755. Une atmosphère étrange et romantique règne dans ce lieu qui mérite une visite. On découvre tout d'abord la grande nef en ruine où sont exposés des pierres tombales et les blasons sculptés de plusieurs personnages de la bourgeoisie et de la noblesse portugaises (au sol et sur les murs). Remarquer la solitaire stèle funéraire de 1814 avec ses caractères hébreux.
Au fond, dans le chœur, abrité par un toit, voici le remarquable petit Musée archéologique avec de beaux tombeaux en pierre, la sépulture de don Nuno Alvares Pereira (1360-1431), second connétable du Portugal qui fonda cette église. Voir aussi le tombeau de la reine Maria Ana de Austria (son style rappelle le style des tombeaux des Habsbourg à Vienne). Plus loin, des vestiges romains, wisigothiques et précolombiens (statuettes aztèques et chimu), un bas-relief hindou. Une des pièces les plus étonnantes est ce sarcophage égyptien (avec sa momie) de l'époque ptolémaïque, ainsi que les momies incas du Pérou (XVe-XVIe s). Ce sont des restes desséchés et ficelés de jeunes filles qui portent encore des cheveux longs, fragiles comme des fils...

🚶🚶 ***Museu et igreja São Roque*** (plan centre détachable, **I8, 369**) : *largo Trindade Coelho.* ☎ 21-323-54-44. ● museu-saoroque.com ● 🍴 *Musée : lun 14h-18h (19h avr-sept), mar-dim 10h-18h (19h avr-sept ; 20h jeu avr-sept). Fermé j. fériés. Entrée (musée) : 2,50 € ; réduc, notamment avec la Lisboa Card ; gratuit dim jusqu'à 14h. Essayer de suivre une visite guidée. Petite brochure en français.*

**BAIRRO ALTO, CHIADO ET CAIS DO SODRÉ / À VOIR. À FAIRE** | 75

Le musée abrite une collection d'art sacré remarquable allant du XVIe au XVIIIe s en provenance de plusieurs pays d'Europe. Très beau Christ crucifié de Ceylan du XVIe s, en ivoire finement travaillé. Reliquaires richement ouvragés, dont un délicat du Japon (fin XVIe s) en bois laqué, nacre, poudre d'or et d'argent. Quelques belles huiles sur bois également. La visite se termine par l'église. On peut ne visiter que l'église en accès libre.

L'église date du XVIe s, mais la façade fut reconstruite après la catastrophe de 1755. Voir l'immense plafond en bois peint et surtout la très riche chapelle *São João Baptista* (4e à gauche), témoignage des caprices insensés des rois de l'époque. Elle fut construite à Rome avec tous les matériaux précieux existants, puis transportée par bateau pour être remontée ici. Cafétéria reposante dans le cloître du musée.

🎬🎬 *A Vida Portuguesa (plan centre détachable, J9, 340)* : rua Anchieta, 11. Voir plus haut la rubrique « Achats. Artisanat, art ». Également Largo do Intendente, 23, dans Graça *(plan centre détachable K6, 353)*.

🎬🎬 *Museu nacional de Arte Contemporânea do Chiado (plan centre détachable, J9, 370)* : rua Serpa Pinto, 4-6. ☎ 21-343-21-48. • museuartecontemporanea.pt • Ⓜ Baixa-Chiado. Tlj sf lun 10h-18h. Fermé 1er janv, Pâques, 1er mai et 25 déc. Entrée : 4,50 € ; réduc ; gratuit le 1er dim de chaque mois ainsi qu'avec la Lisboa Card. Musée d'art

### LES HIRONDELLES DE PINHEIRO FONT LE PRINTEMPS LISBOÈTE !

*Accrochées au mur du magasin* A Vida Portuguesa, *elles ne risquent pas de s'envoler. En retrouvant le dessin original de Pinheiro, Catarina Portas ne pensait pas qu'elle allait donner un nouveau symbole au peuple portugais. Un peuple en noir et blanc, voyageur, courageux, qui s'est retrouvé dans ces hirondelles en terre cuite faisant autrefois la fierté des maisons dans les quartiers populaires et devenues aujourd'hui cultes.*

contemporain, le musée du Chiado présente des œuvres de son fonds permanent, qui tournent tous les 3 mois. Beaucoup d'installations, ainsi que de la peinture et de la sculpture portugaise et internationale. C'est l'architecte français Jean-Michel Wilmotte qui en réalisa la rénovation. L'espace intérieur mérite à lui seul une visite pour sa conception et la mise en valeur du site autant que des œuvres.

🍽 Terrasse surélevée avec cafétéria pour grignoter, au soleil, des petits plats dans l'air du temps *(tlj sf lun ; sandwichs 3,50-5 €, plats du jour 8,50-10,50 €)*.

🎬 *Largo de São Carlos (plan centre détachable, I9)* : sur cette petite place ensoleillée se tient un immeuble couleur pastel (au rez-de-chaussée, magasin *Godiva*) où est né l'écrivain Fernando Pessoa (1888-1935). Au pied, une sculpture surréaliste de l'auteur avec un livre à la place de la tête.

## Le Bairro Alto

🎬🎬🎬 Ce vieux quartier aux façades usées avec ses balcons fleuris est un brassage sans heurts du vieux tissu populaire, de l'émigration originaire des anciennes colonies africaines et des branchés colonisant doucement le quartier pour y créer de nouveaux lieux. Nous le décrivons dans l'introduction comme un quartier caméléon, qui change de façade et d'humeur selon les heures. Dans l'après-midi, on arpente ses ruelles calmes à la recherche de boutiques dans le vent ou rigolotes, dont la rua do Norte, notamment, est très friande. En soirée, les boîtes à fado touristiques et les nombreux petits restos drainent les foules, qu'ils déversent, la nuit tombée, dans les nombreux bars du quartier, largement concentrés dans la rua da Atalaia et ses voisines proches, dans lesquelles il devient difficile de circuler à partir de 23h.

🍴🍴 À l'est, le *miradouro São Pedro de Alcântara* (belvédère São Pedro de Alcântara ; plan centre détachable, I8), qui surplombe un très beau petit jardin, livre une magnifique échappée sur la ville basse, la colline du castelo São Jorge et le Tage. Un lieu qui a retrouvé tout son charme, après une sérieuse rénovation.

🍴🍴 ***Convento de São Pedro de Alcântara*** (plan centre détachable, I8, 371) : *rua Luisa Todi, 1. Ouv avr-sept, lun 14h-19h, mar-dim 10h-19h (20h jeu) ; oct-mars, lun 14h-18h, mar-dim 10h-18h. GRATUIT ; visite guidée ven à 11h30 en français et 15h en anglais (2,50 €).* Couvent du XVIIe s ouvert au public depuis peu. À voir notamment, la chapelle des Lencastres, joyau du couvent, en marbre marqueté inspiré du style italien. Dans l'église, magnifiques autels en boiserie dorée avec une iconographie franciscaine et peintures du XVIIIe s, comme le *Couronnement de la Vierge.* Plafond peint en trompe l'œil par un artiste français. Les murs de la nef sont recouverts d'azulejos de l'époque baroque, représentant des scènes de la vie de saint Pierre d'Alcântara.

🍴🍴 Dans l'ouest et le sud du quartier, loin de l'agitation touristique, sommeillent des rues de village où le linge sèche aux fenêtres. À partir de la petite ***praça das Flores*** (plan centre détachable, G8), le Bairro Alto offre aux promeneurs un réseau d'adorables ruelles où flâner.

🍴 🚶 Ne manquez pas d'aller faire un tour en haut du ***miradouro de Santa Catarina*** (plan centre détachable, H9, 372). Un lieu qui incite à la flânerie et au repos des sens au milieu des touristes et des jeunes qui se prélassent au soleil. Au milieu du petit parterre, la statue du monstre Adamastor, personnage mythique des *Lusiades* de Camões. On peut y rêver tout en regardant au loin le *ponte 25 de Abril.* Un lieu bien vivant, en journée, avec ses bistrots en terrasse, mais qui craint un peu, une fois la nuit tombée.

🍴🍴 Le populaire ***funiculaire da Bica*** (plan centre détachable, H-I9) vous rapproche du *mercado* avec son curieux dôme à bulbe tout en bas, à *Cais do Sodré.* Il est traditionnel d'y voir, dès 5h, marchands, ouvriers, bourgeois en goguette et étudiants déguster le réputé chocolat chaud des troquets du coin. Parfois, le dimanche, s'y tient un bal populaire animé. Le soir, si vous remontez par le funiculaire, l'ambiance aura peut-être déjà changé, avec l'ouverture d'un bar-salon de thé ou du dernier resto à la mode, dans les rues voisines, attirant une clientèle différente. À partir de 23h-minuit, bien sûr, car avant c'est toujours très calme. C'est le nouveau quartier « tendance », celui où il fait bon se retrouver, près d'un bar à vins ou d'une cave à jazz, à deux pas mais déjà si loin, semble-t-il, du haut du Bairro Alto et de sa frénésie.

🍴🍴 🚶 ***Le square de la place do Príncipe Real*** (plan centre détachable, H7-8, 373) : lieu de promenade très apprécié des enfants le dimanche, tandis que les plus âgés préfèrent l'ombre prodiguée par le parasol naturel d'un gigantesque cyprès. Sous la fontaine se cache un réservoir souterrain octogonal (abusivement appelé « musée de l'Eau »), avec des voûtes d'une dizaine de mètres de hauteur. Il n'est ouvert qu'à l'occasion d'expositions temporaires à l'intérêt très relatif. Samedi matin, marché bio.

## MADRAGOA, LAPA, CAMPO DE OURIQUE, SANTOS ET DOCAS (LES DOCKS)

Un quartier éclectique qui est loin d'avoir terminé sa mue, à découvrir en remontant depuis Santos et les docks, nouveau lieu de vie de jour (presque) comme de nuit, jusqu'à Madragoa, Lapa et Campo de Ourique, où la bourgeoisie portugaise a fait son nid. Un quartier où résideront, côté colline, les amoureux et les touristes plus argentés, dans l'une des deux demeures de charme de la rua das Janelas Verdes.

# MADRAGOA, LAPA, CAMPO DE OURIQUE… / OÙ DORMIR ?

Comme ce quartier est baigné par les eaux du Tage, en descendant les ruelles et les escaliers, on arrive au port. Qui dit port dit mers lointaines et voyages maritimes, ces expéditions qui ont fait la fortune et la gloire du Portugal au XVIe s. Dès lors, il est compréhensible que deux grands musées de Lisbonne soient installés là : le museu de Arte Antigua (étatique) et le museu do Oriente (privé), deux hauts lieux de la culture qu'il ne faut pas manquer.

On peut aussi venir dans ce secteur de la capitale pour faire la fête, côté docks, ou vers l'Alcântara, à la nuit tombée, surtout vers *LX Factory*. Restos à la mode dans des décors de récupération, cafés branchés, boîtes bondées : couche-tard, fêtards, braillards, rigolards et routards se filent un rancard pour boire un verre de pinard ou danser dans les bars, d'autres fument le cigare en costard, le soir, tintamarre garanti sur les trottoirs !

## Où dormir ?

### Bon marché

**PH Lisbon Hostel** (plan centre détachable, G9, **69**) : *calçada de Marquês de Abrantes, 40.* ☎ *21-801-37-71.* • *phlisbonhostel.com* • *Estação de Santos (train pour Estoril et Cascais) à 5 mn à pied. Lits en dortoir 15-18 € selon taille du dortoir ; double 50 €.* On ne peut que féliciter le jeune propriétaire de cet *hostel* qui a transformé une vieille demeure du quartier de Santos en une auberge de jeunesse de charme. Tout est propre, fonctionnel et décoré avec soin. L'accueil est en anglais, et un peu en français. Dortoirs impeccables de 4, 6 ou 8 lits avec casiers métalliques et AC dans certains, mixtes ou non. Salle de bains sur le palier. Cuisine à disposition pour les hôtes. Propose aussi 4 chambres privatives, plus intimes et très agréables. Petite cour tranquille à l'arrière pour se poser. Gros avantage de cet *hostel* : il n'est pas loin du quartier nocturne (bars et boîtes) du secteur des docks au bord du Tage. Les routards les plus jeunes apprécieront !

### Beaucoup plus chic

**Casa do Bairro B & B** (plan centre détachable, H9, **70**) : *beco do Caldeira, 1.* ☎ *91-417-69-69.* • *info@shiadu.com* • *shiadu.com* • *Depuis Boavista, prendre la rua das Gaivotas, puis à droite la rua Fernande Tomás. Doubles env 100-140 € selon saison et confort, petit déj inclus.* Accueil en portugais et en français. Les propriétaires appellent leurs pensions des *Boutiques Guest House*. Ce sont en fait des maisons d'hôtes de charme, parmi les plus belles de la capitale. Celle-ci se trouve dans un étroit passage accessible à pied (attention ça grimpe pour arriver !). La maison ancienne et bien restaurée abrite une dizaine de grandes chambres superbes, aménagées avec soin (douche/w-c, AC). Tout est décoré avec recherche et imagination. Demandez une chambre avec vue sur le côté sud (les toits, le fleuve). Petit déj servi dans le patio intérieur. Shiadu possède 3 autres maisons d'hôtes de charme à Lisbonne, celle de la travessa do Caldeira (voir ci-dessous), la maison *Ribeira Tejo* (voir Bairro Alto), et la maison *Monte Belvedere* (rua Santa Catarina, toute proche, avec une plus belle vue encore). Elles sont toutes aussi charmantes. Vraiment d'excellentes adresses !

**Casa do Patio B & B** (plan centre détachable, H9, **71**) : *travessa do Caldeira, 19.* ☎ *91-417-69-69.* • *info@shiadu.com* • *shiadu.com* • *Env 64-110 € la double selon période et confort.* Notre coup de cœur dans le quartier ! Situé à 3 mn à pied de la *Casa do Bairro*, dans le quartier de Santa Catarina, voici une pension de charme très originale. On y accède par un passage discret (patio das Parreiras), et on arrive dans une grande cour intérieure, calme et ensoleillée, décorée par du mobilier design aux couleurs vives. Chambres doubles, suites familiales et appartement (de 2 à 4 personnes), tous confortables, avec accès direct au patio où se prend le petit déj le matin. Les chambres sont installées dans des maisonnettes blanches adorables, toutes restaurées et aménagées avec le même charme, et d'un très bon goût. Pour les appartements, pas de petit déj, mais cuisine à dispo. Et surtout vue sur le Tage ! Accueil adorable et sensation agréable de partager une tranche de vie lisboète.

## Très chic

â **York House** (plan centre détachable, F10, *72*) : *rua das Janelas Verdes, 32.* ☎ *21-396-24-35.* • *reservations@yorkhouselisboa.com* • *yorkhouselisboa.com* • *À deux pas du museu nacional de Arte Antiga. De Cais do Sodré,* T *n° 25 ou 15 et bus n° 714. Doubles 160-300 € selon saison ; petit déj 15 €.* 💻 📶 En surplomb de la rue, un ancien monastère du XVIe s transformé en hôtel de charme, que l'on découvre en haut d'une volée d'escaliers. Graham Greene et John Le Carré y séjournèrent, Catherine Deneuve ou Marcello Mastroianni également. Exubérant et délicieux jardin intérieur avec palmiers et bougainvillées pour prendre un verre au calme. Escaliers sculptés, dallages d'origine en terre cuite, plafonds à caissons et mobilier ancien d'un côté, chambres design de l'autre. Certaines chambres viennent d'être entièrement refaites, sobres et élégantes. Salles de bains tout en marbre. Un peu sombre. Apprécié pour son calme (en revanche, évitez le côté rue) et sa douceur toute monacale. Salle à manger dans l'ancien réfectoire des moines. L'été, on dîne (ou l'on prend le petit déjeuner), à prix qui sont certes à la hauteur du reste, dans le joli patio intérieur.

â **As Janelas Verdes** (plan centre détachable, F10, *73*) : *rua das Janelas Verdes, 47.* ☎ *21-396-81-43.* • *janelas.verdes@heritage.pt* • *heritage.pt* • *Doubles 157-298 € selon saison ; petit déj 14 €. Promo sur Internet. Parking payant.* 📶 *Apéritif maison offert sur présentation de ce guide.* À proximité du museu nacional de Arte Antiga, une petite maison bourgeoise du XVIIIe s tout droit sortie d'un roman, où la gouvernante vous accueille avec le sourire et en français. Atmosphère romantique aussi bien dans les salons que dans la trentaine de chambres, délicieusement désuètes (mais avec des éléments de confort tout à fait modernes). Objets d'art, livres, tableaux, souvenirs évoquent déjà un autre temps, et la vue sur le Tage depuis la belle bibliothèque-terrasse laisse rêveur. Petite cuisine attenante où se préparer un thé. Cour très verdoyante pour prendre le petit déj en saison. En plus, l'accueil est délicieux et les conseils excellents.

## Où manger ?

Pour grignoter le soir ou même au cœur de la nuit, voir aussi la rubrique « Où boire un verre ?... » car, sur les Docas, c'est au moment où passe le marchand de sable que la vie s'éveille.

### De bon marché à prix moyens

|●| **Cervejaria O Zapata** (plan centre détachable, H9, *165*) : *rua do Poço dos Negros, 47/9.* ☎ *21-390-89-42. Tlj sf mar 10h-2h. Carte 7-10 €.* Derrière une bien jolie façade d'azulejos, une institution du quartier. Grand comptoir pour les habitués, et tables en arrière-salle, dont une creusée dans la roche ! Ici, tout est frais, dans les vitrines réfrigérées. Plats affichés à l'entrée. La carte fait la part belle aux produits de la mer (crabes, poissons, calamars, etc.), et même des petits escargots *(caracoletas)* à gober ! Accueil rustique et sincère.

|●| **O Tachadas** (plan centre détachable, F10, *166*) : *rua da Esperança, 176.* ☎ *21-397-66-89. Tlj sf lun. Menu du jour 5,50 € ; plats 5-16 €.*

## MADRAGOA, LAPA, CAMPO DE OURIQUE... / OÙ MANGER ?

Difficile de trouver moins cher pour cette qualité ! Situé près du consulat de France, en plein quartier de Santos, il s'agit d'un modeste restaurant portugais, sans prétention, sans tralala. Accueil jovial et cuisine traditionnelle sincère : *frango no churrasco, arroz de tamboril...*

**|●| Varina da Madragoa** *(plan centre détachable, G9, 167)* : *rua das Madres, 34-36.* ☎ *21-396-55-33.* 📱 *91-761-32-82.* ● *brunobarbosa42@gmail.com* ● *Dans une ruelle vivante de Madragoa. Fermé lun. Repas 15-20 €. Apéritif maison offert sur présentation de ce guide.* Le décor est résolument ancien et chaleureux : murs couverts d'azulejos patinés, de poèmes et de photos de prestigieux convives (Amália Rodrigues, l'actuel président Anibal Cavaco Silva, l'écrivain Saramago...), tables et chaises en bois. Bonne cuisine traditionnelle, et patron jovial. Assurément un lieu plaisant où venir dîner avant de découvrir les mystères de la nuit lisboète.

**|●| Osteria** *(plan centre détachable, G9, 167)* : *rua das Madres, 52-54.* ☎ *21-396-05-84.* ● *osteria.pt* ● *Tlj sf lun midi. Repas complet 16-25 €.* Un petit resto discret, aménagé dans une ancienne épicerie et qui sert une « cuisine d'amis ». La carte fait la part belle aux produits italiens (risottos, lasagnes, tiramisù). Tout est préparé à la minute, et copieusement servi. Cadre génial de brocante, avec chaises dépareillées, tables en formica et vieilles affiches des héros italiens d'autrefois. Ajoutez un service jovial et de bon conseil, une *Osteria* où l'on se sent bien.

**|●| Adega do Kais** *(plan centre détachable, F-G10, 168)* : *rua da Cintura Santos (1200-109).* ☎ *21-393-29-30. Situé sur le quai ; en venant de la gare de Santos, compter 3 mn à pied. Arrivé à la sculpture représentant un grand K rouillé au pied de l'entrepôt, faire 20 m sur la gauche. L'entrée du resto est à l'angle du bâtiment, au sous-sol. Mar-sam 20h-2h. Compter env 20 €.* Immense salle genre table d'hôtes, au sous-sol d'un entrepôt en brique qui abrite à l'étage le restaurant *Kais*, chic et branché, et un bar *lounge* (voir plus loin la rubrique « Plus chic »). Ambiance chaleureuse mais pas très intime, malgré les éclairages à la bougie. Pas de carte, mais un menu unique, avec une longue série de plats de la cuisine typique portugaise. C'est rustique, frais et très copieux. À chaque passage, le serveur propose au client un peu de ceci, un peu de cela... De l'entrée au dessert en passant par viandes et poissons, on vous sert 5 plats différents pour chaque catégorie. Autant dire que le rapport qualité-quantité-prix est assez exceptionnel ! Souvent complet le week-end, pensez à réserver.

**|●| Picanha** *(plan centre détachable, F10, 169)* : *rua das Janelas Verdes, 96.* ☎ *21-397-54-01. Derrière le museu nacional de Arte Antiga. Jusqu'à minuit. Fermé sam et dim midi. Menu déj 8 € ; carte env 25 €.* La rencontre d'une vieille épicerie patinée et du Brésil. Murs décorés d'azulejos d'où émerge la figure bienveillante de santo Antão. Beau comme une boutique oubliée des colonies.

**|●| Madragoa Café** *(plan centre détachable, G9, 170)* : *rua da Esperança, 136.* ☎ *21-400-54-47. Tlj sf mar, slt le soir, 19h30-minuit. Repas env 15-20 €.* Petit resto de quartier qui propose une cuisine familiale traditionnelle portugaise et méditerranéenne. Goûter aux pâtes à la *cataplana* de poisson et fruits de mer. Garder une petite place pour le gâteau au chocolat. Mention spéciale pour l'accueil.

### De prix moyens à plus chic

**|●| Tasca da Esquina** *(plan d'ensemble détachable, E8, 171)* : *rua Domingos Sequeira, 41 C.* 📱 *91-983-72-55.* ● *info@tascadaesquina.com* ● *Fermé dim et lun midi. Résa vivement conseillée. Compter 30-40 €. Apéritif offert sur présentation de ce guide.* Le chef portugais Vitor Sobral a ouvert cette petite table discrète mais riche de ses trouvailles. De la cuisine gastronomique portugaise à petits prix ! 2 salles, l'une avec ses chaises hautes et vue directe sur la cuisine ouverte, l'autre plus cosy sous la verrière. Le chef choisit à votre place 4, 5, 6 ou 7 miniplats (style tapas) selon votre appétit et vous voici embarqué dans l'histoire de la cuisine portugaise. Des saveurs exceptionnelles. Service jeune et dynamique. Vin au verre possible (sommelier parfait).

I●I *Cervejaria da Esquina (plan d'ensemble détachable, D7, 172) : rua Correia Teles, 56.* ☎ *21-387-46-44. Tlj sf dim soir 13h-15h30, 19h30-23h30. Compter 30-40 €.* 📶 On ne change pas une méthode qui gagne ! Vitor Sobral a ouvert une autre table, dédiée cette fois aux produits de la mer. Déco de bois brut, grand comptoir et un aquarium translucide qui sépare les salles fumeurs et non-fumeurs. Plateaux de fruits de mer, bien sûr, mais aussi travail des produits et des fumets selon des modes de cuisson typiquement portugais, à la *cataplana*, dans une grande marmite avec son bouillon, ou *açorda*, une soupe de pain alentejane. Entre autres ! Une expérience pour les papilles, où saveurs, condiments, aromates et épices se télescopent. Sans oublier aussi le *prego*, typiquement portugais, un petit sandwich de bœuf ou de thon, dans du pain chaud. Et le petit verre de bière qui fait du bien. On est dans une *cervejaria*, une brasserie, après tout. Service sympa et simple.

## Plus chic

I●I *Espaço Lisboa (plan d'ensemble détachable, C10, 173) : rua da Cozinha Económica, 16.* ☎ *21-361-02-12. Tlj, le soir slt. Repas 30-35 €.* Ce resto a investi une ancienne fonderie. Superbe espace cuisine où grillent les spécialités de cabri et de cochon de lait dans les étonnants fours d'origine, et espace *lounge* avec fauteuils club côté bar.Également un coin épicerie fine joliment aménagé autour de la table de présentation des desserts. Sans oublier fontaine et oliviers à l'entrée, et une hauteur sous plafond conférant à l'espace une dimension aérienne. Le volume n'a certes rien d'intimiste au départ (plus de 200 couverts...), mais le résultat est néanmoins moderne et très chaleureux. Cuisine tout à fait correcte. Personnel charmant.

I●I *Kais (plan centre détachable, F-G10, 168) : rua da Cintura Santos.* ☎ *21-393-29-30.* ● *comercial@kais.co.pt* ● *Situé sur le quai. Fermé dim. Repas 30-35 €.* Cet ancien hangar électrique abrite un des restos de Lisbonne. Pour qui rêve de risotto d'asperges et de coquilles Saint-Jacques au champagne, entre autres. L'espace, généreux, est réchauffé par des bougies en abondance et la présence rassurante d'oliviers plantés devant les baies vitrées. À la fois romantique et branché. Au même endroit (et même propriétaire), un bar de nuit branché pour patienter avant que la boîte juste de l'autre côté du boulevard (même proprio également), le *K*, soit ouverte (pas avant minuit). Un vrai cas cette affaire !

I●I *Alcântara Café (plan d'ensemble détachable, B10-11, 174) : rua Maria Luisa Holstein, 15.* ☎ *21-362-26-62.* ● *info@alcantaracafe.com* ● *Slt le soir, 20h-1h. Repas env 40 €.* L'un des temples du design et de la cuisine de bistrot esthétiquement présentée. Gigantesque bar-resto à l'architecture métallique 1900, hérissé de moulages de statues antiques, dont la *Victoire de Samothrace*. Vous l'avez deviné, le spectacle n'est pas vraiment dans l'assiette, mais dans la salle.

I●I *Restaurante A Travessa (plan centre détachable, F-G9, 175) : travessa do Convento das Bernardas, 12.* ☎ *21-390-20-34 ou 21-394-08-00.* ● *info@atravessa.com* ● *En face du 21, rua das Trinas ; accès par la calçada Castelo Pacão et la rua Vicente Borga. Slt les soirs, lun-ven. Carte 30-45 € sans la boisson.* Dans les anciennes cuisines d'un somptueux couvent du XVIIIe s, restauré comme il se doit, à quelques pas du museu da Marioneta. Viviane, belge de naissance, portugaise d'adoption, accueille ses convives avec professionnalisme. Belle clientèle et beau mobilier Art nouveau, les deux créant une atmosphère certaine. Cuisine et prix à la hauteur.

## Où boire un verre ? Où grignoter sur le pouce ? Où danser ?

La communauté capverdienne s'est installée dans le quartier autour de la rue São Bento et dans celui de Madragoa. Notes de musique langoureuse et douces odeurs d'épices s'échappent des boutiques et des fenêtres. C'est un coin d'Afrique à Lisbonne. L'occasion aussi de tester les *vinhos* des anciennes *tascas* (tavernes) du quartier.

Quant à l'avenida 24 de Julho, elle est devenue l'un des pôles de la nuit lisboète. Le gros de l'animation se concentre autour de la station ferroviaire de Santos (trains jusqu'à 2h30). Les établissements se livrent ici à une surenchère du meilleur décor pour la plus grande joie d'une clientèle jeune, friquée et très mode.

Mais c'est du côté du bassin d'Alcântara que sort dorénavant la fine fleur des nuits lisboètes. Cuisine du monde, pour beaucoup de monde, terrasses bondées, ballet de serveurs qui n'a rien à voir avec la danse classique. On mange, on boit, on danse, tous les styles sont présents : rock, salsa, blues... Le week-end, ça dépote : bain de foule garanti.

🍸 🎵 **Alcântara Café** *(plan d'ensemble détachable, B10-11, 174)* : *rua Maria Luisa Holstein, 15.* ☎ 21-362-12-26. ● info@alcantaracafe.com ● Slt le soir, 20h-3h. Superbe décor pour ce resto-bar branché-chic (voir rubrique « Où manger ? »). À côté, le *W* pour danser jusqu'au lever du soleil sur une musique électronique.

🍸 🎵 **A Barraca** *(plan centre détachable, G10, 289)* : *largo de Santos, 2.* ☎ 21-396-53-60. ● abarraca.com ● *Au 1er étage d'un ancien cinéma à l'architecture paquebot. Tlj sf lun 19h-2h.* Un café-théâtre (petit centre culturel, en fait) qui propose aussi des concerts de très bonne qualité (jazz, musique latino, impros...), et parfois aussi des spectacles de mime. Ancien entrepôt de bananes et de morue, c'est aujourd'hui un tremplin pour artistes débutants. Tous les dimanches soir, on danse le tango à 21h15 (compter 5 € de participation). Le décor est basique, l'équipe très sympa, et on s'y amuse bien.

– Si vous avez épuisé ce florilège d'adresses et que vous êtes en manque de nouveaux lieux, il existe une façon simple de l'actualiser : acheter l'édition du vendredi du *Diário de Notícias* qui publie un supplément sur tout ce qui bouge à Lisbonne, Porto et dans quelques autres grandes villes.

🎵 🍸 **LX Factory** *(plan d'ensemble détachable, B10-11, 314)* : *rua Rodrigues Faria, 103.* ● lxfactory.com ● Le long d'un chemin pavé, une ancienne friche industrielle désormais colonisée par des galeries d'art, des expos, des boutiques rigolotes, des librairies, des cantines chic et des bars-boîtes underground dédiés aux musiques électroniques (ou autres). Comme *Bairro Arte (ouv tlj 9h-minuit, 10h-1h ven-sam),* avec ses innombrables objets en tout genre, plus ou moins chers, plus ou moins utiles, idéal si on est en panne d'idée de petits cadeaux à rapporter. *Impossibly Funky* l'une des boîtes les plus rigolotes du moment, avec des mélanges jazz et funk. DJs et artistes invités de renom. Programmes sur le site internet. Pour info : LX, c'est l'abréviation branchée pour dire Lisbonne.

🎵 **A Lontra** *(plan centre détachable, G9, 315)* : *rua de São Bento, 157.* ☎ 21-395-69-68. *Tlj sf dim, à partir de 23h. Entrée (chère) donnant droit à 2 consos.* Une boîte à ne pas rater. Bonne ambiance. Clientèle mélangée : dominante capverdienne, quelques Blancs cravatés, étudiants et amoureux de la musique du Cap-Vert... Pas d'angoisse, pas de tensions, plutôt cool. Y venir après minuit.

🎵 **Plateau** *(plan centre détachable, F10, 316)* : *escadinhas da Praia, 3.* ☎ 21-396-51-16. *Mar-sam 22h-6h.* La première boîte du quartier. Décor rococo-baroque avec des fresques de Pompéi. Atmosphère musicale de style pop-rock, acide et house.

## Achats

❀ **Depósito da Marinha Grande** (plan centre détachable, G8, 345) : rua de São Bento, nos 234-242 et 418-420. Fermé sam ap-m et dim. La Real Fábrica de Vidros da Marinha Grande existe depuis 1769, et fut créée à l'initiative du marquis de Pombal. Au premier de ces magasins, vous trouverez tout ce qu'on peut imaginer qui soit en verre, décliné dans toutes les tailles : verres, bouteilles, flacons, fioles, carafes, bougeoirs, vases, verres de lampes, bocaux... Plus haut dans la rue, la seconde boutique est davantage axée sur la décoration intérieure, et le design se fait plus audacieux. Un festival de transparence et de reflets.

❀ **Mercado de Campo Ourique** (plan d'ensemble détachable, D7-8) : rua Coelho da Rocha, 106. 🚇 nos 25 et 28. Marché ouv tlj dès 6h, les kiosques 10h-23h (1h ven-sam). Un des plus vieux marchés traditionnels de Lisbonne. Dès l'aube, les habitants de ce quartier résidentiel et populaire s'affairent pour choisir fruits, fleurs, légumes, viandes (Atalho Real, voir « Où manger ? » dans le Bairro Alto), poissons, etc. Beaucoup moins touristique que Cais do Sodré (Mercado da Ribeira), mais depuis sa rénovation, on peut, en plus d'y faire son marché, y manger au comptoir de l'un des nombreux kiosques, et y goûter les produits, cuisinés ou non.

❀ **LX Factory** (plan d'ensemble détachable, B10-11, 314) : rua Rodrigues Faria, 103. • lxfactory.com • Voir plus haut.

## À voir. À faire

### Les quartiers de Lapa, Madragoa, Campo de Ourique et Santos

Au-delà du palais de São Bento (qui abrite l'Assemblée nationale), à l'ouest de l'avenida D. Carlos, les marcheurs urbains impénitents découvriront un autre quartier propice à la balade romantique. Dans le lacis de venelles autour des ruas Vicente Borga, das Trinas, do Meio, da Lapa, vous trouverez l'empreinte d'un vrai quartier populaire, sans fard ni artifices. Et puis, au bout de votre quête de sensations et de sourires, le merveilleux musée d'Art ancien... Petit détour en attendant par la maison de la reine du fado.

🚶 **Casa-museu Amália Rodrigues** (plan centre détachable, G8, 374) : rua de São Bento, 193. ☎ 21-397-18-96. • amaliarodrigues.pt • Tlj sf lun 10h-13h, 14h-18h. Visite guidée (chère) : 5 €. Durée : 20 mn. Amália Rodrigues (1920-1999), la chanteuse portugaise de fado la plus célèbre de tous les temps, a vécu 44 ans dans cette maison. On visite ses appartements meublés à l'ancienne, ornés d'objets, meubles, tableaux, etc., des XVIII-XIXe s, sa chambre à coucher et son salon. Nombreuses tenues de scène, bijoux, accessoires et de beaux portraits d'elle à tous les âges. Elle fut bardée de décorations, dont la Légion d'honneur qui lui a été remise par François Mitterrand. Ses cendres reposent depuis 2001 au Panthéon national.

🚶 **Jardim et basílica da Estrela** (plan centre détachable, F8, 375) : av. Infante Santo. Bus nos 9, 20, 22 et 38 ou 🚇 no 28. Un gros gâteau néoclassique de la fin du XVIIIe s, grandiloquent et réfrigérant, qui mérite bien un détour pour son parc romantique. Lisbonne a toujours été soucieuse de la beauté de ses jardins. Celui-ci, avec ses grottes artificielles, ses arbres exotiques et son café, fournit aussi l'occasion d'observer les Lisboètes au quotidien. Remarquez, près de l'entrée nord-est, l'arbre sculpté qui jette comme un défi au ciel les diverses représentations narrant l'histoire de Lisbonne. Sur le sol, les armes de la Cité (bateau et corbeaux) en mosaïque de pierre particulièrement travaillée. On peut grimper jusqu'au dôme de l'église, d'où la vue est superbe (entrée par la tour ouest).

**🛉 Casa Fernando Pessoa** (plan d'ensemble détachable, E7-8, 376) : rua Coelho da Rocha, 16. ☎ 21-391-32-70. ● casafernandopessoa.cm-lisboa.com ● 🇹 n°s 25 et 28. De la basilique da Estrela, remonter la rua D. Sequeira. Tlj sf dim 10h-18h. Entrée : 3 € ; réduc. L'auteur du Livre de l'intranquillité y louait une chambre pourtant bien paisible. Il y passa les 15 dernières années de sa vie. La maison a été transformée en centre d'études de son œuvre. La bibliothèque personnelle de Pessoa contient 1 200 livres annotés par l'écrivain.

**🛉🛉 Cemitério dos Prazeres** (cimetière des Plaisirs ; plan d'ensemble détachable, C-D8-9, 377) : 🇹 n°s 25 et 28 (terminus). Ferme à 18h (17h l'hiver). Plan à la réception du cimetière avec emplacement des tombes des personnalités ayant marqué l'histoire du pays. Au Portugal, la mort n'inquiète pas ; on la respecte et on la côtoie. Dans les cimetières, c'est l'occasion pour chacun de flâner entre les petites résidences, manière étonnante d'aménager l'ultime séjour. Vaste, propre, avec des allées ombragées par des pins. Très peu de tombes abandonnées. Essentiellement des caveaux familiaux et de petites chapelles, parfois insolites. La tombe la plus aristocratique (et la plus grande) est un énorme mausolée dédié aux ducs de Palmela au nord (pyramide et fronton de temple grec). La plus « révolutionnaire » est la sépulture du capitaine Galvão, juste à droite en entrant dans le cimetière. On la remarque à sa colonne torsadée et à la paroi de Plexiglas qui abrite un caveau orné du drapeau national. Dans la partie sud du cimetière, très belle vue sur le Tage et le ponte 25 de Abril.

**🛉🛉🛉 Museu nacional de Arte Antiga** (plan centre détachable, F10) : rua das Janelas Verdes ; mais entrée principale par le porche, au-dessus des escaliers. ☎ 21-391-28-00. ● museudearteantiga.pt ● Bus n°s 28, 714, 713, 727, 732 et 760 ou 🇹 n°s 15 et 18 (arrêt Cais da Rocha). Tlj sf lun et j. fériés 10h (14h mar)-18h. Entrée : 6 € ; réduc ; gratuit avec la Lisboa Card, pour les moins de 14 ans et pour ts le 1er dim de chaque mois. Demandez un plan à l'entrée, très pratique ! Installé dans un palais du XVIIe s acheté par le marquis de Pombal au comte d'Alvor. Celui-ci, suspecté d'avoir participé à une tentative d'assassinat contre le roi, fut contraint de vendre ses biens. Le musée réunit une collection européenne unique de toiles inspirées ou non par les voyages, et bien sûr la collection d'art portugais la plus complète. Un fabuleux voyage dans le temps, du Moyen Âge au début du XIXe s. La plupart des œuvres sont exposées aux 1er et 2e étages (2° et 3° pisos).
– Au rez-de-chaussée (piso 1, officiellement) : de la salle 48 à 70. C'est la grande galerie. Les primitifs portugais côtoient des œuvres de Gérard David, Vélasquez, Van Dyck, Bruegel (le Jeune), Zurbarán, Ribera et Poussin. D'autres œuvres de grande qualité des écoles allemande, hollandaise et espagnole : une Vierge de Hans Memling, un triptyque exquis de Jan Gossaert dit « Mabuse », La Sainte Famille (richesse des vêtements, douceur du paysage), une Salomé très déterminée de Lucas Cranac et des reconstitutions d'intérieurs avec boiseries et cheminées de marbre.
– Dans la salle 61 : un chef-d'œuvre de **Jérôme Bosch**, La Tentation de saint Antoine, réalisé vers 1500. L'anachorète zélé combat en lui toutes les pulsions humaines et se protège par l'ascèse des sombres œuvres sataniques. L'artiste a représenté les tentations sous forme de scènes hallucinatoires et cauchemardesques. L'imagination de Jérôme Bosch est ici sans limites pour illustrer les visions les plus farfelues, grotesques, horribles, diaboliques. Voir aussi le Saint Jérôme en prière de **Dürer.** On dit que Dürer aurait offert sa toile à un Portugais (beau cadeau !).
– Plus loin, une autre peinture de saint Jérôme, par Joachim Patinir avec chameau sur fond de décor alpestre (!), et l'admirable Vierge à l'Enfant et les Saints de Hans Holbein. Notons encore, d'un maître portugais, une représentation de l'Enfer très étrange (et génialement hideuse pour faire peur aux enfants du catéchisme à

l'époque). On découvre aussi une crèche assez étonnante du XIXe s, une chapelle baroque, vestige du monastère qui existait à la place du bâtiment actuel – avec de merveilleux azulejos, de la porcelaine portugaise et chinoise, du mobilier européen...

– *Au 1er étage (piso 2, officiellement)* : les sections les plus intéressantes concernent l'**art indo-portugais.** On y voit du mobilier remarquable (en teck, ébène et ivoire) venant de Goa et des objets religieux (orfèvrerie). L'**art afro-portugais** est représenté par des trompettes de chasse notamment. À côté, l'**art namban** (issu de la rencontre entre le Portugal et le Japon) avec des œuvres superbes comme ces grands paravents *(biombos)* peints et laqués (dominante de couleurs noir et or) représentant l'arrivée des Portugais au XVIe s dans le sud du Japon, en costume bouffant, portant la moustache et affublés d'un long nez.

### UNE AUTRE PLANÈTE

*Premier « japonologue » européen, le jésuite portugais Luis Fróis raconte que les Japonais avaient l'habitude, au XVIe s, de broyer les perles pour en faire des médicaments, d'arracher les dents avec un arc et une flèche attachée à la dent du patient, de manger des singes, des chats, des chiens, et du goémon cru... Les Japonaises étaient plus libres et alphabétisées que « chez nous ». Les enfants portaient un sabre dès 12 ans et on tuait pour un oui pour un non... Il raconte aussi que les maisons des missionnaires étaient si sales qu'on demanda aux bons pères de vivre à la japonaise.*

Un vrai choc des cultures pour les Japonais, qui rencontraient des Blancs et des Noirs pour la première fois de leur histoire.

– Au 1er étage toujours, impressionnante collection de faïences portugaises de diverses époques (du XVIIe s jusqu'à aujourd'hui).

– La collection d'art religieux est elle aussi très importante, du fait que tous les ordres religieux ont été chassés du pays et leurs biens confisqués en 1834. Dans les salles consacrées à l'Ourivesaria (orfèvrerie religieuse en or et argent), le *joyau du musée* est ce magnifique ostensoir **(Custodia de Belém)** commandé par Manuel Ier. Richement ornementé (or massif ou en feuilles, pierres précieuses), avec les armes royales, l'ostensoir symbolise le monde céleste, et le monde terrestre. Les minuscules escargots (sphères armillaires) sculptés sur le pied sont les symboles du roi Manuel. Les 12 apôtres en prière forment un cercle autour d'une petite boîte en verre destinée à exposer l'hostie sacrée.

– *Au 2e étage (piso 3)* : peintures et sculptures du Portugal. Dans la salle 12, avant d'entrer, superbe tête bicéphale en pierre. Mais l'œuvre maîtresse reste cet étonnant polyptyque, *L'Adoration de saint Vincent.* Peint vers 1460 par Nuno Gonçalves (peintre du roi Afonso V), il livre un témoignage exceptionnel sur la société de l'époque. Près de 60 personnages y sont représentés autour de la figure de saint Vincent : le roi, les grands personnages, les religieux, les chevaliers, le peuple, les artisans du peuple. Inspirateur de la conquête militaire du Maghreb sous la dynastie des Avis, le vénéré saint Vincent est deux fois présent sur les panneaux. Sur celui de gauche, il tient un livre ouvert. Sur celui de droite, il porte un sceptre. Si vous observez la toile avec attention, sur la droite de saint Vincent (il porte un chapeau rouge), l'homme au visage austère coiffé d'une sorte de grand couvre-chef noir serait le roi Henri le Navigateur. Un tableau d'autant plus important qu'il s'agit du premier portrait collectif de l'histoire de l'art européen.

|O| Resto-cafétéria avec belvédère donnant sur le port. Petit jardin très agréable devant le musée.

**Museu da Marioneta** *(musée de la Marionnette ; plan centre détachable, G9, 378)* : rua da Esperança, 146. ☎ 21-394-28-10. ● museudamarioneta.pt ● *Dans l'ancien convento das Bernardas. Tlj sf lun et j. fériés 10h-13h, 14h-18h (dernière entrée 30 mn avt fermeture). Entrée : 5 € ; 1,50 € pour les moins de 5 ans ;*

## MADRAGOA, LAPA, CAMPO DE OURIQUE... / À VOIR. À FAIRE

*réduc avec la Lisboa Card. Petit support de visite en français.* Des marionnettes aux têtes d'argile, immobiles, vous sourient de derrière des vitrines. L'idée de la toute première vitrine (juste avant de passer le rideau de velours) est d'ailleurs amusante puisqu'elle présente des marionnettes réalisées par chacun de ceux qui travaillent dans le musée... On entre dans un univers de rêve, assez unique, où le Portugal éternel se reflète dans ses plus belles pièces, mais où le monde entier est aussi représenté. Quelques écrans de-ci de-là présentent des marionnettes en mouvement ou en cours de fabrication, ailleurs on peut s'essayer aux ombres chinoises ou découvrir quelques trucages... Un petit spectacle est parfois présenté aux jeunes visiteurs pendant les vacances.

🍽 Et dans la cour qui vous mène à la sortie, un resto ouvert midi et soir du lundi au samedi où vous pouvez faire une halte.

## *Docas (les docks)*

Accès avec le tram n° 15. Départ praça de Figueira ; arrêt à la station Alcântara Mar (passage souterrain pour les piétons).
N'attendez pas forcément la nuit (voir plus haut « Où boire un verre ?... ») pour aller visiter ce haut lieu de la branchitude. La mode, les modes s'affichent dans les anciens docks de Santo Amaro, sur les berges piétonnes : cafés-boîtes branchés et restos s'alignent, modernes, dans une succession d'entrepôts en bois et brique rouge restaurés, face à un ancien bassin à flot converti en port de plaisance.
La journée, on vient y prendre l'air du temps autant que le soleil ; en terrasse, le week-end surtout. Balade assez belle en fin d'après-midi, quand le soleil déclinant embrase les piles du ponte 25 de Abril.
Dès la nuit tombée, c'est la ruée vers les docks ! Beaucoup d'adresses pour qui veut boire et danser dans ces *docas* de la rua da Cintura do Porto de Lisboa, situées entre le doca de Alcântara et le cais de Sodré. Vastes complexes pour « bioutifoule pipole » qui ne deviennent vraiment fréquentables que passé minuit (on parle des lieux !).
Auparavant, ce n'était qu'une avenue sinistrée d'entrepôts abandonnés. L'exiguïté des clubs du Bairro Alto, jointe à l'obligation de fermer tôt au regard des mœurs locales, les a sauvés en offrant à Lisbonne des espaces à la dimension des années techno. Pour y aller, prenez des taxis et réservez, surtout les week-ends, si vous ne voulez pas vous contenter de voir, sans boire ni manger.

*🎭 👣 **Museu do Oriente** (musée de l'Orient ; plan d'ensemble détachable, C-D11, 379) : doca de Alcântara (Norte), av. Brasília 1350. ☎ 21-358-52-00. ● museudooriente.pt ● Bus n°s 12, 28, 714, 738 et 742 ; 🚇 n°s 15 et 18 ; train Lisbonne-Cascais, station Alcântara Mar. Tlj sf lun et j. fériés 10h-18h (22h ven). Entrée : 6 € ; réduc avec la Lisboa Card et gratuit ven 18h-22h. Parking à proximité. Comprend 3 niveaux : le rdc est réservé aux expos temporaires, le niveau 1 abrite les collections permanentes « Présence portugaise en Asie », le 2e niveau abrite l'expo « temporaire-permanente » « Shadows of Asia » qui doit rester en place jusqu'en 2017.*
Proche de Belém sur les bords du Tage, dans le secteur du port et des docks. Un vaste entrepôt frigorifique a été spécialement reconverti pour abriter le *musée de l'Orient* (de l'Extrême-Orient en fait). Financé par la fondation privée Espirito Santo (grosse banque), destiné à offrir un témoignage de la présence portugaise en Asie, il présente les trésors issus des arts traditionnels asiatiques. L'activité muséologique est enrichie par une série d'autres activités culturelles liées aux secteurs de la recherche, de la formation et des spectacles. Le centre de documentation (bibliothèque) est ouvert au public et très complet.

*Portugal-Japon : le choc des cultures*
Les Portugais ont été les premiers Européens à découvrir le Japon et à essayer de l'évangéliser au XVIe s. L'apothicaire et diplomate **Tome Pires** mentionne en 1513

pour la première fois le nom « Jampon » dans un récit de voyage *(Suma oriental)* mais il n'y a pas mis les pieds. Les premiers Portugais débarquent sur l'île de Tanegashima (sud de Kuyshu) en 1543 (ou 1542), ce sont des marins et des pères jésuites venus de Macao : Antonio da Mota, Antonio Peixoto et Francisco Zeimoto... Ils sont sidérés par ce qu'ils découvrent : la culture japonaise est si différente de la Chine, encore plus du Portugal et du reste du monde ! C'est la planète Mars ! Ils utilisent le mot « Jampon » qui est d'origine malaise et signifie « pays du Soleil levant ». Depuis Marco Polo, les Européens ne connaissaient que le mot Cipangu pour désigner le Japon. C'est une déformation du mot chinois Ji-Pen-Kouo (qui signifie aussi pays du Soleil levant). En 1547, **Jorge Alvarez** voyage dans l'archipel nippon et rédige à la demande de **François Xavier** (1506-1552, le fameux saint y a prêché) un rapport sur ce pays méconnu des Européens. Alvarez est le premier à décrire une cérémonie Shinto. Son récit est fiable et unique. La première carte géographique sur le Japon est aussi l'œuvre d'un Portugais. Publiée vers 1550, elle est conservée en Italie à la bibliothèque Vallicelliana.

En 1563, le jésuite portugais **Luis Fróis** atteint le Japon où il restera jusqu'à sa mort en 1598. Il apprend le japonais, et le parle couramment pour mieux diffuser le christianisme. Fin observateur, il prend des notes sur les mœurs nippones. Son récit *Traité de Luis Fróis sur les contradictions de mœurs entre Européens et Japonais* est publié en 1585. Claude Lévi-Strauss (père de l'ethnologie moderne) admira ce chef-d'œuvre qui consacra Luis Fróis comme le premier « japonologue » de l'Histoire ! Cet homme génial meurt à Nagasaki en 1598 au moment où commencent les persécutions contre les chrétiens.

Le « siècle chrétien » du Japon correspond à la période 1543-1640 au cours de laquelle les jésuites portugais ont eu le monopole de l'évangélisation. En 1640, le shogun ferme le Japon aux étrangers et met tout le monde dehors, sauf quelques marchands hollandais autorisés à faire du commerce à Deshima (Nagasaki), seul et unique port ouvert aux Européens *(gaijin)*. Le Japon se referme ensuite sur lui-même comme une huître ; après avoir ouvert ses portes à l'Europe, il restera fermé pendant 268 ans... jusqu'en 1868.

*Visite du musée*
– 1$^{er}$ étage (« *Présence portugaise en Asie* ») : les plus belles pièces sont d'abord les **biombos,** merveilleux témoignages de l'**art namban** (art né de la rencontre entre le Portugal et le Japon au XVI$^e$ s). Les *biombos* sont de grands paravents (composés de plusieurs panneaux pliants) peints, laqués, parfois incrustés d'or et d'argent. Y ont été peintes avec finesse des scènes illustrant la rencontre entre les Portugais et les Japonais. Ces remarquables paravents ont été réalisés par des artistes portugais et avaient une fonction pratique. Les maisons n'ayant pas de vrais murs, on dépliait ces paravents dans les pièces.

Par ailleurs, comme des dessinateurs de bandes dessinées, les artistes s'amusaient à peindre la vie de tous les jours, avec des détails drôles : arrivée des galions (les *kurofune* ou « bateaux noirs ») dans les ports de Kyushu, équipage composé d'esclaves noirs faisant des farces et des acrobaties, débarquement des marchandises, parades, cérémonies et réceptions des officiels, des marins et des pères jésuites portugais par les samouraïs, les daimyo (seigneurs) et le shogun (autorité suprême).

– Collection de meubles, commodes-secrétaires, cabinets portatifs, peintures sur rouleaux, éventails *(leques),* tuniques de femme du XVII$^e$ s, oratoires portables (bois laqué à la feuille d'or). Superbe collection d'*inro* (petites boîtes portatives japonaises qui remplaçaient les poches que les kimonos n'avaient pas) de *netsuke* et de *tsuba*. Plus loin, la **collection Camilo Pessanha** (il fut président de la république du Portugal en 1923) dévoile une très rare série de 165 flacons à tabac (*snuff bottles*). En verre ou en porcelaine, ces flacons contenaient du tabac que l'on inhalait... pour se soigner (médecine naturelle). Même l'empereur de Chine avait cette habitude...

– *Salle « Bouddhisme et taoïsme »* et bouddhisme tibétain : quelques belles pièces.

– Sections consacrées à l'Inde et à l'art indo-portugais (grands piliers en bois sculptés, maquette de la cathédrale de Goa), vitrines sur Macao (vaisselle, céramiques, jonque en argent, pipe à opium), Timor Est (parures, statuettes, portes sculptées), et même Birmanie.
– Japão (Japon) : outre les deux paravents (biombos), voir les trois belles armures de samouraïs, les guerriers japonais de l'ancien temps. Comparées aux armures occidentales toutes métalliques, ce sont des chefs-d'œuvre de raffinement et de technicité. Une armure de samouraï est faite d'une bonne douzaine de matériaux (fer, cuivre, laque, corne, bois, cuir, laine, soie...). Voir aussi deux sculptures réalistes montrant des martyrs chrétiens crucifiés.

> **L'ÉVENTAIL ARRIVE PAR LA MER**
>
> La reine Catherine du Portugal (épouse de João III) est à l'origine de l'introduction des éventails en Europe. En 1564, elle fait faire 178 éventails à Goa (Inde). On les appelle avanos lequeos. Le mot « éventail » en portugais se dit leque, qui vient d'une altération du mot chinois liu-chiu. La reine les offre aux femmes de la Cour et aux têtes couronnées d'Europe. On découvre cette nouvelle mode utile.

|●| Cafétéria (bon marché, mais pas de vue) au 1er niveau, et resto au 5e étage (prix sages, et vue superbe sur le port et le Tage).

## QUARTIERS DE RATO, DE L'AVENIDA DA LIBERDADE ET DE SANT'ANA

L'avenida da Liberdade, grande avenue partant au nord du Rossio et menant aux quartiers modernes, est bordée de compagnies d'assurances, de banques et de sièges sociaux, de magasins et d'hôtels-restaurants très chic jusqu'à la place Marquês de Pombal. Percée en 1882, large de 90 m et longue de 1,5 km, elle est, dit-on, aux Lisboètes ce que les Champs-Élysées sont aux Parisiens. Fontaines, cascades, sculptures se cachent sous les arbres, et, dans les contre-allées, plusieurs terrasses pour boire un verre. Si une ambiance chic règne sur l'avenida et les quartiers qui la bordent à l'ouest, celle-ci redevient populaire dans les petites rues et les quartiers plus à l'est, comme celui de Sant'Ana, autour de l'hospital de São José.

### Où dormir ?

Quelques adresses très chic (voire très, très chic !) dans cette partie de la ville, mais aussi des petits hôtels ou des pensions d'un très bon rapport qualité-prix.

#### De bon marché à prix moyens

🏠 **Lisbon Dreams Guesthouse** (plan centre détachable, G6, 74) : rua Rodrigo da Fonseca, 29 (à l'angle avec Alexandre Herculano) ; 1º. ☎ 21-387-23-93. ● info@lisbondreamsguesthouse.com ● lisbondreamsguesthouse.com ● Double 60 €, triple 70 €, appartement 90 € ; petit déj-buffet inclus. Voir les offres spéciales sur le site. 🛜 Bien situé, dans un coin calme, à l'écart de l'animation de l'avenue de la Liberdade, mais proche de tout. Petit immeuble et chambres joliment décorées. Délicate attention d'un peignoir pour se promener dans les couloirs à l'heure des ablutions, car aucune chambre ne possède de salle de bains privée. Terrasse côté cour pour se reposer après la balade. Cuisine à disposition. Grand soin dans la déco : tout est clair, gai, nickel et accueillant. Accueil en plusieurs langues, dont le français. Une excellente adresse. Propose aussi un appartement tout équipé pour 4 personnes, entre le parc Eduardo VII et l'avenida de la República (Ⓜ Saldanha).

🏠 **Pensão Imperial** (plan centre

détachable, J8, 75) : praça dos Restauradores, 78 ; 4º et 5º. ☎ 21-342-01-66. ● lisboapensaoimperial@gmail.com ● Doubles avec lavabo ou douche (mais w-c à l'extérieur pour ttes) 20-50 € selon saison. CB refusées.* 🖥 📶 Une grande pension aux derniers étages d'un vieil immeuble sans ascenseur (vous allez cracher vos poumons, mais c'est bon pour le galbe de vos mollets !). Jolie déco, très fraîche. Au 4ᵉ, les chambres sont un peu plus vastes qu'au 5ᵉ (les moins chères). Et pourtant notre préférée, la 518, est sous les combles, tout en longueur, comme un nid douillet pour amoureux, et avec vue sur le château ! Ventilo. Double vitrage à tous les étages. Plein de petites attentions agréables : les peignoirs, les fleurs fraîches, la pomme, et l'accueil du jeune patron dynamique. Propreté nickel. Cuisine à dispo, avec frigo, micro-ondes, etc. Très bon rapport qualité-prix.

🏠 **Goodmorning Hostel** (plan centre détachable, J8, 76) : praça dos Restauradores, 65 ; 2º. ☎ 21-342-11-28. Dortoirs 4, 6, 8 et 10 lits 13-25 €/pers selon saison et confort ; doubles sans ou avec sdb 55-65 €. 🖥 📶 Dans une ancienne maison, sur 2 niveaux (pas d'ascenseur), une adresse bien sympathique. Chambres doubles joliment décorées, avec couleurs acidulées, luminaires décalés et fleurs fraîchement coupées. Dortoirs corrects, propreté nickel. Excellent petit déj avec gaufres maison réalisées sous vos yeux par la souriante cuisinière. Salon, TV, bar, cours de cuisine, musique. De quoi rester là un bon moment en somme ! Ambiance sympa, vous l'aurez compris, et personnel aux petits soins.

🏠 **Pensão Restauradores** (plan centre détachable, I8, 77) : praça dos Restauradores, 13 ; 4º. ☎ 21-347-56-60 ou 61. Doubles avec sdb 35-45 €. Le vieil ascenseur (s'il fonctionne) vous mènera jusqu'au 4ᵉ étage. Ambiance vieillotte (vieux téléphone à cadran, napperons...), avec photos du pape et des petits oiseaux (des vrais !) pour décor. Rustique, mais les chambres, toutes climatisées, sont plutôt grandes et lumineuses (pour celles qui donnent sur la place), et correctement tenues. Pas de petit déj ; le prendre en bas, à la Taverna Imperial. Confirmez votre arrivée par téléphone.

🏠 **Lavra Guesthouse** (plan centre détachable, J7, 78) : calçada de Santana, 198 A. ☎ 21-882-00-00. ● lavra@lavra.pt ● lavra.pt ● À env 15 mn de grimpette au nord du Rossio. En journée, penser au funiculaire ascensor do Lavra. Selon saison, doubles avec douche 55-69 €, triples 74-99 €, penthouses 90-125 €. Petit déj 5 €. Apéritif offert sur présentation de ce guide. Dans le quartier populaire de Sant'Ana, cette adresse atypique tire son charme des volumes (escaliers, couloirs) et matériaux (pierres apparentes, bois) d'une grande demeure du XVIIIᵉ s, ici et là additionnés d'inscriptions et de touches design. Une vingtaine de chambres de tailles et confort très variables. Celles du 4ᵉ sont minus sans être glauques, faisant plutôt nid douillet, tandis qu'on trouvera plus d'espace et des balcons au 3ᵉ. Autant visiter avant de choisir. Accueil relax et attentionné.

🏠 **Pensão Portuense** (plan centre détachable, I7, 79) : rua das Portas de Santo Antão, 149-157. ☎ 21-346-41-97. ● rportuense@mail.telepac.pt ● pensao portuense.com ● Résa indispensable. Doubles 45-69 € selon saison, petit déj inclus. 📶 (réception). Pension située dans une rue bien étroite et animée, mais peu bruyante la nuit. Une trentaine de chambres de bon confort, avec salle de bains et AC. Certaines jouissent même d'une jolie vue sur les jardins voisins. Accueil pas très... accueillant.

## Plus chic

🏠 **Casa Amora** (plan centre détachable, G6, 80) : rua João Penha, 13. 📱 91-115-15-76 (Juan), 91-930-03-17 (Luis). ● casaamora.com ● Doubles et studios 90-170 € selon confort et taille. Adorable maison transformée en petit hôtel de charme. Les 5 chambres magnifiquement décorées rendent chacune hommage à un artiste différent. Également 6 studios, tout aussi jolis, on a bien aimé ceux en duplex dans la petite maison indépendante. On prend le petit déj sur une charmante terrasse dans la cour-jardin. Un vrai coup de cœur.

🏠 **Casa de São Mamede** (plan centre détachable, G7, 81) : rua da Escola

Politécnica, 159. ☎ 21-396-31-66. • casadesaomamede@gmail.pt • casadesaomamede.com • Doubles avec douche ou bains 95-100 € selon saison, petit déj inclus. À noter : les chambres doubles supérieures (à 95 €) peuvent accueillir une famille avec 2 enfants (gratuit moins de 12 ans). 🛜 Une ancienne maison patricienne de 1758, à la façade joliment restaurée. Les chambres sont toutes différentes et non-fumeurs, plutôt spacieuses, meublées bourgeoisement (certaines avec du mobilier années 1930). Préférer celles du 1er étage, les plus claires. Entrée et couloirs avec de beaux azulejos du XVIIIe s, et, partout, une épaisse moquette rouge sombre qui donne une atmosphère feutrée à l'ensemble. Accueil jovial et aimable. Une des rares adresses de caractère et de charme à prix encore raisonnables.

🏠 **The House** (plan centre détachable, F8, **82**) : travessa do Pinheiro, 11 ; 4º. ☎ 21-804-20-43. • thehouselisboa@gmail.com • thehouse.pt • Accès facile avec le tram nº 28, arrêt Calçada da Estrella/rua Borges Carneiro. Doubles 60-120 € avec ou sans vue et balcon et selon saison, petit déj inclus. 🛜 Dans un quartier résidentiel, une adresse multi-atouts : les chambres sont confortables et meublées avec soin dans un esprit très design. Et cerise sur le gâteau, un toit-terrasse avec vue sur Lisbonne et le Tage. Accueil aimable pour ne rien gâcher.

🏠 **Gat Rossio** (plan centre détachable, J8, **83**) : rua do Jardim do Regedor, 27-35. ☎ 21-347-83-00. • hotelgatrossio@gatrooms.com • gatrooms.com • Doubles standard à partir de 85 €, petit déj inclus. Réduc fréquentes sur Internet. 🛜 Une adresse acidulée, vert pomme, blanc et noir. Chambres très gaies, avec de petits détails de déco amusants et ludiques (on vous laisse découvrir). Fonctionnel aussi, TV, coffre-fort, salle de bains design, vaste terrasse ; distributeurs de boissons et de snacks. Grandes tablées pour le petit déj généreux. Ambiance internationale.

🏠 **Aparthotel Vip Éden** (plan centre détachable, I8, **84**) : praça dos Restauradores, 24. ☎ 21-321-66-00. • aparthoteleden@viphotels.com • viphotels.com • Entrée en bas à droite de l'Eden Teatro, passé la façade années 1930 (qui fut celle de l'ancien cinéma du même nom). Selon saison, studios 2 pers 66-129 €, apparts 2-4 pers 99-189 € (voir offres spéciales sur le site). Petit déj en sus. 🛜 Bon, l'intérieur n'a rien conservé du passé, mais tout ici est fait pour que votre séjour se passe le mieux du monde. Studios plus pratiques que romantiques avec kitchenette, mais calme garanti si vous donnez côté hôtel particulier. Grande terrasse sur le toit avec une petite piscine.

### Très chic

🏠 **Hotel Británia** (plan centre détachable, I6, **85**) : rua Rodrigues Sampaio, 17. ☎ 21-315-50-16. • britania.hotel@heritage.pt • heritage.pt • Doubles 143-255 € ; petit déj 14 €. Promos sur le site. Parking payant. 🛜 Apéritif offert sur présentation de ce guide. En pleine ville, dans une rue paisible parallèle à l'avenida da Liberdade, un refuge discret, calme et luxueux. Cet hôtel des années 1940, restauré dans son style d'origine, abrite une trentaine de chambres élégantes, spacieuses et confortables : peignoirs, valet, sols en liège, meubles d'époque... Les plus belles restent celles du 6e étage (désolés, ce sont aussi les plus chères !) : plus design dans la déco, ces petits nids d'amour jouissent d'une très jolie terrasse. Attenant à la réception, un superbe salon-bar, ainsi que l'ancienne boutique du coiffeur conservée en l'état, du temps où l'hôtel s'appelait encore l'Hotel do Imperio, en 1942.

🏠 **Heritage Av Liberdade Hotel** (plan centre détachable, I7, **86**) : av. da Liberdade, 28. ☎ 21-340-40-40. • avliberdade@heritage.pt • heritage.pt • ♿ Selon saison, doubles 163-325 € ; petit déj 14 €. Promos sur le site. Parking payant (env 15 €). 🛜 Apéritif offert sur présentation de ce guide. Adresse design, puisque c'est Miguel Câncio Martins, l'architecte portugais, qui s'est amusé à lui donner forme et vie. Un espace réception-salle de petit déjeuner qui donne le ton : atmosphère sereine, couleurs du temps, fauteuils confortables. Le contraste n'est que plus saisissant avec le coin herbes et médecines douces, témoin de l'ancienne boutique d'herboristerie, à l'entrée de la réception. Certaines chambres ont 2 fenêtres ; d'autres, plus sombres, donnent sur une petite cour. Un ascenseur étonnant, un coin salon-bibliothèque en mezzanine. Piscine. Une très belle adresse.

▲ *Inspira Santa Marta Hotel* (plan centre détachable, I6, **87**) : *rua de Santa Marta, 48.* ☎ *21-044-09-00.* • *reservas@inspirahotels.com* • *inspirahotels.com* • ♿ *Doubles 109-179 € selon taille, confort et saison. Petit déj possible.* 💻 📶 Une adresse d'inspiration feng shui. Chaque chambre est décorée selon ce principe. Pour compenser le manque de lumière extérieure, de grands puits de lumière inondent le haut et vaste hall central sur lequel donnent les couloirs aux parois de verre accédant aux chambres. Grand confort et calme garanti. Suites familiales. Spa, salle de jeux avec billard. Resto prodiguant une cuisine aux influences méditerranéennes. Eau filtrée, embouteillée et scellée selon un procédé écologique et dont les recettes sont destinées à des projets humanitaires en Afrique.

### Où manger ?

### De très bon marché à prix moyens

|●| *Joséphine Bistrô & Bar* (plan centre détachable, K7, **176**) : *Largo do Intendente, 59.* ☎ *21-820-80-44.* • *josephinebistro@gmail.com* • *Dim et mar 11h-20h, mer-sam 11h-minuit (2h ven-sam). Fermé lun. Grignotages 4-10 €.* 📶 Ce bistrot ouvert par une Française offre une petite restauration de quiches, salades et desserts. Idéal pour faire une pause au calme en terrasse aux beaux jours, sur la place piétonne.

|●| *Solar 31* (plan centre détachable, J8, **177**) : *calçada de Garcia, 31.* ☎ *21-886-33-74. Tlj midi et soir. Compter env 15 €/pers.* Le resto ne paie pas de mine avec sa porte vitrée et ses petites salles sans charme particulier, mais on ne regrette pas d'y être entré pour déguster du poisson bien frais, que vous présente le patron, avant de le faire cuire. Accueil adorable, aux petits soins pour les clients.

|●| *Chimera* (plan centre détachable, H7, **178**) : *rua Salitre, 131B.* 📱 *91-871-70-50. Menu déj 7 € et complet 8,50 € ; le soir 15 € (3 plats), 22 € (5 plats) et 28 € (7 plats).* Une cuisine locale bonne et à des prix imbattables. Dans une déco originale, plafonds recouverts de cagettes et de vieilles fenêtres, tout comme le bar !

|●| *Honorato* (plan centre détachable, I6, **179**) : *rua de Santa Marta, 35.* ☎ *21-315-04-52. Tlj 12h-minuit (2h jeu-ven). Burgers 5,50-9 €.* 📶 Considérés par beaucoup comme les meilleurs burgers de la ville ! Du plus simple au plus complexe en passant par le plus original, une quinzaine de burgers à la carte et rien d'autre. Pas de couverts, on se pourlèche les babines. Le *Pimenta* est relevé, le *Vegeteriano*, avec soja, comblera les végétariens, quant à l'*Honorato*, il satisfera les affamés. Cadre tout noir, assez design, industriel. Grandes tablées, étage surplombant la salle et *DJs set* en fin de semaine. Petite terrasse.

|●| *Restaurante A Gina* (plan centre détachable, H7, **180**) : *parque Meyer.* ☎ *21-342-02-96. Tt au fond à gauche du grand parking des théâtres (et des chats !), accolé à l'arrière du Jardin botanique. Tlj 12h-15h, 17h-23h. Plats 11-17 €. Digestif offert sur présentation de ce guide.* Une petite adresse comme on les aime. Et celle-là, faut la trouver ! Atmosphère conviviale, avec tables bien mises et jolies nappes à l'intérieur. Plats typiquement portugais (*bacalhau* et autres poissons, grillades). Carte en français. Service convivial. Le temps d'un repas, on se croirait ailleurs. Terrasse (couverte quand il fait froid). Et de l'espace pour laisser les enfants jouer. Une bonne adresse.

|●| *Devagar Devagarinho* (plan centre détachable, I6, **181**) : *travessa Larga, 15.* ☎ *210-13-79-82. Dans une ruelle qui grimpe perpendiculairement à la rue de Santa Marta. Tlj sf dim, 10h*

(18h sam)-2h. Menu tt compris avec boissons 7,50 € ; plats 6-8 €. Une cantoche comme une autre dans ce quartier qui en regorge ? Oui, parce qu'on s'y restaure effectivement à prix plancher, en mode *refeição completa*. Non, parce qu'elle ajoute à l'ordinaire une ambiance familiale, une pincée de coquetterie et un bonus d'attention dans le service. À la carte, beaucoup de grillades. Soirée fado le vendredi (à partir de 21h30 normalement, résa conseillée). Authentique et fréquenté plus par les Portugais que les touristes.

|●| ***O Cantinho de São José*** *(plan centre détachable, I7, 182)* : *rua de São José, 94.* ☎ *21-342-78-66. Tlj sf sam midi. Plats env 5-7 € ; repas max 10 €. Digestif offert sur présentation de ce guide.* Dans la lignée de ces cantines d'où l'on ressort non pas déçu mais repu, avec des plats du jour à oublier son régime ! Déco froide de carreaux blancs, mais endroit plein comme un œuf le midi. Ici palpite le cœur populaire de Lisbonne. Service sans chichis et super accueil.

On recommande aussi le ***Floresta de Santana***, sur la droite en montant la calçada de Santana (plats à partir de 4 €) et, presque en face, le modeste ***Verde Minho***, au n° 17 calçada de Santana.

|●| ***Casa do Alentejo*** *(plan centre détachable, J8, 183)* : *rua das Portas de Santo Antão, 58.* ☎ *21-340-51-40.* ● comercial@casadoalentejo.pt ● *Tlj ; arriver tôt. Plats 11-20 € ; menu déj env 10 €. Espace non-fumeurs.* C'est la maison régionale de l'Alentejo (littéralement « au-delà du Tage »). Passé le porche anonyme, on monte un escalier et on pénètre dans un palais mauresque reconstruit à l'identique sur le modèle de celui qui se tenait là avant le séisme de 1755. Au rez-de-chaussée, vaste patio sous une verrière à plus de 10 m. Une frise en arabe proclame que Dieu est unique (toujours bon à savoir). Au 1er étage se trouvent une salle de bal avec un minuscule théâtre baroque, une minuscule épicerie (où l'on peut consommer fromage, chorizo, vin et manger debout), un fumoir éclairé au néon et des tables de bridge, des w-c style années 1930 et des salles de resto décorées d'azulejos dédiés aux travaux des champs. Taverne sympa avec tables dans un petit patio. Une adresse aussi surannée que bien connue, gentiment décadente, où l'on vient plus encore pour le cadre (visite libre) que pour la cuisine, traditionnelle, qu'un vin maison fait très bien passer !

## *Entre Lavra et la colline de Graça*

### De prix moyens à plus chic

|●| ***Cervejaria Ramiro*** *(plan centre détachable, K7, 184)* : *av. Almirante Reis, 1 H.* ☎ *21-885-10-24. Tlj sf lun. Selon appétit, et selon poids de certains produits, compter env 20-35 €/pers.* De l'avis de beaucoup de Lisboètes, c'est un des meilleurs restaurants de fruits de mer de Lisbonne. Fondée en 1956, cette brasserie-resto décorée sur le thème de la mer propose des poissons, coquillages, crustacés, mollusques, tous pêchés sur les côtes portugaises. Voir les langoustines géantes de l'Atlantique et les gambas d'Algarve. Grande fraîcheur, arrivages réguliers, service impeccable, accueil jovial, carte des vins à la hauteur du lieu. Venir tôt pour éviter l'attente, succès oblige !

## Où boire un verre ?

### *Ginjinhas*, buvettes

🍷 ***Ginjinha Sem Rival*** *(plan centre détachable, J8, 290)* : *rua das Portas de Santo Antão, 7. Tlj sf dim 7h-minuit.* Notre petite *ginjinha* préférée consiste en quelques étagères remplies de bouteilles, un bar en bois et un homme jovial qui sert à boire derrière son comptoir.

Clientèle masculine, parfois haute en couleur ! On sirote debout (dehors ou dedans) la liqueur *Eduardino*, faite à base de plantes, ou la liqueur de cerise (sorte de guignolet local). Très bon accueil.

▼ *Bar O Pirata* (plan centre détachable, I8, **291**) : *praça dos Restauradores, 15-17. Tlj sf dim 7h-22h.* Ce petit caboulot, si discret que l'on passe devant sans le voir, n'est pas un antre de pirates mais une cachette. On y élabore 2 boissons très rares, uniques même : le *pirata* (plutôt doux) et le *perna de pau* (plus amer). Il s'agit d'une sorte de vin mélangé avec de l'eau gazeuse, servi dans un petit ou un grand verre. Ces boissons peu alcoolisées (et non liquoreuses) se prennent en apéritif ou en digestif. La recette reste un secret de famille, comme il se doit. Sert aussi des *sandes* et des *tostas*.

### Bar à vins, bar à bières

▼ *Bar Procópio* (plan centre détachable, G6, **292**) : *alto de São Francisco, 21 A.* ☎ *21-385-28-51. Dans un semblant de páteo, avec une ancienne petite fontaine et des escaliers à partir de la pl. des Amoreiras et de la rua João Penha. Tlj sf dim 18h (21h sam)-3h.* Selon l'histoire, ce serait le plus vieux bar de Lisbonne. Pour vivre heureux, vivons cachés, le *Procópio* est si secret, si discret, au fond de sa petite impasse patinée par le temps, à l'ombre de la maison-studio de la grande artiste Vieira da Silva. L'ambiance aristocratique de velours rouge et de bois ancien attire une clientèle sage et respectable. Musique douce, propre à favoriser les échanges intimes autour d'une bière étrangère ou d'un cocktail. Assez chic, mais très accueillant.

## Achats

⊛ **Mistura de Estilos** (*plan centre détachable, I7,* **346**) : *rua de São José, 21.* • misturaestilos@gmail.com • *La rue parallèle à l'av. da Liberdade. Lun-ven 15h-18h.* Grand choix d'azulejos fabriqués à la main. Propose également des cours, pour ceux qui veulent fabriquer eux-mêmes leurs azulejos... et qui en ont le temps !

## À voir. À faire

🌿 🚶 **Jardim Botânico** (*plan centre détachable, H7,* **380**) : *rua da Escola Politécnica, 58.* • museus.ulisboa.pt • Ⓜ *Avenida. Été 9h-20h ; avr 9h-19h ; nov-mars 9h-18h. Serre aux papillons (Borboletario) ouv mar-ven 10h-17h, w-e 11h-18h. Fermé Noël et Jour de l'an. Entrée : 2 € (serre aux papillons incluse) ; réduc. Panneaux explicatifs en portugais et en anglais. Petit plan détaillé fourni à la billetterie.* Très ancien et riche de nombreuses essences subtropicales (Amérique, Afrique, Asie), ce jardin offre au promeneur une oasis de fraîcheur et de calme. Cultures aquatiques et plantes carnivores dans une serre, papillons dans une autre (avec un *aracnario*, grande boîte vitrée contenant des araignées). Hélas, entretien très limité. Voici nos coups de cœur : le *Gingko biloba*, « fossile botanique vivant », une rareté de la nature. Il se reproduit selon le système de pollen mâle-femelle. Ensuite, il renaît quand tout meurt. La preuve, à Hiroshima, après la bombe atomique, six spécimens de cet arbre, très abîmés par la déflagration, ont pu renaître et refleurir. Depuis cette date, le *Gingko biloba* est le symbole au Japon de la paix et de l'espoir. Son voisin, le *ficus*, fait des racines avec ses branches. Étrange... Ne ratez pas le *Taxus baccata (teixo)*. Certains auteurs pensent que le Tage tire son nom de cet arbre *teixo*. Quant au *Dombeya cayeuxii*, cette plante hybride a été inventée en 1895 par Henri Fernand Cayeux, un Français qui fut un des jardiniers en chef du Jardin botanique. Sinon des pins, araucarias du Chili, casuarinas, canneliers, yuccas... Déception en revanche côté serre aux papillons ; ils ne sont plus trop nombreux !

## RATO, L'AVENIDA DA LIBERDADE... / À VOIR. À FAIRE | 93

🥾 🏃 *Museu da Ciência et museu da História natural (musée de la Science et musée d'Histoire naturelle ; plan centre détachable, H7, 380)* : *rua da Escola Politécnica, 56.* ☎ *21-392-18-08 ou 00.* • *museus.ulisboa.pt* • *Mar-ven 10h-17h, w-e 11h-18h. Entrée pour chacun des musées : adulte 5 €, enfant 3 € ; billet famille et billet jumelé (pass Museus da Politécnica) ; réduc avec la Lisboa Card ; accès gratuit dans les 2 musées dim jusqu'à 14h.* Squelettes de dinosaures, fossiles et minéraux assez bien classés, mais les explications sont entièrement en portugais et la présentation un peu tristounette. Dans le *musée de la Science* (explications en anglais et animateur sur place), quelques expériences pour comprendre la loi de la gravité, l'inertie, le principe du vide, la force centrifuge, les ondes, le pendule, le magnétisme, les éclipses, l'électricité et l'optique. Pas le plus impressionnant dans son genre, mais toujours intéressant pour les enfants.

🥾 *Praça das Amoreiras (pl. des Mûriers ; plan centre détachable, F-G6)* : adorable place ombragée, calme, loin de l'agitation urbaine. Elle ne conserve malheureusement plus aucune trace des centaines d'arbres plantés au XVIIIe s pour alimenter la fabrique royale de soie, mais reste un délicieux espace de verdure, longé par l'aqueduc.

🥾 *Mãe d'Água e aqueduto das Águas Livres (plan centre détachable, G6, 381)* : *praça das Amoreiras.* ☎ *21-810-02-15.* • *epal.pt* • *La citerne (Mãe d'Água) se visite. Entrée par la pl. das Amoreiras, angle avec calçada Bento da Rocha Cabral. Mar-sam 10h-17h30. Entrée : 3 € ; réduc ; 1 € avec la Lisboa Card. L'aqueduc, situé à env 500 m de là, près du grand centre commercial Amoreiras, ne se visite que l'été, lun-sam (avec guide mer et ven mat) à partir de la calçada da Quintinha, alto de Campolide (plan d'ensemble détachable, D-E5).* Construit entre 1732 et 1748, l'aqueduc était destiné à alimenter en eau les fontaines de Lisbonne dans une conduite tracée dans la campagne sur près de 60 km, et ponctuée de tourelles caractéristiques : les « sources ». L'aqueduc enjambe ensuite la vallée de l'Alcântara grâce à 35 arcs d'une longueur totale de 940 m ; le plus haut culmine à 65 m. L'eau arrive ensuite dans la *Mãe d'Água,* citerne des Amoreiras construite au début du XVIe s, où elle est stockée sous d'imposantes voûtes de pierre. Elle s'écoule le long d'une cascade de mousse et de calcaire dans un bassin d'une transparence parfaite malgré les 7 m de profondeur. Mis en valeur par un éclairage subtil, ce lieu distille à juste titre une atmosphère particulièrement paisible et rafraîchissante. La promenade aménagée au sommet de l'aqueduc a été fermée en 1844 pour cause de multiplication excessive de suicides.
– Si ces lieux éveillent votre curiosité, vous pouvez visiter le *museu da Água (musée de l'Eau ; plan d'ensemble détachable, N7, 417).* Voir « À l'est de l'Alfama, au bord du Tage ».

🥾🥾 *Fundação Arpad Szenes – Vieira da Silva (plan centre détachable, G6, 381)* : *praça das Amoreiras, 56.* ☎ *21-388-00-44.* • *fasvs.pt* • Ⓜ *Rato. Tlj sf lun 10h-18h. Entrée : 5 € ; réduc avec la Lisboa Card ; gratuit moins de 14 ans. Ts les trimestres, des expos sont consacrées à des artistes qui ont influencé leur œuvre ou qui s'en sont inspirés. Une partie du musée abrite et expose en permanence leurs peintures.*
Dans une annexe de l'ancienne manufacture de soieries, le musée présente des peintures des années 1930 aux années 1970 du célèbre couple d'artistes de la mouvance cubiste, appartenant à l'école de Paris. Fille unique d'un diplomate et journaliste renommé, Maria Helena Vieira da Silva (1908-1992) suit des cours privés. À Paris, elle rencontre Arpad Szenes, un jeune Hongrois (1897-1985), élève de l'atelier de la Grande Chaumière à Montparnasse, et les deux artistes se marient l'année suivante. Ils mènent une vie d'apatrides bohèmes et de sans-papiers. Née portugaise, elle perd sa nationalité d'origine en épousant un Hongrois. Arpad Szenes demande au dictateur Salazar la citoyenneté portugaise et pour cela se convertit même au catholicisme. Le Portugal refuse. Les voilà sans papiers. La guerre éclate. Le couple s'exile à Rio de Janeiro où ils vivent pauvrement de 1940

à 1947. Retour en France et, en 1956, grâce à André Malraux, ils obtiennent la nationalité française.

Après 1956, Arpad et Maria Elena passeront presque toute leur vie en France (ce qui explique le titre des tableaux) entre leur appartement du 34, rue de l'Abbé-Carton dans le 14e arrondissement et leur maison d'Yèvre-le-Châtel (où ils sont enterrés). Quand elle venait à Lisbonne, Maria Elena logeait à l'hôtel *Tivoli,* avenue da Liberdade, bien qu'elle eût une maison-studio (celle avec une balustrade sur le toit) juste à côté de l'actuelle fondation, à l'angle de la rua da Penha et de l'escalier qui mène au bar *Procopio.*

– L'œuvre de Vieira da Silva, aujourd'hui très cotée sur le marché de l'art (1 million d'euros pour un tableau vendu en 2012), est emplie de lignes qui s'enchevêtrent, se nouent et se dénouent, créant aussitôt des espaces : labyrinthes, quadrillages, échiquiers aux multiples points de fuite... Elle est considérée comme une des plus grandes peintres modernes d'origine portugaise. À sa mort, n'ayant pas d'enfants, elle a légué une grande partie de ses œuvres à la galerie Bucher à Paris à qui elle devait tant. Elle avait demandé aussi qu'une fondation soit créée à Lisbonne.

Prolonger par la visite de la **station de métro Cidade Universitária** (près de l'université, ligne de métro orange), entièrement et magnifiquement décorée par Maria Elena Vieira da Silva.

À proximité du largo do Rato, rua Alexandre Herculano, jetez un regard aux immeubles des nos 57 et 65, superbes édifices Art nouveau, en particulier le garage *Auto-Palace.*

### ART NOUVEAU EN SOUS-SOL

*Savez-vous que l'on trouve à Lisbonne une bouche de métro parisien 1900, signée Hector Guimard ? Ce témoignage de l'Art nouveau se situe à la station Picoas (angle avenida Fontes Pereira de Melo et rua Andrade Corvo). Elle a été offerte en 1995 par la RATP ! En échange symbolique, un artiste portugais a décoré la station Champs-Élysées-Clemenceau de Paris.*

🎬 **Casa-museu da Fundação Medeiros e Almeida** (plan centre détachable, H6) **:** *rua Rosa Araújo, 41.* ☎ *21-354-78-92.* ● *casa-museumedeirosealmeida.pt* ● Ⓜ *Marquês de Pombal. Tlj sf dim 13h (10h sam)-17h30 (dernière entrée à 17h). Entrée : 5 € ; réduc avec la Lisboa Card ; GRATUIT sam 10h-13h. Visites guidées sur résa : 6-9 €. Infos disponibles en français.*

Fondation créée par l'homme d'affaires António Medeiros e Almeida (1895-1986) pour assurer la conservation de sa collection d'art décoratif. Musée installé dans sa propre maison, demeurée telle quelle, et dans l'ancien jardin qu'il a aménagé dans ce but. Quantité impressionnante d'objets achetés au Portugal et à l'étranger, notamment lors de ventes aux enchères en Europe et aux États-Unis. Excellente mise en valeur, dans une succession de salles à admirer du sol au plafond.

– Au rez-de-chaussée, une *chapelle* au retable en *talha dourada* et au chœur garni d'azulejos.

– Au 1er étage, mobilier portugais, indo-portugais, anglais et français (meubles style Boulle, cartonniers à tiroirs secrets, fauteuils recouverts des fables de La Fontaine). Intéressante salle Louis XIV. Tapisseries flamandes et françaises (les Gobelins). Tableaux d'artistes portugais (Mestre da Lourinhã, José Veloso Salgado) et des Boucher, Rubens, Delacroix, Van Goyen, Huysmans. Service à thé portugais ayant appartenu à Napoléon et collection insolite de *paliteiros* (porte cure-dents) dans la salle réservée à l'argenterie *(sala de Pratas).* On y trouve aussi le manteau de la cheminée de la maison londonienne de l'écrivain Somerset Maugham ! Dans une chambre à coucher, près d'un lit à baldaquin (satin et damas), voir l'insolite bidet en porcelaine de Chine aux armes royales de France (une rareté) et le pot de voyage anglais du XIXe s (une autre rareté).

– Magnifique ***sala do lago*** – disponible pour vos réceptions – avec ses plafonds peints représentant les quatre continents, ses murs couverts d'azulejos, et sa

monumentale fontaine en marbre au centre. Les vitrines autour contiennent une collection de bijoux, de pierres précieuses et de tabatières en porcelaine.
– Au 2e étage, appartements privés de Margarida et António, restés en l'état. Immense salle de bains pourvue d'un appareil de musculation, un des premiers appareils de fitness importé au Portugal (vous ne trouvez pas que ça a des allures d'appareil de torture ?). Dans le corredor D. Catarina de Bragança, ne pas rater cette remarquable et unique *horloge de nuit* du XVIIe s en état de marche ! Éclairé par de l'huile, ce type d'horloge pouvait s'enflammer facilement, d'où son abandon par la suite.
– De retour au rez-de-chaussée, pour admirer la fabuleuse **collection de montres et d'horloges** de styles et d'origines variés (c'était la grande passion d'António Medeiros) : réveil à bougie, horloge japonaise à cadran vertical (XVIIIe s, les aiguilles se déplacent de haut en bas !), montre maçonnique, montre érotique, etc. Vitrine consacrée aux montres Breguet. Voir aussi l'étonnante horloge à billes d'acier *(rolling ball clock),* le grand sablier du XVIIIe s fabriqué à Gdansk et l'horloge de l'impératrice Sissi d'Autriche, en cristal de roche et argent, incrustée de lapis-lazuli. Porcelaine chinoise également : quelques pièces rares et bien conservées.
**|●|** Self-service avec terrasse couverte.

*Praça dos Restauradores (pl. des Restaurateurs ; plan centre détachable, I-J7-8) :* au centre de cette place se dresse le monument commémorant la guerre de Restauration, qui débuta en 1640. L'obélisque a été érigé en 1886.

En descendant de la praça dos Restauradores vers la praça Rossio, sur le côté droit, la **gare du Rossio,** aux allures de palais, offre une curieuse façade, avec deux portes en forme de fer à cheval, pastiche du style manuélin.

## À l'est de l'avenida da Liberdade

*Rua das Portas de Santo Antão (plan centre détachable, I-J7-8) :* piétonne dans sa partie proche du Rossio, cette rue animée, très touristique (avec le bon et le moins bon), est bordée de quelques monuments importants.
– Du n° 92 au n° 100, le très grand **Coliseu dos Recreios,** ouvert en 1890, sur les plans des ingénieurs français Goulard et Bauer. Opéra comique jusque dans les années 1980, c'est aujourd'hui une grande salle de concerts (☎ *21-324-05-80 ;* ● coliseulisboa.com ●).
– À gauche de cet édifice, la **Sociedade de geografia de Lisboa,** fondée en 1875 *(lun-ven 10h-13h, 15h-18h).* Jetez un coup d'œil, dans le hall d'entrée, sur le grand tableau (Veloso Salgado, 1898) représentant Vasco de Gama devant le samorin de Calicut. L'une des statues représente Cabral, le découvreur du Brésil.
– Au n° 113, le **Teatro Politeama,** avec une façade aux frises sculptées et une grande verrière en anse de panier.
– Au n° 110, l'**Atheneu,** grand gymnase de 1880, doté de trois belles portes au fronton sculpté. Le rez-de-chaussée est occupé par le resto *Solmar.* L'intérieur de l'*Atheneu* a retrouvé sa vocation primitive et abrite aujourd'hui un complexe sportif (gymnase, piscine, salle de basket, cours de yoga, de karaté, de danse…).

*Jardim do Torel (plan centre détachable, I-J7, 382) : accès par la rua Júlio Andrade, en haut du funiculaire de Lavra.* Ignoré même sur certains plans de ville, il offre au promeneur éreinté un lieu de repos inespéré. Minuscule parc très goudronné surplombant l'avenida da Liberdade, il brille sous le soleil du soir. Mais c'est la nuit qu'il est le plus beau et le plus mystérieux, avec son éclairage intimiste et, surtout, ses escaliers qui vous ramènent peu à peu vers la civilisation.

*Le quartier de Sant'Ana (plan centre détachable, J7-8) :* perché entre les deux avenues convergeant vers la Baixa, il s'étend de part et d'autre de la *calçada* du même nom. À deux pas du centre, c'est un véritable quartier populaire avec ses gargotes, ses ruelles, ses cris et ses senteurs. Il permet de monter au *campo dos*

*Mártires da Pátria* ; encore un petit parc avec ses coqs et ses cygnes, et aussi la statue étonnamment vénérée d'un brave docteur. *O senhor doutor Sousa Martins* a dû et doit encore soigner beaucoup de monde. Mais, est-ce un hasard, tout près se trouvent la morgue, l'institut médico-légal et la plus grande concentration d'entreprises de pompes funèbres de la ville...

## *ALFAMA, CASTELO SÃO JORGE, MOURARIA ET GRAÇA*

> • Pour le plan de l'Alfama, se reporter au plan détachable en fin de guide.

Si, ailleurs, il suffit parfois de passer un pont, ici, il suffit de gravir une colline (grâce notamment aux nouveaux ascenseurs à prendre dans la Baixa ; voir plus bas « Visiter l'Alfama ») pour se retrouver au cœur d'un quartier cher à tous les trekkeurs urbains. Sur les pentes de la colline médiévale du castelo São Jorge s'étagent les plus vieux quartiers de Lisbonne – Alfama, Graça et Mouraria – aux ruelles tortueuses et aux venelles étroites, formant un dédale qui ravira le promeneur.

### UN ALLER SIMPLE POUR L'ALFAMA

Prenez place dans le fameux tramway n° 28, il vous emportera, tout bringuebalant, par-delà le temps, le long des rues pentues, jusqu'au cœur de l'Alfama. Le seul quartier populaire de Lisbonne ayant survécu au tremblement de terre de 1755 comme à l'Expo universelle de 1998. Quelques petits malins ne montent pas, mais s'accrochent à l'arrière du tram...
Lorsque le wattman actionne la cloche, commence un voyage mémorable, la mécanique filant droit sur ses rails avant d'aborder des virages en épingle spectaculaires et de frôler à quelques centimètres les étals des magasins et les piétons qui doivent jouer aux toreros entre les voitures stationnées.
Profitez des arrêts forcés, destinés à laisser un livreur décharger sa marchandise, pour admirer les devantures des pâtisseries et des épiceries fines débordant de gâteaux, de fruits confits, de pots remplis de *marmelada,* de jambon fumé, de fromages et vins de pays.

### L'ÂME DE LISBONNE

Ce quartier, c'est l'âme de Lisbonne. Longtemps habité par les pêcheurs et les marins, il est resté populaire, avec ses personnages bien typés : truculentes matrones, artisans, commerçants ambulants, gamins frondeurs, vieillards malicieux prenant le frais... L'Alfama est le quartier le plus ancien et le plus connu de la capitale, emblème du Lisbonne éternel.
Les Wisigoths l'habitèrent avant les Arabes qui lui donnèrent d'ailleurs son nom : Alfama, déformation d'*alhama,* mot évoquant d'anciennes fontaines sur la colline. Il consiste en un réseau inextricable de ruelles tortueuses, volées d'escaliers *(calçadas),* culs-de-sac, passages voûtés, cours intérieures, patios minuscules fleuris et venelles ne menant nulle part (les *becos*) et bordées de mille maisons enchevêtrées, agglutinées, présentant autant de styles différents.
Le flâneur s'y déplace à pied. Il peut y admirer de belles façades en encorbellement, délavées par les pluies, des balcons en fer forgé ou sculptés, dissimulés par les draps qui claquent au vent. Au fil de la promenade, de temps en temps apparaissent le Tage, cette mer de Paille, qui surgit tel un miroir bleu et étincelant (quand le soleil brille) au débouché d'une ruelle, entre deux vieux immeubles presque collés, ou entre deux échafaudages.

Bientôt devrait apparaître, à côté de l'église São Miguel, le *Museo judaico*. Une autre facette de ce quartier aux influences multiples.

## *SAUDADE PARTY*

Le soir, il se dégage de l'Alfama une atmosphère presque moyen-orientale, qui tient de la casbah et du théâtre de rue. C'est ici qu'on vient pour découvrir le vrai fado, cet art de la rue autour duquel les hommes et les femmes du quartier se retrouvent encore pour chanter leur ville, leur vie, leur souffrance, leur pauvreté. C'est le fado des amateurs, à entendre dans une *tasca* plutôt que dans un resto à touristes... Il faut simplement accepter de venir tard, de rester debout, un verre d'alcool à la main...

## LA FÊTE DE SANTO ANTÓNIO (SAINT ANTOINE)

Chaque année au mois de juin, l'Alfama célèbre António, le saint patron de la *Sé* et du quartier, qui a eu l'idée malheureuse d'aller finir ses jours à Padoue. Pour beaucoup, saint Antoine est souvent considéré comme le saint patron de Lisbonne et serait donc en concurrence avec São Vicente (saint Vincent). En réalité, saint Antoine est seulement le saint patron de la *Sé,* la cathédrale, laquelle est située dans l'Alfama. Il est devenu par extension le saint patron de l'Alfama.
C'est lui qui mène la procession, dans les ruelles et sur les places. Un grand moment de vie collective à partager. Profitez-en pour offrir à l'élu(e) de votre cœur un petit pot de basilic porte-bonheur (ça changera du muguet). Lors de cette fête religieuse très populaire, chaque rue, dans un fiévreux esprit de compétition, tente d'être plus colorée, plus lumineuse que celle d'à côté. Les cuisines, les tables sont de sortie, on grille des sardines un peu partout, le *vinho verde* coule à flots ; l'Alfama vit entièrement dans la rue, dans une atmosphère de kermesse indescriptible.

### Visiter l'Alfama

➢ **Pour gagner l'Alfama,** prendre bien sûr le **tram n° 28** de la rua da Conceição, dans la Baixa, ou le **bus n° 37** du Rossio qui vous conduit au castelo São Jorge. On vous le redit, ne laissez pas vos sacs ni vos affaires en général sans surveillance. Le pittoresque du tram n° 28 est gâché par les pickpockets qui montent depuis la Baixa ou la station Martim Moniz. Vous pouvez aussi prendre l'un des **deux ascenseurs** *(plan centre détachable, K9 ; tlj 8h-21h ; GRATUIT)* qui permettent de grimper directement au sommet, au pied du château ; voir plus haut « Infos pratiques sur place. Comment se déplacer ? Les funiculaires *(ascensores)* et l'ele-vador de Santa Justa ».
– **Les miradouros** (ou belvédères) **:** s'y rendre au coucher du soleil pour la beauté du paysage. Le **miradouro da Santa Luzia** *(plan centre détachable, L9 et zoom détachable Alfama* **409***)* possède une petite buvette où l'on peut siroter un verre en admirant le paysage, avec le Tage au loin.

### Adresse utile

■ **Lisbon Walker** *(plan centre détachable, L8,* **12***)* **:** *rua dos Remedios, 84.* ☎ *21-886-18-40.* ● *lisbonwalker.com* ●
Une jeune association dynamique et pleine d'idées qui organise des balades à pied dans le vieux Lisbonne, et en particulier dans l'Alfama. On y parle l'anglais et le français (demander José Manuel). Pour en savoir plus, se reporter à la rubrique « Découvrir Lisbonne autrement » dans le chapitre « Infos pratiques sur place. Comment se déplacer ? ».

## Où dormir ?

### De bon marché à prix moyens

â **This is Lisbon** (plan centre détachable, K8, *92*) : escadinhas Marquês de Ponte de Lima, 1. ☎ 21-801-45-49. ● info@thisislisbonhostel.com ● thisislisbonhostel.com ● *L'escalier d'accès se trouve entre les n⁰ˢ 63 et 65 de la rua da Costa do Castelo. Selon saison, dortoirs 4-8 lits 13-22 €/pers et doubles sans ou avec sdb 50-70 €, petit déj inclus. Dîner sur résa (min 6 pers) 7 €.* 🖥 📶 Cet *hostel* occupe le rez-de-chaussée d'une jolie maison rose. Déco soignée avec parquets d'antan, rehaussée du rouge lie-de-vin des portes. Dans les chambres, teintes sobres et confort extra. Sanitaires rutilants de propreté. Essayer d'avoir une chambre ou un dortoir donnant sur la terrasse commune avec vue sur Lisbonne. Cuisine à dispo. Propose aussi un appartement pour les familles (3-4 personnes), juste en face, avec cuisine (compter 70-90 €/nuit sans petit déj). Une adresse conviviale où le voyageur est toujours bien accueilli.

â **Inn Possible Lisbon Hostel** (plan centre détachable, K8, *93*) : *rua do Regedor, 3.* ☎ 21-886-14-65. ● booking@innpossible.pt ● innpossiblelisbon.com ● *Dortoirs 6-10 lits 14-18 €/pers ; doubles 50-60 € ; petit déj inclus.* 🖥 📶 Dans un quartier en plein renouveau, à deux pas d'une place charmante, entre les 2 ascenseurs qui montent de Baixa vers le château. Dans une grande bâtisse en pierre, peinte en rouge. Déco moderne, blanche et grise, avec vieux parquets et photos d'artistes contemporains aux murs. Grands lits superposés et *lockers* dans les dortoirs. Salles de bains nickel. Sous les toits, cuisine et salle de télé chaleureuse. Accueil extra, plein de bons conseils. Une de nos adresses préférées dans le quartier.

â **The Keep** (plan centre détachable, K8, *94*) : *costa do Castelo, 74.* ☎ 21-885-40-70. ● thekeep.lisbon@gmail.com ● thekeep-lisbon.com ● *Doubles 35-65 € selon confort (avec ou sans douche ou bains) et saison. Pas de petit déj.* 📶 Une adresse installée dans une vieille maison de famille, accrochée à la colline du château, avec son petit jardin fleuri dominant le nord de Lisbonne. Incroyable belvédère au sommet de la maison, offrant une vue saisissante sur la ville. Les chambres sont « faites maison », avec têtes de lit peintes sur les murs, meubles recouverts de stickers des grandes peintures portugaises, et dans les escaliers, des messages hilarants pour vous faire sourire. Et ça marche ! Dilemme : les chambres aux grandes fenêtres n'ont pas de salle de bains privée, quand celles aux plus petites fenêtres, en sous-sol, en ont une... Petit salon. Accueil souriant.

â **Pensão São João da Praça** (plan centre détachable, K9, *95*) : *rua de São João da Praça, 97 ; 2⁰-3⁰.* ☎ 21-886-25-91. ● 21886259@sapo.pt ● *Doubles 35-60 € selon confort (avec ou sans sdb) et saison. Petit déj slt en saison.* Dans une ancienne maison, aux vieux parquets, et à la déco d'époque, juste derrière la cathédrale. L'ensemble, bien qu'abîmé par le temps, est correctement entretenu. Il y a même la télé ! Une pension lumineuse et calme. Accueil aimable.

â **Residencial Do Sul** (plan centre détachable, K6, *96*) : *av. Almirante Reis, 34.* ☎ 21-814-72-53 ou 59. ● lisbonhostelsgroup.com ● Ⓜ Intendente. *À 50 m de la sortie du métro. Doubles 35-60 € ; petit déj 4-5 €.* 📶 Hôtel d'une quarantaine de chambres de bonnes tailles (2 à 4 lits) avec douche et w-c. Récemment rénové, déco simple et chambres impeccables. Préférer celles ne donnant pas sur l'avenue, moins bruyantes. Vraiment excentré, mais bon rapport qualité-prix.

â **Casa de hospedes Brasil-Africa** (plan centre détachable, K9, *97*) : *travessa das Pedras Negras, 8 ; 2⁰.* ☎ 21-886-92-66. ● info@pensaobrasilafrica.com ● *À la limite de la Baixa et de l'Alfama. Doubles 35-45 € avec ou sans douche et selon saison, petit déj inclus.* 🖥 📶 Quelques chambres modestes, mais lumineuses et bien arrangées. Une de nos préférées : la n⁰ 210 avec ses 2 fenêtres d'angle.

Pièce commune avec quelques petites tables, un micro-ondes et un frigo pour ceux qui voudraient se préparer en-cas ou petit déj sur place. Déco vieillotte. Quartier un peu bruyant mais rien de terrible. Bon rapport qualité-prix-accueil.

## De plus chic à beaucoup plus chic

▲ *Albergaria Senhora do Monte (plan centre détachable, K7, 98) : calçada do Monte, 39.* ☎ *21-886-60-02.* ● *senhoradomonte@hotmail.com* ● *albergariasenhoradomonte.com* ● Ⓜ *Martim-Moniz.* 🚋 *n° 28 ; descendre à l'entrée de la calçada do Monte. Doubles 68-130 € selon saison et confort (terrasse), petit déj en plus. Ascenseur.* 🖥 📶 *Apéritif offert pour les clients de l'hôtel sur présentation de ce guide.* Hôtel fonctionnel mais pas très déco, situé au miradouro da Nossa Senhora do Monte, dans un quartier ancien et charmant. Excellent niveau de confort, les chambres sont impeccables, certaines avec une vue superbe. Bar panoramique au dernier étage.

▲ *Solar dos Mouros (plan centre détachable, K9, 99) : rua do Milagre de Santo António, 6.* ☎ *21-885-49-40.* ● *reservation@solardosmouros.com* ● *solardosmouros.com* ● *Doubles 119-259 €.* 🖥 📶 Un vieil immeuble de l'Alfama, transformé en hôtel de charme, accroché au flanc sud de la colline du château. Les 13 chambres sont toutes décorées avec raffinement et originalité (peintures contemporaines dont certaines du propriétaire lui-même, couleurs vives, mobilier design). N'oubliez pas vos CD préférés puisque toutes les chambres sont équipées d'une petite chaîne. Vue sur le Tage et l'Alfama (plein sud) à travers de grandes baies vitrées pour les plus spacieuses, ou sur le *castelo* (plus d'ombre). Une excellente adresse pour les couples en lune de miel, pour tous les amoureux qui ne comptent pas et pour ceux qui ont Lisbonne au cœur, comme les *Amants du Tage* du roman de Joseph Kessel.

## Très chic

▲ *Solar do Castelo (plan centre détachable, K8, 100) : rua das Cozinhas, 2.* ☎ *21-880-60-50.* ● *solar.castelo@heritage.pt* ● *heritage.pt* ● *Doubles 178-340 € (promos sur Internet). Petit déj-buffet 14 €.* 🖥 📶 *Apéritif maison offert sur présentation de ce guide.* Une bien belle demeure construite au cours de la seconde moitié du XVIIIe s dans l'enceinte du château São Jorge sur le site auparavant occupé par les cuisines du palais d'Alcáçova. Dommage que le petit bâtiment récent qui a été ajouté soit si laid... Très belle entrée qui nous mène dans une charmante petite cour (regardez la belle fontaine ancienne qui y trône), où l'on peut prendre son petit déjeuner en saison. Décor arabisant sympathique mêlant éléments de style pombalin, canapés en cuir et chaises en fer forgé. Un refuge antibruit et antistress. Le taxi vous dépose à l'entrée du château, une voiture de golf vient vous chercher. La classe ! Au sous-sol, dans l'ancienne citerne, des vestiges de la vie d'autrefois retrouvés sur place sont présentés dans quelques vitrines.

▲ *Memmo (zoom détachable Alfama, L9, 101) : travessa das Merceeiras, 27.* ☎ *21-049-56-60.* ● *reservations.alfama@memmohotels.com* ● *memmoalfama.com* ● *Doubles 95-200 € selon saison.* 🖥 📶 Un boutique-hôtel niché au bout d'une rue pavée, dans une ancienne usine de cirage, un four de boulangerie et l'atelier d'un photographe. Hôtel design, avec des chambres à la déco soignée, presque trop sobres, tout confort et au mobilier aux lignes et formes scandinaves. Vue ahurissante depuis la terrasse du bar, avec petite piscine à débordement : vous aurez l'étrange impression de nager au-dessus des toits de l'Alfama ! Spectaculaire. Accueil un peu froid.

## Où manger ?

Dans ces quartiers populaires, les petites tavernes sympas abondent. Ici, on s'arrête plutôt au hasard, quand une bonne odeur vient vous titiller les narines. Idéal pour sentir battre le cœur fatigué de la vieille ville, de jour comme de nuit. N'écoutez pas les âmes bien-pensantes qui vous déconseilleront de venir rôder dans notre quartier préféré à la nuit tombée.

## Très bon marché

### Dans la Mouraria

|●| **Cantina Baldracca** *(plan centre détachable, K8, **190**)* : *rua das Farinhas, 1. Plats 5-10 €. Compter max 15 €.* Petite cantine de quartier, salle sans chichis, un peu sombre, fréquentée par des habitués. Bonne ambiance, gaie et familiale. Plats copieux et prix démocratiques. Service rapide et charmant.

|●| **Casa de Pasto O Eurico** *(plan centre détachable, K8, **191**)* : *largo de São Cristovão, 3-4.* ☎ *21-886-18-15. Derrière l'église São Cristovão, en passant à droite du fronton. Ouv jusqu'à 22h. Fermé sam soir-dim. Plats à partir de 6 €.* Derrière les murs de ce resto de quartier se retrouve le midi la ruche bourdonnante des employés de la chambre de commerce voisine. Bon accueil d'une gentille dame. Bien bonne cuisine familiale où poisson et viande arrivent ex æquo.

|●| **Tentação de Goa** *(plan centre détachable, K8, **193**)* : *rua São Pedro Mártir, 23.* ☎ *21-887-58-24. Tlj sf dim et lun midi. Ferme à 22h. Plats 9-14 €.* Comme l'Angola, le Mozambique ou la Guinée, l'Inde a sa place dans la Mouraria. Voici un petit resto coquet et discret, tenu par des Portugaises fort aimables. Elles connaissent Goa où elles ont séjourné. Les murs sont peints en rose, la couleur du bonheur là-bas. La cuisine (une moitié de la carte est végétarienne) bien mijotée fait revivre avec bonheur et une belle subtilité les saveurs douces (ou épicées) de Goa. *Goa é boa !*

|●| **The Food Temple** *(plan centre détachable, K8, **194**)* : *beco do Jasmin, 14.* ☎ *21-887-43-97. Prendre la rua da Mouraria, puis rua do Capelão jusqu'au bout, et tourner à droite au fond du largo da Severa. Mer-dim 19h30-minuit. Plats 2,50-8 €.* 🛜 Quelle surprise de trouver une jeune Chinoise anglophone dans une cantine végétarienne très tendance... cachée sur une placette au cœur de la Mouraria labyrinthique ! Un peu plus difficile d'accès, mais fait partie de cette nouvelle génération qui investit dans ce quartier populaire longtemps délaissé. Objectif : participer à la renaissance de la Mouraria soutenue par la municipalité de Lisbonne. Déco rigolote.

### Dans le bairro do Castelo São Jorge

|●| 🍷 **Café Pit** *(plan centre détachable, K9, **195**)* : *rua Augusto Rosa, 19-21.* ☎ *21-886-38-51.* • cafepit3@hotmail.com • *Tlj sf lun, 11h-20h (23h w-e). Plats 8-12 €.* 🛜 Bar-restaurant, à deux pas de la cathédrale, grande salle à la déco vintage (c'est un peu la mode à Lisbonne). Bons plats végétariens élaborés avec des produits très frais. Patron jovial et de bon conseil.

|●| **Velha Gaiteira** *(plan centre détachable, K9, **196**)* : *rua das Pedras Negras, 17.* ☎ *21-886-50-46.* • velhagaiteira.reservas@gmail.com • *Tlj midi et soir, sf dim soir. Menu 9 €, menu apéro tapas et boisson 3 €.* Au programme, une cuisine généreuse à base de produits essentiellement locaux, tout comme le bon petit vin de la maison. Le tout à déguster, installé dans un décor soigné, fait de mobilier chiné.

|●| 🍷 **Cruzes Credo** *(plan centre détachable, K9, **197**)* : *rua Cruzes da Sé, 29.* ☎ *21-882-22-96.* • cruzescredo@gmail.com • *Tlj 9h30-2h. Plats 10-13 €, vin au verre 2,50 €.* Un petit café à l'intérieur vintage (encore) où l'on peut « bruncher », boire un verre ou se régaler d'un vrai repas tout au long de la journée. Délicieux jus de fruits frais, toasts sucrés ou salés, salades, plats de viandes ou de poissons, simples mais bons. Accueil souriant.

|●| **Claras em Castelo** *(plan centre détachable, K8-9, **198**)* : *rua Bartolomeu de Gusmão, 31.* ☎ *21-885-30-71.* • clarasemcastelo31@gmail.com • *Tlj midi et soir. Fermé mer fin en hiver. Repas env 15 €.* Au pied du château, avant le dernier virage ! Une petite adresse toute mignonne, tenue par une sympathique famille franco-portugaise. Cuisine préparée avec grand soin et savoir-faire par la patronne qui est aux fourneaux, pendant que monsieur

s'active en salle. Les quelques tables sont rapidement prises d'assaut, pensez à réserver. Vend aussi de petits souvenirs originaux faits maison. Banquette au soleil pour boire un verre. Une adresse très agréable. Au fait, Clara ne vit pas dans un château ! *Claras em Castelo* veut dire « œufs en neige ».

|●| **Mercearia Castelo** *(plan centre détachable, K8, 199)* : *rua dos Flores de Santa Cruz, 2-2 A.* ☎ *21-887-61-11.* ● *velhacarta@gmail.com* ● *Tlj 10h-20h. Fermé en janv. Quiches, sandwichs, salades et pizzas 3,50-9 € ; plats du jour 7,80-8,80 €.* Une pause s'impose ? Arrêtez-vous dans ce café-resto de poche légèrement à l'écart de l'agitation. Un p'tit plat, un café et une pâtisserie, et ça repart ! Quelques tables à l'extérieur sur une place charmante minuscule, avec vue sur l'arrière du château. Très bon accueil.

|●| **Nata Lisboa Castelo** *(plan centre détachable, K8, 200)* : *rua de Santa Cruz do Castelo, 5 à 11.* ☎ *21-887-20-50. Juste devant l'entrée du château. Tlj 9h-21h. Rien à plus de 10 €.* 📶 Une halte bienvenue pour grignoter sucré (des *pasteis* naturellement), mais aussi salé avec des sandwichs et des *pies* (tourtes) au poulet, saucisses, etc. Quelques tables à l'intérieur et en terrasse.

## Bon marché

### Dans l'Alfama

|●| **Fado na Morgadinha** *(zoom détachable Alfama, 201)* : *largo do Peneireiro, 5-5 A (croisement de la rua da Regueira et du beco do Loureiro).* ☎ *21-887-13-82.* ● *kmelanda@gmail.com* ● *Compter 4-10 €.* Les propriétaires de *A Morgadinha de Alfama* ont ouvert cette coquette et agréable taverne à fado, au cœur de l'Alfama. Accueil jovial et francophone. Cuisine portugaise correcte, sous forme de tapas (*petiscos*, portions) à prix sages. Spectacles de fado inclus dans le prix du repas, du mercredi au samedi. Attention tout de même à bien vérifier l'addition.

|●| **Canto da Vila** *(zoom détachable Alfama, 202)* : *largo do Limoeiro, 2.* ☎ *21-886-40-81. Tlj sf mer, midi et soir. Plats 6-14 € ; menu déj 11,50 €.* Très bonne adresse brésilienne à Lisbonne ! Bel emplacement, à deux pas du cœur battant de l'Alfama. Un accueil souriant et enthousiaste. Des serveurs brésiliens et portugais. Quelques tables dehors, et une petite salle à la décoration plutôt avenante. Il y a un bon esprit dans cette maison, et un bon chef aux fourneaux. Prix sages pour la qualité proposée. On a aimé les spécialités du Brésil comme la *feijao tropeiro*, ou le *saltimbocca de frango*. Il y a aussi de la viande et du poisson, et des *pasta* pour ceux qui ne veulent pas trop de dépaysement. Bien sûr, on peut boire une bonne *caïpirinha* !

|●| **Barracão de Alfama** *(zoom détachable Alfama, 204)* : *rua de São Pedro, 16.* ☎ *21-886-63-59.* ● *barracaodealfama@gmail.com* ● *Tlj 12h30-15h, 19h30-23h. Fermé en févr. Repas env 15 €. CB refusées.* 📶 Dans une ruelle de l'Alfama, un lieu sans prétention. Ambiance familiale et cuisine copieuse bien mitonnée. Petite terrasse à l'arrière, au calme. Accueil jovial du patron.

|●| **Pois Café** *(plan centre détachable, K9, 205)* : *rua de São João da Praça, 93-95.* ☎ *21-886-24-97.* ● *poiscafe.com* ● *Ouv lun 13h-23h et mar-dim 11h-23h, sf j. fériés (service jusqu'à 22h). Brunch 6,20-13,50 € ; tapas 6,90-9,50 €.* Une grande salle voûtée, pour ce café-salon-snack au nom intraduisible en français, décorée dans un style à la fois alternatif, écolo et design, et tenu par une équipe austro-portugaise souriante et tonique. On peut s'y poser, grignoter assis sur des chaises de bar, s'enfoncer dans des coussins pour lire la presse étrangère, un bouquin pioché sur les étagères, ou somnoler dans un canapé moelleux avec son jus posé sur une vieille malle récupérée. Bons gâteaux dans la pure tradition autrichienne : *apfelstrudel*, cake aux poires, etc. Mais aussi des salades, sandwichs, toasts et petits plats du jour préparés dans la cuisine ouverte sur la salle. Quelques jus frais et café à toute heure.

## Prix moyens

|●| 🍷 ♪ **Piano-bar Duetos da Sé** *(plan centre détachable, K9, 206)* :

*travessa do Almargem, 1 B/C.* ☎ *21-885-00-41. Tlj sf lun 12h30-1h (2h jeu-sam). Entrée concert : 5 €. Plats 11-13 € ; repas env 20-25 €.* 🛜 Situé en contrebas de la cathédrale (la Sé), dans une rue étroite, ce café-bar-restaurant est sans doute l'endroit idéal pour passer une soirée en musique tout en dînant. Art et gastronomie, tel est le thème de la maison, tenue par le sympathique Carlos. Décoration intérieure soignée et élégante avec un grand piano au centre. Cuisine portugaise savoureuse et bonne carte des vins. Excellente programmation musicale qui change toutes les semaines.

|●| ♀ *Maria Catita (plan centre détachable, K9, 207) : rua dos Bacalhoeiros, 30.* ☎ *21-133-13-13.* ● geral@mariacatita.pt ● *Tlj 9h-minuit. Petiscos 3-9 € ; plats 7-13 €.* 🛜 Ici, on mange carrément dans la boutique ! Vente de bons produits portugais (jambon, conserves, vins, etc.), mais aussi quelques tables vite prises d'assaut avec leurs nappes à carreaux. Au choix : soit on grignote plusieurs *petiscos* (amuse-gueules) de charcuterie, fruits de mer, fromages, préparés de façon originale, soit on choisit un plat, avec quelques incursions de spécialités des Açores. Belle carte des vins, notamment au verre. Service souriant. Et possibilité de repartir avec des victuailles en sus.

### Dans le bairro do Castelo São Jorge

|●| *Trigo Latino (zoom détachable Alfama, 208) : largo Terreiro do Trigo, 1.* ☎ *21-882-12-82. Menus 20-30 €, plats env 12-16 €.* Un peu à l'écart de l'animation du quartier, une belle salle de bistrot hors d'âge avec son sol à damiers. De bons produits frais et bien cuisinés, aux tonalités méditerranéennes. Carte plutôt original et accueil attentionné.

|●| *Carvoeiro (plan centre détachable, L8, 209) : calçada de São Vicente, 70.* ☎ *21-886-42-75. Proche du mosteiro de São Vicente de Fora. Tlj sf lun, midi et soir jusqu'à 23h. Plats 12-16,50 €.* Un restaurant de quartier, tenu par un Portugais avenant et communicatif. Cuisine traditionnelle avec des classiques comme le *filete de polvo* ou la *bacalhau à braz*. Ou encore les calamars sauce coriandre, délicieux. Fado du jeudi au samedi.

### À Graça

|●| *Cantinho da Fátima (plan centre détachable, L7, 210) : rua da Graça, 111.* ☎ *21-887-87-72.* Une petite adresse simple et propre, où l'on sert de copieux plats goûteux à prix doux, que l'on consomme au coude à coude avec les habitués du coin. Bonne étape dans ce quartier populaire.

## De prix moyens à plus chic

### Dans la Mouraria

|●| *Chapitô (plan centre détachable, K9, 211) : rua Costa do Castelo, 7.* ☎ *21-885-55-50. Ouv (resto) 12h-2h. Sur résa. Repas env 28 €.* À flanc de colline, dominant un paysage de toitures, avec une vue épatante sur le Tage. Un petit complexe culturel intéressant qui abrite, dans ce qui fut une prison pour femmes, une petite école de cirque, un bar à tapas le soir sur l'esplanade intérieure, un petit chapiteau pour des spectacles de cirque, un bar musical de nuit (au sous-sol). À ne pas confondre en revanche avec le resto, plus tendance, au 1er étage de cette maison surplombant l'Alfama. Plusieurs menus au choix déclinant les saveurs portugaises, brésiliennes et s'aventurant dans la cuisine fusion. Service aimable et diligent. Un seul problème : l'affluence des clients certains jours.

### À Graça

|●| *Bica do Sapato (plan d'ensemble détachable, N8, 212) : av. Infante Dom Henrique, armazém B, Cais da Pedra à Santa Apolónia.* ☎ *21-881-03-20.* ✱ *Fermé dim soir (slt ouv pour le brunch 12h-16h) et lun midi. Compter env 35-40 € à la brasserie.* Ancien entrepôt des docks à côté de la gare, transformé en haut lieu high-tech de la branchitude lisboète. Superbe volume, grandes baies vitrées donnant sur le Tage. Contentez-vous d'avaler un morceau côté brasserie ou dégustez de côté le resto et le sushi-bar *(ouv le soir slt)*. Cuisine haut de gamme bien élaborée.

## ALFAMA, CASTELO SÃO JORGE, MOURARIA... / OÙ BOIRE UN VERRE ?

### Où manger une bonne glace ?
### Où prendre un petit déj ?

🍴 ☕ **Augusto Lisboa** (plan centre détachable, L8, **261**) : rua de Santa Marinha, 26. ☎ 21-886-02-71. ● augusto-icecreamlounge@hotmail.com ● Mar-sam 10h-19h, et dim l'été. Petit déj 6-10 €. 🛜 Un petit café-galerie bien sympa, tenu par un couple franco-portugais. Ils fabriquent eux-mêmes de délicieuses glaces artisanales. Petite restauration, plats cuisinés également.

### Où boire un verre ?

🍷 **Instinctus Wine Bar** (plan centre détachable, K8, **295**) : rua Santa Cruz Castelo, 35. 📱 966-44-04-69. *De la place à l'entrée du château, il faut partir sur la droite, marcher 2 mn dans une petite rue tranquille ; le bar se trouve à une centaine de mètres sur la gauche. Ouv tlj mais ferme à 19h.* De l'instinct, de l'intuition et du goût, Rute Ribas, la fée du logis, n'en manque pas. Dans son petit et chaleureux bar à vins, cette charmante Portugaise francophone propose à ses clients les meilleurs vins du Portugal à des prix sages. Elle accompagne les verres de petits snacks à grignoter. Parmi nos coups de cœur : Quinta do Carqueijal, Quinta Vallado (rouge) et les vins (Barraida, blanc sec de Coimbra) de l'excellente Filipa Pato, une des rares femmes viticultrices du pays. Rute se fera un plaisir de vous conseiller !

🍷 **Pois Café** (plan centre détachable, K9, **205**) : *rua São João da Praça, 93-95.* ☎ *21-886-24-97. Tlj sf lun 11h-20h.* À ne pas rater, car il s'agit d'un endroit rare dans l'Alfama (voir plus haut « Où manger ? »).

🍷 **Zambeze** (plan centre détachable, K8, **296**) : calçada Marquês de Tancos. ☎ 21-887-70-56. *Au sommet de l'ascenseur qui monte au château depuis la Baixa (voir « Infos pratiques sur place. Comment se déplacer ? Les funiculaires (ascensores) et l'elevador de Santa Justa »). Tlj 10h-23h.* Idéal, avant de repartir vers le centre-ville, après la visite du château, de prendre un verre dans des canapés ou juste sur un siège. Quelle vue ! On ne s'en lasse pas !

🍷 **Kiosque Portas do Sol** (zoom détachable Alfama, **297**) : *sur le largo das Portas do Sol. Tlj jusqu'au crépuscule et très tard en été (1h du mat).* Un petit kiosque, quelques tables, des poufs et des chaises sur une terrasse en plein air, donnant sur les toits et les clochers de l'Alfama et le Tage au loin. Un endroit très agréable, surtout en fin d'après-midi, face à un envoûtant paysage.

🍷 **Kiosque do largo de N. S. da Graça** (plan centre détachable, L7-8, **298**) : *sur le belvédère qui jouxte l'église Nossa Senhora da Graça, 2 buvettes ouv jusqu'à 2h du mat.* Un lieu extraordinaire au belvédère. On peut y boire un verre en regardant Lisbonne illuminée par le couchant. Rendez-vous des jeunes et des amoureux, des flâneurs inspirés et des promeneurs solitaires, des artistes et des poètes de Lisbonne.

🍷 **Wine Bar do Castelo** (plan centre détachable, K9, **299**) : *rua Bartolomeu de Gusmão, 13.* 📱 *96-292-89-56.* Après la visite du château, rien de tel qu'un petit verre de porto pour se requinquer ! Les propriétaires, deux fins connaisseurs parlant le français, sauront vous conseiller. Charcuteries, fromages, huiles d'olive n'auront plus de secret pour vous ! Bonne ambiance.

🍷 🍴 **Pioneiro** (plan centre détachable, J-K8, **293**) : *rua Poço do Borratém, 9.* Une épicerie fine-bar à vins. Pour goûter quelques vins portugais, qu'on accompagne d'une belle planche de charcuterie et de fromages, dans un cadre de bistrot recomposé.

🍷 **Belmonte Palacio, Cultural Club** (plan centre détachable, K8, **294**) : *rua do Chão do Feira, pátio do Fradique.* ☎ *21-881-66-00.* ● *office@palacio belmonte.com* ● *Tlj 10h-20h.* Installé dans un ancien palais, superbe salle à l'intérieur et adorable cour pour faire une halte et siroter un jus.

## Où sortir ? Où danser ? Où écouter de la musique ?

🍽 🎵 *Chapitô* (plan centre détachable, K9, 211) : *lire plus haut la rubrique « Où manger ? »*. ☎ 21-88-555-50. ● chapito.org ● En plus de 2 restos, ce lieu atypique abrite aussi un bar et un chapiteau de cirque sous lequel se produisent élèves et troupes extérieures. Au bar, de la musique live, souvent jazz, des spectacles de danse...

🎵 *Lux* (hors plan d'ensemble détachable par N7) : *av. Infante Dom Henrique, armazém 1, Cais da Pedra à Santa Apolónia (gare et métro juste à côté).* ☎ 21-882-08-90. ● lux@luxfragil.com ● luxfragil.com ● *Jeu-dim 22h-6h. Entrée libre.* Grande boîte de 2 000 m² sur plusieurs niveaux, ouverte là par ce même Manuel Reis qui a « fait » le Bairro Alto autour du *Frágil*. Y gravite la fine fleur de la nuit et du spectacle. Un ensemble plein de promesses et de folie. C'est à 4-5h du matin qu'on voit la queue se former à l'entrée ! Ici passent les plus grands DJs internationaux pour mixer dans un décor assez hallucinant de vidéos graphiques, de métal (hurlant) et de lasers.

🍽 À deux pas de là, il faut montrer patte blanche pour pouvoir entrer au *Bica do Sapato* (plan centre détachable, N8, 212 ; *av. Infante Dom Henrique, armazém B, Cais da Pedra à Santa Apolónia*), un bar à la mode lisboète où l'on en prend plein la vue, surtout quand on regarde côté Tage... et plein le verre si l'on se laisse aller à quelques folies.

🎵 *Docas do Jardim do Tabaco* (plan d'ensemble détachable, M9) : en bas de l'Alfama, d'anciens docks ont été réaménagés pour abriter des cafés et des restos ouvrant eux aussi leur terrasse sur la mer de Paille.

### Les maisons de fado (casas de fado)

Le fado est né ici, dans les tavernes miteuses de l'Alfama, au cours du XIXᵉ s (voir un peu plus loin le museu do Fado). Rien à voir avec les usines à touristes que les tour-opérateurs recommandent aujourd'hui. Alors, fuyez si vous ne « sentez pas » les lieux ! Vous y perdriez de précieux euros, et surtout vous rateriez votre rencontre avec ce blues portugais. D'authentiques lieux existent encore (*Mesa da Frades*, rua das Remedios, entre autres), mais on hésite à les livrer, car ceux qu'on aimait bien il y a peu tendent très vite à se laisser aller à la facilité : une participation est demandée si vous ne dînez pas, et même si vous ne buvez qu'un verre, vous ne vous en sortirez pas pour moins de 25-30 €...

🍽 🎵 *A Parreirinha de Alfama* (zoom détachable Alfama, 213) : *beco do Espirito Santo, 1.* ☎ 21-886-82-09. *À côté du largo de Chafariz de Dentro. Tlj sf dim 20h-2h. Compter 40-50 €.* Au fond d'une courette, on descend quelques marches et on entre dans une salle basse, décorée d'azulejos : voilà une *casa de fado* du quartier de l'Alfama devenue très touristique, mais d'excellents guitaristes et chanteuses y passent encore. En revanche, menu complet obligatoire. Les petits estomacs passeront leur chemin.

🍽 🎵 *Clube de Fado* (plan centre détachable, L9, 317) : *rua São João da Praça, 94.* ☎ 21-885-27-04. ● info@clube-de-fado.com ● clube-de-fado.com ● *Tlj à la nuit tombante. Menu env 50 €.* 📧 📶 *Apéritif maison offert sur présentation de ce guide.* Une des maisons de fado les plus réputées de Lisbonne, située à l'ombre de l'église São João da Praça, à moins de 300 m de la cathédrale (*Sé*). Décoration classique et salle plutôt petite. Artistes professionnels de haut niveau. Prestations un peu courtes toutefois, et cuisine au rapport qualité-prix décevant. Peut-être vivent-ils sur leur réputation ?

🍽 🎵 *Casa de Linhares – Bacalhau de Molho* (plan centre détachable, L9, 318) : *beco dos Armazéns do Linho, 2.* ☎ 21-886-50-88. ● booking@mail.telepac.pt ● casadelinhares.com ● *Tlj à partir de 20h. Menu env 45 € (spectacle compris).* Dans un décor plutôt chic, grande salle voûtée (plafonds hauts de 7 m) du XVIIe s, aménagée avec soin, au rez-de-chaussée d'un vieil immeuble. Spectacles de fado traditionnel de qualité dans une ambiance tamisée. Cuisine portugaise décevante, mais le spectacle est correct.

## Achats

### Épicerie fine

🐚 **Sister's Gourmet** (plan centre détachable, K9, **348**) : rua da Madalena, 80A. ☎ 21-887-92-78. • geral@sistersgourmet.pt • Ouv lun-sam 9h30-19h. Une petite boutique épicerie qui ne vend que des produits portugais. Idéal pour trouver un bon porto (que l'on peut goûter avant l'achat), mais également de délicieux biscuits (au porto), de l'huile d'olive... AOP Portugal et tout un tas d'autres spécialités à rapporter. Bon accueil.

### Artisanat portugais (vintage)

🐚 **A Loja** (plan centre détachable, K8, **349**) : rua de São Cristovão, 3. 📱 916-24-18-65. Tlj sf dim 11h-14h, 15h-19h. Voir détails sur sa page Facebook. À l'ombre de la belle église São Cristavão, sur le chemin qui monte au castelo São Jorge, cette boutique vend des objets de brocante de grenier, tous de qualité, choisis avec soin et amour par la maîtresse des lieux, la charmante Gabrielle de Saint-Venant. Elle s'est installée à Lisbonne par passion pour le Portugal qu'elle adore. Ses objets anciens (bibelots, vases, vêtements, livres, disques, peintures, images pieuses, antiquités à prix sages...) valent le détour.

### Éco-commerce

🐚 **Garbags** (plan centre détachable, L8, **350**) : rua do Salvador, 56. ☎ 21-240-84-42. • garbags.eu • Voici la première écoboutique de Lisbonne qui récupère des déchets urbains pour en faire des objets utiles (sacs à main notamment). La dynamique et sympathique Tania Anselmo (anglophone) est ingénieure en environnement. Elle est pionnière dans ce domaine et parvient à sensibiliser les gens du quartier à la collecte intelligente des déchets. En les transformant, elle crée de nouveaux produits qu'elle vend, et les bénéfices sont réinvestis dans le processus écologique. Une très belle initiative à soutenir : bravo Tania !

### Conserverie de poissons

🐚 **Conserveira de Lisboa** (plan centre détachable, K9, **351**) : rua dos Bacalhoeiros, 34. ☎ 21-886-40-09. Tlj sf dim 9h-19h. Bientôt 80 ans que ça dure ! Du sol au plafond, des boîtes de conserve à l'ancienne, vendues dans un emballage rétro qui plaira beaucoup à vos amis ou à votre famille. À l'intérieur, produits de qualité et raffinés.

### Azulejos

🐚 **Santa Rúfina** (plan centre détachable, K9, **352**) : calçada do Conde de Penafiel, 9. ☎ 21-887-60-18. Ruelle en pente qui monte de la rua de São Mamede à la Costa do Castelo. Ouv lun-ven. Cette petite fabrique ne met guère d'éclat dans son souci d'attirer le chaland. C'est davantage au curieux qu'elle ouvre sa vieille porte vitrée pour lui permettre de découvrir un panneau en cours de réalisation ou un passionné courbé sur son pinceau, occupé à peindre une céramique. Ici tout est réalisé de A à Z, de la fabrication du biscuit – le carreau de terre de 14 x 14 cm – à la cuisson de l'azulejo, en passant par le savant geste qui consiste à enduire une face de poudre de verre liquide. Pour voir, pour acheter, pour apprendre aussi. Accueil charmant.

🐚 **A Vida Portuguesa** (plan centre détachable, K6, **353**) : largo do Intendente, 23. ☎ 21-197-45-12. • loja.avidaportuguesa.com • Tlj 10h30-19h. Dans une ancienne fabrique de céramiques à la superbe façade. Une sélection de plus de 3 000 produits fabriqués au Portugal et qui ont marqué la mémoire portugaise. De la vaisselle à l'épicerie fine en passant par le linge de maison, les jouets pour enfants, bijoux, céramiques... Une véritable caverne d'Ali Baba. Voir aussi l'autre boutique plus haut, *rua Anchieta, 11*, dans le Bairro Alto (« Achats »).

### Céramique

❀ **Caulino** *(plan centre détachable, K9, 354) :* rua de São Mamede, 28. ☎ 21-888-62-88. Tlj sf dim-lun et j. fériés, 10h-13h, 14h-18h. Réduc de 10 % sur le montant de vos achats sur présentation de ce guide. Une escale à ne pas manquer pour les amateurs d'artisanat contemporain. Ce lumineux atelier-boutique abrite la créativité de 4 jeunes céramistes. Objets utilitaires ou purement décoratifs, les formes et les couleurs se côtoient sur les étagères, au gré de l'inspiration de l'une ou de l'autre. Un travail vraiment intéressant.

❀ **A Arte da Terra** *(plan centre détachable, K9, 355) :* rua Augusto Rosa, 40. ☎ 21-274-59-75. ● arte@net.sapo.pt ● aartedaterra.pt ● Tlj sf lun 11h-20h. Artisanat local, cadeaux souvenirs, sculptures et céramiques décoratives. Mais également vente de vins locaux, confitures et gâteaux. On peut aussi goûter porto, café et gâteaux sur place. Salle voûtée splendide.

## À voir. À faire

🪧 **Igreja da Conceição Velha** *(église de la Vieille-Conception ; plan centre détachable, K9, 403) :* rua dos Bacalhoeiros, 123 A. Tlj 8h-13h, 15h-19h ; dim, messes 12h10-13h. La façade manuéline provient d'une église détruite par le tremblement de terre de 1755. Voilà pourquoi les styles entre l'intérieur et l'extérieur sont si différents. Le pilier central de ce portail supporte une curieuse statue de saint Michel. Il tient une épée dans une main et une balance dans l'autre. Le plus étrange réside dans sa tenue. Il porte un vêtement de femme, autrement dit il s'expose comme un travesti. En outre, il a une calotte sur la tête. Ces détails ont été interprétés par les historiens. Ils signifient que l'église a été bâtie à l'emplacement d'une synagogue. Le catholicisme a donc remplacé le judaïsme. Cette statue de saint travesti signifierait le « travestissement » de la religion juive en religion chrétienne (ouf, on respire !).

🪧 **Casa dos Bicos** *(plan centre détachable, K9, 404) :* rua dos Bacalhoeiros, 10. ☎ 21-880-20-40. ● josesaramago.org ● Tlj sf dim 10h-18h (dernière entrée 17h30). Entrée : 3 € ; réduc.
Inspiré par le palais des Diamants à Ferrare (Italie), la casa dos Bicos fut construite en 1523 pour le vice-roi des Indes portugaises, le puissant Afonso de Albuquerque. Il s'agit de l'un des rares monuments de la Baixa, rescapé du tremblement de terre (1755). Sa façade sud est hérissée de dizaines de pierres taillées en forme de pointes de diamant, symboles de luxe et de richesse. Il existe une autre maison avec une façade de ce type à Ségovie (Espagne). Selon la rumeur historique, Albuquerque voulait incruster un vrai diamant dans chaque pierre mais le roi Manuel ne voulait pas d'un palais plus somptueux que le sien. Il s'y opposa. Une légende raconte par ailleurs qu'une reine africaine y aurait caché un trésor de diamants.
Après rénovation, cette superbe demeure princière abrite aujourd'hui la Fondation José-Saramago (1922-2010), le premier auteur portugais ayant obtenu le prix Nobel de littérature (1998). À l'intérieur, souvenirs, objets, livres évoquant la vie et l'œuvre de Saramago. Des expositions temporaires y sont organisées de temps en temps.

🪧🪧 **Museu do Fado** *(musée du Fado ; plan centre détachable, L9 et zoom détachable Alfama, 405) :* largo do Chafariz de Dentro, 1. ☎ 21-882-34-70. Tlj sf lun 10h-18h (dernière entrée à 17h30). Fermé 1er janv, 1er mai et 25 déc. Entrée : 5 € ; réduc avec la Lisboa Card.

**ALFAMA, CASTELO SÃO JORGE, MOURARIA… / À VOIR. À FAIRE | 107**

Ce musée remarquable occupe une vieille station de pompage et de distribution de l'eau recueillie autrefois au *chafariz* (fontaine) d'en face. La façade extérieure rose saumon porte encore la marque fonctionnelle tandis que l'intérieur adopte le style lyrique et mélancolique du fado. L'espace, fort agréable, propose rapidement une découverte du fado (des fados, devrait-on dire). Un audioguide est fourni avec des explications et des musiques

> ### LE FADO CENSURÉ
>
> *Sous la dictature, selon un décret de mars 1927, toutes les chansons de fado devaient être soumises à un service de censure. Les plus révoltées, les plus audacieuses étaient interdites. Aucune improvisation n'était possible, comme cela le fut aux origines de cet art. La censure imposait aussi aux artistes d'avoir une carte professionnelle et une tenue spéciale.*

chantées à mesure que l'on se déplace devant les trois grands murs d'images et de photos de la grande famille des *fadistes* du Portugal. C'est le cœur du musée. Tout commence là face à cette histoire et à ces visages expressifs et émouvants. Au fil des pièces, on découvre le fado sous différents aspects. Voir cette maquette d'une maison close de la Belle Époque *(casa da Mariquinhas)*, réalisée par Alfred Marceneiro, un chanteur de fado. Comme le tango argentin, le fado est né dans les bas-fonds et les bordels de la capitale, puis il s'est élargi au reste de la société. Une collection de pochettes de disques rappelle que le premier disque de fado fut gravé en 1904. On découvre aussi la guitare portugaise (belle collection) à 12 cordes, aux formes plus arrondies que la classique. Les plus grands guitaristes y sont à l'honneur, compagnons indispensables des *fadistes*. Ne pas rater ces intéressantes vitrines évoquant le fado et la censure et la désaffection des années qui suivirent la révolution des Œillets (1974). Le fado représentait un art de l'ancien régime et les révolutionnaires n'en voulaient plus. Cela dura peu de temps. Grâce à l'influence de Carlos de Carmo, le fado a été réhabilité vers 1976. Une salle d'écoute très agréable est à la disposition des visiteurs. Enfin, au sous-sol, très intéressant film documentaire où l'on voit de célèbres chanteurs (chanteuses), dont la talentueuse Marisa, faire l'éloge du fado portugais.
✸ La boutique du musée dispose d'un large choix de disques (on peut en écouter certains avant d'acheter), ainsi que quelques partitions.

🚶 ***Sé Patriarcal*** (cathédrale ; plan centre détachable, K9, **406**) : *tlj, cathédrale 9h-19h (17h dim-lun), Tesouro et claustro 10h-18h30 (fermé dim). Entrée tesouro : 2,50 €, claustro 2,50 € ; billet combiné tesouro et claustro : 4 €.*
De son vrai nom « igreja Santa Maria Maior », elle fut construite au XII$^e$ s à la place de la grande mosquée maure pour signifier le triomphe de la Reconquête. Malgré de nombreuses restaurations, elle a gardé une allure de forteresse romane. Des fouilles ont montré qu'il existait avant la mosquée un temple wisigothique et un forum romain. À l'intérieur, styles roman et gothique s'entremêlent sans heurt. Nef sombre aux ouvertures étroites. Belle grille romane fermant une chapelle du déambulatoire du XIV$^e$ s. Quelques beaux sarcophages comme celui de Bartolomeu de Joanes (1324), de Lopo Fernandes Pacheco (1349) avec son chien à ses pieds (pierre patinée par les caresses), et de son épouse D. Maria Vilalobos qui lit un livre de prières (moins caressé).
– ***Tesouro*** (musée du Trésor de la Sé) : *en entrant dans la cathédrale, accès tt de suite par la droite de la nef. Tlj sf dim 10h-17h. Horaires fluctuants.* Quelques pièces étonnantes comme ces reliques de la main de São Vicente (le vrai saint patron de Lisbonne) contenues dans une boîte en argent et ce curieux bras reliquaire de saint Grégoire de Nazianze, père de l'Église grecque, qui vécut au IV$^e$ s de l'ère chrétienne. À travers deux petites vitres percées dans le métal doré, on voit les os pétrifiés des doigts du saint (le reste des reliques était conservé à Rome). Dans la salle du chapitre, superbe vue sur le Tage. Là, un trône liturgique du XVIII$^e$ s semble attendre l'arrivée d'un prince de l'Église. La pièce la plus précieuse

du trésor est enfermée dans un solide coffre métallique, lui-même protégé par une robuste vitre incassable, d'épaisses grilles en fer, et deux très larges volets en bois. Il s'agit du joyau du Trésor : un ostensoir en or de 17 kg, haut de 94 cm, et incrusté de 4 120 pierres précieuses ! Offert à la Sé par le roi dom João I, il a une valeur inestimable. Divisé en sept parties, il contient de nombreux et beaux symboles de la religion catholique, et notamment un pélican qui surgit parmi quatre

### RELIQUES POLITIQUES

*Originaire de Cappadoce (Turquie actuelle), saint Grégoire de Nazianze (320-390 apr. J.-C.) est un grand théologien, vénéré par les croyants autant orthodoxes que catholiques. Ses reliques conservées à Rome depuis le VIIIe s ont été données en 2004 par le pape Jean-Paul II au patriarche de Constantinople. Un geste symbolique pour marquer la réconciliation entre les deux branches de la chrétienté.*

anges pour nourrir ses petits. Si vous adorez cet ostensoir, c'est pour l'éternité !
– **Claustro** *(cloître) : accès par le fond de la nef, par la galerie de droite. Tlj 10h (14h dim)-18h. Horaires tt aussi fluctuants. Entrée 2,50 €.* Construit au XIIIe s avec des colonnes ornées de beaux chapiteaux romans. Au centre, un chantier de fouilles archéologiques a révélé des pans de mur, des restes d'une ruelle d'époque romaine (Ier s apr. J.-C.), une citerne médiévale et des vestiges de maisons d'époque maure (un bout de mur de couleur rose).
Le long de la cathédrale, un bâtiment avec des barreaux au rez-de-chaussée abritait la PIDE, la terrible police secrète de Salazar.

**✼ Igreja Santo António** *(église Saint-Antoine ; plan centre détachable, K9, 407) : largo de Santo António da Sé. À côté de la Sé. Bus n° 37 ou ⓜ n° 28.* Élevée au XVIIIe s à l'emplacement de la maison natale de saint Antoine de Padoue, un Portugais du XIIIe s devenu le saint patron de la Sé et de l'Alfama. Intérieur dans les tons saumon et de style baroque. La crypte serait ce qu'il reste

### LA FIN DES INDULGENCES

*Sur l'église, face à la cathédrale, une plaque rappelle la proclamation de la reine Marie Ire et du Pape Pie VI annonçant la fin des indulgences. Désormais, pour absoudre les péchés mortels, plus besoin d'argent (qui fera la fortune du Vatican). Il suffit d'être baptisé et de pénétrer dans l'église Santo António.*

du lieu de naissance de saint Antoine. Restes d'un fragment de relique dudit saint. Cette église est le point de départ, le 13 juin (jour de la fête de Santo António), de grandes processions dans l'Alfama. Lieu de prières de tous ceux qui ont perdu un objet, mais aussi des femmes en quête d'un mari !

**✼ Museu Antoniano** *(plan centre détachable, K9, 407) : sur la gauche du porche de l'église Santo António. ☎ 21-886-04-47. Mar-dim 10h-18h. Entrée : 1,50 €.* Né en 1195 à Lisbonne, Fernando de Bulhões entre en religion sous le nom de Frei António. En 1222, il rencontre saint François à Assise, puis il combat l'hérésie albigeoise dans le sud de la France. Théologien, il enseigne à Montpellier, Toulouse, Le Puy et Limoges, retourne en Italie, où il meurt en 1231 à l'âge de 36 ans. L'année suivante, il est canonisé par le pape Grégoire IX. Ce petit musée présente ce destin foudroyant d'un homme réputé pour ses sermons. Statuettes, médailles, objets de culte, peintures et livres : avec le temps, un culte « antoniste » et une « industrie des images » sont nés et se sont popularisés à Lisbonne.

**✼ Museu do Teatro Romano** *(plan centre détachable, K9, 408) : patio do Ajube, 5 ; entrée par la rua A. Rosa, qui longe la cathédrale (Sé) sur le côté gauche (en regardant la façade). ☎ 21-882-03-20. ● museuteatroromano.pt ● Bus n° 37 ou ⓜ n° 28. Tlj sf lun 10h-13h, 14h-18h. GRATUIT. Devrait rouvrir fin 2015.* Grand bâtiment naturellement éclairé par une grande verrière, qui donne le sentiment de pénétrer dans une galerie de design contemporain. Quelques vestiges romains (morceaux de colonnes, sculptures) et, à l'étage, belle vue sur le Tage, fleuve que Pline l'Ancien mentionnait déjà dans son *Historia Naturalis*. Par un passage au-dessus d'une fosse (vestiges de maisons), on accède au 3 B, rua São Mamede, l'entrée du site du théâtre romain d'Olissipo. Dédié à l'empereur Néron, il a été construit près du forum, entre 14 et 27 apr. J.-C. Longtemps enfoui, redécouvert en 1798 à l'occasion des travaux de reconstruction qui ont suivi le grand tremblement de terre, les archéologues ne l'ont vraiment fouillé qu'à partir de 1964. Un grand hangar métallique au design plus affligeant abrite ce qu'il en reste (*orchestra* de forme semi-sphérique). Pour les mordus d'histoire romaine.

*Miradouro de Santa Luzia* (belvédère de Santa Luzia ; plan centre détachable, L9 et zoom détachable Alfama, **409**) : largo de Santa Luzia. Par la rua Augusto Rosa, on parvient à ce lieu cher à tous les amoureux de la ville, dédié à l'ordre de Malte. À l'ombre (toute relative) de l'église se cache un charmant petit jardin, malheureusement mal entretenu. Sous les arcades se retrouvent les joueurs de cartes, les amoureux, les familles en promenade, tous indifférents aux touristes venus s'en mettre plein les yeux. De la terrasse s'appuyant sur d'anciennes murailles arabes, on bénéficie en effet d'un très beau point de vue sur les toits de l'Alfama et sur le Tage. Sur l'esplanade, petit kiosque avec bar pour prendre un verre et l'air du temps de l'autre côté du jardin. Des tuk-tuk y sont stationnés, qui servent à faire des balades motorisées dans l'Alfama (voir « Infos pratiques sur place. Comment se déplacer ? Découvrir Lisbonne autrement »).

*Museu de Artes decorativas portuguesas – Fundação Ricardo Espírito Santo Silva* (musée et école des Arts décoratifs ; zoom détachable Alfama, **410**) : largo das Portas do Sol, 2. ☎ 21-881-46-00. ● fress.pt ● Bus n° 37 ou ⓣ n° 28. Tlj sf mar 10h-17h. Fermé 1er janv, 1er mai et 25 déc. Entrée : 4 € ; réduc avec la Lisboa Card ; visite des ateliers (tlj sf w-e) : 10 € ; visite ateliers + musée : 15 €.

On le classe dans la catégorie des musées d'Arts décoratifs, mais c'est bien plus qu'un musée. Installé dans le palais Azurara, une ancienne demeure du XVIIe s, non loin de l'église Santa Luzia, ce musée appartient à la Fondation Espírito-Santo, dédiée à la protection du patrimoine et des arts. Malgré son nom qui évoque une œuvre religieuse charitable, il s'agit en fait d'une fondation privée portugaise, créée par Ricardo Espírito Santo (1900-1954), le bien nommé, riche banquier, collectionneur et mécène de la première moitié du XXe s. Ses descendants dirigent aujourd'hui l'une des plus grandes banques du Portugal, dans le même esprit, espérons-le.
À l'intérieur du musée, beau carrosse à l'entrée, intéressantes collections de mobilier portugais et colonial des XVIIe et XVIIIe s, argenterie, tapis d'Arraiolos, peinture ancienne, faïence, azulejos, etc., recréant l'atmosphère d'une jolie demeure aristocratique de l'époque. Observez les meubles de style indo-portugais, les porcelaines de Chine, les meubles en bois tropical de brésil (salle XVIIIe s) et les étonnants caparaçons en velours et argent. À l'étage, oratoire portable, peinture sur cuivre très rare représentant la Sainte Famille, dans le style luso-japonais, dit « art namban ». Belle collection aussi de meubles miniatures.
Quant aux locaux attenants au bâtiment principal, ils abritent 18 ateliers d'ébénisterie, de travail du métal, de peinture décorative et de reliure de livres, etc. Des ateliers d'arts et métiers où les maîtres fabriquent de remarquables copies de meubles anciens, si réputées que la Maison-Blanche achète ici son mobilier d'État !
La fondation gère en outre, dans Lisbonne, l'École supérieure des arts décoratifs et l'Institut des arts et métiers.
● *Caféteria du musée :* dans la cour intérieure où il fait bon se poser, au calme, près de la margelle d'un vieux puits. Peu de choix mais produits frais. Très sympathique. Accès possible en dehors de la visite du musée même.

*Castelo São Jorge* (château Saint-Georges ; plan centre détachable, K8) : ☎ 21-880-06-20. Bus n°s 31 et 737, ⓣ n°s 12, 18 et 28 et ascenseur (elevador ;

voir plus haut « Infos pratiques sur place. Comment se déplacer ? Les funiculaires (ascensores) et l'elevador de Santa Justa »). Mars-oct (sf 1er mai, 25 déc et 1er janv) 9h-21h (dernier accès 30 mn avt la fermeture) ; jusqu'à 18h le reste de l'année. Entrée : 8,50 € ; billet famille (2 adultes et 2 enfants de moins de 18 ans) : 20 € ; réduc, notamment avec la Lisboa Card ; gratuit moins de 10 ans. Attention, surveillez bien les jeunes enfants quand vous montrez parce que les garde-corps sont quasiment inexistants ou très rudimentaires quand il y en a.

On arrive au château en remontant le largo Chão de Feira. Construit sur la plus haute colline de Lisbonne et la première forteresse connue qui date de 138 av. J.-C., le *castelo* domine le vieux quartier de l'Alfama, telle une sentinelle aux murs crénelés, entouré d'une belle ceinture d'arbres et de paisibles jardins. Phéniciens, Romains et Maures l'ont occupé au fil des siècles. On retrouve ainsi des vestiges de la période wisigothique dans les parties les plus anciennes, et des éléments arabes. Après la reconquête de Lisbonne par les croisés, et l'expulsion des Maures, en 1147, les rois chrétiens le rebaptisèrent du nom de saint Georges, martyr et guerrier de Cappadoce, vénéré par les croisés.

Le secteur médiéval de Santa Cruz, englobé dans l'enceinte extérieure, autour du château, constitue le plus vieux quartier de Lisbonne. Possibilité de se balader sur le chemin de ronde en escalier. Le panorama sur la ville et le Tage est, bien entendu, magnifique. Ne manquez pas non plus la *tour d'Ulysse*, fondateur de la cité selon des légendes, pour une découverte en images de Lisbonne à 360° (ouverte uniquement quand la lumière du jour est suffisante, son principal moyen de fonctionnement – donc jours gris, tombée de la nuit, etc., à éviter). Quelques expos temporaires dans les anciennes geôles.

– *Jardins et belvédère :* la promenade côté ouest est plantée de vieux oliviers. On y trouve un resto chic et cher, mais qui peut mériter une escale, rien que pour la beauté de la vue.

Dommage quand même qu'aucun panneau de reconstitution ou d'explication ne permette de s'imaginer l'activité qui a régné dans ce château. Un peu décevant donc.

**Mosteiro e claustro de São Vicente de Fora** (monastère et cloître de Saint-Vincent-hors-les-Murs ; plan centre détachable, L8, **412**) : *largo de São Vicente.* n° 28 (il passe juste devant). Tlj sf lun 10h-18h (dernière entrée à 17h30). Entrée : 5 € ; réduc ; gratuit moins de 12 ans. Ce monastère domine la colline de l'Alfama depuis des siècles. On doit sa construction à Afonso Henriques, qui avait fait vœu d'élever un monastère s'il parvenait à reconquérir Lisbonne sur les Maures. Fondé en 1147, il a été remanié au XVIe s. Façade classique et austère. À l'intérieur, autel à baldaquin d'une lourdeur baroque incroyable. Au sol, magnifique plancher en bois de brésil (récemment en travaux).

Plus intéressante est la visite du **cloître** du monastère (claustro da Portaria) qui date de l'époque de João III (1502-1557). Juste après l'entrée (billetterie), on peut admirer la citerne souterraine qui date de l'époque des Maures (avant le XIIe s). Plus loin, la sacristie (on n'y entre pas) où les archéologues ont découvert des tombes de croisés (des chevaliers Teutoniques) qui étaient venus aider don Afonso Henriques dans la

> **INDIEN... VAUT MIEUX QUE DEUX TU L'AURAS !**
>
> *Jean de La Fontaine le reconnaissait : c'est dans Khalila et Dimna (Albin Michel, 2006), un recueil de fables indiennes du VIe s où évoluaient des animaux, qu'il puisa pour créer ses fameuses fables. Vous en reconnaîtrez certaines.*

reconquête de Lisbonne. Superbes azulejos du XVIIIe s, représentant la prise de Lisbonne aux Arabes, et, clou de la visite, une **collection unique d'azulejos illustrant 38 fables de La Fontaine !** Livre sur les fables de La Fontaine en vente en français à la librairie, superbe ! Pendant longtemps ces panneaux, peu conformes aux canons de l'Église, furent cachés sous des couches de plâtre et de peinture. Après leur redécouverte et leur restauration (qui fut longue), les voilà restitués dans toute leur splendeur sous le signe de leur humour cocasse. La présentation est réussie et les explications très claires et bien faites (en portugais, en anglais et en français). Ainsi découvre-t-on des fables oubliées et peu connues comme *Le Gland et la Citrouille, Le Pot de terre et le Pot de fer, Le Loup et la Cigogne, La Poule aux œufs d'or...* À chaque fois, la fable délivre sa leçon de sagesse chère au fabuliste du Grand Siècle. Par exemple cet astrologue qui avance la tête dans les étoiles, oubliant le sol où il marche. Il finit par tomber dans un puits...

Toujours dans le cloître, un peu plus loin, le **mausolée de la dynastie des Bragance** se trouve dans l'ancien réfectoire du couvent. Il renferme 44 tombes. La plus vieille date du début du XVIIe s. Au centre de la salle se trouvent quatre tombeaux, dont celui de la *reine Amélie* (dona Amelia d'Orléans e Bragança), qui était française de naissance. Son époux le roi Carlos Ier fut assassiné en 1908. Amélie a survécu à l'attentat. Elle fut la dernière reine du Portugal. Elle est morte en exil au Chesnay près de Versailles, comme le prouve la plaque commémorative posée près de sa tombe.

Et s'il vous reste encore un peu de forces, n'hésitez pas à grimper au sommet pour apprécier Lisbonne depuis les **terrasses.** Vue à 360° à couper le souffle (au sens propre comme au figuré !).

**༊ Feira da Ladra** (foire de la Voleuse, appelée couramment aussi marché aux puces ; plan d'ensemble détachable, M7-8, 413) **:** le marché aux puces de Lisbonne se tient sur le campo de Santa Clara, mar et sam jusqu'à 17h. ❶ n° 28 pour s'y rendre. Passer sous l'arche à gauche de São Vicente da Fora. Belle vue sur la mer de Paille. Le paradis des chineurs. Beaucoup de fripes, bibelots, vieux jouets. Mais on vient là plutôt pour l'ambiance, surtout si le soleil est de la partie. Ne manquez pas, aux n[os] 124-126, une superbe façade due au célèbre céramiste de la fin du XIXe s, Luís Ferreira das Tabuletas.

**༊ Igreja de Santa Engrácia – Panteão nacional** (église Santa Engrácia – Panthéon national ; plan d'ensemble détachable, M8, 414) **:** *tlj sf lun et certains j. fériés 10h-17h. Entrée : 4 € ; réduc ; gratuit avec la* Lisboa Card, *pour les moins de 14 ans et un dim par mois.* C'est le monument imposant tout à côté de l'église São Vicente, qui rappelle à tout un chacun que « tout vient à point à qui sait attendre ». Traduction non littérale de la formule « *obra de Santa de Santa Engrácia* » : c'est l'expression utilisée en effet à Lisbonne quand on commence une chose et qu'on ne la finit pas. Cette étonnante église figure au *Guinness Book des records* : commencée au XVIIe s, elle a été achevée seulement en 1966. C'est alors qu'on y a installé le Panthéon national des grands hommes de l'histoire portugaise. Au travers de cénotaphes, la mémoire de Vasco de Gama, d'Henri le Navigateur ou de la chanteuse de fado Amália Rodrigues y est honorée. D'en haut (ascenseur), la vue est encore une fois très belle.

**༊ Museu militar** (Musée militaire ; plan d'ensemble détachable, M8, 415) **:** largo Museu de Artilharia. ☎ 21-884-25-69. ● geira.pt/mmilitar ● *En face de la gare Santa Apolónia, mais entrée par l'autre côté. Bus n[os] 9, 12, 25 et 39. Tlj sf lun et j. fériés 10h-17h. Entrée : 2,50 € ; ½ tarif étudiants ; réduc avec la* Lisboa Card. Installé dans l'ancien arsenal royal de l'armée datant du XVIIIe s, avec des murs revêtus d'azulejos et ornés de peintures, riches témoins de leur temps. Toute l'histoire du pays racontée à travers ces collections d'armes présentées dans un cadre qui ne craint pas les télescopages historiques. Remarquable collection de canons.

# Le quartier de Graça

Pour ceux qui aiment la marche, la flânerie, la découverte hors des sentiers battus, le quartier de Graça mérite d'être exploré au rythme lent des promeneurs. On y accède à pied depuis la colline du *castelo* ou par la rua Voz do Operário avec le tram n° 28. Là aussi, vieux quartier populaire sympathique. Si les maisons ne présentent pas d'intérêt architectural particulier, en revanche vie locale intéressante, rues animées, boutiques pittoresques.

🗿🗿🗿 *Largo da Graça (plan centre détachable, L7) :* à deux pas du miradouro de Graça et du charmant escalier qui descend dans la Mouraria et qui répond au doux nom de *caracol* (escargot). Ne manquez pas, tout à côté, un bel exemple de *calçada portuguesa* dans l'escalier du square. Au n° 18, le vieux palais Tavora avec sa belle porte (blason). Il n'appartient plus à la famille Tavora, mais a été transformé en appartements privés.
Pour qui voudrait découvrir ces ancêtres de nos HLM qu'étaient les villas plurifamiliales, prenez le temps de voir la *Vila Sousa* au n° 82 du largo da Graça (face à l'église). C'est un grand immeuble en U, couvert de céramiques bleues. Allez aussi flâner rua do Sol, aux n°s 57-59. Vous pourrez traverser à pied la *Vila Berta*, étonnante rue de village avec des jardinets, devant ce qui était certainement, à la fin du XIX$^e$ s, un bel ensemble de villas ouvrières.

🗿🗿 *Igreja da Graça (plan centre détachable, L7-8) :* largo da Graça. Ouv dans la journée ; accès libre.
Pour l'écrivain Fernando Pessoa, c'était l'une des plus belles églises de la ville. Elle borde la jolie place (largo da Graça) qui se termine par le belvédère *(miradouro)*. Après la reconquête de Lisbonne en 1147 (qui fut une ville maure) par dom Afonso Henriques, une partie de l'armée campa sur cette colline. Des moines s'y installèrent et y construisirent un premier petit oratoire. L'église fut édifiée en 1556, détruite par le tremblement de terre de 1755, puis reconstruite dans le style baroque du XVIII$^e$ s.
Très belle nef richement décorée, surplombée par des loges nobles dignes de celles d'un théâtre royal. Sur le côté gauche après la porte d'entrée, une salle (c'est indiqué *recepção*) abrite les sarcophages de quatre vice-rois des Indes, dont le célèbre conquistador Afonso de Albuquerque (1453-1515). Après sa mort, sa dépouille fut ramenée de Goa (Inde) à Lisbonne. L'église est connue pour être le siège d'une confrérie *(Irmandade)* religieuse très active.

🗿 *Rua da Graça (plan centre détachable, L6-7) :* quelques tavernes avec vins au tonneau. Au n° 98, un vieux cinéma Art déco abrite un supermarché. Par la rua Josefa Maria, on accède à une autre petite cité ouvrière, la **rua Virgínia Rosalina**, dédale de ruelles pavées bordées de maisonnettes à balcons avec des escaliers métalliques extérieurs. C'est le **bairro Estrela d'Ouro**, édifié en 1908, comme en témoigne le grand panneau en azulejos rua Rosalinas.

🗿🗿 *Miradouro da Nossa Senhora do Monte (plan centre détachable, K7) :* l'un des plus charmants belvédères de Lisbonne. Il livre, en plus des autres belvédères, une vue très étendue sur les quartiers nord de la ville et, au sud, sur le *miradouro* Nossa Senhora da Graça, le *castelo* et la colline de l'Alfama, avec, au loin, le Tage et le ponte 25 de Abril. Un endroit très agréable au coucher du soleil, pour voir la Ville blanche rosir de plaisir. Au bord de la placette ombragée, se tient la chapelle Nossa Senhora do Monte,

> ## FEMMES ENCEINTES, NE PAS S'ABSTENIR
>
> *À droite de l'entrée de la chapelle de Nossa Senhora da Graça, demandez (si possible) à ouvrir la petite porte « Cadeira de São Gens ». Elle renferme un étrange siège en marbre poli par le temps. La mère de São Gens, septième évêque de Lisbonne vers 300 apr. J.-C., serait morte en couches. Les femmes qui voulaient avoir une grossesse sereine venaient donc s'asseoir sur le fameux siège de São Gens le miraculé.*

modeste et mignonne, avec des murs blancs. En montant, au n°27 de la rue Senhora do Monte, belle demeure cachée en partie par des citronniers, et coiffée d'une tourelle vitrée en bois

## *Le quartier de la Mouraria* *(plan d'ensemble détachable, K8)*

Étendu sur le versant sud-ouest de la colline du castelo do São Jorge, prolongation en fait de l'Alfama vers le nord, ce quartier dévale jusqu'à la Baixa dans un lacis de ruelles tortueuses. La Mouraria commence à la place Martim Moniz (les Lisboètes l'ont longtemps appelé « le trou »), tout en bas de la colline du castelo do São Jorge, et elle grimpe jusqu'à la rua do Capelão (beaucoup plus en hauteur vers le nord de la colline).

Vu d'en haut, on dirait que le quartier s'enroule en écharpe autour de la colline. Une forme de turban ? Un clin d'œil de ses premiers habitants : les Maures ? Refuge des Maures persécutés au Moyen Âge en effet, berceau du fado magnifique et maudit au XIX$^e$ s comme l'Alfama, la Mouraria fut longtemps le quartier des bas-fonds aux ruelles étroites, aux escaliers sinueux *(becos, escadinhas, calçadas...)*, un obscur et étrange labyrinthe urbain aux impasses sombres bordées de pauvres maisons habitées par la misère et la tristesse.

Pendant longtemps la Mouraria ne vivait plus que du souvenir de ses cabarets bourrés de marins ivres, de ses hôtels borgnes, abritant des amours à la petite semaine, des rixes parfois sanglantes. Aujourd'hui, 38 nationalités différentes (Angola, Mozambique, Goa, Cap-Vert, São Tomé, Macao, Bangladesh...) y vivent, et se débrouillent. Pour arrêter la paupérisation de la Mouraria, la Mairie de Lisbonne, entourée de plusieurs associations, a lancé depuis les années 2010 un ambitieux programme de réhabilitation de ce quartier situé au cœur de la capitale, à 5 mn de marche seulement du Rossio et de la Baixa.

### Un peu d'histoire

Après la reconquête de Lisbonne en 1147 et l'expulsion des Maures, les chrétiens (et les croisés) se livrent à des massacres. Les évêques n'arrivent pas à calmer cette violence aveugle. Même l'évêque mozarabe de Lisbonne est tué. Ceux qui s'enfuient dans les campagnes des environs sont rattrapés, les vaincus réduits en esclavage. Les rescapés de la tuerie sont alors

### LE CROISSANT ET L'ÉTOILE

*Au Moyen Âge, les Maures de la Mouraria devaient porter un signe distinctif : un croissant (symbole de l'Islam). Le pouvoir royal les obligeait à s'habiller avec un turban et un burnous, à la façon nord-africaine. Dans la Judiaria, plus au sud, les juifs portaient une étoile rouge. Déjà !*

regroupés avec les musulmans dans un quartier réservé (hors les murs à cette époque) sur le versant de la colline du château *(castelo)*. C'est ce quartier qui deviendra la Mouraria (le quartier maure). Dans ce périmètre fermé par trois portes, les habitants sont surveillés, soumis à des règles strictes, victimes d'une ségrégation raciale et religieuse à la fois. Ils ne peuvent pas se déplacer comme ils le souhaitent. Malgré ces turpitudes, ils conservèrent longtemps leur religion, leurs coutumes et, bien sûr, leurs commerces.

Selon une légende, ce serait devant la porte de la Mouraria (dite de São Vicente) que la caravelle contenant la dépouille de saint Vincent, gardée par son fidèle corbeau, aurait échoué. Croaa croaa !

Au XIXe s, pour connaître les bas-fonds de Lisbonne, il suffisait de pénétrer dans la Mouraria, refuge des pauvres gens, des bars louches, des mauvais garçons, des prostituées et des ivrognes, mais aussi des artistes inspirés. Est-ce un hasard si la Mouraria fut aussi un quartier destiné au fado ? La célèbre chanteuse Maria Severa Onofriana, dite la « Severa » (voir plus bas), y avait sa maison. Aboutissement d'une longue période de déclin, dans les années 1960 la basse Mouraria ressemblait à un quartier saccagé, délabré, négligé, abandonné par les pouvoirs publics.

### LES ANGES NOIRS DE SAINT VINCENT

*São Vicente, représenté un peu partout avec une palme dans une main et une caravelle dans l'autre, est aussi accompagné de ses célèbres compagnons de route, les deux corbeaux qui ont permis à Afonso Henriques (au XIIe s) de rapporter sa dépouille en bateau jusqu'ici. Depuis, ces adorables volatiles sont devenus les anges protecteurs de tout un peuple. Bateau et corbeaux sont les armes de la ville. Il faut être un chat impie pour oser chasser un de leurs descendants.*

## Le renouveau d'un quartier oublié

« *A Mouraria vai mudar para melhor* », la Mouraria va changer pour le meilleur, tel est le slogan du grand projet de requalification de la Mouraria, décidé par la municipalité de Lisbonne, et de son maire socialiste António Costa surnommé « le Gandhi de Lisbonne » (il a des origines indiennes de Goa). Pour donner l'exemple, celui-ci a installé en 2012 son bureau et ses équipes au cœur de ce quartier défavorisé qui connaît les mêmes maux que nos banlieues. L'objectif municipal est de réhabiliter la Mouraria, de la sortir de la paupérisation au profit de ses habitants, de rénover les maisons et les monuments, de créer des équipements sociaux et éducatifs, d'attirer les jeunes, de nouveaux commerçants et des investisseurs.
La Mairie souhaite aussi limiter la délinquance (drogue), et permettre aux minorités ethniques de se développer, en ouvrant des boutiques et des restos (c'est déjà le cas). L'ambition est grande, les moyens existent, vont-ils arriver à faire renaître la Mouraria ? On le souhaite de tout cœur. ● *aimouraria.cm-lisboa.pt* ●

🍴 *Largo dos Trigueiros* (plan centre détachable, K8) : avec ses pavés patinés par le temps, son arbre solitaire, sa fontaine, son lampadaire, ses façades anciennes et fanées (dont certaines couvertes de céramiques), cette petite et charmante place de la Mouraria est bien révélatrice de la métamorphose du quartier. Une de ses maisons (au n° 16 A du largo dos Trigueiros) abrite l'atelier de **Camilla Watson**, une photographe installée dans le secteur pour travailler en mettant son savoir-faire au service des habitants. Ainsi a-t-elle eu l'idée géniale de prendre en photo les vieux habitants du quartier, de les agrandir et de les fixer sur les murs des immeubles et des rues (notamment dans le beco das Farinhas). ● *camillawatsonphotography.net* ●

🍴 *Rua de São Pedro Mártir :* dans la partie basse de la Mouraria, une vieille rue reliée à la rua São Lourenço par plusieurs petits escaliers. Au n° 23, un resto de cuisine indienne (*Tentação de Goa* ; voir rubrique « Où manger ? Très bon marché. Dans la Mouraria »). Un peu plus haut, au n° 3-5 de la rua de São Lourenço, autre petit resto de cuisine indo-africaine *(O Cantinho de Aziz).*

🍴 Vieille *rua do Capelão, beco do Forno.* C'est une longue rue en pente qui décrit une courbe au nord de la Mouraria. Nous sommes plus que jamais dans le Lisbonne populaire et multiethnique. Au Moyen Âge, la grande mosquée de Lisbonne se situait au sommet de l'actuelle rua do Capelão (*capelão* signifie en fait « imam »). Au n° 32, petit bar *Tasca Amigos da Severa.* Au-dessus de cette voie qui grimpe vers le château s'élèvent de luxuriants jardins en terrasses avec palmiers.

**ALFAMA, CASTELO SÃO JORGE, MOURARIA... / À VOIR. À FAIRE | 115**

🕯 *Largo da Severa :* au n° 2, une plaque sur le mur d'une maison blanche (fenêtres à l'anglaise) rappelle la mémoire de Maria Severa Onofriana, la « Severa », légendaire chanteuse de fado, morte à 26 ans (1846). Elle y vécut une partie de sa brève vie romantique que nous évoquons dans la rubrique « Fado » de « Hommes, culture, environnement » en fin de guide. Un centre culturel d'information (petit café-musée) devrait y voir le jour. En face, au n° 1 B, la maison où vécut un grand interprète du fado : Fernando Maurício, né en 1933.

## À l'est de l'Alfama, au bord du Tage

🕯🕯 *Museu nacional do Azulejo et convento de Madre da Deus* (hors plan d'ensemble détachable par N7, *416*) : *rua Madre de Deus, 4.* ☎ *21-810-03-40.* ● museudoazulejo.pt ● *Situés à l'est de l'Alfama, au bord du Tage, dans le quartier de Xabregas. Bus n°s 718, 742, 794 ou 759. Tlj sf lun 10h-18h (dernier billet à 17h30). Fermé dim de Pâques, à Noël et 1er janv. Entrée : 5 € ; réduc ; gratuit avec la Lisboa Card et 1er dim du mois.*
De l'ancien couvent construit entre le XVIIe et le XIXe s, il reste le petit cloître et le très beau portail manuélin de l'église. L'intérieur fut remarquablement restauré.
Au rez-de-chaussée, nombreuses explications relatives aux azulejos, aussi intéressantes que pédagogiques : matières premières, cuisson, découpe, dessin des motifs... On se souvient que le mot « azulejo » vient de *al zulaicha,* qui signifie « pierre polie » en arabe.
– Le charmant *claustrim* (cloître manuélin) du XVIe s et son voisin plus grand sont réservés au **musée.** Commence alors un voyage onirique dans l'univers de ces carreaux de faïence, depuis leur apparition au XVe s jusqu'à aujourd'hui. Ils ont servi de support à tous les thèmes : guerre, chasse, portraits, végétaux, navires, animaux, légendes... Dans la salle 6 : panneaux du XVIIe s. Dans la salle 7, rares azulejos des Indes (Goa).
– L'**église** *(fermée 12h-15h)* est située au rez-de-chaussée, à l'angle avec le grand cloître. C'est un bel exemple de l'art religieux de la fin du XVIIIe s. Voir la capela de D. Leonor (à droite de l'entrée de l'église). Cette reine Leonor (1458-1525), surnommée la « parfaite reine », est la fondatrice du couvent en 1509. Dans l'immense nef de l'église, les murs sont couverts de panneaux d'azulejos hollandais bleu et blanc du XVIIe s, de peintures encadrées, et magnifiques *talhas douradas* (bois sculptés dorés), ce qui donne une dominante bleu et or à cette église. Le *coro alto* (en fait, le chœur de la galerie supérieure) propose la même orgie de dorures. Tableaux portugais. Superbe plancher en jacaranda (bois précieux du brésil).
– *Salle 5 :* grand panneau italo-flamand du XVIIe s qui évoque le dessin d'une tapisserie.
– *Au 1er étage (2° piso) :* sont exposés *(salle 8)* des azulejos dans les tons verts (original), des azulejos de style baroque dont un panneau satirique et burlesque *(salle 11).* Les artistes ne manquaient pas d'humour, comme le démontre ce panneau intitulé *Macacaria, casamento da Galinha,* « la singerie, noces d'une poule »... où des animaux à l'air stupide remplacent les humains non moins stupides... *Salle 2 :* salle dite « Coro » avec des stalles en bois et une vingtaine de vitrines dorées abritant des reliques. En passant par cette salle, on arrive à une balustrade qui domine l'église et la nef en dessous.
– *Au 2e étage :* la pièce la plus remarquable du musée s'y trouve. C'est la **Vista panorâmica de Lisboa.** Il s'agit d'un immense panneau d'azulejos montrant Lisbonne avant le tremblement de terre de 1755. Il provient de l'ancien palais dos Condes de Tentúgal et mesure plus de 22 m sur 1,15 m de large. Réalisé entre 1700 et 1725, le panneau révèle le caractère maritime et religieux de la ville. Comme avec une caméra ou un pinceau, l'artiste a fixé l'image de Lisbonne dans la superbe céramique blanche et bleue du XVIIIe s. C'est un miracle d'avoir conservé cette œuvre étonnante ! On a compté 23 couvents, 15 églises, 5 chapelles, 8 palais et 4 *quintas* (domaines des familles riches à la campagne). On voit

nettement la tour de Belém (à son emplacement d'origine jusqu'au tremblement de terre, soit au milieu du fleuve), le monastère dos Jerónimos, la colline du *castelo*. Complétez cette initiation, maintenant que vous êtes incollable sur la question, par les pièces réalisées par des créateurs contemporains, que vous retrouverez dans la plupart des nouvelles stations de métro.

I●I *Cafétéria du musée :* elle donne sur le vaste patio qui abrite un jardin intérieur (et quelques tables). Fond de décor d'azulejos d'une cuisine de fumerie de poissons. Quiches, salades, plat du jour, salade de fruits frais, gâteaux, tout ça à prix aussi sages que le lieu.

✵ *Museu da Água* (musée de l'Eau ; plan d'ensemble détachable, N7, **417**) : *rua do Alviela, 12.* ☎ *21-810-02-15. Bus n°s 35 et 794. Tlj sf dim 10h-18h. Entrée : 2,50 € ; ½ tarif étudiants et avec la Lisboa Card ; gratuit 22 mars, 18 mai, 1er et 5 juin et 1er oct.* Installé dans une ancienne station de pompage, ce musée raconte l'histoire de l'eau courante à Lisbonne... en portugais. Une vidéo d'une quinzaine de minutes (en français sur demande) permet de découvrir, entre autres, l'aqueduc et la Mãe d'Água, vu de l'intérieur. Le bâtiment voisin abrite la gigantesque pompe à vapeur de la fin du XIXe s, qui servait à acheminer l'eau vers les différentes parties de la ville. Cette salle des machines a été remarquablement restaurée : manomètres en laiton, pompes et conduites diverses constituent un superbe témoignage d'archéologie industrielle du XIXe s. Pour les mordus du sujet...

## À L'EST, LE PARQUE DAS NAÇÕES (PARC DES NATIONS)

On quitte définitivement les quartiers du centre-ville (au sens le plus large du terme) pour aborder le nouveau visage que Lisbonne a voulu se donner à l'orée du XXe s : le fameux parc des Nations, quartier futuriste s'il en est. Pour y aller, plutôt que la voiture ou le bus, prendre de préférence le métro jusqu'à la station Oriente. Vous y êtes !

Après avoir accueilli l'Expo universelle de 1998, le parc des Nations reste le cœur du vaste projet de réhabilitation urbaine de cette zone de Cabo Ruivo, qui n'était qu'un ramassis de raffineries désaffectées, d'aires de stockage de matériel militaire rapporté des colonies et d'entrepôts abandonnés.

Sur ces 300 ha et ces 5 km de rive sont prévus, d'ici un terme fixé aux années 2015-2020, bureaux, zones commerciales, logements et aires de loisirs. Ainsi est né un nouvel espace de vie autour de ce parc conçu comme un pôle commercial et culturel. Le site accueille des familles de promeneurs qui trouvent ici enfin un terrain plat pour laisser leurs enfants s'essayer aux patins à roulettes, mais aussi des joggeurs, des amoureux... L'ouverture de la galerie commerciale *Vasco da Gama*, idéalement placée, semble effectivement avoir insufflé une dynamique à défaut d'une âme. Infos générales sur : ● *portaldasnacoes.pt* ●

### Où dormir ?

Une poignée d'hôtels haut de gamme a fleuri dans un quartier trop récent pour accueillir des adresses comme on les aime. L'auberge de jeunesse reçoit jeunes et moins jeunes, ainsi que les familles.

### Auberge de jeunesse

🛏 *Pousada da juventude* (hors plan Parque das Nações, **10**) *: rua de Moscavide, 47.* ☎ *21-892-08-90. Résas :* ● *lisboaparque@movijovem.pt* ●

| 🛏 | Où dormir ? | 🍸 | Où boire un verre ? |
|---|---|---|---|
| | 10 Pousada da juventude | | Où sortir ? |
| I●I | Où manger ? | | |
| | 20 Mestre Doce | | 30 Peter Café |
| | | | Sport |

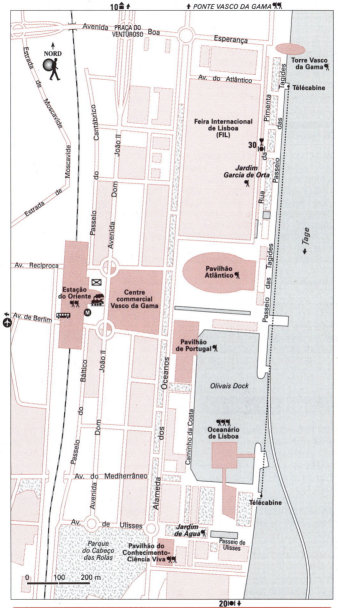

**PARQUE DAS NAÇÕES (Le parc des Nations)**

*Moscavide*, puis 1 km à pied. À 100 m à l'est de la gare de Moscavide, à l'angle avec l'av. D. João II (entrée par l'Instituto português da juventude). Métro, ou bus n° 44 depuis l'aéroport ou le centre. Résa conseillée. Selon saison, lits en dortoir 14-16 € ; doubles (avec douche et w-c) 34-40 € ; petit déj compris. Parking à proximité (gratuit). AJ soutenue par le gouvernement, excentrée mais sympa et bien tenue. Petits dortoirs (de 2 ou 4 lits) avec douches à partager. Bar, resto self-service, petite cuisine à disposition avec lave-linge, consigne (prévoir son cadenas). Retrait d'argent liquide au distributeur.

## Où manger ?

Grand choix de restos et de snacks de toutes sortes dans la rua da Pimenta transformée en terrasse géante (au nord du Pavilhão Atlântico). Plus calme et complètement au sud du parc des Nations, le passeio de Neptuno abrite également une série d'établissements avec esplanade. Au milieu, entre le centre commercial et le fleuve, tendance chic. Cuisine souvent internationale, parfois brésilienne... ou portugaise !

### Très bon marché

**Mestre Doce** (hors plan Parque das Nações, 20) : passeio de Neptuno, loja 11, zona sul. Au bord de la marina. ☎ 21-894-60-43. • mestredoce@netcabo.pt • Tlj 9h-23h. Compter env 12-15 € le repas ; verre de vin 1 €. Apéritif ou café offert sur présentation de ce guide. Une collection de petites maisons traditionnelles, quelques tables et une terrasse avec vue sur la serra da Arrábida composent le décor. Au menu, cuisine portugaise et bonne humeur. Quand la patronne vient s'enquérir de la satisfaction des clients, on a déjà l'impression de faire partie des habitués. Laissez-vous tenter par l'originale morue *a Toninho* (grillée et accompagnée de purée de pommes de terre) et, si vous avez encore faim, par un petit dessert du « Maître sucré », gâteau roulé au coulis de fruits des bois ou mousse à la mangue. Dépaysement garanti, service un peu lent, mais on est en vacances !

## Où boire un verre ?

**Peter Café Sport** (plan Parque das Nações, 30) : rua da Pimenta, 9. ☎ 21-895-00-60. • expo@petercafesport.com • Situé plus ou moins au milieu de la rue. Tlj sf lun 12h-1h (2h ven-sam). Plats env 10-14 €. Né lui aussi sous le signe de la baleine, le petit frère du célèbre *Café des Açores* est recouvert de pavillons de navires, plafond compris. Pub tout en bois, pour siroter une bière avant le dîner ou la discothèque, ou bien grignoter omelettes, crêpes ou *tosta mista* (pain maison) à toute heure. Arrière-salle plus tranquille. Carte entre produits de la mer et steaks divers. Terrasse, bien sûr, ensoleillée le matin.

## À voir. À faire

**Parque das Nações :** un espace reconstruit de toutes pièces, une préfiguration de ce que devrait être la ville idéale du futur ! Apparaissent ici les règles essentielles de l'aménagement urbain : espace vaste et ventilé, ouverture sur le fleuve retrouvée, priorité accordée aux piétons et aux transports « propres », importance réservée aux espaces verts et aux jardins, omniprésence de l'art dans le paysage. Il faut ajouter la proximité d'un nœud de communication qui associe transports ferroviaire et routier (le pont, les autoroutes), ainsi que l'objectif délibéré (sociologiquement et économiquement parlant) de partager le parc entre logements, bureaux, centres commerciaux, espaces culturels et de loisirs. L'aspect écologique enfin, avec une alimentation du site entier en eau chaude à partir d'une même centrale, ainsi qu'une collecte pneumatique des déchets domestiques. Prouesse architecturale, ce nouveau quartier, avec sa gestion parcimonieuse des ressources, est aussi un laboratoire et le symbole d'une réflexion sur les enjeux futurs de l'urbanisation à Lisbonne. À défaut d'une âme, l'animation ne manque pas dès que le soleil se fait généreux. Un bel exemple à suivre en matière de ville nouvelle, même si tout n'est pas pour le mieux dans le meilleur des mondes.

Le parc lui-même s'organise autour des attractions nées de l'Expo 1998, à commencer par l'*Océanorium*. Venez tôt, même en semaine, si vous voulez profiter du silence, car la direction semble avoir du mal à gérer le succès.

C'est devenu, bien sûr, la balade des week-ends en famille, avec arrêt dans les jardins ou en terrasse. Boutiques, restos, et même un casino sont là, comme on peut l'imaginer, pour attirer le chaland ou les flâneurs autour de musées et de programmes culturels.

– **Télécabine** *(plan Parque das Nações)* **:** pour qui voudrait survoler les lieux – environ 1 km – sans perdre trop de temps ou d'énergie, prendre la télécabine. *Fonctionne tlj, fin mars-début juin et de mi-sept à fin oct, 11h-19h – 18h de fin oct à mi-mars ; de début juin à mi-sept, lun-ven 10h30-20h. Attention veille de Noël et 1ᵉʳ janv, 11h-15h (17h le 31 déc) ; 25 déc et 1ᵉʳ janv, 15h30-18h. A/R env 6 € ; réduc ; gratuit moins de 6 ans).*

– **Parking payant** *(parque)* **:** *av. de Berlim, dans la 1ʳᵉ rue à droite après la station-service pour qui vient de la 2ª circular.*

– Attention, le parking en sous-sol juste après la station-service est un peu plus cher.

🎭🎭🎭 🚶 ***Oceanário de Lisboa*** *(Océanorium ; plan Parque das Nações) :* ☎ 21-891-70-02 ou 06. • reservas@oceanario.pt • oceanario.pt • *Tlj 10h-20h (19h en hiver) ; dernière entrée 1h avt. Entrée : 14 € pour l'expo permanente, 17 € avec expo temporaire ; billet famille (avec 2 enfants de moins de 12 ans) 36 € ou 44 € ; réduc ; gratuit moins de 4 ans.*

Posé sur l'eau dans l'ancien bassin des Olivais, ce gigantesque navire imaginaire à la couverture de verre ondulé suggérant les flots a été conçu par l'architecte américain Peter Chermayeff (aquarium d'Osaka). L'Océanorium est certainement la tentative la plus audacieuse de l'Expo 1998.

Dans le bassin central, contenant l'équivalent de quatre piscines olympiques, évoluent des poissons de haute mer : requins, raies géantes, tortues... Une « face de lune » énorme passe, le mola-mola, poisson venu du fond des âges plus encore que des océans, et c'est un frisson qui secoue tout à coup le plus aguerri des baroudeurs en visite dans ce lieu. Assez magique, si la foule des grands jours n'est pas au rendez-vous. L'ensemble est accessible, sur 2 étages, à travers des vitres bombées permettant une vision à 180°.

Quatre autres aquariums recréent la faune de quatre régions océaniques du globe en associant, sur 2 niveaux, l'espace terrestre et aérien et le milieu marin correspondant. Ainsi le visiteur peut-il passer de l'Atlantique des Açores à la côte rocheuse du Pacifique – où les loutres marines Amália et Eusébio, vedettes maison incontestées, évoluent dans des forêts d'algue kelp. Il fera ensuite un détour par l'océan Indien et ses récifs coralliens animés de poissons multicolores, sans oublier l'Antarctique, ses paysages glacés et ses manchots très attachants, dont on peut découvrir les petits noms... et pourra même observer d'étonnantes créatures qui évoluent parfois au milieu de tout ce petit monde avec des bouteilles à oxygène sur le dos... comme des poissons dans l'eau ! Et un peu plus loin, on en apprend même un peu sur certains animaux qui nous ont précédés sur la Terre, comme ces mégalodons, des requins qui pouvaient atteindre 16 m de long ! Pour l'anecdote, sachez qu'aujourd'hui, s'ils sont nettement plus petits, ils ont quand même plus de 20 000 dents qui poussent au cours de leur vie ! Ce sont au total près de 15 000 spécimens qui donnent vie à ce qui est devenu l'un des sites les plus visités de Lisbonne. Venez dès l'ouverture, vous serez plus tranquille. Film très intéressant. Effet de Coriolis, spirale d'Eckman...

🚶🚶 🏃 ***Pavilhão do Conhecimento – Ciência viva*** *(pavillon de la Connaissance – Science vive ; plan Parque das Nações) :* à l'angle de l'alameda dos Oceanos et du passeio de Ulisses (entrée par le largo Diogo Cão). ☎ 21-891-71-00. ● pavconhe cimento.pt ● ♿ Mar-ven 10h-18h, w-e 11h-19h. Fermé 1ᵉʳ janv, 24, 25 et 31 déc. Entrée : 8 € ; billet famille avec 2 enfants de moins de 17 ans : 17 € ; réduc, notamment pers à mobilité réduite et avec la carte Jeune et la Lisboa Card. Casiers à clé pour déposer vos petites affaires. 🖥 Entrée chère, mais vaut le détour. Un pavillon dédié à la science et à la connaissance : loi de la gravité, de la force centrifuge, du magnétisme... Plein de manipulations de science amusantes pour les petits et les grands, bien présentées et dont le fonctionnement peut vous être expliqué par un animateur si besoin. Aussi ludique que pédagogique. Et on se dit qu'on aurait bien aimé qu'on nous explique les lois de la physique comme cela à l'école... Expos temporaires intéressantes (affluence en fin de journée et le week-end).

🚶 ***Pavilhão Atlântico*** *(plan Parque das Nações) :* gigantesque coquillage retourné face au Tage, le pavillon Atlantique est devenu la salle de spectacle polyvalente de Lisbonne et accueille concerts, événements sportifs et autres manifestations d'envergure.

🚶 ***Pavilhão de Portugal*** *(plan Parque das Nações) :* du plus bel effet architectural avec sa dalle en béton incurvée (65 m de long sur 50 m de large). C'est Álvaro de Siza Vieira (auteur de la reconstruction du Chiado) qui en est le concepteur.

🚶 🏃 ***Les jardins :*** au bord du Tage ont été aménagés des espaces verts racontant l'aventure botanique des découvertes, avec ce que l'Europe doit aux plantes rapportées des voyages d'exploration. Le ***jardim de Água*** *(plan Parque das Nações)* met en scène l'élément liquide, si essentiel à l'équilibre écologique de la planète. Quant au ***jardim Garcia de Orta*** *(plan Parque das Nações),* il donne au parc une couleur verte bienvenue. Mais leur entretien régulier n'est pas toujours assuré, dommage. Plus au nord, le ***parque do Tejo*** étend ses pelouses depuis la tour Vasco de Gama jusqu'au-delà du pont.

🚶🚶 ***Estação do Oriente*** *(gare d'Orient ; plan Parque das Nações),* à la conception futuriste, est due à l'architecte espagnol Santiago Calatrava. Elle dessert l'ensemble du pays et l'Europe en complément de la gare de Santa Apolónia. Ses entrailles abritent aussi un vaste centre commercial (ouvert même le dimanche...), qui relie la station de métro Oriente et le parc des Nations. Le métro s'est doté d'une ligne desservant la gare d'Orient : elle compte six stations à partir d'Alameda, dont la décoration, toujours en azulejos, est l'œuvre de céramistes de renom. De petites merveilles !

🚶 ***Torre Vasco da Gama*** *(plan Parque das Nações) :* dans la partie nord du parc. La construction la plus haute du Portugal (145 m). On ne peut malheureusement plus y accéder puisqu'elle va être transformée en hôtel de luxe.

🚶🚶 🏃 ***Ponte Vasco da Gama*** *(hors plan Parque das Nações) :* il a battu des records avec ses 13 km, dont 8 km au-dessus des flots – une jolie prouesse technique. Mais cela a eu un coût : près d'une dizaine de vies humaines. Reste l'admirable tablier haubané brillant le soir sous les feux du soleil couchant. Conçu pour résister aux tremblements de terre, le pont est construit en plusieurs parties, ce qui lui procure une flexibilité maximale. Autrement dit, en cas de secousses prolongées, le tablier suspendu par les haubans bougera aussi bien en longueur qu'en largeur (imaginez la balançoire !), mais avec un astucieux système de sécurité pour éviter le télescopage des autres parties.

## AU NORD DE L'AVENIDA DA LIBERDADE, AUTOUR DU MUSÉE GULBENKIAN ET CAMPO GRANDE

Et au nord de Lisbonne, que trouve-t-on ? En venant de l'actuel aéroport, qui devrait continuer d'accueillir les visiteurs encore quelques années, on se fait une petite idée des faubourgs actuels. Un quartier d'affaires, certes un peu à l'écart du centre touristique, mais qui a l'avantage du calme, sitôt l'activité retombée. Quelques parcs publics et jardins privés ont su résister à l'urbanisation. Bien desservi par le métro, les bus et le train.

Touristiquement parlant, vous aurez trois bonnes raisons d'aller jouer les hirondelles des faubourgs, oiseaux chers aux Lisboètes comme chacun sait : la visite du musée Gulbenkian, qui vous occupera une bonne demi-journée, surtout si vous décidez ensuite de rejoindre la place Marquês de Pombal, en traversant le parc Eduardo VII, après un passage dans les serres et jardins de l'Estufa Fria. À moins que vous ne préfériez prendre le métro pour rejoindre Campo Grande, quartier vivant abritant quelques curieux musées. Une autre ligne de métro, depuis la même place Marquês de Pombal, vous permettra d'aller visiter le jardin zoologique et, si vous avez encore du temps et aimez marcher, l'étonnant palácio Fronteira, autre vestige d'une gloire passée perdu aux portes d'un quartier qui a aujourd'hui un stade et des grandes surfaces pour le faire passer à la postérité : Benfica.

## Où dormir ?

Parmi les nombreux hôtels pour hommes et femmes d'affaires, une offre hétéroclite bien plus abordable : camping, auberge de jeunesse, petits *residenciais*... et aussi le seul lieu de tourisme d'habitation de la ville.

### Camping

**Lisboa Camping & Bungalows de Monsanto** (hors plan d'ensemble détachable par A5) : *dans l'immense parc de Monsanto, à l'ouest de la ville, à 5 km du centre.* ☎ *21-762-82-00.* ● info@lisboacamping.com ● lisboacamping.com ● *Bus n° 714 de la praça da Figueira (qui passe par Cais do Sodré et Belém) et n° 750 de la gare d'Oriente puis par Algés ; demander au chauffeur « parque de campismo ». Bus de nuit n° 202 (depuis Cais do Sodré, Rato ou Sete Ríos). Entrée par l'estrada da Circunvalação, sur le bord ouest du parc. Nuit 21-32 € pour 2 pers selon période avec petite tente et voiture. Loc de bungalows 2-6 pers 41-111 €/ nuit selon période et nombre de pers.* Un vaste camping joliment aménagé, en terrasses, sous les pins, mais très fréquenté en haute saison et, surtout, pensez aux boules *Quies* pour oublier le bruit de fond des voitures sur les autoroutes environnantes ! Épicerie, distributeur automatique, journaux, piscines, minigolf et resto. Si vous n'avez pas de voiture et ne vous déplacez pas en camping-car ou avec une tripotée d'enfants, préférez plutôt une petite adresse dans le centre de Lisbonne. En effet, les quelques économies réalisées sur l'hébergement seront vite grignotées par le coût et la durée des transports (comptez une bonne demi-heure pour rejoindre le centre).

### Auberge de jeunesse

**Pousada da juventude Lisboa** (plan d'ensemble détachable, H4, **88**) : *rua Andrade Corvo, 46.* ☎ *21-353-26-96.* ● lisboa@movijovem.pt ● Ⓜ *Picoas (sortie Poente). Bus n°s 91, 44 et 45 de l'aéroport ; n° 90 depuis la gare de Santa Apolónia (arrêt Picoas) ou n° 746 (arrêt Marquês de Pombal). Lits en dortoir (4 ou 6 lits) 14-17 €, doubles avec sdb 40-44 €, petit déj compris. Carte des AJ indispensable.* Propre, fonctionnel et des chambres d'un bon standing, même si l'AJ dans son ensemble n'a pas le charme des AJ privées du centre (elle est aussi un peu moins chère). Self-service et bar. Réserver à l'avance et apporter son cadenas.

## Bon marché

**Residencial Beirã** (plan d'ensemble détachable, E2, **89**) : *rua Professor Lima Basto, 97.* ☎ *21-724-85-60 ou 68. Fax : 21-724-85-69.* Ⓜ *Jardim Zoológico ou Praça de Espanha. Gare : Sete Ríos.* Dans une rue calme, en face de l'hospital de Oncologia et de son parc. Double avec douche et w-c 27 €, triple 37 €, petit déj compris. CB refusées. Taillé sur mesure pour ceux qui prennent le car ou le train tôt le matin, vu la proximité des gares routière et ferroviaire. Petite pension très modeste et pas toujours très propre, à la déco dépourvue de fantaisie. Chambres un peu étriquées ; celles donnant sur la cour sont sombres et sans vue. Mais accueil prévenant et prix « petits budgets » défiant toute concurrence dans ce quartier d'hôtels chic. En dépannage uniquement.

## Où manger ? Où boire un verre ?

### De bon marché à prix moyens

**Linha d'Água** (plan d'ensemble détachable, G4, **185**) : *rua Marquês de Fronteira – Parque Eduardo VII.* ☎ *21-381-43-27.* En haut du parc Eduardo VII et à droite dans le jardin Amália Rodrigues. Tlj 9h-minuit (20h dim). Repas env 10-15 €. Dans son îlot de verdure planté au milieu de la ville, cette cafèt' tout en vitre propose une cuisine variant peu de celle d'autres self-services, tout en restant acceptable (soupe, plats du jour, buffet de garnitures, quiches, salades, desserts, jus de fruits maison). Les employés du coin ne s'y trompent pas et viennent surtout pour le cadre : la terrasse, au bord d'un petit lac artificiel, est très prisée par beau temps. Et le week-end, c'est en famille que l'on vient profiter de la pelouse.

## À voir. À faire

### Autour du musée Gulbenkian

**Parque Eduardo VII** (plan d'ensemble détachable, F-G H3-4-5) : Ⓜ *S. Sebastião ou Parque.* En haut de l'avenida da Liberdade, un parc qui doit son nom au roi d'Angleterre Edouard VII, venu à Lisbonne en visite au début du XXᵉ s. Le plus vaste espace vert à deux pas du centre, avec 26 ha de jardin à la française ; idéal pour un pique-nique en famille ou un somme au soleil sur les talus latéraux. Dans sa partie nord-ouest, un petit lac et des jeux pour enfants en font un espace de détente et de promenade. Tout en haut, belle vue plongeante sur l'avenida da Liberdade, la Baixa et le Tage. Perché au-delà du monument, le *jardim Amália Rodrigues* permet d'apercevoir les collines au nord de la ville. Côté parc, ses murs extérieurs sont couverts de scènes d'azulejos narrant les exploits de la nation portugaise contre ses ennemis maures et espagnols. À l'intérieur, scènes plus bucoliques de vie rurale traditionnelle.

**Estufa Fria** (Serre froide ; plan d'ensemble détachable, F-G4 et plan centre détachable, G5, **383**) : *située dans le parc Eduardo VII.* ☎ *21-388-22-78.* • estufafria.cm-lisboa.pt • Ⓜ *Marquês de Pombal ou Parque.* Tlj 9h-17h (10h-19h l'été). Entrée : 3,10 € ; réduc ; gratuit moins de 6 ans et avec la Lisboa Card. Un lieu étonnant, hors du temps, celui qui passe comme celui qu'il fait. Idéal pour se réchauffer à la saison froide et se rafraîchir quand il fait chaud. Dépaysement total et balade agréable dans de petites allées ombragées, au milieu des plantes exotiques et des espèces rares, dans le chuintement des cascades, le clapotis des bassins et des fontaines. Les Lisboètes disent que celui qui n'a pas vu l'Estufa Fria aux quatre saisons ne connaît pas Lisbonne.

# AU NORD DE L'AVENIDA DA LIBERDADE... / À VOIR. À FAIRE

🎥🎥🎥 *Museu Calouste Gulbenkian* (plan d'ensemble détachable, G2-3, **384**) : *av. de Berna, 45 A.* ☎ *21-782-30-00.* ● *museu.gulbenkian.pt* ● Ⓜ *São Sebastião ou Praça de Espanha (pas toujours bien fréquentée). Bus n°s 716, 756, 726 et 746. Tlj sf mar et certains j. fériés 10h-18h. Entrée : 5 € ; pass Fondation Gulbenkian (billet combiné avec le Centre d'art moderne) 15 € ; réduc, entre autres avec la Lisboa Card ; gratuit moins de 12 ans, étudiants et pour ts le dim. Audioguide en français (4 €) permettant d'en savoir un peu plus sur ce qui est exposé (présentations très concises). Photos possibles sans flash. Casiers (pas trop grands) pour les sacs. Distributeurs.*

🍴 Trois cafétérias donnent sur le parc. Mieux vaut arriver tôt car souvent beaucoup de monde.

Construit à la fin des années 1960 selon les principes architecturaux de Frank Lloyd Wright, intégrant l'harmonie du bâti avec la nature et niché dans le magnifique parc de Palhavã, ce musée fait partie du plus prestigieux centre culturel d'Europe, la Fondation Gulbenkian.

### *Fondation Calouste-Gulbenkian*

Le multimilliardaire arménien et collectionneur Calouste Gulbenkian a 73 ans quand il s'installe à Lisbonne en 1942. Il y arrive en Rolls Royce avec sa femme et sa suite, son cuisinier oriental, son masseur et sa douzaine de chats... Il ne quittera plus cette ville au bord du Tage qui lui rappelle le Bosphore de son enfance. Il loge dans un luxueux palace aujourd'hui remplacé par le *Sheraton,* sort peu, reçoit peu, et gère sa fortune à distance. Ses immenses collections d'œuvres d'art restées à Paris et à Londres intéressent les Américains, mais Gulbenkian préfère le Portugal. Il meurt à Lisbonne en 1955 (ses cendres sont aujourd'hui à Londres). Dans son testament, il donna une partie de l'héritage à ses enfants (quelques disputes) et la majeure partie à l'État portugais, en demandant que ses collections soient réunies dans un seul et même lieu. Ce vœu a été exaucé. Le bâtiment moderne que nous voyons aujourd'hui a été construit dans ce sens après le décès du collectionneur. Il abrite le vaste musée, une salle de concerts, un centre de documentation (bibliothèque) mais aussi les nombreux bureaux de l'administration.

Créée en 1956, il s'agit d'une fondation portugaise de droit privé, d'utilité publique, à vocation internationale. Elle possède à son actif près de 3 milliards d'euros et un budget annuel de 109 millions d'euros. C'est énorme. Cela en fait une des plus riches fondations en Europe. Environ un quart de sa fortune provient des intérêts pétroliers des concessions toujours actives au sultanat d'Oman et dans les Émirats arabes, plus des participations au Kazakhstan, au Brésil, en Angola et en Algérie. Les revenus que Gulbenkian avait autrefois en Irak ont été nationalisés en 1973. Le tout est aujourd'hui géré par la société Partex, qui alimente la trésorerie de la fondation. Aucun fonds de la fondation Gulbenkian ne provient de sources étatiques ou publiques (hormis la billetterie). L'arrière-petit-fils de Calouste Gulbenkian, Martin Essayan, est actuellement administrateur de la fondation, son aïeul ayant demandé qu'il y ait toujours un membre arménien de la famille à la direction.

Pour beaucoup de Portugais encore aujourd'hui, la Fondation Gulbenkian apparaît comme le « ministère bis » de la Culture du Portugal ! La fondation fonctionne à l'américaine, employant environ 500 personnes. Science, art, éducation et bienfaisance, tels sont ses objectifs. Elle se positionne comme mécène numéro un au Portugal, organise de grandes expositions, des spectacles, des concerts, des manifestations culturelles comme « Jazz em Agosto » (tous les ans). Elle accorde aussi chaque année des bourses d'études. Un des illustres boursiers de la fondation n'est-il pas Cavaco Silva, devenu président de la république du Portugal (2006, réélu en 2011) ? C'est bien la preuve du rôle incroyable que joue la Fondation Gulbenkian dans ce pays.

### *Calouste Gulbenkian*

Le destin étonnant de Calouste Gulbenkian (1869-1955) mérite un livre à lui tout seul. Notre petit résumé dans la rubrique « Personnages » en fin de guide vous donnera un aperçu de cet homme exceptionnel qui a su utiliser sa fortune à bon escient et transmettre une grande partie de son patrimoine au Portugal, par affection pour ce petit pays du sud de l'Europe. Son père possédait déjà des concessions pétrolières dans l'Empire ottoman. Très jeune, Calouste achetait des pièces de monnaie ancienne au marché et chez les antiquaires, la numismatique fut sa première passion. Il fut citoyen de l'Empire ottoman jusqu'en 1919, et en même temps citoyen britannique (depuis 1902). Il avait aussi un passeport arménien et un de la Perse (Iran actuel).

« Seul le meilleur est assez bon pour moi », disait-il. Par ailleurs, avec sa fortune, il aida généreusement les communautés arméniennes au Moyen-Orient, à Jérusalem, à Istanbul, en Arménie soviétique et à Londres. Il finança des hôpitaux arméniens, des écoles, des centres culturels, des églises, des œuvres sociales, en Syrie, en Jordanie, au Liban. Dans l'Est de ce pays, il acheta des terres à Anjar, pour réinstaller les réfugiés arméniens du Sandjak d'Iskenderun. La majeure partie des œuvres arméniennes de sa collection a été léguée par Gulbenkian au patriarcat de Jérusalem.

*Visite du musée*
On notera l'élégant aménagement des salles avec des planchers de bois précieux. Les grandes salles s'ouvrent sur le parc par de larges baies vitrées. Peu d'objets exposés, mais chacun d'eux est digne d'intérêt.

– **Arte egípcia** *(art égyptien)* : 3 000 ans d'histoire égyptienne sont concentrés derrière les premières vitrines, juste à droite en entrant. Une vieille mesure à céréales en albâtre et, à côté, le bas-relief égyptien de la princesse Merytytes, en calcaire polychrome.

– **Arte greco-romana** *(art gréco-romain)* : de superbes bijoux gréco-romains en or ciselé. Belle collection de pièces de monnaie, présentées en alternance.

– **Arte da Mesopotâmia** *(art de Mésopotamie)* : la pièce maîtresse est ce bas-relief qui provient du palais d'Assurzarnipal à Nimrud (IX$^e$ s av. J.-C.), avec une écriture cunéiforme sculptée dans l'albâtre qui barre le bas-relief en son milieu.

– **Arte do Oriente islâmico** *(art de l'Orient islamique)* : des vases syriens, des enluminures persanes, des faïences persanes (toujours persanes) du XIII$^e$ s, et surtout une belle collection de tapis des XVII$^e$ et XVIII$^e$ s pour lesquels Gulbenkian avait une affection particulière, peut-être parce que ses parents en faisaient le commerce à Istanbul. Noter aussi les étonnantes lampes de mosquée du XIV$^e$ s, dont une qui porte des fleurs de lys, choisie comme emblème par une grande famille musulmane (et non pas comme symbole du royaume de France). Ces lampes étaient offertes à la mosquée par de riches familles, la flamme représentait une prière. Elles sont aujourd'hui exposées devant un petit jardin fermé. Dans la religion musulmane, le paradis est représenté par un jardin, en référence à l'aspect vital des oasis dans le désert.

– **Arte arménia** *(art arménien)* : belle collection. Parmi les pièces, voir le remarquable évangéliaire arménien.

– **Arte do Extremo-Oriente** *(art d'Extrême-Orient)* : dans cette section asiatique ont été rassemblés des objets en porcelaine chinoise et des vases dans les tons vert et noir (du XVIII$^e$ s). Une vitrine présente de fabuleuses boîtes laquées du Japon dont une qui servait de coffret à pique-nique, des tabatières et des boîtiers à médicaments. Ces boîtes – *inro* –, que l'on peut accrocher à la ceinture, étaient initialement utilisées par les médecins pour pallier l'absence de poches des kimonos, avant de devenir à la mode au milieu du XIX$^e$ s. Une autre très belle pièce est le « *biombo* de Coromandel », un grand paravent chinois de la fin du XVII$^e$ s, probablement commandé par l'empereur de Chine.

– **Arte europeia** *(art européen)* : l'art des Flandres et du nord de l'Europe y est représenté par quelques très beaux tableaux de l'école hollandaise du XVII$^e$ s. Impossible de tout énumérer : *Centaures* de Rubens, peintures de Franz Hals, de Van Dyck, et d'autres Rubens comme le *Portrait d'Hélène Fourment,* sa femme. *Portrait d'un vieillard* de Rembrandt, où seuls visage et mains sont éclairés pour mieux souligner le poids des ans. L'art d'Angleterre n'a pas été oublié. Citons un merveilleux Constable. Tapisseries, livres rares. *Portrait d'une jeune fille* de Ghirlandaio, d'une finesse extrême.

– **Artes decorativas** *(arts décoratifs, France, XVIIIᵉ s)* : cette salle abrite des pièces rares achetées par Gulbenkian au musée de l'Hermitage à Saint-Pétersbourg (Russie). Après la révolution de 1917, la situation économique de la Russie communiste est si désastreuse que la famine se déclare... Pour renflouer les caisses de l'État, Lénine aux abois permet à la Banque centrale de vendre des œuvres de leur plus prestigieux musée. Gulbenkian acheta la *Diane* de Houdon, deux Rembrandt, un Watteau, un Rubens ainsi que l'argenterie française de François-Thomas Germain qui avait appartenu à Catherine II de Russie. Notez l'armoire aux panneaux noir et or, signée Boulle, un pastel de Quentin de Latour et le portrait du maréchal de Richelieu. Intendant des menus plaisirs et proche du roi, celui-ci défraya la chronique française au Siècle des lumières. Par ses frasques, il aurait inspiré le personnage de Valmont dans *Les Liaisons dangereuses*. Ami de Voltaire, ne sachant qu'à peine lire et écrire, il a quand même fini à l'Académie française ! Voir aussi les meubles ayant appartenu à la reine Marie-Antoinette, notamment son fauteuil. C'est l'original, mais il en existe deux répliques en France, offertes par la Fondation Gulbenkian.

– **Ourivesaria** *(orfèvrerie)* : pièces en vermeil réalisées par la famille Germain, laquelle est représentée sur une peinture, et œuvres de Biennais, l'orfèvre de Napoléon, dont un service à thé en argent doré de style Empire (gros samovar).

– **Peinture et sculpture** *(France, Angleterre et Italie, des XVIIIᵉ et XIXᵉ s)* : une salle est consacrée à la série des célèbres *Venise* de Francesco Guardi (Gulbenkian a toujours préféré Guardi à Canaletto) montrant Venise au XVIIIᵉ s. Dans les autres salles, plusieurs Corot, Manet, Degas, Monet, et des bustes de nos plus grands sculpteurs. De Rodin, deux anges d'une grâce stupéfiante. Une toile de 1887 d'un peintre peu connu, Dagnan-Bouveret : *Les Bretonnes au pardon* montre un visage de femme songeur et mélancolique ; la précision et la netteté du trait pourraient laisser penser qu'il s'agit d'une photographie. De Turner, célèbre peintre anglais, un splendide et violent *Naufrage d'un cargo*. On est au cœur de la tourmente et non loin d'elle : c'est le style Turner, qui partait en mer les jours de tempête, se faisant attacher au mât des bateaux pour mieux observer la mer déchaînée. Il a peint aussi un extraordinaire *Quillebeuf*. Quant à *La Tête* de Legros, elle fut achetée directement à Rodin par Gulbenkian en novembre 1910. Quand il aimait une œuvre, plus rien ne comptait pour lui.

– **Œuvres de René Lalique** : c'est ici que se trouve rassemblée la plus importante collection d'œuvres de Lalique. Le maître verrier inégalé de la fin du XIXᵉ s était un ami proche de Gulbenkian. Celui-ci lui acheta un nombre important d'œuvres, des compositions élégantes, parfois étranges et souvent insolites.

> **« SEUL LE MEILLEUR EST ASSEZ BON POUR MOI ! »**
>
> Après la révolution de 1917, Gulbenkian avait prévenu la Banque centrale de l'URSS : « Ne vendez pas, gardez vos trésors mais si toutefois vous les vendez, j'insiste pour que vous me donniez la priorité... » Et le génial collectionneur arménien fut désigné. Certaines pièces portent toujours le blason de la famille impériale de Russie. Aujourd'hui, les visiteurs russes du musée ont la larme à l'œil...

> **FEMME-LIBELLULE**
>
> Dans une vitrine centrale de la collection Lalique, un bijou pectoral représente une femme au visage de déesse orientale sur un corps de libellule. Les ailes bougent selon l'importance du buste féminin. Elles se déplient vers le haut, ou vers le bas, selon le galbe de la femme.

Lalique avait réalisé des bijoux de scène pour la comédienne Sarah Bernhardt à laquelle Gulbenkian aurait prêté une parure de femme-libellule.
– **Un immense auditorium** accueille, avec une belle programmation tout au long de l'année, des concerts de musique classique, des projections de films et un festival de jazz au mois d'août. Si vous restez un peu à Lisbonne, ça vaut vraiment le coup de s'offrir l'une de ces soirées ! Programme et réservations accessibles sur le site ● *gulbenkian.pt* ●

🎭 🚶 *Le parc de la Fondation Gulbenkian* : à la fois jardin botanique, jardin public et annexe des deux musées qui l'entourent. On peut y déceler une lointaine inspiration japonaise. Le cadre luxuriant se dispute les faveurs des amoureux, des retraités, des étudiants, des jeunes mariés en quête de photo inoubliable et des touristes. Les multiples variétés végétales servent d'écrin aux sculptures contemporaines présentées ainsi dans un décor de choix. Près du musée Gulbenkian, un eucalyptus centenaire.

🚶 *Centro de Arte moderna José de Azeredo Perdigão* (plan d'ensemble détachable, G3, 385) : *de l'autre côté du parc.* ☎ *21-782-34-83.* ● *camjap.gulbenkian.pt* ● Ⓜ *São Sebastião. Bus nos 718 et 742. Mêmes horaires que le musée Gulbenkian. Entrée : 5 € ; pass Fondation Gulbenkian (billet combiné avec le musée Gulbenkian, voir plus haut) 15 € ; gratuit dim.* Le centre d'Art moderne de la Fondation Gulbenkian porte le nom de l'avocat et ami du grand collectionneur, qui fut le premier président de la fondation. Il abrite les œuvres majeures de la peinture portugaise moderne de 1910 à nos jours, ainsi qu'une collection d'art moderne britannique. Ces œuvres ont été achetées après la mort de Calouste Gulbenkian par l'administration du musée. Expos temporaires de bonne qualité (qualité qu'on ne retrouve malheureusement pas dans les plats proposés à la cafétéria, hélas !).

🚶 🍴 *Praça dos Touros* (plan d'ensemble détachable, I1, 386) : *à l'angle de l'av. da República.* Ⓜ *Campo Pequeno.* En brique rouge, avec des portes de style mauresque, et des bulbes byzantins sur le toit, le monument est une réhabilitation des belles et curieuses arènes construites en 1892. Dans la galerie qui les entoure, plusieurs boutiques, cafés et restos. On recommande particulièrement *Rubro* pour ses pizzas et son vin de la quinta Dona Maria. À côté, la *Pizzeria 10 Dieci* sert une excellente salade *caprese*.

## Autour de Campo Grande

Pourquoi faut-il aller si loin pour en apprendre de belles sur la vie et sur la ville telle qu'elle était autrefois ? Si vous passez peu de temps à Lisbonne, vous n'irez pas jusqu'à Campo Grande, et encore moins jusqu'au métro Lumiar, où deux autres musées hors du temps vous attendent, dans un cadre étonnant. Dommage… La visite de ces musées, perdus aujourd'hui au milieu de tours de béton et de routes à grande circulation, permet d'imaginer ce qu'a dû être autrefois la vie dans un *palácio*, ou du moins un ancien *retiro*.

🚶 *Museu de Lisboa* (hors plan d'ensemble détachable par H1) : *Campo Grande, 245.* ☎ *21-751-32-00.* ● *museudelisboa.pt* ● Ⓜ *Campo Grande. En sortant du métro, c'est en face (juste derrière le pont), le petit palais blanc qui fait l'angle. Bus n° 36 depuis le centre. Tlj sf lun et j. fériés 10h-13h, 14h-18h. Entrée : 2 € ; réduc ; gratuit avec la Lisboa Card, le dim à partir de 14h et le 18 mai (Journée internationale des musées).*
Installé dans un beau palais du début du XVIIIe s, le *palácio Pimenta,* un ancien *retiro* royal flanqué d'un beau jardin fréquenté par les paons. Un nom très significatif, désignant une belle demeure, proche de la ville, où il faisait bon « se retirer » pour faire la fête.
Dommage que tout soit en portugais (et que la muséographie, très traditionnelle, n'éveille guère la curiosité). On peut y découvrir quelques cartes anciennes de

# AU NORD DE L'AVENIDA DA LIBERDADE... / À VOIR. À FAIRE | 127

Lisbonne, des dessins, des gravures du XVIe au XIXe s, des tableaux, maquettes et reconstitutions de la capitale. Également des photos, des céramiques, des sculptures... Bien observer les peintures et gravures de la ville d'avant le tremblement de terre (1755), ainsi que les plans du marquis de Pombal pour la reconstruction de la Baixa. Les détails y sont intéressants. Le musée renferme aussi quelques stèles et plaques funéraires provenant des fouilles archéologiques du castelo São Jorge. De temps en temps, expositions temporaires dans les pavillons *Branco* et *Preto*, au fond du parc.

🏛 *Museu Bordalo Pinheiro* (hors plan d'ensemble détachable par H1) : Campo Grande, 382. ☎ 21-817-06-67. ● museubordalopinheiro.cm-lisboa.pt ● Ⓜ Campo Grande. En face du museu de Lisboa, de l'autre côté du parc-esplanade, dans une petite maison blanche. Bus n° 36 depuis le centre. Tlj sf lun 10h-18h. Entrée : 1,50 € ; réduc ; conditions de gratuité identiques à celles du museu de Lisboa. Une visite à recommander à tous ceux qui ont déjà pu découvrir, dans leurs précédentes visites, l'étonnant personnage que fut Rafael Bordalo Pinheiro, qui restera avant tout le grand caricaturiste de la société portugaise de la fin du XIXe s. Un Daumier lisboète. Créateur du personnage de Zé Povinho, allégorie du peuple *(povo)* portugais. Amusant, même si les caricatures sont moins percutantes quand on ne connaît pas le contexte ou les individus représentés (cela n'empêche pas d'admirer le coup de crayon). Le musée comprend également des pièces de céramique du même auteur (on a un faible pour les théières !), qui sont aujourd'hui très recherchées (et que vous trouverez en vente si la fabrique qui perpétue le nom du grand homme arrive à suivre, côté reproductions). Également une galerie pour les expositions temporaires.

🏛 🚶 *Jardim do Campo Grande* (hors plan d'ensemble détachable par E1) : encore un parc, tout en longueur, débordant de verdure. Les Lisboètes s'y ruent le dimanche pour faire des tours en barque sur un petit lac artificiel.

🏛 *Museu nacional do Traje e da Moda* (musée national du Costume et de la Mode ; hors plan d'ensemble détachable par H1) : largo Júlio de Castilho, parque de Monteiro Mor, Lumiar. ☎ 21-756-76-20. ● museudotraje.imc-ip.pt ● Ⓜ Lumiar (ligne jaune), puis 10 mn à pied jusqu'au musée (remonter en direction de la rua do Lumiar et traverser le grand bd à la sortie nord de la ville ; suivre les panneaux aux feux, sur la gauche). Tlj sf lun tte la journée et mar mat, 10h-18h (dernière entrée à 17h30). Entrée : 4 € (6 € avec le musée national du Théâtre et le parc) ; réduc ; gratuit 1er dim du mois.
À l'entrée du parc de Monteiro Mor, une survivance du passé, que l'on découvre avec un bonheur fou, si l'on est un amoureux des vieilles demeures ayant su garder leur charme, leurs dépendances, leur jardin. Avec plus de 37 000 pièces dans les réserves, il y aurait de quoi monter nombre d'expositions autour du thème du costume (féminin surtout), si l'argent n'était pas ici, comme dans nombre de petits musées portugais que l'on adore, quelque peu manquant. De la chapelle à la bibliothèque ayant conservé toute la collection de *Elle* depuis l'origine, en passant par les pièces de l'ancienne demeure, vous remonterez le temps, jusqu'en 1800. Imaginez, si vous ne pouvez pas les voir, les petites mains qui recousent, protègent des centaines de pièces, dans des chambres sous les toits qui mériteraient un jour un circuit spécial de visite.
Faites un tour ensuite dans le jardin et profitez du calme, de la beauté des lieux, avant de rejoindre le musée national du Théâtre, accessible depuis le parc (il suffit de suivre les flèches).
I●I Restaurant sur place, assez cher (mais une cafétéria très sympathique vous attend à la sortie de l'autre musée).

🏛 *Museu nacional do Teatro* (musée national du Théâtre ; hors plan d'ensemble détachable par H1) : estrada do Lumiar, 10. ☎ 21-756-74-10. ● museudoteatro. imc-ip.pt ● Même accès que le musée national du Costume depuis le centre. Mar-ven 10h-17h, et les 1er et 3e sam du mois (sf juin-oct) 10h-14h ; même prix d'entrée.

Un autre musée intimiste, qui ne déplace pas les foules mais que les amoureux du théâtre adoreront, même sans comprendre un seul mot de portugais. Costumes, accessoires, maquettes, programmes, affiches, on se laisse porter par son imagination autant que par le thème de l'exposition du moment.

De l'ancien palais, l'actuel musée n'a gardé que le décor, l'intérieur ayant été entièrement reconstruit après l'incendie dont témoigne une vieille photo en noir et blanc. Allez faire un tour dans les jardins, qui n'occupent que 2 des 11 ha du parc de la propriété achetée en 1975 par l'État portugais.

I●I Et posez-vous un instant en terrasse, à la cafétéria, où l'on vous proposera le midi un plat du jour tout à fait honorable.

## Un peu plus à l'ouest, autour du jardin zoologique

**Jardim zoológico** *(plan d'ensemble détachable, C-D1, 387)* : *praça Marechal Humberto Delgado, estrada de Benfica, 158-160. ☎ 21-723-29-10. ● zoo. pt ● Ⓜ Jardim Zoológico. Tlj 10h-20h (18h en hiver). Entrée : 18,50 € ; 13,50 € enfants (3-11 ans) ; petite réduc avec la Lisboa Card et la carte Jeune. Attention : billetterie au fond à gauche de la zone non payante, après les restos (ne pas confondre avec Animax, qui n'a rien à voir).* Le réaménagement du jardin zoologique fera plaisir aux amoureux des bêtes qui n'aiment pas voir des animaux en cage. Dans le parc d'une ancienne *quinta*, où le chic kitsch du XIX$^e$ s s'estompe peu à peu. Spectacle de dauphins impressionnant *(tlj à 11h, 15h, 17h en été ; en hiver, tlj à 11h et 15h, sf mar slt à 15h).* Le billet d'entrée permet l'accès à toutes les attractions (télécabine, reptilarium, delphinarium, spectacles d'oiseaux en vol libre, alimentation de certains animaux à heures fixes) ; seul le petit train n'est pas compris. Belles perspectives du miradouro dos Moinhos sur l'aqueduc das Águas Livres et le parc Monsanto. L'endroit est vaste et on peut y passer une bonne partie de la journée.

**Museu das Crianças** *(musée des Enfants ; plan d'ensemble détachable, D1)* : *praça Marechal Humberto Delgado. ☎ 21-397-60-07 ou 80-82. ● museuda scriancas.eu ● Accès par le portail du jardin zoologique, puis sur la droite, derrière le kiosque d'info. Visites guidées slt sur rdv : à 10h et 14h lun-ven, sam à 10h et 18h. Entrée : 4,50-6 €.* Le musée des Enfants accueille une expo permanente, « En moi, il y a un trésor », destinée aux 5-12 ans (accompagnés d'un parent) pour apprendre à mieux se connaître, découvrir son entourage et voyager dans l'imaginaire. Du labyrinthe au grenier fabuleux en passant par le jardin des talents, la visite est accompagnée par un animateur. Un sympathique musée, bien conçu, au personnel enthousiaste et souriant.

**Palácio Fronteira** *(plan d'ensemble détachable, B2, 388)* : *largo de São Domingos de Benfica, 1. ☎ 21-778-20-23. ● fronteira-alorna.pt ● Ⓜ Jardim Zoológico. En taxi : le plus rapide ; donner au chauffeur l'adresse complète du palais, pour éviter les confusions. En métro et à pied, c'est faisable, mais compliqué. En sortant du métro (station Jardim), longer le jardin zoologique en laissant la grille sur sa droite, tourner à droite et à gauche pour arriver dans la rua das Furnas ; remonter la rua das Furnas puis la rua São Domingos, dans son prolongement, traverser la grande passerelle qui enjambe la voie ferrée et l'autoroute ; vous verrez alors le palais rougeoyant à 500 m plus haut à flanc de colline. En bus : n° 770 depuis le terminal rodoviário Sete Ríos (1-2 bus/h), puis c'est la 7ᵉ station : arrêt Palácio Marqueses de Fronteira. Visites guidées slt : juin-sept, à 10h30, 11h, 11h30 et 12h ; oct-mai, à 11h et 12h. Jardins ouv également 14h30-16h30. Fermé dim et j. fériés (attention, jardin fermé sam ap-m !). Entrée : 7,50 € ; pour les jardins slt : 3 € ; gratuit moins de 14 ans.*

# AU NORD DE L'AVENIDA DA LIBERDADE... / À VOIR. À FAIRE

« Cette maison ne m'appartient pas, j'appartiens à cette maison » : telle est la conception philosophique de dom Fernando de Mascarenhas, 12e marquis de Fronteira. Tout aristocrate qu'il fût, ce grand démocrate et humaniste participa à la révolution des Œillets en permettant des réunions d'opposants à la dictature dans sa propriété. Un marquis « rouge », en somme, professeur de philosophie et d'histoire, adepte selon certains d'un élégant et pacifique « marquisme-léninisme ». Grâce à lui, ce palais fut l'un des rares endroits à avoir échappé à une reconversion en administration, après 1974. La direction en est assurée par une fondation privée *(fundação das Casas de Fronteira e Alorna)*, modèle de conservation du patrimoine, souvent cité en exemple au Portugal et en Europe. La fondation a obtenu plusieurs récompenses et prix internationaux. Le palais organise aussi des expositions culturelles, des concerts et des rencontres.

### *Le palácio*
Voici l'un des meilleurs exemples de palais portugais du XVIIe s. Il s'agit d'une *quinta*, c'est-à-dire une résidence à la campagne, sorte de « palais secondaire » d'une famille noble qui possédait son palais principal en ville. Cette campagne ayant été envahie par des banlieues hérissées d'immeubles et de tours modernes, il faut faire un effort d'imagination pour restituer le paysage bucolique de cette époque.
Une première vision : une grande partie des murs intérieurs et extérieurs de ce palais baroque est ornée d'azulejos. Ils devaient éblouir les invités du premier marquis.
– *À l'intérieur*, on visite le hall d'entrée orné d'une grande fontaine et la vaste salle de la bataille aux murs couverts de huit grands panneaux d'azulejos. Ils représentent les grandes batailles de la guerre de Restauration (elle dura 27 ans) opposant le Portugal à l'Espagne. Les batailles se déroulèrent dans l'est du Portugal : Estremoz, Évora, Elvas, Castelo Rodrigo... C'est l'un des aïeux de dom Fernando, le Conde da Torre, qui mena cette guerre jusqu'à la victoire, face à don Juan d'Autriche (les Habsbourgs d'Espagne). Cette victoire permit au Portugal de retrouver son indépendance après 60 ans d'annexion du Portugal par l'Espagne (1580-1640). Remarquer que l'artiste a nommé de nombreux officiers présents sur le champ de bataille et les a inscrits sur les azulejos.
Plus loin, belle salle à manger avec ses azulejos de Delft (du XVIIIe s), les seuls du palais qui ne soient pas portugais. Un tableau montre un marquis de Alorna qui fut vice-roi des Indes. Plus richement meublés et vivants que les autres pièces, les salons abritent des commodes de style français du XVIIIe s, des tapisseries d'Inde et une peinture de la mère de dom Fernando (très belle femme). Dans le salon Junon, belle vaisselle chinoise. De la bibliothèque-véranda, très jolie vue sur le jardin, avec, en perspective, les quartiers modernes (et peu esthétiques) du nord de Lisbonne.

### *Le jardin*
Organisé autour d'un grand bassin, surmonté par la galerie des Rois (statues, bustes) et surplombant un parterre de haies taillées au tracé géométrique. Le moindre recoin de ce charmant et mystérieux jardin a été décoré par des azulejos représentant aussi bien des scènes mythologiques, poétiques, historiques et allégoriques que des scènes de la vie quotidienne, parfois burlesques ou grotesques. Beaucoup plus récent, un panneau d'azulejos de Paula Rego, représentant le feu, borde le jardin situé devant la galerie des Rois.
– Pour en savoir plus, lire le très bel ouvrage de Pascal Quignard : *La Frontière, azulejos du palais Fronteira*, aux éditions Chandeigne. Un ouvrage réédité avec les reproductions des fameuses scènes de la vie quotidienne qui ont fourni à l'imagination de l'auteur le point de départ pour cette brillante et amusante reconstitution.

***Museu da Música*** *(hors plan d'ensemble détachable par C1) : rua João Freitas Branco.* ☎ *21-771-09-90.* • *museudamusica.pt* • Ⓜ *Alto dos Moinhos.*

*Tlj sf dim et certains j. fériés 10h-18h. Entrée : 3 € ; réduc ; gratuit avec la* Lisboa Card *ou le* pass Museus, palácios e monumentos de l'IMC *(7 € pour 2 j., 11 € pour 5 j., 14 € pour 7 j.).* Installé au niveau de la billetterie, à l'intérieur de la station de métro (décorée par Júlio Pomar : avez-vous reconnu Fernando Pessoa et Luís de Camões ?). Dans une salle garnie de vitrines, le musée de la Musique présente une partie de sa collection d'instruments du XVIe s à nos jours – principalement européens, mais aussi d'Afrique et d'Asie – issus pour la plupart de collections privées. Au milieu des clavicordes trône le premier piano à queue apparu au Portugal, apporté par Franz Liszt pour un concert au théâtre São Carlos. Toutes sortes de guitares et autres cithares. Un souffle de fantaisie côté vents, avec un cor en porcelaine et deux trombones à tête de serpent, plutôt étonnants. Et aussi un *serpentão*, venu de l'époque où le tuba n'était pas encore enroulé sur lui-même. Également quelques peintures, photos et gravures. Dommage que le musée manque d'explications, ce qui le rendrait parlant aux non-avertis.

🚶 *Parque florestal de Monsanto (plan d'ensemble détachable, A5, 389) : infos à l'Espaço Monsanto.* ☎ *21-817-02-00 ou 01. Bus nos 711 (Baixa), 729 (Belém et Ajuda) et 70 (Sete Ríos).* Poumon vert de Lisbonne, cette ancienne carrière, dont les pierres ont recouvert bien des trottoirs de la ville, offre 900 ha de verdure aux marcheurs, patineurs, VTTistes, pique-niqueurs, etc. L'été, nombreux concerts gratuits en plein air dans le cadre de « Lisboa em Festa » (programme à l'office de tourisme). Organisation d'activités sportives et de découverte du parc de Monsanto, parfois payantes.

Aux premiers rayons de soleil, les familles profitent des jeux pour enfants et du point de vue sur la ville du *parque recreativo do Alto da Serafina (plan d'ensemble détachable, B3, 390 ;avr-sept 9h-20h, oct-mars 9h-18h ; entrée gratuite).*

## *BELÉM ET AJUDA*

> • Pour le plan de Belém, se reporter au plan détachable en fin de guide.

Belém, un nom qui chante à toutes les oreilles ! Le mot signifie Bethléem en portugais. C'est en appareillant d'ici, le 8 juillet 1497, que Vasco de Gama découvrit les Indes, ouvrant ainsi la route vers la Chine et le Japon. L'effervescence des découvertes y a laissé une concentration impressionnante de monuments, dont le plus beau de Lisbonne : le monastère dos Jerónimos. En 1940, Salazar a mis en scène, sur la vaste esplanade qui lui fait face, l'Exposition du monde portugais. Les jardins et le nom de *praça do Império* sont restés, alors que tous les bâtiments, construits à la hâte pour l'occasion, ont été démontés. Seul le monument des Découvertes conserve la mémoire de cette manifestation puisqu'il a été reconstruit, en dur cette fois-ci, en 1960. Au milieu de tout cela a surgi en 1992 l'énorme *Centro cultural de Belém,* qui dynamise le quartier avec des manifestations de prestige et abrite le *museu Colecção Berardo,* superbe musée d'Art moderne et contemporain en bord de Tage.

### Un dimanche matin à Belém

Rien de tel qu'une petite balade dominicale dans Belém pour découvrir le quartier qui fut au départ de tous les rêves portugais. Venez tôt : tranche de vie garantie et la plupart des musées sont gratuits jusqu'à 14h (mais du coup, il y a beaucoup de monde, et des queues interminables) ! Tant pis pour ce que vous aurez fait la veille au soir. Le tram n° 15 vous y mène directement depuis praça da Figueira. Quelques coureurs et VTTistes s'arrêtent une fois passé le pont. On gonfle poumons et roues de vélos, en guettant l'arrivée des premiers bus, des premiers taxis jetant des Japonais fiévreux. Les marchands de souvenirs finissent de s'installer. Le train

reliant Lisbonne à Cascais passe en fond sonore, emmenant vers la mer d'autres promeneurs du dimanche.
Quelques Lisboètes venus en famille longent le fleuve pour approcher le plus près possible de la célèbre tour manuéline sur le Tage, cette tour-Pénélope qui attend toujours l'arrivée, de moins en moins probable, de caravelles et de galions chargés de marchandises, épices et autres trésors de Macau, tissus des Indes, émeraudes et topazes du Brésil.
Torre de Bélem, quel joli nom, pour un rêve ! Ici, tout le monde se souvient d'un temps où le Portugal était le maître du commerce le plus étendu du monde. Grâce à ses navigateurs ! Comment voudriez-vous que l'on n'aient pas la nostalgie en regardant cette tour d'où partit Vasco de Gama pour son voyage aux Indes (1498-1499) ? On devrait parler aussi de Magellan (Magalhães), un des plus grands navigateurs portugais de l'Histoire. Malheureusement pour le roi du Portugal, celui-ci ne roulait pas pour Lisbonne mais pour Séville. Magellan proposa ses services au roi d'Espagne, et c'est sous la bannière espagnole que le Portugais accomplit le premier tour du monde en 1519-1522 (il est mort en route, aux Philippines au cours d'une rixe ridicule).
Un dimanche à Belém, c'est tout un programme, avec quelques incontournables, évidemment : la messe à la cathédrale, qu'on aperçoit de l'autre côté des jardins et de la route, longue barre de pierres blanches du monastère-nécropole dos Jerónimos. Des scouts, des vieilles dames se pressent pour monter les marches. Pour qui ne voudrait pas assister à la messe (11h45-13h15), une visite au musée de la Marine, quasiment mitoyen, est un régal. Avant la fin de la messe, filez rue de Belém, aux jolies petites maisons d'un étage, avant la ruée. Celle-ci s'arrête en fait devant l'*Antiga Confeitaria de Belém*. Certains feront la queue devant les comptoirs tandis que d'autres essaieront de trouver une place assise pour goûter les *pastéis de nata* qui ont fait la réputation de cette fameuse pâtisserie (voir la rubrique « Pâtisseries et salons de thé »).
Le 3e dimanche du mois, ne manquez pas la **relève de la garde,** à 11h tapantes, devant le palais présidentiel : du grand spectacle gratuit comme on n'en fait plus. Et filez ensuite jusqu'au célèbre musée des Carrosses, le plus visité de toute la ville, à juste raison. Vous pouvez même jeter un œil au « musée des souvenirs » qu'abrite le palais présidentiel.
– *Petits enquiquinements :* redoublez de vigilance dans les files d'attente et dans le tram, des pickpockets œuvrent sans agressivité. Mode opératoire : petite bousculade suivie d'un sympathique sourire pour effacer les soupçons. Ils opèrent souvent à deux. Gardez vos sacs sur le ventre, attention aux poches pantalon et poches poitrine, ils sont très doués. Un routard averti en vaut deux.

## Arriver – Quitter

➢ *Tramway :* n° 15, départ de la praça de Figueira. C'est le meilleur moyen pour aller à Belém. Durée : 40 mn. Nous vous conseillons de prendre le tram depuis son départ, comme cela vous aurez une place assise et ainsi vous éviterez tout contact avec d'éventuels pickpockets.

➢ *Bus :* nos 43 ou 28. Depuis le museu de Arte Antiga, bus n° 227.
➢ *En train :* depuis Cais do Sodré ; compter 1,80 €.
➢ *En voiture :* pas franchement pratique.

## Adresses utiles

**Ask me Lisboa Belém** (plan détachable Belém) *: praça do Império, petit kiosque en face du mosteiro dos Jerónimos (trottoir d'en face).* ☎ 21-365-84-35. ● *askmelisboa.com/en/content/belem* ● *Tlj sf dim 10h-13h, 14h-18h.* Informations touristiques sur Belém.

■ **Police Belém** (plan détachable Belém, **8**) : *praça Afonso de Albuquerque, juste avt le palais présidentiel.* ☎ *21-361-96-26. Ouv 24h/24.* Ils vous aiguilleront dans vos démarches en cas de pépin avec les pickpockets. À deux pas se trouve la poste, avec distributeur de timbres à l'extérieur.

## Où dormir ?

### Prix moyens

▲ **Pensão Setubalense** (plan détachable Belém, **90**) : *rua de Belém, 28 ; 1°.* ☎ *21-363-66-39.* • *geral@pensaosetubalense.pt* • *pensaosetubalense.pt* • *À 300 m du monastère dos Jerónimos. Résa conseillée. Doubles 45-60 € selon confort (avec ou sans AC).* 🛜 *Réduc de 10 % sur le prix de la chambre sur présentation de ce guide.* Façade ancienne sur une rue commerçante et animée ; derrière, long dédale de chambres bien tenues, au sol carrelé, équipées de douche et w-c, téléphone et TV. En demander une sur l'arrière : pas de vue, mais c'est calme. Bon accueil.

▲ **Chez Isabel et Gustave** (plan détachable Belém, **91**) : *rua Dom Lourenço d'Almeida, 5 ; 5° ; interphone 5E.* ☎ *21-301-50-11.* 📱 *917-24-71-90.* • *i.lopes.queiroz@gmail.com* • *Double 60 €, petit déj inclus.* 🛜 Dans un immeuble moderne, 5 chambres d'hôtes confortables. Une adresse pour vivre Belém en toute quiétude. L'une d'entre elles dispose d'une terrasse offrant un bout de vue sur le Tage. Les propriétaires sont adorables et partagent leur passion pour les arts car Gustave est photographe pro et enseignant à la retraite des Beaux-Arts de Lisbonne. Proposent aussi des appartements tout proches ou dans le centre-ville de Lisbonne. Un bon plan.

## Où manger ?

Dans la rua Vieira Portuense (entre la rua de Belém et le Tage), plusieurs restos avec terrasse donnant sur la verdure, en rang d'oignons et bondés le midi ! Néanmoins, l'endroit reste sympa et profite de la proximité d'un parc ombragé.

### De bon marché à prix moyens

|●| **Pao Pao Queijo Queijo** (plan détachable Belém, **186**) : *rua de Belém, 126, presque à l'angle du largo dos Jerónimos. Tlj 10h-minuit (20h dim). Menu plat chaud + boisson 8 € env. Sandwichs, kebabs, pitas, salades env 5 €.* Un petit snack où tout est préparé à la commande avec des produits frais et qui ne désemplit pas de la journée. Idéal pour grignoter sur le pouce entre 2 visites. Personnel sympa mais parfois débordé. Juste à côté, si vous n'avez pas la patience, chez **Honorak**, de très bons hamburgers, avec des produits frais.

|●| **Belem 2 a 8** (plan détachable Belém, **187**) : *rua de Belém, 2-8.* ☎ *21-363-90-55.* • *belem2a8@gmail.com* • *Compter env 15 €/pers.* Une bonne petite table qui propose une cuisine traditionnelle revisitée, à prix raisonnables et de belle qualité. Terrasse sur la rue de Belém, aux beaux jours, avec le mouvement qui va avec !

|●| **Jerónimos** (plan détachable Belém, **188**) : *rua de Belém, 74-78.* ☎ *21-363-84-23.* • *jeronimos@gmail.com* • *Plats env 10-15 €.* Voilà une adresse qui permet de déjeuner dans une ambiance joviale, cerné par des serveurs efficaces qui virevoltent entre les tables, jonglent avec brio de l'allemand à l'italien ou au français, et se fendent d'un petit numéro à l'occasion. La clientèle compte autant d'habitués au comptoir, de jeunes cadres qui travaillent dans le quartier, que de touristes de passage. Évidemment, dans l'assiette, que des plats portugais bons, copieux et bien frais. Et si vous êtes pris d'une fléminite

## Plus chic

**|●| ☂ Darwin's Café** (hors plan détachable Belém, **189**) : *av. Brasília, ala B.* ☎ *21-048-02-22.* ● *info@darwincafe.com* ● *Dans la Champalimaud Foundation, après la Torre de Belém. Tlj sf lun soir. Repas servis 12h30-15h30, 19h30-23h ; salon de thé-snack 16h30-18h30. Plats 15-25 €, snacks 5-8 €.* Belle terrasse suspendue sur les bords du Tage. Ce lieu ultra-sélect permet de boire un verre avec une des plus belles vues qui soient sur la Torre de Belém. La salle du restaurant est une réussite esthétique, brillant mélange de cabinet de curiosités et de design moderne. Ne manquez pas de vous balader sur le plan incliné de la Champalimaud Foundation et laissez-vous envahir par cette fluide architecture moderne qui mène sur la ligne franche de l'horizon.

## Pâtisserie et salon de thé

**☕ Antiga Confeitaria de Belém** (plan détachable Belém, **260**) : *rua de Belém, 84-92.* ☎ *21-363-74-23.* ● *pasteisdebelem@pasteisdebelem.pt* ● *Juste avt d'arriver au monastère des Jerónimos. Tlj jusqu'à 23h (22h dim).* Réputé depuis 1837 pour sa spécialité : les *pastéis de nata* ou pastéis de Belém, petits flans ronds lovés dans une délicieuse pâte feuilletée, saupoudrés de cannelle et de sucre glace selon les goûts de chacun. Plus de 15 000 de ces délicieuses gâteries s'écoulent les jours d'affluence ! On peut assister à la fabrication, derrière une vitre. Admirez au passage les azulejos du XVIIe s, superbes de naïveté, qui courent sur tous les murs des différentes salles, jusque dans les toilettes. Même s'il y a la queue, ça va très vite, ils sont très bien organisés, et les *pastéis* sont à se damner ! En revanche, les petits déj ne sont pas terribles.

## Achats

**⊛ Coisas do Arco do Vinho** (plan détachable Belém, **347**) : *rua Bartolomeu Dias, loja 7-8.* ☎ *21-364-20-31.* ● *coisasdoarcodovinho.pt* ● *Tlj sf lun et j. fériés 11h-20h (19h30 w-e).* Une boutique pour vrais amateurs de vins portugais, tenue par des connaisseurs, derrière le centre culturel de Belém, dans l'ombre duquel elle prospère. Belle sélection et bons conseils.

# À voir. À faire

## Belém

🚶 Dans la première ruelle à gauche en venant du monastère, le **beco do Chão Salgado** (impasse du Sol-Salé). Il n'y a rien à voir, si ce n'est une colonne commémorant ce rien. C'est le seul témoignage de l'élimination d'un rival de Pombal qui, n'étant pas encore marquis, avait déjà quelque ambition. Vous êtes au cœur du domaine d'une des familles nobles les plus anciennes du Portugal, impliquée dans un attentat contre le roi Joseph Ier (manqué, mais on ne badine pas pour si peu !). La demeure fut rasée, le sol couvert de sel, les biens confisqués et les propriétaires joyeusement exécutés sur la place publique, sur ordre d'un certain ministre du nom de Carvalho. Les rois n'oublient pas ce genre de service et, quelques années plus tard, ce dernier sera fait marquis de Pombal.

## Belém, côté ville

**Mosteiro dos Jerónimos** (monastère des Hiéronymites ; plan détachable Belém, 391) : *praça do Império.* ☎ 21-362-00-34. ● mosteirojeronimos.pt ● *Tlj sf lun 10h-17h30 (18h30 mai-sept) ; dernière entrée 30 mn avt. Horaires église : 10h-17h (18h mai-sept) ; dernière entrée 30 mn avt. Fermé 1er janv, dim de Pâques, 1er mai et 25 déc. Entrée : 10 € ; réduc ; gratuit moins de 14 ans, pour ts le 1er dim du mois (visite discrète souhaitée pdt la messe, 10h30-13h) et avec la Lisboa Card. Billets combinés (en principe, permettent de ne pas refaire la queue) : Mosteiro dos Jerónimos + Torre de Belém ou Museu nacional de Arqueologia 12 € ; Torre de Belém + Mosteiro dos Jerónimos + Museu nacional de Arqueologia 16 € ; Torre de Belém + Mosteiro dos Jerónimos + Museu nacional de Arqueologia + Museu de Arte Popular + Museu nacional de Etnologia + Museu dos Coches 25 €.*

Classé au Patrimoine mondial de l'Unesco en même temps que la tour de Belém. Miraculeusement épargné par le tremblement de terre de 1755, c'est tout simplement grandiose, à ne pas manquer ! Sa construction, décidée par le roi Manuel Ier en 1496, a été en quelque sorte « dopée » par le retour des Indes de Vasco de Gama et les prodigieuses richesses. Mais les travaux ont duré près d'un siècle. Son nom provient de l'ordre monastique de saint Jérôme, dont l'une des missions était de veiller au bien-être et à la foi des marins.

– **L'église** (accès gratuit, mais étage payant) peut à juste titre, avec le monastère de Tomar, être qualifiée de chef-d'œuvre de l'art manuélin. Encadré de deux magnifiques fenêtres, le portail sud, foisonnement végétal et orgie de niches ouvragées garnies de statues, est un chef-d'œuvre dû à Boytac. En bas, admirez la statue d'Henri le Navigateur. Le portail principal, à l'ouest, est en partie caché par le long édifice ajouté au XIXe s dans un pastiche laborieux de l'église. Superbe, fascinant ! Dans la multitude de détails gothiques, on distingue, de part et d'autre de la porte en accolade, le roi Manuel et son épouse.

Passé le porche de l'église, on est accueilli par deux illustres Portugais. À droite, le **tombeau de Luís de Camões** (1525-1580), le grand poète qui chanta les exploits des navigateurs au bout du monde *(Les Lusiades)* et à gauche, celui de **Vasco de Gama** (1460-1524), le premier découvreur de la route maritime des Indes en 1498, en contournant le cap de Bonne-Espérance. Notez les sculptures sur le coffre de marbre, représentant des cordages marins enlacés, un beau symbole.

À l'intérieur, admirable nef d'une grande audace architecturale, soutenue seulement par de très belles colonnes sculptées, à l'encontre de toutes les techniques en pratique en Europe à l'époque. Elles résistèrent au tremblement de terre de 1755. Admirez la décoration des piliers et les nervures en palmier. Vitraux admirables, d'une richesse de couleurs surprenante. Dans la *capela sul do transepto* (chapelle sud du transept), les tombes des enfants du roi João III. Dans la chapelle nord, autres tombes des cinq fils du roi Manuel.

– On accède au **cloître** datant du XVIe s par le portail à côté de l'église. Cour de palais plutôt que cloître, l'un des plus riches du monde, par l'invraisemblable profusion de détails et l'exubérance de l'ornementation, mélange original d'inspiration végétale, religieuse et royale. La rénovation a restitué la superbe couleur sable de la pierre d'Alcântara, ce qui permet d'apprécier la finesse du travail sur les colonnettes et les gargouilles. Sur le mur du fond, un simple bloc de granit signale la **pierre tombale de Fernando Pessoa.** Ne manquez pas de vous balader dans la galerie supérieure : une salle présente sur un grand panneau circulaire un synopsis de l'histoire du Portugal et du site, très bien fait et illustré, avec des commentaires en anglais.

**Centro cultural de Belém** (plan détachable Belém, 347) : *praça do Império, 1449-003. Le long du Tage, face au monastère dos Jerónimos.* Grand comme une cité maya. Construit en 1990 par les architectes Vittorio Gregotti et Manuel Salgado, il a été conçu pour doter le Portugal d'un outil culturel performant. Il s'est affirmé comme le rendez-vous incontournable des intellectuels et des artistes. Salles de congrès, auditoriums pour concerts et spectacles vivants, grandes expos, etc. Pour ceux que ça intéresse, grand centre de documentation sur l'Union européenne au rez-de-chaussée. Mais c'est surtout l'occasion de découvrir le *museu Colecção Berardo* (voir ci-après).

🎨 ***Museu Colecção Berardo*** *(plan détachable Belém, 347) : praça do Império, à l'intérieur du Centro cultural de Belém. Infos sur les manifestations :* ☎ *21-361-28-78.* • *museuberardo.pt* • ♿ 🚆 *n° 15 ; bus n°s 729, 714, 727, 728 et 751. Tlj sf lun 10h-19h, 24 et 31 déc 10h-14h30, 1er janv 12h-19h (dernière entrée 30 mn avt). Fermé 25 déc. GRATUIT, sf pour quelques expos temporaires.* 📶

La collection Berardo est l'une des collections les plus importantes au monde. Originaire de Madère, l'enfant pauvre, qui collectionnait les timbres et les boîtes d'allumettes, s'est mué en

### COMMENT L'*ŒDIPE* DE BACON EST-IL ARRIVÉ CHEZ LE COLLECTIONNEUR BERARDO ?

*Sylvester Stallone proposa au collectionneur José (ou Joe) Berardo de passer chez lui pour lui montrer une « petite » toile d'un artiste méconnu qu'il avait acquise il y a quelque temps et que sa femme trouvait plutôt moche. Quelle ne fut pas la surprise de José en découvrant la « petite » toile, qui se trouvait être tout simplement l'immense tableau de Bacon, le fameux Œdipe ! Une chance pour le collectionneur portugais, qui l'acheta immédiatement.*

un important homme d'affaires érigeant sa fortune dans les mines d'or en Afrique du Sud, puis en spéculant auprès des banques et en rachetant des vignobles, de prestigieux hôtels et entreprises à travers le monde. Fin amateur d'art, il s'offrit de nombreuses œuvres : Picasso, Miró, Bacon, Dalí, Warhol, Man Ray, Vieira da Silva, Mondrian, Pollock, Roy Liechtenstein et Paula Rego (la Portugaise) et tant d'autres se retrouvent ici, rien que pour vos yeux... Aujourd'hui, ce musée abrite la plus importante de ses collections, tant en terme de valeur qu'en terme de volume. Elle fut l'objet d'un accord avec le gouvernement portugais en 2006. Depuis, ce sont plus de 4 millions de visiteurs ravis qui ont arpenté les lieux.

Son installation dans cet espace déclencha une grande polémique entre José Berardo et l'État portugais. Berardo a menacé d'emporter ses fonds artistiques en France. Finalement, on a créé la Fondation d'art moderne et contemporain de la collection Berardo, dont le contrat prévoit la concession pour 10 ans et l'obligation par l'État d'entretenir, d'exposer et d'enrichir la collection par de nouvelles acquisitions durant tout ce temps. Cette année, le gouvernement portugais peut acheter la collection, à moins que les œuvres ne soient classées comme Patrimoine national, à suivre en 2016 !

Ce musée abrite aujourd'hui plus de 862 œuvres (évaluées par Christie's à 316 millions d'euros !). Surréalisme, abstraction, années pop (au passage, *pop art* vient de *popular art*), hyperréalisme, expressionnisme, mouvements de la couleur et de la forme, des motifs...

– ***Niveau - 1 :*** collection contemporaine (après 1960) et la publicité depuis 1900.
– ***Niveau 0 :*** expos temporaires.
– ***Niveau 1 :*** accueil des publics.
– ***Niveau 2 :*** de 1900 à 1960. De loin l'étage le plus intéressant car chaque salle est organisée par mouvement artistique, du cubisme au pop art. Des chefs-d'œuvre dans chaque salle ou presque ! Amoureux de l'art avec un grand A, Berardo a récemment élargi ses collections à l'achat de vidéos et de photos, entre autres, disséminées au gré des accrochages.

🎨 ***Capela do Restelo*** *(chapelle du Restelo ; hors plan détachable Belém, 392) : accessible par le haut de l'av. Torre de Belém.* Faites un saut dans le Restelo pour admirer la chapelle dos Jerónimos, jadis dans le domaine du monastère. C'est le même Boytac qui a œuvré, mais ici l'austérité domine, renforçant encore l'impression de volume. On ne peut malheureusement pas y entrer. Remarquez toutefois les gargouilles. Joli belvédère avec vue plongeante sur la tour de Belém dans les reflets de la mer de Paille. Peu fréquenté.

🎭 🚶 **Museu da Marinha** *(plan détachable Belém, 393)* : situé dans la partie XIXe s du monastère. ☎ 21-362-00-19. ● museu.marinha.pt ● Tlj sf lun et 1er janv, dim de Pâques, 1er mai et 25 déc, 10h-18h (17h oct-avr). Entrée : 6 € ; réduc, notamment avec la Lisboa Card ; gratuit 1er dim du mois. Petit dépliant en français.

> **SECRETS BIEN GARDÉS**
>
> Le roi Manuel le Fortuné avait ordonné d'exécuter par pendaison les capitaines qui osaient communiquer leurs secrets géographiques et cartographiques (les routes maritimes) à des puissances étrangères. Dans ce climat de terreur, le Portugal pouvait garder le monopole de ses découvertes.

Le musée rappelle que le Portugal fut une grande puissance maritime aux XVe et XVIe s. Bien avant les autres nations européennes, le Portugal lança des expéditions sur les mers inexplorées, découvrant des contrées jusque-là inconnues. Un décret royal de juillet 1863 entraîne la création de ce musée.
On y voit de belles cartes d'époque. Maquettes magnifiques, instruments de navigation rutilants et mystérieux, peintures, uniformes, un autel portatif et même des cabines d'un paquebot du XIXe s, qui furent celles de la famille royale lors de son émigration au Brésil. Pour les amateurs, belle série de maquettes de bateaux, figures de proue, tableaux de combats navals et portraits hauts en couleur.
En face, de l'autre côté de la cour, changement d'échelle ! Après quelques barques de pêche, une étonnante embarcation avec toutes ses rames, sorte de galère d'apparat pour messieurs les souverains. Un hangar où l'on vous rappellera que l'aventure maritime fut aussi celle des premiers hydravions.
Pour compléter votre visite, il convient de traverser le Tage en ferry, et de découvrir, amarré à un quai de Cacilhas, le superbe trois-mâts *Don Fernando II* qui a été restauré et ouvert au public (voir plus loin Cacilhas, dans le chapitre « Les environs de Lisbonne. Au sud du Tage... »).

🎭 *Museu nacional de Arqueologia* *(plan détachable Belém, 394)* : praça do Império. ☎ 21-362-00-00. ● museuarqueologia.pt ● ⚡ Tlj sf lun 10h-18h (avec parfois une interruption au déj). Fermé 1er janv, jour de Pâques, 1er mai et 25 déc. Entrée : 5 € ; réduc ; gratuit avec la Lisboa Card et 1er dim de chaque mois. Installé dans l'aile du monastère qui servait de dortoir, ce musée a choisi de mettre en valeur ses collections d'objets (de la préhistoire à l'époque médiévale) à travers des expositions temporaires et thématiques. Seule une magnifique collection de bijoux et d'orfèvrerie reste permanente, ainsi qu'une belle salle égyptienne contenant, entre autres, deux sarcophages. Un agréable voyage dans le passé.

🎭 🚶 *Jardim Museu Agrícola Tropical* *(jardin tropical ; plan détachable Belém, 395)* : calçada do Galvão. ☎ 21-360-96-60 ou 65. Derrière la rue de Belém, il jouxte le palais présidentiel. Bus n[os] 27, 28, 29, 43 et 51. Mai-août 10h-20h, avr et sept 10h-19h, fév-mar et oct 10h-18h, nov-janv 10h-17h. Entrée : 2 € ; réduc. Sur 7 ha, l'ancien *jardim do Ultramar* présente des espèces végétales acclimatées des anciennes provinces portugaises : Brésil, Angola, Mozambique, Cap-Vert, Macao... Une bonne occasion de rompre ici avec l'astreinte muséophage. Assis sur un banc, entouré des essences de l'arboretum et d'oiseaux enjoués, vous profiterez d'un dépaysement paisible. Parfait pour un pique-nique !

🎭 🚶 Passez devant l'*ancien palais royal,* devenu résidence du président de la République. Il abrite le *museu da Presidencia da República* *(plan détachable Belém, 396 ; tlj sf lun 10h-18h, sam 10h30-16h30 ; entrée : 2,50 €, gratuit dim et j. fériés jusqu'à 13h)* qui est, comme vous l'aviez certainement deviné, un petit musée du souvenir permettant, comme à Château-Chinon ou partout dans le monde, de stocker les cadeaux en trop, qui n'ont pas trouvé place dans les armoires de la présidence. Amusant si on n'en abuse pas, comme tous les musées de ce type.

%%% ⚑⚑ Ne manquez pas le spectacle assez incroyable de la **relève de la garde nationale républicaine**, le 3e dimanche de chaque mois, à 11h. Même les chiens sortent en musique, accompagnant la garde descendante, tandis qu'une fanfare donne envie d'applaudir à tout rompre, au passage des chevaux, des casques dorés (et pas seulement par le soleil), des 28 musiciens à cheval, imperturbables. À ne pas manquer, car la fanfare à cheval est fière d'être la seule au monde à exécuter des morceaux de musique au galop... Quant aux chevaux, ce sont pour la plupart de magnifiques alezans, de race lusitanienne.

%%%% ⚑⚑ **Museu dos Coches** (musée des Carrosses ; plan détachable Belém) : *praça Afonso de Albuquerque (la place juste avt d'arriver au monastère).* ☎ *21-361-08-50.* • *museudoscoches.pt* • *Bus nos 28, 714 et 727 ;* ⓂⓂ *n° 15. Tlj sf lun et certains j. fériés 10h-17h30 (dernière entrée). Entrée : 6 € ; réduc ; gratuit avec la Lisboa Card, moins de 12 ans et 1er dim de chaque mois.*

Le nouveau bâtiment du musée des Carrosses, situé de l'autre côté de la rue, présente une architecture moderne au dessin raide. Ce musée est né de l'initiative de la **reine Amélie du Portugal**. Née française, épouse de Carlos Ier, elle échappa à l'attentat de 1908 et s'exila au Chesnay près de Versailles, après la chute de la monarchie et l'établissement de la République en 1910. Elle demanda que le premier catalogue des carrosses soit rédigé en français.

*Visite*

Ce musée renferme plusieurs dizaines de superbes carrosses royaux, et pontificaux, des coches, des berlines du XVIe au XIXe s, la plupart somptueusement peints et décorés. Souvenirs d'un temps où Lisbonne ne connaissait pas les embouteillages, où les taxis étaient des voitures de voyage conduites par des postillons montés, aux intérieurs rouge et or, aux rideaux en soie brodée... Le diamètre des roues atteint facilement la taille d'un adulte ; impressionnant !
Laissez-vous griser par cette machine à voyager dans le temps, dissimulée dans un somptueux manège à deux pas de la présidence de la République.
Vous y trouverez le **carrosse du roi Philippe II** d'Espagne. N'oublions pas qu'il avait annexé le Portugal à l'Espagne entre 1580 et 1640. Philippe II fut donc également roi du Portugal... S'y trouve aussi le carrosse XVIIe s de Marie-Françoise de Savoie offert par Louis XIV à sa cousine pour son mariage avec Afonso VI en 1666 (un beau cadeau royal encore !). **Le plus baroque** est un carrosse du XVIIIe s de l'ambassadeur du Vatican, qui faisait partie du cortège diplomatique envoyé par le roi João V au pape Clément XI. Notez que la cabine est sans vitres... Il est chargé comme un

### RENCONTRES BIEN CARROSSÉES

*Un curieux carrosse (n° 50), appelé* coche da mesa, *renferme une table ronde dans un luxueux habitacle tapissé de velours carmin et orné de rideaux pourpres. Aux XVIIe et XVIIIe s, il se rendait souvent à la frontière du Portugal et de l'Espagne pour échanger les épouses entre les deux royaumes rivaux et parfois ennemis. Les palabres et les négociations se tenaient autour de la table. Ces noces arrangées servaient la diplomatie. Elles évitaient parfois les guerres...*

retable d'église baroque, orné de sculptures dorées évoquant la rencontre de l'océan Indien et de l'Atlantique. Appréciez aussi la litière qui était portée par des mules, la chaise à porteurs portée par des hommes, et la chaise à hublots, étrange attelage avec ses deux rideaux de cuir et ses hublots. L'occupant pouvait conduire sa calèche lui-même en cas de pluie... C'est dans un semblable véhicule que le roi José Ier, en 1758, échappe à une tentative d'assassinat. À propos de régicide, sachez que l'histoire portugaise se répète en 1908 avec l'assassinat du roi Carlos Ier dans un landau royal également exposé.

🍴🍴 *Museu nacional de Etnologia* (hors plan détachable Belém, 397) : av. Ilha da Madeira. ☎ 21-304-11-60. ● mnetnologia.wordpress.com ● *Dans une av. perpendiculaire au Tage, sur la droite juste avt d'arriver au monastère dos Jerónimos ; le musée est à 200 m sur la droite. Bus n<sup>os</sup> 28, 714 et 732. Tlj sf lun et j. fériés 10h (14h mar)-18h. Entrée : 3 € ; réduc ; gratuit avec la Lisboa Card et 1<sup>er</sup> dim du mois. Visites guidées de la galerie amazonienne (au sous-sol) mar, jeu et sam à 15h30.*
Un musée peu connu et très bien arrangé, qui mérite une visite pour la qualité (et non pour la quantité) d'objets présentés. Explications en portugais et en anglais. Les collections permanentes déclinent des thèmes intéressants : les marionnettes traditionnelles de Bali, les poupées rituelles du sud-ouest de l'Angola, les instruments de musique populaire du Portugal, les bâtons sculptés du village de Rio de Onor au nord-est du pays. Bien que le Mali ne soit pas dans la sphère d'influence historique portugaise, le musée abrite une remarquable collection de masques, marionnettes, sculptures d'animaux de carnaval, provenant de ce pays. Enfin, au sous-sol, dans la galerie amazonienne, nombreux objets rapportés du Mato Grosso (Brésil) et d'Amazonie (tribus Wauja, Waiapi, Yanomami, Parakana...) par des ethnologues portugais ayant vécu au Brésil : parures indiennes en plumes multicolores du Xingu, ornements d'apparat en paille et fibres végétales, hamacs, poteries, vaisselle, armes, lances, arcs et flèches, nasses de pêche, instruments de musique...

## Belém, côté Tage

🚶 *Monumento das Descobertas* (plan détachable Belém, 398) : ☎ 21-303-19-50. *Mars-sept, tlj 10h-19h ; oct-fév, tlj sf lun 10h-18h (dernière entrée 30 mn avt). Fermé 1<sup>er</sup> janv, 1<sup>er</sup> mai et 25 déc. Entrée : 4 € ; réduc, notamment avec la Lisboa Card.*
Un bon résumé en images, qui se passe de commentaires ou presque (voir encadré ci-contre). Élevé en 1960 pour le 500<sup>e</sup> anniversaire de la mort d'Henri le Navigateur, il reprend la construction provisoire qui trônait à la même place lors de l'exposition de 1940. Il avance, telle une lourde proue de navire, sur le Tage. Derrière l'infant, futur Henri le Navigateur, sont représentés tous les grands personnages de l'histoire portugaise liés aux découvertes maritimes. Sur l'esplanade, marqueterie de marbre de 50 m de diamètre, dessinant une rose des vents. Au centre, un planisphère dresse l'inventaire des découvertes portugaises, cadeau de l'Union sud-africaine en commémoration du franchissement du cap de Bonne-Espérance. Autour, pavage en noir et blanc figurant les flots, tels qu'ils couvraient le Rossio. Possibilité d'accéder au sommet, à 50 m d'altitude (ascenseur). Le belvédère n'offre rien d'extraordinaire, sinon l'occasion d'apprécier l'esplanade, les jardins de la praça do Império, la vue sur le monastère et l'ensemble du quartier, qui ne manque pas de charme.

### POUSSEZ PAS DERRIÈRE !

C'est le souvenir de l'ancien dictateur Salazar qui vous accueille, sur le rivage du large fleuve devenant estuaire, avec ce monument des Découvertes, monolithe sculpté dans les années 1960. Un monument que certains Lisboètes réfractaires à l'esthétique salazariste ont baptisé, non sans humour, « Poussez pas derrière » : il représente une file de héros aux noms célèbres s'avançant à la queue leu leu vers le Tage, derrière l'infant, futur Henri le Navigateur.

⊚ 🍴🍴🍴 🚶 *Torre de Belém* (hors plan détachable Belém, 399) : av. da India. *Du monastère des Hiéronymites, à 10-15 mn à pied par l'av. da India, sur votre gauche.* ☎ 21-362-00-34 ou 38. *Tlj sf lun et certains j. fériés 10h-17h30 (18h30 mai-sept), dernière entrée 30 mn avt. Entrée : 6 € ; réduc ; gratuit avec la Lisboa*

Card, 1ᵉʳ dim du mois. Billets combinés (en principe, permettent de ne pas refaire la queue) : Mosteiro dos Jerónimos + Torre de Belém ou Museu nacional de Arqueologia 12 € ; Torre de Belém + Mosteiro dos Jerónimos + Museu nacional de Arqueologia 16 € ; sinon, Torre de Belém + Mosteiro dos Jerónimos + Museu nacional de Arqueologia + Museu de Arte Popular + Museu nacional de Etnologia + Museu dos Coches 25 €.

L'un des monuments emblématiques du patrimoine portugais. Il a servi de tour de contrôle maritime pendant des siècles, surveillant les navires à l'embouchure du Tage, attendant le retour des caravelles, guettant l'arrivée des galions chargés de marchandises précieuses. À elle seule, cette petite tour est le plus beau symbole de l'épopée portugaise

> **SECOUEZ-MOI...**
>
> Aujourd'hui, on observe cette élégante tour depuis le bord du Tage, mais autrefois elle trônait au milieu du fleuve. Depuis le séisme de 1755, la tour a bougé dans le lit du Tage, sans jamais être détruite. Un miracle !

sur toutes les mers du monde. Elle fut édifiée en 1515 par le roi Manuel, dans une période féconde en découvertes maritimes.
Notez les très belles croix lusitaniennes aux créneaux et les ornementations d'inspiration mauresque qui couronnent les tours d'angle. L'intérieur se visite. La tour était une tour de garde, mais elle abritait aussi un bureau qui enregistrait tous les mouvements de bateaux. Quatre étages de salles voûtées d'ogives ou d'arêtes. De la terrasse supérieure, belle vue sur le Tage. Bon, faut avouer quand même qu'on en a vite fait le tour de cette tour...

🎭🚶 ***Museu da Electricidade*** (hors plan détachable Belém, *400*) : Central Tejo, av. de Brasília. ☎ 21-002-81-90. Tlj sf lun 10h-18h. Visites guidées le w-e à 10h30, 12h, 15h et 16h30. GRATUIT. Installé dans un bâtiment en brique, construit en 1914, il demeure un bel exemple d'architecture industrielle. Passionnant pour qui s'intéresse à l'histoire d'une invention qui a révolutionné la vie des hommes.

## *Ajuda*

Situé sur l'une des sept collines de Lisbonne, enserré entre le parc de Monsanto et le Tage, le ponte 25 de Abril et Belém, ce quartier populaire est peut-être l'un des plus authentiques de Lisbonne. Il reste bien quelques *páteos*, mais c'est à Ajuda qu'ils sont le moins rongés par l'urbanisation. Un *páteo* était à l'origine un véritable petit quartier, né dans la seconde moitié du XIXᵉ s de l'afflux vers la capitale d'ouvriers, artisans et autres gens de petits métiers à la recherche d'une vie meilleure. Habitat spontané, amas de constructions disparates autour d'une cour ou d'une ruelle, cachés des regards extérieurs, ces *páteos* préservent une vie autonome quasi villageoise derrière une simple grille ou une porte close. Tous les habitants se connaissent, se saluent et se retrouvent pour festoyer. Certains disposent même de lavoirs communs, d'une boulangerie, d'une taverne, voire d'une école, d'une chapelle et de petits commerces. Mais la modernité est passée par là, et il vous sera difficile de distinguer ces petits lieux préservés, d'autant que le quartier autour ne présente pas grand intérêt.

🎭 ***Páteo Alfacinha*** (hors plan détachable Belém, *401*) : rua do Guarda Jóias, 44. ☎ 21-364-21-71. ● pateoalfacinha.com ● Bus nᵒˢ 32, 38, 42 et 60 ou ❶ nᵒ 18 jusqu'au largo da Boa Hora (face à un hôpital militaire rouge), puis, faisant face à ce bâtiment, prendre à droite travessa Moinho Velho et enfin à gauche ; en remontant la rue, c'est sur la droite. Accessible aussi à partir du largo da Ajuda (devant le palais) ; c'est la rue qui descend de l'angle sud-est de la place. Une construction contemporaine sur le plan imaginaire d'un *páteo* traditionnel. Franchissez la grille et demandez à l'accueil si vous pouvez visiter (car c'est privé !). De mars à septembre, évitez le samedi, traditionnellement consacré aux agapes et autres libations nuptiales (ou alors, allez-y assez tôt en matinée, ce qui permet de franchir certaines portes entrouvertes...). Puis laissez-vous guider par votre imagination. La plupart des matériaux utilisés proviennent d'autres édifices ruinés par le temps. En suivant les panneaux d'azulejos, les balcons suspendus, les escaliers « dédalesques », vous découvrirez un petit village abritant quelques boutiques, un atelier de céramique, des salles de réception et un resto (pour groupes seulement, réservation par téléphone). Ne manquez pas la chapelle de « Saint-Antoine Fatigué ».

🏛 *Palácio nacional da Ajuda* (hors plan détachable Belém, *402*) : *largo da Ajuda.* ☎ 21-363-70-95. • pnajuda.imc-ip.pt • 🚇 nº 18 de la praça do Comércio ; descendre 2-3 arrêts avt le terminus. Bus nºˢ 729, 732, 742 et 60. *Tlj sf mer 10h-18h (dernière entrée à 17h30). Fermé 1ᵉʳ janv, dim de Pâques, 1ᵉʳ mai et 25 déc. Entrée : 5 € ; réduc ; gratuit 1ᵉʳ dim du mois et j. fériés nationaux. Billet combiné avec le museu nacional dos Coches : 7,50 €.* À visiter pour découvrir l'une des dernières résidences de la famille royale de Bragança, jusqu'à l'avènement de la République (1910). Destiné à remplacer la bâtisse de bois qui abrita durant 30 ans la famille royale, chassée de ses appartements par le hoquet tellurique de 1755, cet imposant palais néoclassique vit sa construction, commencée en 1802, retardée par l'invasion napoléonienne et le départ des souverains pour le Brésil. Le musée offre au public d'intéressants témoignages sur la vie quotidienne d'une cour européenne au XIXᵉ s : mobilier, décoration, expos à thèmes variés sur la famille, du XVIᵉ s à 1910.

🏛🏛 *Ponte 25 de Abril,* entre Ajuda et Alcântara, orgueil du régime salazariste, terminé en 1966. À l'époque, évidemment, il s'appelait Salazar comme la moitié des rues du pays. Il fut débaptisé au profit de la date rappelant le début de la révolution des Œillets. Cette merveille eut, bien sûr, son heure de gloire et quelques records (hauteur des pylônes et travée centrale), mais le temps file et jeunesse passe. Face au pont Vasco da Gama, il ne pèse plus grand-chose. Mais le soir, lorsqu'il brille de tous ses feux, le spectacle est tout de même bien joli.

## Plage

Oubliez tout ce qui se disait il y a quelques années encore sur les plages de Lisbonne : polluées, surpeuplées, sales. Lisbonne a non seulement le rare privilège d'avoir les pieds dans l'eau, mais des travaux importants ont permis au fil des mois de refaire entièrement le front de mer, de créer des promenades. La plage la plus proche est à quelques stations de train du centre, au départ de la gare de Cais do Sodré. Idéal pour couper la journée.

🏖 *Carcavelos* (moins de 30 mn) : *prendre le train, destination São Pedro ; sortir à Carcavelos, du côté du terminal rodoviário. Au rond-point, prendre à gauche, direction Marginal. Accès à la plage par le souterrain.* 2 km de sable, à 700 m de la gare. Pas d'arbres, pas d'ombre !

➤ *Passeio marítimo de Oeiras :* 3 km de promenade entre la plage de Santo Amaro et le fort de São Julião da Barra (limite sud de la plage de Carcavelos). Accessible en train (Santo Amaro). Possibilité de louer des vélos à *CiclOeiras,* situé dans l'enceinte de la *piscina oceânica* (gratuite).

# LES ENVIRONS DE LISBONNE

C'est éventuellement le moment de louer une voiture, mais si vous avez peu de temps à passer autour de Lisbonne, vous pouvez pratiquement tout voir en utilisant le réseau train et bus au départ de la gare du Rossio ou de celle de Cais do Sodré.

En revanche, une voiture s'impose si vous comptez rester plusieurs jours, prendre votre temps pour visiter les villages de pêcheurs, sur la côte, avant de découvrir Sintra et ses environs. Pas de difficultés majeures pour sortir de Lisbonne par l'autoroute, en dehors des inévitables bouchons, aux heures de pointe. Si vous vous perdez dans les hauteurs de la serra da Sintra, en guise de consolation, profitez de la chance que vous avez de découvrir des routes que peu de touristes explorent d'ordinaire.

## Infos utiles

Pour organiser et choisir vos visites dans la serra de Sintra, vous pouvez comparer les avantages procurés par les différentes formules : billets combinés ou réductions offertes par la *Lisboa Card* (signalés chaque fois dans le texte).
Les billets combinés, valables 1 mois, permettent de visiter 2 ou plusieurs des palais et sites de la serra.
– *Pena-Mouros ou Monserrate :* *17 € ; réduc.*
– *Pena-Sintra :* *21 € ; réduc.*
– *Pena-Sintra-Mouros :* *25 € ; réduc.*
– *Paysage culturel de Sintra* *(Pena-Sintra-Mouros-Monserrate-Capuchos) : 32 € ; réduc.*
– *Circuit complet* *(Pena-Sintra-Mouros-Queluz-Monserrate-Capuchos) : 38 € ; réduc. Billet famille (2 adultes et 2 enfants de moins de 18 ans) : 50-120 €. Visites guidées : 5 €. Audioguides (Pena, Monserrate et Capuchos) : 3 €.*

# CAP À L'OUEST

## QUELUZ  (2745)  28 000 hab.

À 10 km à l'ouest de la capitale, sur la route de Sintra (IC19), une petite ville que vous pouvez visiter facilement au départ de Lisbonne, en partant en train de la gare du Rossio et en gardant la visite de Sintra pour un autre jour. Étrange banlieue très urbanisée où l'une des rares traces du passé consiste en ce palais royal, inspiré en toute modestie du château de Versailles.

## Arriver – Quitter

➤ *Depuis Lisbonne :* trains de la gare du Rossio, direction Sintra. Descendre à la station Queluz-Belas. Aux bornes automatiques de la sortie du train, prendre à gauche, remonter les escaliers, vous arrivez sur une place, prendre la rue juste en face, légèrement à votre droite, descendez cette rue jusqu'au jardin public à traverser, puis 800 m et le palais rose est face à vous ! Plusieurs cafés-restaurants sur votre chemin, si vous avez une petite faim.

## Où dormir ? Où manger ?

### Très chic

🏠 ❙●❙ *Pousada de Dona Maria I :* largo do Palácio. ☎ 21-435-61-58. ● pousadas.pt ● Doubles 180-220 € selon période, durée du séjour, formule ou promo (consulter leur site). Menu 35 € ; carte 30-60 €. Face au palais, la tour de l'Horloge, aux murs rose bonbon et qui servait autrefois de logement au personnel des rois, abrite

# LISBONNE ET SES ENVIRONS / LES ENVIRONS DE LISBONNE

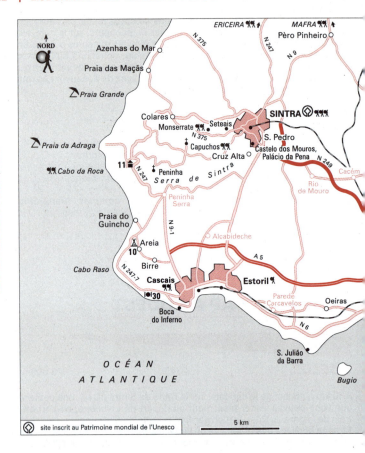

| Où dormir ? | 10 Orbitur Parque de Campismo Guincho |

aujourd'hui pas loin de 25 chambres et 2 suites luxueuses, hautes de plafond et étonnamment modernes. Petit théâtre privé. Les anciennes cuisines du château, derrière la statue, prêtent leur cadre à un resto de prestige, le *Cozinha Velha*.

## À voir

**Le palais :** ☎ 21-923-73-00. ● pnqueluz.imc-ip.pt ● Fin mars-fin oct, tlj sf 29 juin (fête locale) 9h30-19h (dernière entrée à 18h30) ; fermé mar hors saison. Entrée : 10 € pour le palais et les jardins ; réduc. Billets combinés : voir « Infos utiles » au début de ce chapitre. Dépliants intéressants (1 €). Compter env 1h30 de visite.

## QUELUZ / À VOIR | 143

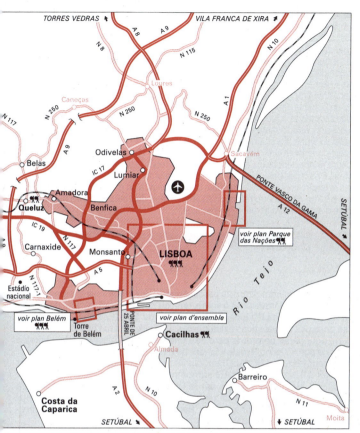

**L'OUEST DE LISBONNE ET LA SERRA DE SINTRA**

| 11 Convento | |●| **Où manger ?** |
|---|---|
| de São Saturnino | 30 Furnas do Guincho |

Construit au XVIIIe s, avec des apports rococo, croulant sous les ors, il servit d'écrin à la décadence de la cour royale. La reine Maria I, qui l'habita pendant une bonne partie des 39 années de son règne, y sombra dans la folie (comme quoi !). Mais cette décadence fut douce. On s'y étourdissait au rythme des fêtes galantes et des goûters princiers dans le parc à la française. Conçu dès l'origine comme un palais d'été, il permit à nombre d'artistes portugais et étrangers de décorer un palais construit autour de l'ancienne *quinta* de Queluz, devenue l'apanage des fils cadets des rois du Portugal (après confiscation des biens des nobles ayant conspiré en faveur de l'Espagne). Les jardins à la française et le parc furent décorés de bassins, statues, balustres et, bien sûr, d'azulejos.
Après l'incendie du palais de Ajuda en 1794, le prince régent et Carlota Joaquina vinrent y habiter à demeure. Il fallut même ajouter un étage pour les neuf enfants

du couple (l'incendie de 1934 remit plus tard le palais dans son état originel, si l'on peut dire). Pour avoir une petite idée de l'ambiance qui régnait ici sur la fin, jetez un œil aux tableaux.

Le départ précipité de la famille royale au Brésil en 1807 marqua la fin d'une époque. Junot en fit sa résidence pendant l'occupation française du Portugal par les troupes de Napoléon, entre 1807 et 1810. La Cour y revint en 1821, mais le cœur n'était plus à la fête.

Aujourd'hui propriété de l'État, le palais sert de résidence aux hôtes de marque, le pavillon D. Maria dans l'aile attenante leur étant réservé. Des concerts dans les salons et des spectacles équestres au manège, en plein air, y sont également donnés.

Succession éblouissante d'appartements à la décoration foisonnante, notamment la *salle du Trône*, surchargée de lustres de Venise et de cariatides, le *corredor dos Azulejos*, véritable B.D. de l'imaginaire du XVIIIe s, etc. Dans la *salle des Ambassadeurs (embaixadores)*, l'assise d'un des fauteuils réservés au roi est surélevée : normal, il ne fallait pas qu'un invité puisse faire ombrage au roi !

Dans le jardin, vous pouvez aller faire un tour jusqu'à un grand canal bordé d'azulejos, où l'on circulait autrefois en nacelle au son des harpes. Entraînements de l'école d'art équestre le matin, en semaine.

## ESTORIL (2765) 23 800 hab.

Plutôt que de rejoindre Sintra en passant par Queluz, nous vous invitons à prendre les chemins de traverse et à suivre, une fois passé Estoril, la route de la côte. À 20 km à l'ouest de Lisbonne, à l'embouchure du Tage, Estoril est une ville qui ne se pose pas de questions existentielles. Une ville où il fait bon vivre et même mourir, pour parler comme le père de James Bond, qui participa à sa gloire en faisant de son « Casino Royale » la vedette d'un de ses romans.

Estoril bénéficie, en fait, d'un microclimat très particulier (deux floraisons par an, paraît-il !) ; aussi a-t-elle été surnommée la « ville des deux printemps ». Son casino high-tech, racheté par le Chinois Stanley Ho, riche magnat de Macao, son golf, son Open de tennis, son Grand Prix de moto et ses boutiques chères font oublier le passé. Pourtant, cette ville fut naguère la première station balnéaire du Portugal.

On peut quand même se baigner à Estoril, sur une plage de sable très bien entretenue, en contrebas de la voie ferrée. Pour dormir et manger à moindre coût, autant le préciser d'emblée, si vous aviez encore un doute, il n'y a presque rien, tout comme à Cascais d'ailleurs, dont Estoril est considérée comme la zone résidentielle.

### UN PEU D'HISTOIRE

Au début du XXe s, de riches Anglais, en quête de douceur hivernale, découvrirent Estoril et s'installèrent dans des villas cossues, aujourd'hui propriétés des grandes familles portugaises. Inventeur du personnage de James Bond 007, Fleming s'inspira du casino d'Estoril pour écrire *Casino Royale*, un roman porté à l'écran en 1967 et à nouveau adapté en 2006, avec

### PALÁCIO ROYALE

*Pendant la Seconde Guerre mondiale, Estoril était le rendez-vous des agents secrets. Ils séjournaient tous au* Palácio, *alors truffé de micros, comme Popov, fameux agent yougoslave en 1941. Il ne se déplaçait qu'avec une jolie créature à chaque bras. Ian Fleming s'en inspira pour créer James Bond quand il vint à Estoril en 1941. À l'époque, la neutralité portugaise pendant la guerre attirait les espions de tout bord.*

Daniel Craig et Eva Green. Un autre James Bond, *Au service de Sa Majesté*, fut tourné en partie à Estoril. La station servit aussi de lieu d'exil et de séjour pour des têtes couronnées chassées du trône. L'ex-roi Juan Carlos d'Espagne y passa une partie de son enfance avant la restauration de la monarchie en Espagne. C'est pour ça qu'il parle si bien le portugais, entre autres langues. Le comte de Paris, héritier des rois de France, y vécut de nombreuses années. La reine de Bulgarie y vit toujours. Humberto d'Italie vivait à Cascais. Quant à Salazar, le dictateur portugais qui mima les monarques absolus, il habita le fort d'Estoril. Difficile d'être plus protégé de la foule.

## UN PEU D'AMBIANCE

Dès les premiers beaux jours, c'est ici que nous vous conseillons de venir prendre, au moins pendant quelques heures, un avant-goût de la vie estivale lisboète, car la balade à la plage fait partie aussi du charme que dégage cette ville. Ne restez pas à Lisbonne un dimanche, filez sur Belém le matin (voir plus haut), puis ici l'après-midi, car il n'y a pas vraiment de musées gratis à visiter. Et en train, bien sûr, pour éviter les embouteillages.
Belle balade le long de la côte, entre Estoril et Cascais. Des peaux tannées par le soleil à côté de peaux encore blanches, des jeunes qui filent à vélo (gratis ; voir « Cascais ») et des moins jeunes qui courent après leur jeunesse, en compagnie d'un coach, comme il se doit. Des mères en poussette et des belles-mères à côté que personne n'a envie de pousser, pour passer devant... Des couples gays, d'autres plus tristes, des terrasses bondées, des marchands de glaces, vous n'aurez pas vu le temps passer que vous serez déjà arrivé à Cascais.

## Arriver – Quitter

➢ *En train* (station située près de la mer, dans le centre-ville) *:* pour Lisbonne, ttes les 15 mn, 5h30-1h30. À Lisbonne, station Cais do Sodré. Compter 30 mn de trajet.
➢ *En bus* (à côté de la gare ferroviaire) *:* pour Sintra, prendre le n° 418. Fréquence : ttes les heures, 6h10-minuit. Pour Cascais : bus n°s 406 (jusqu'à 19h30) et 413 ; même fréquence. Pour Cascais, compter 20 mn à pied en longeant la côte.

## Adresse et info utiles

🛈 *Ask me Estoril :* arcadas do Parque. ☎ 21-468-76-30. *Face au parc (avec le casino dans le fond), c'est juste à gauche, près du bord de mer. Tlj 10h-18h. ⌨ (payant).* Très bien documenté. Fait aussi des réservations pour une chambre au dernier moment.
– De fin juin à fin août, *foire de l'artisanat portugais* dans le parc derrière le casino. Guinguettes et spectacles folkloriques.

## Où dormir ?

### De bon marché à prix moyens

🛏 *Casa Londres :* av. Fausto Figueiredo, 143. ☎ 21-468-23-83. ● email@casalondres.com ● *À 300 m de la plage et bien situé par rapport à la gare. À l'intersection de l'av. Fausto et de Marginal, en allant vers Cascais, tourner à droite vers le teatro Amoreira et le campo de Jugos ; c'est un peu plus haut, avt le bâtiment fuchsia (ne pas confondre avec l'*Hotel

Londres *juste à côté*). *Congés : 2de quinzaine de déc. Doubles 35-60 € selon saison, petit déj inclus.* 🛜 *Petit déj offert sur présentation de ce guide.* Villa restaurée abritant une dizaine de chambres impeccables et claires, à la déco sobre mais élégante, avec douche, w-c (pas d'AC) et TV. Notre préférée : la n° 202, avec 3 fenêtres, la terrasse et ses azulejos. Vue sur un jardin calme. Très central. Très bon accueil en français.

### De prix moyens à beaucoup plus chic

🛏 **Hotel Smart :** *rua Maestro Lacerda, 6.* ☎ *21-468-21-64.* ● *reservas@hotel-smart.net* ● *hotel-smart.net* ● ⚒ *Prendre à l'entrée d'Estoril l'av. perpendiculaire à la mer, direction Sintra, puis la 3e à droite. Excentré, donc très au calme. Doubles 40-150 € selon saison, petit déj inclus. Parking.* 🛜 *Café offert sur présentation de ce guide.* Dans une belle et grande maison de couleur orange acidulée. Les chambres sont confortables, certaines avec vue sur mer. Jardin avec quelques citronniers. Piscine pour se rafraîchir. Hélas, accueil pas toujours au top.

### De beaucoup plus chic à très chic

🛏 **Hotel Inglaterra :** *rua do Porto, 1.* ☎ *21-468-44-61.* ● *geral@hotelinglaterra.com.pt* ● *otelinglaterra.com.pt* ● *Dans le quartier à l'est du parc municipal. Doubles « standard » 55-220 € selon saison (voir offres spéciales sur le site).* 🛜 *(payant).* Estoril dans sa pompe d'antan : un palace victorien devenu hôtel 4 étoiles. Pour vous accueillir, un petit verre de porto. Chambres hautes de plafond, soignées et équipées d'AC, certaines avec de grands balcons. Déco chaleureuse, parquet et moquette bien épaisse. Magnifique piscine remplie toute l'année. Sur une colline, offrant un joli panorama sur la mer, au loin. Tout ce luxe se paie, bien sûr.

🛏 **Sana Estoril :** *av. Marginal, 7034.* ☎ *21-467-03-22.* ● *sanaestoril@sanahotels.com* ● *estoril.sanahotels.com.pt* ● *À l'entrée de la ville. Doubles 50-205 € selon saison et avec ou sans vue sur la mer. Parking gratuit mais nombre limité de places.* 🛜 *(payant).* Dans un bâtiment des années 1960, un bon hôtel d'Estoril avec un personnel très pro. Bien que sans charme, les chambres sont confortables et agréables à vivre. Piscine extérieure, mais la mer n'est pas loin (la route non plus, d'ailleurs). Belle vue depuis la salle des petits déj.

## Où manger ?

🍴 **Garrett :** *av. de Nice, 54.* ☎ *21-468-03-65. À côté de la poste* (correios). *Tlj sf lun 8h-19h. Plats 10-25 €.* Pâtisserie-salon de thé assez chic où l'on croise de jeunes mamies venues papoter, des couples avec bébé, des hommes d'affaires, etc. Déco très tendance : on est loin du *tea room* anglais et plus proche de la brasserie branchée. Bons petits plats chauds, mais on vient surtout ici pour la partie sucrée, et notamment la spécialité maison, le *quadrado moka,* gâteau à la crème et... au moka. Bons petits déj également.

## CASCAIS (2750) 33 300 hab.

● Plan *p. 149*

Une modeste plage de sable blond, bien entretenue, et un petit port, dans une baie très urbanisée, adossée à un vieux village aux ruelles blanches, à parcourir à la nuit tombante, pour en apprécier la tranquillité et l'originalité. C'est un peu Saint-Tropez avec les yachts en moins. Difficile d'y séjourner à « bon marché ». Des *hostels* autrefois réservés aux routards de passage ont été cédés à des particuliers pour en faire des résidences secondaires. Le centre du village, certes mignon et pittoresque, appâte surtout une clientèle fortunée, magnétisée par les boutiques de luxe.

Cascais, ce n'est rien de le dire, a du charme et déborde de vitalité. On a bien du mal à trouver de la place sur les terrasses de la *praça de Camões* où le café est à prix parisien. À la mi-saison (c'est-à-dire mai-juin et septembre-octobre), on découvre la vie quotidienne d'une bourgade qui maintient sa taille humaine et ses activités de pêche, autour de son fort du XVII$^e$ s toujours aux mains des militaires.

Cascais est aussi une ville à vocation sportive. La plage du Guincho, sur la côte ouest, draine chaque année des surfeurs et des véliplanchistes chevronnés.

Aspect négatif, comme la grenouille qui rêve d'être aussi grosse que le bœuf, Cascais ne cesse de construire. Les promoteurs font main basse sur les derniers espaces libres, et le béton grignote la ville.

## UN PEU D'HISTOIRE

À l'époque des grandes découvertes, Cascais était la première à être aperçue par les caravelles et les galions, chargés d'or ou d'épices, au retour de leurs voyages. La ville fut l'un des premiers ports à posséder un phare.

Elle joua le rôle de porte d'entrée de la flotte du roi d'Espagne Philippe II, en 1580, quand celui-ci décida d'envahir le Portugal, elle vit partir l'Invincible Armada en direction des côtes d'Angleterre puis elle fut une ardente combattante pour la restauration de l'indépendance du Portugal au XVII$^e$ s. En 1808, l'acte de reddition des troupes napoléoniennes fut signé à Cascais par Junot, au nom de Napoléon I$^{er}$. Au XIX$^e$ s, devenu la résidence d'été de la famille royale portugaise (la mode des bains de mer faisant fureur), ce bout du monde si agréable à vivre se mit à imiter de plus en plus sa voisine, Estoril.

## Arriver – Quitter

➤ **Terminal des bus** *(plan B1)* : *au-dessous du grand centre commercial.*

➤ **Gare ferroviaire** *(plan B1)* : *largo da Estação, à 400 m à gauche de l'office de tourisme lorsque l'on est face à la mer, un peu au-dessus de la praia da Rainha.*

➤ **Liaisons avec Estoril :** en train (à peine 5 mn de trajet), ou à pied pour découvrir les couleurs de l'Atlantique au fil des saisons. En bus, 1-2 bus/h, 6h20-minuit. À pied, compter une bonne vingtaine de minutes (2 km).

➤ **Correspondances avec Lisbonne :** Cascais n'est qu'à 30-40 mn par le train (gare de Cais do Sodré). Trains tlj, ttes les 20-30 mn, 5h30-1h30 du mat. Billet simple : 2,30 € + 0,50 € le *pass* rechargeable. Billet combiné pour Cascais et Sintra (valable 1 jour) : 12 €.

➤ **Connexions avec Sintra :** *avec la compagnie Scotturb.* ☎ 21-469-91-25. ● scotturb.com ● *Bus ttes les heures (ligne n° 417) ou par la jolie route côtière (ligne n° 403) via Cabo da Roca. Compter dans ce cas env 1h de trajet.*

## Adresses et info utiles

**Office de tourisme** *(plan A1)* : *rua Visconde da Luz, 14 (au bout de l'av. Marginal).* ☎ 21-482-23-27. ● askme lisboa.com/en/content/cascais ● *Tlj 10h-18h.* ☐ *(payant). Plan de la ville et résa d'hôtels. Très efficace.*

**@ Café Internet** *(plan A1)* : *rua Sebastião J. Carvalho e Melo, 17.*

☎ 21-484-01-50. Tlj sf dim 9h30-20h. Un vrai café Internet, avec écrans plats.
■ **Prêt de vélos** (plan B1 et A2, **1** et **2**) : sur présentation de sa carte d'identité, devant le parque Marechal Carmona ou devant la gare. Bien pratique !
■ **Vélos électriques et scooters** (plan A1, **3**) : rua Alexandre Herculano, 11, loja 9. ☎ 21-483-74-86. 📱 91-900-40-04. ● scootersnalinha.com ● Possibilité de louer des deux-roues. Scooters (50 ou 125 cc) : 15-20 €/4h et 23-30 €/j. Vélos électriques 30 €/j.

## Où dormir ?

### Bon marché

🏠 **Casa Avenida Alojamento local** (plan A1, **10**) : rua da Palmeira, 14. ☎ 21-486-44-17. Double env 35 €, douche et w-c sur le palier. Pas de petit déj. La perle rare de Cascais ! Elle est si discrète que même l'office de tourisme l'a oubliée ! Chambres très propres, presque coquettes, tenues par une gentille dame minutieuse qui n'apprécie pas les hôtes bruyants, et elle a bien raison. Il y a même la télé !

### Beaucoup plus chic

🏠 **Hotel da Vila** (plan A1, **11**) : travessa da Alfarrobeira, 1-3. ☎ 21-484-73-20. ● info@hoteldavila.com ● hoteldavila.com ● Doubles 75-145 € selon saison, petit déj inclus. Parking 7,50 €. 🖥 (gratuit). 📶 (payant). Dans le quartier piéton, une grande bâtisse de toutes les couleurs qui abrite un hôtel récent avec des chambres bien conçues, fonctionnelles et claires. Préférer celles du 3e étage car un peu plus grandes. Jolie terrasse au dernier étage.

🏠 **Casa da Pérgola** (plan B1, **12**) : av. Valbom, 13. ☎ 21-484-00-40. ● pergolahouse@vizzavi.pt ● pergolahouse.com ● Fermé de déc à mi-mars. Doubles 99-155 € selon saison et sans ou avec balcon, petit déj (buffet) inclus. 🖥 📶 Une adresse charmante pour un séjour en amoureux. Une belle et confortable maison de famille du XIXe s donnant sur un ravissant jardin fleuri. Magnifiques azulejos en façade. Chambres toutes différentes (ah, celle avec la salle de bains toute violette !), décorées avec goût. Salon commun dans le style british, avec cheminée et TV. Accueil adorable.

### Très chic

🏠 🍽 **Farol Design Hotel** (plan A3, **13**) : av. Rei Humberto II de Itália, 7. ☎ 21-482-34-90. ● farol.com.pt ● À 1 km au sud de la ville. Doubles 143-347 € selon vue, confort, design et saison. 📶 Le site est simplement sublime et l'architecture épurée de l'hôtel s'intègre parfaitement dans les rochers, face aux flots. La compagnie de l'océan y est particulièrement apaisante. La décoration intérieure (toutes les chambres sont différentes et agréables à vivre) a été confiée à une équipe de designers portugais : c'est à la fois beau et original, néorococo-baroque, avec beaucoup d'attention dans les détails. Une adresse de charme et de caractère. Le bar est une icône de décoration internationale. Belle terrasse avec vue sur la mer, piscine... « villa, champagne, taxi, hi-fi, dolby, botox, glamour, sexy, crazy... » c'est trop VIP ! Merci Philippe Katerine pour la chanson.

## Où manger ? Où boire un verre ?

Il y a toujours une *churrascaria* pour nourrir les affamés, en ville, et des restos de luxe. Mais on trouve aussi quelques adresses sympathiques à portée de toutes les bourses, ou presque.

### De bon marché à prix moyens

🍽 🍷 **Esplanada Santa Marta** (plan A3, **20**) : av. Rei Humberto II de Itália.

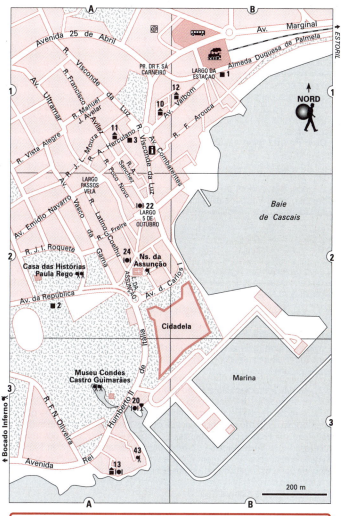

## CASCAIS

- **Adresses utiles**
  - 🛈 Office de tourisme
  - @ Café Internet
  - 1 et 2 Prêt de vélos
  - 3 Location de vélos électriques et de scooters

- **Où dormir ?**
  - 10 Casa Avenida Alojamento local
  - 11 Hotel da Vila
  - 12 Casa da Pérgola
  - 13 Farol Design Hotel

- **Où manger ? Où boire un verre ?**
  - 20 Esplanada Santa Marta
  - 22 Dom Pedro I
  - 24 5entindos – Casa do Largo

- **À voir**
  - 43 Farol Museu de Santa Marta

☎ 21-137-96-92. 🅿 96-157-79-02. Tlj sf lun et j. fériés. Fermé en déc. Compter env 10 €. 🛜 Apéritif maison offert sur présentation de ce guide. Ce petit café surplombant la praia de Santa Marta possède tout simplement la terrasse la plus mignonne de la ville. On y vient pour boire un café ou manger un poisson choisi dans la vitrine et grillé devant soi ; puis on y reste un peu pour la vue splendide sur le phare et la mer en contrebas.

**|●| Dom Pedro I** (plan A2, 22) : *beco dos Inválidos, 4.* ☎ *21-483-37-34.* • *mail@dompedrocascais.com* • *Tlj sf dim. Plats 7,50-15 €.* 🛜 En retrait de la place, pas évident de le trouver du premier coup. Poissons et viandes se partagent la carte à égalité et si la salle est un peu vieillotte (mais typique), nous avons craqué pour les quelques tables en terrasse.

**|●| 5entidos – Casa do Largo** (plan A2, 24) : *largo da Assunção.* 🅿 *96-157-11-94.* • *5entidoscascais@gmail.com* • *Tlj sf mar ; service continu le w-e. Plats 12-20 €.* Loin de l'agitation touristique, un restaurant à la fois smart et décontracté. Dans une jolie salle avec ses tomettes, ses expos de tableaux au mur, sa cheminée et son bar, à l'ombre de l'église, voici une adresse bien sympathique. Des plats simples et bons, copieux et bien présentés, pour réveiller vos cinq sens. Spécialités portugaises délicieusement revisitées à la mode du chef. Terrasse. Bon accueil.

## À voir

**🎭 Largo da Assunção** (église paroissiale ; plan A2) : datant du XVIe s, elle a subi pas mal de secousses au fil des siècles, mais, ô miracle, elle est toujours ornée de bois sculpté et doré et de nombreux panneaux d'azulejos que le temps a su épargner.

**🎭🎭 Museu Condes Castro Guimarães** (musée municipal ; plan A3) : *Tlj sf lun et j. fériés 10h-13h, 14h-17h. Entrée : 3 €.* Installé dans le palais des comtes de Castro Guimarães, au bord de l'eau, ce qui fait tout son charme. Beaux meubles de style indo-portugais et collection intéressante, qui plus est. Allez-y à pied en garant votre voiture au parking de la citadelle, et en jetant un œil sur les panneaux d'azulejos dans le parc.

**🎭🎭 Casa das Histórias Paula Rego** (plan A2) : *av. da República, 30.* ☎ *21-482-69-70.* • *casadashistoriaspaularego.com* • *Tlj 10h-19h (18h nov-mars). Entrée : 3 €.* Dans le centre, un bel espace architectural, œuvre d'un architecte portugais contemporain, Eduardo de Mora. Façade ocre surmontée de deux toits de forme pyramidale, qui évoque celle du palais de Sintra. À l'intérieur, expo des œuvres de Paula Rego, peintre portugaise de renommée internationale née en 1935 à Lisbonne. Elle expose régulièrement dans les plus grands musées, dont la National Gallery de Londres. Beaucoup de scènes sociales et de personnages très expressifs. L'artiste a passé la plus grande partie de sa vie entre Lisbonne et Londres, où elle demeure encore aujourd'hui.

**🎭 Farol Museu de Santa Marta** (plan A3, 43) : *juste à côté du Farol Design Hotel ; depuis le centre, suivre le chemin de la citadelle en coupant ou non par la marina.* ☎ *21-481-53-28. Tlj sf lun et j. fériés 10h-17h (coupure 13h-14h le w-e). Entrée : 3 €.* Jolie réussite muséographique que cet espace tout blanc, tout entier imaginé autour du phare, qui raconte, en portugais pour l'instant, l'histoire non seulement de ce monument, mais aussi des phares du pays en général. Nostalgie et technologie font ici bon ménage.

**🎭 Boca do Inferno** (hors plan par A3) : *à 2 km au sud-ouest de la ville.* La Bouche de l'Enfer n'a rien de démoniaque (peut-être autrefois ?) pour un regard contemporain ; ce n'est qu'une excavation dans la falaise où la mer s'engouffre avec fracas. Resto sur place pour essayer de se faire peur. **Attention,** ne laissez rien traîner dans les voitures sur le parking de la Boca do Inferno, des vols réguliers sont à déplorer.

# EN SUIVANT LA ROUTE CÔTIÈRE VERS SINTRA

Ici, la côte prend un éclat particulier. La nature, particulièrement en basse saison, devrait vous offrir son lot d'émotions. Depuis les passerelles de bois, vous pourrez parcourir les dunes de Guincho et apprécier la biodiversité mise en valeur, la vue sur l'océan ainsi que les odeurs de la côte.

## Où camper ?

**Orbitur Parque de Campismo Guincho** (plan L'ouest de Lisbonne et la serra de Sintra, **10**) : lugar de Areia, Guincho, dans le village d'**Areia**. ☎ 21-487-04-50. ● info@orbitur.pt ● orbitur.pt ● À 6 km de Cascais, en allant vers Sintra par la route côtière. Bus nos 405 et 415 de Cascais ; départ ttes les 30 mn 8h-20h. Après les plages de Guincho, en venant de Cascais, prendre à droite la direction de Birre ; c'est 1 km plus haut sur la colline. Ouv tte l'année. Pour 2 pers avec tente et voiture, compter 25-39 € selon saison. Chalets 30-59 € pour 2. Bungalows 2-6 pers 36-107 € selon saison. ☎ Camping bien ombragé par un toit de pins parasols. Bon niveau d'installations sanitaires. Piscine, bar, resto et supermarché. Accueil très sympa.

## Où dormir ? Où manger chic sur la côte ?

**Convento de São Saturnino** (plan L'ouest de Lisbonne et la serra de Sintra, **11**) : Azoia (2705-001), Sintra. ☎ 21-928-31-92. ● contact@saosat.com ● saosat.com ● À env 1 km avt de tourner vers Sintra, prendre en direction du cabo da Roca ; avt d'arriver au village, petit chemin sur la gauche. Doubles à partir de 140 € (dégressif à partir de 2 nuits) selon vue, confort, durée du séjour et saison, petit déj inclus. Forfait ½ pens w-e (2 nuits) pour 2 pers à partir de 310 €. Repas sur résa 25 €/pers. ☐ ☎ Une adresse secrète, dont il faut profiter, en suivant vaillamment une route empierrée jusqu'à un portail préservant la tranquillité des lieux. Des animaux domestiques de toutes sortes vous accueillent ; l'espace, la vue, le jardin donnent envie de prolonger l'instant de la découverte. Le propriétaire est un savant décorateur qui a collecté de beaux objets des XVIe et XVIIIe s. La maison regorge de petits coins et les multiples escaliers desservent des pièces plus charmantes les unes que les autres. Piscine. Bon petit déj servi en terrasse ou dans l'ancienne cuisine. Une adresse coup de cœur.

**Furnas do Guincho** (plan L'ouest de Lisbonne et la serra de Sintra, **30**) : estrada do Guincho, Cascais. ☎ 21-486-92-43. ● furnas.guincho@mail.telepac.pt ● furnasdoguincho.pt ● À 3 km de Cascais, sur la gauche de la route côtière, face à la mer. Tlj jusqu'à 23h. Plats 20-120 €. Grand resto chic et réputé pour sa cuisine de la mer, préparée avec soin. Évitez les jours d'affluence et pensez à réserver en été. Spécialité du lieu : le poisson cuit en croûte de sel. À déguster sur la terrasse surplombant la mer ou dans la salle cosy, joliment décorée. Attention, certains prix sont au poids... la note peut vite grimper !

## À voir. À faire

**Praia do Guincho :** à env 8 km de Cascais. Bus nos 405 ou 415 qui passent chacun 1 fois/h, 7h-18h30 env ; 12 départs/j. depuis la gare routière ; trajet : 20 mn. Sinon, balade très sympa à vélo. **Attention**, nous vous recommandons la plus grande vigilance, ne laissez rien traîner dans les voitures sur les parkings de la praia do Guincho. La plage vedette de la région. Immense, plate et venteuse, c'est le paradis des surfeurs. Plusieurs championnats y sont organisés. Mais pour les simples mortels que sont les baigneurs, ses courants peuvent être dangereux. Très fréquentée en été, notamment pour ses restos.

**✗✗ Cabo da Roca :** *à env 20 km à l'ouest de Cascais. Pour s'y rendre, bus n° 403, 9h10-19h10 (6,50 € A/R).* Le cabo da Roca est, en fait, le point le plus occidental de l'Europe... Du continent européen, pour être précis, car les Irlandais ne seraient pas contents. À la longitude de 9° 30' ouest, cette falaise abrupte surplombe l'Atlantique du haut de ses 140 m. Elle est le prolongement maritime du massif de Sintra qui descend et s'achève ici face au large. Selon Pline, les Lusitaniens y venaient adorer la Lune. Luís de Camões en parle dans ses *Lusiades* comme le lieu « où la terre finit et où la mer commence ». Pas besoin d'être poète pour écrire ça, direz-vous. Vous pouvez toujours tenter d'écrire votre propre journal de bord, si le vent vous laisse un peu de répit. Un lieu assez magique, hors saison, surtout quand le vent se lève. Accrochez-vous à votre volant et tenez ferme votre chapeau et vos lunettes de soleil les jours de tempête.

# SINTRA  (2710)  5 000 hab.

● Plan La Serra de Sintra *p. 155* ● Sintra – zoom *p. 157*

> « C'est la chose la plus belle que j'aie jamais vue.
> C'est ici le véritable jardin de Klingsor
> - et là-haut se trouve le château du Saint-Graal. »
> Richard Strauss

Sintra, ce nom dur comme du granit évoque la pureté cristalline de ses sources. Petite ville très étalée, accrochée à sa montagne, entourée de forêts profondes : c'est le nez de l'Europe, mais aussi un pied de nez aux stations de villégiature voisines. La tête voltigeant allègrement dans l'art sacré, voire mystique, les jambes engoncées dans un délire architectural à grande échelle. Vous voici aux portes d'une incroyable ville désinhibée, où les villas pleines de charme rivalisent avec les palais les plus fous, le tout blotti dans un écrin de verdure et de douce fraîcheur, même en plein cœur de l'été.

Imaginez plutôt... Vous avez quitté la côte depuis peu et vous avez préféré (à juste titre, car elle reste féerique) prendre sur votre droite la « route des *quintas* ». Une petite route défoncée qui a conservé les traces du temps où la capitale du Portugal, à une trentaine de kilomètres, était seulement entourée de *retiros*, luxueuses propriétés où l'on faisait retraite, et de ces fameuses *quintas*, maisons à mi-chemin entre la ferme et le petit palais, refuges idéaux contre la chaleur de la grande ville. Impossible de les visiter pour la plupart, hélas.

La vision colorée dans le lointain d'un palais semblant sorti d'un conte de fées vous incite à continuer votre chemin quand, par-dessus les hauts murs couverts de lierre, surgit au milieu des arbres la *quinta da Regaleira* : un autre palais, à la façade de pierre tellement chargée de sculptures symboliques qu'on se croirait cette fois dans un roman gothique... Et vous n'êtes pas au bout de vos surprises !

– **Conseils :** pour profiter de la sérénité des lieux, évitez les grands week-ends, toujours noirs de monde. Évitez aussi le lundi, qui est un jour d'affluence à Sintra : les musées nationaux de Lisbonne étant fermés ce jour-là, les visiteurs viennent à Sintra pour la journée.

## UNE COLLINE INSPIRÉE

Vous comprendrez vite pourquoi le pèlerinage dans cette ville chargée de richesses et de mystères, inscrite au Patrimoine mondial de l'Unesco, est indispensable. Depuis le Moyen Âge, Sintra a attiré les rois du Portugal (notamment **Don Fernando II** au palácio da Pena), les reines, les princes et les princesses de l'aristocratie portugaise, anglaise et allemande. Proche de Lisbonne, à l'écart de l'agitation, jouissant d'un microclimat, ce site remarquable fut la résidence de cœur de personnages fortunés, de riches hommes d'affaires, de commerçants et rentiers millionnaires comme les Britanniques **William Beckford** et sir **Francis Cook** (palácio de Monserrate), les Portugais **Carvalho Monteiro** (quinta da Regaleira), ainsi que **Manuel Pinto da Fonseca** (quinta do Relogio), le commerçant allemand **Ernesto Biester** (chalet Biester)...

Longtemps, Sintra fut aussi une source de méditation et d'inspiration pour bon nombre d'artistes et d'écrivains romantiques. **Lord Byron** y séjourne en 1809, qualifiant Sintra de « glorieux Éden ». Il loge au *Lawrence's Hotel* et dans le palais de Monserrate, chez William Beckford. L'écrivain danois **Andersen** y passe en 1866. En 1870, le Portugais **Eça de Queiroz,** considéré comme le Balzac du Portugal, écrit *Le Mystère de la route de Sintra* dans une chambre du *Lawrence's Hotel*. Le Français **Paul Morand** n'échappa pas à l'étrange attraction de cette ville et en décrivit les azulejos « craquelés et délités par les racines des caoutchoutiers et arbousiers ». Découvert par Stefan Zweig et traduit en français par Blaise Cendrars, l'écrivain portugais **Ferreira de Castro** (1898-1974) passa la fin de sa vie dans un petit hôtel de Sintra. L'auteur de *Forêt vierge,* hanté par l'Amazonie, où il avait vécu, demanda qu'on l'enterre sous un gros bloc de granit anonyme, dans la montagne de la Lune (on peut le voir encore aujourd'hui). Un petit musée lui rend hommage (voir plus loin).

## Arriver – Quitter

Voir en début de guide « Infos pratiques sur place. Comment se déplacer ? » la rubrique « Les trains de banlieue » à propos du *billet touristique*.

🚆 **Gare ferroviaire** *(plan Serra de Sintra A-B1)* **:** *av. Dr Miguel Bombarda. Au nord de la ville, à env 1 km.* Petit bureau d'infos touristiques (☎ 21-924-16-23). Bus pour le centre-ville : n°s 434 et 435.

🚌 **Terminal d'autobus** *(plan Serra de Sintra A-B1)* **:** *à la gare.* Un bus touristique *Scott URB* (le n° 434) part de la gare ferroviaire de Sintra, tlj 9h-19h env, ttes les 20 mn, pour un circuit en boucle desservant Sintra-centre, Castelo Mouros, Palácio da Pena (arrêt en bas du parc), S. Pedro, le terminal d'autobus et la gare. A/R env 5 €. Très pratique mais ne s'arrête pas s'il est trop plein. *Rens :* ☎ *21-469-91-00.* • *scotturb.com* •

➢ **En train :** de *Lisbonne* (gare du Rossio), trains ttes les 20 mn au moins ; 40 mn de trajet. Billet A/R : 4,30 €. La carte *Viva Viagem* marche sur ce trajet. Pour le retour de Sintra, le dernier train est à 0h40. Possibilité de prendre un train depuis la gare do Oriente ou d'Entrecampos, et toujours en passant par Benfica et Queluz. Ne pas descendre à Portela de Sintra... Un trajet plus pratique que romantique, qui traverse la grande banlieue de Lisbonne.

➢ **En bus :** pour *Cascais,* via Cabo da Roca, prendre le n° 403. Env 10 bus/j., tlj, 9h10-19h10.

➢ Un adorable **vieux tram** *(electrico)* fait l'aller-retour de Sintra jusqu'à la mer (praia das Maçãs) les ven, sam et dim. Il a plus de 100 ans ! Départ à la Vila Alda, près du musée d'Art moderne, avenida Salgado *(hors plan Serra de Sintra par B1),* ttes les heures en été, ttes les 2 h en hiver. Au printemps (de mi-avr à mi-juin), 5 départs/j., 10h-16h45. Durée du trajet : 45 mn. Billet : 2 €, réduc.

## Adresses et infos utiles

**ℹ Ask me Sintra** (zoom A2) : *praça da República, 23.* ☎ *21-923-11-57 ou 69-22.* ● *askmelisboa.com* ● *À côté du palais royal. Tlj 9h30-18h (19h juin-sept). Fermé 1ᵉʳ janv, lundi de Pâques, 1ᵉʳ mai et 24-25 déc.* Francophone et très accueillant. Propose un plan bien précis de Sintra et de la campagne aux alentours et des dépliants illustrés (et en français) sur les principaux sites et monuments de Sintra. Excellents conseils concernant les randos. Distributeur de billets à l'intérieur. Il y a une **annexe** *(ouv 10h-18h)* dans le hall de la gare de Sintra. S'il est là, demandez João, francophone et disponible pour toutes infos.

✉ **Poste** : *à droite de l'office de tourisme (zoom B1-2) et dans le quartier de la gare (plan Serra de Sintra B1 ; à 2 km du centre historique).*

■ **Marché à la brocante** *(plan Serra de Sintra, B3) : les 2ᵉ et 4ᵉ dim de chaque mois, dans le quartier de São Pedro.* Très animé. Tous les ans, le 29 juin, il s'élargit en une grande foire des antiquaires et des artisans de la région. Pour s'y rendre, prendre le bus nº 433 ou le 434 en venant de Pena. Un autre marché, *les 1ᵉʳ et 3ᵉ samedis de chaque mois près de la gare ferroviaire (plan Serra de Sintra, A-B1).*

– En juin et juillet, les palais historiques de la ville accueillent un **Festival de musique et de ballets** réputé (depuis 1950 !). *Rens :* ☎ *21-910-71-10.* ● *festivaldesintra.pt* ●

## Se déplacer dans Sintra

■ **Tuk-Tuk Sintra** *(plan Serra de Sintra, A1, 49) : volta do Duche, 2 A.* ☎ *21-924-38-81.* ● *turislua.pt* ● *Agence située au rdc d'un immeuble à droite de la mairie de Sintra. Tlj 10h-18h. Circuits de 40 mn (30 € le tour pour 1, 2 ou 3 pers), 1h (45 €) ou 2h.* Cette jeune société a importé des tuk-tuk fabriqués en Italie pour promener les touristes à Sintra et dans la région. Avantage : c'est plus petit et plus ouvert qu'une voiture, et surtout plus léger. L'engin marche avec un moteur de moto (125 cc) et se faufile facilement dans les ruelles. Ceux qui connaissent Bangkok ou Colombo retrouveront à Sintra les impressions des taxis-triporteurs asiatiques. Le sympathique Paulo Castro parle l'anglais. Trois pilotes parlent le français.

🚖 Attention, les **taxis** de Sintra sont beaucoup plus chers que ceux de Lisbonne. Compter 6-7 € pour la moindre course. Mais on peut se grouper.

## Où dormir ?

### De très bon marché à bon marché

🏠 **Nice Way Sintra Palace** *(plan Serra de Sintra, A1, 9) : rua Sotto Mayor, 22.* ☎ *21-924-98-00.* ● *info@nicewaysintrahostel.com* ● *nicewaysintrahostel.com* ● *À 10 mn à pied du cœur touristique. Selon saison, dortoirs 5-10 lits 16-20 €/pers et doubles 40-55 €, petit déj inclus.* 📶 Dans une belle maison familiale transformée en hostel, cette adresse pourrait aussi s'appeler Routard Palace. Certains dortoirs ont de belles vues, en revanche les installations sanitaires sont faites avec les moyens du bord. Petit salon pour papoter et cuisine tout droit venue des années 1940 à dispo. Beau jardin avec un hamac. Un bon plan à la cool, comme on les aime.

### De prix moyens à plus chic

🏠 **Chalet Saudade** *(plan Serra de Sintra, A1, 11) : rua Dr. Alfredo da Costa, 21.* ☎ *21-015-00-55.* ● *chalet@*

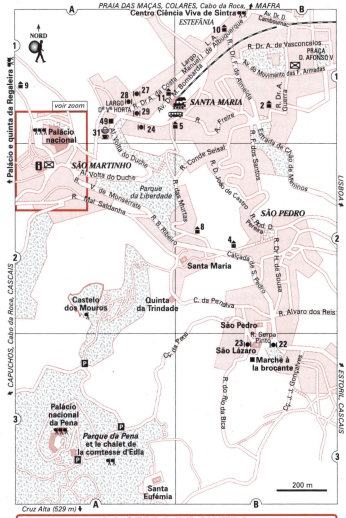

# LA SERRA DE SINTRA

- **Adresse utile**
  - 49 Tuk-Tuk Sintra
- **Où dormir ?**
  - 2 Villa Branca Jacinta
  - 4 Hotel Sintra Jardim
  - 5 Casa de Hospedes D. Maria da Parreirinha
  - 8 Quinta das Murtas
  - 9 Nice Way Sintra Palace
  - 10 Hotel Nova Sintra
  - 11 Chalet Saudade
- **Où manger ?**
  - 22 Taverna dos Trovadores
  - 23 Al Fresco
  - 24 Café Saudade
  - 27 A Raposa – Casa de Chá
  - 28 Restaurante O Regional do Sintra
  - 29 O Apeadeiro
- **Où manger (et acheter) des pâtisseries locales ?**
  - 31 Fabrica das Verdadeiras Queijadas da Sapa

saudade.pt • saudade.pt • *Doubles 60-100 €.* Dans une superbe demeure, genre chalet suisse cossu, complètement rénovée par des propriétaires charmants. Chambres propres, joliment décorées, spacieuses, avec vieux parquets, literie confortable, et jardin superbe. Personnel très sympa. Petit déj dans le *Café Saudade*, à 50 m, un vrai festin ! Certains routards y restent même pour déjeuner (voir « Où manger ? »).

🏠 *Hotel Sintra Jardim* (plan Serra de Sintra, B2, **4**) *: largo Sousa Brandao, 1.* ☎ *21-923-07-38.* • *hotelsintrajardim@ gmail.com* • *residencialsintra.blogspot. fr* • *De Portela da Sintra, prendre le bus n° 433 direction le village de São Pedro et demander l'arrêt Arrabalde. Doubles 60-95 € selon vue, confort et saison, petit déj inclus. Parking.* Vieille bâtisse bourgeoise assez isolée, dans un parc. Une quinzaine de chambres, certaines avec un cachet ancien, d'autres rénovées, à chacun ses envies. Nos préférées sont les chambres nos 15, 18, 24 et 28 pour la vue ! TV satellite. Terrasse et joli jardin. Belle piscine. Accueil très souriant. Toujours une de nos adresses préférées.

🏠 *Cinco* (zoom A2, **1**) *: tourner à droite après la poste dans la rua da Biquinha, c'est tt au bout.* 📱 *91-450- 22-55.* • *carole@stayatcinco.com* • *stayatcinco.com* • *Résa indispensable (disponibilités sur le site). Doubles 75-80 € ; 25 €/pers supplémentaire (max 4 pers).* Un vrai *B & B* à l'anglaise, et pour cause : la sympathique propriétaire est d'origine britannique. Un seul appartement, coquettement aménagé et très douillet, avec cuisine équipée, salon et terrasse privée fleurie, dans une belle maison en pierre. Et même accès à la piscine couverte. Quant à la vue !... Un coin de campagne au cœur de Sintra.

🏠 *Hotel Nova Sintra* (plan Serra de Sintra, B1, **10**) *: largo Afonso de Albuquerque, 25.* ☎ *21-923-02-20.* • *info@ novasintra.com* • *novasintra.com* • *Doubles 75-95 € selon saison.* Près de la gare de Sintra, une très belle maison bourgeoise située sur une plateforme surélevée, au-dessus de la rue, dans un emplacement unique. C'est un vrai hôtel de charme. Le réceptionniste est francophone. Chambres de bon confort (avec ou sans AC), rénovées avec beaucoup de goût. Certaines têtes de lit sont entourées d'azulejos ! Demandez la n° 10 ou la n° 11 au 1er étage, elles ont une très belle vue, comme la n° 21 sous les toits. Dehors, une grande terrasse verdoyante et fleurie, dominant la ville, un endroit délicieux pour se reposer au soleil.

🏠 *Vitral* (zoom A2, **3**) *: rua Gil Vicente, 20 ; 1°.* ☎ *21-924-05-47.* 📱 *96-500- 92-73.* • *antoniolpbaptista@gmail. com* • *Dans une petite rue qui descend à droite de l'office de tourisme, à 50 m sur la droite. Fermé oct-mars. Double 50 € ; dégressif à partir de la 2e nuit. Pas de petit déj.* Une petite maison d'hôtes avec seulement 2 chambres. Elles sont parfaitement tenues et sobrement décorées de gravures anciennes et de jolies têtes de lit en bois marqueté. Grandes salles de bains. Accueil courtois du propriétaire. Une excellente adresse dans le centre historique.

🏠 *Casa de Hospedes D. Maria da Parreirinha* (plan Serra de Sintra, A-B1, **5**) *: rua João de Deus, 12-14.* ☎ *21-923-24-90.* • *casadehospe desdonamaria@gmail.com* • *À 1 km du centre, derrière la gare, à côté du poste de police. Doubles 40-50 €. Pas de petit déj ni d'AC. CB refusées. Parking gratuit.* Petite pension avec des chambres propres et très ordinaires, avec de petites salles de bains. Une adresse sans fard, qui contentera les routards les moins exigeants.

🏠 *Villa Branca Jacinta* (plan Serra de Sintra, B1, **2**) *: rua Dr Almada Guerra, 3.* ☎ *21-242-46-58.* 📱 *96-683-33-30.* • *ffidanza@netcabo.pt* • *villabranca jacinta.portfoliobox.net* • *Doubles 50-120 € selon saison, petit déj inclus.* Un peu en retrait de la ville, dans une maison de famille du début du XXe s, la charmante propriétaire reçoit dans ses 3 chambres d'hôtes, claires et lumineuses, toutes différentes, mais pleines de charme et de caractère. Votre hôte aime la déco et ça se sent ! Parquet en bois, lits bien épais, linge de maison soigné, salles de bains modernes en schiste noir et carrelage blanc, vieux meubles patinés et murs blancs. On aime beaucoup !

# SINTRA / OÙ DORMIR ?

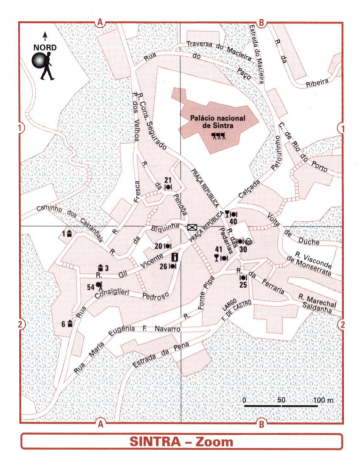

SINTRA – Zoom

- **Adresse utile**
  - **i** Ask me Sintra

- **Où dormir ?**
  - 1 Cinco
  - 3 Vitral
  - 6 Lawrence's Hotel

- **Où manger ?**
  - 20 Tulhas et Romaria do Baco
  - 21 Pendoa Comércio de Artesanato
  - 25 Tacho Real
  - 26 Buffet Xentra

- **Où manger (et acheter) des pâtisseries locales ?**
  - 30 Casa Piriquita

- **Où boire un verre en grignotant un petit morceau ?**
  - 40 Loja do Vinho
  - 41 Binhoteca

- **À voir**
  - 54 Museu Ferreira de Castro

**Quinta das Murtas** (plan Serra de Sintra, B2, 8) : *rua Eduardo Van Zeller, 4.* ☎ *21-924-02-46.* • info@quintadasmurtas.com • quintadasmurtas.com • Doubles 65-110 € selon confort et saison, petit déj inclus. 📶 Grande bâtisse rouge aux allures de manoir anglais. Une vingtaine de chambres, plutôt vastes toutefois ; certaines salles de bains mériteraient une petite rénovation. Rien de grave, rassurez-vous ! Quelques triples et quadruples (parfaites pour les familles), et certaines avec des kitchenettes. Jolie terrasse, volière avec des perroquets aras (nés au Portugal) de toute beauté. Piscine. Accueil très courtois.

## Beaucoup plus chic

**Lawrence's Hotel** *(zoom A2, 6)* : *rua Consiglieri Pedroso, 38-40.* ☎ *21-910-55-00.* • *geral@lawrenceshotel.com* • *lawrenceshotel.com* • *Après le musée Ferreira de Castro. Double 132 €, petit déj inclus (servi sans supplément dans les chambres). ½ pens 30 €/pers.* 📶 Construite en 1764, cette belle bâtisse accueillit d'illustres personnages, tel Lord Byron. Chambres cossues, toutes différentes, certaines avec vue sur la forêt alentour, où l'on est seulement dérangé par le murmure de la cascade, tandis que d'autres possèdent un beau lit à baldaquin. Tout dépend si l'on préfère vivre d'amour ou d'eau fraîche ! Pas de parking. Accueil à l'image du lieu : stylé et élégant.

## Où manger ?

Sintra, aussi merveilleuse soit-elle, est une ville assez chère.

## Très bon marché

**|●| Café Saudade** *(plan Serra de Sintra, A1, 24)* : *av. Dr. Miguel Bombarda, 6.* ☎ *21-242-88-04.* • *cafe@saudade.pt* • *Sandwichs, paninis, scones 1,10-6,95 €.* 📶 Dans l'ancienne maison de la pâtissière du roi Ferdinand II, qui n'aimait rien tant que les *queijadas da Mathilde* au XIX$^e$ s. Ambiance chaleureuse et conviviale, à l'intérieur comme en terrasse. On adore le thé des Açores, seul thé produit en Europe depuis 1883, ou le pain de Madère pour les sandwichs ou paninis. À l'heure du petit déj, du déjeuner ou du goûter, le *Café Saudade* saura combler petits et grands. Mais rien ne vaut la sélection de vins, fromages et sardines de la maison *(Tasca Menu à 9,95 €)*. Un bon repaire. Propose aussi quelques chambres (voir « Où dormir ? »).

**|●| Buffet Xentra** *(zoom A2, 26)* : *rua Consiglieri Pedroso, 2 A.* ☎ *21-924-07-59. Tlj jusqu'à 22h. Buffet 8,50 €.* Difficile de trouver aussi copieux pour un prix aussi économique. On ne vient pas au *Xentra* pour un dîner romantique entre amoureux, mais pour manger à des tarifs très sages, de préférence à l'heure du déjeuner. La salle se trouve au sous-sol.

**|●| Pendoa Comércio de Artesanato** *(zoom A1, 21)* : *rua da Pendoa, 14.* ☎ *21-924-46-14.* • *pendoasintra@gmail.com* • *À droite de l'office de tourisme. Tlj, slt le midi. Repas 10-12 €.* Oui, vous avez bien lu, c'est un magasin d'artisanat, certes, mais qui a eu la bonne idée de placer quelques tables dans sa salle, près de l'entrée. Les gens du coin y vont, car c'est bon, frais et à prix tout doux. La maîtresse des lieux, adorable, vous propose chaque jour un plat différent, vous devriez aimer. Vite pris d'assaut.

## De bon marché à prix moyens

**|●| Restaurante O Regional do Sintra** *(plan Serra de Sintra A1, 28)* : *travessa do Municipio, 2.* ☎ *21-923-44-44. Tlj sf mer 12h-16h, 19h-22h30. Plats env 12-23 €.* Sur le côté droit de la mairie, une façade discrète et un intérieur tranquille et bien tenu, de style classique et traditionnel. Accueil cordial. Cuisine portugaise bien préparée, sincère et sérieuse. Morue, poisson (la mer et les pêcheurs ne sont pas très loin), et filet mignon sont les spécialités de la maison.

**|●| O Apeadeiro** *(plan Serra de Sintra A1, 29)* : *av. Miguel Bombarda, 3 A.* ☎ *21-923-18-04. Tlj sf jeu. Plats 6-15 € en moyenne.* Là encore une bonne adresse, à l'écart de l'agitation

# SINTRA / OÙ MANGER (ET ACHETER) DES PÂTISSERIES ?

touristique, près de la mairie. Cuisine portugaise de la terre et de la mer, fraîche et savoureuse, avec des poissons et des viandes à égalité sur la carte.

I●I *Romaria do Baco* (zoom A2, **20**) : rua Gil Vicente, 2 ; 1°. ☎ 21-924-39-85. Tlj 12h-13h15, 17h-19h. Fermé 20 janv-6 fév. Plats env 7,20-18 € ; menus 15-39,50 €. Au-dessus du resto Tulhas, à l'écart de l'agitation, une petite salle bien arrangée où l'on déguste une cuisine portugaise sincère et bien faite. Carte en français. Omelettes, pâtes, salades, bacalhau à braz, seiche aux pommes de terre...

I●I *Tulhas* (zoom A2, **20**) : rua Gil Vicente, 4-6. ☎ 21-923-23-78. Tlj sf mer. Fermé 15 déc-15 janv. Repas 10-20 €. Petite salle au décor rustique, qui n'a pas beaucoup changé en 25 ans (admirez les fresques anciennes). Bonnes spécialités locales. Ce petit resto étant très prisé des locaux et des visiteurs d'un jour, vous ne risquez pas d'être seul à table. Pour la petite histoire : le resto porte le nom du puits qui est à l'intérieur de la salle. Le patron dit y jeter les clients mécontents. On a bien cherché, personne au fond ! Toutefois, bien vérifier la note (un « service non compris » apparaît parfois).

I●I *Taverna dos Trovadores* (plan Serra de Sintra, B3, **22**) : praça D. Fernando II, 18, porta 6. ☎ 21-923-35-48. ♿ À côté du marché à la brocante. Tlj sf dim soir 12h-minuit (2h ven-sam). Concerts ven-sam vers 23h. Plats 10-14 €. Grand parking à côté. Au fond de la loja do Picadeiro, une cour pavée entourée de boutiques d'artisanat. Taverne musicale avec véranda qui sert une gentille cuisine familiale et généreuse. Le nom complet du lieu devrait vous éclairer : « Taverne des troubadours qui boivent du blanc et du rouge à n'importe quelle heure du jour ou de la nuit » (figure dans le Guinness Book des records) ! Accueil jovial.

I●I *Al Fresco* (plan Serra de Sintra, B3, **23**) : rua Serpa Pinto, 2. ☎ 21-924-63-53. En face du marché bimensuel, à 1,5 km du centre historique. Fermé dim midi lorsqu'il y a marché. Pizzas 8,50-15 € ; plats 9-20 €. Un resto italien contemporain éclairé avec soin. Au menu, pâtes et pizzas, mais on peut aussi y manger des plats plus élaborés. Belle carte de vins italo-portugais.

## Plus chic

I●I *A Raposa – Casa de Chá* (plan Serra de Sintra, A1, **27**) : rua Conde Ferreira, 29. ☎ 21-924-44-82. Un peu en retrait de la pl. de la mairie. Tlj sf dim 10h30-minuit. Repas env 25-30 €. Derrière la jolie façade à verrière de cette demeure de caractère se cache un charmant salon de thé-restaurant aménagé avec goût, dans un décor coquet, soigné et fleuri. Ambiance presque romantique ! Le propriétaire est un jovial Brésilien marié à une charmante Espagnole. Accueil excellent ! La cuisine est savoureuse, joliment mijotée, tout est bon, frais, et très bien servi. Carpaccio de saumon, foie gras poêlé... Desserts succulents. On est très loin des pièges à touristes. Notre coup de cœur à Sintra.

I●I *Tacho Real* (zoom B2, **25**) : rua da Ferraria, 4. ☎ 21-923-52-77. Fermé mar soir-mer. Plats 10-30 € ; repas 15-25 €. Apéritif offert sur présentation de ce guide. 📶 Dans la salle voûtée, les serveurs attendent au garde-à-vous vos moindres désirs, nœud pap' bien ajusté et serviette sur le bras. Au sol, les tapis d'Orient réchauffent les fraîches tomettes et donnent une atmosphère très chaleureuse au lieu. Côté cuisine, de bons plats portugais avec de belles envolées imaginatives. Portions copieuses détonnant vraiment avec l'aspect guindé du restaurant. Une bonne adresse, pour se dire des mots doux, tout en se régalant droit dans les yeux.

## Où manger (et acheter) des pâtisseries locales ?

Les deux spécialités de Sintra sont les *queijadas*, petits gâteaux à base de fromage blanc et de cannelle, et les *travesseiros*, pâte feuilletée fourrée de crème d'amande.

I●I ✿ *Casa Piriquita* (zoom B2, **30**) : rua das Padarias, 1 et 7. ☎ 21-923-06-26. Fermé mer. C'est ici que sont fabriqués « à l'ancienne » les *queijadas* et les *travesseiros*. Il faut faire la queue avec son numéro d'attente avant d'être servi. Une annexe *(Piriquita Dois)* avec terrasse a ouvert un peu plus haut dans la même rue. Servent aussi quelques plats simples et bon marché, idéal pour le midi.

☛ ✥ **Fabrica das Verdadeiras Queijadas da Sapa** *(plan Serra de Sintra, A1, 31)* : *av. Volta do Duche, 12.* ☎ *21-923-04-93. Dans un tournant, en descendant de la gare vers le centre. Tlj sf lun.* Une adresse historique reprise par une parente du dernier créateur d'authentiques *queijadas* à l'ancienne. Quelques tables en terrasse pour boire un café tout en se régalant de ces petites douceurs.

## Où boire un verre en grignotant un petit morceau ?

▼ I●I **Loja do Vinho** *(zoom B1, 40)* : *praça da República, 3.* ☎ *21-924-44-10. Jusqu'à 19h.* Sur la place principale, bar à vins où le porto se taille la part du lion, bien sûr. Quelques tables au rez-de-chaussée, mais le plus sympa est de s'attabler dans la petite cave aux murs tapissés de bouteilles. C'est le moment de s'instruire sur l'incroyable diversité des vins portugais. Fromages et charcuterie locale pour accompagner vos dégustations et ces citations en façade.

▼ I●I **Binhoteca** *(zoom B2, 41)* : *rua das Padarias, 16.* ☎ *21-924-08-49.* ● *bar-do-binho@netcabo.pt* ● Adresse sympathique où vous trouverez une sélection de plus 100 vins portugais au verre, classés par variété et région d'appellation d'origine. Pour les petites faims, une très bonne sélection de fromages et saucissons du Portugal.

## À voir. À faire

### *Dans et à proximité du centre historique*

Attention, s'il est préférable de venir hors week-end pour profiter au mieux de la ville, les lundi, mardi et mercredi, il y a toujours un des palais fermé, alors que les autres jours, tout est ouvert.

🎭🎭🎭 **Palácio nacional de Sintra** *(zoom B1)* : *largo Rainha D. Amélia.* ☎ *21-910-68-40.* ● *parquesdesintra.pt* ● ♿ *uniquement dans le parc. Tlj sf 25 déc et 1er janv 9h30-19h (18h en hiver) ; dernière entrée 30 mn avt. Entrée : 10 € ; réduc ; 8,50 € avec la Lisboa Card. Billets combinés : voir « Les environs de Lisbonne. Infos utiles ».*

De l'extérieur, on est toujours un peu surpris par les deux gigantesques cheminées qui ne sont autres que celles des cuisines, ajoutées au XIVe s. Pour le roi Manuel Ier, le dernier reconstructeur de ce château agrandi et modifié du XIIIe au XVIe s, seul l'intérieur comptait. Il voulait concurrencer le palais de l'Alhambra de Grenade. Sintra ayant lancé la mode des azulejos dans tout le Portugal, son palais principal en devint la brillante vitrine.

On passe d'abord dans la salle des Cygnes *(sala dos Cisnes)*, où les plafonds à caissons sont ornés de cygnes, tous semblables, avec au cou un collier doré. Deux tableaux représentent le roi Charles II d'Angleterre (1630-1685) et la reine Catarina de Bragança. La salle des Pies *(sala das Pegas)* est ornée de pies noires, c'est l'unique pièce du XVe s conservée en l'état. Plus loin, la chambre de Don Sebastião avec un lit à baldaquin, la salle Jules César abritant des meubles de style indo-portugais, la salle des Galions *(sala das Gales)* au plafond peint représentant une série de galions des XVIe et XVIIe s.

C'est dans la **salle des Blasons** *(sala dos Brasões)* que l'on a la plus belle vue sur la campagne autour de Sintra, avec au loin la mer. On y mesure la force de la royauté de l'époque. Au plafond sont peints les blasons des 72 familles de l'aristocratie portugaise du XVIe s (l'âge d'or des découvertes). Voilà les

chevaliers des mers lointaines : Albuquerque, Soutomayor, Menezes, Brito, Cabral, Mascarenhas...
On continue la visite par l'étonnante pagode chinoise en ivoire du XVIe s, haute de près de 2 m, exposée dans la *sala Chinesa*. Cette belle pièce aurait été offerte à la reine Maria II du Portugal par le Sénat de Macao (possession portugaise à l'époque). C'est dans cette même pièce que fut enfermé pendant 9 ans (de 1674 à 1683) le pauvre vieux Alfonse VI, qui avait tout perdu : sa femme, sa liberté, son royaume (c'est son frère qui en a profité). Également à voir, les grandes cuisines avec leurs fours, leurs marmites, leurs broches longues de plus de 2 m, et leurs deux hautes cheminées de forme conique.

¶¶ ♟ ***Palácio e quinta da Regaleira*** *(hors plan Serra de Sintra par A2) :* ☎ *21-910-66-56.* • *regaleira@mail.telepac.pt* • *cultursintra.pt* • *En quittant le centre de Sintra par la rua Barbosa du Bocage (celle de l'office de tourisme), on passe immanquablement devant le palais. Avr-sept, tlj 10h-20h (dernière entrée à 19h) ; jusqu'à 18h30 hors saison, 17h30 en hiver (dernière entrée 30 mn avt). Entrée : 10 € avec 2h de visite guidée en français (sur rdv). Sinon, 6 €, compter env 1h30.*
Façade de pierre tellement chargée de sculptures symboliques qu'on se croirait dans un roman gothique. Les enfants adoreront le jardin. Se munir éventuellement d'une lampe de poche pour parcourir les souterrains. Relevant un peu du parcours de santé (le site se situe à flanc de colline), le parc invite à flâner et à se perdre. Le plan, pas vraiment clair, s'en charge d'ailleurs très bien pour vous !
Le style de ce palais, tout à fait hors normes, hésite, pour tout vous dire, entre le néogothique et le néomanuélin. La demeure, ses annexes et le parc sont nés au début du XXe s de l'imagination exaltée d'un riche propriétaire, Carvalho Monteiro, associé à l'architecte italien Manini. Toute sa fortune, accumulée au Brésil grâce au monopole du commerce du café et des pierres précieuses, suffit à peine pour transformer, entre 1904 et 1911, ce qui était déjà un beau domaine en une demeure capable d'accueillir les grands de l'époque. Hélas, l'intérieur vous semblera un peu dénudé. Le mobilier et les collections de

> **LA MONTRE LA PLUS COMPLIQUÉE DU MONDE**
>
> Carvalho Monteiro était définitivement très curieux. Il passa commande aux usines françaises d'horlogerie de la Maison Leroy, à Besançon, d'une montre unique, la Leroy 01, au mécanisme sophistiqué, avec 24 complications en supplément des heures, minutes et secondes ! Il pouvait ainsi connaître sur sa montre la position des étoiles à Rio, Paris et Lisbonne, mais disposer aussi d'un baromètre, d'un altimètre (à Sintra, ça se comprend !), et mieux encore, d'un hygromètre à cheveux pour mesurer l'humidité !

Monteiro ont été vendus : montres au musée de Besançon, papillons au musée de Coimbra, bibliothèque à Washington.
Il fallait le microclimat de la région pour aménager un **jardin spirituel et romantique** (la partie la plus étonnante de la visite), mêlant les plantes exotiques et la végétation spontanée, qui allait devenir, pour les générations à venir, le point de départ d'un étrange voyage. On pourra se satisfaire du caractère fantaisiste du lieu ou alors tenter d'en capter la dimension philosophique. Bien plus qu'un simple jardin, il s'agit d'un enclos représentant la quête spirituelle de l'homme dans l'univers, au sens le plus noble du terme. Suivez le guide (c'est obligatoire) sur le « chemin de l'initié » qui vous mènera, de symboles franc-maçonniques en constructions dans le style néomanuélin, de la terrasse des Chimères au fond d'un puits monumental *(poço iniciático)*, espèce de tour inversée de 27 m de profondeur. Un escalier en colimaçon y descend. Une plongée à l'intérieur de soi-même (traduction libre) avant de retrouver le chemin du paradis, qui

passe par un lac que les nostalgiques de Louis II de Bavière regarderont avec un autre œil.
Ce n'est peut-être pas vraiment un hasard si l'on doit à un cousin de ce dernier, devenu roi du Portugal, par son mariage avec la reine Maria II, la construction, en 1840, du délirant palais de la Pena et de son parc (voir plus loin « En dehors de la ville : le circuit de Pena »).
|●| Cafétéria avec une merveilleuse terrasse.

🏃 *Museu Ferreira de Castro* (zoom A2, 54) : *rua Consiglieri Pedroso, 34.* ☎ *21-923-88-28.* ● *museu.fcastro@cm-sintra.pt* ● *museuvirtual.cm-sintra.pt* ● *Tlj sf lun 10h (12h w-e et j. fériés)-18h ; dernière entrée à 17h. GRATUIT.* Ce petit musée intéressera les connaisseurs de l'Amazonie et de sa littérature, qui ont lu le chef-d'œuvre *A Selva* (en français : *Forêt vierge*). Né dans une famille pauvre du nord du Portugal, Ferreira de Castro (1898-1974) émigra – seul et jeune – au Brésil, où il travailla dans une plantation de caoutchouc dont le nom « Paradis » n'était qu'une antiphrase. Il découvrit avec effroi la rudesse de l'enfer vert et les conditions de vie épouvantables des *seringueiros*. Revenu au Portugal, il devint journaliste et écrivit plusieurs livres dont *A Selva*, témoignage unique en son genre, inspiré de son expérience dans la jungle. Stefan Zweig découvrit ce beau livre et le proposa à Grasset, qui le fit traduire par Blaise Cendrars, son « ami et humble traducteur », comme il l'indique sur une photo dédicacée. À travers de nombreux documents et objets, le musée raconte la vie de cet écrivain remarquable – bien que peu connu – qui a écrit les plus belles pages sur la forêt amazonienne.

🏃🏃 🏃 *Centro Ciência Viva de Sintra* (musée des Sciences ; hors plan Serra de Sintra par B1) : *estrada nacional, 247, Ribeira de Sintra.* ☎ *21-924-77-30.* ● *cienciavivasintra.pt* ● *Tlj sf lun 10h-18h (11h-19h le w-e). Fermé 1er janv, jour de Pâques, 25 avr, 25 et 31 déc. Entrée : 3,50 € ; réduc avec la Lisboa Card ; billet famille : 9 €.* Si vous avez des enfants qui commencent à trouver le temps long à force de visiter les musées et les parcs de Sintra, faites-leur plaisir en les emmenant se défouler dans ce musée récent, installé dans l'ancien garage des tramways, au pied de la ville (vous pouvez y aller justement en prenant un vieux tram depuis le musée d'Art moderne, voir plus haut « Arriver – Quitter »). Mieux vaut parler l'anglais ou le portugais pour apprécier les temps forts de ce lieu vivant, destiné à apprendre la science en s'amusant.

## *En dehors de la ville : le circuit de Pena*

Le reste de la visite peut difficilement se faire à pied, ou alors vous allez y passer du temps. Il existe un billet forfaitaire (durée limitée d'utilisation : 7h30) pour tout visiter avec le seul bus n° 434, appelé *circuito da Pena*. Voir la rubrique « Terminal d'autobus » dans la partie « Arriver – Quitter » plus haut.

🏃🏃 🏃 *Parque da Pena et le chalet de la comtesse d'Edla* (parc de Pena ; plan Serra de Sintra, A3) : ● *parquesdesintra.pt* ● *Tlj 9h30-20h (19h palais et 19h30 terrasse). Billetterie fermée 1h avt. Entrée : 7,50 € (parc slt), 9,50 € (parc et chalet), 10,50 € (terrasse du palais et parc) ou 14 € (palais et parc ; « happy hour » tlj de 9h30 à 10h30, 13 €) ; réduc avec la Lisboa Card. Visite guidée possible sur résa.*
L'entrée la plus proche du Palácio nacional da Pena s'appelle l'entrée des Lacs (Maison du gardien du portail des lacs). On peut aussi y entrer par celle du chalet et plus loin par la Tapada do Mouco (près du parking du Mouco). Plusieurs chemins s'y promener sans risque de se perdre car le parc est ceinturé par un mur.
Ce grand parc de 200 ha fut créé par Ferdinand de Saxe-Cobourg-Gotha, connu au Portugal sous le nom de Don Fernando II (1819-1885). Irrégulier et baroque, il épouse les formes du relief et de la colline. Fantaisiste par son plan, hérissé de rocailles, baigné par des fontaines et des pièces d'eau, il s'étend tel un grand poumon de verdure au pied du château et abrite plus de 200 espèces différentes

de plantes européennes et exotiques. Il n'y manque que les fées, les lutins et les nymphes pour en faire un jardin imaginaire et romantique.

Au fil des sentiers, on passe par la ferme du château, la bouverie (anciennes écuries), la maison du jardinier, le clapier, les serres et la volière où Don Fernando II conservait une collection d'oiseaux exotiques. Le pont Nouveau est le nom d'une petite pergola que la comtesse d'Edla empruntait quand elle se rendait du palais à son chalet. D'origine suisse allemande, née dans une famille bourgeoise, Elisa Hensler passe une partie de sa jeunesse à Boston où sa famille a émigré. De retour en Europe, la voici cantatrice à Milan et courtisane. En tournée à Lisbonne en 1860, elle séduit le roi Ferdinand II, qui est veuf. Polyglotte, artiste, cultivée, passionnée de botanique, elle s'installe à Sintra, son refuge. Le **chalet de la comtesse d'Edla** fut construit en 1870 dans la partie ouest du parc. Ce fut un refuge rustique niché dans la végétation, pour une princesse oisive rêvant de jouer à la jardinière comme Marie-Antoinette rêvait de jouer à la bergère... En fait, la comtesse dessina elle-même les plans et s'inspira des chalets ruraux américains. À l'intérieur, décor rustico-chic où le liège domine : stucs XIXᵉ s, carreaux de céramique (azulejos), panneaux marquetés en liège et en bois de la salle à manger.

Aux abords du chalet, la fougeraie, constituée de fougères arborescentes d'Australie et de Nouvelle-Zélande, a été plantée dès 1864. Plus loin, des massifs d'azalées, des rhododendrons et des camélias portant les noms de membres de la famille royale. Près de la maison du jardinier et du jardin des azalées se dressent quelques beaux pins du Chili (araucarias), des camphriers, et des séquoias d'Amérique.

Au sommet (à 529 m) de la butte de la Cruz Alta, un calvaire du XVIᵉ s culmine au point le plus haut de la serra, et offre une vue superbe sur la campagne de Sintra.

### LA COMTESSE AUX PIEDS NUS

Devenue la femme la plus riche du Portugal à la mort de son époux, Elisa Hensler, comtesse d'Edla, hérite de tous ses biens. Son successeur quelques règnes plus tard, le roi Carlos Iᵉʳ, doit alors racheter l'ensemble à la veuve pour une somme de 410 millions d'escudos. En 1929, la dame meurt à Lisbonne. La reine douairière Amélie d'Orléans-Bragance, qui ne la considérait pas du même monde, refuse d'assister à ses funérailles.

🎭🎭🎭 🚶 **Palácio nacional da Pena** (palais de Pena ; plan Serra de Sintra, A3) : à 4 km de Sintra (marcheurs, attention, ça grimpe dur !). ☎ 21-923-73-00. ● parquesdesintra.pt ● Fin mars-fin oct, tlj 9h45-19h ; fin oct-fin mars 10h-18h ; dernier billet 45 mn avt. On vous conseille d'arriver tôt à cause des groupes. Entrée : 14 € ; réduc (notamment avec la Lisboa Card). « Happy hour » 9h30-10h30 (13 € !). Billets combinés : voir « Les environs de Lisbonne. Infos utiles ». Bus pour grimper jusqu'au château : env 5 € A/R (des prix à la hauteur du site, exagérés en saison). Visite guidée (sur résa au ☎ 21-923-73-00). Audioguide en anglais slt. On doit, bien sûr, laisser ses sacs à l'entrée. Bar et (mauvais) resto ouv 12h-16h.

Perché à 500 m au-dessus des arbres du *parque da Pena*, voici l'un des palais les plus visités du Portugal. Pour y accéder, on traverse une superbe forêt. Depuis le portail d'entrée, encore 1 km de montée à pied ou en car (payant). De fausses murailles jaune canari, des tours néogothiques rouge écarlate, un pont-levis qui n'a jamais fonctionné, quelques minarets, un ou deux dômes mauresques (qui disparaissent parfois dans la brume) et un donjon.

### Un peu d'histoire

Fils de Ferdinand, duc de Saxe-Cobourg-Gotha, et de Maria-Antonia, princesse de Kohary, Don Fernando II (1816-1885) est d'origine allemande, mais portugais par son mariage avec la reine Maria II (dont il a eu huit enfants). Il règne comme roi consort du Portugal de 1837 à 1853. Veuf de la reine Maria II, l'ex-roi épouse en secondes noces Elisa Hensler (1836-1929), comtesse d'Edla, une brillante cantatrice suisse allemande (voir plus haut). Connu au Portugal comme le roi artiste, détaché des contingences politiques, partisan de la vie paisible à la campagne, Don Fernando II s'éloigne du pouvoir. C'est à Sintra qu'il réside avec sa seconde épouse, fuyant l'agitation du monde. En 1834, il acquiert un monastère à l'emplacement du palais actuel. De 1842 à 1854, il y fait construire un « Palais nouveau » sous la direction du baron Ludwig von Eschwege.

Plus géologue et géographe qu'architecte, tel un amateur de génie, le baron allemand conçoit une œuvre éclectique, exubérante et romantique mêlant les styles mauresque, manuélin, baroque, gothique et Renaissance... C'est vraiment un palais hors normes, conçu comme un incroyable cocktail architectural, fruit d'une imagination débordante et sans préjugés. Pena est considéré comme le premier palais romantique d'Europe, ayant été édifié 30 ans avant le château de Neuschwanstein par Louis II de Bavière. Pour être plus précis, on dit que le baron se serait inspiré des châteaux fous imaginés par l'architecte et peintre prussien Karl Freidrich Schinkel (qui a dessiné le château de Babelsberg à Potsdam).

*Visite du palais*

Des airs de musique baroque accompagnent le visiteur dans cet invraisemblable château à l'architecture aussi fantaisiste que fantastique. Clin d'œil aux films d'horreur, avec ce monstre caché au-dessus de la porte, soutenant une marquise, les pieds dissimulés dans d'énormes coquillages où poussent des cactées.

L'intérieur ne déçoit pas non plus : à l'exception d'une chapelle et d'un cloître manuélins authentiques reprenant les thèmes du célèbre monastère hiéronymite de Belém à Lisbonne, uniques rescapés de l'ancien couvent des frères hiéronymites, les pièces – assez petites – reflètent le goût du XIXe s. La muséographie, plutôt réussie, permet d'imaginer la vie dans ces lieux, avec ces prototypes de salles de bains à la Jules Verne (chambre de Carlos Ier), ces chambres quelque peu surchargées, ce salon arabe débordant de coussins... Dans le salon Indien, beaux meubles en teck de style mudéjar. Dans le salon Meissen, étonnante table avec des pieds en porcelaine de Saxe ! Sur la terrasse, un étrange cadran solaire. Et une vue magnifique sur la région. On apprend au cours de la visite que Don Fernando II et la comtesse d'Edla avaient peur du vide. Au moins, une chose est sûre : ils l'ont bien comblé ! Difficile d'imaginer qu'il y a encore un siècle tout ce bric-à-brac chic était utilisé chaque jour par des êtres humains qui pouvaient le voir sans glace protectrice, le toucher, le faire évoluer. Une évocation qui rend un peu triste l'arrivée dans le « salon Noble » rempli, comme toujours, de symboles maçonniques. Quant à l'inspiration mauresque, avec les stucs, elle est évidente. Il faut imaginer les danses d'autrefois, pendant le carnaval, avec les 72 bougies du lustre néogothique allumées pour l'occasion, comme les torchères des quatre Turcs qui boudent toujours, dans leur coin. Pensez que tout est resté en l'état depuis la chute de la monarchie et la fuite des souverains en Grande-Bretagne en 1910.

Encouragée par le prince consort Don Fernando II (Ferdinand de Saxe-Cobourg-Gotha), toute la bonne société fit de Sintra son lieu de villégiature préféré. Ainsi naquirent manoirs et palais autour d'un centre urbain déjà en plein essor.

Une balade à pied jusqu'au château des Maures, pour reprendre contact avec la réalité, s'impose.

**🏰 Castelo dos Mouros** *(château des Maures ; plan Serra de Sintra, A2) : à 3 km au sud, par la route du palácio da Pena ; quand on vient à pied depuis Sintra, passer par le parking pour prendre le billet avt de continuer à monter.* ● *parquesdesintra.pt* ● *Tlj 9h30-20h (dernier billet 1h avt). Entrée : 8 € (5 € avec la Lisboa Card) ; réduc. Billets combinés : voir « Les environs de Lisbonne. Infos utiles ».*

Au VIIIe s, le territoire du Portugal est conquis par les Maures musulmans. À Sintra, ils construisent un château perché au sommet d'une colline. Dans leur nid d'aigle dominant la région, entre terre et mer, les Maures règnent sur Sintra jusqu'en 1093, année de la reconquête du pays par le roi de León, Afonso VI. Les chrétiens reprennent le *castelo* aux Maures. Quelques juifs exclus de Lisbonne par décret royal y habitent au XVe s, mais le château est déjà en partie ruiné. À partir de 1839 commence la

restauration des vestiges, dont les murailles. Sur place, on voit encore les restes des anciennes écuries, la tour royale où Don Fernando II aimait venir peindre, la porte de la Trahison (un passage secret), et plus haut la tour de l'alcade de la période musulmane. Ce fut le dernier bastion de la résistance des Maures. On voit aussi des pans de murs qui rappellent l'existence de l'église de São Pedro de Canaferrim, du XII$^e$ s, première église catholique de Sintra après la reconquête par Don Afonso Henriques.
– En parcourant le chemin de ronde qui épouse le relief tourmenté, on découvre de superbes panoramas, du pont de Lisbonne au cabo da Roca.

## DANS LES ENVIRONS DE SINTRA

Le reste de la balade nécessite cette fois une voiture, mais vaut largement le déplacement. Attention, les routes sont étroites !

**Parque e palácio de Monserrate :** à 4 km à l'ouest de Sintra. ☎ 21-923-73-00. Bus n° 435 depuis la gare ferroviaire et routière, arrêt à Regaleira et après, hardi petit ! Parc ouv tlj 9h30-20h ; jusqu'à 19h pour le palais (dernière entrée 1h et 45 mn avt). Entrée du parc : 8 € (5 € avec la Lisboa Card) ; réduc.
Amateur de promenades romantiques, ce parc vaste (143 ha) comme le flanc de la colline qu'il occupe est le vôtre (le temps d'une balade, du moins).
À l'origine, vers 1540, il y avait là une chapelle consacrée à Notre-Dame de Monserrate et le domaine appartenait à l'hôpital de Tous-les-Saints de Lisbonne. Au XVII$^e$ s, la famille Mello e Castro devient propriétaire de la terre et en 1718 un vice-roi de l'Inde portugaise y vient souvent se mettre au vert. C'est en 1790 que tout commence vraiment. Un premier palais est édifié sur les dessins de Gérard de Visme, un riche homme d'affaires anglais qui possédait une concession exclusive sur l'importation du bois de brésil (pau brasil). Monserrate bénéficie ensuite des extravagances de ses deux propriétaires anglais successifs : l'écrivain voyageur **William Beckford** (1760-1844) et **Francis Cook** (1817-1901). Bibliophile et bâtisseur excentrique, Beckford est l'anglais le plus riche de son temps. Il invite **Lord Byron** à Monserrate. Figure illustre du mouvement romantique européen, le poète anglo-écossais y séjourne en 1809 et l'évoque dans Childe Harold's Pilgrimage. Le second propriétaire du palais est sir Francis Cook, un millionnaire britannique enrichi dans le commerce des textiles. Il possède une des plus belles collections d'œuvres d'art du Royaume-Uni. C'est lui qui conçoit le jardin romantique et l'architecture de style moghol (Inde) du palais, en modifiant le plan initial de Gérard de Visme. À partir de 1856, la famille de Cook y réside en été. Depuis 1949, le palais et la propriété appartiennent à l'État portugais.
– **Le palais :** à l'extérieur, remarquer la coupole du hall principal, les céramiques d'Iznik ornant les murs de la loggia orientale, les escaliers en marbre décorés de motifs de feuille de lierre. À l'intérieur : hall principal octogonal, admirables panneaux indiens en albâtre de Delhi (style moghol), chapelle, salle de billard, salle à manger, bibliothèque avec des rayonnages en noyer, salle indienne avec des meubles en teck d'Inde... Une des pièces les plus évocatrices est la salle de musique, dans la tour nord, coiffée d'une coupole en stuc aux motifs floraux dorés. L'acoustique y est excellente.
– **Le parc :** Beckford et Cook n'ont pas lésiné sur les arbres exotiques, les cascades, les promontoires. Un vrai jardin botanique de style anglais, c'est-à-dire irrégulier, fantaisiste, terriblement décadent, à la fois historique, romantique et exotique. Cyprès funèbre de Chine, Ginkgo biloba (Chine), figuier des

### GAZON D'AVANT-GARDE

Le gazon qui pousse dans le jardin devant le palais de Monserrate est le premier gazon planté de l'histoire du Portugal. Son origine remonte au XVIII$^e$ s, dit-on. Il a exigé et exige encore un système d'arrosage sophistiqué et efficace.

îles Fidji, pin de Norfolk (le plus haut du jardin), cocotiers du Chili, cèdre de l'Atlas, bunya-bunya d'Australie, jardin du Japon (bambous et camélias), jardin du Mexique (collection de palmiers, yuccas, agaves...), et aussi arbousiers, chênes-lièges, et même une belle roseraie restaurée par le prince de Galles en 2011. Coup de cœur pour la pièce d'eau Hyppocrène qui porte le nom d'une source légendaire de la Grèce antique. Coup d'œil attendri sur la chapelle envahie par un ficus *macrophylla*.

🏨 *Hotel palácio de Seteais :* rua Barbosa du Bocage, 8. ☎ 21-923-32-00. À 1,5 km sur la route de Colares. Ce fut la demeure, au XVIIIe s, du consul de Hollande. Sa façade ocre et blanc est célèbre pour l'arc ajouté au XIXe s entre les deux ailes du bâtiment. Il a été transformé en un hôtel de luxe. Les plus en fonds apprécieront la très belle vue, sur le palácio da Pena et le verger de citronniers.

🏨🏨 *Convento dos Capuchos :* à 8 km, entre Sintra et le cabo da Roca, par la route qui conduit au parque da Pena. ☎ 21-923-73-00 (pour les visites guidées). ● parquesdesintra.pt ● Fin mars-fin oct, tlj 9h30-20h ; fin oct-fin mars, 10h-18h ; dernière entrée 1h avt fermeture. Visites guidées (1h) ; téléphoner pour connaître l'heure de la visite en français. Entrée : 7 € (4 € avec la Lisboa Card) ; réduc. Billets combinés : voir « Les environs de Lisbonne. Infos utiles ». Construit au XVIe s, il a été habité jusque vers le milieu du XIXe s par huit moines franciscains. L'entrée est masquée par des rochers : vous avez le choix d'y rentrer par la droite ou la gauche, symbolisant le libre arbitre. On est conduit ensuite dans un monde miniature : cellules lilliputiennes où l'on pénètre en se baissant, une minichapelle avec, sur la gauche, à l'intérieur, une petite porte marquant la « mort au monde » et un miniréfectoire, puis le potager. À l'intérieur, la présence du liège, sur les portes et les plafonds entre autres, servait à se protéger de l'humidité. C'était là le seul luxe de ces moines obligés de vivre courbés. L'ensemble témoigne de l'extrême pauvreté et de l'ascétisme qui y régnait, mais invite à la méditation. Un lieu plein de charme.

🏨 *Mosteiro da Peninha :* sur la même route, un peu plus loin en tournant à gauche. Après une courte ascension à pied, vous bénéficierez d'un superbe point de vue sur la côte et toute la région depuis ce monastère.

⛱️🚶 *Les plages :* la côte de Sintra est célèbre pour ses petites plages blotties dans la falaise – *praia da Adraga*, *praia Grande*, *praia das Maçãs* et *praia do Magoito*. Pour aller à pied de l'une à l'autre par la côte, voir plus bas « Randonnées pédestres ».

# Randonnées pédestres

Tout un tas de possibilités de randonnées dans les parages, d'une demi-journée à plusieurs jours. Renseignements à l'office de tourisme de Sintra. On trouvera également sur le site de l'ICN (● icnf.pt ●) des parcours pédestres dans la serra de Sintra. Il s'agit d'un parc naturel qui s'étale entre l'embouchure de la rivière Falcao et Cascais, en partie classé au Patrimoine mondial de l'Unesco depuis 1995. Eucalyptus, lauriers, arbousiers, fougères et genêts poussent en pagaille sur ces terrains volcaniques.

➢ *Parcs et châteaux :* il est possible d'aller à pied jusqu'au *palácio da Pena* (50 mn) en passant par le *castelo dos Mouros* (ruines du château des Maures) et en profitant au passage des sous-bois agréables de la serra. Prendre les escaliers à droite en face de l'office de tourisme puis à gauche en montant et en haut de la vieille ville la rua Marechal Saldanha puis, à droite, la rue qui monte vers l'église Santa Maria (z'êtes encore là ?). Continuer, puis prendre à droite une rue pavée assez raide qui accède à un tourniquet. Ici commence un parcours de sous-bois qui mène immanquablement au *castelo dos Mouros* (aller-retour en 2h à partir du *palácio naciónal* en comptant la visite des remparts). Pour rejoindre le *palácio da Pena*, prendre la direction du parking au sortir du *castelo* puis suivre la route qui monte. On accède ainsi au *parque da Pena* et au palais du même nom. Compter une journée pour profiter pleinement de cette balade agrémentée de pauses bucoliques.

➢ Le GR 11 longe la **côte atlantique** entre praia da Adraga et praia do Magoito (sentier balisé). Deux balades de 5 km environ : de praia da Adraga à praia das Maçãs, et de Azenhas do Mar à praia do Magoito.

## ERICEIRA (2655) 6 500 hab.

• Plan p. 169

À 25 km au nord de Sintra, ce petit port de pêche s'affranchit des contraintes naturelles en plongeant dans la mer du haut de sa falaise. On s'y étonne encore de voir des bateaux soigneusement garés côte à côte, comme des autos, sur le bitume qui borde le port. Mais les tracteurs ont remplacé les bœufs qui les hissaient autrefois à quai...
Ericeira bichonne ses photogéniques maisons blanches soulignées de bleu, reflétant les lumières du ciel et de l'océan. Elle a su maintenir les promoteurs à sa périphérie. Mais pas les visiteurs, puisque le tourisme est devenu l'activité principale et qu'un nombre croissant de surfeurs fréquente les spots du coin. Les vagues sont puissantes et franches, offrant de bons déroulés sur de belles longueurs. Malgré l'affluence des week-ends et les prix qui grimpent en été, il serait dommage de court-circuiter cette mignonne étape.

### Arriver – Quitter

**Station de bus** *(hors plan par B1) : sur la route nationale, derrière l'église São Pedro. Ttes les liaisons ci-dessous sont assurées par la compagnie Mafrense.* ☎ 26-181-61-52. • mafrense.pt •
➢ **Lisbonne (Campo Grande) :** dans les 2 sens, env 40 bus/j. (15 le w-e) via **Mafra**. Trajet : 1h15-1h30.
➢ **Portela de Sintra :** env 15 bus/j. (5 le w-e). Trajet : 50 mn.
➢ **Torres Vedras :** env 10 bus/j. (3 le w-e). Trajet : 1h.

### Adresse utile

**Office de tourisme** *(plan B1) : rua Dr Eduardo Burnay, 46.* ☎ 26-186-31-22. • cm-mafra.pt/turismo • *Tlj 10h-18h (22h 15 juil-août).* 🖥 *(payant).* Accueil francophone et services habituels (plan de la ville et des environs, horaires des bus, etc.). Livret des spots de surf, horaire des marées.

### Où dormir ?

#### Camping

**Ericeira Camping** *(hors plan par A1, 10) : estrada naciónal, 247.* ☎ 26-186-27-06. • ericeiracamping.com • *À 1 km au nord de la ville. Env 21 € pour 2 pers ; bungalows de différentes tailles 50-130 €.* 🖥 Camping municipal, à 3 mn de la plage et des vagues. Sol un peu dur, mais ombragé et bien entretenu. Sanitaires fonctionnels. Pizzeria, minimarché, blanchisserie, aire de jeux.

## De bon marché à prix moyens

🛏 **Blue Buddha Hostel** (hors plan par A1, **11**) : Moinhos do Mar, Casa 1. ☎ 910-65-88-49. • bluebuddhahostel@gmail.com • bluebuddhahostel.com • Dans une résidence côté terre, à la sortie nord de la ville (avt le camping) ; la 1ʳᵉ villa en entrant dans la résidence. Selon confort et saison, 20-26 €/pers en dortoirs de 4-10 lits ; doubles 42-70 €. Sdb communes. Pas de petit déj. 📶 L'accueil se fait à l'adresse ci-dessus, une villa transformée en une petite AJ pimpante et gentiment design. D'esprit identique, l'annexe a investi une maison du centre qui surplombe la mer. Vue sur la grande bleue (spectaculaire depuis New Hostel) pour la plupart des hébergements, même si certains, plutôt les dortoirs, sont en sous-sol. Ensemble confortable et fonctionnel. Cuisines et salons TV-musique à dispo. Tennis et piscine payants. Cours de surf et location de planches. Accueil zen, le bouddha bleu y veille !

🛏 **Hospedaria Bernardo** (plan B1, **12**) : rua Prudêncio Franco da Trindade, 11. ☎ 26-186-23-78. • hospedariabernardo@iol.pt • hospedariabernardo.com • Doubles 25-55 € selon saison, taille et confort. Pas de petit déj. 📶 En plein centre-ville, une pension correctement entretenue. Toutefois le temps y fait son œuvre, de-ci de-là quelques carreaux de céramique se font la malle. Certaines chambres sans salle de bains, d'autres avec coin cuisine, voire petit salon et grand balcon. Tout un panel de possibilités, en somme, mais ameublement rudimentaire partout. Bon accueil.

🛏 **Hotel Vilazul** (plan B2, **15**) : calçada da Baleia, 10. ☎ 26-186-00-00. • geral@hotelvilazul.com • hotelvilaazul.com • Doubles 40-82 € selon saison et vue sur mer (lointaine), petit déj inclus. 📶 Simple et sympathique, cet établissement en plein cœur du village offre des chambres correctes et agréables à vivre. Seules celles du 3ᵉ étage ont une vue sur la mer depuis leur balcon. Un salon pour tous, avec une petite terrasse pour profiter du bon temps au 1ᵉʳ étage. Pour la petite histoire : c'est par cette rue, dite de la Baleine, qu'autrefois les villageois traînaient jusqu'à la place du village les pauvres cétacés extirpés de leur habitat naturel. Accueil courtois.

🛏 **Alojamento local Vinnus** (plan B1, **14**) : rua Prudêncio Franco da Trindade, 19. ☎ 26-186-69-33. • info@residencialvinnus.com • residencialvinnus.com • Doubles avec sdb 35-75 € selon saison, taille et confort. Pas de petit déj. 📶 Une adresse proprette et sans prétention qui mise sur la décoration en exposant sur ses murs des artistes locaux. Pas d'AC. La chambre nᵒ 15, familiale, possède une cuisine, pratique pour les plus longs séjours.

🛏 **Hotel Pedro O Pescador** (plan B2, **13**) : rua Dr Eduardo Burnay, 22. ☎ 26-186-40-32. • info@hotelpedropescador.com • hotelpedropescador.com • Doubles 55-60 € selon saison, petit déj compris. Maison bleu ciel. Les chambres sont simples et correctes, certaines profitent d'un bout de vue sur l'océan. En revanche odeur de tabac froid dans nombre d'entre elles, demandez-en une non-fumeurs. Quelques triples aussi.

## Plus chic

🛏 **Vila Galé Ericeira** (plan A2, **16**) : largo dos Navegantes, 1. ☎ 26-186-99-00. • ericeira@vilagale.pt • vilagale.pt • Doubles 75-94 € selon vue, confort et saison, petit déj et parking inclus (voir aussi les offres sur le site). 📶 (payant). Surplombant la plage et les flots, un hôtel historique totalement rénové. Pour ceux qui voudraient se faire une petite gâterie ! Vue imprenable sur la plage de l'hôtel et du restaurant. Chambres luxueuses tout confort, avec terrasse. Piscine, spa et bar. Ambiance un peu « à la Agatha Christie ».

## Où manger ?

### De bon marché à prix moyens

🍴 **Mar d'Areia** (plan B1, **20**) : rua da Fonte do Cabo, 49. ☎ 26-186-22-22. Fermé lun. Congés : sept et déc. Plats 9-20 € ; compter 18 € le repas. Par l'odeur des grillades alléché, on monte quelques marches pour choisir

# ERICEIRA / OÙ MANGER ? | 169

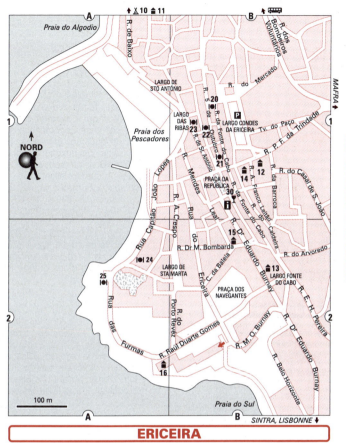

## ERICEIRA

| ■ | **Adresse utile** |
| | 🅱 Office de tourisme |
| ⛺🏠 | **Où dormir ?** |
| | 10 Ericeira Camping |
| | 11 Blue Buddha Hostel |
| | 12 Hospedaria Bernardo |
| | 13 Hotel Pedro O Pescador |
| | 14 Alojamento local Vinnus |
| | 15 Hotel Vilazul |
| | 16 Vila Galé Ericeira |

| I●I | **Où manger ?** |
| | 20 Mar d'Areia |
| | 21 Restaurante Tropicana |
| | 22 Tik Tak |
| | 23 Tasquinas do Joy |
| | 24 Canastra |
| | 25 Esplanada Furnas |
| 🍷 | **Où boire un verre ?** |
| | 30 Sunset Bamboo Bar |

poissons et crustacés. Puis on s'attable dans la salle blanc et bleu, ornée de vieilles photos du port et de motifs marins. Toujours fréquenté par des habitués, savoureux et sans chichis, en un mot *tradicional* !

I●I **Tasquinas do Joy** (plan B1, 23) : *largo das Ribas, 34.* ☎ *93-591-92-32. Fermé mar hors saison. Plats 5-12 € ; plat du jour le midi en sem 6,50 €.* Une adresse en front de mer, surplombant la plage des pêcheurs. Cette petite cantine bien placée propose une cuisine sans chichis. Quelques tables en terrasse sur rue. Inévitable téléviseur à l'intérieur. Bon accueil.

**Iel Restaurante Tropicana** (plan B1, **21**) : *rua 5 de Outubro, 4.* ☎ *26-186-32-33. Dans la rue piétonne filant au nord de la praça da República. Fermé jeu. Plats 7-12 €.* Produits de la mer frais, cuisinés par la patronne. Un petit resto populaire, où l'on mange en rêvant des tropiques. Bons petits vins. Évitez d'y dîner la veille de la fermeture hebdomadaire, quand les provisions sont presque épuisées !

**Iel Tik Tak** (plan B1, **22**) : *rua 5 de Outubro, 7.* ☎ *26-186-32-46.* • *tik tak@sapo.pt* • *Tlj 12h30-15h (w-e), 19h-23h. Tapas 3-8 € ; plats 7-16 €.* Resto assez animé et coloré, salle plus intime à l'étage. Terrasse rustique pour les beaux jours. On peut très bien s'y contenter de tapas et boissons.

### De prix moyens à plus chic

**Iel Canastra** (plan A2, **24**) : *rua Capitão João Lopes, 8 A.* ☎ *26-186-53-67. Sur la corniche au-dessus du port. Fermé mer en basse saison. Compter 18-25 €.* Les quelques tables extérieures de ce petit resto tombent du ciel... pour les chanceux qui y prennent un bain de soleil couchant, accompagné d'un verre et de quelques crevettes. Très bonne cuisine pour prolonger ce plaisir par un dîner. Bons poissons au poids et palourdes. Accueil excellent.

**Iel Esplanada Furnas** (plan A2, **25**) : *rua das Furnas, 2.* ☎ *26-186-48-70. Plats 15-50 € ; poisson au poids avec l'avantage que le prix incluant la cuisson est déterminé à l'accueil.* Restaurant moderne construit sur pilotis directement sur les rochers. Ambiance sélecte. Poissons d'une grande fraîcheur. Service aimable.

### Où boire un verre ?

Plusieurs *pastelerias* et cafés-restos propulsent leurs terrasses sur la *praça da República* et alentour.

**Y Sunset Bamboo Bar** (plan B1, **30**) : *travessa Jogo Bola, 3.* ☎ *26-186-48-27. Voisin de l'office de tourisme. Tlj (sf mar sept-mai), jusqu'à minuit en sem, 2h le w-e. Congés : nov. Happy hour 19h-20h en hte saison.* 🛜 Mobilier de bambou sur la terrasse, pulsations surf-reggae à l'intérieur, tout ça incite à se rafraîchir en buvant une bière ou un bon cocktail. Musique live les jeudis d'août.

## À faire à Ericeira et dans les environs

**Plages :** dans le village, plusieurs plages de sable sont séparées par de petites avancées rocheuses : *praia dos Pescadores* (port et bateaux de pêche), *praia do Sul* au pied d'une falaise abrupte, au sud de l'hôtel *Vila Galé,* et *praia do Norte* (au nord).

– **Surf :** sport très populaire sur cette côte propice, plusieurs clubs et magasins lui sont dédiés. Fin août-début septembre, des compétitions ont lieu légèrement au nord d'Ericeira, à *praia Ribeíra d'Ilhas* et *São Lorenço.*

# MAFRA (2640) 55 100 hab.

Petite ville dont le principal intérêt est de posséder le palais-monastère le plus vaste de toute la péninsule Ibérique. Un écrivain prétendait qu'il fallait visiter Mafra « à titre de pénitence ». Contrairement à l'Escurial en Espagne, la colline de Mafra offre une vue peu étendue. Les entourages du château sont exigus : pas de grands jardins ombragés, pas d'écrin de verdure ; mais l'intérieur révèle sa taille gigantesque et quelques très belles pièces. Accès direct en bus depuis Sintra (45 mn).

## Adresse utile

**Posto de turismo de Mafra :** Palácio naciónal, Torreão Sul, Terreiro B. João V. ☎ 26-181-71-70. ● cm-mafra.pt/turismo ● Tlj sf mar 10h-17h (fermé 13h-14h le w-e).

## Où manger sur le pouce et boire un verre ?

**Pastelaria Padaria Polo Norte :** praça da República. Sur la place face au palácio. Compter 10-12 €. On peut déjeuner simplement de petits plats dans la salle de cette boulangerie, recommandée également pour ses excellentes pâtisseries.

**Esplanada Real :** praça da República. Compter 10-12 €. Gros cube de verre qui abrite un bar, juste en face de la Pastelaria Padaria Polo Norte. Immense terrasse au soleil ; en revanche, très peu de place à l'intérieur (2 ou 3 tables). Donc une adresse pour les beaux jours, sympa pour boire un verre et grignoter un croque ou un hamburger maison.

# À voir

**Palácio nacional de Mafra :** ☎ 26-181-75-50. ● palaciomafra.pt ● Tlj sf mar et j. fériés 9h-18h (dernière entrée 1h avt). Entrée : 6 € ; réduc ; gratuit avec la Lisboa Card, le pass musées et palais (de l'IMC), le 1er dim du mois jusqu'à 14h, et moins de 14 ans. Inclus dans le billet « Circuit des palais royaux » (Mafra, Ajuda, Queluz, Sintra), 17 €/pers. Avec un guide accompagnateur, compter 1h15 de visite. Certains guides pour les groupes scolaires sont en costume d'époque.

Bâti au XVIIIe s sur 4 ha, l'édifice possède 860 pièces et 4 500 portes et fenêtres. À l'origine, ce devait être un modeste couvent que le roi João V avait promis d'édifier si la Providence lui accordait un héritier. Il fut entendu. Mais la visite du palais de l'Escurial de son rival espagnol, le roi Philippe II, le mit au défi de faire mieux. Tout l'or venu du Brésil y passa entre 1717 et 1740. 50 000 ouvriers y travaillèrent pendant 13 ans. En vain. Car le choix d'un architecte prussien fut en grande partie responsable de sa lourdeur. Ce fut une résidence d'été des rois, leur résidence d'hiver étant le palais d'Ajuda à Belém (Lisbonne).

– *À l'intérieur :* une colossale basilique, aux marbres remarquables, des appartements royaux, le labyrinthe du monastère prévu pour 300 moines et occupé partiellement par l'armée (École militaire d'infanterie). La salle la plus intéressante est l'**hospice des moines,** avec sa série de chambres-couchettes et sa pharmacie. Une chambre de prière conserve un fouet métallique pour les moines flagellants désireux de se repentir de leurs fautes. Un des salons recèle un étonnant jeu de boules en bois du XVIIIe s, ancêtre du flipper moderne. Ne pas manquer d'admirer l'imposante (salle de 85 m de long) **bibliothèque** baroque abritant 38 000 ouvrages. Les rayons, en bois de brésil, restent sobres dans leur apparence, car la décoration est inachevée (contrairement à la bibliothèque de l'université de Coimbra, tout en dorures). Une particularité à noter : les ouvrages anciens sont protégés naturellement par une colonie de petites chauves-souris, volontairement maintenue dans la salle par le conservateur. Ces bêbêtes se nourrissent en effet d'insectes rongeurs, évitant donc que ceux-ci grignotent le cuir et le papier des ouvrages.

**🏃 🥾 Tapada naciónal de Mafra :** ☎ *26-181-75-50 (sem) et 26-181-42-40 (w-e et j. fériés).* ● *tapadademafra.pt* ● *Visite en train (sf w-e) sur résa (durée env 1h) et à partir de 40 pers (env 9 €/pers ; réduc). Parcours pédestres tlj : au choix, 4 km (2h) ou 7,5 km (3h) ; entrée à partir de 9h30, dernière entrée à 14h30 pour le parcours de 7,5 km et à 15h30 pour celui de 4 km. Compter 5 € sans guide, 6 € avec, mais à partir de 20 pers ; billet famille (2 adultes et 2 enfants de moins de 12 ans) : 15,50 €. Pour en savoir plus, consulter le site.* Créé au temps du roi João V comme parc de loisirs pour le roi et sa cour, la *Tapada naciónal de Mafra* compte 819 ha, totalement entourés de murailles sur 21 km. La forêt occupe presque la totalité de l'espace et on peut y trouver, en pleine liberté, daims, cerfs, sangliers et autres animaux sauvages. Nombreuses activités : balades pédestres, cyclistes et équestres, jeux traditionnels, chasse au trésor, balade nocturne, circuits en train, etc.

# AU SUD DU TAGE : LA PÉNINSULE DE SETÚBAL

La péninsule de Setúbal est délimitée au nord par le Tage, au sud par la baie de Setúbal et le río Sado. Sa façade océanique s'étire en une longue bande de sable, où de belles vagues déroulent leurs crêtes d'écume. Plein nord, face à Lisbonne, la ville de Cacilhas offre un panorama unique sur les collines de la capitale. À la pointe sud, on trouve le Cabo de Espichel, qui servit de décor au cinéaste chilien Raoul Ruiz pour l'adaptation de *L'Île au trésor*. Au pied de la serra da Arrábida, dans la baie de Setúbal, la petite ville de Sesimbra offre une agréable étape. Plus à l'est, la ville de Setúbal, pas pour autant passionnante, est la ville la plus importante de la péninsule, elle est aussi la porte d'entrée pour la réserve naturelle de l'estuaire du Sado et le sud du pays.

## CACILHAS    (2800)    7 000 hab.

Si vous voulez connaître la sensation de quitter ou d'aborder Lisbonne à la manière des grands navigateurs, alors défiez les flots et embarquez. Certes, le ferry local, silhouette ramassée et rouillée, n'a pas le panache des caravelles et des galions. Ce bateau régulier vous fera néanmoins traverser la mer – de Paille – et le Tage pour découvrir... Cacilhas. Ce n'est pas l'Amérique ! Mais on peut y admirer un superbe trois-mâts de l'époque de la route des Indes et faire une belle promenade le long du cais do Gingal.

### Arriver – Quitter

#### En bateau

➤ **Liaison entre Cais do Sodré et Cacilhas :** ☎ *808-20-30-50 ou 21-042-24-11.* ● *transtejo.pt* ● Tlj 5h20-1h20, bateaux ttes les 20 mn pour les piétons, ferry ttes les 40 mn. Durée : 10 mn. Billet A/R : 2,90 €.

#### En bus

🚌 **Compagnie Transportes Sul do Tejo** (TST) **:** ☎ *21-112-62-00.* ● *tsuldotejo.pt* ● *À la sortie du débarcadère, à gauche.*
➤ **De/pour Costa da Caparica :** bus n°s 135 (30 mn de trajet) et 124 (1h) ;

dernier retour de Costa da Caparica à 1h20.
➤ *De/pour Fonte da Telha :* bus n° 127 (direct) ; dernier retour de Fonte da Telha à 23h30. Billet à bord : 3,20 €. Ou le bus n° 145 (via Vale Cavala).

### En voiture

➤ *Y aller en voiture est une très mauvaise idée !* Pour les récalcitrants : traverser le ponte 25 de Abril et suivre le fléchage « Almada centro-Cacilhas ». Si vous êtes coincé dans les embouteillages ou que vous vous perdez en chemin, vous penserez sans doute que le voyage en bateau aurait été plus agréable !
– Grand parking payant à côté du chantier naval, juste avant le terminal des bus.

## Adresse utile

**🛈 Centro municipal de turismo :** *largo dos Bombeiros Voluntarios, Almada, Cacilhas.* ☎ 21-273-93-40. *Ouv tlj en été.* Très bien documenté. Accueil en portugais et anglais.

## Où manger ?

Nombreux petits restos bon marché à côté de l'embarcadère. Pour manger tout en admirant Lisbonne, ouvrez-vous l'appétit en marchant jusqu'au *Ponto Final.*

### Plus chic

**|●| Ponto Final** (plan Péninsule de Setúbal, 30) : *cais do Ginjal, 72.* ☎ 21-276-07-43. *À la sortie du débarcadère du ferry de Cacilhas, tourner tt de suite à droite, et suivre sur 1 km env le chemin du quai qui borde le Tage en direction du Cristo Rei et du ponte 25 de Abril ; compter 10 bonnes mn. Fermé mar. Plats 15-20 € ; carte 25-30 €.* Une adresse un peu secrète dans un emplacement isolé au pied de la colline de Cacilhas ! Superbe vue sur le Tage, le ponte 25 de Abril et au loin Lisbonne. Dès le printemps, quelques tables dehors, sur le quai baigné par les eaux du fleuve. Fréquenté par les touristes et les Lisboètes à la recherche de calme. On y sert une bonne cuisine traditionnelle. Encore mieux pour dîner en admirant Lisbonne au crépuscule.

# À voir. À faire

**🏃 Fragata Don Fernando II e Glória :** *dock n° 2, au port, à la sortie du débarcadère de ferry de Cacilhas, c'est sur la gauche, juste après la gare routière et le club nautique d'Almada. Visite tlj sf lun 10h-17h (18h mai-sept). Billet 4 € ; réduc ; gratuit moins de 6 ans et pour ts le 1er dim de chaque mois.*
Il s'agit d'un superbe trois-mâts, qui fut le dernier bateau portugais à faire la route des Indes (Carreira da India). C'est un magnifique musée flottant, orgueil du patrimoine maritime du Portugal ! Construit à Goa (Inde) en 1843, il réalisa en miles nautiques l'équivalent de cinq fois le tour de la terre. Pendant 33 ans, il assura la liaison entre Lisbonne et Goa, faisant escale en Angola et au Mozambique, colonies portugaises d'Afrique. Long de près de 87 m, il pouvait transporter entre 145 et 379 passagers (parfois jusqu'à 600). En 1963, un incendie détruisit quasi complètement le bateau. Il fut reconstruit à l'identique dans les années 1990 et présenté à l'expo de 1998.
Sur le pont, on remarque le nombre important de canons, et le grand gouvernail qui offrait peu de visibilité au pilote. Au 1er niveau inférieur, tout a été méticuleusement reconstitué comme à l'époque : mannequins de cire, cuisine avec casseroles et marmites en cuivre, salle à manger des officiers, bureau du commandant, prisonnier puni et mis au fer, cargaison de vivres, et bétail (moutons) pour nourrir

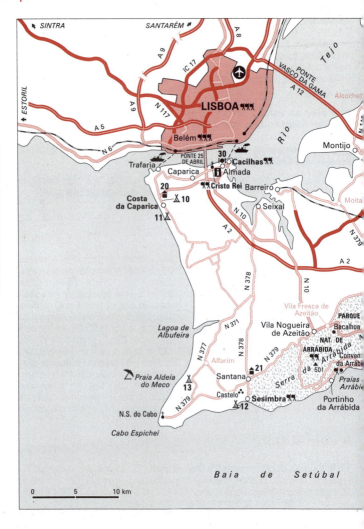

- **Adresse utile**
  - **i** Centro municipal de turismo
- **Où camper ?**
  - **10** Camping Orbitur
- **11** Clube de campismo da Praia da Saúde
- **12** Parque municipal de campismo Forte do Cavalo
- **13** Parque de campismo Fetais

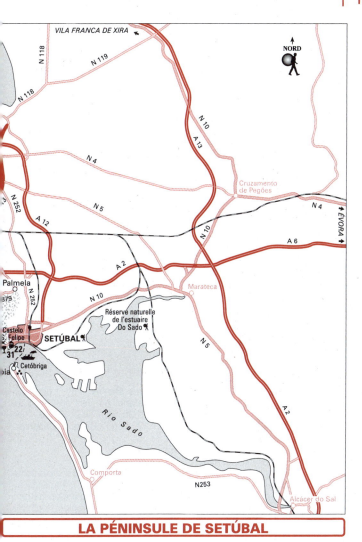

## LA PÉNINSULE DE SETÚBAL

**⌂ Où dormir ?**

20 Centro de Lazer São João de Caparica
21 Casa da Terrina
22 Pousada de Setúbal, Castelo São Filipe

**|○| 🍷 Où manger ?**

**Où boire un verre ?**

30 Ponto Final
31 Quiosque 3 Rosas

l'équipage... Le 2e niveau inférieur renferme les dortoirs exigus de l'équipage et une cabine réservée à des passagers civils qui devaient payer leur voyage. La liaison entre l'Inde et le Portugal durait environ 5 mois. Il fallait être patient et hardi pour supporter ces interminables journées en mer, vivre en compagnie de centaines d'hommes d'équipage dans un espace clos. Le plus rude devait être le mal de mer et la frayeur des tempêtes...

๑๑ **Cristo Rei :** *depuis l'embarcadère, bus n° 101. Ascenseur du Cristo Rei ouv tlj 9h30-18h (dernière entrée à 17h30). Tarif : 4 €.* Pourquoi ce Christ ? En revenant de Rio, en 1934, le cardinal Cerejeira avait été tellement impressionné par le Christ Rédempteur qu'il eut l'idée d'avoir le sien à Lisbonne. L'emplacement le plus spectaculaire était de l'autre côté du Tage. Haut de 28 m, inauguré le 17 mai 1959, ce Christ pèse quand même 40 t ! Belle vue sur Lisbonne et le pont.

## COSTA DA CAPARICA (2825)   13 000 hab.

Costa da Caparica, c'est une belle bande de sable face à l'océan doublée d'une importante station balnéaire. Son front de mer est particulièrement bétonné. Mais qu'importe, on vient ici surtout pour la beauté des vagues, le surf et le farniente à deux pas de Lisbonne.

### Arriver – Quitter

#### En bus

➢ **De/pour Lisbonne :** au départ de la praça de Espanha à Lisbonne *(plan d'ensemble détachable, F2)*. Bus TST n° 153 (de 1 à 3 bus slt le mat et le soir) ; dernier retour de Costa da Caparica à minuit ; ou bus n° 161, plusieurs liaisons en journée. Env 40 mn de trajet sans les embouteillages. Compter 3,25 € l'aller simple. Autre solution, un poil plus onéreuse, mais qui permet d'éviter la circulation du ponte 25 de Abril : prendre le train *Fertagus* jusqu'à *Pragal* depuis Roma-Areeiro, entre Campos et Sete Rios, puis le bus n° 124 (départ ttes les 20 mn) ou n° 194.
➢ **De/pour Cacilhas :** bus nos 135 (rapide) et 124. À Costa da Caparica, descendre à l'arrêt Praça da Liberdade. Le terminal des bus est un peu excentré (praça Padre Manuel Bernardes) ; pour le retour, mieux vaut prendre le bus av. Dr Aresta Branco ou praça da Liberdade après s'être renseigné sur les horaires à l'aller.

#### En bateau

➢ **Depuis Belém :** env 1 bateau/h pour Trafaria, lun-ven 7h-22h, sam 7h30-21h30, dim 8h30-21h30. Puis bus n° 129 jusqu'à Costa da Caparica.

#### En voiture

➢ **Depuis Lisbonne :** prendre le ponte 25 de Abril puis l'IC 20. Parkings au bout de l'av. 1° de Maio (dans le prolongement de la voie rapide), tout près de la plage ; vite pleins en été.

#### En petit train

De juin à fin sept, ainsi qu'à Pâques et les w-e à partir de mai si le temps est favorable, un petit train dessert les plages entre Costa da Caparica et Fonte da Telha. Il se prend sur la plage même, av. General Humberto Delgado. Départ ttes les 30 mn. Compter env 4,50 € (A/R) pour la moitié du parcours (de la 2e à la 9e station), 6,50 € (A/R) jusqu'au terminus.

## COSTA DA CAPARICA | 177

### Adresse utile

**Office de tourisme :** *av. da República, 18, frente urbana de Praias (près de la plage).* ☎ *21-290-00-71. Lun-ven 9h30-13h, 14h-17h30 ; sam (sf oct-mai) 9h30-13h.* Distribue un plan de la ville, un plan du *concelho*, les horaires des marées *(tabela de marés)*, les horaires de bus, de bateau. Accueil efficace et charmant.

### Où dormir ?

#### Campings

**Camping Orbitur** *(plan Péninsule de Setúbal, 10) : av. Afonso de Albuquerque, quinta de Santo António.* ☎ *21-290-13-66.* • *info@orbitur.pt* • *orbitur.pt* • *Bus n° 129. Ouv tte l'année. Selon saison, 23-38,50 € pour 2 avec tente et voiture (eau et électricité incluses). Bungalows 2-7 pers 29-117 € selon période. Caravanes 2-5 pers 21-66 €.* 🛜 *(gratuit).* Grand camping installé dans une pinède, à 1 km du centre-ville ; sans accès direct à la plage (à 500 m). Resto, épicerie, terrain de jeux...

**Clube de campismo da Praia da Saúde** *(plan Péninsule de Setúbal, 11) : à 2 km au sud de Costa da Caparica par la route de la côte.* ☎ *21-290-18-62.* • *p.costa@ccca.pt* • *ccca.pt* • *Une tente, 2 pers et voiture env 21 € tte l'année.* Un camping un peu poussiéreux réduit au strict minimum. Ambiance maussade, peu d'ombrage, installation sanitaire rustique. Seul avantage : la proximité de l'océan.

#### Auberge de jeunesse

**Centro de Lazer São João de Caparica** *(plan Péninsule de Setúbal, 20) : rua Bernardo Santareno, 3, à Santo António da Caparica.* ☎ *21-291-82-50.* • *reservas@centrolazercaparica.com* • *Bus TST n° 129 jusqu'au niveau du camping Inatel ; prendre à droite rua Miguel Torga, puis la 1re à gauche, rua Bernardo Santareno ; aller jusqu'au bout de la rue. Réception 10h-22h30 (sf 13h-13h30 et 20h-20h30). Fermé 10 déc-15 janv. Nuit 15-17,50 €/pers en dortoir de 4 ou 8 lits selon période, 18-22 €/pers en chambre simple ou à plusieurs, doubles 32-45 € sans ou avec sdb ; petit déj compris. Pas besoin de carte des AJ. Parking.* 🛜 Dans un quartier calme, à 10 mn à pied de la plage, une belle AJ, où tout est organisé pour un séjour agréable : chambres claires, salles communes spacieuses et décorées avec soin. Piscine, terrain de tennis, bar... Formule hébergement et cours de bodyboard à prix spéciaux, en week-end ou à la semaine.

## À faire

La côte forme une immense **plage**, accessible à pied depuis le centre-ville. Beaucoup de succès auprès des Lisboètes, le week-end et l'été. Les différentes plages se succèdent au-delà de Fonte da Telha. Pour y accéder, prendre le petit train (voir « Arriver – Quitter ») et descendre le plus loin possible ; le terminus se trouve à la 20e station, Fonte da Telha. On y trouve des naturistes, de même que sur les plages de Bela Vista et Dezanove (« 19 », c'est-à-dire la 19e station) ; cette dernière est également fréquentée par les gays en quête de soleil et d'aventure (évitez d'y emmener bonne-maman). Après, la côte redevient sauvage. Chaque station possède soit une buvette, soit un bar-resto. L'un des plus branchés est le *Waikiki* (praia da Sereia, n° 15). Piste de danse le week-end. Le dernier petit train (le plus souvent archi-plein) étant à 19h30, les oiseaux de nuit devront appeler un taxi pour le retour. Pour le surf, bodyboard, windsurf et kitesurf, préférer les plages au nord de la ville, à partir de la plage Palmeiras Parque.

## SESIMBRA (2970) 38 300 hab.

À 37 km au sud de Lisbonne et 27 km à l'ouest de Setúbal, agrippée à une barre de falaises, à l'ombre d'un *castelo* arabe juché sur une montagnette, la ville de Sesimbra semble glisser imperceptiblement vers la mer. C'est son charme, d'ailleurs. Pas une rue ou ruelle qui ne débouche soudain sur le bleu magnétique d'une échappée océane. L'Atlantique y dessine une plage de sable effilée, agréable au printemps mais très fréquentée en été. C'est aussi un port de pêche abrité et hyperactif, qui fournit en produits de la mer (du frais, rien que du frais !) les tables des nombreuses tavernes.

### Arriver – Quitter

🚌 *Gare routière :* av. da Liberdade. Liaisons avec Lisbonne et Setúbal assurées par la compagnie TST (Transportes Sul Tejo). ☎ 21-223-30-71. • tsuldotejo.pt •
➢ *Lisbonne :* env 1 bus/h (les n° 207 ou 260) 6h-19h (21h au départ de Lisbonne, praça de Espanha) et ttes les 2h les w-e et j. fériés. Trajet : 1h15.
➢ *Cacilhas :* en sem, 1-2 bus/h (le n° 203) 6h-23h (0h30 de Cacilhas) ; w-e 1 bus/h.
➢ *Setúbal :* env 1 bus ttes les 2h (le n° 230) 6h20-19h (20h de Setúbal).

### Adresse utile

🛈 *Office de tourisme :* largo de Marinha, 26-27. ☎ 21-228-85-40. • turismo@cm-sesimbra.pt • cm-sesimbra.pt • Sur l'av. dos Náufragos, près de la forteresse, en bord de mer. Juin-sept, tlj 9h-20h ; oct-mai, tlj 9h30-12h30, 14h-17h30. Bien documenté et accueillant. Plan de la ville. Demander la liste des activités sportives : surf, kitesurf, parapente, plongée, escalade...

### Où dormir ?

#### Campings

⚑ *Parque municipal de campismo Forte do Cavalo* (plan Péninsule de Setúbal, 12) : porto de Abrigo. ☎ 21-228-85-08. • campismo.fortedocavalo@cm-sesimbra.pt • cm-sesimbra.pt • À 1 km après le port en venant du centre-ville. En juil-août, un bus relie le centre au camping ; hors saison, prendre au port le n° 228. Ouv mars-fin oct. Selon saison et emplacement, compter 13-15 € pour 2 avec tente et voiture. À flanc de colline, en surplomb de la mer, avec de l'ombre. Emplacements en terrasses. 1 000 places, on vous prévient, au cas où vous voudriez rester seul.
⚑ *Parque de campismo Fetais* (plan Péninsule de Setúbal, 13) : rua da Fonte, 4, à Fetais, près de la plage d'Aldeia do Meco. ☎ 21-268-29-78. • geral@camping-fetais.com • camping-fetais.com • À Aldeia do Meco, suivre les indications « Campismo ». Bus depuis Sesimbra jusqu'à Aldeia do Meco. Env 20 € pour 2 avec tente et voiture ; douches chaudes payantes. À 30 mn à pied de la plage par un sentier ombragé, petit camping dans une pinède. Bien aménagé, assez mignon et familial. Supérette et petit resto pas cher dans le village. Une jolie piscine (payante) avec une pataugeoire pour les p'tits.

#### Bon marché

Sesimbra a fait le choix d'un tourisme de masse, délaissant les petites adresses comme on les aime. C'est comme ça !
🏠 *Casa de hóspedes Mateus :* largo Anselmo Braamcamp, 4.

☎ 21-223-30-39. À 500 m du fort. Doubles 30-35 €. Pas de petit déj. Dans un immeuble moderne pas vraiment folichon. Tenu tant bien que mal par deux charmantes vieilles dames. Les quelques chambres sont simples et partagent une salle de bains commune.

🏠 **Mar e Sol :** av. dos Náufragos, 19. ☎ 21-086-29-12. 📱 96-512-10-85. ● maresolsesimbra@gmail.com ● Face à la mer, à droite du fort. Réception dans le resto. Doubles 25-40 € selon saison. Pas de petit déj. Au-dessus du restaurant du même nom, quelques chambres simplissimes partagent des salles de bains un poil vétustes. Mais que diable, la mer est à deux pas. Elles sont sobrement meublées et offrent une vue sur l'océan. Insonorisation plus que limite. Une adresse pour routard en quête d'un plumard, vous voilà prévenu.

## De prix moyens à plus chic

🏠 **Casa da Terrina** (plan Péninsule de Setúbal, **21**) : estrada Quintola de Santana. ☎ 21-268-02-64. ● casada terrina@gmail.com ● casadaterrina.com ● Belle propriété rurale à Santana, à env 3 km de Sesimbra ; suivre les panneaux d'indication. Ouv avr-oct. Doubles avec sdb 55-80 € selon saison, petit déj copieux inclus. 📶 Une maison typique du XIXᵉ s joliment aménagée. 5 chambres meublées de façon classique mais très reposantes ; certaines avec terrasse privée (les plus chères). Jardin agréable autour d'une piscine protégée par une haie de buis et des cyprès. Maison non-fumeurs.

🏠 **Sana Sesimbra Hotel :** av. 25 de Abril, 11. ☎ 21-228-90-00. ● sana.sesimbra@sanahotels.com ● sesimbra.sanahotels.com ● Face à la mer, à gauche du fort. Doubles 74-84 € selon saison et vue, petit déj inclus. Parking (payant). 📶 (payant). Parmi les blocs de béton en front de mer, celui-ci (finalement pas si vilain) offre l'avantage d'être en plein centre-ville, face à l'océan, avec la plage à ses pieds. Les chambres sont douillettes et agréables. Piscine sur le toit. Une adresse haut de gamme. Accueil très aimable.

## Où manger ?

Nos adresses se concentrent dans un rayon de 200 m autour du fort.

### Très bon marché

🍴 **Forno de Sesimbra :** rua Professor J. Marques Pólvora, 27. ☎ 21-223-02-11. Dans une ruelle parallèle à la mer dans le quartier de pêcheurs, au-dessus de l'office de tourisme. Fermé mar. Plats env 5-7 €. Self-service efficace et économique proposant une demi-douzaine de plats chauds, salades et desserts. Cuisine de cantine tout à fait acceptable, dans une salle aux couleurs acidulées.

### Prix moyens

🍴 **Marisqueria Modesto :** rua Marquês de Pombal, 4. 📱 96-527-82-27. Accès par la petite place au dos du fort. Tlj sf lun. Plats 7-13 € ; repas env 15 €. Commencez par prendre votre ticket, car cette bonne adresse régale quotidiennement un max de personnes. Autant de monde en salle que d'affamés sur le trottoir, et pour cause, les produits sont frais et la cuisine délicieuse. Portions très copieuses, n'ayez pas les yeux plus gros que le ventre. Un bon resto dans une ambiance simple et conviviale.

🍴 **Café Marisqueira O Rodinhas :** rua Marquês de Pombal, 25. ☎ 21-223-15-57. Tlj. Fermé oct. Repas 15-18 €. Mieux vaut arriver de bonne heure, le midi comme le soir. Quelques tables dehors, une salle modeste mais animée, des serveurs aimables et efficaces, et surtout d'excellents plats de la mer : poisson, coquillages, caracóis, choco frito (seiche frite)... Excellent rapport qualité-prix.

🍴 **Restaurante Virgilinda :** rua Jorge Nunes, 11-13. ☎ 21-223-14-10. Dans une rue qui part du largo dos Bombaldes. *Tlj sf mer. Fermé janv. Repas 10-20 €. Café offert sur présentation de ce guide.* Tasca sans prétention avec, en face, une annexe à la petite salle qui, elle, est vite remplie. Spécialité de poisson bien frais (manquerait plus qu'il ne le soit pas, par ici !).

**|●| Golfinho :** *rua da República, 32. ☎ 21-223-35-80. Tlj sf jeu 12h-15h, 19h-22h. Plats env 8-17 €.* Bonne cuisine typiquement portugaise. Spécialités de riz aux gambas, bœuf aux piments, etc. Plats copieux et bon accueil.

## Manifestations

– **Carnaval :** *sam-mer après le Mardi gras.* Très coloré et célèbre. Défilé costumé sur un rythme de samba. La ville de Sesimbra résiste face à la récente mesure du gouvernement de supprimer le jour du carnaval afin d'augmenter la productivité nationale. Ici, la fête continue à battre son plein !
– **Foire et fête du Senhor Jesus das Chagas :** *ts les ans, le 4 mai (qui est un j. férié à Sesimbra).* La statue du saint patron de la ville visite les rues jusqu'au sommet du bourg. Guirlandes, musique et sardines grillées.
– **Pèlerinage de Nossa Senhora do Cabo Espichel :** *le dernier dim de sept.* L'événement remonte au XIIe s. C'est l'occasion de voir revivre ce site exceptionnel situé dans les environs de la ville.

## DANS LES ENVIRONS DE SESIMBRA

**Cabo Espichel :** *à 11 km à l'ouest de la ville. Bus n° 201 (env 8 bus/j.) ; retour jusqu'à 19h en sem (plus tôt le w-e). Départ de la gare routière.* Depuis le Moyen Âge, les pèlerins ont eu ce bout du monde sur leur carnet de route. La Vierge serait apparue vers l'an 1200 sur cette langue de terre aride en à-pic au-dessus de l'océan. Cela a suffi pour qu'on y édifie, au XVIIIe s, une cité de pèlerinage livrée et abandonnée aujourd'hui aux fantômes du vent : une longue place bordée de maisons, se terminant par une église monumentale, qui fut, elle, restaurée *(ouv tlj sf jeu ap-m 10h-12h, 13h-17h).* Elle a servi de décor au cinéaste chilien Raoul Ruiz pour l'adaptation de *L'Île au trésor.* L'esprit autrefois très sain(t) du cabo Espichel ne souffle plus car il est gâché (surtout le dimanche) par les cohortes de voitures mal garées et défiguré par la profusion anarchique des baraques à souvenirs. On préfère tout de même le cabo da Roca, entre Cascais et Sintra.

**Praia Aldeia do Meco :** *à quelques km au nord de Sesimbra. Bus n° 223, 3 bus/j. ; dernier départ de la plage à 17h25.* L'une des dernières plages de la costa da Caparica, l'immense cordon de sable qui prend naissance aux portes de Lisbonne. Large, bordée de dunes, elle est restée assez sauvage malgré les engorgements inévitables de l'été. Moins familiale que ses voisines.

## Randonnée

➢ Un parcours de grande randonnée relie Sesimbra et Costa da Caparica (Capuchos). Le GR 11, **Rota do Cabo** (qui fait partie des chemins de Saint-Jacques), obéit à la signalétique officielle (rouge et blanc) et suit les anciens chemins empruntés par les pèlerins en marche vers le sanctuaire du cabo Espichel. Un camping *(Lagoa de Albufeira),* situé presque à mi-chemin, permet de faire étape ; on trouve aussi, au sud de cette lagune, quelques villages à vocation balnéaire proposant diverses formules d'hébergement. L'ensemble du circuit, non mesuré, avoisine les 50-60 km. Ceux qui veulent n'emprunter qu'une partie de ce circuit et revenir en bus peuvent le faire entre Sesimbra et Azoia (2,5 km du cabo Espichel sur la route qui y mène), soit une vingtaine de kilomètres, ou de Costa da Caparica à Fonte da Telha, environ 8 km plutôt mal balisés. Le départ de ce parcours pédestre se fait au château de Sesimbra ou au convento dos Capuchos, sur la place face à l'église, accessible depuis Almada-Cacilhas par plusieurs bus desservant Costa da Caparica.

## PARQUE NATURAL DA SERRA DA ARRÁBIDA

✖✖ Ce massif calcaire culmine à 500 m et demeure un espace réservé où la nature domine. Versants abrupts couverts par la végétation dense du maquis, corniches rocheuses surplombant la mer transparente, cette serra est un véritable dépaysement. Pour la découvrir, il convient d'emprunter, entre Sesimbra et Setúbal, la route 379-1 qui passe par les sommets, suivie de la 10-4 qui revient par Portinho da Arrábida, assurément l'une des plus belles plages du coin. Beaucoup de monde aux beaux jours (la traversée du village de Portinho est interdite uniquement les samedi, dimanche et jours fériés 9h-20h).
Cette région est aussi, pour les gourmets, le domaine de deux spécialités incontournables : le *fromage d'Azeitão* et le *moscatel,* ce vin doré et doux que l'on peut déguster (avec modération, surtout si vous reprenez la route !) en guise d'apéritif à une terrasse de café de Setúbal.

### Adresses utiles

**ℹ** *Office de tourisme de Azeitão :* rua José Augusto Coelho, 27, **Vila Nogueira de Azeitão.** ☎ 21-218-07-29. • mun-setubal.pt • Tij sf dim 10h-13h, 14h-18h.
■ *Parque natural da Arrábida*

*– Reserva natural do Estuario do Sado :* praça da República, 2900 Setúbal. ☎ 26-554-11-40. Lun-ven 9h-12h30, 14h-17h30. Carte gratuite du parc.

## À voir. À faire

✖ *Convento da Arrábida :* sur la N379. ☎ 21-219-76-20 ou 📱 93-221-65-52. • foriente.pt • Visites mer-dim à 10h et 15h sur résa. Entrée : 5 € ; gratuit moins de 6 ans. Sur la N379, sur les hauteurs, au détour d'un virage, guettez l'apparition de ce monastère de franciscains fondé en 1542. Très belle vue en venant de l'ouest sur ces belles bâtisses blanches qui s'agrippent à la colline (en venant de Setúbal, s'arrêter non pas là où le couvent est indiqué – on ne voit que la grille ! – mais après le virage suivant).

✖ *Visite des caves de moscatel de José Maria da Fonseca-Adega :* rua José Augusto Coelho, 11, **Vila Nogueira de Azeitão** ; à côté de l'office de tourisme. ☎ 21-219-89-40. Tlj sf j. fériés 10h-12h, 14h30-17h30 (16h30 en hiver). GRATUIT.

➢ Des *circuits pédestres* ont été balisés dans le parc naturel protégé entre Setúbal, Palmela, Sesimbra et la mer. Arrêtez-vous notamment à **Palmela,** petite ville adorable où vous pourrez prendre un verre et grignoter en profitant de la vue, depuis son *miradouro,* avant d'aller faire un tour jusqu'au château. Dans ce paysage de maquis et de masses rocheuses calcaires, la nature prodigue ses senteurs aux périodes douces du printemps et de l'automne. En été, attention à la canicule ! Soyez également très prudent : la réserve a déjà fortement souffert lors

d'importants incendies en 2002 et 2004, il serait dommage que ça recommence !
Le guide des randonnées, très bon marché et fort soigné, avec cartes topographiques actualisées, est édité en portugais et disponible au *parque natural da Arrábida* (voir ci-dessus les « Adresses utiles »).

## SETÚBAL

(2900)   90 000 hab.

À 50 km au sud de Lisbonne, dans une grande baie intérieure, très abritée, Setúbal (prononcer « Stoubal ») est une cité industrielle et commerçante, ainsi qu'un important port de pêche. Si la ville ne dégage pas un charme spontané, elle n'en est pas pour autant complètement dépourvue, du fait de son site dans une baie bien abritée et de son exposition : elle est orientée plein sud. On apprécie aussi le petit quartier piéton commerçant.

### Arriver – Quitter

#### En bus

**Gare routière** *(estação rodoviária TST)* : av. 5 de Outubro, 52. ☎ 26-553-84-40 *(horaires)* ou 26-552-50-51. ● tsuldotejo.pt ●

➢ **Lisbonne :** bus ttes les heures, env 6h-20h30 de Setúbal, et 6h-minuit de Lisbonne (praça de Espanha ; *plan d'ensemble détachable, F2*) ; durée du trajet : 40 mn. Également des liaisons en bus avec la gare Lisboa Oriente : env 1 bus/h, 6h-20h ; durée : 1h15.

#### En train

**Gare ferroviaire :** *praça do Brasil.* ☎ 808-208-208 ou 707-127-127.

➢ **Lisbonne** (des gares de Roma-Areeiro, Entre Campos et Sete Rios) : 1-2 bus/h. Liaisons assurées par la compagnie *Fertagus* (trains à 2 étages).

#### En bateau

➢ **Tróia :** de l'autre côté de la baie de Setúbal. Liaisons ttes les 30 mn en journée et ttes les heures le soir. Billet : 3,50 € (13,95 € pour une voiture et 1 pers). *Infos :* ☎ 26-523-51-01 ; ● atlanticferries.pt ● La péninsule de Tróia est un endroit sauvage, hormis Tróia qui est un lieu touristique.

### Adresses utiles

**Office de tourisme municipal :** av. Luisa Todi, 486. ☎ 26-554-50-10. ● mun-setubal.pt ● Tlj 9h-20h. Excellent accueil et bon niveau d'information.
**Office de tourisme de Lisboa e Vale do Tejo :** *travessa Frei Gaspar, 10.*
☎ 26-553-91-30. Dans une rue piétonne adjacente à l'av. Luisa Todi. Lun-sam 9h-12h30, 15h-18h ; dim 9h30-12h30. Dans un bâtiment avec un sol transparent au travers duquel on peut voir des ruines d'une conserverie datant du IIe s de notre ère. Accueil en français.

### Où dormir ?

#### De bon marché à prix moyens

**Hotel Bocage :** *rua de São Cristovão, 14.* ☎ 26-554-30-80.
● hotelbocage@hoteisbocage.com ● hoteisbocage.com ● Dans le quartier piéton, dans une ruelle perpendiculaire à l'av. Luisa Todi. Doubles 40-55 €, petit déj compris. Un fringant petit hôtel de tourisme, avec des chambres

standard bien tenues, confortables, avec TV et petites salles de bains où il faut négocier chaque manœuvre, mais impeccables. La meilleure adresse en termes de rapport qualité-prix. Accueil charmant.

### Très chic

🏠 **Pousada de Setúbal, Castelo São Filipe** (plan Péninsule de Setúbal, **22**) : *forte de São Filipe.* ☎ *26-555-00-70.* ● *guest@pousadas.pt* ● *pousadas.pt* ● *Doubles 108-174 € selon saison et vue, petit déj inclus.* 🛜 *(payant).* Installé dans la forteresse qui domine la ville et la baie de Setúbal. C'est le panorama que l'on paie, car dans l'ensemble la prestation est un poil surestimée. En revanche, c'est un plan d'enfer en amoureux pour profiter de la citadelle à la nuit tombée. Attention, certaines chambres sont vue sont installées dans ce qui fut d'anciens cachots ! Certes, elles sont confortables et joliment meublées, mais la lumière manque ! Accueil très aimable.

### Où manger ? Où boire un verre ?

🍸 **Quiosque 3 Rosas** (plan Péninsule de Setúbal, **31**) : *juste à la sortie de Setúbal, en direction du parc naturel de la serra d'Arrábida, une petite route bifurque vers la mer et la praia Albarquel.* Là, on peut prendre un verre les pieds dans le sable. À droite, belle vue arborée ; à gauche, au loin, on voit la presqu'île de Tróia et malheureusement aussi le béton des immeubles. Plus loin, sur la droite de la plage, un restaurant touristique propose des casse-croûte bon marché.

🍴 **O Alface** : *travessa dos Galeões, 7-9.* ☎ *26-541-97-96.* Dans une rue perpendiculaire au port de pêche, à l'ouest de la ville. Fermé le soir hors saison. Menu déj 9 € ; repas 10-15 €. Une alternative au restaurant touristique. Une bonne cantine familiale servant une cuisine simple et roborative. Accueil aimable.

🍴🍸 **Tasca da Fatinha** : *rua da Saúde, 58.* ☎ *26-523-28-00. Juste à côté des docks des pêcheurs. Fermé lun. Repas 20-24 €.* Une petite salle plutôt agréable, une terrasse abritée du vent, du poisson que l'on choisit dans la vitrine réfrigérée et qui grille ensuite dehors.

# À voir

🏛 **Igreja de Jésus** : *praça Miguel Bombarda. Au bout de l'av. 5 de Outubro. Tlj sf dim-lun et j. fériés 9h-12h, 13h30-18h. Entrée libre.* Église construite par l'architecte du monastère dos Jerónimos à Lisbonne et considérée comme la première manifestation de l'art manuélin. Portail flamboyant. À l'intérieur, étonnantes colonnes torsadées qui méritent le coup d'œil et de beaux azulejos du XVIIe s.

🏛 **Museu de Setúbal** : *praça Miguel Bombarda ; à côté de l'église de Jésus. Tlj sf dim-lun et j. fériés 9h-12h30, 14h-17h30. Entrée : env 1,20 € ; gratuit moins de 16 ans.* Petit musée occupant le cloître de l'église et présentant, entre autres peintures, de superbes primitifs portugais du XVIe s, attribués à un artiste inconnu, surnommé le « maître du retable de Setúbal ».

🏛 **Museu de arqueologia e etnografia** : *av. Luisa Todi, 162.* ☎ *26-523-93-65. Tlj sf dim-lun et j. fériés 9h-12h30, 14h-17h30. GRATUIT.* Costumes, artisanat traditionnel et populaire, et nombreuses maquettes amusantes (des bateaux notamment) réalisées par des artisans de Setúbal.

🏛 **Museu do Trabalho Michel Giacometti** : *praça Defensores da República.* ☎ *26-553-78-80. À l'est de l'av. Luisa Todi. De mi-mai à mi-sept, mar-ven 9h-18h, sam 20h-minuit ; de mi-sept à mi-mai, mar-ven 9h30-18h, sam et dim 14h-18h. Entrée : 1,15 € ; gratuit moins de 16 ans.* Installé dans une ancienne conserverie de poisson, ce musée du Travail a vu le jour grâce aux efforts de l'ethnologue corse Michel Giacometti qui, au lendemain de la révolution, a écumé les campagnes pour sauver tous les outils du passé qui moisissaient au fond des granges. La petite visite guidée (en français) commence par la reconstitution d'une vieille épicerie de l'avenida Liberdade à Lisbonne. Celle-ci a fermé ses portes en 2000 et le musée a récupéré la boutique. Autre partie consacrée à l'agriculture et au tissage du lin. Enfin, la partie dédiée à la conserverie de poisson présente les différentes étapes de la préparation du poisson (notamment la fabrication des boîtes de conserve). Un petit musée simple, mais sympathique, comme l'accueil.

## Manifestations

– *Festival de Cinema de Tróia :* *début juin.* Embarquement pour les cinématographies luso-ibériques dans l'annexe balnéaire 100 % béton de la ville.
– *Feira de Santiago :* *dernière sem de juil et 1ʳᵉ sem d'août à Manteigadas, à 2 km de Setúbal.* Grand-messe de l'industrie, de la gastronomie et du folklore.

## DANS LES ENVIRONS DE SETÚBAL

*La réserve naturelle de l'estuaire du Sado :* face à Setúbal et au sud de la cité touristique de Tróia, les envasements de l'estuaire du Sado forment un monde à part. Les villages de pêcheurs parfois sur pilotis et une nature préservée méritent une balade de style « auto-pédestre », avec la possibilité de revenir par le littoral, de Tróia à Setúbal. Trois petites balades sont conseillées dans les environs proches de Setúbal : autour de la pointe de Mitrena (difficile d'accès), des moulins de Mouriscas (magnifique mais pas très bien indiqué), et près de Gâmbia. Brochure descriptive éditée par l'office de tourisme de la région de Setúbal, le parc naturel de la serra d'Arrábida et la réserve naturelle de l'estuaire du Sado. Le mieux est de demander la brochure à l'office de tourisme régional ou au bureau du *parque natural da Arrábida* (voir les coordonnées de ce dernier dans la rubrique « Parque natural da serra da Arrábida » plus haut).

# L'ALGARVE

- Faro .............................. 188
  - La lagune de Ria Formosa • Praia de Faro
  - Ruínas da Milreu

**AU NORD DE FARO, DANS LES TERRES .... 196**
- São Brás de Alportel .. 196
- Loulé .......................... 197
  - Capela de São Lourenço • L'arrière-pays du Barrocal

**À L'EST DE FARO ............ 200**
- Olhão .......................... 200
  - Quinta de Marim • Ilha da Armona • Ilha da Culatra et Farol
- Tavira .......................... 203
  - Luz de Tavira • Ilha da Tavira • Praia do Barril • Cacela Velha
- Vila Real de Santo António .................... 209
  - Praia Verde • Castelo e parque natural de Castro Marim • Alcoutim

**À L'OUEST DE FARO ...... 212**
*Le littoral d'Albufeira à Lagos* ........................ 212
- Albufeira .................... 212
  - Praia da Oura • Praia Olhos de Água et praia da Falésia • Praia de São Rafael et Galé
- Alcantarilha ................ 216
- Carvoeiro ................... 216
  - Praia de Marinha
  - Percurso dos Sete Vales Suspensos
  - Le parcours de golf Vale de Milho
- Portimão .................... 218
- Praia da Rocha ........... 221
- Ferragudo ................... 221
- Alvor ........................... 222
- Lagos .......................... 224
  - Ponta da Piedade

*Les villages et les villes de l'intérieur* ................. 232
- Silves .......................... 232
- Caldas de Monchique .. 234

- Monchique ................. 235

**LE PARC NATUREL DU SUD-OUEST ALENTEJAN ET DE LA CÔTE VICENTINE ................... 237**
- Burgau ........................ 237
- Salema ....................... 238
- Vila do Bispo ............. 240
  - Praia do Castelejo
  - Praia da Ingrina
- Sagres ........................ 241
  - Cabo de São Vicente
- Carrapateira .............. 244
  - Praia da Bordeira
  - Praia do Amado
- Aljezur ....................... 245
  - Praias de Amoreira
  - Praia de Arrifana
- Odeceixe .................... 247
- Zambujeira do Mar ..... 249
  - Praia do Carvalhal
- Vila Nova de Milfontes .. 251
  - Praia das Furnas
  - Malhão • Almograve
  - Cabo Sardão

Occupant tout le sud du Portugal, l'Algarve est plus abritée que la façade occidentale (tournée vers l'océan Atlantique). C'est pourquoi le tourisme s'y est beaucoup développé, particulièrement entre Faro et Lagos, sur la côte du Barlavento. Plus sauvage, la pointe sud-ouest abrite le parc naturel de la côte vicentine, entre les villages de Burgau et Odeceixe, puis au-delà les côtes de l'Alentejo. Quant à l'arrière-pays, il est dominé par des *serras* propices à de belles balades.

L'Algarve possède une forte personnalité géographique et une identité culturelle : son passé maure a marqué son histoire, ses villes fortifiées aux cheminées ouvragées évoquent l'Andalousie, et ses petits ports nichés dans des criques rappellent quelque île méditerranéenne. Face aux côtes de l'Afrique du Nord (Maroc), cette région jouit d'un climat ensoleillé dès le mois de mai. Même les hivers sont doux. Cela explique la présence de plusieurs grandes stations balnéaires, très bétonnées, comme Albufeira, Praia da Rocha... Avec un ensoleillement record et des hivers doux, l'Algarve est à l'Europe ce que la Californie ou la Floride sont aux États-Unis, à quelques golfs et parcs d'attractions près.

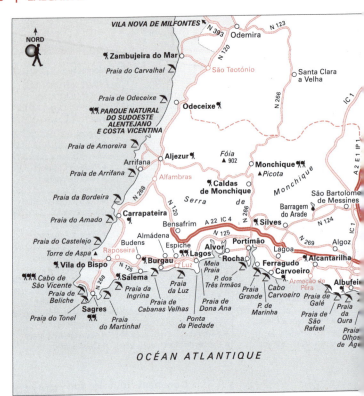

# L'ALGARVE ENCORE AUTHENTIQUE

Un des secteurs de la côte les moins construits et les plus sauvages est le *littoral à l'est de Faro* jusqu'à la frontière d'Espagne (Villa Real de Santo António). Les plages sont souvent situées sur des îles, séparées de la terre ferme par des lagunes d'eau de mer que l'on traverse en bateau pour y accéder. On trouve là la Ria Formosa, les îles Culatra, Farol, Armona, Tavira, toutes aussi sauvages que bien protégées. *Olhão, Cacelha Velha,* et surtout *Tavira* plus à l'est, sont parmi les villes côtières les plus authentiques, à l'écart du tourisme de masse.

### L'ALGARVE, « UN PEU À L'OUEST » !

*Autrefois, les monarques portugais étaient couronnés rois du Portugal... et de l'Algarve. Une manière d'affirmer leur mainmise sur une région à part, presque étrangère au reste du pays. « Algarve » finit même par désigner des possessions coloniales au-delà des mers. Déjà au temps des Maures, l'Algarve, qui signifie « ouest » en arabe, évoquant les côtes marocaines.*

**L'ALGARVE**

Signalons aussi le port de *Portimão,* et les petites villes de l'arrière-pays comme *São Brás de Alportel, Silves* et *Loulé,* qui ont gardé leur charme et leur caractère.

Autre secteur encore bien préservé des démons du progrès : la partie du **littoral à l'ouest de Lagos** *(Burgau, Salema, Sagres).* Enfin, face à l'Atlantique, la **côte vicentine,** qui tire son nom du célèbre cap où Henri le Navigateur rêvait à de lointains rivages, mérite une mention particulière. Le statut de parc naturel et la fraîcheur de la mer y tiennent les gros promoteurs à distance. Voilà pourquoi on y profite pleinement des paysages rassemblant falaises déchiquetées, campagne encore authentique et forêts de pins. Et quel océan ! La qualité de ses rouleaux attire les surfeurs, tandis que suffisamment de plages restent propices à la baignade.

## Arriver – Quitter

Pour plus de détails, se reporter à la rubrique « Arriver – Quitter » de chacune des localités concernées.

### En avion

Un seul aéroport, celui de Faro. Voir sous cette ville.

## En bus

➢ **Lisbonne :** nombreuses liaisons avec les principales villes de l'Algarve assurées par *Rede Expressos* (☎ 707-22-33-44 ; ● rede-expressos.pt ●), *Eva Transportes* (☎ 289-58-90-55 ; ● eva-bus.com ●) et *Renex* (☎ 800-22-42-20, n° gratuit ; ● renex.pt ●).

➢ **Espagne :** *Eva Transportes,* en partenariat avec les compagnies espagnoles *Alsa* (● alsa.es ●) et *Damas* (● damas-sa.es ●), relie quotidiennement Séville et Huelva aux principales villes côtières de l'Algarve jusqu'à Lagos.

➢ **Liaisons régionales :** les villes côtières, de Lagos à Vila Real de Santo António et, dans une moindre mesure, Sagres sont quotidiennement desservies. Au contraire, la plupart des villages de l'arrière-pays sont difficilement accessibles sans voiture.

## En train

Attention : les gares sont parfois excentrées.
– ***Comboios de Portugal :*** ☎ *808-208-208 ou 707-20-12-80 (appels internationaux).* ● *cp.pt* ●

➢ **Lisbonne :** 5 trains/j. avec Faro, via Loulé, Albufeira, Alcácer do Sal et Setúbal.

➢ **Porto :** 2 trains/j. *Alfa Pendular* via Loulé, Albufeira, Lisbonne, Coimbra et Aveiro.

➢ **Lagos-Vila Real de Santo António :** ligne régionale omnibus qui dessert Portimão, Silves, Alcantarilha, Albufeira, Loulé, Faro, Olhão et Tavira.
– Pas de liaison ferroviaire entre l'Algarve et l'Espagne.

## En voiture

Lire la rubrique « Transports intérieurs. Routes » dans « Portugal utile », en fin de guide.
Depuis Lisbonne, l'A2 (péage classique) relie Faro en 2h30 env. Trajet beaucoup plus long par l'IC1. À hauteur d'Algoz, au nord-ouest de Faro, embranchement avec l'A22 (péage électronique) qui s'étire de Lagos à l'Espagne où elle devient l'A49/E1. Plus proche de la côte, la N125 relie ttes les villes du littoral algarvien.

### Info utile

**Instance régionale de tourisme :** ● visitalgarve.pt ● Le site centralise toutes les informations nécessaires au visiteur : offices de tourisme locaux, les types d'hébergement, les transports, le patrimoine, etc. On peut également télécharger le *Guia Algarve,* un répertoire mensuel des fêtes et manifestations culturelles dans la région (en portugais et en anglais).

# FARO (8000) 41 400 hab.

● Plan *p. 191*

À 278 km de Lisbonne, 226 km d'Évora et 90 km de Lagos, la capitale de l'Algarve est non seulement la ville la plus vaste de la région, mais aussi celle où l'art de vivre traditionnel est le mieux préservé. Elle vit autant l'hiver que l'été, et n'est pas une station balnéaire de masse.
Son centre piéton, qui s'étire depuis la marina, et son vieux quartier, à l'abri des remparts, ne manquent pas d'âme. Il faut s'y promener au printemps pour apprécier pleinement le charme de ses façades, les jolies ruelles pavées, l'odeur enivrante des orangers sur la place de la *sé,* ou voir les cigognes nicher un peu partout.

Aujourd'hui, c'est une cité paisible, possédant une vie propre. Et puis Faro vous propose aussi quelques haltes gastronomiques, dans la douce fraîcheur de ses nuits...

## UN PEU D'HISTOIRE

Le séisme de 1755 a largement effacé les traces des civilisations qui la façonnèrent. De l'occupation romaine ne restent que quelques ruines au nord de la ville. De celle des Arabes, son nom, venant d'Ibn Faroun, un ancien gouverneur de la ville. Faro fut la première ville portugaise qui mit les armées napoléoniennes en déroute.

## Arriver – Quitter

### En avion

✈ **Aéroport :** à 7 km à l'ouest de la ville. ☎ 289-800-800. • faroairport sguide.com • En hiver, les liaisons France, Belgique ou Suisse sont beaucoup moins fréquentes qu'en été. Gaffe ! Bus n°s 14 et 16 entre l'aéroport et la gare routière, proche du centre-ville, tlj 5h-23h. En taxi, compter 12-15 €.

🛈 **Office de tourisme :** dans le hall des arrivées. ☎ 289-81-85-82. • visital garve.pt • Tlj 8h-23h.

### En bus

🚌 **Gare routière** (rodoviária ; plan A1-2) : av. da República, à côté de l'hôtel Eva. Nombreuses liaisons interurbaines assurées par les compagnies Eva Transportes et Rede Expressos. Les billets des 2 compagnies s'achètent au guichet Eva Transportes : ☎ 289-89-97-60. • eva-bus.com • Tlj 6h (7h w-e et j. fériés)-23h.

➢ **Lisbonne :** env 12 bus/j. avec Rede Expressos, 6 avec Eva. Trajet : 3h15.

➢ **Olhão, Tavira et Vila Real de Santo António :** bus réguliers avec Eva. Pour Olhão, 2 bus/h en moyenne ; durée : 20 mn. Pour Tavira, env 11 bus/j., 7h15-19h30 ; durée : 1h. Pour Vila Real de Santo António, 9 bus/j., 7h15-18h20 ; durée : 1h40.

➢ **Albufeira, Portimão et Lagos :** avec Eva, env 10 bus/j. pour Albufeira. 7 bus/j. pour Portimão ; durée : 1h35-1h45. Pour Lagos, 6 bus/j., 8h-17h25 ; durée : 2h10.

➢ **Loulé :** avec Eva, 15 bus/j., 7h-19h15 ; durée : 40 mn.

➢ **São Brás de Alportel :** avec Eva, 10 bus/j. ; durée : 40 mn.

➢ **Évora (Alto Alentejo) via Beja (Baixo Alentejo) :** 3 bus/j. avec Rede Expressos. Trajet : env 4h15.

➢ **Espagne :** 2 bus/j. jusqu'à Séville via Huelva avec Eva. Durée 4h40. Liaisons régulières aussi avec les compagnies espagnoles Alsa et Damas.

### En train

🚆 **Gare ferroviaire** (estação ; plan A1) : largo da Estação. Rens horaires : ☎ 808-208-208. • cp.pt •

➢ Faro se trouve sur la ligne régionale **Lagos-Vila Real de Santo António** via **Portimão, Silves, Albufeira, Loulé** (5 trains/j.), **Olhão** et **Tavira** (8 trains/j.).

### En voiture

– Un bon point : énorme parking gratuit de 900 places sur le largo de São Francisco, au pied de la vieille ville. Quant aux parcmètres, leurs tarifs grimpent exponentiellement avec le temps de stationnement (3h max).

## Adresses et infos utiles

🛈 **Office de tourisme** (plan B2) : rua da Misericórdia, 8. ☎ 289-80-36-04. • visitalgarve.pt • Tlj 9h-18h (19h en été). Très bon accueil, compétent et en français. Plusieurs guides, dont ceux des plages, sentiers et itinéraires culturels (payants). Également un bureau à l'aéroport.

✉ **Poste et téléphone** (plan B1) : largo do Carmo. Lun-ven 8h30-18h30, sam

# L'ALGARVE

9h-12h30. *Autre bureau rua Dr João Lúcio, fermé sam.*
@ **Accès wifi gratuit :** *au jardim Manuel Bivar, en face de l'office de tourisme, et dans l'alameda João de Deus, à côté de la pousada da juventude.*
■ **Consulat honoraire de Belgique :** *M. José Leiria, av. 5 de Outubro, 28.* ☎ 289-81-25-89.
■ **Consulat honoraire du Canada :** *rua Frei Lourenço Santa Maria, 1 ; 1°.* ☎ 289-80-37-57.
✚ **Urgences :** *Hospital Distrital de Faro, rua Leão Penedo.* ☎ 289-89-12-55 *ou* 11-00.
■ **Police :** ☎ 289-82-20-22.
➤ *Pour se déplacer en ville :* 4 lignes de bus urbains, dont les n°s 14 et 16 qui desservent l'aéroport et la plage de Faro.

## Où dormir ?

Les hôtels sont très vite complets en été ; s'y prendre le plus tôt possible.

### De bon marché à prix moyens

🏠 **Pousada da juventude** *(hors plan par B2,* **10***) : rua da PSP.* ☎ 289-82-65-21. • *faro@movijovem.pt* • *microsites.juventude.gov.pt/Portal/pt* • *À env 10 mn à pied à l'est de la vieille ville. Réception 8h-minuit. Selon saison, dortoirs 4-8 lits non mixtes 11-15 €/pers ; doubles sans ou avec sdb 28-42 € ; petit déj compris.* Face à un parking, une construction moderne jaune et bleu accolée à un parc agréable. Dortoirs et chambres un peu étriqués et datés, mais propres et dotés de ventilo en été. Cuisine commune, grande véranda abritant la salle à manger-salon, et terrasse, sous le soleil exactement. Pas de couvre-feu. Accueil très sympa en anglais.

🏠 **Residencial Central** *(plan B1,* **11***) : largo Terreiro do Bispo, 12.* ☎ 289-80-72-91. *Fermé 28 juin-5 juil. Doubles avec sdb 40-50 € selon saison. Pas de petit déj.* 🛜 *10% de réduc sur la double à partir de 3 nuits en déc, janv et fév.* À deux pas du centre piéton. Très bien tenue par un couple accueillant et francophone, cette pension est vraiment centrale. Aux étages, une douzaine de chambres aux sols carrelés, meublées simplement mais assez grandes et agréables. Certaines ont l'AC (petites mais avec balcon, comme les n°s 8, 9 et 13). Bon rapport qualité-prix.

🏠 **Alojamento local Avenida** *(plan A1,* **13***) : av. da República, 150.* ☎ 289-82-33-47. • *mail@residencial-avenida.com* • *residencial-avenida.com* • *Doubles sans ou avec sdb 33-58 € selon saison. Pas de petit déj. CB refusées.* 🛜 Si le bruit ne vous fait pas peur... Chambres sans AC, avec TV, sans charme mais propres, et stratégiquement situées en face de la gare routière et proches des chemins de fer. Pratique pour les départs matinaux.

### De prix moyens à chic

🏠 **Hotel Adelaïde** *(plan B1,* **14***) : rua Cruz das Mestras, 9.* ☎ 289-80-23-83. • *adelaideresidencial@aeiou.pt* • *adelaidehotel.eu* • ♿ *Doubles 25-50 € ; chambre 4 pers 60 € ; petit déj compris.* 🛜 Maison centenaire qui s'est offert un lifting complet. Ce qu'elle a perdu en charme, elle l'a gagné en luminosité, blancheur immaculée et confort. Chambres de tailles modestes mais dotées d'AC, frigo, TV et, pour certaines, d'une terrasse. En demander une au 2ᵉ étage avec vue sur le petit jardin. Accueil aimable.

🏠 **Hotel Sol Algarve** *(plan A1,* **16***) : rua Infante Dom Henrique, 52.* ☎ 289-89-57-00. • *hotelsolalgarve.com* • *Doubles avec sdb 45-80 € selon saison, petit déj compris. Parking fermé payant.* 🛜 *Réduc de 10 % sur le prix de la chambre sur présentation de ce guide.* Un établissement classique proposant des chambres sobres et carrelées, d'aménagement fonctionnel (bureau, TV, clim). Elles donnent sur la rue. Les n°s 43 et 47 ont une vue sur le patio. Ne leur manque qu'un brin de fantaisie décorative ! Tenue impeccable et accueil pro.

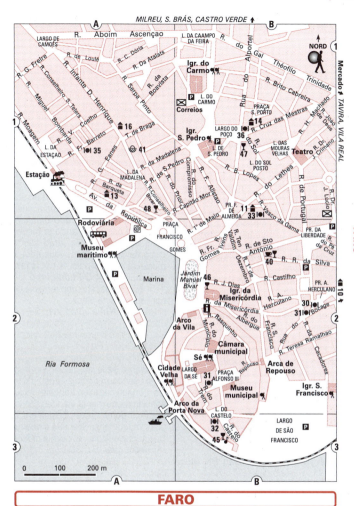

# FARO

- **Adresse utile**
  - Office de tourisme

- **Où dormir ?**
  - 10 Pousada da juventude
  - 11 Residencial Central
  - 13 Alojamento local Avenida
  - 14 Hotel Adelaïde
  - 16 Hotel Sol Algarve

- **Où manger ?**
  - 30 Cantinho da Ronda
  - 31 Tertulia Algarvia
  - 32 Taverna Modesto
  - 33 Fim do Mundo
  - 35 Adega Nova
  - 36 Taska

- **Où prendre son petit déjeuner ? Où acheter une spécialité locale ?**
  - 40 Gardy
  - 41 Despensa Algarva

- **Où boire un verre ? Où sortir ?**
  - 45 O Castelo
  - 46 Columbus Bar
  - 47 Maktostas
  - 48 Upa Upa

## Où manger ?

### Très bon marché

**|●|** À noter que, pendant l'année scolaire, il est possible de déjeuner en semaine à l'**école hôtelière** : *largo de San Francisco (plan B2). Résa obligatoire avt 10h au ☎ 289-00-72-00. Compter 15 € le repas (apéro, vin, café inclus).*

**|●| Cantinho da Ronha** *(plan B2, 30) : rua do Bocage, 55 ; autre accès par le n° 31 de la praça Alexandre Herculano. ☎ 289-81-38-72. Tlj sf dim, jusqu'à minuit. Plats 6,50-9 €.* En angle au rez-de-chaussée d'un immeuble moderne, dans un coin tranquille, la salle largement vitrée est très banale. La cuisine classique est généreuse et à des prix sages. Du grillé à gogo, une ardoise, des plats du jour et les prix des viandes affichés au kilo...

**|●| Fim do Mundo** *(plan B1, 33) : rua Vasco da Gama, 53. ☎ 289-82-62-99. Tlj sf lun soir-mar. Plats 5-10 €.* Malgré les quelques tables et les pavés, l'adresse est plus discrète et moins décorée que les autres restos du quartier. Et aussi plus authentique, car fréquentée par nombre d'habitués. Spécialités de poissons soigneusement grillés et quelques viandes idem, pour donner le change.

### De bon marché à prix moyens

**|●| Taverna Modesto** *(plan B3, 32) : largo do Castelo.* 📱 *916-57-70-44. Le midi slt, tlj sf dim. Menu 15 €.* Auberge populaire tenue par une famille accueillante. Grandes salles à l'intérieur, ample terrasse sous parasol. Cuisine classique, mais franche et fraîche. Et puis, que l'on choisisse le plat du jour, le menu viande ou poisson, tout sera servi en *refeição completa*, c'est-à-dire avec pain, olives, soupe, petite salade, pomme de terre, dessert, boisson et café.

**|●| Tertulia Algarvia** *(plan B2, 31) : praça do Afonso III, 13-15. ☎ 289-82-10-44. ● reservas@tertulia-algarvia.pt ● Lun-jeu 10h-minuit, ven-sam jusqu'à 1h, dim 23h (la cuisine ferme à 22h). Plats 9-15 € ; cataplanas pour 2 pers 36-38 €.* Dans la vieille ville, au calme sur une petite place charmante, voici un resto avec terrasse très agréable. Le chef mijote des plats classiques de la mer (poulpe, morue, *cataplanas*...) mais on peut se contenter aussi d'un sandwich et d'une *tosta*. Très bon accueil.

**|●|** Au **marché** *(mercado municipal ; hors plan par B1)*, grande et moderne halle couverte située largo Dr Francisco de São Carneiro, vous trouverez plusieurs snacks-bars et petits restos pas chers, dont **O Palhacinho** *(plats 7-14 €)*, qui possède une terrasse donnant sur la vaste place.

**|●| Adega Nova** *(plan A1, 35) : rua Francisco Barreto, 24. ☎ 289-81-34-33. ● info@restauranteadenova.com ● Tlj 11h30-23h. Plats 7-13 €.* 📶 *Digestif offert sur présentation de ce guide.* Étonnante salle mi-saloon mi-bistrot avec beaucoup de bois et peu d'azulejos. Longue carte (en français) de poissons, fruits de mer et viandes servis en portions généreuses. Également des plats végétariens. Clientèle d'habitués. Une adresse fiable, de qualité régulière.

**|●| Taska** *(plan B1, 36) : rua do Alportel, 38. ☎ 289-82-47-39. Tlj sf dim, jusqu'à 23h. Plats du jour 5-6,50 € ; autres plats 9-13 €.* 📶 Dans son cadre néorustique, où l'écran géant domine la salle, ce resto animé et chaleureux propose une cuisine goûteuse, tournée vers l'Algarve et l'Alentejo : crevettes piquantes, raie, *choquinhos fritos*. Une bonne adresse, où l'on est accueilli avec amabilité. On y parle le français.

## Où prendre son petit déjeuner ?
## Où acheter une spécialité locale ?

🍴 **Gardy** *(plan B2, 40) : rua de Santo António, 20. ☎ 289-82-40-62.* Cette terrasse posée sur le beau pavage à motifs d'une des rues piétonnes est l'un des points de ralliement des *Faroenses*. Bonnes pâtisseries dont de

réputés *bolo de arroz* (gâteau à la farine de riz) et boissons. Restauration sans grand intérêt en revanche.
- **Despensa Algarva** (plan A1, **41**) : rua Conselheiro Bivar, 19-21. ☎ 289-81-31-95. Lun-ven 10h-13h30, 15h30-19h ; sam 10h-13h. Épicerie fine spécialisée dans les douceurs locales traditionnelles : gâteaux de figues et d'arbouses, pâtes d'amande, liqueurs...

## Où boire un verre ? Où sortir ?

- **Les bars et discothèques des rues Conselheiro Bivar, travessa José Coelho et rua do Prior :** les étudiants appellent ce petit quartier les « rues du crime » parce qu'elles concentrent la majorité de l'animation nocturne de la ville. Tout est relatif, rassurez-vous... La plupart des établissements n'ouvrent qu'en seconde partie de soirée. Tous les genres sont représentés : du café pour ados festifs aux bars design les plus branchés.
- **Columbus Bar** (plan B2, **46**) : praça Dom Francisco Gomes, 13. 917-77-62-22. Tlj sf dim, jusqu'à 4h du mat. Cet endroit mériterait le prix des meilleurs cocktails du Portugal ! Sous les arcades d'une vieille bâtisse, la terrasse *lounge* offre ses couleurs mauve, gris et bleu (les azulejos) face au jardin et à la marina. À l'intérieur, murs en pierre et espaces intimes, façon pub. C'est le rendez-vous branché de Faro. Soirées DJ occasionnelles.
- **O Castelo** (plan B3, **45**) : rua do Castelo, 11. ☎ 919-846-405. Tlj, jusque tard dans la nuit (2h30 selon programme). Une adresse incontournable. Bar-pub installé sur les vieux remparts du *castelo*, un emplacement remarquable, avec une grande cour au-devant et une vue sur la Ria Formosa depuis la terrasse. On y vient pour boire un verre en soirée, écouter des concerts : fado le lundi à partir de 23h, et blues, jazz et rock les autres soirs.
- **Maktostas** (plan B1, **47**) : rua de Alportel 29. 916-30-05-17. Tlj de 8h jusque tard. Grande terrasse sur estrade et sous les jacarandas, salle aux couleurs un peu « bab », expo de peintures, ce café fonctionne comme un lieu de vie pour le quartier. Il y brasse les sédentaires comme les bohèmes et les touristes venus par là. Étudiants, artistes et employés s'attablent dès le matin jusqu'aux soirées animées.
- **Upa Upa** (plan A1, **48**) : rua Conselheiro Bivar, 51. Tlj sf dim, à partir de 21h. Bar ouvert sur une petite place, où l'on peut aller s'asseoir sous les orangers et siroter un whisky ou une bière. Petite salle rustique à l'intérieur.

# À voir

**Cidade Velha** (vieille ville ou ville close ; plan A-B2-3) : entourée de remparts circulaires, la vieille citadelle de Faro n'a pas vendu son âme au diable du tourisme de masse ou du commerce excessif. Elle a gardé son style et son caractère. Elle est accessible par trois portes, dont l'*arco da Vila*, belle arche néoclassique du début du XIXe s. La *rua do Município*, bordée de nobles demeures bourgeoises en granit, mène à la place de la cathédrale, agrémentée d'orangers. Remarquer à droite la toiture surprenante du *palais épiscopal* : les *telhados*, toits à quatre pans ressemblant à de petites pyramides, sont typiques de l'Algarve. Ce quartier dégage autant de charme en journée qu'à la nuit tombée, quand, presque désert, il se livre sous un très bel éclairage.

**Sé** (cathédrale ; plan B2) : lun-ven 10h-17h (18h en été), sam 10h-13h. Visite : 3 €. D'apparence massive, elle affiche un contraste bienheureux entre ses façades blanches et la pierre nue de son clocher, où nichent les cigognes de passage. Construite au XIIIe s sur le site de l'ancien forum romain, elle a été mise à sac et incendiée par les Anglais à la fin du XVIe s, puis victime du tremblement de terre de 1755. L'ornementation intérieure de la triple nef illustre cette tumultueuse histoire en égrenant les styles. De part et d'autre du chœur, les chapelles sont couvertes de voûtes d'ogive gothiques, tandis qu'à droite de l'entrée, le baroque explose en une profusion de sculptures en bois doré. En face, une autre chapelle est revêtue de superbes azulejos du XVIIIe s représentant Joseph, Marie et l'Enfant Jésus. Remarquable orgue rouge en bois peint de motifs chinois. Du haut du clocher, beau panorama sur Faro et la lagune.

¶ *Museu municipal* (plan B2) : praça Afonso III. ☎ 289-89-74-00. Juin-sept, mar-ven 10h-19h, w-e 11h30-18h ; oct-mai, mar-ven 10h-18h, w-e 10h30-17h. Fermé lun. Entrée : 2 € ; réduc.
Ce musée est installé dans un ancien couvent, bâti au début du XVIe s dans un style Renaissance... Il abrita une fabrique de bouchons de liège après la dissolution des ordres religieux en 1836. La visite vaut autant pour la sérénité du cloître à double galerie et toiture typique en pyramide que pour la collection, modeste mais intéressante.
Parmi les vestiges antiques du rez-de-chaussée, ne pas manquer la **remarquable mosaïque** des IIe-IIIe s, retrouvée en plein Faro. Elle représente Neptune entouré des dieux des vents d'est et d'ouest, ainsi qu'une variété de motifs floraux. Le 1er étage rassemble de la peinture sacrée, produite en série du XVIIe au XIXe s, et des œuvres de Carlos Porfirio, peintre natif de Faro hanté par les légendes populaires. Possibilité d'organiser des visites de la ville, en réservant au préalable.

¶¶ *Igreja do Carmo et capela dos Ossos* (plan B1) : largo do Carmo. Tlj sf sam ap-m et dim 10h-13h, 15h-18h (17h oct-avr). Entrée 3,50 €.
Grand édifice baroque et symétrique (1719), l'église se tient au bord d'une place. Dans la chapelle de Santo Alberto, ruisselante d'or, on remarquera les colonnes torsadées, *putti* et feuilles d'acanthe, ainsi qu'une superbe Vierge polychrome du XVIIIe s.
Pour rejoindre la **chapelle des Os** située derrière l'église, il faut passer par la sacristie à droite de la nef, le temps d'y voir une série de vitrines pieuses. Âmes sensibles, s'abstenir, ses murs sont entièrement recouverts de crânes et d'os humains, déterrés du cimetière en 1816 et rigoureusement ordonnés entre des traits de maçonnerie ! On retrouve cette macabre tradition dans la cour de la cathédrale et près de l'église d'Alcantarilha.

¶¶ 🚶 *Museu marítimo Almirante Ramalho Ortigão* (plan A2) : rua Comunidade Lusiada, 8000, au 1er étage de la capitainerie, sur le port de plaisance (à côté du grand hôtel Eva). Lun-ven (sf j. fériés) 9h-12h, 14h30-17h. Entrée : 1 €. Légendes en français.
Un musée vieillot mais intéressant, notamment pour l'évocation, à l'aide d'une maquette et d'un vieux film en noir et blanc, de la fameuse pêche dite du *copejo*. Très violente, elle impliquait un véritable combat avec le poisson. Après de longs préparatifs, les pêcheurs embarquaient sur une escouade de barques pour disposer en mer un gigantesque filet. Les thons pris dans ce piège progressivement resserré étaient alors harponnés, puis saisis à bras-le-corps. Il fallait savoir utiliser leurs poids et débattements pour arriver à les jeter dans l'embarcation. Cette pêche côtière a aujourd'hui disparu... faute de thons.
D'autres maquettes montrent que chaque poisson a son filet : en escargot pour les poissons sauteurs, long de plus de 800 m pour les grands bancs de sardines, nasse à filières pour les poissons anguilliformes et pot de terre pour les pieuvres, qu'il fallait encore aveugler pour les en faire sortir. À voir aussi, de nombreuses maquettes de bateaux, notamment celle du *São Gabriel,* la caravelle avec laquelle Vasco de Gama découvrit les Indes.

¶ *Autres églises :* on remarque encore celle de *São Pedro* (plan B1) et sa belle niche avec azulejos, ou *São Francisco* (plan B2). Ouvertures irrégulières dans les deux cas. Tenter sa chance sur la pointe des pieds pendant les messes.

# DANS LES ENVIRONS DE FARO

¶¶ *La lagune de Ria Formosa :* elle enveloppe la côte sur environ 60 km de longueur et 270 km², depuis Faro jusqu'aux environs de Vila Real de San António. Elle est doublement protégée : naturellement, par un alignement de cinq îles parallèles à la côte formant une barrière contre l'océan, et juridiquement par son statut de parc naturel, accordé en 1987 pour éviter sa dégradation.

➢ *Balade en catamaran à la découverte de la lagune de Ria Formosa et de ses îles :* avec **Animaris** *(embarcadère face à l'arco da Porta Nova ; plan A3), tlj à 11h30 et 16h ; retour libre avec le ferry (voir ci-dessous).* ☎ *918-77-91-55 ou 917-81-18-56.* ● *animaris.pt* ● *Compter env 25 € l'A/R. Balade guidée de 1 à 3 îles 35-50 € (1-3h) ; réduc. Visite en portugais et en anglais. Balade découverte plaisante pour la ria et Deserta Island (1h15).* Une balade qui évoque les productions de sel d'autrefois, la vie des pêcheurs de coquillages, le vol des oiseaux migrateurs, avant d'arriver sur l'*ilha de Barreta*, la seule que l'on puisse qualifier sans rire d'« île déserte », parmi les cinq, très étroites, qui ferment la lagune. Même s'il y a un peu de monde, vous pourrez vous détendre sur la plage avant d'aller boire un verre à l'*Estaminé (ouv slt en saison ; entrées 7-8 €, plats 18 €).* Libre à vous de vous échapper dans les dunes, mais, protection de l'écosystème oblige, en ne vous éloignant pas des sentiers en caillebotis.
Autre compagnie : **Formosamar,** *sur le quai à côté d'Animaris.* ☎ *918-72-00-02.* ● *formosamar.com* ● *Excursions de 2h30 à destination des îles (déserte et Culatra) avec pause de 2h dans chaque île. Excursions guidées de 2h avec un ornithologue, dans un bateau traditionnel. Compter 25 € par personne. Location de kayaks de mer. Observation des dauphins en Zodiac.*
➢ *Pour l'île déserte (visite libre) : services de navettes tlj, avec Animaris. Juin-sept, 6 départs/j. 10h-18h15, retours 10h45-19h ; le reste de l'année, 3 départs/j. Compter 10 € l'A/R, 15 € si l'on fait l'aller avec la vedette rapide.* Il ne s'agit pas de visites guidées mais simplement d'un transport en bateau. Au choix, on peut y aller en *speed boat* (vedette rapide) et revenir en ferry. En *speed boat* c'est un peu plus cher mais plus rapide.
➢ *Pour Ilha do Farol et Culatra : de mi-juin à début sept, 6 liaisons/j. pour Ilha do Farol et 2 liaisons/j. pour Culatra, avec la compagnie Silnido (● silnido.com ●). 1re quinzaine de juin et 8-30 sept, slt 2 départs/j. pour Farol. Compter 5 € A/R. Trajet : env 40 mn.*

⌂ *Praia de Faro* (ou *ilha de Faro) : à 6 km au nord-ouest de la ville, sur l'île de Faro. On peut s'y rendre en bus ou en bateau. Bus n°s 14 et 16, face à la gare routière, passant par l'aéroport. Compter env 2 € et 30 mn de trajet. Attention, l'heure du dernier retour varie selon j. et saison. En bateau, en juin et sept, slt 2 départs/j. ; de mi-juin au 7 sept, 6 liaisons/j. avec la compagnie Silnido (● silnido.com ●), depuis l'embarcadère de Faro (plan A3). Durée : env 30 mn. Compter 3 € A/R ; réduc. Dernier retour en bateau de la plage de Faro à 19h30.* Même si l'on dédaigne la bronzette, la balade sur l'*ilha de Faro* vaut le déplacement. Cette étroite langue de sable a quelque chose d'émouvant. En effet, l'extrémité orientale habitée par les pêcheurs est amputée, chaque année, d'environ 50 cm par les colères de la mer. On peut voir des pans de mur, l'encadrement d'une porte, pour tout souvenir d'une de ces maisonnettes. Pour le reste, c'est une jolie plage de sable blanc malheureusement peu ombragée. Une petite route lui sert de colonne vertébrale, bordée de villas et de quelques maisons de pêcheurs, reconnaissables à leur taille miniature. Quelques restos aux prix parfois élevés et des snacks pas trop chers (spécialité de *tostas !).* Du monde le week-end, bien sûr.

¶¶ *Ruínas da Milreu : à 9 km au nord de Faro en direction de São Brás, avt le village d'Estói. Tlj sf lun 9h30-13h, 14h-18h30 (17h30 en hiver). Fermé Vendredi saint, dim de Pâques, 1er mai et 25 déc. Entrée : 2 € ; réduc.* Ruines romaines connues surtout pour la *mosaïque aux poissons* recouvrant l'une des piscines des thermes. Polychrome, elle est plutôt bien conservée. Superbe.

# AU NORD DE FARO, DANS LES TERRES

## SÃO BRÁS DE ALPORTEL (8150) 10 662 hab.

À 18 km au nord de Faro et à 14 km de Loulé. Joli village traditionnel dans les hauteurs où se tient, le dimanche de Pâques, la fête des Torches fleuries en l'honneur du Christ ressuscité. En outre, bonnes tables de campagne, pâtisseries typiques, promenades entre chênes-lièges, amandiers et caroubiers, et pour finir un joli musée ethnographique. Une excellente solution de repli à Faro si vous êtes motorisé.

### Arriver – Quitter

#### En bus

🚌 *Gare routière : rua João Louro, à 200 m de la pl. principale, le largo de São Sebastião.* ☎ *289-84-22-86.*

*Billetterie : lun-ven (sf j. fériés) 8h-8h30, 9h30-11h, 12h-13h, 17h-18h45.*
➤ *Faro :* avec *Eva,* une dizaine de bus/j. en hte saison, 7h45-19h25. Durée : 35-55 mn.

### Adresse utile

ℹ️ *Office de tourisme : largo de São Sebastião, 23.* ☎ *289-84-31-65.* | *Lun-ven 9h30-13h, 14h-17h30.*

### Où dormir ? Où manger ? Où déguster une pâtisserie à São Brás de Alportel et dans les environs ?

🛏️ *Hospedaria São Brás : rua Luís Bivar, 27.* ☎ *919-99-97-56. À 100 m de la pl. centrale, le largo de São Sebastião, côté opposé à l'office de tourisme. Double avec sdb 50 €, petit déj 5€. Parking gratuit.* 📶 *Café et thé offerts sur présentation de ce guide.* Cette demeure imposante du milieu du XIXe s, couverte d'azulejos, renferme le petit musée privé de Manuel Carrusca de Sousa : collection d'antiquités, gramophone, statues, miroir immense... Les chambres, un peu rétro, sont néanmoins charmantes et spacieuses, avec AC, TV et téléphone. Une préférence pour les nos 2, 5 et 13. Terrasse agréable. Accueil adorable et en français.

🍴 *Luís dos Frangos : rua José Dias Sancho, 132 (route de Tavira).* ☎ *289-84-26-35. De l'office de tourisme, suivre la direction du musée, puis continuer env 700 m ; le resto se trouve à l'angle d'une rue reconnaissable à un petit palmier devant. Tlj sf lun. Plats 6-8 €.* Autrement dit, « Louis des Poulets » ! Grande salle, grand barbecue, grosses portions à petits prix. C'est le rendez-vous des amateurs de poulet grillé (frais, naturel, bien préparé, et servi avec des frites). Une de nos bonnes adresses.
🍴 *Adega Nunes : sítio Machados.* ☎ *289-84-25-06. Prendre la route de Faro sur 2 km, puis tourner à gauche au rond-point en direction de Barracha ;*

*le resto se trouve 300 m plus loin, à gauche sur une butte. Tlj sf dim. Plats 6-10 €. CB refusées.* Les propriétaires sont aussi viticulteurs. Dans ce resto à la déco rustique et simple, on savoure une authentique cuisine du terroir. Plats originaux et succulents comme le *jantar de grão* (pois chiches avec pâtes, porc, potiron et patate douce) ou le *coelho frito* (lapin frit). Bons petits vins de la maison. Accueil réservé, mais service rapide.

|●| 🍴 ❀ ***Tesouros da Serra :*** *sítio do Tesoureiro.* ☎ *968-05-05-54.* ● *geral@ fatimagalego.com* ● *À env 3 km de São Brás. Direction Alportel, tourner à droite vers Almargens après l'intersection pour la pousada désaffectée. Lun-ven 9h-18h ; sam 10h-12h, 14h-19h ; dim 14h-19h.* Fatima Galego est une célébrité en Algarve pour ses talents de pâtissière. Elle tient cette pâtisserie qui est aussi un point de vente de produits locaux et un salon de thé avec terrasse. Délicieux gâteaux confectionnés avec des produits locaux comme la caroube *(alfarroba),* les amandes ou les figues, également farcies aux amandes entières... Les étonnantes boules à la caroube ressemblent aux truffes, mais sans 1 g de cacao ajouté. Pour digérer le tout, rien de tel qu'une tisane aux herbes du pays ou... un verre de liqueur maison.

|●| ❀ ***Casa dos Presuntos :*** *à Cortelha.* ☎ *289-84-61-84. À 15 km au nord de São Brás de Alportel, par la route N2, à l'entrée du village de Cortelha sur la gauche, en face de la station-service. Tlj. Plats du jour 6,50-8 € ; menu 12,50 €. 🖥 📶 Digestif offert sur présentation de ce guide.* Ici, peu de touristes et pas de carte en anglais. Authentique, la « Maison du Jambon » cache de grandes salles rustiques où de nombreux locaux viennent en famille le week-end. On vient ici pour la charcuterie et pour le sanglier à l'étouffée (en saison). Vente de produits locaux remarquables et un peu d'artisanat aussi. Belle sélection de vins locaux. Et puis louons cette petite entreprise qui fait également épicerie, tabac, bar, resto, et même magasin de jouets ! Il s'agit d'éviter le dépeuplement des campagnes.

## À voir

🎥🎥 **Museu do Trajo Algarvio** *(musée ethnographique du Costume) : rua Dr José Dias Sancho, 61 (celle qui part vers l'est depuis l'office de tourisme).* ☎ *289-84-01-00.* ● *museu-sbras.com* ● *Lun-ven 10h-13h, 14h-17h ; w-e et j. fériés 14h-17h. Entrée : 2 € ; réduc.* Les dépendances de cette superbe maison bourgeoise hébergent une expo permanente et intéressante sur le liège, dont l'exploitation et le commerce firent la richesse des anciens propriétaires. À voir aussi, une collection de voitures à cheval (remarquer les deux étonnants chars-corbillards de 1940), ainsi que d'équipements et d'outils paysans. Dans la demeure même, reconstitution de la cuisine et d'une chambre à coucher.

🎥 **Calçadinha :** *accès à pied depuis le centre ou depuis la nationale.* Après la visite du musée, voici une promenade bucolique menant à cette ancienne voie romaine, à travers une campagne généreuse, plantée d'orangers, d'oliviers, de caroubiers, d'amandiers, de figuiers et de citronniers. Descendre jusqu'au centre d'interprétation, la voie, dont il ne reste que deux modestes tronçons, se trouve en contrebas.

# LOULÉ

(8100)　　　　　　　　70 622 hab.

À 17 km seulement au nord-ouest de Faro, sur une hauteur, cette petite ville tire son nom de l'arabe Al-Uliya. Du VIII$^e$ au XIII$^e$ s, ce fut une cité occupée par les Maures, comme beaucoup d'autres en Algarve. Aujourd'hui, cette petite ville paisible se singularise par la vie locale qu'elle a su préserver, particulièrement animée le samedi, jour du marché « gipsy ». C'est aussi l'occasion de découvrir un petit centre historique autour du château et de la belle église du XIII$^e$ s dont le clocher est un minaret reconverti, ainsi qu'un beau et surprenant marché couvert du début du XX$^e$ s. Une halte s'impose !

– *Se repérer :* le centre-ville est marqué par le largo de Gago Coutinho, facilement repérable à sa sculpture contemporaine. Il se trouve au carrefour de la praça da República (une avenue en fait), bordée par le marché couvert, et de l'avenida 25 de Abril où l'office de tourisme vous fournira un plan de la ville.

## Arriver – Quitter

### En bus

**Gare routière :** *rua Nossa Senhora de Fátima.* ☎ *289-41-66-55. Billetterie : lun-ven 7h30-12h45, 13h45-18h45 ; sam 8h-13h. Fermé dim et j. fériés. Pour rejoindre le centre-ville, prendre à gauche puis à droite l'av. 25 de Abril.*

➢ *Faro :* de Faro à Loulé, avec *Eva*, 15 bus/j., 7h-19h15. Durée : 40 mn.

### En train

**Gare ferroviaire :** *à 5 km au sud-ouest, vers Quarteira.* Desserte par le bus *Eva* allant à Quarteira.
➢ *Lisbonne via Albufeira :* 5 trains/j.
➢ *Faro :* env 10 trains/j.

## Adresse et infos utiles

**🛈 Office de tourisme :** *av. 25 de Abril, 9.* ☎ *289-46-39-00.* • cm-loule.pt • *Au nord du largo Gago Coutinho. Juil-août, tlj 9h-19h (pause 13h-14h sam-lun) ; hors saison, ferme à 18h.* Bon accueil, en français.

– **Marchés d'alimentation :** *en haut de la praça da República, dans la halle aux toits rouges. Tlj sf dim.* Bien fourni en produits locaux : charcuteries, fromages, miel, gâteaux, fruits secs.

– **Gipsy market :** *au nord-ouest du centre, vers l'estrada de Boliqueima. Ts les sam, jusqu'à 14h env.* Fringues, alimentation, puces... il attire beaucoup de monde.

## Où dormir ?

### De prix moyens à chic

**🛏 Casa Beny :** *rua São Domingos, 13.* ☎ *289-41-77-02.* 📱 *967-93-60-67.* • casabeny.g@gmail.com • *Depuis le largo de Gago Coutinho, remonter la praça da República jusqu'au largo Dr Bernardo Lopes et prendre la petite rue à droite, entre les 2 pharmacies. Doubles avec sdb 35-55 € selon saison, petit déj inclus.* 💻 Belle demeure bourgeoise jaune et blanc de 2 étages abritant une douzaine de chambres spacieuses. Moulures aux plafonds, têtes de lit recouvertes de tissu, double vitrage, et un bon confort (AC, TV câblée et grande salle de bains). Terrasse sur le toit pour prendre le petit déj. Accueil francophone charmant, à l'image de cette excellente adresse.

**🛏 Loulé Jardim Hotel :** *praça Manuel de Arriaga.* ☎ *289-41-30-94.* • hotel@loulejardimhotel.com • loulejardimhotel.com • *À l'ouest du centre. En bas de la praça da República, prendre la rua 5 de Outubro, puis la rua Vasco da Gama après le largo de São Francisco. La place est au bout, sur la gauche. Selon saison et type, double avec sdb env 100€, petit déj compris.* 📶 Belle bâtisse blanche de 4 étages, sur une jolie place pavée et ombragée de jacarandas, à deux pas du centre. Grandes chambres modernes (clim, TV à écran plat, téléphone). Celles du 4$^e$ étage ont un petit balcon avec vue sur la rue calme et une petite place ombragée. Piscine au 3$^e$.

## Où dormir dans les environs ?

**Chambres d'hôtes Quinta dos Valados :** à *Corcitos*. ☎ 962-70-35-66. • quintadosvalados@sapo.pt • quintadosvalados.com • À 10 km au nord de Loulé, un peu après Querença. Quand vous verrez le panneau « Serca Nova », c'est env 500 m plus loin, par un chemin qui grimpe depuis une courbe. Doubles avec sdb à partir de 50 €, petit déj compris. Table d'hôtes 18 € *(boisson comprise).* 🛜 Au milieu des champs, cette ancienne ferme tenue par une famille franco-portugaise charmante a été transformée en logement rural. La demeure marie à la fois le charme de matériaux rustiques et bruts au confort. Les 5 chambres sont toutes différentes. Terrasse ombragée agréable avec une grande piscine. Petit déj copieux avec des produits maison et locaux.

**Monte dos Avós :** *rua da Eira, à Várzeas de Querença*. ☎ 936-61-62-22 ou 938-31-12-21. • montedosavos@gmail.com • montedosavos.pt • ♿ À env 10 km de Loulé, direction Corcitos (proche de Querença, bien indiqué par des panneaux bleus). Selon saison, doubles avec sdb 35-55 € ; apparts env 50-70 €. Parking gratuit. Petit déj offert sur présentation de ce guide. Dans une campagne ondulée et paisible, une demeure moderne mais inspirée de la tradition locale, avec des murs dans les tons jaunes. Si les maisonnettes sont de bon confort, les 2 appartements avec cuisine équipée sont plus spacieux. Leur déco soignée rappelle la Provence mais en pleine *serra*. Salle de jeux, *snooker*, piscine et possibilité de faire son barbecue. Accueil charmant.

## Où manger ? Où boire un verre ?

### De très bon marché à prix moyens

**O Pescador :** *rua José Fernandes Guerreiro, 54*. ☎ 289-46-28-21. Rue longeant le marché, à droite quand on lui fait face. Plats copieux 7-9 € ; compter 40-60 € pour 2. Savoureuse cuisine portugaise, service aimable et efficace, et bon rapport qualité-prix. Bon choix de poissons et de viandes. Le patron parle le français. Fait aussi hôtel.

**Café-cervejaria Calcinha :** *praça da República, 67. Tlj sf dim 8h-23h*. Un superbe vieux café du début du XXe s, resté en l'état ou presque. Boiseries en bois précieux du Brésil, lustres au néon. Statue en fer du poète local António Aleixo sur le trottoir. Bien pour une bière avec des lupins, histoire de faire couleur locale.

# À voir

**Le château :** *rua D. Paio Peres Correia, 17*. ☎ 289-40-06-42. Descendre la praça da República et tourner à gauche avt le largo Dr Bernardo Lopes. *Mar-sam 9h-18h. Billet : 1,62 €.* Depuis la cour, accès à deux petits musées et à une portion du chemin de ronde.
– **Le musée municipal de la Cuisine traditionnelle :** reconstitution d'une cuisine rurale avec cheminée, ustensiles et vaisselle.
– **Le musée municipal d'Archéologie :** modeste collection d'objets du Néolithique trouvés dans la région, ainsi que des sépultures de l'âge du bronze. Également quelques objets provenant du château de Salir et des vestiges d'une maison maure du XIIe s. Explications en portugais seulement, dommage !

**Ermida de Nossa Senhora da Conceição :** *rua D. Paio Peres Correia. Presque en face du château. Lun-sam 10h-18h (17h sam). Fermé dim-lun. Accès libre.* Cette petite chapelle insérée entre les habitations conserve un superbe autel en boiseries baroques, entouré d'azulejos d'une grande finesse retraçant la vie de la Vierge.

## Manifestations

– **Carnaval :** *en fév, dim-Mardi gras.* 3 jours de parade colorée, de musique et de fête. Très traditionnel, existe depuis 1906 !
– **Procession de Nossa Senhora da Piedade :** *de l'église de São Francisco, à Pâques.* Le moment le plus intéressant est celui où la procession remonte l'icône datant du XVIe s à l'église, 15 jours après l'en avoir sortie. Beaucoup de monde.
– **Festival Med :** *dernier w-e de juin.* ● festivalmed.pt ● Toute la ville célèbre la Méditerranée à travers concerts (world music, musique classique), spectacles de rue, expos, éventaires artisanaux. Même les restos revoient leurs menus !
– **Festival de Jazz :** *juil, pdt un w-e. Rens à l'office de tourisme.*

## DANS LES ENVIRONS DE LOULÉ

%%% **Capela de São Lourenço :** *à 6,5 km au sud de Loulé, par la N125, direction Faro. Sur une colline à 2 km du village d'Almancil, près du cimetière. Lun-sam 10h-13h (sf lun), 14h30-17h ; dim, slt pdt les messes, 9h-11h. Entrée : env 2,50 €.* Architecture extérieure d'une élégance raffinée. Tout l'intérieur de l'église est tapissé d'azulejos. Les murs, la voûte en berceau, la coupole au-dessus de l'autel baroque, c'est un véritable chef-d'œuvre ! Plafond en trompe l'œil, sur le thème de la vie de saint Laurent.

➢ Et puis, si vous avez fait le détour par Loulé, c'est que vous êtes sensible à ce magnifique **arrière-pays du Barrocal,** nom de la région fertile aux sols calcaires qui s'enfonce dans la serra do Caldeirão. N'hésitez pas à vous perdre au fil des petites routes et autres chemins, qui offrent de belles balades dans cet univers vallonné, tacheté d'arbousiers et d'oliviers.

# À L'EST DE FARO

## OLHÃO          (8700)          42 300 hab.

À 10 km à l'est de Faro, c'est l'une des villes les plus récentes de l'Algarve, et aussi son plus grand port de pêche. Le centre-ville a gardé sa personnalité et son caractère ancien avec ses maisons blanches. Olhão est principalement le point d'embarquement vers les kilomètres de plage des îles Armona et Fuzeta, appartenant au Ria Formosa. Cela en fait un lieu de séjour pratique, proche de Faro et de son aéroport. En ville, on appréciera surtout le quartier piéton et le très animé marché, formé de deux grandes halles en brique rouge avec de surprenantes tours d'angle à l'orientale.
– **Se repérer :** le marché couvert se trouve avenida 5 de Outubro au bord de la lagune. En face s'étend le centre-ville relié aux gares routière et ferroviaire, au nord, par l'avenida da República.

### Arriver – Quitter

#### En bus

🚌 **Gare routière** *(terminal rodoviário) : rua General Humberto Delgado.* ☎ *289-70-21-57. Billetterie : lun-ven 7h-19h15 ; sam 7h30-12h40, 13h30-18h30 ; dim et j. fériés 7h45-13h, 14h-18h30.* Pour rejoindre le centre-ville, remonter la rue puis prendre à droite l'av. da República.
➢ Sur la ligne **Lisbonne-Vila Real de Santo António** de *Rede Expressos,* desservant aussi **Albufeira** et **Tavira.** 3 bus/j. pour Lisbonne. Avec *Eva,* 4 bus/j.

➤ *Faro* : nombreuses liaisons/j. avec *Eva*. Au départ de Faro pour Olhão, 2 à 3 bus/h, 7h15-20h35. Durée : 20 mn.

## En train

🚆 *Gare ferroviaire* : av. dos Combatentes da Grande Guerra. Au bout de l'av. da República, dont l'autre extrémité débouche sur la vieille ville.

➤ Desservie par la ligne régionale *Lagos-Vila Real de Santo António* qui assure la liaison avec *Portimão, Silves, Albufeira, Loulé, Faro* et *Tavira*. 12 trains/j. en sem, la moitié le w-e.

## En voiture

➤ Par la N125 ou l'A22 (payante).

### Adresses utiles

🛈 **Office de tourisme** *(posto de turismo)* : *largo Sebastião Martins Mestre*. ☎ *289-71-39-36*. ● *visitalgarve.pt* ● *Depuis la praça P. J. Lopes, face au marché, prendre la rua Téofilo Braga puis la 2e à droite. Lun-ven 9h30-13h, 14h-17h30.*

@ **Point Internet gratuit** : *devant la mairie, en face de l'office de tourisme.*

🚤 **Bateau pour les îles** : *embarcadère à l'est du marché, après le jardin. Autre point d'embarquement à Fuseta.*

➤ Balades et visites en bateau : *Rui et Marta Santos, Rota das Ilhas, av. 5 de Outubro, Cais de Embarque (quai pour les Îles) à Olhão.* ☎ *918-707-405.*

● *rotadasilhas.tours@gmail.com* ● Deux types de balades-visites guidées avec ce couple passionné d'îliens d'une famille de pêcheurs. Au choix : la route des îles vers Culatra *(tlj 12h45, durée 4h30, déj inclus ; 35 €/pers, 20 €/enfant 6-11 ans)* ou la route de la nature vers Ria Formosa *(durée entre 1h30 et 3h ; 15-20 €/pers).*

■ **Lavisek** : *rua 18 de Junho, 111. Dans une perpendiculaire à l'av. da República, proche des gares routière et ferroviaire. Tlj 8h30-22h.* Une laverie moderne avec TV, machine à café et wifi.

### Où dormir ?

## Camping

⛺ **Parque de campismo de Fuseta** : *rua da Liberdade, 2, à* **Fuseta**, *à 11 km à l'est d'Olhão, face à l'île d'Armona.* ☎ *289-79-34-59.* ● *camping@ufmoncarapacho-fuseta.pt* ● *À partir de 17 € pour 2 avec tente et voiture.* 🖥 📶 Sur un coude de la lagune, tout près de l'embarcadère pour les îles, ce terrain de gravillons planté de quelques arbres est vite bondé en été. Ce n'est pas le camping idéal en Algarve mais ça peut dépanner. Équipement élémentaire mais correct, comme l'accueil. Snack-bar-pizzeria.

## De bon marché à prix moyens

🏠 **Pensão Bela Vista** : *rua Téofilo Braga, 65-67.* ☎ *289-70-25-38.*

● *pensaobelavista@gmail.com* ● 🍴 *Depuis la praça P. J. Lopes, face au marché, prendre la 2e rue à gauche. Doubles sans ou avec sdb 30-50 € selon saison. Apparts en ville à partir de 70 €/j. pour 4 pers. Pas de petit déj.* À 3 mn à pied du port, une maison agréable, avec des chambres sur la terrasse (bonus, un transat pour faire bronzette). À l'étage, elles sont réparties autour d'un patio. Toutes sont spacieuses, carrelées et très propres, avec TV et AC. Décoration très basique et sommaire. Les apparts sont équipés et bénéficient d'un service de chambre.

🏠 **Pensão Boémia** : *rua da Cerca, 20.* ☎ *289-71-45-13.* 📱 *962-56-93-88.* ● *pensaoboemia@gmail.com* ● 🍴 *Sur l'av. da República en direction du centre, prendre à droite la rua 18 de Junho, puis la 4e à gauche. Ouv tte l'année. Doubles 55-60 € selon saison, avec douche, w-c et TV ;*

75 € avec terrasse. 🛜 Située entre la gare routière et le centre. Extérieur plutôt classique pour cette maison blanche rénovée, avec un air de pension à l'ancienne. Chambres petites, mais claires et modernes (AC, TV satellite). Elles donnent sur la rue. Le patron, gentil et dévoué, parle le français à la perfection et connaît bien la ville.

🏠 *Pension Bicuar :* rua Vasco da Gama, 5. ☎ 289-71-48-16. • pension bicuar.olhao@gmail.com • pension bicuar.com • *Dans le prolongement de la praça P. J. Lopes, face au marché, dans la zone piétonne. Lits en dortoir 17-22 € ; doubles 40-52 € selon confort et saison ; familiales 56-68 €. Pas de petit déj.* 🛜 Une jolie demeure ancienne restaurée avec soin. Elle abrite une quinzaine de chambres propres (ventilo, TV câblée), avec parfois un balcon. Douche et lavabo à l'intérieur, mais w-c sur le palier pour les moins chères. Cuisine équipée à dispo pour compenser l'absence de petit déj. L'avantage de cette pension, c'est la terrasse avec une belle vue sur la ville et ses chaises longues.

## Où manger ?

Vous trouverez, le long de l'avenida 5 de Outubro, plusieurs restos de poisson plus ou moins équivalents en prix et qualité de cuisine.

🍽 *Casa de Pasto O Bote :* av. 5 de Outubro, 122. ☎ 289-72-11-83. *En face du marché municipal. Repas env 15 €.* Resto de pêcheurs propret et accueillant. Cuisine simple à base de poisson grillé et de fruits de mer. Une adresse traditionnelle qui tient bien le cap.

🍽 *Vai e Volta* (Rodizio de peixe grelhado) *:* largo de Gremio, 2. 📱 968-02-75-25. *À la croisée de la rua Francisco Menezes et de la rua de Santana. Tlj slt le midi. Pas de résas. Menu 8,50 €. CB refusées.* Dans le cœur de la ville, sur une petite place pavée. Derrière sa grande bâche crème se cache un resto spécialisé dans les poissons grillés, d'une grande fraîcheur et servis comme il faut. C'est authentique, sincère et savoureux. Terrasse ouverte sur la place aux beaux jours.

## Où prendre le petit déj ?
## Où boire un verre ou un café ?

🍽 ☕ *Pasteleria Olhão Doce :* rua do Comércio, 107. ☎ 289-05-95-73. *Dans la rue piétonne et commerçante. Tlj sf dim 8h-20h.* Salon de thé bien utile puisque les pensions ne servent pas de petit déj. Plusieurs variétés de gâteaux secs et de *bolos* (gâteaux crémeux ou « chocolateux ») en vitrine. Les gourmandes et coquettes mamies ne s'y trompent pas à l'heure du goûter...

🍷 *Café Gelvi :* entre les 2 ailes du marché, sur la droite en regardant la mer. Difficile de trouver plus stratégique et populaire. On y feuillette le journal et papote, voire picore des denrées tout juste achetées au marché. Et puis c'est un glacier, et même le spécialiste incontesté du *sandes,* un sandwich de biscuit à la crème glacée !

## Manifestation

– *Festival des Crustacés :* 10-15 août. Crevettes, gambas, langoustes à gogo à tous les stands, chanteurs, spectacles... le port s'anime ! Réservez à l'avance, tout est complet à ces dates-là.

**TAVIRA** | 203

## DANS LES ENVIRONS D'OLHÃO

➢ Voir nos adresses utiles pour les **balades en bateau**.

🍴 **Quinta de Marim :** *à 1 km à l'est, vers Tavira.* ☎ *289-70-41-34 ou 35. Tlj 8h (10h le w-e)-20h.* Itinéraire balisé de 3 km, au sein du parc naturel de la lagune de Ria Formosa. Le mode de vie des pêcheurs et leurs techniques originales sont abordés dans plusieurs bâtiments. On apprend ainsi que les filets étaient posés sous l'eau à l'aide de *cão de áqua,* une race algarvienne de chiens d'eau. Également un vieux moulin à marée, assez remarquable. Pour les amateurs d'ornithologie, des randonnées de 2h30 sont organisées, sur réservation, dans les dunes et les marais où de nombreuses espèces survivent malgré la pollution croissante des eaux.

🍴 **Ilha da Armona :** *depuis l'embarcadère d'Olhão pour la plage d'Armona, 10-13 départs/j. juin-sept, 7h30-20h ; hors saison, 4-6 départs/j. Compter 20 mn de traversée et env 2 €/pers. Également un embarcadère à Fuseta, à 11 km à l'est d'Olhão, près du camping, face aux cabanes de pêcheurs, desservant la plage du même nom (partie la plus étroite de l'île) ; départs ttes les 30 mn en été.* Ses plages de sable blanc face à l'océan, plus belles que du côté lagune, s'étendent à l'infini. Bien sûr, les lotissements de vacances y ont poussé comme des champignons. Mais ils n'ont pas encore envahi toute l'île. Quelques cafés et restaurants près de l'embarcadère pour se sustenter.

🍴 **Ilha da Culatra :** *depuis l'embarcadère d'Olhão, 6-7 départs/j. juin-sept, 7h-19h30 ; hors saison, 4 départs/j. Compter 30 mn pour Culatra et 45 mn pour Farol.* Culatra est une des îles de la Ria Formosa, en face de Olhão, à 2 km de la côte. Elle compte 1 000 habitants pour une surface de près de 6 km². Le bateau s'arrête d'abord sur la plus petite plage, envahie de résidences mélangées à des habitations de pêcheurs. Difficile d'imaginer la vie sur l'île autrefois, quand la pêche assurait la subsistance de toute une communauté (voir le « Museu marítimo » à Faro). À *Farol,* deuxième arrêt, un petit village avec un grand phare, ce n'est guère mieux : les résidences encerclent les belles plages de l'océan, tandis que celles de la lagune sont sales.

# TAVIRA      (8800)                25 100 hab.

Située 37 km à l'est de Faro et à 22 km d'Olhão, Tavira fut au XVIᵉ s la cité la plus peuplée de la région. De toutes les villes de la côte, c'est sans doute celle qui a le mieux conservé son style de ville du sud et son âme. Le rio Gilão traverse Tavira dont la belle unité architecturale est marquée par un nombre important de toitures traditionnelles à quatre pans. Il est agréable de se promener le long de la rivière et de l'enjamber à la nuit tombée par son joli pont romain !
Tavira peut aussi se vanter de posséder sur son canton un nombre record de monuments religieux. Une bonne trentaine d'églises dont la majorité se trouve en ville, et une quinzaine de couvents.
– **Se repérer :** assez facile, grâce à la rivière.

## Arriver – Quitter

### En bus

🚌 **Gare routière :** rua Gonçalo. Sur la rive droite de la rivière, à l'ouest de la praça da República. ☎ 281-32-25-46. Billetterie : lun-ven 7h20-19h ; w-e et j. fériés 7h20-12h, 15h-19h.
➢ **De Lisbonne :** 5 bus/j., 8h15-

18h30, avec *Eva*. Durée : 4h15. 6 autres bus avec *Renex* et 4 avec *Rede Expressos*. Arrêts à Olhão et Faro.
➢ **Pour Vila Real de Santo António :** 6 bus/j., 8h15-19h20, avec *Eva*. Durée : 40 mn.
➢ **De Faro :** une dizaine de bus/j., 7h15-19h30, avec *Eva*. Durée : 1h.

### En train

🚆 **Gare ferroviaire :** *à 1 km au sud du centre, par l'av. Dr Teixeira de Azevedo.*
➢ Tavira se trouve sur la ligne *Lagos-Vila Real de Santo António* via *Faro* (correspondances), *Loulé*, *Silves* et *Portimão* : env 8 liaisons/j.

## Adresses utiles

**🛈 Office de tourisme :** *praça da República/rua Galaria, 9*. ☎ 281-32-25-11. • visitalgarve.pt • Juil-août, tlj 9h30-19h ; sept-juin, tlj sf dim 9h30-18h ; pause 13h-14h certains j. Un des offices de tourisme les plus serviables de l'Algarve. Accueil jovial en français. Propose un audioguide pour découvrir la ville (3 parcours). Voir aussi le calendrier des manifestations et la liste des hébergements.

**@ Point Internet :** *à la mairie, praça da República, face au vieux pont. Tlj sf dim 9h-20h (pause de 30 mn à 12h et à 17h). Connexion gratuite 30 mn/j.*

**@ Cybercafé Anazu :** *rua Jacques Pessoa, 11-13*. ☎ 281-38-19-35. *Sur la rive gauche du fleuve, près du vieux pont, en bas de l'immeuble recouvert d'azulejos. Tlj sf dim jusqu'à minuit.*

■ **Police :** ☎ 281-32-20-22.

■ **Laverie Lava & Leve :** *rua José Pires Padinha, 168. Tlj sf dim 7h-minuit.*

## Rejoindre les plages d'Ilha de Tavira (et le camping de l'île)

⛴ **Embarcadère de la ville :** *sur la rive droite du rio Gilão, entre l'ancien marché et le pont routier.* Service juil-sept slt, tlj 8h-20h, ttes les heures env dans les 2 sens. Env 2 € A/R. 15 mn de traversée. Attention, pas mal de monde à 19h en été.

⛴ **Embarcadère de Quatro Águas :** *à 2 km à l'est de la ville.* Service tte l'année, ttes les 30 mn env en saison. Env 1,50 € A/R. Bus en saison au départ de la gare routière.

– **À pied ou en train depuis Pedras d'el Rey :** *village de vacances au bord de la lagune, situé à env 5 km de Tavira. Passer par Santa Luzia ou par la N125, puis embranchement. 9 bus/j., en sem slt.* C'est l'itinéraire privilégié pour découvrir la superbe *praia do Barril* (voir la rubrique « Dans les environs de Tavira »).

## Où dormir ?

### Campings

⛺ **Camping Ilha de Tavira :** *sur l'île de Tavira, à 2 km de la ville*. ☎ 281-32-17-09. • camping@campingtavira.com • *À quelques mn de la plage. Accès slt en bateau. Obligation de laisser sa voiture près de l'embarcadère. Pour y aller, voir « Adresses utiles ». Ouv mai (parfois le w-e de Pâques)-sept. Emplacement pour 2 env 12 € selon saison. Bungalows toilés 2-6 pers 25-95 € selon nombre de pers et période.* 🖳 Bien équipé mais pas de connexion électrique à l'emplacement des tentes. Très animé l'été, donc assez bruyant. Rationnement de l'eau en haute saison. Douche froide gratuite, douche chaude payante (1 €). Minisupermarché, snack-bar. Prévoir un répulsif antimoustiques.

⛺ **Camping O Caliço :** *au nord de Vila Nova de Cacela, à env 10 km à l'est de Tavira*. ☎ 281-95-11-95. • geral@calico-park.com • calico-park.com • *De Tavira, prendre le bus pour Vila Real de Santo António et demander au chauffeur de s'arrêter. Ouv tte l'année. Compter env 11-18,50 € selon saison pour 2. Mobile homes à partir de 70 € pour 4 pers.* À environ 5 km de la plage, un camping proche de l'A22, assez bruyante. Douches chaudes et piscine gratuites. Les mobile homes ont ici la vedette, dans une zone ombragée par de grands arbres, tandis que les campeurs devront se contenter d'emplacements cailouteux, protégés du soleil par des auvents sommaires. En dépannage.

## Auberge de jeunesse

▲ *Pousada da juventude :* rua Dr Miguel Bombarda, 36-38. ☎ 281-32-67-31 ou 707-20-30-30 (résas en ligne). • tavira@movijovem.pt • microsites.juventude.gov.pt & • Selon saison, 11-17 €/pers en dortoir 4 lits et doubles sans ou avec sdb 28-47 € ; petit déj inclus. Parking possible. Une belle demeure ancienne abrite cette superbe AJ disposant d'une soixantaine de lits. Dortoirs avec AC, chambres doubles & équipements communs conjuguent fonctionnalité et confort. Repas possible de juin à août. Organisation de sorties à cheval ou en bateau.

## De bon marché à prix moyens

▲ *Hotel Viva Rio* (Chic & Cheap Bedrooms) *:* rua dos Pelames, 1. ☎ 281-32-10-58. Résa sur ● booking.com ● *Sur la gauche de la rue en venant du centre de Tavira, à 250 m du vieux port romain. Double env 80 €. Consigne à bagages à la journée (2 €).* 🛜 *Une sorte d'auberge-hôtel design à prix doux. Petit bâtiment blanc d'un étage, moderne et très bien arrangé avec des chambres impeccables et bien équipées (douches, w-c, AC). Accueil jovial. Les chambres donnent sur la rue et la rivière, certaines ont une petite terrasse à l'arrière.*

▲ *Alojamento local de Lagoas :* rua Almirante Cândido dos Reis, 24. ☎ 281-32-82-43. • residenciallagoa. pai.pt • *Face au pont romain, rive gauche, prendre la rua Cabreira puis tourner à droite. Fermé 2 sem fin déc. Résa conseillée. Doubles sans ou avec sdb 35-55 € selon saison. CB refusées.* 🛜 *Réduc de 10 % sur le prix des chambres sur présentation de ce guide et réduc de 50 % pour les clients sur la loc de transat et parasol sur la plage de Costa Praia.* Dans un immeuble avec un patio intérieur fleuri, des chambres simples et reluisantes de propreté. Pas de petit déj, mais frigo à disposition. Belle terrasse avec vue sur les toits de la ville, dommage qu'on ne puisse pas y manger... Assez bruyant quand même, vu le nombre de restos dans le coin, dont celui de la maison (voir « Où manger ? »). Demander les nos 202 et 204 qui donnent sur le patio. Excellent accueil.

▲ *Residencial Imperial :* rua José Pires Padinha, 24. ☎ 281-09-80-05. • geral@ rimperial.com • rimperial.com • *Sur la rive droite, presque en face du marché. Doubles sans ou avec sdb 35-70 € selon saison, petit déj compris.* 🛜 Au 1er étage d'un petit immeuble, des chambres simples et carrelées, un peu exiguës, avec TV et clim pour la plupart. Certaines donnent sur un mur, les autres sur la rivière ou sur l'arrière. Ensemble bien tenu par un vieux couple très gentil. Resto au rez-de-chaussée, donc pas mal de brouhaha.

▲ *Residencial Princesa do Gilão :* rua Borda d'Água de Aguiar, 5-6. ☎ 281-32-51-71. *En face de l'ancien marché, sur le quai opposé. Doubles 40-60 € selon saison, petit déj compris.* Derrière l'imposante façade blanche, la réception-salle de petit déj contraste par son aménagement contemporain avec le classicisme des chambres, tout confort, bien qu'assez petites. Balconnet côté rivière pour mieux profiter de la vue... et de l'animation.

▲ *Residencial Marés :* rua José Pires Padinha, 134-140. ☎ 281-32-58-15 à 17. • maresresidencial@mail.telepac. pt • residencialmares.com • *Au-dessus du resto du même nom, tt proche de l'embarcadère pour l'île de Tavira. Doubles avec sdb 40-95 € (105 € avec vue sur la rivière), petit déj inclus.* 🛜 L'étage, aux airs de ruche kitsch et vieillotte, distribue une grosse vingtaine de chambres de tailles modestes. Les plus chères profitent d'un petit balcon côté *rio*. Équipement assez complet (AC, frigo, téléphone), mais accueil un tantinet frisquet.

## Beaucoup plus chic

▲ *Quinta da Lua :* Bernardinheiro, 1622 X. ☎ 281-96-10-70. • quintadalua@

quintadalua.com.pt ● quintadalua.com.pt ● À 4 km de Tavira. Prendre la N125 en direction de Faro ; tourner à droite vers Santo Estevão et suivre les panneaux. Selon saison ou j. de la sem, doubles avec sdb et terrasse privée 99-199 € ; suites 179-275 € ; petit déj inclus (et original !) ; consulter leurs offres sur le site. Magnifique demeure au milieu des orangers, des vignes et d'un jardin verdoyant et soigné. Élégantes, spacieuses, les chambres sont décorées avec goût, dans un souci d'équilibre entre le style moderne et le rustique. Les plafonds sont parés de roseaux (technique traditionnelle) et de poutres apparentes. Belle piscine évidemment, et des propriétaires très accueillants. Excellente adresse de charme.

🛏 **Casa Vale del Rei :** *Almargem.* ☎ *281-32-30-99.* ● *casavaledelrei@hotmail.com* ● *casavaledelrei.co.uk* ● *À env 5 km à l'est de Tavira, sur la gauche de la N125, avt Conceição. Doubles 110-130 €, petit déj compris.* En pleine campagne, au cœur d'un paysage doucement vallonné (oliviers, orangers). Une adorable maison blanc et bleu au bout d'une allée fleurie, associant avec beaucoup de goût le rustique et quelques touches contemporaines. Les chambres, spacieuses, sont claires et climatisées. À l'extérieur, jardin, terrasse et petite piscine. Très gentil accueil des hôtes anglo-saxons (l'épouse du propriétaire parle le français).

## Où manger ?

Les locaux vous diront que la région de Tavira est l'une des meilleures du pays pour le poisson, après celle de Sesimbra (voir « Les environs de Lisbonne »). Pour en profiter à prix modique, ils aiment investir les restos pratiquant la formule du *rodizio* où, pour une somme fixe (environ 10 € par personne), du poisson grillé est servi jusqu'à satiété, tant qu'on n'a pas dit « pouce » !

|●| **Bica :** *rua Almirante Cândido dos Reis, 24-26.* ☎ *281-32-38-43.* ● *marcos.net@sapo.pt* ● *En dessous de l'Alojamento local de Lagoas. Tlj sf mer 12h-15h, 19h-22h. Fermé janv. Plats 8-13 €. CB refusées.* Salle rudimentaire, avec quelques tables dans la ruelle. Toujours aussi populaire pour ses plats copieux et francs. Spécialités : *bife de atun, corvina a casa, linguado com laranja* (sole à l'orange).

|●| **Petisqueira Belmar :** *rua Almirante Cândido dos Reis, 16.* ☎ *281-32-49-95. À côté de la Residencial Lagoas Bica. Fermé dim hors saison. Repas env 8 €.* Une adresse familiale, modeste et agréable. Le patron respire la gentillesse et vous conseillera les poissons du jour. Petit vin maison qui se laisse boire. Souvent bondé, touristes et locaux se côtoient à la bonne franquette.

|●| **Três Palmeiras :** *rua Do Vale de Caraguejo.* ☎ *281-32-58-40. À la sortie de Tavira, en direction de Vila Real de Santo António, face à un hypermarché. Tlj sf dim ; hors saison, le midi slt. Repas env 10-15 €.* Adresse sans charme particulier mais très appréciée des appétits voraces car c'est un *rodizio* !

|●| **O Pátio :** *rua António Cabreira, 30.* ☎ *281-32-30-08.* ● *laurados38@hotmail.pt* ● *C'est la rue presque en face du vieux pont. Tlj sf dim 18h30-2h. Carte 9-16 €.* Au 1er étage, dans cette ruelle touristique mangée par les terrasses, ce resto attire beaucoup de convives, du fait de sa bonne réputation. Décor intérieur chaleureux et toit-terrasse avec vue panoramique. On y remarque de nombreuses spécialités à partager comme les *arroz, caldeirada* et toute une liste de *cataplanas*, allant des classiques aux « terre et mer » et version de luxe.

## Où manger dans les environs ?

|●| **Marisqueira Fialho :** *sítio do Pinheiro, Torre de Aires, 8800* **Luz de Tavira.** ☎ *281-96-12-22. En venant de Tavira par la N125, tourner à gauche*

env 300 m après Luz de Tavira, au niveau du cimetière (murs blancs, cyprès ; panneau « Torre de Aires ») ; 1 km plus loin, la route s'incurve pour longer la lagune, poursuivre sur 1 km supplémentaire. Tlj sf lun. Repas env 20-30 €. Une auberge populaire de bord de mer qui mérite le détour, loin de l'agitation du monde. Pantagruélique, bon et pas cher ! Voila pourquoi cette adresse est très fréquentée le week-end et pendant la saison, autant par les locaux que par les visiteurs. Grande terrasse sans façon. Les tablées se régalent de soupe maison, d'*espedata* (brochettes) géantes de lotte ou de calamars, d'*ensopada de enguias* (ragoût d'anguilles), de coquillages, ou encore de poissons tout juste pêchés. Service rustique mais généreux.

|●| **Restaurante Quatro Águas :** *à Quatro Águas, à 1,5 km de Tavira.* ☎ *281-32-53-29.* ● *4aguas@net.novis.pt* ● *Suivre la direction « Ilha da Tavira » ; le resto est le 2ᵉ à gauche, 50 m avt l'embarcadère. Tlj sf lun, le midi et le soir 18h30-2h. Congés : 15 déc-15 janv. Plats 10-20 € ; repas env 25 €.* Grande maison blanche bordée de jaune, sur cette étroite bande de terre qui traverse les marais salants. Choisir entre l'agréable salle, la véranda ou la terrasse au bord de l'eau. Spécialités traditionnelles et cuisine de la mer, dont la traditionnelle *cataplana*. Bonnes pâtisseries. Service plus raffiné qu'à l'habitude.

|●| **Vela 2 :** *à* **Santa Margarida,** *à env 2 km au nord.* ☎ *281-32-36-61. Au niveau d'un rond-point sur l'EN270 en direction de São Brás de Alportel. Repas 10-25 €.* Rouge et blanc dehors comme dedans, ce *rodizio* est aussi un lieu dédié au culte du club de foot du Benfica ! Ici, la partie se joue à table et la performance est d'avaler autant de poissons grillés que le gentil patron est prêt à en servir !

## Où boire un verre ?

🍷 |●| **Pessoa's Café :** *rua Jacques Pessoa, 22, quartier Santa Maria de Tavira, de l'autre côté de la rivière. Tlj 10h-22h (20h lun). Plats env 9 €.* Comptoir avec tabourets ou agréable terrasse en face du *rio*. Salon de thé, *wine bar*, pâtisseries et petite carte où figurent des salades et plateaux de tapas. Sert aussi de lieu d'expo et de concert (groupes *ao vivo*) tous les 15 jours le samedi. Infos et programme sur Facebook.

🍷 **Antigo Mercado :** *rua José Pires Padinha.* Le vieux marché a été restauré et transformé en une véritable ruche de cafés et petits restos. Leurs terrasses occupent tout l'élégant intérieur et encerclent l'extérieur. Placez-vous côté *rio* au coucher du soleil. Peut-être surprendrez-vous l'infatigable petite sterne, capable de surprenants sur-place avant de plonger dans les flots.

## À voir

Tavira, une des cités les plus plaisantes de l'Algarve, invite à la découverte à pied, à la rencontre de ses églises baroques, de ses fouilles archéologiques aux abords du *castelo,* de ses quais animés et de ses places charmantes.

🗝 Le **pont romain** qui enjambe le fleuve Sequa, joliment restauré, ne se franchit qu'à pied.

🗝 **Igreja da Misericórdia :** *dans la vieille ville, en allant vers le castelo dos Mouros. Fait l'objet d'une restauration, date de réouverture non fixée.* Façade avec un joli portail Renaissance entouré de colonnes corinthiennes et surmonté d'un linteau sculpté. À l'intérieur, très beaux azulejos du XVIIIᵉ s.

**Castelo dos Mouros :** *en haut de la ville. Tlj 9h-17h. Accès libre.* Les quelques vestiges de ce château s'intègrent à un jardin offrant un joli panorama sur les toits en biseau de Tavira et sur la lagune. En face, imposante masse blanche de l'*église de Santa Maria do Castelo,* qui semble avoir été posée au-dessus de la ville. Belle chapelle gothique décorée d'azulejos polychromes et chœur peint en trompe l'œil.

**Palácio da Galera :** *en montant au château. Mar-sam 10h-12h30, 15h-18h30 (14h-17h30 en basse saison).* Superbe édifice aux multiples toits typiques à quatre pans qui héberge le Musée municipal.

**Câmara obscura :** *calçada da Galeria, 12.* ☎ *281-32-17-54. En face de la tour du castelo. Tlj 10h-17h (20h mai-sept). Dernier accès 30 mn avt. Fermé 1ᵉʳ janv et 25 déc. Durée : env 20 mn. Tarif : 6 € ; réduc.* Dans un ancien château d'eau construit en 1931. Voué à la destruction sur volonté de la mairie, il a finalement été transformé, après référendum auprès de la population locale, en un lieu culturel et touristique unique en Algarve. Sur le principe de la *câmara obscura* ou « chambre noire », un des premiers procédés photographiques, on découvre Tavira à 360° et en temps réel, projeté à travers deux lentilles sur un cercle incurvé, sorte de grande vasque. Voici une visite étonnante et ludique, quoiqu'un peu chère, non dénuée d'humour et d'anecdotes savoureuses. Où l'on apprend par exemple l'origine des deux noms de la rivière, pourquoi le pont romain date en fait du Moyen Âge, ou encore les spécificités des voitures portugaises. Petit café en bas de la tour.

**Igreja São José do Hospital :** *monter la rua da Liberdade et longer à gauche pour arriver sur une placette mignonne plantée de palmiers et jacarandas.* Façade baroque de l'église surmontée de deux clochers. Au-dessus des fenêtres en ogive, toits pyramidaux typiques de l'Algarve. N'ouvre ses portes que pour des funérailles...

## DANS LES ENVIRONS DE TAVIRA

**Luz de Tavira :** *petit village au bord de la nationale, à env 15 km d'Olhão vers Tavira.* On n'y passe donc pas pour sa tranquillité, mais pour son élégante église Renaissance blanc et gris. Beau portail en pierre et porte latérale de style manuélin ornée de frises de vignes et de pampres et entourée de colonnes torsadées. Si vous avez une petite (ou grosse) faim, voir également « Où manger dans les environs ? ».

**Ilha da Tavira :** *à slt 2 km de la ville pour son point le plus proche. Pour praia do Barril, accès via Pedras d'el Rey puis 10 mn de marche à travers la lagune ou petit train (en hte saison, tlj de 8h à tard dans la soirée ; le reste de l'année 9h-20h env ; env 2 € le trajet). Voir « Adresses utiles » pour plus d'infos.* De même taille que l'île d'Armona, sa voisine à l'ouest. Depuis l'embarcadère proche de Tavira, il faut cependant marcher jusqu'à la pointe pour découvrir les immenses plages bordées de dunes dont vous rêviez. Vous n'y serez évidemment pas seul. Plusieurs bars et restos en cas de fringale. Un camping également (voir « Où dormir ? »).

**Praia do Barril :** avec son sable blanc protégé par un cordon de dunes, voisinant avec un curieux cimetière d'ancres marines, c'est la véritable gemme de l'île. Location de parasols et de chaises longues, quelques restos et bars, et même un club nautique installé dans une pittoresque conserverie de thon désaffectée. Si vous allez plus loin vers l'est, vous trouverez la *praia do Homen Nu,* autrement dit une plage naturiste.

**Cacela Velha :** *à 10 km à l'est de Tavira, en direction de Vila Real de Santo António. À ne pas confondre avec Vila Nova de Cacela.* Adorable et paisible village juché sur un promontoire, il domine une côte sauvage, avec des lagunes (l'extrémité orientale du Ria Formosa), une île (accessible en barque), et en contrebas du coteau, des champs d'oliviers en terrasses. Animé par de petits restaurants, ce grand hameau doit son charme à ses maisons blanc et bleu, qui rappellent les couleurs d'un village d'île grecque. Cacela fut dans le passé une place forte importante, comme l'atteste sa forteresse d'origine maure, reconstruite en 1770. L'église blanche du XVIe s qui la jouxte fut construite sur une chapelle du XIIIe s et renferme une diversité de styles intéressante.

# VILA REAL DE SANTO ANTÓNIO   (8900)   18 158 hab.

À 37 km à l'est de Tavira, cet ancien poste-frontière était le point de passage obligé pour traverser le fleuve Guadiana qui sépare le Portugal de l'Espagne. La majorité du trafic se fait aujourd'hui par un pont routier, situé à 7 km au nord. Industrielle et commerçante, la ville présente peu d'intérêt, excepté son beau et régulier centre historique où les rues sont quadrillées comme dans une ville coloniale. Vila Real de Santo António fut reconstruite ainsi après le tremblement de terre de 1755.

La plage se trouve à Monte Gordo, station balnéaire moderne sans grand charme car l'une des plus bétonnées de l'Algarve. Pour plus de tranquillité, aller vers l'ouest, à praia Verde, où la plage de sable s'étend sur des kilomètres tandis que l'arrière-pays est peu urbanisé.

Possibilité depuis Vila Real de Santo António de remonter au nord vers l'Alentejo, via Mértola, en passant par Castro Marim. Autre bel itinéraire par la route N122 puis par la très jolie départementale qui épouse le cours du rio Guadiana. Cette route tranquille conduit au village d'Alcoutim (voir plus loin).

## Arriver – Quitter

### En bus

🚌 *Gare routière : sur l'av. da República, face à l'embarcadère.* ☎ *281-51-18-07. Billetterie : lun-sam 6h45-18h30 ; dim 6h45-12h, 14h30-18h30.*

➢ **Pour Tavira, Olhão, Faro et Albufeira :** avec *Eva*, env 10 bus/j., 7h-18h30. Pour Olhão, durée 1h20.

➢ **Huelva et Sevilha (Séville) :** avec *Eva*, 2 bus/j. Durée : 3h25 jusqu'à Séville. Bus aussi avec les compagnies espagnoles *Damas* et *Alsa*.

### En train

🚆 *Gare ferroviaire : largo da Estação. Au nord de la ville, à gauche au bout de l'av. da República.* Vila Real est le terminus de la ligne de Lagos.

➢ Terminus de la ligne régionale qui rejoint **Lagos** via **Tavira, Olhão** et **Faro** (changement), **Loulé, Albufeira, Silves** et **Portimão** : env 8 trains/j.

### En voiture

➢ Par l'A22 et la N125 sur l'ensemble de l'Algarve. Passage vers l'Espagne par l'A49.

### En ferry pour l'Espagne

⛴ *Embarcadère des ferries : sur l'av. da República, à quelques mètres de la gare routière.*

➢ **Liaisons avec Ayamonte :** ville espagnole de l'autre côté du fleuve Guadiana. En été, 8h45-19h env, ttes les 30 mn ; le reste de l'année, ttes les heures env. Compter 5,25 €/voiture avec 1 pers et env 8,20 € avec 2 pers. À Ayamonte, suivre la rue en face du débarcadère jusqu'à une place (là, il y a un plan de ville). Pour aller à la gare routière, il faut traverser la ville. Bus pour Huelva et, de là, correspondances pour Séville. Les bus sont plus fréquents que les trains entre Huelva et Séville.

L'ALGARVE

## Adresses utiles

🛈 **Bureau d'informations touristiques :** av. da República. ☎ 281-51-10-36. Lun-ven 9h30-18h ; sam 9h30-12h30, 13h-15h.
🛈 **Office de tourisme :** à Monte Gordo, station balnéaire à 3 km à l'ouest de Vila Real. ☎ 281-54-44-95. • visitalgarve.pt • En bord de mer, à côté du casino. Lun-ven 9h30-13h, 14h-17h30 (mar-jeu 9h30-19h).

## Où dormir ?

🛏 **Residencial Baixa Mar :** rua Teófilo Braga, 3 (piétonne). ☎ 281-54-35-11. À l'angle de l'av. da República, au niveau de la banque Millenium. *Chambres spartiates 30-45 €.* Pas vraiment de charme. Chambres simples et propres.
🛏 **Hospedaria Arenilha :** rua D. Pedro V, 53 et 55. 📱 964-72-20-18. • geral@coracaodacidade.com • *Doubles (TV, w-c, AC) 50-80 €, petit déj en sus.* Petit immeuble moderne dans une rue calme au cœur de la ville. Toutes les chambres ont vue sur la rue. Très bien tenu, propre.

## Où manger en ville et dans les environs ?

🍽 **Taskinha :** rua Dr Sousa Martins, 33. ☎ 281-54-39-19. *Au rdc d'un grand bâtiment qui abrite l'office de tourisme et le centre culturel Antonio-Aleixo. Tlj 10h-1h (22h en hiver).* Le style bar à tapas avec petite salle et quelques tables dehors. Accueil attentionné.
🍽 **Caves do Guadiana :** *av. da República, 89-90, entre les ruas Teófilo Braga et Ramirez.* ☎ 281-54-44-98. *Lun-jeu, ouv slt pour déjeuner, sinon ouv 10h-22h. Plats 7-12 €.* Salle aux voûtes chaulées, murs garnis d'azulejos et lanternes orientales, c'est le cadre de cette taverne que fréquentent aussi des habitués, contrairement aux établissements touristiques de la place. Carte (en français) assez succincte où l'on privilégiera les plats du jour. Potée portugaise *(cozido)* très généreusement servie, comme le reste. Spécialité : *bacalhau à africana.*
🍽 🍷 **Bar-restaurante Pezinhos N'areia :** *praia Verde (voir « Dans les environs de Vila Real de Santo António »).* ☎ 281-51-31-95. • geral@pezinhosnareia.com • *Juin-sept, tlj jusqu'à minuit. Fermé de nov à mi-fév.* *Plats 12-26 € ; assortiment de 4 tapas 14,50 € ; poisson et fruits de mer au poids ; repas env 30-40 €.* Comme son nom l'indique, cet établissement a les pieds dans le sable blanc. Née simple cabane, il s'agit aujourd'hui d'une belle affaire de bois et baies vitrées. Salle et terrasse sont assez chic et *lounge,* les voisins espagnols apprécient ! Spécialités de poissons et coquillages, mais également choix de salades, tapas, et cocktails. Location de parasols et de chaises longues.
🍽 **Restaurante Santo António :** *à Ponta de Santo António, au sud de la ville.* ☎ 281-51-15-39. *Depuis l'av. da República, prendre la direction de Monte Gordo puis bifurquer à gauche vers Ponta da Areia, juste avt le phare blanc. Tlj sf lun. Plats env 7-16 €.* Resto aux allures de hangar vitré, blanc et bleu, en bordure de la voie, côté terre. Parmi les spécialités de la maison, divers *arroz* et *cataplanas,* marinade de crevettes et grillades de viande. Cette langue de terre bordant l'estuaire du Guadiana est extrêmement poissonneuse, vous y croiserez nombre de pêcheurs.

## À voir. À faire

🎯 **La vieille « ville du marquis de Pombal » :** construite au XVIIIe s par le marquis de Pombal, sur un terrain alors désertique, selon le plan des rues à angle droit de la Baixa à Lisbonne. Et en 5 mois, pour l'essentiel ! On connaissait déjà le préfabriqué, à l'époque... Son dessin, resté très homogène grâce à près de 200 constructions conservées, culmine sur la place centrale au pavage rayonnant autour d'un obélisque.

➢ ***Remontée en bateau du fleuve Guadiana jusqu'à Foz de Odeleite :*** *avec la compagnie* Rio Sul. *Rens et résas :* ☎ 281-51-02-00. ● *riosultravel.com* ● *2-3 excursions/sem, avec arrêts baignade, env 50 €/pers. Départ vers 10h-10h30, retour 16h30-17h. Déj non inclus. Réduc pour moins de 12 ans et groupes.* Depuis que le service régulier des bateaux a été abandonné, le rio Guadiana est devenu une artère silencieuse parcourue seulement par quelques bateaux de plaisance. Ces minicroisières sont l'occasion d'apprécier ses rives sauvages, dominées par une poignée de forteresses et de vieux moulins.

## Manifestation

– ***Fête de la ville :*** *1ᵉʳ dim de sept.* Procession.

## DANS LES ENVIRONS DE VILA REAL DE SANTO ANTÓNIO

↘ ***Praia Verde :*** *à 6 km de Vila Real, en direction de Tavira, juste avt Altura. Embranchement bien indiqué. Verde,* comme la pinède sur la colline qui domine cette grande plage de sable. Restos (voir plus haut « Où manger dans la ville et dans les environs ? »), maîtres nageurs, parasols et chaises longues à louer. Un secteur bien équipé et préservé, qui est resté proche de la nature comparé aux silhouettes fantomatiques des tours bétonnées de Monte Gordo, à l'horizon...

🎥 ***Castelo e parque natural de Castro Marim :*** *à 5 km au nord. Tlj 9h-19h (17h nov-mars). Entrée : 2,50 €.* Grosse forteresse en surplomb du petit village, elle fut, début XIVᵉ s, le premier siège de l'ordre du Christ (héritiers des Templiers), avant qu'ils ne déménagent à Tomar. Castro Marim garda la frontière jusqu'à ce que le tremblement de terre de 1755 ne la détruise en partie. Très beau panorama du haut des remparts sur le fleuve et les maisons du village, gardées également par le fort de São Sebastião (XVIIIᵉ s) campé sur la colline voisine. Les marais salants qui entourent la ville en direction de Vila Real sont devenus une réserve naturelle qui se visite. Très riche faune d'oiseaux attirés par les eaux poissonneuses.

🛈 ***Office de tourisme du pont international du Guadiana :*** *Monte Francisco.* ☎ 281-53-18-00. ● *turismo.* castromarim@visitalgarve.pt ● *Lun-ven 9h30-17h30.* Pour tout renseignement.

🎥 ***Alcoutim :*** *à 44 km au nord de Vila Real de Santo António.* Une route tranquille mène à ce bourg (2 917 habitants) bâti sur un versant de colline au bord du fleuve Guadiana, en face du village de Sanlucar de Guadiana, son double espagnol (passage possible en bateau pour les piétons). Ici encore, les maisons sont toutes blanches, coiffées de tuiles ; c'est modeste et paisible. Au fil des ruelles, quelques cafés pour se rafraîchir, et des restos populaires pour se nourrir. Remarquer les vestiges d'un château du XIVᵉ s, abritant un petit *Musée archéologique (tlj 9h30-19h ; entrée : 2,50 €)* et un modeste *musée d'Art sacré (lun-ven 9h30-13h, 14h-17h30 ; entrée : 2,50 €, réduc).*

➢ ***La belle route d'Alcoutim :*** la N122 venant de Vila Real ayant perdu en charme ce qu'elle a gagné en efficacité, quittez-la au niveau d'**Odeleite** pour épouser les caprices du fleuve Guadiana jusqu'à Alcoutim. La vallée est superbe, encore plus au printemps lorsque les *estevas* (cistes), symboles de l'Algarve, sont en fleur et couvrent les collines d'un blanc majestueux. Sur le versant espagnol, des fermes isolées, transformées en résidences, se cachent dans les bosquets.

Si vous faites d'Alcoutim une excursion et non une étape en route vers l'Alentejo, autant dessiner une boucle par la N124. Très bel itinéraire aussi à partir de Cachopo. Au bout de 62 km, Barranco Velho annonce la verte région de São Brás de Alportel, 12 km plus loin au sud.

**🛈 Office de tourisme :** *rua Primeiro de Maio, proche de l'embarcadère.* ☎ *281-54-61-79. Lun-ven 9h30-13h, 14h-17h30.* Serviable. Brochure détaillant de petites randos, et même de la doc en français.

**🏠 Pousada da juventude :** *dominant le fleuve, à l'écart du bourg.* ☎ *281-54-60-04. • alcoutim@movijoven.pt • microsites.juventude.gov.pt/Portal/pt • Selon saison, 11-14 €/pers en dortoir 4-6 lits et doubles sans ou avec sdb 26-45 € ; petit déj compris.* 🛜 Étagée en plusieurs bâtiments à flanc de berge, cette AJ blanc et bleu présente bien des qualités : l'accueil, l'espace bar, de bons dortoirs modestes mais propres (éviter le rez-de-chaussée) et la vue directe sur la rivière depuis les chambres avec bains. Tous les équipements réglementaires des AJ (cuisine à dispo, laverie, etc.) sont aux normes. Service de restauration de juin à septembre. Location de canoës et de vélos. Piscine.

# À L'OUEST DE FARO

## LE LITTORAL D'ALBUFEIRA À LAGOS

### ALBUFEIRA (8200) 40 828 hab.

À 46 km de Faro et 59 km de Lagos, la station balnéaire la plus touristique de l'Algarve est une sorte de Saint-Trop' qui se prend pour Benidorm. 17 000 habitants dans la ville même, 40 000 avec les quatre communes qui lui sont attachées, et presque 10 fois plus en haute saison touristique... Albufeira est une des villes les plus riches du Portugal, grâce au tourisme et à l'immobilier.

La partie moderne, la plus urbanisée, couvre des hectares de littoral dans le secteur est de la ville. On aime ou on n'aime pas mais c'est toujours le rendez-vous hivernal des retraités et des vacanciers. La partie ancienne d'Albufeira se situe sur la falaise à l'ouest. Avec des ruelles étroites en escaliers et ses maisons blanches, ce quartier ressemble à un ancien village. Il a gardé son charme et son caractère. La partie basse de la ville est la plus commerciale, le cœur animé de la vie nocturne restant la rua Candido dos Reis (« la rue de la soif » !), où s'alignent les bars et les pubs style british. Albufeira est aussi un des grands rendez-vous de la jeunesse européenne. Les fêtards enfiévrés y viennent profiter de la plage, des boîtes, de la musique et de la bière *low-cost*...

### Arriver – Quitter

#### En bus

🚌 **Gare routière** *(terminal rodoviário)* : *alto do Caliços.* ☎ *289-58-97-55.* *À 2 km au nord du centre-ville.* Liaisons avec le centre-ville : lignes bleue (la plus directe), verte et rouge (n°s 1 et 2) des bus urbains Giro.

# ALBUFEIRA | 213

– *Billetterie Eva Transportes :* ☎ *289-58-06-11.* • *eva-bus.com* • *Tlj 6h30 (7h w-e et j. fériés)-20h.* Vend aussi les billets d'autres compagnies.
➢ *De Lisbonne :* 6 bus/j., 8h15-20h30. Durée : 2h45.
➢ *Silves :* env 7 bus/j. avec *Eva*, 7h20-19h15. Durée : 40 mn.
➢ *Faro, Portimão, Praia da Rocha et Lagos :* avec *Eva*. Pour Faro, 7 bus/j., 7h05-18h30. Durée : 55 mn. Pour Portimão, 7 bus/j, 8h55-20h30. Durée : 45-55 mn.
➢ *Loulé :* avec *Renex* (☎ *289-58-96-03),* env 10 bus/j.
➢ *Huelva et Séville :* liaisons avec *Eva* ainsi que les compagnies espagnoles *Damas* et *Alsa*.

## Adresses et infos utiles

■ ✉ **Office de tourisme et poste :** *rua 5 de Outubro, 8.* ☎ *289-58-52-79.* • *visitalgarve.pt* • *Près du tunnel menant à la plage. Mar-sam 9h-13h, 14h-18h.* Quelques infos, plan de la ville. Accueil peu jovial.
■ **Laverie :** *juste à côté du* Net Café.
■ **Police :** ☎ *289-58-33-10.*

## Où dormir ?

En été, pensez à réserver ou arrivez en début de matinée.

## Camping

⛺ **Camping Albufeira :** *estrada de Ferreriras.* ☎ *289-58-76-29 ou 30.* • *info@campingalbufeira.net* • *cam pingalbufeira.net* • ♿ *À quelques km à l'extérieur de la ville, sur la route de Ferreiras, proche du centre de santé (centro de saúde). De la gare routière, prendre le bus Giro ligne orange nº 1. Compter env 25 € pour 2 avec voiture et tente.* 📶 Grand camping bien équipé mais peu ombragé, souvent plein de monde en été. Assez cher. On y trouve tous les services : resto, bar et disco... Et aussi 3 piscines, des douches chaudes gratuites, un supermarché.

## En train

🚆 **Gare ferroviaire :** *à 5 km env au nord, à* **Ferreiras.** • *cp.pt* • Liaison avec le centre-ville, via la gare routière (changement), avec la ligne orange des bus urbains *Giro*.
➢ Albufeira-Ferreiras est sur la ligne **Lagos-Vila Real de Santo António** via *Faro* (changement). 8 trains/j. desservant les principales villes côtières. Pour Lagos, env 9 trains/j., 8h53-22h. Durée : env 1h.

## En voiture

➢ **Depuis Lisbonne :** par l'A2 puis embranchement sur l'A22 et la N125. Un conseil : évitez de circuler dans Albufeira en voiture, sauf pour vous diriger au plus vite vers un parking !

🅿 **Parkings :** *le plus central est le 3, sur l'av. 25 de Abril (bien fléché). 1 €/h. Sinon, le* Parque das Canas, *sur la rua Teresa Azevedo, est gratuit.*
– **Bus :** *4 lignes circulaires de bus de ville* Giro, *tlj 7h-minuit (20h hors saison). Prix : 1 €.*

## De bon marché à prix moyens

🏠 De nombreuses **chambres chez l'habitant** proposées par les rabatteurs à l'arrêt des bus.
🏠 **Dianamar :** *rua Latino Coelho, 36.* ☎ *289-58-78-01.* 📱 *964-82-01-60.* • *info@dianamar.com* • *dianamar. com* • *Fermé nov-mars. Résa très conseillée en tte saison. Doubles avec sdb 50-65 € selon saison, petit déj inclus. Café et apéro offerts sur présentation de ce guide.* 📶 En surplomb de la plage, au calme, cette pension de charme gérée par une très aimable Suédoise offre le confort standard des hôtels de tourisme. Chambres agréables, décorées avec soin, avec balcon ; les nᵒˢ 301 et 302 ont vue sur la mer. Pas d'AC. Toit-terrasse avec chaises longues et parasols. Petit déj très

L'ALGARVE

complet, et café ou thé au goûter, parfois accompagné d'un gâteau maison.

■ *Residencial Vila Branca :* *rua do Ténis, 4.* ☎ *289-58-68-04.* ● *geral@vilabranca.com.pt* ● *À l'écart du centre, vers la sortie ouest de la ville. La rua do Ténis se trouve entre l'av. do Ténis et la rua Dr Diogo Leote. Doubles avec sdb 30-80 € selon saison.* Une résidence récente ayant l'avantage de posséder un grand nombre de chambres confortables, bien équipées (TV, téléphone, AC, minibar) et avec balcon. Au dernier étage, les n°s 31 à 33 profitent d'une vue sur les toits et la mer au loin.

■ *Pensão-residencial Albufeirense :* *av. da Liberdade, 18.* ☎ *289-51-20-79. À deux pas de la rua 5 de Outubro. Fermé nov-avr. Doubles avec sdb 40-75 € selon saison, petit déj inclus.* Au cœur de l'animation, une belle demeure d'angle qui abrite des chambres décorées sobrement mais avec une bonne literie. Préférer celles qui donnent sur la ruelle pour moins souffrir de la pleine agitation du quartier piéton…

## De prix moyens à plus chic

■ *Residencial Limas :* *rua da Liberdade, 25.* ☎ *289-51-40-25.* ● *mhpduarte@hotmail.com* ● *limasresidencial.com* ● *Peu après la pension Albufeirense. Doubles avec sdb 30-70 € selon saison.* À 5 mn de la plage, dans une ruelle piétonne avec quelques restaurants, une pension sans grande prétention qui offre des chambres au confort simple (avec AC) et très bien tenues. Ambiance familiale plaisante. Assez calme.

■ *Residencial Polana :* *rua Cândido dos Reis, 32.* ☎ *289-58-34-00. Réception auprès de l'hôtel California, 30 m plus loin. Doubles avec sdb 50-100 € selon saison, petit déj compris.* Idéal pour les noctambules car au cœur de l'animation nocturne. Chambres impersonnelles mais bien équipées (téléphone, AC, TV), avec petite terrasse pour celles du dernier étage. Éviter quand même l'orientation rue si vous voulez dormir !

■ *Residencial Atlântica :* *rua Padre Semedo de Azevedo, 13.* ☎ *et fax : 289-51-21-20. Dans une rue située entre l'église de Santa Ana et l'église Matriz ; au milieu de la rue, sur la droite en descendant. Fermé oct-mars. Apparts 50-100 € selon taille.* Petite résidence de 7 appartements simples, propres et soignés, avec cuisine et balcon. Très calme.

■ *Hotel Vila São Vicente :* *rua Largo Jacinto d'Ayet, 4.* ☎ *289-58-37-00.* ● *hotelsaovicentealbufeira.com* ● *Doubles 65-130 € selon vue et saison.* Au sud-ouest de la ville, au-dessus du vieux village, dominant la plage, cet hôtel à taille humaine abrite des chambres de bon confort avec vue sur la mer (les plus chères) ou sur la rue calme.

## Où manger ?

Dans la rua da Liberdade, plusieurs restos touristiques proposent des formules déjeuner avantageuses. Question qualité, c'est autre chose… Signalons également la petite travessa dos Arcos.

## De bon marché à prix moyens

|●| *O Zuca :* *travessa do Malpique, 6.* ☎ *289-58-87-68. Du largo Duarte Pacheco (la pl. centrale), prendre la ruelle entre bar Sir Harri's et le Vertigo. Tlj sf mer. Menu 12 €, couverts compris.* Sur une petite place calme à 20 mn du centre. Accueil familial, déco simple et écrans TV. Plats du jour à prix raisonnables.

|●| *Casa da Fonte :* *rua João de Deus, 7.* ☎ *289-51-45-78. Dans une ruelle piétonne, à droite juste avt le tunnel de la plage. Tlj jusqu'à 23h. Fermé nov-janv. Menu 18 € ; repas env 22-25 €. CB acceptées. Digestif offert sur présentation de ce guide.* Une jolie cour bleu et blanc où trône un citronnier qui la protège de l'animation. Dans ce havre de calme, on déjeune fort bien

de grillades de viande et de poisson sur des tables en bois. Cela attire bien sûr une clientèle moins routarde, mais les prix restent raisonnables.

**IOI O Alentejano :** *rua da Liberdade, 29.* ☎ *289-54-34-21. Plats 8-12 €.* Dans cette ruelle piétonne, parallèle à l'avenida de la Liberdade, il y a 2 restaurants du même nom tenus par le même patron. Notre préféré (au n° 29) propose une cuisine portugaise traditionnelle à prix sages. Très bon accueil. En temps normal, il y a un charmant serveur brésilien francophone. Petite terrasse au calme.

### Où boire un verre ? Où écouter de la musique ?

♀ ♪ La ***rua Candido dos Reis*** concentre la plupart des bars musicaux. Elle est très animée en soirée et la nuit.

♀ ♪ **Iguana Café :** *rua Latino Coelho, 59.* ☎ *289-51-30-11. Tlj ; en été jusqu'à minuit.* Dans le quartier le plus authentique de la ville, un bar très agréable tenu par des gens accueillants. On y sert de savoureux cocktails et on peut aussi grignoter (tapas, paninis, *tostas*) sur fond musical. Terrasse lumineuse et ensoleillée avec vue magnifique au-dessus de la grande bleue. Une très bonne adresse à l'écart de l'agitation.

♀ ♪ **Bar Bizarro :** *esplanada Dr Frutuoso Silva, 30.* ☎ *289-51-28-24. Au début de la rua Latino Coelho, après la praça Miguel Bombarda. Tlj sf dim.* Sa terrasse s'est approprié une partie de l'esplanade en surplomb de la plage. Vue panoramique sur l'horizon autour de quelques en-cas occidentaux. À l'intérieur, ambiance de petit pub anglais sous le soleil. Atmosphère détendue dans l'après-midi, et musique live certains soirs.

## À voir. À faire

🏃 Si vous choisissez de vous promener à l'aube, vous trouverez un certain charme au lacis de ruelles qui serpentent dans la ***vieille ville.*** Dans la rua Henrique Calado, petite *chapelle de la Misericórdia,* du XVIe s, avec portail manuélin (hélas, fermée au public).

🏃🏃 **Igreja São Sebastião** (appelée aussi Igreja Matriz) : *praça Miguel Bombarda. Mar-ven 10h-17h (prolongé en été). Entrée : 1 €.* Elle est dédiée à saint Sébastien même si elle porte le nom de São Vicente à l'extérieur. Transformée en musée d'Art sacré. Beau maître-autel tout bleu et doré. Remarquable panneau d'azulejos du XVIe s, représentant la Résurrection.
Juste à côté, l'église paroissiale, *Nossa Senhora da Conceição,* propose une intéressante Vierge baroque sur fond d'angelots vaporeux.

🏃 ⊛ **Gypsy Market :** *1er et 3e mar du mois, praça Caliços, près de la gare routière à gauche de l'av. dos Descobrimentos, côté extérieur à la ville.* Fringues, alimentation et puces.

🏃 ⊛ **Marché alimentaire :** *situé un peu avt le Gypsy Market, au niveau du GNR ou poste de police (slt le mat).* Atmosphère de médina et bon choix de poissons, légumes et fruits, surtout les jeudi et samedi.

– 🏃 **Zoo Marine :** *sur la N125, à* **Guia.** ☎ *289-56-03-00.* ● zoomarine.pt ● Panneaux partout, impossible de le rater. Tlj 10h-19h30 (18h de mi-mars à mi-juin et sept-oct). Fermé de nov à mi-mars. Entrée : 29 € (moins si achat en ligne) ; enfant 19 €. Mi-zoo, mi-parc à thème, vous trouverez surtout plein de piscines, un aquarium et des spectacles avec des perroquets, des lions de mer et des dauphins.

– 🏃 **Krazy World :** *lagoa de Viseu, estrada Algoz-Messines.* ☎ *282-57-41-34.* ● krazyworld.com ● Arrêt des bus Albufeira-São Bartolomé de Messines devant *l'entrée. En été, tlj 10h-18h30 ; hors saison, consulter le site. Entrée : env 11 € ; réduc.* Des manèges, une ferme, des piscines, un minigolf et une partie « Amazónia » consacrée aux reptiles.

## Les plages des environs

➤ **Praia da Oura :** *à 2 km à l'est. Accès : bus urbain Giro ttes les 30 mn (prendre la ligne bleue à l'aller, revenir par la verte, plus directe) ; également bus Eva, ligne Albufeira-Faro par la côte ; à pied, prendre les escalators au bout de l'av. 25 de Abril.* Grande plage cernée de falaises et noire de monde. Si vous en avez le courage...

➤ **Praia Olhos de Água et praia da Falésia :** *7 km et 10 km plus loin à l'est. Accessibles par le bus Eva desservant les plages d'Albufeira à Faro.* La première est toute petite et aussi fréquentée que la praia da Oura. On y verra quand même des barques de pêcheurs, hissées sur une plate-forme, faute de port. La seconde est une vaste étendue de sable au pied d'un mur de falaises.

➤ **Praias de São Rafael et Galé :** *à l'ouest. Bus Eva depuis l'av. do Tênis à côté de l'école primaire, en direction de Guia.* D'autres belles plages, plus calmes.

## ALCANTARILHA (8300) 2 300 hab.

À 18 km d'Albufeira, un peu à l'écart de la route, un joli village blanc à l'écart de l'agitation de la côte. L'église, au maître-autel baroque, est flanquée d'une petite chapelle-ossuaire.

### Où dormir ?

**Camping Canelas :** *entre Alcantarilha et Armação de Pêra. ☎ 282-31-26-12 ou 13.* ● *turismovel@mail.telepac.pt* ● *camping-canelas.com* ● *Arrêt de bus Eva devant l'entrée. Ouv tte l'année. Compter env 20 € pour 2. Douches chaudes gratuites, piscines payantes en août slt.* Des constructions de plain-pied avec terrasse abritent les « bungalows » à flanc de colline. Grand, bien tenu et très ombragé, il est malheureusement vite bondé en saison, un problème récurrent dans le coin !

**Hotel Capela das Artes :** *quinta da Cruz, estrada nacional, 125. ☎ 282-32-02-00.* ● *admin@capeladasartes.com* ● *capeladasartes.com* ● *À l'entrée du village (rond-point), sur la N125. Fermé de déc à mi-fév ; resto fermé lun. Doubles 65-115 € selon confort et saison.* Attenant à une ancienne *quinta* du XVe s, une demeure récente dans le style de l'Algarve. Elle abrite une trentaine de chambres confortables et charmantes, toutes avec patio privatif donnant sur les jardins plantés d'oliviers et parsemés d'œuvres d'art. Piscine d'eau salée à débordement et jacuzzi. Également une chapelle, un ancien pressoir à huile et un bar. Différentes salles d'expo d'œuvres d'art, pour une « conception différente de l'art de vivre ».

## CARVOEIRO (8401) 2 800 hab.

À 35 km d'Albufeira et à 14 km de Portimão. Autour d'une petite crique encastrée entre deux falaises ocre, une petite station balnéaire à taille humaine qui a gardé son caractère. Autrefois simple village de pêcheurs, Carvoeiro est aujourd'hui une plage très animée où l'on peut même louer

# CARVOEIRO | 217

des jet-skis ou faire du ski nautique. Surtout fréquenté en saison par des familles allemandes et anglaises, le site reste charmant.

## Arriver – Quitter

### En bus

Arrêt des bus *Eva* de et vers **Portimão** et **Lagôa,** d'où correspondances pour **Albufeira, Faro** et **Loulé.**

### En train

**Gare ferroviaire :** *se trouve à* **Estômbar-Lagoa,** *à 8 km au nord de Carvoeiro.*
> Sur la ligne régionale **Lagos-Vila Real de Santo António** via **Faro.** 8 trains/j.

## Adresses et info utiles

**Office de tourisme :** *sur la place devant la plage.* ☎ 282-35-77-28. ● visitalgarve.pt ● *En principe, lun-ven 9h-13h, 14h-18h.*

**@ Cybercafés :** *plusieurs dans la rua dos Pescadores, autour de la poste et au centre commercial Cerro dos Pios.*
■ **Police :** ☎ 282-35-64-60.

## Où dormir ?

Plusieurs pensions, quantité de maisons et d'appartements à louer à la semaine, et un hôtel de luxe. Quelques chambres chez l'habitant que l'on peut dénicher en patientant devant l'office de tourisme.

### De prix moyens à plus chic

**Guesthouse O Castelo :** *rua do Casino, 59-63.* ☎ 282-08-35-18. ● casteloguesthouse@gmail.com ● ocastelo.net ● *Sur la route de la corniche, à droite de la plage. Ouv tte l'année. Doubles 35-145 € selon confort, vue et saison. Petit déj 6 €. Apéritif offert sur présentation de ce guide.* Dans un immeuble neuf à l'architecture « *castelito* », cette petite pension de charme surplombe la crique. Eunice et Joao vous accueillent dans un décor authentique (meubles anciens) et très soigné. 12 chambres impeccables au confort dernier cri, dont 10 avec balcon et vue imprenable sur la mer. La n° 3 a une belle terrasse. Cuisine équipée à disposition pour se préparer le petit déj. Au rez-de-chaussée, bon resto indien avec terrasse. Petit bonus : les patrons sont francophones !

**Vivenda Brito :** *beco dos Navegadores, cerro dos Pios.* ☎ 282-35-72-22 ■ 962-67-78-39. ● info@vivendabrito.com ● vivendabrito.com ● *Sur la corniche à gauche de la plage, dans une rue perpendiculaire proche de la pl. de l'église. Ouv tte l'année. Selon saison, studios 50-80 € et apparts 75-120 €.* Grande maison moderne et très bien équipée, au calme dans un quartier résidentiel calme et vert. Mention spéciale pour l'appartement avec salon, cuisine et cheminée (avec AC). Belle piscine. Barbecue.

## Où manger ? Où boire un verre ? Où écouter de la musique ?

**Restaurante Tia Ilda :** *rampa do Paraíso, 18.* ☎ 282-35-78-30. À côté de la guesthouse O Castelo. *Depuis la place devant la plage, prendre le chemin à droite et faire 100 m. Tlj 8h30-minuit. Fermé l'hiver. Repas env 20 €.* Le patron est suisse allemand. Sa femme, la charmante Paola, vous accueille en salle et parle le français. Bel intérieur rehaussé de couleurs chaudes et agréable terrasse avec vue sur l'océan. Savoureuse cuisine portugaise : longue carte qui passe des sardines aux tapas, et même des pizzas aux fondues ! Délicieux desserts. Notre meilleure adresse.

**I●I *Restaurante A Fonte*** : *escadinhas do Vai Assar, 10 (à hauteur du nº 15 de la rua dos Pescadores).* ☎ *282-35-67-07. À 80 m de la pl. centrale, à gauche après Indian Restaurant. Tlj sf dim. Menus 6-10 € ; repas env 15 €.* Digestif ou apéro maison offert sur présentation de ce guide. Petit resto familial avec tables en haut des escaliers. Sardines, *bacalhau,* riz de lotte ou aux fruits de mer à des prix raisonnables.

**♀ ♪ *Manoel's Jazz Club*** : *dépasser le resto O Boteco et prendre la direction « Centre » au carrefour ; dans un complexe résidentiel.* ☎ *917-24-11-14. Ouv à partir de 18h. Concerts lun et ven en fin de soirée.* Un des meilleurs endroits de l'Algarve pour écouter du jazz.

## DANS LES ENVIRONS DE CARVOEIRO

⌂ ***Praia de Marinha*** : *à 3-4 km à l'est.* Classée parmi les cinq plus belles plages du pays. Elle est dominée par une falaise de 50 m qui l'encercle dans ses avancées rocheuses. Le coin, encore assez écolo et préservé, mérite le déplacement.

✹ ***Percurso dos Sete Vales Suspensos*** : très beau sentier pédestre aménagé le long des falaises, sur environ 6 km, entre les plages de Marinha et de Vale Centianes.

➢ En été, bus *Eva* depuis Lagôa. De Carvoeiro, bus *Eva* jusqu'à Carvalho, puis 1 km de marche.

– ***Le parcours de golf Vale de Milho*** : *à 3 km à l'est de Carvoeiro.* ☎ *282-35-85-02.* ● valedemilhogolf.com ● *En direction du phare (*farol*) d'Alfazina. Tte l'année, tlj sf mar et ven mat, de 8h à la tombée de la nuit. Green fee : 9 trous 24 €, 18 trous 37 €. Promos dans l'ap.-m. Loc de clubs. Débutants acceptés !* Voici un parcours où l'on peut s'initier à ce sport sans se ruiner. C'est un *par 3* (distances rapprochées) où l'on peut faire des parcours de 9 ou 18 trous. Ne loue pas les chaussures, mais on peut jouer en tennis avec une semelle en gomme. Possibilité de prendre des cours, réserver à l'avance. Resto et bar.

# PORTIMÃO  (8500)  49 300 hab.

À 31 km de Lagos, l'Algarve laborieuse a ici son adresse. Portimão vit été comme hiver, elle ne dépend pas du tourisme pour sa survie. Ce n'est pas une station balnéaire mais un port (sardinier surtout) et une ville active située dans l'estuaire d'une rivière qui se jette dans la mer à quelques kilomètres au sud. Le centre-ville, en partie piéton, est animé et toujours habité par des locaux, tandis que le quartier Ribeirinha offre un bon choix de restaurants de poisson.

## Arriver – Quitter

### En bus

🚌 ***Gare routière*** : pas de *rodoviária* proprement dite. Les bus arrivent et partent de l'av. Guarané, à côté de la station *Repsol* (grande esplanade) à 200 m du bureau d'*Eva Bus* (dans le centre-ville), qui jouxte les quais près de la praça Manuel Teixeira Gomes.

– ***Bureau Eva Transportes*** : *largo do Dique.* ☎ *282-41-81-20.* ● eva-bus.com ● *Tlj 6h10-20h30.*

**PORTIMÃO** | 219

➢ **Alvor :** avec les bus de ville *Vai e Vem,* lignes orange n°s 13 et 14, lun-ven 7h-19h30 (arrêt Largo do Dique).
➢ **Lagos :** avec *Eva* et *Rede Expressos,* 5-10 bus/j.
➢ **Albufeira et Faro :** 3-6 bus/j. avec *Eva.* Pour Faro, 7 bus/j. ; durée 1h45. À Faro, sur présentation du billet, correspondance gratuite avec les bus de ville n°s 14 et 16 pour l'aéroport de Faro.
➢ **Silves et Monchique :** 5-9 bus/j. avec *Frota Azul* (● frotazul-algarve.pt ●), 7h30-19h10. Durée : 45 mn.
➢ **Lagos :** 6 bus/j. avec *Eva.* Durée : 25 mn.

➢ **Lisbonne :** avec *Rede Expressos,* via *Silves* et *Albufeira* ou plus direct avec *Eva* via *Lagos.*

### En train

🚆 **Gare ferroviaire :** *au nord de la ville.* ● cp.pt ● Le bus de ville *Vai e Vem* n° 32 la relie au centre-ville (Largo do Dique).
➢ Portimão est sur la ligne **Lagos-Vila Real de Santo António** via *Faro* (changement), qui dessert aussi *Silves, Albufeira, Loulé, Olhão* et *Tavira.* 8 trains/j.

## Adresses et infos utiles

🅘 **Office de tourisme :** *cais do Comércio.* ☎ 282-43-01-65. ● visitportimao.com ● *Tlj sf dim 9h30-18h30 (coupure 13h-14h sam et j. fériés).*
🚌 **Navette de bus pour raia da Rocha :** *bus de ville* Vai e Vem *(la ligne n° 33 est la plus directe). Compter 1,50 €/trajet ; pass touristique journalier : 3,50 €. Plusieurs arrêts en ville, dont Largo de Dique et Museu.*

@ **Internet :** *wifi gratuit sur l'alameda de la praça da República.*
▪ **Police :** ☎ 282-41-77-17.
✚ **Urgences :** *hospital do Barlavento Algarvio, sítio do Poço Seco.* ☎ 282-45-03-30 ou 00.
– **Marchés :** Gypsy Market 1er lun du mois, derrière la gare ; un autre, consacré aux denrées périssables, tlj sf dim av. São João de Deus.

## Où dormir ?

### De bon marché à prix moyens

🏠 **Pousada da juventude :** *rua Pousada da Juventude.* ☎ 282-49-18-04. ● portimao@movijovem.pt ● pousadasjuventude.pt ● 👣 *À env 1,5 km au nord-ouest du centre (fléché depuis les N124 et N125) ; bus* Vai e Vem *lignes bleue et jaune 7h30-20h (plus tard en hte saison), arrêt Escola Coca Maravilas, puis 500 m à pied. Selon saison, 10-17 €/pers en dortoir et doubles avec w-c 26-45 € ; petit déj inclus.* 📶 Grande AJ de presque 200 lits, répartis en dortoirs non mixtes de 6 personnes et une petite trentaine de doubles. Fonctionnelle et ultra-nette (carrelage omniprésent), plus quelques touches de design et de couleurs bienvenues. Qualité de l'accueil, confort et piscine entourée de verdure compensent l'éloignement du centre.
🏠 **Made Inn :** *rua Vicente Vaz das Vacas, 22.* ☎ 282-41-85-88. ● geral@madeinn.com.pt ● madeinn.com.pt ● *Bien situé, entre la pl. centrale et la rue piétonne. Doubles avec sdb 35-38 € selon confort et saison, petit déj inclus.* 📺 📶 Ce n'est pas un hôtel de chaîne mais ça pourrait en être un par son style fonctionnel et propre. Chambres impeccables décorées sur des thèmes différents (voyages, course automobile...), équipées de clim et d'un balcon pour certaines. Ascenseur et toit-terrasse. Une excellente adresse servie par un accueil aux petits soins.
🏠 **Residencial Santa Isabel :** *rua Dr José Joaquim Nunes, 6.* ☎ 282-42-48-85. *À l'angle de la rua Júdice Biker, au-dessus du resto* Lusana, *sur une petite place. Doubles avec sdb 30-40 € selon saison.* Des petites chambres au 1er étage d'une bâtisse moderne, quelconques mais centrales et bien tenues.
🏠 **Residencial Dom Carlos I :** *rua Dom Carlos I, 48.* ☎ 282-41-02-70. ● info@residencialdomcarlos.com ●

L'ALGARVE

residencialdomcarlos.com • Près de la marina et du musée. Doubles avec sdb 35-60 € selon saison, petit déj compris. CB acceptées. Une trentaine de chambres modernes et bien équipées, avec TV (câble), AC et téléphone. Bon accueil.

### Où dormir dans les environs ?

**B & B Rio Arade Manor House :** rua D. João II, 33 A, Mexilhoeira da Carregaçao, Estômbar. ☎ 282-42-32-02. • info@rioarade.com • rioarade.com • Doubles env 45-99 € selon confort et saison. Propose sur leur site des offres intéressantes, à partir de 4 j. Une maison d'hôtes de charme abritant 9 chambres dans un environnement enchanteur. Bougainvillées sur les murs, orangers en pot dans la cour, treille et terrasse ombragée, belle piscine... C'est une belle demeure de caractère du XVIIIe s, très bien arrangée et décorée avec beaucoup de goût par des propriétaires accueillants. Chambres confortables (AC), donnant sur le jardin. Une de nos meilleures adresses dans la région de Portimão.

### Où manger ? Où déguster une pâtisserie ?

La sardine est la reine de la ville, mais pas seulement. Tous les poissons y sont proposés. De nombreux snacks et restos en servent le long du port de pêche, dans les rues proches du vieux pont qui enjambe la rivière et le long du marché municipal sur l'avenida São João de Deus.

**Dona Barca :** largo da Barca. ☎ 282-48-41-89. En contrebas du pont, sur une placette piétonne. Plats 3-14 €. Le restaurant authentique de la ville, que ce soit pour la cuisine, le service ou l'atmosphère ! Sous la grande véranda, il fait bon goûter du traditionnel comme les *choqinhos* cuisinés dans leur encre, ou la roborative *açorda*, suffisante pour 2 convives. Quant aux sardines, elles sont vendues au prix d'une soupe ! Sans oublier la vitrine de poissons frais, à prix très sages.

**Marisqueria Carvi :** rua Direita, 34. ☎ 282-41-79-12. Tlj sf mar, midi-minuit. Plats 9-13 €. Ce n'est pas un restaurant touristique mais une adresse classique qui existe depuis les années 1960. Une institution discrète mais de qualité. Cuisine de la mer essentiellement, à prix sages, avec une belle variété de poissons, mais aussi des coquillages et du poulpe (*polvo*). Très bon accueil, déco sans prétention avec azulejos dans la salle et quelques tables sur le trottoir.

**A Casa da Isabel :** rua Direita, 61. ☎ 282-48-43-15. • acasadaisabel@sapo.pt • acasadaisabel.com • Dans une rue semi-piétonne, à 50 m du restaurant Carvi. Tlj 9h-20h (minuit en été). Une très belle façade d'azulejos orne ce salon de thé en pleine zone commerçante, qui perpétue la tradition pâtissière portugaise : *pasteis, queijadas, pâes de lo, toucinhos do ceu*... Gâteaux à la caroube, à la figue, à la carotte, etc., très appétissants, à savourer dans la petite salle rétro ou à l'une des quelques tables sur le trottoir.

## À voir. À faire

**Museu de Portimão :** rua Dom Carlos I. ☎ 282-40-52-30. • museudeportimao.pt • Arrêt Museu des bus Vai e Vem bleu ou rose pour praia da Rocha. Tlj sf lun 10h (14h30 mar)-18h (jusqu'à 23h en août). Entrée : 3 € ; gratuit jusqu'à 15 ans et sam jusqu'à 14h. Au-delà des quelques pièces archéologiques (plaquettes de schistes incisées de motifs géométriques du Néolithique, amphores d'époque romaine...) et d'autres évoquant les activités traditionnelles de la région, l'essentiel du musée est consacré à la conserverie de sardines *Rose* dans laquelle il est aménagé. Du déchargement des paniers des pêcheurs au salage et à la fabrication des conserves lithographiées, on suit tout le parcours de la sardine de la mer à la boîte ! Muséographie très moderne, avec des films d'époque, qui rend la visite intéressante malgré l'absence de traductions. Expos temporaires dans le réservoir du sous-sol et au 1er étage.

¶ ***Teatro municipal de Portimão :*** *largo 1° de Dezembro.* ☎ *282-40-24-75 (billetterie).* ● *teatromunicipaldeportimao.pt* ● Ce théâtre bénéficie d'une programmation de qualité, étonnamment variée et cosmopolite pour une petite ville portuaire. Chant, jazz, fado, musique de chambre, marionnettes, danse contemporaine...

¶¶ ***Excursions dans les grottes et remontée du fleuve Arade :*** *contacter João Venâncio (* 966-14-34-83 *; portugais parlé slt) ou Inaldo Marques (* 963-74-11-89 *; anglais parlé) au port de pêche, près du largo do Dique. Compter env 15 €/ pers pour 2h30 de balade. Départs en fonction des marées.* Excursions dans les grottes alentour et remontée du fleuve jusqu'à Silves dans de drôles de bateaux de type caïque.

## Manifestation

– ***Fête de la... Sardine :*** *1er-2e w-e d'août.*

# PRAIA DA ROCHA (8500)

À 3 km au sud de Portimão, cet immense cordon de sable au pied d'imposantes falaises dessine l'une des plus belles plages de la côte, mais aussi la première de l'Algarve à avoir été bétonnée. Une ville de tours a remplacé les anciennes villas du début du XXe s, dont seules quelques-unes survivent comme de frêles oasis. Le site est devenu un fleuron du tourisme en Algarve, fréquenté toute l'année et animé 24h/24 en haute saison. Si vous cherchez une plage, elle existe et elle est belle. Si vous cherchez le romantisme, le charme, la tranquillité, passez votre chemin...

### Arriver – Quitter

➢ ***En bus :*** liaisons avec ***Portimão*** avec les *citybus Vai e Vem.* Ligne rose, la plus directe, tlj 7h-2h (20h hors saison), ttes les 15 mn (30 mn hors saison) ; ligne bleue, tlj 7h-20h, ttes les 50 mn.

# FERRAGUDO (8401)

Sur l'autre rive de l'estuaire de Portimão se cache un petit village de pêcheurs qui rappelle le vieux Saint-Tropez. Quelques rues en escaliers et une église blanche juchée sur un promontoire. En fin d'après-midi, tout le monde se retrouve sur la petite place au bord de la rivière. Les malins y trouveront cependant une petite infrastructure touristique et de belles plages.

## Arriver – Quitter

➢ **En bus :** liaisons avec **Portimão** avec *Eva*.
➢ **En voiture :** prendre la N125 direction Est (Faro, Albufeira...). Passer le pont de Portimão et, au feu, prendre la 1re à droite.

## Où manger ?

**I●I O Barril :** *largo Terreiro, 1-5.* ☎ 282-46-12-15. ᪧ *Dans une ruelle derrière la pl. centrale. Une terrasse le signale sur la petite place. Tlj 12h-15h, 18h-22h30. Fermé déc-janv. Menu 11,50 € ; repas env 15-20 €. Digestif offert sur présentation de ce guide.* Gril, tables et bancs à même une ruelle abritée du soleil, salle à la déco marine, la mise en scène est ouvertement touristique. Cela n'empêche ni le poisson grillé d'être du jour, ni les *cataplanas* et viandes d'assurer. Spécialités maison : saumon à l'orange, crevettes au curry, *swordfish* à la crème et au safran. Digestif à volonté sur la table à la fin du repas et fado *in vivo* les lundi et mercredi soir.

**I●I Le Paradis :** *vale da Azinhaga.* ☎ 282-46-11-23. ● *ingo@leparadis.com.pt* ● ᪧ *À l'extérieur du village, à 2,5 km de Ferragudo, sur la route de Carvoeiro, à 200 m après le camping Campismo, sur la gauche. Tlj sf mer 18h-minuit. Fermé nov-mars. Plats 9-19 € ; repas env 25 €. CB refusées. Parking gratuit.* 🛜 *Digestif offert sur présentation de ce guide.* Un lieu qui porte bien son nom ! À l'écart de l'agitation, ce resto discret continue à servir une cuisine portugaise soignée et savoureuse. Des crevettes à l'orange aux calamars frits en passant par la soupe de poisson, c'est un régal. Accueil chaleureux, musique de fond brésilienne. Terrasse extérieure agréable.

## À voir. À faire

🎨 **Studio Bongard :** *rua Infante Dom Henrique, 62.* ☎ 282-46-13-83. ● *studiobongard.com* ● *En venant de Portimão, avt le pont de Ferragudo. Lun-ven 10h-20h (été).* Depuis longtemps établi au Portugal, le Genevois Sylvain Bongard s'est spécialisé dans les azulejos plutôt modernes, mais aussi la sculpture. Autodidacte talentueux, il vous accueille dans son atelier-maison haut en couleur et explique volontiers son travail et ses techniques.

⛱ **Praia Grande :** *à 1 km, après le fort.* Plutôt jolie au pied de falaises dont les abords immédiats ne sont pas encore colonisés. Sur la droite, belle vue sur le fort, qui semble posé à même le sable. Plusieurs bars et restos de plage.

# ALVOR   (8500)   4 900 hab.

À 6 km de Portimão, situé dans l'estuaire du fleuve homonyme, le village d'Alvor est encore un petit port de pêche aux bords de la ria. De plus en plus touristique, une grande partie du village a gardé son charme et son caractère. Ne pas y entrer avec une voiture car les rues sont étroites et le stationnement quasi impossible.

## Arriver – Quitter

### En bus

➤ **Lagos :** 7 bus/j. avec *Renex*.
➤ **Portimão :** citybus *Vai e Vem*, lignes orange et grise, tlj 7h-19h30 (ligne grise jusqu'à minuit en été, 22h30 hors saison).

## Adresse utile

**Office de tourisme :** *rua Dr Afonso Costa, 51.* ☎ *282-45-75-40.* • *visitalgarve.pt* • *Du rond-point à l'entrée d'Alvor, monter par la rua José de Almeida. Tlj sf dim 9h30-13h, 14h-17h30.* Demander le guide nature (payant et en anglais uniquement) pour l'itinéraire des sentiers le long de la plage et de l'estuaire jusqu'au barrage. Observation de la faune.

## Où dormir ?

**Camping Alvor :** *Rua Serpa Pinto, à env 700 m du centre d'Alvor, sur la route de Lagos.* ☎ *282-45-91-78.* • *info@campingalvor.com* • *campingalvor.com* • *Ouv tte l'année. En hte saison, compter env 20 € pour 2 avec tente et voiture.* 🛜 Un bon choix dans sa catégorie. Assez vaste et bien équipé. Entretien irrégulier du côté des sanitaires. Plutôt calme si vous plantez votre tente dans la *« zona de silencio »*. La partie la plus ombragée et accueillante est aussi la plus bruyante (*« zona de tolerencia »*)... Piscine, terrain de foot, espace enfants, bar, resto. Supermarché à proximité. Accueil agréable.

**Hospedaria Buganvília :** *rua Padre Mendes, 6.* ☎ *282-45-94-12. En venant de Portimão, au carrefour d'Alvor, angle avec la rua A. José de Almeida, monter vers l'office de tourisme et l'église (250 m). Selon saison, doubles avec sdb 25-60 €, petit déj non compris.* Hôtel de 3 étages en pointe, incluant un resto au rez-de-chaussée (voir « Où manger ? »). Chambres modernes, carrelées et bien équipées : balcon, frigo, AC et mobilier soigné. Bon accueil.

**Alvormar Apartamentos turísticos :** *rua Dom Sancho I, 9-11.* ☎ *282-45-05-50.* • *reservas@alvormar.com* • *alvormar.com* • *Studios 2 pers 30-95 €/j. selon saison.* 🛜 Appartements de diverses tailles pouvant loger jusqu'à 6 personnes. Tout le confort : balcon avec table pour y manger, kitchenette, AC, coffre-fort... Petite piscine et solarium un peu à l'étroit, mais proche du centre et à des prix raisonnables.

## Où manger ?

**Restaurante Buganvília :** *voir « Où dormir ? ». Tlj sf dim. Plats du jour ou à la carte 7-15 €.* Bougainvillée sur la terrasse ou grande salle toute blanche sans caractère particulier mais propre. Poissons grillés, spécialités de la mer *(arroz, cataplanas...)*, mais aussi des viandes généreuses.

**Ze Morgadinho :** *sur la rade du fleuve, en bas de la rue Ramos Mendes.* ☎ *282-09-83-12. En saison, tlj midi et soir ; hors saison, fermé jeu. Plats 6-15 €.* De tous les restos sur le port, celui-ci attire par ses couleurs chatoyantes. Mêmes proprios qu'au *Dona Barca* de Portimão. Du coup, on n'est pas surpris de l'ambiance conviviale et joyeuse, dans laquelle on déguste des plats traditionnels, comme les sardines grillées à la fleur de sel ou les poissons du jour, toujours accompagnés de pommes de terre et d'une salade algarvienne (tomates, oignons, poivrons, concombre).

**Taverna do Guedes :** *rua dos Pescadores, 25.* ☎ *282-45-85-28. Du port,*

L'ALGARVE

*remonter la rua Ramos Mendes sur 50 m et prendre la 1ʳᵉ ruelle à droite. Tlj sf dim, le soir slt, 18h30-minuit. Menu (avec boisson mais sans dessert) env 13 € ; plats 7-13 €.* Un peu cachée, la taverne à la porte verte, comme la connaissent les Anglais, est la bonne adresse du coin pour déguster *cataplana* aux palourdes et autres riz aux fruits de mer. Carte de vins à prix raisonnables.

## À voir. À faire

**L'église :** coquette, avec sa façade blanche ourlée d'ocre et son beau portail manuélin du XVIᵉ s. De style algarvien, elle renferme des chapelles latérales baroques, un autel décoré d'azulejos polychromes et une statue en bois de la sainte patronne des voyageurs.

**Praia de Alvor :** vaste plage de sable fin qui donne le change aux criques alentour. Évidemment, vous n'y serez pas seul pour autant : rangées de chaises longues, bars de plage, etc. En suivant la côte vers l'est, on s'immerge rapidement dans l'urbanisation dévorante qui engloutit les *praia dos Três Irmãos* et *de Vau,* sur la route de praia da Rocha.

# LAGOS (8600) 25 300 hab.

● Plan *p. 225*

À 90 km à l'ouest de Faro, au fond d'une baie bien protégée, c'est une petite ville moyenne et agréable, plus modeste que Portimão, mais d'une plus grande unité architecturale. Une rivière se jette dans la mer formant un estuaire abrité des vents. Voilà une ville balnéaire blanche, qui a conservé sa taille humaine, son style propre, avec des toits de tuiles sur la rive droite, alors que la rive gauche est occupée par la marina, les quartiers modernes, et au loin l'immense plage sauvage (Meia Praia). Il y aussi, au sud de la ville, de magnifiques criques rocheuses, qui cisèlent le littoral et lui donnent un aspect plus tourmenté.

Le centre-ville en été est très cosmopolite. L'Europe du Nord s'y donne rendez-vous, mais la pression touristique y est beaucoup moins forte que dans les grandes stations balnéaires de l'Algarve. La partie la plus historique de la ville se trouve autour de la praça do Infante, et la plus calme (la moins commerciale) au sud, autour de l'église Santo António (à flanc de colline).

### UN PEU D'HISTOIRE

C'est d'ici que partirent les premières grandes expéditions maritimes, aux XVᵉ et XVIᵉ s. Lagos est tournée vers le large, vers les migrations pour le meilleur et pour le pire, comme le rappelle le musée de l'Esclavage.

### Arriver – Quitter

#### En bus

🚌 **Gare routière** *(terminal rodoviário ; hors plan par A1) : largo Rossio de São João, derrière* l'Albergaria Marina Rio.

– *Billetterie Eva Transportes :* à la gare routière. ☎ 282-76-29-44. *Tlj 6h15-20h30.* Représente ttes les autres compagnies sf *Renex.*
– *Billetterie Renex (hors plan par A1) :*

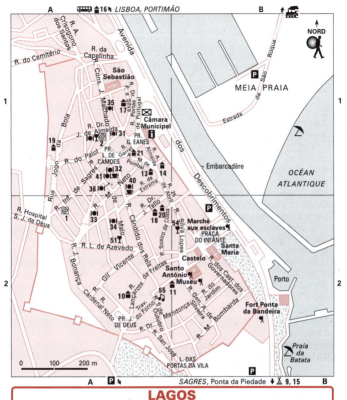

LAGOS

- **Adresses utiles**
  - **fi** Office de tourisme
  - **@ 1** Internet
  - **@ 2** Café Bora

- **Où dormir ?**
  - 9 Valverde-Orbitur
  - 10 Pousada da juventude
  - 11 Chez Guilhermina Verissimo
  - 13 Caravela Hostel
  - 14 Hotel Marazul
  - 15 Camping Turiscampo
  - 16 Marina Rio Hotel
  - 17 Lagosmar Hotel
  - 18 Hotel Cidade Velha
  - 19 Casa Sousa
  - 20 The Stumble Inn
  - 21 B & B Inn Seventies

- **Où manger ?**
  - 31 O Pescador
  - 32 Restaurante Reis
  - 33 Sweet & Temptation
  - 34 Casinha do Petisco
  - 35 Adega típica A Forja
  - 36 O Galeão

- **Où prendre le petit déjeuner ? Où déguster une pâtisserie ?**
  - 40 Gomba
  - 41 Padaria central Gilberto Amelio

- **Où boire un verre ? Où sortir ? Où danser ?**
  - 2 Café Bora
  - 51 Joe's Garage
  - 54 Bon Vivant
  - 55 Phoenix Club

largo Portas de Portugal, 101. ☎ 282-76-89-31. • renex.pt •
➢ **Sagres, via Burgau, Salema et Vila do Bispo :** 12 bus/j. avec *Eva Transportes*. Durée : env 1h.
➢ **Aljezur et Odeceixe :** 5-6 bus/j. avec *Eva*, en sem slt.
➢ **Vila Nova de Milfontes (Alentejo) :** 1 bus/j. avec *Rede Expressos*. Durée : 1h50.
➢ **Alvor :** 6 bus/j. avec *Renex*.
➢ **Portimão :** nombreuses liaisons avec *Eva* et *Frota Azul* (• frotazul-algarve.pt •). Même ligne que pour Faro. Durée : 25 mn.
➢ **Albufeira et Faro :** avec le *Trans Rápido* d'*Eva*. Pour Faro, 6 bus/j., 6h50-17h15. Durée : 1h15. À Faro, sur présentation du billet, correspondance gratuite pour l'aéroport avec les bus de ville nos 14 et 16.
➢ **Lisbonne :** 6-10 départs/j. avec *Eva* et *Rede Expressos*. Durée : 4h20-5h30.
➢ **Silves :** 2-4 bus/j. *Rede Expressos*. Changement à Portimão.
➢ **Espagne :** liaisons avec Huelva et Séville avec *Eva*. 4 bus/j. en été. Durée : 5h15 pour Huelva, 6h30 pour Séville.

### En train

🚆 **Gare ferroviaire** (*estação* ; hors plan par B1) : *derrière la marina*. ☎ 282-76-29-87. *À 300 m de la gare routière en traversant le pont-bascule*. Relié au centre-ville avec le bus *Onde* « *circular* » nº 1.
➢ Lagos est le terminus des trains régionaux desservant tte l'Algarve jusqu'à **Vila Real de Santo António**. 8 trains/j. via **Portimão, Silves, Albufeira, Loulé, Faro, Olhão, Tavira** et **Vila Real de Santo António**. Pour Faro, 9 trains/j., 6h10-17h. Durée : env 4h.

### En voiture

➢ L'A2 relie Lisbonne à l'Algarve à hauteur d'Algoz (au nord-ouest de Faro) où elle rejoint l'A22 (péage électronique). Cette dernière se termine (ou commence) au nord de Lagos.
➢ À l'ouest, les N268 puis 125 relient Sagres et Vila do Bispo à Lagos.

## Adresses et infos utiles

**ℹ Office de tourisme** (plan A1) : *praça Eanes, au rdc de la Câmara municipal*. ☎ 282-76-30-31. • visitalgarve.pt • *Tlj 9h-18h*.
■ **Police :** ☎ 282-76-28-09.
■ **Bom Dia :** *sur la marina, loja 10*. ☎ 282-08-75-87. *Compter env 24 €/pers pour 2h de visite aux grottes ; réduc*. Agence dynamique qui propose différentes activités comme des croisières journalières en voilier (grottes de Ponta da Piedade, croisière-grillades), du snorkelling, de la plongée, du windsurfing, du kayak et des promenades à cheval.
■ **Blue Ocean Divers :** *motel Âncora (apartado 789), estrada do Porto de Mós*. 📱 964-66-56-67. • blue-ocean-divers.eu • *CB refusées*. École qui organise des plongées à la journée ou demi-journée et loue du matériel.
■ **Location de vélos et scooters :** *chez Motorent* (hors plan par A1), *rua Victor Costa Silva, edifício Vasco da Gama, loja 8 B*. ☎ 282-41-69-98 ou 282-76-97-16. *Face à une place moderne entre la station Repsol et la gare routière. Vélos et VTT 20-55 € en formules 3 ou 7 j. Scooters mêmes formules 60-130 €*.
**@ Internet :** *rua Infante de Sagres, 146 A* (plan A2, **1**). ☎ 282-76-22-93. *Lun-jeu 14h-20h30 ; ven 10h-13h, 14h-17h ; sam 10h-12h30*. Aussi au **Café Bora** (plan A1, **2**), *8h30-10h, 15h-18h* (voir « Où boire un verre ? Où sortir ? Où danser ? »).
**@ Zones wifi gratuites :** *dans le centre culturel (lun-sam 12h-20h), situé rua Lançarote de Freitas, 7* (plan A2), *sur la marina (hors plan par A1) et au Café Bora* (plan A1, 2).
**🅿 Parkings :** *gratuits au Portas da Vila* (plan B2) *et derrière la marina (hors plan par B1). Grand parking souterrain sur l'av. dos Descobrimentos, ouv 24h/24. Compter 1,20 €/h et 10-12 €/j. en hte saison, un peu moins hors saison*.
– 7 lignes de **bus urbains** *Onda* (par couleur) circulent en ville.

## Où dormir ?

Le nombre de chambres chez l'habitant se multiplie en haute saison. L'office de tourisme dispose d'une liste de celles qui sont en conformité, niveau sécurité et hygiène.

## Campings

**Camping Turiscampo** (hors plan par B2, 15) : *à* **Espiche,** *sur la N125, à 4,5 km de Lagos en direction de Vila do Bispo-Sagres.* ☎ 282-78-92-65. ● info@turiscampo.com ● turiscampo. com ● *Depuis la gare routière de Lagos, prendre la ligne jaune du bus urbain* Onda *et descendre à Espiche, ou bien bus Eva pour Vila do Bispo. À 1,5 km de la plage de Luz. Ouv tte l'année. En hte saison, compter 34 € pour 2 ; bungalows 2-6 pers 121-150 €.* 🖥 📶 Moyennement ombragé, mais très bien tenu dans l'ensemble. Bungalows bien équipés mais proches de la route ; également des mobile homes. Belle piscine « californienne » et solarium. Supermarché, machines à laver, club enfants...

**Valverde-Orbitur** (hors plan par B2, 9) : *à praia da Luz, 4 km env à l'ouest de Lagos, et à 1,5 km de la plage et de l'agglomération de* **Luz.** ☎ 282-78-92-11. ● info@orbitur.pt ● orbitur.pt ● *Depuis Lagos, bus Onda (ligne jaune), arrêt avt praia da Luz. En saison, env 35 € pour 2. Loc de bungalows.* Camping gigantesque, assez ombragé et fleuri. Ambiance familiale. Choisissez un emplacement éloigné de l'entrée pour le calme. Piscine agréable. Resto-self, bar, supermarché, machines à laver. Accueil impersonnel.

## De bon marché à prix moyens

**Pousada da juventude** (plan A2, 10) : *rua Lançarote de Freitas, 50.* ☎ 282-76-19-70. ● lagos@movijovem. pt ● pousadasjuventude.pt ● hihostels. com ● *Selon saison, 10-17 €/pers en dortoir ; doubles 26-45 € selon saison et confort (avec ou sans w-c) ; petit déj compris.* 🖥 📶 Dans un immeuble assez récent avec cour intérieure, une soixantaine de lits répartis entre des dortoirs de 4 lits, non mixtes, et des doubles. Pas d'AC dans les dortoirs. Sa situation centrale compense sa banalité générale. En revanche, aucun souci du côté de l'accueil, du confort et du caractère fonctionnel, c'est du sérieux, version AJ. Pas de restauration hors petit déj.

**Chez Guilhermina Verissimo** (plan A-B2, 11) : *rua de São Gonçalo de Lagos, 23.* ☎ 282-76-13-28. *Ouv tte l'année. Doubles 30-40 € selon saison.* Dans une jolie rue piétonne et calme, cette modeste maison tenue par un retraité cache 3 chambres situées autour d'une petite terrasse à l'arrière. Sanitaires à partager. Possibilité de préparer son petit déj mais mieux vaut le prendre à l'extérieur.

**The Stumble Inn** (plan A2, 20) : *rua Soeiro da Costa, 10.* ☎ 282-08-16-07. *Résa conseillée en juil. Doubles 20-30 €.* Petite maison rénovée dans une rue calme abritant une auberge de jeunesse. Accueil en anglais. Dortoirs sans AC pour 3 ou 4 personnes et chambres privatives. Petite cour intérieure, salon. Charmante, propre, bien tenue, l'auberge est animée l'été et fréquentée par une clientèle anglo-saxonne. Dans la même rue, au n° 9 se trouve une autre auberge de jeunesse (Hostel Cloud 9).

**Caravela Hostel** (plan A1, 13) : *rua 25 de Abril, 8 (rue principale).* ☎ 282-76-33-61. ● caravelahouse@sapo.pt ● *Ouv en saison (à partir d'avr). Résa conseillée. Doubles sans ou avec sdb 25-30 €. CB acceptées.* 📶 Aux 1er et 2e étages d'un immeuble simple de cet axe piéton, de petites chambres un peu vieillottes, avec lavabo et bidet quand elles n'ont pas de salle de bains. W-c sur le palier. La rue étant très animée, préférer le côté cour ! Accueil familial.

## Prix moyens

**Hotel Marazul** (plan A1, 14) : *rua 25 de Abril, 13.* ☎ 282-77-02-30. ● info@hotelmarazul.eu ● hotelmarazul. eu ● *Presque en face de Caravela.*

*Fermé janv. Doubles 30-70 € selon saison et vue (sur mer ou non), petit déj inclus.* Un très bon petit hôtel, en plein cœur de la vieille ville. Sur 2 étages, une vingtaine de chambres de différentes tailles, à visiter avant de choisir. Les moins chères, avec douches à l'intérieur mais w-c sur le palier. D'autres ont un balcon ou vue sur la mer (les plus chères) et sont plus fraîches. Toutes avec AC. Excellent accueil du propriétaire, M. Rui Pita, parfait francophone.

▲ **Casa Sousa** *(plan A1, 19) : rua do Jogo da Bola, 17.* ☎ *282-08-94-61. • casa.sousa@hotmail.com • Doubles avec sdb 30-50 €.* Au calme, dans une maison moderne adossée à l'enceinte de la ville, des chambres impeccables avec ventilo et petit balcon pour certaines. Cuisine et barbecue à disposition. La charmante propriétaire parle un peu le français.

▲ **Hotel Cidade Velha** *(plan A2, 18) : rua Dr Joaquim Tello, 7.* ☎ *282-76-20-41.* 📱 *917-62-80-03. • residcidadevelha@netvisao.pt • Doubles avec bains 35-65 € selon saison et confort. Pas de petit déj. CB refusées.* Dans un immeuble moderne dont le principal avantage est d'être dans une rue calme. Chambres agréables et bien tenues. Certaines ont l'AC, toutes ont le téléphone. Celles du 3ᵉ étage ont une vue sur la mer (demander la 303, avec balcon), tandis que celles du 1ᵉʳ ont une petite terrasse. Très bonne literie neuve. Si vous êtes du genre noctambule, Emanuel, le réceptionniste francophone, pourra vous guider dans vos sorties. Accueil familial.

### Plus chic

▲ **B & B Inn Seventies** *(plan A1, 21) : rua Marques de Pombal, 1 (angle avec la petite rua Garrett).* ☎ *282-77-07-30.* 📱 *967-17-75-90. • innseventies@gmail.com • innseventies.com • Doubles à partir de 80 €, petit déj inclus.* Très bien situé, au-dessus d'un magasin spécialisé dans les articles de football. Le B & B est installé dans une ancienne banque rénovée... Au 3ᵉ étage (ascenseur), on arrive sur une terrasse lumineuse avec (petite) piscine jouissant d'une superbe vue sur la ville. Chambres impeccables et bien équipées (douches, w-c, AC). Pensez à réserver à l'avance car souvent plein en été. Bon accueil.

▲ **Marina Rio Hotel** *(hors plan par A1, 16) : av. dos Descobrimentos.* ☎ *282-78-08-30. • marinario@net.vodafone.pt • marinario.com • Face à la marina et à côté de la gare routière. Doubles env 70-129 € selon saison, petit déj compris. Parking.* Hôtel moderne de taille moyenne, abritant une trentaine de chambres classiques avec petit balcon, toutes climatisées et claires. En demander une au dernier étage, avec vue sur le port, pour suivre le va-et-vient des voiliers, la différence de prix est infime. Accueil pro.

▲ **Lagosmar Hotel** *(plan A1, 17) : rua Dr Faria e Silva, 13.* ☎ *282-76-37-22 ou 35-23. • info@lagosmar.com • lagosmar.com • Fermé nov-mars. Selon saison, doubles avec sdb env 40-100 €, petit déj compris.* Dans une rue très calme, cet hôtel simple mais soigné offre le confort d'un 2-3 étoiles. Demander une chambre au dernier étage, pour plus de calme et de lumière. Solarium sur le toit.

## Où manger ?

### De bon marché à prix moyens

|●| **Sweet & Temptation** *(Doce Tentaçao ; plan A2, 33) : rua Marreiros Netto, 57.* 📱 *934-95-94-63. Menu 3,50 € (soupe et sandwich).* Une agréable placette ombragée, quelques tables, voilà un endroit calme pour manger léger à midi. On y sert des sandwichs, des *tostas* (baguettes), des salades et des pâtisseries. Deux jeunes Britanniques courtois tiennent cette petite maison idéalement située. Bien aussi pour boire un verre en soirée.

|●| **O Pescador** *(plan A1, 31) : rua Gil Eanes, 9.* ☎ *282-76-70-28. Tlj sf dim jusqu'à 23h. Repas env 15-20 €. CB acceptées. Digestif offert sur présentation de*

*ce guide*. Le « Pêcheur », récemment toiletté, a fait ses preuves depuis des lustres pour son menu classique où figurent la morue à la portugaise, des *cataplanas*, du riz à la lotte et des plats de viande. Note savoureuse après le repas : la liqueur d'amande en digestif ! Service parfois lent en cas d'affluence. La chef-serveuse Fernanda vous accueille chaleureusement et parle quelques mots de français.

I●I **Ádega típica A Forja** (plan A1, **35**) : *rua dos Ferreiros, 17.* ☎ *282-76-85-88. Tlj sf sam. Plats 6-15 €.* Locaux et expatriés viennent se restaurer d'une cuisine consistante, faute d'être raffinée. Salle mêlant pierres apparentes et déco marine, sans oublier les 2 écrans TV orientés de manière stratégique pour que monsieur regarde le match, tandis que madame suit le feuilleton brésilien ! Carte en français et ardoise de suggestions du jour listent une dizaine de plats très abordables. Spécialité : canard au riz le dimanche !

I●I **Casinha do Petisco** (plan A2, **34**) : *rua da Oliveira, 51.* ☎ *282-08-42-85. Tlj sf dim jusqu'à 22h45. Fermé 3 sem autour des vac de Pâques. Repas 15-20 €.* Dans une rue calme, un resto modeste et familial. Spécialités de viandes grillées, dont le steak aux champignons qui lui vaut sa réputation. Sinon, poissons du jour et fruits de mer, l'adresse est désormais connue. Les petites faims trouveront leur compte avec les salades de thon ou de sardines à des prix plus modiques. Accueil sympathique.

I●I **Restaurante Reis** (plan A1, **32**) : *rua António Barbosa Viana, 21.* ☎ *282-76-29-00. Tlj sf dim. Fermé de mi-juil à mi-sept. Plats 9-15 €.* Une bonne adresse de resto familial portugais qui a maintenu sa qualité malgré l'affluence touristique. Rien de gourmet ni de compliqué, mais l'assurance de quitter rassasié l'agréable terrasse, disposée sur une ruelle piétonne. Commander en priorité les plats du jour ou les spécialités : steak de thon *(bife de atum)*, sole aux amandes *(linguado com amêndoas)*...

I●I **O Galeão** (plan A1, **36**) : *rua da Laranjeira, 1.* ☎ *282-76-39-09. Carte 9-15 € ; menu 16 €.* Atmosphère un brin surannée dans cette salle lambrissée où tout le personnel s'active en gilet noir et nœud pap' tandis qu'on aperçoit les cuistots toqués dans la cuisine vitrée. Carte équilibrée entre viandes et produits de la mer, avec palourdes *(ameijoas)*, filets de lotte *(tamboril)* et espadon *(espadarte)*.

## Plus chic

I●I **O Camilo** (hors plan par B2) : *estrada da Ponta da Piedade.* ☎ *282-76-38-45. Tlj, jusqu'à 22h. Repas env 20-30 €.* À 2 km environ au sud de la ville, en allant vers le phare de Ponta da Piedade, on ne peut le manquer : il semble posé, solitaire, sur le sommet d'une falaise sauvage au-dessus de la praia do Camilo. Un resto moderne et design avec de grandes baies vitrées ouvrant sur ce beau paysage sauvage. Pour le poisson et les fruits de mer, voici la bonne adresse de Lagos, plutôt pour le soir. Fraîcheur des produits, efficacité et jovialité du service, prix raisonnables pour la qualité...

## Où prendre le petit déjeuner ?
## Où déguster une pâtisserie ?

I●I 🍰 **Gomba** (plan A1, **40**) : *rua Cândido dos Reis, 56.* ☎ *282-76-21-88. À l'angle de la rua da Estrema. Tlj sf dim 8h-19h.* Petite salle proprette où l'on vient prendre son *pequeno almoço* avec un croissant maison, ou bien sa *bica* à toute heure de la journée. Gâteaux, plus crémeux ici qu'ailleurs, déconseillés pour la ligne mais excellents pour le moral. Accueil charmant.

I●I 🍰 **Padaria central Gilberto Amelio** (plan A1, **41**) : *rua 1° de Maio, 29.* ☎ *282-76-39-94. À côté du restaurant O Galeão. Tlj sf dim 7h-20h.* Jolie façade blanche ancienne, avec son ouverture en arcade. Les locaux de tous âges viennent ici s'approvisionner en croissants, gâteaux et pains tout droit sortis du four.

## Où boire un verre ? Où sortir ? Où danser ?

La nuit en été, Lagos ne s'appartient plus. Elle devient une zone franche aux mains des Anglais et des Irlandais. La plupart des bars sont des clones des pubs de l'île de Sa Majesté où l'on se retrouve lors des *happy hours*. Les ruas Cândido dos Reis, 25 de Abril, Marreiros Neto et Silva Lopez en concentrent un bon nombre.

▼ ıọı **Café Bora** (plan A1, 2) : *rua Conselheiro Joaquim Machado (angle José de Almeida). Tlj 8h30-22h (19h dim-lun), voire plus tard en saison.* Petit bar-salon de thé, tendance « un jardin sur les pavés de la ville ». Bons jus de fruits frais, vins bio, cocktails et restauration simple (toasts, sandwichs et salades). Voir aussi « Adresses et infos utiles ».

▼ **Joe's Garage** (plan A2, 51) : *rua 1º de Maio, 78, dans une rue pavée. Beer, billiards* et *table football* (notre baby-foot) : ça vous fait 3 mots d'anglais pour commencer une conversation. Avec la lettre D, on vous propose aussi *darts* (fléchettes). Beaucoup d'ambiance !

▼ **Bon Vivant** (plan B2, 54) : *rua 25 de Abril, à l'angle avec les rua Silva Lopes et rua da Vedoria. Tlj 14h-4h. Cocktails env 5 €, bières 2-3 €.* On ne peut manquer la façade épicurienne de cette maison. Avec 2 étages plus un toit-terrasse pour faire la fête, l'endroit est très animé en été et jusque tard. Cocktail-bar et dancing à partir de minuit. Différents types de musique : pop, house, latino et salsa au rez-de-chaussée, musique *chillout* à l'étage (terrasse avec musique tropicale). Une fois la nuit tombée, les jeunes se donnent rendez-vous au sous-sol.

♪ **Phoenix Club** (plan A2, 55) : la seule boîte de Lagos, sur 2 étages.

## À voir. À faire

**Museu municipal** (plan B2) : *rua General Alberto Silveira. Tlj sf lun et j. fériés 9h30-17h. Entrée (musée + chapelle) : 3 € ; réduc ; gratuit jusqu'à 12 ans.* Un peu fourre-tout mais très vivant, il intègre également la capela Santo António. Explications en anglais. Parmi les quelques pièces et panneaux abordant l'archéologie et les différentes périodes historiques, on remarque surtout les menhirs et une mosaïque romaine. Ne pas manquer les salles de la riche collection ethnographique régionale : émouvantes œuvres populaires naïves, petits métiers reproduits en terre cuite, maquettes de pièces d'habitation, vie des pêcheurs et des paysans (outils, souvenirs, etc.). Petite salle d'art sacré et expos temporaires.

**Capela Santo António** (chapelle Saint-Antoine ; plan B2) : *mêmes horaires que le musée ; accès par ce dernier.* Reconstruite après le tremblement de terre de 1755, auquel seul l'autel a survécu (début du XVIIe s), c'est un chef-d'œuvre du baroque portugais. On est d'abord estomaqué par la *talha dourada*, cette avalanche de bois sculpté doré qui tranche sur le bleu des azulejos garnissant la partie basse des murs. Il faut aussi lever la tête pour détailler le superbe plafond en trompe l'œil et se retourner vers l'élégant jubé doré surmonté d'une balustrade, sans oublier de faire le tour des différents tableaux représentant les miracles de saint Antoine, le plus vénéré du Portugal.

Plaisante promenade dans les **ruelles de la vieille ville.** Au hasard de vos pas, d'autres églises. Vers les remparts, sur le largo Dr Vasco Gracias, l'*église do Carmo*, en ruine.

**L'ancien marché aux esclaves** (*mercado de esclavos* ; plan B2) : *praça do Infante. Entrée : 1,50 € (chère pour ce qu'il y a à voir !). Projet de musée en 2015.* Le 8 août 1444, 10 ans après avoir franchi le mythique cap Bojador qui ouvrait la route maritime vers l'Afrique subsaharienne, Gil Eanes arrivait à Lagos, sa ville natale, avec la première cargaison d'esclaves débarquée sur le vieux continent. Dès lors, le seul marché aux esclaves d'Europe se tint dans cette maison à arcades, qui renferme aujourd'hui une très modeste expo. Particulièrement bouleversant : le squelette d'un esclave ayant encore les mains attachées dans le dos, jeté comme un rebut dans un dépotoir exhumé aux limites de la vieille ville.

¶ *Fort Ponta de Bandeira (plan B2)* : *Cais da Solaria. Tlj sf lun 10h-12h30, 14h-17h30. Entrée : 2 €.* Fortin du XVII$^e$ s, très bien préservé, renfermant une chapelle et une petite expo sur Henri le Navigateur et le mythe de Sagres.

➢ *Bateaux pour les grottes de Ponta da Piedade* : *plusieurs kiosques d'agences le long de la promenade du quai et dans la marina. Compter 10-15 €/pers selon saison pour 30 mn-1h de visite.* Les départs s'effectuent en fonction de la marée, certaines grottes devenant inaccessibles quand elle est basse.

## Plages

⌓ *Praia da Batata (plan B2)* : petite plage de sable serrée entre une falaise et la mer, à côté du port et du fortin.

⌓ *Praias de Pinhão, de Dona Ana et do Camilo* : *accès par des chemins prolongés d'escaliers. La 1$^{re}$ est à 1 km du centre ; les 2 autres à 2 et 4 km respectivement. Pour Dona Ana, bus n$^o$ 2 (ligne bleue) pour Porto de Mós.* De très jolies criques à l'ouest de la ville, coincées entre les falaises. Un régal en dehors de la haute saison.

⌓ *Meia Praia* : *à l'est, derrière la gare, le long de la voie ferrée. Ligne bleue des bus* Onda *depuis la gare routière.* 4 km de sable à partager avec beaucoup d'autres amateurs d'héliotropisme.

## Manifestations

– *Grand marché* : *1$^{er}$ sam de chaque mois, vers le stade municipal.*
– *Arte Doce* : *un w-e fin juil.* Les gourmands vont être contents : c'est la fête de la pâtisserie locale. Hmm !
– *Agosto Banho 29* : *le... 29 août, près du fort et sur la plage.* C'est la dernière fête traditionnelle qui survit à Lagos. Musique, concerts, stands culinaires, expos artisanales et bain collectif symbolisent la fin de l'été.

## DANS LES ENVIRONS DE LAGOS

¶¶ *Ponta da Piedade* : *à la sortie de la ville, vers Sagres. Accès : ligne bleue des bus* Onda *vers praia de Dona Ana, puis tourner à droite ou petit train touristique au départ de la marina (compter 3 €/pers).* Sur cette pointe, des roches rouges et ocre, déchiquetées, dessinent une succession d'arches, d'aiguilles et de cavités sans cesse sculptées par la mer. Le spectacle d'une réelle beauté flirte avec la magie aux heures dorées de l'aube et du crépuscule. On peut simplement se promener sur les falaises ou parfaire l'expérience par une balade en bateau avec les pêcheurs *(compter 10 €/pers pour 30 mn).* Voir aussi plus haut « Adresses et infos utiles ».

# LES VILLAGES ET LES VILLES DE L'INTÉRIEUR

## SILVES          (8300)                    37 126 hab.

À 15 km au nord-est de Portimão et à 40 km de Lagos, situé au bord d'un *rio*, Silves est une des petites villes les plus intéressantes de l'arrière-pays de Portimão. La silhouette d'un vieux *castelo* romantique, perché au sommet de la colline, rappelle que Silves fut autrefois (au XII$^e$ s) la petite capitale du puissant royaume maure d'Algarve. Après la *reconquista* par le roi Sanche I$^{er}$ du Portugal, elle fut définitivement rattachée au royaume du Portugal en 1242. Lors de la Reconquête, au tournant du XII$^e$ s, les chrétiens rasèrent les 20 mosquées de la ville et anéantirent plus de 500 années de présence islamique. Ainsi disparut la cité de Xelb, véritable rivale de Lisbonne, accueillant à son âge d'or l'une des plus brillantes cours de l'Occident islamique. Seul rescapé, en raison de sa position stratégique, l'imposant château arabe *(castelo)*, ainsi que, çà et là, quelques vestiges de remparts.

### Arriver – Quitter

**En bus**

Pas de *gare routière* à Silves ; les bus s'arrêtent devant l'office de tourisme. Billetterie pour toutes les compagnies, largo António Enes, à gauche du marché *(lun-ven 8h-18h, sam 8h-13h, dim et j. fériés 9h-12h)*.
➢ **Portimão :** en saison, 10 bus/j. avec Frota Azul (● frotazul-algarve.pt ●). Durée : 35 mn.

### Adresse et info utiles

**Office de tourisme :** Estrada Nacional 124. ☎ 282-44-22-55. ● visitalgarve.pt ● En bas de la ville, à 200 m après le pont. Lun-ven 9h-13h, 14h-18h.
**@ Zone wifi gratuite :** sur la pl. de la mairie, devant la pâtisserie Dona Rosa.

### Où dormir ?

**Colina dos Mouros :** pocinho Santo. ☎ 282-34-04-70. ● geralreservas@colinahotels.com ● colinahotels.com ● De l'autre côté du fleuve, proche du pont routier ; à 10 mn à pied du centre. Doubles avec sdb 40-80 €, petit déj compris ; voir leurs offres sur le site. Construit à flanc de colline, ce 3-étoiles a pris quelques rides mais reste recommandable. Chambres bien équipées (baignoire, TV, clim, téléphone) et confortables. Celles côté rivière, avec de petits balcons, jouissent d'une vue parfaite sur la vieille ville coiffée de son château rouge. Piscine ronde entourée d'une pergola au charme un peu rétro. Accueil rodé.

### Où manger ? Où boire un verre ? Où écouter de la musique ?

**Café Inglés :** rua do Castelo, 11. ☎ 282-44-25-85. Derrière la cathédrale. Tlj sf lun. Repas env 12-15 €. Si la grande terrasse ombragée est très jolie, la surprise vient de la salle avec ses hauts plafonds, ses murs colorés, son parquet et le poêle pour l'hiver. C'est l'adresse jeune et branchée de Silves ! On y vient surtout pour les pâtisseries et les pizzas. Ici, pas de télé (ouf !), mais des expos et des concerts de temps en temps.

**IOI** *Tasca Do Béné : rua Policarpo Dias.* ☎ *282-44-47-67. Au-delà de l'intersection avec la rua Elias Garcia. Tlj sf dim. Plats du jour ou à la carte 8-13 € ; cataplanas pour 2 pers 25-26 € (35 mn d'attente).* Se repère à sa terrasse rustique, sous un parasol qui recouvre toute cette ruelle qui monte des berges. Cela distrait et n'altère pas la cuisine, qui délivre des plats du jour et diverses *cataplanas* tout à fait honorables, tout comme les desserts maison.

**IOI** ▼ *Pasteleria Dona Rosa : praça do Município.* Les quelques tables sous les arcades de la place de la mairie ne laissent en rien deviner la bonbonnière garnie d'azulejos qui se cache derrière. Chaises et canapés en fer forgé, coussins moelleux. Quelques sucreries et petits en-cas simples. Dona Rosa n'est pas toujours commode, pas grave, cela rajoute au caractère décalé de ce café.

**IOI** *O Pina : rua Latino Coelho, 11.* ☎ *282-44-25-22. Dans la petite rue qui grimpe dans le prolongement du pont routier et de la bibliothèque. Plat du jour env 6 €.* Sympathique cantine du coin, aux murs décorés d'azulejos. Une affaire familiale où tout le monde met la main à la pâte. Les portions copieuses sont plébiscitées midi et soir par une clientèle locale d'habitués.

### Où dormir ? Où manger dans les environs ?

🏠 *Casa das Oliveiras : Montes da Vala.* ☎ *282-34-21-15.* • contact@casa-das-oliveiras.com • casa-das-oliveiras.com • *À env 6 km de Silves, en direction de la gare et du golf. Doubles 35-65 € selon taille et saison ; tarif dégressif pour les plus petites à partir de 3 nuits min en juil-août ; 5 € de plus pour une seule nuitée.* 📶 Ce chalet moderne dispose de 5 chambres doubles bien équipées, certaines avec du mobilier classique et d'autres plus modestes. Espace commun avec kitchenette à disposition. Côté loisirs, piscine et ping-pong. Accueil sympathique.

🏠 **IOI** *Quinta do Rio – Country Inn : sítio Santo Estevão, 217.* ☎ *282-44-55-28.* • quintariro-country@sapo.pt • quintariocountryinn.home.sapo.pt • *À 5 km au nord-ouest, en direction de São Bartolomeu de Messines ; repérer le panneau sur la gauche, juste avt un long pont de pierre. Résa conseillée. Doubles avec sdb 55-68 € selon saison, petit déj compris.* 📶 En pleine campagne, malgré le léger bruit de fond venant de la route au loin, un couple d'Italiens sympathiques et francophones tient cette maison d'hôtes. Les chambres du rez-de-chaussée ont une terrasse donnant sur des champs d'orangers. Elles sont impeccables, propres et claires, avec vue sur le jardin. Bons conseils sur les promenades dans le coin.

**IOI** *O Alambique : Poco Barreto.* ☎ *282-44-92-83.* • info@alambique.de • *À 6,4 km à l'est de Silves sur la N269 en direction d'Algoz. Bien indiquée, on ne peut la manquer. Tlj sf mar 18h30-22h. Compter 25-40 € pour un repas.* Mérite un détour mais pensez à réserver avant. De loin, la meilleure adresse de la région de Silves. C'est une jolie maison bleu et blanc sur la gauche de la route, en pleine campagne, avant d'arriver au village de Poco Barreto. La propriétaire, Marlen Schmid, est une Allemande amoureuse de l'Algarve et de sa gastronomie. Sa passion et son savoir-faire ont donné ce restaurant remarquable qui sert une cuisine personnalisée et raffinée, inspirée en partie de la tradition portugaise. Terrasse le soir, près des orangers.

## À voir. À faire

🎥 *Sé (cathédrale) : au sommet de la colline, en contrebas du château arabe (castelo). En principe, tlj 9h-13h, 14h-18h ; sam 9h-13h. Entrée : 1 €.* Plusieurs fois remaniée depuis sa création au XIIIe s, elle présente, à l'extérieur, un mariage contrasté de façade blanche et de grès rouge, du plus bel effet. Son portail principal, surmonté de gargouilles, sa nef et son chœur d'un gothique pur et élégant donnent de l'élan à son enveloppe massive. On y découvre de nombreux sarcophages, de splendides pierres tombales armoriées ainsi que des chapelles baroques. C'est ici que le roi Jean II du Portugal a été enterré en 1495.

☙ *Santa Casa da Misericórdia :* *en face de la Sé, de l'autre côté de la rue.* Date de la seconde moitié du XVIe s. Élégante fenêtre manuéline et remarquable retable.
☙☙ *Castelo (forteresse de Silves) :* ☎ *282-44-56-24. Tlj 9h-19h (17h30 d'oct à mi-juin) ; dernière entrée 30 mn avt. Fermé 1er janv et 25 déc. Entrée : env 2,80 €. Billet combiné avec le museu de Arqueológia : 3,90 €.* La forteresse de Silves est le monument islamique le plus important et le mieux conservé du Portugal. À l'époque du royaume maure, on l'appelait Al Hamra (le rouge). Il couvre encore aujourd'hui une surface de 12 ha ! Superbement restaurés, les beaux remparts en grès rouge garnis de 11 tours se distinguent de loin. Ils renferment un jardin un peu délaissé, animé d'un café en été, et une énorme citerne creusée par les Arabes au Xe s pour approvisionner la ville. Du chemin de ronde, point de vue superbe sur la ville et la vallée.

☙ *Praça do Município :* *au bout de la rua 25 de Abril.* Elle est bordée par une majestueuse porte percée dans les remparts. À côté de la *Pasteleria Dona Rosa*, le *Centre d'interprétation du patrimoine islamique dans l'Algarve* *(lun-ven 9h-13h, 14h-17h ; GRATUIT ; infos en français sur un CD-Rom)* présente les vestiges de la présence maure dans la péninsule Ibérique. Explications sur l'influence de cette culture dans l'art des azulejos, les techniques agricoles ou encore la briqueterie.

➤ Balade sympa dans les *ruelles* aux maisons basses et colorées, avec des vestiges épars de l'enceinte de la ville.

☙ *Museu de Arqueológia :* *rua da Porta de Loulé, 14. Dans une ruelle au départ du largo D. Jerónimo Osorio, au-dessus de la praça do Município. Tlj 10h-18h de mi-juil à mi-sept, 17h30 le reste de l'année ; dernière entrée 30 mn avt. Fermé 1er janv et 25 déc. Entrée : 2,10 € ; billet combiné avec le château : 3,90 €.* Construit autour d'un superbe puits-citerne en grès des XIIe-XIIIe s, profond de 18 m, le musée retrace l'histoire de la ville à travers de nombreux objets exhumés dans la région et présentés chronologiquement, du Paléolithique au XVIIe s en passant par l'époque islamique. Peu de légendes en anglais, demander le fascicule à l'accueil. Accès à une portion de l'enceinte musulmane.

## Manifestation

– *Festival médiéval :* *2e sem d'août, plutôt à partir de 18h. Gratuit !* Stands, défilés, costumes... Dans l'enceinte de la ville. On mange avec les doigts sur des ballots de paille.

# CALDAS DE MONCHIQUE (8550)

**À 18 km de Portimão et à 22 km de Silves. La serra de Monchique, barrière naturelle aux vents humides de l'Atlantique, tout en bénéficiant toujours du merveilleux soleil de l'Algarve, favorise l'éclosion d'une végétation dense**

et exubérante. De ses origines volcaniques naquirent des sources d'eau chaude. À peine à 300 m d'altitude, Caldas de Monchique, minuscule station thermale datant de l'époque romaine et mise au goût du jour, se niche au creux d'un vallon abondamment fleuri. Sa situation géographique (à flanc de montagne) et son environnement naturel (forêts) sont un avantage, mais peuvent être un handicap comme ce fut le cas avec les inondations en 1997 ou les incendies de forêt en 2003 et 2004. De plus, les beaux thermes où l'on « prenait les eaux » ont été transformés en un village-spa assez aseptisé. L'ancien casino est le seul bâtiment à avoir conservé son style d'origine. On préfère les environs, pour une vraie découverte de la nature et de la gastronomie locale.

➤ *Arriver – Quitter :* voir sous « Monchique » (fréquences des bus et routes d'accès équivalentes).

# MONCHIQUE (8550) 6 441 hab.

À 25 km de Portimão seulement, la capitale de la serra de Monchique est un gros bourg de montagne (à 450 m d'altitude) qui possède de mignonnes ruelles pavées en escaliers et une jolie église manuéline. C'est aussi un pays d'artisanat et de produits montagnards. Une deuxième route d'accès rejoint directement Aljezur, mettant les superbes plages de la côte vicentine à une trentaine de kilomètres seulement.

## Arriver – Quitter

### En bus

🚌 *Gare routière :* dans le centre, sur le largo dos Chorões.
➤ *Portimão :* 9 bus/j. avec *Frota Azul* (● frotazul-algarve.pt ●).

### En voiture

➤ Prendre la N266 depuis Portimão ou la N267 à partir d'Aljezur si l'on vient de l'ouest.

## Adresses et infos utiles

🛈 *Office de tourisme :* largo de São Sebastião. ☎ 282-91-11-89. ● cm-monchique.com ● Depuis le largo dos Chorões, prendre la rue qui monte à gauche, direction Fóia. Lun-ven 9h30-13h, 14h-17h30.
■ *Alternativtour :* sítio das Relvinhas, apartado 122. ☎ 282-91-32-04. 📱 965-00-43-37. ● alternativtour.com ● Géré par un guide local connaissant bien la *serra*. Organise toutes sortes d'activités dans la *serra* : randonnées, parcours VTT, escalade...
@ *Zone wifi gratuite :* sur le largo dos Chorões, aux alentours de la roue à eau. Idem, au Café da Vila, sur la même place.

❀ *Sítio da Serra :* rua Serpa Pinto, 18. ☎ 282-91-34-61. À l'entrée du village, à gauche, en venant de la vallée, à 50 m de la pl. de la mairie (largo dos Chorões). Tlj sf dim 9h-13h, 15h-19h. Point de vente d'une fabrique locale et familiale de charcuterie des montagnes. Superbes jambon fumé, boudins et chorizos. Également une petite sélection de produits régionaux : vins bio, huiles, liqueurs. Pour ces derniers, vous trouverez d'autres boutiques dans le village.
❀ *Artisanat :* quelques fabricants de chaises-ciseaux en bois, typiques de la région. Des boutiques de la ville diffusent également des objets plus facilement transportables...

## Où dormir ?

### Prix moyens

🛏 **Hospedaria Descansa Pernas :** estrada de Sabóia. ☎ 282-91-31-70. ● descansapernas@sapo.pt ● Du largo dos Chorões (centre de Monchique), prendre à droite direction Lisbonne, c'est à env 400 m. Doubles 40-50 €. 📶 Petit déj offert sur présentation de ce guide. Petit hôtel bien tenu, en face d'un grand parking public à l'ombre des palmiers. Les chambres, dans les tons beiges, sont nickel, avec AC. Elles sont, côté vallée, à l'abri du bruit de la route. Le petit déj se prend dans le snack en bas. Accueil chaleureux de la patronne.

🛏 **Albergaria Bica Boa :** estrada de Lisboa (EN266). ☎ 282-91-22-71. À env 1 km du village, en direction de Lisbonne. Double avec sdb env 70 €, petit déj compris. 📶 Entrée séparée par le bas de la propriété pour les 4 chambres. La route est proche mais ce n'est pas le périph' et les hébergements lui tournent le dos. Déco rustique et simple, vue peu dégagée sur le jardin. Proprios irlandais férus de sagesse asiatique. Beaucoup de verdure en contrebas. Fait aussi resto : voir « Où manger ? ».

🛏 **Pensão-residencial Miradouro da Serra :** rua Combatentes do Ultramar. ☎ 282-91-21-63. À côté de l'office de tourisme. Doubles 35-40 €. Immeuble carrelé sans charme mais bien entretenu. Chambres spacieuses avec balcon, réparties sur 3 étages. Belle vue à partir du 2e. Supérette en bas.

### Plus chic

🛏 **Vila Fóia :** à Corte Pereiro, à env 3 km de Monchique, en contrebas de la route montant à Fóia ; embranchement au niveau du resto O Luar da Fóia. ☎ 282-91-01-10. ● info@vilafoia.com ● vilafoia.com ● Selon saison, doubles et familiales 60-175 €, petit déj en sus. 📶 Étendu sur un joli terrain escarpé, cet hôtel de style bien intégré au paysage est dirigé par une fondation caritative allemande. Il abrite 2 studios à la déco soignée et fonctionnelle, avec kitchenette dans chaque chalet. Les chambres sont dans le bâtiment principal. De l'espace, un très bon niveau d'équipement, piscine chauffée, chaises longues sur la pelouse et des terrasses avec vue pour tous les hébergements, voilà les qualités de cette bonne maison. Petit déj généreux avec des fruits et des spécialités locales. Possibilité d'arranger des activités (cheval, VTT). Une très bonne adresse pour rayonner dans la région.

## Où manger ? Où boire un verre ?

### Bon marché

🍴🍷 **Bica Boa :** voir « Où dormir ? ». Salle chaleureuse comme dans un chalet. Cuisine végétarienne en accord avec les convictions de la patronne mais viandes et poissons sont également servis. Grande terrasse avec vue.

### Prix moyens

🍴 **Restaurante Jardim das Oliveiras :** sítio do Porto Escuro ; à env 3 km ; repérer l'embranchement sur la droite (panneau) de la route grimpant à Fóia. ☎ 282-91-28-74. 📱 966-24-90-70. ● info@jardimdasoliveiras.com ● Plats 10-25 €. On arrive dans un grand jardin verdoyant où se tient cette belle maison blanche et bleue. Dehors, terrasse sous les oliviers. La carte fait la part belle aux spécialités et produits de la serra, surtout le week-end quand nombre d'entrées et de plats régionaux sont disponibles sans qu'il faille les commander à l'avance. Cabri, sanglier, châtaignes, caroube... la cuisine et les portions sont roboratives, et puis il faut laisser une place pour les desserts maison ! Heureusement, un petit verre d'eau-de-vie aux arbouses (licor de medronho) est parfois offert par la maison pour digérer le tout. Le patron parle le français. Service parfaitement rodé. Bons vins comme celui de la *casa*.

I●I *A Charrete :* *rua Dr Samora Gil, 30-34.* ☎ *282-91-21-42. Dans le prolongement de la rue piétonne do Porto Fundo (part du largo dos Chorões) ; à droite de la rue en montant vers le convento. Tlj sf mer. Repas 25-30 € ; menu touristique 17 €.* Une auberge habillant d'un certain chic des plats allant jusqu'au plus rustique de l'Algarve et de l'Alentejo. Voici l'occasion de goûter les jambons et salaisons locales, les plats et les accompagnements les plus campagnards, en bénéficiant de toutes les attentions d'un service discret et pro, et des surprises d'une très bonne cave. En dessert, délicieux *pudim de mel.* Une très bonne adresse.

## À voir. À faire

➤ Un parcours pédestre indiqué par de petits panneaux permet de découvrir le village.

🚶 *Igreja Matriz :* *par la rue piétonne do Porto Fundo, puis à droite.* Son portail, assez unique, est entouré de torsades nouées dessinant une couronne d'épines.

# LE PARC NATUREL DU SUD-OUEST ALENTEJAN ET DE LA CÔTE VICENTINE

Protégé depuis 1995, ce parc s'étend sur 75 000 ha et sur une distance nord-sud d'environ 100 km, depuis la pointe ouest de l'Algarve jusqu'à mi-hauteur de la façade atlantique de l'Alentejo. Comparés à la surexploitation touristique de certains coins de l'Algarve, ses paysages encore largement préservés sont un véritable bonheur. D'autant que le littoral est découpé en une série d'anses protégées par des falaises aux tons ocre, que sublime le bleu intense de l'océan. Ici, des garrigues filent jusqu'aux à-pic, là de petites vallées mènent à de belles, voire superbes plages, parfois ourlées de cordons de dunes. Les amateurs de farniente et de calme, ou de vagues et d'occasionnelles fiestas y trouveront leur compte. Rajoutons un arrière-pays, ici riche en relief et sauvage, là plat et cultivé, offrant un site harmonieux pour des villages qui s'y fondent avec génie, ainsi qu'une bonne infrastructure de campings, auberges de jeunesse et pensions... Vous aurez compris : cette région est un must !
– *Activités sportives :* cette côte est très propice à la pratique du surf. La meilleure période pour apprendre court de juin à mi-septembre. De mars à mai, c'est idéal pour le vélo.

# BURGAU (8600)

À 14 km à l'ouest de Lagos. De la route nationale au sommet de la falaise, on descend dans un petit village typique aux maisons blanches, sur une côte rocheuse. La rue principale débouche directement sur la mer. C'est un village balnéaire modeste, un peu éloigné du vacarme, et pas désagréable du tout. Plusieurs bars et restos profitent de ce beau site.

## Arriver – Quitter

### En bus

➤ Sur la ligne **Lagos-Sagres**. 12 bus/j., 7h15-20h30, avec *Eva*. De Lagos à Burgau, 6 bus/j. en sem avec arrêt à Burgau, un peu moins le w-e. Durée : 21 mn.

## Où dormir dans les environs ?

🏠 *Hospedaria Belo Horizonte :* cerro dos Vales, **Almádena,** 8600 Lagos. ☎ 282-69-76-05. • info@hbelohorizonte.net • hbelohorizonte.net • Sur la N125, juste avt Almádena en venant de Lagos, à 2 km de praia da Luz. Résa indispensable en été. Doubles env 60-70 € en hte saison, petit déj compris. Grande villa blanche au-dessus de la route, tenue par un couple de Portugais ayant longtemps vécu en France. Une quinzaine de chambres avec frigo et petite véranda. À disposition, piscine, tennis, cuisine et une salle de détente avec billard et ping-pong. Une bonne adresse pour les familles. Très bon accueil.

## Plages

⛱ *Praia de Burgau :* modeste mais profitant d'un certain charme villageois. Protégée par deux avancées rocheuses.

⛱ *Praia de Cabanas Velhas :* à l'ouest de Burgau, fléchée. Les gros galets finissent par laisser place à une bande de sable, dans cette petite anse isolée. Bar-resto.

# SALEMA (8650)

À 21 km à l'ouest de Lagos, vers Sagres. Une jolie route serpente dans un vallon verdoyant jusqu'à atteindre ce gros village, entouré de petites falaises rocheuses. Belle plage de sable sur un morceau de côte encore bien conservé bien qu'urbanisé.

## Arriver – Quitter

### En bus

➤ Sur la ligne **Sagres-Lagos** d'*Eva*. 12 bus/j. en sem, un peu moins le w-e.

## Où dormir ? Où manger ?

### Camping

⛺ *Camping Quinta dos Carriços :* praia de Salema, 8650-196 **Budens.** ☎ 282-69-52-01. • quintacarrico@gmail.com • quintadoscarricos.com • À 1 km avt d'arriver à Salema, en venant de Lagos. Compter env 25 € en saison pour 2 pers. Caravanes équipées, studios et apparts 2 pers 77-87 € en saison (3 nuits min). 🛏 En bord de route mais agréablement situé, ce camping est tenu par des Hollandais bien organisés. Les emplacements sont ombragés. Camping bien équipé, et aux normes européennes : douches chaudes (payantes), épicerie, resto, machines à laver et coffre. Hébergements en dur bien conçus mais pas très bon marché. À noter que la partie du camping réservée aux nudistes dispose des plus grands emplacements.

# SALEMA | 239

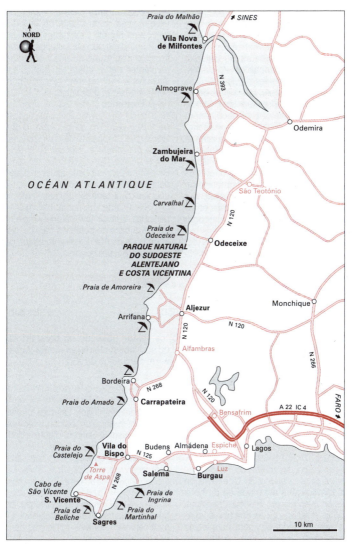

**LE PARC NATUREL DU SUD-OUEST ALENTEJAN ET DE LA CÔTE VICENTINE**

## De bon marché à plus chic

🛏 *Chambres chez l'habitant : sur le port et dans le village.* En saison, les « anciens » viennent vous les proposer dès qu'ils vous voient descendre vers la plage.

🛏 *Chambres d'hôtes Romantik Villa : Vivenda Felicidade, Urbanização Beach Villas, lote MS.* ☎ 282-69-56-70.

☎ 967-05-98-06. ● romantikvilla@sapo.pt ● romantikvilla.com ● *Selon saison, doubles 80-90 € ; appart 2 pers 100-120 €.* Dans un quartier résidentiel et calme, sur les hauteurs de Salema. 3 chambres impeccables et claires, arrangées et décorées par la maîtresse de maison, Elisabete, une joviale Brésilienne polyglotte (francophone). Chambres impeccables et soigneusement décorées avec frigo, bouilloire et sèche-cheveux. Appartement avec cuisine et vue imprenable sur l'océan. Superbe vue depuis la suite avec balcon. Piscine et joli jardin bien entretenu et très agréable, avec hamac à l'ombre d'un grand palmier... Les enfants ne sachant pas nager ne sont pas acceptés et les chambres ne sont pas adaptées pour eux. Une adresse pour couples.

|●| **Bistro Central :** *largo da Liberdade, 24. Ouv avr-oct, tlj sf mar 9h-minuit. Plats 7-20 €.* Situé juste au centre du village, près de la plage, on ne peut pas le manquer. Des tables dehors, quelques-unes dans la salle. Le patron français mijote une cuisine portugaise réinventée par le talent du chef. C'est savoureux et chaleureux, un peu plus sophistiqué que d'ordinaire.

|●| ***O Lourenço :*** *rua 28 de Janeiro.* ☎ *282-69-86-22.* ● *paulo.r.lourenco@sapo.pt* ● *À 200 m de la plage, en lui tournant le dos, passer le pont, prendre la rue qui monte à gauche. Tlj sf dim. Fermé en déc. Plats 7-16 €. CB refusées.* Père et fils tiennent cette affaire installée dans une petite salle nickel et coquette, doublée d'une terrasse de l'autre côté de la ruelle. Pas de vue sur la mer, mais le principal, à savoir une cuisine simple et bonne, à base de poissons frais du jour et de fruits de mer. Excellente soupe de poissons. Accueil courtois.

## VILA DO BISPO            (8650)                5 381 hab.

À 10 km de Sagres et 23 km de Lagos, ce village possède un beau littoral atlantique qui fait partie du parc naturel du sud-ouest alentejan (costa Vicentina). Jolie église baroque aux murs couverts d'azulejos du XVIIIe s.

### Où dormir ? Où manger ?

🏠 **Hotel Mira Sagres :** *rua 1º de Maio, 3.* ☎ *282-63-91-60.* ● *info@hotelmirasagres.com* ● *hotelmirasagres.com* ● *À l'entrée du village, en face de l'église. Doubles 70-150 € selon aménagement, vue et saison, petit déj inclus (voir promos sur le site). Parking.* 📶 Une pension de famille qui s'est muée en un hôtel design avec piscine intérieure, solarium, spa et massages. Les chambres, spacieuses et élégantes, sont parquetées et ultra-équipées (clim, coffre-fort, sèche-cheveux, frigo). Les plus chères disposent aussi d'un balcon avec vue dégagée jusqu'à Sagres, d'autres donnent sur un jardin ou sur la rue.

|●| **A Tasca do Careca :** *rua 1º de Maio, 6. Dans la rue qui part en face de l'église (hôtel Mira Sagres à 10 m). Tlj sf dim hors saison. Plats 9-18 €, certains disponibles en ½ portion.* Cantine plébiscitée par les gens du quartier. Viandes et poissons y sont servis en portions copieuses dans une ambiance populaire.

### Plages dans les environs

△ **Praia do Castelejo :** *à 4 km du village, à l'ouest de la pointe.* Encastrée entre deux falaises sombres comme c'est souvent le cas dans cette partie du littoral.

△ **Praia da Ingrina :** *côté oriental de la pointe, à env 4 km du village de Raposeira, lui-même à 2 km à l'est de Vila do Bispo par la N125.* Une plage aux eaux calmes au sein d'une petite baie encore peu fréquentée, excepté par quelques campeurs. Abords caillouteux mais sable au bord des flots. Buvette sous les palmiers.

# SAGRES

(8650)      2 500 hab.

Plus on avance vers l'ouest de l'Algarve, plus on a le sentiment d'arriver dans un « Finistère » sauvage et battu par les vents du large. À ce niveau, la côte est découpée de baies profondes et de promontoires rocheux, c'est l'inverse de la côte à l'est de Faro (plate, basse et très chaude).
C'est de Sagres que partirent aux XVe et XVIe s, sous l'impulsion d'Henri le Navigateur (1394-1460), les premières caravelles portugaises qui ont « donné de nouveaux mondes au monde »...

### LE MYTHE DE SAGRES

*Depuis des siècles, le mythe 'de l'« école de Sagres », réunissant cartographes, astronomes, mathématiciens et capitaines à la pointe occidentale de l'Europe, s'est forgé de livre en livre. Hélas, cette académie n'a jamais existé. Il est vrai qu'Henri le Navigateur a financé les premières expéditions des caravelles. Quant à sa petite maison de Sagres, achevée en 1456, elle ne lui servit que de lieu de repos à la fin de sa vie.*

Sagres se distingue nettement, par son site, son style et son ambiance, des autres stations de la côte. La ville s'articule le long d'une route principale qui se termine au port, niché dans un creux de la falaise. En raison des vents qui soufflent, été comme hiver, c'est un rendez-vous international de surfeurs, de véliplanchistes et kitesurfeurs. Sagres est donc dans le vent, il suffit de voir les 4x4, les boutiques de fringues, les bars branchés, et même les boutiques-hôtels. Revers de ce succès, les hôtels sont souvent plus chers qu'ailleurs pour des prestations classiques. Du coup, il peut être judicieux de séjourner à Lagos ou, mieux, ailleurs sur la côte vicentine, et faire de Sagres une excursion à la journée. L'essentiel restera de ne pas rater le port, les plages, le cap de Saint-Vincent et les couchers de soleil, dont on dit ici qu'ils sont cent fois plus grands qu'ailleurs...

## Arriver – Quitter

### En bus

🚌 Pas de *gare routière.* L'arrêt des bus se trouve sur l'av. Comandante Matoso, la rue principale, à côté de l'office de tourisme. Tickets vendus à bord.

➢ *Vila do Bispo, Salema, Burgau et Lagos :* avec *Eva,* env 12 bus/j. en sem, 7-9 le w-e. De Sagres à Lagos, durée env 1h.
➢ *Cabo São Vicente :* 2 bus/j. *Eva,* en sem slt, en fin de mat et début d'ap-m. Durée : 10 mn.

## Adresses utiles

**ℹ Office de tourisme :** *av. Comandante Matoso.* ☎ *282-62-48-73. Mar-sam 9h-12h30, 13h30-17h30.*
■ *Supermarché Alisuper : av. Comandante Matoso. Tlj 8h30-13h, 15h-19h30.* Relativement bien approvisionné, mais plus cher qu'ailleurs. Distributeur devant le magasin.

## Où dormir ?

### Camping

⛺ *Camping Orbitur : cerro das Moitas.* ☎ *282-62-43-71.* ● *info@orbitur. pt* ● *orbitur.pt* ● *À 2 km de Sagres sur la route du cap Saint-Vincent, tourner à droite, c'est fléché. Compter env 25 € pour 2 en hte saison ; mobile homes* équipés env 31-69 € pour 2. Installé sur une hauteur dans une pinède, avec des emplacements ombragés. Supermarché, resto et bar. Pas de bus pour s'y rendre, mais location de vélos et scooters. La mer est à 1 km par une petite route goudronnée.

### De prix moyens à chic

⌂ *Mareta View :* praça da República (beco D. Henrique). ☎ 282-62-00-00. ● reservations@sagresholidays.com ● maretaview.com ● *En retrait du rond-point central, dans une rue calme. Selon saison, doubles avec bains, avec ou sans vue sur la mer, 40-60 €, petit déj compris ; voir offres sur le site.* 🖥 🛜 17 chambres à dominante turquoise, design et confortables, avec téléphone, AC et minibar. La moitié des chambres dispose d'un balcon avec vue sur la mer. Jardin tropical avec jacuzzi. Une sorte de boutique-B & B...

⌂ *Casa Azul :* rua D. Sebastião (rua Patrão António Faustino). ☎ 282-62-48-56. ● info@casaazulsagres.com ● casaazulsagres.com ● *Depuis le rond-point, prendre l'av. Comandante Matoso, c'est la 4ᵉ à droite. Selon saison, doubles 48-107 €, petit déj inclus ; studios 70-120 € ; apparts 4 pers 111-182 € (voir offres sur le site).* 🖥 🛜 Une maison bleu azur aux chambres claires et colorées, souvent assez grandes. Tous les hébergements ont la clim, une TV LCD, un frigo et sont meublés par un géant suédois. Cuisine bien équipée dans l'appart. Cours de surf et location de planches. Accueil attentionné.

### Plus chic

⌂ *Memmo Baleeira Hotel :* sítio da Baleeira. ☎ 282-62-42-12. ● memmobaleeira.com ● *Doubles 88-150 € selon confort, vue et saison.* Près du centre historique, sur un promontoire dominant le port, cet hôtel des années 1960 a été entièrement réaménagé dans un style moderne, design et confortable. Claires, très bien décorées, certaines chambres (les plus chères) disposent d'un petit balcon avec vue sur le jardin, la piscine et la mer plus bas. AC partout. Les autres chambres donnent sur le jardin. Restaurant, café, bar, spa, expo d'artistes. Très bon accueil (en français). Une excellente adresse !

### Où manger ? Où boire un verre ?

I●I Sur praça da República, adjacente au rond-point, plusieurs petits **cafés** concurrents où se prélasser en terrasse au soleil et combler un petit creux : on a bien aimé le *Conchinha*, idéal pour le petit déj.

I●I *Estrela do Mar II :* à l'extrémité est d'av. Comandante Matoso. ☎ 282-62-42-46. *Tlj. Plats 6-11 €.* À Sagres où tout tend à être plus cher, ce petit resto est une assez bonne surprise. La cuisine, certes simple, est à la hauteur, tant au niveau des spécialités (grillades de poissons et viandes) que pour les plats typiques à partager *(cataplana, arroz de marisco).*

I●I *Vila Velha :* rua Patrão A. Faustino. ☎ 282-62-47-88. ● lia@vilavelha-sagres.com ● *Ouv pour le dîner slt, tlj sf lun. Fermé en janv et 2 premières sem de fév. Plats principaux 13-30 €. CB acceptées. Apéro maison offert sur présentation de ce guide.* Installé dans une petite maison avec jardin et véranda, ce resto de charme joliment décoré appartient à une Hollandaise qui aime le Portugal. Le chef mijote une belle cuisine inspirée du pays mais bien plus élaborée, raffinée même. Viandes, produits de la mer et plats végétariens : tout est frais et joliment mijoté. Sans doute la meilleure adresse à Sagres.

Y I●I *Dromedário Bistro :* av. Comandante Matoso, attenant au bar Dromedário. ☎ 282-62-42-19. ● dromedariosagres@mail.telepac.pt ● *Tlj 10h-2h.* 🛜 Cette ancienne taverne, devenue un bar à la mode, est l'un des endroits phares de la vie nocturne de Sagres : cadre orientalisant, musique plutôt rock et raz-de-marée de cocktails ! Petite restauration à base de burgers, *chapatas,* salades et crêpes. Nuits karaoké.

Y I●I *Pau de Pita :* av. Comandante Matoso. ☎ 282-62-49-03. Attenant *au bar* Dromedário. *Tlj 10h-3h.* 📶 Un café-resto jeune et branché, avec au 1er étage une superbe terrasse avec vue sur la mer. Excellents jus et cocktails, facturés à des tarifs internationaux comme chez les voisins.

Comme à côté, on peut manger : large choix de *tostas,* baguettes, crêpes, *wraps,* hamburgers et salades, à prix relativement modestes. Soirées DJ et concerts en été.

## À voir

**La forteresse de Sagres :** *tlj 9h30-20h (17h30 nov-mars, 18h30 avr-oct, 20h30 juil-août). Fermé 1er mai, 25 déc, 1er et 22 janv. Entrée : 3 € ; réduc ; gratuit le 1er dim du mois jusqu'à 14h.*
Un haut lieu historique puisque c'est ici qu'Henri le Navigateur s'éteignit en 1460, après y avoir fondé le village de Vila do Infante et une forteresse. Ambitionnant d'ouvrir une route vers l'Inde en contournant l'Afrique, il s'est appuyé sur la fortune de l'ordre du Christ, héritier des Templiers, dont il fut grand maître, pour armer ses vaisseaux avec des équipages essentiellement composés de prisonniers. Pourtant, aucune de ces expéditions pionnières ne partit jamais de Sagres, mais de Lisbonne. À noter qu'Henri le Navigateur n'a jamais navigué, qu'il ne s'est jamais marié, et qu'il n'a pas eu de descendance. Il s'est consacré aux expéditions maritimes de son royaume vers les mondes inconnus des Européens au XVe s.
Construit sur un promontoire rocheux, ce site offre des vues spectaculaires sur l'océan et le cap São Vicente. Les remparts restants, bâtis selon les principes de Vauban, datent du XVIIIe s. La fonction originelle du motif circulaire à rayons, de 50 m de diamètre, exécuté en galets sur le sol de la cour, reste mystérieuse : rose des vents, cadran solaire, aire de séchage du poisson ou espace cérémoniel ?
Il n'y a pas de musée mais quelques bâtiments (dont une abritant une boutique), une cafétéria, une chapelle et une boucle de 2 km à faire à pied.

## Plages

**Attention,** sur toutes ces plages, les courants peuvent être forts. Prudence, privilégier les zones surveillées.

△ *Praia da Mareta :* la plus proche, juste en bas de la praça da República. Assez classique. Idem pour sa voisine la ***praia da Baleeira,*** qui partage son sable avec le port.

△ *Praia do Martinhal :* à 5 mn de marche après le port. La plus grande. Seuls les surfeurs et les véliplanchistes y trouveront vraiment leur compte, car le vent n'y est jamais au chômage technique.

△ *Praia de Beliche :* à env 2 km vers l'ouest, dans une anse définie par la pointe de Sagres et le cabo de São Vicente. Moins fréquentée, et protégée des vents. À voir dans le coin, un fort où s'installa autrefois une *pousada.*
△ *Praia do Tonel :* belle vue sur le fort ; l'ocre rose des falaises, au coucher du soleil, est superbe. Bar, musique, DJs et surfeurs. Cool, quoi !

## DANS LES ENVIRONS DE SAGRES

**Cabo de São Vicente** *(cap Saint-Vincent) : à 6 km de Sagres. Pour s'y rendre, voiture, loc de vélos en ville ou bus (en sem slt, à 11h55 et 15h05) depuis Sagres. Dans la cour près du phare, petit musée, cafétéria, toilettes, boutique de souvenirs. Accès au phare tlj sf lun et j. fériés 10h-18h (17h oct-mars).*

Dans un paysage de bout du monde, ce cap aux falaises déchiquetées marque le point le plus sud occidental de l'Europe. Il est coiffé d'un phare surplombant l'océan du haut de ses 80 m. Construit en 1846, il a été automatisé en 2001. Les couchers de soleil, dont on disait au Moyen Âge qu'ils étaient cent fois plus grands qu'ailleurs, ajoutent au grandiose leurs couleurs incendiaires.

> ### QUAND TINTAMARRE VAUT MIEUX QUE PRIÈRE
>
> *Par temps de brouillard, les nonnes qui vivaient au cap Saint-Vincent avant la construction du phare, au début du XX$^e$ s, usaient d'une méthode originale pour signaler cette côte extrêmement dangereuse aux marins. Elles agitaient toute la journée des centaines de clochettes avant d'allumer un grand feu pour la nuit et... de tomber de sommeil !*

– ***Museu do Farol do cabo São Vicente :*** *dans la cour intérieure de l'enceinte du phare. Mêmes horaires. Entrée : 1,50 € ; réduc. Explications en portugais et anglais.* Ce petit musée est dédié au cap Saint-Vincent et à son histoire. Connu dès l'Antiquité, ce promontoire sacré était mentionné par Strabon qui en fit une description au I$^{er}$ s av. J.-C. Au VIII$^e$ s apr. J.-C., les reliques de saint Vincent auraient été conservées dans un oratoire sur le site. À voir : la cartographie portugaise de l'époque, l'atlas de Diogo Homem (1561 ; un fac-similé), les instruments de navigation astronomique (le GPS des marins du XV$^e$ s) et aussi des infos intéressantes sur le phare São Vicente et les phares du Portugal.

## CARRAPATEIRA (8670)

**Petit village à environ 2 km de la mer et à 16 km au nord de Sagres. Pour les amateurs de calme et de solitude. Paysage accidenté de collines, dunes et bras de mer s'enfonçant dans les terres. Petite place centrale, un mini-marché, un parking et trois bars. Puis deux superbes plages, le paradis des surfeurs.**

### Où dormir ? Où manger ?

🏠 ***Casa Bamboo :*** *plage de Carrapateira, peu avt le resto O Sítio do Rio. ☎ 969-00-99-88. ● casabamboo@gmail.com ● Suivre les panneaux pour la plage de Bordeira. Selon saison, doubles 40-60 € ; apparts 70-90 € pour 2. Petits déj 4-8,50 €. CB refusées.* 📶 À 500 m de la plage, sur la droite de la route, une maison basse, bleue et blanche couverte de tuiles. Les 4 chambres sont coquettes, gaiement décorées et calmes, même celles côté route. Possibilité de prendre son petit déj.

🏠 ***Pensão das Dunas :*** *rua da Padaria, 9. ☎ 282-97-31-18. ☎ 925-59-39-55. ● pensao.das.dunas@gmail.com ● pensao-das-dunas.pt ● Selon saison, doubles avec sdb partagée 30-60 € ; apparts 45-100 € pour 2-3 pers, 65-115 € pour 4 pers. Petit déj 7,50 €.* 📶 Au fond d'une cour verdoyante, cette maison de caractère abrite des chambres et des appartements plutôt petits et bas de plafonds. Déco traditionnelle, colorée, avec des influences orientales. Vue sur le jardin. Attention, dans l'appartement pour 4 personnes, accès à la salle de bains par une des chambres. On se croirait dans une maison de poupée, pleine de recoins, le contraire de l'adresse standard et impersonnelle. Petit déj généreux servi dans l'agréable salle commune. Le patron parle le français.

🏠 ***Monte da Cunca :*** *à env 1 km de Carrapateira en direction d'Aljezur, à droite de la route. ☎ 282-97-31-02. ☎ 966-46-38-86. ● witzklaus@hotmail.com ● montedacunca.com ● Apparts*

*15-40 €/pers selon taille (max 4 pers) et saison, petit déj non compris. Supplément de 25 €/appart pour le ménage.* Les jeunes propriétaires ont restauré une ancienne ferme en bordure de la route, en utilisant des matériaux traditionnels comme la pierre, l'adobe et le bambou. 8 apparts avec mezzanine y sont nichés, tous équipés d'une petite cuisine. Déco New Age, agrémentée d'arabesques et d'arbres peints aux murs. On peut aussi cueillir les légumes bio du jardin et louer du matériel de surf. Un hébergement alternatif qui plaît à beaucoup.

**I●I Sítio do Forno :** *en surplomb de la plage d'Amado, bien fléché depuis la N268.* ☎ *282-97-39-14. Tlj sf lun, jusqu'à 22h. Plats 9-20 €.* Un emplacement privilégié avec vue sur les falaises ocre et l'océan. Selon la météo, on s'attable dans la salle rustique ou en terrasse. Au menu, poissons du jour, *mariscadas* et viandes. Très bien tenu par un gentil patron francophone. Vous pouvez ensuite repartir vers Bordeira par le chemin côtier.

**I●I O Sítio do Rio :** *avt la plage de Bordeira, à 300 m à droite.* ☎ *282-97-31-19. Fermé mar et généralement vers nov-déc. Repas 12-20 €.* Resto familial genre hacienda, au bord des dunes. Poisson au kilo, mais également de la bonne viande de l'Algarve. Adresse connue, donc service un peu à l'arraché parfois. Carte en français.

## Plages dans les environs

Entre les deux plages décrites ci-dessous, une boucle carrossable serpente sur la lande désertique qui se termine en falaises spectaculaires. La force de ces paysages bruts incite à la méditation et aux rêves de lointains. C'est d'ailleurs en contemplant cet horizon qu'Henri le Navigateur décida de lancer ses caravelles vers l'inconnu.

**⚐ Praia da Bordeira :** *à 2,5 km du village.* Parfois appelée *praia Carrapateira,* elle est protégée du vent par une ligne de dunes et des voitures par la rivière qui y dessine une minilagune. Depuis la route en surplomb, vue puissante et magnifique sur une grande et sauvage étendue de sable en fer à cheval. Sentiers aménagés en bois pour en profiter.

**⚐ Praia do Amado :** *à 2 km de Carrapateira et à 4 km au sud de Bordeira, panneau indicatif à l'entrée sud de Carrapateira.* De même taille que Bordeira, en mieux aménagé, avec grand parking, resto, snacks et école de surf.

# ALJEZUR (8670)

Situé à 16 km d'Odeceixe et 32 km de Monchique, ce gros village s'accroche à une colline allongée, surmontée d'un fort. Aljezur tourne le dos à la mer mais celle-ci n'est pas très loin (de l'autre côté des collines).

## Arriver – Quitter

### En bus

➢ **Lagos :** 2-6 bus/j. selon saison, avec *Eva.* Durée : 50 mn.

➢ **Odeceixe :** env 5 bus/j. sf dim, avec *Eva.* Durée : env 30 mn.

## Adresse utile

**🛈 Office de tourisme** (*posto de turismo*) *: rua 25 de Abril, 62.* ☎ *282-99-82-29.* • visitalgarve.pt • *Mar-jeu 9h-19h (18h en hiver) ; ven-lun 9h-13h, 14h-18h.*

## Où dormir ? Où manger ? Où boire un verre ? Où sortir ?

🛏 **Amazigh Hostel :** *rua da Ladeira, 5.* ☎ *282-99-75-02.* • *booking@amazighostel.com* • *amazighostel.com* • *Au centre d'Aljezur, en face du pont, côté vieux village. Fermé janv.-fév. Lit en dortoir 15 € ; doubles 40-95 € selon saison (consulter aussi le site) ; petit déj en sus.* 💻 📶 Dans une vieille maison blanche adossée à la falaise qui sert d'arrière-plan spectaculaire au patio. Design et malin, doté d'espaces communs qu'on a envie de s'approprier. Casiers et lampes individuels dans les dortoirs (6-10 lits, pas d'AC), bons matelas et sanitaires impec. Bien équipées, les doubles peuvent se transformer en familiales. João, l'efficace et avenant manager, organise des sessions de cours de surf avec une école basée à Arrifana. De mars à mai, c'est le temps des sorties à vélo.

🍽 🍷 **Pont'a Pé :** *rua João Dias Mendes, 14. Plats 8-14 €.* Au centre du village, au niveau de la passerelle piétonne comme son nom l'indique, dans une vieille maison bordant la *ribeira*. Cuisine classique portugaise, avec des plats et poissons du jour. En dessous, on rejoint un espace plus bar, avec terrasse sur la rivière.

🎵 🎶 **Dclub :** *2 maisons au-delà du resto* Pont'a Pé. ☎ *282-99-50-48.* La boîte du coin.

## Où dormir ? Où manger ? Où boire un verre dans les environs ?

⛺🛏 **Parque de campismo do Serrão :** *herdade do Serrão, à 2,5 km au nord d'Aljezur.* ☎ *282-99-02-20.* • *info@campingserrao.com* • *campingserrao.com* • *Ouv tte l'année. Arrêt de bus Eva et Rede Expressos. À 5 km (de piste !) de la plage d'Amoreira. Env 21 € pour 2 ; bungalows 2-4 pers 75-95 € en fonction du nombre d'occupants.* 💻 📶 Camping bien ombragé, avec épicerie, piscine gratuite et tennis. Blocs sanitaires en nombre suffisant et bien tenus. Les bungalows *(moradias)* sont en fait de vraies maisonnettes traditionnelles, fort bien arrangées donnant sur une vaste pelouse. Bon accueil.

🛏 **Pousada da juventude :** *urbanização Arrifamar, à la plage d'Arrifana.* ☎ *282-99-74-55.* • *arrifana@movijovem.pt* • *microsites.juventude.gov.pt/Portal/pt* • *Fermé janv. Selon saison, 11-17 €/pers en dortoir 4 lits et doubles sans ou avec sdb 30-47 € ; petit déj compris.* 📶 À 5 mn à pied de la plage, dans un beau paysage venteux, cette AJ récente (40 lits en tout) est aménagée dans un style jeune, moderne et design. Certaines chambres ont les w-c sur le palier. Attention, il n'y a ni AC ni ventilo. On y trouve tous les services et équipements habituels (espace commun, bar, machine à laver, cuisine), mais pas de restauration, hors petit déj, même en été. Très agréable terrasse extérieure avec vue superbe. Des planches de surf sont à louer. À l'accueil, on vous donnera des contacts privilégiés avec les écoles.

## À voir. À faire

🏛 **Museu municipal et museu José Cercas :** *sur le chemin du château. Lun-ven 9h-13h, 14h-18h. Billet combiné : 2 €.* Le *Musée municipal,* sur une placette, est dédié à l'ethnographie locale. Un peu plus haut, dans une ruelle à gauche, le *musée José-Cercas* réunit dans une belle maison les diverses collections du peintre, décédé en 1992.

🏰 *Castelo :* ce château, en ruine, fut le dernier bastion maure à être reconquis au milieu du XIII$^e$ s. Dominant le village, il veillait sur la rivière aujourd'hui ensablée, dont on devine encore le cours.

## Plages dans les environs

⌦ *Praia de Amoreira : légèrement au nord. Accès par une route pleinement praticable de 6 km depuis Aljezur, ou par 3 km de piste depuis le* Parque de campismo do Serrão *(voir plus haut « Où dormir ? Où manger ? Où boire un verre dans les environs ? »).* Petit resto de poisson à proximité. Plage large et ouverte, entre les dunes.

⌦ *Praia de Arrifana : au sud d'Aljezur. Peu de bus pour s'y rendre ; mieux vaut être motorisé.* Une bande de sable assez étroite qui s'incurve au pied de falaises de roches sombres, surveillée par quelques villas agrippées aux pentes. Magnifique, ce site très prisé des surfeurs parce que bien protégé (baignade et bronzette possibles !) est propice à tout niveau de pratique. Pour l'hébergement et la restauration, voir plus haut « Où dormir ? Où manger ? Où boire un verre dans les environs ? », sachant qu'il y a d'autres offres de chambres à louer en saison, ainsi que plusieurs restos.

# ODECEIXE (8670) env 900 hab.

À la frontière de l'Algarve et de l'Alentejo, à 36 km de Carrapateira et à 47 km au nord de Lagos. Un petit village blanc, bordé par une rivière tranquille qui trace ses méandres entre des collines énormies, des champs de blé, de verts pâturages... pour se jeter dans l'océan, 4 km plus loin. La plage de sable est coincée entre des falaises, à l'embouchure du *rio*. Construit en escargot autour d'une minuscule place et presque vierge de toute excroissance bétonnée, Odeceixe garde une atmosphère campagnarde très plaisante.

## Arriver – Quitter

### En bus

🚌 Le *terminus* se situe en bas du village, sur la route de la plage. Les billets *Rede Expressos* sont en vente au restaurant *A Tasca,* rua das Amoreixas, 12. Les billets *Eva* et *Rodoviária do Alentejo* s'achètent directement dans le bus.
➢ *Aljezur et Lagos :* 5-6 bus/j. sf dim, avec *Eva.* D'Aljezur, trajet 24-32 mn. De Lagos, durée 1h10.
➢ *Vila Nova de Milfontes :* avec *Rodoviária do Alentejo* (● *rodalentejo.pt* ●), 2 bus/j. sf w-e, avec changement à Odemira. D'Odemira à Odeceixe, 1 bus/j. en période non scolaire. Durée : 45 mn.
➢ *Lisbonne :* avec *Rede Expressos,* 2 bus/j., avec changement à São Teotónio. Durée : 3h30.

## Adresses et info utiles

✉ @ *Poste et Internet : sur le largo do Povo.* Lun-ven 9h30-12h, 13h-16h30 ; sam 10h-13h30.

@ *Zone wifi gratuite : au niveau de la mairie et du poste de police (GNR).*
– *Petit train touristique (comboio*

*turístico) : juin-sept ; départ ttes les 30 mn env, 9h15-20h. Coût : 1,50 €/trajet.* Il relie le centre-ville à la plage.

## Où dormir ?

Des pancartes dans le village signalent de nombreuses chambres chez l'habitant et des appartements à louer.

▲ *Casa hospedes Celeste : rua Nova, 9.* ☎ *282-94-71-50.* ● *info@ casahospedesceleste.com* ● *casahospedesceleste.com* ● *En face de O Retiro do Adelino. Doubles 40-65 € selon saison, petit déj compris. CB refusées.* Derrière une belle façade jaune et blanc, l'ensemble est coquet et très bien entretenu. Les chambres sont petites mais joliment colorées et confortables. Elles donnent sur la rue. Accueil très gentil et souriant de dona Celeste, qui prépare ses propres confitures. Celle de tomates est un régal.

▲ *Alojamento local Luar (Pensão Luar) : rua da Várzea, 28.* ☎ *282-94-71-94.* ● *pensaoluar.odeceixe@ gmail.com* ● *À la sortie du village, sur la route de la plage. Fermé nov-fév. Doubles avec sdb 35-60 € selon saison. Café offert sur présentation de ce guide.* 10 chambres, dont 2 triples, dans une grande demeure à flanc de colline. Celles du dernier étage (n°s 2, 7, 8, 9 et 10) ont un balcon avec vue sur les champs. Confort simple et nickel.

▲ *O Retiro do Adelino : rua Nova, 22.* ☎ *282-94-73-52. Chambre env 50 €, appart 70 €, mais prix variables selon période.* Central, l'environnement peut être bruyant (bars et resto). Hébergements de configurations diverses, souvent petits, sans AC. Efforts de déco et d'équipement cependant. Tenu par 2 retraités.

▲ *Hospedaria Dona Maria : rua do Rio, 19.* ☎ *282-94-71-53 ou 23.* ● *info@odetur.com* ● *odetur.com* ● *Doubles 30-60 € selon saison, petit déj compris.* Confort rustique, déco fonctionnelle, mais tenue nette. Bons petits déj, servis dans la pâtisserie « maison », juste en face (voir la rubrique suivante). Accueil très gentil. Fernando, le patron, parle le français. Il loue aussi de belles chambres dans une vieille maison, au n° 14 de la rua do Rio.

## Où manger ? Où boire un verre ?

|●| *Quintal dos Sabores : rua do Rio, 16, en face de l'hospedaria Dona Maria. Entrée par la pâtisserie ou depuis la route de la plage. Tlj 8h-minuit. Repas env 11 €.* Le calme d'un grand jardin aux vénérables palmiers, oliviers centenaires et orangers, ajouté au savoir-faire régional perpétué par la famille de dona Maria (voir « Où dormir ? »). Coquillages, mollusques, poissons en salade, *feijoadas* (avec haricots), grillés ou version *cataplana*... Fait aussi pâtisserie régionale : *patata doce*...

|●| *O Retiro do Adelino : rua da Estrada nacional, à 30 m de la pension.* ☎ *969-69-90-77. Ouv juil-août (parfois sept). Menu du jour env 20 € ; carte 7-20 €. Apéritif offert sur présentation de ce guide.* 2 salles propres et sans chichis plus une terrasse, cette « retraite » donnant sur 2 rues s'est enhardie avec l'essor du tourisme. Poisson, viande, lapin, *feijoada* de gambas y sont exécutés sans génie, mais le lieu est convivial et le service plaisant.

|●| *Taberna do Gabão : rua do Gabão, 9.* ☎ *282-94-75-49. Enseigne visible en surplomb du largo 1° de Maio (fontaine). Tlj sf lun. Plats 8-12 €.* Le resto gastronomique de la ville, tenu par un couple de Portugais ayant vécu en France. Beau décor rustique et salle extérieure. Spécialités alentejanes et françaises.

|●| ♟ *Blue Sky Bar : sur le largo 1° de Maio.* ☎ *282-94-71-69. Ouv slt en été. Pizzas 5,50-7,50 €.* Bar-pizzeria avec discothèque au 1er étage. Terrasse stratégique pour boire un verre et se restaurer. Le patron, affable, a grandi en France.

## Où dormir ? Où manger ? Où boire un verre dans les environs ?

**⚑ Camping São Miguel :** *à 1,5 km au nord sur la route d'Odemira, après avoir passé le pont sur la rivière.* ☎ 282-94-71-45. ● camping.sao.miguel@mail.telepac.pt ● campingsaomiguel.com ● *Ouv tte l'année. Selon saison, env 17-25 € pour 2. Caravanes équipées et bungalows 2-5 pers 65-108 € (différents conforts).* On n'est plus dans l'Algarve, mais déjà en Alentejo... vous avez franchi la frontière ! Proche de la plage dans une pinède à l'abri de la route, l'ensemble est récent et impeccable jusqu'aux sanitaires. Respectueux de l'environnement, très bien équipé avec tous les services demandés : resto, pizzeria et bar agréables, supérette, jolie piscine (payante) et 2 tennis (payants). Plus cher que d'autres campings, mais ça le vaut et l'accueil est à la hauteur.

**⌂ |●| ⌘ Pensão-restaurante Dorita :** *en surplomb de la plage d'Odeceixe.* ☎ 282-94-75-81. ▤ 965-28-39-14. ● dorita.odeceixe@hotmail.com ● *Attention aux dates d'ouverture : ouv slt juil-août. Resto fermé lun. Doubles 25-65 € selon saison, petit déj non compris. Repas env 15-20 €.* 7 chambres assez petites et sans autre équipement qu'une salle de bains. Vue sur la mer pour la plupart, un balcon pour les chanceux, et le bruit des vagues pour tout le monde. En saison, cuisine légère dégustée dans la petite salle familiale ou sur la terrasse. Management allemand, légèrement tourné vers le bio.

**⌂ Casa Vicentina :** *Monte Novo.* ☎ 282-94-74-47. ▤ 917-76-24-66. ● geral@casavicentina.pt ● casavicentina.pt ● *Bien indiqué depuis la N120, entre Aljezur et Odeceixe. Selon j. et saison (plus cher ven-sam sf hte saison), doubles 75-125 € ; suites avec kitchenette équipée 110-165 €.* 🛜 Entourée de chênes-lièges et de pins, cette grande propriété tenue par le jovial José de Almeida (un passionné de sa région) combine harmonieusement le confort, l'élégance et le respect de l'environnement. Chaque chambre dispose d'une TV, d'un frigo et d'une petite terrasse de plain-pied donnant sur le jardin, la piscine et un joli lac. D'autres ont même une kitchenette. Déco extrêmement soignée et chaleureuse. Une très belle adresse pour se ressourcer et rayonner.

## À voir. À faire

**⚑ Promenade dans le village :** suivre au hasard les ruelles bordées de maisonnettes charmantes jusqu'à atteindre le photogénique **moulin** perché au sommet du village. Il est toujours en activité *(ouv en théorie lun-ven 10h-12h, 13h-16h, voire plus tard en été).* De là, magnifique vue panoramique sur la campagne environnante au coucher du soleil.

**⚑ Praia de Odeceixe :** vaste et abritée, elle vaut vraiment le détour, enserrée par l'océan, la rivière et les falaises. Un petit hameau y a poussé, on y trouve une pension (voir « Où dormir ? Où manger ? Où boire un verre dans les environs ? »), quelques chambres à louer et des restos. La partie gauche *(praia das Adegas)*, accessible par le parking, est naturiste.

# ZAMBUJEIRA DO MAR (7630) 912 hab.

À 18 km seulement d'Odeceixe et à 15 km de Vila Nova de Milfontes en restant sur la route buissonnière, plus courte et agréable que la nationale. Cette petite station balnéaire de l'Alentejo est d'abord un village paisible avec une belle plage où le temps s'arrête lors des sublimes couchers de soleil. Les rues se coupent à angle droit comme dans une petite cité coloniale, menant toutes jusqu'au bord de la falaise qui domine la mer. Chaque année, pendant 4 jours au mois d'août, s'y déroule le festival de musique électronique Sudoeste.

### Arriver – Quitter

#### En bus

Les bus s'arrêtent en haut de la *rua de Mira Mar*, à l'entrée du village. Peu de fréquences et de liaisons directes. Attention, la station est souvent appelée *Praia Zambujeira*.

➤ **Odeceixe :** avec *Rodoviária do Alentejo* (● rodalentejo.pt ●). En août 1-4 bus/j. ; le reste de l'année, 2 bus/j. sf w-e. Changement à São Teotónio.
➤ **Vila Nova de Milfontes :** 1-2 liaisons directes/j. avec *Rede Expressos*. Avec *Rodoviária do Alentejo*, 3 bus/j., en sem slt, jusqu'à Odemira où il faut changer de bus ; ensuite, d'Odemira à Praia Zambujeira, 4 bus/j. en juil-août. Durée : 37 mn.
➤ **Beja (Alentejo) :** 1 bus/j. sf w-e avec *Rodoviária do Alentejo*.
➤ **Lisbonne, via *Vila Nova de Milfontes* :** 1-2 bus/j. avec *Rede Expressos*.

#### En voiture

➤ Par un embranchement sur la N120. Depuis Vila Nova de Milfontes, penser à la route qui file à travers champs, plus proche de la côte.

### Adresses utiles

**Office de tourisme :** *sur l'alameda Central.* ☎ 283-96-11-44. *Ouv juin-sept, mar-sam 10h-13h, 14h-18h.*

■ **Distributeur :** *à côté de l'office de tourisme.*

### Où dormir ? Où manger ?

**Parque de campismo Zambujeira :** *à l'entrée de la ville.* ☎ 283-95-84-07. ● info@campingzambujeira.com ● campingzambujeira.com ● *Ouv 1ᵉʳ avr-fin oct. Emplacements env 20-26 € pour 2. Studios et apparts 2-4 pers env 70-100 €.* Camping proche du village et de la plage, avec un beau terrain bien ombragé. Les *apartamentos* rassemblés dans des bâtisses de plain-pied ont un coin terrasse et barbecue. Certains, de 2 pièces, peuvent loger 6 personnes. Bar, resto et espace enfants. Piscine gratuite.

**Hospedagem Rosa dos Ventos :** *lot. 2 B, rua Nossa Senhora do Mar.* ☎ 283-96-13-91. ● geral@rosadosventoszambujeira.com ● rosadosventoszambujeira.com ● *Entre le bar Rita et le resto Ti Vitoria, prendre la rua da Fonte dos Amores jusqu'au bout puis tourner à droite. Ouv tte l'année. Doubles avec sdb 45-65 € selon saison, petit déj compris.* Une dizaine de chambres autour d'un patio ceinturé de colonnades... on se croirait dans un riad s'il ne s'agissait pas d'une construction moderne avec ses touches marines. Chambres impeccables, dans des tons frais. Frigo et TV mais pas d'AC. Excellent accueil.

|●| **Casino da Ursa :** *rua do Mercado, à l'angle de la rua da Escola.* ☎ 283-96-11-80. Situé derrière l'office de tourisme, ce n'est ni un casino ni une cage à ours mais une table simple et bonne à prix sages, recommandée par les locaux. Salades, spaghettis *(massas)*, poisson, viande et une vingtaine de pizzas à déguster dans la salle ou en terrasse.

|●| **Nelmar :** *praceta Boa Vontade.* ☎ 283-96-12-50. *En haut de la rua de*

*Mira Mar, à l'entrée du village, tourner à l'arrêt de bus ; c'est un peu plus loin sur la gauche, à côté d'une salle de jeux (sala de jogos). Tlj sf jeu. Plats 8-12 €.* Un hybride entre le bar et le resto, avec écran plat branché foot d'un côté, cuisine familiale de l'autre. Au menu : les plats régionaux classiques, viande, poisson et fruits de mer.

|●| **Mar e Sol :** *rua de Mira Mar, 19.* ☎ *283-99-62-80. Dans la rue qui descend à la plage, sur la droite. Plats 6-13 €.* Pension-resto avec terrasse sur rue. Les locaux et les touristes y sont au coude à coude. Scruter l'ardoise pour les plats du jour, sachant que les régionales *feijoadas*, *migas* et *carne a la alentejana* (porc aux coques) seront toujours de bons choix, comme les *arroz* et *cataplanas* à partager, de prix modiques.

### Où dormir ? Où manger dans les environs ?

🛏 **Herdade do Touril** (Turismo rural) : *à env 4 km au nord de Zambujeira, sur la N393 en direction de Vila Nova de Milfontes (bien indiqué sur la gauche).* ☎ *283-95-00-80.* ● *herdadedotouril.pt* ● *Doubles 70-150 € selon confort et saison.* Entourée de terres agricoles, la *quinta* (domaine) se compose d'une maison principale auprès d'une piscine et de plusieurs maisonnettes éparpillées sur le terrain, en pleine campagne. Tout est arrangé dans l'esprit « rustique-chic », à prix encore raisonnables pour la qualité des lieux. Chambres bien aménagées, décorées avec soin donnant sur la campagne. Pas de restaurant mais petit déj.

⋏ 🛏 **Parque de campismo Monte Carvalhal da Rocha :** *à env 1 km de la praia do Carvalhal et à 3 km de Zambujeira (direction Odeceixe) ; proche du village de Brejão.* ☎ *282-94-72-93.* ● *geral@montecarvalhaldarocha.com* ● *montecarvalhaldarocha.com* ● *Ouv tte l'année. Compter 30 € pour 2 en camping. Selon saison, 55-80 € pour 2 en studio et apparts (2-6 pers) 70-100 € ; voir aussi les offres sur leur site.* À 500 m de la praia do Carvalhal, un ensemble récent, au calme dans un paysage champêtre et marin à la fois. Au camping, le terrain est plutôt sablonneux mais ombragé par des eucalyptus. Les studios et petits apparts, tout comme les équipements communs (bar, resto, grande piscine, petits spas et salle de billard), sont bien arrangés et confortables.

|●| Entre la nationale et la plage de Carvalhal, on trouvera plusieurs petits **restos** très semblables dans le village de **Brejão**.

## Plages à Zambujeira do Mar et dans les environs

⌓ **Praia do Zambujeira :** la rue centrale descend directement sur le beau surplomb qui domine cette baie de sable, lovée entre les falaises et striée d'affleurements rocheux.

⌓ **Praia do Carvalhal :** *à env 4 km au sud de Zambujeira (par la petite route) et à 8 km d'Odeceixe.* Petite et un peu encaissée, elle est abritée et plaisante. Camping dans le coin (voir plus haut « Où dormir ? Où manger dans les environs ? »).

## VILA NOVA DE MILFONTES     (7645)          5 000 hab.

À 31 km au nord de Zambujeira do Mar et 38 km au sud de Sines. C'est tout d'abord un site remarquable. La vieille ville blanche et lumineuse sous le ciel bleu surplombe l'estuaire de la rivière Mira qui se jette un peu plus loin dans l'Atlantique. Les rives de ce *rio* sont boisées au sud (et protégées par le parc naturel) et il y a même une plage aux eaux bien claires au pied de la ville. Vers l'est, au-delà des prés et des champs, une barrière de collines arrondies et vertes sert de paravent à ce paysage préservé. Quant à la côte, elle présente une ligne de falaises rocheuses découpées, usées, encadrant de grandes plages sauvages battues par les vents de l'océan. Loin du tourisme de masse et du conformisme balnéaire des grandes stations de l'Algarve, voici Vila Nova de Milfontes, un de nos endroits préférés.

Chaque année la procession fluviale du 15 août en l'honneur de Notre-Dame des Grâces témoigne de l'attachement de la ville à la tradition de la pêche.

## Arriver – Quitter

### En bus

*Arrêt des bus : rua António Mantas, à 100 m de l'office de tourisme.*
– Billetterie Rede Expressos : *travessa dos Amadores, à 200 m de l'office du tourisme.*
– Billets Rodoviária do Alentejo (● roda lentejo.pt ●) vendus directement dans le bus.

➤ *Odeceixe :* avec *Rodoviária do Alentejo*, 2 bus/j., en sem slt, avec changement à Odemira. Durée : 2h10.
➤ *Zambujeira do Mar :* 1-2 liaisons directes/j. avec *Rede Expressos*. Avec *Rodoviária do Alentejo*, 3 bus/j., en sem slt, avec correspondance à Odemira.
➤ *Lagos :* 1 bus/j. avec *Rede Expressos*. Départ le mat. Durée : 2h.
➤ *Lisbonne via Setúbal :* 3 bus/j. avec *Rede Expressos*. Durée : 4h.

### En voiture

➤ Par la N120 pour le littoral alentejan et celui de l'Algarve. Par l'autoroute A2 (payante) pour Lisbonne.

## Adresse utile

**@ Office de tourisme :** *rua António Mantas.* ☎ 283-99-65-99. ● turismo. milfontes@cm-odemira.pt ● vilano vademilfontesportugal.com ● Tlj 10h-13h, 14h-18h. Très aimable et efficace (un des meilleurs accueils d'Alentejo !). Donne un plan de la ville et de la doc. Infos sur le parc et les randonnées. Topoguide *Rota Vicentina* très bien fait. 2 bornes Internet gratuites.

## Où dormir ?

**Campismo Milfontes :** *proche du centre (après le terrain de foot), à 15 mn env des plages.* ☎ 283-99-61-40. ● geral@campingmilfontes.com ● cam pingmilfontes.com ● Ouv tte l'année. Env 19 € pour 2 en hte saison ; 18-30 € en tipis pour 2 (base 4 pers max). Caravanes équipées et bungalows (1 ou 2 chambres) 40-80 €. À l'ombre des pins, les emplacements sont séparés par des haies. Bar-cafétéria et épicerie. Les sanitaires et autres communs ne sont plus tout neufs mais sont bien entretenus. Piscine payante. Accueil plaisant.

**Hotel Eira da Pedra :** *rua Eira.* ☎ 283-99-86-75. ● reservas@eira dapedra.com ● eiradapedra.com ● *Selon saison, doubles 40-65 € (un peu plus cher avec l'AC), petit déj compris ; studios et apparts 2-3 pers 45-95 €.* Un bon plan, à condition de s'éloigner un peu du centre. Complexe moderne avec piscine, qui rappelle un peu les établissements de la côte tunisienne. Pas de déco particulière, c'est standard et rétro. Vue sur la mer ou sur la cour intérieure. Les prestations sont agréables et l'accueil itou.

## VILA NOVA DE MILFONTES / OÙ MANGER ? | 253

**🏠 Casa do Adro da Igreja :** rua Diário de Notícias, 10. ☎ 283-99-71-02. 📱 926-39-67-53. • info@casadoadro.com.pt • casadoadro.com.pt • Ouv tte l'année. Doubles 70-90 € selon saison, petit déj compris. 🚗 Près du fort, cette maison du XVIIe s dotée de tout le confort moderne abrite 6 chambres. Au 1er étage, les chambres *Malmequer* et *Girassol* ont des petits balcons. Plein de détails raffinés, de la déco au petit déj servi sur la terrasse. Salon avec cheminée. Accueil gentil de la *senhora* Idália dont la devise est : « C'est bon d'être à la maison, même en vacances ! » Une adresse remarquable.

**🏠 Casa da Eira :** rua Eira da Pedra. ☎ 283-99-70-01. 📱 961-33-92-41. • eira.empreendimentos@gmail.com • alojamentomilfontes.com/hotel-overview.html • *Ouv tte l'année. Selon saison et vue, doubles 40-70 € ; apparts 2-8 pers 50-100 € ; petit déj en sus.* Grand bâtiment moderne à la façade bleu et blanc, d'un certain style. Cet hôtel propose un choix varié de chambres et appartements, standard ou avec vue sur la mer. Confort, jolie déco, couleurs à profusion, grande pelouse. À proximité, randos, balades à VTT, canoë et cours de surf... que demander de plus ?

## Où dormir dans les environs ?

### Auberge de jeunesse

**🏠 Pousada da juventude :** rua do Chafariz, à la plage d'**Almograve**. ☎ 283-64-00-00. • almograve@movijovem.pt • pousadasjuventude.pt • *Accès en bus :* env 2 liaisons/j., en sem slt, avec Vila Nova et Odemira ; 1 liaison/j. avec Lisbonne. *Ferme 1 mois en hiver. Selon saison, 10-15 €/pers en dortoir 4-5 lits ; doubles sans ou avec sdb 24-45 € ; petit déj compris.* 📶 À seulement 700 m de l'océan, dans un environnement de campagne (superbe), cette grosse AJ abrite presque 100 lits, l'ensemble étant bien tenu. Services et installations comme dans les autres *pousadas da juventude*, c'est-à-dire professionnel et fiable. Gagnerait à voir son mobilier et sa déco égayés. Vue sur les pins et les champs à l'arrière. Service de restauration toute l'année. Location de vélos.

### Plus chic

**🏠 Turismo rural Gotas de Luar :** lugar Barrada de Cima, **Ribeira da Azenha**. 📱 917-93-80-62 ou 963-76-68-14. • contact@gotasdeluar.com • gotas-de-luar.com • *À env 7 km au nord de Vila Nova par la N390, et à 5 km de la belle plage de Malhao. Doubles 80-100 € selon confort et saison, petit déj inclus.* En pleine campagne, dans un paysage de monts plantés d'oliviers (serra do Cercal), on y accède par un long chemin de terre. Cette belle maison d'hôtes est tenue par un charmant couple franco-italien. Inspirée de la tradition mais très moderne dans sa conception, elle est équipée de toutes les technologies les plus avancées dans le domaine du respect de l'environnement. Abrite quelques chambres de style « éco-design-rustique », très bien équipées, et calmes. Les propriétaires peuvent vous conseiller pour les balades dans la région.

## Où manger ?

**🍴 Tasca do Celso :** rua dos Aviadores, 29. ☎ 283-99-67-53. • tascacelsa@sapo.pt • *De l'office de tourisme, aller vers la plage puis, au rond-point, prendre la 1re rue à gauche. Tlj sf lun. Fermé 15-25 déc. Repas env 20 €. Fruits secs et liqueur offerts sur présentation de ce guide.* Une petite taverne devenue grande, savamment éclairée et surtout très joliment décorée, avec beaucoup de charme et de personnalité. La carte, privilégiant poissons et mollusques, associe les classiques *cataplanas* et *caldeiradas* à de

L'ALGARVE

plus originales spécialités de l'Alentejo comme les *migas*. Très belle sélection de vins. Certes, l'atmosphère et le décorum font gonfler l'addition, c'est un choix à faire. Service dynamique.

|●| **Choupana :** *sur la praia do Farol.* ☎ *283-99-66-43. Fermé hors saison. Plats 10-17 €.* En contrebas du rond-point, posée sur la plage, cette grande cabane rustique dotée d'une belle terrasse pousse à rêver d'ailleurs devant ce vaste océan... Spécialités de grillades (*sardinhas, linguado, robalo...*). Le gril est à l'extérieur, prêt à accueillir sardines et poissons du jour servis avec salade et pommes de terre. Accueil discret, avec quelques mots de français.

|●| **Ô Rossio :** *largo do Rossio.* ☎ *283-99-71-64. En face du Bar Azul. Plats 7-13 €.* Grande salle à la déco passe-partout et petite terrasse. Pizzas, salades, pâtes, baguettes à des prix sages. La cuisinière est brésilienne et le resto vit à l'heure des saveurs brésiliennes.

|●| **Porto das Barcas :** *estrada do Canal, à env 2 km au nord de la ville, par une route qui suit le haut d'une falaise, parmi les champs du bord de mer.* ☎ *283-99-71-60. En été, tlj, midi et soir ; en basse saison, fermé mar. Congés : nov-mars. Repas env 20-30 €.* Isolée sur une sorte de promontoire au-dessus des flots, voici une belle adresse en raison de la finesse de sa cuisine. Idéal pour le soir. Le chef attentionné concocte des plats portugais tous magnifiés par son talent. Prix raisonnables et bons vins. On mange en salle (déco un peu chic, musique *lounge,* service aimable) ou sur la petite terrasse avec une belle vue sur la mer en contrebas des falaises. Un de nos coups de cœur.

## À voir

**Le centre historique :** très agréable de s'y promener car il est à taille humaine et bien conservé. Surplombant la rivière Mira, un vieux fort (début XVIIe s) présente une architecture militaire de style maniériste ; il est devenu aujourd'hui un hébergement de luxe. Sur une placette à côté de celui-ci, un monument rappelle l'exploit aérien de Brito Paes (originaire de Vila Nova) et de ses deux compagnons : du 7 avril au 20 juin 1924, ils réalisèrent le premier vol entre le Portugal et Macao... Plus de 2 mois de vol !

## Plages dans les environs

**Praia das Furnas :** *sur la rive sud du rio Mira. Traversée en bateau tlj 10h-19h depuis l'embarcadère situé au pied du château (castelo). Billet : 2,50 € A/R.* Grande plage de sable blanc dans l'estuaire (propre) de la rivière. C'est la plage la plus proche du centre-ville.

**Malhão :** *à 7 km au nord. Sur la N390, au rond-point d'accès à Vila Nova de Milfontes, prendre la direction de Sines sur 2 km ; au rond-point suivant, prendre à gauche sur 2 km et, au début d'une légère courbe, continuer tt droit sur la piste.* C'est une des plus belles plages du Portugal. Sable blanc et mer turquoise à se croire aux Caraïbes, mais le vent vous rappelle à l'Atlantique. Les surfeurs et autres véliplanchistes seront comblés, et les naturistes trouveront leur compte dans l'extrême nord.

**Almograve :** *à env 10 km au sud.* Cette longue bande de sable fin, à défaut d'être large, bordée d'une mer pas toujours calme, reste un bon coin pour lézarder. Beaucoup de rochers et pas de surfeurs. On peut loger à l'auberge de jeunesse (voir plus haut « Où dormir dans les environs ? »).

Au *cabo Sardão,* un cap avec un grand phare quelques kilomètres au sud d'Almograve, des cigognes nichent dans la falaise ! Un phénomène unique, car elles préfèrent en général les clochers et pylônes électriques...

# L'ALENTEJO

- **Mértola** .................... 260
  - Mina de São Domingos
- **Beja** .......................... 263
  - Vidigueira • Alvito
- **Serpa** ........................ 268
- **Moura** ....................... 271
- **Vers Évora par l'Alentejo sauvage et le barrage d'Alqueva** 272
  - Monsaraz : São Pedro de Corval, les mégalithes
- **Évora** ......................... 277
  - Les mégalithes
  - Arraiolos • Aldeia da Terra • Viana do Alentejo
  - Portel
- **Estremoz** .................. 290
  - Evoramonte
- **Vila Viçosa** ............... 294
  - Borba
- **Elvas** ......................... 297
  - Campo Maior • Centro
  de Ciência do Café
- **Portalegre** ................ 300
  - Mosteiro de Flor da Rosa • Crato • Alter do Chão
- **La Serra de São Mamede** ..................... 303
- **Marvão** ..................... 304
- **Castelo de Vide** ........ 307
  - Le menhir de Meada

La province la plus grande du Portugal, aussi vaste que toute la Belgique. L'un de ses paysages les plus caractéristiques aussi. Dès que sont franchies les *serras* qui séparent l'Algarve de l'Alentejo, on aborde un gigantesque océan de plaines dont les ondoyantes collines seraient les vagues.

Un autre monde, un autre rythme, jusqu'« en deçà du Tage », comme son nom l'indique *(Além do Tejo).* Grenier à blé du pays, premier producteur mondial de liège, l'Alentejo, un tiers de la superficie du pays, ne regroupe pourtant que 6 % de la population. Une répartition très inégale : si, en moyenne, on dénombre 20 habitants par kilomètre carré sur l'ensemble de la région, la désertification des campagnes et des petites cités se fait sentir, comme partout les jeunes préférant partir en ville. C'est que le climat ici est rude : glacial et venté l'hiver, torride et poussiéreux l'été. Cela dit, outre les conditions climatiques, le faible peuplement de l'Alentejo s'explique également par ses structures sociales historiques. Si, contrairement au nord du pays où une majorité de petits paysans cultivait de minuscules lopins de terre, l'Alentejo est plutôt celui des latifundistes, immenses domaines dirigés par une poignée de propriétaires tout-puissants. Certains d'entre eux représentent plusieurs milliers d'hectares. Et, contrairement au nord, la région a peu connu d'émigration.

Suivant la nature du terrain, plusieurs paysages, plusieurs méthodes de culture : le *montado* (céréales plantées entre les chênes-lièges), où, tous les 3 ans, les terres sont laissées en jachère pour faire des pâturages ; le *campo,* vaste plaine où l'on pratique la monoculture (en général du blé). Enfin, lorsque les champs sont trop pierreux, les grandes plantations d'oliviers et la vigne.

## UN PEU D'HISTOIRE

Le « latifundiaire » employait un minimum d'ouvriers agricoles permanents et faisait venir pour les récoltes plusieurs centaines de saisonniers. Beaucoup de terres étaient cependant en friche. Elles furent longtemps l'objet de grandes luttes de

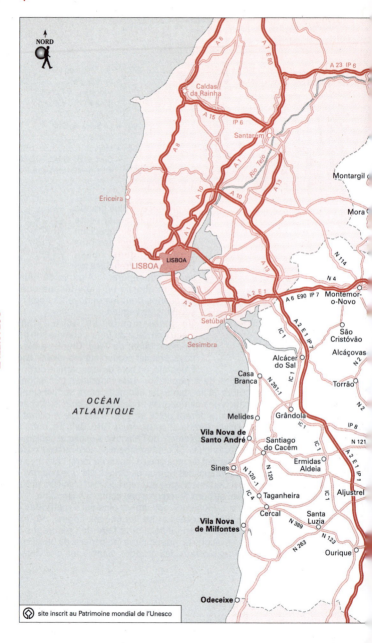

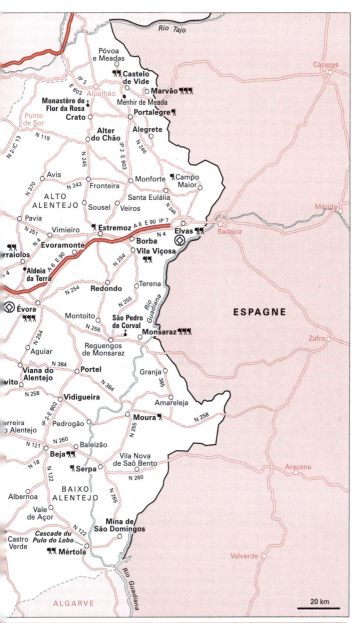

L'ALENTEJO

la part des ouvriers agricoles dont le mot d'ordre était : « La terre à ceux qui la travaillent. » Sous la dictature de Salazar, l'Alentejo fut un incessant foyer d'agitation pour réclamer une réforme agraire et de meilleurs salaires et conditions de travail. Fief du Parti communiste portugais, celui-ci a su conserver, à travers ses « Maisons du peuple », ses « clubs de quartier », le souvenir des grandes heures du Parti d'autrefois.

Nul ne s'étonnera que, à la faveur de la révolution de 1974-1975, les paysans aient imposé une importante réforme agraire. Les latifundiaires ne purent conserver qu'une centaine d'hectares chacun. Les autres terres furent redistribuées et gérées en coopératives agricoles. Cependant, un processus de restitution des terres à leurs anciens propriétaires s'est mis en place depuis les années 1980.

## QUE DÉCOUVRIREZ-VOUS ?

Contrairement aux idées reçues, l'Alentejo n'est pas monotone. Les amoureux des grands espaces se régaleront. Le paysage change sans arrêt, mais de façon subtile : par la nature du terrain et sa végétation, le mouvement des collines, les bourgs et villages chaulés chaque année. Compte tenu des conditions climatiques mentionnées plus haut, la meilleure saison pour apprécier l'Alentejo est de loin le printemps : tapis de fleurs et senteurs raffinées vous donnent le tournis. Vertes collines mouchetées d'une palette de couleurs, composant un superbe tableau impressionniste. Ou encore recouvertes d'oliviers et de chênes-lièges, et souvent couronnées ici ou là d'un *monte* ou d'un village d'une blancheur éclatante. L'automne est bien agréable aussi, bien qu'il ne reste plus que les chênes-lièges et les cistes pour donner un peu de contraste aux collines jaunies par la canicule de l'été.

### UN SECTEUR À DÉBOUCHÉS

*Premier producteur mondial de liège, l'Alentejo compte environ 7 000 km² de forêts de chênes. Un arbre exploité peut vivre deux siècles mais ne produit une écorce commercialisable qu'au bout de 25 ans. L'extraction se fait, tous les 9 ans, en découpant à la hache l'écorce du tronc et des branches principales. Sans compter que le liège protège des feux de forêt.*

On distingue le *Bas-Alentejo* et le *Haut-Alentejo*, lui-même divisé en deux parties. Ces divisions correspondent aux trois seules grandes villes de la province : Beja, Évora et Portalegre.

Dans cette région peu industrialisée, apprêtez-vous à découvrir d'émouvantes cités médiévales et des bourgs fortifiés hauts perchés, longtemps chargés de surveiller l'ennemi castillan. Le fait d'être isolée et laissée pour compte fut longtemps la faiblesse de la région. Elle a cependant su tirer parti de cette situation particulière.

Notre itinéraire va du sud-est au nord-est (la partie côtière de l'Alentejo, à l'ouest, étant un monde à part), mais on peut le prendre par tous les bouts. Nous avons tenté de couvrir le maximum de terrain, de surprise en coup de cœur, dans cet Alentejo rural où seuls quelques anciens, au coin des rues, et des dames au long bec, au bord des champs, s'intéresseront (et encore !) à votre passage sur leur terre : ici se trouve en effet le plus grand sanctuaire de cigognes d'Europe. Il suffit de lever la tête, vous verrez, perchés au sommet des arbres ou des poteaux, et même sur certaines vieilles cheminées de fermes ou d'usines, des dizaines de nids desquels les petits s'élancent au mois de juin.

En deux mots, l'Alentejo, c'est la garantie d'un dépaysement total.

# LES TRÉSORS DU PORTUGAL GASTRONOMIQUE

Pour les amateurs de vin et de gastronomie locale authentique, l'Alentejo est un vrai régal. Une cuisine traditionnelle qui compte avec les faveurs du mouvement *Slow Food*, et même avec un itinéraire de dégustation (se procurer le guide *Rota dos sabores tradicionais* dans les offices de tourisme) traversant toute la région. Fromages, saucissons fumés *(enchidos)*, miel, rien que de bons produits qui font la vraie richesse de ce pays à la cuisine emblématique. Pains, huile d'olive, herbes aromatiques donnent du corps et de la saveur aux *migas* (sorte de panade à base de mie de pain mélangée à de l'ail et à des légumes comme des tomates, des asperges, des feuilles de radis, etc.), aux *ensopados* (comme le traditionnel ragoût de mouton avec pommes de terre et pain trempé), aux *açordas* (soupes avec ail, coriandre, mie de pain) et autres soupes (tomate, roussette, gaspacho, *sarapatel* ou soupe aux abats de porc, *sopa de panela* ou soupe paysanne...). À l'instar du retour du *pata negra* dans la cuisine espagnole qui donne le délicieux jambon *bellota* (porcs nourris aux glands et fruits sauvages), les menus portugais incluent eux aussi les incontournables *lombinhos de porco preto* (escalopes) ou encore les *plumas* ou les *secretos* (morceaux plus gras). Dans les zones plus montagneuses, vous aurez également l'occasion (en saison) de déguster du gibier (lièvre, perdrix, lapin), ainsi que du tendre cabri. Pour les accompagnements, beaucoup de légumineuses (haricots de toutes tailles et couleurs, et pois chiches).

Et puis il y a toutes ces douceurs conventuelles qui devraient faire de vous des inconditionnel(le)s des *pastelerias,* les cuisinières d'aujourd'hui ayant su faire bon usage des recettes inventées autrefois par les sœurs des couvents. Parmi les tentations : les *queijadas* (gâteau au fromage confectionné avec du *requeijão*), la *sericaia* ou *sericá* (crème aux œufs cuite servie avec une prune à l'eau-de-vie), le *pão de rala* (jaunes d'œufs, amandes, cannelle), l'*encharcada* (gâteau aux œufs et aux amandes), les *brigadeiros* (sorte de profiteroles aux amandes) ou le *molotoff* (blancs d'œufs, sucre et caramel).

Quant aux vins, qui vous aideront à faire passer tout ça, il existe huit sous-régions viticoles, dont certaines vous deviendront vite familières : Borba, Portalegre, Redondo, Reguengos... Des vins d'origine contrôlée (DOC Alentejo). Pour en savoir plus, procurez-vous le guide *Rota dos vinhos* ou consultez le site de la route des vins : ● *vinhosdoalentejo.pt* ●

## Comment circuler dans l'Alentejo ?

➢ Le **bus** est le moyen de transport en commun le plus pratique. La compagnie *Rede Expressos* (● rede-expressos.pt ●) et sa filiale *Rodoviária* (● rodalentejo.pt ●) desservent la totalité de la région. Nous indiquons, pour chaque étape, les fréquences et les villes principales à proximité.

➢ **En voiture :** depuis la France via Hendaye, suivre les indications vers Burgos, Valladolid, Salamanca (autoroutes à péage sur le territoire espagnol). Entrée au Portugal par Vilar Formoso, suivant l'A25 vers Guarda, puis l'A23 vers Castelo Branco (péages) jusqu'à l'embranchement de l'IP2 vers Portalegre.

Si vous venez de Lisbonne, on rejoint aisément Évora, Estremoz ou Elvas (et de là, les villes et villages environnants) par l'autoroute A6-IP7 (à péage) vers Madrid. De Faro, prendre l'A22-IP1 (payante) vers l'Espagne, puis l'IC27-N122 vers le nord pour rejoindre Mértola, première ville de l'Alentejo après l'Algarve.

➢ Le **train** (● cp.pt ●) reste le choix le moins intéressant, pour cause de manque de lignes directes (souvent plusieurs changements pour arriver à la destination finale), du peu de fréquences et surtout de la fermeture des petites gares.

# MÉRTOLA (7750) 7 300 hab.

Par Almodôvar ou par la N122, la route rapide venant du sud, voici déjà les grandes plaines à blé ondoyantes. Impossible de passer par ici sans goûter au pain, fameux, qui accompagne tout naturellement un excellent fromage de brebis : tout au long du Guadiana, on peut voir ces moulins à eau servant, l'été, à moudre la farine, tâche confiée, l'hiver venu, aux moulins à vent... Et puis, tout à coup, une fantaisie de terrain inattendue, un spectacle saisissant : sur un éperon rocheux, découpé par le rio Guadiana d'un côté et par son affluent, le rio Oeiras, de l'autre, apparaît Mértola. Une véritable ville-musée qui vous permettra de vous replonger d'un coup dans l'histoire, la tradition et la nature de cette région marquée par l'éternelle rivalité des Maures et des chrétiens : dernier port intérieur du Guadiana, il fut un entrepôt commercial actif avant même de devenir un *municipium* important sous l'occupation romaine, puis la capitale d'un véritable royaume musulman avant d'être le premier siège des chevaliers de l'ordre de Santiago...

## Arriver – Quitter

### En bus

**Gare routière :** *av. A. Mira Fernandes ; près du rond-point en bas de la ville.*

➢ Bus tlj vers 9h25 pour Évora (3h de trajet) et Lisbonne (3h50 de trajet).

## Adresses utiles

**Office de tourisme :** *rua da Igreja, 31.* ☎ *286-61-01-09.* • *cm-mertola. pt* • *(mairie). Tlj 9h-13h, 14h-18h. Liste d'hébergements. Plan de la ville-musée, très précieux pour organiser la visite (compter une petite demi-journée). Bon accueil.*

■ **Ecoland :** *à* **Corte Gafo de Cima,** *à 11 km au nord de Mértola.* ☎ *286-61-11-11.* ▯ *964-98-94-02.* • *ecoland. pt* • *Agence spécialisée dans l'écotourisme, les randonnées pédestres et à vélo, la descente du Guadiana en canoë et les promenades à cheval. Propose aussi du logement en milieu rural (40-45 € la double, avec petit déj).*

## Où dormir ? Où manger ?

🏠 **Hospedaria Rita :** *Azinhaga Ti Serafim, 1.* ☎ *286-61-20-98.* • *hospedaria rita@gmail.com* • *hospedariarita-mer tola.com* • *Du rond-point, aller vers le centre-ville et prendre la 1ʳᵉ à gauche. Doubles 35-45 € selon vue, sans petit déj ; possibilité d'appart pour 5 pers, avec cuisine et bains. Parking.* 📶 *Pension tenue par un couple charmant. La plupart des chambres, impeccables, donnent sur le fleuve et sont joliment décorées dans des couleurs gaies. Elles sont dotées de tout le confort, certaines avec terrasse privative. Pas de service de petit déj, mais une salle à manger avec micro-ondes est à disposition. Un bon rapport qualité-prix.*

🏠 **Residencial Beira Rio :** *rua Dr Afonso Costa, 108.* ▯ *962-68-30-69.* • *info@beirario.pt* • *beirario.pt* • *C'est la rue qui descend vers le Guadiana, en contrebas de la rua Dr Serrão Martins. Doubles 35-45 € selon vue, avec petit déj. Parking.* 📶 *Grande bâtisse fraîche impeccablement tenue. Chambres simples, classiques et convenables de bon confort. Demandez-en une avec balcon, ou même carrément* avec terrasse pour la vue sur la rivière. À côté, l'*Hotel Museu* appartient aux mêmes propriétaires. Un poil plus cher, mais les chambres sont nickel, dans un style contemporain agréable et efficace. Au sous-sol, une salle renferme des vestiges archéologiques, d'où le nom de l'hôtel.

⌂ *Casa da Tia Amália :* estrada dos Celeiros, 16. ☏ 918-918-777. • casadatiaamalia.mertola@gmail.com • casadatiaamalia.com • Sur la rive opposée du rio Guadania. Selon saison, 15-18 €/pers en dortoir de 4 lits, doubles sans ou avec sdb privée 35-43 €. Petit déj 5 €. Cette petite adresse hors les murs ne manque pas d'atouts. La maison est mignonne (charmant salon commun avec cheminée), les chambres et le dortoir sont bien aménagés (salle de bains commune nickel), et l'accueil est très sympa. Quant au petit déj, il est servi dans le resto voisin (mêmes proprios), face à Mértola qui s'étage sur la rive opposée. Sympa, même si les tarifs pourraient être un peu plus doux.

|●| *Casa de Pasto Tamuje :* rua Dr Serrão Martins, 34-36. Tlj sf dim. Plats 7-12 €. Une petite salle pimpante coincée entre le café et la cuisine familiale du resto. Nombreuses viandes et spécialités de la mer préparées sans hâte, simplement, et avec application. Tout est bon, généreux, et servi avec gentillesse. L'adresse préférée des locaux le midi.

|●| *Restaurante Alengarve :* av. A. Mira Fernandes. ☏ 286-61-22-10. Près du rond-point en bas de la ville. Plats 8-12 €. Réputé auprès des Portugais de la région pour ses bonnes spécialités régionales, notamment le poisson de la rivière et le *cabrito*. Service pas toujours rapide mais aimable.

|●| *O Brasileiro :* rua Dr Afonso Costa, 31. ☏ 286-61-26-60. Du centre-ville, tourner à gauche au rond-point, et prendre (presque dans l'axe du pont) la rue à droite de la station de taxis, puis la 1$^{re}$ à droite qui monte en épingle à cheveux. Plats env 7-14 €. Parking. Le resto surplombe la ville, et profite d'une belle vue depuis ses salles tout en baies vitrées. Très bonne cuisine familiale (viandes locales de qualité et savoureux desserts) et accueil des patrons dans le même ton. Une excellente adresse.

## Où dormir dans les environs ?

Voir aussi plus haut, dans « Adresses utiles », l'agence *Ecoland,* qui propose des chambres en écotourisme *(doubles 40-45 €)* à 10 km au nord de Mértola.

⌂ *Casa dos Loendros :* à Alcaria Ruiva (14 km). ☏ 286-99-81-87. ☏ 917-13-20-97. • info@casadosloendros.com • casadosloendros.com • Sur la route de Beja, tourner à gauche vers Alcaria ; c'est la 1$^{re}$ maison quelques centaines de mètres avt le village. Double 60 €, avec copieux petit déj. Cette agréable propriété avec piscine est tenue par un couple franco-portugais très accueillant et connaissant bien la région. Ils ont aménagé dans les dépendances de belles chambres tout confort (les communicantes sont idéales pour les familles), dotées de meubles anciens et décorées d'œuvres d'art. Dans une annexe, une cuisine et une salle à manger à disposition permettent même de mitonner son frichti ! Les amoureux de la nature et les marcheurs seront séduits par l'endroit et bien chouchoutés par Ana et Pierre.

## Où boire un verre ?

🍷 *Lancelote Bar :* beco Senhora da Conceição, en contrebas de la Casa das Janelas Verdes. Dans la vieille ville. Suivre le fléchage. Tlj sf lun, le soir slt à partir de 21h env. Petit bar festif avec expos de peinture et bière à gogo. Rendez-vous de la jeunesse locale sur la minuscule terrasse dominant la ville basse. Fait aussi karaoké.

## À voir

La ville de Mértola a mis en place un circuit de visite intégrant une dizaine de petits sites (plan à l'office de tourisme). Ils sont ouverts *(tlj sf lun 9h15-13h, 14h-17h45)* et gratuits, à l'exception de la tour du château et du Musée islamique *(2 € chacun ; gratuit moins de 12 ans).*

🏹 Imposant **château fort,** remanié et amélioré par les Arabes au temps de l'invasion, puis investi par les chrétiens et finalement abandonné au XVIIIe s. Petite salle jetant un premier pont entre période romane et période islamique. Des chemins de ronde et du donjon, beau panorama sur l'avalanche de toits du village et sur la région.

🏹🏹 Ancienne mosquée, l'étonnante **igreja Matriz** a conservé un plan et une architecture intérieure de style arabe : rangées de fines colonnettes avec arcs et chapiteaux tous différents, soutenant le plafond voûté en ogive. Derrière l'autel, la niche correspond au mihrab et certaines portes sont à arc outrepassé (en forme de trou de serrure).

> ### L'ÉGLISE LA PLUS ARABE DU PORTUGAL ?
>
> *La igreja Matriz est l'un des héritages de l'invasion arabe au Portugal. La configuration actuelle, astucieuse, dévoile les traces musulmanes tout en multipliant la symbolique catholique : rue pavée montante rappelant le chemin de croix et jalonnée d'un Christ au pilori ; chapelle avec des statues grandeur nature ; cimetière dont les motifs de la porte d'accès jouxtent crânes, oriflammes et étoiles à motifs arabisants.*

🏹 Voir ensuite différents petits **musées et sites** que vous découvrirez en faisant le tour de la vieille citadelle : le chantier de fouilles d'un ancien quartier islamique (lui-même bâti sur des constructions antérieures avec une impressionnante salle souterraine qui servit de citerne), le *musée d'Art islamique* (bijoux, poteries...), la *maison romaine* (des fondations découvertes à l'emplacement de l'actuelle mairie), le *musée d'Art sacré* (belle statuaire) et une **basilique paléochrétienne,** qui clôt le circuit. Ajoutez à cela une forge et un *atelier de tissage* à l'ancienne (avec démonstrations !), qui a donné une nouvelle vitalité à la production des couvertures traditionnelles, et votre promenade sera bien remplie.

## À faire

Possibilité de *location de canoës* et de *balades en bateau* sur la rivière *(env 10 €/ pers pour 1h de promenade).* S'adresser à l'*Hotel Museu* (voir plus haut).

## Manifestations

– **Festival des Arts islamiques :** *mai, ts les 2 ans, les années impaires.*
– **Festival de juin :** *quelques j. autour du 24 juin (férié à Mértola).* Donne lieu à des concerts, des rencontres et événements sportifs, des expositions, des jeux... Bref, une foire de village.

## DANS LES ENVIRONS DE MÉRTOLA

🏹🏹 **Mina de São Domingos :** *à 17 km au nord-est de la ville, sur la route de Serpa.* Les amateurs de paysages à la Mad Max feront le détour par cette ancienne mine de cuivre qui couvrait plusieurs dizaines d'hectares. Depuis le

XIXe s, elle employait plus de 6 000 mineurs, jusqu'à sa fermeture en 1966. São Domingos, quasi désertée aujourd'hui, déploie ses longues rangées de corons (l'un d'entre eux a été réhabilité et se visite), tandis qu'en contrebas du village (suivre le fléchage indiquant *Complexo mineiro*) se dressent les vestiges de la centrale électrique, des bureaux et d'un chevalement. Juste derrière apparaît un vaste bassin artificiel où l'eau – très toxique – a pris des tons cuivrés. Mais pour en prendre plein la vue, emprunter la piste en direction de Achada do Gamo, qui part à droite juste avant d'arriver aux ruines. On découvre alors un paysage d'apocalypse fait de terres brûlées par les acides, d'eaux rougeoyantes et de poussières, avant de parvenir 3 km plus loin aux impressionnantes structures qui servaient à brûler le soufre. N'allez pas plus loin, la piste n'est pas forcément praticable.

# BEJA  (7800)  35 000 hab.

• Plan *p. 264-265*

La capitale du Bas-Alentejo ne possède évidemment pas le charme et la noblesse d'Évora, sa consœur du Nord, mais elle est agréable pour une étape. Ex-« Pax Julia » des Romains, la ville fut occupée pendant 4 siècles par les Arabes. Aujourd'hui, la cité vit tranquillement du commerce des céréales et de l'huile d'olive. Les silos à grains sont les nouvelles forteresses du plateau de l'Alentejo, cette « plaine dorée » (Planície Dourada) qui a donné son nom à la région.

## Arriver – Quitter

### En bus

**Gare routière** *(plan C3) : rua da Cidade de S. Paulo.* ☎ *284-31-36-20. Dans le quartier du stade, au sud-est de la ville.*
➤ *Mértola :* 3 bus/j. Trajet : 1h40.
➤ *Serpa :* 3-4 bus/j. Trajet : 30 mn.
➤ *Évora :* 4-6 bus/j. (7 bus dim). Trajet : 1h15.
➤ *Faro :* 3 bus/j. (2 bus dim). Trajet : 2h30-3h.
➤ *Lisbonne :* une dizaine de bus/j.

La plupart directs, mais certains avec changement à Évora. Trajet : 2h30-3h.

### En train

**Gare ferroviaire** *(plan C1) : à la sortie de la ville, route de Serpa.*
➤ *Lisbonne :* 3-4 départs/j. dans les 2 sens, avec changement à Casa Branca. Trajet : 2-3h selon type de train.
➤ *Évora :* 3-4 trains/j. avec changement à Casa Branca. Trajet : 1h20-2h.

## Adresses utiles

**Office de tourisme** *(plan A1) : dans le château.* ☎ *284-31-19-13.* • *cm-beja.pt* • *(mairie). Tlj 9h30-12h30, 14h-18h. Plan de la ville. Visite guidée* du centre historique sur demande.
✉ **Poste :** *largo dos Correios. Près du marché.*

## Où dormir ?

### Camping

**Campismo Beja** *(hors plan par B3, 10) : av. Vasco da Gama, à côté du stade et de la piscine.* ☎ *284-31-19-11.* • *campismo@cm-beja.pt* • *cm-beja.pt* • *À 5 mn de l'arrêt de la gare routière. Forfait pour 2 env 9 €.*

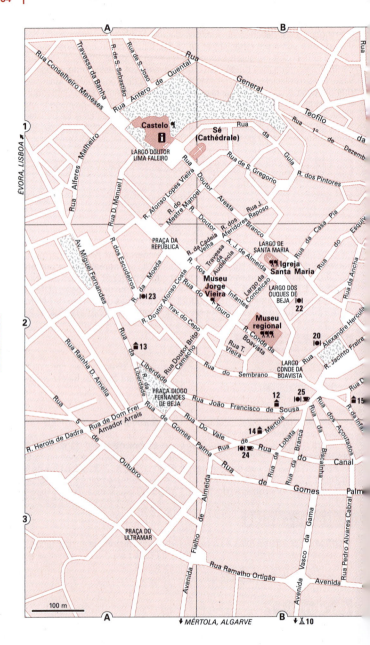

## ■ Adresse utile

**ℹ** Office de tourisme

## ⚠ ♨ Où dormir ?

- **10** Campismo Beja
- **11** Pousada da juventude
- **12** Hotel Bejense
- **13** Residência Rosa do Campo
- **14** Hotel Santa Bárbara
- **15** Pousada de São Francisco

## 🍴 Où manger ?

- **20** Tem Avondo
- **22** Churrasqueira O Alemão
- **23** Adega típica 25 de Abril

## 🍴☕ Où boire un thé ? Où déguster une pâtisserie ?

- **24** Pastelaria Maltesinhas
- **25** Café Luiz da Rocha

**BEJA**

Ombragé, mais sol plutôt triste (graviers) et environnement urbain sans grand charme. Sanitaires propres. Pour une nuit.

### Bon marché

â **Pousada da juventude** (hors plan par C3, 11) : *rua Professor Janeiro Acabado.* ☎ *284-32-52-39.* • *beja@movijovem.pt* • *Au sud-est de la gare routière. Dortoirs 4-6 lits, env 11-14 € ; doubles sans ou avec w-c 26-32 € selon saison. Carte des AJ obligatoire.* 🛜 Dans un quartier résidentiel tranquille et excentré, une AJ sans charme mais fonctionnelle et bien tenue. Installations impeccables, chambres et dortoirs classiques et très corrects. Salle TV, coin salon en mezzanine, et cuisine, mais pas de déjeuner ni de dîner.

### Prix moyens

â **Hotel Bejense** (plan B2, 12) : *rua Capitão João Francisco de Sousa, 57.* ☎ *284-31-15-70.* • *residencial-bejense@sapo.pt* • *hotelbejense.com* • *Doubles env 45-50 €, avec petit déj.* 💻 Dans une rue piétonne animée, une coquette pension gérée avec beaucoup de soin et de délicatesse par sa propriétaire, qui vous reçoit chaleureusement. Chambres mignonnes avec plein de petits détails soignés, salle de bains, clim et TV. Chacune a sa déco, à vous de choisir la vôtre ! Belle salle de petit déj et salon cosy pour prendre le digestif.

â **Residência Rosa do Campo** (plan A2, 13) : *rua da Liberdade, 12.* ☎ *284-32-35-78.* • *rosadocampo.pt* • *Double 40 €, avec petit déj.* 🛜 En plein centre, une jolie maison fraîche, calme et conviviale. Certaines chambres disposent d'une cheminée et de belles têtes de lit ouvragées. D'autres sont plus petites et très classiques, mais toujours claires, agréables, confortables (AC, salle de bains, TV) et parfaitement tenues. Excellent accueil.

â **Hotel Santa Bárbara** (plan B3, 14) : *rua de Mértola, 56.* ☎ *284-31-22-80.* • *reservas@hotelsantabarbara.pt* • *hotelsantabarbara.pt* • *En plein centre piéton, dans une rue qui coupe la rua Francisco de Sousa. Double 48 €. Parking gratuit.* 🛜 *Réduc de 5 % (10 % si règlement en espèces) sur présentation de ce guide.* Un établissement impeccable et confortable, avec des chambres sobres et modernes accessibles par ascenseur. Celles du 3e étage ont un balcon très agréable avec vue sur les environs. Belle salle de petit déj avec azulejos, et salle TV-lecture très cossue avec cheminée.

### Beaucoup plus chic

â **Pousada de São Francisco** (plan B2, 15) : *largo D. Nuno Álvares Pereira.* ☎ *284-31-35-80.* • *pousadas.pt* • 🍴 *Doubles env 100-200 € selon saison, avec petit déj. Parking.* 🛜 Installée dans un magnifique couvent du XIIIe s, d'architecture manuéline. Une rénovation habile a su tirer profit des volumes énormes. Immense hall d'entrée très solennel, qu'on oublie très vite. Le mobilier raffiné est disposé parcimonieusement, dans les couloirs, les salons, afin de mettre la pierre en valeur. Chambres agréables et claires, avec de grandes salles de bains. Beau jardin sur l'arrière avec piscine et tennis. La chapelle du XVIIe s sert de salle de conférences. Resto sur place.

## Où manger ?

### De très bon marché à bon marché

|●| **Tem Avondo** (plan B2, 20) : *rua Alexandre Herculano, 25 A.* ☎ *284-32-89-56. Dans le centre, à deux pas des rues piétonnes. Tlj sf sam. Plats env 6-9 €.* Petit resto familial simple et copieux. Plats du jour frais et bons, et des spécialités classiques qui ne font mal ni au porte-monnaie ni à l'estomac. Très bon rapport qualité-prix-accueil.

|●| **Churrasqueira O Alemão** (plan B2, 22) : *largo dos Duques de Beja, 11-12.* ☎ *284-31-14-90. Derrière le couvent*

de N.S. da Conceição. Tlj sf dim soir. Formule 8 € ; plats 7-12 €.* Des grillades servies dans une agréable salle en surplomb de la ville basse. Et le midi, beaucoup de monde pour les déguster. Normal, puisque c'est bon, copieux et pas cher. Excellent service.

**|●| Adega típica 25 de Abril** *(plan A2, 23) : rua da Moeda, 23.* ☎ *284-32-59-60. Plats env 6-12 €.* Vaste salle en briques apparentes, à la déco chargée d'objets régionaux. Cuisine alentejane copieuse et bien préparée, spécialisée dans le porc. Plats savoureux, comme le porc noir aux châtaignes en saison, servis dans une ambiance populaire et amicale. Une bonne taverne typique, quoi. Presque en face, le restaurant **A Pipa** est une bonne alternative dans le même registre, si celui-ci est complet.

### Où boire un thé ? Où déguster une pâtisserie ?

**|●| ☕ Pastelaria Maltesinhas** *(plan B3, 24) : terreiro dos Valentes.* ☎ *284-32-15-00. Tlj sf dim et j. fériés 9h-19h.* À ne pas manquer, pour déguster en terrasse les meilleurs gâteaux de la ville, à toute heure.

**|●| ☕ Café Luiz da Rocha** *(plan B2, 25) : rua Capitão João Francisco de Sousa, 63.* ☎ *284-32-31-79. Repas env 10-15 €.* Il règne une bonne atmosphère surannée dans cette grande salle de café-pâtisserie, qui fait également office de resto. Toujours beaucoup de monde en terrasse pour regarder passer le monde dans la rue piétonne.

## À voir

🎬🎬🎬 **Museu regional** *(plan B2) : largo dos Duques de Beja. Installé dans le couvent da Conceição, dont vous admirerez l'élégante balustrade gothique.* ☎ *284-32-33-51. Tlj sf lun et j. fériés 9h30-12h30, 14h-17h15. Entrée : 2 € (valable aussi pour le musée d'Art wisigoth) ; réduc ; gratuit moins de 15 ans et pour ts dim.* Bâtiment blanc et massif orné d'éléments d'architecture gothique, de fenêtres en ogive et surmonté d'un beau clocher. C'est ici que vécut une religieuse, *sor* Mariana Alcoforado, célèbre pour avoir eu une liaison passionnée avec un officier français guerroyant là au temps de Louis XIV. Cette aventure a inspiré Guilleragues, un écrivain et diplomate français, qui publia en 1669 la traduction de la correspondance entre les deux amants dans les célèbres *Lettres portugaises*. À l'intérieur, magnifique chapelle baroque, pur chef-d'œuvre de *talha dourada*. Orfèvrerie religieuse. Autel en marqueterie de marbre. Quant au cloître, décoré d'azulejos inhabituels, jaune et bleu ou vert et blanc, il dessert la belle salle capitulaire et les sections de peintures portugaises, espagnoles et flamandes (remarquable collection de primitifs, dont un remarquable *São Vicente*, et quelques Ribeira). À l'étage, vestiges archéologiques de tous les anciens locataires de Beja : Romains, Wisigoths et Arabes.

🎬🎬 Tout le quartier fourmille de ruelles pittoresques. En contrebas du musée, petite **igreja Santa Maria** *(plan B2)*, du XVe s, blanche et trapue. Elle est précédée d'un narthex surmonté de pinacles. À l'intérieur, dans la travée de gauche, un arbre de Jessé : une sculpture baroque représentant un arbre qui s'élance du corps endormi du patriarche Jessé et dont chaque ramification se termine par l'un des 12 ancêtres du Christ (sans compter la Vierge sur la branche la plus haute, tenant l'Enfant Jésus). Un véritable arbre généalogique !

Par la rua dos Infantes, face au musée, on arrive à la noble **praça da República** *(plan A1-2)*. On y trouve l'ancien et le nouvel hôtel de ville, et l'*igreja da Misericórdia*, avec son portail ressemblant à une halle de foire (normal, initialement, l'édifice était destiné à être un abattoir !). Rua Dr A. Branco et largo do Lidador, beaux balcons en fer forgé.

**Museu Jorge Vieira** *(plan B2)* : *rua do Touro, 33.* ☎ *284-31-19-20. Tlj sf lun 9h30-12h30, 14h-18h. GRATUIT.* Expo permanente d'une poignée d'œuvres de ce sculpteur (1922-1998), contemporain de l'écrivain José Saramago et dont il fit le portrait. Il a beaucoup compté dans l'évolution des arts plastiques.

**Castelo** *(plan A1)* : *mêmes horaires que l'office de tourisme.* Construit au XIII$^e$ s sur des fondations romaines, il fut plusieurs fois rasé et reconstruit après les invasions espagnoles ou françaises. Seule la cour est accessible, le donjon étant désormais fermé pour travaux. Balade tout autour du *castelo* pour découvrir, rua D. Manuel I, un vieil hôpital du XV$^e$ s, la cathédrale et, un peu en contrebas, l'*église Santo Amaro*, l'une des plus anciennes du Portugal (VI$^e$ s). Chapiteaux wisigothiques. Abrite aujourd'hui un petit **musée d'Art wisigoth** *(tlj sf lun 9h45-12h30, 14h-16h45 ; même ticket que le Museu regional).*

## Manifestation

– **Grande foire du printemps** *(Ovibeja)* : *fin avr-début mai. Dans le parc des foires et des expositions* (parque de feira e exposição) *situé au sud-est, à l'extérieur de la ville.* Exposition d'ovins et d'artisanat.

## DANS LES ENVIRONS DE BEJA

**Vidigueira :** petite ville réputée pour son vin (catégorie des *vinhos maduros*). Ensuite, en allant vers Alvito, à environ 3 km et en retrait de la route sur la droite, petite promenade aux ruines du *monastère São Cucufate* (fresques) érigé sur l'emplacement d'une villa romaine à deux étages.

**Alvito :** château du XV$^e$ s, au style assez unique en son genre dans la région. Dans son patio, élégantes fenêtres géminées aux arcs mudéjars en brique et aux fines colonnes de marbre. Abrite une *pousada*. Belle *igreja Matriz* avec ses flèches coniques et ses merlons échancrés évoquant les influences mudéjares, là aussi, de certains de ses bâtisseurs.

# SERPA (7830) 16 000 hab.

Serpa-la-Blanche ! À tel point que les murs de la vieille ville semblent avoir disparu sous les couches de chaux, murs aux reflets moelleux comme une croûte de brie. C'est sûrement pour les protéger que le roi dom Dinis les a ceints d'une muraille au XIII$^e$ s. L'aqueduc a été ajouté au XVII$^e$ s pour unir de ses arches l'ondoiement des collines d'oliviers à la rectitude épaisse des murs de la cité. Déambuler dans ses ruelles pavées, au son du gazouillis des hirondelles, fait partie de son charme.
Ne partez pas sans déguster le fromage local ou les *queijadas*, ces gâteaux au fromage frais *(requeijão)* qui sont un vrai délice. Car les plaines entourant Serpa produisent l'un des meilleurs fromages de chèvre du Portugal, le *queijo de Serpa*. Il est, bien sûr, servi dans les restaurants de la région. Les gourmands iront ensuite directement goûter aux *queijadas* dans une pâtisserie.

## Arriver – Quitter

### En bus

➢ **Beja :** 3-4 bus/j. (2 bus dim). Trajet : 30 mn. Pour Évora, changement à Beja.

➢ **Moura :** env 8 bus/j. Trajet : 1h15.
➢ **Lisbonne :** 2 bus/j. Trajet : 2h45.

## Adresse utile

**Office de tourisme :** *rua dos Cavalos, 19.* ☎ *284-54-47-27.* ● *cm-serpa.pt* ● *(mairie). En plein centre. Tlj 9h-13h, 14h-18h.* Personnel aimable, parlant le français. Plan de la ville très pratique.

## Où dormir ?

### Camping

**Camping municipal :** *Eira de São Pedro.* ☎ *284-54-42-90.* ● *parquecampismoserpa@cm-serpa.pt* ● *Tt près du centre-ville. Ouv tte l'année. Forfait pour 2 env 9 €.* Un camping sans charme et basique, mais bien situé et bien tenu. Emplacements ombragés. Sanitaires propres. Piscine municipale située juste en face.

### Prix moyens

**Residencial Beatriz :** *largo do Salvador, 8 ; juste à côté de l'église.* ☎ *284-54-44-23.* ● *geral@residencialbeatriz.com* ● *Double env 45 €, avec petit déj. Quelques apparts 2-3 pers (sans petit déj) 50-75 €.* Petit hôtel pimpant proposant des chambres classiques de bon confort : AC, décoration rustique, TV et salle de bains. Simple et impeccable. Terrasse sur le toit pour découvrir la ville. Bon accueil.

**Monte da Morena :** *ap. 189.* ☎ *917-629-010.* ● *montemorena.com* ● *À env 1,5 km de la ville (depuis le rond-point situé après le camping). Doubles 65-70 €, avec petit déj. Gîte pour 4 pers 130 €.* À deux pas de la ville, mais déjà en pleine campagne, cette grande ferme est un havre de paix. Pour se reposer, on choisit selon ses besoins entre les jolies chambres soignées et tout confort ou le gîte indépendant (avec 2 chambres et cuisine : impeccable pour les familles), et pour se détendre, direction les salons cossus, le billard ou la belle piscine face aux étendues d'oignons et de potirons cultivés par la maison. Super, comme l'accueil !

### Plus chic

**Casa da Muralha :** *rua das Portas de Beja, 43.* ☎ *284-54-31-50.* ● *info@casadamuralha* ● *casadamuralha.com* ● *Double 75 €, avec petit déj.* Au pied de l'aqueduc romain, maison du XIXe s accolée aux murailles près de l'une des portes de la ville. Elle renferme des chambres confortables, toutes différentes et meublées dans le style alentejan. Jardin magnifique égayé par des citronniers. Accueil charmant. Bien, mais un peu cher.

## Où manger ?

**Molho O Bico :** *rua Quente, 1.* ☎ *284-54-92-64.* À l'intérieur des murailles, dans une ruelle à droite de la mairie (praça da República). Tlj sf mer. Fermé dernière sem de juin et 1re quinzaine de juil. Repas env 15-20 €. *Digestif offert sur présentation de ce guide.* Belle salle aux murs massifs précédée d'une entrée décorée de grandes jarres à vin typiques du pays. On vient là pour déguster de délicieuses spécialités régionales (caldo de cação, ensopado de borrego...), sans parler des desserts maison comme l'encharcada ou la sericaia. Une demi-portion (meia dose) suffit amplement.

|●| **Churrasqueira O Nay :** rua de Santo António, 10 (angle rua du Prego). ☎ 284-54-32-47. Pas loin du Musée ethnographique, en contrebas de la vieille ville. Tlj sf dim. Plats 6-9 €. Petit resto de quartier plébiscité par les locaux. Chaque midi, ça carbure, et il faut arriver tôt ou tard pour espérer se poser dans la salle pimpante lambrissée de blanc et décorée de vieilles photos. Spécialités de grillades (côtes de veau, porc noir), et plats du jour frais et savoureux. Ajoutez à cela des prix sages et un bon service, et votre repas ne sera que plus agréable !

|●| **Restaurante-snack-bar A Tradição :** alameda Abade Correia da Serra, 14. ☎ 934-23-82-95. Tlj sf lun. Env 10-15 €. Une petite adresse sans chichis qui ne trompe pas son monde. En salle ou en terrasse, on mange une bonne cuisine portugaise du jour, servie avec gentillesse.

## À voir. À faire

➢ Balade romantique dans les ruelles étroites : aristocratiques dans le centre près de la mairie, populaires et familières autour du château. On accède au **castelo** (tlj 9h-12h, 14h30-17h30) en grimpant par les escaliers sur le **largo dos Santos Proculo e Hilário,** charmante place empierrée, plantée d'oliviers et de cyprès. À l'angle, la tour de l'Horloge, qui faisait jadis partie des fortifications, surmontée de pinacles entourant le clocher. Belle **église Santa Maria** à façade blanche. Derrière, l'entrée du château avec sa tour écroulée dont les éléments paraissent en équilibre instable. Les maisons basses du quartier ont reçu tant de coups de badigeon que leurs murs ont pris un aspect velouté et que tous les angles se sont polis et arrondis. Le château abrite un modeste **Musée archéologique,** dispensant une collection bien peu spectaculaire (cailloux, poteries...) – mais l'entrée est gratuite. Belle vue depuis les chemins de ronde.

🎥🎥 **Museu etnográfico :** largo do Corro, en face de l'hôpital, dans le quartier derrière la praça da República. Tlj sf lun 9h-12h30, 14h-17h30. GRATUIT. Dans l'ancien marché municipal, ce réjouissant petit musée d'arts et traditions populaires s'intéresse à toutes les activités traditionnelles. Chaque section correspond à un métier (du pêcheur... au coiffeur !), avec à chaque fois une ribambelle d'outils anciens et des costumes traditionnels. Très sympa.

🎥 **Museu do Relógio António Tavares d'Almeida** (musée de l'Horlogerie) : rua do Assento, partant de la praça da República. ☎ 284-54-31-94. • museudorelogio.com • Tlj sf lun 14h (10h w-e)-17h. Entrée : 2 €. Dans un ancien couvent du XVIe s, exposition insolite de 2 500 montres, pendules et autres tocantes retraçant l'évolution de l'horlogerie au Portugal depuis trois siècles et demi. Quelques pièces originales (dans les deux sens du terme).

## Manifestations

– **Feira do Queijo :** vers fin fév. Normal pour une ville réputée pour son fameux petit fromage.
– **Fête de Nossa Senhora de Guadalupe :** Pâques, dans l'église jouxtant la pousada. Cortège ethnographique et historique en plus de la cérémonie religieuse.
– **Festival culturel :** 2 premiers w-e de juin. Rencontre internationale de musiciens, praça da República et à l'Espace Nora.
– **Fête historique et traditionnelle :** 3 j. autour du 24 août. Tout le pays s'y rassemble et se transforme en jongleurs, bouffons...

# MOURA

(7240)  16 420 hab.

Citadelle de pierre sur une colline que l'on aperçoit de loin, au milieu des oliviers qui fournissent une des meilleures huiles du pays. À partir de la fin du XIXᵉ s, la découverte de sources d'eaux bicarbonatées calciques, efficaces pour soigner les rhumatismes, en fit une station thermale très prisée. Ce n'est plus le cas, mais cette bourgade pelotonnée autour de son château maure mérite une petite halte pour sa belle église et ses quartiers anciens.

## Arriver – Quitter

### En bus

**Gares routières :** *les bus venant de Beja s'arrêtent près du largo José Maria dos Santos ; ceux d'Évora s'arrêtent largo Santa Clara.*

➢ *Évora :* 1-2 bus/j. Env 2h de trajet.
➢ *Beja :* env 6-7 bus/j. (3 bus/j. le w-e). Durée : 1h45. Ils desservent Serpa (1h15 de route) au passage. Pour rejoindre la capitale, il faut passer par Beja.

## Adresses utiles

**Office de tourisme :** *sur l'esplanade du castelo.* ☎ 285-25-13-75. ● *moura turismo.pt* ● *Tlj 9h-12h30, 14h-17h30 (l'été, jusqu'à 18h le w-e).* Plan, infos classiques et petite expo de photos.

## Où dormir ?

### De bon marché à plus chic

**Hotel Santa Comba :** *praça Sacadura Cabral, 34.* ☎ 285-25-12-55. ● *hotelsantacomba.com* ● *Dans la ville haute, proche du château. Double env 40 €, avec petit déj. Parking.* Une belle maison entièrement rénovée, entièrement décorée d'azulejos et de peintures de la propriétaire. Chambres classiques, confortables et nickel. Situation on ne peut plus centrale. Bon rapport qualité-prix.

**Hotel de Moura :** *praça Gago Coutinho, 1.* ☎ 285-25-10-90 ou 91. ● *reservas@hoteldemoura.com* ● *hotel demoura.com* ● *Doubles 40-70 € selon saison, avec petit déj.* Occupe un ancien couvent, un somptueux bâtiment donnant sur un square. Façade surmontée d'une balustrade à l'italienne, et ourlée d'une frise turquoise, couleur fréquente en Alentejo. Ici tout est spacieux : salons, salle à manger aux portes à miroir, escalier, couloirs. Les chambres, agréables, sont néanmoins vieillottes et méritent des équipements plus récents.

## Où dormir dans les environs ?

### Plus chic

**Horta de Torrejais :** *estrada da Barca, apartado 116.* ☎ 285-25-36-58. 📱 963-27-25-62. ● *torrejais@sapo.pt* ● *hortadetorrejais.com* ● *De Moura, descendre l'av. do Carmo et prendre la 3ᵉ rue sur la gauche ; traverser le pont et continuer sur la route principale sur env 1 km, jusqu'au panneau indiquant la Horta de Torrejais. Doubles env 70 €, avec petit déj.* Catarina et Luís ont reçu un prix d'architecture pour avoir rénové à l'ancienne leur ferme avec des techniques presque oubliées (les roseaux couvrant le plafond, schiste du sol...). Dans les bâtiments qui leur sont réservés, les hôtes occupent de jolies chambres tout confort, et se partagent un coin feu, un salon, une cuisine agencés et meublés tout en épure : ils sont gâtés ! D'autant qu'ils ont également accès au jardin, à la belle piscine et au potager. Une véritable oasis, où l'on est reçu en français avec le sourire.

### Où manger ?

I●I *O Trilho :* rua 5 de Outubro, 5. ☎ 285-25-42-61. Tlj sf lun. Plats 7-13 €. Belle salle en contrebas à la déco élégante avec vaisselle bleue qui rappelle les azulejos. Délicieuses spécialités locales selon les saisons. Les plats du jour sont proposés en demi-portion. La meilleure adresse de la ville.

## À voir

¶ Se rendre d'abord dans la ville haute. Grand **jardin public** des sources thermales, abondamment fleuri. Terrasse au-dessus des remparts, pour profiter d'une vue qui englobe les champs d'oliviers à l'infini. En fin d'après-midi, le glouglou des nombreuses sources est bien rafraîchissant. Vestiges du **castelo,** bâti sur les ruines d'un fort musulman. Seule la puissante *torre de Menagem* est ouverte et abrite un minuscule **museu das Armas** *(visite guidée par l'office de tourisme à 10h, 12h, 15h et 17h ; GRATUIT).* Vaut surtout la peine pour la vue sur les environs depuis la terrasse au sommet.

¶¶ Juste à côté, la très pittoresque **igreja São João Baptista** (début XVIe s) et son élégant portail manuélin à arc trilobé et décoration végétale. À l'intérieur, azulejos polychromes du XVIIe s. Noter la curieuse chaire et sa colonne torsadée en marbre. En face de l'église, superbe *fontaine das Três Bicas.*

¶ Se promener ensuite dans la **Mouraria,** l'ancien quartier maure, composé de quelques rues et d'une place. L'un des rares au Portugal à présenter encore une belle homogénéité. Maisons basses surmontées de grosses cheminées ajourées et atmosphère animée au crépuscule.

## Manifestations

– *Foire de printemps :* 2e w-e de mai.
– *Procession et fête de N. S. do Monte Carmo :* mi-juil. Groupes folkloriques, musique, gastronomie et tauromachie.
– *Foire d'automne :* 3 j. pdt le 2e w-e de sept.

## VERS ÉVORA PAR L'ALENTEJO SAUVAGE ET LE BARRAGE D'ALQUEVA

Par Póvoa, Amareleja, Mourão, Monsaraz, vous allez vraiment découvrir intimement le pays, même si la construction du barrage d'Alqueva (devenu le plus grand lac artificiel d'Europe) a définitivement modifié le paysage.
Ces eaux qui s'insinuent au creux des vallons et de ces îles nouveau-nées ne manquent pas de charme. On peut même découvrir ce beau paysage en bateau. Des chiffres impressionnants : un réservoir d'eau de 83 km de long, une hauteur maximale, pour le barrage, de 96 m, plus de 3 150 millions de mètres cubes en volume utile... Certains mettent déjà

sur le compte du barrage les changements climatiques, autant que les mutations sociologiques, qui ont perturbé la vie des habitants. Il a fallu notamment reconstruire à l'identique – enfin presque, puisqu'il manque les typiques cheminées alentejanes –, quelques kilomètres plus loin, le village de Luz.

## Où manger dans le coin ?

**I●I** *Restaurant panoramique :* à *Amieira Marina.* ☎ 266-61-11-75. À env 20 km au sud de Reguengos de Monsaraz, et 30 km au nord de Moura. Ouv tlj le midi et le soir vendim (fermé mar-jeu hors saison). Plats env 15-20 €. C'est le beau resto chic tout en haut, dont la salle moderne tout en baies vitrées s'avance telle une proue de navire au-dessus du lac. Certes, les prix ne sont pas donnés, mais ici on paie la vue, le service stylé et une cuisine fraîche délicieuse. Après la balade en bateau en bas, cela fait un beau programme. Sinon, en bas, près de l'embarcadère, bar-snack.

# À faire

➢ Pour les *promenades en bateau* sur le lac au départ d'*Amieira Marina,* compter 14-21 €/h par personne pour une balade de 1h à 2h30 (réduc si l'on déjeune au resto). ☎ 266-61-11-73. ● amieiramarina.com ●
– Également des départs à bord de bateaux légers depuis le barrage (embarcadère indiqué au rond-point en direction de Moura), mais seulement en saison. Compter environ 5 € pour 30 mn.

## *MONSARAZ* (7200 ; 80 hab.)

C'est le seul piton rocheux de toute la région, aux confins du Portugal et de l'Espagne. Au beau milieu de cette région agricole, en surplomb du vaste lac pointillé de charmants îlots formé par le barrage d'Alqueva, la vieille citadelle se dresse, bien mignonne, avec son église, son musée religieux et ses maisons du XVIe s. Le patrimoine est parfaitement mis en valeur : pas un fil électrique en vue, pas une antenne de TV, des éclairages dissimulés à la nuit tombée... Magnifique ! Elle vaut aussi pour les amateurs de calme et de randonnées (à pied ou à cheval) en empruntant les chemins alentour, dont ceux qui descendent de la colline en direction de *Telheiro* (belle fontaine du début XVIIIe s, dont l'eau est d'une grande pureté).

### DES REMPARTS CONTRE LES VOLEURS DE CHEVAUX

*Le long de la frontière avec l'Espagne, une suite de citadelles fortifiées jalonne le tracé de la serra et le fleuve Guadiana : Mourão, Monsaraz, Elvas, Marvão... Ces bastions érigés au Moyen Âge ne défendaient pas ces contrées seulement contre l'envahisseur impie, mais surtout contre celui convoitant les chevaux lusitaniens, réputés pour la guerre. Voler son voisin, une pratique pas très catholique !*

## Arriver – Quitter

### En bus

➢ Quelques bus pour *Reguengos* de *Monsaraz* (avec correspondances pour *Évora*).

## Adresses utiles

- **Office de tourisme :** rua Direita (rue principale). ☎ 927-99-73-16. Tlj 9h30-12h30, 14h-18h.
- **Poste :** à côté du musée d'Art sacré. Lun-ven 9h30-12h30, 14h-16h.
- **Distributeur Multibanco :** dans la ruelle située en face du pilori.

## Où dormir ?

Monsaraz se visite en journée et peu de touristes y restent la nuit. Dommage, car les illuminations lui confèrent beaucoup de cachet et de mystère.

### De prix moyens à plus chic

- **Casa Santo Condestável :** rua Direita, 4 (rue principale, à côté de l'office de tourisme). ☎ 969-71-32-13 ou 919-97-08-31. ● cscondestavel@gmail.com ● condestavel-monsaraz.com ● Doubles et suite 55-85 €, avec petit déj. ☎ Cette noble demeure du XVIIe s appartient à la paroisse, qui l'a fort bien rénovée, mais l'a concédée en gestion privée à de jeunes gens dynamiques et accueillants (en anglais). Qu'on opte pour le charme des voûtes ou pour celui des plafonds peints (chambres du rez-de-chaussée), on appréciera les meubles anciens et les belles salles de bains en pierre. À moins de craquer pour la vaste suite à l'étage avec sa terrasse couverte, style loggia, offrant une vue exceptionnelle sur le lac Alqueva. Salon commun tout aussi charmant pour bouquiner au calme. Une adresse de caractère.
- **Casa Dona Antónia :** rua Direita, 15. ☎ 266-55-71-42. ☎ 961-54-45-59. ● info@casadantonia-monsaraz.com ● casadantonia-monsaraz.com ● ☎ Doubles 50-75 € selon saison et vue. ☎ Petit déj offert sur présentation de ce guide. Cette jolie maison typique dissimule un adorable patio planté de citronniers, et une terrasse panoramique géniale. Superbe vue, surtout depuis le jacuzzi ! Quant aux chambres, elles sont classiques (style rustique) et confortables (AC, TV, salles de bains nickel). Agréable.

### De plus chic à beaucoup plus chic

- **Estalagem de Monsaraz :** largo de São Bartolomeu, 5, à 200 m de la ville haute, en contrebas. ☎ 266-55-71-12. ● estalagemdemonsaraz.com ● Doubles 70-100 € selon période, avec petit déj. Plats env 12-15 €. ☎ Adresse hors les murs à l'emplacement fort bien choisi, avec une jolie petite piscine à flanc de colline. Vue superbe, surtout depuis la terrasse du toit. Chambres doubles au charme rustique, certaines un peu étroites, mais confortables et bien équipées. Salon convivial avec cheminée. Accueil discret. Bon resto sur place, connu pour son excellent médaillon de porc servi dans une salle rustique profitant d'une belle vue dégagée.
- **Hotel rural Horta da Moura :** en contrebas de la ville, à 2 km, en direction d'Évora. ☎ 266-55-01-00. ● hortadamoura.pt ● ☎ Selon saison, doubles env 70-115 € (promos sur le site). ☎ Cette vaste ferme blanche a été reconstruite par les derniers artisans sachant travailler à l'ancienne. À l'intérieur, le grand luxe d'une demeure patricienne. Chambres soignées, cheminées dans les suites, salon cosy, meubles anciens et des volumes immenses. Grande salle de billard et un fumoir. Également un resto, une piscine, un court de tennis et des attelages de chevaux pour jouer au gentleman-farmer.
- **Monte Alerta :** en contrebas de la ville, à 3 km, en direction de Telheiro. ☎ 966-76-83-07. ● montealerta.pt ● Doubles 65-85 €, avec petit déj. ☎ Un monte chic de grand charme. Idéal pour une cure antistress, avec ses chambres élégantes et ses salons hyper cosy (fauteuils en cuir, vieux

# VERS ÉVORA PAR L'ALENTEJO SAUVAGE... / MONSARAZ | 275

meubles sculptés, collection de pendules et cheminée pour l'ambiance). Quant aux prestations, c'est le top : beau jardin, piscine, spa, jacuzzi, salle de massage, et même une salle de billard et un cinéma !

## Où manger ? Où boire un verre ?

Attention, malgré la proximité de l'Espagne, les horaires de repas dans le coin sont plutôt à l'heure française : déjeuner de 12h à 14h, dîner de 19h à 20h30.

|●| ▼ *Xarez :* *rua de Santiago, 33.* ☎ *266-55-70-52. Tlj l'été. En-cas env 4-7 € ; plats env 10-14 €.* On vient d'abord pour la vue. Depuis la terrasse en escalier, à deux pas de la porte de la ville, on assiste à des couchers de soleil d'anthologie ! Et comme la carte propose à la fois des sandwichs, des quiches, des salades, des assiettes de charcuterie et quelques plats chauds classiques et honnêtes, chacun y trouvera son compte à toute heure. Impeccable.

|●| *Restaurante Lumumba :* *dans la rue principale, sur la gauche avt l'église.* ☎ *266-55-71-21. Tlj sf lun. Repas env 15-20 €.* Cuisine familiale copieuse et très convenable servie en salle, ou, beaucoup mieux, sur la terrasse panoramique. L'accueil évolue en fonction de l'affluence touristique, mais dans l'ensemble, c'est une bonne adresse.

|●| *Casa Modeste :* *largo Santiago.* ☎ *965-80-01-18. Fermé 3 sem en janv et 2 sem en juil. Repas 12-15 €.* Un peu en contrebas de la rue principale sur la droite. Ici, pas de terrasse panoramique, mais quelques tables en extérieur et une salle pas bien grande. Le patron s'active en cuisine pendant que madame s'occupe des clients avec beaucoup de gentillesse. Grandes salades, grillades et quelques plats typiques sans complication et corrects.

▼ *Centro Nautico :* *au bord du lac. L'été, ouv en principe tlj 10h-minuit.* Un snack-bar dans un kiosque moderne posé sur la berge. Terrasse abritée idéale pour boire un verre ou grignoter un sandwich en profitant de la vue sur le lac et Monsaraz. Possibilité de louer des embarcations (voir « À faire »).

## Où dormir dans les environs ?

🏠 *Casa Saramago :* *rua de Reguengos, à* **Telheiro***-centre.* ☎ *266-55-74-94.* 📠 *965-55-90-70.* ● *casasaramago-monsaraz.com.pt* ● *Doubles 60-65 €, avec petit déj.* 📶 Cette ancienne ferme possède un charme indéniable, et la vue magnifique sur la campagne et la citadelle ne gâche rien. Mobilier patiné et outils agricoles aux murs, voilà pour l'ambiance rustique. Côté confort, rien ne manque : bains, w-c, AC, TV (avec mezzanine pour la familiale). Jolie piscine en prime. Une adresse très bien tenue et accueillante.

🏠 *Monte Saraz :* *Horta dos Revoredos, Barrada, Monsaraz.* ☎ *266-55-73-85.* ● *info@montesaraz.com* ● *montesaraz.com* ● *De Monsaraz, prendre la direction de Reguengos de Monsaraz ; 2 km après Telheiro,* *prendre à droite le chemin en terre indiqué par la pancarte « Olival da Pega-Monte Saraz » et suivre le fléchage. Fermé 3 sem en janv. Suites 2-3 pers 75 €, avec petit déj. Gîtes 2-6 pers 100-155 € (2 nuits min).* 📶 L'architecture ancienne du *monte* est bien mise en valeur et a conservé une partie de ses murs d'origine. Les chambres et les gîtes (avec cuisine et terrasses pour ces derniers) sont dans le même esprit, à la fois rustiques, chic et cosy. Jardin fleuri d'où l'on profite d'une belle vue sur la campagne et Monsaraz. Et 2 piscines, l'une d'elles ceinte de galeries à la romaine. La classe ! L'ensemble a beaucoup d'allure, et le proprio hollandais se révèle un hôte charmant et enthousiaste.

## Où acheter et déguster du bon vin dans les environs ?

Vous êtes ici au cœur d'une des grandes régions viticoles du Portugal, produisant les célèbres *reguengos, monsaraz* et *espero*. Une coopérative et plusieurs producteurs se partagent la production. Infos à l'office de tourisme.

■ **Herdade do Esporão :** *à 3 km au sud-ouest de Reguengos.* ☎ *266-50-92-80.* • *esporao.com/pt* • *Depuis le centre-ville, prendre la direction de la zone industrielle et suivre les panneaux. Très grosse propriété. Visite des caves et dégustation possibles tlj pour les individuels, mais sur résa préalable (env 6-15 € selon le nombre de vins dégustés). Magasin et bar ouv 10h-19h (18h30 en hiver).* On y trouve, outre les AOC de l'Alentejo, du vin mousseux, du vin liquoreux et de l'huile d'olive. Pas donné, mais produits bien présentés et de qualité. De plus, ce domaine prend part à la préservation de la biodiversité.

## À voir

🗡 D'une homogénéité architecturale parfaite, imposant sa blancheur insolente, la **rua Direita** aligne de superbes maisons seigneuriales du XVIe s, avec armoiries. Festival de balcons en fer forgé, de ruelles aux gros pavés de grès. Dans l'*antiga rua do Castelo,* portes en ogive.

🗡 Sur la place principale, *pelourinho* traditionnel et, dans l'**église** gothique, un gisant de marbre du XIVe s. Large nef à deux travées. Chœur et chapelles latérales baroques. Face à l'église, **hôpital de la Misericórdia** comprenant une salle de réunion au décor intéressant, malheureusement fermée au public.

🗡 **Museu do Fresco :** *juste à côté de l'église. Tlj 9h30-12h30, 14h-18h (17h30 l'hiver). Entrée : 1 € ; gratuit moins de 12 ans.* Se résume à une section d'art et traditions populaires riquiqui, et à la fameuse fresque du XVe s dite « du bon et du mauvais juge » où le mauvais juge a deux visages. Il faut qu'on vous précise qu'auparavant ce bâtiment abritait un tribunal.

🗡 Tout au bout du village, le **château fort** et son chemin de ronde surveillant les vignes de la région, qui donnent le fameux *reguengos de Monsaraz*. Dans la cour, une minuscule *praça de touros* en amphithéâtre (voir ci-dessous « Manifestations »).

## À faire

➤ Pour les **promenades en bateau** sur le lac, rejoindre le **Centro Nautico** à quelques kilomètres en contrebas de la ville *(l'été, ouv tlj).* Possibilité d'y louer des embarcations à pédales ou des canoës, à moins de préférer embarquer à bord d'un petit bateau à moteur. Snack-bar (terrasse géniale) et aire de jeux pour les enfants.

## Manifestations

– **Monsaraz, musée ouvert :** *2e sem de juil ts les 2 ans.* Expositions de peinture, sculpture, céramique, groupes de musique et troupes de théâtre.
– **Festa Senhora Jesus dos Passos :** *2e w-e de sept. Vacada* dans la cour du château (sorte de corrida sans chevaux ni mise à mort) et procession dans les rues du village. Feu d'artifice.

## À voir dans les environs

🗡 Pour ceux que cela intéresse, **São Pedro de Corval** s'enorgueillit d'être la capitale des cruches, ou plutôt l'un des principaux centres de poterie du pays ; on ne compte pas moins de 20 ateliers (olaria).

🗡 **Les mégalithes :** la région semble avoir inspiré nos ancêtres des temps préhistoriques. Plusieurs menhirs et pierres levées ont été découverts autour de la route de Reguengos. Celui de **Bulhoa** (4 km) est le plus proche. À **Outeiro** (10 km) se dresse l'un des plus beaux menhirs phalliques d'Europe. Entre Monsaraz et le Guadiana, près de la frontière, on trouve le **cromlech do Xerez,** une enceinte de 50 bébés menhirs autour de leur chef haut de 4 m. L'ensemble a été transplanté en 2004 à cause de la montée des eaux de barrage. Imaginez le travail, même avec des techniques modernes ! Évidemment, le fait qu'il ne soit plus à son emplacement original enlève pas mal de son sens à l'édifice. Il est situé dans les environs de Monsaraz, l'office de tourisme vous fournira un plan pour vous y rendre.

# ÉVORA
(7000)   56 000 hab.

● Plan *p. 280-281*

◎ Incontestablement l'une des plus belles cités du Portugal, d'ailleurs inscrite au Patrimoine mondial de l'Unesco. On peut se demander par quel miracle la capitale de l'Alentejo a pu ainsi traverser les soubresauts de l'Histoire sans en souffrir les dommages. Dans une totale harmonie architecturale, elle offre au voyageur un panorama des civilisations qui sont passées par là. Et pour les Lisboètes qui s'y installent de plus en plus nombreux de par sa proximité avec la capitale (environ 120 km), elle offre le charme et le calme d'une ville provinciale tout en proposant les services de la capitale.
Les mégalithes sont à l'extérieur de ses murs, mais, des Romains aux aristocrates savants du XVIIIe s, chacun a apporté sa pierre à l'édifice. En fin d'après-midi ou à la nuit tombée, la balade est magique et mélodieuse.
Bien sûr, en haute saison, l'affluence touristique entraîne des retombées néfastes tant sur l'ambiance générale que sur l'accueil. Préférez le printemps ou l'automne pour la découvrir, en prenant votre temps, car tout ici se visite à pied, comme vous pouvez l'imaginer. Heureusement, les bonnes *pastelarias* ne manquent pas pour vous permettre d'attendre l'heure sacro-sainte du dîner, dans cette ville qui cultive sa réputation gastronomique.

## UN PEU D'HISTOIRE

Baptisée *Liberalitas Julia* par César, ce fut une importante place forte des Romains. Respectant la chronologie de l'histoire, les Wisigoths leur succédèrent un temps, avant de céder la place aux Arabes. Ceux-ci renforcèrent les murailles romaines, mais, curieusement, il ne subsiste plus rien de leurs réalisations architecturales. Des Romains aux maîtres du baroque, tous laissèrent pourtant quelque chose. Il est vrai que, lors de la Reconquête, les chrétiens, à peine descendus de cheval, se hâtaient de raser les mosquées.

Cependant, fait courant au Portugal, les bâtisseurs succédant aux Arabes intégrèrent tous des éléments décoratifs ou architecturaux arabes dans leurs œuvres. Aux XV$^e$ et XVI$^e$ s, Évora abrita la Cour et connut une vie culturelle et artistique très riche. L'Inquisition en fit ensuite la capitale des jésuites et de l'intolérance, jusqu'à ce qu'en 1759 le marquis de Pombal, rebâtisseur de Lisbonne, les en chassât et supprimât leur université. Ce coup terrible signa le déclin intellectuel de la ville qui sombra dans une profonde léthargie et se mua par la suite en vulgaire gros bourg agricole.

## Arriver – Quitter

### En voiture

Difficile de se garer dans le centre de 8h à 20h en haute saison. Attention, la police use de plus en plus fréquemment du sabot. Heureusement, il existe un vaste **parking gratuit** au sud des remparts (extra-muros donc), sur Rossio de São Brás et praça de Touros *(plan B-C3)*. Plus de 1 000 places. Sinon, parkings payants intra-muros, comme celui largo António Augusto Aguiar, devant le théâtre Garcia de Resende.

### En bus

- **Gare routière** *(hors plan par A2)* : hors les murs, derrière le cimetière, à 500 m de la ville sur la route de Lisbonne par la porte d'Alconchel. À 10 mn à pied de la praça do Giraldo. Nombreux bus depuis les principales villes du Portugal, le moyen de locomotion idéal pour arriver à Évora.
- ➢ **Lisbonne :** bus nombreux et très pratiques. Départs de Sete Rios à Lisbonne. Une dizaine de bus directs/j. Il en existe d'autres, moins rapides. Trajet : 1h30-2h.
- ➢ **Setúbal :** 3-6 bus/j. Trajet : 2h15.
- ➢ **Estremoz :** 3-4 bus/j. en sem.
- ➢ **Elvas :** 3-4 bus/j. Trajet : 1h15.
- ➢ **Portalegre :** 1 bus/j. Compter 2 bonnes heures de route.
- ➢ **Beja :** une douzaine de bus/j. Compter env 1h15.
- ➢ **Porto :** nombreux bus, mais avec changement à Lisbonne.

### En train

- **Gare ferroviaire** *(hors plan par B3)* : *à 1,5 km au sud-est du centre-ville. De la gare, l'av. da República conduit à la praça do Giraldo où se trouve l'office de tourisme.*
- ➢ **Lisbonne :** 3-4 départs/j. en train direct *Intercidade,* mat, midi et soir... comme un sirop pour la toux ! Compter 2h30-3h de trajet.
- ➢ **Beja :** 3-4 trains/j., avec changement à Casa Branca.
- ➢ **L'Algarve :** 2-3 trains/j. Ils desservent Faro puis Lagos. Env 4h30-5h de trajet. Voyage long, préférez les bus.

## Adresses et infos utiles

**ℹ Office de tourisme** *(plan B2)* : *praça do Giraldo, 73.* ☎ *266-77-70-71.* • *cm-evora.pt* • *Tlj sf j. fériés 9h-19h (18h en hiver).* Bon plan en couleur de la ville, infos transports et liste des hôtels et pensions agréées. Pas mal d'infos sur les événements en cours.

■ **Agence consulaire de France** *(plan C2)* : *rua da Freira de Baixo, 16.* ☎ *266-702-424.*

✉ **Poste** *(plan B2)* : *rua de Olivença. Lun-ven 8h30-18h.*

### Argent

■ **Banques :** *lun-ven 8h30-15h.* La plupart se trouvent sur la praça do Giraldo et disposent de distributeurs de billets.

### Urgences, santé

■ **Services d'urgences :** ☎ *112.*
■ **Farmácia da Santa Casa Misericórdia :** *praça do Giraldo, 27.* ☎ *266-70-29-83.* Sous les arcades face à la fontaine.

## Divers

■ **Complexe de piscines :** *à env 1 km sur la route de Lisbonne. En principe, juin-sept, tlj sf lun mat, mais se renseigner avt d'y aller, car, en période de pénurie d'eau, l'accès est fermé 2 ou 3 fois/sem.* Utile l'été quand il fait 40 °C !
■ **TurAventur :** ☎ 266-74-31-34.
📱 *966-75-89-40.* ● *turaventur.com* ● Bureau à **Senhor dos Aflitos** (voir « Où dormir dans la campagne environnante ? »). *Leur téléphoner. Canyoning, loc de vélos et de 4x4.* Randonnées à VTT ou en jeep dans la région avec un guide. Propose des circuits de différentes tailles, y compris le tour mégalithique dans les environs. Accueil francophone.

## Où dormir ?

Pendant la saison, la ville est prise d'assaut. Il est plus que conseillé d'arriver tôt ou, mieux encore, de réserver.

### Camping

⛺ **Camping Orbitur** *(hors plan par A3) : estrada de Alcáçovas, à 2 km au sud.* ☎ *266-70-51-90.* ● *orbitur.com* ● *Bus du terminal n° 41. Ouv tte l'année. Forfait pour 2 selon saison et confort 17-34 €. Également quelques mobile homes.* 📶 La proximité d'un chenil et de la route le rend très bruyant. Toutefois assez ombragé, sous les eucalyptus. Sanitaires corrects avec douche chaude gratuite. Piscine gratuite pour les campeurs. Minimarché ouvert l'été. Pas de resto, et entretien général qui laisse parfois à désirer. Pas fameux, mais c'est le seul du coin.

### De bon marché à prix moyens

🏠 **Sant Antao Hostel** *(plan B2, 21) : praça do Giraldo, 83.* ☎ *963-789-142.* ● *hostelsantantao@gmail.com* ● *hostelsantantao.com* ● *Env 15-18 € en dortoir de 4-6 lits ; double env 34-38 €, avec petit déj.* 📶 Difficile de faire plus central pour cette AJ de poche ! Dans les étages d'un immeuble donnant sur la place principale, les 4 dortoirs et LA double (avec 2 lits simples, ça fera plaisir aux amoureux) se partagent 2 salles de bains et une cuisine. Simple, propre et fonctionnel. Mais ce qui fait la différence, c'est l'accueil très sympa du propriétaire (francophone), et la terrasse géniale sur le toit. Très relax et photogénique !

🏠 **Hostel Namasté** *(plan C3, 22) : largo Doutor Manuel Alves Branco, 12.* ☎ *266-74-30-14.* ● *welcome@ hostelnamsteevora.pt* ● *hostelna masteevora.pt* ● *Env 17 € en dortoir de 4 lits ; double env 45 €. Petit déj en sus.* 📶 Ambiance fraternelle pour cette minuscule auberge tendance zen et écolo. On s'y sent tout de suite bien, accueilli tout en douceur par une équipe féminine qui entretient avec soin ses petites chambres, son dortoir, ses salles de bains communes et sa cuisine. Et il y a même une courette et un bout de terrasse pour prendre l'air ! Un peu cher, mais sympa.

🏠 **Casa dos Teles** *(plan B3, 11) : rua Romão Ramalho, 27.* ☎ *266-70-24-53.* ● *arriagateles@hotmail.com* ● *Doubles 25-45 € selon confort et saison. Pas de petit déj.* 📶 Une dizaine de chambres d'hôtes dans une grande maison particulière, en plein centre. Parfaitement tenu, simple et fonctionnel pour les chambres côté jardin ; parquet dans les chambres de la partie ancienne. Toutes avec AC, mais une seule possède sa propre salle de bains. Les autres se partagent une douche et des w-c absolument nickel. Accueil très aimable avec l'accent brésilien.

🏠 **Residencial O Alentejo** *(plan A2, 13) : rua Serpa Pinto, 74.* ☎ *266-70-29-03.* ● *residencial.oalentejo@gmail.com* ● *Doubles 38-45 €.* 📶 Autre ancien palais, assez vieillissant, proposant des chambres simples et classiques. Confortable et désuet à la fois, avec ses meubles peints de style alentejan, des napperons et tout le toutim. Sans prétention mais bien situé.

🏠 **Pensão-residencial Policarpo** *(plan C2, 12) : rua da Freiria de*

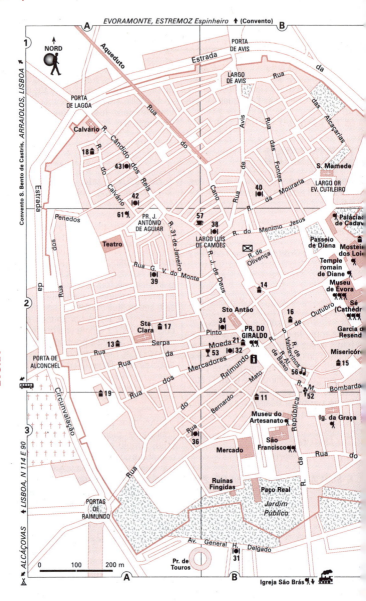

■ **Adresse utile**

🅸 Office de tourisme

🛏 **Où dormir ?**

11 Casa dos Teles
12 Pensão-residencial Policarpo
13 Residencial O Alentejo
14 Casa de São Tiago
15 Solar de Monfalim
16 Residencial Riviera
17 Hotel Santa Clara
18 Albergaria do Calvário
19 M'Ar de Ar Muralhas
20 Pousada dos Loios
21 Sant Antao Hostel
22 Hostel Namasté

🍽 **Où manger ?**

31 A Gruta
32 A Choupana
34 Art Café
36 Restaurante S. Luis
38 1/4 Para as Nove
39 Adega do Alentejano
40 Taberna tipica Quarta-Feira
42 Fialho
43 A Tasquinha do Oliveira

🍰 **Où déguster une bonne pâtisserie ? Où manger une glace ?**

50 Pastelaria conventual Pão de Rala
52 Gelateria Zoka
57 Confeitaria Pau de Canela

🍷♪ **Où boire un verre ? Où sortir ?**

53 A Oficina
56 Praxis Clube

🚶 **À voir**

61 Rota dos Vinhos do Alentejo

**ÉVORA**

Baixo, 16. ☎ 266-70-24-24. ● mail@pensaopolicarpo.com ● pensaopolicarpo.com ● *Accès à pied ou en voiture (Portas de Moura). Fermé 24-25 déc. Selon saison, doubles avec lavabo 34-39 € ; avec douche (w-c sur le palier) 38-49 € ; avec douche ou bains 48-62 € ; avec petit déj. CB refusées. Parking rua Conde da Serra.* 🖥 📶 Hôtel chaleureux de 20 chambres, situé dans une maison seigneuriale, en plein centre historique, avec quelques places de parking gratuites dans la cour (1er arrivé, 1er servi). Chambres simples et classiques, parfois dotées de meubles peints dans le style alentejan, avec ou sans salles de bains privées (tout est bien tenu). Atmosphère cosmopolite conviviale façon auberge de jeunesse et pension de famille. Accueil francophone.

## De plus chic à beaucoup plus chic

🏨 **Albergaria do Calvário** (plan A1, **18**) : *travessa dos Lagares, 3.* ☎ *266-74-59-30.* ● *albergariadocalvario.com* ● ♿ *Doubles 90-135 € selon saison, avec petit déj. Parking souterrain gratuit (places limitées).* 📶 Derrière un couvent du XVIe s, ce vieux pressoir à huile a été transformé en véritable hôtel de charme. Chambres spacieuses, sobres et élégantes, aux couleurs du temps, avec tout le confort et du mobilier en fer forgé et en bois de peuplier. Terrasse bien agréable dans la cour intérieure. Et quel calme ! Pour couronner le tout, un bon petit déj et un accueil très attentionné dans un français parfait. Un excellent choix si vous en avez les moyens.

🏨 **Residencial Riviera** (plan B2, **16**) : *rua 5 de Outubro, 47-49.* ☎ *266-73-72-10.* ● *riviera@riviera-evora.com* ● *riviera-evora.com* ● *Doubles 60-80 € selon saison, avec petit déj. Parking payant.* 📶 Installé dans une maison ancienne modernisée. Comme souvent, ce qu'un tel bâtiment a perdu en charme, il l'a gagné en confort. Les chambres, classiques et impeccables, ont néanmoins conservé pour certaines leur plafond voûté tout en pierre. Salon commun très agréable à l'étage. Situation privilégiée en plein centre, conviendra donc aux non-motorisés. Bon accueil.

🏨 **Hotel Santa Clara** (plan A2, **17**) : *travessa da Milheira, 19.* ☎ *266-70-41-41.* ● *reservas@hotelsantaclara.pt* ● *bestwesternhotelsantaclara.com* ● ♿ *Double 68 €, avec petit déj. Quelques places de stationnement réservées rua Serpa Pinto, devant l'église (demander un ticket à la réception).* 📶 Dans un ancien couvent entièrement remodelé pour répondre au cahier des charges d'un hôtel moderne, mais qui a gardé marbres et bois de l'ancienne structure. Chambres neutres, confortables, bien tenues, et au calme grâce à la situation en retrait de la rue. Une bonne adresse, centrale de surcroît.

🏨 **Casa de São Tiago** (plan B2, **14**) : *largo Alexandre Herculano, 2.* ☎ *266-70-26-86.* ● *fvasconcelos@casa-stiago.com* ● *casa-stiago.com* ● *Double 75 €, avec petit déj.* 📶 Un petit palais du XVIe s laissé en l'état avec ses meubles vénérables, ses tableaux de famille, etc. Chambres à l'ancienne, qui fleurent bon l'histoire, avec des salles de bains modernes néanmoins. Petit déj servi dans le patio. Un vrai voyage dans le temps.

🏨 **Solar de Monfalim** (plan B2, **15**) : *largo da Misericórdia, 1.* ☎ *266-70-35-29.* ● *info@solarmonfalim.com* ● *solarmonfalim.com* ● *Doubles 60-80 €, avec petit déj. Parking payant.* 📶 La localisation est bonne, et l'hôtel particulier du XVIe s a fière allure, avec son escalier et sa galerie supérieure à arcades noyés dans les glycines. À l'inverse, les chambres se révèlent nettement plus simples, sobres et datées. Terrasse agréable, et belle vue sur la place ombragée de jacarandas.

## Très chic

🏨 **M'Ar de Ar Muralhas** (plan A2-3, **19**) : *travessa da Palmeira, 4-6 (entrée Portas de Raimundo).* ☎ *266-73-93-00.* ● *mardearhotels.com* ● *Doubles 100-175 € selon saison, avec petit déj.*

*(voir les promos sur leur site). Parking gratuit.* 🛜 L'un des « grands » hôtels de la ville. Derrière une façade plutôt quelconque, on découvre des espaces communs élégants, des chambres classiques tout confort (les plus chères avec balcon), et surtout un vaste jardin à l'ombre des remparts, où l'on peut se détendre en plongeant dans la belle piscine, ou boire un verre en terrasse avant d'aller dîner. Accueil professionnel et sympathique.

🏠 *Pousada dos Loios (plan B2, 20) : largo Conde Vila Flor.* ☎ *266-73-00-70.* • *pousadas.pt* • *Doubles 150-230 € selon saison (promos sur leur site).* 🛜 Une des plus belles *pousadas* du Portugal (avec celle d'Estremoz). Ancien monastère du XVᵉ s, qui a subi d'importantes rénovations. Un charme incomparable. Imposants escaliers de marbre, tapisseries, cloître sur voûtes en croisée d'ogives avec une galerie Renaissance, chapiteaux sculptés, superbe porte manuéline d'inspiration orientale menant à la salle capitulaire, chambres-cellules blanches, fraîches et joliment meublées en châtaignier, etc. Très beau, mais très cher : on paie le cadre.

## Où dormir dans la campagne environnante ?

🏠 |●| *Quinta da Espada (hors plan par A1) : sur la route d'Arraiolos, à 4 km du centre-ville (chemin sur la droite signalé par une pancarte).* ☎ *266-73-45-49.* • *isabelcabral@quintadaespada.pt* • *quintadaespada.pt* • 🐾 *Fermé 2ᵈᵉ quinzaine de juil et 24-25 déc. Double 92 €, avec petit déj. Appart 115 €. Repas sur résa 35 €/pers.* 🛜 En pleine campagne, dans un beau bâtiment en contrebas de la propriété (traversée de façon insolite par l'aqueduc d'Évora, de 1531 !), des chambres élégantes, joliment aménagées dans un style à la fois cosy et champêtre-chic. Cuisine et salon cossu à disposition. Également 2 appartements, ultra-soignés et fonctionnels, qui possèdent 2 chambres chacun avec salle de bains, un salon et une kitchenette. Pour se détendre, belle piscine et superbe jardin ombragé. Accueil en français par la propriétaire.

🏠 *Monte do Serrado de Baixo (hors plan par B1) : à Senhor dos Aflitos, 7 km au nord.* ☎ *266-74-31-34.* • *info@montedoserradodebaixo.com* • *montedoserradodebaixo.com* • *D'Évora, direction Estremoz puis Igrejinha, et repérer à gauche l'embranchement pour Senhor dos Aflitos ; suivre ensuite les pancartes indiquant le monte. Doubles 70-100 € selon confort, avec petit déj. CB refusées.* 🛜 Au milieu d'une exploitation plantée d'oliviers, une grande maison typique réservée aux hôtes comprend un salon commun très cosy et 4 belles chambres déclinées par thèmes et par couleurs (l'olivier, le liège, les vignobles et le blé). L'une d'elles a une mezzanine et peut loger une famille. Belle piscine. Les proprios, francophones et voyageurs, proposent aussi de nombreuses activités dans le coin à travers leur agence *Turaventur*. Ils peuvent vous fournir plein de tuyaux sur la région. Et n'oubliez pas de demander à voir la superbe collection de voitures de collection !

🏠 *Monte da Serralheira (hors plan par C3) : à 3 km au sud.* ☎ *266-74-12-86.* • *monteserralheira@mail.telepac.pt* • *monteserralheira.com* • *En venant de Lisbonne, prendre le périphérique sud d'Évora et suivre les panneaux « area Industrial » ; après plus de 1 km, une fois passé Intermarché, prendre au premier rond-point suivant la direction « Almeirim sul » ; à la bifurcation en T, prendre à droite. Selon saison, apparts 55-68 € pour 2 pers, 95-115 € pour 4 pers. Petit déj 8 €.* 🛜 Dans une grande exploitation en pleine campagne (vigne, blé, olives, etc.), plusieurs appartements champêtres avec salle de bains, salon, terrasse, ainsi qu'une cuisine équipée pour faire sa popote. Salon de jeux, piscine, chevaux et location de bicyclettes. Les sympathiques proprios hollandais parlent le français.

## Où manger ?

La tradition culinaire d'Évora est réputée, et les prix sont plus élevés que dans le reste de l'Alentejo. Goûtez donc aux spécialités régionales : *ensopado de borrego* (ragoût d'agneau), *borrego assado, porco alentejana*, etc. Mais comme dans tous les centres touristiques, quelques restaurateurs ont une fâcheuse tendance à bâcler les plats et à presser les clients comme des citrons. Pas tous, heureusement ! Nous avons sélectionné également quelques adresses de *pastelarias* (voir plus loin) qui ont mis à l'honneur les fameuses douceurs conventuelles, pour la pause sucrée de l'après-midi.

### De très bon marché à bon marché

|●| *Art Café* (plan B2, 34) : *rua Serpa Pinto, 6.* ☎ *969-71-92-77. Tlj sf lun soir 10-11h jusqu'au dernier client. En-cas env 3-4 €.* Ambiance zen et relax pour ce petit café arty, dont les œuvres d'art et les tables hétéroclites ont envahi les arcades et la cour d'un beau palais. Idéal pour une pause, ou un déjeuner léger autour d'une bonne salade, d'un sandwich, ou de la soupe du jour... le tout à l'ombre d'une glycine monumentale.

|●| *A Choupana* (plan B2, 32) : *rua dos Mercadores, 16-20.* ☎ *266-70-44-27. Tlj sf dim. Plats env 7-14 €.* Petite taverne simple et sans chichis, où les habitués et les nombreux touristes s'installent au comptoir, ou dans une salle de poche, autour de plats locaux qui ne révolutionnent pas le genre, mais copieux et corrects. Sympa.

|●| *Adega do Alentejano* (plan A2, 39) : *rua Gabriel Victor do Monte Pereira, 21 A.* ☎ *266-74-44-47. Tlj sf dim. Fermé sept. Plats 9-12 € ; menu 13 €.* Resto agréable de style rustique avec salle voûtée, nappes à carreaux, outils agricoles aux murs et jarres de vin. Spécialités de plats régionaux, dont l'excellent *porco alentejana*. Portions copieuses.

|●| *A Gruta* (plan B3, 31) : *av. General Humberto Delgado, 2. Il faudra traverser le jardin public et suivre les remparts, au sud de la ville, avt d'arriver à cette énorme cantine de grillades digne de Rabelais. Tlj sf dim. Plat du jour env 9 €.* Dès l'entrée, le large grill donne le ton ! Ambiance de gros estomacs affamés face à des platées gargantuesques de poulet grillé. On en a vraiment pour son argent.

### De prix moyens à plus chic

|●| *Restaurante S. Luis* (plan A3, 36) : *rua do Segeiro, 30.* ☎ *266-74-15-85. Plats 10-14 €.* Cela vaut la peine de rallier cette bonne adresse un brin excentrée. Les 2 salles sont accueillantes, dans un style rustique cosy (nappes, serviettes en tissu...), le service est impeccable, et la cuisine alentejane à la hauteur : qu'il s'agisse des *petiscos*, des plats ou des accompagnements, tout est préparé avec soin et savoureux.

|●| *A Tasquinha do Oliveira* (plan A1, 43) : *rua Cândido dos Reis, 45 A.* ☎ *266-74-48-41. Tlj sf dim. Repas à la carte 30-35 €.* Pourquoi ne pas faire tout un repas de ces délicieux *petiscos* ? Selon la saison : champignons assaisonnés, beignets de morue, salade de poulpe, salade de pois chiches, tartes salées... On vous apporte les hors-d'œuvre du jour en cascade, mais attention, l'addition monte vite, sachez vous arrêter à temps. Sinon, plats classiques comme le *borrego assado no forno* (mouton cuit au four) au moment de Pâques. Quant à la salle, elle est toute petite : réservez !

|●| *Taberna tipica Quarta-Feira* (plan B1, 40) : *rua do Inverno, 16-18.* ☎ *266-70-75-30. Dans une petite rue donnant sur la rua de Avis. Fermé dim et lun midi. Résa conseillée. Menu env 30 € incluant l'eau et la cuvée du chef. Digestif ou café offert sur présentation de ce guide.* Dans une salle climatisée à la déco campagnarde, où trônent d'énormes jarres à vin, vous serez pris en main par un patron jovial qui improvisera pour vous un repas à sa façon.

Il vous dira lui-même qu'il passe pour être le spécialiste de la purée d'épinards et du *lombo de porco,* et vous avez alors de grandes chances d'y goûter. Sinon, sa brandade de morue accompagnée d'un *vinho de mesa tinto* ne sera pas une punition de carême ! Allez-y sans crainte, c'est frais, bon... et copieux !

**¶¶ Fialho** *(plan A1, 42)* : *travessa das Mascarenhas, 16.* ☎ *266-70-30-79.* • *restaurantefialho@iol.pt* • ♿ *Dans une ruelle située derrière la praça António de Aguiar. Tlj sf lun. Fermé 3 sem en sept et fin déc. Résa conseillée. Plats env 15-25 €.* L'un des restos les plus connus dans la région pour sa bonne cuisine traditionnelle préparée dans les règles, copieuse, et servie dans une salle classique et chaleureuse. Quelques spécialités : *sopa de caçao* (soupe de roussette), une sorte de saumonette, lièvre, perdrix en escabèche... Ne vous jetez pas sur les petits plats en entrée, qui gonflent l'addition, et gardez votre faim pour le plat principal.

**¶¶ 1/4 Para as Nove** *(plan B2, 38)* : *rua Pedro Simões, 9.* ☎ *266-70-67-74. Tlj sf mer. Repas env 20-25 €.* Une institution locale, où l'on s'installe sur la terrasse ombragée aménagée le long de la ruelle. Spécialités de poisson et de fruits de mer, ainsi que de nombreuses viandes à la mode locale. Service sympa.

### Où déguster une bonne pâtisserie ?
### Où manger une glace ?

**☕ Pastelaria conventual Pão de Rala** *(plan C3, 50)* : *rua do Cicioso, 47.* ☎ *226-70-77-78. Tlj sf dim 8h-19h.* Une merveilleuse adresse qui a pris la relève des nonnes d'autrefois pour produire, chaque jour, les meilleures douceurs d'Évora. Quelques tables sur place.

**☕ Confeitaria Pau de Canela** *(plan A-B2, 57)* : *travessa Lopo Serrão, 7 A. Tlj sf sam ap-m et dim.* 3 tables pour faire une pause-café. Pâtisserie-biscuiterie toute mignonne où l'on peut déguster de bons gâteaux locaux. Le traditionnel *pastel de nata* est confectionné ici avec de la pâte sablée.

**🍦 Gelateria Zoka** *(plan B2-3, 52)* : *rua Miguel Bombarda, 14.* Grande terrasse qui ne passe pas inaperçue. Glaces onctueuses, des plus classiques aux plus inattendues, comme celle au porto.

### Où boire un verre ? Où sortir ?

**🍷 A Oficina** *(plan B2, 53)* : *rua da Moeda, 27. Une petite rue qui descend de la praça do Giraldo. Mar-sam 21h-3h.* Éclairage doux et ambiance conviviale, pour satisfaire une clientèle qui aime se retrouver et papoter autour de plusieurs verres, en toute simplicité.

**♪ Praxis Clube** *(plan B2, 56)* : *rua de Valdevinos, 21 A. Tlj sf dim 23h-6h.* Boîte de nuit bondée les mercredi et jeudi soir, jours de sortie des étudiants, qui ont pu se reposer en début de semaine des fêtes du week-end.

# À voir

Tous les points d'intérêt sont très concentrés. À Évora, on circule à pied. Attention : tous les musées sont fermés le lundi.

🏛🏛🏛 **Sé** *(cathédrale ; plan B2)* : *tlj 9h-12h20, 14h-16h50 (9h-16h50 juil-sept). Le cloître et la tour ferment 20 mn plus tôt. Entrée : 1,50 € pour la cathédrale seule, 2,50 € pour la cathédrale et le cloître, 3,50 € avec la tour en plus, et 4,50 € pour la totale (musée inclus) ; gratuit moins de 12 ans.*

Construite dans le style des cathédrales françaises de la fin du XIIe s. À remarquer, le clocher roman en forme de pomme de pin. Les statues des apôtres qui ornent le portail lui donnent une grande finesse.

À l'intérieur, simplicité et élégance des lignes. Les éléments décoratifs, en particulier les grands lustres en cristal, adoucissent l'austérité de l'architecture. Admirez le triforium courant le long de la nef et du transept, qui s'ouvre par de petits arcs. Chœur baroque en marbre rose et bleu. Chaire dans le même matériau. Le transept est éclairé par une belle rosace. Dans le transept gauche, portail Renaissance sculpté en marbre blanc de motifs floraux, de coquilles, de chimères et de personnages grotesques. Superbe Vierge polychrome ornée du petit autel de la nef principale. Vous ne remarquez rien ? Elle attend un très heureux événement ! Baptistère en marbre torsadé orné d'azulejos et de fresques.

On accède ensuite à la *tour*. Au premier niveau, arrêt obligatoire dans le superbe chœur haut (fermé hors saison !), impressionnant avec ses stalles du XVIe s ornées de panneaux sculptés de scènes de la vie rurale. L'orgue date de la même époque et serait le plus ancien d'Europe. Puis les escaliers conduisent à la terrasse panoramique (vue géniale sur la ville). Retour au rez-de-chaussée, pour découvrir le *cloître* gothique attenant, très sobre, égayé par les colonnettes supportant les arcs et les chapiteaux sculptés, tous différents. Statue des évangélistes à chaque angle. Des escaliers étroits en colimaçon permettent d'accéder à sa terrasse. Belle vue sur la ville.

🍴🎭 *Museu de Arte sacra* : *dans un bâtiment moderne accessible par la cathédrale. Tlj sf lun 9h-11h30, 14h-16h (dernière entrée). Entrée : 4 € (entrée de la cathédrale incluse), ou 4,50 € avec le cloître et la tour.* Présente des pièces exceptionnelles, telle la *Nossa Senhora do Paraíso* s'ouvrant en triptyque avec miniatures en ivoire sculpté. Au centre, la scène de la Dormition représente la Vierge dans cet état transitoire surnaturel avant qu'elle monte au Ciel. Primitifs religieux, belle statuaire, orfèvrerie (calice-ostensoir en gothico-plateresque du XVIe s), vêtements sacerdotaux brodés de fil d'or, mitres incrustées de pierres précieuses. Très beau reliquaire polychrome décoré d'angelots, etc.

🎭 *Le temple romain « de Diane »* (plan B2) : consacré à Diane – d'où son surnom –, il date du IIe s. Chapiteaux de style corinthien. On doit son remarquable état de conservation au fait que les colonnes furent tout simplement englobées au Moyen Âge dans les murs d'une forteresse et seulement redécouvertes au XIXe s. La qualité du marbre d'Estremoz fit le reste.

🎭 *Mosteiro dos Loios* (plan B2) : à défaut d'y séjourner, faites-vous discret et jetez un œil à l'une des plus belles *pousadas* du Portugal, installée dans les murs de l'ancien couvent des moines de Saint-Éloi, qui conserve des traces d'architecture originales dans le style gothico-manuélo-mudéjar.

🍴🎭 *Igreja São João Evangelista* (plan B2) : *musée privé occupant l'église du monastère dos Loios, tt à côté de la pousada. De mi-juin à fin oct, tlj sf lun 10h-18h ; hors saison, tlj sf lun 10h-12h30, 14h30-18h. Visite chère : 4 € pour l'église seule, 7 € avec la visite du palácio dos Duques de Cadaval.* De superbes azulejos du XVIIIe s recouvrent la nef et mettent en valeur le chœur baroque. L'église abrite les tombeaux des fondateurs. Deux trappes révèlent une citerne avec 7 m³ d'eau, vestige de l'ancien château arabe, et une autre conservant les ossements des moines. Dans la sacristie, fresque originale du XVIIe s représentant le Christ en croix. Petite chapelle contre la muraille romaine, avec une santa Apolónia or et polychrome superbe.

🎭 *Palácio dos Duques de Cadaval* (plan B2) : *à côté de la pousada, en contrebas de la place du temple romain. Mêmes horaires et tarifs que Igreja São João Evangelista.* Palais attenant à l'église São João Evangelista (ou *igreja dos Loios* du nom de l'ancien couvent qui abrite aujourd'hui la *pousada*, et de son fondateur saint Éloi), tous deux toujours propriété de la famille Cadaval. L'ensemble a été fondé au

XIVe s sur les ruines d'un château mauresque. On retrouve dans le patio et l'église quelques vestiges des différentes époques du XVe au XIXe s : mudéjar, gothique, manuélin… Dans le palais, enfilade de salles exposant meubles, chaise à porteurs, vaisselle, tableaux, etc.

🎬🎬🎬 *Museu de Évora* (plan B2) : *il occupe l'ancien palais épiscopal, à côté de la cathédrale. Tlj sf lun 10h-18h (9h30-17h30 nov-mars). Fermé 1er janv, jour de Pâques, 25 déc. Entrée, avec audioguide : 3 € ; réduc ; gratuit moins de 12 ans et pour ts le 1er dim du mois.* Vaste et beau musée qui renferme d'intéressantes sections archéologiques dans les sous-sols, des éléments architecturaux et de superbes sculptures au rez-de-chaussée (œuvres délicates du célèbre Nicolas Chanterelne), et d'importantes collections de peintures à l'étage, notamment des primitifs religieux. Parmi les œuvres remarquables, ne pas rater l'impressionnant retable flamand daté de 1500 qui ornait le maître-autel de la cathédrale.

🎬🎬 *L'ancienne université jésuite* (plan C2) : *largo do Colégio. Tlj sf dim et j. fériés 9h-20h (10h-19h30 l'été). Entrée libre en période scolaire (3 € pdt les vac scol ; gratuit moins de 12 ans).* Une des deux plus belles universités du pays, bâtie au milieu du XVIe s et rouverte en 1973. État de conservation stupéfiant. Cloître harmonieux style Renaissance italienne autour duquel s'ouvrent les différentes salles de cours, toutes dotées de chaires et abondamment illustrées d'azulejos avec, comme sujets, les disciplines enseignées. Au milieu, la salle des actes où l'on remet aujourd'hui les diplômes (évitez d'y aller ces jours-là). Petit jardin extérieur avec sculptures modernes.

🎬 Revenez sur vos pas. Outre la *rua 5 de Outubro* (plan B2), les amateurs de belles demeures découvriront, derrière le chevet de la cathédrale, celle des *comtes de Portalegre,* de style gothique (patio et jardin). Une autre, rua de S. Manços : le *palais de Garcia de Resende* (jolies fenêtres manuélines). Continuer maintenant vers le *largo da Porta de Moura* (plan C2). Élégant ensemble architectural avec des tours de l'ancienne enceinte médiévale, une fontaine Renaissance en marbre blanc, le *palais Silveira* de la même époque, la *casa Cordovil* (loggia à arcades de style mauresque surmontée d'un dôme conique et entourée d'une balustrade crénelée), la *casa Soure,* du XVIe s (terrasses à arcades), l'*église do Carmo,* un palais du XVe s autrefois légué aux carmélites en 1665, avec son portail à colonnes torses et massives finissant en nœuds épais, etc. De l'autre côté de la place, la *porta de Moura* fait une percée dans la muraille surmontée de la masse grise de la sé. Suivre ensuite la rua da Misericórdia, puis la pittoresque *travessa de Caraça* (pavée de petits galets, belles arches), qui mène à l'*église du couvent de Graça* (plan B3). Voir absolument cette façade Renaissance étonnante à deux ordres avec les atlantes portant le monde sur leurs épaules, assis nonchalamment, jambes dans le vide… On la doit à l'architecte français Nicolas Chanterelne.

🎬🎬 *Igreja São Francisco* (plan B3) : *à 100 m de la précédente. Tlj 9h (10h dim)-12h45, 14h30-17h30.*
Là aussi, monument assez fascinant. Grand porche avec arcs de style mudéjar de différentes formes : en plein cintre au centre, outrepassé à gauche et en tiers-point à droite (les spécialistes apprécieront !). Le portail, encadré de colonnes torses aux chapiteaux ouvragés, est surmonté des trois emblèmes royaux : la couronne, le pélican et la sphère, qui symbolisent l'Empire portugais. Il était si vaste au XVIe s que l'on disait que le soleil ne s'y couchait jamais. L'église est ornée au-dessus de pinacles coniques ou torsadés.
À l'intérieur, le baroque fou a encore frappé. Pas moins de 12 chapelles, le long de la large et haute nef, toutes différentes et richement décorées. Le transept gauche est orné d'azulejos et d'un autel rococo du meilleur effet. Le chœur est d'architecture gothique (fenêtres fines et élancées, voûtes nervurées), mais sa décoration est classique. Dans la salle du Chapitre (accès par le transept droit ou par le cloître), précédant la *capela dos Ossos,* superbe chemin de croix en azulejos. Enfin, plus de 5 000 personnes offrirent crânes et tibias pour décorer au XVIe s la *capela dos*

***Ossos*** *(chapelle des Ossements ; entrée : 2 € ; photos payantes).* Une frise de crânes court macabrement le long des arcs des voûtes. Elle a des consœurs, cela étant dit pour les amateurs, à Faro et à Campo Maior.
Pour prolonger cette méditation originale sur la mort, agréable jardin public jusqu'aux remparts.

🍴🚶 ***Praça do Giraldo*** *(plan B2) : au centre de la ville.* Très élégante place à arcades. Avec du recul, notez qu'aucune des arcades n'a la même forme ni la même hauteur. Jetez un œil à l'*église Santo Antão* : large nef à trois travées ouvrant sur un autel baroque en *talha dourada* et azulejos polychromes, colonnes terminées par de beaux chapiteaux. Dans le transept, élégante chapelle de *Nossa Senhora do Rosário* avec un autel néoclassique en marbre bleu du XVIIIe s, surmonté d'un fronton et de deux curieux personnages. À partir de là, se perdre, bien sûr, dans le lacis de ruelles et de *traverses* qui partent de l'office de tourisme. Rua Serpa Pinto, les amateurs jetteront un coup d'œil à la collection de 600 montres et horloges du petit *museu do Relogio (au n° 30 ; mar-ven 14h-17h30, w-e 10h-12h, 14h-17h30 ; 2 €)* et au *couvent Santa Clara* (cloître à deux étages). Au bout de la rue, les plus beaux remparts de la ville.

🚶 ***Igreja São Brás*** *(hors plan par B3) : av. Dr Barahona. Sur la route de la gare, après les remparts. Lun-ven 8h-11h, 13h-18h.* Curieuse église-forteresse du XVe s. C'est ici qu'étaient exécutées les sentences du tribunal de l'Inquisition.

🚶 ***Museu do Artesanato*** *(musée de l'Artisanat ; plan B3) : largo 1° de Maio, 3. Tlj sf lun 9h30-13h, 14h30-18h30 (en continu en sem l'été). Entrée : 2 € ; réduc.* Expositions à la gloire de l'artisanat local : poterie, céramique, travail du métal, du cuir, de la laine, du liège, peinture sur bois... et une section sur les produits manufacturés actuels. Quelques beaux objets. Petite boutique.

🚶 ***Rota dos Vinhos do Alentejo*** *(Maison des vins ; plan A1-2, 61) : praça Joaquim António de Aguiar, 20-21.* ● *vinhosdoalentejo.pt* ● *Lun-ven 11h (14h lun)-19h, sam 10h-13h.* Un espace de présentation des producteurs locaux. Pour en savoir plus sur la route des vins dans l'Alentejo, ou simplement pour déguster et acheter quelques bonnes bouteilles. Brochure en anglais.

## Manifestations

– ***Foires sur la praça 1° de Maio*** *(marché municipal) : à deux pas de l'église São Francisco, chaque w-e un événement différent.* Brocante, livres usés, art, artisanat... Calendrier à l'office de tourisme.
– ***Fête Queima das Fitas :*** *1[re] sem de juin.* Les étudiants font traditionnellement la fête à la fin de l'année scolaire, qu'ils soient diplômés ou pas. Les bars et les boîtes de nuit sont pleins, et les nuits sont courtes.
– ***Grande foire populaire :*** *2[de] quinzaine de juin, pdt 15 j.* Tout l'Alentejo est là. Nombreuses attractions. Belle exposition d'artisanat. Le soir, spectacle de danses folkloriques.

## DANS LES ENVIRONS D'ÉVORA

🚶 ***Les mégalithes :*** comme Monsaraz, Évora a eu ses Obélix qui ont laissé d'impressionnants menhirs et cromlechs dans un rayon de 20 km autour de la ville. Leur découverte fournit l'occasion de belles balades dans une nature sauvage. Pour guider vos pas, l'office de tourisme a édité une petite brochure (gratuite) qui fournit carte et historique. Près du village de Guadalupe (à environ 17 km à l'ouest par la N114 en direction de Montemor-O Novo, puis 4 km de bonne piste depuis le village), le ***cromlech d'Os Almendres*** rassemble 92 mégalithes dans une plantation de chênes-lièges. Il s'agirait, selon certains experts, d'un genre de calendrier destiné à observer le mouvement des astres. C'est non seulement l'un des plus importants de toute la péninsule Ibérique, mais aussi l'un des plus anciens au monde, puisque son érection aurait duré du Néolithique ancien jusqu'au IIIe millénaire av. J.-C. À côté d'Almendres, Stonehenge fait donc figure de site récent ! À proximité de Valverde (à environ 12 km au sud-ouest par la N380 en direction d'Alcaçovas), l'énorme **dolmen de Zambujeiro**. Un peu plus loin, à Pavia, la très curieuse et minuscule *chapelle de São Brissos,* aménagée dans un dolmen...

**Arraiolos :** *à 22 km d'Évora.* L'une des plus jolies bourgades de la région, avec ses coquettes maisons blanches cernées de bleu et sa ravissante **igreja da Misericórdia** ornée d'azulejos du XVIIIe s. Célèbre pour ses tapis en laine aux couleurs vives, dont la fabrication, toujours artisanale, remonte à l'installation en ville des populations musulmanes chassées de Lisbonne suite au décret d'expulsion de 1496. L'exposition moderne et bien conçue du **Centro Interpretativo** *(praça do Municipio, 19.* ● *tapetedearraiolos.pt* ● *Tlj sf lun 10h-13h, 14h-18h ; entrée : 1 €)* retrace l'épopée de cet art bien vivant, en détaillant toutes les techniques, les différentes évolutions et le choix des couleurs, le tout illustré par une belle collection de tapis anciens et modernes, et même des démonstrations. Sinon, la ville s'enorgueillit aussi de ses saucisses *(paios)* et de sa citadelle. À l'opposé du haut donjon, une porte fortifiée donnant directement sur la campagne. De ce côté-là, avec du recul, on mesure que l'architecte, s'il voulait construire quelque chose d'imprenable, souhaitait aussi effrayer. De loin, le château semble déjà vouloir saisir l'assaillant comme dans un étau implacable. Là aussi, du chemin de ronde, vue unique sur la campagne alentour. Belle *pousada,* dans un ancien couvent du XVIe s réhabilité par un architecte jouant aussi bien sur la tradition que sur la modernité.

**Aldeia da Terra :** *quinta das Canas Verdes, estrada das Hortas, 202.* ☎ *266-74-60-49.* ● *aldeiadaterra.com* ● *À env 2 km avt Arraoilos en venant d'Évora par la N370, prendre à gauche au feu (rua dos Olivais) et suivre la route sur env 1,5 km (panneaux). Ouv tte l'année, tlj 10h-18h (17h en hiver, sf par mauvais temps). Entrée : 5 € ; moins de 12 ans 3 €.* Vous êtes ici au cœur du petit monde dans lequel le sculpteur Tiago Cabeça a rêvé de vivre. Au milieu de ses quelque 4 200 miniatures. Personnages, engins, animaux, scènes de villages et de la société en général : match de foot, aéroport, gare, embarcadère, scène de mariage photographiée avec un Polaroid, un Fernando Pessoa attablé sur la place du village, tel un clin d'œil à celui du café *A Brasileira* de Lisbonne. Le tout est représenté sous un angle souvent caricatural (anges en train de tomber, arche de Noé qui coule...) et ludique. Rien ne semble manquer. Pourtant il voudrait atteindre les 10 000 pièces ! Donc encore beaucoup d'idées en tête. Dans l'atelier près de l'entrée, parents et enfants peuvent réaliser les pièces de leur choix.

**Viana do Alentejo :** un autre plaisir des yeux, et pas le moindre ! Pourtant pas vraiment visible de prime abord. Garez votre véhicule sur la place à l'ombre des remparts et franchissez le porche (payant). Promenez votre regard, grimpez jusqu'à l'église : n'est-il pas incroyable, ce portail ? Cette étonnante ratatouille d'éléments gothiques, mudéjars, manuélins et de décoration baroque n'est-elle pas époustouflante ? Et cette église (payante), n'est-elle pas surprenante, sertie à l'intérieur de la muraille ! Par son style, elle est très semblable à celle d'Alvito, mais vue des remparts qui l'encerclent, il s'en dégage un charme singulier. Depuis les remparts également, belles plongées sur les rues de la ville. Avant de repartir, allez vous promener vers la jolie fontaine Renaissance.

**Portel :** encore un blanc village protégé par une grise forteresse. Pour ceux qui n'auraient pas attribué tous les prix au classement des plus jolis bourgs alentejans. Et comme vous passiez tout près, on ne sait jamais !

# ESTREMOZ (7100) 14 400 hab.

L'une des plus éclatantes cités de l'Alentejo. Non seulement parce que les maisons sont régulièrement chaulées de blanc, mais surtout parce que la région produit un marbre immaculé largement utilisé dans les constructions. Le marbre de l'Alentejo rivalise avec celui de Carrare et orne les autels des églises, la façade Renaissance du palais ducal de Vila Viçosa et même les pavés du quartier médiéval. Au pied du cimetière d'Estremoz, un énorme gisement est toujours en exploitation. L'extraction se fait à plus de 30 m de profondeur. Vue plongeante sur la carrière où les ouvriers ont l'air de Playmobil et les bulldozers de voitures de collection. L'effet de distorsion et d'irréel se prolonge dans l'horizon planté de tombes et de caveaux suspendus au bord du précipice et au milieu des grues. Paysage de frissons ! Peut-être plus qu'ailleurs, on comprend ici l'intelligence de l'urbanisme portugais et la douceur de son mode de vie.
Estremoz produit une jolie poterie et d'amusantes figurines de terre cuite, genre santons revisités avec humour et tendresse.
La cité se divise en deux parties : la ville basse que l'on franchit par des remparts du XVII<sup>e</sup> s, très animée le samedi matin, jour de marché, et la ville haute, vieux quartier médiéval, où se situent les principaux points d'intérêt et les restaurants les plus chic.

## Arriver – Quitter

### En bus

- **Arrêt de bus :** av. Rainha Santa Isabel.

➢ **Évora :** 3-4 bus/j. en sem. Trajet : 50 mn.
➢ **Elvas :** 5-6 bus/j.
➢ **Lisbonne :** 5-6 bus/j. Trajet : 2h max en express.

## Adresses utiles

- **Office de tourisme :** Rossio Marquês de Pombal, à côté de la mairie. ☎ 268-33-92-27. • cm-estremoz.pt • (mairie). Tlj sf j. fériés 9h-13h, 14h-18h. Accueil sympa et parfois en français. Plan de la ville.
- **Poste :** rua 5 de Outubro.

## Où dormir ?

### Prix moyens

- **Hotel O Gadanha :** largo General Graça, 56. ☎ 268-33-91-10. • residencialogadanha.com • Double 37,50 €, avec petit déj. Charmant hôtel tenu à la perfection donnant soit sur le lago da Gadanha (en fait un bassin avec jets d'eau), soit sur le jardin de la quinta voisine et le castelo. Les chambres, à la déco classique et plaisante, sont spacieuses et de bon confort (AC, TV...). Certaines disposent même d'une terrasse. Accueil aimable et professionnel. Le meilleur rapport qualité-prix de la ville.

- **Hotel Carvalho :** largo da República, 27. ☎ 268-33-93-70. • residencialcarvalho.pt • Doubles 35-40 €, avec petit déj (mais pas terrible). L'hôtel a du cachet, avec ses portes anciennes, ses azulejos et ses meubles de famille, mais son potentiel n'est pas suffisamment exploité : les chambres, au demeurant très propres, sont vieillottes et inégales (certaines ne disposent pas de la clim). Accueil très sympathique.

### Beaucoup plus chic

- **Pousada de Rainha Santa Isabel :** dans le château médiéval, au centre de la ville haute. ☎ 268-33-20-75. ● pousadas.pt ● *Doubles à partir de 115 € selon promos (voir sur le site), avec petit déj.* L'une des *pousadas* les plus prestigieuses du Portugal. Les jarres chinoises et les tableaux du XVIIIᵉ s, les sculptures en bois polychrome qui ornent les longs couloirs et les salons cossus tiennent plus du musée d'art que de l'hôtel ! Les chambres et les suites sont toutes différentes et meublées dans le style de l'époque : lit à baldaquin sur colonnes torsadées, commodes portugaises, tentures, tableaux. On se plaît à dire que toutes les couleurs du marbre d'Estremoz ont été utilisées pour la décoration des salles de bains. Et il y a même une piscine dans un grand jardin clos.

## Où manger ?

### De bon marché à prix moyens

**I●I Casa do Pixa Negra :** *rua Magalhães de Lima, 16.* ☎ *268-32-24-33. Plats env 6-9 €.* Tout le monde connaît cette petite taverne rustique. Évidemment à cause de son nom improbable (quelque chose comme la « verge noire »… mais en plus vulgaire : faut oser !), mais surtout grâce à ses plats du jour bons et copieux. *Meia dose* de rigueur !

**I●I Venda Azul :** *rua Victor Cordon, 39.* ☎ *268-33-30-95. Tlj sf dim. Plats env 8-12 €.* Les habitués sont légion. Il faut dire que cette adresse populaire, située juste avant la porte de la ville, a tout pour plaire : l'ambiance est conviviale, l'accueil très sympa et la cuisine préparée avec soin, dans un registre traditionnel et bien copieux. Simple et délicieux.

**I●I Zona Verde Restaurante :** *largo Dragões de Olivença, 86.* ☎ *268-32-47-01. Près de la place avec le bassin. Tlj sf jeu. Plats env 8-15 €.* Petite terrasse ou jolie salle voûtée où l'on sert une bonne et saine cuisine typique alentejane. D'ailleurs, l'établissement est souvent en bonne place lors des concours de gastronomie régionale auxquels il participe.

**I●I Café Alentejano :** *largo Rossio Marquês de Pombal, 14-15. Repas env 10-12 €.* Propose chaque jour quelques plats typiques. Une demi-portion suffit. Terrasse.

### Plus chic

**I●I ♀ A Cadeia Quinhentista :** *rua Rainha Santa Isabel.* ☎ *268-32-34-00. Derrière l'église Santa Maria, à côté du château. Tlj. Plats 14-23 €.* Resto chic et gastronomique, situé dans une ancienne prison. Pari réussi de marier le fer forgé et la pierre brute au design contemporain… Idem côté cuisine, où les classiques de la cuisine alentejane (*açorda*, gaspacho…) sont revisités avec des touches originales. Bonne cave. Serveurs pros et aimables, et qui n'ont rien de geôliers ! On peut aussi se contenter d'y boire un verre, car la maison dispose d'un bar prolongé par un toit-terrasse génial.

**I●I Restaurante São Rosas :** *largo Dom Dinis, 11.* ☎ *268-33-33-45. À côté de la pousada. Tlj. Résa conseillée. Repas env 25-35 €.* Cet ancien cellier aux murs solides est devenu une salle élégante. Tables joliment dressées, personnel aux petits oignons et prêt à vous conseiller le vin en adéquation avec le plat que vous aurez choisi (pourquoi pas les *migas de porco preto* ou les *pézinhos* ?). Des produits locaux travaillés avec soin et parfois une pointe d'inventivité, et vous reviendrez avec un autre bon souvenir de la gastronomie alentejane et plus largement portugaise.

## Où dormir dans les environs ?

**⌂ Herdade da Barbosa :** à 6 km d'Estremoz, entre les villages de Sotileira et São Bento do Cortiço. ☎ 966-30-59-00.

● *herdadedabarbosa@gmail.com* ●
*herdadedabarbosa.blogspot.com* ●
*D'Estremoz, prendre la direction de Portalegre, puis tourner à gauche au panneau « Agro-Turismo » ; traverser le petit village de Sotileira et suivre les panneaux. Résa conseillée. Double 55 € (65 € si 1 seule nuit), avec petit déj.* Une vaste et magnifique propriété en pleine campagne, dans laquelle on trouve même un étang pour la pêche. Les jolies chambres, tout confort et dotées de meubles peints typiques, occupent une annexe de la ferme où l'on trouve également une superbe salle commune avec cheminée, et plein de clins d'œil à la tauromachie, dont la chaleureuse propriétaire est fana. Rita parle le français et connaît bien la région. Une adresse reposante, à l'image de la belle piscine d'où l'on profite de merveilleux couchers de soleil. Prêt de vélos.

## À voir

### Dans la ville haute

**Castelo :** *tlj, en principe jusqu'à la tombée de la nuit. GRATUIT.* Il domine la ville de son haut et puissant donjon crénelé, seul vestige du XIII$^e$ s. Une grande partie du château a été en effet détruite par une explosion accidentelle de munitions stockées dans les dépendances à la fin du XVII$^e$ s. Au pied, l'ancien palais, qui servit de résidence au roi Dinis et à la reine Isabel d'Aragon, abrite l'une des plus belles *pousadas* du Portugal (voir « Où dormir ? »). Vous pouvez en faire le tour pour admirer le monumental escalier d'entrée en marbre et azulejos, le patio avec puits et galerie à balustrades, etc. Dans le salon servant maintenant de bar, le roi Manuel remit solennellement en 1497 à Vasco de Gama le drapeau portugais avant le départ de ce dernier pour les Indes. Pour grimper au donjon, demandez simplement l'autorisation à la réception de la *pousada*. Vue imprenable depuis la terrasse.

Derrière le donjon, la **capela de la Rainha Santa Isabel** *(ouv selon la disponibilité des bénévoles).* Azulejos retraçant sa vie à l'intérieur.

**Igreja Santa Maria :** *ouv selon la disponibilité des bénévoles.* Construite au XVI$^e$ s. Dans la sacristie, un lavabo en marbre et quelques primitifs portugais.

**La salle d'audience du roi Dinis :** tout à côté, c'est l'élégant édifice avec une galerie à arcades gothiques.

**Museu municipal :** *largo D. Denis.* ☎ *268-33-92-19. Tlj sf lun et j. fériés 9h-13h, 14h-18h. Entrée : 1,55 € ; réduc ; gratuit moins de 12 ans et pour ts le mar. Entrée libre pour les expos.* Un musée pas bien grand mais très complet. L'étage est consacré aux traditions populaires, avec de belles reconstitutions d'une cuisine et d'une chambre typiques, ainsi que différentes collections d'objets du quotidien (certains, superbes, sont sculptés en bois, en liège ou en corne). Mais le clou de la visite, ce sont les figurines traditionnelles du XVIII$^e$ s et du XIX$^e$ s, destinées au départ, comme les santons, à commémorer la Nativité. On en trouve de tous les styles, témoins émouvants et naïfs des métiers et de la vie d'autrefois. Admirez les couleurs originales, le mouvement des robes.

Devant le Musée municipal, engagez-vous dans la **rua do Arco de Santarém.** Notez la diversité de styles et de formes des portes. En contrebas, un quartier populaire pittoresque d'une belle homogénéité, véritable « village dans la ville ». Jolies petites maisons tout le long de la pentue **rua Direita.** La plupart des encadrements de porte sont en marbre.

## Dans la ville basse

Les centres d'intérêt sont disséminés tout autour du vaste Rossio, transformé en parking.

🚶 **Igreja São Francisco :** *au nord du Rossio.* Cette église richement décorée contient l'un des trois arbres de Jessé du Portugal. Celui-ci date de la fin du XVII$^e$ s.

🚶🚶 **Centro Ciência viva** (musée des Sciences vivantes) : *sur le Rossio, dans l'ancienne université (le beau bâtiment blanc !).* ☎ 268-33-42-85. ● estremoz.cien ciaviva.pt ● *Tlj sf lun et j. fériés 10h-18h. Visite guidée recommandée ; la dernière part à 17h. Entrée : 5,50 € ; billet famille (2 adultes et enfants de moins de 17 ans, quel que soit leur nombre) : 14 € ; réduc.* Installé dans l'ancien et unique couvent de l'ordre de Malte au Portugal à l'architecture gothico-manuéline. Surprenante alliance que ce cloître médiéval (où veille le squelette d'un T-rex !), et ces expériences scientifiques interactives destinées à mieux comprendre notre planète : le vol des insectes, les formations géologiques, la vie sous-marine, l'évolution des espèces... Intéressant. Propose également des visites des carrières de marbre.

## Manifestations

Attention : en juin, mais date variable, le jour du Corpus Cristo est férié. TOUT est fermé !
– Tous les samedis matin, grand **marché** animé sur le largo Rossio avec de nombreux producteurs locaux de fromages et de saucissons, bien sûr, mais aussi de fruits et légumes, sans parler des brocanteurs, des marchands de volaille...
– **Feira internacional de Agro-pecuária (FIAPE) :** *fin avr-début mai, pdt 5 j. (mer-dim), au parc des Expositions.* Minisalon de l'agriculture, où toutes les traditions artisanales et agricoles portugaises sont représentées.
– **Cozinha dos Ganhões :** *fête gastronomique pdt 3 ou 4 j. fin nov, au parc des Expositions.* On y célèbre la cuisine des ouvriers agricoles. Une cuisine par définition simple et nourrissante, accompagnée de chants et de danses folkloriques pour la digestion. C'est l'occasion d'entendre le *cante alentajano* (jadis chorale exclusivement masculine).

## DANS LES ENVIRONS D'ESTREMOZ

🚶 **Evoramonte :** à environ 15 km sur la route d'Estremoz se tient la forteresse d'Evoramonte, perchée sur une colline aux pentes abruptes. Village quasi fantôme aux murs décrépits, Evoramonte semble endormi pour toujours. Quelques touristes viennent l'animer, la saison venue, histoire de visiter les salles voûtées du donjon (*entrée : 2 €, tlj sf lun et mar mat 10h-13h, 14h-17h ou 18h,* mais la visite n'est pas essentielle) et de jouir d'un panorama grandiose depuis les terrasses du village.
Dans l'une des blanches demeures médiévales fut signée, le 26 mai 1834, la convention qui mettait fin à la guerre civile entre libéraux et légitimistes. À ce propos, la légende raconte que les discussions durèrent si longtemps qu'il ne resta aux protagonistes que du pain dur à manger. Pour le rendre plus comestible, ils le firent tremper dans de l'eau, avec du sel, de l'ail, de la coriandre et de l'huile. C'est ainsi que fut créée la célèbre *açorda alentejana*.

### Où dormir ? Où manger dans le coin ?

⛺ **Camping Alentejo :** *Novo Horizonte, estrada N18 ; km 236.* ☎ 268-95-92-83. 📱 936-79-92-49. ● info@campingalentejo.com ●

campingalentejo.com ● ☘ *À env 4 km d'Evoramonte en direction d'Estremoz. Tte l'année. Forfait pour 2 env 10 €.* 🛜 Petit camping fleuri et ombragé par quelques oliviers tenu par une famille hollandaise très accueillante. Bloc sanitaire moderne et nickel. Piscine pas bien grande, mais agréable au plus fort de la chaleur. Un bémol, la route qui borde le camping est parfois bruyante en journée.

🏠 **Monte da Fazenda :** *juste en contrebas du château, à 3 km par une piste de terre.* ☎ *268-95-91-72. Fermé fêtes de fin d'année. Double 65 €, avec petit déj ; tarif dégressif.* 🛜 Dans les oliviers, les chênes-lièges et au milieu des vergers, cette grande maison traditionnelle tenue par un couple charmant (et francophone) renferme de vastes chambres rustiques et confortables. Calme garanti, et piscine pour se relaxer entre deux balades.

🍽 **Restaurante O Emigrante :** *praça dos Aviadores, 37.* ☎ *268-95-01-19. Sur la place, dans la ville basse. Tlj. Plats env 6-9 €.* Le bar du village, minuscule et vieille école, est tenu par une famille moldave très sympa (la fille est francophone), toujours prête à préparer au voyageur affamé un sandwich, une salade, ou un plat plus consistant en fonction des denrées disponibles (du genre gaspacho et friture de poisson, poulet grillé). Simple, bon, et servi en terrasse, ou dans une arrière-salle à l'ancienne.

# VILA VIÇOSA  (7160)  8 400 hab.

Ville très agréable, abondamment fleurie et arborée, aux maisons blanches cernées de jaune. Ancienne résidence des ducs de Bragance et de quelques rois, elle conserve toujours de cette époque un air de noblesse. Dans les environs eut lieu, en 1665, l'ultime bataille avec l'Espagne, qui consacra définitivement l'indépendance du Portugal. Arrêtez-vous sur la place du palais ducal. D'un côté, le panthéon des duchesses (aujourd'hui *pousada*), l'église et le couvent des Chagas de Christo ; de l'autre, le panthéon des ducs, l'église de Nossa Senhora da Graça et le monastère de Santo Agostinho ; au centre, la statue équestre de D. João IV, le premier roi de la dynastie de Bragance ; et, en toile de fond, le palais ducal.

## Arriver – Quitter

### En bus

➤ Liaisons pour **Évora** (1 bus/j.), **Elvas, Estremoz** (2-3 bus/j., en sem slt), **Borba**...

## Adresse utile

🛈 **Office de tourisme :** *praça da República.* ☎ *268-88-93-17.* ● *cm-vilavicosa.pt* ● *En plein centre, près de la mairie. Mai-sept, tlj 9h30-13h, 14h30-18h ; hors saison, tlj 9h-12h30, 14h-17h30.* Bon accueil.

## Où dormir ?

🏠 **Hospedaria Dom Carlos :** *praça da República, 25.* ☎ *268-98-03-18.* ● *hospedariadcarlos@hotmail.com* ● *En face de l'office de tourisme. Doubles env 35-40 €, sans petit déj.* 🛜 Propre, confortable (bains, AC, TV) et central. Simple, mais correct pour une étape.

🏠 ***Casa do Colégio velho :*** *rua Dr Couto Jardim, 34.* ☎ *268-88-94-30.* ● *casadocolegiovelho.com* ● *En face de l'office de tourisme, prendre la rue légèrement à gauche. Doubles env 80-95 €, avec petit déj.* 📶 Un élégant *solar* du XVIe s, ancienne propriété que les ducs de Bragance avaient louée aux jésuites en attendant la construction de leur couvent, qui ne vit jamais le jour. D'où le nom de *convento*. Tout ici n'est que raffinement et qualité, dans un style « country chic ». Les chambres, toutes différentes, sont soignées et cosy. Celles à l'arrière donnent sur le beau jardin et la piscine, et bénéficient d'une vue harmonieuse. On a également adoré l'ancienne loggia donnant sur la rue, transformée en salon, et le studio avec kitchenette, vaste et douillet. Excellent accueil, cela va de soi.

## Où manger ?

🍽 ***Os Cucos :*** *Mata municipal.* ☎ *268-98-08-06. Tlj. Plats 8-12 €.* La cuisine est bonne, dans un style classique et traditionnel (plats du jour savoureux), mais le plus sympa, c'est le cadre. Car ce resto très populaire est idéalement situé dans le parc ! Il dispose par conséquent d'une belle terrasse ombragée côté café (bien pour un en-cas) et d'une grande salle tout en baies vitrées. Très agréable.

## À voir

🎭🎭🎭 ***Paço ducal :*** *terreiro do Paço.* ☎ *268-98-06-59.* ● *fcbraganca.pt* ● *Avr-sept, tlj sf mar mat 10h (9h30 w-e)-13h, 14h30-17h30 (18h le w-e et en juil-août). Oct-mars, tlj sf mar mat 10h (9h30 w-e)-13h, 14h-17h. Dernière entrée 1h avt fermeture. Fermé j. fériés et 16 août. Évitez de préférence le mois d'août, c'est intenable (trop de monde, trop chaud). Entrée : 6 € ; suppléments pour les salles d'armes (3 €), la collection des carrosses (3 €), la salle des porcelaines chinoises (2,50 €) et le trésor (2,50 €). Compter env 1h pour la visite principale, obligatoirement accompagnée (mais non guidée : n'espérez guère plus que quelques commentaires en portugais) : départs à heure fixe.*
Longue façade palladienne du XVIe s en marbre blanc pour ce qui fut la résidence officielle des ducs de Bragance, avant de devenir une résidence d'été lorsque le 8e duc reçut la couronne royale en 1640. L'intérêt des salles, salons et appartements est assez inégal, le château ayant connu des heures difficiles, des années 1930 aux années 1970. Mais la visite est intéressante compte tenu de la profusion d'œuvres, meubles, objets de qualité ou insolites, qui font du lieu un vrai musée des Arts décoratifs. La première partie de la visite concerne les salles d'apparat, agrémentées de tapisseries (Aubusson, Beauvais, Bruxelles) et de tapis (vous y verrez le plus grand du Portugal), ainsi que de plafonds baroques peints en trompe-l'œil, d'azulejos, de lustres vénitiens, de vases chinois en céramique, de cheminées alentejanes en marbre, etc. Magnifique salle des ducs de Bragance, la plus grande du palais, qui servait autrefois de salle de réception. Les plafonds à caissons sont ornés des portraits des Bragance, la dernière famille royale du Portugal. Visite ensuite des étonnants appartements royaux, plus intimes (décor digne d'un vaudeville de Feydeau, avec les armoires pleines de vêtements et les objets personnels en bonne place), où vous noterez que le roi dom Carlos avait un vrai talent pour la peinture. Dans une pièce attenante à la chambre de la reine, beau piano de l'école Boulle. Longue chapelle restaurée au XVIIIe s décorée de panneaux de marbre polychrome et de plafonds à caissons. Le parcours s'achève dans une cuisine de rêve, où les 600 casseroles et marmites en cuivre sont nettoyées... au citron et à l'eau courante, comme autrefois.
Si vous avez le temps et les poches pleines d'euros, vous pouvez continuer la visite avec le petit musée de la Porcelaine (une centaine de pièces mythiques en

bleu et blanc, la plus grande collection du Portugal), les salles d'armes, la salle du Trésor (argenterie, tableaux, reliquaires insensés) et la remise où sommeillent calèches et autres carrosses royaux.

¶ **Porta de Nos** (porte des Nœuds) : *rua Duque D. Jaime. En sortant du palais ducal, traverser la place ; c'est à 50 m sur la gauche.* Célèbre porte manuéline, vestige du rempart du XVIe s.

➤ Promenade pittoresque dans le vieux quartier du château. En cours de route, on croise un beau pilori en granit du XVIe s. Le château se visite à peu près aux mêmes heures que le palais ducal et abrite, outre un agréable parc, un **Musée archéologique** et un **musée de la Chasse** *(mêmes horaires que le Paço Ducal ; entrée : 3 € ; visite guidée en portugais).*

¶ **Museu do Mármore** (musée du Marbre) : *av. Duque D. Jaime, à la sortie de la ville, direction Borba. Mêmes horaires que l'office de tourisme. Entrée : 1 €.* Dans un vaste bâtiment lumineux, tout sur l'histoire de l'exploitation du marbre dans la région et les techniques d'extraction : maquettes, photos, outils anciens et récents... Intéressant. On y apprend aussi que Louis XIV faisait venir du marbre de Vila Viçosa. Quelques beaux objets à prix doux en vente à la boutique.

## DANS LES ENVIRONS DE VILA VIÇOSA

¶ **Borba :** avec Vidigueira, Borba (à environ 5 km) est un autre grand nom des *vinhos maduros* (vins mûrs) de l'Alentejo. Très jolie route, d'ailleurs, entre Vila Viçosa et Borba, d'où l'on aperçoit la carrière. Avec Estremoz et Vila Viçosa, Borba est aussi réputée pour son marbre qui lui donne, comme à ses voisines, cette blancheur si caractéristique. C'est aujourd'hui une agréable petite ville aux maisons à l'élégance discrète, même sans blason. Ses monuments, tels que la *fontaine das Bicas* ou la *chapelle de la Procession,* pour n'en citer que quelques-uns, possèdent pour certains une véritable richesse artistique.

🏠 **Casa de Borba** (Turismo de habitação) : *rua da Cruz, 5.* ☎ *268-89-45-28.* ● *casadeborba@hotmail.com* ● *casadeborba.com* ● *En face de la poste* (correios). *Congés : janv. Double 80 €, avec petit déj.* 📶 Dans une superbe demeure seigneuriale du XVIIIe s, un véritable palais doté d'une entrée cavalière où sont garées d'antiques calèches ! La classe ! Puis un monumental escalier de marbre conduit à des chambres vastes comme des suites et d'un confort à la fois raffiné et moderne, qui contraste avec le mobilier ancien de famille. Très grandes salles de bains revêtues de marbre d'Estremoz. Salle de billard et salon TV orné d'un grand lustre en cristal. Grand jardin avec piscine. Quant à l'accueil, il est assuré dans un français parfait par la sympathique Mme Lobo de Vasconcelos, une interlocutrice de choix pour découvrir la région et son histoire. Une adresse hors norme.

🍽 **Arca d'Ouro :** *rua Marquês de Marialva, 9.* ☎ *268-89-48-73. De la place avec la fontaine, prendre au coin de la mairie la rue qui monte. Le resto est sur la gauche, 50 m après la 2e rue de gauche. Tlj sf dim. Plats env 7-10 €.* Une toute petite *adega* familiale, toute simple et agréable, où la cuisine est fraîche et préparée par madame comme à la maison. Patron très attentionné.

– Pour visiter la **coopérative Adega de Borba**, la plus grande du coin : ☎ *268-89-16-60.* ● *adegaborba.pt* ● *Tlj 9h-19h. Résa la veille. GRATUIT, et visite en français possible.* À la sortie de Borba en direction d'Estremoz, on tombe dessus sur la

# ELVAS (7350) 23 100 hab.

gauche. On jette un œil aux installations, aux caves, mais pas aux vignes car elles sont trop loin du centre-ville : ici on ne les voit qu'en film.

À 10 km de la frontière espagnole, la place forte d'Elvas n'a plus rien à craindre des Castillans, mais elle continue à proposer le plus bel exemple d'architecture militaire du Portugal (inscrit au Patrimoine mondial de l'Unesco en 2012), et son vieux centre se révèle plein de charme. Étonnamment animée, car la proximité de Badajoz crée une sorte d'émulation de part et d'autre de la frontière qui se traduit par une vie culturelle stimulante. Ici, on n'est ni tout à fait dans un joli village blanc et endormi à donjon, créneaux et mâchicoulis, ni dans l'Alentejo désertifié. Plutôt une ville moyenne et vivante, à l'instar de Portalegre ou de Beja.
Laissez votre voiture hors des remparts, surtout en saison : c'est un conseil d'ami.

## Arriver – Quitter

- *Gare routière : à Fonte Nova, au sud des remparts ; env 10 mn à pied du centre-ville.* L'idéal pour vos déplacements.
- ➢ *Estremoz :* 5-6 A/R par j. Trajet : 45 mn.
- ➢ *Évora :* 3-4 bus/j. Trajet : 1h30.
- ➢ *Lisbonne :* une petite dizaine de bus/j. en sem, un peu moins le w-e.
- ➢ Également des liaisons quotidiennes pour les autres villes de l'Alentejo : *Vila Viçosa, Campo Maior* et *Portalegre.*

## Adresses utiles

- **Office de tourisme :** *praça da República.* ☎ 268-62-22-36. ● turismo@cm-elvas.pt ● *Tlj 9h-19h (18h w-e).* Accueil enthousiaste en portugais ou en espagnol.
- **Poste :** *rua da Cadeia. À 2 mn au sud da praça da República. Lun-ven 8h30-18h et sam mat.*

## Où dormir ?

### De bon marché à prix moyens

- **Chambres chez António Mocisso :** *rua J. de Olovença, 23.* ☎ 268-62-21-26. ● residencial.mocisso@hotmail.com ● *Descendre la rue à gauche de l'office de tourisme et prendre la 1re ruelle à gauche. Résa conseillée (souvent complet). Double 35 €, sans petit déj.* Tout respire la propreté dans cette petite pension modeste, et même si certaines chambres sont sans fenêtres, il y a douche, w-c, AC et TV pour tout le monde. Également des chambres à 3 et 4 lits. Économique et en plein centre.
- **Hotel Dom Luis :** *av de Badajoz.* ☎ 268-63-67-10. ● hoteldluis-elvas.com ● *À l'extérieur de la vieille ville, face à l'aqueduc. Double env 65 €, avec petit déj.* Certes, ce n'est pas une *quinta* romantique, mais dans la catégorie hôtel, cet établissement fonctionnel est parfait. Les chambres sont contemporaines, confortables (AC, TV, salle de bains nickel,

L'ALENTEJO

ascenseur), et donnent sur l'aqueduc (très bonne insonorisation), ou sur le jardin et la piscine. Excellent accueil.

### Où manger ?

#### Bon marché

|●| **Adega regional :** rua João Casqueiro, 22 B. ☎ 268-62-30-09. Du largo da Misericórdia, tourner à droite de l'église et la 1re rue à droite. Repas 15-20 €. Carte un peu longue de plats hétéroclites, mais si on demande les propositions du jour, le rapport qualité-prix est correct. Très touristique, mais ça tient la route. Petite terrasse.

### Où manger dans les environs ?

|●| **Casa Alentejo :** alto da Boa Vista, à **Varche.** ☎ 268-62-03-59. 📱 936-29-47-28. À 3 km d'Elvas ; la bifurcation est sur la gauche en allant vers Lisbonne. Tlj sf jeu. Repas env 15 €. Salle gaie et rustique, terrasse couverte et coin bar pour les habitués. Plusieurs plats avec le porc noir en vedette, grillé ou en sauce. Pour les allergiques : morue et fruits de mer. Service gentil tout plein.

|●| **Taberna do Adro :** largo João Dias de Deus, 1, à **Vila Fernando.** ☎ 268-66-11-94. À 14 km d'Elvas en direction de Borba par la N4. Le resto se trouve à droite de l'église. Tlj sf mer. Repas env 15 €. Tables et bancs en bois à l'extérieur et 2 salles taille maison de poupée, mignonnes à souhait, couvertes de vieilles assiettes et de vaisselle familiale. Dans ce petit bijou rustique et élégant, à peine une poignée de tables et des tabourets où l'on se pose pour déguster les bonnes tapas (charcuterie, tortilla, fromages...) en attendant les 3 ou 4 plats du jour, au choix, de poule, porc ou morue. Une adresse réputée dans la région.

### Où déguster une bonne pâtisserie ?

Les gourmands trouveront dans les pâtisseries de délicieuses friandises locales : les *sericaias*, savoureuses tartes aux œufs battus, les *capitólios* (gâteaux mi-secs aux amandes et à l'orange) et, surtout, les fameux pruneaux d'Elvas *(ameixas de Elvas)*.

|●| **Pastelaria Cantarinha :** rua da Cadeia, 41 (derrière l'office de tourisme). Tlj sf dim. Une bonne adresse, où l'on va autant pour l'ambiance que pour la qualité des pâtisseries.

## À voir

🏛️ **Aqueduto da Amoreira :** le plus impressionnant du pays et un des plus hauts d'Europe. Un vrai travail d'Hercule. Commencé en 1498, il nécessita plus d'un siècle de construction. Long de 7,8 km, il comprend plus de 840 arches et alimente toujours la ville en eau. Peu avant d'arriver aux remparts, dans un coude, armoiries de la ville.

🏛️ **Muralhas** (remparts) : construits à partir du XVIIe s, en étoile, à la Vauban, avec bastions, courtines, fossés. Percés de trois portes fortifiées. Ce puissant système défensif fut complété par le *fort de Santa Luzia* au sud et par celui *da Graça* au nord. Depuis ce dernier, une impressionnante citadelle qui se visite, vue intéressante sur la ville et les environs. Le fort de Santa Luzia, plus petit, mérite également le détour. Des visites guidées gratuites *(tlj sf lun et mar mat 11h-18h, jusqu'à 17h l'hiver)* permettent de découvrir son étonnant réseau de souterrains qui le reliait à la ville, ainsi que les remparts, les plates-formes d'artillerie (encore équipées de canons d'origine du XVIIIe s), la redoute centrale et la salle du gouverneur. Les casernes abritent quant à elles un modeste *Musée militaire (mêmes horaires, mais entrée payante : 2€ ; gratuit moins de 12 ans),* qui évoque le rôle d'Elvas dans les guerres luso-espagnoles.

✴ De la route de Lisbonne, on pénètre dans Elvas par le *largo da Misericórdia*. Dans la rua da Cadeia, l'*arco do Relógio* (du XVIe s, vestige de l'ancien hôtel de ville) mène à la **praça da República,** le cœur de la cité. Au nord de la place, la sé (cathédrale), avec sa tour-porche trapue.

✴ À droite de la cathédrale, suivre la ruelle jusqu'au **largo de Santa Clara.** Séduisant décor de théâtre sur une scène triangulaire pavée. Composée de vestiges de l'enceinte arabe du Xe s : tours massives crénelées avec une arche surmontée d'une élégante et aérienne loggia. Tout autour, nobles demeures à portails gothiques. Au milieu, pilori manuélin. L'*église de la Consolação,* de forme octogonale et de style Renaissance, ferme la scène. À l'intérieur, coupole tapissée de beaux azulejos du XVIIe s.
L'arche franchie, on pénètre dans un vieux quartier plein de charme, lacis de ruelles pittoresques. La pimpante *travessa de Alcaçovas* mène à l'*arco de Miradeiro*.

✴ **Castelo :** *tlj sf lun 9h-13h, 14h-18h (10h-17h l'hiver). Entrée : 2 €.* Édifié par les Maures et remanié par la suite. Du donjon, vue unique sur la ville, les fortifications, les collines couvertes d'oliviers, le fort de Graça. En sortant du château, emprunter l'une des plus jolies rues de la ville : la *rua das Beatas*. Bordée de maisonnettes gaies, jaunes, blanches, ocre et abondamment fleuries.

✴ Dernière promenade, en suivant le rempart nord vers la porte São Vicente. Jalonnée de vieilles **églises** comme *São Francisco, Santa Clara, São Pedro* (beau portail romano-gothique).

✴ ***Museu de Arte contemporâneo :*** *rua da Cadeia, près de la poste. ☎ 268-63-71-50. Tlj sf lun 11h-18h. Entrée : 2 € ; gratuit moins de 12 ans.* Propose des expos temporaires d'art contemporain.

➤ Puis se perdre encore une fois dans les escaliers et les ruelles pour rejoindre le largo do Colégio, et sa magnifique *biblioteca municipal*.

✴ ***Museu municipal da Fotografia João Carpinteiro :*** *largo Luis de Camoes. ☎ 268-63-64-70. Tlj sf lun 10h-13h, 15h-19h (10h-13h, 14h-17h en hiver). Entrée : 2 €.* Le seul musée du genre au Portugal renferme une collection très complète d'appareils photo, des plus anciens aux plus récents, en passant par les emblématiques jetables ! Des raretés désormais vintage auxquelles s'ajoute tout le matériel nécessaire au développement des pellicules (agrandisseurs, glaceuses...). Vraiment sympa, d'autant que les vitrines regorgent de gadgets amusants sur le sujet. Banque d'images sur Elvas et sa région. Expos temporaires (peinture, etc.).

## Manifestations

– ***Festival international de musique :*** *tt le mois d'août.* Folklore et danses du monde entier. Le fado est à l'honneur, bien sûr !
– ***Fête et foire de Saint-Mathieu :*** *vers le 20 sept.* Processions, exposition agricole, défilés folkloriques et *touradas*.

## DANS LES ENVIRONS D'ELVAS

✴ ***Campo Maior :*** à environ 20 km, une petite ville rurale qui se démarque par une impressionnante concentration de balcons en fer forgé, tous plus beaux les uns que les autres. Comme à Évora, on y trouve une chapelle recouverte d'ossements.

Mais Campo Maior, c'est aussi la capitale portugaise du café ! La puissante compagnie *Delta Cafés* (vous en boirez pendant tout votre voyage !) est implantée à Degolados, à 4 km en direction de Portalegre.

🚶 ***Centro de Ciência do Café :*** *Herdade das Argamassas (juste avant **Degolados** en arrivant de Campo Maior).* ☎ *268-00-96-30.* • *centrocienciacafe.com* • *Lun-ven 10h-18h (14h w-e). Entrée : 6,50 € ; gratuit moins de 5 ans.*
Pas donné, mais l'espace créé par la maison *Delta* vaut le détour. Car ce musée atypique occupe un vaste bâtiment moderne tout en baies vitrées, où les 3 500 m² d'exposition sont entièrement consacrés au café (il y a même une pépinière avec de vrais plants !). Après avoir profité des différents films, des panneaux tactiles, des reconstitutions ludiques de machines et des riches collections (moulins vintage, cafetières insolites...), vous saurez tout de l'histoire et de la transformation de cet or noir, de sa culture à la torréfaction... avant d'aller savourer un expresso au bar du musée !
Dans un tout autre registre, les amateurs pourront poursuivre leur balade gustative dans l'***Adega Mayor*** juste à côté, un domaine vinicole qui appartient au même propriétaire. Les intéressantes visites guidées se déroulent dans la zone de production, au milieu des cuves et des fûts de vieillissement, et s'achèvent comme de juste autour d'une dégustation, *(• adegamayor.pt • Lun-sam 10h-13h, 14h30-18h. Visite guidée 2-10 € avec ou sans dégustation, et selon le nombre de vins).*

△ ***Camping dos Anjos :*** *estrada de Senhora da Saude (apartado 90), 7371-909 Campo Maior.* ☎ *268-68-81-38.* 📱 *965-23-66-25.* • *info@campingosanjos.com* • *campingosanjos.com* • *À env 1 km au sud-est de Campo Maior (suivre le fléchage « Parque de campismo rural »). Forfait pour 2 env 14,50 €.* Un accueillant couple de Néerlandais tombé amoureux de ce coin de l'Alentejo a aménagé ce camping familial coquet et très bien entretenu, d'une quarantaine d'emplacements, en pleine campagne. Bloc sanitaire nickel et bien équipé. À côté de la maison des propriétaires, petite piscine et transats, ainsi qu'un bar avec boissons fraîches et documentation. Convivial à souhait.

|●| ***Restaurant-bar Trindade :*** *estrada Militar, 38.* ☎ *268-68-73-25. Tlj sf dim. Plats 7-12 €.* Une belle adresse comme on en trouve encore souvent au sud du Portugal. Décor chaleureux, magnifié par de belles arcades en brique rouge. Une clientèle locale qui vient là autant pour regarder la TV que pour se régaler avec un *arroz de pato* (canard au riz) savoureux ou du porc rôti parfumé, le tout accompagné d'un vin de Borba qui ne tape ni à la tête ni dans le portefeuille. En dessert, on n'échappe pas à une part de *sericaia,* la spécialité locale.

## PORTALEGRE  (7300)  25 000 hab.

**Portalegre s'étage sur le versant sud de la serra de São Mamede, une région assez verdoyante qui contraste avec la ville, plutôt industrielle et moderne.** Car cette préfecture de province est entourée de vignobles, au beau milieu de forêts de chênes et de châtaigniers, qui témoignent de la présence d'un clergé et d'une puissante aristocratie de propriétaires terriens aux XVIIe et XVIIIe s.
**Moins homogène architecturalement que ses autres voisines tout aussi fortifiées et médiévales, elle possède néanmoins une certaine personnalité, notamment par les façades baroques, par ses musées et sa cathédrale, qui en font une étape intéressante.**

## Arriver – Quitter

### En bus

**Gare routière :** av do Brasil.
- **Évora :** 2-3 bus/j. Trajet : 1h30.
- **Estremoz et Beja :** 3 bus/j. (moins le w-e). Trajet : 40 mn.
- **Marvão :** normalement, 1-2 bus/j. en sem, pas de bus le w-e. Env 45 mn de route montante.
- **Castelo de Vide :** 3-5 bus/j.
- **Lisbonne :** 5 bus/j. en sem, 2 bus le w-e.

## Adresses utiles

**Office de tourisme :** rua Gomes Fernandes, 22. ☎ 245-30-74-45. ● cm-portalegre.pt ● Tlj 9h-13h, 14h-18h. Accueil très compétent, parlant le français et qui vous expliquera tous les attraits de la région. Plan de ville très pratique. Location de vélos (env 1 €/h, 5 €/j.). Caution et pièce d'identité à prévoir.

**Poste :** sur le Rossio, à l'opposé du vieux centre. Lun-ven 8h30-18h.

## Où dormir ?

Possibilités limitées dans le vieux centre de Portalegre.

### Bon marché

**Alojamento local Nova :** rua 31 de Janeiro, 30. ☎ 245-33-12-12. ● pensaonova@sapo.pt ● pensaonova.com ● Doubles 35-40 €, avec petit déj. Quelques petites chambres toutes simples et datées avec bains, TV et AC à l'étage d'un immeuble assoupi. Celles donnant sur la rue sont un peu bruyantes. Très bon accueil. Autres chambres équivalentes à l'annexe (Alojamento local São Pedro, au n° 14 de la rua da Mouraria). Correct pour une étape.

**Hotel Mansão Alto Alentejo :** rua 19 de Junho, 59. ☎ 245-20-22-90. ● mail@mansaoaltoalentejo.com.pt ● mansaoaltoalentejo.com.pt ● À deux pas de la cathédrale. Double 45 €, avec petit déj. Réduc de 10 % sur le prix de la chambre sur présentation de ce guide. La maison, agréable avec sa douzaine de chambrettes propres, a été entièrement refaite tout en conservant le style régional (joli mobilier peint). Bon confort (AC, TV) et bon accueil : impeccable.

### Plus chic

**Solar das Avencas :** parque Miguel Bombarda, 11. ☎ 245-20-10-28. ● maria.manta@hotmail.com ● Prendre la rue qui monte à gauche de l'office de tourisme et longer à droite. Doubles et suites env 50-100 €, avec petit déj. Derrière la façade baroque se cache une imposante maison noble du XVIII$^e$ s, proposant 5 chambres d'hôtes pleines de cachet. La décoration intérieure mêle avec succès des meubles anciens de style portugais à des objets orientaux rapportés de voyages. Bon accueil.

## Où manger ? Où boire un verre ?

### De très bon marché à prix moyens

**Patio da Casa :** rua Benvindo Ceia, 1. ☎ 967-46-76-45. Tlj sf lun de 11h jusqu'au dernier client. En-cas env 3-4 €. Colorée et décontractée, une bonne adresse sympa à toute heure, avec ses petites salles au mobilier hétéroclite qui encadrent une jolie cour ombragée. En terrasse, un sandwich toasté et un verre à la main, ça fleure bon les vacances... surtout lors des concerts qui rameutent la jeunesse du coin !

**Casa Capote :** rua 19 de Junho, 56-60. ☎ 245-90-61-85. Plats économiques env 4 €, sinon env 8-15 €. Petite taverne locale, où l'on s'attable dans une salle minuscule tapissée d'azulejos pour avaler un plat du jour classique, bon et bien copieux. Très convivial.

**|●| *O Abrigo* :** *rua de Elvas, 74.* ☎ *245-33-16-58. Tlj sf mar. Congés : 2 sem début sept. Plats 8-10 €.* Pas franchement glamour car située dans un entresol, la salle n'est pas désagréable pour autant et a le mérite d'être fraîche. Bonnes spécialités régionales : porc ou morue ? Cervelle ou rognons ?... telle est la question. Service aimable à la *velha escola*.

**|●| *Solar do Forcado* :** *rua Cândido dos Reis, 14.* ☎ *245-33-08-66. Tlj sf dim. Plats 9-13 €.* La déco est à la gloire de la tauromachie et du propriétaire, un ancien de la corrida portugaise. Sans surprise, la cuisine est très orientée viande. On se régale par conséquent de spécialités de taureau goûteuses, de brochettes de bœuf juteuses, ou encore d'un jarret de porc au four. Impeccable, d'autant que les accompagnements sont à la hauteur, de même que les desserts. Ajoutez un service tout sourire et vous obtenez une adresse très prisée où la réservation s'impose !

## À voir

🗡 C'est un plaisir de monter vers la cathédrale, depuis la fontaine du Rossio sous fond de façade baroque du palais Póvoas, en arpentant les voies commerçantes Luís de Camões et do Comércio, bordées de façades à azulejos et de boutiques. De pittoresques ruelles pentues mènent également au largo da Sé, bordé de belles demeures aux élégantes ferronneries. Ville active en semaine, mais le week-end c'est mort !

🗡 *Sé (cathédrale) :* large façade martiale et tours baroques à meurtrières. À l'intérieur, voûte Renaissance. Peintures, retables de l'école portugaise. Sacristie recouverte d'azulejos. Si vous réussissez à y jeter un œil, vous noterez aussi le beau mobilier de rangement.

🗡 *Castelo :* rua do Castelo. Tlj sf lun 9h-13h, 14h-18h. GRATUIT. Il a perdu ses murailles, mais ses tours, désormais reliées par une structure moderne en bois et verre et dédiées aux expositions temporaires, permettent de profiter d'une jolie vue sur la ville.

🗡 *Convento de São Bernardo :* au-dessus du parque Miguel Bombarda. Vaut la peine pour les magnifiques panneaux d'azulejos racontant la vie édifiante de saint Bernard. C'est aujourd'hui une caserne. Alors, garde à vous et demandez avec le sourire l'autorisation de visiter l'église !

🗡🗡 *Museu municipal :* situé à droite de la cathédrale, il occupe un ancien séminaire du XVIII$^e$ s. ♿ Tlj sf lun et j. fériés 9h-13h, 14h-18h. Entrée : 2,10 € ; gratuit moins de 14 ans et pour ts dim mat. Ce riche musée rassemble des collections d'art sacré provenant des couvents de la ville (objets liturgiques, bas-reliefs et autres statues, comme cette superbe Nossa Senhora de Piedade de facture flamande de la fin du XV$^e$ s, en plein gothique flamboyant), ainsi que du mobilier, des peintures et de jolies faïences anciennes. Et une curiosité, dans un tout autre genre : une De Dion-Bouton, la première voiture qui a circulé à Portalegre !

🗡 Près du musée, sur la praça Cristovão Falcão s'élève le *palácio Abrancalhas*, plus connu sous le nom de **palácio Amarelo** (« palais jaune »). Festival de ferronnerie d'art, l'un des plus beaux ensembles en fer forgé du pays.

🗡 *Museu da Tapeçaria de Portalegre Guy Fino :* rua da Figueira, 9 ; descendre dans la ruelle qui contourne le Musée municipal et passer le palácio Amarelo. Tlj sf lun 9h-13h, 14h-18h. Entrée : 2,10 €. Sur demande, visite guidée passionnante en français. Depuis un demi-siècle, Portalegre produit une tapisserie de très belle qualité. Jean Lurçat, peintre français du milieu du XX$^e$ s, ne s'y était pas trompé puisqu'il avait reconnu, précisément, son erreur. En effet, invité plusieurs fois à faire des cartons pour la manufacture, il est resté longtemps dubitatif. Mais lorsqu'on le mit au défi de reconnaître son œuvre originale, il choisit la copie réalisée sur place ! Depuis, conquis, il y fit exécuter de nombreux cartons, lançant internationalement la manufacture. Ce vaste musée moderne permet d'admirer plusieurs de ses œuvres, ainsi que les réalisations d'une soixantaine de maîtres portugais, présentés en alternance. Au gré de la visite, on découvre les différents styles, leur évolution, mais aussi la technique délicate utilisée à Portalegre. Très intéressant.

🚶 *Casa-museu José Régio :* *av. Poeta José Régio. À côté de la praça da República. Tlj sf lun 9h-13h, 14h-18h. Fermé certains j. fériés. Entrée : 2,10 € ; gratuit moins de 14 ans et pour ts dim mat. Visite guidée env 1h.* Ce poète vécut dans cette maison jusqu'à sa mort, et accumula pendant plus de 30 ans une étonnante collection d'art populaire. Les 17 (petites) salles sont littéralement envahies de meubles, d'objets du quotidien, de statues religieuses et d'innombrables crucifix glanés aux quatre coins de la région. Insolite !

## Manifestations

– *Jazzfest :* *3-4 j. en fév-mars.* Festival de jazz réputé.
– *Foire de la Doçaria Conventual :* *vers la fin mars.* Un concours de tout ce qui se fait de mieux dans le pays en matière de pâtisserie : *toucinho do céu* (« lard du ciel »), *papos de anjo* (« estomac d'ange »), *barriga de freira* (« ventre de nonne »), *fidalgo* (typique d'Évora), *leite serafim, manjar branco, rebuçados de ovos...*
– *Festas do Concelho :* *23 mai.* Les petites filles, toutes fleuries qui incarnent le mois de mai, défilent dans la ville.

## DANS LES ENVIRONS DE PORTALEGRE

🚶 *Mosteiro de Flor da Rosa :* *à 2 km de* **Crato**, *à 24 km de Portalegre. Lun-ven 9h30-12h30, 14h-17h30 ; w-e 10h-13h, 14h30-18h. Entrée : 2 € ; gratuit moins de 12 ans.* Édifié par le premier prieur de l'ordre des chevaliers de Malte au Portugal, Flor da Rosa servit tout à la fois de palais fortifié, de monastère et d'église, ainsi que de résidence au prieur. À la fin du XIXe s, à la suite d'infiltrations d'eau, l'église s'effondra. Elle fut reconstruite dans les années 1940 avec peu de moyens et beaucoup de bonne volonté. Architecture massive et pourtant élégante. Le monastère abrite aujourd'hui une *pousada* de charme, mais l'église, le cloître et un petit musée (belle statuaire) sont ouverts au public.

🚶 *Crato :* puisque vous êtes venu jusqu'ici (à environ 25 km de Portalegre donc), pourquoi ne pas faire une courte halte à Crato, siège de l'ordre de Malte ? Étonnant contraste entre la petite taille du village et la fière allure des demeures qu'il a conservées : admirer en particulier la magnifique galerie à arcades ornant l'entrée de ce qui devint, dès la seconde moitié du XVe s, la nouvelle résidence des grands prieurs de l'ordre de Malte. Sur la même place, harmonieux palais du XVIIe s.
Les motivés pousseront jusqu'à **Alter do Chão**, à 12 km, petite ville internationalement renommée pour la beauté de ses chevaux. Visite possible de la *Coudelaria de Alter*, à 3 km, ex-haras royal de dom João V (fondé en 1748) transformé en *haras national* *(visites guidées tlj sf lun à 11h et 15h).*

## LA SERRA DE SÃO MAMEDE

**Ce massif montagneux de moyenne altitude s'étend à l'est de Portalegre, le long de la frontière espagnole. Traversé par quelques routes sinueuses,**

il offre un résumé bucolique de la faune et la flore alentejanes. Le sol imperméable favorise la croissance d'une végétation variée, et les petites prairies alternent avec des forêts de chênes-lièges, d'eucalyptus, d'oliviers, de châtaigniers et d'amandiers, tandis que les sapins introduits au début du XX$^e$ s pour le commerce du bois rendent, par moments (du fait de leur uniformité), le paysage un peu monotone. Sur les rares plateaux arides, le relief est dessiné par des blocs de roches édentés. La meilleure façon de découvrir cette région reste d'entreprendre une randonnée au départ de Marvão, Reguengo, Galegos, Carreiras ou encore au sud à Esperança.

➤ Pour aller en voiture dans la *serra*, prendre à Portalegre la direction de São Mamede et suivre les indications. Vue panoramique sur tout le massif depuis le pic de São Mamede culminant à 1 025 m.

## À voir. À faire

➤ Plusieurs chemins de **randonnée** ont été balisés dans la *serra*. Longs de 7 à 16 km, ils permettent de découvrir différents aspects de la région. Ils sont faciles, mais le balisage aurait besoin d'un bon coup de peinture. Infos aux offices de tourisme de Portalegre, Castelo de Vide et Marvão.

🚶 **Alegrete :** *à 15 km au sud de Portalegre.* Petit village typique de la *serra* au sommet d'une colline. Son enceinte illuminée, ses ruelles pavées en pente et ses murs blancs prennent la nuit des allures de décor de théâtre jauni par les lampadaires. En haut du village s'élèvent l'église et une tour-horloge blanches aux arêtes bleues. Si vous avez un petit creux, plusieurs cafés où vous restaurer en toute simplicité.

## MARVÃO  (7330)  3 500 hab.

Les murailles se fondent si bien dans la masse rocheuse de la montagne que, à une certaine distance, il est difficile de distinguer ce qui est forteresse de ce qui est caillou. Véritable nid d'aigle, donc, perché à environ 900 m d'altitude, Marvão est, comme Monsaraz, sans aucun doute, l'un des sites les plus séduisants du pays. On peut y faire le plein de paysages et d'air frais à l'infini. Comme toujours, choisir d'y monter en fin d'après-midi pour que les couleurs et le relief ne soient pas écrasés par le soleil.

### Arriver – Quitter

#### En bus

➤ **Portalegre :** 1-2 bus/j en sem.

➤ **Castelo de Vide :** pas de bus direct, changer à Portagem.

### Adresses utiles

🛈 **Office de tourisme :** *rua de Baixo, sur la gauche après être entré par la porta da Vila.* ☎ 245-90-91-31. ● cm-marvao.pt ● *Tlj 10h-17h.* Accueillant et efficace. Plan du village. Visites guidées possibles.

✉ **Poste :** *rua do Espírito Santo, 5. Lun-ven 9h-12h, 14h-17h.*

■ **Caixa Geral de Depósitos :** *rua do Castelo.* Distributeur.

# MARVÃO | 305

## Où dormir ?

### Bon marché

🏠 *Casa Rosado :* rua Portas da Vila, 14. ☎ 245-99-34-91. 📱 963-83-85-32. ● casa.rosado@sapo.pt ● *Doubles env 25-30 € sans petit déj. Parking gratuit à l'arrière de la maison. Attention : ne pas confondre avec la maison voisine (n° 14 bis).* Au centre du village, 2 chambres simples, mais très convenables, avec bains, w-c, TV et surtout une petite terrasse dominant la vallée. Vue superbe. Pas de petit déj servi, mais la cuisine reste à disposition. Excellent rapport qualité-prix.

🏠 *Casa da João :* travessa Santiago, 1 (à côté de l'église de Santiago). ☎ 245-99-34-37. ● casadajoao@gmail.com ● *Fermé 15-31 juil. Double env 30 €, sans petit déj.* 📶 À l'étage de la maison des propriétaires, 2 chambres d'une propreté étincelante qui se partagent une salle de bains non moins rutilante. Très calme, avec une jolie vue depuis l'une des chambres. Accueil chaleureux.

### Prix moyens

🏠 *Casa da Silveirinha :* rua da Silveirinha, 1. ☎ 258-82-37-89. ● casadasilveirinha.pt ● *À l'entrée du village, à droite, en face de l'office de tourisme. Doubles 40-55 €, avec petit déj.* 📶 Maison typique entièrement dédiée aux hôtes, qui se partagent une cuisine bien équipée, un salon et un mignon jardin de curé. Quant aux chambres, elles sont joliment aménagées dans un style rustique coquet, et tout confort (AC, TV). La moins chère a la salle de bains privée, mais sur le palier, à l'étage inférieur.

🏠 *Casa da Arvore :* rua Dr Matos Magalhães, 3. ☎ 245-99-38-54. ● info@casadaarvoremarvao.com ● casadaarvore-marvao.com ● *Double env 55 €. Parking gratuit.* 📶 Dans une belle demeure d'angle aux balcons ouvragés, une poignée de chambres sobres, classiques et de bon confort ; celles du 1er étage, qui donnent sur la place, bénéficient d'une belle vue de côté sur la vallée. Depuis le grand balcon du salon cosy (apéro à dispo !) qui domine le paysage, la vue est superbe. Très agréable.

🏠 *Hotel El Rei Dom Manuel :* largo de Olivença. ☎ 245-90-91-50. ● hotel.dom.manuel@turismarvao.pt ● turismarvao.pt ● *Près de la porte d'accès à l'enceinte. Doubles 55-65 €, avec petit déj. Parking gratuit.* 💻 📶 *Réduc de 10 % sur présentation de ce guide.* Bel hôtel, parfaitement tenu, coquet et intime, qui conviendra aux amoureux. Chambres pas très spacieuses mais agréables et bien pensées, avec tout le confort (AC, minibar... et même un ascenseur). Bon accueil. Resto sur place.

🏠 *Casa Dom Dinis :* rua Dr Matos Magalhães, 7. ☎ 245-90-90-28. ● ter-domdinis.com ● *Doubles 49-70 €, avec petit déj.* 💻 *Réduc de 10 % sur présentation de ce guide.* Cette jolie maison a bénéficié d'une rénovation soignée. Belles chambres à l'aménagement sobre et élégant, dont une suite avec terrasse privée. Vue étendue sur la plaine et calme garanti. Accueil pro et souriant.

## Où manger ? Où boire un verre ?

Rien de bien sérieux intra-muros ; les alentours offrent un bien meilleur choix.

🍴 *Marvão com Gosto :* rua de Cima, 1. 📱 918-70-62-96. *À l'entrée du village, à la patte-d'oie face à la porte fortifiée. Tlj (sf mer hors saison) 10h-19h.* Les bonnes odeurs attirent immanquablement le gourmand vers cette minuscule échoppe, où Cristina cuit tous les matins de délicieux gâteaux, comme l'*aveias de comer,* ou la spécialité locale à la châtaigne en hiver. Miam !

🍴🍷 *Natural Bar :* travessa do Chabouco, 7A. 📱 926-04-33-29. *Ouv en principe de 11h jusqu'au dernier client. Sandwichs et salades env 3-6 €.* Atmosphère relax, musique jazzy ou latino en fond sonore, et une formidable terrasse ombragée braquée sur l'horizon : c'est le bar cool du coin, idéal pour siroter un jus de fruits pressés ou un

L'ALENTEJO

verre de vin, en picorant parmi les petites salades et les sandwichs préparés par le sympathique patron.

**I●I Bar O Castelo :** *rua Dr Matos Magalhães, 7.* ☎ *245-99-34-11. Repas env 8-10 €.* Petite annexe de la *Casa Dom Dinis* (voir « Où dormir ? ») où l'on peut prendre un repas rapide de type plat du jour et soupe, ou bien un sandwich. Choix limité. Belle terrasse cosy avec vue en été, cheminée hors saison.

## Où dormir ? Où manger dans les environs ?

**⚿ ♦ Camping Asseiceira :** *à Santo António das Areias, à env 5 km de Marvão, sur la gauche en contrebas de la route en venant de Portalegre.* ☎ *245-99-29-40.* ● *gary-campingas seiceira@hotmail.com* ● *campingas seiceira.com* ● *Fermé de mi-nov à fin janv. Forfait pour 2 env 16 €. Cottage double 57,50 € (2 nuits min), avec petit déj.* 🛜 Petit camping convivial à proximité du village, entouré par des murets en pierre. Bien tenu, sanitaires impeccables, et doté d'une piscine. Les chambres doubles sont une bonne affaire, très bien tenues, bien équipées (kitchenettes bien pratiques) et mignonnes. Autres bungalows pour 4-6 personnes. Supermarché, station-service et banque à 10 mn à pied. Très bon accueil du propriétaire, un Anglais francophone.

**♦ Quinta do Barrieiro :** *à São Salvador de Aramenha.* ☎ *245-96-43-08.* ● *info@quintadobarrieiro.com* ● *quintadobarrieiro.com* ● *De Marvão, redescendre et prendre la route de Portalegre. Résa bien à l'avance en saison. Doubles 70-100 € selon confort et saison, avec petit déj ; suite avec 2 chambres 195 € ; tarif dégressif.* 🛜 Prenez une artiste de talent, un architecte amoureux des grands espaces, laissez-leur une vaste propriété restée dans son jus en pleine campagne, et vous obtenez une dizaine de chambres et d'appartements superbes, tout confort et personnalisés dans un style rustico-chic, répartis dans 3 bâtiments indépendants. Du pain frais est déposé chaque matin devant votre porte à l'heure du petit déj, que vous préparerez vous-même ; dans le cas contraire, il faudra ajouter 15 € pour 2. Piscine de rêve, coin jeux pour les enfants, galerie d'expo pour admirer les sculptures de la chaleureuse propriétaire... Une adresse hors norme.

**♦ Quinta dos Lagartos :** *Teixinha, Alvarrões, à mi-chemin entre Portalegre et Marvão.* ☎ *245-99-38-45.* ● *quintadoslagartos@hotmail.com* ● *Doubles env 60-65 €, avec petit déj.* Grande maison blanche rehaussée d'un bleu profond qui souligne les encadrements des portes et fenêtres. Le bleu, version azulejos, se retrouve dans la salle de petit déj rustique et la belle vaisselle. Quant aux chambres, elles sont classiques, meublées à l'ancienne et tout confort. Piscine. Accueil chaleureux et familial.

**I●I Restaurante Mil Homens :** *rua Nova, 14, à Portagem.* ☎ *245-99-31-22. Tlj sf lun. Plats 8-12 €.* Auberge familiale avec cheminée, portrait des ancêtres et originales patères en pattes de cerf. Une déco à l'image de la cuisine : rustique et régionale. Ne pas passer à côté de la soupe de tomates avec œuf poché, sorte de gaspacho, du cabri, ou des *migas*. Excellent et copieux ! Accueil gentil.

**I●I Sever Churrasqueira :** *rua Nova, 14, à Portagem.* ☎ *245-99-34-58. Tlj sf mer. Menus en sem 8-10 € ; plats 9-13 €.* Belle salle de style taverne avec déco paysanne et nappes carrées. Spécialités de grillades savoureuses (excellentes côtes d'agneau parfumées aux herbes). Pas donné, mais une très bonne qualité qui séduit les locaux, toujours fidèles pour les repas en famille. À ne pas confondre avec l'autre resto de la maison, le très chic *O Sever*, plus proche de la rivière.

## À voir

Marvão offre, outre son dédale de ruelles pittoresques, ses blanches maisons fleuries, ses chapelles à portails Renaissance, une promenade délicieuse sur son *chemin de ronde*. Intact, celui-ci effectue le tour complet du village en épousant tous les caprices de la roche, ponctué, de-ci de-là, d'élégantes échauguettes ajoutées au XVIIe s. L'impression d'être sur une île est totale.

🎯🎯 Après avoir fait provision de panoramas à l'infini, montez au **château** *(ouv en permanence ; entrée payante 9h-21h : 1,30 €),* qui est dans un état de conservation stupéfiant (voir notamment la formidable citerne, conçue pour approvisionner le village pendant 6 mois !). Nombreuses cours, courtines, escaliers à franchir jusqu'au puissant donjon. Vues en plongée époustouflantes sur les différentes enceintes et le chemin de ronde, dont on mesure vraiment la fusion harmonieuse avec la montagne. Par très beau temps, le regard porte loin sur toutes les *serras* alentour. Très beau jardin de buis taillé, qui s'intègre merveilleusement au paysage, à l'entrée du château.

🎯 ***Museu municipal*** : *dans l'ancienne igreja de Santa Maria (XIIIe-XIVe s), au pied du château. Tlj 10h-13h30, 14h-17h. Entrée : 1,30 € ; gratuit moins de 12 ans.* Rassemble de façon chronologique des tessons de poterie, des statues religieuses, de la lingerie fine un peu folklo et quelques armes. Intéressante fresque du XVIIe s.

🎯 ***Ammaia*** : *à São Salvador de Aramenha, à env 7 km en direction de Portalegre. Tlj 9h-12h30, 14h-17h30. Entrée : 3 €.* Sur le site de fouilles d'une ancienne cité romaine, quelques salles rassemblent stèles, statues et différents objets découverts pendant les chantiers. Intéressant.

## Manifestations

– ***Al Mossassa*** *(festival islamique)* **:** *oct.* En hommage au fondateur du village, Ibn Marwan. Musique arabo-andalouse, gastronomie et artisanat sont de la fête.
– ***Foire de la châtaigne*** **:** *nov.* La châtaigne est très présente alentour. Un artisanat s'est développé, propre à Marvão : la broderie à partir de la peau et l'écorce, et le bois pour la fabrication d'escaliers.

## Randonnée

➢ On peut monter à pied à Marvão depuis Portagem. Le départ se fait du parking près du pont médiéval, qui date du XVIe s. Suivre le balisage vert en longeant d'abord la route. Puis le parcours emprunte sur la gauche une voie empierrée assez raide qui monte jusqu'à Marvão. Ensuite, on peut redescendre par un chemin, que l'on rejoint en quittant le village par la route (après le virage en épingle à cheveux) qui serpente entre les champs et les pierres et offre de jolies perspectives sur la région. Le chemin du retour est moins bien balisé. Renseignements à l'office de tourisme.

# CASTELO DE VIDE  (7320)  3 400 hab.

● Plan *p. 309*

**Bâtie sur un promontoire dominant la plaine, la vieille ville avec sa forêt de toits dégringole de chaque côté de la colline. Nulle ride d'inquiétude ou de vieillesse n'a marqué sa physionomie. Peut-être aussi parce qu'elle produit, ici même, une excellente eau minérale… Cité à découvrir à l'aube, lorsque**

le soleil se contente de rehausser la blancheur veloutée des façades, sans écraser le contour des maisons.
Les lève-tôt seront une fois de plus privilégiés. Pour vous réveiller tout à fait, allez prendre une boisson revigorante dans la rue principale, au café *Central*, un de ces vieux cafés où tout le monde semble s'être donné rendez-vous. Demandez la spécialité maison, les *boleimas de maçã*, chaussons fourrés à la pomme et à la cannelle. Très renommés, à juste titre.

## Arriver – Quitter

### En bus

➢ **Lisbonne :** 2 bus/j. Départ du jardin public en face de la *Caixa Geral de Depósitos*. Le ticket s'achète à bord du bus.

➢ **Portalegre :** 3 bus/j., en sem slt. Départ du jardin public en face de la *Caixa Geral de Depósitos*. Env 30 mn de trajet.
➢ Entre Castelo de Vide et **Marvão**, il faudra changer à Portagem.

## Adresses utiles

**ℹ Office de tourisme** (plan A2) : *praça D. Pedro V, à côté de la cathédrale.* ☎ *245-90-82-27.* ● *cm-castelo-vide.pt* ● *Tlj 9h-13h, 14h-18h.* Plan de la ville. Dépliants proposant un itinéraire sacré et profane à Castelo de Vide et un parcours mégalithique dans le Nord-Alentejo.

**✉ Poste** (plan A2) : *largo de Gonçalo Eanes, le parc de la ville. Lun-ven 9h-12h30, 14h30-17h30.*
**■ Piscine municipale** (plan A3) : *av. da Europa. À env 500 m du centre. Tlj sf mar 10h-19h.* Différents bassins et un toboggan pour se rafraîchir en plein cagnard !

## Où dormir ?

### De bon marché à prix moyens

🏠 **Casa de hóspedes Machado** (plan A1, **10**) : *rua Luís de Camões, 33-35.* ☎ *245-90-15-15.* 🍴 *Dans la ville basse (fléché). Doubles 30-35 € selon saison, petit déj non compris. Parking.* 📶 À l'écart, dans une impasse paisible, cette petite maison moderne dont la terrasse donne sur la vallée dispose de chambres d'hôtes pimpantes et de bon confort (salles de bains nickel) ainsi que d'une cuisine commune. Accueil sympa.
🏠 **Casa do Parque** (plan A-B3, **11**) : *av. da Aramenha, 37.* ☎ *245-90-12-50.* ● *casadoparque@gmail.com* ● 🍴 *Au-dessus du jardin municipal. Doubles 48-65 €, avec petit déj.* 📶 Petit hôtel familial à l'ancienne mode, proposant des chambres classiques avec bains, TV et AC. Certaines donnent sur le parc. Lits en bois ouvragé, rideaux et dessus-de-lit fleuris : daté, mais sympa.
🏠 **Hotel Castelo de Vide** (plan A3, **12**) : *av. da Europa.* ☎ *245-90-82-10.* ● *hotelcastelodevide.com* ● *À env 500 m du centre, en face du complexe sportif municipal. Doubles, selon saison et confort, 37-55 €, avec petit déj. Parking.* 📶 Un peu en surplomb de la route, un petit hôtel moderne, confortable et de bonne tenue. Chambres spacieuses, un peu sombres à l'arrière pour les moins chères, dotées d'un balcon donnant sur la piscine et les montagnes pour les autres. Vaste terrasse ombragée et piscine de poche pour se rafraîchir. Excellent accueil.

### Beaucoup plus chic

🏠 **Casa Amarela** (plan A2, **13**) : *praça D. Pedro V, 11.* ☎ *245-90-58-78.* ● *casaamarelath.pt* ● 🍴 *Doubles env 80-120 €, avec petit déj.* 📶 Maison

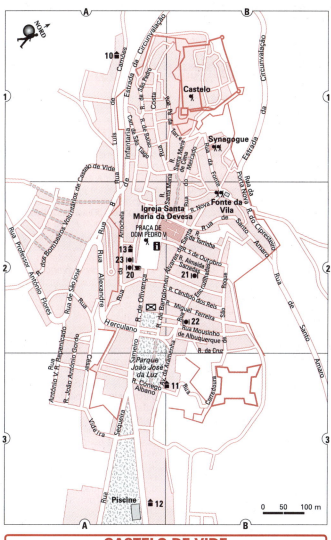

## CASTELO DE VIDE

- **Adresse utile**
  - 🅸 Office de tourisme
- **Où dormir ?**
  - 10 Casa de hóspedes Machado
  - 11 Casa do Parque
  - 12 Hotel Castelo de Vide
  - 13 Casa Amarela
- **Où manger ?**
  - 20 Doces & Compahia
  - 21 O Miguel
  - 22 O Alentejano
  - 23 Restaurante D. Pedro V

seigneuriale classée du XVIIIe s, reconnaissable à sa belle façade surmontée de parements en stuc. Chambres sobres et chic, meublées d'ancien et tout confort. Certaines donnent sur la place, d'autres côté *serra*. Belle salle de petit déj pleine de cachet, à l'image de la maison.

## Où camper ? Où dormir dans les environs ?

⋇ *Camping Beira-Marvao :* à env 7 km de Castelo de Vide, sur la route de Beira (panneaux). ☎ 245-99-23-60. • info@camping-beira-marvao.com • camping-beira-marvao.com • Tte l'année. Forfait pour 2 env 16 €. 🛜 Camping convivial isolé dans un bel environnement sauvage, entre oliviers et grosses roches qui affleurent partout. Équipements simples, mais suffisants (bloc sanitaire propre, bar-snack, et même une petite piscine hors sol). Accueil très sympa en français.

⋇ 🏠 *Camping et Quinta do Pomarinho :* à 7 km du centre, en direction de Portalegre. ☎ 245-90-12-02. 📱 965-75-53-41. • info@pomarinho.com • pomarinho.com • Ouv tte l'année. Camping env 14 € pour 2. Doubles 35-40 € (55-75 € pour un appart) ; tarif dégressif. Petit déj pantagruélique en sus (7 €/pers). 🛜 Chez Dolf et Phine, un couple chaleureux originaire des Pays-Bas, il y en a pour tous les goûts ! À l'intérieur d'une vieille ferme, ils proposent des chambres toutes simples au charme champêtre : celles du bas se partagent une cuisine et de grands sanitaires communs très propres (également destinés aux campeurs), tandis qu'en haut un ensemble de 2 chambres avec salon, terrasse et salle de bains peut être loué en entier (super pour une famille ou un groupe d'amis). Également 2 appartements plus luxueux pour les douillets (équipements complets récents), ou à l'inverse une insolite « maison ronde » isolée au fond du terrain (coin cuisine, douche et w-c dans un cabanon extérieur, un poêle pour l'hiver et une jolie déco). Enfin, cerise sur le gâteau, on peut camper derrière la maison pour profiter des infrastructures (courant, sanitaires, BBQ, cuisine extérieure...), ou alors s'exiler quelque part dans les champs, si l'on recherche plutôt la solitude. Tout fonctionne aux énergies renouvelables. Petite piscine et étang où l'on peut nager avant d'aller faire les fous dans le verger : 25 ha de terre, ça laisse du champ libre pour batifoler !

🏠 |●| *Quinta das Lavandas :* Sitio de Vale Dornas, à env 4 km au nord de Castelo de Vide (panneaux depuis la caserne des pompiers). ☎ 245-91-91-33. • quintadaslavandas.pt • Doubles env 80-100 € selon confort et saison, avec petit déj. Il faut traverser 6 ha de lavande pour rejoindre cette belle *quinta* contemporaine. En période de floraison, l'effet est magique ! Surtout si l'on prend également le temps de parcourir le jardin planté de 40 variétés différentes. D'ailleurs, les amateurs ne manqueront pas la visite proposée par les charmants propriétaires, des passionnés qui produisent des huiles essentielles dans leur distillerie sur le domaine. Quant aux chambres, elles sont modernes, soignées et tout confort, à l'image de cette adresse cosy dotée d'une piscine irrésistible. Un havre de paix.

## Où manger ?

Profitez d'être ici pour goûter au cabri...

### De très bon marché à prix moyens

|●| 🍴 *Docs & Compahia* (plan A2, 20) : *sur la pl. de la cathédrale, à 10 m du resto D. Pedro V.* ☎ 245-90-14-08. Tlj sf dim 8h30-19h30 (23h en hte saison). Congés : 1re quinzaine de juil. Formules à partir de 5,50 €. Petit snack populaire dont la salle toute simple est coincée entre 2 terrasses : la 1re donne sur la place, l'autre, à l'arrière, est un vrai balcon qui

surplombe la vallée. Bonne formule pour le déjeuner avec soupe, plat du jour (ou quiche, ou sandwich) et boisson à prix mini. Bien aussi pour le petit déj ou le goûter.

**I●I O Miguel** *(plan B2, 21)* : *rua Almeida Sarzedas, 32-34.* ☎ *245-90-18-82. Tlj sf dim. Menu 15 € ; plats env 8-10 €.* Spécialités de grillades servies avec bonne humeur par la famille Fidalgo dans une petite salle proprette, décorée d'azulejos. Simple et bon.

**I●I O Alentejano** *(plan B2, 22)* : *largo dos Mártires da República. Sur la pl. de la fontaine. Plats 10-12 € max ; également plein de snacks, sandwichs et omelettes à prix doux.* Cuisine classique, correcte et sans surprise, qui a le mérite d'être servie sur une belle terrasse en surplomb de la place. Ambiance familiale.

**I●I Restaurante D. Pedro V** *(plan A2, 23)* : *praça D. Pedro V (la grande pl. centrale).* ☎ *245-90-12-36. Tlj sf lun. Fermé 2 sem en janv. Résa conseillée. Plats 10-18 €.* Le resto chic de Castelo. Où y mange une nourriture classique de l'Alentejo, donc roborative. Grande salle voûtée en sous-sol.

## À voir

🎬 Dans la partie basse de la ville, tout s'ordonne autour de la **praça D. Pedro V** *(plan A2)*, entourée de superbes édifices des XVIIe et XVIIIe s, notamment la *Câmara municipal* et son passage voûté, le palais Torre, et l'incontournable *église Santa Maria,* avec son immense façade et ses deux tours baroques.

🎬🎬 À partir de là, il faut se perdre dans les ruelles médiévales pentues, abondamment fleuries et révélant toujours quantité de détails architecturaux charmants. La *judiaria* (le quartier juif) sera l'une des plus délicieuses promenades de votre voyage. Nombreuses portes gothiques à encadrement de granit, ornées de motifs, de graphismes. Tout en bas de la *judiaria,* exquise placette où trône la *fonte da Vila (plan B2),* un curieux lavoir Renaissance aux bords usés par des milliers de lessives... Quant à la vieille synagogue *(plan B1),* touchante de sobriété, elle renferme un tout petit musée sur la communauté juive (quelques vitrines proposant essentiellement des objets de culte) : *ouv 9h30-13h, 14h30-18h (17h30 l'hiver). GRATUIT.*

🎬 **Castelo** *(plan B1)* : *tlj 9h30-17h (18h l'été, mais horaires aléatoires). GRATUIT.* Très endommagé, il a cependant encore fière allure et offre de son chemin de ronde un panorama unique sur la ville et la région. Donjon avec vaste salle en ogive et puits. Une courte section est consacrée aux mégalithes, l'autre à l'art militaire.
– Derrière le château, retranché dans les fortifications, un quartier adorable, chaleureux, fleuri, est sillonné par un réseau de venelles aux pavés grossiers, organisé autour de l'*église* **Nossa Senhora Alegria** (azulejos polychromes).
– Pour les fanas d'églises, **São Tiago** et **São Salvador do Mundo** livrent également leur pesant de jolis azulejos.

## Manifestations

– **Fêtes de Pâques :** *pdt le w-e pascal.* Les bergers envahissent les rues avec leurs agneaux et, après la messe de 22h le samedi, les villageois font sonner les cloches. Foire aux douceurs et sucreries, pour passer agréablement le reste du temps.
– **Marché médiéval :** *début sept.*

## DANS LES ENVIRONS DE CASTELO DE VIDE

🎥 *Le menhir de Meada :* à env 10 km au nord de Castelo de Vide, un peu au nord de la N359 qui relie Povoa e Meadas à Fadagosa (et Marvão). *Suivre les fléchages.* C'est le plus grand monolithe granitique découvert à ce jour dans toute l'Europe. Haut de 7 m et d'un diamètre de 1,25 m, l'imposant cylindre isolé et à forme résolument phallique constituerait un témoignage du culte à la fertilité.

### JARDIN (ET SECRET) DE MENHIRS

L'une des interprétations possibles de l'érection (sans mauvais jeu de mots !) de colossaux mégalithes, dont le menhir de Meada, est qu'elle résulterait du passage des sociétés primitives du stade de chasseurs-cueilleurs aux débuts de l'agriculture. La terre-mère revêt alors une importance capitale dans la subsistance de ces populations, et on l'honore en dressant un monument fécondateur à ses dimensions.

# LE CENTRE

- Peniche ...................... 313
  - Ilha Berlenga
- Óbidos ........................ 319
  - Le sanctuaire Senhor Jesus da Pedra
  - Le jardin oriental Buddha Eden à Bombarral
  - Les salines de Rio Maior
  - La lagune d'Óbidos
  - Caldas da Rainha
- Nazaré ........................ 325
- Alcobaça et son monastère ................. 331
  - Mosteiro de Cós
- Batalha et son monastère ................. 335
  - Porto de Mós et serras de Aire e Candeeiros
  - São Pedro de Moel
- Fátima ......................... 339
  - Ourém
- Tomar .......................... 341
  - L'aqueduc dos Pegões
  - Castelo de Almourol
  - Constância
- Coimbra ...................... 348
  - Conimbriga
  - Mosteiro de Lorvão et ses environs
- Lousã et les Aldeias do Xisto ................. 365
- Luso et la forêt de Buçaco ....................... 367
- Figueira da Foz ............ 369
- De Figueira à Aveiro ..... 372
  - Serra da Boa Viagem et Quiaios • Praias de Mira et de Tocha
- Costa Nova ................. 373
- Aveiro ........................ 374
  - Museu histórico de Vista Alegre • Museo marítimo de Ilhavo et Navio-museu Santo André à Gafanha da Nazaré • Aliança Underground Museum à Sangalhos • Arouca, serra da Freita
- Viseu .......................... 381
- Guarda ....................... 384
  - Le circuit des villages historiques et des châteaux de frontière
- La Serra da Estrela ..... 387
  - Belmonte
- Castelo Branco ........... 390

Entre Lisbonne et Porto, une région riche en patrimoine, puisqu'on y trouve les trois plus beaux monastères du pays, la prestigieuse université de Coimbra et des villes évadées du temps, comme Óbidos. Des paysages extrêmement variés, aussi, de la luxuriante forêt de Buçaco aux lagunes d'Aveiro, en passant par les rizières du Mondego des vallées ondoyantes du Vouga. Mais le littoral n'est pas en reste, avec de belles plages malmenées par la forte houle atlantique, parfois interrompues par quelques villages de pêcheurs. Un paysage pittoresque, de brise et d'embruns, de temps vécu au rythme des retours de mer, qui offre souvent les quatre saisons en une seule journée (n'oubliez pas votre petite laine, il peut y faire frisquet la nuit en été). Un parcours idéal pour aller à la rencontre d'une population unique mi-navigatrice mi-paysanne, comme au temps des grandes découvertes qui ont émaillé son histoire.

## PENICHE                 (2520)                 28 600 hab.

À 90 km de Lisbonne, Peniche vit depuis des lustres de son port de pêche et de ses conserveries. Rien de bien transcendant. Baignée d'une atmosphère typiquement atlantique, faite de brumes océanes et d'odeurs de poisson, sa vieille ville traverse le temps au rythme de ses petites boutiques, du linge pendu aux fenêtres et de la sieste. Laissez votre regard se perdre sur l'horizon depuis la *fortaleza,* la puissante forteresse qui témoigne encore aujourd'hui de son importance stratégique. Pour le reste, eu égard à sa situation en forme de presqu'île, Peniche est la Mecque des surfeurs. Autant dire que *surf-camps,* bars et soirées festives font partie du paysage ! Le voyageur de passage, lui, à moins d'être passionné de napperons brodés au fuseau (les fameux *rendas* de Peniche), profitera de son escale pour se gaver de poissons et de crustacés.

## Arriver – Quitter

### En bus

**Gare routière :** *rua Dr Ernesto Moreira, de l'autre côté du ponte Velha. Lun-ven 5h45-19h45 ; sam 5h45-12h30, 14h15-18h30 ; dim 9h-12h30, 14h-18h30. Consignes.*
➤ **Lisbonne :** 14 bus/j. 5h45-19h30 (slt 3 le w-e) dans les 2 sens avec *Rodoviária do Tejo* (● rodotejo.pt ●). Également 8 bus/j. avec *Rede Expressos* (☎ 707-22-33-44 ; ● rede-expressos.pt ●). Trajet : env 1h25.
➤ **Porto :** 1 bus/j., à 7h, le reste avec changement à Lisbonne, Nazaré ou Coimbra, avec *Rede Expressos*. Trajet : env 4h30.

## Adresse et info utiles

**Office de tourisme :** *rua Alexandre Herculano.* ☎ 262-78-95-71. ● cm-peniche.pt ● (mairie). *Dans un bâtiment moderne situé dans le petit espace vert adossé aux remparts (bien indiqué). Horaires fluctuants, mais en principe juil-août, tlj 9h-20h ; sept-juin, 10h-13h, 14h-17h (9h-18h juin).* Plan et liste des hébergements chez l'habitant. Démonstrations de confection de dentelle en saison.
**Taxis :** ☎ 262-78-28-67.

## Où dormir ?

### Camping

**Campismo municipal :** *av. Monsenhor R. S. Bastos, Pinhal da Lagoa.* ☎ 262-78-95-29. ● campismo-peniche@sapo.pt ● *À l'entrée de la ville, à 15-20 mn à pied du centre. Forfait 2 pers env 10 €.* Grand camping vieillot et sans ombre, aux emplacements secs et tout en dénivelées. Mais les sanitaires sont corrects et, gros avantage, la plage est au bout du terrain. Bien pour une étape.

### De bon marché à prix moyens

Beaucoup de propositions de chambres chez l'habitant à Peniche et dans les environs. Liste disponible à l'office de tourisme.

**Residencial Maciel :** *rua José Estêvão, 38.* ☎ 262-78-46-85. 📱 914-07-91-45. ● residencial-maciel@hotmail.com ● residencial-maciel.com ● *Sur une placette à l'arrière de l'av. do Mar. Selon saison, doubles 30-60 € (hospedaria) ou 40-75 € (albergaria), petit déj compris.* 📶 Idéalement située, cette petite affaire familiale propose d'agréables chambres tout confort et lumineuses. Disposant d'un frigo et de double vitrage, celles de l'*albergaria* sont cosy à souhait avec leur joli mobilier et leurs tapis (certaines possèdent même un balcon sur l'arrière, tandis que d'autres profitent d'une vue sur le port). Celles de l'*hospedaria*, à deux pas, sont plus petites et plus simples, mais d'un bon niveau de confort. Un excellent rapport qualité-prix.

**Peniche Hostel :** *rua Arquitecto Paulino Montês, 6.* ☎ 262-75-90-66. 📱 969-00-86-89. ● bookings@penichehostel.com ● penichehostel.com ● *Dans une perpendiculaire à deux*

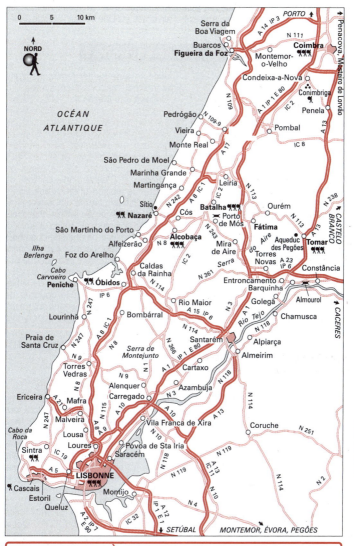

## DE LISBONNE À COIMBRA ET FIGUEIRA DA FOZ

pas de l'office de tourisme. Compter 15-20 €/pers en dortoir 4 lits, 40-50 € en chambre double avec sdb à partager ; studios privés tt confort 50-70 €. Petit déj en sus. 📺 🛜 Très centrale, une AJ de poche cosy, à l'atmosphère jeune et fraternelle. On s'y sent tout de suite bien, à l'image de la cuisine ouverte sur un salon sympa (bouquin et guitare à disposition). Pour dormir, 2 petits dortoirs et 3 doubles à la déco personnalisée, simples et propres (attention, l'une d'entre elles n'a pas de fenêtre). Également des studios aménagés dans une ancienne fabrique de bateaux ! Une bonne adresse.

## Où dormir dans les proches environs ?

### De prix moyens à plus chic

🏠 **Residencia Quelhas, Surf Spirit :** *rua dos Pescadores, 6, ilha do Baleal, 2520-006 Ferrel (sur la presqu'île de Baleal à 4 km de Peniche).* ☎ *262-18-57-94.* • *info@surfspirit.itsurfspirit.it* • *Ouv tte l'année. Doubles env 50-70 €, quadruples env 80-105 €. Pas de petit déj.* 📶 *Situation exceptionnelle pour cette adresse pimpante, au cœur d'un charmant village cerné par les plages. Tout est prévu pour les surfeurs : location de matériel, cours, et de quoi rincer l'équipement après une session. Côté hébergement, on est plus proche de l'auberge de jeunesse que de l'hôtel : cuisine commune, des terrasses pour lézarder (vue géniale depuis celle sur le toit), et des chambres avec salle de bains. Ambiance jeune et internationale vraiment sympa.*

🏠 **Casa das Mares II :** *ilha do Baleal (à 4 km de Peniche).* ☎ *262-76-92-55.* • *casadasmares2@sapo.pt* • *casadasmares2.com* • *Au bout de la presqu'île de Baleal, par la route à une voie qui traverse le sable. Doubles 60-90 € selon saison, petit déj compris.* 📶 *C'est la partie centrale de la grande maison blanche aux volets verts, plantée comme un dernier rempart avant la mer. Au rez-de-chaussée, un salon commun cosy avec cheminée, et à l'étage, une poignée de chambres classiques, coquettes, parfaitement tenues. Juste ce qu'il faut pour ne pas se détourner de l'essentiel : le superbe cocktail « d'un côté la plage de sable, de l'autre l'océan et le coucher de soleil ». Accueil francophone charmant. Si c'est complet, on peut loger à côté (c'est la même famille).*

## Où manger ? Où boire un verre ?

### De très bon marché à prix moyens

🍴🍷 **Xakra Beach Bar :** *praia do Molhe Leste.* 📱 *965-17-21-66.* • *xakrabeachbar@gmail.com* • *Au sud de la ville direction Lisbonne, puis à droite au 2e rond-point : panneau « praia » puis tt au bout jusqu'au parking. Tlj 10h-23h (voire plus selon affluence). Plats simples et en-cas env 3-7 € ; sinon env 12-15 €.* Ce bar de plage planqué derrière les dunes a tout pour plaire : une terrasse dans le sable, une véranda lumineuse tout en baies vitrées pour les soirées fraîches, et à la carte, des sandwichs, salades et plats du jour pour un repas rapide, ou quelques spécialités de poisson plus élaborées sur commande. Très sympa, comme l'accueil.

🍴 **Restaurante A Sardinha :** *rua Vasco da Gama, 81-93.* ☎ *262-78-18-20.* • *geral@restauranteasardinha.com* • *Dans la rue parallèle au port. Tlj. Menu 9,50 € ; plats 10-20 €.* C'est archi-touristique, et la qualité s'en ressent. Mais la pénurie de bonnes adresses à prix moyens en ville lui permet de conserver les faveurs des locaux. En salle ou en terrasse dans la rue piétonne, ils apprécient une cuisine classique, simple, sans génie mais convenable dans l'ensemble.

🍷 **Três As :** *av. Mar, 9.* ☎ *262-78-50-28. Tlj sf lun de 11h-11h30 env et jusqu'à 3-4h (plus tôt en sem).* Un rendez-vous de choix pour les branchés et surfeurs : petite terrasse, déco façon *Hard Rock Café* du cru, et mezzanine avec vue sur l'horizon en bonus. En fin de semaine, on pousse les tables pour dégager le *dance floor* !

🍷 **Java House :** *largo da Ribeira, 14.* 📱 *918-66-91-88. Sur le port. Tlj 9h-3h (4h ven-sam).* 📶 *Sympa à toute heure !* En journée, on s'installe en terrasse le temps d'une bonne pause caféinée ; le soir, on s'affale dans les fauteuils autour d'un cocktail, pendant que les DJs garantissent une ambiance *lounge* et branchée. Très couru.

**♀ Supertubos :** *praia do Supertubos. Au sud de la ville ; sortir de Peniche par l'IP6, puis à droite au 1er rond-point ; si vous êtes perdu, prononcez « Soupertoubch » !* Toute l'année en terrasse face à la mer, pour un verre avec vue, les pieds dans le sable. Très agréable hors saison quand les premiers soleils arrivent.

**♀ Bar do Bruno :** *praia do **Baleal**.* ☎ 262-18-42-12. • balealsurfcamp.com • *À env 3 km de Peniche, sur la plage. Tlj 8h-minuit.* C'est LE bar des surfeurs, dans une baraque posée sur le sable, en surplomb des rouleaux où s'époumonent les *riders*. Entre deux sorties, on les retrouve au comptoir et en terrasse, avant de faire la fête à l'heure de l'apéro ! Possibilité de cours et de location de matériel.

### Plus chic

**I●I ♀ Nau dos Corvos :** *cabo Carvoeiro (juste derrière le phare).* ☎ 262-78-31-68. • restaurante@naudoscorvos.com • *Fermé dim soir-lun en basse saison. Plats env 17-35 €.* C'est l'une des plus belles vues du secteur : accrochée à l'extrémité du cap, la grande salle vitrée profite d'un splendide panorama sur l'océan et les falaises ! La cuisine, élégante et soignée, fait la part belle aux produits de la mer, préparés traditionnellement ou de manière plus contemporaine : Saint-Jacques gratinées, poissons grillés ou sautés, ou encore en feuilletés. Carnivores et becs sucrés ne sont pas délaissés pour autant. Service parfait. Idéal pour un repas en amoureux.

# À voir. À faire

**↟↟ Fortaleza e Museu municipal de Peniche :** *campo da República, dominant le port.* ☎ 262-78-01-16. *Tlj sf lun 9h (10h w-e et j. fériés)-12h30, 14h-17h30. Dernier billet 30 mn avt. Accès au fort gratuit. Entrée musée : 1,60 € ; réduc.*
La construction de cette vaste forteresse de style Vauban a commencé en 1557, sous les ordres du roi D. João III, et s'est prolongée jusqu'en 1645. À la fin du XIXe s, avec l'évolution des techniques de guerre, la forteresse a perdu de sa valeur stratégique. Au début du XXe s, elle a abrité des réfugiés boers venus d'Afrique du Sud, ainsi que des prisonniers allemands et autrichiens pendant la Première Guerre mondiale. Puis elle fut l'une des plus célèbres prisons politiques de l'*Estado novo* de Salazar, de 1934 à 1974.
Le site est ouvert pour l'essentiel en accès libre. Passé les premières portes, on découvre un pont dormant jeté au-dessus d'une crevasse alimentée par la mer. Impressionnant. Puis on pénètre dans le premier bâtiment, qui comprend une courte exposition sur le fascisme, un mémorial, et la visite des anciens parloirs des détenus. À l'intérieur, la cour d'appel est bordée par de hautes murailles, d'où l'on profite d'une belle vue plongeante sur la mer.
La forteresse héberge également le ***Musée municipal.*** Très classique, il propose une petite section préhistorique et différentes salles sur les principales activités économiques et culturelles de Peniche (pêche, construction navale, dentelle au fuseau – *rendas de bilros*...), mais le plus poignant demeure la visite des ***cellules des anciens détenus de Salazar,*** au 2e étage. Considérées comme les plus sécurisées à l'époque, elles étaient réservées aux peines les plus longues. À voir aussi : la chapelle de Santa Bárbara et le réservoir d'eau du XVIIe s.

**↟↟ Le *tour de la presqu'île*** (8 km aller-retour) peut se faire à vélo le long de la route côtière. En commençant par le nord, on découvre tout d'abord d'étonnantes falaises stratifiées, avant d'arriver à la petite chapelle **Nossa Senhora dos Remédios** (azulejos du XVIIe s). La route aboutit au phare du *cabo Carvoeiro.* On peut y boire un verre et admirer, par beau temps, l'ilha Berlenga (voir ci-après « Dans les environs de Peniche »). Retour par le sud.

➤ Autre balade à ne pas manquer : en voiture, ou par la belle plage de sable au nord (3 km), rejoindre la presqu'île de *Baleal,* qui abrite un charmant village lové sur un piton rocheux et raccordé à la terre ferme par un cordon de sable. Pittoresque ! Bondé aux beaux jours, c'est l'endroit de prédilection des surfeurs.

## Manifestation

– *Fête de Nossa Senhora da Boa Viagem :* 1$^{er}$ w-e d'août. Le samedi après-midi, les pêcheurs offrent des sardines grillées aux visiteurs. La nuit venue, une grande procession de bateaux de pêche décorés conduit leur sainte patronne jusqu'au port, illuminé par les milliers de cierges brandis par les familles. C'est le coup d'envoi de la liesse populaire : feu d'artifice, orchestres et spectacles folkloriques. Le dimanche, procession religieuse plus traditionnelle dans les rues de la ville.

## DANS LES ENVIRONS DE PENICHE

**Ilha Berlenga :** à une demi-douzaine de miles de la côte. Classée réserve naturelle depuis 1981, cette île de 1,5 km de long pour 800 m de large, couverte de lande sauvage, est la plus grande d'un archipel d'îlots granitiques. Ses falaises abruptes, découpées de grottes et de gouffres profonds, plongent dans une mer cristalline jusqu'à 4 000 m de profondeur. C'est le paradis des amateurs de plongée. Son écosystème est unique au monde en raison du mariage des influences océaniques et méditerranéennes. L'île elle-même est habitée par des milliers d'oiseaux marins qui nichent dans les anfractuosités des roches. Attention, en période de nidification (juin à début juillet), la cohabitation avec les touristes n'est pas toujours évidente !

➤ Pour s'y rendre, peu importe la compagnie, compter 20 € l'aller-retour en bateau classique (45 mn-1h), ou 22 € en bateau rapide (25 mn) ; réduc.

– Avec horaires réguliers : *compagnie* **Viamar,** ☎ 262-78-56-46. • *viamar-berlenga.com* • *Fonctionne de mi-mai à mi-sept ; juil-août, départs à 9h30, 11h30, retours à 16h30 et 18h30 ; le reste du temps, aller à 10h, retour à 16h30.*

– Plusieurs autres compagnies de petits bateaux, dont l'*Associacao Pesca Desportiva* (926-85-20-46), effectuent la traversée toute l'année. Les départs se font en fonction de l'état de la mer et du remplissage du bateau. Se renseigner aux guichets situés sur le port ou à l'office de tourisme.

On vous conseille de laisser votre voiture dans un parking gardé ou de stationner dans le centre et non directement sur le port.

Trois possibilités de logement sur l'île :

🏠 *Fort de São João Baptista :* 912-63-14-26. • *berlengareservasforte@gmail.com* • *Ouv de mi-mai à mi-sept. Résas à faire en sem à partir de 19h. Env 20-22 €/pers en chambre ou dortoir de 6 lits (paiement par virement bancaire préalable).* Date du XVII$^e$ s. Cadre génial, mais attention, l'hébergement est rudimentaire, sans eau chaude ni matériel de cuisine ; prévoir tout le nécessaire et un sac de couchage. Par ailleurs, le générateur ne fonctionne que le matin, le midi et le soir, pensez à la lampe-tempête pour les veillées !

🏠 I●I *Pavilhão Mar e Sol :* ☎ 262-75-03-31. *Ouv de mi-avr à oct. Résas par tél slt. Doubles 50-130 € selon saison, petit déj compris. Plats 12-20 €. CB refusées.* 📶 *6 chambres classiques et convenables. Fait aussi resto.*

⚠ *Camping :* au-dessus du port. Résa impérative à l'office de tourisme. Forfait pour 2 pers env 10,50 €. Petit, aménagé en terrasses. Joli, mais très rustique : pas d'eau ni de douche ! Mieux vaut prévoir le coup.

# ÓBIDOS

(2510)      11 200 hab.

Les Romains en avaient fait un site stratégique : un oppidum, à l'origine du nom de la ville. Le Moyen Âge lui donne une seconde jeunesse le jour où, en 1282, la reine Isabel d'Aragon éprouve un coup de cœur en s'y arrêtant. De cette glorieuse époque, Óbidos a conservé son charme médiéval, avec ses impressionnantes murailles qui compensent sa faible altitude. Très bien préservé, l'intra-muros, entièrement piétonnier, offre des églises baroquisantes, quelques petits musées et des boutiques fort avenantes pour y siroter la *ginja*, l'alcool de griotte local. Le soir, quand la ville reprend son souffle, les touristes qui résident en ville se réapproprient les ruelles de galets ronds. Des placettes où l'apéro est un délice, quelques bonnes tables, des bars où l'on joue de la musique *ao vivo*, et Óbidos s'offre enfin à eux telle qu'elle est : immobile dans l'histoire.

Le bon plan : y venir pendant la fête médiévale mi-juillet (voir « Manifestations » plus loin).

## Arriver – Quitter

### En bus

**Arrêt de bus :** *à côté de la station de taxis, en bas des marches (à côté de la Caixa Geral de Depósitos).* Plus rapide et plus pratique que le train (gare située à 1 km et mal desservie).

➢ **Lisbonne :** avec *Rodoviária do Tejo* (● rodotejo.pt ●). Dans les 2 sens, une vingtaine de bus directs/j. en sem, une dizaine le w-e. Trajet : env 1h.

➢ **Peniche :** env 12 liaisons/j. (10 le w-e).

➢ **Nazaré :** env 4 bus/j. (1 seul le w-e).

➢ **Autres destinations :** rejoindre d'abord **Caldas da Rainha.**

## Adresses utiles

**Office de tourisme :** *avt l'entrée de la vieille ville, sur le parking principal.* ☎ 262-95-92-31. ● cm-obidos.pt ● *(mairie). Mai-sept, tlj 9h30-19h30 ; oct-avr, 9h30-12h30, 13h30-18h (17h30 le w-e).* Plan de la ville et renseignements sur les possibilités de balades dans les environs. Accueil pro et très sympa.

■ **Location de vélos :** *auprès de* **Zero Co2 Tours,** *basé à l'office de tourisme.* ● zeroco2tours.com ● Pour qui serait tenté de faire une balade jusqu'à la lagune d'Óbidos (voir plus loin) ! Propose également des minivéhicules électriques à 2 places.

## Où dormir ?

### De bon marché à prix moyens

**Hostel Argonauta :** *rua Adelaide Ribeirete, 4.* ☎ 262-95-80-88. ● argonauta.hostel@gmail.com ● hostel-argonauta.blogspot.fr ● *Env 23 €/pers en dortoir, double env 45€, petit déj compris.* 🛜 Une petite adresse atypique, entre l'auberge de jeunesse et la chambre d'hôtes. L'accueil est chaleureux, à l'image de la maison décorée avec des souvenirs de voyage, des affiches de ciné et du mobilier coloré. On a accès à la cuisine, et pour les chambres, qui se partagent 2 salles de bains, il faut se contenter d'une double et d'un dortoir de 5 lits. Plutôt intimiste au final, et très fraternel ! Super ambiance.

🏠 **Casal da Eira Branca :** *traversa do Facho, 45.* 📱 *966-62-98-68.* ● *casal daeirabranca@gmail.com* ● *casaldaei rabranca.com* ● *Dans la ville intra-muros (fléché à partir du début de la rue centrale). Fermé à Noël et au Nouvel An. Doubles 53-65 €.* 📶 Un beau petit ensemble de logements fort bien décorés et agencés, mettant en valeur la vieille pierre et les planchers massifs. Dans les demeures séculaires qui leur servent d'écrin, une poignée de chambres doubles très agréables, toutes avec clim et salle de bains, ainsi que 2 grands apparts. Pas de petit déj, mais une cuisine commune. Tout a été prévu : de l'huile au café en passant par le thé et les amuse-gueules. Pour vivre Óbidos de l'intérieur !

🏠 **Casa do Fontanário :** *largo do Chafariz Novo de Dona Maria I. Rua D. Joao de Ornelas.* ☎ *262-95-83-56.* ● *mail@ casadofontanario.net* ● *casadofonta nario.net* ● *Dans la ville basse, à 30 m à l'extérieur des remparts. Doubles 60-65 €, petit déj compris.* 📶 Dans une maison du XVIe s, à l'ambiance tomette et linteaux de granit, José et Maria, tous deux parlant un peu le français, proposent une dizaine de chambres mignonnes, mais assez petites, avec déco d'autrefois et salles de bains impeccables. Une adresse agréable et authentique.

## Plus chic

🏠 **Casa d'Óbidos :** *quinta de São José.* ☎ *262-95-09-24.* ● *casado bidos@gmail.com* ● *casadobidos. com* ● *À 1,5 km, en prenant à gauche après la grande église baroque (c'est fléché). Résa conseillée. Env 90 € pour 2 pers, petit déj orgiaque inclus. Gîtes (2-6 pers).* 📶 Sans conteste la meilleure vue sur les remparts depuis cet élégant manoir du XIXe s situé à une petite vingtaine de minutes à pied du centre. Vieux meubles de style, lithos et voilages donnent le ton de cette maison de maître afin de créer une ambiance chaleureuse. Les parties communes desservent une demi-douzaine de chambres, toutes différentes, avec salles de bains de charme (baignoires sur pied pour certaines). Notre préférence va à la *Casa Leonor*, pour 2 personnes, avec mezzanine, cuisine équipée, cheminée et fauteuils club (même prix qu'une chambre, sans le petit déj). Autrement, billard, piscine, tennis et un accueil attentionné.

🏠 **Estalagem do Convento :** *rua Dr João d'Ornelas.* ☎ *262-95-92-17.* ● *estconventhotel@mail.telepac. pt* ● *hotelestalagemdoconvento. com* ● *Selon saison et taille, doubles 80-125 €, petit déj compris.* 📶 *(parties communes slt).* Dans un couvent de 1832 avec des poutres partout et des sols carrelés bien lustrés, une petite trentaine de chambres à l'ancienne à la déco simple et rustique, dotées de salles de bains en azulejos. L'ensemble ne manque pas de charme mais mériterait quelques ajustements, surtout côté isolation. Le plus, ce sont les différents recoins dans un jardinet paisible qui permettent de s'isoler pour lézarder. Petit déj dans la belle salle à manger, éventuellement dans la petite cour intérieure plantée de *feijoas*. Accueil francophone très sympathique.

🏠 **Hotel Real d'Óbidos :** *rua Dr João de Ornelas.* ☎ *262-95-50-90.* ● *reservas@hotelrealdobidos.com* ● *hotelrealdobidos.com* ● *Selon saison et confort, doubles 90-190 €, petit déj compris.* 📶 L'emplacement est idéal, car juste à l'extérieur des murs, mais dans un quartier ancien plein de charme. Quant à l'hôtel, il joue à fond la carte médiévale : personnel en tenue, armures en déco, poutres, meubles ad hoc... jusqu'aux clés délirantes des chambres ! Après avoir tâté l'eau de la belle piscine avec vue sur les remparts, on n'hésite plus à poser ses valises !

🏠 **Casa das Senhoras Rainhas :** *rua Padre Nunes Tavares, 6.* ☎ *262-95-53-60.* ● *reservas@senhorasrainhas.com* ● *senhorasrainas.com* ● *Selon saison et confort, doubles 120-150 €, petit déj compris.* 📶 Dans la rubrique chic et sobre, c'est la belle adresse de la ville : chambres élégantes, modernes et tout confort (certaines avec petits balcons donnant sur les remparts), salon commun cosy, et un accueil attentif et attentionné. Très agréable.

## Où dormir dans les environs ?

🛏 **Maison d'hôtes Casa das Hortensias :** *rua 5 de Outubro, 6, à* **Vau.** ☎ *262-96-88-28.* ● *maisondashortensias@sapo.pt* ● *casa.hortensias.free.fr* ● *Sur la route du Bom Sucesso. C'est la maison au palmier, à l'entrée du village. Ouv mars-oct. Doubles 48-55 € selon saison, familiale 75 €, petit déj compris ; prix dégressif à partir de 2 nuits.* Annie et Fernanda sauront vous prodiguer un accueil digne de ce nom (et en français, s'il vous plaît !). Leur maison est douillette, nichée dans un jardin fleuri et paisible. La familiale (pour 4) est en rez-de-jardin, avec petit coin pour bouquiner. La plupart disposent d'un accès indépendant, et toutes sont impeccables, cosy, et décorées avec les peintures des amies. Quant au petit déj, il est servi avec des confitures maison et le jus des oranges du jardin. Super !

## Où manger ?

### De bon marché à prix moyens

🍴 **Café-snack-bar Senhor da Pedra :** *Lugar Senhor da Pedra.* ☎ *262-95-93-15. À 1 km, sur la route de Caldas (N8), juste en face de l'église baroque Senhor da Pedra. Tlj sf dim soir. Plats 6-9 €.* Un vrai café de pays, simple, où l'on est accueilli sans façon dans une ambiance familiale sympa. Mais tout se passe dans l'assiette : ici, les portions de sardines, de morue ou de dessert sont gargantuesques, et tout est frais et cuisiné en direct. Alors mieux vaut ne pas être pressé, surtout que les habitués et les touristes sont nombreux...

🍴 **Pretensioso :** *travessa do Paço, 2.* ☎ *262-95-00-21.* ● *restaurante.bar.pretensioso@gmail.com* ● *À l'intérieur des remparts, juste avt le postigo de Baixo (la porte du Bas). Tlj sf lun. Fermé en janv. Plats env 20 €. Digestif offert sur présentation de ce guide.* Une belle adresse. D'abord pour le cadre : une terrasse séduisante sous un oranger, au calme, ou une salle cosy. Ensuite, pour la cuisine, qui a le mérite de renouveler le genre : morue en croûte d'amande et pain de maïs, filet de bœuf roulé au jambon et fromage de montagne... Les influences atlantiques se mêlent à des saveurs plus terriennes, aux épices, aux fruits, aux herbes aromatiques. C'est généreusement servi et les vins toujours bien conseillés. Prévoyez un peu d'attente, tout est cuisiné frais.

🍴 **Muralhas :** *rua Dr João de Ornelas, 6.* ☎ *262-95-85-50. Tlj sf mar. Plats env 10-20 €.* Juste à l'extérieur des remparts, un resto au cadre neutre, mais qui dispose d'une agréable terrasse ombragée. Le service est prévenant et la cuisine fraîche, classique et bien réalisée (délicieux poulpe mais aussi de bonnes salades et de belles viandes). Une bonne alternative aux adresses du centre.

🍴 🍷 **Petrarum Domus :** *rua Direita, 38.* ☎ *262-95-96-20. Plats env 10-20 €.* Un beau resto-bar, original avec ses murs en pierre et sa mezzanine en 2 parties reliées par une passerelle. Et malgré sa situation stratégique sur la rue principale, la cuisine reste très convenable (bons plats de pâtes, assiettes de charcuterie et de fromage à picorer devant quelques *vinhos generosos* type porto). N'oubliez pas de déguster la spécialité de la maison : le *celta,* un alcool de fruits vraiment délicieux.

🍴 **O Caldeirão :** *urbanização Quinta de São José.* ☎ *262-95-98-39. À 1 km, sur la route de Caldas (N8), juste en face de l'église baroque Senhor da Pedra. Tlj sf dim. Plats 11-18 €.* On ne vient ni pour la terrasse (il n'y en a pas) ni pour l'emplacement, mais c'est l'adresse de prédilection de nombreux locaux. La salle, façon auberge, simple et rustique, est à l'image d'une cuisine typique spécialisée dans le poisson et dans le cochon noir. C'est copieusement servi et bien dans la tradition.

LE CENTRE

## Où boire un verre ?

**Bar Ibn Errik Rex :** *rua Direita, 100.* ☎ *262-95-91-93.* ● *baribner rikrex@hotmail.com* ● *Tlj sf mar, jusqu'à minuit. Congés : dernière sem de juin et oct. Assiette de charcuterie pour 2 env 16 €.* Plafond couvert de plus de 1 700 mignonnettes de porto, et déco surchargée originale dans ce bar minuscule touristique mais amusant. On y boit notamment la *ginjinha* locale, coutume que ce lieu, un ancien magasin d'antiquités, aurait initiée. Sert aussi des assiettes de fromage et charcuterie.

**Bar Lagar da Mouraria :** *rua da Mouraria.* ☎ *262-95-93-58. Tlj sf lun.* Joliment arrangé en plusieurs niveaux, traversés par la poutre d'un ancien pressoir à vin. Atmosphère rustique et chaleureuse. Quelques snacks et *petiscos* (tapas) pour accompagner les boissons.

**Troca-Tintos :** *rua Dr João d'Ornelas, à côté de l'Estalagem do Convento. Tlj sf dim 18h-2h.* Une bonne petite adresse où goûter aux nombreux vins de la région en les accompagnant de bons et généreux *petiscos* (coquillages, saucisse de gibier, fromages, escargots). Joli cadre chaleureux, tout comme l'atmosphère. Musique *ao vivo* tous les lundis, lorsque la maison propose des concerts de fado.

## À voir. À faire

**Balade dans la ville :** après avoir franchi la muraille par la *porta de la Villa* et s'être attardé dans sa chicane pour admirer l'oratoire aux splendides azulejos, on a le choix entre deux rues pavées. Par la rua Direita (la principale), outre les boutiques de souvenirs et de produits de bouche, ne pas manquer, sur praça Santa Maria, le *pilori* du XVe s et l'*église Santa Maria* (beaux azulejos et tombeau Renaissance). Quant au château, il ne se visite pas, car l'aînée des *pousadas* portugaises y a élu domicile, mais vous pouvez néanmoins pousser jusque-là, puis grimper sur le chemin de ronde qui fait le tour de la ville au niveau des créneaux. À l'entrée d'Óbidos, noter un long aqueduc romain pratiquement intact.

**Igreja de Santa Maria :** c'est l'église mère d'Óbidos. Elle fut édifiée au XIIe s, certainement sur les restes d'un temple wisigoth, puis reconstruite au XVIe s. Son aspect actuel date du XVIIe s. Son portique est particulier avec ses colonnes Renaissance. À l'intérieur, les murs sont recouverts d'azulejos du XVIIe s. À ne pas manquer, dans la nef de gauche, la pietà Renaissance sculptée dans la pierre calcaire d'Ança par Jean de Rouen. Elle orne le tombeau de João de Noronha. Bien présentes, mais très peu mises en valeur, quelques grandes toiles de la peintre d'origine sévillane Josefa de Ayala Figueira, dite Josefa d'Óbidos. Dans le fond, un autel baroque quelque peu éteint.

**Muralhas :** *plusieurs accès (le plus commode se situe au niveau de la porta da Villa).* Élevées du XIe au XIVe s puis restaurées à de nombreuses reprises. On peut en faire le tour par le chemin de ronde ; 1,5 km quand même ! **Attention** : risque de vertige, pas de garde-fou, pavage très irrégulier et quelques passages en pente glissants. À éviter s'il pleut ou avec des enfants. On peut très bien se contenter d'y mettre un pied, pour jouir des superbes vues à 360° sur la forêt de tuiles rouges, les blanches façades fleuries et la campagne alentour. Le coucher de soleil est d'ailleurs somptueux.

**Museu municipal :** *rua Direita.* ☎ *262-95-55-57. Tlj sf lun 10h-13h, 14h-18h. GRATUIT.* Une visite rapide mais qui ravira les amateurs de belles choses. Elle commence par le 1er étage, avec de beaux portraits de femmes d'Eduardo Malta (notez la précision raphaélique qui caractérise son œuvre). Sinon, parmi les œuvres les plus remarquables, épinglons une pietà en pierre calcaire polychrome de la première moitié du XVIe s et un saint Sébastien du XVIe s, magnifiquement sculpté dans la pierre. La salle dédiée à la Renaissance est émouvante avec de beaux bois peints du XVIe s, dont un Calvaire attribué à Quentin Massys provenant de la chapelle de la Miséricorde. Plus loin, le maniérisme trouve son maître sous la brosse de Belchior de Matos (peintre de Caldas da Rainha). Au rez-de-chaussée, le baroque (André Reinoso) et quelques Vierges à l'Enfant. Enfin, une toile de Josefa d'Óbidos (les autres sont dans les églises).

*Museu Abílio de Mattos e Silva* : *sur le côté droit de l'igreja de Santa Maria. Tlj 10h-13h, 14h-18h. GRATUIT.* Un musée moderne et lumineux créé à l'initiative de l'épouse d'Abílio de Mattos e Silva, Maria José Salavisa. Cette expo d'affiches, de peintures et de dessins évoque toutes les facettes de son mari, qui œuvra en tant que créateur de costumes pour le théâtre et l'opéra, mais également comme peintre reconnu.

*Museu paroquial* : *dans l'igreja de S. João Baptista, juste à l'extérieur de la vieille ville par la porte principale, dans la petite rue en face. Tlj sf lun 10h-13h, 14h-18h. GRATUIT.* L'ancienne chapelle d'une léproserie, largement remaniée au XVIe s, abrite désormais la petite collection du musée paroissial. La visite permet d'apprécier le trésor (exposition d'objets liturgiques), de beaux vêtements sacerdotaux et quelques anges en bois polychromes des XVIIe-XVIIIe s, mais la principale curiosité est un riche carrosse du XIXe s, utilisé lors de la procession pour Notre-Dame de Nazareth.

– *Boire une ginjinha d'Óbidos :* la version locale de cet apéro de grand-mère sucré et sirupeux à base de griottes. Omniprésent jusque dans la rue, et bu dans une petite coupelle en chocolat qu'on s'empresse de croquer !

## Manifestations

– *Festival du Chocolat :* *fév-mar.*
– *Fête médiévale :* *mi-juil.* ● mercadomedievalobidos.pt ● Avec spectacles et marché, ainsi qu'un village médiéval génial reconstitué en contrebas du château. Pas de soucis si vous avez oublié épée et bliaud, on vous en prête sur place. Grosse ambiance !

## DANS LES ENVIRONS D'ÓBIDOS

*Le sanctuaire Senhor Jesus da Pedra :* *à 1 km en sortant d'Óbidos.* Intéressant pour sa forme ésotérique : ronde alors que l'intérieur est hexagonal. La croix de pierre gravée d'une figure du Christ, à l'origine du sanctuaire au XVIIIe s, semble avoir été très vénérée à l'époque paléochrétienne pour ses qualités de protection, d'où la quantité d'ex-voto.

*Le jardin oriental Buddha Eden :* *Carvalhal* **(Bombarral).** ☎ 262-60-52-40. ● buddhaeden.com ● *À env 10 km au sud d'Óbidos en direction de Bombarral. Par l'A8, sortie 12 direction Carvalhal, c'est fléché. Tlj sf 1er janv et 25 déc : en été 10h30-18h30, en hiver 9h30-17h30 ; dernière entrée 30 mn avt. Entrée : 2,50 € ; gratuit jusqu'à 12 ans.* Au cœur des vignes, au milieu de nulle part, un parc délirant de 35 ha, créé par l'homme d'affaires et collectionneur d'art José Berardo en réaction à la destruction des bouddhas afghans de Banyan en 2001. Et donc, partout, vous apercevrez des dizaines de bouddhas, de toutes les tailles, dans toutes les situations et toutes les positions ! C'est un voyage tout en référence à la Chine, avec une impressionnante porte monumentale, des bassins pour les poissons, une allée qui dégringole vers un beau lac où l'on devine un kiosque, des obélisques répondant aux piloris, et même des soldats grandeur nature en terre cuite alignés façon armée morte de l'empereur Qin. Ça vaut le coup d'œil ! On peut en faire le tour en petit train, avant de s'offrir une pause au café.

**Les salines de Rio Maior :** *à une vingtaine de km à l'est.* On est à plus de 30 km de la mer, et pourtant la région possède des salines exploitant une poche de sel gemme qui date du Paléolithique. À cette période, la mer occupait cette région. Les bassins sont aujourd'hui alimentés par des eaux souterraines dont la teneur en sel est sept fois plus élevée que l'eau de mer ! Dans un magnifique paysage de vallées profondes, les sauniers s'activent à la surface des œillets comme il y a 800 ans. Chaque année, les salines de Rio Maior produisent 2 000 t de sel.

**La lagune d'Óbidos :** *au nord-ouest de la ville.* Accessible en voiture, mais les sportifs pourront également emprunter une piste cyclable pour rallier cette petite mer intérieure qui offre de belles plages et des eaux calmes pour y faire trempette. Un bel endroit pour la pratique d'activités nautique (voile, *stand up paddle*...). À Foz de Arelho, qui marque son débouché sur la mer, une série de petits restos de plage où il fait bon écluser un gorgeon.
– **Escola de Vela da Lagoa :** *rua do Penedo Furado, 2500* **Foz de Arelho.** ☎ 262-97-85-92. 📱 962-56-80-05. ● *escoladeveladalagoa.com* ● *En bordure de la rive nord de la lagune, à env 2 km de Foz de Arelho.* Centre nautique tenu par des Français. Grande bâtisse en bois définissant un cadre charmant, abrité et constamment balayé par une bise légère. Autrement dit, idéal pour s'adonner aux joies de la voile, du kitesurf et autres subtilités flottantes. Encadrement pro. Toutes sortes de formules, en individuel ou en cours collectif.

## CALDAS DA RAINHA

Cette petite ville aux sources thermales appréciées dès le XVe s par la reine Leonor, épouse de Manuel Ier, est surtout la capitale nationale de la céramique, dont la particularité est d'être largement inspirée du naturalisme : soupière en forme de choux, vases courgettes, bonbonnière citron... Est-ce un hasard si un pittoresque marché aux légumes a lieu chaque matin sur la *praça da República* ? À partir de ce rendez-vous quotidien, la *rua da Liberdade* mène à l'élégante place des Thermes. Au-delà, on trouve le grand parc D. Carlos Ier, œuvre

### LES « CHOSES DE CALDAS »

*Sur le marché, dans la rua de Camões, mais aussi dans les pâtisseries de la ville, on remarque des statuettes en faïence et des meringues oblongues et bicolores. Pas de doute permis, elles évoquent l'appareil génital masculin au meilleur de sa forme. Ces fantaisies sont offertes aux jeunes mariés, au titre d'une vraie tradition séculaire qui a su s'accommoder de la morale. Faut dire qu'il y a plus discret comme souvenir à poser sur la télé ou... comme en-cas à grignoter dans la rue !*

de Rodrigo Berquó datant de la belle époque, remodelée, au lendemain de la Seconde Guerre mondiale par l'architecte-paysagiste Francesco Caldeira Cabral.

**Faïenças artísticas Bordalo Pinheiro :** *rua Rafael Bordalo Pinheiro, 53.* ☎ *262-88-05-68. En voiture, faire le tour du parc D. Carlos Ier par le sud, la boutique de la fabrique se trouve face à l'entrée est. Seule la boutique est ouv au public, tlj 10h (14h dim)-19h. Éventail de prix très large. Au fond, les* oporti-nudades, *des pièces soldées pour de légers défauts.* Créée en 1884 par Rafael Bordalo Pinheiro (connu par son très populaire personnage de Zé Povinho, « José le Peuple », petit bonhomme engoncé dans sa barrique de pinard qui salue les puissants d'un bras d'honneur !), cette fabrique produit toujours les modèles de vaisselle et d'objets décoratifs naturalistes qu'il a imaginés. C'est tour à tour joli, amusant... ou très kitsch.

**☠☠ *Museu da Cerâmica* :** *rua Dr Illídio Amado, 97.* ☎ *262-84-02-80. Tlj sf lun 10h-19h (18h de mi-oct à fin mars). Entrée : 3 € ; réduc.* Installé dans un genre de petit manoir romantique du XIXe s aux beaux azulejos, au cœur d'un écrin de verdure. On y admire une sélection d'œuvres de Bordalo Pinheiro, enrichie de faïences réalisées par ses prédécesseurs et compères. Également des pièces plus anciennes au rez-de-chaussée, et de la céramique contemporaine au 2e étage.

**☠☠ *Museu José Malhoa* :** *dans le parc D. Carlos I.* ☎ *262-83-19-84. Tlj sf lun 10h-19h (18h de mi-oct à fin mars). Entrée : 3 € ; réduc ; gratuit moins de 12 ans. Audioguides en anglais (gratuit).* Un beau musée de forme elliptique qui regroupe les œuvres des principaux naturalistes portugais. La visite commence par les romantiques tardifs à l'image de Miguel Angelo Lupi et de son émouvant portrait du Tintoret en train de peindre sa fille morte. Attenante, une grande salle de céramique, avec, bien entendu, des œuvres de Bordalo Pinheiro, dont la remarquable *Passion du Christ,* une collection de personnages bibliques grandeur nature que l'artiste a mis 12 ans à réaliser. Dans la salle suivante, des toiles de son frère, Columbano, qui se refusait à peindre des paysages, exerçant son talent sur les portraits. Puis, au fil des tableaux, on apprend à faire le distinguo entre l'école de Lisbonne et celle de Porto, toujours plus revendicative. Très lumineux, l'espace central est consacré à l'œuvre de Malhoa. La visite se poursuit par la deuxième génération de naturalistes, avec la très belle *Marchande d'orange* de Maria de Lourdes de Mello e Castro. Avant de trembler d'effroi devant l'œuvre du sculpteur salazariste Leopoldo de Almeida, dont le leitmotiv semble être travail-famille-patrie. Enfin, la visite se termine par le très remarqué Eduardo Malta et son superbe portrait de jeune mulâtre brésilienne auquel Henrique Medina semble vouloir faire écho avec sa *Fille galicienne* au regard troublant.

# NAZARÉ  (2450)  14 900 hab.

● Plan *p. 327*

C'est le port de pêche le plus célèbre du Portugal. Immortalisés en noir et blanc par les photographes, les pêcheurs aux longs bonnets hissant leurs bateaux à l'aide de gros bœufs ont quitté la plage. Un port moderne a mis fin à cette coutume séculaire. Côté folklore, on peut tout de même se consoler en observant les mamies faire monter les enchères à la criée... mais jamais sans leurs boîtiers électroniques !
Malgré la pression touristique, le cachet de Nazaré demeure presque intact. Pour s'en rendre compte, il n'y a qu'à traîner au marché aux poissons où arpenter le front de mer à l'heure où les hommes et les femmes se rassemblent pour papoter. Côté pittoresque, dans le *bairro dos Pescadores,* comme dans les anciens bourgs perchés sur les hauteurs, les poissons écartelés en plein soleil et les vieilles femmes aux jupons superposés offrent toujours aux photographes quelques belles scènes à immortaliser. Typique Nazaré, donc, avec ses ruelles étroites toutes transpirantes de linge à sécher, de braseros fumant le poisson et de canaris zinzinulant, accrochés aux devantures des portes comme pour vous souhaiter la bienvenue !

## Arriver – Quitter

### En bus

**Gare routière** *(hors plan par A2) : av. do Município, derrière la bibliothèque municipale.*
➢ **Lisbonne :** env 8 bus/j. dans les 2 sens (4-5 le w-e). Trajet : 2h.
➢ **Óbidos :** 2 bus/j. sf w-e. Changement à Caldas da Rainha. Trajet : env 1h.
➢ **Porto :** 4-6 bus/j. Trajet : 3h30.
➢ **Tomar :** 2-3 bus/j. Trajet : env 2h30.
➢ Également des liaisons pour *Batalha* et *Coimbra*.

### En voiture

– **Circulation :** organisée en sens uniques. On est dirigé le long de la plage jusqu'au pied de la falaise, avant d'y échapper par la place Souza Oliveira, d'où grimpe la rue Mouzinho de Albuquerque vers le Sítio.
– **Parking :** très difficile dans le centre. Se garer le long de la plage, mais plutôt assez loin vers le sud, à la rigueur au-dessus de la ville, dans le quartier du Sítio, puis descendre par le funiculaire.

## Adresses et info utiles

**Office de tourisme** *(hors plan par A2) : av. Manuel Remígio, Centro cultural de Nazaré, sur le front de mer (mais il y a des projets de déménagement !).* ☎ 262-56-11-94. ● cm-nazare.pt ● *(mairie). De mi-juil à fin août, tlj 9h-21h ; sept-juin, 9h30-12h30, 14h30-18h30 (9h30-13h, 14h30-18h en hiver).* Plan de la ville et quelques brochures. Accueil en français.

**Poste** *(plan B1) : av. da Independência Nacional, 2.*
– **Marché** *(plan B2) : ts les mat (sf lun en hiver) dans une halle sur l'av. Vieira Guimarães.* Très animé avec de nombreux produits de bouche sur les étals et quelques « gueules » à immortaliser. À l'intérieur, super petit troquet, le *Café do Mercado* (bonne boulangerie à l'intérieur du marché).

## Où dormir ?

– Nazaré compte un nombre impressionnant de chambres chez l'habitant. Des rabatteuses attendent à la gare routière, et en fin de journée, une petite pancarte à la main, pratiquement à tous les carrefours. Le prix est souvent fixé à la tête du client. Demander toujours à visiter avant de poser son sac et négocier fermement (à partir de 20 à 30 € la double).
– Les tarifs des hôtels varient fortement en fonction de l'affluence.
– Attention, de nombreuses adresses sont fermées hors saison.

### Campings

**Camping Vale Paraíso :** *à 2 km de Nazaré, sur la route de Leiria/Marinha Grande.* ☎ 262-56-18-00. ● info@valeparaiso.com ● valeparaiso.com ● *Fermé 16-26 déc. Forfait pour 2 env 13,50-19 € selon saison ; tipis et bungalows toilés 2-4 pers 19-70 €/j. selon saison ; apparts et chalets 2-4 pers 43-96 €/j. (réduc à partir de 1 sem).* Dans les herbes, à l'abri des pins mais près de la nationale, un gros camping très pro, propre et bondé l'été. Sanitaires super. Nombreux services et équipements : piscine (payante en juillet-août), ping-pong, billard, resto-self (uniquement en été) et épicerie. Spectacles, concerts et soirées thématiques en été. Essaie de contribuer à la protection de l'environnement (tri sélectif, replantation, énergie solaire...).

**Camping Orbitur :** *à 2 km de Nazaré sur la N8-4, direction Valado dos Frades.* ☎ 262-56-11-11. ● orbitur.pt ● *À 1,5 km du centre, sur la route d'Alcobaça. Fermé*

# NAZARÉ / OÙ DORMIR ? | 327

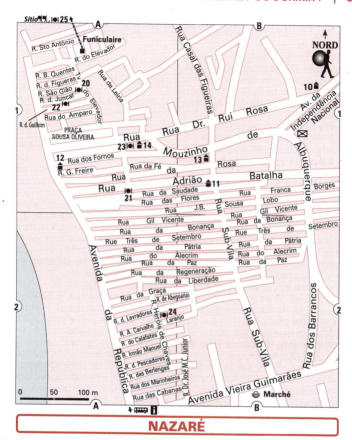

## NAZARÉ

- **Adresse utile**
  - **🅱** Office de tourisme

- **Où dormir ?**
  - **10** Vila turística Conde Fidalgo
  - **11** Restaurante-hospedaria Ideal
  - **12** Restaurante-residencial Ribamar
  - **13** Magic Art Hotel
  - **14** Hotel Maré

- **Où manger ?**
  - **20** Casa O Santo de Anibal
  - **21** A Tasquinha
  - **22** Maria do Mar
  - **23** Tosca
  - **24** O Varino
  - **25** Casa Pires a Sardinha

déc-fév. Selon saison, forfait pour 2 env 12-25 € ; bungalows 4-5 pers 50-119 €. 📶 (salle commune slt). Très ombragé, un vaste camping « grosse cavalerie ». Tennis, ping-pong, snack-bar à prix moyens (l'été). Plutôt propre même si en pleine saison les sanitaires pourraient être mieux tenus.

## De bon marché à prix moyens

**Vila turística Conde Fidalgo** (plan B1, 10) : av. da Independência Naciónal, 21 A. ☎ 262-55-23-61. 📱 968-33-13-18. • vilacondefidalgo@gmail.com • vilaturisticacondefidalgo.

LE CENTRE

blogspot.com • À 100 m de la poste. Doubles 25-50 € ; apparts 35-95 € selon confort et saison. Petit déj 5 €/pers. 🛜 Dans plusieurs bâtiments imbriqués les uns dans les autres mais bien au calme, des chambres et des petits appartements (avec cuisine équipée) impeccables, bien agencés, et décorés avec personnalité grâce aux talents de Judite et de sa fille. On s'y sent très à l'aise, d'autant que les différentes petites terrasses permettent de s'isoler... ou de se faire des amis ! Bonne ambiance.

🏠 *Restaurante-hospedaria Ideal* (plan B1, 11) : *rua Adrião Batalha, 98.* ☎ *262-55-13-79. Resto ouv de Pâques à mi-sept. Doubles avec sdb communes 20-35 € selon confort et saison. ½ pens possible l'été (75 € pour 2 pers).* Dans une maison d'angle à l'allure massive, au-dessus d'un resto, une demi-douzaine de petites chambres à l'ancienne mode, très simples mais impeccables, avec lavabo et bidet. Salles de bains sur le palier (une par étage). Charmant accueil en français de José Manuel et son épouse.

🏠 *Restaurante-residencial Ribamar* (plan A1, 12) : *rua Gomes Freire, 9.* ☎ *262-55-11-58.* • *ribamar.nazare@mail.telepac.pt* • *ribamarnazare.net* • *En bord de mer. Congés : déc. Doubles 25-80 € selon confort et saison, petit déj compris (sf l'hiver).* 🛜 Son principal intérêt, c'est son emplacement remarquable. Certaines chambres sont classiques et très convenables, d'autres sont petites et vétustes. Quant aux meilleures, elles disposent d'un balconnet face à la mer ! Accueil routinier (en français).

### De prix moyens à plus chic

🏠 *Magic Art Hotel* (plan B1, 13) : *rua Mouzinho de Albuquerque, 58.* ☎ *262-56-90-40.* • *info@hotelmagic.pt* • *hotelmagic.pt* • *Doubles env 50-100 € selon confort et saison, petit déj compris. Parking.* 🛜 *Apéro ou digestif maison offert sur présentation de ce guide.* Chic et un brin branché. Mais l'esprit est décontracté, à l'image des parties communes lumineuses et design, où l'on a aménagé un petit coin salon très cosy. Quant aux chambres, pas immenses mais tout confort, elles sont toutes différentes et parfois dotées de salles de bains semi-ouvertes très tendance.

🏠 *Hotel Maré* (plan A1, 14) : *rua Mouzinho de Albuquerque, 8.* ☎ *262-55-01-80.* • *reservas@hotelmare.pt* • *hotelmare.pt* • *À l'arrière de la pl. Souza Oliveira. Doubles 40-125 € selon confort et saison, petit déj compris (voir offres sur le site). Parking à 500 m (payant).* 💻 🛜 Un immeuble moderne dans une rue perpendiculaire à la mer, proposant des chambres nickel, de bon confort, avec balcon et un petit carré de grande bleue pour certaines d'entre elles (premier demandeur, premier servi). Jolie vue panoramique depuis la salle vitrée du petit déj, située au 5ᵉ étage. Accueil pro et sympathique.

## Où manger ?

Un resto par habitant à Nazaré ? Parfois on se demande !

### De très bon marché à prix moyens

🍴 *Casa O Santo de Anibal* (plan A1, 20) : *travessa do Elevador, 11.* ☎ *262-08-51-28. Derrière la praça Souza Oliveira, vers le funiculaire. Juin-sept, tlj 11h-2h ; fermé lun en hiver. Plats env 6-10 € ; tourteaux env 16 €/kg. CB refusées.* Une envie de coquillages ? C'est la spécialité de cette petite échoppe populaire, dotée d'une salle bourrée d'habitués et d'une terrasse bien agréable. On peut aussi se faire plaisir avec des crevettes et des crabes selon la pêche du jour. Vraiment bien pour un repas léger ou pour siroter un petit verre de blanc à l'heure de l'apéro.

🍴 *A Tasquinha* (plan A1, 21) : *rua Adrião Batalha, 54.* ☎ *262-55-19-45. Dans l'une des épines dorsales perpendiculaires à la plage. Tlj sf lun, midi* et soir. Fermé Noël-fév. Plats env 6,50-15 €.** Tout le monde adore cette excellente adresse, où habitués et touristes s'entassent dans 2 petites salles autour de grandes tablées. Atmosphère conviviale garantie, notamment grâce à l'accueil de Carlos (en français). Quand l'attente sur le trottoir est trop longue, il sort et offre un verre de muscat ! À la carte, grand choix de poissons frais bien cuisinés, et copieusement servis avec de bons légumes. Les spécialités du chef : l'*arroz de marisco* et le *camarão à Tasquinha*. Un régal !

**|●| *Maria do Mar* (plan A1, 22) : *rua do Guilhim, 13.* ☎ 919-44-47-11. *Dans une petite rue qui part du front de mer. Tlj midi et soir. Plats 7-12 €.** Marina, la dynamique patronne, parle très bien le français. En été, la terrasse donnant sur la rue est agréable ; on y fait d'ailleurs des grillades au barbecue. L'hiver, on profitera de la véranda ou de la salle envahie de bibelots. Ambiance conviviale, impeccable pour goûter une cuisine locale simple et bonne, du genre *arroz de mariscos*, *caldeirada* et *feijoada* pour 2. Une adresse sans chichis plébiscitée par nos lecteurs.

**|●| *Tosca* (plan A1, 23) : *rua Mouzinho de Albuquerque, 4.* ☎ 262-56-22-61. *Sur la pl. Souza Oliveira. Fermé lun hors saison. Plats env 9-15 €.** La bonne alternative aux tavernes vintage : cadre moderne agréable, avec le comptoir en bonne place et ses rayonnages garnis de bouteilles. Dans l'assiette, une cuisine locale un brin revisitée et joliment présentée (genre porc noir et patates douces, ou morue sauce mangue...). C'est très bon et servi avec le sourire.

**|●| *O Varino* (plan A2, 24) : *rua dos Lavradores, 50.* ☎ 262-08-37-38. *À l'extrémité d'une rue perpendiculaire à la plage (c'est fléché depuis le front de mer). Tlj. Fermé janv. Plats env 9-15 €. CB refusées.** *O Varino*, c'est le vêtement que porte le marin de Nazaré. En salle ou en terrasse dans une ruelle tranquille, cuisine classique simple et bonne : *caldeirada*, crevettes, viandes et poissons grillés (le tout travaillé en direct par la *mamma*). Un patron qui tutoie facilement le client de passage dans cet établissement certes touristique, mais malgré tout d'un bon rapport qualité-prix.

**|●| *Casa Pires a Sardinha* (hors plan par A1, 25) : *largo de Nossa Senhora da Nazaré, 44.* ☎ 262-55-33-91. *Sur la pl. principale du Sítio, en contrebas à droite, face à l'église. Tlj. Plats env 9-15 €.** C'est ici que les locaux rappliquent. En terrasse (minuscule) ou dans la salle populaire en diable et très bruyante avec sa cuisine ouverte, ils se régalent d'excellentes spécialités de poisson. Qu'il s'agisse de sardines tout simplement grillées ou d'un plat plus soigné, comme la délicieuse *bacalhau de la casa*, c'est frais, bon et copieux. Avec le pain maison, une salade et un verre de vin gouleyant, le festin est assuré !

## Où dormir dans les environs ?

**🏠 *Residencial Atlântica* :** *rua Miguel Bombarda, 6, 2460-671* **São Martinho do Porto** *(en ville, à 30 m de la plage).* ☎ 262-98-01-51. ● residencial.atlantica@gmail.com ● hotelatlantica.pt ● **Doubles 40-80 €, avec petit déj.** Un petit hôtel pimpant à deux pas de la plage, dont les chambres simples et propres, à la déco blanc-bleu, se révèlent d'un bon rapport qualité-prix (les plus sympas sont dotées d'un balcon). Le petit déj-buffet est à prendre au restaurant. Accueil courtois.

## Achats

Sur le front de mer et au Sítio, on trouve encore de l'artisanat typique de Nazaré. Il illustre sa tradition maritime et la poésie de la vie quotidienne : bateaux miniatures, lanternes, bonnets de pêcheurs, mais aussi tabliers de toile brodés, vannerie et céramiques.

**🛍 *Chez Joaquin Teixera* (hors plan par A1) :** *rua do Cirio da Prata Grande, dans le quartier du Sítio. Dans une ruelle donnant sur la pl. de l'église, à l'opposé de celle-ci, en haut des escaliers.* Une bonne adresse pour acheter de jolies répliques de bateaux de pêche. Ce n'est pas vraiment une boutique mais l'atelier du sympathique Joaquin, où on le voit travailler sur ses modèles. Artisanal et pas trop cher.

## À voir. À faire

⚑ Très belle **plage** surveillée, mais très fréquentée. Pour plus de tranquillité, rejoindre depuis le quartier du Sítio une grande plage sauvage au nord de la falaise (mais baignade non surveillée et dangereuse).

🎭 *Igreja da Misericórdia* (hors plan par B2) : *rua Abel da Silva. Dans le bairro de Pederneira (le village perché à l'opposé du Sítio) ; prendre la route d'Alcobaça, puis à droite au 1er rond-point.* Église à la façade style baroque tardif et à nef unique où l'on remarque la voûte en bois, les colonnettes ioniques et un panneau d'azulejos polychromes allusifs à la sainte patronne au-dessus de la porte d'entrée. Bel autel typiquement baroque tout en dorures et copieusement tarabiscoté. Du parvis, bon point d'observation sur la ville.

🎭🎭 *Le quartier du Sítio* (hors plan par A1) : *posé en haut de la falaise. Accès facile en voiture, en bus, à pied (prévoir 20 mn, grandes marches pavées) ou en funiculaire (un départ dans les 2 sens ttes les 15 mn et 30 mn aux heures creuses 7h15-minuit, jusqu'à 2h l'été ; 1,20 € l'aller simple, 2,40 € l'A/R ; réduc).* Vue exceptionnelle depuis la plus haute falaise du Portugal. La place principale, toute blanche, est ceinte de nombreuses boutiques de souvenirs et de cafés. Au bord du précipice, en face du monument dédié à Vasco de Gama, repérer la minuscule **chapelle de la Mémoire** qu'un chevalier dédia à la Vierge, à l'endroit « exact » où son cheval stoppa miraculeusement sa course alors qu'il poursuivait un cerf (voir l'église Nossa Senhora da Nazaré ci-après). Les plus courageux iront jusqu'au phare, au bout de la falaise, pour apprécier le très beau panorama.

🎭🎭 *Le sanctuaire de Nossa Senhora da Nazaré* (hors plan par A1) : *sur la pl. principale du Sítio. Tlj 9h-19h (18h l'hiver), sf pdt la messe. Visite de la sacristie et approche de la Vierge de Nazaré 9h-18h30 (17h30 l'hiver) : 1 €.* L'église présente un superbe intérieur baroque, tout en bois doré, en angelots, en colonnes salomoniques abondamment surchargées de feuilles de vignes et grappes. Dans cette partie de l'édifice, les azulejos sont essentiellement hollandais. Mais les plus beaux sont dans la sacristie (accès payant). La visite de cette dernière commence avec de beaux azulejos polychromes à motifs géométriques du XVIIe s (peints à la main). Levez les yeux pour admirer la voûte représentant l'Ascension de la Vierge (unique dans tout le Portugal). Avant d'entrer dans la sacristie primitive, un petit coup d'œil sur les ex-voto en cire : des membres, des organes, etc. Dans la sacristie, évocation d'un roi wisigoth et de são Romano, qui auraient apporté la Vierge ici dès 714. Mais elle est restée enkystée dans une niche de la falaise pendant 468 ans avant qu'on la déplace dans l'église en l'an de grâce 1182. En repartant, ne manquez pas le tableau qui évoque la légende du roi Alphonse Ier, dom Fuas Roupinho (XIIe s). Galopant derrière un cerf par une brumeuse matinée d'automne, il voit sa proie tomber subitement du haut de la falaise. L'intervention miraculeuse de la Vierge, immobilisant son cheval, lui aurait évité de subir le même sort. Enfin, en quittant l'église, petit détour par le trésor (en accès libre) pour découvrir quelques belles pièces d'orfèvrerie religieuse et une collection de vêtements sacerdotaux.

🎭 *Museu etnográfico e arqueológico Dr Joaquim Manso* (hors plan par A1) : *rua Dom Fuas Roupinho.* ☎ *262-56-28-01. Quartier du Sítio, derrière la pl. centrale. Tlj sf lun 10h-19h (18h oct-mars). Entrée : 1 €.* Micromusée évoquant la vie d'antan à Nazaré : quelques vestiges de l'époque romaine, une Vierge en majesté de l'église de Pederneira (XIIIe-XIVe s), des outils de charpentier de marine, la barque typique de Nazaré *(arte xávega)* conçue pour éviter d'enfourner les vagues, des costumes traditionnels… Les cartels explicatifs en français sont à demander à l'entrée.

🏃 La petite station balnéaire de ***São Martinho do Porto*** n'a pas de cachet particulier, mais c'est de loin le meilleur endroit du coin pour faire trempette. Elle dispose d'une belle anse propice à la baignade en toute sécurité, très prisée des familles qui préfèrent largement sa belle plage à celle de Nazaré.

**ℹ️ *Posto de Turismo*** (office de tourisme) : rua Vasco de Gama, 2460-680 São Martinho do Porto. ☎ 262-98-91-10. Ouv tte l'année 9h30-13h, 14h-18h30. 📶 Pas mal de doc sur toutes les choses à faire dans le coin. Accueil pro.

## Manifestations

– En juillet-août, nombreuses ***touradas*** (corridas) à praça dos Touros, annoncées à travers les rues de Nazaré.
– ***Fête de la Nossa Senhora de Nazaré :*** *le 8 sept et quelques j. après (ça dépend quel jour tombe le 8).* Ça se passe dans le quartier du Sítio. *Romaria* (procession) à partir de 11h, ensuite danses folkloriques et taureaux.

# ALCOBAÇA ET SON MONASTÈRE (2460) 55 300 hab.

À une quinzaine de kilomètres de Nazaré, à l'intérieur des terres par la N8-4, Alcobaça se trouve à la confluence de deux rivières, l'Alcoa et la Baça. Ville ancienne au passé romain, puis musulman, elle doit cependant son immense renommée à un formidable monastère cistercien, véritable joyau architectural classé au Patrimoine mondial de l'Unesco. Fait marquant, c'est ici qu'eurent lieu les premières classes publiques du Portugal le 11 janvier 1269. Sinon, Alcobaça est une ville de province tranquille, organisée tout autour de son valeureux monument. Ville de faïence (plus décorative qu'à Caldas), de pâtisseries (quelques médailles nationales dans les vitrines !), elle est à ne manquer sous aucun prétexte.

## LA TRAGIQUE HISTOIRE DE PEDRO ET INÉS…

Au XIVe s, à la mort de son épouse Constance de Castille, dom Pedro convole avec sa dame d'honneur, Inés de Castro. Mais, pour de sombres histoires politiques, son monarque de père, le roi Alphonse IV, laisse ses conseillers assassiner Inés. Fou de rage, dom Pedro déclenche à leur encontre une guerre civile, obligeant son père à négocier un armistice avec lui, avant de mourir quelque temps après.
Mais à peine Alphonse IV a-t-il passé l'arme à gauche que Pedro se venge immédiatement de la mort de sa dulcinée. En moins de temps qu'il ne faut pour le dire, il fait sculpter un somptueux tombeau (celui de l'église) et exhume le corps de sa femme. La légende raconte que la dépouille de la belle Inés, à qui il avait pris soin de faire porter une couronne et d'endosser un manteau de pourpre, fut assise sur le trône. Puis il prit à Pedro de demander à tous les grands du royaume de venir baiser la main de « sa reine morte ».

## Arriver – Quitter

🚌 **Gare routière :** av. Manuel da Silva Carolino. ☎ 262-58-22-21. Consigne.
➢ **Nazaré, Óbidos, Peniche et Batalha :** nombreuses liaisons/j. assurées par *Rodoviária do Tejo* (● rodotejo. pt ●).
➢ **Lisbonne, Coimbra** (en direct ou via *Leiria*) : avec *Rede Expressos* (☎ 707-22-33-44 ; ● rede-expressos. pt ●). Env 5 liaisons/j. pour Lisbonne en sem (3-4 les w-e et j. fériés) ; 1 seule l'ap-m pour Coimbra. Prévoir 2h de route pour la capitale, 1h30 pour Coimbra.

## Adresse utile

ℹ️ **Office de tourisme :** *rua 16 de Outubro, 7-9.* ☎ 262-58-23-77. *Face au monastère, prendre la petite rue A. Herculano à gauche, qui donne dans la rua 16 de Outubro. Tlj 9h-13h, 14h-18h.* Plan et livret sur la ville et la région. Accueil francophone.

## Où dormir ?

### De bon marché à prix moyens

🏠 **Corações Unidos :** *rua Frei António Brandão, 39.* ☎ 262-58-21-42. Doubles 30-40 € *selon saison, avec petit déj.* À deux pas du monastère, c'est la plus vieille pension de la ville et ça se voit. La trentaine de petites chambres, donnant sur la rue ou organisées autour d'une cour intérieure, sont meublées à l'ancienne, et ne profitent de salles de bains privées que pour la moitié d'entre elles (pour les autres, c'est en commun sur le palier, mais l'ensemble est bien tenu). Accueil francophone et serviable. Un bon rapport qualité-prix. Voir aussi « Où manger ? Où boire un verre ? ».

🏠 **Hotel Santa Maria :** *rua Dr Francisco Zagalo, 20-22.* ☎ 262-59-01-60. ● geral.alcobaca@hotelsantamaria.com.pt ● hotelsantamaria.com.pt ● *Dans la rue qui monte à droite du monastère.* Doubles 45-70 € *selon saison, avec petit déj. Parking.* 📶 Ce grand hôtel moderne est une bonne option dans sa catégorie. Les chambres, peu à peu rénovées dans un style plus actuel, sont propres et fonctionnelles, certaines avec vue sur le monastère et parfois même un petit balcon. Excellent accueil.

## Où dormir dans les environs ?

⛺ **Campismo rural de Silveira : Capuchos,** 2460 Alcobaça. ☎ 262-50-95-73. ● silveira.capuchos@gmail. com ● campingsilveira.com ● *À 3 km au sud d'Alcobaça sur la N8-6, juste après avoir traversé Capuchos. Ouv 15 mai-15 sept. En hte saison, pas de résa possible (sf pour les séjours de 1 sem min), donc arriver tôt car il n'y a que 20 emplacements (attendre son emplacement attribué) !* Forfait pour 2 env 13 € (2 € en sus pour l'électricité). Plutôt adapté aux tentes. 📶 *(à côté de la maison des proprios).* Un petit point de chute génial en pleine nature, dans un cadre très boisé, qui offre des emplacements bien isolés et ombragés. Sanitaires propres, douche chaude gratuite. Salle commune sympa avec frigo, machine à laver (payante), jeux enfants, et, en extérieur, barbecues, table de ping-pong et badminton. 8 ha pour se promener. Tenu par un couple franco-portugais pas compliqué et accueillant.

⛺🏠 🍽️ **Albergue Pátio do Vale :** *rua da Escola, 63,* **Junqueira,** 2460 Alcobaça. ☎ 262-50-00-15. 📱 918-35-94-19. ● patiodovale@clix.pt ● patiodovale.com ● *D'Alcobaça, suivre*

*Caldas da Rainha et rouler jusqu'à Junqueria-Cela, puis, dans l'axe principal du village, suivre les indications pour le resto Rei dos Banquetes, la maison est pratiquement en face de ce dernier. Double 45 €, ou 76 € en ½ pens. Possibilité de camper (env 45 € pour 2 en ½ pens). CB refusées.* Dans un hameau typique de la campagne portugaise, la dynamique Aldy a transformé une ancienne écurie en gîte. Le résultat est à la hauteur de ses efforts : 7 chambres avec salle de bains réparties entre la maison principale et une dépendance, plus un grenier aménagé pour les enfants. Parfait pour les grandes familles ! Également un espace très mignon pour camper (avec sanitaires), une piscine et un beau jardin fleuri. Voilà pour le cadre ! Et Aldy, qui parle très bien le français, propose aussi balades hors des sentiers battus, randos équestres ou soirées fado... sans parler des apéros festifs et des tables d'hôtes très conviviales le soir sur la grande terrasse. Super atmosphère.

## Où manger ? Où boire un verre ?

### De bon marché à prix moyens

**|●| Estremadura Café :** *praça 25 de Abril, 80. ☎ 262-58-16-22. Sur la place, à l'angle gauche du monastère. Tlj. Sandwichs et petits plats env 3-5 €.* Tout petit café moderne doté d'une salle pimpante et de 3 tables en terrasse, bien pratique pour avaler sur le pouce de bons sandwichs préparés à la commande, une salade fraîche ou le plat du jour. Simple, très convenable et efficace (service rapide, jeune et sympa).

**|●| Restaurante António Padeiro :** *rua Dom Maur Cocheril, 27, travessa da Cadeia. ☎ 262-58-22-95. ● restaurante.antoniopadeiro@gmail.com ● Derrière la praça 25 de Abril. Tlj. Plats env 7-15 €. Café offert sur présentation de ce guide.* La salle en sous-sol n'est pas des plus avenante, mais c'est l'une des valeurs sûres de la ville. Et l'été, c'est en terrasse, dans la rue piétonne, que tout le monde s'installe. Beau choix de spécialités régionales : *cozido* (pot-au-feu), *cabrito no forno* (chevreau rôti) ou encore *frango na púcara* (poulet aux oignons cuit dans un pot en terre, suivant l'antique recette du monastère), accompagné de frites maison. Petit faible aussi pour le porc aux pommes et au porto ! Large choix de vins à prix très honnêtes. Quant aux desserts... hmm !

**|●| Corações Unidos :** *rua Frei António Brandão, 39. ☎ 262-58-21-42. Menu 12 € tt compris (boissons incluses) ; plats env 6-9 €.* Au rez-de-chaussée de la pension (voir plus haut « Où dormir ? »), dans une grande salle à l'ancienne mode avec son parquet à chevrons. Spécialité maison : le *frango na púcara* (sorte de poule au pot épicée) accompagné de riz et de chips maison. Service gentil, quelquefois en français.

## Où déguster une bonne pâtisserie ?

La ville est réputée pour ses douceurs locales, toutes hyper sucrées : *tachinho de Deo Abade* (grossièrement traduit « barquette de l'abbé »), *grades de Alcobaça* (sorte de gaufrette), *cornucópia de ovos moles* (cornet planté dans le sucre et rempli d'*ovos moles* ; à ce sujet, voir « Aveiro » plus loin) et *pudim de ovos dos frades* (« gâteau des moines à base de jaunes d'œufs »). Plusieurs pâtisseries, la crème des crèmes, se disputent les récompenses nationales tous les ans, dont :

**|●| Alcoa :** *praça 25 de Abril, 44. ☎ 262-59-74-74.* Avec sa belle terrasse stratégiquement située sur la place devant le monastère, elle tient le haut du pavé dans le genre « petites douceurs » !

## À voir

**◉ ★★★ Mosteiro de Alcobaça :** *rens au ☎ 262-50-51-28. Tlj sf certains j. fériés 9h-17h (19h en hte saison). Entrée : 6 € ; réduc ; gratuit moins de 12 ans et 1er dim du mois. Pour la sacristie, visite slt sur résa en sem selon disponibilités, avec un supplément de 2 €. Billet groupé (Alcobaça, Batalha et Tomar) : 15 € pour une famille de 2 adultes et 2 enfants, valable 7 j. Audioguides en anglais et portugais gratuits.*

C'est le premier monument intégralement gothique du Portugal. Second panthéon de la monarchie après celui du monastère de Santa Cruz à Coimbra, il fut fondé à l'initiative d'Alfonso Henriques en 1153, à la suite d'un vœu fait lors de prise de Santarém, mais les travaux de construction n'ont commencé qu'en 1178. Il a connu plusieurs remodelages et agrandissements, puis a été enrichi jusqu'en 1770 par l'annexion de la maison des tombeaux. Pillé et incendié en partie par l'armée de Napoléon en 1811, le monastère a fermé définitivement ses portes en 1834 consécutivement à l'extinction des ordres religieux.

À noter que **Luís Peças,** haute-contre de renom, y chante régulièrement quelques airs connus *(en principe, avr-sept, en sem à 11h et 15h ; gratuit).* Magique !

*Visite*
On entre par l'**église Santa Maria** (accès gratuit), la plus grande du Portugal, maison mère de l'ordre cistercien. Construite en trois étapes entre 1178 et 1252, elle propulse les clés de voûte de sa nef à plus de 20 m au-dessus du sol, conférant à l'édifice une ampleur et une pureté de lignes sans pareilles. Aucune fioriture, aucune abside ou chapelle ne vient perturber l'élan des colonnes ; l'édifice est d'une austérité fulgurante, en total accord avec la pensée de saint Bernard. Véritables chefs-d'œuvre du gothique flamboyant du XIVe s, les **tombeaux du roi Pedro et de la reine Inés de Castro** se font face dans chaque bras du transept. La légende dit que c'est pour mieux se réunir au paradis. La reine Inés est entourée d'anges qui semblent frémir de douleur. Les trois chiens à visage humain supportant le tombeau sont les représentations des assassins de la reine. Les sculptures furent gravement endommagées par les armées napoléoniennes, qui pillèrent l'église et ouvrirent les tombeaux. La sépulture du roi Pedro présente également d'admirables bas-reliefs. Il ne reste rien de la construction originale du *couvent* par Afonso Henriques au XIIe s, les Maures ayant tout détruit. Après avoir traversé la salle des Rois, qui renferme un groupe de statues du XVIIe s de rois portugais, on pénètre dans le **cloître du Silence** – car les moines qui le parcouraient étaient contraints à ne piper mot –, planté d'orangers. Œuvre de la Renaissance, il fascine par la pureté et la simplicité de ses lignes. La galerie supérieure fut ajoutée pendant la période manuéline. En tournant dans le sens des aiguilles d'une montre, on découvre le **réfectoire** du XIIIe s avec son élégant pupitre de lecteur et, à gauche, une porte très étroite qui aurait servi à jauger le tour de taille des pensionnaires avec l'inscription « considérez que vous mangez les péchés du peuple », tout un programme !

Adjacente, l'impressionnante **cuisine** à la gigantesque cheminée carrelée date du XVIIIe s. Suit l'ancien **cellier** (appelé *Monk's Hall* sur les panneaux), d'une grande élégance, s'abaissant par paliers successifs. En ressortant, on accède par l'escalier à une immense salle à l'étage qui servait de **dortoir,** où l'on profite d'un côté d'une vue plongeante

### PETITE VISITE DE COURTOISIE

*La cuisine du monastère est vaste, pour ne pas dire colossale. Heureusement ! Car lorsque la reine Maria décida de s'y arrêter en 1782, il fallut nourrir, en plus de la centaine de moines, sa suite de 400 personnes !*

sur le transept et les tombeaux, de l'autre sur le second cloître du site, celui des novices, avant d'emprunter un passage qui débouche sur la galerie supérieure du cloître du Silence.

Enfin, de retour au rez-de-chaussée, ne pas manquer la **salle capitulaire.** On y trouve la pierre tombale d'un abbé datant du XVIIe s. Enfin, ceux qui ont obtenu un créneau de visite (voir ci-dessus les infos pratiques) pourront découvrir la sacristie nouvelle, d'époque manuéline, avec ses portes en tronc d'arbre couronnées par le blason du Portugal. Détruite pendant le tremblement de terre qui secoua Lisbonne en 1755, elle a été entièrement reconstruite dans un style rococo. On n'y trouve pas moins de 71 bustes reliquaires. Par l'une des fenêtres, on aperçoit la chapelle de l'Exil, un petit édifice baroque dont les azulejos illustrent des épisodes de la Fuite d'Égypte et quelques scènes de la vie de Jésus.

## DANS LES ENVIRONS D'ALCOBAÇA

**↟ *Mosteiro de Cós* :** *à 8 km au nord d'Alcobaça. Prendre la route de Nazaré, puis à 2,5 km, à droite en direction de Maiorga-Cós. Lun-ven 10h-17h. GRATUIT, mais donation bienvenue.* De ce monastère cistercien perdu en pleine campagne, il ne reste qu'une belle église trônant au cœur du village depuis le XIIIe s, largement remaniée aux XVIe et XVIIe s. Le maître-autel en taille dorée marque le début du baroque au Portugal, tout comme les azulejos et les plafonds lambrissés.

## BATALHA ET SON MONASTÈRE (2440) 15 500 hab.

Batalha, qui tire son nom de la célèbre victoire d'Aljubarrota (à 2 km de là), en 1385, des troupes portugaises appuyées par les Anglais sur la coalition franco-castillane, vit à l'ombre de son monastère. Sans ce monument de l'art gothique, né du désir de Jean Ier du Portugal d'exaucer un vœu fait à la Vierge s'il sortait vainqueur de ladite bataille, Batalha serait un petit bourg comme un autre. À longueur d'année, les touristes de tous horizons en font une étape obligatoire. Ce pur joyau de l'art gothique, rehaussé d'une profusion de variations manuélines, à une époque où l'Espagne et le Portugal se partageaient le monde à eux seuls, sera sans conteste le temps fort de votre voyage dans la région.

### Arriver – Quitter

#### En bus

🚌 ***Arrêt de bus :*** *rua Moinho da Vila (à côté du supermarché).* Achat des tickets obligatoire au café *Frazão* (derrière l'igreja da Misericórdia) pour les bus *Rede Expressos* ; auprès du chauffeur pour les autres compagnies.

➢ ***Lisbonne :*** env 5 bus/j. (4 le dim).
➢ ***Coimbra :*** env 4 bus/j. (3 le dim).
➢ ***Fátima :*** 3 bus/j. (plus l'été).
➢ ***Alcobaça, Nazaré et Leiria :*** env 10 bus/j.

### Adresse utile

**🛈 *Office de tourisme :*** *à l'arrière du monastère (côté chapelles inachevées).* ☎ 244-76-51-80. ● cm-batalha.pt ● turismodocentro.pt ● *Tlj 9h-13h, 14h-18h. Fermé 1er janv et 25 déc.* 📶 Plein de renseignements, plans et brochures sur la région. Accueil très sympa et efficace.

## Où dormir ? Où manger ?

### De très bon marché à prix moyens

🏠 **Alojamento local Gladius :** *praça Mouzinho de Albuquerque, 7.* ☎ *244-76-57-60.* 📱 *919-10-30-44.* • *gladius.batalha@gmail.com* • *Réception à côté du café du même nom, au sud de la place, à l'arrière du monastère. Double avec sdb env 30 €. Pas de petit déj. Carte postale offerte sur présentation de ce guide.* 3 chambres de tailles correctes, aux meubles rustiques et perchées à l'étage, un peu en retrait de l'agitation. Elles sont simples, mais bien tenues et d'un confort suffisant (la meilleure dispose même d'un balcon). Bon accueil d'Églantine, qui maîtrise deux mots de français.

🍴 **O Ligeiro :** *célula B, lot. 8 (derrière la mairie, à 2 m à pied du monastère). Tlj sf dim, le midi slt. Plats copieux env 5 €. CB refusées.* C'est le café des gens du coin, tout simple, caché sous la galerie de la cour intérieure d'un petit centre commercial. Dans une salle neutre largement vitrée, on se délecte en compagnie des habitués des plats chauds préparés pour le jour. Accueil gentil et francophone.

🍴 **Burro Velho :** *rua Nossa Senhora do Caminho, 64 (à env 100 m des chapelles inachevées).* ☎ *244-76-41-74. Tlj sf dim soir. Plat du jour en sem 8,50 € ; autres plats 9-15 € (un peu plus pour des fruits de mer).* La meilleure adresse de la ville, plébiscitée par les locaux pour ses copieuses brochettes de fruits de mer ou de viande, ses poissons et poulpes grillés ou *a lagareiro* (à l'huile d'olive), le tout servi avec le sourire en terrasse ou dans une salle sobre.

🍴 **Dom Duarte :** *praça Dom João I, 5 C.* ☎ *244-76-63-26.* • *domduarte-rcf@sapo.pt* • *Quasiment au niveau du rond-point, à l'entrée de la ville. Menus 13-20 €.* 📶 *Apéro offert sur présentation de ce guide.* Oubliez l'entrée peu engageante et la salle à l'étage destinée aux groupes pour vous attabler à l'arrière. Service attentif et cuisine classique très convenable, avec pas mal de viandes et des pâtes pour changer des grillades et de la morue.

🏠 **Casa do Outeiro :** *largo Carvalho do Outeiro, 4.* ☎ *244-76-58-06.* • *geral@hotelcasadoouteiro.com* • *hotelcasadoouteiro.com* • ♿ *Env 300 m au sud-est du monastère. Doubles 45-70 € selon période, petit déj inclus.* 🖥 📶 *Apéro maison offert sur présentation de ce guide.* Une adresse rare. Surplombant la ville, ce charmant hôtel contemporain, doté d'une belle piscine et d'un jardin paisible, propose une quinzaine de chambres soignées. Toutes différentes, elles sont très confortables (clim, salle de bains modernes, frigo...) et joliment agrémentées de toiles colorées peintes par la proprio. Toutes disposent d'un balcon, certaines avec une vue imprenable sur le monastère. Billard pour les soirées pluvieuses, et même une salle de sport bien équipée. Enfin, la maison fabrique ses propres confitures et liqueurs... que les sympathiques hôtes vous feront goûter dès votre arrivée ! Notre coup de cœur.

🏠 **Residencial Batalha :** *Estrada de Fátima, 29.* ☎ *244-76-75-00.* • *info@hotel-batalha.com* • *hotel-batalha.com* • *Dans la rue principale, au sud du monastère. Doubles 45-65 €, petit déj compris. Parking.* 🖥 📶 Hôtel moderne et fonctionnel, proposant une vingtaine de chambres classiques sur 2 niveaux, propres et très convenables. La plupart sont doubles, certaines communicantes, d'autres aménageables en triples. Côté confort, toutes sont chauffées en hiver et climatisées en été. Bon accueil.

## À voir

◉ ✯✯✯ **Mosteiro Santa Maria da Vitoria** (monastère Sainte-Marie de la Victoire de Batalha) : • *mosteirobatalha.pt* • *Tlj 9h-18h30 (18h de mi-oct à mars) ; dernière admission 30 mn avt. Fermé 1ᵉʳ janv, Pâques, 1ᵉʳ mai et 25 déc. Billetterie dans l'église. Entrée : 6 € ; réduc ; gratuit moins de 12 ans et 1ᵉʳ dim du mois.*

*Billet groupé avec Alcobaça et convento de Cristo à Tomar : 15 € pour une famille de 2 adultes et 2 enfants, valable 7 j. Audioguide ou brochure en français : 1 €.*

Difficile de rester insensible à la beauté de cet édifice unique, un immense vaisseau hérissé de pinacles considéré comme le modèle du gothique au Portugal. Classé au Patrimoine mondial de l'Humanité, c'est un must incontournable.

– **L'église :** *accès libre.* Avant d'entrer, attardez-vous un peu sur la façade et notez la finesse des détails, notamment ceux du portail, avec ses embrasements ornés des 12 apôtres et pas moins de 72 rois et reines sur les voussures de l'intrados coiffant le tympan. À droite, remarquez

### BLANCHE BRITES ET LES SEPT CASTILLANS

*Brites de Almeida avait six doigts à chaque main. Orpheline de bonne heure, elle mena une vie pour le moins dissolue, puis, trouvant certainement son handicap fort à propos pour pétrir la pâte, elle se lança dans la boulange... Quoi qu'il en soit, l'enfarinée avait également un sérieux coup de pelle, puisque la légende lui attribue le fait d'avoir massacré à elle seule pas moins de sept Castillans planqués dans son four au lendemain de la fameuse bataille d'Aljubarrota. Personne n'a jamais su ce qu'ils fichaient là, mais les Portugais ont gagné, et aujourd'hui le monastère de Batalha reçoit des milliers de visiteurs...*

l'harmonie des trois fenêtres flamboyantes de la chapelle du Fondateur. L'intérieur est à visiter de préférence vers 12h, quand, pénétrant à travers les vitraux de la façade sud, les rayons du soleil projettent de superbes reflets colorés sur le sol et les piliers. La visite commence par l'église elle-même, et c'est gratuit. Avec pas moins de 32 m de hauteur sur plus de 80 m de long, le tout rythmé par une série de piliers cruciformes d'une élégance incomparable, les proportions de la nef centrale sont saisissantes.

La visite (payante) se poursuit par la **chapelle du Fondateur** (construite dans la première moitié du XV$^e$ s). Magnifique coupole en étoile reposant sur des piliers reliés entre eux par des arcs ogivaux. Au milieu, gisants du roi Jean et de son épouse, et, sur le côté, tombeau d'Henri le Navigateur, à la tête surmontée d'un dais finement ciselé.

– Le **cloître royal** marie harmonieusement gothique et manuélin. Simplicité des voûtes et exubérance décorative des arcades et colonnettes rappelant le style mauresque. Dans la profusion de motifs sculptés des arcades ogivales, les points cardinaux sont indiqués par les sphères armillaires, symbolisant les voyages des Portugais à travers le monde.

– À l'est du cloître, la **salle capitulaire** accueille aujourd'hui la tombe du Soldat inconnu (veillée par deux camarades stoïques, des volontaires dont la relève – pas très spectaculaire – attire toujours autant de curieux à heure fixe). Sa voûte est l'une des plus audacieuses jamais réalisées. Les maîtres d'œuvre jugèrent le projet si téméraire qu'ils le firent exécuter par des condamnés à mort. Pour faire taire les sceptiques, l'architecte passa seul 3 jours et 3 nuits en dessous ! Noter la qualité des vitraux du XVI$^e$ s. Au nord, l'ancien **dortoir** (expos temporaires) et au nord-ouest, face à l'ancien **réfectoire** (petit musée du Soldat inconnu), le **lavabo des moines,** très élégante fontaine à deux vasques.

– Le grand **cloître de dom Alfonso V** est d'un gothique quasi primitif qui tranche avec l'exubérante guipure de pierre qui emplit le vide des arcatures du cloître royal. De là, on gagne, par l'extérieur, les célèbres chapelles (re-contrôle des billets).

– Les **capelas imperfeitas,** sept chapelles disposées autour d'une salle octogonale, composent un ensemble qui, loin d'être imparfait, est bel et bien inachevé. Le roi Duarte, souhaitant créer un second panthéon royal après celui de l'église, en avait entrepris la construction pour recevoir son tombeau (visible dans la chapelle du milieu) et ceux de ses successeurs. À sa mort, les travaux furent arrêtés puis repris momentanément par dom Manuel jusqu'à ce qu'il ne décide d'être enterré aux Jerónimos de Belém, à Lisbonne, entraînant l'abandon définitif du chantier. Pourtant, il eut le temps de faire terminer les voûtes des chapelles et, surtout, de remanier le portail gothique en un chef-d'œuvre absolu de l'art manuélin. Haut de 15 m, c'est une orgie de motifs sculptés d'une finesse inégalée. Remarquez notamment les fruits exotiques évoquant les lointaines conquêtes, les vignes symbolisant l'eucharistie, et les escargots, allégories de l'immortalité et de la fécondité.

*Museu da Comunidade Concelhia de Batalha* (musée de la Communauté de Batalha) *: largo Goa, Damão e Diu, 4.* ☎ *244-76-98-78.* • *museubatalha.com* • ⚕ *Mer-dim 10h-13h, 14h-18h. Entrée : 2,50 € ; réduc ; gratuit moins de 6 ans. Brochure à disposition.* Un petit musée moderne très bien conçu, qui retrace de façon claire et concise l'histoire de la région depuis l'apparition des premiers hommes (fragment de météorite et reproductions des crânes de nos ancêtres à toucher, collection de silex...) en passant par la période romaine (urnes funéraires, fibules...), la fameuse bataille d'Aljubarrota, et bien évidemment la construction du monastère. Quant aux dernières sections, elles s'intéressent à l'évolution de la ville et ce qu'elle est devenue.

– Sachez par ailleurs qu'il existe un centre d'interprétation sur le site de la bataille d'Aljubarrota, mais qui se résume à un film et une expo maigrichonne d'objets découverts lors des fouilles. Hors de prix pour ce que c'est.

## DANS LES ENVIRONS DE BATALHA

### *PORTO DE MÓS ET SERRAS DE AIRE E CANDEEIROS*

À 8 km de Batalha, dominée par un château médiéval, la ville de Porto de Mós est l'accès principal au parc naturel des serras de Aire e Candeeiros.

🛈 @ *Office de tourisme : alameda Dom Afonso Henriques, Espaço Joven (Maison des jeunes) – Jardim público, Porto de Mós.* ☎ *244-49-13-23.* • *turismo@municipio-portodemos.pt* • *municipio-portodemos.pt* • *Dans le jardin public bordant le rio Lena. Tlj sf dim et j. fériés 09h-12h30, 14h-17h30 (15h-19h en été).* 💻 📶 Livret et carte de la région.

*Castelo de Porto de Mós : tlj sf lun 10h-12h30, 14h-18h (17h30 oct-avr). Entrée : env 1,50 € ; réduc.*
Superbe château bien connu pour ses tours surmontées de flèches de tuiles vernissées de couleur verte. Fondé au IX$^e$ s sur les restes d'une ligne de défense romaine, il s'est avéré d'une importance capitale en tant que défense de Leiria et Coimbra lors de la *Reconquista*. Les Maures, après l'avoir cédé, parvinrent même à le reprendre un temps. Plus tard, il fut offert par João I$^{er}$ au vainqueur de la bataille d'Aljubarrota, Nuno Álvares Pereira, en 1385, avant d'être « relooké » dans un style Renaissance au milieu du XV$^e$ s. Largement détruit par le tremblement de terre qui secoua Lisbonne en 1755, il a fait l'objet d'une importante restauration au XX$^e$ s.
La visite, très courte, vaut néanmoins la peine pour découvrir de magnifiques points de vue depuis les tours ou la belle loggia. Quant aux quelques salles largement modernisées, elles accueillent des expositions temporaires d'art contemporain.

*Parque natural das serras de Aire e Candeeiros et ses grottes : au sud de Porto de Mós, entre la N1 et l'A1.* Beau paysage de garrigue piqué d'éoliennes où courent encore, sur les versants des monts calcaires de l'Estremenho, les terrasses et murs de pierres sèches qui délimitaient autrefois les champs et pâturages. Dans ce paysage typiquement karstique, de dolines et de grottes, parfois de falaises propices à la varappe, près de 300 km de sentiers balisés permettent aux vététistes de parcourir la région à la découverte d'un écosystème particulièrement riche. Mais les randonneurs ne sont pas en reste, avec une bonne quinzaine de sentiers balisés (pour toutes les cartes et les topoguides du coin, se renseigner à l'office de tourisme de Porto de Mós).

Pour les amateurs, les très touristiques **grutas de Mira de Aire** (● grutasmira daire.com ● ; tlj 9h30-17h30 oct-mars, jusqu'à 18h avr-mai, 19h juin et sept, 20h juil-août ; dernière entrée 30 mn avt ; entrée : env 6,50 €, réduc). Ce sont les plus grandes du pays, avec une vaste galerie pleine de concrétions qui débouche sur un grand lac. Pas transcendant non plus. Plus modestes et beaucoup moins fréquentées, les **grutas de Santo António** et d'**Alvados** (☎ 249-84-18-76 ; sept-juin, tlj sf lun 10h-17h et jusqu'à 17h30 le w-e – juil-août, tlj jusqu'à 18h30 ; entrée : 5,80 €, réduc, gratuit moins de 5 ans ; billet groupé pour les 2 grottes : env 9 €, réduc). Prévoir environ 30 mn de visite pour chacun des sites, qui se révèlent complémentaires. *Santo António* propose un aller-retour jusqu'à une grande et belle salle aux concrétions délicates, tandis qu'*Alvados* correspond à un circuit de 300 m jalonné de plus petites salles et de bassins où se reflètent les stalactites.

▲ **Casa Boho :** *rua Largo da Feira, 120,* **Alvados.** ☎ *244-44-15-58.* ● *contacto@casaboho.com* ● *casaboho.com* ● *Doubles env 70-75 €, avec petit déj.* 📶 Idéal pour se mettre au vert... et avec la manière ! Car cette belle maison contemporaine bien intégrée dans le paysage est située dans un joli village typique, au cœur d'un environnement enchanteur de montagnes. Les chambres sont toutes personnalisées avec goût et dotées de salles de bains actuelles. Les parties communes sont dans le même esprit, élégantes et très déco, et sont ouvertes sur de grandes terrasses pour profiter de la vue. Une adresse de charme.

## *SÃO PEDRO DE MOEL*

À 22 km à l'ouest de Leiria par la N242-2 et au nord de Nazaré par la route côtière, ce village en bord de mer mérite une petite halte pour ses belles plages, surtout celles qui sont déroulées au-delà du phare. Depuis le parking situé juste après ce dernier, vue impressionnante sur les rouleaux et les puissantes vagues qui se fracassent contre les falaises.

# FÁTIMA (2495) 4 000 hab.

**Lourdes portugais, Fátima doit la vie à une apparition de la Vierge. Dans ce qui n'était encore qu'une vaste prairie au début du XX$^e$ s, ont surgi hôtels et restaurants, parkings payants, distributeurs de billets et, bien entendu, toutes sortes de magasins. Hors saison, il se dégage une curieuse impression de solitude de cette ville nouvelle désertée, mais pendant les grands pèlerinages, ses infrastructures suffisent à peine à accueillir les millions de visiteurs. Impressionnant. Sur le plan architectural, Fátima ne présente aucun intérêt, si ce n'est qu'elle recèle une très belle réalisation en l'église de la Sainte-Trinité.**

## LES SECRETS DE FÁTIMA

Le 13 mai 1917, et le 13 des mois suivants jusqu'en octobre (à l'exception du mois d'août où l'affaire se passe à quelques kilomètres), la Vierge apparaît à trois petits cousins bergers, Lucia, Francisco et Jacinta, à l'endroit où s'élève aujourd'hui la *capela das Aparições*. Elle leur révèle le « secret de Fátima », dénonçant la guerre en cours et annonçant surtout la révolution bolchevique, puis le retour à la foi de la Russie. Le procès en béatification de Lucia, devenue religieuse à Coimbra et décédée en 2005, est en cours depuis 2008. Les deux autres sont morts de la grippe espagnole moins de 3 ans après

### DIVIN SALAZAR

*La Vierge avait annoncé aux trois jeunes bergers la révolution bolchevique : une aubaine pour Salazar, dont la propagande associa le culte de Fátima à la lutte anticommuniste, et fit du Portugal la Terre élue pour mener à bien la croisade... sous la houlette de son dictateur !*

l'apparition. Ils ont été déclarés Bienheureux par Jean-Paul II, lors de son passage à Fátima en mai 2000. Pas moins de 750 000 pèlerins ont assisté à cette homélie. La cérémonie fut, en outre, l'occasion de révéler la troisième partie du secret : la tentative d'assassinat du pontife en 1981. En remerciement à la Vierge de lui avoir épargné la vie, le souverain pontife offrit d'ailleurs la balle qui le blessa, aujourd'hui enchâssée dans la couronne de Fátima. Dans la basilique, où ils sont inhumés, un vitrail rappelle les trois pastoureaux à l'origine de l'un des plus grands pèlerinages du monde catholique.

## Arriver – Quitter

**Gare routière :** *au nord de l'esplanade, par l'av. qui la coupe à l'ouest.*
➢ Une dizaine de liaisons/j. avec **Batalha, Leiria** et **Tomar.** De très nombreux bus aussi pour **Lisbonne** (trajet 1h30).

## Adresses utiles

**Office de tourisme :** *edifício Fatimae, av. Dr José Alves Correia da Silva.* ☎ 244-84-87-70. *Au 1ᵉʳ étage du centre commercial. En principe, tlj 9h-13h, 14h-18h (fermé parfois lun-mar).* De compétence régionale : infos sur la ville et la côte proche, Batalha... Efficace.

**Poste d'accueil et d'information :** *sur l'esplanade, à gauche de la chapelle des Apparitions.* • santuario-fatima.pt • *Tlj 9h-18h.* Dédié au sanctuaire : plan du site, horaires des messes, etc.

## Où manger ?

**Restaurante Dom Duarte :** *rua São Francisco de Assis, 2 ; en face du 403 de l'av. Beato Numo (qui part du grand rond-point situé au nord de l'esplanade).* ☎ 249-53-15-37. *Fermé lun. Plats 8-13 €.* Une sympathique cantine populaire dans un quartier à l'écart de l'agitation. Cuisine traditionnelle toute simple faisant la part belle aux *cataplana, arroz*, morue, et autres *carne alentejana*, sachant que l'honnête et copieux plat du jour est un choix judicieux. Beaucoup d'habitués le midi, en salle ou en terrasse.

# À voir. À faire

**Igreja da Santa Trindade :** de forme circulaire et d'une blancheur étincelante, elle possède un diamètre de 125 m mais n'a aucun pilier intérieur. Une prouesse architecturale, car toute la construction repose sur deux poutres gigantesques de plus de 180 m de long ! Avec ses petits airs de Brasília, c'est un édifice très épuré, de près de 9 000 places assises quand même ! L'acoustique est exceptionnelle, la nef est légèrement inclinée de manière que l'autel puisse être vu de pratiquement partout. À l'extérieur, un Christ en croix stylisé en acier Corten domine Jean-Paul II statufié.

*Les autres édifices religieux du pèlerinage :* la **basilique** elle-même ne présente qu'un intérêt limité. Dix chapelles dorées et pas du meilleur goût y retracent la vie de Jésus. Au nord du parvis géant, la moderne **chapelle des Apparitions** est ouverte à tous les vents afin de permettre aux pèlerins de communier à l'endroit où la Vierge est apparue. Pas loin, la grande fournaise de cire.

➤ Un petit train permet de se rendre sur les sites excentrés situés au sud (chemin de croix, Valinhos).

➤ *Les mégapèlerinages : tls les ans, les nuits du 12 au 13 mai et du 12 au 13 oct (ainsi qu'en juin-août, chaque nuit du 12 au 13, mais en plus modeste).* Des dizaines de milliers de pèlerins cheminent pendant des jours pour gagner Fátima à ces dates anniversaires, parce qu'ils ont formulé un vœu et qu'ils souhaitent être exaucés.

## DANS LES ENVIRONS DE FÁTIMA

*Ourém : à 12 km de Fátima, vers Tomar, par une route de campagne sinueuse. Ne pas s'arrêter à la ville en contrebas, suivre les indications « Castelo ».* Un très beau village médiéval à l'atmosphère tranquille, retranché sur sa colline aux pentes abruptes. La forteresse d'origine, largement remaniée au XV$^e$ s lorsque le comte d'Ourém y aménagea un palais, a conservé d'imposants vestiges : des tours puissantes, un rempart complet enserrant la cour intérieure et son puits, et un bastion avancé d'où la vue est à couper le souffle. Attention quand même si vous avez des enfants, le parapet est bas et la hauteur vertigineuse ! En redescendant sur la place principale, ne pas rater le beau gisant de dom Afonso dans la crypte de l'église de la Colegiada. Autour, quelques cafés de pays pour une pause bien méritée !
– Le Vendredi saint, **chemin de croix** dans le centre historique.
– Fin août, **fête de Nossa Senhora das Misericórdias.** Procession, festivités populaires, musique folklorique.

**Office de tourisme :** *pl. du Pilori, dans la galerie municipale (à côté de la pousada). En saison, tlj sf lun 9h30-13h, 14h-19h.* Garde la clé de certaines parties du château, dont la citerne arabe et les 2 tours. Organise l'été des visites guidées du village.

**Pousada Conde de Ourém :** *largo João Manso (derrière l'église de la Colegiada).* ☎ 249-54-09-30. ● recepcao.ourem@pestana.com ● pousadas.pt ● *Selon confort et saison, doubles 100-200 €, avec petit déj* (voir offres sur le site). Seul hébergement du village, cette *pousada* profite un peu de l'exclusivité. Les chambres sont fonctionnelles, confortables, mais pas aussi charmantes que le prix ne le laisse espérer. Même topo pour le resto. Plusieurs atouts plaident en faveur du lieu : service parfait, intégration réussie aux vieilles pierres, les chambres avec vue sur la vallée *(cama casal)*, pour certaines avec un balcon (n$^{os}$ 213 à 215), et enfin l'annexe avec une belle piscine (panorama splendide).

# TOMAR  (2300)  43 000 hab.

À environ 25 km à l'est de Fátima, traversée par une rivière au cours nonchalant, entourée de collines plantées d'oliviers, Tomar est l'une des villes

les plus « toscanes » du Portugal. En surplomb de la ville se dresse l'un des édifices les plus emblématiques du Moyen Âge portugais : le *convento do Cristo*, une forteresse du XIIe s ayant appartenu à l'origine aux Templiers, puis à l'ordre du Christ sous le règne de dom Dinis. Une visite que les passionnés de vieilles pierres ne manqueront sous aucun prétexte, tant est éclectique sa composition architecturale qui englobe pratiquement 8 siècles d'histoire. On y contemple la fameuse « fenêtre de Tomar », chef-d'œuvre de l'art manuélin, une composition originale qui reflète à elle seule le désir de conquête des Portugais au XVe s.

Pour le reste, avec de jolies ruelles, des places charmantes, des églises et de sympathiques petites animations estivales (brocantes et marchés), Tomar s'avère un lieu de séjour très agréable.

## Arriver – Quitter

**Gares routière et ferroviaire :** *av. Combatentes da Grande Guerra.* Au même endroit, station de taxis.

### En bus

➢ *Nazaré, via Batalha, Alcobaça et Fátima :* 3 départs/j.
➢ *Porto :* changer à Coimbra.
➢ *Lisbonne :* nombreux départs (env ttes les heures).
➢ *Évora :* changer à Lisbonne.

### En train

➢ *Coimbra, Porto, le sud du pays et l'Espagne :* liaisons ttes les heures avec la gare d'**Entroncamento**, lieu des correspondances.
➢ *Lisbonne :* env 15 trains/j. (un peu moins le w-e) dans les 2 sens. Trajet : 1h30, les plus lents mettent 2h.

## Adresse et infos utiles

**Office de tourisme municipal :** *av. Dr Cândido Madureira.* ☎ 249-32-98-23. • cm-tomar.pt • *Mai-sept, tlj 10h-19h ; oct-avr, tlj 9h-18h.* Plans, brochures et liste des hébergements. Accueil sympa et compétent.
– **Train touristique :** *départ praça da República, ttes les heures 10h-18h, tlj sf mer. Tarif : 2,50 €/pers ; réduc ; gratuit moins de 3 ans.* Fait en une petite heure le tour de la ville ou, alternativement, une boucle en direction du couvent du Christ.
– **Marchés :** *en centre-ville.* Tous les matins, marché aux légumes, et le vendredi matin, foire. Très pittoresque. Le 2e dimanche du mois, foire à la brocante.

## Où dormir ?

### Campings

**Parque municipal de campismo :** *derrière le stade.* ☎ 249-32-98-24. • camping@cm-tomar.pt • *Ouv tte l'année. Forfait 2 pers env 10-16 € selon saison.* Le site est semi-ombragé et agréable, à 10 mn à pied du centre, et profite de sanitaires simples mais très corrects. Accès gratuit à la piscine municipale juste à côté (ouverte en saison) !

**Camping Pelinos 77 :** *rua Pelinos, 77, à Aboboreiras.* ☎ 249-30-18-14. 918-86-05-26. • info@campingpelinos.com • campingpelinos.com • *À partir de l'A13, sortie Fátima, Ourém, puis de l'IC9 sortie Tomar Norte/Hospital, puis à gauche juste avt la station-service, direction Aboboreiras (panneau) ; ensuite, suivre le fléchage. De Tomar, 4 bus/j. en saison (compter 15 mn). Ouv de mi-fév à mi-oct. Forfait 2 pers env 13,50-15 € selon saison.* Un petit camping plein de charme, tenu avec amour par un couple de jeunes Hollandais venu se

# TOMAR / OÙ DORMIR ? | 343

mettre au vert ici. Les espaces pour planter sa guitoune sont bien séparés et ombragés, dispersés sur un terrain étagé. Le bas du terrain est réservé à la grosse cavalerie (camping-cars et caravanes). Autrement, petite piscine haricot, des œufs frais tous les matins (des poules), et un bar coloré et fraternel. L'ensemble est très bien tenu dans une atmosphère décontractée et chaleureuse. Excellent accueil. Resto à 100 m.

▲ ■ *Camping Redondo :* rua do Casal Rei, 6, à **Poço Redondo**. ☎ 249-37-64-21. ● info@campingredondo.com ● campingredondo.com ● ♿ De l'A13, sortir à Tomar-Castelo do Bode ; suivre la direction Junceira, c'est fléché. Forfait 2 pers env 15 €. Également 4 chalets et 2 maisons en pierre tt équipés pour 4 pers 55-105 €/j. selon saison, linge fourni. 🛜 Petit site à la végétation luxuriante et très bien aménagé, avec bar et piscine, terrain de pétanque et espace extérieur de gym. On y campe à l'ombre des oliviers et des figuiers. Parfois un peu bruyant. Bon accueil.

## De bon marché à prix moyens

■ *Hostel 2300 :* rua Serpa Pinto, 43. ☎ 249-32-42-56. ● geral@hostel2300thomar.com ● hostel2300thomar.com ● *Dans la rue principale, entre la praça da República et le ponte Velha. Env 15-18 €/pers en dortoir ; doubles 35-40 € ; petit déj compris (slt l'été).* 💻 🛜 Dans la catégorie auberge de jeunesse, c'est un sans-faute : hyper centrale, à taille humaine, tenue par une équipe charmante, joliment décorée et très confortable (cuisine à dispo, salon cosy, chambres et dortoirs nickel et personnalisés, sanitaires modernes en nombre suffisant, machines à laver, vélos à louer...). L'une des meilleures de la région !

■ *Residencial União :* rua Serpa Pinto, 94 (accès aussi par la rua Alexandre Herculano, 43). ☎ 249-32-31-61. ● residencialuniao@sapo.pt ● *Dans la rue principale, entre la praça da República et le ponte Velha. Doubles 40-45 €. Petit déj 5 €. CB refusées.* 💻 🛜 Cette pension à l'ancienne est un véritable labyrinthe, car elle rassemble en réalités 3 maisons imbriquées ! On découvre un salon cosy, un bar, une courette fleurie, et des chambres simples et convenables avec parquet ou moquette, avec ou sans clim, certaines avec de petits balcons donnant sur la rue, et toutes avec salle de bains (pas très jeunes, mais propres). Chacun y trouvera son compte. Accueil très attentionné.

■ *Residencial Luz :* rua Serpa Pinto, 144. ☎ 249-31-23-17. ● info@residencialluz.com ● residencialluz.com ● *Dans la rue piétonne filant de la praça da República au ponte Velha. Doubles 30-35 € ; familiale 5 pers 50 €. Pas de petit déj.* 🛜 Dans une maison ancienne, une petite quinzaine de chambres basiques, mais propres (dont 2 avec douche privée mais w-c sur le palier). La plus grande, façon dortoir amélioré, peut accueillir 5 personnes : pratique pour les familles. Attention, certaines sont aveugles, bien choisir. Accueil sympathique.

■ *Hotel Kamanga :* rua Major Ferreira do Amaral, 16. ☎ 249-31-15-55. ● mail@hotelkamanga.com ● hotelkamanga.com ● ♿ *Depuis le centre historique, traverser le ponte Velha, remonter la rua Marquês de Pombal et prendre la 2ᵉ à droite. Double 40 €, avec petit déj.* 🛜 Une quinzaine de chambres agréables et très bien tenues, dans une résidence moderne (ascenseur) à deux pas du centre. Toutes possèdent leur propre salle de bains, ainsi que la clim, et même une petite terrasse pour certaines. Pour la vue sur la ville et la forteresse, on a bien aimé les nᵒˢ 311, 312 et 313 ; pour le reste, préférer celles qui donnent sur l'arrière. Bref, une adresse où l'on se sent bien, surtout grâce à l'accueil tout sourire des deux sœurs, Helena et Isabel.

## De plus chic à beaucoup plus chic

■ *Estalagem de Santa Iria :* parque do Mouchão. ☎ 249-31-33-26. ● estalagem.iria@sapo.pt ● estalagemsantairia.com ● *Sur l'île du parc municipal, au-delà du pont Velha. Doubles 60-85 €*

selon saison ; suites 90-125 € ; petit déj compris. Parking. 📶 Cette belle maison de caractère occupe un ravissant îlot arboré en plein centre. Très paisible. Malheureusement, les chambres ne sont pas à la hauteur : datées, pour ne pas dire usées, elles mériteraient une sérieuse remise à niveau. Cela dit, la vue depuis les balcons reste des plus romantique et les parties communes ne manquent pas de charme... Accueil adorable.

▲ *Quinta da Anunciada Velha :* ☎ 249-34-52-18. ● *anunciadavelha@sapo.pt* ● *anunciadavelha.pt* ● *De la pl. de l'Infante Henrique, prendre la N349-3 en direction de Torres Novas, puis, 2,3 km après le panneau de sortie d'agglomération Tomar, prendre à droite, c'est 500 m plus loin. Doubles 65-90 € ; apparts 2-4 pers 90-120 € ; petit déj compris.* 📶 Cet ancien domaine agricole, dans une pinède, fut la propriété de l'ordre du Christ jusqu'au XIXe s. Bien restauré, il dispose de 4 chambres et de 2 appartements rustiques et champêtres : tomette ou « carrelage » en bois typique de la région, meubles patinés par le temps et céramiques d'époque. Du classique vieille école plein de cachet et confortable (il y a même une piscine !). Accueil adorable.

▲ *Hotel dos Templarios :* largo Cândido dos Reis, 1. ☎ 249-31-01-00. ● *hoteldostemplarios.com* ● *Au bord de la rivière, au-delà de la petite île. Doubles 80-145 €, avec petit déj (voir aussi leur site). Parking.* 📶 Un grand 4-étoiles moderne et classique, au bord de la rivière et à deux pas du centre. Très bien entretenu, il est à la hauteur de ses prétentions. Et ce, dès les chambres standard, vastes, cosy et bien équipées. Belles vues sur la rivière, le jardin ou le couvent au loin. Piscine couverte et extérieure, spa. Impeccable.

## Où manger ? Où déguster une bonne pâtisserie ?

### De très bon marché à bon marché

I●I *Alminhas Restaurante :* rua Dr Joaquim Jacinto, 48 A. ☎ 249-34-65-94. *Dans la rue de la synagogue. Ouv jeu-sam midi et soir, plus dim midi. Plats env 8-9 €.* Une excellente adresse : l'accueil est charmant, le cadre simple et agréable, et la cuisine, classique, très soignée, d'un rapport qualité-prix indiscutable : tout est frais, préparé en direct, et travaillé avec un soupçon d'originalité. Délicieux ! Et puis n'oubliez pas d'aller aux toilettes... si vous trouvez la porte !

I●I *Tabuleiro :* rua Serpa Pinto, 148. ☎ 249-31-27-71. *Tlj sf dim. Plats env 14 € pour 2.* Un resto tout à fait convenable, très touristique, mais qui sert en plus des grands classiques des spécialités inattendues, comme ces lombos de porc aux ananas. Les portions sont généreuses, l'accueil sympathique et diligent, et le cadre sans chichis est plaisant (une salle sobre ou une terrasse dans la rue piétonne).

I●I *Casa Matreno :* rua Dr Joaquim Jacinto, 7. 📱 933-54-91-28. ● *casadasratas@gmail.com* ● *Dans la rue de la synagogue. Tlj sf lun 10h-minuit (18h dim). Plats 7-9 €.* Même maison que la taverne *Casa das Ratas*, juste en face. Ici, c'est le côté cuisine, là-bas, la superbe cave de vins régionaux. Une amusante cantine populaire, fidèle à sa vocation de « musée vivant des traditions *tomarense* ». Suggestions du jour ou carte détaillent une cuisine régionale roborative sans être lourde, comme ces *cozido* (pot-au-feu) ou *isca* (foie de veau) *a portuguesa*, sans oublier les *maranhos*, des saucisses d'origine marrane (voir les rubriques « Religions et croyances » et « Cuisine » dans le chapitre « Hommes, culture, environnement »).

I●I *Estrelas de Tomar :* rua Serpa Pinto, 12. ☎ 249-31-32-75. *Tlj 8h-20h.* Unanimement considérée comme la meilleure pâtisserie de Tomar. Terrasse.

### Plus chic

I●I *Chico Elias :* rua Principale, 70, à *Algarvias*. ☎ 249-31-10-67. *De la pl. de l'Infante Henrique, prendre la N349-3 en direction de Torres Novas, c'est une centaine de mètres après le panneau de sortie d'agglomération Tomar, sur la gauche de la route. Tlj sf mar et dim soir. Résa conseillée. Repas env 30 €.* Une adresse à l'ancienne très appréciée des locaux, qui s'y régalent d'un savoureux boudin au cumin ou d'escargots aux lingots... La fête des papilles continue avec le cabri au four et ses petites patates, une morue à la crème, du lapin servi dans un potiron et autres succulentes recettes. Du traditionnel de qualité.

## Où boire un verre ?

**Café Paraíso :** *rua Serpa Pinto, 127. Dans la rue piétonne principale. Fermé mar.* Les amateurs de cafés historiques apprécieront la belle hauteur sous plafond et l'atmosphère Art déco de cet établissement fondé en 1911. Beaucoup de cachet.

**Casa das Ratas :** *rua Dr Joaquim Jacinto, 6.* 933-54-91-28. *Tlj sf lun 10h-minuit (18h dim). Voir aussi Casa Matreno dans « Où manger ? Où déguster une bonne pâtisserie ? ».* Une vraie curiosité que cette taverne-entrepôt de vins, transformée en resto. Cuves de bois d'un côté, myriade de bouteilles stockées de l'autre. Tout cela force peut-être le trait de l'authentique, mais qu'importe, surtout par une soirée de fado *ao vivo* (en fin de semaine). *Petiscos* ou plats du resto d'en face, pour solidifier, l'ambiance est au rendez-vous !

**Iguarias do Convento :** *rua Silva Magalhães, 77.* ☎ 249-31-61-54. *Tlj.* Joli bar à vins en plein centre, proposant plusieurs options au verre, à accompagner de quelques bonnes tapas. Sympa pour un apéro en terrasse.

# À voir

⊚ ૧૧૧ **Convento do Cristo :** *sur la colline surplombant la ville. Accès en voiture (parking payant) ou en 15 mn à pied par une petite route bien raide qui part à gauche du parking situé derrière la praça da República. Tlj 9h-17h30 (18h30 juin-sept) ; dernier billet 30 mn avt. Entrée : 6 € ; réduc ; gratuit moins de 12 ans et 1er dim du mois. Billet groupé avec Batalha et Alcobaça : 15 € pour une famille de 2 adultes et 2 enfants, valable 7 j. Brochure en anglais : 1 €. Compter au moins 1h de visite.*
Corseté par des remparts du XIIe s, cet immense site classé au Patrimoine mondial de l'Unesco est l'une des visites obligatoires au Portugal. Un enchantement permanent, un choc architectural.
Les templiers occupèrent les lieux pendant 200 ans. Le roi de France, Philippe le Bel, jaloux de la richesse et de la puissance de l'ordre, obtint du pape Clément V sa dissolution, au regard de plusieurs chefs d'accusation, dont l'idolâtrie, l'hérésie, la simonie (commerce de biens spirituels) et la sodomie. En 1314, le grand maître Jacques de Molay ainsi que les trois derniers dignitaires templiers furent condamnés au bûcher. On dit qu'ils prédirent au pape et au roi qu'ils paraîtraient dans l'année devant le tribunal de Dieu. La prophétie se réalisa (pour plus de détails, lire *Les Rois maudits*, de Maurice Druon). Parce qu'il avait joué un rôle majeur dans la reconquête de la péninsule sur les Maures et la fondation du royaume, l'ordre fut protégé par le roi dom Dinis qui, habilement, se contenta de le rebaptiser « milice du Christ » et de lui donner pour nouvel objectif la conquête maritime, menée par Henri le Navigateur, gouverneur de l'ordre.
La splendeur exotique du couvent révèle bien ce que fut la richesse de cette époque, bénéficiant des découvertes du Nouveau Monde. Huit cloîtres se succèdent, un niveau jamais atteint dans l'exubérance architecturale.
– Le **cloître du cimetière,** aux fines colonnes sous arcades gothiques et frises flamboyantes, remodelé au XVIIe s, abrite les sépultures des moines-chevaliers.

À droite, le *cloître des ablutions,* sur deux étages, avec au centre une fontaine. Beaucoup plus dépouillé, il était destiné aux tâches domestiques. Également une *chambre forte du trésor,* dont aujourd'hui le seul trésor est le bel ensemble d'azulejos représentant la vie de Jésus.

– La ***Charola,*** merveilleuse rotonde romane du XII$^e$ s à 8 colonnes avec un déambulatoire à 16 faces, est inspirée du Saint-Sépulcre de Jérusalem. Dans cet oratoire fortifié, les moines-soldats venaient assister à cheval à la messe avant de partir en croisade. Au XVI$^e$ s, il fut intégré à l'*église* manuéline et enrichi de stucs, statues, fresques et peintures sur bois. Contraste saisissant entre cet ensemble typiquement byzantin, polychrome et ajouré, et la clarté de la nef supérieure au plafond strié de nervures manuélines. Ici se tenaient les réunions du chapitre, seule occasion pour les moines de débattre des problèmes de la communauté (d'où l'expression « avoir voix au chapitre »). En dessous, basse et sombre, la salle de jugement.

– Le *cloître principal,* exemple éclatant de l'architecture Renaissance, renferme d'élégants escaliers hélicoïdaux qui conduisent à la terrasse supérieure. Bâti contre la nef manuéline, il masque en partie l'une de ses fenêtres. Heureusement, celle qui éclaire le chapitre reste parfaitement visible depuis le petit *cloître de Sainte-Barbe,* à l'étage inférieur.

– La *fenêtre de Tomar* est la plus fascinante des sculptures manuélines du Portugal. Réalisée de 1510 à 1513, elle est la parfaite synthèse de cet art, summum du délire végétal. La mousse contribue à lui donner de l'épaisseur et du relief. Nœuds, tortillons, entrelacs, racines emmêlées comme les tentacules d'un poulpe, algues semblant flotter dans le courant. Notez tout de même, à droite, le symbolisme étrange des algues nouées par une jarretière. Dans l'oculus en haut, des cordages retiennent les voiles gonflées. Sur les côtés, deux mâts qui semblent avoir séjourné au fond des flots, ainsi que des sphères armillaires, emblèmes de la puissance royale et des conquêtes. Noter que la tour de droite est sanglée : on voit même la grosse boucle de la ceinture. Dans la partie inférieure de la fenêtre, un marin barbu s'accroche à des racines.

– Au-delà du cloître Sainte-Barbe, le *cloître de l'Hôtellerie,* planté de tilleuls, desservait les chambres d'hôtes et donnait accès aux logements des moines.

– À la croisée des deux allées qui distribuent les *cellules des moines,* la petite chapelle, où se trouve un Christ assis, est décorée dans un style plateresque espagnol ; elle se trouve au centre géométrique du couvent. À gauche de celle-ci, belle vue sur la fameuse fenêtre. Les azulejos et la haute voûte en bois des couloirs révèlent la richesse de l'ordre. Un escalier descend vers le *réfectoire* à gauche et vers les *cuisines* à droite, aux voûtes encore noircies par la suie. Elles s'ouvrent sur le *cloître de Micha,* où avaient lieu les distributions de pain aux pauvres.

🗡 *Capela Nossa Senhora da Conceição :* en redescendant du couvent. Fermé, sf occasions exceptionnelles.

Surplombant la ville, cette chapelle construite pour abriter le tombeau du roi João III illustre à merveille la Renaissance portugaise. Équilibre des lignes et douceur de l'ocre reposent le regard des débordements manuélins du couvent.

🗡 *La vieille synagogue :* rua Joaquim Jacinto, 73. Mai-sept, tlj sf lun 10h-13h, 15h-19h (l'hiver, en principe tlj sf lun 10h-13h, 14h-17h). Entrée libre (« mais si vous voulez soutenir nos œuvres… »). Brochure en

## PAS TRÈS CATHOLIQUE

Au Moyen Âge, la simonie était un vrai fléau pour le clergé, car les prêtres s'adonnaient au trafic de reliques et de sacrements, tant et si bien qu'ils s'enrichissaient sans vergogne, sans se soucier de la règle de pauvreté instituée par saint Benoît. On finit par y mettre bon ordre lors du 4$^e$ concile du Latran en 1215. C'est au cours de ce même concile, d'ailleurs, qu'on ordonna aux juifs de porter un signe distinctif, afin qu'ils ne puissent se « mélanger » avec les chrétiens.

*français.* Tout simple, lumineux et émouvant, ce minuscule lieu de culte reçoit des cadeaux du monde entier. Construit au XVᵉ s, il ne fut pas longtemps utilisé comme synagogue. Elle servit de prison après la conversion forcée et l'expulsion des juifs par décret en date du 5 décembre 1496, pour devenir ensuite une église et plus tard un entrepôt ! Avec celle de Castelo de Vide, c'est l'une des rares à avoir survécu dans le sud du Portugal. Aujourd'hui, elle abrite un petit *Musée hébraïque,* dont les quelques vitrines renferment de beaux objets de culte. Remarquer le curieux procédé acoustique : les cruches insérées dans le haut des murs étaient destinées à amplifier les chants religieux.

🚶🚶 *Igreja São João Baptista :* praça da República. Juil-sept, tlj sf lun 10h-12h, 14h-18h. Construite au XVᵉ s. Superbe portail flamboyant. Chaire sculptée. Primitifs portugais sur les murs de la nef, dont une *Cène,* une *Décapitation de saint Jean-Baptiste,* ainsi que la *Présentation de sa tête au banquet d'Hérode.* Tous datent du XVIᵉ s, et sont attribués à Gregorio Lopes.

🚶 *Museu dos Fósforos* (musée des Allumettes) *:* dans le convento de São Francisco, av. General Bernardo Faria. Tlj sf mar 10h-13h, 15h-19h (10h-13h, 14h-17h hors saison). GRATUIT. Le collectionneur, Aquiles da Mota Lima, devait être un sacré allumé pour réunir 43 000 boîtes d'allumettes en 27 ans ! Le résultat est assez génial : provenant de 127 pays, il y en a de tous les styles, de toutes les tailles, et de toutes les époques depuis le XIXᵉ s. La présentation ne date pas d'hier, mais ce petit musée insolite vaut le coup d'œil !

## Manifestations

– *Mouchão alternativo* (marché alternatif) : rua Serpa Pinto, 1ᵉʳ w-e du mois. Conteurs, spectacles de rue, céramiques, fripes, etc.
– *Congrès de la soupe :* 1ᵉʳ w-e du mois de mai. Plus de 80 sortes de soupes présentées. À déguster sur place. Si on apporte son bol et sa cuillère, c'est moins cher !
– *Fête des Tabuleiros :* pdt 1 sem, ts les 4 ans, en juil (la prochaine aura lieu en 2019). Procession spectaculaire de plusieurs centaines de jeunes filles portant en équilibre sur la tête une pyramide de pains aussi grande qu'elles, couronnée d'une colombe ou de la croix du Christ. Un chevalier servant accompagne chaque demoiselle. L'origine de cette fête remonte au XIVᵉ s. Réjouissances dans toute la ville : danses folkloriques, feu d'artifice, courses de taureaux et ripaille.
– *Feira Santa Iria :* en oct. On fête la sainte, et à cette occasion, on mange des fruits secs. Parades, spectacles...

## DANS LES ENVIRONS DE TOMAR

🚶 *L'aqueduc dos Pegões :* à 5 km à l'ouest de Tomar. Il aboutit au convento do Cristo. Bien conservé, il fut construit aux XVIᵉ-XVIIᵉ s pour approvisionner la forteresse en eau. C'est un ouvrage d'art d'une grande élégance. Long de 6 km dans sa partie aérienne, il est constitué d'une enfilade d'arches plein cintre doublée, lors des passages en vallée profonde, par une seconde ligne d'arches en ogive. On peut le longer sur plusieurs kilomètres au milieu d'une belle campagne.

🚶🚶 *Castelo de Almourol :* proche de Villa Nova da Barquinha, à 25 km au sud-est de Tomar, sur la route d'Abrantes. ☎ 249-71-20-94. 📱 962-62-56-78. • jftancos@gmail.com • cm-vnbarquinha.pt • Départ ttes les heures, tlj sf lun 10h-13h, 14h30-17h (19h mars-oct), de Tancos (gros bateau). Tarif : 2,50 € A/R, y compris la visite de l'île et du château. Départ du quai du château (petit bateau), mêmes horaires. Tarif : 2 € A/R. Résa recommandée. Horaires du château proprement dit : 10h-13h, 14h30-17h30 (19h30 mars-oct). Entrée : 2 €. Déjà occupé par les Romains, les templiers se sont installés sur ce site exceptionnel au XIIe s, où ils ont construit une impressionnante forteresse dotée d'une dizaine de tours. Nichée sur une minuscule île au milieu du Tage, elle a inspiré, par sa silhouette romantique ocre et crénelée, les poètes épiques du XVIe s. Beau panorama du haut du donjon. L'ensemble a été restauré au XIXe s et a fière allure.

🚶 *Constância* : à 3 km à l'est du château d'Almourol, à la confluence du Tage et du rio Zêzere. Bordé de maisons blanc et ocre, un lacis de ruelles pavées, étroites et pentues (évitez la voiture !), dessine ce très photogénique village. Au XVIe s, le grand poète Camões y fut exilé par João III pour être tombé amoureux de la même femme que lui ! Place centrale avec pilori, belle église baroque et terrasse ombragée où se désaltérer au bord du Tage. La spécialité pâtissière locale, aux amandes, est poétiquement baptisée *queijinhos do céu* (« fromage du ciel ») ; elle ne compte aucune goutte de lait !

# COIMBRA (3000) 142 400 hab.

• Plan *p. 350-351*

Accrochée à sa colline au-dessus du rio Mondego, cette ville ancienne et prestigieuse est l'une des plus séduisantes du pays. Le centre historique, qui tourne grosso modo autour de son université, est plus tranquille en raison des importantes dénivelées que tout promeneur doit affronter pour partir à sa découverte. C'est le domaine des belles églises de style gothico-roman ou Renaissance et des vieilles rues pavées de silex ourlées de vénérables demeures de style Art nouveau. De l'autre côté du *rio*, Santa Clara, dominée par son imposant monastère, abrite un Musée archéologique intéressant pour comprendre l'histoire de cette région. Mais c'est à son université que Coimbra doit sa renommée. Avec Salamanque, Bologne, la Sorbonne et Oxford, c'est l'une des plus vieilles forteresses du savoir en Europe et elle fut pendant longtemps la seule du Portugal.
À Coimbra, un habitant sur trois est un étudiant (on en compte à peu près 25 000 à l'université, auxquels il faut ajouter ceux des écoles privées et des universités techniques), alors autant dire que la ville fourmille d'adresses bon marché pour se restaurer ou boire un canon. Pour s'en convaincre, il suffit d'y passer à la fin de l'année académique, début mai, quand sérénades et défilés de *capa e batina* enfièvrent la ville une semaine durant !

## UNE DES PLUS VIEILLES UNIVERSITÉS DU MONDE OCCIDENTAL

Après Bologne en 1088 et la Sorbonne en 1253, l'université de Coimbra fut étrangement fondée à Lisbonne, le 1er mars 1290, par le roi Dinis Ier. Emballé, le pape Nicolas IV appuya d'une bulle solennelle cette belle initiative : « Toutes les disciplines pourront y être enseignées, sauf la magie et l'astrologie. » Jusqu'en 1380, la théologie fut également exclue... pour sauver l'emploi des moines franciscains et dominicains.
Installée à Coimbra en 1308, l'université a toujours joui d'une totale autonomie, ouvrant ses portes à tous les courants intellectuels européens. Mais, crise du logement étudiant oblige, elle retourna à Lisbonne, avant que le roi Jean III ne la rétablisse à Coimbra en 1537. Un chic type d'ailleurs, ce Jean III. Il offre son palais royal, la Alcáçova, aux étudiants.

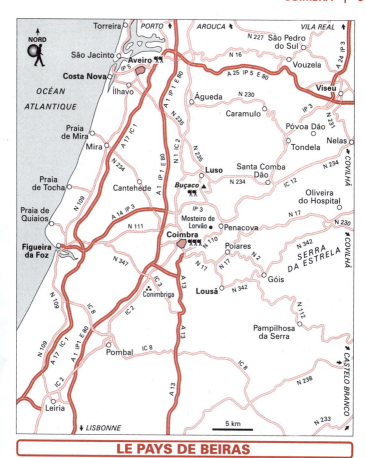

**LE PAYS DE BEIRAS**

Le XVIe s marque l'âge d'or de l'université – et de toute la nation portugaise. Dans les couloirs, on croise le grand poète Luís de Camões, auteur des *Lusiades* (1572), poème épique à la gloire de Vasco de Gama.
Mais le souffle retombe pendant 2 siècles, et l'université ne retrouve son éclat qu'au XVIIIe s après l'expulsion des jésuites : la bibliothèque Joanine, splendeur baroque à la gloire du Savoir universel, en est la meilleure preuve. Pour accélérer les réformes et mettre la fac aux normes européennes, le marquis de Pombal, surnommé le « recteur-réformateur », met fin au monopole qu'avaient les jésuites dans l'éducation, en interdisant leurs méthodes et en ouvrant des classes de latin, de grec et d'hébreu. Pombal réorganise aussi les études secondaires, avec des classes de sciences, de langues étrangères, de sport, de danse... Place aux sciences exactes et à l'enseignement des Lumières. Conséquence de l'onde de choc (intellectuelle) d'un certain tremblement de terre à Lisbonne...
Mais les Lumières vont à nouveau pâlir au XIXe s, période d'obscurantisme et de tourmente politique. Bastion de l'humanisme, de l'universalisme et de la liberté, l'université de Coimbra va accoucher d'un mutant obtus et autoritaire : António

### Adresse utile

🛈 Office de tourisme régional

### Où dormir ?

10 Grande Hostel
11 Pousada da juventude
12 Quebra-Luz Quartos e Livros
13 Serenata Hostel
14 Pensão-residencial Antunes
15 Hotel Oslo et Residência Aeminium
16 Residencial Moderna
17 Hotel Dona Inês
18 Hotel Vitória
19 Residencial Botânico

### Où manger ?

20 João dos Leitõs
22 Loggia

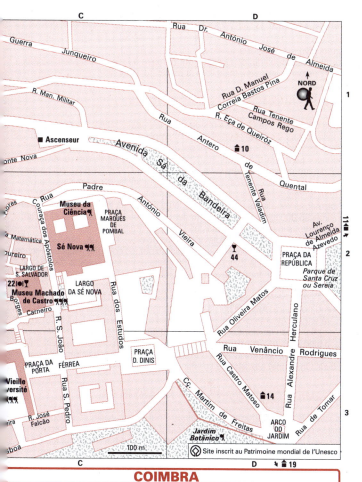

COIMBRA

- 23 O Cantinho dos Reis
- 24 Zé Manel dos Ossos
- 25 Fangas Mercearia Bar
- 28 Restaurante Adega Paço do Conde

**Où boire un verre en écoutant du fado ?**

- 40 Café-restaurante Santa Cruz
- 42 Diligência Bar
- 48 Fado ao Centro

**Où boire un verre ?**

- 22 Loggia
- 43 Galeria Santa Clara
- 44 Associação Academica
- 47 Bigorna Bar
- 49 Quebra

de Oliveira Salazar. Formation : économie politique. Profession : dictateur du Portugal. De 1933 à 1970, l'ancien élève (qui a même enseigné un temps !) fait détruire par deux fois des bâtiments universitaires et, en 1968, laisse sa police tirer sur les étudiants révoltés. Salazar a eu le malheur de tenir longtemps…
Aujourd'hui, les étudiants de Coimbra ont retrouvé à la fois les vieilles traditions estudiantines et un enseignement libre et ouvert sur le monde.

## JEUNES SAVANTS SOUS CAPE NOIRE

Une des originalités de Coimbra réside dans la *capa e batina*. Un costume cravate (tailleur pour les filles) et une longue et ample cape noire sont portés par les étudiants lors des temps forts de l'année académique : rentrée des facs pendant la seconde quinzaine d'octobre, soutenances, remises de diplômes (en juin) et festival des étudiants marquant la fin des cours (entre les deux premiers samedis de mai) et également tous les jeudis, jour des étudiants et du bizutage (le bizutage peut se réaliser tous les jeudis toute l'année jusqu'à la fête des étudiants !). Pour bizuter, les étudiants doivent revêtir leurs costumes académiques. Sachant qu'environ 25 000 filles et garçons étudient dans les huit facultés que compte l'université, vous imaginez le spectacle !
La cape est une survivance médiévale qui a traversé l'histoire, cahin-caha. Au commencement, elle fut imposée aux étudiants par les collèges religieux. Riches et pauvres se confondaient alors sous ce même uniforme. Sous la dictature de Salazar, la cape et l'uniforme, devenus un symbole de conservatisme, furent jetés aux orties, et les jeans firent leur apparition. Depuis la révolution des Œillets, en 1975, l'uniforme est facultatif. Vu son prix (200 € environ cape et costume), on comprend pourquoi ! Aujourd'hui, la cape distingue les étudiants ayant réussi leur première année. Avoir le droit de la porter, c'est sortir du triste statut de bizu. Ce qui n'empêche pas les heureux élus de mettre en pièces le costume – selon une tradition bien ancrée –, lors de leur fête de fin d'études. Les garçons doivent même courir, nus, dans la cour de la vieille université pour récupérer leur cape et pouvoir se couvrir. On permet aux filles de se vêtir un peu plus.

## QUELQUES TRADITIONS ESTUDIANTINES

– **Les repúblicas :** les étudiants de Coimbra ont depuis toujours rencontré des difficultés pour se loger dans cette ville. Ils ont décidé de former des *repúblicas*, une formule conviviale et économique qui leur permet d'habiter à plusieurs dans une maison particulière. Chaque étudiant gère à tour de rôle le budget de la communauté. Décorées sur des thèmes farfelus, dotées parfois d'un petit jardin, ces *repúblicas* méritent un coup d'œil en passant. Avec un peu de chance, on peut y avoir accès, il suffit de demander. On peut en voir quelques-unes dans la rua Castro Matoso, entre la praça da República et le jardin botanique, à droite en montant vers l'aqueduc de São Sebastião, mais les plus anciennes se trouvent dans la rua da Matemática et rua do Salvador, juste à côté de l'université.
– **Queima das Fitas :** à l'entrée en fac, les étudiants accrochent à la boutonnière un petit ruban *(fita)* de la couleur correspondant à leur discipline. Arrivés à l'avant-dernière année étudiante, ils font brûler ce ruban *(queimar a fita)* dans une sorte de grand pot de chambre devant la *Sé Nova* (la « nouvelle cathédrale »). En dernière année, ils fixent à leur serviette huit rubans, plus larges, toujours aux mêmes couleurs. Le premier est pour les professeurs, le deuxième pour les camarades, le troisième pour les copains hors promotion, le quatrième pour l'élu(e) de leur cœur, le cinquième pour les parents, le sixième pour la famille. Lorsque l'année s'achève, chacun écrit un mot sur la *fita* qui lui est réservée.
– **Latada :** au début de l'année universitaire, chaque nouvel étudiant, appelé « cocu » et parrainé par un aîné, doit descendre de la partie haute de la ville et

défiler dans les rues pavées de la ville en traînant plusieurs boîtes de conserve (*lata* : « fer-blanc ») et paré de déguisements ridicules. Le but ? Se présenter à la ville. Faire le maximum de bruit ! En deuxième année, pour montrer qu'ils n'ont plus « les cornes », les anciens bizus se mettent des pansements et du mercurochrome...

## Arriver – Quitter

### En voiture : le stationnement

Le centre historique est presque entièrement piéton. Il faut donc savoir garer sa voiture... Heureusement, beaucoup d'hôtels disposent de parkings ou ont des accords. Sinon, sachez que l'hypercentre est payant presque partout (parcmètres) et que la durée de stationnement est limitée à 4h maxi, ce qui est très contraignant. Autrement, les autres parkings sont chers (10-20 € les 24h, voire beaucoup plus du côté de la nouvelle gare ferroviaire !). Heureusement, il existe des secteurs non encore gardés : autour de Santa Clara (de l'autre côté du pont) ou encore dans les rues qui montent au-delà de la praça da República.

### En bus

**Terminal rodoviário** (gare routière ; *hors plan par A1*) : *av. Fernão de Magalhães.* ☎ 239-85-52-70. Rens et horaires sur le site : ● rede-expressos.pt ● À mi-chemin entre les 2 gares ferroviaires (à env 15 mn à pied du centre historique).

➢ **Porto :** une quinzaine de bus/j.
➢ **Luso, via Buçaco :** env 4 bus/j. (2 fois moins de bus sam, aucun dim). Durée : 45 mn. Arrivée au cœur de la forêt, près du *Palace Hotel* à Buçaco, au rond-point près de l'office de tourisme à Luso.
➢ **Nazaré :** 5-7 bus/j.
➢ **Lisbonne :** une trentaine de bus/j.

### En train

**Attention,** 2 gares ferroviaires à Coimbra :

**Coimbra A, Estação Nova** (*plan A2*) : *la plus proche du centre-ville. Service de navette pour la gare Coimbra B.*
**Coimbra B, Estação Velha** (*hors plan par A1*) : *au bout de l'av. Fernão de Magalhães, à 1,5 km à l'ouest de Coimbra A. Pour les trains grandes lignes.*
Dans les deux cas, infos et horaires en français aux guichets ou sur le site ● cp.pt ●

➢ **Tomar :** changement à Entroncamento. Trajet : 2h30 en moyenne.
➢ **Figueira da Foz (par Alfarelos) :** env 16 trains/j. dans les 2 sens, 5h30-0h30.
➢ **Porto :** une dizaine de trains rapides *Intercidades*, 5h20-minuit. Durée : env 1h15. Également l'*Alfa*, qui relie Porto au sud du pays via Lisbonne. De Porto, correspondances pour Braga, en fin de matinée et dans la soirée.
➢ **Lisbonne :** env 5h-22h, une vingtaine de trains/j., dont 10 *Intercidades*. Durée : env 2h.

## Adresses et infos utiles

### Infos pratiques

**Office de tourisme régional** (*plan B3*) : *largo da Portagem.* ☎ 239-48-81-20. ● turismodocentro.pt ● *En face du pont, dans le centre-ville. De mi-juin à mi-sept, tlj 9h-20h (18h w-e et j. fériés) ; le reste du temps, lun-ven 9h30-13h30, 14h-18h et w-e et j. fériés 9h30-12h30, 13h30-17h30. Fermé 1er janv et 24-25 déc. Également un point info à la bibliothèque de l'université, à côté de la billetterie pour cette dernière.* Bon plan de la ville, et en particulier du centre. Liste des prix des hôtels à consulter sur place. Personnel gentil et compétent.

✉ **Poste** (*plan A1*) : *av. Fernão de Magalhães, 223.* ☎ 239-85-07-71.

### Transports

– Renseignements pour les services ci-dessous : ☎ 800-20-32-80. ● smtuc.pt ●
– **Bus :** *cartes rechargeables de*

3-11 voyages, respectivement 2,20-6,40 €. Billet valable une journée 3,50 €. Dans le bus, vente de ticket slt (1,60 € le ticket). Achat des cartes auprès des tabacs, kiosques à journaux ou au guichet de l'ascenseur.
- **Funtastic Coimbra Yellow Bus :** *départ principal depuis le largo de Portagem, devant le pont Santa Clara.* ● *yellowbustours.com* ● *De mi-mai à fin oct, tlj sf lun, ttes les heures 10h-12h, 15h-17h ; 1ʳᵉ quinzaine de mai, ven-dim slt. Billet (en vente à bord ou à l'office de tourisme) : 12 € ; réduc. Audioguide en français.* Pendant 24h, montée et descente à sa guise dans des bus avec impériale à ciel ouvert, tout le long des 15 stations couvrant les points d'intérêt de la ville. Le billet donne droit à pas mal de réductions et de gratuités dans les principaux monuments de la ville.
- **Tuk-tuk et bateau :** le tuk-tuk ? Une mode venue d'Orient. Cette sorte de mobylette transporte 8 personnes maxi. Départ largo da Portagem ; couvre également les points d'intérêt de la ville et comme il est petit, il passe dans les rues étroites du centre historique. Compter 8 €/adulte et 6,50 €/enfant (sinon, forfait à 13 €/adulte et 9 €/enfant, qui comprend également une *balade en bateau*). Sinon, pour la sortie en bateau seule, prévoir 6,50 €. Gratuit moins de 3 ans.

🚕 **Station de taxis :** *praça da República (plan D2), et à la sortie des 2 gares de train et gare routière.*

## Divers

■ **Alliance française :** *rua Pinheiro Chagas, 60.* ☎ *239-70-12-52.* ● *alliancefr.pt* ● *Tt près de l'auberge de jeunesse.* Stages intensifs de portugais. Séances hebdomadaires de ciné français et, autour de la 3ᵉ semaine d'octobre, fête du Cinéma avec même quelques avant-premières.

## Où dormir ?

### Camping

⛺ **Campismo municipal :** *rua da Escola, Santo António dos Olivais.* ☎ *239-08-69-02.* ● *coimbra@cacampings.com* ● *arpurocampings.com* ● *À 3 km au sud-est du centre-ville. De Coimbra, suivre la N17, estrada das Beiras et suivre les panneaux. Forfait 2 pers env 15-22 € selon saison.* 📶 Sur un terrain fonctionnel sans charme, 200 emplacements en terrasses, un peu serrés. Le confort d'un 4-étoiles, mais pas assez d'ombre et on entend bien la route. Épicerie, resto, sanitaires très propres. Piscines. Loue aussi des bungalows. Vous n'y passerez pas vos vacances, mais ça peut dépanner les budgets serrés.

### Bon marché

🛏 **Grande Hostel** (plan D1, **10**) : *rua Antero de Quental, 196.* ☎ *239-10-82-12.* 📱 *924-49-99-75.* ● *grandehostelcoimbra@gmail.com* ● *grandehostelcoimbra.com* ● *Env 18 €/pers en dortoir, double 40 €, petit déj compris.* 📶 Belle demeure centenaire en surplomb de la rue, qui enrichit de ses hauts plafonds et planchers en bois cette petite AJ indépendante à l'atmosphère très cool et fraternelle. Elle propose des dortoirs de 4 ou 10 lits, ainsi que 2 chambres doubles avec salle de bains. Déco assez jeune, tout comme le personnel et l'essentiel des hôtes. Ici, la tendance est à la fête, surtout quand la météo autorise un barbecue dans le jardin. Cuisine à dispo, petit salon sympa et la guitare pour les musicos de service !

🛏 **Serenata Hostel** (plan B2, **13**) : *largo da Sé Velha, 21-23.* ☎ *239-85-31-30.* ● *info@serenatahostel.com* ● *serenatahostel.com* ● *Env 14-18 €/pers en dortoir 4-12 lits (dont un pour les filles) ; doubles avec ou sans sdb privée 35-65 € ; petit déj compris.* 📶 Ce qui bluffe ici, c'est la beauté de l'édifice, un immeuble début XXᵉ s orné de moulures, cheminées et plafonds à caissons. Rénové avec soin, ce qui fut auparavant une maternité, puis un conservatoire (d'où la devise maison « love life, love music ») renferme aujourd'hui des chambres et dortoirs nickel et confortables (clim, casiers, lumières individuelles, etc.), des sanitaires modernes, une cuisine, différents salons cosy (voire cossus avec leur mobilier baroque !), un bar et des terrasses pour siroter les cocktails. La classe !

■ *Pousada da juventude* (hors plan par D2, **11**) : *rua Dr Henrique Seco, 14.* ☎ *239-82-92-28.* ● *coimbra@movijovem.pt* ● *microsites.juventude.gov.pt* ● De la praça da República, prendre l'av. Lourenço A. Azevedo ; c'est la 2e rue à droite après le jardim da Sereia. Bus nos 6 et 7 de la gare de Coimbra A, et no 29 de Coimbra B. Ouv tte l'année, sf 24-25 déc. Réception 8h-12h, 18h-minuit. Env 11-13 €/ pers en dortoir 4-8 lits (non mixtes) ; doubles 26-30 € selon saison ; petit déj compris. Carte des AJ obligatoire (en vente sur place). 🛜 Grand bâtiment blanc situé dans une rue en pente, à 10 mn à pied du centre-ville. Relativement clean, sans charme particulier mais correct : doubles (2 seulement avec salle de bains privée) et dortoirs basiques, cuisine à dispo et salon commun. Bon accueil.

## Prix moyens

■ *Quebra-Luz Quartos e Livros* (plan B2, **12**) : *escada do Quebra Costas, 18 ; 2°.* 📱 *912-27-87-79 ou 963-18-50-82.* ● *quebra-luz.com* ● *Doubles 40-65 € selon saison et confort, avec petit déj.* 🛜 À l'étage d'un immeuble à l'ancienne, une petite adresse de charme, propre et lumineuse, idéalement placée au cœur de la ville. Elle renferme 4 jolies chambres, claires avec de belles touches de couleur. 2 d'entre elles possèdent leur propre salle de bains. Côté pièces communes, une cuisine attenante à un petit salon avec bibliothèque, et même une petite terrasse.

■ *Hotel Vitória* (plan A2, **18**) : *rua da Sota, 9-11.* ☎ *239-82-40-49.* ● *reservas@hotelvitoria.pt* ● *hotelvitoria.pt* ● *Doubles 45-60 € selon saison, petit déj compris. Parkings payants à proximité.* 🛜 Hôtel avec ascenseur proposant une vingtaine de petites chambres tout confort (clim) sur 3 étages.

Double vitrage côté rue et gazouillis des oiseaux côté cour. Les chambres, refaites à neuf, sont plutôt zen, avec quelques effets de déco dans les salles de bains. Bon accueil francophone.

■ *Residencial Moderna* (plan A2, **16**) : *rua Adelino Veiga, 49 ; entrée par un petit passage, réception au 2e étage (pas d'ascenseur).* ☎ *239-82-54-13.* ● *residencialmoderna@gmail.com* ● *residencialmoderna.com.pt* ● *Bien demander confirmation lors de la résa. Doubles 35-45 € et triples 45-55 € selon saison, petit déj compris. Parking.* 💻 🛜 Passé les effluves du salon de coiffure juste en dessous, on arrive au *Moderna*, un hôtel sympa et convivial, mais qui n'a pas grand-chose de moderne. On y trouve une quinzaine de chambres, basiques mais fonctionnelles, et suffisamment bien équipées (AC, double vitrage), la moitié avec balcon. Pour les sensibles au bruit : le secteur reste animé assez tard dans la nuit. Location de vélos sur résa.

■ *Pensão-residencial Antunes* (plan D3, **17**) : *rua Castro Matoso, 8.* ☎ *239-85-47-20.* ● *reservas@residencialantunes.com* ● *residencialantunes.com* ● *Doubles 40-50 €, sans petit déj. Parking.* 🛜 Adresse un peu rétro, dont la situation à l'écart de l'agitation du centre-ville compense les petits défauts (sanitaires souvent étriqués, déco datée). Au total, une vingtaine de chambres à l'ambiance surannée mais néanmoins bien agréable. Gros avantage : l'accès à la cuisine et la salle à manger, bien pratique. Accueil aimable et en français.

■ *Hotel Oslo et Residência Aeminium* (même bâtiment ; plan A2, **15**) : *av. Fernão de Magalhães, 25.* ☎ *239-82-90-71 (hôtel) ou 239-82-94-26 (residência).* ● *hoteloslo@sapo.pt* ● *info@hoteloslo-coimbra.pt* ● *residencia-aeminium-coimbra.com* ● *Doubles 55-75 € côté hôtel, 40-60 € à la residência, petit déj compris. Parking.* 💻 🛜 Un ensemble efficace, rénové de façon moderne et fonctionnelle. Qu'il s'agisse de la *residência* ou de l'hôtel (étages élevés), l'ascenseur conduit à des chambres pas toujours très grandes mais impeccables, confortables (clim, coffre...) et agréables, les plus chères profitant d'une belle vue sur la vieille ville, d'une déco plus soignée, et même d'un balcon. Mais le vrai plus, c'est la salle de petit déj tout en baies vitrées au 5e étage, et surtout la terrasse géniale sur le toit ! Accueil pro.

🏠 **Residencial Botânico** (hors plan par D3, **19**) : bairro de S. José, 15. ☎ 239-71-48-24. • residbotanico@gmail.com • hotelbotanicocoimbra.pt • De l'aqueduc São Sebastião, longer le jardin botanique (alemada Dr Júlio Henriques), c'est à l'angle de la rua Combatentes da Grande Guerra. Doubles env 50-55 €, petit déj compris. 📶 (à la réception slt). Un hôtel propre, moderne, confortable et climatisé. La déco ne brille pas par sa fantaisie, mais certaines chambres, avec leur plancher verni, sont bien agréables. En tout cas, exigez-en une sur l'arrière, c'est plus tranquille.

## Chic

🏠 **Hotel Dona Inês** (hors plan par A1, **17**) : rua Abel Dias Urbano, 12. ☎ 239-85-58-00. • reservas@donaines.pt • donaines.pt • Doubles env 75-100 € selon saison et confort, petit déj compris. Parking. 📶 Un grand hôtel moderne qui cumule les avantages : plus de 120 chambres contemporaines tout confort, un bel ascenseur vitré qui conduit à la salle de petit déj lumineuse et donnant sur une grande piscine, un parking couvert gratuit. Le tout à 10 mn à pied de la vieille ville. Très pratique.

## Beaucoup plus chic

🏠 I●I **Quinta das Lagrimas** (hors plan par A3) : rua António Augusto Gonçalves. ☎ 239-80-23-80. • quintadaslagrimas@themahotels.pt • quintadaslagrimas.pt • 🐾 Doubles 120-250 €, petit déj compris (consulter leur site pour les offres). Resto gastronomique de haute volée : menus 50-80 €. 💻 📶 Mieux vaut réserver à l'avance pour dormir dans l'une des chambres de cette belle demeure, où le duc de Wellington avait ses habitudes. 3 types de chambres, celles du château (classiques, de style), celles du jardin (modernes, mais décevantes), ou celles plus contemporaines du spa. Les tarifs varient beaucoup en fonction de la saison et de l'affluence. Piscine, spa, petit golf et tous les services que l'on est en droit d'attendre de ce type d'établissement.

# Où manger ?

## De très bon marché à bon marché

I●I **Restaurante Adega Paço do Conde** (plan A2, **28**) : rua Paço do Conde, 1. ☎ 239-82-56-05. • adpconde@gmail.com • Tlj sf dim. Congés : 1re quinzaine de juin. Plats env 5-10 €. CB refusées. Café offert sur présentation de ce guide. De l'extérieur, ça ne paie pas de mine. C'est pourtant l'un des restos les plus populaires de la ville ! On découvre 2 vastes salles séparées par une terrasse dans une cour intérieure, où s'entassent dans la bonne humeur étudiants, familles et touristes en goguette. Le service est parfois brouillon en cas de forte affluence, mais l'ambiance est bonne, et tout le monde se régale de plats tout simples, pas chers, et copieusement servis. Très sympa.

I●I **Loggia** (plan C2, **22**) : largo Dr José Rodrigues, dans le museu Machado de Castro. ☎ 239-85-30-76. Tlj sf lun 10h-22h30 (18h mar et dim). Menu déj 7 € en sem, 8,50 € le w-e. Un super plan ! Pas tant pour la cuisine (un buffet tout compris, mais dont les plats du jour sont quelconques) que pour la vue : de loin la plus belle de la ville ! En salle, tout en baies vitrées, ou en terrasse, on profite d'un panorama génial sur les toits et la campagne environnante. À ce prix-là, c'est cadeau. Très bien aussi pour boire un verre ou un café.

I●I **João dos Leitōs** (plan A2, **20**) : rua da Gala, 45. ☎ 239-82-10-01. Tlj sf dim 9h-19h (15h sam). Sandwich au cochon de lait env 4 € ; plats env 5-7 €. Ici, le cochon de lait est roi ! D'ailleurs, de grandes photos de la star décorent ce petit resto moderne, où les habitués se régalent au comptoir ou à l'une des quelques tables d'un cassoulet au cochon de lait, ou d'une part de la bête servie croustillante et fondante à souhait avec de la salade et des frites. Pas diététique pour un sou mais tellement bon... À goûter au moins une fois !

**IOI *O Cantinho dos Reis* (plan A1, 23) :** *terreiro da Erva, 16.* ☎ *239-82-41-16. Tlj sf dim et j. fériés. Plats 7-10 €.* Un peu à l'écart du passage, un resto typique où les familles et les couples s'installent autour de la grande terrasse ombragée, tandis que les habitués s'installent dans la petite salle face à la TV. Dans l'assiette, du traditionnel, simple, bon et copieux. Ambiance décontractée, comme l'accueil.

### Prix moyens

**IOI *Fangas Mercearia Bar* (plan B3, 25) :** *rua Fernandes Tomás, 45-49.* 📱 *934-09-36-36.* • *fangasmbar@gmail.com* • *Tlj sf lun 12h-16h, 19h-1h. Résa indispensable. Petits plats et assiettes 4-9 € ; repas env 15-20 €.* Les *fangas*, casiers de bois servant de mesures aux épiciers, baptisaient autrefois cette rue où l'on en faisait grand usage. Un nom bien choisi pour ce tout petit café-*mercearia*-bar qui réveille l'héritage portugais avec une déco largement réactualisée. On est dans la mouvance « bobo et traditions ». Au menu : délicieuse sangria maison (essayer celle au vin blanc), sélection soignée des vins, sardines et autres conserves de choix servies avec du pain (au prix de vente affiché, pas de service), choix des meilleurs fromages et charcuteries du pays, toasts gourmands, soupes, gâteaux. Une valeur sûre.

**IOI *Zé Manel dos Ossos* (plan A-B3, 24) :** *beco de Forno, 12.* ☎ *239-82-37-90. Dans une ruelle perpendiculaire à la rua da Sota. Tlj sf sam soir-dim. Menu indéchiffrable, avec des prix qui s'empilent ! Compter env 15 €.* Adresse hyper tendance, genre petit relais de chasse fourre-tout avec papiers griffonnés et trucs accrochés partout. C'est minuscule et tout le temps bondé, mais les gens du coin n'hésitent pas à faire la queue sur les pavés pour pouvoir y goûter leurs fameuses spécialités de sanglier aux haricots, ou de porc aux champignons.

## Où boire un verre en écoutant du fado ?

Un poil plus intello que son cousin lisboète, le fado de Coimbra est intimement lié à la tradition universitaire et exclusivement interprété par des hommes, étudiants d'hier ou d'aujourd'hui. On dit que les *fadistas* remercient ainsi Coimbra, personnifiée par une femme, de les avoir accueillis à bras ouverts pendant leurs 5 ans d'études. Souvent revêtus de la tenue académique, ils évoquent des rêves inaccessibles et... les amours malheureuses, sans dédaigner quelquefois des textes plus engagés politiquement. Carlos Paredes, disparu en 2004, est une des grandes figures de cet art.

♪ ***Diligência Bar*** *(plan A-B1, 42) :* *rua Nova, 30.* ☎ *239-82-76-67. Tlj sf dim 18h-2h.* Dans une ruelle sombre un peu à l'écart de l'animation de la rua Ferreira Borges, cette taverne aux murs de pierre propose une ambiance intime et tamisée. Venez vers 23h, quand la salle se remplit de passionnés de tous âges et de toutes conditions, entrechoquant leurs verres de sangria sous le chant puissant et mélancolique des *fadistas*.

🍸 ***Café-restaurante Santa Cruz*** *(plan B2, 40) :* *praça 8 de Maio.* ☎ *239-83-36-17.* • *cafesantacruz.com* • *Tlj (sf dim hors saison) 7h30-1h. L'été, fado tlj à partir de 22h (et parfois à 18h) ; le reste de l'année, 2-3 fois/sem jeu-sam.* 🛜 Dans une ancienne chapelle latérale de l'église Santa Cruz. Vieux décor somptueux et patiné : plafonds voûtés, murs en pierre, sombres et vénérables boiseries, ventilateurs, tables à plateau de marbre et chaises couvertes de cuir... Un vrai décor de film où rien ne manque, même pas les serveurs stylés.

♪ 🍽 ***Fado ao Centro*** *(plan B2, 48) :* *rua do Quebra Costas, 7.* 📱 *913-23-67-25.* • *fadoaocentro.com* • *Tlj à 18h, le reste du temps sur résa slt. Entrée : 10 €.* Sur les marches du *Quebra Costas*, en plein centre historique, un auditorium-boutique (ni restauration ni boisson) d'une petite quarantaine de places où se produisent quelques *fadistas* en fin d'après-midi. C'est touristique, mais le niveau est bon, et chaque morceau étant présenté en détail, c'est une bonne manière de se familiariser avec les spécificités du fado de Coimbra. À l'issue de la représentation (qui dure environ 50 mn), toute l'assemblée se retrouve autour d'un verre de porto offert par la maison. Sympa !

### Où boire un verre ?

Coimbra se découvre à pied et se déguste dans les cafés. Il faut aussi essayer une de ses spécialités sucrées : les *pastéis de Tentúgal*, « créés » dans un couvent de carmélites vers 1565. C'est une sorte de feuilleté fourré avec des œufs et du sucre que l'on trouve à peu près partout. Les *pastéis de Santa Clara,* une pâte brisée en forme de demi-lune fourrée aux œufs + sucre + amandes...

▼ *Loggia* (plan C2, 22) : largo Dr José Rodrigues, dans le museu Machado de Castro. Voir « Où manger ? ». Pour un café ou un apéro romantique à l'heure du coucher de soleil.

▼ ♪ *Quebra* (plan B2, 49) : rua do Quebra Costas, 45-49. ☎ 239-84-11-74. ● quebra.eu ● Tlj sf dim 12h (14h sam)-4h. Consos un peu plus chères le soir. 🛜 Un bar très convivial sur 2 étages, à la déco contemporaine colorée. Agréable terrasse pour siroter un verre et, l'été (de juillet à début septembre), profiter de ses bons concerts principalement jazz. Consulter leur site pour la programmation.

▼ ♪ *Galeria Santa Clara* (hors plan par A3, 43) : rua António Augusto Gonçalves, 67. ☎ 239-44-16-57. ● galeriasantaclara.blogspot.pt ● galeria@galeriasantaclara.com ● Passé le pont, dans la rue qui longe le site de Santa Clara a Velha, juste derrière. Tlj 14h-2h (3h ven-sam). 🛜 Différentes salles au mobilier chiné, de vastes terrasses avec des canapés défoncés où l'on s'effondre face à la vue sur Santa Clara et la vieille ville : c'est le bar relax et bohème de Coimbra, avec des expos pour le côté branché, et des concerts pour le côté festif. Un must chez les étudiants.

▼ *Bigorna Bar* (plan B2, 47) : rua Borges Carneiro, 9-11. 📱 915-50-35-35. Tlj 22h-4h, mais l'ambiance *décolle tard.* Ce petit bar est un repaire d'étudiants. Ici, toujours du rock. Côté cocktails, ça décoiffe : entre le *TGV* (tequila, gin, vodka) et l'*Atake Sovietiko* (à base d'absinthe), tout un programme, à moins que vous ne préfériez vous descendre à la *Kalasnikov*, sans ça le *Jagermeister* (tequila, sel et citron) envoie direct dans le mur, des coups à vouloir dépaver toutes les rues du Portugal avec les dents !

▼ ♪ *Parque Verde do Mondego* (hors plan par B3) : au bord du rio Mondego, à 5 mn à pied du ponte de Santa Clara. Tlj 12h-3h (4h le w-e). 🛜 Une série de restaurants et de bars occupe une situation on ne peut plus stratégique : en contrebas du parc, directement sur le quai, avec des terrasses littéralement jetées au-dessus de l'eau. Génial ! Sympa à toute heure du jour et de la nuit. Différents styles, *lounge* ou contemporain pour certains, et même irish pour le *Mondego,* pub irlandais typique tout en brique et bois. Concerts en fin de semaine.

▼ *Associação Academica* (plan D2, 44) : rua Padre António Vieira. Tte l'année, même l'été, lun-ven 9h-4h, sam 12h-2h. 🛜 Un bistrot qui a de la bouteille, car il a été fondé en 1887 ! N'espérez pas une déco d'époque, c'est juste un bar associatif étudiant, moderne, qui a 2 avantages : une terrasse sympa et la possibilité d'y faire des rencontres en grignotant un sandwich pas cher.

▼ Enfin, les noctambules invétérés seront immanquablement attirés par la praça da República (plan D2), dont le secteur concentre pas mal de bars et de boîtes festives comme le *Tropical (praça da República, 35),* bar apprécié pour sa terrasse prise d'assaut, le *Rock Planet (rua Almeida Garret, 1)* avec sa façade délirante qui cache un vaste espace à la déco bluffante, ou le très cool **Aqui Base Tango** (rua Venâncio Rodrigues, 8), connu pour sa belle atmosphère et sa bonne musique.

# À voir

**La vieille université** (plan C3) : largo da Porta Férrea. ☎ 239-85-99-00. • uc.pt • On peut monter à l'université par l'*ascenseur* (plan C1), qui démarre av. Sá da Bandeira (tarif : 1,60 €), ou par les bus n° 28, 34 ou 103. Billetterie dans le hall de la bibliothèque générale, sur la gauche de la place avt d'entrer dans l'université. 1 sem avt Pâques-fin oct, tlj 9h-19h30 ; 1er nov-sem avt Pâques, lun-ven 9h30-17h30, w-e et j. fériés 10h30-16h30 ; dernière entrée 30 mn avt. Fermé 1er janv et 25 déc. Entrée : 9 € ; réduc ; gratuit moins de 13 ans. Accès à la tour de la Chèvre : 3 € en sus. Ticket couplé avec le musée des Sciences : 11 €. *Attention !* En hte saison, résa impérative la veille pour être sûr d'avoir sa place. Audioguide en français : 3 €. Visite guidée (sur résa 72h à l'avance ; • reservas@uc.pt •) : 15 € ; réduc. À l'intérieur, petite cafèt'. Sympa pour rencontrer des étudiants (descendre l'escalier à gauche de la bibliothèque Joanine).
En entrant dans la *cour des écoles*, on parvient au cœur de l'une des plus vieilles universités du monde ! Le décret de fondation remonte au 1er mars 1290. La physionomie actuelle de l'université date du XVIIIe s, époque à laquelle le roi João III entreprit de grandes réformes. Aujourd'hui, seul le droit est encore enseigné entre ces murs vénérables. Les autres disciplines ont pris leur quartier dans différents bâtiments à l'extérieur de l'enceinte.
– **La bibliothèque Joanine :** *au bout de l'aile droite des bâtiments, vers la balustrade surplombant la ville. Visite ttes les 20 mn, par groupes de 60 pers (heure indiquée sur votre ticket). Photos interdites.*
Le grand portail de teck et les murs de 3 m d'épaisseur assurent été comme hiver une température intérieure constante. De part et d'autre de la porte sont représentés la Théologie et le Droit canonique, tandis qu'au-dessus veille João III, surplombé par la Sagesse. Attendez-vous en entrant à un choc, car voici une bibliothèque d'une beauté renversante, offerte à l'université de Coimbra en 1717 par le roi João V, grâce aux diamants du Brésil ! Bon prince éclairé, il inaugura ainsi, si l'on peut dire, la TGBB... la Très Grande Bibliothèque Baroque, quoi !
Ses trois grandes salles en enfilade, très hautes de plafond, somptueusement décorées dans le style de la première moitié du Siècle des lumières, contiennent 60 000 vénérables ouvrages, publiés du XVIe au XVIIIe s. Histoire, géo, médecine et sciences, lettres et philo, droit civil et droit canon, sans oublier la théologie, pas une discipline enseignée à Coimbra n'a été négligée. Un véritable temple de l'érudition. Pour des raisons de sécurité, les livres les plus rares ont été transférés dans la nouvelle bibliothèque de l'université, notamment la première édition des *Lusiades*.

> **UNE PROTECTION À LA PAGE**
>
> *Si les gardiens de la bibliothèque recouvrent chaque soir les tables d'une bâche en cuir, ce n'est pas pour les protéger de la poussière, mais pour éviter que le mobilier soit souillé par des déjections de chauve-souris ! Eh oui, si incroyable que cela paraisse ici, deux colonies de ces mammifères volants entrent chaque nuit par des ouvertures aménagées à cet effet. Elles se délectent d'insectes qui sinon auraient dévoré, au sens propre s'entend, des pages et des pages de livres précieux.*

Les rayonnages en bois du Brésil et les boiseries sculptées sont laqués de vert, de rouge, et de noir et or (une couleur par salle). Peintures et dorures sont des clins d'œil aux trois continents où les Portugais avaient des possessions : Afrique, Amérique du Sud et Asie. Les motifs de chinoiseries (cherchez-les bien !) montrent l'influence de la Chine sur le Portugal, implanté à Macao depuis 1557. Superbes plafonds en trompe l'œil. Pour résumer, on peut dire de cette bibliothèque qu'elle a l'éclat d'un palais et le profond silence d'une église...

La visite continue à l'étage inférieur, une annexe moderne où l'on expose par roulement différents ouvrages précieux, avant de se poursuivre encore un étage plus bas à la **prison académique**, utilisée jusqu'en 1832. L'université ayant le pouvoir de justice, on y enfermait étudiants et professeurs !

– **Sala dos Capelos** (grande salle des Actes) : *juin, soutenance des thèses, donc parfois fermée.* Un escalier conduit à cette immense salle au plafond couvert de panneaux de bois peint, et aux murs décorés de grands portraits de tous les rois du Portugal. C'est là que se déroulent la cérémonie d'ouverture de l'année universitaire et l'intronisation du « Rector Magnificus » tous les 4 ans. Les docteurs prennent place sur les longs bancs adossés aux murs, tandis que le recteur trône sur sa chaire tel un prince du Savoir... Comme à l'église, la foule des invités et des étudiants se tient à l'arrière, sur les bancs disponibles.

En sortant de la *sala dos Capelos*, un long couloir conduit d'abord à la **salle des examens privés** (désormais inutilisée, elle vaut le coup d'œil pour les portraits des recteurs de 1557 à 1841), puis à un étroit balcon d'où la vue sur Coimbra est superbe. Avant de quitter le bâtiment, petite halte dans la salle des gardes.

– **La chapelle São Miguel :** *à droite de la bibliothèque Joanine.* Splendide porche manuélin. Construite en 1547, elle est surtout remarquable pour les azulejos du XVII$^e$ s qui ornent la nef ainsi que pour son orgue baroque de 1733 couvert d'une « peinture en chinoiseries ».

– **La tour de la Chèvre :** *dans l'un des 2 angles de la grande cour de l'université. Ouv slt avr-oct, 10h-13h, 14h-19h. Entrée : 3 €.* Élevée au XVIII$^e$ s, haute de 33 m, elle tient son nom d'une très ancienne cloche qui rythmait autrefois la vie des étudiants et de la cité et que l'on surnommait « a Cabra » (la chèvre). La montée est éreintante mais la vue est exceptionnelle !

🌟🌟 **Sé Nova** (nouvelle cathédrale ; plan C2) : ● *senova.do.sapo.pt* ● *Tlj sf lun 9h-18h30 (10h-12h30 dim). Entrée : 1 €.* Construite par les jésuites (commencée en 1598, consacrée un siècle plus tard) et leur ayant appartenu jusqu'à leur expulsion en 1759. Sa façade, maniériste en partie basse, se prolonge avec un style nettement baroque en partie supérieure. À l'intérieur, elle suit les conceptions architecturales de la Contre-Réforme : croix latine avec coupole à l'intersection, voûte à caissons et des pupitres pratiquement au milieu. À noter, les stalles du chœur en bois exotique et des chapelles latérales du XVI$^e$ s sculptées dans un style gothico-manuélin. À gauche, jetez un œil à la sacristie, on y voit une collection de drôles de châsses processionnelles et de très remarquables reliquaires de toutes formes en marqueterie de pierres semi-précieuses. Avant de sortir, attardez-vous sur les panels d'azulejos à motifs persans, qui ne sont pas sans évoquer ceux du monastère de Santa Cruz.

🌟🌟🌟 **Museu Machado de Castro** (plan C2) : *largo Dr José Rodrigues.* ☎ *239-85-30-70.* ● *museumachadocastro.pt* ● *Tlj sf lun : avr-sept, 10h-19h ; oct-mars, 10h-12h30, 14h-18h. Entrée : 6 € ; réduc ; gratuit moins de 12 ans et 1$^{er}$ dim du mois. Audioguide en anglais : 1,50 €.*

Incontournable ! Car ce splendide palais épiscopal du XVI$^e$ s, avec galerie à double arcade plongeant sur la ville et ornée de frises d'azulejos, renferme l'un des plus beaux musées du pays. Très vaste, il rassemble des collections d'une telle richesse que chacun y trouvera largement son compte.

La visite commence au plus profond de ses entrailles, dans un **cryptoportique romain** fascinant, dont les différents corridors, celliers et caves constituent un véritable labyrinthe souterrain, agrémenté de bustes et de stèles funéraires découvertes dans le secteur. Puis les formidables **collections de sculptures,** qui couvrent la période préromane jusqu'à la Renaissance. Après quelques belles pièces mozarabes et un pan entier provenant du cloître de São João de Almedina, on s'attarde sur les anges polychromes du maître d'Aragon Pero (XIV$^e$ s), un

surprenant *Christ noir de Santa Cruz* (XIVᵉ s), et les réalisations plus naturalistes de Diogo Pires, qui assurent la transition avec la Renaissance. Vient le moment d'aborder le travail des grands maîtres que sont **Nicolas Chanterène** et **Jean de Rouen**, avec la *capela do Tesoureiro* (sculptée entre 1553 et 1564), provenant d'un couvent aujourd'hui disparu et entièrement remontée ici. Dans les sous-sols, c'est la *Cène* du génial **Hodart,** avec ses personnages en terre cuite particulièrement expressifs. Les autres salles sont consacrées à la sculpture jusqu'aux XVIIᵉ et XVIIIᵉ s (superbe pietà de Cipriano da Sousa).
Dans les étages, **peinture portugaise** (Vicente Gil, Cristovão de Figuerredo...) **et européenne** (voir notamment le travail d'Olivier de Gand, ou encore le magnifique triptyque commandé par dom Manuel Iᵉʳ à Quentin Metsys), mais aussi de riches collections d'**orfèvrerie religieuse** (fabuleuses croix processionnelles du XIIIᵉ s, reliquaires, calices...), des sections très complètes de **céramiques** et d'**azulejos** (intéressant pour comprendre l'évolution du style portugais), des vêtements sacerdotaux, et pour terminer, plusieurs salles sur les **arts décoratifs** (mobilier, ivoires...).

Après un ultime coup d'œil au carrosse tout en moulures et dorures de Dom Francisco de Lemos, direction le café du musée, *Loggia* (voir « Où boire un verre ? »), pour une pause largement méritée après une telle orgie culturelle !

**Museu da Ciência** (musée des Sciences ; plan C2) *: largo Marquês de Pombal (dans le labo de chimie).* ☎ *239-85-43-50.* ● *museudaciencia.org* ● *Tlj sf lun 10h-18h (fermé 13h-14h et le mat le w-e pour le labo de physique). Fermé jour de Pâques et 24-25 déc. Entrée : 4 € ; réduc.* Un petit musée vieillot mais sympa comme tout consacré aux sciences expérimentales du XVIIIᵉ s, aux secrets de la lumière et de la matière (vision, couleur), et enfin au système solaire. S'y ajoutent des expos temporaires. Muséographie très visuelle et ludique avec pas mal d'interactivité : voir comme une mouche, faire décoller le ballon de Montgolfier, etc., comme dans un petit palais de la Découverte. L'entrée permet également de visiter le labo de physique situé juste en face. Accolé à un amphithéâtre à l'ancienne, il rassemble de beaux instruments de mesure et d'expérience des XVIIIᵉ et XIXᵉ s.

**Sé Velha** (vieille cathédrale ; plan B2) *:* ● *sevelha-coimbra.org* ● *Avr-oct, tlj 10h-18h (fermé 11h-12h dim) ; nov-mars, lun-sam 10h-18h. Accès église et cloître 2 €. Brochure en français.*
Son architecte, probablement français, commença à l'édifier en 1162, alors que l'on apercevait encore au loin les cavaliers maures en fuite. D'où son allure de forteresse ! La grande sobriété de sa façade principale, révélant des influences islamiques, contraste singulièrement avec le portail latéral gauche, de style Renaissance (XVIᵉ s). À l'intérieur, quelques belles découvertes, comme cette Vierge de la conception du XVIIᵉ s en équilibre sur sa sphère, ou encore ces toiles du XVIᵉ s représentant le martyre de saint Sébastien. Juste à côté, très beau portrait d'Isabel d'Aragon. La chapelle du Saint-Sacrement a été réalisée par Jean de Rouen dans un pur style Renaissance. Ne pas rater également le très beau retable flamboyant du XVᵉ s au maître-autel. À gauche, petite chapelle dédiée à saint Pierre.
À droite, dans la nef, accès (payant) au plus vieux cloître gothique du pays, encore empreint d'art roman. Du XIIIᵉ s, il se distingue par les délicates rosaces des sas arcades, toutes différentes. Il comprend deux chapelles, la première renfermant une crèche réalisée par Jean de Rouen, la seconde accueillant le tombeau du premier gouverneur de Coimbra. Enfin, notez le tombeau d'un prince byzantin du XIVᵉ s, et, au milieu des céramiques mudéjares du XVIᵉ s, le drôle de tableau représentant sainte Ursule.

En sortant de la *Sé Velha*, on peut être tenté de descendre la rua Quebra Costas (littéralement la « rue Casse-Côtes » !). Moins « périlleuse », la rua dos Coutinhos mène à la massive **tour de Anto** et au **palais Sobre-Ripas.** Belle façade manuéline.

### ✖✖✖ Mosteiro de Santa Cruz (plan B1) : *praça 8 de Maio.* ☎ *239-82-97-87. Église et sacristie : lun-ven 9h-17h ; sam 9h-12h, 14h-17h30 (17h sept-mai) ; dim 16h-17h30. Accès libre pour l'église. Contribution libre pour cloître, sacristie, salle capitulaire et expo : 2,50 € ; réduc.*

Fondé en 1131 par les Augustins, largement remanié au XVIe s. Église à nef unique couverte d'une voûte manuéline et d'azulejos retraçant la conversion de saint Augustin. Outre la finesse du travail sur la chaire que l'on doit à Jean de Rouen, remarquez le splendide orgue baroque à tuyaux horizontaux. Dans le chœur, tombeaux des deux premiers rois portugais : notez celui d'Alphonse Ier à mettre au crédit de Nicolas Chantereine, dans un style manuélin qui « s'italianise » si l'on peut dire, caractéristique de la première Renaissance française. En effet, Chantereine, avec Jean de Rouen et Philippe Oudart, fut l'un des trois sculpteurs français appelés à la cour du Portugal par Manuel Ier, le grand instigateur des conquêtes océaniques.

Derrière la porte de droite, la vaste **sacristie** (billetterie) est parée d'azulejos aux motifs persans sous un plafond à caissons de pierre de style Renaissance. Elle a pour pièce maîtresse la *Pentecôte* de Grão Vasco (1535). Fait exceptionnel à l'époque, la signature du peintre (voir Viseu plus loin pour en savoir plus) figure sur le bout de papier représenté au sol et son autoportrait se trouve à l'arrière-plan, en haut à droite. Ne ratez pas, sur la droite en entrant, la petite chapelle qui contient de belles sculptures religieuses, comme ce saint Antoine du XVIe s au visage presque asiatique, des objets et vêtements liturgiques et les reliques de são Teotónio (né à Lisbonne, saint Antoine de Padoue résida 8 ans à Coimbra) et de ses amis les cinq martyrs du Maroc. Pour la petite histoire, c'est à leur contact que ce dernier devint franciscain et prit le nom d'Antoine, car, en fait, il était né Fernando. Au-delà, la salle capitulaire, aux stalles de bois du XVIe s sculptées de têtes d'angelots, s'ouvre sur le superbe *claustro do Silêncio*, chef-d'œuvre manuélin (1517) qui abrite une gracieuse fontaine à double vasque.

### ✖ Museu municipal (Edificio Chiado ; plan B2) : *rua Ferreira Borges, 85.* ☎ *239-84-07-54.* ● *cm-coimbra.pt* ● *Tlj sf lun, dim et j. fériés 10h-18h (pause 13h-14h le sam). Entrée : env 2 € ; réduc ; gratuit moins de 12 ans.*

Ce beau bâtiment renferme une intéressante collection d'art, legs d'un couple de médecins à la ville de Coimbra. La visite commence par une série de tableaux de naturalistes et de pré-impressionnistes portugais. Au 2e étage, quelques figurines religieuses, ainsi que du mobilier en marqueterie de bois précieux de très belle facture (superbe cabinet indo-portugais du XVIIe s). Au 3e étage, de superbes porcelaines chinoises à motifs européens des XVIIIe et XIXe s, une étonnante collection de biscuits des XIXe et XXe s représentant des oiseaux (de l'Audubon en 3D, quoi !), mais également de la porcelaine de Delft du XVIIe s et de l'argenterie portugaise. Une visite pas indispensable, mais qui ravira les amateurs de belles choses.

### ✖ Torre de Almedina (plan B2) : *par la rua Visconde da Luz en venant de la praça 8 de Maio, on aborde la porte d'Almedina ; passer par la porte, puis c'est à gauche. Mar-sam 10h-13h, 14h-18h. Entrée : env 2 €.*

Cette tour fut construite à l'origine pour surveiller et défendre l'accès aux remparts. À l'étage, en plus de l'expo temporaire du moment, on découvre une maquette interactive avec des explications très instructives (en français) sur la manière dont la ville a évolué depuis le IXe s. Très intéressant. Enfin, prenez le petit escalier pour profiter d'un point de vue superbe sur la ville.

### ✖✖ Convento de Santa Clara a Velha (hors plan par A3) : *rua das Parreiras. Sur la rive gauche du rio Mondego, par le pont Santa Clara. Tlj sf lun 10h-17h (19h mai-sept) ; dernière entrée 45 mn avt. Entrée : 4 € ; réduc ; gratuit moins de 12 ans. Audioguide en français : 1,50 €. Brochure en français : 1 €.*

Fondé à la fin du XIIIe s, le couvent des clarisses connaît son plein essor à partir de 1319, quand la reine Isabel entreprend de l'agrandir et de s'y installer. Inés de Castro, la célèbre « Reine morte », y aurait été enterrée avant de reposer à

Alcobaça. Confrontées aux crues répétées de la rivière voisine, les nonnes s'installent sur les hauteurs en 1677, à Santa Clara a Nova, tandis que le site est définitivement submergé. Tout a disparu, à l'exception de la partie supérieure de l'église. Suite aux travaux d'assèchement, les archéologues ont ressuscité des structures que l'on pensait perdues, et exhumé, en 1995, nombre d'objets visibles dans le très contemporain centre d'interprétation.

La muséographie claire et efficace met en valeur une très belle sculpture de saint François d'Assise en bois polychrome du XVIIe s, quelques fragments de poteries, une étonnante collection de clochettes en terre cuite, des objets usuels de couture et de tissage (l'occupation principale des nonnes). Remarquez l'intéressante représentation du corps humain datant du XIIIe s ainsi que l'indispensable bloc opératoire portatif de l'époque, à savoir une lame pour entailler et une écuelle pour recueillir le sang... Enfin, des bijoux et porcelaines fines, un luxe inattendu pour une communauté « mendiante » qui s'explique par le noble pedigree de nombre de dames qui, à l'instar de la reine, prirent le voile à la mort de leurs époux. Après avoir visionné un film sur le rôle prépondérant de la reine Isabel dans le développement du monastère, direction l'église, gracieuse transition entre le roman et le gothique, qui porte les traces de son conflit dramatique avec les flots. Du palais de la reine et du cloître ne restent que quelques murs, un lavabo et un vivier, mais le site n'a sans doute pas encore livré tous ses secrets.

|●| À noter qu'on peut déjeuner ou prendre un café dans la cafétéria attenante au musée.

**Convento de Santa Clara a Nova** (hors plan par A3) : *alto de Santa Clara. Sur la rive gauche du rio Mondego, sur les hauteurs, derrière Santa Clara a Velha. À env 15 mn à pied du centre-ville ; une fois traversé le pont, prendre la route pavée qui monte à gauche de l'église située près du Portugal dos Pequenitos. Tlj 8h30-19h (l'hiver, fermeture à 18h45 et pour le déjeuner). Entrée église et cloître : 2 € (3 € avec le chœur des nonnes).* Cet ensemble monastique de style baroque, sobre et utilitaire, commencé au milieu du XVIIe s, fut achevé 50 ans plus tard, et toutes les clarisses qui occupaient l'ancien couvent purent être enfin relogées. L'église est impressionnante par son volume et par la profusion de ses *talhas douradas* (sculptures en bois doré) au niveau du chœur. Au centre trône la statue polychrome de la reine Isabel et, dessous, son tombeau en argent et cristal. Sur les côtés, de grands panneaux encadrés par des colonnes salomoniques travaillées avec profusion de feuilles et de grappes évoquent la vie de la reine. Ces peintures datent du XVIIIe s. Côté chœur des nonnes (derrière la grille, au fond), où l'on aperçoit les rangées de stalles, deux tombeaux de facture gothique, dont celui d'origine de la reine Isabel. Le cloître, œuvre de Carlos Mardel, principal acteur de la reconstruction de Lisbonne après le tremblement de terre de 1755, est de style baroque et date de la première moitié du XVIIIe s.

### LE MIRACLE DES ROSES

D'après la légende du *milagre das rosas* (miracle des roses), la reine Isabel avait bon cœur et allait dans la ville de Coimbra distribuer du pain aux pauvres qu'elle cachait sous sa cape (le pain, pas les pauvres !). Un jour, en janvier, le roi dom Dinis, avare, la surprit. Il lui demanda ce qu'elle avait sous sa cape. La jeune femme lui répondit : « Des roses », et le pain se transforma en roses.

**Portugal dos Pequenitos** (Portugal des Tout-Petits) : *largo do Rossio, près de Santa Clara a Velha.* ☎ 239-80-11-70. ● portugaldospequenitos.pt ● *De juin à mi-sept, tlj 9h-20h ; mars-mai et de mi-sept à mi-oct, tlj 10h-19h ; de mi-oct à fév, tlj sf 25 déc 10h-17h. Dernière entrée 30 mn avt. Entrée : env 9 € ; forfait famille (2 adultes + 2 enfants de moins de 13 ans) 26 € ; réduc ; gratuit moins de*

*2 ans.* Grand jardin parsemé de miniatures de tous les types de maisons et des principaux monuments du Portugal (dont Lisbonne compactée en 40 m² !), dans lesquels les enfants peuvent pénétrer facilement. À l'entrée, une mini-Expo universelle avec des pavillons consacrés aux pays lusophones (Mozambique, Angola, Timor, Guinée-Bissau, etc.). Une chouette visite pour les enfants.

🚶 ***Jardim botânico*** *(plan D3) :* alameda Dr Júlio Henriques. Avr-sept, tlj 9h-20h ; oct-mars, 9h-17h30. GRATUIT. Fondé en 1772 par le marquis de Pombal, un petit parc charmant et reposant, agrémenté de quelques bassins et fontaines. Nombreuses espèces d'arbres et de plantes rares : un très beau spécimen de séquoia et un beau ginkgo.

## Manifestation

– ***Festa Rainha Santa Isabel :*** les années paires slt, début juil. Procession et feu d'artifice. Un festival surtout religieux.

## DANS LES ENVIRONS DE COIMBRA

### *CONIMBRIGA*

🚶🚶🚶 À env 15 km au sud de Coimbra. ☎ 239-94-11-77. ● conimbriga.pt ● Très bien indiqué depuis le centre de Condeixa-a-Nova. Tlj 10h-19h (l'hiver, le musée ferme bien à 19h, mais les ruines ne sont plus accessibles dès 17h !) ; billetterie fermée 45 mn avt. Fermé 1er janv, dim de Pâques, 1er mai et 24-25 déc. Entrée : 4,50 € ; réduc ; gratuit moins de 12 ans et 1er dim du mois. Brochure en français : 2 €.

Un site stratégique occupé depuis l'âge du fer et qui fut un oppidum romain de la plus grande importance. Son nom est à l'origine de celui de la ville de Coimbra. Une visite à ne pas manquer pour tous les passionnés d'histoire. Construite sur une hauteur facilement défendable, Conimbriga a conservé de nombreux vestiges qui valent le détour.

Commencez la visite par le petit *musée* moderne et par le panneau interactif qui permet de se rendre compte de l'importance de cet oppidum dans les échanges commerciaux de l'Antiquité. Les Romains occupent le site dès 138 av. J.-C., repoussant ou assimilant les Lusitaniens qui l'occupaient jusqu'alors. La cité était à son apogée entre 301 et 395 alors qu'elle commerçait avec Londinium (Londres), Carthage, Alexandrie, Antioche. Quelques salles rassemblent des instruments de mesure, de l'outillage, de la vaisselle et des bijoux (beaux cabochons gravés) qui témoignent de sa richesse. La statuaire est limitée, l'armée napoléonienne s'étant copieusement servie lors de son passage.

Quant aux *ruines* proprement dites, essayez de les visiter en fin d'après-midi, quand le soleil révèle leurs contours et couleurs. Passé les vestiges de plusieurs demeures (voir la maison dite « aux mosaïques » pour ses beaux exemples de pavage), de nombreux bains, le forum, des thermes, un aqueduc et l'imposante muraille, la « maison des Fontaines » constitue le clou de la visite, avec son atrium, son large péristyle et ses superbes mosaïques restaurées avec soin. Ne pas repartir sans passer dans le village (à 10 mn à pied), où les vestiges d'un vieux théâtre furent exhumés en décembre 1994.

|●| 🍷 ***Restaurante Conimbriga :*** attenant au musée. ☎ 239-94-82-18. Horaires du musée. Formule déj env 8,50 €. Pour profiter de l'excursion, on peut se restaurer sur place ou au moins boire un verre. Menu tout compris copieux et très convenable. Service agréable, dans une salle sobre et lumineuse ou sur la belle terrasse donnant sur la campagne et les oliviers.

|●| ***Restaurante O Regional do Cabrito :*** *praça da República, 14, Condeixa-a-Nova.* ☎ *239-94-49-33.* ● *geral@oregionaldocabrito.com* ● *Tlj sf lun. Formule déj en sem env 6-7 € ; plats env 5-10 €. Apéro maison offert sur présentation de ce guide.* Sur la place principale de la petite ville voisine du site de Conimbriga, un restaurant familial typique très apprécié des habitués pour ses menus d'un rapport qualité-prix imbattable (plats copieux), et pour sa spécialité de chèvre rôtie accompagnée de pommes de terre fondantes. Calorique, mais délicieux. Accueil sympathique.

## *MOSTEIRO DE LORVÃO ET SES ENVIRONS*

Le paysage aux environs de Lorvão (à 28 km de Coimbra) est de toute beauté. Quant au petit bourg, encaissé au fond de sa vallée, il abrite l'un des plus grands hôpitaux psychiatriques du Portugal.

🦌 ***Mosteiro de Lorvão :*** 📱 *918-21-67-26 (José Pisco). Tlj sf lun 9h-12h, 14h-17h30 (18h30 en été). Entrée : 1 €.*
La fondation du monastère remonte sans doute au VIe s, mais il est attesté à partir de la première reconquête de Coimbra sur les Maures en 878. Son importance a été considérable pendant tout le Moyen Âge. Occupé à l'origine par des moines bénédictins, il change de sexe en adoptant l'ordre cistercien sous le règne de Sancho Ier, dit « le Laboureur », au début du XIIIe s, ordre qu'il conservera jusqu'à la mort de la dernière religieuse en 1887. Ce monastère fut l'un des principaux centres de production de manuscrits enluminés du Moyen Âge, dont le fameux *Livre des oiseaux*.
On doit son aspect actuel aux grands travaux entrepris aux XVIIe et XVIIIe s, période pendant laquelle il fut « relooké » sous influence de Mafra, mais, disons, en plus « léger » question fioritures. L'église rappelle un peu celle d'Arouca, notamment en ce qui concerne le chœur des nonnes, avec un très bel ensemble de stalles sculptées en bois de rose et noyer portugais. Allez jeter un œil au cloître du XVIIe s, puis à la sacristie où vous trouverez quelques toiles de peintres italiens. Dans la salle du Trésor, belles statuaires sur bois ou calcaires polychromes des XVIe et XVIIe s, et, dans la salle du chapitre, reliques, ciboires, ostensoirs, bras reliquaires et crânes de moines.

🦌 ***Moinhos de Gavinhos :*** *entre Penacova et Lorvão, au-dessus du village de Gavinhos ; à partir de la rua da Estrada Nova, prendre la rua do Rossio.* Une petite route en lacet attaque la colline où est plantée une douzaine de petits moulins à vent. De là-haut, c'est sauvage et c'est très beau. Un bel endroit pour un pique-nique aux trilles des alouettes.

# LOUSÃ ET LES ALDEIAS DO XISTO

À 30 km au sud-est de Coimbra, Lousã, qui tire son nom des lauzes qui coiffent les toits des maisons de la région, possède encore quelques demeures nobles à blason du XVIIIe s, et, juste à l'extérieur du centre, une adorable tour médiévale juchée sur un promontoire dominant une vallée verdoyante aux flancs escarpés. Les berges de la rivière ont même été aménagées pour pouvoir faire trempette... à condition de ne pas être trop frileux ! Mais ce qui motive surtout la visite, c'est la balade dans la superbe *serra*, célèbre pour ses pittoresques villages de schiste.

## Arriver – Quitter

➤ **Coimbra :** env 15 bus/j. (moins le w-e).

## Adresse utile

**🛈 Office de tourisme et ecomuseu da serra da Lousã :** *rua João de Luso (angle rua Dr Pires de Cavalho).* ☎ *239-99-00-40.* • *cm-lousa.pt* • *Lun-ven 9h-12h30, 14h-17h30 ; w-e 10h-13h, 14h30-18h30 (17h30 hors saison).* Infos sur les balades à faire dans le coin. Accueil adorable en très bon français. Il abrite un *écomusée (horaires identiques ; GRATUIT)* qui vaut le coup d'œil pour ses belles collections d'outils anciens et d'objets du quotidien : nombreuses charrettes de tous types, jougs ouvragés et peints, engins de labours insolites, costumes traditionnels, céramiques, et pour finir, évocation des métiers d'antan.

## Où dormir ? Où manger ? Où boire un verre ?

🏕️ 🍽️ **Parque de campismo de Serpins :** *largo da Nossa Senhora da Graça, à 1,5 km de la gare ferroviaire de Serpins.* ☎ *239-97-11-41.* • *campingserpins.com* • *Ouv mai-fin sept. Forfait 2 pers env 13,50 € ; bungalows 2-6 pers env 40-70 € selon taille. Également des tipis.* Un petit camping au bord d'une eau claire où l'on peut se baigner. Confortable et ombragé, avec des aménagements corrects, mais pas de première jeunesse. Belle piscine. Accueil chaleureux.

🏠 **Pousada da juventude :** *rua da Feira, au nord de la ville, à côté de la piscine.* ☎ *239-99-63-84 ou 43-54.* • *lousa@movijem.pt* • 🍴 *Selon saison, 11-13 €/pers en dortoir 4 lits ; 32-36 € en chambre double avec sdb ; petit déj compris.* 📶 Grande construction géométrique et moderne pour une AJ parfaitement fonctionnelle et équipée. Au total, 48 lits, répartis entre des chambres doubles et des dortoirs lumineux (ces derniers sont regroupés par 2 et se partagent une salle de bains comportant 2 douches et 2 w-c). Côté confort : vaste salon cosy, cuisine à dispo, service de blanchisserie. Accueil pro. C'est bien, ici !

🏠 **Residencial Martinho :** *rua Carlos Reis, 3.* ☎ *239-99-13-97.* • *geral@ residencialmartinho.com* • *residencialmartinho.com* • 🍴 *Doubles 45-50 € selon saison, petit déj compris. Parking.* 💻 📶 À l'arrière d'une résidence moderne, une douzaine de chambres classiques, très propres et fonctionnelles (clim), certaines avec balcon. Bon accueil.

🍽️ **Tó Dos Frangos :** *rua dos Combatentes da Grande Guerra, lote 1, loja 1.* ☎ *239-99-53-09. Tlj sf mer. Plats env 5 €.* Cachée dans la galerie d'un immeuble moderne, au 1er étage, cette *churrascaria* connaît un tel succès auprès des locaux qu'elle s'est agrandie d'une petite salle de resto pimpante et agréable. Le menu propose aussi toutes sortes de plats typiques *(bacalhau, cataplana...)* servis copieusement. Un régal, à prix doux et servi avec le sourire : tout pour plaire !

🍽️ **O Burgo :** *ermida da Senhora da Piedade (3200).* ☎ *239-99-11-62. Tlj sf dim soir-lun. Menu 20 € ; plats env 10-25 €.* Au pied de la tour médiévale, cette petite auberge rustique avec cheminée et nappes blanches est merveilleusement située au bord d'une piscine naturelle. C'est l'un des restos les plus réputés de toute la région, spécialisé notamment en pot-au-feu de sanglier et de chevreuil, ainsi que dans un gâteau de pain maison l'« *os Burgos* ».

🍽️ **Ti Lena :** *Talasnal, serra da Lousã (3200).* 📱 *933-83-26-24 ou 911-93-29-48.* • *lisetedias@hotmail.com* • *De Lousã, direction Cacilhas puis Talasnal ; c'est au cœur du village. Juil-sept, tlj ; slt ven-dim et j. fériés en basse saison. Résa impérative. Plats env 10-16 €. Digestif offert* *sur présentation de ce guide.* Une adresse hors du commun. Lisete, professeur dans la région, a eu le coup de foudre pour une merveilleuse maison de berger en schiste. Véritable cordon-bleu, elle prépare avec soin et avec de bons ingrédients les spécialités du coin, comme le chevreuil rôti, le sanglier aux châtaignes, sans oublier les desserts à base de miel. Un délice de nature et de rusticité.

Pendant votre balade dans la *serra*, c'est à *Talasnal* qu'il faut faire une pause. D'abord, parce que le village est génial, ensuite, parce qu'on y trouve 2 cafés de pays super : le *O'Corral,* dont la salle rugueuse est prolongée par une terrasse profitant d'une vue fantastique, et la *Casa da Urze,* qui se contente d'un balcon, mais où l'on grignoter un petit quelque chose en contemplant la vue depuis la salle à manger de poche.

## À voir

*Aldeias do xisto* (villages de schiste) : bâtis sur des terres exiguës, ces superbes hameaux montagnards se confondent avec l'austère beauté de la nature environnante. Longtemps abandonnés, les villages de schiste reprennent progressivement vie grâce à un programme de restauration et de mise en valeur de la culture locale. Cinq d'entre eux sont classés, et facilement accessibles par une route de montagne en parfait état, sinueuse à souhait... mais ô combien pittoresque ! Au départ de Lousã, une boucle (prévoir environ 30 km) permet d'abord de découvrir *Cerdeira,* organisé de part et d'autre d'une rue-escalier qui dégringole le long d'une rivière. De retour sur la nationale, halte possible à *Candal,* où un bar-boutique propose quelques produits locaux (artisanat, miel, aromates). Mais c'est *Talasnal,* aux venelles très joliment restaurées, que l'on préfère (plusieurs hébergements possibles, se renseigner à l'office de tourisme de Lousã). Pour terminer, arrêt à *Casal Novo* et enfin *Chiqueiro.*

## LUSO ET LA FORÊT DE BUÇACO

À 25 km au nord de Coimbra, la forêt de Buçaco et la petite station thermale de Luso invitent à se mettre au vert. Grâce à l'intelligente gestion des moines qui y vécurent du VIe s jusqu'en 1834, Buçaco est l'une des plus anciennes forêts d'Europe. Il faut bien dire qu'elle bénéficie d'un microclimat et d'un relief particulier, favorisant une flore particulièrement riche et diversifiée. Lieu de belles balades, elle sert d'écrin à un incroyable palace construit à la fin du XIXe s. En contrebas, Luso, un site aux eaux thermales réputées pour soigner les problèmes de reins.

### Arriver – Quitter

#### En bus

➢ *Coimbra :* 4 bus/j. (2 bus sam, aucun dim). Env 45 mn de route. Le bus s'arrête au centre de Luso, près du rond-point de la fontaine, ainsi qu'au cœur de la forêt, près du *Palace* (ticket à bord).

➢ *Viseu :* 4 bus/j. via Buçaco (2 bus sam, aucun dim). Env 1h45 de route pour Viseu, 10 mn pour Buçaco.

#### En train

➢ *Coimbra :* 3 trains/j. (arrêt à la station de *Luso-Buçaco* sur la ligne de Beira Alta). Attention, la gare se trouve à 1 km de Luso, on prend son ticket dans le train.

## Adresse utile

**Office de tourisme de Luso-Buçaco :** rua Emídio Navarro, 136. ☎ 231-93-91-33. • turismodocentro.pt • Tlj 9h-13h, 14h-18h. Fermé 1er janv et 25 déc. Plan du village et de la forêt. Horaires des bus et des trains.

## Où dormir ? Où manger à Luso ?

Luso ne manque pas de possibilités de logement, mais attention à la grosse affluence estivale de curistes et touristes portugais.

### De bon marché à prix moyens

**Hospedaria Imperial :** rua Emídio Navarro, 25. ☎ 231-93-75-70. • residencialimperial@sapo.pt • residencialimperial.com • Doubles 38-42 €, petit déj compris. Idéalement situé en plein centre, un petit établissement moderne doté de chambres pas bien grandes mais propres et confortables. Simple et agréable. Ajoutez un accueil sympathique et vous obtenez un rapport qualité-prix impeccable !

**Casa de hóspedes familiar Maria da Graça Coelho :** rua Ernesto Navarro, 34. ☎ 231-93-96-12 ▫ 936-97-58-44. • anabelacoelho2@hotmail.com • Sur la route du parc, dans un virage serré, à 5 mn à pied du centre. Double env 35 €, petit déj compris. Une poignée de chambres datées, dont une suite pour 4 personnes. Le petit déj est servi dans la salle à manger familiale. Ce n'est pas cher, c'est propre, et l'accueil est authentique et très gentil, mais c'est un peu bruyant et une petite remise à niveau serait la bienvenue.

**Hotel Alegre :** rua Emídio Navarro, 2. ☎ 231-93-02-56. • business@alegrehotels.com • alegrehotels.com • Doubles 50-65 € selon confort, petit déj compris. Parking. Réduc de 10 % sur le prix de la chambre si réservée directement auprès de l'hôtel sur présentation de ce guide au check-in. Cette grande et belle maison de maître du XIXe s fut naguère la résidence d'été du comte de Graciosa. Cadre élégant, à l'image du salon cossu. Parmi la petite vingtaine de chambres joliment meublées, les plus vastes donnent sur l'avant, comme les nos 103 et 105 avec leurs terrasses particulières ensoleillées... Au petit déj, gâteaux et confitures maison, et pour se détendre, direction le bar *lounge*, dont la terrasse donne sur le jardin et la piscine. Une vraie adresse de charme !

**O Cesteiro :** rua Monsenhor Raul Mira, 78 ; au rond-point à la sortie de la ville vers Coimbra. ☎ 231-93-93-60. Fermé mer. Plats env 7-10 €. En bordure de la ville, une petite adresse sans prétention qui a le mérite de proposer une cuisine très correcte, classique, copieuse et à prix doux. Ça dépanne bien.

## À voir. À faire

### La forêt de Buçaco

*Entrée libre pour les piétons et les vélos ;* • fmb.pt • *5 €/voiture tte l'année 8h-20h. Fermé la nuit, sf pour les résidents du* Buçaco Palace Hotel. *Cueillette interdite.* Monument national depuis 1943, la forêt de Buçaco, avec ses 5 km de périmètre et ses 105 ha, abrite environ 700 espèces d'arbres et d'arbustes. Découverte dès le VIe s par les bénédictins puis géré par le clergé de Coimbra, le site est repris au début du XVIe s par les moines carmes qui en font leur « désert ». Ils l'enferment dans une longue muraille et y construisent un monastère, interdit d'entrée aux femmes. Les moines plantent d'innombrables essences exotiques, tandis que l'excommunication menace quiconque oserait couper une branche. Cela n'empêche pas Wellington d'y infliger, en 1810, une cuisante défaite aux troupes napoléoniennes. Peu entretenue, la forêt s'apparente aujourd'hui à une jungle dense et touffue, qu'enveloppe souvent, le matin, une brume mystérieuse. Petite « arche de Noé » végétale, elle réunit rhododendrons, ginkgos, cèdres, séquoias...

➢ En entrant dans la forêt par les portes proches de Luso, on rencontre d'abord la *vale dos Fetos,* une magnifique allée de fougères arborescentes de Nouvelle-Zélande, bordée d'un escalier menant à une adorable fontaine *(fonte Fria).* Tables de pique-nique à dispo.

➢ **Le chemin de croix :** *départ du sentier en contrebas (sur la droite) du* Buçaco Palace Hotel *et de l'église.* Rythmée par de grands arbres et de petites chapelles abritant des scènes de la Passion du Christ, une marche facile de 30-45 mn conduit au belvédère de *Cruz Alta,* d'où on aperçoit les monts d'Estrela et de Caramulo.

**L'église :** *devant le* Palace. Unique vestige du couvent du XVIIe s. Façade en rocaille et portes en chêne-liège typiques de l'architecture carmélite de l'époque.

**Buçaco Palace Hotel :** au cœur de la forêt de Buçaco, voici l'un des édifices les plus étonnants du pays et peut-être d'Europe. Surréaliste, irréel, incroyable ! Sur l'emplacement de l'ancien monastère, ce rendez-vous de chasse royal de la fin du XIXe s, transformé en hôtel de luxe dès 1917, est l'œuvre d'un architecte italien fondu d'art manuélin. Admirable galerie extérieure rappelant le cloître des Jerónimos à Belém (Lisbonne), dont les azulejos illustrent les grands épisodes des *Lusiades,* le roman épique de Camões à la gloire de Vasco de Gama. Malheureusement réservé aux clients, l'intérieur vaut bien l'extérieur ! Monumental et somptueux escalier orné d'azulejos polychromes, portes, arches et couloirs sont d'une richesse ornementale délirante. Du bar, où l'on peut prendre un verre au coin du feu, on passe dans la salle à manger, qui débouche sur une terrasse encadrée par des arcades très travaillées, ouvrant sur les jardins et la masse verte et mystérieuse des arbres. Enfin, on y trouve le souvenir de têtes couronnées et autres personnages illustres.

**Bussaco Palace Hotel :** ☎ 231-93-79-70. ● bussacopalace@themahotels.pt ● almeidahotels.com ● *Résa vivement conseillée. Doubles à partir de 90 € (mais consulter leur site). ½ pens possible. Repas env 35-45 €.* Un lieu magique, mythique... mais les chambres ne sont absolument pas à la hauteur, mal insonorisées et datées (mobilier vétuste, moquettes fatiguées...). Mais une fois prévenu et si l'on n'est pas trop exigeant, la beauté du lieu garantit tout de même une expérience mémorable. Petit déj moyen, comme l'accueil.

# FIGUEIRA DA FOZ   (3080)   63 140 hab.

C'est la station balnéaire de Coimbra, au débouché du rio Mondego. Une vaste plage, un front de mer animé, une affluence estivale festive, un casino... pas forcément l'endroit le plus authentique pour passer ses vacances, mais plutôt une étape agréable pour manger du poisson. Les étudiants de Coimbra en ont fait leur lieu de ralliement pour finir en beauté leur annuelle *Queima das Fitas.* Au petit matin, le samedi, ils déferlent en train, par camionnettes ou pick-up entiers, pour s'égailler, cape au vent, dans un *after* balnéaire du plus bel effet. Cette belle et immense plage constellée de minuscules fanions noirs frémissants se transforme alors en un dessin de Sempé.

À l'extrémité nord de la longue plage (3 km), l'ancien village de pêcheurs de Buarcos a été annexé par la station. Un petit bonheur, en arrière-saison, de déjeuner sur le pouce dans l'une des baraques en bois posées à même le sable de la plage.
– Ici, on fête particulièrement la **Saint-Jean,** le 24 juin. Feu d'artifice, grande parade et, surtout, baignade à l'aube en costumes anciens pour profiter de l'eau réputée particulièrement bienfaisante cette nuit-là.

### RESTÉ SUR LE CARREAU

*À Figueiras da Foz, il est un palais emblématique, la Casa do Paço, dont les murs sont ornés d'environ 10 000 azulejos. L'ennui, c'est qu'ils représentent la campagne hollandaise et non lusitanienne. La raison ? Ils proviennent tous d'un navire hollandais ayant fait naufrage au large de la ville à la fin du XVII$^e$ s !*

## Arriver – Quitter

### En bus

**Gare routière :** *sur l'av. Saraiva de Carvalho (à côté de la gare ferroviaire, près du grand pont, dans la zone portuaire).* ● rede-expressos.pt ●
➢ **Lisbonne :** 4-6 bus/j.

### En train

**Gare ferroviaire :** *à côté de la gare routière.* ● cp.pt ●
➢ **Coimbra :** env 1 train ttes les heures 6h-22h, dernier à env 22h30.
➢ **Aveiro et Lisbonne :** une quinzaine de trains/j. via Coimbra ou Alfarelos (pour Lisbonne).

## Adresses et info utiles

**Office de tourisme :** *av. 25 de Abril (sur le front de mer, à côté de l'hôtel Mercure).* ☎ 233-42-26-10. ● cm-fig foz.pt ● *Tlj 9h-18h (19h juil-août).* Carte, guide des plages et parcours de randonnée très bien faits. Service efficace.
**Bureau de tourisme :** *à Buarcos, au Núcleo Museológico do Mar, rua Governador Soares Nogueira, 32.* ☎ 233-43-30-19. *Ouv slt en sem, 9h30-12h30, 14h-17h.*
■ **Centro de Artes e Espectáculos (CAE) :** *rua Abade Pedro.* ☎ 233-40-72-00. ● cae.pt ● Programme des spectacles, des expos, des concerts (portugais et internationaux).
– **Marché couvert** (mercado municipal) **:** *sur la rua 5 de Outubro. Tlj sf dim en hiver, tlj en été.*

## Où dormir ?

### Camping

**Campismo municipal :** *quinta da Calmada, estrada de Tavarede.* ☎ 233-40-28-10. ● geral@figueira camping.com ● *Sur les hauteurs de la ville. Bus de la gare jusqu'au camping. Selon saison, forfait 2 pers env 11-19 €. CB refusées.* Éloigné de la mer et squatté à l'année par les caravanes, ce camping vieillot mais vaste et ombragé vous offrira une bonne petite couche d'aiguilles de pin pour planter votre guitoune. Le bémol, c'est qu'il est bondé en été, et que la piscine est payante (1 €). Pour le reste, c'est convenable, et l'accueil est très sympa.

### De bon marché à prix moyens

**Paintshop Hostel :** *rua da Clemencia, 9.* ☎ 233-43-66-33. ▯ 916-67-82-02. ● info@paintshophostel.com ● paintshophostel.com ● De la praça 8 de Maio, remonter la rua dos Combatentes jusqu'à la boulangerie, puis à droite, puis 1re à gauche. Env 20 €/pers en dortoir 2-6 lits ; double ou twin 50 € ; petit déj compris. CB refusées.* Une auberge de jeunesse privée top niveau : proche des gares, de la plage et de la vie nocturne, et très bien équipée : cuisine commune, bar cosy avec billard, petite cour intérieure pour griller ses sardines, location de vélos, stage de surf, etc. Pour dormir, des dortoirs lumineux à la déco personnalisée attenant à des sanitaires nickel. Au 2e étage, 2 autres petites doubles, mignonnes comme tout, se partagent une salle de bains. Tout ça dans la chaude ambiance festive que confèrent les retrouvailles entre surfeurs et routards des quatre coins du globe !

■ *Puzzle Hostel :* rua Alto do Viso, 36. 916-14-01-38. • geral@puzzle hostel.pt • puzzlehostel.pt • *Dans la rue qui surplombe la rua de Buarcos. Env 25 €/pers, avec petit déj. CB refusées.* C'est minuscule, avec seulement 5 chambres pimpantes (4 doubles et 1 quadruple), dont 2 avec salle de bains privée. Mais du coup l'ambiance est très conviviale, et l'on se fait vite des amis dans la cuisine moderne très bien équipée, ou dans le petit salon cosy à souhait. Pas mal dans son genre, d'autant que le sympathique propriétaire se met en quatre pour entretenir cette petite affaire et lui donner un peu de personnalité.

■ *Hospedaria Chez Odete :* rua Dr Santos Rocha, 58 (accueil au n° 54). ☎ 233-42-74-62. 966-51-67-63. • chezodete@sapo.pt • *De la praça 8 de Maio (proche du port), prendre la rua Dr José Jardim, puis la 1re à droite. En été, résa conseillée. Doubles 30-35 € suivant saison. Petit déj 3 €. CB refusées.* Café offert sur présentation de ce guide. Une agréable maison de ville dans une rue calme, qui renferme 7 chambres coquettes réparties sur 2 niveaux, toutes avec salle de bains privative. 2 d'entre elles communiquent, ce qui est appréciable pour une famille. Autrement, l'ensemble est bien tenu, très fleuri pour la déco, et chacun peut profiter de la cuisine au frigo bien garni. Excellent accueil.

■ *Hospedaria Sãozinha :* ladeira do Monte, 43. ☎ 233-42-52-43. • hospe dariasaozinha@hospedariasaozinha. com • hospedariasaozinha.com • *À deux pas de la praça 8 de Maio. Doubles 30-50 € selon saison. Petit déj 5 €. CB refusées.* Si vos tympans ont résisté au hurlement rageur de la sonnette, montez donc dans les étages. Vous y découvrirez une douzaine de belles petites chambres carrelées avec une bonne literie, doubles ou triples, toutes avec salle de bains. Bien agencées, elles sont absolument impeccables. Accueil très gentil et en v.o. du couple de retraités qui tient cette affaire bien au calme.

## De prix moyens à plus chic

■ *Hotel Wellington :* rua Dr Calado, 25. ☎ 233-42-67-67. • reservas@ lupahoteis.com • hotelwellington.pt • *Proche du casino et des bars. Fermé 24 déc. Doubles 49-90 € selon saison et confort, petit déj compris. Parking payant.* Plus standard que charmant, c'est en tout cas un établissement moderne et sérieux. Il propose une bonne trentaine de chambres claires, confortables et bien équipées : bouilloire, frigo, clim, double vitrage (utile le week-end dans ce secteur !). Au dernier étage, les suites familiales ont l'avantage de disposer de grands balcons. Accueil aimable et efficace.

## Où manger ? Où boire un verre ? Où sortir ?

En été, plusieurs restos et bars prennent leurs quartiers sur la plage. Festif et animé. Également des animations pour les enfants.

I●I *Núcleo Sportinguista :* rua Praia da Fonte, 14-17. ☎ 233-43-48-82. • nucleosapfigfoz@gmail.com • *Derrière le jardin municipal. Tlj midi et soir. Formule env 8-9 €.* Cette cantine pimpante installée dans une large véranda sert une cuisine simple et bonne sous forme de menu avec entrée, soupe et plat du jour (excellent rapport qualité-prix, surtout s'il y a du poisson grillé !). Une institution populaire qui ne désemplit pas !

**|●| A Grega :** *rua da Restauração, 30.* ☎ *233-42-06-65.* ሓ *De la praça 8 de Maio, remonter la rua dos Combatentes jusqu'à la boulangerie, puis à droite. Tlj sf lun. Congés : fin sept. Formule déj en sem env 7-8 € ; plats env 6-10 €.* 🛜 *Apéro maison offert sur présentation de ce guide.* On aime beaucoup cette adresse discrète connue des gens du coin. L'accueil francophone de la propriétaire est chaleureux, à l'image d'une cuisine familiale solide et savoureuse. Parmi les spécialités de viandes argentines, goûter donc à la *parillada* : la viande est délicieuse ! Mais mieux vaut avoir faim, car c'est servi avec le riz, les frites et les haricots noirs !

**|●| Caçarola 1 :** *rua Candido dos Reis, 65.* ☎ *233-42-48-61.* ● *geral@cacarola1.com* ● *À côté du casino.* *Tlj midi et soir. Plats env 7-8 € le midi, 7-15 € le soir.* C'est ici que les locaux rappliquent lorsqu'ils s'offrent un resto le soir. Ce n'est sans doute pas le moins cher, mais les plats sont bons, copieux (brochettes savoureuses et poissons grillés impeccables), et servis presto, du moins pour le coin ! Et puis, en salle ou en terrasse, l'ambiance conviviale et animée est vraiment sympa.

**¶ ♪ Rua Académico Zagalo :** l'essentiel des bars se concentre dans cette rue et dans quelques voisines, piétonnes et épargnées par le casino mastodonte. Pour sortir et boire un verre, c'est fastoche ! Il suffit par exemple de papillonner à la terrasse du très festif **Ricky's on the Beach** (sans *beach*, mais avec une déco branchée surf et palmiers !), avant de relancer la mécanique au **Zeitgeist Caffé,** le plus tendance avec son ambiance jazzy-*lounge*.

# DE FIGUEIRA À AVEIRO

**✈ Serra da Boa Viagem et Quiaios :** *à 4 km au nord de Figueira da Foz. Accès : depuis Buarcos, suivre la plage puis bifurquer, juste avt le phare, sur la route qui monte. De Figueira, passer par le rond-point du Leclerc. Fléchage correct.* Promontoire rocheux terminé par le cap Mondego, cette *serra* qui surplombe Figueira (jolie vue) abrite une réserve naturelle couverte de pins, de cèdres et d'eucalyptus. Un coin parfait pour un pique-nique suivi d'une promenade en fin d'après-midi, ou pour une petite escale sur la route d'Aveiro. De l'autre côté, une route pittoresque redescend vers le village de Quiaios (plage à quelques kilomètres).

**⛺ Parque de campismo de Quiaios :** *rua Parque de Campismo, 3080-515 Quiaios.* ☎ *233-91-04-99.* 📱 *962-46-97-58.* ● *campismo@jf-quiaios.pt* ● *quiaios.pt/campismo* ● *Installé dans une pinède à 300 m de la plage de Quiaios, à 8 km de Figueira. Ouv tte l'année. Forfait 2 pers env 14 €. Doubles 20-30 € ; bungalows et apparts 5 pers 40-60 € selon saison.* 🛜 *(à l'accueil).* Un grand camping dans une pinède clairsemée au terrain très sec. Les infrastructures et les sanitaires ne sont pas de toute première fraîcheur, mais c'est propre. La mer est à 5 mn à pied. Il est correctement équipé : bar, resto, supérette, jeux pour les enfants et tennis. Cependant, bondé et bruyant en été. Excellent accueil.

**🏠 |●| Casa Pinha :** *rua do Parque Florestal, 123.* ☎ *233-43-55-71.* 📱 *915-19-05-82.* ● *casapinha@hotmail.com* ● *restaurantecasapinha.pt* ● ሓ *Sur la route principale qui parcourt la serra. Resto tlj sf dim soir-lun (tlj en juil-août). Doubles 45-80 €, petit déj compris. ½ pens possible 15 €/pers (boissons en sus). Plats 9-16 €.* 🛜 Cet établissement convivial isolé à flanc de colline jouit d'une vue à couper le souffle sur la ville et la mer. Un décor génial dont on profite en terrasse, en se régalant d'une bonne cuisine typique du coin, que le chef aime interpréter à sa façon. Et puisque que ça tournicote sec pour redescendre à Figueira, restez donc coucher ici ! La maison offre une dizaine de petites chambres fonctionnelles et claires, aménagées dans 2 bâtiments de plain-pied. Certaines disposent d'une terrasse. Quant aux enfants, ils seront ravis d'aller saluer les ânes de la maison, avant d'aller barboter dans la piscine. Super ! Accueil francophone très sympathique.

🠶 *Praias de Mira et de Tocha : pour la découverte, préférer la petite route parallèle au rivage (3 km env dans les terres) plutôt que la nationale, beaucoup plus fréquentée.* À partir de Quiaios, la trentaine de kilomètres de dunes plantées de pins est tronçonnée par les longues routes d'accès aux *praias* (plages) des localités de Tocha et Mira. Ces plages offrent l'opportunité de belles balades à vélo. Praia de Mira, avec sa petite église rayée et ses pêcheurs qui papotent en remaillant leurs filets, est très pittoresque. Un office de tourisme doté d'un petit musée « ethnomachin » fournit quelques renseignements sur les balades à faire dans le coin. Quant à la plage, on s'y baigne si l'on n'est pas trop frileux.

🛈 **Office de tourisme de Praia de Mira :** *av. da Barrinha, 3070-792* **Praia de Mira.** ☎ *231-48-05-50. Tlj sf lun et dim mat 9h-13h, 14h-17h (tlj en juil-août).* Des renseignements sur les balades à faire dans le coin.

⛺ *Camping Orbitur : au sud de praia de Mira, près du lagoa da Barrinha.* ☎ *231-47-12-34.* ● *orbitur.pt* ● *Fermé 10 oct-fin déc. Selon saison, 13-23 € pour 2.* 🛜 *Plein de tentes prémontées, planter la sienne plutôt dans le fond pour profiter de l'ombre.* Un peu cher mais nickel, quand bien même les sanitaires accusent le poids des ans. Également des bungalows mais pas très bien placés (trop près de l'entrée). Pas de piscine.

⛺ *Camping-bungalows Vila Caia : env 2 km après Mira, sur la droite de la route de la plage.* ☎ *231-45-15-24.* ● *geral@vilacaia.com* ● *vilacaia.com* ● *Fermé 2de quinzaine de déc. Compter env 16 € pour 2.* 💻 *(payant).* Un grand terrain avec des emplacements pour tentes séparés de ceux pour caravanes et camping-cars par une petite rivière. L'emplacement pour tentes est en fait une grande prairie ombragée par des pins, c'est pas mal. Piscine en été, supérette, et un resto qui fonctionne de mi-juin à fin août. Bon accueil.

# COSTA NOVA  (3830)  1 500 hab.

**Coincé sur une langue de terre entre mer et ria, Costa Nova est célèbre pour ses maisonnettes rayées qui tournent le dos à la mer. À moins d'être kitesurfeur ou cyclotouriste, pas grand-chose à faire ici, si ce n'est s'attarder à une table pour dévorer un plateau de fruits de mer, un poisson mariné ou une assiette de pousse-pied, ces crustacés succulents mais hors de prix sur nos tables bretonnes. Côté ria, l'esplanade-promenade, bordée par l'avenue principale José Estevão, s'anime de plusieurs cafés, restaurants et d'un marché au poisson très fréquenté.**

## Arriver – Quitter

🠶 **Aveiro :** à Costa Nova, arrêt sur l'esplanade. Bus ttes les heures dans les 2 sens, 7h-minuit.

🠶 **São Jacinto :** sur la langue de terre opposée, fermant la ria d'Aveiro au nord. Une quinzaine de ferries/j. 7h20-0h30 entre Forte da Barra et São Jacinto (piétons, vélos et voitures). Pour les horaires voir ● *moveaveiro. pt* ●

## Adresse utile

🛈 **Office de tourisme :** *av. José Estevão, praia de Costa Nova.* ☎ *234-36-95-60.* ● *cm-ilhavo.pt* ● *Ouv de mi-juin à mi-sept, tlj 10h-18h.*

Autre bureau de tourisme à Ilhavo, av. 25 de Abril. ☎ 234-32-59-11. Même site. Ouv mer-dim : 11h30-13h, 14h-19h30 en été ; 10h30-12h, 13h-18h30 hors saison.

## Où dormir ? Où manger ? Où déguster une glace ?

▲ **Camping Costa Nova :** *500 m avt l'entrée sud du village.* ☎ 234-39-32-20. • info@campingcostanova.com • campingcostanova.com • *Ouv sem avt Pâques-oct. Compter 15 € pour 2. Double 35 €.* 🖥 *(payant).* Pas des masses d'ombre dans ce camping, dont l'intérêt premier est d'avoir un accès direct à la plage. Des sanitaires nickel, des jeux pour les enfants, de quoi se sustenter en été. Bref, un camping qui plaît.

🏠 **Hotel Azevedo :** *rua Arrais Ança, 16.* ☎ 234-39-01-70. • geral@hotelazevado.com • hotelazevado.com • ♿ *(1 chambre). Derrière le Marisqueira. Doubles 50-80 €, petit déj inclus. Parking 7 €.* 🖥 *(payant).* 📶 *Petit déj offert sur présentation de ce guide.* Une quinzaine de chambres dans cet hôtel familial, à l'ambiance marine : briques, bois tropical verni, lisses en inox. Toutes les chambres possèdent la clim, ainsi qu'une petite terrasse. La salle de petit déj est bien agréable. En hiver, on a même droit à un feu de cheminée. Mise à dispo de vélos gratuits. Bon accueil.

❙◉❙ **Restaurante D. Fernando :** *av. José Estevão, 162.* ☎ 234-36-95-25. *Tlj midi et soir. Fermé nov. Friture 11 € ; plats 10-25 €.* Excellent resto, dans une maison rayée vert et blanc de style Art nouveau, coiffée d'un aigle en terre cuite. Toute une série de plats de la mer et des spécialités comme la bouillabaisse d'anguilles *(caldeirada de enguias)* ou de barbue, servie avec des pommes de terre mijotées dans un bouillon. Jolie carte des vins, avec un grand choix. Terrasse agréable.

❙◉❙ **Marisqueira Costa-Nova :** *av. José Estevão, 75 (proche du petit rond-point).* ☎ 234-36-98-16. *Tlj. Plats 15-25 € ; crabe env 25 €/kg ; paella pour 2 pers 30 €.* Grande salle restée dans son jus depuis les années 1970, avec baie vitrée et terrasses (dont en balcon) donnant sur la place. Spécialités de poisson servi en *caldeirada, paelha, arroz* ou encore *assado no forno* (rôti au four). Aux baudroies, anguilles, morues, bars et autres turbots s'ajoutent des étrilles, des crevettes et des pousse-pied. Un peu l'usine, mais fiable.

🍦 **Gelataria Rimini :** *sur l'esplanade des maisons rayées.* Cet excellent glacier offre un large choix de parfums. Coupes à composer soi-même, avec coulis, crème et fruits frais.

# AVEIRO (3800) 74 000 hab.

Très agréable à vivre avec ses nombreux petits restos le long des canaux où se glissent quelques bateaux traditionnels *(moliceiros)*. Le centre se découvre à pied avec bonheur. Aveiro s'avère un excellent port d'attache pour explorer la région. Avec des ruelles dont les trottoirs sont de véritables œuvres d'art, bordées d'immeubles tantôt

## LE PÉRIL JAUNE

*Mélanger des jaunes d'œufs et du sucre jusqu'à obtention d'une pâte bien lisse, voilà en substance la simplissime recette des* ovos moles. *Prononcer quelque chose comme « ovch molch ». Ah, mais on oubliait les proportions : pour 1 kg de sucre, compter... 60 jaunes d'œufs !*

Art nouveau, tantôt Art déco, cette ancienne ville de pêcheurs possède un caractère balnéaire très marqué. Est-ce la présence de canaux, la forme en demi-lune des proues des *moliceiros*, ornés de fresques égrillardes qui emportent les touristes se balader sur la lagune ? Aveiro prend des petits airs de Venise... Enfin, n'oublions pas les fameux *ovos moles* (« œufs mous »), la spécialité pâtissière de la ville.
– La praça H. Delgado, place centrale arrangée en rond-point et sous laquelle passe le canal central, constitue un point de repère idéal. Si vous voulez prendre de la hauteur, à quelques kilomètres d'Aveiro, le phare de forte da Barra se visite tous les mercredis de 14h à 17h.

## Arriver – Quitter

**Gares routière et ferroviaire :** *de la praça H. Delgado, prendre la rua Viano do Castelo, au bout à 1 km.* Horaires des cars sur ● *rede-expressos.pt* ● et des trains sur ● *cp.pt* ●
➢ **Coimbra, Lisbonne, Porto... :** en train, pléthore de départs, y compris avec l'*Alfa* (le plus rapide). Également des bus, mais bien moins pratique.
➢ **São Jacinto :** env 15 bus/j. jusqu'au forte da Barra, d'où autant de ferries voguent jusqu'à São Jacinto (15 mn de traversée). Horaires sur ● *moveaveiro.pt* ●

## Adresses et info utiles

**🛈 Office de tourisme régional :** *rua João Mendoça, 8.* ☎ *234-42-07-60.* ● *turismodocentro.pt* ● En plein centre. Juin-sept, tlj 9h-20h (18h le w-e et le reste de l'année ; hors saison w-e 9h30-12h30, 13h30-17h30). Fermé 1er janv et 25 déc. Plan de la ville moyennant contribution. Infos sur les musées de la région, les hébergements, les horaires de bus urbains et de bateaux. Accueil moyen.
**🛈 Aveiro Welcome Centre** (office de tourisme municipal) : *rua Clube dos Galitos, 2.* ☎ *234-37-77-61.* ● *cm-aveiro.pt* ● *Juin-sept, tlj 10h-20h ; oct-mai, lun-ven 9h30-19h et w-e 9h30-12h30, 14h-18h.* Infos et vente de billets pour les balades en bateau.
**@ Aveiro Digital :** *praça da República. Derrière Aveiro Welcome Centre. Lun-ven 9h-12h, 13h-17h. GRATUIT.*
– **Vélos gratuits :** *en face du Fórum Aveiro, de l'autre côté du canal. Kiosque vert « Loja BUGA ». Tlj 9h (10h w-e)-19h.* Prêt gratuit de vélos urbains sur présentation d'une pièce d'identité.

## Où dormir ?

### Campings

**Plusieurs campings** dans la région, tous à proximité de la mer. Au sud-ouest, à Costa Nova (région la plus rapidement accessible depuis Aveiro), mais également à Vagueira, Barra et Cantanha da Encarnação. Au nord, plus sympa car plus sauvage, mais aussi plus loin (jusqu'à 45 mn de route), campings à Torreira et São Jacinto (accessible par le ferry depuis forte da Barra).

### Bon marché

**🏠 Pousada da juventude :** *rua das Pombas (edificio do IPJ).* ☎ *234-48-22-33 ou 234-42-05-36.* ● *aveiro@movijovem.pt* ● *microsites.juventude-gov.pt* ● À l'écart du centre-ville, dans le quartier universitaire, face à l'ancien stade. Accès en bus (nos 5 et 7) depuis la gare. Réception 8h-minuit. En dortoir 4 lits, 10-12 €/pers selon saison ; doubles 23-28 € selon confort et saison, petit déj compris.* 🖥 *(9h-20h slt).* 📶 Chambres alignées dans un couloir style hôpital, et sanitaires partagés pour les dortoirs. Très propre, mais équipement assez sommaire. Très fréquenté par les étudiants, car c'est aussi un centre de formation.

### De bon marché à plus chic

🏠 *Wake In Aveiro Guesthouse :* rua das Tricanas, 5 (à Beira Mar, quartier des pêcheurs). ☎ 234-04-15-38. 📱 961-03-59-76. ● aveirorossiohostel@gmail.com ● *Doubles 40-70 € selon taille, confort et saison. Pas de petit déj.* 📶 Un petit salon looké sixties pour mettre dans l'ambiance. Dans cette vénérable demeure entièrement réhabilitée, une huitaine de chambres avec salle de bains se disputent les étages (seules celles du haut sont climatisées). Elles sont toutes lumineuses et très plaisantes, égayées par des toiles ou du mobilier très coloré. Certainement un des meilleurs rapports qualité-prix-accueil de la ville.

🏠 *Aveiro Rossio Hostel :* rua João Afonso de Aveiro, 1 (largo do Rossio). ☎ 234-04-15-38. ● aveirorossiohostel@gmail.com ● aveirorossiohostel.com ● *Entre le canal central et le marché aux poissons. Selon saison, 16-23 €/pers en dortoir 5-8 lits ; doubles 40-50 € ; petit déj inclus.* 💻 📶 C'est une maison bleue... posée à l'angle de cette agréable place depuis plus d'un siècle. Parquets et escalier en bois conduisent aux chambres (3 doubles, dont 2 avec salle de bains) et 4 dortoirs dotés de casiers, veilleuses individuelles et clim (pour ceux sous les combles). Ensemble gai et lumineux, meublé dans le style « géant suédois », à l'exception du grand salon du rez-de-chaussée. Patio pour la farniente et cuisine ultra-équipée. Accueil chaleureux et francophone.

🏠 *Hotel Veneza :* rua Luís Gomes de Carvalho, 23. ☎ 234-40-44-00. ● info@venezahotel.com ● venezahotel.com ● *Doubles 68-86 €. Petit déj 9 €. Parking gratuit devant l'hôtel, sinon payant.* 💻 📶 Un peu en retrait (dans le quartier de la gare), mais à 5 mn à pied du centre historique. Un très bel hôtel aménagé dans une antique demeure des années 1930. L'intérieur fait référence au style Art nouveau, avec quelques effets de vitraux, des arabesques et quelques boiseries. Moquette cramoisie dans les couloirs, portes capitonnées. Dans les chambres, tout le confort attendu : clim, bouilloire. Le tout pour un séjour très au calme. Un excellent petit déj-buffet à prendre dans la cour intérieure aux beaux jours, doublé d'un accueil attentionné.

🏠 *Hotel das Salinas :* rua da Liberdade, 10. ☎ 234-40-41-90. ● reservas@hoteldassalinas.pt ● hoteldassalinas.pt ● *À l'angle de la rue, face au canal central (env 300 m à l'ouest de praça H. Delgado). Doubles 60-70 €, petit déj compris ; avec kitchenette 75-85 € ; voir offres spéciales sur le site.* 📶 Une grosse quinzaine de chambres dont la moitié avec cuisine équipée. Toutes possèdent frigo, bouilloire, bois laminé au sol, petit bureau, sofa, chauffage et ventilo (pas de clim). Préférez une chambre sur l'arrière, car la rue est très passante. Petit déj pris dans un agréable patio. Bon accueil.

🏠 *Hotel Aveiro Center :* rua da Arrochela, 6. ☎ 234-38-03-90. ● reservas@hotelaveirocenter.com ● grupoalboi.com ● *Doubles 65-80 € selon saison, petit déj compris.* 📶 À 200 m à l'arrière de l'*Hotel das Salinas* et géré par le même groupe. 2 douzaines de chambres assez cosy mais pas très fun, en tout cas bien au calme. Prestations tout confort, mais l'accueil mériterait d'être plus chaleureux.

## Où manger ?

### De très bon marché à prix moyens

🍴 *Pastelaria-padaria Rainha d'Aveiro :* av. Dr Lourenço Peixinho, 159 (près de la poste). ☎ 234-42-69-41. *Tlj midi et soir. Plats 3-5 € ; menu du jour (plat + soupe) 4 €.* Un long comptoir où brille tout un tas de choses sucrées et salées et une salle vite prise d'assaut le midi. L'endroit idéal pour une salade ou un hamburger maison, un roulé au jambon, un *molotoff* ou une tartelette aux fraises. Faut juste trouver un coin de table à l'heure du déjeuner...

**IOI O Batel :** *travessa Tenente Resende, 21.* ☎ *234-48-42-34. Tlj sf dim soir-lun (juin-sept, tlj sf dim soir). Plats env 15 €.* Des tables à touche-touche, un intérieur en bois verni et un éclairage zénithal pour affirmer l'ambiance cambuse. Ici, on dîne les oreilles baignées d'un petit blues. Une cuisine à la demande, alors ça peut être long. Le chef revisite tout ce que la mer produit d'invertébrés, de poissons, et incorpore avec bonheur herbes aromatiques et légumes du marché. Le tout cuit en papillote, à l'étouffée ou simplement grillé. Pour le vin, demandez à Luciano, il est toujours de bon conseil.

**IOI ♪ Pizzarte :** *rua Engenheiro von Haffe, 27.* ☎ *234-42-71-03.* ● *pizzarte@pizzarte.com* ● *Petite rue sur la droite de l'av. Dr Lourenço Peixinho, entre la gare et le canal.* Salades, crêpes, pâtes et pizzas constituent la carte de cette pizzeria-centre culturel depuis 25 ans. Attablez-vous dans un décor ultra-design, voire hyper *hype,* pour une pizza à la sauce portugaise. Accueil et service gentils. Pour la programmation, consultez leur site internet.

### Où manger une pâtisserie ? Où boire un verre ? Où sortir ?

**IOI Confeitaria Peixinho :** *rua de Coimbra, 9.* ☎ *234-42-35-74.* ● *geral@confeitariapeixinho.pt* ● *Pas loin de la praça H. Delgado, en direction de l'hôtel de ville. Tlj 9h-20h.* Dès sa vitrine, la meilleure pâtisserie de la ville donne l'eau à la bouche : énormes cakes regorgeant de fruits confits et foultitude de pâtisseries conventuelles, dont la spécialité d'Aveiro : les *ovos moles.*

**♀ ♪ Mercado Negro :** *au 2ᵉ étage d'un immeuble dont l'entrée se situe à droite de la quincaillerie rua João Mendonça, 17. Tlj sf lun 17h (21h mar)-2h (3h ou 4h ven-sam).* 📶 Difficile de cataloguer cet établissement qui n'est ni un bar branché, ni une association, ni une galerie d'exposition, ni un lieu expérimental, mais tout ça à la fois ou plus exactement tout le contraire, voire carrément l'inverse du contraire ! Bref, une grande maison vouée à une culture collective alternative où tout change tout le temps dans une gentille petite organisation désorganisée. Tout ce qu'on peut dire, c'est qu'on peut y aller pour boire un coup, se brancher sur wifi, écouter de la musique les jeudi et vendredi sur les coups de 22h et y voir tout plein d'expos. On peut même y faire quelques emplettes quand l'envie les prend de se transformer en marché aux puces.

**♀ ♪ Posto 7 :** *au coin de la rua dos Marnotos, juste en face du marché aux poissons. Tlj 11h-3h (4h en été).* Un bar branché, où le Che voisine avec Bob Marley, réputé pour ses caïpirinhas et ses mojitos, sans oublier le fameux *posto 7,* le cocktail détonnant de la maison. Musique plutôt alternative, mais également du rock, reggae, salsa, samba et soirées DJ.

## À voir. À faire

**🏛 Museu naciónal :** *av. de Santa Joana Princesa.* ☎ *234-42-32-97.* ● *maveiro@drcc.pt* ● *Remonter la rua Batalhao de Cacadores depuis la praça H. Delgado. Tlj sf lun 10h-18h (19h en été). Fermé 1ᵉʳ janv, jour de Pâques, 1ᵉʳ mai et 25 déc. Entrée : 4 € ; réduc ; gratuit dim et j. fériés jusqu'à 14h. Audioguides en anglais et espagnol.* Ancien couvent dominicain du XVᵉ s. La visite commence au rez-de-chaussée où est entreposé le tombeau de la princesse Joana, patronne de la ville, morte en 1490 et béatifiée en 1693. Le tombeau lui-même date du début du XVIIIᵉ s. Véritable chef-d'œuvre de marqueterie de marbre, il a nécessité 11 années de travail.

Attenante, la chapelle principale est d'un flamboyant sans égal avec une profusion de *talhas douradas* (bois sculptés dorés).

La nef unique date du XVIe s, mais tous ces apports datent des XVIIe et XVIIIe s, à une époque où cette technique, moins coûteuse et beaucoup moins contraignante que les éléments en marbre du baroque italien, envahissait l'intérieur des églises. Le maître-autel est un modèle du genre. La visite se poursuit par le 1er étage. Avant d'entrer dans les salles proprement dites, jetez un coup d'œil à la tribune de l'église, aux chapelles de N. S. do Rosario et de l'Imaculada Conceição. Au niveau de la salle des broderies, se trouve le célèbre portrait de la princesse, un bois de la seconde moitié du XVe s attribué à Nuno Gonçalves. Superbe ! Ensuite, on remarquera de beaux bois de la Renaissance de l'école siennoise (vers 1500), ainsi que de l'école portugaise du XVIe s, aussi des triptyques de la même époque, puis quelques baroques primitifs et une série de reliquaires en provenance des couvents de la région. On sent l'exotisme, avec de beaux Christ en ivoire sur leur croix en ébène. Verser votre petite larme devant le très réaliste *Agnus Dei* peint au XVIIe s (école portugaise). À partir de la salle 7, le baroque s'affirme, avec de beaux éléments en bois doré, des colonnes salomoniques sculptées de feuilles de vigne, de grappes et d'oiseaux, puis l'on assiste à la transition avec le rococo (qui arrive au Portugal dans la moitié du XVIIIe s), avec pour très bel exemple, cette Sainte Famille en calcaire polychrome représentant Marie sous l'allure d'une marquise, Joseph et le petit Jésus en marquis eux aussi, mais tout le monde en nu-pieds ou en sandales !

– En face, la *cathédrale São Domingos (tlj 9h-19h)* est une intéressante tentative de restauration moderne avec intégration des éléments du passé. L'intérieur est de style néo-Renaissance embelli par des éléments baroques.

**Le marché aux poissons :** *tlj sf lun.* De style Eiffel, grande halle transparente assez réussie. Bon resto à l'étage avec jolie vue. Autour, nombreux restos et cafés. Beaucoup d'animation, surtout le matin. En fin d'après-midi, terrasses et fado.

**Museu de Arte Nova :** *rua Dr Barbosa de Magalães, 9-11.* ☎ *234-40-64-85.* • *museucidade@cm-aveiro.pt* • *cm-aveiro.pt* • *Dans le prolongement de la rua João Mendonça, dans un grand immeuble remarquable, juste en face du départ des balades en bateaux. Mar-ven 9h30-12h30, 14h-18h ; w-e 14h-18h. Entrée : 1 €.* Tape-à-l'œil vu de l'extérieur, ce musée moderne, certes bien muséographié mais avec beaucoup trop de texte en portugais et pratiquement rien à voir, n'intéressera que les spécialistes lusophones. Le seul intérêt, c'est de récupérer le plan en papier glacé du circuit pour partir à la découverte du patrimoine Art nouveau de la ville (disponible également à l'office de tourisme régional). Au rez-de-chaussée, un petit salon branché propose 101 sortes de thé hors de prix et du live le vendredi à partir de 22h.

**La gare ferroviaire :** l'une des plus connues du pays, pour les remarquables azulejos qui ornent ses murs extérieurs.

**Eco-museu Marinha da Troncalhada :** *à la jonction du canal das Pirâmides et de la ria. GRATUIT.* Promenade sur le bord des salines, guidée par quelques panneaux explicatifs en anglais. Intéressant pour suivre les étapes successives de la production traditionnelle de sel.

➢ **Promenade en bateau traditionnel :** • *ondacolossal.pt* • *Départ en face de l'office de tourisme régional. Tlj 10h-19h. Compter 8 € pour un tour.* Tour de 45 mn qui vous emmène à l'extérieur de la ville à bord des *moliceiros*, ces embarcations qui traditionnellement ratissaient la lagune pour recueillir le *moliço*, une algue qui pousse dans le fond et qui servait à fertiliser les sols. Ces bateaux à fond plat et à proue en forme de demi-lune sont toujours décorés de quatre peintures. Ces œuvres originales de l'art populaire possèdent le plus souvent un caractère satirique. Femmes et curés y ont le beau rôle, de même que les maris cocus. Certaines virées combinent promenades + visites aux salines, ou promenade + apéro...

## DANS LES ENVIRONS D'AVEIRO

**☆☆** *Museu histórico da Vista Alegre :* à *Vista Alegre (commune d'**Ilhavo**), à 7 km au sud d'Aveiro.* ☎ *234-32-06-00.* ● *vistaalegreatlantis.com* ● *D'Ilhavo, prendre direction Figueira ; indiqué ; se garer à la chapelle. Mar-ven 9h-18h ; w-e 9h-12h30, 14h-17h. Fermé lun et certains j. fériés. Entrée musée et la chapelle : 2,50 € ; compter 12,50 € pour un billet comprenant également la visite de l'usine avec déj possible (env 7,50 €) mais sur résa slt.*

> ### ÇA DONNE ENVIE DE SE MARIER !
>
> *Dînez dans un resto très chic ou chez des amis très huppés (familles princières, nobles, têtes couronnées...) et retournez votre assiette ! Sûr qu'elle sera signée Vista Alegre. Depuis 1824, date de création, V.A. est le plus célèbre porcelainier du Portugal. Sise dans un vaste parc, la manufacture est l'âme même du village. Presque une histoire de famille, bien qu'elle compte près de 1 000 employés. Vista Alegre existe depuis sept générations.*

Le musée retrace la vie de la manufacture de porcelaine V.A. : la rose (la fleur) et le rose (la couleur) qui en constituent la signature. La galerie de Jose Ferreira Pinto Basto, le fondateur (1824), présente les différentes productions qui ont marqué les époques, de l'arrivée de Victor Rousseau de l'école de Sèvres, qui créa ici la première école de peinture (toujours en activité) à nos jours. On y trouve de vrais petits chefs-d'œuvre, comme des biscuits de porcelaine dure à partir de 1892 (suivant la technique de Sèvres), ainsi que des éléments représentatifs de l'art de la table, comme ces refroidisseurs de coupes à champagne. Également des productions au tournant du XXe s (Art déco, période romantique, influence chinoise...), puis de l'après-guerre avec des couleurs plus tranchées, des formes plus marquées. Aujourd'hui, V.A. fait appel à de grands designers étrangers pour ses nouveaux modèles.

⊛ La boutique de la manufacture propose des services complets, certes chers, mais aussi quelques pièces simples à des prix tout à fait abordables.
– À côté, jolie ***chapelle*** du XVIIIe s classée Monument national, qui ne paie pas de mine de l'extérieur, mais dont l'intérieur, de style baroque, décoré d'azulejos et de fresques superbes, est époustouflant.
– Si vous êtes dans le coin le 1er week-end de juillet, ne manquez pas l'anniversaire de l'usine, la **grande fête populaire de Vista Alegre.** Toute la région se joint au village, qui entre littéralement en liesse.

**☆ ☆** *Museu marítimo de Ilhavo et Navio-museu Santo André :* av. Dr Rocha Madahil, 3830-193 **Ilhavo** ; et Jardim Oudinot à **Gafanha da Nazaré**. ☎ *234-32-99-90. Mar-ven 10h-18h, w-e et j. fériés 14h-18h (fermé dim hors saison) ; arriver 30-45 mn avt la fermeture. Entrée : 5 € (billet combiné pour les 2 musées : 6,50 €, valable 10 j.) ; réduc.* Un musée tout à la gloire de la pêche à la morue, de son outillage et de ses acteurs. Des maquettes, des demi-coques, une très belle collection de 4 500 coquillages et un aquarium d'eau de mer où batifolent... eh bien, des morues, pardi ! Pour compléter la visite, le bateau *Santo André*, un ancien chalutier de pêche à la morue, a été converti en musée dédié à cette activité.

**☆☆☆** *Aliança Underground Museum :* rua do Comércio, 444, 3781-908 **San-galhos.** ☎ *234-73-20-45. À 30 km au sud-est d'Aveiro, par la N230, puis l'IC1, enfin la N235. Visite guidée tlj à 10h, 11h30, 14h30 et 16h (possible en français). Entrée : 3 €.* C'est la collection privée de M. Berardo. La visite commence par une belle série d'ivoires sculptés et annonce l'imposante section africaine. Une très rare collection de Bura (civilisation africaine de la moyenne vallée du Niger, vers le IIIe s apr. J.-C.). Remarquable série de terres cuites dont de nombreux bétyles phalliques (on s'est même amusé à reconstituer une cène avec 12 d'entre eux !). Des masques de plus de 80 ethnies : dogon, gurunsi, gû, marka, wé, etc. Aussi des fétiches, des cimiers, des instruments de musique, ainsi que des sculptures contemporaines. Appuyé par un étrange éclairage accompagné de chants grégoriens, on s'enfonce pour atteindre les galeries jadis dédiées à la fermentation du mousseux. Une grande expo d'œuvres contemporaines et une magnifique collection de minéraux créent la surprise. L'expression de la nature artiste prend tout son sens, puis une collection incroyable de fossiles, un crâne de dinosaure et un mur entier de sculptures du Zimbabwe des années 1970, des azulejos et de la majolique du XVII<sup>e</sup> s, ainsi que des céramiques contemporaines. On continue dans le merveilleux avec un mur de quartz rose éclairé, auquel fait écho un mur de culs de bouteilles de rosé. Enfin du Bordalo Pinheiro, dont l'original de *Zé Povinho,* puis on attaque les chais, avant de clore par une dégustation. Tout ça dure 1h et c'est superbe.

## *AROUCA, SERRA DA FREITA*

La mignonne petite ville d'Arouca est le principal point d'accès à la serra da Freita. Cette *serra* a beaucoup à offrir aux amateurs de nature, de beaux paysages et de vie montagnarde. Quel que soit son cheminement entre le nord-est, Aveiro, Viseu ou Porto, inclure une escapade dans le coin n'est pas gâcher son temps, c'est l'enrichir, d'autant qu'Arouca vient de repaver à neuf le centre autour de sa petite église !

➢ Arouca est accessible en bus via des correspondances à *San João de Madeira, Oliveira* et *São Pedro do Sul.*

🛈 ***Associação Geoparque Arouca :*** rua Alfredo Vaz Pinto. ☎ 256-94-02-54. ● geoparquearouca.com ● *En plein centre, derrière la pl. de l'église, elle-même quasi en face du couvent. Juin-sept, tlj 10h-12h, 14h15-18h. Le reste de l'année, lun-ven 9h-12h30, 14h-17h30 ; w-e 9h30-13h, 14h-17h30.* Passage obligatoire : plan très bien fait couvrant la ville et la *serra*, précieux conseils sur toutes les balades à faire dans le coin, et elles sont légion !

🍴 ***Restaurante Parlamento :*** travessa da Ribeira, 2. ☎ 256-94-96-04. ● parlamento@aroucanet.com ● *Repérer le kiosque, c'est la rue qui part à gauche de la coopérative agricole. Tlj sf mar soir. On mange copieusement pour 15-20 €.* Intérieur cosy, c'est le rendez-vous des cols blancs en semaine et des familles pour le déjeuner dominical. Un personnel aux petits soins y sert de la morue frite aux oignons, un veau élevé sous la mère avec ses frites ou du cochon de lait et un bel échantillonnage de desserts maison. Une valeur sûre.

🎯 ***Mosteiro de Arouca :*** *sur la rue principale.* ☎ *256-94-33-21. Tlj sf lun et certains j. fériés 9h30-12h, 14h-17h. Entrée : 3 € (visite guidée obligatoire, souvent en anglais, parfois en français) ; gratuit pour l'église.*
Fondé au X<sup>e</sup> s, ce monastère est également appelé ***convento de Santa Mafalda***, du nom de la reine qui s'y retira au XII<sup>e</sup> s après avoir été répudiée par Henri I<sup>er</sup> de Castille. Ce qu'on voit aujourd'hui date des XVII<sup>e</sup> et XVIII<sup>e</sup> s alors qu'il était occupé par des religieuses de l'ordre cistercien.
La visite commence par la cuisine, avec lave-vaisselle en granit et maie taillée dans un tronc d'arbre. Dans la salle du chapitre, de beaux azulejos du XVII<sup>e</sup> s, mais, assez curieusement, plutôt des paysages hollandais. Notez au sol les numéros gravés dans le granit, ce sont les tombes des mères supérieures. Le chœur des nonnes est magnifique, avec des stalles en bois de jacaranda. La visite se poursuit dans les étages, avec certainement l'un des plus beaux musées d'Art religieux du Portugal. Aménagé dans les chambres des sœurs, on y trouve de beaux bois de la Renaissance, notamment de l'école de Viseu, un tapis persan dont la bordure a été faite en Inde. Quelques donations de familles nobles : une étonnante miniature de la cellule de saint Ambroise, des coffres, un beau triptyque représentant l'Adoration des mages. Également deux belles œuvres du XVI<sup>e</sup> s de Diogo Teixeira (une

Ascension, le doute de saint Thomas) et un portrait du Père éternel (rare). Sous la brosse de Bento Coelho (XVIIe s), une série de toiles évoquant la vie de Marie. Évidemment, d'étranges reliquaires, dont certains sont très représentatifs de l'art de ciseler l'argent de l'école portugaise, d'autres faisant allusion aux grandes découvertes, en carapace de tortue, du mobilier en bois brésilien.
Avant de partir, ne manquez pas de visiter l'église, un monument baroquisant au possible.

## VISEU (3500) 97 000 hab.

À 80 km d'Aveiro, à l'intérieur des terres, Viseu, qui domine les sierras environnantes de ses 500 m d'altitude, est habitée depuis l'Antiquité. D'ailleurs, sa *muralha romana* qui la protégeait déjà au IIIe s est encore debout. Son centre historique est un lacis de ruelles étroites qui convergent vers la cathédrale, haut lieu du pouvoir local. Quand bien même, Viseu se targue aujourd'hui de posséder l'un des magasins d'usine *(outlet)* les plus importants de la péninsule Ibérique, on vient surtout ici pour apprécier l'ensemble harmonieux que constituent la cathédrale et le musée Grão Vasco, où sont exposés les tableaux de son école de peinture, très influente au XVIe s. Sachez que Viseu est également réputée pour sa table, ainsi que pour la qualité de ses vins, les fameux *Dão*, rouges légers et fruités, élevés dans les environs.
– Au pied de la vieille ville, la place arborée du Rossio, où convergent plusieurs avenues, constitue un bon point de repère.

### Arriver – Quitter

**Gare routière :** *av. Almeida, qui part du Rossio vers le nord. Guichets tlj 5h45-21h.*

➢ **Lisbonne, Porto et Coimbra :** 3-4 bus/j.

### Adresses utiles

**Office de tourisme :** *casa de Adro (pl. de la cathédrale).* ☎ *232-42-09-50.* ● turismodocentro.pt ● *Lun-ven 9h-19h (18h le w-e, et en sem hors saison) ; w-e hors saison 9h20-13h30, 14h-17h30.* Nombreux documents sur la région. Plan de la ville avec 3 parcours explicatifs en français.

**@ Centro municipal de informaçao Juvem :** *rua dos Arunades. Depuis le Rossio, prendre la rua de Formosa puis la 2e à gauche. Lun-ven 10h-19h.*

### Où dormir ?

#### De bon marché à prix moyens

**Pousada da juventude :** *portal do Fontelo.* ☎ *232-41-30-01 ou 232-43-54-45.* ● viseu@movijovem.pt ● Bâtiment moderne à l'entrée du parc Fontelo. De la gare routière, bus n° 1, arrêt Rontondo Fontelo (ttes les 30 mn 7h-19h50 en sem, 5 bus slt dim). Compter 11-12 €/pers en dortoir 4-5 lits (mixte slt si résa de tte la pièce) ; 25-27 € la double avec ou sans sdb ; petit déj compris. Ambiance bâtiment scolaire. Propre mais plus tout neuf. Moins de commodités que dans les AJ plus récentes, pas de casiers, pas de clim. Petit cybercafé juste à côté.

🛏 **Pensão Rossio Parque :** rua Soar da Cima, 55. ☎ 232-42-20-85. • geral@pensaorossioparque.com • pensaorossioparque.com • ⚠ Sur la petite rue montant à droite du Rossio. Doubles 30-35 € selon taille et saison. 🛜 Une pension de famille avec une quinzaine de chambres tout confort (clim, chauffage) disposant de salles de bains ultra-basiques. Ici la couleur crème est reine, ambiance laque glycéro, moquette et quelques touches de couleur pour égayer tout ça. Bon accueil.

🛏 **Hotel Avenida :** av. Alberto Sampaio, 1. ☎ 232-42-34-32. • geral@hotelavenida.com.pt • hotelavenida.com.pt • Doubles à partir de 35 €, triples env 55-60 € (voir sur le site). 💻 🛜 Grande demeure ancienne, moquette d'un beau vert canard et bois vernis couvrent les généreuses (et surannées) pièces communes, tout comme la petite trentaine de chambres. Celles-ci sont assez confortables et bien équipées : fauteuil, table, chauffage mais pas de clim. Les visiter, car elles sont toutes différentes, notamment en taille (les n°s 109 et 108 sont plutôt des simples). Bon petit déj servi avec des confitures faites maison. Accueil francophone et très gentil.

🛏 **Pensão-residencial Dom Duarte :** rua Alexandre Herculano, 214. ☎ 232-42-19-80. • geral@residencialdomduarte.pt • residencialdomduarte.pt • Au sud du Rossio, prendre la rua G. Barreiros puis la 1re rue à droite. Doubles 35-40 € ; triple 45 €. 🛜 Passé la réception aux murs de pierres sombres, un escalier grinçant conduit à la vingtaine de chambres que recèle cette pension. Ce n'est certes pas de première fraîcheur, mais c'est relativement propre et bien équipé (clim). Préférez celles qui tournent le dos à la rue (très bruyante). Accueil anglophone un peu frisquet. Pour dépanner.

## Beaucoup plus chic

🛏 **Casa da Sé :** rua Augusta Cruz, 12 (en plein centre historique). ☎ 232-46-80-32. • info@casadase.net • site. casadase.net • Doubles 80-99 €, petit déj compris. 🛜 Dans une maison du XVIIIe s, une douzaine de très belles chambres meublées avec beaucoup de goût (le proprio est antiquaire, on peut même repartir avec la déco). Tout confort : chauffage et clim centralisés, salles de bains avec douche, baignoires hydromassantes dans les superior. Les suites sont de vrais petits bijoux avec leurs lits king size et leurs plafonds stuqués. Le tout baroque à souhait, tirant parfois sur le rococo, avec force dorures et angelots. Le petit déj est au diapason de ce foisonnement de belles choses, avec des produits régionaux le plus souvent bio. Une adresse de charme mais pas donnée, qui fait également salon de thé.

## Où manger ? Où boire un verre ?

🍴 **Restaurante Colmeia :** rua das Ameias, 12. ☎ 232-42-37-18. À 50 m de la statue de Pedro Ier. Tlj sf sam. Plats 7-10 € ; on mange pour moins de 15 €. Petite salle aux murs de pierres sèches, avec les sempiternels outils agricoles pour faire plus typique. Les locaux s'y retrouvent à l'heure du déjeuner pour un riz de poulpe, une morue, un pot-au-feu. C'est tout simplement bon.

🍴 **Cacimbo :** rua Alexandre Herculano, 95. ☎ 232-42-28-94. • geral@cacimbo.com.pt • Au sud du Rossio, par la rua G. Barreiros puis la 1re à droite. Tlj midi et soir (la cuisine ferme à 23h). Repas env 25 €. Salle genre snack des années 1980, où s'attablent de fidèles convives. Chanfana (vieille chèvre marinée au vin) particulièrement réputée, plein d'autres spécialités et grillades, du style cochon de lait cuit au four ou morue grillée. Le solide et sympathique patron vous guidera pour le vin parmi toute une gamme de Dão. Fondez pour un dessert : pourquoi pas un molotoff, lointain cousin de l'île flottante en version XXL ? La maison dispose d'un take-away au n° 157 de la même rue.

🍴 **Rossio Parque :** au rdc de la pension (voir « Où dormir ? »). Tlj sf dim.

*Menu complet env 8 € le midi, 10 € le soir.* Salle rustique, intérieur lie-de-vin, souvent pleine d'habitués le midi comme le soir. On vient ici pour se régaler d'une cuisine simple et bien servie (poissons grillés, pièces de veau, morue aux œufs pochés). Service francophone et attentionné.

🍸 En passant la porte do Soar, on tombe sur une place qui s'anime le soir. Charmants petits bars avec terrasses : *Irish Pub, Agua Benta Bar...* Bonne ambiance.

## À voir

Bravo à la ville de Viseu qui a pensé à l'intégration des personnes déficientes motrices, visuelles et auditives dans la vie urbaine.

**🎭🎭 Sé (cathédrale) :** *adro da Sé (au « sommet » de la vieille ville). Fermé pdt le déj.* Base romane du XIe s, entièrement reconstruite puis habillée au XVIIe s d'une façade maniériste, et intérieur de la basilique à trois nefs du XVIe s, de style manuélin : quel mélange ! On remarque le plafond « à nœuds » (repérez les pélicans, emblème de João II), l'autel baroque très chargé, les stalles en jacaranda du XVIIe s et la belle salle voûtée du baptistère. L'austérité est renforcée par des oculus très peu lumineux. Dans la première chapelle, à gauche, un Christ en peignoir de velours portant une croix minuscule, tandis que dans le cloître (avec un superbe portail romano-gothique du XIIIe s), de style Renaissance, des azulejos du XVIIIe s célèbrent la libération de Séville.

**– Le musée d'Art sacré :** *au 1er étage du cloître ; accès par la basilique. Mar-sam 9h-12h, 14h-17h. Entrée : 2,50 €.* Reliquaires, bibles, coffrets, orfèvrerie religieuse, beau lutrin de bronze, et même une crèche avec 200 personnages.

**🎭 Igreja da Misericórdia :** *en face de la sé.* Noter la façade baroque à la blancheur éclatante, cernée de granit. Elle compose, avec la cathédrale et le musée Grão Vasco, un ensemble architectural très harmonieux. En revanche, la décoration intérieure, remaniée au XIXe s, ne présente pas d'intérêt.

**🎭🎭 Museu nacional Grão Vasco :** *sur la pl. de la Sé.* ☎ 232-42-20-49. *Mar 14h-17h30 ; mer-dim 10h-12h30, 14h-17h30. Entrée : 4 € ; gratuit dim et j. fériés jusqu'à 14h.*
Cet élégant palais du XVIe s expose naturellement l'école de Viseu et en particulier son célèbre chef de file : Vasco Fernandes, dit Grão Vasco (1475-1542). Couleurs violentes et expressions réalistes sont les marques de fabrique de cet artiste qui réalisa une transition très personnelle, et sous influence flamande, entre les styles manuélin et Renaissance.
Au 1er étage, de modestes mais intéressantes collections d'objets des colonies, d'art sacré, de céramiques, de meubles et de toiles de peintres portugais contemporains. On entre dans le vif du sujet au 2e étage, happé par le puissant regard qui se dégage de l'*Ascension de la Vierge* de Grão Vasco. Dans la salle adjacente, d'une vision fascinante, celle des 14 panneaux de l'ancien retable de la cathédrale, réalisés collectivement par des artistes de l'école flamande rejoints par Grão Vasco. Sur celui des *Rois mages,* remarquer Balthazar représenté sous les traits d'un Indien, un an à peine après la découverte du Brésil ! Et voici... *Saint Pierre,* considéré comme le chef-d'œuvre de Grão Vasco pour sa subtile composition et sa taille, et dont on a le loisir rare de voir l'envers avant de découvrir quatre panneaux supplémentaires et admirables, réalisés avec Gaspar Vaz.

**🎭 La vieille ville :** concentrée, elle se parcourt assez vite depuis le *Rossio,* agréable place arborée bordée au sud par l'*igreja dos Terceiros de São Francisco,* une petite église baroque décorée de faïences retraçant la vie de saint François. Au nord de la place, mur d'azulejos qu'il faut longer pour rejoindre la *rua Nunes Cerveira* grimpant jusqu'à l'une des portes médiévales, la *porta do Soar,* aboutissant à l'*adro da Sé* (place de la Cathédrale). À l'est, on plonge par la *rua Formosa* dans le très animé quartier piéton. À gauche, la *rua Direita*, longue coulée ombragée bordée de maisons de granit, est la plus ancienne et la plus authentique artère commerciale de Viseu. Toutes sortes d'enseignes y ont pignon sur rue. Elles occupent le rez-de-chaussée complice de vénérables et nobles demeures aux façades ornées de blasons et de fenêtres manuélines (notamment à hauteur de la *rua Senhora da Piedade* et plus bas, de la *rua Gonçalinho*).

¶¶ *Le domaine vinicole de Santar :* dans le village de **Santar**, à une quinzaine de km au sud de Viseu ; une fois arrivé dans le village, repérez le pilori, l'entrée est juste devant. ☎ 232-96-01-40. • daosul.com • Tlj sf lun 9h-22h (18h dim). Un domaine vinicole de 210 ha qui produit un DOC *Dão Sul* des plus correct. Du *Paço dos Cunhas de Santar* sans tanin et au petit goût de cerise au *Conde de Santar*, à la robe d'un grenat sublime, très long en bouche et d'un nez parfait qui n'est pas sans rappeler certains crus bourgeois de Saint-Émilion, une dégustation orchestrée par Ana Paula dans un très bon français où, votre verre sous le nez, vous partez déambuler dans les jardins parfumés de fleurs d'oranger. Traversant le village, une ruelle pavée de granit conduit à l'autre partie du vignoble, là où pousse le *Tinto Cão*, le cépage réservé aux assemblages des grands crus. En passant, on peut visiter la maison de la comtesse *(visite guidée mar-sam à 11h et 15h ; 5 €/pers)*, puis les chais *(GRATUIT)*. Et si le cœur vous en dit et que vous avez le temps, attablez-vous au resto du domaine (voir plus haut « Où dormir ? Où manger dans les environs ? »), vous ne le regretterez pas.

¶ *Museu do Quartzo :* Monte de Santa Luzia – Campo. ☎ 232-45-01-63. *Mar 14h-18h ; ven-dim 10h-13h, 14h-18h. GRATUIT.* Créé à l'initiative d'un géologue de renom, ce musée consacré au quartz est unique au monde. Interactif, on y trouve une belle exposition de ce minéral, ainsi qu'un historique de son exploitation, industrie dont la région de Viseu a su tirer parti pendant de nombreuses années.

# GUARDA (6300) 44 000 hab.

Première grande ville pour ceux qui arrivent de France par le train ou pour ceux qui viennent de Salamanque en voiture, Guarda, perchée à 1 000 m d'altitude, est la ville la plus haute du Portugal. Avec plus de 44 000 habitants, elle fut longtemps considérée comme la « capitale » d'une des régions les plus pauvres du pays. Terre d'émigration, il faut bien avouer qu'elle n'est pas très riante avec ses vieilles maisons de pierres sombres, mais elle recèle pourtant l'une des plus belles cathédrales du Portugal. Il faut prendre le temps de la découvrir, d'autant que ses quartiers populaires sont sympas et animés.

## Arriver – Quitter

### En train

🚆 *Gare ferroviaire :* à 4 km au nord de la ville. Bus ttes les 30 mn du centre, ou taxi.
➤ L'express quotidien entre *Paris* et *Lisbonne* met un peu moins de 5h pour relier Guarda à la capitale, tandis que les *Intercidades* (3 trains/j.) font le trajet en 4h20.

### En bus

🚌 *Gare routière :* tte proche du centre-ville. Taxis à la sortie.

> **Lisbonne :** au moins 4 liaisons/j. Trajet : env 4h.
> **Covilhã (serra da Estrela) :** env 10 départs/j. en été. Slt 35-45 mn de route. Ces bus continuent jusqu'à **Castelo Branco.**
> **Viseu :** env 10 bus/j en été. Trajet : 1h15.
> Plus de nombreux bus locaux pour les bourgades alentour : **Almeida, Manteigas, Vilar Formoso** (frontière espagnole), **Bragança...**

## Adresse utile

@ **Office de tourisme :** praça Luís de Camões, 21. ☎ 271-20-55-30. • post odeturismo@mun-guarda.pt • Lorsqu'on tourne le dos à la cathédrale, c'est à gauche. Tlj 9h-13h, 14h-18h (17h oct-mars). Nombreux documents, plans thématiques et accueil très agréable. Voilà un office compétent et utile.

## Où dormir ?

### Camping

**Camping :** à l'ouest de la ville, près du terrain de sport. ☎ 271-21-14-06. Fax : 271-22-19-11. Ouv tte l'année. Emplacement 10 €. Pourrait être plus calme (sans les chiens !), mais correctement tenu.

### Bon marché

**Pensão Aliança :** rua Vasco da Gama, 8 A. ☎ 271-22-22-35/21-36. • pensaoalianca@sapo.pt • À quelques pas de l'église Misericórdia. Double 30 €. Petit déj 5 €. Menus 10-12 €. CB acceptées. Parking payant. Petit déj ou apéro offert aux clients qui prennent un repas sur présentation de ce guide. Ce café-resto populaire offre des chambres un peu petites mais propres et bien aménagées.

**Pensae Beira Serra :** av. Infante Dom Henrique, 35. ☎ 271-21-23-92. Fax : 271-21-13-91. Doubles 25 € (sans sdb)-40 €. Petit déj inclus. CB acceptées. Café offert sur présentation de ce guide. Cabine de douche dans un coin de la chambre, w-c privés ou dans le couloir et chauffage central. L'aménagement n'est pas gégène, mais l'ensemble est bien tenu et central. Bonne literie.

## Où manger ?

### Bon marché

**Belo Horizonte :** largo de São Vicente, 1-2. ☎ 271-21-14-54. 917-62-68-38. Tt à côté de l'église São Vicente. Tlj sf dim soir-lun. Congés : 1re quinzaine de juin. Carte 17-20 €. Apéro offert sur présentation de ce guide. Resto très accueillant à l'atmosphère familiale. Quelques bonnes spécialités : tostadas da Guarda, cabrito grelhado et très copieuse chouriçada à regional (plat typique : assortiment de morceaux de porc et de boudin à la mie de pain).

**O Ferrinho Restaurante :** rua Francisco de Passos, 21-23. ☎ 271-21-19-90. • restaurante_ferrinho@live.com.pt • Dans les environs de la cathédrale. Fermé 1re sem de nov. Repas env 17 €. CB acceptées. Café offert sur présentation de ce guide. Resto installé dans un vieil édifice. Cadre chaleureux mais service un peu débordé parfois. Cuisine régionale correcte : ensopada de cabrito, bacalhau à brás.

## Achats

**Artesanato Junto a Sé :** face au portail ouest de la cathédrale. Si l'on repart de Guarda pour la France, très pratique d'y acheter les derniers

souvenirs. Pas de bondieuseries, mais des objets d'assez bon goût. Cela mérite d'être signalé. Prix corrects et très bon accueil.
- **Loja do Paço :** *largo de São Pedro, 1.* Près de la cathédrale, très belle boutique proposant des produits d'excellence : vins, produits « gourmet », belles pièces de décoration…

## À voir

- **Sé** *(cathédrale) : fermé lun-mar.* Sa construction débuta à la fin du XIVe s et dura 150 ans. Elle présente ainsi une architecture gothique mâtinée d'éléments Renaissance et manuélins. Comme beaucoup d'ouvrages aux marches du royaume, elle possède l'allure d'une forteresse avec son toit et ses grosses tours crénelées. Le granit gris renforce l'impression d'austérité. Plan de l'église, arcs-boutants, pinacles furent imités du célèbre monastère de Batalha. Joli portail manuélin sur la façade principale, et un autre de style gothique flamboyant sur la façade nord. Remarquer aussi, ceinturant le mur extérieur, le cordage en granit rappelant l'âge d'or des grandes découvertes. À l'intérieur, haute nef, colonnes torses et nombreuses références aux grandes découvertes maritimes. Immense retable en pierre du XVIe s attribué à un sculpteur français de Coimbra. Dans la *chapelle dos Pinas,* superbe portail Renaissance et gisant.

### CUL BÉNI

*Sur la partie arrière (bien sûr) de la cathédrale, près de l'échelle de secours, on aperçoit une gargouille fort surprenante. Elle représente une paire de fesses tournées vers l'Espagne, en signe de dédain. Cette provocation rappelle les guerres entre les deux pays, au XIVe s.*

- Tout le **quartier autour de la cathédrale** se découvre à pied. Sur la grande place, élégantes demeures du XVIIIe s. Rua Miguel de Alarção, au no 25, derrière la cathédrale, superbe maison avec loggia à colonnades. Par la rua de la Torre et de médiévales ruelles, on débouche sur la *torre dos Ferreiros,* construite au XIIIe s pour surveiller de près le Castillan. Au dernier étage, vue panoramique sur la ville ; on y respire, dit-on, l'air le plus pur du Portugal ! Au rez-de-chaussée, film retraçant l'histoire de la ville. L'office de tourisme donne une carte bien utile pour suivre ce parcours urbain.

- Dans la grande rue menant au jardim José de Lemos, quelques édifices intéressants : l'*église de la Miséricorde* avec sa façade baroque, et le *palais des Évêques* au beau cloître Renaissance. Il abrite aujourd'hui le **Musée régional** *(rua Alves Roçadas ; ☎ 271-21-34-60 ; tlj sf lun et certains j. fériés 10h-12h30, 14h-17h30 ; entrée : 2 €),* qui présente quelques collections archéologiques et ethnographiques intéressantes. Le soir, grosse animation autour du jardim José de Lemos.

- **L'ancien quartier juif :** pour y accéder à partir de l'église de la Miséricorde, se diriger vers la *puerta de Estrela,* ancienne porte de la ville. Autour, vestiges des remparts. Aller vers la *porta del Rei* par la rua São Vicente. Au passage, *église Saint-Vincent* du XVIIIe s, présentant de beaux azulejos. Dans ce qui était la *Judiaria,* l'un des plus vieux quartiers juifs d'Europe, nombreuses et pittoresques maisons médiévales. Étrange décor où rien ne rappelle la présence juive. À l'angle des ruas de Amparo et São Vicente, superbe demeure à encorbellement en pierre. Le nom des rues dans le quartier révèle aussi le caractère éminemment populaire de Guarda et les sentiments démocratiques de ses habitants : rua da Liberdade, travessa do Povo, rua da Fraternidade…

## DANS LES ENVIRONS DE GUARDA

### *LE CIRCUIT DES VILLAGES HISTORIQUES ET DES CHÂTEAUX DE FRONTIÈRE*

Les villages historiques sont de surprenants témoignages du passage des siècles. Ici le temps semble s'être arrêté. Compter une journée. Carte disponible gratuitement auprès de l'office de tourisme.

> **ABC DE LA RÉVOLUTION**
>
> *Les premiers efforts d'alphabétisation du mouvement des Forces armées après la révolution de 1974 se portèrent sur la région de Guarda, réputée pour son isolement. De même, certains villages reculés, en voyant leur première jeep, découvraient aussi pour la première fois une voiture !*

➤ De Guarda, rejoignez l'A25 que vous suivrez en direction de l'Espagne ; après 25 km, sortez à droite vers Sabugal ; prenez la première à gauche vers **Castelo Mendo.** C'est un village médiéval plein de charme, peu connu. Ruines du château, fontaines, vieilles maisons et, bien sûr, pilori.

➤ Ensuite, dirigez-vous vers **Castelo Bom.** Prenez le temps de vous y promener quelques instants pour découvrir des maisons pittoresques et des gens charmants. Magnifique panorama aux alentours.

➤ L'étape suivante est **Almeida,** à une quinzaine de kilomètres au nord. Petite ville fortifiée dans le plus pur style Vauban. La ville elle-même offre peu d'intérêt, mais les remparts, les portes et les paysages sont superbes. Un bon resto à 1 km avant la ville : *Le Rancho.*

➤ Sortez de ville par où vous êtes entré et prenez la direction de **Pinhel.** Village entouré de murailles et dominé par deux grandes tours carrées. Quelques belles demeures en granit.

➤ La route qui mène à **Castelo Rodrigo** (voir plus loin « La route entre Miranda do Douro et Vila Nova de Foz Côa ») est superbe.

➤ Si vous avez encore un peu de courage, vous pouvez poursuivre jusqu'à **Castelo Melhor,** à 22 km au nord. Pour accéder aux ruines du château, traversez tout le village puis grimpez par un petit chemin qui mène à la porte du château. Tout en haut, une des plus belles vues sur la région et un calme propice à la rêverie.

➤ Rejoignez la N102 pour rentrer sur Guarda (une centaine de kilomètres). Pour les irréductibles : **Marialva,** sur la droite à 60 km de Guarda. Joli village médiéval avec château, église, etc.

## LA SERRA DA ESTRELA

Petit paradis écologique où se succèdent amoncellements de roches, pinèdes, cascades et forêts de genêts. On y voit de vrais alpages peuplés de moutons, des torrents poissonneux et aussi ces énormes chiens de berger – une race nommée fort à propos « chiens de la serra da Estrela » – dont vous aurez peut-être déjà remarqué la beauté et la gentillesse.

Bref, tout est si merveilleux dans la *serra,* qu'elle est prise d'assaut par les Portugais, qui viennent y pique-niquer les week-ends et les jours fériés. Ces jours-là, ça peut bouchonner sur les routes sinueuses de la *serra,* parfois fermées au plus fort de l'hiver à cause de l'enneigement. Les fanas de ski pourront alors tenter leur chance (huit pistes balisées). En été, c'est plutôt

VTT, cheval, escalade, randonnée (la municipalité de Manteigas a développé un projet *Green Tracks,* avec plus de 200 km de chemins balisés et signalisés ; renseignements sur • manteigastrilhosverdes.com • ; infos et plans de toutes les randonnées possibles).
Le centre névralgique de la région est la ville sans grand charme de Manteigas, mais où il fait bon faire une petite pause malgré tout.

## Où dormir ? Où manger dans la *serra* ?

### Campings

Très nombreux dans le coin. Nous en retenons quelques-uns qui sont joliment situés, mais n'hésitez pas à en chercher d'autres.

- *Camping :* à **Valhelhas.** *Au niveau de Belmonte, sur la route de Guarda-Manteigas, tourner à gauche.* Près d'un barrage agréablement aménagé. Ombragé et bien équipé. Prix corrects.
- *Camping Curral do Negro :* à 3 km de **Gouveia.** ☎ 925-64-77-99. • curraldonegro.com • *Ouv tte l'année. À partir d'env 13 € pour 2.* Sanitaires propres, douche chaude. Site calme, piscine.

### Auberge de jeunesse

- *Pousada da juventude :* à **Penhas de Saúde,** *sur la route montant de Covilhã au pic de Torre.* ☎ 275-33-53-75. • penhas@movijovem.pt • *Pour se rendre à Penhas de Saúde, très peu de bus (et slt en été), mais les taxis ne sont pas trop chers (env 15 € depuis Covilhã). Ouv tte l'année. Selon saison, 10-12 €/pers en dortoir 8 lits et 32-45 € pour une double sans ou avec sdb.* Atmosphère de chalet alpin, où vous pourrez vous réconforter autour d'un feu de cheminée en hiver. On peut y prendre tous ses repas ou utiliser la cuisine. Salle de jeux (billard, ping-pong...). Un immense camping sauvage entoure l'AJ. Possibilité de faire de belles balades tranquilles. À la réception, vente d'un livret détaillant les randos possibles dans le coin.

### Prix moyens

- *Hotel Berne :* quinta de Santo António, à **Manteigas.** ☎ 275-98-13-51. • reservas@hotelberne.com • hotelberne.com • *Resto fermé dim soir-lun. Congés : 2de quinzaine de sept. Double 65 €, petit déj compris. Menu env 16 € ; bien plus cher à la carte.* Apéro maison offert sur présentation de ce guide. Difficile de rater cet hôtel tenu par des francophones accueillants. Récent et impeccable, avec un intérieur décoré en pin. La moitié des chambres possèdent un balcon avec vue sur le village et la montagne. Piscine extérieure. Bonne cuisine au resto, décoré dans un style classieux. Accueil affable, pro.
- *Quinta Lagar dos Cónegos :* **Vela,** Guarda. ☎ 968-10-11-91. • lagardosconegos@gmail.com • lagardoscone gos.net • *À env 5 km de Belmonte. Sur l'A23 qui relie Guarda à Castelo Branco, prendre la sortie 34 (Benespera) et emprunter la N18 en direction de Vela ; c'est à 2 km de Vela mais Paulo viendra vous y chercher. Compter 35-50 €/nuit pour 2 (2 nuits min) selon saison et 10-25 €/pers supplémentaire (max 8 et tarifs dégressifs à partir de 4 pers) ; 200-250 €/sem.* Panier de bienvenue avec des produits locaux offert sur présentation de ce guide. Luisa et Paulo ont eu un coup de cœur pour cette maison traditionnelle portugaise et lui ont refait une beauté. 3 appartements de 2-3 pièces (cuisine américaine) sont déjà prêts à accueillir les amateurs de nature. Linge fourni. Le four à bois permet à Luisa de confectionner de bonnes miches maison. Piscine, table de ping-pong, baby-foot et vélos à disposition. Nombreuses randonnées (la serra d'Estrela n'est qu'à 30 km) et visites découvertes à faire dans les environs.
- *Quinta dos Fragas :* à 700 m de **Manteigas,** *sur la route de Guarda.* ☎ 275-98-24-20. • reservas@quintadosfragas.com • *Doubles avec douche*

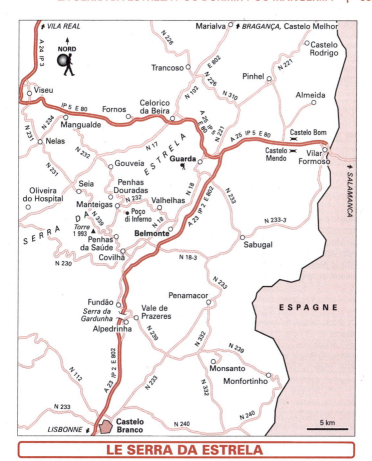

**LE SERRA DA ESTRELA**

ou bains 40-60 € selon période. Petit déj 5 €. Dans une maison ancienne rénovée, une dizaine de chambres confortables, avec chauffage. Certaines ont une jolie véranda en bonus. Vue sur les montagnes alentour. Sauna, piscine. Très bon accueil.

## De beaucoup plus chic à très chic

▲ **Pousada São Lourenço :** *Penhas Douradas, à 7 km de Manteigas, sur la route de Gouveia.* ☎ 275-98-00-50. ● pousadas.pt ● Double env 190 €, petit déj inclus. Voir aussi sur le site. Une grosse maison de 1948, en granit sombre, surplombant un vaste paysage de montagnes rocailleuses et pelées. Confort montagnard et bon resto panoramique. Très chic, bien sûr, mais vraiment bien.

▲ **Casa das Penhas Douradas :** *à côté de la chapelle Nossa Senhora da Estrela, au-dessus de Manteigas, par la EN232.* ☎ 275-98-10-45. ● casadaspenhasdouradas.pt ● mail@casadaspenhasdouradas.pt ● Doubles 120-180 €/j. dim-jeu, 130-250 € le w-e, petit déj-buffet inclus (voir aussi offres sur le site). 🖥 Hôtel de charme et design à la façade rouge, construit avec des matériaux locaux. 18 chambres et suites avec une vue époustouflante, meublées avec des pièces originales de designers scandinaves, notamment Hans J. Wegner. C'est un lieu de détente, de confort, de contemplation, de silence et aux vues imprenables. Spa, hydromassage, piscine chauffée... Resto alliant nouvelle cuisine et spécialités régionales. VTT à disposition ; sentiers de rando balisés autour de la maison.

## À voir. À faire

¶¶ **Belmonte :** *à 20 km au sud de Guarda, à gauche de la route en allant vers Covilhã.*
Un village sympathique au sommet d'une colline. Tout en haut, un château bien restauré présente une superbe fenêtre manuéline. Depuis les remparts, très belle vue sur les montagnes.
Belmonte est le village natal du navigateur Pedro Álvares Cabral (1467-1526), qui découvrit le Brésil en 1500. Le château fut la demeure de la famille Cabral, seigneurs de Belmonte, jusqu'au XVIe s, lorsqu'il fut abandonné à cause d'un violent incendie. La famille s'installa alors dans un manoir au centre-ville, aujourd'hui transformé en *musée des Découvertes (entrée : 2 €).* Musée interactif où le visiteur revit l'épopée de Cabral jusqu'au Brésil et l'influence que cette découverte a eue dans le monde entier. Très intéressant. Noter les armoiries da la famille Cabral au-dessus de la grille d'entrée.
Au sommet de la colline, près des ruines du *castelo* (château), attenante à l'église São Tiago, la *capela dos Cabrais* serait le caveau familial des Cabral. Enfin, sur une petite place sympathique au cœur du village se dresse la statue en bronze du célèbre explorateur, tenant une grande croix. Pero Vaz de Caminha, le chroniqueur du bateau, avait noté dans son journal de bord : « 22 avril 1500. Ce jour-là, à l'heure des vêpres, nous vîmes une terre... la terre de la Vraie Croix. » Vera Cruz : ainsi fut baptisé le Brésil, devenu aujourd'hui la plus grande nation lusophone du monde !
Enfin, c'est à Belmonte que vit une communauté de juifs, les marranes, qui ont préservé clandestinement depuis des siècles leurs pratiques et coutumes religieuses, malgré les persécutions et leur conversion forcée (pour ceux qui ont choisi de rester). Musée judaïque de Belmonte *(entrée : 2 €).*
Pour des visites guidées sur Belmonte et les environs, voir plus loin « Adresse utile » à Castelo Branco.

## CASTELO BRANCO (6000) 56 000 hab.

De Guarda à Castelo Branco, la route longe sur 60 km la grande barrière rocheuse de la serra da Estrela, la chaîne montagneuse la plus élevée du Portugal continental. Point culminant : la Torre, à 1 993 m. Seul le mont Pico (2 351 m), dans l'archipel des Açores, dépasse la Torre. Ancienne ville fortifiée située sur la route des invasions, Castelo Branco est aujourd'hui une cité industrielle noyée sous les HLM. Autant dire qu'elle ne présente guère un visage attrayant. On y restera seulement 1h ou 2h, surtout pour le superbe jardin du palais épiscopal.

### Adresse utile

■ **Beltour Turismo :** *rua Frei Nicolau de Melo, 2, à Belmonte.* ☎ 968-82-04-59. ● beltour.pt ● Propose plusieurs programmes de visites guidées de la région (musées, sites, histoire), des balades dans la serra da Estrela, de 1 à 3 jours.

## Où dormir ? Où manger ?

Possibilités de logement extrêmement réduites ; ne pas arriver à Castelo Branco en fin d'après-midi.

△ **Camping municipal :** *largo da Estrada Nacional, 112 ; à env 2 km en direction de l'Espagne.* ☎ *272-32-25-77. Ouv de janv à mi-nov. Pas cher : 7 € pour 2 avec tente.* Pas mal de verdure. Un peu bruyant en revanche, pas loin de l'autoroute.

🏠 **Residencial A Floresta :** *au début de la rua Ruivo Godinho, qui donne sur la pl. de la cathédrale.* ☎ *961-61-24-25. Double très basique 20 € avec douche, w-c, TV et ventilo.* Un peu décati, mais correct pour une petite nuit en passant. Resto bon marché en bas.

I●I **Restaurante Forno da Sé :** *pl. de la cathédrale.* La cantine populaire par excellence, bondée tous les midis. Plats du jour bons, efficaces et vraiment pas chers. On fait un gueuleton très correct avec 10 € pour 2, pichet de vin compris ! Belle salle crépie décorée à la paysanne.

I●I **Praça Velha :** *praça Luís de Camões, 17.* ☎ *272-35-86-40.* • *pra cavelharestaurante@gmail.com* • *Tlj sf dim soir-lun. Menus 20-32 €. Café offert sur présentation de ce guide.* Décor élégant à l'ancienne (voûtes, grande cheminée en pierre, tentures...) pour une cuisine excellente et originale. Perdrix, chateaubriand, *cabrito* grillé, *peito de pato*, etc. Une adresse pour les grandes occasions !

## Où déguster une pâtisserie dans les environs ?

I●I **Lucyanne :** *rua Nova do Arrabalde, 8, 6005-025 Alcains.* ☎ *272-90-74-20. Prendre l'A23 en sortant de Castelo Branco, à slt 10 km. Tlj sf lun 7h-23h.* C'est du nom de leur fille que Clara et Manuel ont baptisé leur pâtisserie. Ambiance familiale chaleureuse et accueil en français possible. Devant un vaste choix de gâteaux et de viennoiseries, on retrouve les fameux *pastéis de nata* ! Le soir, copieuses pizzas cuites en salle au feu de bois. Tout comme le service : vraiment charmant !

# À voir

🎥🎥 **Les jardins du palais épiscopal :** *tlj de 9h au coucher du soleil.* Sur des terrasses parcourues d'escaliers, couvertes de beaux bosquets et pelouses, s'étagent des dizaines de statues représentant saints, apôtres, rois et grands du royaume. Ce foisonnement de pierres donne un côté baroque au jardin. On s'amusera à en différencier tous les détails. Facétieux, le sculpteur a réduit à la taille de nains les rois espagnols, les Filipes, haïs du Portugal, qui régnèrent au Portugal de 1580 à 1640.

🎥 Les poètes urbains apprécieront, à travers les pittoresques ruelles du **vieux quartier,** la montée vers les *ruines de la forteresse* dominant la ville. Du *miradouro,* beau point de vue sur la ville et la région. Dans le centre, atmosphère agréable sur le largo da Devesa joliment rénové, agrémenté d'un petit lac en son centre et bordé de nombreux bars.

# LE MINHO ET LA COSTA VERDE

| | | |
|---|---|---|
| ● Porto ................................ 394 | ● Ponte de Lima ............. 447 | ● Amarante ..................... 467 |
| ● Vila Nova de Gaia | ● Braga ............................ 450 | *La région viticole* |
| ● Barcelos ...................... 428 | ● Santuário do Bom | *du Haut-douro ............. 470* |
| ● Viana do Castelo ......... 431 | Jesus do Monte | ● Lamego ........................ 470 |
| ● Caminha ...................... 438 | ● Capela São Frutuoso | ● Capela de Balsemão |
| ● Valença (do Minho) ..... 441 | à Réal ● Mosteiro de | ● Quinta da Massorra à |
| ● Monção ........................ 442 | Tibães à Mire de Tibães | São João de Fontoura |
| ● Ponte da Barca ........... 443 | ● Entre Braga | ● La route |
| ● Bravães | et Guimarães ................. 460 | de Regua à Pinhão ...... 472 |
| ● Le parc national de | ● Citânia de Briteiros | ● Pinhão ......................... 473 |
| Peneda-Gerês ............. 444 | ● Guimarães ................... 460 | |

Cette région très densément peuplée s'explore au gré de villes au riche passé. Baroque et style manuélin enrichissent des églises au décor chargé, qui contrastent avec l'aspect sévère des maisons de granit. Côté nature, il faut s'éloigner de la côte, fortement bétonnée, pour trouver enfin la fameuse verdure qui donna son nom à la Costa Verde. Une région fertile dont la colonne vertébrale est le mythique fleuve Douro, bordé de ces fameuses vignes dont le fruit gorgé de soleil arrose les apéros du monde entier. Au nord-est s'étend le magnifique et très préservé parc de Penada-Gerès, destination de choix pour les randonneurs. Côté culture, c'est un véritable creuset de traditions populaires : fêtes, processions et pèlerinages sont toujours honorés avec une ferveur intense, tandis que la goûteuse (et roborative !) gastronomie du Minho représente une aventure à elle seule.

## Adresse utile

■ **Solares de Portugal :** *praça da República, 4990* **Ponte de Lima.** ☎ 258-93-17-50. ● *info@solaresdeportugal.pt* ● *solaresdeportugal.pt* ● Cette association gère un réseau de manoirs et de belles demeures campagnardes, offrant une somptueuse hospitalité chez l'habitant, dans des coins merveilleux. Il y en a pour tous les goûts et (presque !) toutes les bourses !

# LE MINHO ET LA COSTA VERDE

# PORTO  (4050)  237 600 hab.

● Plan d'ensemble p. 396-397 ● Plan centre p. 400-401

La deuxième ville du Portugal est au centre d'une agglomération tentaculaire de près de 2 millions d'habitants. Le centre-ville, qui a gardé taille humaine, se découvre aisément à pied, voire à bord d'un antique tramway des années 1920… ou d'un métro du XXIe s. Étagée de façon pittoresque sur la rive escarpée de l'embouchure du Douro, elle offre au premier regard l'aspect d'un fond gris moucheté de tuiles rouges, d'où émergent les contours massifs de la cathédrale et des immeubles autrefois chic qui témoignent de sa grandeur passée… et révolue ! Car vous constaterez bien vite que ces habitations typiques, dont les exubérantes façades couvertes d'azulejos font le bonheur des chasseurs d'images, sont dans un état de délabrement qui fait peine à voir. C'est aussi ça, Porto : un charme suranné qui inspire à la fois respect et mélancolie devant cet héritage décadent. Le visiteur pourra également se délecter de bâtiments Art nouveau (comme la librairie *Lello e Irmão*), néoclassiques (le *palácio de la Bolsa* en est le plus bel exemple), sans oublier les hideuses constructions issues des années Salazar qui sont là pour nous rappeler l'histoire récente du pays. Au milieu de tout cela, les Portuans gardent leur chaleur et leur bonne humeur naturelles, et donnent vie à cette cité active et commerçante. De l'autre côté du Douro, Vila Nova de Gaia recèle les chais des grands noms du divin nectar (Taylor's, Ferreira, Sandeman, Cruz…). À déguster… avec modération, bien sûr. Ne cherchez pas les vignes, elles s'étagent harmonieusement pour constituer les paysages enchanteurs de la haute vallée du Douro, à une centaine de kilomètres plus à l'est : un lieu à découvrir depuis Porto en bateau, en train ou en voiture. De chouettes balades en perspective !

## IL ÉTAIT UNE FOIS…

Sur les rives du Douro, les Romains fondèrent deux cités : *Portus* et *Cale*. Elles fusionnèrent leurs noms pour former plus tard celui du *comté de Portucale* (tiens !). Lorsque, au XIe s, Henri de Bourgogne épousa la fille du roi de Castille et de León, celle-ci apporta en dot le comté. Le petit royaume qui allait en naître par la suite (camp de base de la Reconquête) s'appela finalement *Portugal*.
La ville s'est toujours battue vaillamment contre les envahisseurs et oppresseurs de tout poil : contre les Maures, puis, au XVIIIe s, révolte des vignerons contre l'autoritarisme de Lisbonne, contre Napoléon en 1809, contre les Anglais en 1820, révolte en 1829 contre l'absolutisme royal. L'agitation républicaine y débuta en 1891. Porto s'est ainsi forgé une réputation méritée de résistance.

### Orientation

Porto est une ville vallonnée. Le charme des pentes a une contrepartie : ça grimpe presque inévitablement pour joindre un lieu à un autre. La **gare de São Bento** est un bon point de départ pour découvrir les différents quartiers touristiques. À deux pas à l'ouest, l'**avenida dos Aliados,** bordée de riches immeubles, est l'une des artères principales de Porto. Encore un peu

plus à l'ouest, de la ***rua do Conde de Vizela*** à la ***rua de Cedofeita***, c'est le quartier animé le soir. Au nord et à l'est de São Bento, on fait du shopping au ***marché Bolhão*** et surtout sur la ***rua de Santa Catarina***, en grande majorité piétonne, LA rue commerçante de Porto. Au sud de São Bento, enfin, la ***sé*** (la cathédrale) domine du haut de sa colline les rives du Douro, la ***Ribeira***, cœur historique de la ville avec ses ruelles pavées et pentues. En suivant le fleuve vers son embouchure, la ***ville nouvelle*** étale des infrastructures modernes et chic. Quant aux caves de porto, elles bonifient à ***Vila Nova de Gaia***, de l'autre côté du fleuve face à la Ribeira, d'où l'on glane les plus belles vues sur Porto.
– Les stations de métro suffisamment proches d'une de nos adresses ou sites sont indiquées.

## Arriver – Quitter

### En bus

Hélas, pas de gare routière centrale. Voici les principales compagnies qui desservent la région, le pays et l'international.

🚌 ***Rede Expressos*** *(plan centre, C2,* **5***) :* rua Alexandre Herculano, 366, Garagem Atlântico (bureau tt au fond). ☎ 707-22-33-44 (infos 8h-21h). • rede-expressos.pt • Ttes les destinations proches ou lointaines. Très bien organisé et prix mini.

🚌 ***Renex*** *(plan centre, B2,* **7***) :* campo dos Mártires da Pátria, 37. ☎ 222-00-33-95. • renex.pt • Porto est sur la ligne reliant Lisbonne à Braga puis Barcelos.

🚌 ***Rodonorte*** *(plan centre, C2,* **6***) :* rua Ateneu Comercial do Porto, 19. ☎ 222-00-56-37. • rodonorte.pt • Ⓜ Bolhão. Dans un bâtiment vert. Pour la moitié nord du Portugal essentiellement.

🚌 ***A.V. Minho*** *(plan centre, C1,* **9***) :* rua Régulo Maguanha, 46. ☎ 222-00-61-21. • avminho.pt • Ⓜ Trindade. Bureau dans la cour, à droite. Dessert les villes du Nord, dont Chaves, Viana do Castelo, Ponte de Lima et Valença.

➤ ***Lisbonne :*** avec *Renex* et *Rede Expressos*, 1 bus/h, env 6h-21h. Trajet : 3h30. Correspondance vers Évora et Faro (quelques directs depuis Porto mais beaucoup plus longs).

➤ ***Coimbra :*** avec *Rede Expressos*, env 12 bus/j., de 6h45 à 20h30. Trajet : 114 km, env 1h30.

➤ ***Braga :*** avec *Renex*, env 20 bus/j. ; avec *Rede Expressos*, ttes les 30 mn-1h, de 4h30 à 23h. Trajet : 55 km, 1h.

➤ ***Viana do Castelo :*** avec *Rede Expressos*, 4 bus/j. ; avec *A.V. Minho*, env 10 bus/j. dont 5 poursuivent vers Valença et Caminha et 1 seul vers Ponte de Lima. Trajet : 73 km, 1h30.

➤ ***Guimarães :*** avec *Rede Expressos*, 3-4 bus/j. (2 quotidiens, 2 les jours ouvrables). Trajet : 52 km, 1h.

➤ ***Bragança :*** avec *Rede Expressos*, 8 bus/j. Trajet : 3h.

➤ ***Miranda do Douro :*** 1-2 bus/j. avec *Rodonorte* ; env 5h de trajet. Également 1 liaison le mat avec *Rede Expressos*, mais bien plus long et avec changement à Viseu ; 8h de trajet !

### En train

Porto est un important nœud ferroviaire desservant les villes principales de la région : **Braga, Guimarães, Barcelos, Viana do Castelo...** Il existe plusieurs types de trains : l'*Alfa Pendular* (rapide, confortable et services à bord), l'*Intercidades* (un peu moins cher) ou l'*Urbano* (omnibus et bien moins onéreux). 1ʳᵉ et 2ᵉ classes dans chaque train. Juin-sept, des liaisons par train auto-couchettes sont assurées 1-3 fois/sem avec l'Algarve, via Aveiro, Coimbra, Tunes... *Rens :* ☎ 707-210-220 ou (351) 707-210-220 (appels de l'étranger). • cp.pt • Les guichets automatiques (« CP ») ne rendent pas la monnaie sur les billets de banque mais délivrent un reçu utilisable sur d'autres trajets ou remboursable aux guichets. Dans les 3 gares principales, possibilité d'acheter la carte *Andante* (voir plus bas « Comment se déplacer ? En transports en commun »).

🚆 ***Gare ferroviaire de Campanhã*** *(plan d'ensemble) :* ☎ 0707-210-220.

# LE MINHO ET LA COSTA VERDE

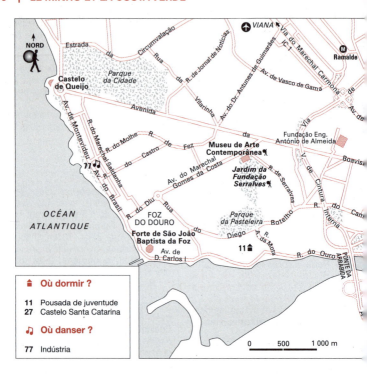

**Où dormir ?**
11 Pousada de juventude
27 Castelo Santa Catarina

**Où danser ?**
77 Indústria

🚇 *Campanhã*. Pour le Sud et l'international.

🚆 *Gare ferroviaire de São Bento* (plan centre, C2) : ☎ 0707-210-220. 🚇 *S. Bento.* Pour le Nord et l'intérieur.

➤ *Lisbonne :* une quinzaine de liaisons/j. avec changement à Oriente, 6h-20h45 et 2 trains pendulaires directs (qui continuent sur *Faro* pour un trajet total de 5h30). Trajet : 2h30-3h. Tous desservent *Coimbra* au passage, à 1h de Porto.

➤ *Braga :* env ttes les 30 mn (au moins 25 trains, moins le w-e), de 1h15 à 22h45. Trajet : 40 mn en *Alfa Pendular*, 1h en *Urbano*. Attention, les trains pendulaires coûtent plus cher (20 € au lieu de 3,10 € !).

➤ *Guimarães :* env ttes les heures, 6h20-23h20. La plupart directs. Trajet : 1h15. Part de la gare de São Bento et passe par celle de Campanhã.

➤ *Aveiro :* plus de 4-5 trains/j. dont la moitié directs. De 12h50 à 23h55. Trajet : 45 mn-1h.

➤ *Pinhão :* depuis Campanhã, 5 trains/j., dont 2 directs le mat et en fin d'ap-m (sinon, changement à Regua). Depuis São Bento, 4-5 trains/j., seulement un sans changement en semaine (de 7h05 à 17h05). Au retour, 3 trains slt, tous avec changement à Regua. Trajet : 2h30-4h.

### En avion

➤ *Aéroport Francisco Sá Carneiro* (hors plan d'ensemble) : *à une quinzaine de km au nord de la ville.* ☎ 229-43-24-00. ● loja.aeroporto@portoenorte.pt ● ana.pt ● 🚇 *Aeroporto.* Depuis Porto, ne pas confondre l'accès « cargo » avec l'accès passagers, un peu plus loin.

ℹ *Informations touristiques :* bureau

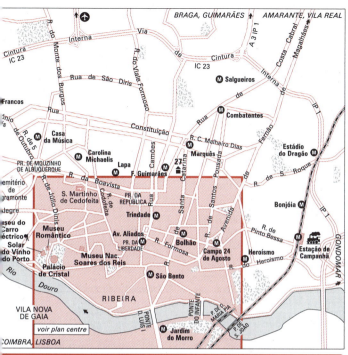

**PORTO – PLAN D'ENSEMBLE**

touristique dans le hall des arrivées. ☎ 229-42-04-96. Tlj 8h-23h30 (23h déc-mars). Accueil francophone, plans et doc avec le sourire. Achat des titres de transport pour se rendre en ville (métro, bus).

✉ **Poste :** *dans hall des arrivées. Lun-ven 8h30-21h ; w-e 9h-12h30, 14h-17h.* Distributeurs de timbres à disposition 24h/24.

■ **Argent :** *distributeurs à chaque niveau. Change possible à* **Unicambio***, dans le hall des arrivées et celui des départs ; tlj 5h-22h.*

■ @ **Téléphone et Internet : Vodafone,** *dans le hall des arrivées.* Pour acheter un forfait local de téléphone portable dès l'arrivée. **Postes Internet** gratuits dans la zone des départs, près de la porte 32.

■ **Location de voitures :** *une dizaine de compagnies en tt, plus ou moins connues. Les principales agences ouvrent tlj, 7h-minuit.* **Hertz :** ☎ *219-42-63-00 ;* **Avis :** ☎ *229-43-69-00.*

### Pour aller dans le centre-ville

➢ **En métro :** face à la sortie du terminal. La façon la plus simple de rejoindre le centre-ville. La ligne E relie le cœur de Porto et dessert notamment **Trindade** en 30 mn puis **Bolhão** et **Campanhã**. Pour **Aliados** et **São Bento,** changer à Trindade. Une rame ttes les 30 mn 6h-0h30. Achat aux distributeurs automatiques ou au bureau d'informations touristiques du hall des arrivées : carte rechargeable *Andante* 0,60 € (voir plus loin la rubrique « Comment se déplacer ? En transports en commun ») et ticket pour le centre-ville 1,85 € (zone tarifaire Z4). Ne pas oublier de valider son titre de transport avant de monter à bord en passant sa carte *Andante* devant la petite borne jaune située sur le quai.

➢ ***En bus :*** moins rapide que le métro. Le n° 601 relie le jardin de Cordoaria ttes les 20 mn, 5h30-23h30. Trajet : 50 mn env. Ligne 3M : très pratique pour les arrivées tardives et départs matinaux, ttes les heures, minuit-5h, trajet 30 mn env depuis/vers Aliados (terminus à côté de la station de métro).

Tarif (de jour comme de nuit) : 1,85 € (2,50 € si on achète son ticket à bord).

➢ ***En taxi :*** à gauche en sortant du hall. Compter 20-30 € pour gagner le centre-ville (majoration de 20 % les j. fériés).

➢ Le trajet en ***voiture*** par l'autoroute IC1 se fait en moins de 30 mn (si le trafic est fluide !).

## Adresses et infos utiles

### Services

**🛈 Office de tourisme Centro** *(plan centre, C1-2, 1) : rua Clube dos Fenianos, 25.* ☎ *223-39-34-72.* ● *turismo. central@cm-porto.pt* ● *visitporto.travel* ● Ⓜ *Aliados. À gauche de l'hôtel de ville en montant l'av. dos Aliados. Tlj 9h-19h (20h en été).* Dans cet office comme dans les 2 qui suivent, excellent accueil, très professionnel et toujours quelqu'un pour vous aider en français. Bonne documentation très complète.

**🛈 Office de tourisme Casa da Câmara** *(plan centre, C3, 2) : terreiro da Sé.* ☎ *223-32-51-74.* ● *turismo. casadacamara@cm-porto.pt* ● Ⓜ *S. Bento. Dans la tour, au pied de la cathédrale. Tlj 9h-20h (19h l'hiver).*

■ **Agence consulaire de France :** *rua Capela do Telheiro, 70, 4465-054 São Mamede de Infesta.* ☎ *229-059-430.*

■ **Police touristique** *(plan centre, C1) : juste à côté de l'office de tourisme do Município.* ☎ *222-08-18-33.* Ⓜ *Aliados.*

✉ **Poste** *(plan centre, C2) : à droite de l'hôtel de ville en montant l'av. dos Aliados.* Ⓜ *Aliados. Tlj sf dim et j. fériés 8h-21h (18h sam).*

■ **Téléphone : Portugal Telecom** *(plan centre, C2), praça da Liberdade, 62. Lun-ven 9h-19h. Nombreuses autres agences en ville.*

@ **Zones wifi gratuites :** *à de nombreux points de la ville (précisées sur le plan de l'office de tourisme) ; sur l'av. dos Aliados, au jardim da Cordoaria, sur la praça da Ribeira, etc.*

@ **Onweb** *(plan centre, C2) : praça do General Humberto Delgado, 291.* ☎ *222-01-70-82. Central, à 50 m de l'office de tourisme du Município. Tlj 10h (14h w-e)-2h.*

@ **Internet** *(plan centre, C2) : praça da Batalha, 108. Tlj 10h-minuit.* À l'étage, dans une salle dépouillée.

■ **Fnac** *(plan centre, C2, 1) : rua de Santa Catarina. Tlj 10h (12h dim et j. fériés)-20h.* Petit rayon francophone avec B.D., littérature et tourisme. Dont votre guide préféré !

■ **Location de vélos et de scooters Vieguini** *(plan centre, B3, 2) : rua Nova da Alfândega, 7.* 📱 *914-30-68-38.* ● *vieguiniscooters@gmail.com* ● *vieguini.pt* ● *Tlj 9h-19h30. Tarifs : VTT 2h : 9 €/j ; 4h : 12 €/j. ; 1 j. : 19 € ; scooter 50 cc et 125 cc : 28 et 33 €/j. (3 j. : 75 et 87 €) ; réduc.* Des mollets bien entraînés sont exigés pour se déplacer, à moins de se cantonner aux rives du Douro... Le scooter, pour les conducteurs expérimentés, est un agréable moyen de sillonner la ville et de faire des excursions (Vila Nova de Gaia, la plage...).

## Comment se déplacer ?

### En voiture

Le centre de Porto est une vaste zone semi-piétonne, présentant quelques bizarreries de sens de circulation, alors évitez-vous des complications inutiles. Porto n'est pas très grande et se visite très bien à pied ou en transports en commun : garez donc votre auto. Les panneaux bleus « P » signifient « *privado* » (privé). Attention, la fourrière est active, évitez de la tester !

**Parkings** *(estacionamento)* : de nombreux parkings couverts partout en ville. Compter env 10-15 €/j. Tarif forfaitaire la nuit. La plupart des hôtels offrent des tarifs négociés intéressants (réduction de 50 % environ), quand ils ne disposent pas de leur propre garage.

– **Parcmètres :** payants lun-ven 8h-20h. Tarif : compter 0,50 à 1 €/h selon quartier. Min 12 mn, max 2h.

## Adresses utiles

- 1 Office de tourisme Centro
- 2 Office de tourisme Casa da Câmara
- @ Onweb
- @ Internet
- 1 Fnac
- 2 Location de vélos et de scooters Vieguini
- 4 Funiculaire
- 5 Rede Expressos
- 6 Rodonorte
- 7 Renex
- 9 A.V. Minho

### Où dormir ?

- 10 Grande Hotel de Paris
- 12 Garden House Hostel
- 13 Avenida Porto B & B
- 14 Hotel Chique
- 15 Oporto Invinctus Hostel
- 16 Hotel Peninsular
- 17 Hotel Estoril
- 18 O Porto City Hostel
- 19 Gallery Hostel
- 20 Hotel Aliados
- 21 Tattva Design Hostel
- 22 Residencial Triunfo
- 24 Grande Hotel do Porto
- 25 Yes Hostel
- 26 Pensão Favorita
- 29 In Patio Guesthouse
- 30 Duas Nações Guest-House
- 31 Andarilho Porto Hostel
- 32 Oporto Poets Hostel
- 33 Porto Downtown Hostel
- 34 Rivoli Cinema Hostel
- 35 Hotel Malaposta
- 36 Moov Hotel Porto Centro
- 37 Solar Residencial S. Gabriel
- 38 IStay Hotel Porto et 6 Only Guesthouse
- 39 Aparthotel Oporto
- 93 Mercador Guest House
- 95 Porto Alive Hostel
- 96 BB by Bolhão
- 97 Teatro Hotel

### Où manger ?

- 40 O Ernesto et Baixa Burger
- 41 Le Chien qui Fume
- 42 Brick
- 43 Antunes
- 44 Restos du marché Bolhão
- 45 Casa Viúva
- 46 Adega Rampinha
- 47 A Grade
- 48 Andor Violeta
- 49 Confeitaria do Bolhão
- 50 Abadia do Porto
- 52 Mercearia das Flores
- 53 Adega presuntaria Transmontana II
- 54 Casa Zé Bota
- 57 Restaurante Casa Adão et Restaurant Dom Luís
- 58 Museu da Avó
- 59 Barao de Fladgate
- 60 Gingal
- 62 Ostras Coisas
- 63 Novo Mundo
- 64 Casa Guedes
- 65 Maria Rita
- 66 Lusíada
- 67 Pontual
- 70 O Buraco
- 72 Taberna do Doutor
- 76 Restaurante Escondidinho
- 82 DOP
- 99 Papavinhos
- 100 Meet & Taste

### Où boire un thé ? Où déguster une pâtisserie ?

- 68 Galeria de Paris
- 79 La Rota do Chá
- 81 Casa de Ló

### Où boire un verre ? Où écouter de la musique ?

- 45 Café Progresso
- 51 Tribeca Jazz Club & Restaurante
- 68 Casa do Livro
- 71 Café Guarany
- 73 Pinguin Café
- 74 Breyner 85
- 78 Majestic Café
- 80 Café Lusitano
- 83 Maus Hábitos

### Où sortir ? Où danser ?

- 75 Plano B
- 82 Pitch club

### Achats

- 84 Garrafeira A.M. Santos
- 87 Comer e Chorar por Mais
- 88 A Vida Portuguesa
- 89 Livraria Timtim por Timtim
- 91 Máquinas de Outros Tempos

### À voir. À faire

- 90 Igreja e torre dos Clérigos
- 92 Igreja dos Congregados
- 94 Librairie Lello e Irmão
- 98 Casa do Infante

# PORTO

- Museu Soares dos Reis
- Hospital de S. António
- Museu romântico
- Palácio de Cristal
- Museu do Vinho do Porto
- World of Discoveries
- Edifício da Alfândega
- Musée des Transports
- Jardim da Cordoaria
- Centro português de fotografia
- Igr. da Misericórdia
- Palácio da Bolsa
- São Francisco
- Caves Graham's
- Caves Ferreira
- Caves Ramos Pinto
- Caves Sandema
- Caves Taylor's

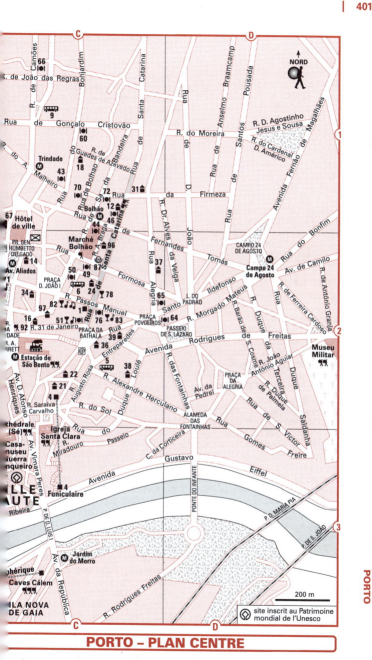

## Location de voitures

■ **Turiscar** : *rua 5 de Outubro, 378-382.* ☎ *707-28-28-80 et 70.* ● *turiscar.pt* ● *Tlj 8h-20h (19h sam ; 9h-18h dim).*
■ **Hertz** : *rua de Santa Catarina, 899.* ☎ *219-42-63-00.* ● *hertz.com* ● *Lun-sam 8h (9h sam)-19h.*
■ **Avis** : *av. de Boa Vista, 918.* ☎ *226-07-69-70.* ● *avis.com* ● *Lun-ven 9h-13h, 14h-18h ; sam 9h-13h30, 14h-18h.*
■ **Sixt** : *rua das Aguas Ferreas, 11.* ☎ *222-06-13-90 et 229-43-92-40. Lun-ven 9h-12h30, 14h-19h ; sam 9h-12h.*
■ **Europcar** : *rua Antonio Bessa Leite, 1478.* ☎ *222-05-77-37 et 222-00-01-70.* ● *europcar.pt* ● *Lun-ven 8h-19h30 ; w-e 9h-13h, 14h30-18h30.*

## En transports en commun

– **Carte Andante :** ● *linhandante.com* ● C'est la formule la plus commode pour découvrir la ville. Elle est très économique et englobe les moyens de transport suivants : métro et bus (mais pas le tram, ni le funiculaire). S'achète (0,60 €) lors du premier trajet, puis se recharge du nombre et du type de voyages souhaités. Les principaux sites à visiter se trouvent dans la zone tarifaire Z2. Trajet : 1,20 € (valable 1h). Il existe également une carte *Andante Tour* qui donne droit à des trajets illimités sur une période de 24h (7 €) ou 3 j. (15 €).
– **Transports gratuits avec la Porto Card :** lire la rubrique « À voir ».
– **Métro :** ☎ *808-20-50-60.* ● *metrodoporto.pt* ● Le métro fonctionne tlj 6h-1h avec une fréquence de 6-15 mn selon heure et jour. Prix d'un billet valable 1h-2h30 : 1,20-5 € ; pour 24h, 4,15-16,70 €. Si l'on achète 10 titres de voyage, le 11ᵉ est gratuit. Ne pas oublier de valider votre billet aux bornes jaunes, y compris lors des correspondances, sinon ça peut coûter cher ! 6 lignes de couleurs différentes (A, B, C, D, E, F) desservent les principaux centres d'intérêt de la ville, à l'exception de la partie ouest. La construction de ce réseau souterrain est une prouesse : le sous-sol de Porto est un socle de granit !
– **Bus : Société de transports collectifs de Porto** (STCP). ● *stcp.pt* ● Fonctionnent 6h-1h. Horaires variables selon ligne. Prix du billet (en restant dans le bus) 1,85 €. Ce n'est pas la meilleure formule, mieux vaut opter pour la carte *Andante*.
– **Taxis : Taxis Invicta,** ☎ *225-07-64-00* ; **Raditaxis,** ☎ *225-07-39-00.* On trouve sans problème ces véhicules de couleur crème en ville.
– **Funiculaire** *(plan centre, C2-3, 4) : au pied du pont Dom Luís Iᵉʳ.* ● *metrodoporto.pt* ● *Mai-oct, tlj 8h-22h (minuit jeu-sam et août) ; nov-avr, tlj 8h-20h. Fréquence : ttes les 8 mn. Trajet : 2,50 €.* On grimpe d'un coup 230 m de la Ribeira jusqu'au plateau de Batalha en 2 mn ! Pratique pour échapper aux escaliers ; belle vue sur le Douro et le pont.

## En transports touristiques

➢ **Tramway** (eléctricos) : ● *portotramcitytour.pt* ● *Achat possible des billets dans les trams.* Ticket : 2,50 € (à chaque voyage) ou 4 € combiné avec l'entrée du museu do Carro eléctrico (qui est pour l'heure toujours en travaux ; lire la rubrique « À voir. Dans la ville basse »). *Pass* de 1 j. (trajets et musée) 8 € (enfant jusqu'à 12 ans : 5 €). 3 lignes parcourent la ville au rythme couinant de ces drôles d'engins tout droit sortis des Années folles. La plus intéressante est indéniablement la n° 1 qui part de l'église São Francisco *(plan centre, B3)*, suit les rives du Douro vers le museu do Carro eléctrico *(plan centre, A3)* et jusqu'à l'embouchure du fleuve *(avr-sept, tlj 9h30-20h20 ; oct-mars, 9h45-17h45 ; ttes les 30 mn env).* La n° 22 n'est pas mal non plus, depuis la station haute du funiculaire *(plan centre, C2)*, elle passe par la praça da Batalha et pousse jusqu'à « Carmo » (derrière l'église dos Clerigos ; *plan centre, A-B2*) à travers des rues commerçantes et pentues *(oct-mars, tlj 9h30-18h30 ; avr-sept, 9h15-19h15 ; ttes les 30 mn env).* La n° 18 fait une boucle entre « Carmo » et le museu do Carro eléctrico via la

rua da Restauração *(oct-mars, tlj 8h18-18h48 ; avr-sept, 8h03-18h03 ; ttes les 30 mn env).*
➢ **Bus touristiques :** 2 compagnies se partagent le gâteau des promenades touristiques en bus à impériale (plateau supérieur à ciel ouvert, *of course*). Prestations très proches. Dans les 2 cas, on descend du bus et on remonte librement dans le suivant avec le même billet (on achète son billet directement dans le bus).
– *Yellow Bus :* ☎ 225-07-10-10. ● *yellowbustours.com* ● *Tour 1* (le vieux Porto) *ttes les 30 mn* (hiver *ttes les 45 mn), tlj 9h15-18h15 juin-sept, 9h30-17h30 l'hiver. Durée : 1h50. Tour 2 (les châteaux) : ttes les heures 10h-18h (17h l'hiver). Durée : 1h50 (si l'on ne descend pas pour visiter). Prix : 13 €, ou 15 € pour les 2 tours (valable 2 j.).* Propose 2 circuits distincts, ainsi que des formules combinées avec une balade en bateau, en tram ou la visite de caves.

– *City Sightseeing Portugal :* ☎ 222-08-06-77. ● *city-sightseeing.com* ● *Tlj 9h-18h30 (9h15-17h15 oct-juin), ttes 30 mn env. Durée : 1h-1h30 (si on ne descend pas pour visiter). Pass : 10,50 €, enfant 5 € (2 j.).* Propose 2 circuits distincts.
➢ **Balades en bateau sur le Douro**
– *ATC Porto Tours :* au pied de la cathédrale (sé), dans la tour médiévale (plan centre, C3). ☎ 222-00-00-45. 📱 939-552-340. ● *portotours.com* ● *Également un point de vente à l'office de tourisme Centro. Tte l'année 10h-19h, ttes les 30 mn.* Départs du quai de la Ribeira ou de Vila Nova de Gaia. Compter 12,50 € pour 50 mn de navigation et le passage sous 5 des 6 ponts de la ville. Nombreuses autres formules, dont une nocturne. Ses services sont également à l'office de tourisme central. Consultez leur site.

## Où dormir ?

### Campings

Il faut aller sur la côte pour trouver les campings les plus proches, soit au sud à **Vila Nova de Gaia,** soit au nord. Mais on vous prévient : ils ne sont pas terribles et la zone côtière est fortement construite, donc n'imaginez pas vous retrouver en pleine nature.

⛺ *Parque de campismo Orbitur Madalena :* rua do Cerro, 608, praia da Madalena, à **Vila Nova de Gaia** *(8 km au sud de Porto).* ☎ 227-12-25-20. ● *infomadalena@orbitur.pt* ● *orbitur.pt* ● *Bien indiqué depuis l'A29, sortie Madalena. Bus nº 906 (6h-minuit) depuis la gare de São Bento, arrêt Parque Campismo. Tte l'année. Emplacements pour 2 avec tente et voiture en moyenne et hte saisons 18-22 € (avec eau et électricité 34,50-41,50 €).* 📶 Terrain ombragé, faisant la part belle aux mobile homes. Piscine, activités sportives, supermarché, tennis et sanitaires en nombre. Mais diantre, que c'est cher, surtout que l'entretien est souvent moyen ! Plage à 300 m.

⛺ *Parque municipal de campismo de Espinho :* rua Nova de Praia, à **Espinho** *(20 km au sud de Porto).* ☎ 227-33-58-71. ● *campismo@cm-espinho.pt* ● *À 2 km de la gare d'Espinho (fléché depuis l'autoroute). Trains fréquents depuis São Bento et Campanhã (trajet 30 mn). Ouv tte l'année. Emplacement pour 2 avec tente et voiture en hte saison 16 €. Loc de vélo 3,20 €.* Terrain sans prétention posé dans le seul creux de verdure ignoré d'un environnement urbain assez présent. Pas très glamour, mais il a l'avantage d'être le plus calme du secteur. Sanitaires ayant du service mais bien tenus. De l'ombre et même une piscine et un bout de rivière. Plage à 800 m.

⛺ *Parque de campismo Orbitur Angeiras :* rua de Angeiras, à **Lavra** *(20 km au nord de Porto).* ☎ 229-27-05-71. ● *infoangeiras@orbitur.pt* ● *orbitur.pt* ● *Fléché depuis Lavra-centre. À 50 mn de Porto (tt de même !) en bus Resende nº 104 depuis la praça Cordoaria (6h-23h30). Tte l'année. Emplacements pour 2 avec tente et voiture 29-36 € selon saison.* 📶 Piscine et nombreuses commodités, à proximité de la mer, sous les pins. Bien équipé mais pas génial pour les tentes (camping en terrasse, terrain un poil incliné). Sanitaires pas tout jeunes mais propres. Piscine extérieure et bassin pour les enfants. Snack et resto. Un bémol : le trafic aérien qui commence de bonne heure.

## Auberges de jeunesse

Porto recèle une formidable brochette d'AJ privées, dont certaines offrent plus de confort et de charme que bien des hôtels !

🏠 *Tattva Design Hostel* (plan centre, C2, **21**) : *rua do Cativo, 26-28.* ☎ 220-94-46-22. 📱 939-887-070. ● *reservation@tattvadesignhostel. com* ● *tattvadesignhostel.com* ● Ⓜ *S. Bento.* ♿ *Selon saison, 12-17 €/ pers en dortoir ; double 55 € ; petit déj compris.* 🖥 📶 *Réduc de 10 % sur le prix de la chambre sur présentation de ce guide.* Une toute nouvelle et magnifique AJ de 116 lits, située au cœur de la Ribeira. Ici, rien n'a été laissé au hasard : sanitaires et balcon dans tous les dortoirs (6 à 10 lits) et les 2 chambres doubles, matelas de grande qualité, lits séparés par des rideaux de style indien et dotés d'un casier, et même d'un petit ventilo au-dessus de la tête... Splendide terrasse sur le toit avec vue sur la ville, fauteuils en osier, barbecue et ambiance relax ; cuisine suréquipée, laverie, resto (ouvert à tous).

🏠 *Rivoli Cinema Hostel* (plan centre, C2, **34**) : *rua Dr Magalhães Lemos, 83.* ☎ 220-17-46-34. 📱 968-958-637. ● *rivolicinemahostel@gmail.com* ● *rivolicinemahostel.com* ● Ⓜ *Aliados. Selon saison, 17-21 €/pers en dortoir mixte ; double 44 € (48 € w-e) ; petit déj inclus.* 🖥 📶 *Digestif offert sur présentation de ce guide.* AJ très moderne et centrale qui se met en scène dans le champ du cinéma. Dortoirs de 4 lits à la déco thématique, de l'extravagant Tim Burton à Kubrick en passant par Almodóvar. L'ensemble est lumineux, impeccable de bout en bout, et il ne manque rien : cuisine équipée, salle à manger, vaste salle commune avec DVDthèque, jeux de plateau et console de jeu, laverie, salle de gym sur le toit-terrasse, où une piscine gonflable est installée en été...

🏠 *Garden House Hostel* (plan centre, C1, **12**) : *rua de Santa Catarina, 501.* ☎ 222-08-14-26. ● *gardenhouse501@ gmail.com* ● *gardenhousehostelporto. com* ● Ⓜ *Bolhão à 200 m. Entrée discrète. Selon saison, 12-17 €/pers en dortoir ; doubles 45-65 € suivant saison et confort ; petit déj inclus.* 🖥 📶 Cette auberge privée aménagée dans une vénérable demeure propose 2 chambres doubles et une demi-douzaine de dortoirs de 4, 6 et 8 lits distribués autour d'un atrium central. C'est super bien aménagé, spacieux et lumineux. Certains plafonds ornés de stucs. Lits en bois blanc, casiers et lampes individuelles. Salles de bains communes nickel. Les logements du haut sont climatisés. Les parties communes sont au diapason des chambres : petit jardin pour se détendre, belle cuisine pour préparer son frichti, petit salon. Le tout dans des murs d'une blancheur éclatante, rehaussés par quelques touches de couleur savamment dosées et de beaux parquets. *Live music* l'été en fin de semaine. Une belle adresse en plein cœur de Porto.

🏠 *Oporto Invictus Hostel* (plan centre, B1-2, **15**) : *rua das Oliveiras, 73.* ☎ 222-02-43-71. ● *info@oportoinvic tushostel.com* ● *oportoinvinctushostel. com* ● Ⓜ *Trindade. Compter 14-19 €/ pers selon saison et confort (dortoirs 4 ou 12 lits) ; doubles sans ou avec sdb 46-48 €, petit déj inclus.* 🖥 📶 Petite auberge très routarde, située au cœur du vieux Porto. Dans la pièce commune, une TV, des bouquins et un ordi. Dans les étages, un dortoir avec des couchettes style SNCF, préférez les dortoirs de 4, plus intimes et pour certains dotés de salle de bains, ou les doubles avec sanitaires privés. De la cuisine commune, située au dernier étage, belle vue sur la ville. Tours guidés gratuits. Accueil gentil.

🏠 *O Porto City Hostel* (plan centre, C1, **18**) : *rua Guedes de Azevedo, 219.* ☎ 222-08-44-52. ● *oportocityhostel@ gmail.com* ● *oportocityhostel.com* ● Ⓜ *Trindade (à 1 mn). Suivant saison et confort 7,50-14,50 €/pers ; doubles*

12,50-22,50 €/pers ; petit déj en sus. 📱 📶 Une belle AJ aux murs d'un blanc immaculé et au mobilier coloré. Elle offre d'agréables dortoirs de 4 et 8 personnes et des doubles (tous avec salle de bains). Excellente literie de bois blanc (lumière individuelle), *lockers* et belle cuisine équipée. Accueil pro et anglophone. Plaisant patio, BBQ. Quelques places de parking gratuites.

🏠 **Porto Downtown Hostel** (plan centre, B2, 33) : *praça Guilherme Gomes Fernandes, 66.* ☎ 222-01-80-94. • info@portodowntownhostel.com • portodowntownhostel.com • Ⓜ *Aliados. Compter 12-20 €/pers dans un des dortoirs mixtes 4-10 lits ; également 3 doubles avec sdb commune 38-42 € ; petit déj inclus. CB refusées.* 📱 📶 Située dans le quartier le plus vivant en soirée, une AJ bien tenue, à l'ambiance sympa. Moderne, propre et literie impeccable. Cuisine suréquipée, salon avec poufs colorés et plein de distractions à bord, laverie, minibar, casiers. Attention, cependant, pour ceux qui prennent les doubles : 2 ont des fenêtres intérieures donnant sur couloir, assez bruyantes, donc.

🏠 **Oporto Poets Hostel** (plan centre, B2, 32) : *rua dos Caldeireiros, 261.* ☎ 223-32-42-09. • info@thepoetsinn.com • oportopoetshostel.com • Ⓜ *S. Bento. Selon saison, 13-16 €/pers en dortoir mixte 4-8 lits ; doubles sans ou avec sdb 40-50 € ; petit déj inclus.* 📱 📶 En plein cœur du centre-ville, à deux pas de l'animation. Une dizaine de chambres. Ascenseur. Une annexe occupe une grande maison avec jardin légèrement en contrebas. Tout a été habilement rénové : c'est propre, confortable et design. Pas de double avec bains privés dans cette dernière, mais on a vite fait de l'oublier. Dans chaque section : salon avec canapé confortable, TV grand écran et vaste cuisine suréquipée où le petit déj se concocte. Comme à la maison, voire mieux ! Personnel très sympa.

🏠 **Andarilho Porto Hostel** (plan centre, C1, 31) : *rua da Firmeza, 364.* ☎ 222-01-02-52. • andarilhohostel@gmail.com • andarilhohostel.com • Ⓜ *Bolhão à 200 m. Entrée par une porte orange ; au-dessus, une pancarte « hostel » discrète. Lits en dortoir 12-16 € selon j. de la sem ; doubles avec douche un poil plus chères (et à réserver) ; petit déj inclus.* 📱 📶 On aime bien cette AJ avec un côté *funky*, un peu grunge, un zeste décadente, un poil *groovy*, mais idéale pour faire plein de rencontres. Salle commune vraiment chaleureuse. Dortoirs de 6 à 10 lits superposés, avec sanitaires chauffés. Casiers, laverie, bar, cuisine équipée, café et thé à volonté, salon TV et hi-fi, et enfin un petit jardin arboré (plutôt en friche !) avec barbecue, terrasse au frais et petite scène au fond pour les spectacles musicaux ou théâtraux occasionnels. Personnel disponible et dynamique.

🏠 **Yes Hostel** (plan centre, B2, 25) : *rua Arq. Nicolau-Nazoni, 31.* ☎ 222-08-23-91. Ⓜ *Aliados.* • yeshostels.com • *Compter 20 €/pers.* 📱 📶 Dans un immeuble remarquablement rénové, une confortable AJ offrant de très agréables dortoirs (4-5 lits, mixtes ou filles seules), avec lits en bois blanc, une excellente literie, grands casiers et lumière individuelle, clim, sanitaires impeccables, cuisine équipée spacieuse et fonctionnelle. Pas mal d'autres services. Mon tout, dans des tonalités blanc et bleu bien reposantes.

🏠 **Pousada de juventude** (plan d'ensemble, 11) : *rua Paulo da Gama, 551, Lordelo do Ouro e Massarelos.* ☎ 226-16-30-59. • porto@movijovem.pt • pousadasjuventude.pt • ♿ (2 chambres). *À l'ouest de la ville. Bus n° 207, arrêt Pousada de Juventude, depuis les gares de Campanhã et São Bento. Depuis São Bento toujours, n°s 200 (arrêt Paulo do Gama) et 500 (arrêt Fluvial) puis 300 m à pied. Selon saison, compter 13-15 €/pers en dortoir ; doubles sans sdb 32-36 € et avec sdb 40-44 € ; petit déj inclus. Carte FUAJ obligatoire (en vente 2 €/nuitée, carte qui devient valide pour l'année au bout de 6 nuits). Parking gratuit.* 📱 📶 Un long bâtiment en béton, en bordure de cité HLM face à l'embouchure du Douro. Dortoirs de 4 lits superposés (salle de bains sur le palier, mais pour certaines, belle vue sur le Douro) et doubles proprettes avec lits jumeaux et balcon donnant côté Douro. Réfectoire (self 6 €), cuisine commune, salon TV avec billard et terrasse. Excentrée et sans ambiance, mais rarement complète : elle peut donc dépanner.

## Dans la zone centrale, autour de l'avenida dos Aliados

### De bon marché à prix moyens

🏠 *Gallery Hostel (plan centre, B1, 19) : rua Miguel Bombarda, 222.* ☎ *224-96-43-13.* 📱 *965-348-930.* • *info@gallery-hostel.com* • *gallery-hostel.com* • Ⓜ *Aliados. En dortoir 4-6 lits 22-24 €/pers ; double 64 € ; triple 80 € ; petit déj compris.* 💻 📶 Située dans un quartier tranquille à deux pas du centre, dans la rue des galeries d'art, une auberge privée de 43 lits, tenue par une bande de jeunes sympas comme tout. Tout ici a été pensé pour le confort des hôtes. Le couchage dans des dortoirs de 4 ou 6 lits, vastes et climatisés, possédant une belle hauteur sous plafond. Aménagés dans un style High Key, ils sont très lumineux. Sanitaires design et très clean dans chaque chambre. Au fond du jardin, 3 doubles et une triple, avec salle de bains aussi. Dans les parties communes, un petit patio, avec bar pour déguster ou acheter des vins et du porto (ouvert 24h/24), salle de lecture et de projection de films. Expo-vente d'œuvres d'art et parfois des concerts. Grande cuisine où l'on prend son petit déj mais où l'on peut également cuisiner. Une de nos plus séduisantes adresses.

🏠 *Duas Nações Guest-House (plan centre, B2, 30) : praça Guilherme Gomes Fernandes, 59.* ☎ *222-08-16-16.* • *duasnacoes@sapo.pt* • *duasnacoes.com.pt* • Ⓜ *Aliados. En dortoir 4 lits 15 €/pers ; doubles sans ou avec sdb 33-36 € ; studios et apparts 50-60 € pour 2 ou 3 pers. Petit déj 1,50 € ; cafétéria au rdc. Service de laverie. Parking payant (15 €/j.).* 📶 Sur une jolie petite place, à proximité des rues les plus animées le soir, cette grande maison tout en hauteur propose des chambres très agréables aux murs colorés, avec TV satellite et double vitrage. Certaines sont sans fenêtre sur l'extérieur et sans AC. Intérieur chaleureux, mobilier moderne et plutôt joli. Quelques triples et quadruples spacieuses. Loue aussi de beaux studios et appartements fraîchement rénovés juste à côté, avec cuisine équipée, AC et double fenêtre. Patron francophone et accueillant. Notre adresse préférée dans cette catégorie.

🏠 *Hotel Estoril (plan centre, B1, 17) : rua de Cedofeita, 193.* ☎ *222-00-27-51 et 52.* • *mail@hotelestorilporto.com* • *hotelestorilporto.com* • *Selon confort et saison, doubles 38-49 €. Petit déj env 6 €, mais inclus hors saison.* 💻 📶 Dans l'une des rues piétonnes les plus animées de la ville, avec plein d'étudiants de l'université voisine. Il fait bon traîner à pied dans ce quartier en pleine renaissance. Une bonne quinzaine de chambres, toutes avec salle de bains, donnant soit sur un petit jardin fleuri à l'arrière, soit sans fenêtre, moins chères. L'été, éviter celles sous les toits : étouffantes. Terrasse ensoleillée et agréable petit salon.

🏠 *Residencial Triunfo (plan centre, C2, 22) : rua de Cativo, 9.* ☎ *222-02-11-66.* 📱 *914-436-725.* • *residencialtriunfo@hotmail.com* • Ⓜ *S. Bento. Proche de la gare, au sud. Double env 40 €. Pas de petit déj.* 📶 Petit hôtel gentiment populaire, doté de chambres propres et meublées très simplement. Attention, les moins chères sont aveugles. Quelques triples aussi. Escalier en marbre mais pas de clim. Très honorable à ce tarif, une aubaine pour les petits budgets.

🏠 *Hotel Chique (plan centre, C2, 14) : av. dos Aliados, 206.* ☎ *222-00-90-11 et 12.* • *hotelchique@gmail.com* • *hotelchique.com* • Ⓜ *Aliados. Réception au 1er étage. Doubles 47-70 € selon saison, petit déj en sus. Parking payant (8 €/j.).* 📶 Hôtel standard et sans charme, mais à prix serrés et ultra-central. Moquette partout, bonne literie, salles de bains très correctes, TV satellite. Les chambres à l'arrière ont un petit balcon mais pas de vue, sont calmes, celles de devant sont à éviter car elles n'ont pas de double vitrage (le boulevard est très bruyant). Malgré tout, bon accueil anglophone et un bon rapport qualité-prix pour le quartier. Seul bémol, pas de consigne à bagages.

≜ **Avenida Porto B & B** (plan centre, C2, 13) : *av. dos Aliados, 141.* ☎ *222-00-95-51.* • *porto@avenidaporto.pt* • *avenidaporto.com.pt* • Ⓜ *Aliados. Doubles 48-50 € selon confort et saison ; familiale spacieuse (5-6 pers) 85 € ; petit déj inclus.* La pension occupe les 4e et 5e étages et propose une quinzaine de chambres (avec TV5). Simple, très propre et un accueil francophone gentil comme tout. Certaines chambres, avec double fenêtre, donnent sur la grande place, d'autres sur une cour intérieure un peu sombre.

## De prix moyens à plus chic

≜ **Hotel Peninsular** (plan centre, C2, 16) : *rua Sá da Bandeira, 21.* ☎ *222-00-30-12.* • *info@hotel-peninsular.net* • *hotel-peninsular.net* • Ⓜ *S. Bento. À droite en sortant de la gare de São Bento. Doubles 38-75 € selon confort et saison ; suite jusqu'à 80 € ; petit déj inclus. Parking payant (8 €/j).* 🛜 Pratique de par sa proximité avec la gare, ce grand hôtel de style Art déco propose des chambres propres et pour toutes les bourses. La plupart sont refaites (sans double vitrage), avec parquet tout neuf ou ancien mais bien ciré, d'autres sont plus simples avec moquette mais sans fenêtre. Toutes sont agrémentées d'un mobilier démodé, style années 1950. Bonnes prestations à prix doux, mais pas grand charme.

≜ **Pensão Favorita** (plan centre, B1-2, 26) : *rua Miguel Bombarda, 267.* ☎ *220-13-41-57.* 📱 *913-904-635.* • *welcome@pensaofavorita.pt* • *pensaofavorita.pt* • Ⓜ *Aliados.* ♿ *Doubles 70-100 € selon confort et période, petit déj inclus. Parking proche (10 €/j).* 🛜 À peine excentrée (5 mn à pied du centre), une très belle adresse tout en volume, en blancheur et en petites attentions. Des chambres mansardées à celles du jardin en passant par les grandes doubles – avec dressing et terrasse couverte –, situées à l'étage, tout ici respire le bien-être. Également des suites familiales à prix attractifs. Aménagée avec goût, cette adresse à dimension humaine, dont la déco ton sur ton hésite entre les seventies et le plus ancien, vous promet un agréable séjour. Excellent accueil francophone. Un vrai coup de cœur !

≜ **Grande Hotel de Paris** (plan centre, B2, 10) : *rua da Fábrica, 27-29.* ☎ *222-07-31-40.* • *info@hotelparis.pt* • *hotelparis.pt* • Ⓜ *Aliados. En plein centre. Doubles à partir de 56 € selon offre et demande, triples 85-99 €, petit déj inclus.* 🖥 🛜 *Porto offert sur présentation de ce guide.* Une grande bâtisse de 1853 où l'eau fut installée par un Français à la fin du XIXe s, d'où le nom de l'hôtel (inauguré en 1877). Le bel escalier à l'entrée dessert un intérieur ancien plein de charme, patiné, parsemé d'objets de déco rétro. Les chambres, ni très grandes ni très insonorisées, sont claires, propres, avec TV, téléphone, chauffage central, disposées autour d'une belle rotonde. Côté quiétude, préférer les chambres sur l'arrière. Le petit déj, très copieux, se prend dans une superbe salle à manger (l'ancien resto de l'hôtel) ouverte sur un délicieux jardin centenaire, un îlot de calme et de lumière à deux pas du centre. Super accueil.

≜ **Hotel Malaposta** (plan centre, B1, 35) : *rua da Conceição, 80.* ☎ *223-39-19-20.* • *info@hotelmalaposta.com* • *hotelmalaposta.com* • Ⓜ *Aliados ou Trindade. Doubles 60-70 € selon saison. Petit déj 6 €. Parking gratuit 20h-8h w-e et j. fériés.* 🖥 🛜 Hôtel confortable (TV, AC) avec des pointes de déco moderne au gré des couloirs comme des chambres. Celles du 4e étage jouissent d'une terrasse commune avec vue dégagée sur la ville. Personnel affable et francophone.

≜ **Mercador Guest House** (plan centre, A-B1, 93) : *rua Miguel Bombarda, 382.* ☎ *224-08-15-45.* 📱 *910-059-755.* • *mercadorporto@mercador.com.pt* • *Doubles 108-118 €, petit déj inclus. Promo pour 2 nuits.* 🛜 Dans la rue des galeries d'art, une belle demeure du XIXe s offrant 7 chambres à l'élégant style contemporain et d'excellent confort. Tons doux, joliment décorées, avec clim et de belles salles de bain. Agréable jardin. Attention, pas d'ascenseur (chambres dans les étages). Accueil affable et francophone.

🏠 *Hotel Aliados* (plan centre, C2, **20**) : *rua Elísio de Melo, 27 ; 1º*. ☎ *222-00-48-53*. • *aliados@mail.telepac.pt* • *hotelaliados.com* • Ⓜ *Aliados. Résa conseillée. Doubles 60-250 € selon saison, remplissage et taille, petit déj inclus. Garage payant en face.* 🖥 📶 Si l'accès se fait par une ruelle, l'hôtel donne sur la grande place-avenue dos Aliados. Cet immeuble d'angle massif en granit, au chic suranné, est très bien tenu. Chambres aussi hautes de plafond que petites, mais qui ne manquent pas de charme. Hélas, elles sont parfois bruyantes mais certaines ont un double vitrage. Le petit déjeuner se prend dans une salle sobre, là encore haute de plafond et de style Grand Siècle. Bon accueil.

## *Au sud dans le quartier de la Ribeira*

### Bon marché

🏠 *Porto Alive Hostel* (plan centre, B2, **95**) : *rua das Flores, 138*. ☎ *220-93-76-93*. • *portoalivehostel@gmail.com* • *portoalivehostel.com* • Ⓜ *Estação de São Bento. Dortoirs 13-15 €/pers ; doubles à partir de 36 €. Sanitaires communs.* 📶 Une AJ super bien placée (sur vivante rue piétonne), à mi-chemin à pied de tout ! Intime, propre, dortoirs agréables avec bonne literie. Accueil pro, staff serviable. Au sous-sol, cuisine équipée et coin détente. Derrière, agréable courette.

### Plus chic

🏠 *In Patio Guesthouse* (plan centre, B3, **29**) : *pátio de São Salvador, 22, 4050*. ☎ *222-08-54-79*. 📱 *934-323-448*. • *info@inpatio.pt* • *inpatio.pt* • *Doubles 95-115 € (plus cher juil-août), petit déj inclus.* 📶 Dans un bâtiment du XIXᵉ s, joliment restauré, sur courette calme (où se prend le petit déj aux beaux jours), 5 chambres d'hôtes où pierre, bois et design se marient judicieusement. Énormément de charme. Excellent accueil des propriétaires.

## *À l'est, dans le quartier de la praça da Batalha et du marché de Bolhão*

### Bon marché

🏠 *IStay Hotel Porto* (plan centre, C2, **38**) : *rua Alexandre Herculano, 296*. ☎ *222-06-13-50*. • *reservas.porto@istayhotels.com* • *easyhotel.com/hotels/porto* • *Doubles env 39-45 € selon saison. Petit déj en sus. Parking payant.* 🖥 📶 *(payants)*. L'hôtellerie *low-cost* débarque à Porto ! Les tarifs de cet hôtel standard et bien situé pourront intéresser le routard soucieux d'économies. Chambres doubles sans personnalité, climatisées et dotées de sanitaires. Un rappel pour ceux qui ont oublié le principe du *low-cost* : tous les extras viennent en supplément, y compris la TV ou le sèche-cheveux !

### De prix moyens à plus chic

🏠 *Moov Hotel Porto Centro* (plan centre, C2, **36**) : *praça de Batalha, 32-34*. ☎ *220-40-70-00* et *01*. • *porto@hotelmoov.com* • *hotelmoov.com* • Ⓜ *Bolhão* ou *S. Bento. Double 57 € ; familiales 4 pers 65-70 € ; petit déj 6 €. Parking 7 €/j.* 📶 On remarque de suite sa belle façade rococo, celle de l'ex-cinéma *Batalha*. Cet hôtel de chaîne au design épuré offre 125 chambres tout confort d'un excellent rapport qualité-prix. Cadre contemporain à l'élégant design. Dans les chambres, tout est soigné et isolé par du triple vitrage. Pas moins de 3 lits doubles dans les familiales ! Une adresse à réserver dès que possible pour bénéficier des meilleurs tarifs.

🏠 *6 Only Guesthouse* (plan centre, C2, **38**) : *rua Duque de Loulé, 97*. ☎ *222-01-39-71*. 📱 *926-885-187*. • *6only@6only.pt* • *6only.pt* • *Entrée discrète, sans enseigne. Doubles 60-80 € ; suites 70-90 € selon saison et confort ; petit déj inclus.* 🖥 📶 Avec seulement 12 chambres et suites, vous êtes ici dans une petite adresse de charme, bien loin des hôtels classiques et anonymes. Les jeunes proprios habitent sur place et réservent à leurs hôtes un accueil charmant, francophone et personnalisé, tout en leur garantissant un maximum d'intimité. Dans cette belle maison ancienne rénovée avec goût, les chambres arborent un séduisant style design mais pas froid, et offrent tout le confort souhaité. Pour les moins chères, les 3 chambres avec vue sur la rue sont plus spacieuses et avec double vitrage, les 3 qui donnent derrière ont un balcon face à une petite cour. Les 6 nouvelles suites dans le bâtiment mitoyen sont un peu plus spacieuses et bénéficient d'une déco et d'une disposition dans l'espace particulièrement originales. Tout est d'un goût absolument exquis. Ascenseur. Belle salle de petit déj, bar, salon DVD et musique à dispo. Une adresse de très grande qualité et l'une de nos préférées...

🛏 *BB by Bolhão* (plan centre, C2, **96**) : *rua Alexandre Braga, 76.* ☎ *223-26-02-67.* 📱 *916-789-511.* ● *teresa.mascarenhas@bybolhao.pt* ● *byportoapartments.pt* ● Ⓜ *Bolhão. Studios à partir de 70 €, ainsi que 2 lofts. Pas de petit déj.* Hyper bien placé, en face du grand marché, dans un élégant édifice du XIXᵉ s. Studios lumineux avec un côté design contemporain, de douces tonalités et une large utilisation du bois blanc. Très confortables et de charme, sanitaires impeccables, kitchenette équipée. Coup de cœur pour les superbes lofts mansardés, spacieux et romantiques. Dans le genre, l'une de nos plus intéressantes adresses.

🛏 *Aparthotel Oporto* (plan centre, C2, **39**) : *rua Entreparedes, 7.* 📱 *961-14-03-02 ou 966-80-14-94.* ● *aparthoteloporto@gmail.com* ● *aparthoteloporto.com* ● *Apparts env 55-75 € selon taille et saison. Attention : séjours de 2 nuits min (3 nuits min en hte saison).* 📶 Dans un immeuble très central, voici une formule d'hébergement intéressante notamment pour les familles ou couples d'amis. Car ces appartements de 34 à 60 m² peuvent accueillir jusqu'à 4 personnes, grâce au sofa convertible du salon. Certains apparts ont même 2 chambres. Pièces fraîchement rénovées, spacieuses et bien équipées (cuisine complète, TV câblée), parquet de bois clair, décorées dans un style moderne et fonctionnel, tout en sobriété. Également des apparts dans un autre immeuble tout proche, au n° 127 de la rua do Sol.

🛏 *Solar Residencial S. Gabriel* (plan centre, C2, **37**) : *rua da Alegria, 98.* ☎ *222-00-54-99 et 223-32-39-32.* ● *sgabriel@netc-pt* ● *residencialgabriel.com* ● *Double 50 €, petit déj inclus. Parking couvert gratuit.* 📶 Tout près de la commerçante rua de Santa Catarina et du marché Bolhão se dresse la façade carrelée, très seventies, de cet hôtel vieillissant et de confort standard. Chambres moquettées et climatisées, avec un mobilier un peu fatigué. Mais rien de grave : ça reste très correct, fort bien tenu et pratique pour les motorisés.

## Beaucoup plus chic

🛏 *Grande Hotel do Porto* (plan centre, C2, **24**) : *rua de Santa Catarina, 197.* ☎ *222-07-66-90 et 96.* ● *reservas@grandehotelporto.com* ● *grandehotelporto.com* ● ♿ *Doubles 145-170 € selon saison et confort ; suite à partir de 200 €. Promos intéressantes sur Internet ou par tél. Parking payant (9 €/j).* 💻 📶 Le plus ancien hôtel de luxe de la ville (1880). On atteint ici des sommets dans la qualité des prestations. Selon le prix, belles chambres très modernes au 3ᵉ étage ou plus classiques, de tailles inégales et surévaluées aux étages inférieurs. Également une poignée de superbes suites luxueuses. Les parties communes possèdent un charme et une élégance de palace du XIXᵉ s. Bar et salons, avec leurs grosses colonnes baroques, les plafonds moulurés, les objets vintage et les atmosphères tamisées dans toutes les tonalités de rouge et de pourpre se révèlent de vrais décors de film. Service très pro et dévoué.

🛏 *Teatro Hotel* (plan centre, C2, **97**) : *rua Sá Bandeira, 84.* ☎ *220-40-96-20.* ● *geral@hotelteatro.pt* ● *hotelteatro.pt* ● *Doubles 130-160 € suivant saison.* Ancien théâtre métamorphosé en hôtel au charme empreint de mystère. Une lourde porte s'ouvre sur... un décor de théâtre. Cintres croulant sous les costumes, grandes photos racontant les riches heures du lieu. Mon tout se révèle d'un design brillant et sophistiqué, plein de clins d'œil esthétiques classieux... Les 74 chambres prolongent le charme, débauche d'étoffes précieuses, d'ors, de bronze et de lourdes tentures. Pour les acteurs et actrices d'une nuit, confort total garanti et, à l'entracte, ils adoreront le bar élégant. Resto à l'avenant offrant une bonne cuisine pas si chère *(le midi en sem plats 14-15 €, le soir 19-26 €)*. Ô rage, ô désespoir de n'y être resté qu'une nuit !

### *Au nord, dans le quartier de la praça da República*

### De prix moyens à plus chic

🏨 **Castelo Santa Catarina** (plan d'ensemble, **27**) : *rua de Santa Catarina, 1347 (ne pas confondre avec la Residencial Santa Catarina, 150 m plus bas).* ☎ 225-09-55-99. ● porto@castelosantacatarina.com.pt ● castelosantacatarina.com ● Ⓜ *Marquês. Selon confort et saison, doubles au château 55-85 € ; 3 suites 80-100 € ; petit déj compris. Parking gratuit.* 🖥 📶 Un endroit impressionnant, assez unique à Porto, une vraie carte postale : des murs couverts d'azulejos, une chapelle, des pins d'Alep et des palmiers, des tourterelles qui roucoulent... Ce manoir du début du XXᵉ s propose des chambres charmantes et toutes différentes, avec un mobilier XIXᵉ s en harmonie avec le lieu (certains lits sculptés sont étonnants !). Les suites ne manquent pas d'atours avec leur balcon. L'une, au sommet de la grande tour carrée, s'ouvre sur Porto, ses toits de tuiles et, au loin, l'océan. Dans le superbe jardin, les chambres les moins chères sont lovées dans de petits pavillons climatisés, certes moins croquignolets.

## Où manger ?

### *Dans la zone centrale, autour de la torre dos Clérigos*

Un quartier idéal pour dîner avant de poursuivre la soirée dans un des nombreux bars de nuit.

### Très bon marché

🍴 **Novo Mundo** (plan centre, B2, **63**) : *rua dos Caldeireiros, 73.* ☎ 223-32-25-32. Ⓜ *S. Bento. Tlj sf dim, jusqu'à 21h. Menu env 5 € (boisson en sus).* Cantine de poche hors du temps proposant un menu simple et copieux (entrée, plat, dessert, vin et café). Grillades de poissons et de viandes, tripes à la mode de Porto, *feijoada*, la liste change tous les jours. Arriver assez tôt au déjeuner comme au dîner (eh oui, lieu bien connu !). Au milieu d'habitués, vous serez servi comme eux, avec gentillesse et rapidité. L'un des meilleurs rapports qualité-prix de Porto !

🍴 **O Ernesto** (plan centre, B2, **40**) : *rua Picaria, 85.* ☎ 222-00-26-00. Ⓜ *Aliado. Tlj sf dim et lun soir 8h30-21h30 (23h sam). Résa recommandée le w-e. Plats 6,30-8,90 €. Vin de la casa 6 €.* Entrée très discrète, tout en longueur, 2 petites salles, long comptoir de zinc à l'entrée. Grosses pierres apparentes et quelques tableaux modernes. Tables bien séparées. Régale depuis près de 50 ans (dont Bono de U2). Pas énormément de choix, mais les classiques, une saine cuisine familiale pas chère du tout. Excellents chevreau et gâteau à l'orange.

🍴 À signaler, pour les amateurs de burgers, le *Baixa Burger,* juste à côté, dans un cadre en bois entrelacé original. Grosse clientèle de jeunes et étudiants.

🍴 **Casa Viúva** (plan centre, B2, **45**) : *rua do Actor João Guedes, 15.* ☎ 222-00-06-72. 📱 933-538-184. Ⓜ *Aliados. Tlj sf dim. Repas env 6 €.* Les ouvriers du quartier se retrouvent au coude à coude sur les nappes à carreaux de cette minuscule cantine toujours pleine comme un œuf. Du coup, pas évident d'y dénicher une table ! Rien de gastronomique, mais plutôt une cuisine basique à prix dérisoires, une dizaine de plats (*morue al forno*, daurade grillée, *rojões*...) servis dans un cadre d'une banalité absolue, totalement en dehors des sentiers touristiques. Accueil jeune. Idéal pour les petits budgets affamés.

**|●| Pontual** (plan centre, C1, **67**) : rua do Almada, 350. ☎ 222-08-89-17. Ⓜ Bolhão. Tlj 12h (19h dim)-2h. Plats 7-8 €. Un snack assez « roots » où l'on peut manger à toute heure, y compris très tard. Sert de phare à tous les noctambules et infatigables travailleurs de l'ombre (dont pas mal de chauffeurs de taxi). Spécialités de *francesinha*, *bolas de carne* (feuilleté à la viande), de *francesinhas*, de *cachorros* (gros hot dog en sauce) et de *rissóis* (beignets de viande ou de crevettes). Service avenant.

## De bon marché à prix moyens

**|●| Museu da Avó** (plan centre, B2, **58**) : travessa Cedofeita, 54. ☎ 933-13-03-82. Tlj sf dim 20h-4h. Prix moyen d'un repas 12-14 €. Non, ce lieu discret n'est ni une brocante ni un musée. C'est un resto de *petiscos* (ne dites pas « tapas » aux gens du cru, ça les agace menu-menu). Pots de chambre et cruches pendus aux poutres, vieux jouets en vitrine : Prévert en aurait fait un poème. Morue en salade, calamars en beignets, chorizo et jambon. Simple et pas trop cher (tout dépend du nombre de plats commandés, dont certains s'imposent un peu sur la table, gare !).

**|●| Brick** (plan B2, **42**) : Campo Mártires da Pátria, 103. ☎ 223-23-47-35. Ⓜ Aliados. Tlj sf dim-lun 12h-23h en continu (minuit w-e). Petit lieu intime où la grande table conviviale structure l'espace. Avec son décor bobo de batterie de cuisine, ses casiers en bois et tous ces pots de bonnes choses, l'impression de rentrer dans la cuisine d'amis « slowfoodiens ». Spécialisé dans les *petiscos*, copieux sandwichs. Salades et gâteaux maison à partir de produits frais et sélectionnés. *Tostas* du jour au tableau noir. Certes, un poil plus cher qu'ailleurs, mais c'est mérité.

**|●| Le Chien qui Fume** (plan centre, B1, **41**) : rua do Almada, 405. ☎ 222-05-93-40. Ⓜ Trindade. Tlj sf sam midi et dim. Congés : août. Plats 6,50-11,50 €. *Dessert offert sur présentation de ce guide.* Resto de quartier populaire qui de la rue ne paie pas de mine. Pourtant, bon accueil et plats simples de viande ou de fruits de mer bien élaborés et servis généreusement (ça devient de la tautologie au Portugal). Plats faits à la demande. Garder de la place pour les desserts (surtout la glace maison). Petite salle au fond avec poutres au plafond et azulejos.

## Prix moyens

**|●| Andor Violeta** (plan centre, B2, **48**) : praça Carlos Alberto, 89. ☎ 222-016-618. Ⓜ Aliados. Ts les soirs (sf dim) 19h-minuit et slt le sam midi. Plats 12-16 €. Vin au verre 3 €. Menu en anglais. Enseigne très discrète (petit nom sur la porte). À l'intérieur, cadre sobre et élégant. Cuisine de haute volée, mais seulement déclinée en 3 poissons et 3 viandes. Recettes traditionnelles revisitées par la « patte » d'un jeune chef inspiré. Mélanges harmonieux de saveurs et les cuissons exactes. Une de nos plus belles découvertes !

**|●| Casa Zé Bota** (plan centre, B2, **54**) : travessa do Carmo, 16/20. ☎ 222-05-46-97. ☎ 918-807-154. Ⓜ Lapa ou Aliados. Étroite ruelle donnant dans la rua Anibal Cunha. Tlj sf dim 11h-22h30 (17h30-23h sam). Repas 20 €. Caché dans une étroite ruelle, une taverne populaire. En réservant, vous vivrez un bon moment culinaire dans un cadre chaleureux de caisses de vin. Cuisine familiale, excellents produits et tour de main très pro. Portions pantagruéliques, demi-portion conseillée (surtout les différentes déclinaisons de *bacalhau*).

## Plus chic

**|●| Ostras Coisas** (plan centre, B2, **62**) : rua da Fabrica, 73. ☎ 223-28-05-27. Ⓜ Aliados. Tlj 12h-23h (minuit le w-e). Compter 25-30 €. Vins à partir de 10 €. Installé dans une vénérable ancienne demeure. Cadre délibérément design dans des tons blanc, gris, beige et des éclairages mesurés (mais pas sûr que la musique house ou techno plaise à tout le monde). Uniquement une cuisine de poisson et fruits de mer d'une belle fraîcheur : mets aux cuissons justes, crème de *mariscos*, *navalheiras* (étrilles parfumées aux épices), excellent cheese-cake à la citrouille pour finir. Service en continu pour les *petiscos* et petits crustacés (mais gros plats de poisson aux heures de repas traditionnelles)...

## *Au nord, dans le quartier de la praça da República*

### Bon marché

|●| **Antunes** (plan centre, C1, **43**) : rua do Bonjardim, 525. ☎ 222-05-24-06. ● restauranteantunes@sapo.pt ● Ⓜ Trindade. Tlj sf dim 12h-15h, 19h-22h. Congés : de mi-août à mi-sept. Plats 6-15 € ; menu 13 €. Adresse bien typique. Majorité clientèle locale. Accueil souriant et quelques caricatures égaient les lieux. Bonne cuisine classique. Grande spécialité : le jarret de porc braisé (pour 2 !), ainsi que *tripas, cozido à portuguesa, rojões à moda do minho, feijoada à Transmontana*... Excellent rosé maison.

|●| **Gingal** (plan centre, C1, **60**) : rua Bonjardim, 726. Ⓜ Trindade. ☎ 222-03-10-15. 📱 933-101-600. Tlj sf lun 12h-23h. Plats 8-10 €. Dans une élégante demeure particulière. Préférer les 2 agréables petites salles du 1er étage, fraîches, lumineuses, aux sobres tonalités blanc et gris. Excellente cuisine traditionnelle servie sur des nappes en tissu. Spécialiste des tripes (présentées de façon originale), *feijoada a transmontana* et dorade grillée à prix fort modérés. Quelques plats italiens aussi. Service efficace et, le midi, clientèle d'employés du quartier.

|●| **Lusíada** (plan centre, C1, **66**) : rua de Camões, 398. ☎ 222-00-37-76. ● restaurantelusiada@gmail.com ● Ⓜ Trindade. Tlj sf dim et j. fériés. Menu

avec vin et café 15 € ; plats 5-9,50 €, *imbattable !* Pas touristique pour un sou, ce petit resto tout carrelé de blanc est plein d'habitués qui apprécient l'heureuse combinaison de la cuisine traditionnelle à petits prix et du service attentionné et dynamique. À la fin du repas, digestif généreusement offert : on vous apporte carrément la bouteille !

## *À l'est, dans le quartier de la praça da Batalha et du marché Bolhão*

Ce quartier populaire regorge de bons petits restos ignorés des masses touristiques.

### Très bon marché

|●| **Restos du marché Bolhão** (plan centre, C1-2, **44**) : à l'intérieur du marché, côté rua de Fernandes Tomás. ☎ 222-00-01-26. Tlj, le midi slt. Repas env 5 €. 2 petits établissements installés côte à côte, plus dans l'allée centrale protégée (du côté des fleuristes). De modestes comptoirs à l'intérieur et des terrasses toutes simples accueillent un mélange d'habitués, de commerçants du marché et de voyageurs au parfum. On y déguste, selon l'ardoise du jour, des sardines accompagnées de riz aux *feijao*, tripes, morue, calamars, petites pièces de viande ou des soupes accompagnées de pain de maïs rustique, d'un demi de sangria ou de vin. Accueil et service « bonne franquette ».

|●| **Confeitaria do Bolhão** (plan centre, C2, **49**) : rua Formosa, 339. ☎ 223-39-52-20. ● geral@confeitariadobolhao.com ● Ⓜ Bolhão. Face à l'entrée du marché. Tlj sf dim 6h-21h (19h sam). Plats à partir de 4,50 €. Ne désemplit pas depuis 1896, et l'on comprend pourquoi ! Derrière sa devanture clinquante, une belle salle style Art déco. On y mange sur le pouce sandwichs, quiches et pâtisseries. Grande variété de pains. Excellents jus de fruits frais.

|●| **Casa Guedes** (plan centre, C-D2, **64**) : praça dos Poveiros, 130. ☎ 222-00-28-74. Ⓜ Campo 24 de Agosto. Tlj 11h-22h. Le fameux sandwich maison

*2,90 et 3,90 €*. Dans un cadre ordinaire de petit resto-snack, découvrez le sandwich au cochon *(sande de pernil)* le plus fameux de Porto. Il y a souvent de l'attente, mais c'est absolument délicieux : de l'épaule braisée, à la cuisson parfaite, tendre, juteuse, au goût venu d'ailleurs. Une recette secrète, dit-on ! Au pain croustillant et son jambon, on ajoute par ailleurs une couche de fromage de brebis frais... Un conseil, commandez-en deux, ça évite d'avoir à refaire la queue. Également des snacks, soupes, filets de poisson, saucisses, mais cols blancs et étudiants ne viennent que pour ce goût diabolique ! Terrasse aux beaux jours.

## De bon marché à prix moyens

I●I *Adega Rampinha (plan centre, C1,* **46**) : rua de Santa Catarina, 447. ☎ 916-84-10-98. Ⓜ *Bolhão. Tlj sf dim 10h-22h30 (2h en fin de sem). Compter 10-12 € ; menu midi 6 €. CB refusées.* Ne ratez pas l'entrée de ce petit resto familial tapi en demi-sous-sol et oublié des circuits (bien que situé sur la rue la plus touristique). À la carte, les classiques portugais, viande ou poisson, c'est selon. Côté ambiance, misez sur les vendredi et samedi, les jours du fado (en principe de 21h à 2h, mais pas la peine d'arriver avant 22h). Une réjouissante atmosphère à l'ancienne, un accueil des plus chaleureux. Un régal !

I●I *Maria Rita (plan centre, C2,* **65**) : rua de Alegria, 16. ☎ 222-050-693. Ⓜ *Bolhão. Tlj midi et soir 23h. Plats autour de 9-10 €. CB refusées.* Resto discret, enseigne peu visible, clientèle populaire et atmosphère délicieusement familiale. Simple et goûteuse cuisine traditionnelle concoctée avec cœur, comme le *bacalhau à braga* copieuse. Et cerise sur les bons gâteaux maison, un accueil pro et charmant du père et du fils.

I●I *O Buraco (plan centre, C1,* **70**) : rua de Bolhao, 95. ☎ 222-00-67-17. Ⓜ *Bolhão. Tlj sf dim 12h-15h, 19h-22h. Plats 5-10 €.* Dans un cadre en bois sombre, un poil vieillot, l'une des cantines les plus anciennes et populaires du quartier. Bien ridée et patinée, mais cuisine toujours de marché (il est à côté) et de qualité régulière. Tous les classiques : croquettes de morue, tripes, sardines... Une institution privilégiée par les locaux ! Attention, parfois la queue le soir, venir de bonne heure et préférer la salle au rez-de-chaussée.

I●I *Abadia do Porto (plan centre, C2,* **50**) : rua do Ateneu Comercial, 22-24. ☎ 222-00-87-57. ● geral@abadiadoporto.com ● Ⓜ *Bolhão. Face au terminal Rodonorte. Tlj sf dim et lun midi, 12h-15h30, 18h30-23h. Plats 9-16 € ; compter 20 € le repas.* Immense resto sur 2 niveaux. Murs en pierre de taille recouverts d'azulejos et tables bien dressées. Carte variée et en français : *bacalhau* à toutes les sauces, excellent *cabrito assado*, poulpe grillé, lapin braisé... Si copieux qu'on a du mal à finir une simple demi-portion.

I●I *Taberna do Doutor (plan centre, C1,* **72**) : rua da Firmeza, 489. ☎ 223-24-70-96. Ⓜ *Bolhão. Tlj 11h-minuit. Plat du jour 4,50 €, bacalhau à braga 7 €. Vin au verre 1 €.* Adresse récente. Grand espace aéré, cadre contemporain décoré et tableaux modernes. Bonne cuisine classique servie en salle ou sur le long comptoir, plébiscitée là aussi par les employés du coin. Tripes le jeudi pour les amateurs et, en saison, délicieuse *lampreia* à la bordelaise (à seulement 16 €).

## Plus chic

I●I *Restaurante Escondidinho (plan centre, C2,* **76**) : rua Passos-Manuel, 144. ☎ 222-00-10-79. 📱 933-101-600. Ⓜ *Bolhão. Tlj 12h-15h, 19h-minuit. Petit menu le midi, 32 € le soir. À la carte, compter 30 €.* Situé en face du Coliseum. Depuis 1931, le resto chic traditionnel de Porto, chouchou des familles bourgeoises. Charme, calme, sérénité et excellente cuisine de qualité. Cadre évoquant une demeure aristocratique : azulejos et murs blancs ornés de belles assiettes, mobilier de bois sombre... Idéal pour un repas en amoureux ! Bon goût également dans l'assiette, avec tous les classiques. Service impeccable.

Très conseillé de réserver ou d'arriver de bonne heure.

## Au sud, dans le quartier de la Ribeira

Beaucoup de restos touristiques servant une cuisine médiocre, avec de petits à-côtés glissés l'air de rien sur la table, et au final une addition coup de massue. La Ribeira ne veut vous pas que du bien ! Mais on vous a tout de même déniché quelques bonnes surprises.

### De bon marché à prix moyens

**|●| Papavinhos** *(plan centre, A2, 99)* : *rua de Monchique, 23. ☎ 222-00-02-04. 📱 968-065-145. Excentré par rapport au métro Estaçao São Bento, mais proche du tt nouveau musée du Monde des Découvertes. Tlj sf lun, midi et soir. Repas 10-12 €. Menus en français 5,50 et 16,50 €.* À l'abri de la tourmente touristique, un gentil petit resto de quartier livrant une honnête cuisine pas chère. En prime, accueil particulièrement affable. Salle à l'étage. Copieuse *bacalhau* (ça en devient même lassant !), *ameijoas al pescador* (palourdes) et *creme do mariscos* parfumées à souhait.

**|●| Mercearia das Flores** *(plan centre, B2, 52)* : *rua das Flores, 110. ☎ 222-08-32-32. ● geral@merceariadasflores.com ● Tlj 10h-19h30 (21h ven-sam). Petits plats 4-6 € ; compter 10-20 €/pers selon votre gourmandise.* Cette petite épicerie fine au cadre frais et coloré fait également resto, et elle nous a vraiment emballés par la qualité de ses produits et la bonne humeur ambiante. On se serre autour d'une poignée de tables hautes que l'on partage avec d'autres convives ou sur la petite terrasse sur rue piétonne. Parmi les délices régionaux choisis avec soin et souvent bio : cochonnaille et fromage, bien sûr, mais aussi poisson en conserve, tartines, cakes, tartes salées ou sucrées... À ce propos, ne loupez surtout pas les desserts maison, ils sont à se damner ! Accueil souriant.

**|●| A Grade** *(plan centre, B3, 47)* : *rua S. Nicolau, 9. ☎ 223-32-11-30. ● restaurantegrade@gmail.com ● Tlj sf dim. Congés : 29 déc-4 janv. Plats 10-19 €. Digestif offert sur présentation de ce guide.* Une poignée de tables dans cette petite ruelle touristique à l'ombre, le reste dans la petite salle. Les produits de la mer tiennent le haut de la carte. Autrement, on sait aussi griller le colin ou la sardine, mijoter le cabri au four et frire de délicieux beignets de morue. Bref, une cuisine du cru, sans chichis.

### Très chic

**|●| DOP** *(plan centre, B3, 82)* : *Palacio das Artes, largo de S. Domingo, 18. ☎ 222-01-43-13. 📱 910-014-041. Ⓜ Estaçao de São Bento. Tlj midi et soir jusqu'à 23h. Menus 20 € (midi en sem), 65-75 €. À la carte, 40 € min.* Situé au rez-de-chaussée d'un superbe palais. Immense espace au cadre contemporain. Longue table d'hôtes pour les familles ou ceux qui n'ont pas réservé. Mezzanine. Cuisine portugaise moderne et raffinée (hélas, elle a un prix !) à base de superbes produits (pas mal de bio). Le chef, Rui Paula, est une vraie vedette. Il a su redonner une nouvelle jeunesse aux recettes de sa grand-mère. Goûter aux onctueuses langues de morue et au tendre *polvo lagareiro*. Remarquable menu mer, délicieux desserts maison. Service jeune et stylé. Le soir, réservation quasi obligatoire.

## Où boire un thé ? Où déguster une pâtisserie ?

**☕ La Rota do Chá** *(plan centre, A2, 79)* : *Artes em Partes, rua Miguel Bombarda, 457. ☎ 220-13-67-26. 📱 914-394-027. Lun-jeu 11h-20h, ven-sam 12h-minuit, dim 13h-20h. Compter 2-4 € la minithéière. Menu au déj slt 8 €. 📶* Salles qui vibrent d'énergies hindouistes et bouddhistes, au rez-de-chaussée d'un édifice dédié à l'art contemporain. On se souvient ici que les Portugais furent parmi les tout premiers à introduire le thé en Europe.

Depuis la Chine jusqu'aux confins de l'Himalaya, en passant par le Japon et la Russie, on se laisse facilement emporter par cette route du thé au gré de 1 000 sortes différentes proposées ici. Les plus gourmands dégusteront une petite pâtisserie, bien portugaise celle-là. Cadre apaisant, idéal pour se ressourcer. Le plus, un très agréable jardin derrière. Vente de thé.

🍷 **Casa de Ló** *(plan centre, B2, 81)* : travessa Cedofeita, 20. ☎ 914-90-04-09. Tlj 10h-2h (14h-22h dim). Ambiance décontractée dans ce petit bar-salon de thé apprécié notamment des étudiants. Le lieu n'a guère changé de vocation, puisqu'il s'agit d'une ancienne boulangerie qui a conservé son look rétro, ses vieilles étagères et boîtes à gâteaux dans l'entrée. On y vendait jadis le *pão de ló* (un gâteau traditionnel un peu spongieux), aujourd'hui, plein d'autres pâtisseries fraîches et de gâteaux maison à s'en lécher les babines ! Avec ça, on sirote des tisanes, des jus ou des thés glacés artisanaux, voire une bonne sangria ou un verre en soirée. À l'arrière, une courette reposante avec quelques tables et jardinières de menthe. Musique le w-e.

🍷 Le long de la *rua Galeria de Paris (plan centre, B2, 68)*, quelques salons de thé, bars et bistrots très animés en fin d'après-midi et le soir... Faites votre choix suivant goûts et humeur ! Au n° 56, le *Galeria de Paris,* par exemple, possède un cadre assez original.

## Où boire un verre ? Où écouter de la musique ?

### Les grands classiques

🍷 *Majestic Café (plan centre, C2, 78)* : rua de Santa Catarina, 112. ☎ 222-00-38-87. Ⓜ Bolhão. Tlj sf dim 9h30-minuit. Le café le plus célèbre de la ville (ça se voit en bas de la note !), œuvre de l'architecte João Queiros. Superbe décoration néoclassique d'époque 1920 : moulures, stucs, miroirs géants piquetés. Une partie de l'histoire de la ville s'est écrite au *Majestic*. Les intellectuels se réunissaient ici : l'ancien président d'Angola, Agostinho Neto, avocats, universitaires... Sous Salazar, républicains et libéraux y cohabitaient même ! Plus récemment, Jacques Chirac, feu Manoel de Oliveira et l'ancien Premier ministre portugais, José Sócrates qui, du fond de sa cellule aujourd'hui, regrette fort la qualité du café maison ! C'est ici que J. K. Rowling aurait imaginé le personnage de Harry Potter. Aujourd'hui, des serveurs en costume noir et blanc s'agitent dans cette vénérable salle où les meilleures places sont les banquettes en vieux cuir gravé, le long des murs. En été, un pianiste d'ambiance joue en journée des airs mélancoliques, laissant place à des concerts de fado certains week-ends.

🍷 ♪ *Café Guarany (plan centre, C2, 71)* : av. dos Aliados, 89. ☎ 223-32-12-72. ☎ 918-023-920. ● cafe guarany.com ● Ⓜ Aliados. Tlj 9h-minuit. 📶 À l'instar du *Majestic,* du même propriétaire, un autre café mythique de Porto depuis les années 1930. Mobilier Art déco et ambiance Belle Époque. Tables aux superbes pieds travaillés, et tableaux évoquant les Indiens guaranis, une tribu du sud du Brésil. Clientèle chic et de tous âges. Plats plutôt chers et décevants, mais on vient ici surtout pour le cadre, vous l'aurez compris ! Soirées fado régulières et gratuites plusieurs fois par semaine, vers 21h30.

🍷 ♪ 🍴 *Tribeca Jazz Club & Restaurante (plan centre, C2, 51)* : rua 31 de Janeiro, 147. ☎ 967-47-75-27 ou 914-92-20-99. ● tribecajazzclub@gmail. com ● Ⓜ Bolhão. Tlj sf dim 19h30-1h (3h mer-sam) ; live ts les soirs à partir de 22h30. Résa conseillée. Cover charge env 10 € (sf si l'on dîne sur place) ; plats 15-20 €. Comme son nom new-yorkais l'évoque, un bar-resto américain bien dans la tradition. On dîne à partir de 20h au rez-de-chaussée, puis on monte à l'étage se remplir les oreilles de jazz ou de blues, ça change un peu du fado.

### Les lieux tendance

🍷 ♪ *Casa do Livro (plan centre, B2, 68)* : rua Galeria de Paris, 85. ☎ 912-95-82-84. Ⓜ Aliados. Tlj 21h-3h (4h le w-e). Dans l'une des rues qui bougent le plus à Porto. Magnifique endroit très feutré, avec deux belles salles décorées de livres et aux volumes généreux. Clientèle d'artistes et de *beautiful people* qui se posent dans du mobilier style Empire, face au bar, ou dans la salle du fond avec sa grande bibliothèque. Concert de jazz le jeudi et DJ sets les vendredi et samedi. Une adresse immanquable de la nouvelle scène où l'on vient voir et être vu.

♇ ♪ **Café Progresso** (plan centre, B2, 45) : *rua Actor João Guedes, 5.* ☎ *223-32-26-47.* Ⓜ *Aliados. Tlj sf dim 7h-19h (minuit ven-sam).* Clientèle d'étudiants et d'habitués. Repaire intellectuel ouvert en 1899, ce café décontracté a été complètement refait. Cadre élégant tout en bois et belle salle à l'étage. Petit déj le matin, en-cas le midi et glaces pour le goûter. On y passerait la journée, surtout que les prix y sont très raisonnables !

♇ ♪ **Breyner 85** (plan centre, B1, 74) : *rua do Breiner, 85.* ☎ *222-01-31-72.* 📱 *936-440-865.* ● *breyner85.com* ● *Tlj 15h-2h (bar mer-dim 22h-4h).* Que l'on soit peinardement installé dans le jardin ou dans la salle cosy avec son mobilier ancien, ce bar à l'ambiance jeune dégage indéniablement des vibrations positives. Si le calme règne en journée, c'est pour faire le plein d'énergie avant la tempête du soir ! Car le lieu est surtout connu pour ses soirées à thème, bien souvent gratuites : pub quiz lundi-mercredi, karaoké le vendredi, concert ou DJ le samedi et surtout la légendaire jam-session du dimanche (vers 23h), qui remporte d'autant plus de succès que, ce jour-là, presque tous les autres bars sont fermés ! L'endroit fait également école de danse et de musique : il s'y passe toujours quelque chose.

♇ ♪ **Café Lusitano** (plan centre, B2, 80) : *rua José Falcão, 137.* ☎ *222-01-10-67.* 📱 *914-413-882.* ● *cafelusitano.porto@gmail.com* ● Ⓜ *Aliados. Mer-jeu 21h30-2h, ven-sam 22h-4h. Fermé dim-mar. Concert mer soir à 22h30 (conso obligatoire 5 €), DJ les autres j.* Belle salle à l'ancienne avec grand bar et beaucoup de boiseries, lustre imposant et déco Belle Époque mise au goût du jour. Arrière-salle avec scène pour des concerts très éclectiques de fado, tango, flamenco, rock... et coin DJ pour les autres soirs. Une 2ᵉ salle au fond pour cocooner. Un lieu branché et *gay-friendly* plein de charme, où règne une bonne ambiance dès 23h. Service et clientèle jeunes.

♇ ♪ **Maus Hábitos** (plan centre, C2, 83) : *rua Passos Manuel, 178 ; 4º.* ☎ *222-08-72-68.* 📱 *918-526-985 (resto).* ● *maushabitos.com* ● *Bolhão ou S. Bento. Face au Coliseu. Lun-sam 12h-15h (2h mer-ven, 4h sam). Concerts et jam-sessions fréquents.* 🛜 Au cœur de la ville, au dernier étage d'un immeuble de parking, un espace culturel super sympa où il se passe toujours quelque chose. Expos, concerts, spectacles et plusieurs bars répartis dans un dédale de salles aux ambiances très différentes. On y vient pour boire des verres et faire de bonnes rencontres. Ambiance jeune et un peu friquée, très festive certains soirs. Fait aussi resto *(mar-dim 12h-15h, 20h-23h30 ; le midi, menus 5,50 et 8 €)*. Passez jeter un coup d'œil, le lieu est vraiment accueillant.

♇ ♪ **Pinguin Café** (plan centre, B3, 73) : *rua de Belmonte, 65. Dans la Ribeira.* 📱 *916-048-413. Tlj 21h-4h (22h w-e). Fermé 2ᵈᵉ quinzaine d'août.* Rue pittoresque totalement à l'écart du quartier nocturne. Café tenu par Luís, qui a voulu créer un lieu de rencontre dans un décor différent : expos de peinture, poésie, musique jazz, rock et groupes portugais. Clientèle de tous âges. Excellents cocktails.

– Dans le quartier de l'université, la *praça de Parada Leitão,* au nord du jardin de Cordoaria, haut lieu de rassemblement de la jeunesse survoltée. Le week-end, particulièrement, de gros attroupements se forment devant les cafés *D'Ouro* et *Universidal,* où la bière coule à flots.

## Où sortir ? Où danser ?

♇ ♪ ♫ **Pitch Club** (plan centre, C2, 82) : *rua Passos Manuel, 34-38.* ☎ *222-01-23-49.* ● *pitch-club.com* ● Ⓜ *Aliados. Ven-sam (et certains jeu)* *minuit-6h. Entrée gratuite, mais conso min 6 € (plus pour certaines soirées spéciales).* Le bar à l'étage ouvre à minuit : déco moderne avec *dance floor* pour se chauffer et faire des rencontres avant d'aller guincher au club dès 2h. Musique électro plutôt, live certains soirs. Bien pratique, car en plein centre-ville.

♫ **Indústria** *(plan d'ensemble, 77) : av. do Brasil, 835-843.* ☎ *220-96-29-35.* • *industria-club.com* • *Sur l'av. de bord de mer. Bus n° 500 jusqu'à 23h30 depuis São Bento, vers praça da Liberdade, arrêt Molhe. Bus de nuit 1M pour le retour (1h-5h), jusqu'à Aliados. Ouv ven-sam et veilles de j. fériés minuit-6h. Entrée : 8-10 €.* Musique *lounge* au bar, électro-house sur le *dance floor*. Déco néobaroque avec fauteuils en cuir blanc. À l'entrée, on vous donne une carte de conso et vous payez à la sortie.

♀ ♪ ♫ **Plano B** *(plan centre, B2, 75) : rua Cândido dos Reis, 30.* ☎ *222-01-25-00.* • *planobporto.net* • Ⓜ *Aliados. Mar-sam 22h-2h (4h jeu, 6h ven-sam).* 📶 Un incontournable de la scène « alter » de Porto. Un immense volume composé de plusieurs pièces avec 2 bars, salle de concerts *ao vivo* (souvent excellents) et belle piste de danse avec DJs branchouilles (ambiance vraiment chaud-chaud). Ne pas arriver avant minuit si vous avez des fourmis dans les jambes !

## Achats

🛍 **Comer e Chorar por Mais** *(plan centre, C2, 87) : rua Formosa, 300. À côté du marché.* 📱 *916-641-607. Tlj sf dim 9h-19h30 (19h sam).* Belle boutique-épicerie à la façade Art déco qui comblera les gourmands. On y trouve d'excellents produits locaux de petits producteurs : jambon serrano et charcuterie variée sous vide (bien pratique pour rapporter), grand choix de fromages, de confitures, de vins et d'alcools... à prix raisonnables. Accueil souriant.

🛍 **A Vida Portuguesa** *(plan centre, B2, 88) : rua Galeria de Paris, 20.* ☎ *22-02-21-05. Tlj sf dim 9h-20h.* Leur devise : « Depuis toujours ». De l'époque où l'on y vendait du tissu, ce vaste magasin a conservé les belles apparences : parquet, longues tables et étagères de bois, ainsi que de remarquables lustres Art déco. Le rez-de-chaussée, dédié aux arts de la maison, ne propose rien de typiquement du coin. Mais, à l'étage, c'est tout le Portugal d'hier qui ressurgit grâce aux rééditions d'articles qui en faisaient le quotidien. Savonnettes parfumées aux emballages rétro, friandises, vaisselle, plaques émaillées, jouets et papeterie d'antan... Beau comme un souvenir d'enfance.

🛍 **Garrafeira A.M. Santos** *(plan centre, B1, 84) : rua da Conceição, 38-40.* ☎ *222-08-35-71.* Ⓜ *Aliados. Tlj sf dim 9h30-minuit (2h jeu-sam).* Des bouteilles et encore des bouteilles, le stock semble couvrir tout ce que le pays peut produire en matière de vins et spiritueux. On saura vous guider dans votre choix. Il y en a pour tous les budgets à des prix toujours pondérés. Et pour s'en régaler sur place la boutique se transforme en bar à vins certains soirs.

🛍 **Livraria Timtim por Timtim** *(plan centre, B1-2, 89) : rua da Conceição, 27-29.* ☎ *222-01-10-83.* 📱 *938-615-339.* • *timtimportimtim@iol.pt* • Ⓜ *Aliados. Tlj sf dim 10h-12h30, 14h30-19h (15h-18h sam).* Toutes les B.D. dont on peut rêver, du Belge Tintin au Gaulois Astérix et autres grands classiques et raretés anciennes. En langue de Pessoa, mais aussi dans celle de Voltaire. Pour les aficionados, un lieu magique !

🛍 **Máquinas de Outros Tempos** *(plan centre, B1, 91) : rua dos Mártires da Liberdade, 154.* ☎ *223-21-29-68.* 📱 *914-845-695.* Ⓜ *Aliados. Tlj sf dim et sam mat 10h30-12h30, 14h30-19h30.* LE magasin d'occase de la photographie et du cinéma, des milliers d'articles garantis 6 mois qu'on ne trouve plus ailleurs (caméras, projos, objectifs, accessoires, Polaroid...). Accueil pro.

# À voir

– La **Porto Card** (☎ 223-39-34-72 ; ● short.visitporto.travel/portocard ●) propose plusieurs formules. Elle inclue la gratuité des transports en commun (sauf le tram et le funiculaire) : de 13 € pour 1 jour jusqu'à 25 € pour 3 jours. Elle offre des réductions de 50 %, voire des entrées gratuites pour les musées, et quelques rabais sur les croisières, dans certains restos et magasins. La formule une journée à pied à 6 € (sans transport, donc) suffit amplement (10 € 2 jours et 13 € 3 jours).

– **Official Tours :** ● officialtoursporto@gmail.com ● officialtoursporto.com.pt ● *Tlj depuis la gare de São Bento à 9h30 et 14h30. Résa par e-mail.* Karen Falaix, une adorable Franco-Portugaise, propose un fascinant tour à pied de la vieille ville au long de ruelles insolites, à la découverte des plus belles façades d'azulejos, des derniers artisans traditionnels dans des boutiques hors du temps, des secrets des églises et monuments. 4h qu'on ne voit pas passer !

## ◎ *Dans la ville haute*

Le centre historique de Porto est inscrit au Patrimoine mondial de l'Unesco depuis 1996.

🍴🍴 **Sé** *(cathédrale ; plan centre, C3)* **:** *terreiro da Sé.* ☎ *222-05-90-28.* Ⓜ *S. Bento. Avr-oct, tlj 9h-12h30, 14h30-19h (18h en hiver). Le cloître (entrée : 3 € ; gratuit moins de 10 ans) ferme 30 mn avt.*
La cathédrale de Porto, sorte de forteresse massive et granitique, souffre d'un manque d'unité architecturale. Elle mâtine son style roman originel de gothique et de baroque, à l'instar de la façade, dont la rosace romane fut affublée d'un portail baroque. De même, le mur nord s'est habillé d'une élégante loggia avec des escaliers à balustres. L'intérieur présente peu d'originalité, excepté des stalles très ouvragées, l'autel assez impressionnant, ainsi que des fresques polychromes dans le chœur. Dans la chapelle du bras gauche du transept, autel en argent massif ciselé.
Joli cloître, mariage harmonieux de voûtes gothiques en granit et de fresques d'azulejos. Au rez-de-chaussée, belle sacristie recouverte de fresques colorées et deux chapelles. À l'étage, on accède à la terrasse et à la salle capitulaire recouverte d'azulejos et de tableaux au plafond. En redescendant par l'escalier opposé, on ne manquera pas la salle des trésors présentant une belle collection d'objets religieux des XVII$^e$ et XVIII$^e$ s.
– Sur la place de la cathédrale, *palais épiscopal,* tour carrée du XIV$^e$ s et un élégant *pelourinho* (pilori) baroque, couronné et torsadé à souhait. Quelques vestiges des remparts du XVI$^e$ s. Depuis la cathédrale, on peut soit rejoindre le tablier supérieur du ponte Dom Luís I$^{ro}$ (vue plongeante sur le Douro), soit descendre vers la basse ville et les rives du fleuve via un réseau de ruelles sinueuses.

🍴🍴 **Casa-museu Guerra Junqueiro** *(maison-musée ; plan centre, C3)* **:** *rua D. Hugo, 32.* ☎ *222-00-36-89.* Ⓜ *S. Bento. Tlj sf j. fériés 10h-17h30. Dernière admission 30 mn avt. Entrée : 2,20 € ; réduc ; gratuit w-e.* Guerra Junqueiro (1850-1923) était poète, homme politique et diplomate, mais aussi un grand voyageur et collectionneur d'objets raffinés du XV$^e$ au XIX$^e$ s, exposés ici, dans une maison baroque du XVIII$^e$ s, conçue par l'architecte italien Nicolau Nasoni. Au 1$^{er}$ étage, on trouve l'argenterie : services à thé, bougeoirs, plats fontaines, coffrets marquetés. Le 2$^e$ étage est plus éclectique. Dans la salle de droite, tapis de soie indiens au mur ou de laine de Bragança au sol ; habit de cérémonie français, meubles baroques, chopes bavaroises… La pièce centrale regroupe plutôt des céramiques chinoises et des tapisseries flamandes.

🍴🍴 **Igreja Santa Clara** *(plan centre, C2-3)* **:** *largo 1$^o$ de Decembre, à 100 m de la sé, de l'autre côté de l'av. de Vimara Peres, derrière un porche discret.*

☎ 222-054-837. *Lun-ven 9h30-12h, 15h30-18h ; sam 15h-18h ; dim 10h-11h. Accès libre.* L'exemple le plus exubérant qui soit du style *talha dourada*. Les murs couverts de motifs sculptés, colonnes surchargées, chapiteaux en tout genre ; le plafond intégralement doré. Également des genres de moucharabiehs dans la galerie supérieure. En résumé, le grand jeu consiste à trouver un millimètre carré sans fioritures (pas gagné !). Qu'on aime ou pas, ça vaut vraiment le coup d'œil.

🎬🎬 *La gare de São Bento (plan centre, C2) : fermée la nuit.* Ⓜ *S. Bento.* La salle des pas perdus est un chef-d'œuvre de l'art de l'azulejo. Immenses fresques retraçant des scènes de la vie populaire ou les grandes périodes de l'histoire portugaise du XIIe au XVe s, comme la prise de Ceuta en 1415. Belle frise en couleur sur l'évolution des moyens de transport dans le pays. Une anecdote : construisant sa gare comme un monument, l'architecte en négligea le côté pratique et utile, et oublia... les guichets de vente !

🎬 *Le marché Bolhão (plan centre, C1-2) : enserré par les ruas de Sá da Bandeira, Fernandes Tomás, Formosa et Alexandre de Braga. Il y a 4 entrées.* Ⓜ *Bolhão. Tlj sf dim 7h-17h (13h sam).* Grande et belle halle intérieure abritant une ribambelle de boutiques couvertes de toits d'ardoises et surmontées d'une galerie à claire-voie. Un endroit vivant, coloré, presque dépaysant qui aligne ses étals de fleurs, de poissons, de fruits, de graines, mais aussi d'olives, de volailles et autres sacs à main.

🎬 *McDonald's « Imperial » (plan centre, C2) : praça da Liberdade.* Ⓜ *Aliados. Tlj 8h30-minuit.* Un intérieur Art déco intact et bien préservé. On est tellement subjugué par le décor qu'on oublie ce qu'il y a sur les plateaux. Qui a dit « tant mieux » ?

🎬🎬 *La librairie Lello e Irmão (plan centre, B2, 94) : rua Carmelitas, 144.* ☎ *222-00-20-37.* Ⓜ *Aliados ou S. Bento. Tlj sf dim et j. fériés 10h-19h30 (19h sam). Entrée : 3 € (remboursée pour l'achat d'un ouvrage).* Fondée en 1869 par une famille de libraires-éditeurs. On ne peut louper sa façade blanche Art nouveau d'inspiration néogothique, ni son intérieur digne d'un monument historique. On se croirait dans un cabinet de curiosités dédié aux belles-lettres, dans une somptueuse bibliothèque de château, dans l'annexe savante d'un prince navigateur. Ici, les rayonnages de bois finement sculpté grimpent jusqu'aux plafonds, eux aussi en bois sculpté. Les fans du jeune sorcier Harry Potter seront amusés de savoir que cette librairie aurait inspiré la mirifique bibliothèque de l'école de Poudlard.
– En redescendant la rue, on remarquera au passage la boutique *Fernandes, Mattos & Ca*, qui jouit aussi d'un magnifique décor Belle Époque. Un lieu sympa pour chiner.

> **LES MARCHES LES PLUS FOLLES DU PORTUGAL**
>
> La librairie *Lello e Irmão* a maintenu sa tradition d'éclectisme. Au centre de la pièce se dresse en effet l'escalier le plus extravagant du Portugal ! Il forme un 8 avec une double circonvolution rappelant les escaliers des vaisseaux des grandes découvertes marines. Il ressemble aussi à un violoncelle et vous emmènera au 1er étage sur les ailes du savoir...

🎬🎬 *Igreja e torre dos Clérigos (plan centre, B2, 90) :* ☎ *222-00-17-29.* Ⓜ *S. Bento. Ascension de la tour tlj 9h-18h30 ; horaires spéciaux les 24, 25, 31 déc et 1er janv ; derniers billets 45 mn avt. Visite de l'église (gratuite) tlj 9h-18h (19h en été). Accès à la tour : 3 €. Audioguide : 5 €.* Construite au XVIIIe s par l'architecte baroque d'origine italienne Nicolau Nasoni. Autel de marbre plutôt original et vaste coupole. C'est l'église la plus haute du Portugal (75,60 m). En atteignant le sommet de la tour, on bénéficie bien sûr d'un point de vue unique sur la ville. Attention, pour les enfants en particulier, pas de rambarde de protection au sommet. Sur un palier dans l'abrupte montée, on fera une pause pour admirer les 49 cloches produisant chacune un son différent. La plus grosse pèse 2 t pour un diamètre de 1,50 m, tandis que la plus petite pèse 5 kg. Pilotées par ordinateur, elles sonnent chaque jour à 12h et 18h. Ne pas manquer leur vacarme assourdissant !

**⚹⚹ Centro português de Fotografia** (plan centre, B2) : *campo Martíres da Pátria.* ☎ *220-04-63-00.* • *cpf.pt* • Ⓜ *S. Bento. Mar-ven 10h-12h30, 14h-18h (10h-18h juil.-août) ; w-e et j. fériés 15h-19h. Fermé 1ᵉʳ janv, 1ᵉʳ mai, Vendredi saint et 25 déc. GRATUIT.* La visite vaut en premier lieu pour le bâtiment de cette ancienne cour d'appel et prison de 1796 qui servit jusqu'en 1974. L'édifice un peu schizo fait cohabiter une face assez noble (le tribunal et son escalier monumental) avec une face carcérale à souhait (portes massives, épais barreaux, cour de promenade...). Au rez-de-chaussée, salle de diaporama, photothèque et salles d'expos temporaires de photos. Un escalier en granit mène à une impressionnante collection d'appareils photographiques au 2ᵉ étage. Plus de 600 spécimens rares sont exposés, des premiers appareils de 1845 aux jetables actuels (pas de numériques, ici !). Daguerréotypes, chambres à soufflet et pièces mythiques comme des Leica, Hasselblad et Rolleiflex. Amusante collection d'appareils miniatures (les plus curieux font moins de 5 cm !) ou d'espionnage (appareil dissimulé dans un paquet de cigarettes, un livre, une montre...).

**⚹⚹ Museu Soares dos Reis** (plan centre, A2) : *palácio dos Carrancas, rua D. Manuel II, 44.* ☎ *223-39-37-70.* • *mnsr.imc-ip.pt* • ♿ *Bus nᵒˢ 3, 6, 20, 35, 37, 52 et 78. Tlj sf lun 10h-18h30. Dernière admission 30 mn avt. Entrée : 5 € ; réduc ; gratuit 1ᵉʳ dim du mois jusqu'à 14h.*
Ancien palais, construit pour le roi Pedro IV (appelé Pierre Iᵉʳ au Brésil) en 1833, aménagé pour recevoir la famille royale en vacances dans le Nord du pays. Bel espace entourant un jardin bordé d'azulejos. Au 1ᵉʳ étage, des peintures des XIXᵉ et XXᵉ s des plus grands peintres portugais de l'époque : Porto le bien nommé, dont le style rappelle l'école française de Barbizon, Ribeiro, Correia et Marqueis de Oliveira. Dans le reste du musée, l'Art déco est à l'honneur. Des faïences du XVIIIᵉ au XXᵉ s, certaines drôlement sculptées. Faïence bleutée de Mira Gaia (on est dans le quartier !). Très belle présentation de vaisselle, de services de couverts, mais aussi meubles en marqueterie.
|●| *Cafétéria* avec terrasse.

**⚹ Museu romântico** (plan centre, A2) : *rua de Entre Quintas, 220.* ☎ *226-05-70-33. Bus nᵒˢ 93, 96, 200 et 207. Tlj sf lun et j. fériés 10h-17h30 ; dim 10h-12h30 (derniers billets 30 mn avt). Entrée : 2,20 € ; gratuit w-e. Visite guidée (possible en français : s'annoncer un peu avt).*
Loin du tohu-bohu du centre-ville, ce vieux manoir aux fenêtres à guillotine se blottit au sud-ouest du jardim do Palácio de Cristal, agréable poumon de verdure. Les rues pavées pour s'y rendre, les arbres centenaires du parc sont une belle entrée en matière pour un musée du Romantisme ! D'autant que l'ensemble, perché sur une colline, surplombe la vallée du Douro.
À l'intérieur, un décor bourgeois du XIXᵉ s témoigne du riche passé de cette propriété d'une grande famille productrice de porto. Une foule d'objets raffinés, comme on savait si bien les faire à l'époque, meublent la dizaine de pièces : belle chambre de style Empire, splendide salle à manger avec table dressée, salon d'apparat, salle de billard offrant une belle vue sur le Douro.

**⚹** Toutes les églises de Porto n'ont pas le même cachet ou intérêt religieux. L'*igreja dos Congregados* (plan centre, C2, 92), à côté de la gare de São Bento, se visite pour sa *talha dourada* et son autel argenté. Praça de Gomez *(plan centre, B2)*, à côté de l'université, les *igrejas do Carmo* et *dos Carmelitas* sont recouvertes d'une grande fresque d'azulejos évoquant la prise de voile des carmélites.

## Dans la ville basse

🎥🎥🎥 *Les rives du Douro et leurs viaducs :* ne pas manquer de parcourir le quartier de Ribeira à la découverte de ces ouvrages d'art qui forgent l'une des images tenaces de Porto. Même si leur activité est désormais purement touristique, les *rabelos*, ces gabares utilisées jadis pour le transport du porto, donnent au fleuve un côté suranné très plaisant. Et puis, qu'on soit à Porto ou Vila Nova de Gaia (en face), la rive opposée a toujours un joli relief, avec ses entrepôts, églises, couvents et autres édifices civils agrippés à leurs flancs.

Au centre, l'emblématique **pont métallique Dom Luís Iᵒ**, réalisé par un ingénieur belge, Théophile Seyrig, ancien collaborateur d'Eiffel. Le métro et les piétons peuvent le traverser. L'ombre portée des structures métalliques sur le Douro est superbe vue d'en haut. Au niveau bas, piétons et voitures passent aussi.

En amont, le **pont de chemin de fer de la Reine Dona Maria Pia,** œuvre de **Gustave Eiffel.** Cette construction permit à l'ingénieur d'affûter les techniques de montage de sa célèbre tour parisienne, 12 ans plus tard. Son génie stupéfia à l'époque. Pour franchir les 560 m de flots impétueux du Douro à une hauteur de 60 m et sans installer de piles (160 m de portée d'arc !), il fallut 22 mois de travaux et 150 ouvriers. Le pont fut terminé le 4 octobre 1877 et est désaffecté depuis 1991.

> ### UNE FEMME QUI MÉRITERAIT UN PONT D'OR...
>
> L'épouse du constructeur du pont Dona Maria Pia avait parié qu'elle serait la première à le franchir. À peine la poutre de 20 cm de largeur posée entre les deux rives, elle s'élança comme une funambule. Et pour être sûre que personne d'autre ne fût le premier dans l'autre sens, elle accomplit un nouvel exploit en retournant d'où elle venait. On raconte qu'ensuite son mari n'a jamais coupé les ponts avec elle.

On trouve un peu plus loin le dernier-né de la ville, le **ponte do Infante Dom Henrique,** tout blanc, qui, lui, accueille les voitures. Le **pont d'Arrábida,** en béton, est le plus proche de la mer.

🎥🎥 **Palácio da Bolsa** *(palais de la Bourse ; plan centre, B3) :* praça Infante Dom Henrique. ☎ 223-39-90-00. Avr-oct, tlj 9h-18h30 ; nov-mars, tlj 9h-12h30, 14h-17h30. Visite guidée obligatoire de 30 mn (possible en français), départ ttes les 30 mn. Tarif : 8 € ; réduc. Possibilité de réserver par l'office de tourisme.

Construit en 1842 par la reine Marie II en guise de chambre de commerce et d'industrie, la Bourse s'y tint jusqu'en 1996, date à laquelle Porto perdit son titre de capitale financière au profit de Lisbonne. Le style néoclassique austère de la façade contraste furieusement avec les salles intérieures, plus flamboyantes les unes que les autres et qui synthétisent plusieurs styles (Renaissance, baroque, mauresque) et techniques décoratives (peintures, marqueteries, mobiliers, bois précieux). Cour des Nations (cherchez les armes de votre pays), escalier monumental en granit dont la construction dura 68 ans et surmonté de deux lustres en bronze de 1,5 t chacun, salle du tribunal de commerce, salle du conseil (toujours en usage) avec plancher marqueté, salle des portraits, salle dorée...

Mais le joyau de l'édifice reste le *salon arabe,* richement décoré du sol au plafond de stucs et boiseries délicatement ciselés et de faux vitraux qui sont en réalité du verre peint. Un ouvrage qui a demandé 18 ans de travaux ! Il présente une légère dissymétrie... car, selon les canons de la modestie traditionnelle dans l'architecture musulmane : seul Allah est parfait ! Cette salle, où l'on donnait des bals et réceptions mondaines, est encore utilisée de nos jours à l'occasion de concerts et autres manifestations culturelles.

🎥🎥 **Igreja São Francisco** *(plan centre, B3) :* rua do Infante Dom Henrique. ☎ 222-06-21-25 et 00. Tlj sf 25 déc : juil-sept, 9h-20h ; mars-juin et oct, 9h-19h ;

*nov-fév, 9h-17h30. Entrée : 4 € pour l'église, le musée de l'Ordre, la Maison de la dépêche, les salles du Trésor et des cessions, et les catacombes (voir ci-après) ; le billet se prend au musée en face du porche.* Sur l'emplacement d'un premier petit lieu de culte datant de 1245, cette église fut édifiée en 1425 dans un style gothique classique, puis décorée de manière baroque aux XVIIe et XVIIIe s. Ces siècles correspondent à la fois au triomphe et au chant du cygne de la *talha dourada* : la nef n'est qu'une orgie de bois sculpté dégoulinant d'or, une explosion végétale qui envahit murs, voûtes, piliers, jusqu'au plafond. Seul le plancher y échappe. Visite obligatoire ! Ce délire nécessita à l'époque plus de 500 kg d'or. Le superbe arbre de Jessé en bois sculpté polychrome, assurément l'une des plus stupéfiantes illustrations au monde de la généalogie du Christ, semble ici prendre racine dans la cage de verre protégeant la représentation de *Nossa Senhora Boa Viagem ou Boa Morte* (Vierge Marie du Bon-Voyage ou de la Bonne-Mort...). Dans un sursaut de bon sens, l'église fut fermée au culte, le clergé ayant trouvé indécent l'étalage d'une telle richesse quand les habitants du quartier vivaient, eux, dans une grande misère.

**※ Le musée de l'Ordre et les catacombes :** *visite guidée possible.* Attenant à l'igreja São Francisco, ce musée abrite des souvenirs des bienfaiteurs de l'ordre de saint François. Mais le clou, c'est le sous-sol. Des centaines d'enfeus noir et blanc couvrent les murs. Au sol, des tombeaux fermés par des planches. À travers une grille aménagée dans le plancher, au fond d'un recoin, on aperçoit un ossuaire. Brrr ! Chaque niche numérotée porte une tête de mort accompagnée d'une litanie de « Aqui Jaz... » (ci-gît, quoi !).

**※ Casa do Infante** *(maison du prince Henri le Navigateur ; plan centre, B3, 98) : rua da Alfândega, 10 ; derrière l'office de tourisme, dans le même bâtiment.* ☎ *222-06-04-00 et 06-04-35 (musée).* ♿ *Tlj sf lun et j. fériés 10h-12h30, 14h-17h30. Entrée : 2,20 € ; gratuit le w.-e. Demander le fascicule explicatif.* Dans cette ancienne maison des douanes du XIVe s, exposition sur les procédures de dédouanage (outils de mesure, de pesage, de comptage...), quelques objets importés du nord de l'Europe, du Brésil et d'Orient aux XVIIe-XVIIIe s, mais rien de transcendant. Quelques vestiges romains des IIIe et IVe s, dont la reconstitution d'une mosaïque polychrome à motifs géométriques.

**※ Igreja da Misericórdia** *(plan centre, B2) : rua das Flores, 5. Lun-ven 9h-12h30, 14h-17h30 ; w-e 8h-12h.* La superbe façade rococo de l'église fut restaurée selon les plans de Nicola Nasoni, au XVIIIe s. À l'intérieur, les habituels azulejos, *talha dourada*... À côté, petit musée annexe où l'on peut admirer le très beau tableau *Fons Vitae,* peint vers 1520.

**※ Museu do Vinho do Porto** *(musée du Porto ; plan centre, A2) : rua de Monchique, 45-52.* ☎ *222-07-63-00.* ♿ *Sur les quais. Bus n° 500. Tlj sf lun et j. fériés 10h-17h30. Entrée : 2,20 € ; gratuit jusqu'à 14 ans et le w.-e.* Attention, ce musée n'a rien à voir avec les caves. Ici, juste quelques vagues infos sur le commerce du porto avec l'Europe et le monde, dans une ancienne cave voûtée du XVIIIe s. Menus objets relatifs au doux breuvage : étiquettes, bouteilles, tonneaux... Pas de quoi rouler sous la table (!).

**※※ World of Discoveries** *(plan centre, A-B2) : rua de Miragaia, 106.* ☎ *220-43-97-70 et 73 (le resto thématique).* ● *worldofdiscoveries.com* ● Ⓜ *Estação de São Bento. Tlj sf Noël et Jour de l'an 10h-18h (19h w-e et j.fériés). Entrée : 14 € ; réduc (aussi sur Internet).* Nouvelle attraction racontant les grandes découvertes portugaises. Débute par un petit musée assez intéressant : maquettes de bateaux (avec audiovisuels), instruments de navigation, évolution des cartes maritimes, la vie à bord, présentation des grands navigateurs, légendes associées aux découvertes... Écrans avec les plus célèbres itinéraires. Pittoresque reconstitution du contenu des bateaux et d'un chantier naval : les dortoirs, la cuisine, les produits rapportés, armes, bornes de pierre pour marquer les conquêtes... On embarque ensuite en petites barques pour une longue balade sur l'eau à la découverte des pays conquis (audioguide en français). L'itinéraire suit une série de tableaux simples et colorés, images d'Épinal évoquant chaque pays (l'Afrique, l'arrivée de Vasco de Gama en Inde, l'Indonésie, la Chine, etc.), traversée d'une jungle tropicale, mystérieux tunnels... On retrouve un peu la notion de lenteur du voyage. En revanche, on peut regretter qu'il n'y ait aucune référence dans le musée à la traite négrière et à l'esclavage. Ici, ce sont les grandes découvertes version bisounours.

|●| Resto au 2e étage dans une grande case ornée de cartes anciennes. Propose le midi un buffet de plats exotiques, représentatifs des ex-colonies portugaises (le soir, à la carte).

**Museu do Carro eléctrico** *(musée du Tramway ; plan d'ensemble) : alameda Basílio Teles, 51.* ☎ *226-15-81-85.* ● *museudocarroelectrico.pt* ● *Au bord du Douro, après le museu do Vinho do Porto. Tlj sf lun 9h30-18h.* **Toujours fermé pour travaux à ce jour.** C'est à Porto, en 1895, que circula le premier tramway électrique du Portugal. Dans un ancien hangar dont une partie sert encore à l'entretien des machines, belle exposition d'une vingtaine de tramways, classés par ordre chronologique de 1832 à nos jours. Intéressante visite guidée pour partager le moyen de transport favori des *Portuenses* depuis plus de 150 ans.

## Du côté de Foz do Douro, à l'ouest de Porto, vers l'embouchure

**Museu de Arte contemporânea et les jardins de la fundação Serralves** *(musée d'Art contemporain ; plan d'ensemble) : rua D. João Castro, 210.* ☎ *226-15-65-00.* ● *serralves.pt* ● *Bus n° 203 en face. Avr-sept, mar-ven 10h-20h (22h jeu). Le reste de l'année, 10h-19h (22h jeu) et fermé j. fériés. Entrée : 8,50 € (4 € pour les jardins seuls) ; réduc.* Ultramoderne et spacieux, cet espace réalisé par l'architecte portugais renommé Alvaro Siza Vieira (Prix Pritzker 1992) a été conçu pour sublimer les quelques œuvres exposées lors d'expos temporaires (pas de collection permanente). Les plus critiques diront que le prix ne se justifie pas... On n'est pas loin de leur donner raison ! Librairie d'art bien fournie à l'entrée, bibliothèque au sous-sol *(lun-sam 10h-18h)* et petite restauration en terrasse sur le toit de la fondation. Quant aux jardins à la française, ils accueillent sur plus de 18 ha arboretum, jardins aromatiques aux suaves odeurs de citronnelle, d'eucalyptus, de jasmin... en été, fraîcheur garantie ! Concerts de jazz sur le terrain de tennis du parc trois samedis en juillet dans le cadre de Jazz no parque *(entrée : 10 €).*

➢ **Promenade le long de l'océan**, depuis le **castelo do Queijo** *(plan d'ensemble)* jusqu'à l'embouchure du fleuve au niveau du **forte de São João Baptista da Foz.** Un quartier résidentiel, où les grandes demeures et les boutiques chic font la part belle à l'Atlantique. Lieu privilégié des *Portuenses* le week-end (de jour comme de nuit).

## À l'est de la ville

**Museu militar** *(plan centre, D2) : rua do Heroísmo, 329.* ☎ *225-36-55-14.* ● *exercito.pt* ● Ⓜ *Heroísmo. Tlj sf lun et certains j. fériés 10h-13h, 14h-17h (slt l'ap-m sam, dim et j. fériés). Entrée : 3 € ; réduc ; gratuit dim mat.* Avec ses 12 000 figurines, cette superbe collection est l'une des plus importantes d'Europe. Y défilent au pas cadencé le général de Gaulle, Louis XIV, Marie-Antoinette, Charlemagne, Dagobert, des soldats français, anglais, allemands, grecs... Également de remarquables figurines peintes à la main. Bien sûr, toute une batterie de fusils et pistolets.

## Les rues pittoresques

🏃🏃 **Rua de Santa Catarina** *(plan centre, C1-2)* : rue piétonne et très commerçante, épine dorsale de la ville haute, où l'on trouve la *Fnac* avec ses cloches qui sonnent à heures fixes. Un festival de carillons ! Quelques belles boutiques de style Art nouveau, comme celle à l'angle du 31 de Janeiro (devanture noire superbe et fresque au plafond) ou Belle Époque comme le *Majestic Café* (voir « Où boire un verre ? Où écouter de la musique ? »). C'est l'un des quartiers les plus animés.

🏃🏃 Du côté de la **praça da Ribeira** *(plan centre, B3)*, joli dédale de ruelles tortueuses aux façades souvent délabrées. En bas de la rua da Alfândega, dans le prolongement du largo do Terreiro, l'étroite *rua da Reboleira* présente toujours un aspect médiéval. Au n° 55, une maison a gardé son portail gothique. Au n° 59, belle maison-tour du XIV$^e$ s. Remontez ensuite la rue vers l'église São Francisco et la rua Nova da Alfândega, qui vous mène, en quelques minutes à pied, au *quartier de Miragaia*. C'est en contrebas de la route (épisodiquement inondée par les crues du Douro) que se trouve la quasi-continuité architecturale de la Ribeira.
Emprunter le raide escalier des *Escadas de Caminho Novo*. On y longe les vestiges de l'imposante muraille du XIV$^e$ s, dite *Muralha Fernandina*. Arriver à l'adorable *largo de S. João Novo* et l'église éponyme du XVII$^e$ s. Façade et déco intérieure de style maniéré. Voûte en berceau orné de caissons de pierre et, sur les côtés du chœur, belles colonnes de pierre torsadées et portails finement sculptés. Au fond de la place, élégant petit palais du XVIII$^e$ s aux fenêtres ouvragées.
Longeant ces maisons voûtées et arc-boutées, le tramway n° 1, que vous attraperez pour un voyage bringuebalant le long du fleuve jusqu'à son embouchure et la plage de Foz do Douro.

🏃 Et puisque nous sommes dans le **quartier de la Ribeira** *(plan centre, B-C3)*, rejoignons la *rua dos Mercadores*. Peut-être la plus ancienne de Porto (meurtrière pour les hauts talons). On peut aller se perdre à partir de *R. S. das Verdades* dans un dédale de ruelles, volées d'escaliers, passages voûtés autour desquels s'ordonne avec peine l'entassement indescriptible des maisons contre la falaise. Incroyablement coloré, comme l'Alfama à Lisbonne. La municipalité s'est engagée depuis quelque temps dans une intelligente restauration pour conserver ce chef-d'œuvre d'urbanisme humain et vivant, mais le quartier a déjà perdu près d'un tiers de sa population.
Enfin, le **cais da Ribeira** *(plan centre, B-C3)*, avec ses maisons et restos à auvents, compose l'une des plus souriantes cartes postales que vous conserverez en tête. Quelques vestiges des remparts de Ferdinand, avec un seul et dernier auvent le long des quais.

## À faire

➤ ⓧ ***La haute vallée du Douro en train*** *(voir plus loin « La région viticole du Haut-Douro »)* : *4 trains/j. pour Pinhão depuis la gare de Campanhã. Compter la journée pour l'A/R.* L'occasion d'admirer les azulejos de la gare de Pinhão, pique-niquer sur les rives du fleuve et flâner en attendant l'heure du retour. Une belle balade pas fatigante et des paysages magnifiques.

➤ Au sud de la ville, deux belles plages : **Lavadores** et **Madalena**. *Bus n° 906 depuis Trindade, ou São Bento ; ttes les 20-30 mn, 6h-minuit ; compter 45 mn de trajet. On peut aussi aller en train jusqu'à Madalena depuis la gare de Porto São Bento et Campanhã (départ 6h-minuit, ttes les 15-30 mn ; trajet 10 mn), puis prendre un bus, c'est plus rapide.*

➤ Parcourez les **rives de l'océan,** très vivifiant, avec tous les *Portuenses,* notamment le dimanche matin. Y aller en tram (n° 1 puis 1 barré), puis retour depuis le fort avec le bus n° 500.

# Manifestations

– **Fantasporto :** *pdt 15 j. fin fév-début mars. Plus d'infos sur* ● *fantasporto. com* ● Festival international du Film fantastique. L'année 2010 a célébré son 30ᵉ anniversaire.
– **Fêtes de São João :** *pdt tt le mois de juin.* Avec évidemment les grands bals et les feux d'artifice de la nuit de la Saint-Jean le 23 juin. Et le 24 juin, souvent, on se repose... Ça reste la fête la plus joyeuse de l'année, dit-on, et propice à l'amour ! À Porto, dans les quartiers populaires, c'est la folie. Vous vous faites « assommer » avec des maillets en plastique, on vous passe sous le nez toutes sortes d'herbes, ail, lavande, etc. Un défilé très typique relie la praça Batalha à l'hôtel de ville : chaque quartier est représenté et tous y participent, les djeun's comme les seniors.
– **Les Romarias :** *dans les quartiers de Paranhos, de Vitória, à partir de la mi-août.* La procession de São Bartolomeu se déroule dans la Foz do Douro ; les habitants vêtus de costumes en papier défilent pour aller ensuite prendre un bain de mer « spirituel » *(banho santo).* En septembre, pas un dimanche ne se passe sans qu'il y ait une fête religieuse dans les quartiers populaires (Bonfim, Campanhã, Lordelo do Ouro ou la Ribeira) !

# DANS LES ENVIRONS DE PORTO

## *VILA NOVA DE GAIA*

Situés de l'autre côté du Douro, derrière le quai, les chais du vin de Porto s'étendent à perte de vue. Devant vous, en contrebas, des *rabelos,* ces bateaux à voile carrée qui assuraient le transport du vin et coulent désormais une retraite nostalgique à quai... Il règne ici une atmosphère touristique, certes, mais loin d'être artificielle.

### Comment s'y rendre ?

Les centres d'intérêt (caves, restos et bars) de Vila Nova de Gaia se concentrent dans la ville basse, face à Porto, sur l'autre rive du Douro.
– Le plus simple est d'y aller *ad pedibus* en traversant le pont Dom Luís Iʳᵒ soit en partie haute (le long des rails du métro) à 100 m de la cathédrale, soit au ras des flots par le même pont, depuis le quartier de Ribeira. Balade agréable.
– *En bus,* prendre les nᵒˢ 900, 901 et 906 depuis la gare de São Bento.
– *En métro,* pas pratique du tout : s'arrêter à jardim do Morro, puis descendre par la 1ʳᵉ rue à droite du pont lorsqu'on vient de Porto (à défaut, un téléphérique relie à cet endroit le sommet de la colline au quai pour 5 € l'aller simple ou 8 € A/R, tlj 10h-20h, l'hiver 10h-18h).
– *En téléphérique :* 10h-20h (26 avr-24 sept) ; 10h-19h (24 mars-25 avr et 25 sept-24 oct) ; 10h-18h (25 oct-23 mars). Depuis la partie haute du pont Luís (jardim do Morro), il relie sur 600 m la rive côté Vila Nova de Gaia. Parcours en 5 mn. Prix : 5 € (A/R 8 €).
– Pour rappel, à Porto, un *funiculaire* relie la partie basse à la partie haute de la colline au pendant du pont Dom Luís Iʳᵒ (voir plus haut la rubrique « Comment se déplacer ? » à Porto).
– Attention : depuis le centre de Porto, les **taxis** font fi du compteur et appliquent un prix spécial pour se rendre aux chais.

S'il ne tenait qu'à nous, on vous conseillerait une boucle... passer par le sommet du pont Dom Luís I⁰ à l'aller (par exemple) et revenir par la partie basse.

## Adresse utile

**fi** *Office de tourisme* (plan centre, B3) : *av. Diogo Leite.* ☎ 223-77-30-88. ● *turismo.vngaia@cm-gaia.pt* ● *cm-gaia.pt* ● *(mairie). Tlj 9h-18h (coupure 13h-14h le w-e). Installé dans des locaux tt neufs.* Visite guidée de la commune de Gaia sur rendez-vous. Brochure complète sur les chais.

## Où manger ?

Tous les restos qui suivent s'égrainent sur l'avenue parallèle au Douro.

### De bon marché à prix moyens

**I●I** *Meet & Taste* (plan centre, B3, 100) : *rua Cândido dos Reis, 27.* ☎ 224-93-27-63. *Tlj sf mer 11h-22h30 (20h dim).* Un poil en marge de la tourmente touristique, un p'tit resto offrant jeune et chaleureux accueil, intimité, fraîcheur et l'occasion de goûter une sélection de bons produits typiques à travers des formules intéressantes (certaines pour 2 seulement) : délicieux *serena* (avec saucisse aux orties), plat « terre et mer » (morue pois chiches, thon et flageolets, calamar, chorizo et saucisse de gibier...), sandwichs divers et *francesinha*. Excellente sélection de fromages.

**I●I** *Adega presuntaria Transmontana II* (plan centre, B3, 53) : *av. Diogo Leite, 80.* ☎ 223-75-83-80. 📱 *919-850-229. Tlj jusqu'à 2h. Plats 13-18 €.* Une grande auberge à la déco très portugaise, avec nappes à carreaux, grand miroir, tableaux du Douro accrochés sur les murs en granit, et des jambons qui sèchent. À peine êtes-vous assis que votre table se couvre de jambon serrano, saucisson, pâté de tête, filets d'anchois... La tentation est forte... mais gare à l'addition au final ! À la carte, copieux plats de poisson, beau *cabrito* et excellents ragoûts de viande.

**I●I** *Restaurante Casa Adão* (plan centre, B3, 57) : *av. Ramos Pinto, 252.* ☎ 223-75-04-92. 📱 *936-663-182.* ● *casaadao@guiadosrestaurantes.net* ● *Tlj. Menu du jour 12,50 € ; plats 6-16 € à la carte. Menu en anglais.* Une quinzaine de tables pour ce resto tout simple, avec des azulejos typiques sur les murs. Accueil convivial et grand choix. C'est le rendez-vous des *Portuenses* en balade à Vila Nova de Gaia. On s'y régale de bonnes et copieuses spécialités locales (tripes et *bacalhau*).

### Plus chic

**I●I** *Restaurant Dom Luís* (plan centre, B3, 57) : *av. Ramos Pinto, 264-266.* ☎ 223-75-12-51. *Tlj sf lun 12h-16h, 19h-minuit. Formule 19,50 € ; plats 8,50-16 €.* Les baies vitrées séparées par un pilier de granit donnent un aspect « classieux » à cette salle d'une dizaine de tables couvertes de nappes blanches. Bonne cuisine avec une excellente spécialité de *bacalhau com natas* et de *feijoada marisco*. Une étape gastronomique complétant bien la visite des chais ; petite carte et un peu cher malgré tout.

**I●I** *Barao de Fladgate* (hors plan centre par B3, 59) : *rua do Choupelo, 250.* ☎ 223-74-28-00. *Lun-sam jusqu'à 22h ; dim slt le midi. Résa conseillée. Menus du jour (midi et soir) 16-19 € ; plats 14-24 €.* Le resto des célèbres caves *Taylor's* (lire la rubrique « À voir. À faire »), niché sur les contreforts de Vila Nova de Gaia. Depuis la terrasse, la vue plongeante sur les rives du Douro est délicieuse. Poisson cuit à la portugaise, fruits de mer gratinés, viandes et aussi quelques options végétariennes. Petit verre de porto maison à l'apéro. Seul petit bémol, si on se contente d'une salade ou d'un seul plat (sans le pain et les olives), le service a tendance à être, mais ce n'est bien sûr qu'un hasard, beaucoup plus long !

### Où boire un verre ?

De nombreux bars s'alignent sur les quais et permettent de profiter de la vue sur le quartier Ribeira, en face.

## À voir. À faire

🏃🏃🏃 *La visite des chais de Porto : voir également la rubrique « Boissons. Le porto » dans le chapitre « Hommes, culture, environnement ».* Vous avez l'embarras du choix : sur 80 marques, une quinzaine de caves se visitent (tours guidés d'environ 30 mn). C'est ici que l'on approche au mieux la production de ce vin : les vignes poussent, certes, une petite centaine de kilomètres en amont, mais c'est à Vila Nova de Gaia qu'a lieu la magie de l'élevage du porto. En plein été, et particulièrement le week-end, pensez à réserver votre visite des chais... les touristes s'y pressent en grappes !

> **MESSIEURS LES ANGLAIS, TIREZ LES PREMIERS !**
>
> *Mais pourquoi, à Porto, les termes liés à ce vin sont-ils so British ? À cause d'un embargo sur le vin français imposé par le roi d'Angleterre, au XVII*$^e$ *s. Privés de leur clairet (vin de Bordeaux) bien-aimé, les Britanniques firent du porto leur vin de prédilection. Avec le temps, les mots anglais s'imposèrent :* dry, extra-dry, sweet, blend, tawny, late-bottled vintage *(le fameux LBV),* crusted porto *sont devenus des classiques de ce* vinho portugês, indeed *!*

– *Caves Graham's (plan centre, A3) :* quinta do Agro, rua Rei Ramiro, 514. ☎ 223-77-64-84. ● grahams-porto.com ● *Accès à pied un peu dur (ça grimpe !) ou bus n*$^{os}$ *903 et 906 depuis Trindade et Casa da Música. Tlj 9h30-18h (17h30 en hiver). Visite (possible en français) : 8 €, comprenant la dégustation de 3 portos.* Situées sur une colline, au bout du quai, ces caves, parmi les plus vieilles de Porto, méritent un détour, d'autant que, d'après les connaisseurs, il s'agit d'un des tout meilleurs portos et que l'endroit offre un panorama splendide sur le Douro et le port. Les entrepôts de 1890 en granit et leurs murs de 1 m d'épaisseur abritent 2 000 tonneaux et 40 barriques. Charpente originale en bois de pin. Resto très agréable, avec terrasse couverte. Bon accueil.

– *Caves Taylor's (hors plan centre par B3) :* rua do Choupelo, 250. ☎ 223-74-28-00. ● taylor.pt ● &. *À pied, depuis les quais, prendre à gauche avt Ramos Pinto et suivre les panneaux (ça grimpe sur 300 m). En voiture, depuis le quai tourner à gauche après le couvent Corpus Christi (suivre les panneaux du Yeatmann Hotel, voisin des caves). Tlj 10h-18h (17h le w-e) ; dernière visite 1h avt. Visite : 6 €, incluant 3 dégustations. Parking gratuit.* Un peu à l'écart : on se croirait à la campagne. Livret d'explications très bien fait. En cours de visite, appréciez l'un des plus gros tonneaux d'Europe (100 000 l) et toujours en usage (hips !). Après la visite, dégustation de 3 portos (blanc sec, rouge jeune et vieux). Voir aussi le resto *Barao de Fladgate* dans la rubrique « Où manger ? »).

– *Caves Ramos Pinto (plan centre, B3) :* av. Ramos Pinto, 400. ☎ 223-70-70-00. ● ramospinto.pt ● *Mai-oct, tlj 10h-18h ; le reste de l'année, lun-ven slt 9h17h (18h avr). Dernière entrée 1h avt. Fermé j. fériés. Le 1*$^{er}$ *arrivé choisit la langue de la visite. Beaucoup de visiteurs, se renseigner avt. Compter 40 mn. Visite : 6 €, avec dégustation de 2 portos.* Le fondateur, Adriano Ramos Pinto, a su s'imposer grâce à son audace et à son savoir-faire, en produisant un « porto de terroir ». On visite ses bureaux reconstitués comme à l'époque. Beaux meubles. Affiches de pub réalisées par des artistes français. La maison *Ramos Pinto* possède plusieurs *quintas* (domaines) dans la vallée du Douro et dans la vallée du Côa (voir plus loin Vila Nova de Foz Côa). Une des devises de la maison : « Les vins de Porto d'Adriano Ramos Pinto donnent de la joie aux tristes, de l'audace aux timides. » Pour finir, sachez que l'actionnaire majoritaire de la maison *Ramos Pinto* est le célèbre champagne *Louis Roederer* !

– **Caves Cálem** (plan centre, C3) : *av. Diogo Leite, 344.* ☎ *223-74-66-60.* ● *calem.pt* ● *Tlj 10h-19h (18h nov-avr). Visite guidée (résa conseillée) : 6 et 16 €.* Juste après le pont Dom Luís I<sup>ro</sup>, un grand bâtiment blanc un peu austère vu de dehors, mais classe à l'intérieur. Existe depuis 1859. La plus grande cuve peut contenir jusqu'à 60 200 l. On y donne en fin de journée de brefs spectacles de *fado (tlj sf lun à 18h30).*

– **Caves Sandeman** (plan centre, B3) : *largo Miguel Bombarda.* ☎ *223-74-05-34.* ● *sandeman.com* ● *Tlj 10h-12h30, 14h-18h (mars-oct) ; 9h30-12h30, 14h-17h30 (nov-fév). Compter 6 € avec dégustation de 3 portos et 16 € pour 5 portos ; Special 100 Years Old Tawnies à 35 € avec dégustation de vieux porto (10 à 40 ans). Guides francophones.* La marque la plus connue, avec son logo représentant la silhouette noire d'un homme coiffé d'un chapeau, drapé dans une large cape. Passé l'aspect guignolesque du guide revêtu de ce même costume, les entrepôts en granit, dont certains sont vieux de plus de 200 ans, présentent de belles charpentes en bois. Il y fait la même température toute l'année. Sol recouvert de pavés en bois. Petit musée à la gloire de la marque. C'est la visite la plus touristique, tout y est très calibré...

# BARCELOS (4250) 120 500 hab.

**Ville sympathique, s'étageant gentiment sur sa colline, réputée pour sa foire de renommée internationale, l'une des plus anciennes du pays, créée par dom João I<sup>ro</sup> en 1412, diantre ! Déambulation agréable dans le centre médiéval délimité par quelques tronçons de remparts du XV<sup>e</sup> s. Suite à l'accession de la maison de Bragance au pouvoir (à laquelle elle était liée), Barcelos redevint ville royale. Ce fut le début d'une véritable renaissance dont bon nombre de témoignages sont encore visibles aujourd'hui...**

## Arriver – Quitter

### En bus

🚌 **Halte routière** *(central de Camionagem) : à l'est du centre, derrière la gare ferroviaire (pas indiqué).* Compagnies *Transdev* (☎ *253-89-41-93 ;* ● *transdev.pt* ●), *Rede Expressos* (☎ *707-22-33-44 ;* ● *rede-expressos.pt* ●) et *Renex* (● *renex.pt* ●).
➢ **Braga :** en sem, bus ttes les 30 mn de 7h05 à 19h20 (3 bus le sam et slt 1 dim). Trajet : 1h.
➢ **Ponte de Lima :** avec *Transdev*, 5 bus/j., en sem slt. Trajet : 1h.
➢ **Porto** (changement à Póvoa de Varzim ou Famalicão) : 8 bus/j. env en sem (très peu le w-e). Trajet : 2h env. Le train est moins cher et plus rapide.

### En train

🚆 **Gare ferroviaire** *(estação) : largo Marechal Gomes da Costa.* 📞 *707-210-220.* ● *cp.pt* ● *Prendre l'av. da Liberdade, puis l'av. dos Combatentes da Grande Guerra et au bout de l'av. Alcaídes de Feria. C'est tt droit !*
➢ **Porto :** 5-6 trains/j. directs 6h-21h,

et autant avec changement à Nine. Trajet : 1h-1h30.

> *Viana do Castelo :* 15 trains/j. en sem, une dizaine le w-e. Trajet : 40 mn.

## Adresse utile

**@ Office de tourisme :** largo Dr José Novais. ☎ 253-81-18-82. ● cm-barcelos.pt ● Situé en face de la tour du Pont-Neuf. En saison, lun-ven 9h30-19h (17h30 l'hiver) ; w-e 10h-13h, 14h-17h (16h dim). Hors saison fermé dim. (gratuit 15 mn). Expos temporaires.

## Où dormir ? Où manger ? Où boire un verre ?

**▲ Alojamento Arantes :** av. da Liberdade, 35. ☎ 253-81-13-26. ● residencialarantes@sapo.pt ● À deux pas de l'église Templo Bom Jesus. Doubles 40-55 € selon confort, petit déj non compris. Belle façade et entrée en azulejos pour cette maison bourgeoise devenue une pension à l'ancienne. Chambres sobres avec TV et salle de bains correctes. Celles donnant sur l'avant sont à privilégier pour leur balcon face à la place. Une familiale également. Évitez celles de l'arrière, tant pour la vue que pour le manque de confort. Accueil convenable.

**▲ |●| Hotel-restaurante Bagoeira :** av. Dr Sidónio Pais, 495. ☎ 253-81-12-36 et 80-95-00. ● bagoeira.com ● Au sud de la grande place. Doubles 60-80 €, petit déj compris. Plats 12-20 €. L'adresse un peu chic de la ville, aux premières loges de la place du marché. 55 chambres sans personnalité, mais de très bon confort (clim, TV, minibar), à la décoration moderne avec murs blancs et boiseries claires. Côté resto, honnête cuisine portugaise traditionnelle. Une grande salle conviviale tout en bois sombre et murs couverts de photos, avec, au fond, une pièce plus intime tout en pierre. Goûter la *bacalhau na brasa* ou la daurade grillée toute simple, mais pleine de goût. Service stylé et en français.

**▲ Hôtel do Terço :** rua de São Bento, 7. ☎ 253-80-83-80. ● hoteldoterco.com ● Doubles 40-50 € petit déj inclus. Inséré dans un grand centre commercial, ne possède pas à priori un charme torride. Cependant très central, ses prix sont modérés et ses 37 chambres s'avèrent propres, fonctionnelles et bien utiles si tout est plein ailleurs. Ascenseur, clim, consigne à bagages, fenêtres insonorisées, parking gratuit.

**|●| Casa dos Arcos :** rua Duques de Bragança, 185. ☎ 253-82-62-65. 912-539-661. Tlj sf mar. Plats 12-28 € (beaucoup de demi-doses !). Vénérable demeure basse ancienne offrant 2 grandes salles confortables. Cadre rustique élégant, murs de pierres sèches, poutres apparentes, parquet en bois. Cuisine de haute réputation et de grandes spécialités : poulpe au four, *bacalhau* gratinée, *cabritinho pequeminho*, choix d'une dizaine de viandes...

**|●| Turismo :** rua Duques Bragança. ☎ 253-82-64-11. ● geral@restauranteturismo.co ● Face à l'igreja Matriz. Tlj sf dim soir-lun. Plats 13-22 € ; plats pour 2 env 25-30 € (avantageux). Le resto gastronomique de Barcelos, dans un cadre contemporain affirmé. Que ce soit dans la salle top-branchée ou sur l'une des 2 terrasses donnant côté rivière ou côté palais comtal, on y déguste une cuisine à la fois typique et joliment revisitée : morue dans tous ses états, coq au four servi dans une miche de pain... C'est toujours bon, copieux, bien présenté et servi avec classe.

**|●| Confeitaria et pastelaria Perola :** av. dos Combatentes da Grande Guerra, 66. ☎ 253-81-14-16. Dans la rue juste en face de l'hôpital. Tlj 7h30-21h30. Plats 6-13 € ; formule déj en sem à l'étage 10 € (buffet) ; plus cher le w-e. Immense cafétéria populaire. Tables bien mises dans la véranda, ambiance plus brasserie en salle sur des banquettes et petites tables de marbre. Globalement basique mais bon rapport qualité-prix, avec un choix de plats bien fourni (classiques portugais, pizzas, burgers...). Plus une partie charcuterie, fromages, pain, gâteaux et chocolats super développée (festival de gâteaux anniversaire tous plus colorés les uns que les autres)...

**IOI ▼ In Rio :** *rua Fernando Magalhães e Menezes, 4. Juste au pied du pont. Tlj sf lun 12h-16h et 21h-2h. Menu du jour 7 €.* Les pieds bien sur le rocher, mais les yeux sur la rivière et le pont médiéval. Gentille terrasse arborée donnant sur la rivière. Quand il pleut, on se replie dans une petite salle moderne. Voilà un petit coin sympa pour boire un coup, voire grignoter de copieux plats du jour (dont des omelettes d'une épaisseur inouïe !).

## À voir

**Campo da República :** tous les jeudis s'y tient l'une des plus grandes foires du Portugal. Impressionnante, elle vaut vraiment le déplacement. Des fermiers y vendent poules, canards, fruits et légumes, mais on y trouve aussi pâtisseries, poteries, belle vaisselle, splendide dentelle (assez chère), dinanderie, jougs de bœufs, charrettes, etc. Très coloré et beaucoup de monde, dont un bon lot de touristes.

**Igreja Nossa Senhora do Terço :** *au nord de la place.* Mérite le coup d'œil pour ses beaux azulejos du XVIII$^e$ s et un plafond à caissons peints. En sortant, jeter un œil aux belles façades du *campo de Feira*.

> ### LE MAUVAIS TOUR D'EIFFEL
>
> Gustave Eiffel, en plus du pont de Porto, réalisa cinq ouvrages dans le Nord, dont un à Barcelos. Lors des travaux de fondation des piles, un paysan lui prédit que l'ouvrage ne résisterait pas aux crues du fleuve. Eiffel répliqua, méprisant, qu'il « se faisait fort de mettre ce ruisseau dans ses bottes ». L'hiver arrivant, les crues emportèrent effectivement une partie de la construction. Par la suite, lorsque le paysan croisait le célèbre ingénieur, il ne manquait jamais de lui demander malicieusement « si ses bottes étaient déjà sèches ».

**Templo do Senhor de Bom Jesus da Cruz :** *au sud-ouest de la place.* On y accède par le *passeio dos Assentos* (fin du XVIII$^e$ s), une sorte d'enclos hérissé de piliers de granit. Le temple lui-même, circulaire, est furieusement baroque (XVIII$^e$ s oblige). Il fut le lieu d'une apparition de croix en 1504. Depuis, cette dernière orne le chœur originel à gauche (profusion d'angelots et de chérubins replets). Beaux sièges en cuir clouté et estampé et délire traditionnel de dorures (le buffet d'orgue en particulier). Superbes azulejos racontant des épisodes de la vie du Christ.

**Torre da Ponte Nova :** imposant donjon du XV$^e$ s, unique vestige défensif subsistant sur les remparts. Elle protégeait l'entrée de la ville côté nord et était à l'origine en forme de U (ouverte vers l'intérieur de la ville), permettant le passage en chicane, pour contrôler les entrées. Mouroir durant l'Inquisition au XVII$^e$ s, elle fut transformée en prison jusqu'en 1932.

**Rua António Barroso :** l'artère commerçante de la ville. On y voit quelques belles façades et écussons monumentaux. Au bout, longer l'hôtel de ville jusqu'au *largo do Município*.

**Igreja Matriz, dite « catedral da Misericórdia » :** des XIV$^e$-XVI$^e$ s. Qu'on ne s'y trompe pas, si le portail gothique avec quelques motifs romans est d'origine, la partie supérieure avec rosace et clocher date d'une restauration des années 1940. À l'intérieur, trois nefs, charpente en bois et, pour une fois, pas de grand retable dans le chœur. On remarquera surtout les azulejos du XVIII$^e$ s, l'orgue et de très baroques chapelles latérales à droite. Dos des stalles particulièrement travaillées. En sortant, on fait face au **solar dos Pinheiros** (belle demeure du XVᵉ s).

🏃 **Paço dos Condes de Barcelos** (palais des comtes) : *tlj 9h-12h, 14h-17h30, sinon visible depuis l'extérieur. GRATUIT.* Ses ruines en granit perchées sur un éperon rocheux surplombant la rivière Cavado constituent un bel ensemble avec le pilori gothique *(pelourinho)* des XVᵉ-XVIᵉ s. Cette maison du XVᵉ s était la plus riche de Barcelos. Il manque la tour qui se prolongeait sur le pont et trois des quatre cheminées aux hauts tuyaux. Quelques stèles funéraires et sarcophages exposés en plein air. Beau lavabo du XVIIIᵉ s décoré d'azulejos polychromes, blasons sculptés, et le *Cruzeiro do Galo,* petit monument en pierre élevé en l'honneur du coq de Barcelos par le pèlerin sauvé de la corde grâce à lui. De la terrasse, vue bucolique sur les environs, la rivière en contrebas et le pont médiéval à cinq arches.

🏃 **Museu da Olaria** (musée de la Poterie) : *rua Cónego Joaquin Gajoles (qui se prend depuis le largo do Município). Tlj 9h-12h30, 14h-17h30 (pause le midi le w-e). GRATUIT.* Plus de 7 000 objets. Des expos temporaires très bien faites sur les deux niveaux de cette belle bâtisse. À l'étage, un potier à l'œuvre.

## Manifestations

– **Fête des Croix** *(festa das Cruzes)* : *ts les ans, 10 j. fin avr-début mai.* Beaucoup d'animation dans les rues et places du centre-ville. Folklores étrangers, immense foire, fête foraine, animations de rue, bals, défilés, processions... Réservez votre hôtel !
– **Fim de semana do bacalhau** (week-end de la morue) : *3 j. début juin.* Un week-end prolongé pendant lequel une trentaine de restaurants rivalisent de savoir-faire pour sublimer la morue : crémée, gratinée, frite, tropicale, tout y passe.
– **Fim de semana do Galo** : *oct.* Un défi d'inventivité lancé aux restaurateurs de Barcelos dont la meilleure recette de coq sera primée. Beau vacarme si tous font cocorico dans l'assiette !

# VIANA DO CASTELO (4900) 90 000 hab.

● Plan *p. 433*

À 74 km de Porto par l'IC1. L'ancienne *Viana da Foz do Lima* fut fondée au XIIIᵉ s par Afonso III au moment de la Reconquête. Elle a connu un bel essor aux XVᵉ et XVIᵉ s grâce à l'audace de ses marins et de sa noblesse. Viana est née des succès remportés dans la pêche à Terre-Neuve et des transactions avec les ports du Brésil. Les armateurs ont à l'époque inscrit dans la pierre leur réussite économique, ce qui donne un centre où le granit embellit les façades des belles demeures et des églises. Aujourd'hui, Viana se cherche : un feeling vaguement balnéaire mais très peu de boutiques, un campo do Castelo en pleine mutation, un réel effort de mise en valeur des sites touristiques, mais aussi des abords plutôt moches et bétonnés. Tout cela donne un melting-pot parfois curieux.

## Arriver – Quitter

### En bus

🚌 **Gare routière** (central de Camionagem ; plan A1) : *dans le grand bâtiment à gauche de la gare ferroviaire.*
➤ Ttes les compagnies *(Rede Expressos, Rodonorte...)* relient **Porto, Lisbonne, Braga, Valença do Minho.**

# LE MINHO ET LA COSTA VERDE

## En train

**Gare ferroviaire** (estação ; plan A-B1) **:** en haut de l'av. dos Combatentes da Grande Guerra.
➤ Trains pour **Valença do Minho** (11 trains/j. ; 50 mn de trajet) via **Caminha** (30 mn de trajet) et liaisons vers **Porto** via **Barcelos** (15 trains/j., 6h30-20h30, dont 6 directs ; 45 mn pour Barcelos, 1h30-2h pour Porto).

## Adresses utiles

**Office municipal de tourisme** (plan B2, 1) : rotunda da Liberdade. ☎ 258-09-84-15. ● vivexperiencia.pt ● Sur le port, au bout de l'av. principale (dos Combatentes). Tlj 10h-18h (19h juin-août ; 22h en périodes de fêtes). Bonnes infos. Location de vélos et de rosalies ; tours guidés et activités sportives.
**Bureau de tourisme régional** (plan B2, 2) : rua do Hospital Velho. ☎ 258-82-26-20 et 09-84-15. Tlj sf dim 9h30-12h30, 14h30-18h30 (hors saison 10h-13h, 14h-18h). Installé dans le premier hôpital de la ville (1468).

■ **Centro de Monitorização e Interpretação Ambiental :** rua da Argaçosa, Meadela. ☎ 258-84-54-34. ● cmia-viana-castelo.pt ● Un centre dédié à la conservation des espaces naturels et de la biodiversité. Des expos qui méritent souvent le détour.
✉ **Poste :** av. dos Combatentes. ☎ 258-81-34-20. Dans l'av. qui part de la gare vers le port.
@ **Internet :** à l'**Instituto da juventude,** rua do Poço. Ou à la **biblioteca municipal,** praça da Libertade. ☎ 258-80-93-02. Lun-ven 10h-20h.

## Où dormir ?

### Campings

**Camping Orbitur :** rua Diogo Álvares, sur la plage de Cabedelo, à **Darque** (env 3 km de Viana). ☎ 258-32-21-67 ● orbitur.pt ● Prendre le bus (jusqu'à 20h) sur le largo 9 de Abril, en direction de Póvoa de Varzim ; demander l'arrêt du camping. En été, on peut aussi prendre un petit bateau qui fait la traversée de l'estuaire ; départ ttes les heures 9h-19h du bas de l'av. dos Combatentes ; tarif : 1,30 €. De Viana, traverser par l'ancien pont puis prendre à droite. Ouv 1er mars-31 oct. Compter 15-25 € pour 2 selon saison. Bungalows 2 pers 37-90 €, tentes Bengali 35-61 € suivant saison, mobile homes, etc. Belle pinède. Douches correctes mais en nombre un peu juste l'été, car c'est souvent bondé et on se retrouve vite les uns sur les autres... Regrettable, surtout pour un 3-étoiles ! Accueil aimable. Belle piscine, resto. Bien pour ceux que le bruit ne dérange pas et qui préfèrent faire la fête plutôt que dormir.
**Parque de campismo INATEL :** av. dos Trabalhadores, à **Darque-Cabedelo,** juste avt le Camping Orbitur (2 km du centre de Viana). ☎ 258-32-20-42. ● pc.cabedelo@inatel.pt ● Fermé de mi-déc à mi-janv. Compter env 15 € pour 2. Douches gratuites. Peut accueillir jusqu'à 1 000 campeurs, et pourtant aucune sensation d'étouffer. Vaste (25 ha) et assez sauvage, sous l'immense pinède et pas loin de la mer. Une alternative au Camping Orbitur, sans les étoiles et avec des sanitaires un poil rudimentaires, mais avec de l'espace !
**Parque de campismo Sereia da Gelfa :** Pinhal da Gelfa. ☎ 258-40-14-96 et 91-15-37. ● camping@sereiadagelfa.com ● sereiadagelfa.com ● En venant de Viana do Castelo, quitter la N13 à gauche au km 79 avt le rio Âncora. Fermé de mi-déc à fév. Compter env 16 € pour 2. 🛜 Réduc tte l'année sf juil-août (jusqu'à 50 %). Un bon 2-étoiles pour 1 000 personnes, sans se serrer. Douches gratuites pour les campeurs, tennis et piscine-parc aquatique payants, resto de fruits de mer, minimarché, snack, 2 bars, tout y est. Ambiance résolument

# VIANA DO CASTELO / OÙ DORMIR ? | 433

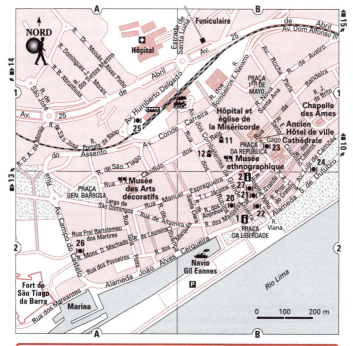

**LE MINHO ET LA COSTA VERDE**

## VIANA DO CASTELO

- **Adresses utiles**
  - 1 Office municipal de tourisme
  - 2 Bureau du tourisme régional

- **Où dormir ?**
  - 10 Pousada da juventude Azenhas D. Prior
  - 11 Hotel Larenjeira
  - 12 Residencial Viana Mar
  - 13 Hotel Flôr de Sal
  - 14 Quinta da Boa Viagem
  - 15 Casa do Ameal

- **Où manger ?**
  - 20 Café Sport
  - 21 Restaurante Vasco
  - 22 Casa de Pasto Maria de Perre
  - 23 Os 3 Potes
  - 24 Casa Asturias
  - 25 Camelo – Traverssia do Deserto
  - 26 Taberna do Valentim
  - 27 Porta 93

jeune. En prime, discothèque super connue dans le coin : le *Cavalli Club*. Bref, un camping « qui déménage », mais qui pourra aussi donner envie de déménager à nos lecteurs en quête de silence !

## Auberge de jeunesse

*Pousada da juventude Azenhas D. Prior* (hors plan par B1, 10) : *rua de Limia ; juste en face de la marina.* ☎ *258-83-84-58.* • *vianacastelo@movijovem.pt* • *pousadasjuventude.pt* • À 15 mn à pied de la gare. Ouv 8h-minuit. Lits en dortoir 12-14 € en hte saison ; doubles 38 € avec w-c (34 € sans). Parking gratuit. Long cube blanc, moderne, fonctionnel, 74 lits avec toutes les commodités, « 4 sapins » obligent ! Doubles avec sanitaires privés ou dortoirs de 4 lits avec clim et sanitaires communs. Belle vue sur la minimarina. Cuisine, laverie, salon TV, billard et même un resto en été. Un bémol quand même : le train ne passe pas loin.

## Prix moyens

▲ |●| *Hotel Laranjeira* (plan B1, 11) : *rua Candido dos Reis, 45.* ☎ *258-82-22-61.* • *info@hotellaranjeira.com* • *hotellaranjeira.com* • ♿ *Résa conseillée. Chambres 68-85 €, petit déj inclus. Parking privé payant.* 🖥 📶 Hôtel ultramoderne offrant 26 chambres à la déco épurée et au confort sans faille : ascenseur, TV câblée, clim, téléphone... En outre, accueil pro et hyper bien placé (garage privé). Une excellente affaire !

▲ |●| *Residencial Viana Mar* (plan B1, 12) : *av. dos Combatentes da Grande Guerra, 215.* ☎ *258-82-89-62.* • *residencial.vianamar@gmail.com* • *Doubles 40-50 € suivant saison.* Un petit hôtel hyper central, sans chichis, très bien tenu, un excellent rapport qualité-prix dans cette catégorie ! À côté, resto également très correct.

## Beaucoup plus chic

▲ *Hotel Flôr de Sal* (hors plan par A1, 13) : *av. de Cabo Verde, parque empresarial da Praia Norte.* ☎ *258-80-01-00.* • *reservas@hotelflordesal.com* • *hotelflordesal.com* • ♿ *(2 chambres). 1er juil-30 sept, doubles 105-200 € selon vue, petit déj et accès au spa inclus (consulter leur site pour les promos). Clim. Parking gratuit.* Ce 4-étoiles au design très contemporain nous en a mis plein la vue ! D'ailleurs, il faut choisir côté mer (évitez côté « *montanha* », qui est plutôt « côté parking »). Une soixantaine de chambres tout confort (coffre, minibar, clim, TV satellite) et 2 poignées de suites, sans oublier un spa avec piscine, jacuzzi, sauna, hammam, solarium. Un resto de spécialités locales avec une ample terrasse et 2 bars viennent compléter le tableau.

## Où dormir dans les environs ?

▲ *Quinta da Boa Viagem* (hors plan par A1, 14) : *rua da Boa Viagem, Além do Rio, à* **Areosa.** ☎ *258-83-58-35.* 📱 *935-835.835.* • *info@quitadaboaviagem.com* • *quintadaboaviagem.com* • *Prendre la N13 en direction de Caminha sur 3 km ; arrivé à Areosa, c'est indiqué sur la droite (« Turismo Habitação »). Tte l'année. En été, résa conseillée. Apparts spacieux 60-75 € selon saison, petit déj compris.* 📶 Riches bienfaiteurs lors de la conquête du globe, capitaines au long cours, les ancêtres du propriétaire de cette *quinta*, José Teixera de Queiroz, ont édifié une demeure à leur image. Difficile de ne pas tomber sous le charme de celle-ci avec ses murs safran, sa terrasse avec vue sur l'océan, son immense jardin fleuri magnifique et ses recoins à flanc de colline. Végétation exubérante, sources dévalant la colline, petits bassins, statues baroques patinées ou couvertes de mousse, un enchantement ! Les chambres sont décorées avec soin. Certaines, plus modernes, ont même été conçues par un architecte d'intérieur. Piscine ou possibilité de se baigner dans le torrent qui jouxte la propriété. Accueil charmant en français.

▲ *Casa do Ameal* (hors plan par B1, 15) : *rua do Ameal, 119, à* **Meadela.** 📱 *936-07-06-30* ou *914-20-62-27.* • *casadoameal@gmail.com* • *casadoameal.com* • *À 1 km de Viana do Castelo. Ouv tte l'année, sur résa slt. 2 doubles et 4 studios 2 pers 90 € ; 2 apparts 4 pers 140 € ; petit déj inclus (promos sur Internet).* Depuis 1669, la famille Faria Araújo est toujours là ! À l'époque, ils avaient payé leur maison 3 500 shillings ; évidemment, depuis, il y a eu une sacrée inflation ! Magnifique demeure bourgeoise avec perron surélevé donnant sur un beau bassin. Entrée noble avec sa petite fontaine et son puits traditionnel du Minho. Pas mal de chambres avec un bel appareillage en pierres apparentes et des lits en bois sculpté ou fer forgé. Piscine donnant sur pelouse. Demandez-leur de vous laisser jeter un œil sur les vêtements de leurs ancêtres rangés dans une petite salle d'expo.

## Où manger ?

### De bon marché à prix moyens

I●I **Café Sport** (plan B2, **20**) : *rua dos Manjovos, 6-10.* ☎ *258-82-21-17. Tlj sf mer, midi et soir jusqu'à 22h. Compter 15 €.* Cantoche populaire comme on les aime... Grande salle, atmosphère déliée, serveurs souriants et une cuisine fort honorable, sérieuse même et goûteuse en diable. Tenter les tripes maison, le *cabritinho assado* (cabri au four), l'*alheira de caça* (saucisse de gibier).

I●I **Restaurante Vasco** (plan B2, **21**) : *rua Grande, 2.* ☎ *258-82-46-65.* Tenu par un couple très sympathique. Spécialités de poissons (le père de la proprio était pêcheur). Le top du frais et cuisson parfaite. Prix doux pour finir.

I●I **Casa de Pasto Maria de Perre** (plan B2, **22**) : *rua de Viana, 118.* ☎ *258-82-24-10.* ⚒ *Tt en bas de l'av. dos Combatentes, à gauche. Tlj sf dim soir-lun. Congés : 2ᵉ et 3ᵉ sem de sept. Résa conseillée. Compter 15-20 €.* Spécialités de poisson et toutes sortes de plats locaux finement élaborés (*rojoeõs, entrecosto a minhota*). On y sert aussi de bonnes paellas. Fado certains soirs.

I●I **Os 3 Potes** (plan B1, **23**) : *beco dos Fornos, 9.* ☎ *258-82-99-28. Dans la 1ʳᵉ ruelle à gauche en descendant la rua Sacadura Cabral depuis la praça da República. Tlj 12h-16h, 19h-23h. Plats 14-18 € ; compter 22,50 € à la carte.* Agréable taverne qui tient son nom des 3 grosses marmites qui trônent sur le vieux fourneau. Grandes arcades de granit, morceau de la muraille de la ville, poutres apparentes, larges tomettes, une guitare dans un coin, un coq de Barcelos dans un autre et un service soigné, les clichés pour appâter le chaland vont bon train. Et en plus, le résultat dans l'assiette ne déçoit pas. Spécialité de la maison : viande de porc (boudin, palette, tripes, échine) à la mode du Minho et même une fondue bourguignonne ou aux gambas.

I●I **Casa Asturias** (plan B1, **24**) : *largo 5 de Outubro, 21.* ☎ *258-82-38-14. Sur le port. Tlj sf lun. Congés : oct. Menu 6 €. Plats 9-15 €.* Satisfait la clientèle depuis 1966. Surtout pour déguster en terrasse une *feijoada* de légumes, un *açorda de mariscos*, ou un simple poisson grillé, sans fard ni excès de graisse. Bons desserts et service attentif.

I●I **Camelo – Traverssia do Deserto** (plan A1, **25**) : *av. General Humberto Delgado, 101 (Viana Shopping).* ☎ *258-10-00-73 et 83-90-90. Tlj midi et soir en continu.* Au dernier étage d'un immense centre commercial ? Quelle drôle d'idée... Pour sa grande terrasse panoramique protégée, puis, surtout, pour son excellente cuisine n'utilisant que des produits frais, légumes croquants à souhait, plats généreux, prix fort modérés... Service francophone et chaleureux. Spécialités de *papas de sarrabulho* (l'occasion de goûter à ce truc étrange), *cabritinho assado* et toutes sortes de choses.

### De prix moyens à plus chic

I●I **Taberna do Valentim** (plan A2, **26**) : *av. Campo do Castelo.* ☎ *258-82-57-05. Tlj sf dim 12h30-15h, 19h30-22h. Plats 12,50-20 €. Vins 8,50-22 €.* Le resto des grandes familles de la classe moyenne, des politiciens locaux et de tous les amoureux de poisson. Gentiment bruyant, accueillant, chaleureux. Parquet en bois et nappes et serviettes en tissu pour honorer un poisson d'une fraîcheur absolue, toujours cuit juste comme il faut... Normal, on est dans la *Ribeira* (le quartier des pêcheurs) et dans la famille du patron, il y a encore de vrais marins ! Goûter la *caldeirada de tamboril* (lotte), la *cataplana*, l'*ensopado de peixe con ameijoas*. Service jeune et alerte. Pas si cher que ça, eu égard à la qualité du resto !

I●I **Porta 93** (plan B2, **27**) : *praça da Erva.* ☎ *910-776-694. Tlj sf dim soir-lun. Compter 20-25 €.* Très central. Pensez à réserver, car voici le meilleur resto de la ville, proposant une cuisine particulièrement inspirée et inventive. Des jeunes issus de l'école hôtelière régionale secouent sérieusement les vieilles habitudes. Un vrai boulot de dépoussiérage, une subtile réactualisation des bonnes vieilles recettes de grand-mère... Et une authentique cuisine de marché et de saison. Voici le renouveau de la cuisine portugaise. Leur *bacalhau gratinado,* un filet de morue confit, avec pil-pil gratiné et purée de pois chiches est un vrai chef-d'œuvre. Et que dire du dessert, le *toque de moscatel,* un *bolo* caramélisé au moscatel et sa glace maison aux mandarines... Une tuerie !

# À voir. À faire

🚶🚶🚶 De la **colline de Santa Luzia,** panorama exceptionnel sur toute la région. C'est à 4 km par la route... et ça monte ! Ou alors, accès par un escalier de quelques centaines de marches situé à droite de l'hôpital. De là-haut, la vue sur les plages, l'embouchure du Lima et la ville est splendide. De l'autre côté du panorama, la **basilique de Santa Luzia,** lieu de pèlerinage, aussi blanche et lumineuse dedans que grise et terne dehors. Bienheureux ceux qui ne s'estimeraient pas assez élevés pour admirer le paysage, car quelque 150 marches supplémentaires les attendent à la sacristie pour aller au plus près des cieux. Un funiculaire permet d'y accéder plus facilement *(circule tlj, 10h-12h, 14h-17h en hiver et 9h-20h en été).* Les voies du Seigneur ont beau être impénétrables, pour l'aller-retour, c'est plus simple : il vous en coûtera 3 €.

🚶🚶 **Le musée de la Ville (des Arts décoratifs)** (plan A2) **:** *largo de S. Domingos.* ☎ *258-80-93-05. Tlj sf lun et j. fériés 10h-18h (19h en été ; pause 13h-15h le w-e). Entrée : 2 €. Brochures en français.* Le musée retrace les grandeurs et décadences du pays du XVIe au XVIIIe s. C'était la demeure (ici, on dit un palais) d'un riche Portugais. Si les azulejos sont d'origine (sauf ceux de l'escalier, récupérés dans une église en démolition), le mobilier vient d'une collection privée. Meubles indo-portugais archi-travaillés, tout en marqueterie ; faïences plus ou moins élaborées et colorées selon les époques, les tendances et la matière première. Dans la faïence de Lisbonne, beaucoup d'éléments de la nature (animaux, fruits) ; meubles royaux (chaque souverain avait son style) ; retable rococo dans la chapelle et azulejos de Policarpo (la visite à Élisabeth), ivoire ciselé... Au 1er étage, trois salles aux beaux plafonds de bois sombre sculptés. Scènes de chasse dans l'une d'elles, allégories de continents dans celle du milieu et les loisirs de l'aristocratie dans la dernière (surtout la musique). Dans la salle suivante, admirez ce meuble indo-portugais au décor raffiné (teck, ivoire et écailles de tortue), ainsi que les tables marquetées.

🚶🚶 **Le Musée ethnographique** *(museo do Traje)* (plan B1) **:** *praça da Republica.* ☎ *258-80-93-06. Tlj sf lun et j. fériés 10h-13h, 15h-19h (18h oct-mai).*
Installé dans un intéressant édifice, ancienne banque (1958), représentatif du style salazarien. Sur quatre niveaux, ce n'est pas seulement un riche musée de costumes traditionnels aux harmonies de couleurs si séduisantes. Les villages s'identifient tous à un costume original. Chaque tenue, chaque robe possède sa signification sociale et culturelle. Lorsqu'une robe noire (pas nécessairement un signe de deuil) est ornée de petites perles noires, cela signifie que la jeune fille a entre 16 et 18 ans (donc en âge de se marier), et le rouge est signe de joie et de fête. Une vitrine réunit symboliquement trois types d'habits significatifs : le costume noir de montagne des femmes, l'« homme de paille », en fait le berger avec une houppelande de paille tressée sur laquelle glissait la pluie et, à côté, le pêcheur d'algues traditionnel.
Captivante présentation des mouchoirs des amoureux sur lesquels les jeunes filles brodaient des poèmes et des symboles amoureux (fleurs, clés, oiseaux...).
– *Au 1er étage :* tout sur l'industrie du lin. Les moulins à eau pour broyer le lin, les instruments pour carder, le filage... Métiers à tisser. Quelques costumes à

nouveau, expo de broderies traditionnelles. Dans la majorité des cas, on n'employait que le rouge, le bleu et le blanc.
– *Au sous-sol :* dans l'ancienne salle des coffres de la banque, on découvre la « Salle d'Or ». Riche présentation de bijoux régionaux. Pendant longtemps, les filles recevaient des bijoux correspondant à des tranches d'âge, ce qui explique leur taille progressive...

### AU BONHEUR DE L'AURTAUGRAFFE !

*Les mouchoirs amoureux firent longtemps le bonheur des ethnologues par ce qu'ils révélaient sur la condition paysanne. Dans le passé, peu de filles allant à l'école, les poèmes se révélaient bourrés de fautes, donnant un côté poétique et touchant au mouchoir !*

Depuis le premier ornement, à l'âge de 8 jours appelé « aïe » (le cri de douleur du bébé au moment du percement de l'oreille) jusqu'aux bijoux très élaborés des fiançailles.

🚶 **Rua Cândido dos Reis,** belles demeures du XVIe s. Ensuite, tout s'ordonne autour de la **praça da República,** d'une belle homogénéité architecturale. Au milieu, jolie fontaine Renaissance. La blanche façade tout à côté, rehaussée par une superbe porte sculptée, est celle de l'**hospital da Misericórdia** (1589). Noble façade à l'italienne, style Renaissance teinté de maniérisme : arcades et loggias à cariatides. La fête y bat son plein lors des *Romarias*. En face, l'ancien **hôtel de ville** du XVIe s, construction massive avec ses arcades originales et ses créneaux. Priez que l'**église de la Misericordia** (à côté de l'hôpital) soit ouverte pour y admirer les merveilleux azulejos de *Policarpo Oliveira Bernadeus*, la fresque de la voûte, le maître-autel baroque, la superbe tribune d'orgue. Tout à côté de cette dernière, d'intéressantes fresques racontant les bienfaits de la charité (enseigner aux ignorants, visiter les malades...).

🚶 **Sé** *(cathédrale) :* rua Sacadura Cabral. Bien que construite au XVe s, elle conserve une allure romane. Elle possède un certain charme avec ses deux tours crénelées. Juste à côté, la **maison João Velho,** de la même époque. Une seule grande arche supporte la façade percée de deux fenêtres à meneaux. Place des Couves, ne pas manquer la **casa da Praça,** *solar* urbain d'une grande famille aristocratique. Modèle d'équilibre avec un superbe jeu de fenêtres (au centre, le blason de la famille) et au coin sa chapelle, bel exemple de rococo portugais (à l'intérieur, remarquable retable). La **rua Sacadura Cabral** et la **rua São Pedro** sont bordées d'autres belles demeures Renaissance avec façades à écusson. Dans cette dernière, on découvre la fenêtre manuéline la plus ravissante de la ville. Adorable **capela das Almas** (chapelle des Âmes), première cathédrale de Viana au XIVe s et qui acquit une façade baroque au XVIIIe s (av. Rochas Paris).

🚶 **Gil Eannes :** *sur les quais.* ☎ 258-80-97-10. ● cm-viana-castelo.pt/gileannes ● *Tlj sf lun 9h30-19h (17h oct-mars). Entrée : 3,50 € ; réduc.* Cet ancien navire-hôpital pour pêcheurs de morue en détresse fut mis à la retraite en 1984. Sauvé in extremis de l'abandon, il a été soigneusement retapé. Désormais, une partie se visite. Une bien jolie visite passionnante ! De la salle des machines au poste de commande en passant par les cabines, le salon du barbier, la boulangerie ou la cuisine avec tous ses ustensiles, le quotidien d'un navire n'aura plus de secret pour vous. Expo édifiante sur la vocation médicale du navire : on visite l'infirmerie, la salle d'examens avec ses appareils d'origine et même le bloc opératoire.

🏖 **Plages :** la plus proche se trouve à **Cabedelo,** à 2 km au sud de la ville. Accessible en bus *(6 départs/j.)* ou en bateau *(1 départ ttes les heures de Viana, 9h-19h).* En voiture, prendre le pont moderne, direction Darque. Pour revenir de la plage à Viana : dernier bus et dernier bateau vers 19h. Beaucoup de vent : Possibilité de faire du windsurf, du kitesurf, et du surf tout court. Loueurs sur place. Au nord, à 11 km, plage plus sauvage d'**Affife.** Très longue, avec de gros rouleaux, plutôt pour les surfeurs confirmés.

## Manifestations à Viana do Castelo et dans les environs

– *Fête des Roses :* *2ᵉ w-e de mai, à* **Vila Franca do Lima.** Bals populaires, folklore, défilés (notamment les femmes portant d'énormes paniers fleuris sur la tête)...
– *Les Romarias : en principe 3ᵉ sem d'août sur le campo da Agonia, d'où leur surnom de « festas da Senhora d'Agonia ».* ● vianafestas.com ● Ce sont carrément les plus grandes fêtes du Minho (voir « Hommes, culture, environnement », rubrique « Savoir-vivre et coutumes »). Courses de taureaux, processions, feu d'artifice, concerts de musique folklorique, danses, et surtout une débauche de costumes magnifiques.
– *Festival Neopop :* *sur 3 j. mi-août.* ● neopopfestival.com ● Un festival de musique électro qui prend chaque année plus d'ampleur.

## CAMINHA  (4910)   17 000 hab.

● Plan *p. 439*

À 25 km de Viana do Castelo par la N13. Arrêtez-vous dans cette bourgade historique, face à l'Espagne. Cette situation géographique explique les fortifications à la Vauban du XVIIᵉ s. Adorable place centrale autour de la mairie, avec de vieilles maisons en granit, des terrasses de café et une élégante fontaine sur fond de nobles édifices Renaissance. Une de nos étapes préférées et des adresses qui encouragent à y faire étape !

### Arriver – Quitter

#### En bus

**Gare routière** *(plan A1) : sur le front de mer près de la poste.* Un arrêt d'autobus, tout au plus. Achat des billets dans le bus.
➢ Bus pour **Viana** tlj, ttes les heures. D'autres pour **Braga, Lisbonne** (4 bus/j., 1 bus tôt le mat, 3 bus en fin d'ap-m) et **Porto** (idem). Rens à l'agence *AVIC* sur la place centrale du village.

#### En train

**Gare ferroviaire** *(plan B2) : av. Saraiva de Carvalho, au sud de la ville.*
➢ Quelques trains directs pour **Viana do Castelo** et **Porto.**

#### En bateau

➢ **Ferry pour l'Espagne :** 1 €/pers.

### Adresses utiles

**Loja Interativa de Turismo de Caminha** *(plan A1) : praça Conselheiro Silva Torres.* ☎ *258-92-19-52.* ● caminhaturismo.pt ● *Tlj sf dim 9h30-13h, 14h-17h30 (18h en saison).* Accueil francophone et efficace, excellente documentation. 2 postes Internet gratuit.
✉ **Poste** *(plan A1) : sur le front de mer, praça Pontault Combault.*
@ **Internet :** *au 1ᵉʳ étage de la bibliothèque, près de l'office de tourisme. Gratuit les 30 premières mn.* 2 postes seulement.

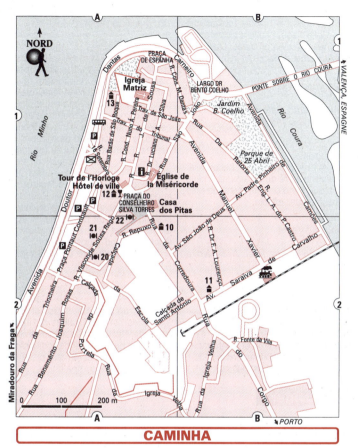

## CAMINHA

- **Adresse utile**
  - 🅑 Loja Interativa de Turismo de Caminha
- 🛏 **Où dormir ?**
  - 10 Alojamento Galo d'Ouro
  - 11 Pensão-residencial Arca Nova
  - 12 Design & Wine Hotel
  - 13 Hotel Muralha de Caminha
- 🍽 **Où manger ?**
  - 20 Restaurante Solar do Pescado
  - 21 Adega de Chico
  - 22 Cantine du Clube da Vela

## Où dormir ?

### Camping

⚠ **Camping Orbitur :** Mata do Camarido ; N13, km 90, entre le rio Minho et l'océan, un peu au sud de Caminha. ☎ 258-92-12-95. À 2 km du centre dans un petit bois au bord de l'eau. Tte l'année. Réception 9h-19h. Emplacements pour 2 env 20-36 € selon saison. On règle à l'avance en juil-août. Petit camping 2 étoiles agréable et ombragé par une agréable pinède, tout proche d'une jolie plage. Sanitaires corrects et douches chaudes gratuites. Quelques mobile homes. Snack-bar sympa.

## Bon marché

â **Alojamento Galo d'Ouro** (plan A2, 10) : *rua da Corredoura, 15.* ☎ *258-92-11-60.* • *residentialgalodouro@gmail.com* • *Double 40 €, avec sdb.* Genre pension de famille. Très centrale, sur rue piétonne. Un bel escalier de pierre décoré de céramiques mène à une quinzaine de chambres fort bien tenues. Accueil affable.

## Prix moyens

â **Pensão-residencial Arca Nova** (plan B2, 11) : *largo Dr Sidónio Pais.* ☎ *258-72-15-90.* • *arcanova@mail.pt* • *À 300 m env de la pl. principale, remonter la rua da Corredura jusqu'à une place ombragée où l'on peut se garer. Doubles avec sanitaires extérieurs à partir de 45 € en hte saison, petit déj compris.* Petit hôtel moderne, calme et confortable, chambres claires. Demander la n° 302, 303 ou 304 : la vue n'est pas mal.

â ▼ **Design & Wine Hotel** (plan A1, 12) : *praça Conseilheiro Silva Torres, 8.* ☎ *258-71-90-40.* • *info@designwinehotel.com* • *designwinehotel.com* • *À partir de 60 €, petit déj inclus.* Dans un élégant *solar* du XVIIIe s, vous apprécierez le mariage harmonieux entre patrimoine et modernité, ainsi que le réjouissant côté design cool, ludique, frais et coloré des 23 chambres et des parties communes... Chambres thématiques, le tout ponctué de citations de poètes. Confort pas oublié (douches à l'italienne). Gracieuse salle du petit déjeuner. Ici, on cultive aussi une fibre écolo, c'est dans la logique de la démarche architecturale. Pour finir, spa, petite piscine et, au rez-de-chaussée, un séduisant bar à vins. Accueil jeune, pro et souriant. Location de vélos. Un grand coup de cœur !

â **Hotel Muralha de Caminha** (plan A1, 13) : *rua barão de S. Roque, 69.* ☎ *258-72-81-99.* • *muralhdecaminha@hotmail.com* • *Doubles à partir de 50 €, petit déj inclus.* Collé à la muraille, un petit hôtel discret dont les lignes contemporaines ne jurent cependant pas avec l'environnement. Chambres plaisantes et de bon confort. Resto très correct et terrasse protégée avec vue. Accueil sympathique.

## Où manger ?

I●I **Restaurante Solar do Pescado** (plan A2, 20) : *rua Visconde Sousa Rego, 85.* ☎ *258-92-27-94. À 200 m de la pl. centrale. Tlj sf dim soir-lun. Fermé 2 sem fin mai et 2 sem fin nov. Compter 20 € (prix au kg sur la carte) ; menu déj 15 €. Parking gratuit.* 🛜 *Apéro maison offert sur présentation de ce guide.* Une belle salle accueillante en arcades, avec des scènes romantiques sur les azulejos aux murs. Bonne cuisine à base de fruits de mer et de poisson surtout. En saison, lamproie à la bordelaise.

I●I **Adega de Chico** (plan A2, 21) : *rua Visconde Sousa Rego, 30.* ☎ *258-92-17-81. À 50 m de la pl. centrale. Fermé jeu et 15-30 sept. Menu déj env 10 € ; carte 20-25 €.* Adresse sans prétention, quelques azulejos pour colorer et éclairer la salle. Belle vue sur les fourneaux. Plats copieux de poisson ou de viande (ouf, pas mal de demi-doses). Desserts maison (hmm, la crème brûlée...). Petit *vinho verde de la casa* agréable.

I●I **Cantine du Clube da Vela** (plan A1-2, 22) : *sur la place, à côté du resto Chafariz. Au 1er étage. Que le midi et le sam soir. Fermé dim. Repas env 12 €. Menu à 5 € correct.* Une sorte de cantine bien tenue. Bonne cuisine familiale bien fraîche. Accueil gentil.

## Où boire un verre ?

▼ Sur la place, plusieurs cafés, *pastelarias* et *confeitarias* étalent leur terrasse autour de la fontaine, dont le *Café Central,* tout près de la grosse horloge. Bien pour caler un petit creux. Ne pas oublier également le bar à vins du *Design & Wine Hotel,* rigoureuse sélection des meilleurs crus dans un cadre design.

## À voir. À faire

➤ **Petite balade :** partir de la grosse **tour de l'Horloge** *(plan A1).* **Hôtel de ville** à arcades. En face, l'**église de la Miséricorde** *(plan A1)* pour les amateurs de *dourada talhada*. Profond maître-autel, imitation porche à cinq voussures. Tout est doré jusqu'au plafond à caissons. Richesse également des retables latéraux. Passer sous la tour et continuer la rue jusqu'à la remarquable **igreja Matriz** *(plan A1)* fortifiée à l'abri du rempart *(jeu-dim).* Portail sud au granit blond de style Renaissance. Au-dessus, ravissante rosace. Sur le flanc, autre séduisant portail ciselé. Quant au chevet, il présente une balustrade ajourée de toute beauté, entrelacs surmonté de « pinacles à crochets ». À l'intérieur, on peut voir un plafond à caissons de style arabe et un arbre de Jessé sculpté *(ouv en principe ven-dim, et autour des messes de 18h mar et ven – 19h en été – et 12h dim).*
**Petit Musée municipal :** *rue Dr. Luciano Amorim e Silva.* ☎ *258-71-03-00. Tlj sf lun 9h30-18h (dim 10h-13h, 14h-17h).*

🏛 **Casa dos Pitas** *(plan A1) : au début de la rua da Corredura, à côté du* Galo d'Ouro. Longue et élégante demeure en granit du XVIII$^e$ s avec toit crénelé. Style manuélin avec arcs de fenêtres originaux.

🏛 **Miradouro da Fraga** (hors plan par A2) : *direction Viana do Castelo, sur la gauche.* Une vue à couper le souffle et petit jardin en contrebas. C'est beau, mais ça monte !

## VALENÇA (DO MINHO)   (4930)   14 300 hab.

Les remparts du XVIII$^e$ s enserrent autant de places charmantes et de ruelles tortueuses que de boutiques à touristes déversant leurs flots de marchandises sur le pavé. Le week-end et les jours fériés, cela devient insupportable avec la foule des Galiciens qui débarque faire quelques emplettes de la spécialité du lieu : le linge de maison. Y boire un verre en fin de journée, quand tout le monde est parti ! Puis baladez-vous le long des remparts et des *baluartes* (bastions). Tout petit musée gratuit et d'intérêt très local (rua Mouzzinno de Albuquerque, dans la 2$^{de}$ enceinte vers la *pousada*). Vraie borne milliaire devant l'église São Estevo. Datant de 43 av. J.-C., elle fut placée ici en 1680. Marquée « Claudius », elle indiquait aussi la direction de Braga, à 42 miles...
– *Un conseil :* si vous remontez la rue principale extérieure longeant les fortifs, l'entrée de l'enceinte se révèle particulièrement mal indiquée. Arrivé en haut, tournez à gauche tout de suite avant le pont. Puis vous passez sur le pont même pour gagner le porche de la première enceinte. Si vous passez sous le pont, aïe, c'est le début de l'autoroute pour Porto et l'Espagne !

### Où dormir ?

Les quelques hôtels bon marché se trouvent sur un axe routier très bruyant et n'ont vraiment aucun charme. Alors, si le petit hôtel est complet ou si vous n'avez pas les moyens de vous offrir la *pousada* ci-dessous, faites comme nous, tracez votre route.

🏠 **Loja do Turismo :** *rua Major Severino, dans la 1$^{re}$ enceinte.* ☎ *251-82-33-29.*
🏠 **Pousada de São Teotónio :** *dans la fortification, au fond de la 2$^{de}$ enceinte.* ☎ *251-80-02-60.* ● recepcao.steotonio@pestana.com ● pousadas.pt ●

Doubles 160-220 €, petit déj inclus ; voir les prix spéciaux et promos sur le site (ça peut descendre jusqu'à 105 €). Cette adresse a peut-être moins de charme que certaines de ses consœurs, mais situation exceptionnelle et toutes les chambres ont la vue sur le Minho ! Resto chic avec très beau panorama.

🛏 **Hôtel Portas do sol :** *rua Conselheiro Lopes da Silva, 51. Dans la 2ᵈᵉ enceinte, prés de l'entrée.* 📱 *964-607-915 et 965-851-667.* ● *residencialportasdosol.com* ● *Doubles à partir de 40 €.* Petit hôtel de 8 chambres seulement dans un édifice traditionnel. Correctes, colorées, bien tenues.

## MONÇÃO (4950) 19 850 hab.

La route qui longe le rio Minho s'agrémente de jolis paysages de cultures en terrasses. C'est le pays du *vinho verde alvarinho,* l'un des meilleurs. Monção, derrière un rideau périphérique à faire fuir les curieux, cache un joli petit centre surplombant des fortifications. C'est l'anti-Valença do Minho, peu touristique et sans hordes d'acheteurs de linge de maison.

### Où dormir à Monção et dans les environs ?

### Bon marché

🛏 **Chambres de la croissanteria Raiano :** *praça Deu la Deu, 34-37.* ☎ *251-65-35-34. Fermé mar. Doubles 30-40 €.* Au rez-de-chaussée, un café-snack proposant des croissants chauds au petit déj. À l'étage, des chambres impeccables avec douche et w-c. Déco pas triste du tout. Sanitaires hyper propres.

🛏 **Muralhas do Minho :** *rua Pedro V, 45.* ☎ *251-65-64-24.* 📱 *969-398-657.* ● *muralhas.mino@gmail.com* ● *muralhasdomino.com* ● *Doubles à partir de 60 €.* À 5 mn du centre, quartier tranquille. Petit hôtel discret dans un édifice traditionnel et offrant des chambres d'une grande sobriété. Propreté nickel et confort correct. Bon accueil.

### Plus chic

🛏 **Solar de Serrade :** *si vous venez de Valença, au rond-point prendre la direction de Ponte de Barca, puis à 500 m tourner à gauche (peu avt la station-service). Venant du sud, à droite après la station-service, bien sûr ! C'est ensuite indiqué à moins de 2 km.* ☎ *251-65-40-08.* 📱 *965-805-264.* ● *info@solardeserrade.pt* ● *solardeserrade.pt* ● *Doubles 65-85 € suivant confort et surface, petit déj inclus.* 15 chambres spacieuses dont 5 suites. Une merveille de *solar* du XVIIᵉ s au milieu des vignes lumineuses. Dans la même famille depuis longtemps. Abrita l'état-major de l'armée française pendant les guerres napoléoniennes. À l'intérieur, plafonds de bois travaillés, joli mobilier à l'ancienne, vénérables tapis, beaux objets et porcelaines de Chine. Rien n'a bougé, décor de film romantique, tout contribue à une atmosphère chaleureuse. Accueil délicieux du proprio. Ses vins sont aussi gouleyants que le charme des lieux. Une jolie chapelle pour se faire pardonner les excès vineux (le *vinho alvarinho* précisément, le fleuron de la propriété). Une de nos plus belles adresses, c'est dit !

🛏 **Quinta de Santo António :** *lugar de Albergaria,* **Freguesia de Sà.** ☎ *251-53-42-06.* 📱 *938-434-857 et 934-459-171.* ● *geral@quintasantoantonio.com* ● *solaresdeportugal.pt* ● *À une petite douzaine de km de Monção. À Penso, tourner au panneau indiquant la maison, et 150 m après (au niveau de l'ancienne route de Monção-Melgaço), tourner à droite et continuer jusqu'à la *maison. Ouv tte l'année. Sur résa slt auprès de Solares de Portugal (voir plus loin à « Ponte de Lima », rubrique « Adresses et info utiles »). 5 studios 65 € ; 1 appart 4 pers 130 €.* À deux pas de l'unique parc national du pays, une bien belle adresse pour planter un nid provisoire avec sa tourterelle (ou son tourtereau) ! Magnifique demeure rustique à gros appareillage de pierres, abritant un intérieur raffiné dans un style XIXe s. Bien des studios sont en fait des maisonnettes en pierre indépendantes, avec intérieurs de charme. Une main de soie dans un gant de fer, en somme. Belle vue sur les montagnettes environnantes. Piscine.

## Où manger ? Où boire un verre ?

**I●I Cabral :** *rua 1° Dezembro. ☎ 251-65-17-75. Très proche de la pl. principale. Tlj jusqu'à 22h. Repas environ 20 €.* Murs de pierres sèches et atmosphère familiale pour une sérieuse cuisine régionale. Produits bien sélectionnés, généreuses portions. Pour les viandes, cuisson à la demande (pour obtenir un tournedos bleu, dire « 2 secondes de chaque côté » !). Spécialités de poulpe à la *gallega, risotto de mariscos,* frites maison. Excellents desserts.

**I●I Sete à Sete :** *Fora de Portas, à l'entrée de la vieille ville, à droite, collé au pont. ☎ 251-65-25-77.* 🗐 *917-602-848. Tlj sf lun.* Une belle cuisine régionale faite avec cœur et de beaux produits. Quelques spécialités : le *cordeiro á moda de Moncão* et la *lampreia do Rio Minho,* et en dessert les bons *rabanadas.*

**🍸 I●I Escondidinho :** *praça Deu la Deu, 18. ☎ 251-65-22-22. Tlj jusqu'à 22h30.* Le grand café-salon de thé-pâtisserie de la ville. 2 grandes arcades découpent l'espace intérieur, et la terrasse est prise d'assaut aux beaux jours. Viennoiseries fraîches, délicieux gâteaux, glaces, chocolats extra... à déguster paisiblement sur la grand-place.

## À voir

**🏛 Igreja Matriz :** *praça Deu la Deu.* On y trouve le traditionnel retable sculpté et doré avec ses colonnes torses couvertes de pampres, mais c'est le plafond à caissons qui interpelle, magnifiquement ciselé et couvert de fresques.

# PONTE DA BARCA (4980) 12 000 hab.

Ponte da Barca tient son nom d'une barque qui a longtemps fait le passage sur le rio Lima avant qu'un vrai pont de pierre ne fût édifié. La promenade le long des berges en fin de journée est un régal. Attardez-vous dans le jardin dos Poetas pour comprendre la douceur des chuchotements du granit...

## Adresses utiles

**ℹ Office de tourisme :** *rua Conselheiro Rocha Peixoto, 9. ☎ 258-45-52-46. En contrebas de la rue principale, à 300 m du pont. Mar-sam 9h30-12h30, 14h-18h.* Bonne doc et plan de ville.

**■ Adere-Peneda-Gerês :** *rua D. Manuel I. ☎ 258-45-24-50.* ● adere-pg.pt ● *En contrebas de la rue principale, sur une placette avec église. Lun-ven 9h-12h30, 14h30-18h ; plus sam l'été.* Les spécialistes du parc à tous les niveaux (voir plus loin « Le parc national de Peneda-Gerês »). C'est ici qu'il faut réserver sa place pour les hébergements du parc. Vente de cartes de rando.

## Où dormir ? Où manger ? Où boire un verre ?

### De bon marché à prix moyens

**Pensão Maria Gomes :** *rua Conselheiro Rocha Peixoto, 13.* ☎ *258-45-22-88.* 📱 *963-568-008. Tt près du pont. Double 25 € avec sdb commune, petit déj compris.* Imaginez-vous chez votre grand-mère : un papier peint désuet, de beaux meubles en bois massif, le pichet d'eau posé sur une bassine et une douche rudimentaire. Le genre de pension à l'ancienne très bien tenue comme on n'en trouve plus, et qui dépannera les routards purs et durs. 7 chambres (une seule avec salle de bains privée). Maria, la propriétaire, parle le français et vous sert de façon affable le petit déj en terrasse, face au rio Lima.

**Residencial Os Poetas :** *rua Dr Alberto Cruz-jardim dos Poetas.* ☎ *258-45-35-78.* ● *geral@residencialsfernando.com* ● *residencialsfernando.com/poetas* ● *À côté du pont. Ouv juin-sept. Doubles 50-60 € selon saison.* Bien situé, en surplomb du rio Lima. Bonne adresse, aux chambres rénovées, bien équipées et hyper propres. Endroit délicieux les soirs d'été.

**In Tapas Veritas :** *rua Dr Alberto Cruz-jardim dos Poetas.* ☎ *258-48-85-10. Tlj sf dim 11h-22h. Menu déj lun-ven 6,50 €.* Sympathique bar à vins abrité dans une vénérable demeure de pierre. Cadre intérieur de bon goût contemporain. Excellents tapas. Long comptoir dehors aux beaux jours.

## À voir. À faire

➤ **Promenade dans les rues médiévales :** agréable d'y déambuler dans l'ambiance magique du crépuscule. Et si la lune est de la partie… alors c'est gagné ! Commencez par le *ponte medieval* (cela va de soi, vu le nom de la ville), datant du XV$^e$ s et surplombant impassiblement les méandres de la rivière Lima ; 180 m de long sur 10 arches, belle bête… Poursuivez au bord de la rivière, par le bucolique *jardim dos Poetas*. Il abrite le *pelourinho*, intéressant pilori couronné par une sphère et une pyramide, et l'*antigo mercado* (vieux marché en plein air), qui date du milieu du XVII$^e$ s. L'épine dorsale du quartier médiéval était la *rua Plácido do Vasconcelos* (qui démarre au bar à vins *In Tapas Veritas*). Aujourd'hui, elle aligne une jolie fontaine baroque asséchée, la *capela N. S. de Lapa* et nombre de bâtiments en ruine ou abandonnés.

## DANS LES ENVIRONS DE PONTE DA BARCA

**Bravães :** *à 6 km à l'ouest de Ponte da Barca.* On y trouve la plus belle église romane de la région, probablement du XIII$^e$ s. Son portail en granit à cinq voussures préserve de superbes chapiteaux et colonnes richement sculptés. Le tympan présente un Christ en majesté bien conservé.

## LE PARC NATIONAL DE PENEDA-GERÊS

Créé en 1971, c'est l'unique et magnifique parc national du pays, qui comblera les amateurs de nature sauvage. Paysans et bergers vivent à leur rythme dans cet espace protégé, entre bois, landes, lacs de fond de vallée, au gré de quelques croquignolets villages avec leurs *pelourinhos* et autres *espigueiros*. Cultures en gradin et prairies de *lima* (antique forme d'irrigation répartissant l'eau sur les pentes de façon équilibrée). L'été, les habitants transhument des vallées vers les *brandas* ou *verandas,* ces hameaux sur les hauteurs proches de pâturages. Enfin subsiste encore la *vereira,* forme communautaire de pâturage où les propriétaires de troupeaux gardent les bêtes à tour de rôle. Comme un roman de Giono ! Une autre époque ! Tout cela avec l'impression d'être en haute montagne à des altitudes modérées (de 500 à 1 400 m), grâce au relief accidenté et à la richesse de la faune et de la flore, qui pansent tout doucement leurs plaies suite à des incendies à répétition. Superbes balades à pied et à cheval en perspective, et autres sports un peu plus extrêmes.

## Adresses et infos utiles

■ *Parque nacional da Peneda-Gerês (PNPG) :* rua Padre Himalaia, **Arcos de Valdevez.** ☎ 258-51-53-38. Bien fléché. Lun-ven 10h-12h, 14h-17h. Achat possible de cartes de randonnée et brochures sur le parc. Accueil aimable et compétent. Mêmes prestations dans les 5 centres d'accueil du parc, finalement plus pratiques :
– *Porta no Lâmas de Mouro* (aux confins nord du parc) : ☎ 251-46-50-10. Tlj 10h-12h30, 14h-17h (19h en été).
– *Porta no Mezio* (à l'ouest) : à 14 km à l'est d'Arcos de Valdevez par la N202. ☎ 258-51-01-00. Tlj 9h30-13h, 14h-18h (17h l'hiver et 10h-19h le w-e).
– *Porta no Lindoso* (au centre) : à 26 km à l'est de Ponte da Barca par la N203. ☎ 258-57-81-41. Tlj 10h-12h30, 14h-19h (17h l'hiver).

– *Porta no Campo do Gêres* (au sud) : à 40 km au nord-est de Braga par les N101, puis N205 et N307 (et ça tourne !). ☎ 253-35-18-88. Tlj sf lun 10h-12h30, 14h-17h (jusqu'à 19h et sans coupure déj en été).
– *Porta no Paradela* (au sud-est) : à 46 km au nord-ouest de Chaves par la N103, puis N509. ☎ 276-51-83-20. Lun-ven 9h-12h30, 14h-17h.
■ *Adere-Peneda-Gerês :* voir « Adresses utiles » à Ponte da Barca.
– Pour les non-motorisés, accès plutôt galère ! Mais il existe tout de même un bus reliant Braga à Campo do Gerês : 5 liaisons/j., 7h30-19h depuis Braga, 6h10-17h30 depuis Campo (slt 2 bus/j. le w-e). Env 1h10 de trajet.

## Où dormir dans le parc ?

L'association *Adere-Peneda-Gerês* gère différents types d'hébergement dans le parc : hôtels ruraux, chambres d'hôtes, gîtes... Infos pratiques et réservations sur ● adere-pg.pt ●

⊼ *Parque de campismo Entre Ambos os Rios :* à 10 km de Ponte da Barca, au village de **Entre Ambos os Rios** ; fléché à gauche sur la route de Lindoso. ☎ 258-58-83-61 ou 258-45-22-50. Ouv fin maifin sept ou sur résa 24h à l'avance. Réception 8h-minuit. Emplacement 2 pers 13 €. Appart 2 pers 50 € (draps compris). Terrain en pente dans une pinède offrant une belle ombre. Sanitaires bien propres avec eau chaude. Sur place, bar et resto. Location de vélos. Dans le bâtiment de la réception, location d'un appartement (2-6 personnes) pour les amateurs du dur.

⊼ *Parque de campismo de Vidoeiro :* à 2 km de Gerês en direction de l'Espagne, à gauche ; fléché. ☎ 253-39-12-89 ou 258-45-22-50. Ouv de mi-mai à mi-oct. Réception 8h-12h, 15h-19h (22h en août). Emplacements 2 pers 10-12 €. On plante sa tente au cœur d'une forêt verdoyante sur des terrasses de différentes tailles (les plus petites disposent même d'un barbecue individuel et sont charmantes). On s'endort au doux bruit du ruisseau. Sanitaires correctement tenus.

⊼ *Parque de campismo de Campo do Gerês :* indiqué dès l'arrêt du bus. Compter 21 € pour 2. Emplacements ombragés. Épicerie, resto, petite piscine, location de vélo à côté.

■ **Casas de campo :** *loc de chambres env 40-60 €.* Ce sont soit des chambres d'hôtes ou des suites de charme, soit des gîtes ruraux ou des appartements. La meilleure façon de découvrir les habitudes de vie locales, dans des maisons anciennes et rustiques.

■ *Turismo de aldeia (maisons de village) : dans les villages de Lindoso ou de Soajo. Compter 50 € pour 2.* Un peu l'équivalent de nos gîtes ruraux. Souvent pour 2 à 6 personnes et d'un confort variable. On se prépare soi-même le petit déj avec des produits offerts par les proprios (jambon, miel, confiture...).

■ *Pousada de juventude de Vilarinho das Furnas :* à *Campo do Gerês.* ☎ 253-35-13-39. ● vilarinho@movijovem.pt ● ☃ *À 3 km du village sur la route de Braga ; fléché sur 1 km depuis la Porta no Campo. Ouv tte l'année. En dortoir, compter 11-15 €/pers ; doubles avec sdb 32-42 € ; bungalows pour 4 pers avec kitchenette 66-92 € ; petit déj compris. Carte des AJ obligatoire (2 €/j., transformée en carte annuelle au bout de 6 nuits).* 🛜 Aux portes du parc, une auberge de jeunesse assez luxe, dont les chambres doubles feraient pâlir de jalousie plus d'un hôtel ! Confort total, y compris dans les dortoirs (4 lits) situés dans de longs chalets en bois. Également des bungalows 4-6 personnes avec cuisine, parfaits pour les familles.

## À voir

🎥🎥 *Serra do Soajo :* on y trouve les villages les plus authentiques. Depuis Ponte da Barca, joindre **Lindoso** par la N203, pour observer un cimetière d'*espigueiros*, ces étranges greniers à grains ou à maïs en granit sur pilotis, surmontés de petites croix. De loin, ils font penser à d'antiques tombeaux. En contrebas, le *castelo*, mignon petit fortin à la Vauban. De là, descendre et traverser le barrage sur la rivière Lima, en direction de **Soajo** avec également de très jolis *espigueiros* perchés sur un rocher et un *pelourinho* de toute beauté sur la place du village : un pieu de granit au visage naïf, coiffé d'une curieuse pierre triangulaire. Au long de ce parcours, n'hésitez pas à suivre les panneaux du parc indiquant un menhir de-ci, un site rupestre de-là, quelque pont médiéval ou *espigueiro* isolé... En piquant à l'ouest de Soajo, petite incursion vers **Mezio** avec son dolmen et ses gravures rupestres. Et, bien plus au nord, on peut rejoindre la **Fraga das Pastorinhas** (seul site d'escalade digne de ce nom au Portugal) puis l'improbable sanctuaire **Nostra Senhora da Peneda.** Au bout du monde, surplombé par une cascade, on y accède par l'un de ces escaliers expiatoires qui n'en finissent pas (à éviter à la fin d'une rando de 50 bornes !).

🎥🎥 *Serra Amarella :* plus au sud, autre itinéraire intéressant qui permet de relier Campo do Gerês. Depuis la N103, rejoindre d'abord Entre Ambos os Rios. De là, une petite route s'enfonce vaillamment dans la montagne vers Germil. C'est un paysage de landes de bruyères et de fougères, reliées entre elles par d'antiques murets et ponctuées de chaos granitiques. On croise quelques *espigueiros* au détour de villages rustiques à souhait. Entre Germil et Brufe, noter le hameau de **Lama** joliment niché dans un chaos de rochers. Au-delà de Brufe, la route devient panoramique sur les monts et vallées du rio Hommem. Juste avant d'arriver au barrage, la route traverse une jolie gorge agrippée à la falaise.

🎥 *Les lacs du Sud :* le sud du parc se caractérise par ses réservoirs artificiels. Celui de Vilarinho das Fornas, proche de Campo do Gerês, demeure très sauvage. En revanche, le lac de Caniçada, plus au sud, est carrément touristique tout comme le village thermal de **Gerês** où l'on trouve les vestiges de la « Geira », l'ancienne voie romaine (bornes, dalles, etc.) qui reliait Braga à Astorga. En piquant au nord, vers la frontière espagnole, on traverse quelques belles et denses forêts de **Caldas do Gerês** à **Portela de Homem.**

🎒 *Paradela :* à l'extrême sud-est du parc, un vieux village aux ruelles pittoresques. Découvrir l'atelier des artisans sculpteurs de terre et potiers. À 3 km en contrebas, un hameau classé pour son architecture, *Sirvozelo.*

# À faire

➢ *Parcours touristiques et culturels :* Adere peut vous mettre en relation avec des agences spécialisées dans les circuits à thème, pratiques pour ceux qui ne disposent pas de leur propre véhicule. Arts et métiers traditionnels, édifices médiévaux, races animales locales, fêtes... Ludique et respectueux de la nature et des traditions. Également pas mal de promenades à pied (la plus longue fait 8 km) avec feuille de route et déclivité. Très bien fait. Pour les randonnées à pied, gare : les marquages ne sont pas toujours entretenus. On peut télécharger sur le site de l'*Adere* les principaux itinéraires pédestres, à imprimer ou à lire sur support numérique ● adere-pg.pt/trilhos ●

– *Canoë, escalade, descente en rappel, rafting :* demander les contacts de prestataires locaux auprès des bureaux du parc ou se renseigner sur le site d'*Adere* (oui, encore lui, mais il faut dire qu'il est très complet !), qui permet de réserver en ligne ces activités.

– *Promenade à cheval :* une excellente façon d'aborder le parc, bien *tanqué* sur quatre pattes.

# PONTE DE LIMA    (4990)                    43 500 hab.

Ce gros bourg, le plus ancien du pays mais fort bien conservé, s'étend nonchalamment au bord du rio Lima. En été, ce ruisseau au milieu d'un grand lit fait oublier certaines violentes sautes d'humeur qui expliquent ce long pont de pierre d'origine romaine (rebâti et fortifié au XVe s) avec ses 15 belles arches. Aujourd'hui encore, les pèlerins en route pour Saint-Jacques-de-Compostelle passent par ici. Ponte de Lima a décidément bien du charme avec sa vie lente et provinciale, ses belles maisons de maître, ses ruelles pavées et ses manoirs qui constellent la campagne environnante, appartenant à des familles aussi vieilles que l'histoire du Portugal.

## Arriver – Quitter

🚌 *Arrêt de bus :* av. António Feijo, qui descend vers le centre historique. Gare routière située près de la N203, à l'ouest du centre ; il est plus pratique d'acheter son billet à bord depuis l'arrêt du centre-ville. Compagnies *Rede Expressos* (rua Vasco de Gama ; ☎ 258-94-28-70 ; ● rede-expressos.pt ●) et *Transdev* (☎ 258-94-28-70 ; ● transdev.pt ●).

➢ *Barcelos :* avec *Transdev,* 5 bus/j. en sem slt. Trajet : 1h.
➢ *Braga :* 9 bus/j. en sem (2 le w-e). Trajet : 30 mn *(Rede Expressos)* à 1h *(Transdev).*
➢ *Porto :* avec *Rede Expressos,* 1 bus/j. Trajet : 30 mn.
➢ Bus fréquents pour **Viana do Castelo** et **Ponte da Barca.**

## Adresses et infos utiles

🅸 *Office de tourisme :* à 200 m du pont romain, dans la tour de Cadeira Velha. ☎ 258-94-23-35. ● cm-pontedelima.pt ● (mairie). En saison, tlj sf dim et j. fériés 9h-18h (13h sam). Bon accueil et documentation sur la région. Expos à l'étage.
■ *Solares de Portugal* (associação

**448** | **LE MINHO ET LA COSTA VERDE**

*do turismo de habitação)* : *praça da República.* ☎ *258-93-17-50 ou 258-74-16-72.* • *info@solaresdeportugal.pt* • *solaresdeportugal.pt* • *Tlj sf dim 9h-13h, 14h-19h.* Voici l'association des propriétaires de manoirs *(solares)* agrémentés en chambres d'hôtes de charme et de prestige. L'occasion de découvrir des lieux historiques en contact direct avec les propriétaires (souvent descendants des constructeurs !). Un séjour minimum de 2 nuits est parfois exigé. À dispo, une carte du Portugal pointant les adresses membres. On peut passer par l'association, mais rien n'empêche de réserver en direct auprès des proprios.

## Où dormir ?

### Bon marché

▲ *Pousada da juventude* : *rua Papa João Paulo II, au sud-est de la ville.* ☎ *258-75-13-21 ou 94-37-97.* • *pontelima@movijovem.pt* • *Du centre, direction Darque ; c'est à gauche après le rond-point. Selon saison, en dortoir 4 lits 10-12 €/pers, doubles avec sdb 26-30 €, petit déj inclus. Carte des AJ obligatoire (2 €/j., transformée en carte annuelle au bout de 6 nuits). Parking gratuit.* 💻 📶 Gros cubes de béton suspendus sur de fins piliers, déco de bois blond et porte d'entrée coulissante : une AJ nouvelle génération, moderne et propre, aux chambres fonctionnelles agencées dans un esprit loft : il faut aimer le béton brut ! Les doubles avec sanitaires privés ont tout de la chambre d'hôtel. Tout est nickel. Salle de jeux, mais pas de cuisine. Location de vélos.

▲ |●| *Alojamento local São João* : *largo de São João, 6.* ☎ *258-94-12-88.* • *alojamento_s.joao@sapo.pt* • *Doubles avec sdb 30-35 €.* Pension simple, dans le centre, à 100 m du vieux pont. Au rez-de-chaussée, un resto sympa, et à l'étage, les chambres. Propre et bien tenu. Confort basique mais suffisant. Accueil gentil comme tout.

### Plus chic

▲ *Casa do Pinheiro* : *rua General Norton de Matos, 629.* ☎ *258-94-39-71.* 📱 *965-00-85-75.* • *turismo.casadopinheiro@gmail.com* • *Doubles avec sdb, clim et chauffage 70-80 €, petit déj inclus. Suivre le quai jusqu'à la banque Millenium, puis prendre à gauche, monter la rue (c'est à 100 m sur la gauche).* Une bien belle demeure bourgeoise où tout commence par l'entrée, impressionnant bestiaire où trônent de cornus trophées de chasse (gnou, oryx, kob...). Notre chambre préférée, la « Francesca », a sa terrasse et de jolies tentures vertes. Salon TV avec cheminée pour les soirées fraîches. Petit déj servi au bord de la piscine ou dans une belle salle à manger au riche mobilier de bois.

▲ *Casa das Pereiras* : *largo Capitão José Magalhães.* ☎ *258-94-29-39.* 📱 *917-685-790. Dans le réseau de ruelles, sur les hauteurs du bourg ; ni fléchage ni enseigne. Double 70 € avec sdb et petit déj.* Dans l'une des plus belles demeures de la ville (XVIIe s). La même famille depuis 4 siècles. Dès le pavement de l'entrée, on fait un bond dans le passé. Escalier de granit massif et respectable qui respire depuis des siècles les effluves d'encaustique et de fumée de cheminée. Les chambres, spacieuses, ont le charme magique des vieux murs qui abritent un mobilier ancien. Et, pour ne rien gâcher, jardin aux camélias, belle piscine et accueil charmant ajoutent leur pierre à l'édifice.

## Où dormir dans les environs ?

▲ *Paço de Calheiros* : *à Calheiros, à 6 km du centre-ville.* ☎ *258-94-71-64.* • *pacodecalheiros.com* • *Prendre la route de Valença ; au rond-point, tourner à droite sur la N306, direction Parades de Coura, puis Arcos de Valdevez ; à 2,5 km, tourner à gauche vers Calheiros ; le solar est 2 km plus loin.*

*Double et studio 125 €. ½ pens possible 35 €/pers. 🛜 Réduc de 10 % sur présentation de ce guide au proprio.* Un *paço*, quesaco ? Ni plus ni moins qu'un palais ! Celui-ci est sans doute l'un des plus beaux du Minho. L'accès met tout de suite dans l'ambiance : portail de pierre, allée de platanes, fontaine, escalier monumental, tout y est. Il offre pas moins de 9 chambres, 6 appartements (avec kitchenettes) et un cottage pour 6 personnes. L'intérieur, très classe, confirme cette première impression. Ah ! Et puis ce comte de Calheiros, quel personnage truculent, mi-noble, mi-homme d'affaires. Le soir au coin du feu, on fait une petite *prova de vinhos* tout en buvant ses paroles… Piscine, tennis.

🏠 **Casa do Barreiro :** *à Gemeira, à 6 km du centre-ville.* ☎ *258-74-28-27 et 94-81-37.* ● *barreiro@solaresdeportugal.pt* ● *En bord de route, à l'entrée du village. Double 80 €, petit déj compris ; appart 4 pers 130 €.* 🛜 Cette adorable exploitation viticole, transmise de génération en génération, abrite 6 belles chambres et un appartement dans la partie la plus ancienne de la demeure (XVIIe s). Le charme de la vieille pierre, du mobilier antique et des vignes alentour opère à coup sûr, de même que le très gentil accueil des proprios. On peut admirer de-ci de-là des azulejos exécutés par Jorge Colaço, le même qui a décoré la gare de São Bento à Porto. Belle petite piscine, tennis, salle de billard et coin bar (avec la possibilité de goûter aux vins de la maison).

## Où manger ?

🍴 **Sabores do Lima :** *largo D. António Magalhães, 64-78.* ☎ *258-93-11-21.* ● *geral@saboresdolima.com.pt* ● *En plein centre. Tlj sf lun, jusqu'à 22h. Plats 8-15 €.* Cadre agréable. Belle salle claire avec fauteuils en osier, tables joliment dressées et murs de pierre rehaussés de touches contemporaines. On y déguste notamment des *rojões a minhota*, des brochettes géantes *(espetadas)* et des poissons grillés bien apprêtés. Somme toute assez simple, mais hyper copieux et rassérénant.

🍴 **Casa do Provedor :** *rua da Porta Nova, 22.* ☎ *258-94-40-87.* ● *geral@ casadoprovedor.com* ● *Derrière la tour de l'office de tourisme. Tlj sf mer. Menu 7 € ; plats 8-13 €.* Dehors, c'est la terrasse donnant sur la *torre da Cadeia Velha* en granit. Dedans, c'est encore du granit, mâtiné d'un mobilier moderne. Carte bien fournie avec des spécialités bien d'ici à des prix dans la bonne moyenne. C'est le meilleur endroit pour le *sarrabulho* (avec du porc *rojoes* local). Service agréable et diligent.

🍴 **Restaurante Encanada :** *passeio 25 de Abril.* ☎ *258-94-11-89. À 300 m du vieux pont, à l'angle des halles. Tlj, jusqu'à 22h. Plats 12-18 €.* Salle intérieure populaire avec un bar, et une autre à l'étage, un peu plus touristique. De la petite terrasse, vue sympa sur le pont et la rivière. Bonne cuisine familiale : *bacalhau cozido com todo* (morue pochée avec des œufs durs et des pommes de terre), *rojões e arroz e sarrabulho* (porc au riz).

🍴 **Taverna Vaca das Cordas :** *rua Padre Francisco Pacheco, 39-41.* ☎ *258-74-11-67.* ● *tico-rocha@hotmail.com* ● *Tlj sf dim 11h-2h. Congés : 2de quinzaine de sept. Plats pour 2 env 20-25 €, et plein de petiscos et planches assorties 2-10 €. Liqueur de café offerte sur présentation de ce guide.* Un resto populaire. Autour d'un comptoir vermillon, 3 bières pression étrangères et un thème de décor : la fête de la « Vache aux cordes ». Excellente cuisine servant de cantine à bon nombre d'employés du coin, c'est bon signe ! Service souriant.

## Où boire un verre ?

🍷 **Café Rampinha :** *rua Formosa, 37.* Quelques tables, un comptoir… et des photos, affiches, peintures, drapeaux, horloges à l'effigie du Che. Il y en a jusqu'au plafond. Ajoutez-y les fanions de clubs de foot locaux, quel décor ! Quant à l'ambiance, le patron s'en charge, aussi émé-CHÉ que son café. Une petite adresse qu'on CHÉ-rit.

## À voir

**🏃🏃 Promenade dans la vieille ville :** de la *praça da República,* descendre la grande rue piétonne et s'engouffrer dans les ruelles. Sur la droite, l'*igreja Matriz,* qui date du XVᵉ s. Sur la gauche, les restes de la muraille et la tour de la prison, *torre da Cadeia Velha,* rappellent l'existence d'une ancienne place forte. Traverser ensuite le **pont romain,** pour gagner la rive opposée et se promener dans les allées du *jardim Temático do Arnado (ouv 10h-20h en été – 17h30 en hiver).*

**🏃🏃 Museu dos Terceiros :** *av. 5 de Outubro.* ☎ *258-75-31-36. Tlj sf lun 10h-12h30, 14h-18h. Visite guidée sur résa. Entrée : 2,50 €.* Dès l'entrée, trois bouches grillagées pratiquées dans le mur donnent le ton : des confessionnaux à pèlerins. Début de la visite de ce couvent franciscain du XVᵉ s avec son église remaniée au cours des siècles, qui garde de chaque époque de remarquables témoignages architecturaux. Le pavement fait de dalles en bois est notable : les tombes des moines. Sacristie tout en finesse avec ses plafonds peints et un riche mobilier ecclésiastique. Le second bâtiment, plus récent, est également intéressant avec son minicloître tapissé d'azulejos du XVIIᵉ s (récupérés dans une chapelle des alentours), son église baroquissime en rocaille, sa sacristie et, à l'étage, des statues de bois peint et objets du culte en argent.

**🏃 Festival internacional de Jardins :** *praça da República (bureau).* ☎ *258-90-04-00.* ● *festivaldejardins.cm-pontedelima.pt* ● *Sur la rive opposée de la Lima. Ouv mai-oct, tlj 10h-19h (jusqu'à 20h en été ; l'ap-m slt lun ; coupure 12h30-13h30 mar-ven) ; oct 10h (13h30 lun)-18h. Tarif : 1 €.* Pour vous donner un bol d'air et de vert, ne ratez pas ces jardins aménagés par des paysagistes et artistes sur un thème renouvelé chaque année. « La forêt dans le jardin », ou bien « Jardin et gastronomie »... Essences originales et vision atypique des espaces verts garantie ! 105 000 visiteurs en 2014 !

## Manifestations

– *Festas de la Vaca das cordas :* 1 j. après le Corpo de Deús (fête mobile en juin). Voir l'encadré.
– *Feira do Cavalo (foire du cheval) :* 4 j. fin juin. Une effervescence cavalière.
– *Festa do Vinho verde :* 3 j. fin juin. Hips !
– *O Feiras Novas :* 2ᵉ w-e de sept, ven-lun. Cortèges (ethno, historique...) et feu d'artifice. C'est la dernière grande fête avant l'hiver : ça draine du monde.

> **UNE VACHE DINDON DE LA FARCE**
>
> *Fameuse aventure que cette* Vaca das cordas, *tellement plus drôle et moins vacharde qu'une corrida assassine. Une vache est lâchée dans les rues de la ville et doit faire trois fois le tour de l'église. Seul hic pour elle : elle est encordée et saoûle... comme une grive (on lui a fait boire copieusement du vin). C'est vache... on vous l'accorde !*

# BRAGA             (4700)             182 000 hab.

● Plan *p. 453*

À 50 km au nord de Porto, bienvenue dans la capitale historique, économique, universitaire et religieuse du Minho. Braga se découvre à pied, en se

laissant porter par une certaine *dulce vida* locale. Des jeunes, des étudiants partout dans les rues, à la terrasse des cafés.
La « Rome portugaise », comme on la surnomme exagérément au regard des vestiges laissés, est pleine de paradoxes : elle affiche encore aujourd'hui le plus fort taux de pratique catholique en Europe occidentale, et en même temps exhibe ses boutiques à la mode et son esprit d'avant-garde.

## Arriver – Quitter

### En bus

**Gare routière** *(central de Camionagem ; hors plan par B1)* : au nord du centre-ville, par l'av. General Norton de Matos. Compagnies *Rede Expressos* (☎ 707-22-33-44 ; ● rede-expressos. pt ●), *Transdev* (☎ 253-20-94-00 ; ● transdev.pt ●), *Internorte* (☎ 253-26-45-40 ; ● internorte.pt ●), *Renex* (☎ 253-27-70-03 ; ● renex.pt ●) et *Rodonorte* (☎ 253-26-46-93 ; ● rodonorte.pt ●).

➢ **Barcelos :** au moins 5 bus/j. avec *Transdev*. Trajet : 30 mn.
➢ **Chaves :** 3-4 bus/j. avec *Rodonorte*. Trajet : 3h.
➢ **Guimarães :** bus ttes les 30 mn mat et soir, ttes les heures l'ap-m de 7h15 à 20h avec *Transdev*. Trajet : 30 mn.
➢ **Lisbonne :** ttes les heures dès 5h avec *Renex* (prix 36,90 € ; réduc) et pareil avec *Rede Expressos*. Trajet : 4h30.
➢ **Ponte de Lima :** 3 bus/j. Trajet : 30 mn *(Rede Expressos)*-1h *(Transdev)*.
➢ **Gerês :** 5 liaisons/j. 7h30-19h depuis Braga (le w-e slt 2 bus/j.). Env 1h10 de trajet.
➢ **Viana de Castello :** 6-8 bus/j. (5 sam et 3-4 dim) de 6h35 à 19h10. Trajet : 1h40 avec *Transdev*.
➢ **Porto :** min 1 bus/h avec *Rede Expressos*, une douzaine de bus/j. avec *Renex* (prix : 10,80 € ; réduc) et 7-8 bus/j. de 6h50 à 18h55 avec *Transdev (First Class)*. Trajet : 1h. Également 8 bus directs/j. pour l'aéroport, en correspondance avec les vols. ● getbus. eu ●

### En train

**Gare ferroviaire** *(estação ; hors plan par A1)* : sur le largo da Estação, à l'ouest de la ville. Gare au look assez insolite, qui rappelle un siège de banque.
➢ **Porto :** une vingtaine de trains/j. Trajet : 1h10.

## Adresses et infos utiles

**Office de tourisme** *(plan B2)* : av. da Liberdade, 1. ☎ 253-26-25-50. ● cm-braga.pt ● *(mairie)*. Lun-ven 9h-13h, 14h-18h30 ; w-e 10h-13h, 14h-18h. Accueil francophone très compétent. Fournit un plan bien détaillé de la ville avec les sites à visiter.
**Poste** *(hors plan par B2)* : rua do Raio, 175. Lun-ven 8h30-18h.

■ **Journaux français** *(plan B1-2)* : 2 kiosques à journaux sous les arcades du Café Vianna et du Café-Restaurante Astoria, *donnant sur la praça da República*.
– **Marché municipal :** ts les sam. Fruits, légumes, victuailles, cochonnaille et charcuterie.

## Où dormir ?

### Camping

**Parque do campismo municipal da Ponte** *(hors plan par B2, 10)* : parque da Ponte. ☎ 253-27-33-55. ● parque. campismo@cm.braga.pt ● À 2 km env au sud du centre-ville, à droite en suivant la N101. Bus n°s 9, 18, 38, 59, n° complémentaire... 60, depuis l'av. da Liberdade. Depuis la gare, n° 2, puis changer. Ouv avr-oct. Réception 8h-19h. Emplacement 8 € pour 2 en basse saison. Une trentaine de douches-toilettes. Douches chaudes gratuites. 📶 Terrain sommaire en terrasses, très bien ombragé. Sanitaires basiques mais correctement tenus. La route est passante... certes, on est en ville. Piscine en juillet-août.

## Bon marché

▲ *Pop Hostel* (plan B1, 11) : *rua do Carmo, 61.* ☎ *253-05-88-06.* • *bragapophostel@gmail.com* • *bragapophostel.blogpost.com* • *En dortoir, 15-20 €/pers selon saison ; doubles 38-42 € ; petit déj inclus. Loc de vélos.* Une sympathique AJ privée de 20 lits installée au 3e étage d'un immeuble résidentiel, dans un appart remis au goût du jour. Cet endroit très convivial est tenu par une jeune femme dynamique qui cause un anglais parfait. Vous noterez que l'humour est déjà dans l'escalier ! À disposition : des dortoirs de 4 et 6 lits (avec lampe individuelle et *lockers*), une chambre double, 2 salles de bains communes rutilantes et une grande cuisine prolongée d'un long balcon pour fraterniser, ainsi qu'une salle à manger colorée. Organise des tours de la ville et excursions dans le parc, pratique quand on n'est pas motorisé.

▲ *In Braga Hostel* (plan A1, 9) : *rua de Boavista, 21.* 912-288-944. • *inbragahostel@gmail.com* • *inbragahostel.com* • *12-15 €/pers suivant confort ; double 32 €.* Assez central, dans une rue tranquille. Adorable nouvelle AJ offrant charme et intimité. Nelson, accueillant et anglophone, se met en quatre pour ses hôtes et offre le meilleur confort possible. 26 lits se répartissant en dortoirs de 8 et 6 personnes, et 2 doubles (avec salle de bains). Lampes individuelles et *lockers*. Les filles possèdent leur propre salle de bains. Cuisine équipée, machine à laver, jardin de poche avec pelouse et BBQ. Location de vélos.

▲ *Truth Hostel* (plan B2, 12) : *av. da Liberdade, 738.* ☎ *253-60-90-20.* 960-388-721. • *info@truthostel.com* • *truthostel.com* • *Réception au 2e étage. Single 25 € ; double env 35 € avec sdb, petit déj inclus.* Fraîche et pimpante AJ privée en grande partie rénovée, étalée sur les 3 derniers étages d'un immeuble en plein cœur du centre-ville. Les chambres, doubles ou familiales, sont claires et propres, avec salle de bains, et pour certaines un balcon donnant sur l'avenue. Une excellente affaire à ces prix-là.

▲ *Bracara Hostel* (hors plan par A1, 18) : *rua Dr Domingos Soares, 104.* ☎ *253-61-42-67.* 912-435-877. • *bracarahostel@gmail.com* • *Tte l'année. À partir de 12 €/pers, Double 30 €, petit déj inclus.* Une AJ sur les hauteurs de Braga, à peu de distance à pied du centre (et près de la belle église São Vicente). Arrêt du bus au pied de l'AJ. Ancienne demeure bourgeoise de 1900 bien aménagée. 22 lits répartis en 7 chambres de 6 et 2 couchages. Petite cuisine équipée, machine à laver et à sécher. Agréable petit jardin fleuri derrière. Prêt de vélos.

▲ *Pousada da juventude* (hors plan par B2, 13) : *rua Santa Margarida, 6.* ☎ *253-26-32-79 et 61-61-63.* • *braga@movijovem.pt* • *De l'office de tourisme, prendre l'av. Central ; 400 m plus loin, prendre à gauche la rua Santa Margarida ; c'est 200 m plus haut, à gauche. Ouv tte l'année. En dortoir 8-10 lits, compter 10-12 €/pers ; doubles avec sdb 25-27 € ; petit déj compris. Carte des AJ obligatoire (2 €/j., transformée en carte annuelle au bout de 6 nuits). Parking gratuit la nuit.* Vraiment peu de charme, pas beaucoup d'ambiance non plus, et, en prime, accueil glacial. En dépannage si les AJ privées affichent complet.

## Prix moyens

▲ *Residencial Dora* (hors plan par B2, 14) : *largo da Senhora-a-Branca, 92-94.* ☎ *253-20-01-80.* • *reservas@residencialdora.com* • *residencialdora.com* • *De l'office de tourisme, prendre l'av. Central sur 400 m. Doubles 40-50 €, petit déj inclus. Parking payant. Réduc de 10 % sur le prix de la chambre sur présentation de ce guide.* Une douzaine de doubles sur 3 étages à prix cadeau vu le confort (ascenseur, clim, TV, téléphone, belles douches, service de lavage) et la déco, simple mais de bon goût. Sur le devant, on a vue sur l'église Nossa Senhora a Branca et son agréable place avec

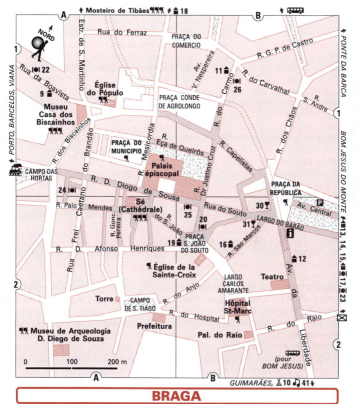

## BRAGA

### Adresse utile
- **ℹ** Office de tourisme

### Où dormir ?
- 9 In Braga Hostel
- 10 Parque do campismo municipal da Ponte
- 11 Pop Hostel
- 12 Truth Hostel
- 13 Pousada da juventude
- 14 Residencial Dora
- 15 Senhora-a-Branca Hôtel
- 16 Bragatruthotel
- 17 Hotel Bracara Augusta
- 18 Bracara Hostel
- 19 Hôtel Doña Sofia

### Où manger ?
- 17 Centurium
- 20 Frigideiras do Cantinho
- 22 Recanto Amigos Café
- 23 Cervejaria Senhora-a-Branca
- 24 Anjo Verde
- 25 Café Talismã
- 26 Velhos Tempos

### Où boire un verre ?
- 30 Café Vianna
- 31 A Brasileira

### Où danser ?
- 41 Disco-bar Sardinha Biba

fontaines et orangers. Sommeils légers, préférer quand même les chambres à l'arrière. Quant au petit déj, issu de la boulangerie en bas (même proprio), c'est *open croissant*. Parking pas cher à côté. Notre meilleur rapport qualité-prix à deux pas du centre. Bon accueil.

**Senhora-a-Branca Hôtel** (hors

plan par B2, **15**) : *largo da Senhora-a-Branca, 58.* ☎ *253-26-99-38.* 📱 *968-374-337.* ● *albergariasrabranca.pt* ● *De l'office de tourisme, prendre l'av. Central sur 400 m. Double 50 € et suite 65 €, petit déj compris. Parking gratuit.* 💻 📶 Déco intérieure au style à la fois classique et design, avec quelques touches d'art ethnographique. Chambres confortables, toutes avec baignoire. Certaines ont même un balcon côté intérieur. Très calme. Petit salon d'hiver cosy. Bon accueil.

🛏 **Bragatruthotel** (plan B2, **16**) : *rua São Marcos, 80.* ☎ *253-27-71-87 et 77.* 📱 *961-640-854.* ● *braga@truthotel.com* ● *truthotel.com* ● *À 50 m de la praça da República, dans la rue piétonne ; il faut donc se garer et porter ses bagages jusqu'à l'hôtel. Doubles 45-60 € (prix sur Internet), familiale 85 €, petit déj inclus.* 💻 📶 *Café offert et réduction de 5 % pour 3 nuits min sur présentation de ce guide.* Sur 3 niveaux, dans une maison ancienne joliment rénovée et égayée d'œuvres modernes et autres touches de couleur. 13 vastes chambres pour 2 ou 4 personnes, tout confort, avec AC, TV, téléphone gratuit à discrétion, consigne à bagages, coffre, frigo sur demande. Très propre. Accueil et service impeccables.

🛏 **Hôtel Doña Sofia** (plan A-B2, **19**) : *largo S. João do Souto, 131.* ☎ *253-26-31-60 et 27-18-54.* ● *info@hoteldonasofia.com* ● *hoteldonasofia.com* ● *Double 65 €, triple 80 €, petit déj buffet en sus.* L'hôtel le mieux inséré de la ville, à 200 m de la cathédrale, entouré de monuments historiques. Environ 35 chambres, parfois pas trop grandes, mais toujours nickel et de bon confort : ascenseur, clim, TV satellite à écran plat, minibar... Il a su garder aussi un côté familial. Quelques places de parking devant, mais réserver absolument.

## Plus chic

🛏 🍴 **Hotel Bracara Augusta** (hors plan par B2, **17**) : *av. Central, 134.* ☎ *253-20-62-60.* ● *geral@bracaraaugusta.com* ● *bracaraaugusta.com* ● ♿ *Réception 24h/24. Resto tlj sf dim. Doubles 70-90 € suivant confort. Petit déj 7,90 € (vrai jus d'orange). Plats 12-15 €.* 📶 *Bracara Augusta* aurait certainement beaucoup plu à l'empereur Auguste. En effet, c'est une ancienne caserne de légionnaires réhabilitée en un superbe 4-étoiles ! Une vingtaine de chambres incluant 2 suites, toutes impeccables et d'allure historique. On est séduit par la pierre et l'allure cossue de l'ensemble, même si certaines chambres sont petites pour le prix. Clim, coffre, TV satellite, sèche-cheveux... Beau jardin et salon à l'avenant. Accueil très pro. Le *Centurium* (resto « barocontemporain » de l'hôtel) est très agréable et offre 10 % de réduction aux résidents de l'hôtel. Aux beaux jours, on ouvre la salle sur l'esplanade en bordure du grand bassin.

# Où manger ?

Deux spécialités culinaires bragaises : la *bacalhau narcisa* (traduisez : la « morue narcisse ») et les *frigideiras*, de grands feuilletés farcis de viande de porc ou de bœuf.

## Très bon marché

🍴 **Frigideiras do Cantinho** (plan B2, **20**) : *largo São João do Souto, 1.* ☎ *253-14-10-65 et 26-39-91. Tlj 8h-20h (23h en été, 2h ven-sam).* On vient dans la plus ancienne auberge de la ville, fondée en 1796 (mais tellement modernisée qu'elle ressemble à une banale cafét'), pour goûter ces fameuses *frigideiras*. L'adresse est une institution à Braga. Ajoutez une soupe et un dessert, et hop, voici un repas pour trois fois rien. Goûtez également au gâteau romain dont la recette viendrait du livre d'*Apicio* lui même (25 av. J.-C.).

🍴 **Recanto Amigos Café** (plan A1, **22**) : *rua da Boavista, 88.* ☎ *253-29-27-35.* 📱 *960-160-801. Tlj sf dim soir et lun soir. Menu à 6 € (soupe, plat du jour, pain, boisson, café).* Resto populaire dans une rue discrète, très proche d'une de nos meilleures AJ et de la

*Casa dos Biscainhos*. Salle tout en longueur. Bonne cuisine, simple, familiale, bien servie, pas chère, plus hamburger et *francesinhas* (*bacalhau* et *cabrito* sur commande)... Que dire de plus !

## De bon marché à prix moyens

**IOI Cervejaria Senhora-a-Branca** (hors plan par B2, **23**) : *av. Central, 170.* ☎ *253-21-43-94. Tlj sf dim, midi et soir jusqu'à 22h. Compter 10-12 €. CB refusées.* En fait, resto se divisant en 2 parties, préférer celle donnant sur l'avenue plutôt que la partie sur le largo (deux longs comptoirs en alu pour les pressés). Cadre simple et intime, quelques box. Cuisine de brasserie classique, mais bien troussée et pas chère du tout. Choix d'une quinzaine de poissons et *mariscos*. Même un plat banal comme le filet de poisson accompagné d'une salade russe maison se révèle délicieux. Généreuses portions, produits frais, cuisson juste comme il faut, excellent *caldo verde*.

**IOI Anjo Verde** (plan A1, **24**) : *largo da Praça Velha, 21.* ☎ *253-26-40-10. Tlj sf dim, midi et soir jusqu'à 22h. Plats 7-9 €.* Les restos végétariens ne courent pas les rues dans un pays qui fait la part belle à la bidoche et au poisson. Alors quand on en trouve un, bon, copieux, pas cher, avec un cadre zen raffiné, autant le célébrer ! Excellents plats à base de tofu, de *seitan*, délicieuses lasagnes vég'. Bien belles salades aussi et originaux hamburger ou strogonoff de soja. En dessert, la tarte au chocolat pimenté et le cheesecake à la framboise sont à tomber par terre. Et en plus, le thé est offert !

**IOI Café Talismã** (plan B2, **25**) : *largo do Paço.* ☎ *253-61-19-47. Tlj sf dim.* *Menu et plats 6-7,50 € (imbattable !).* Au fond d'un couloir, face au palais épiscopal, bienvenue au palais de la simplicité ! Sur les murs blancs, seul le soubassement de granit poli est un léger signe de luxe. Sur les tables, nappes et serviettes s'affichent en papier. Service gentil et bienveillant toujours affairé.

**IOI Velhos Tempos** (plan B1, **26**) : *rua do Carmo, 7.* ☎ *253-21-43-68.* 📱 *913-498-287. Compter 20-25 €. Tlj sf dim et j. fériés 12h-14h30, 20h-22h30.* Leur slogan : « *Comida rural p'ra gente urbana* »... C'est pas très grand, intime donc... Murs de pierres sèches, poutres apparentes, décor d'outils agricoles et de grosses racines, coins et recoins, une vraie taverne de campagne. Cuisine particulièrement bien travaillée, entre autres, le porc noir aux palourdes et la *bacalhau Carmelita* (un délice). Une fois de plus, choisissez les demi-doses. Conseillé de réserver. Parfois service un poil dépassé, mais atmosphère chaleureuse.

## Plus chic

**IOI Centurium** (hors plan par B2, **17**) : *av. Central, 134.* ☎ *253-20-62-60. Tlj sf dim 12h30-15h, 19h30-22h30. Compter 30-35 €.* C'est le resto chic de l'hôtel *Bracara Augusta*. Ancienne propriété de la famille la plus riche de la ville. Haute salle à manger ornée d'élégantes arcades de pierre. Cadre tranquille et atmosphère sereinement conformiste pour une belle cuisine traditionnelle bien tournée et de qualité régulière. Pas si cher que ça et ne pas manquer le *cataplana de tamboril* et le délicieux cheese-cake aux fruits de bois. Aux beaux jours, plaisante terrasse protégée sur jardin.

## Où dormir ? Où manger dans les environs ?

🏠 **Casa dos Lagos** : *estrada do Bom Jesus, 71-73, à 200 m en contrebas de l'esplanade du Bom Jesus, soit à 4 km de Braga.* ☎ *253-67-67-38.* 📱 *917-92-88-91.* ● *info@casadoslagosbomjesus.com* ● *casadoslagosbomjesus.com* ● *En montant la colline, sur la gauche de la route principale. Doubles 90-100 € avec petit déj ; apparts 4 pers avec cuisinette à partir de 150 €. Réduc de 10 % sur le prix de la chambre sur présentation de ce guide au proprio (slt !).* Accueil affable. Cette grande maison du XVIIIe s couverte d'azulejos paraît tout droit sortie d'un conte de fées, avec son jardin à l'anglaise de plus de 4 ha et ses arbres taillés à la perfection (nombreux camélias centenaires). Tout le confort, le charme de l'ancien en plus. Superbe mobilier et des lits sculptés pour romantiques. Chaque chambre a sa petite particularité. Et pour couronner le tout, splendide piscine haricot avec vue sur la vallée de Braga. Doux Jésus !

🏠 |🍴| **Hospedaria do Convento de Tibães :** *rua do Mosteiro, Mire de Tibães, à 5 km à l'ouest de Braga.* ☎ 253-28-24-20. ● hospedariatibaes. com ● ♿ *Fléchage « Mosteiro de Tibães » depuis le rond-point de la gare ferroviaire à Braga. Fermé janv. Double 86 €, petit déj inclus. Au resto (fermé lun), plats 10-18 €. Pour la visite du monastère, lire plus loin « Dans les environs de Braga ».* On adore ce choix de la modernité la plus extrême, au sein d'un lieu si historique. Tenu par les sœurs du couvent, cet hébergement n'a rien de prosélyte. C'est même un lieu plutôt chic, dans les prix comme dans l'esprit. Un calme réparateur y règne, de la moderne et accueillante salle TV jusqu'aux 9 chambres équipées dernier cri, certes pas immenses, teintées d'austérité cistercienne, mais infiniment plus confortables que des cellules de moine !

### Où boire un verre ?

🍷 **Café Vianna** *(plan B2, 30) : praça da República.* ☎ *253-26-23-36. Tlj 8h-minuit (2h ven-sam).* Un vieux et beau café, fondé en 1871 et revu Art déco, sous les arcades de la place, au cœur de l'animation du centre-ville, dans lequel le temps s'est arrêté. Bien pour siroter un verre de vin vert en début de soirée en lisant son journal, pour y grignoter des petits plats pas chers ou pour déguster une bonne glace.

🍷 **A Brasileira** *(plan B2, 31) : angle rua de São Marcos et largo do Barão de São Martinho.* ☎ *253-26-21-04. Tlj 7h30-minuit (2h ven).* Ouvert en 1907. Troquet complètement rétro avec ses drôles de petits parasols accrochés à la façade. Jolie salle tendance Art nouveau. Les jeunes, les vieux, tout le monde y vient pour boire un *café com leite* et pour y grignoter un petit quelque chose. Personnel agréable.

### Où danser ?

🎵 **Disco-bar Sardinha Biba** *(hors plan par B2, 41) : lugar dos Galos, Caranda.* ☎ *253-26-01-58.* 📱 *917-98-49-99 et 918-870-101.* ● *sardinhabiba.com* ● *Depuis l'office de tourisme, descendre sur 700 m l'av. da Liberdade ; prendre à gauche le largo Senhor dos Aflitos ; à la fourche, à gauche ; prendre la traverse à gauche face au n° 102 de la rue ; c'est 50 m plus loin. Ven-sam 23h-6h.* Sorte de grand hangar, style salle omnisports, reconverti en un immense bar pour étudiants et jeunes. L'un des rendez-vous préférés de la jeunesse bragaise. Intéressante programmation. Terrasse extérieure avec piscine.

## À voir

🏛 **Praça da República** *(plan B1-2) : au cœur de la ville.* Une grande fontaine et deux bassins avec de beaux jeux d'eau en été, dominés par une tour du XIVe s. La rua do Souto, puis la rua D. Diogo de Sousa, mènent à l'*arche de Porta Nova,* bordée d'échoppes pittoresques : vieux coiffeurs, bijoutiers, dinandiers, vendeurs de bondieuseries... peu à peu remplacés par des boutiques modernes. À droite en descendant, une place avec sa fontaine et le **palais épiscopal** *(plan A-B1-2 ; visite possible sur résa).* Cet ensemble harmonieux d'édifices anciens abrite l'une des plus riches bibliothèques du pays. Le salon médiéval avec son plafond peint et ses profondes fenêtres est en accès libre. Au nord du palais, vestiges de la partie la plus ancienne.

🛉🛉🛉 **Sé** (cathédrale ; plan A2) : *accès possible par la porte latérale, rua D. Diogo de Sousa, via le cloître. Portail principal en haut de la rua D. Paio Mendes. Tlj 8h30- 19h (18h30 en hiver).* Il reste peu de chose de l'édifice roman primitif. Beau porche avec sa grille ouvragée. À l'intérieur, opposé à la sobriété romane de la nef, c'est le « délire » de l'ornementation des orgues qui étonne le plus. L'une des décorations les plus exubérantes qu'on connaisse, le buffet d'orgue le plus monumental du monde peut-être. Proprement stupéfiant ! Dans le chœur, jolie Vierge gothique du maître-autel, peintures sur le bois des tribunes et du lanternon. Tombeau de l'infant *D. Afonso* (1390-1400) dans un état exceptionnel (dais en bois couvert d'argent). Fonts baptismaux manuélins dans son nid d'azulejos. À noter que, depuis l'extérieur, il n'y a aucune vue d'ensemble sur l'édifice, enchâssé qu'il est dans un lacis de rues piétonnes, prisonnier de tous les ajouts au long des siècles.
– **Le trésor de la cathédrale :** *accès depuis le cloître. Tlj sf lun 9h-12h30, 14h- 18h30 (17h30 l'hiver). Visite guidée slt : 3 €.* Beaux azulejos. Beaucoup de vêtements sacerdotaux (cape cardinalice entièrement brodée d'or et rares gants pontificaux du XIVᵉ s en soie et fil de métal). Quelques pièces intéressantes néanmoins : Vierges en bois polychrome, petits ivoires ciselés, coffrets, croix byzantine, pierre tombales. Bien sûr, riche collection d'orfèvrerie religieuse, notamment les custodes en argent doré serties de pierre précieuses et les reliquaires.
– **Les trois chapelles et coro alto :** *accès depuis le cloître. Visite guidée slt lun- ven à partir de 9h30 : 3 € (5 € combiné avec le musée).* Attenante au cloître, la *chapelle de São Geraldo* est carrelée d'azulejos du XVIIIᵉ s retraçant la vie du saint. Beau retable doré abritant son tombeau. La *chapelle de Glória* (1330) présente également une ravissante *talha dourada,* des fresques du XIVᵉ s, de style mudéjar, et un splendide mausolée gothique de l'archevêque. La *chapelle des Rois* renferme la momie de l'archevêque de Braga retrouvée intacte (1397) et les tombeaux sculptés des parents du premier souverain du Portugal.
Dans le *coro alto* (la tribune), attendez-vous à être écrasé par l'exubérance du décor. Stalles en bois jacaranda du Brésil sculpté et doré, là encore offrant une ornementation foisonnante (voire chargée) incroyable. Superbes miséricordes à détailler. Lutrin monumental du XVIIIᵉ s. Voûte peinte avec Vierge en Majesté. Quant aux grandes orgues, ne pas chercher à compter les tubes, il y en a 2 400 (dont 1 157 utilisés réellement).
– Ne pas manquer l'**église de la Miséricorde** (1562), intégrée dans le corps même de la cathédrale *(entrée rua D. Diogo de Souza),* pour le sublime retable, chef- d'œuvre de *talha dourada* (1735).

🛉 **La place de l'hôtel de ville** *(plan A1) :* belle architecture homogène, avec une fontaine du XVIIIᵉ s ornée de pélicans. L'hôtel de ville au porche particulièrement élaboré et la bibliothèque, face à face, en sont les édifices les plus nobles.

🛉🛉🛉 **Museu Casa dos Biscainhos** *(plan A1) : rua dos Biscainhos. ☎ 253-20-46- 50. Tlj sf lun et certains j. fériés. Visite guidée (départ ttes les 45 mn) en portugais ou en anglais 10h-12h15, 14h-17h30. Entrée : 2 €.* Ce musée intéressera tous les amateurs de belles demeures, d'ameublement et d'objets raffinés. C'était à l'origine la maison d'une riche famille provinciale. Dans le hall d'accueil, le sol en granit a été crevassé par les carrosses. Joli petit patio intérieur sur colonnes de pierre. Impossible de tout décrire. Toutes les salles sont richement décorées : plafonds peints (celui du salon est superbe), azulejos dans l'escalier, fresque néoclassique dans la salle à manger... Meubles de style indo-portugais ou Macao, chaises en cuir ciselé, céramiques portugaises et porcelaines de Chine, parchemins et plumes d'oie, tous les symboles de la vie noble du pays sont regroupés ici. La salle à manger propose un délicat décor d'arabesques. Dans la salle de musique, stucs représentent les instruments. Étonnant, chambres à coucher sans salle de bains. Visite des anciennes écuries et des cuisines. En face des écuries, le logement des esclaves (il y en a eu jusqu'à 70). Les jardins portugais du XVIIIe s recueillent les visiteurs fourbus. Végétation luxuriante, magnolias géants, influence baroque partout (terrasses, escaliers, fontaines, sculptures). En pleine ville, un moment réjouissant de détente !

🎯 Voir encore, **praça São João do Souto** *(plan B2)*, dans le quartier au sud de praça da República, la **chapelle das Coimbras,** flanquée d'une grosse tour de pierre ornée de nombreuses statues. Admirer la jolie grille en fer forgé du XVIe s. Sur la même place, sur le côté, la **casa das Coimbras** aux superbes fenêtres manuélines, avec auvent soutenu par de fines colonnes. Sur le *largo Santa Cruz*, la remarquable ornementation florale de la façade de l'**église de la Sainte-Croix** (1625). Rythmée par colonnes et pilastres cannelés, son exubérance décorative révèle aussi une influence des colonies portugaises. À l'intérieur, débauche d'azulejos, dorures et fresques sur la voûte en berceau. Le *largo Carlos Amarante*, qui lui succède, se termine par la longue et imposante façade de l'**hôpital Saint-Marc.**

🎯🎯 **Avenida Central** *(plan B2)* : prolongement de la praça da Republica, elle propose quelques intéressantes architectures comme, au n° 124, la superbe **Rolão House** (1760), résidence d'un riche marchand. Inspirée du style rococo, elle présente en façade des baies de formes toutes différentes, tranchant avec le classicisme de ses voisines. À deux pas, angle de l'avenue et de la rua Cândido, superbe palais, ancien **couvent des Congregados** (1703). Là aussi, originale architecture, notamment cette façade rythmée par de lourdes colonnes cannelées s'appuyant sur d'énormes empattements. Au coin, élégante superposition de trois fenêtres de formes différentes. Après la suppression des ordres religieux en 1834, le couvent devint lycée, puis *université du Minho.*

🎯🎯 Pour les amoureux des azulejos, voir l'**église do Pópulo** *(plan A1)* qui prolonge le couvent éponyme *(ouv 7h30-11h30, 15h-17h30).* Beau retable dans la chapelle Notre-Dame-des-Grâces et, surtout les épisodes de la vie de saint Augustin en magnifiques azulejos du grand *Oliveira Bernardes*. Un peu plus haut, l'**église São Vicente** (à côté du *Bracara Hostel*) offrant une ravissante façade sculptée et, sur toutes les surfaces intérieures, un exceptionnel décor racontant la vie de saint Vincent, allié à une débauche époustouflante de dorures et bois ciselés. Enfin, pour ceux qui ont du temps : le **couvent du Salvador** (1602) pour ses quarante magnifiques caissons peints du début du XVIIe s, l'extravagant *coro alto* et l'orgue attenant, ainsi que la sublime chaire croulant sous les angelots...

🎯 **Vestiges romains :** Braga compte quelques jolis restes de l'occupation romaine. **Bracara Augusta** (thermes) et quelques autres petits lieux sont répertoriés dans la brochure *Braga romana* de l'office de tourisme.

🎯🎯 **Museu de Arqueologia D. Diego de Sousa** *(plan A2)* : *rua dos Bombeiros Voluntários.* ☎ *253-27-37-06 et 61-23-66.* • *mdds.culturanorte.pt* • *Tlj sf lun 9h30-17h30.* Un musée archéologique majeur, d'une grande richesse. Muséologie agréable (nombreux croquis explicatifs), lumières mesurées, salles spacieuses. Préhistoire, pointes de flèche et haches du Néolithique, sculptures celtiques, beau casque de bronze, poids de tisserands, poteries, mortiers en granit... Dans la salle du fond, carte de l'occupation romaine, nombreux témoignages de l'importance de Braga à l'époque : petits verres, délicates poteries grises, éléments de construction en plomb et terre cuite (tuyaux, tuiles, briquettes décoratives), vestiges de mosaïques, instruments agricoles, monnaies, poids et amphores... Impressionnante collection de bornes milliaires et de stèles gravées. Sarcophages en terre cuite et urnes funéraires. Maquette de villa romaine et des thermes.

## Manifestations

– **Semaine sainte :** des processions très colorées traversent la ville durant toute la Semaine sainte. Le Jeudi saint, les *fariccocos* sévissent toujours dans la procession du soir. Également insolite, la *procession théophorique de l'Enterrement*, coutume étrange et macabre consistant à mettre un saint sacrement dans un cercueil que des hommes promènent dans la nef de la cathédrale.
– **Braga romana :** 4 j. fin mai. L'occasion d'accéder à des sites romains secrets, non ouverts au public le reste de l'année. Également des animations de rue,

### DRÔLES DE COCOS, CES FARICCOCOS !

*Depuis le XIVe s, les Bragais ne rigolaient pas le Jeudi saint. Jour de religiosité extrême, un silence de mort gagnait les rues et maisons. Des groupes de fariccocos, pieds nus, vêtus de pourpre, tête couverte d'une capuche, patrouillaient pour dissuader les croyants de traînasser dans la rue. La procession était précédée de ces gardiens de Dieu, brandissant des crécelles géantes pour inciter les ouailles à se confesser.*

marchés et stands de restauration avec des spécialités prétendument d'époque romaine (en costume d'époque, s'il vous plaît !).
– **Fêtes de la Saint-Jean :** autour des 23 et 24 juin. Rues envahies, musique, illuminations : les gens du Minho vouent un culte particulier à são João, d'où cette liesse populaire qui submerge Braga.

## DANS LES ENVIRONS DE BRAGA

**🎯🎯 Santuário do Bom Jesus do Monte** (hors plan par B2) **:** *à 3 km à l'est de Braga. Bus n° 2 depuis l'av. da Liberdade (plan B2) jusqu'au pied du funiculaire. En voiture, sortir de la ville en direction de Chaves (c'est vaguement fléché) : on peut stationner au pied du funiculaire ou pousser au sommet de la colline. Funiculaire depuis le pied de la colline jusqu'à l'esplanade : ttes les 30 mn ; billet 1,20 € ; A/R 2 € (ce*

### UN FUNICULAIRE... SANS MOTEUR

*Depuis 1882, il fonctionne à l'eau. On remplit un réservoir à chaque fois qu'il arrive en haut, ce qui lui permet de redescendre ensuite avec la gravité. En descendant, il entraîne l'autre cabine qui s'élève en même temps. Sans bruit ni pollution.*

*wagon en bois gravit en 3 mn une pente de plus de 30 %, dans une sorte de tunnel de verdure long de 285 m obstruant la vue).*
Le Bom Jesus est cet ostensible sanctuaire planté au sommet du mont Espinho, haut de 400 m. Le clou de la visite est son escalier monumental, qu'on apprécie d'autant mieux qu'on le gravit hardi petit.
– ***L'escalier monumental :*** un gigantesque accordéon de granit qui constitue le grimpe-vers-Dieu le plus exubérant du Portugal ! Un truc fou, de 577 marches précisément (on a compté !). Ce chef-d'œuvre baroque aspire à élever l'âme du croyant. Construite à partir de 1723, en 88 ans, cette « rampe mystique » se nourrit de symboles. On commence par l'*escalier des Cinq Sens* censé amener le pèlerin à la maîtrise de son corps. Sur la première volée, la fontaine de la Vue, sur la deuxième celle de l'Ouïe avec, à côté, la statue du roi David ; viennent ensuite la fontaine de l'Odorat portant les statues de Noé et de Sulamite, celle du Goût et celle du Toucher (avec Salomon et Isaac). Puis, l'*escalier des Trois Vertus théologales* car il porte trois

fontaines représentant lesdites valeurs : la Foi, l'Espérance et la Charité. Le dernier palier est la terrasse de Moïse, avec sa fontaine du Pélican.
– **L'esplanade :** l'escalier monumental aboutit face à l'église. Tout autour, arbres et bosquets abritent trois hôtels anciens, une fausse grotte de dévotion en carton-pâte et, plus loin, un ancien casino. Évidemment, vue superbe sur Braga et sa vallée. Très agréable s'il n'y a pas trop de monde (éviter le week-end et les jours de fête).

🛐 ***Capela São Frutuoso*** *(hors plan par A1) : São Jerómino de Real, à 2 km à l'ouest de Braga, à* **Réal.** *Fléché depuis le rond-point devant la gare ferroviaire de Braga. Tlj sf lun 14h-16h30. Entrée libre.* Une des rares églises wisigothiques subsistant au Portugal. Construite au VIII$^e$ s dans un style romano-byzantin suivant un plan trilobé (en forme de trèfle). On lui a accolé au XVII$^e$ s une grande sœur affublée des ornements baroques habituels.

🛐🛐🛐 ***Mosteiro de Tibães*** *(hors plan par A1) : rua do Mosteiro,* **Mire de Tibães,** *à 5 km à l'ouest de Braga.* ☎ *253-62-26-70 et 62-39-50.* ● *mosteirodetibaes.org* ● *Bien fléché depuis le rond-point de la gare ferroviaire de Braga. Bus n$^o$ 50 (n$^o$ 90 le w-e) de la praça Conde Agrolongo (plan A-B1) direction Mire de Tibães, puis env 1 km de grimpette à pied pour finir. Tlj 10h-19h. Entrée : 4 € ; réduc ; jardins seuls 1,50 €. Visites guidées en portugais ou audioguide en anglais.*
Commençons par le cloître du cimetière (XVII$^e$ s), aux sobres arcades de style toscan, plafonds à caissons en bois et azulejos bien conservés. Attenante à l'entrée latérale de l'église, belle sacristie sous les auspices d'un autel rococo à souhait, avec de nobles chasubliers pourvus de superbes poignées et serrures en laiton. Bâtie au XVII$^e$ s en l'honneur de saint Benoît, c'est l'une des plus grandioses du Portugal. Du primitif XVII$^e$ s au tardif style rocaille du XVIII$^e$ s, tout ici respire le baroque (qualifié de « psychologique »). Les moines convièrent le gratin des doreurs, sculpteurs, menuisiers, charpentiers, pour ce résultat à la limite du délire psychotique. Gardez pour le dessert les chapelles latérales et surtout les grandes orgues, supportées par de naïfs atlantes faunes, presque burlesques.
Au 1$^{er}$ étage (accès depuis la partie supérieure du cloître), la tribune *(coro alto)* embrasse l'église d'en haut. Les stalles des moines y sont classiques, mais notez les miséricordes à faces d'animaux et grotesques.

## ENTRE BRAGA ET GUIMARÃES

🛐🛐 ***Citânia de Briteiros :*** *à 9 km de l'entrée du sanctuaire de Bom Jesus ; sinon, fléchage depuis Taipas, sur la N101 à 8 km au nord de Guimarães et 15 km au sud de Braga.* ☎ *253-41-59-69.* ● *msarmento.org* ● *Tlj sf lun 9h-18h avr-sept (17h oct-mars). Fermé 1$^{er}$ janv, Pâques, Noël. Entrée : 3 €.* L'un des plus beaux sites protohistoriques du pays. Un promontoire occupé depuis le I$^{er}$ millénaire avant notre ère, et dont les vestiges datent de l'âge d'or de la cité, grosso modo entre le II$^e$ s av. J.-C. et le I$^{er}$ s apr. J.-C. : trois lignes de murailles, des ruelles bien dessinées, les bases circulaires ou rectangulaires des habitations (dont deux ont été reconstituées), les canalisations qui alimentaient les thermes...

# GUIMARÃES     (4800)     158 000 hab.

● Plan *p. 463*

Guimarães a le vent en poupe : démographie galopante, construction de routes, de bâtiments, le plus grand centre de l'industrie textile du pays a su gérer la mondialisation et retourner sa veste (c'est le cas de le dire) pour miser sur le tourisme et les vieilles pierres... Bingo ! elle est entrée au Patrimoine mondial de l'Unesco en 2001. La ville médiévale se découvre exclusivement à pied, à travers son lacis de ruelles, ses jolies places, jusqu'à son château à son sommet. Henri de Bourgogne en fit la « capitale » du petit comté (cadeau de son beau-père, le roi de Castille), et Afonso Henriques, le futur roi du Portugal, y naquit. Guimarães est ainsi considérée comme le berceau du Portugal.

## Arriver – Quitter

### En bus

🚌 **Gare routière** (hors plan par A2) : *suivre la rua D. João I, tt droit. Au sud-ouest, rua Alameida Mariano Fegueiras. Guichets ouv 7h-21h.* Compagnies *Rede Expressos* (☎ 707-22-33-44 ; ● rede-expressos.pt ●), *Transdev* (☎ 253-41-46-63 ; ● transdev.pt ●), et *Rodonorte* (☎ 253-42-35-00 ; ● rodonorte.pt ●).

➤ **Porto :** 4 bus/j. avec *Rede Expressos* (dont 2 tlj à 13h et 17h05). Trajet : 1h. Prix : 6 €. Également 7 bus directs/j. pour l'aéroport ● getbus.eu ●

➤ **Barcelos :** 2 bus/j. avec *Rede Expressos*. Trajet : 1h.

➤ **Braga :** 2 bus/j. avec *Rede Expressos*. Trajet : 35 mn. Prix : 6 €. Une douzaine de bus/j. avec *Transdev* 7h15-20h.

➤ **Amarante, Vila Real, Chaves et Bragança :** 7 bus/j. (1-2 slt le w-e). Même bus tout du long avec *Rodonorte* ; sans arrêt à Amarante et changement à Vila Real avec *Rede Expressos*. Trajet : respectivement 1h, 2h, 3h et 3h30. Pour Bragança avec *Rodonorte*, compter 14,50 €, pour Chavès 12,90 €.

➤ **Coimbra et Lisbonne :** 4-5 bus/j. avec *Transdev* et *Rede Expressos*. Trajet : respectivement 2 et 5h.

### En train

🚆 **Gare ferroviaire** (hors plan par B2) : *de l'office de tourisme, descendre l'av. D. Alfonso Henriques. Loin du centre.*

➤ Train ttes les heures env, 6h-23h, pour **Porto** (terminus São Bento, via Campanha). Trajet : 1h20.

## Adresses et info utiles

🅘 **Office de tourisme :** *praça de São Tiago* (plan B2). ☎ 253-42-12-21 et 41. ● guimaraesturismo.com ● *Lun-ven (été) 9h30-19h ; sam 10h-13h, 14h-19h ; dim 10h-13h.* Sympa, francophone et pro. Demandez la brochure bien complète de la vieille ville.

✉ **Poste** (plan A1-2) : *rua de Santo António. Lun-ven 8h30-18h. Autre bureau dans la gare routière (lun-ven 9h-18h).*

@ **Internet :** *le centre est en zone wifi.* Sinon, **Cyber-Centro cultural do Vila Flor** (hors plan par B2, **1**) *juste derrière l'AJ. Lun-ven 8h30-minuit (20h sam ; 14h-20h dim).* Ou à la **bibliothèque** (*face à la mairie ;* plan B2, **2**) *lun-sam 10h-18h.*

🅿 **Parking :** *gratuit juste derrière le castelo. Sinon, parcmètres en ville (env 0,50-0,75 €/h).*

## Où dormir ?

### Bon marché

🏠 **Pousada da juventude** (hors plan par B2, **10**) : *largo da Cidade.* ☎ 253-42-13-80. ● guimaraes@movijovem. pt ● *À pied, descendre les marches du largo do Trovador, c'est à 2 mn ; en voiture, fléché depuis l'av. Dom João IV. Réception 8h-minuit. Selon saison, 11-14 €/pers en dortoir ; doubles 32-38 € ; apparts 4 pers avec* kitchenette 60-70 €. L'AJ officielle. Dans une grande et belle bâtisse toute rénovée en granit. Bien située et fonctionnelle, avec plein de services (cuisine, machine à laver, etc.). Indéniablement une des plus belles AJ du Portugal !

🏠 **My Hostel** (plan A1, **11**) : rua Francisco Agra, 135. ☎ 253-41-40-23. 📱 967-07-57-55 ou 962-11-16-39. ● myhostel.guimaraes@gmail.com ● myhostel-guimaraes.webnode.pt ● Compter 15-19 €/pers en dortoir 2-6 lits ; doubles sans ou avec sdb 38-42 € ; petit déj inclus. 🖥 📶 AJ privée bienvenue dans le paysage de Guimarães, qui manquait cruellement d'hébergements de ce type. Des dortoirs du 1er étage aux chambres privatives du 2e, tout est rutilant, d'une blancheur et d'une clarté éclatantes. La déco reste sobre, avec toutefois quelques touches de fun, comme les fausses moulures peintes sur les portes et les meubles. Agréable terrasse, belle cuisine et salles de bains dernier cri : voilà un confort optimal à prix serrés ! De plus, accueil délicieux, staff serviable, notre meilleure AJ !

🏠 **Hostel & Adventure** (plan A1, **12**) : travessa do Picoto, 19. ☎ 253-53-60-33. 📱 965-377-417. ● guimaraesliving@gmail.com ● Tte l'année. Compter 17,50 €/pers en dortoir, double 40 €, sanitaires extérieurs. À 10 mn à peine du centre, dans un coin hyper tranquille, une discrète AJ dont on ne peut de l'extérieur deviner toutes les qualités. Une trentaine de lits. Espaces lumineux, dortoirs confortables, beaucoup de bois blanc, literie et salle de bains impeccables. Grande cuisine équipée. Accueil pro et sympathique. Agréable courette derrière.

🏠 **Hostel Oficinas de São José** (plan B2, **17**) : rua D. domingos da Silva Gonçalves. ☎ 253-41-63-16. 📱 963-039-006. ● hostel@cjsj.pt ● 15-22,50 €/pers suivant saison. Assez central, coin tranquille, AJ installée dans un édifice du XVIIe s (ancien couvent). Très bien tenu et bon accueil, propose une trentaine de lits en *single* ou chambres de quatre. Petite cuisine.

🏠 **TM Hostels II** (plan A-B2, **13**) : rua da Rainha D. Maria II, 144. ☎ 253-43-35-04. ● hostels@tmhostels.com ● tmhostels.com ● Compter 12-20 €/pers en dortoir. Double 32 €. 🖥 📶 Situé en plein cœur du centre historique, il abrite des dortoirs de 2 à 6 lits colorés, simples et modernes, avec lits en fer superposés et, le plus souvent avec sanitaires à l'intérieur. Seul bémol, réception fermant trop tôt (souvent vers 19h) et staff peu professionnel !

🏠 **Hotel D. João IV** (hors plan par B2, **14**) : av. João IV, 1660. ☎ 253-51-45-12. ● geral@hoteldomjoaoiv.com ● hoteldomjoaoiv.com ● À 100 m de la gare ferroviaire. Doubles avec sdb 35-40 €, petit déj compris. 🖥 📶 Hôtel standard d'une propreté irréprochable. Accueil chaleureux. Une quinzaine de chambres avec mobilier moderne, clim, TV satellite et minibar. Certaines avec balcon, donnant – hélas ! – sur une avenue bruyante. Accueil sympa.

### De prix moyens à plus chic

🏠 **Villa Hotel** (hors plan par B2, **14**) : av. Dom João IV, 631. ☎ 253-42-14-40. À 10 mn à pied de la vieille ville. Doubles 60-90 € (promos sur Internet). 🖥 📶 Extérieurement, l'établissement ne séduit pas d'emblée (gros cube tout blanc sans charme). Une cinquantaine de chambres, en revanche, bien insonorisées, au confort fignolé et fort plaisantes. TV à écran plat et chaînes câblées, clim, frigo. Consigne à bagages. Parking. Accueil jeune et pro.

🏠 **Hotel Mestre de Avis** (plan A2, **15**) : rua D. João I, 40. ☎ 253-42-27-70. 📱 926-513-323. ● reservas@hotelmestredeavis.pt ● hotelmestredeavis.com ● Doubles 50-150 € selon confort et saison. Petit déj 5 €. 📶 En léger contrebas du vieux centre, dans une maison du XIXe s. À l'intérieur, place au style contemporain ! Déco bien pensée, gentil coin salon au 1er, anciennes écuries transformées en salle pour le petit déj et en petit bar, etc. Chambres propres et épurées. Les moins chères donnent sur l'arrière, et les *deluxe* bénéficient d'un petit balcon sur vastes comme des suites. Vraiment sympa. À deux pas de notre meilleur resto !

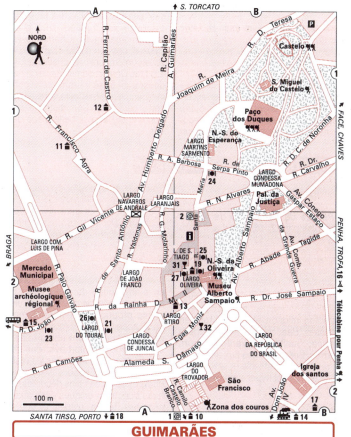

## GUIMARÃES

- **Adresses utiles**
  - 🛈 Office de tourisme
  - @ 1 Cyber-Centro cultural do Vila Flor
  - @ 2 Bibliothèque

- **Où dormir ?**
  - 10 Pousada da juventude
  - 11 My Hostel
  - 12 Hostel & Adventure
  - 13 TM Hostel II
  - 14 Hotel D. João IV et Villa Hotel
  - 15 Hotel Mestre de Avis
  - 16 Parque de campismo da Penha
  - 17 Hostel Oficinas de São José
  - 18 Caza de Sezim
  - 19 Hotel da Oliveira

- **Où manger ?**
  - 21 Cervejaria José Fernandes Martins
  - 23 Le Babachris
  - 24 Mumadona
  - 25 Solar do Arco
  - 26 Restaurante Café Oriental
  - 27 Buxa

- **Où boire un verre ?**
  - 31 Cinecitta
  - 32 Manifestis Probatum

## Plus chic

🛏 |●| **Hotel da Oliveira** *(plan B2, 19)* : *rua de Santa Maria (et largo de Oliveira).* ☎ *253-51-41-57.* ● *reservas@hoteldaoliveira.com* ● *hoteldaoliveira.com* ● *Doubles 105-160 €, petit déj inclus (moins cher basse saison).* 📶 L'hôtel de charme par excellence et éminemment central. En outre, l'idée d'utiliser des livres comme décor (et même mobilier, comme le comptoir) nous a enchantés (plus de 5 000 ouvrages, pas mal à l'heure des tablettes !). L'accueil anglophone, très pro et affable, également. Chambres spacieuses, cosy en diable, d'un délicieux style contemporain et chaleureux tout à la fois. Confort parfait : salle de bains design, clim, sèche-cheveux, coffre, minibar... Notre meilleure adresse dans cette catégorie. Bon resto (le *Hool*) donnant sur la plus belle place de la ville.

## Où dormir dans les environs ?

### Camping

⛺ *Parque de campismo da Penha (hors plan par B2, 16)* : *Penha, à 6 km de Guimarães.* ☎ *253-51-59-12.* ● *campismo@turipenha.pt* ● *turipenha.pt* ● Bien fléché depuis le centre. Bus pour Penha depuis la gare routière ou télécabine, puis 500 m à pied. *Ouv de début mai à mi-sept. Réception 8h-19h. Emplacement env 10 € pour 2.* Camping mignon et calme, tout en terrasses. Beaucoup d'ombre et belle piscine. Sanitaires ayant fait leurs preuves. Belles balades aux alentours. En revanche, c'est isolé et la route qui mène en ville est hyper sinueuse !

### Beaucoup plus chic

🛏 *Caza de Sezim (hors plan par A2, 18)* : *rua de Sezim, S. Tiago de Candoso,* **Nespereira,** *à 4 km au sud de Guimarães.* ☎ *253-52-30-00 et 253-52-31-96.* ● *geral@sezim.pt* ● *sezim.pt* ● *Depuis le centre, prendre la N105 direction Porto ; dès l'entrée du village de Covas, c'est fléché à droite (petite route) puis sur 2,5 km. Ouv tte l'année. Doubles 120-130 €, petit déj compris.* 📶 Vaste habitation du XVIIIe s en pierre rouge autour d'une cour, perdue dans les vignobles. Les charmants proprios, anciens diplomates en France, cultivent aujourd'hui le *vinho verde* et gèrent une dizaine de chambres tout confort avec des meubles portugais du XIXe s (les lits étaient d'une hauteur à l'époque !). Tapis, parquets et salles de bains décorées, tentures douces et uniques dans chaque chambre. Tennis, piscine et superbe jardin dominant la vallée. Le tout en version grande classe et tenu par une équipe très pro.

## Où manger ?

### De bon marché à prix moyens

|●| **Le Babachris** *(plan A2, 23)* : *rua D. João I, 39.* ☎ *964-420-548.* ● *rstbabachris@gmail.com* ● *Tlj sf dim soir-lun à partir de 13h le midi et 19h le soir. Résa quasi obligatoire si vous espérez y manger (trop de succès, petite salle). Menus 9 € le midi en sem, 14 € le soir ; menu dégustation le w-e 19 €.* Cadeau du *Routard* à ses lecteurs, tout simplement la meilleure adresse de la région. Mais c'est vrai que Christian, le chef français (ancien de Le Nôtre) et Barbara, son adorable épouse, se mettent en quatre pour les clients : marché à l'aube, un seul service (on mange à son rythme), accueil gai, souriant et francophone. Cuisine joliment créative, recettes traditionnelles subtilement revisitées... Sens des sauces, cuissons parfaites. Pas de carte, menu unique (2 plats : viande ou poisson), fraîcheur garantie !

|●| **Mumadona** *(plan B1, 24)* : *rua Serpa Pinto, 260.* ☎ *253-41-61-11.*

**914-721-541.** *Tlj sf dim et lun soir. Menus 5 € et 13,50 € (touristique) ; plats 9,50-16 € (et des demi-doses, bien sûr).* Un des restos populaires les plus fameux, toujours plein (surtout le midi). Petit menu du jour à 5 € imbattable (avec verre de vin et café !). Cadre intime, frais, coloré, joyeusement bruyant. On est surpris du remarquable rapport qualité-prix. Les jours de *cozido*, toute la ville débarque !

**I●I Solar do Arco** (plan B2, **25**) : *rua de Santa Maria, 48-50.* ☎ *253-51-30-72. Tlj 12h-22h. Menu touristique 19,50 € ; plats 11,50-14,50 €. Vins à partir de 9 €. Menu en français.* Ce n'est pas parce que ce resto ne possède pas de terrasse qu'il est moins bon. Au contraire, dans cette salle spacieuse, on dégustera une cuisine traditionnelle bien mitonnée. Un poil plus cher que la normale, mais bon choix à la carte. *Fejoada de camaroes* goûteuse et généreuse.

**I●I Restaurante Café Oriental** (plan A2, **26**) : *largo do Toural, 11.* ☎ *253-41-40-48. Tlj, le midi slt lun-sam. Formule buffet 10,50 €, boisson et dessert en sus.* Pour le coup, resto presque secret, pas de menu affiché dehors. Rien n'indique cette populaire cantine des travailleurs du coin, située au 1er étage. Le nom est celui d'un établissement disparu. 2 salles aux énormes murs de granit. Souvent bondé, on est assez serré. Buffet très correct, renouvelé régulièrement, poisson cuit comme il faut et viandes tendres.

**I●I Cervejaria José Fernandes Martins** (plan A2, **21**) : *largo do Toural, 33-34.* ☎ *253-41-63-30. Tlj sf dim 10h-2h. Menus 13 € (midi) et 18 € (soir) ; plats du jour 4-5 € le midi, 8-16 € le soir. Fransinha especial 8 €.* Les fidèles s'y retrouvent au coude à coude autour du bar et dînent d'un *prato do día* dans un cadre authentique sans anicroche. Original : comptoir décoré d'écharpes de foot sous verre ! Personnel accueillant. Ne désemplit pas depuis 1951, ça doit être un signe... Excellent lors des matchs de foot de l'équipe nationale, on en vibre encore !

### De prix moyens à plus chic

**I●I Buxa** (plan B2, **27**) : *largo de Oliveira, 23.* ☎ *252-05-82-42.* **911-175-763.** *Tlj 9h-23h.* Sur la plus belle et plus touristique place de la ville. Découvrez pourtant une cuisine pas du tout passe-partout, mais plutôt bien troussée et à des prix fort raisonnables. Plats traditionnels avec une touche personnelle et à partir de bons produits. Délicieux *caldo verde* et poisson frais cuit juste comme il faut. Superbe terrasse aux beaux jours à côté d'élégantes arcades.

## Où boire un verre ?

**♈ Cinecitta** (plan A-B2, **31**) : *praça de S. Tiago, 26.* **918-436-231.** *Tlj 10h-2h du 1er avr-31 oct. Fermé lun en basse saison.* Tenu par un couple très sympa qui a longtemps vécu en Alsace. De bien bonnes salades à 5-7 € qui portent des noms... de films des fameux studios italiens, bien sûr ! Déco recherchée de David, le boss, (des affiches de cinéma rares), tout un concept...

**♈ Manifestis Probatum** (plan B2, **32**) : *rua Egas Moniz, 57-63.* **912-224-904.** *Pas de résa. CB refusées.* C'est un bistrot à vins idéal pour savourer un verre de nectar soigneusement choisi. Dans un cadre certes un peu froid, une très belle carte de vins portugais accompagnant fort bien *petiscos* et tapas assez élaborés.

## À voir

**⛨⛨ Castelo** (château ; plan B1) : *au sommet de la ville. Tlj 9h30-18h.* Son donjon, d'une trentaine de mètres de haut, date du Xe s et fut renforcé par la suite de sept massives tours crénelées. Solidement rivé à son socle de granit : le rocher fait corps avec la base de la muraille. Peu à voir dedans, mais l'ensemble, très bien conservé et rénové, est plein de charme.

🕆 *Igreja São Miguel do Castelo* (plan B1) : chapelle romane du XIIe s, située entre le palais et le château. Selon la tradition, le premier roi du Portugal, dom Afonso Henriques, y aurait été baptisé. Sol jonché de tombes des premiers seigneurs ayant fondé le pays.

🕆🕆🕆 *Paço dos Duques* (palais ducal ; plan B1) : rua Conde D. Henrique, à côté du château. ☎ 253-41-22-73. *Visite tlj 9h30-19h (juil-sept) ; 10h-17h (oct-juin) ; fermeture du guichet 30 mn avt. Entrée : 5 € ; billet combiné avec le musée Sampaio 6 €.*
Construit au début du XVe s par le fils bâtard de João I.
– Grande salle avec deux immenses tapisseries racontant les conquêtes portugaises en Afrique... D'abord une remarquable *Bataille navale* aux couleurs toujours fraîches ; l'autre, le *Siège de la ville* vu du navire (assaut d'Arzila en 1471). Beau mobilier et petite salle d'armes avec une palette d'engins à esquinter : arbalètes, mousquets, hallebardes, avant d'aborder la salle des banquets et son plafond en forme de carène renversée. Longue table de 15 m et très beaux lustres. On y retrouve la tapisserie le *Siège de la ville,* mais aux couleurs complètement éteintes.
– *Salon des Pas Perdus,* avec la tapisserie du *Débarquement de Dom Alfonso et de ses troupes à Arzila.* Chapelle haute de plafond avec une belle charpente, élégant portail gothique à quatre voussures et deux intéressantes peintures : *Transfiguration du Christ* et *Communion de saint Jérôme.*
– *Salle Noble :* mobilier sculpté, dont un superbe buffet Renaissance hollandaise. Porcelaines chinoises du XVIIIe s.
– L'antichambre où l'on déguste *L'Expulsion de licteurs* (sur un carton de Rubens), puis la *salle de Scipion* offrant une belle tapisserie de Bruxelles sur les guerres puniques. Dans la chambre à coucher, la finesse de sculpture du buffet portugais en bois sombre (XVIIe s) n'échappe à personne. Lit à baldaquin du XVIIIe s.
– *Salle Saint-Michel :* saisissante tapisserie de Bruxelles, *Consécration de la Mort et l'explication des rêves* (sur un carton de Rubens).
– Le dernier étage est réservé au président de la République.

🕆🕆 On rejoint le **quartier médiéval** (plan B2) par l'élégant largo Martins Sarmiento bordé de belles demeures et de l'église **Nossa Senhora do Esperança** (plan B1). La vieille ville, presque entièrement piétonne, est d'une grande homogénéité. La **rua Santa Maria** compte de nombreuses demeures gothiques ornées de superbes ferronneries. Elle traverse notamment le parvis de l'ancien **couvent Santa Clara** (actuel hôtel de ville) de style baroque. Notez le pittoresque alignement de maisons très anciennes sur le **largo de S. Tiago** et le **largo Oliveira** avec l'ancien hôtel de ville sur galerie à arcades ogivales.

🕆🕆 *Igreja Nossa Senhora da Oliveira* (plan B2) : largo Oliveira. Elle est précédée d'un bel édicule gothique avec quatre arcs en ogive (le *Padrão do Salado,* commémorant la bataille de Salado en 1340 contre les Maures). À l'intérieur, trois nefs aux grandes arcades en gothique primitif, mais chœur roman au riche décor. Immense maître-autel baroque sur fond céleste lumineux. Jolies stalles sculptées surmontées de lambris en bois et bronze dorés. Voûtes à caissons, orgue monumental, deux longues tribunes sur le côté.

🕆 *Museu Alberto Sampaio* (plan B2) : à côté de l'église. Tlj sf lun et j. fériés 9h30-18h15. Entrée : 5 € ; réduc. Billet combiné 6 €. Dans l'ancien couvent da Oliveira du XIIIe s, plein d'atours avec son cloître roman et le très beau plafond peint de feu la salle capitulaire. Intéressant musée d'Art sacré, complété de quelques primitifs. Une muséographie moderne met en valeur de vieux témoignages de l'histoire de Guimarães et ses environs : superbe retable doré et ciselé, gisant polychrome orné de chérubins, petit retable de Saint-Roch (chien qui lèche les plaies du lépreux), remarquable travail de ciselage sur les colonnettes. La pièce en face se révèle

d'une richesse exceptionnelle : plafond peint et fenêtres ouvragées. Noter les deux porteuses de cierges (celle de droite possède vraiment un air inspiré !).
– Au fond du cloître, salle de l'orfèvrerie religieuse : croix processionnelle de 1547 en argent doré, custodes, ostensoirs, calices, jarres, crucifix, tous admirablement travaillés...
– *Au 1er étage :* admirer le magnifique triptyque de la Nativité (XVe s), ainsi que le tableau représentant *João Ier à la bataille d'Aljubarrota* (en 1385). Tout à côté, la vraie tenue en cuir qu'il portait ce jour-là et que l'on retrouve bien sûr sur le tableau.
– *Au 2e étage :* fragments de fresques redécouvertes à l'issue de travaux (disparues sous les couches de badigeon). Riche statuaire de la Vierge, quelques représentations d'évêques ridicules ou patibulaires et une pathétique *Vierge et saint Jean* en bois brut (et traces de polychromie). À noter, six scènes bibliques très expressives (dont la *Fuite de Sodome*).

¶ Traverser l'avenue et descendre les escaliers qui contournent l'église São Francisco. On découvre, juste devant l'auberge de jeunesse, l'ancienne **zona dos couros** (quartier des tanneurs ; plan B2), réhabilitée lorsque Guimarães fut désignée en 2012 Capitale européenne de la culture. Plusieurs bassins de trempage en granit attestent de l'importance de l'industrie du cuir dans le passé de la ville.

¶ Petit **Musée archéologique régional** *(plan A2) : installé dans le cloître de l'église São Domingos, rua Paio Galvão. Tlj sf lun 9h30-12h30, 14h-17h. Entrée : 1,50 €.*
Dans le cloître, beaux chapiteaux, tous différents, bornes romaines, porte de demeure celtique du Ve s et reconstitution de maisons de la même époque. Stèle funéraire avec le triskell et sarcophages romains. Quelques pièces intéressantes, voire rares comme cette assiette Carnot de la fin du XVIIIe s et des armes lusitaniennes du Ier s av. J.-C. Dans l'escalier, d'énormes blasons des XVIIe et XVIIIe s. À l'étage, la préhistoire : pierres polies, haches de bronze, poteries avec dessins, char votif, petits verres romains, bijoux, canalisations pour les thermes, activités domestiques... Voir la salle de conférences et ses lustres du XIXe s ainsi que la bibliothèque et ses nombreux et vénérables livres religieux.

¶ **Télécabine pour Penha** *(hors plan par B2) : au sud-est de la ville. Fonctionne slt en journée. Compter 10 mn pour grimper à 400 m d'altitude. Billet A/R : 4,50 €.*
Circuit de balades entre forêt et rochers au sommet. Belle vue sur la ville et ses environs. On y aperçoit même le stade rénové pour l'Euro 2004. Une église, des petits restos et la statue de Pie IX... Une promenade sympa.

## Manifestations

– **Festival Veraõ vale a pena em Guimarães :** *fin juin-début juil, pdt 2 sem.* Animations autour de la danse et de la musique.
– **Festas Gualterianas :** *1er w-e d'août.* Depuis plus de 100 ans, c'est la fête de la ville. Défilés de chars, groupes folkloriques...
– **Semaine de la mode :** *sept.*
– **Guimarães Jazz :** *10 j. en nov.* Un des meilleurs festivals de jazz du Portugal.

# AMARANTE (4600) 56 300 hab.

**Joli centre-ville plein de charme, traversé par le rio Tâmega que surplombent des maisons du XVIIe s aux balcons en ferronnerie. La grand-rue pavée, l'église São Gonçalo et le pont ancien s'unissent dans un ensemble harmonieux.**

## Arriver – Quitter

### En bus

- **Gare routière :** *à la limite sud de la vieille ville.* Compagnie *Rodonorte* (☎ 253-42-21-94 ; ● rodonorte.pt ●).
- ➢ **Guimarães :** 4-5 bus/j. Trajet : 40 mn à 1h10.
- ➢ **Porto :** env 10-12 bus/j. Trajet : 1h.
- ➢ **Vila Real :** 10-12 bus/j. Trajet : 50 mn. 3-4 bus/j. continuent vers **Chaves** (2h de trajet).
- ➢ **Bragança :** 6-8 bus/j. Trajet : 2h30.

## Adresse et info utiles

- **Office de tourisme :** *largo Conselheiro.* ☎ 255-42-02-46. *Tlj, juil-sept 9h30-19h ; le reste de l'année, 9h30-12h30, 14h-18h.* Très moderne, avec table tactile.
- **Marché :** *mer et sam.* Très animé.

## Où dormir ?

### Camping

**⛺ Parque de campismo Penedo da Rainha :** *rua Pedro Alvellos, Gatão, à 1 km d'Amarante sur la rive droite (GPS Amarante).* ☎ 255-43-76-30. ● ccporto.pt ● *Fléché depuis le pont. Ouv fév-nov. Emplacement pour 2 env 18 €.* Installé sur un terrain qui s'étage jusqu'à la rivière Tâmega...ffe aux moustiques aussi ! Piscine, épicerie, snack-bar. Les sanitaires sont propres. Accueil très aimable.

### Bon marché

**🏠 Residencial-bar Principe :** *largo Conselheiro António Cândido.* ☎ 255-44-61-04. *Sur la rive gauche. Doubles 25-30 € selon confort, sans petit déj.* Manuel Magellan (*Magalhães*, quoi !) tient le café au rez-de-chaussée. Chambres un peu défraîchies, avec une déco style chez Tantine. Celles avec w-c sur le palier sont moins chères. Certaines donnant sur la place profitent de l'animation et du bruit les soirs d'été. Acceptable pour les fauchés.

## Où dormir dans les environs ?

### Prix moyens

**🏠 |●| Quinta de Ribas :** *rua de Crestilha, Vila Chã do Marão.* ☎ 255-42-21-13. 📱 916-20-91-12. ● catherine.leite@clix.pt ● quintaderibas.com ● *De l'office de tourisme, passer sous le pont moderne en direction de Fridão ; longer la rive sur 500 m, puis prendre à droite vers Vila Chã ; ça grimpe sur 4,7 km, puis tourner à gauche sur 400 m en suivant le fléchage. Ouv fév-nov. Doubles env 55-62 €, petit déj compris ; dégressif dès la 2ᵉ nuit. Dîner 16 € sur résa.* 📶 *Une bouteille de vinho verde offerte sur présentation de ce guide.* Belle et grande propriété avec sa propre chapelle, tenue par un couple franco-portugais fort chaleureux. De beaux orangers bordent le chemin et une vigne en treille couvre l'allée. Chambres doubles et gîtes pour 4 à 6 personnes au confort garanti, avec cuisine commune. On peut aussi dormir dans un grand tonneau aménagé : une formule sacrément originale ! Excellent petit déj. Piscine et tennis. Plein d'infos sur la région à disposition.

## Où manger ? Où boire un verre ?

**|●| A Quelha :** *rua de Olivença.* ☎ 255-42-57-86. *1ʳᵉ ruelle à gauche en arrivant sur le largo Conselheiro ; le resto se trouve dans la rue à gauche. Tlj. Plats 10-16 €.* Une adresse régionale réputée, avec sa cuisine à base de viande (*cozido, cabrito...*) et de charcuterie. Gardez de la place pour les beaux desserts maison ! Joli décor de taverne où se mélangent jambons qui pendent au plafond et tableaux exposés.

**|●| *Restaurante Lusitana :*** *rua 31 de Janeiro, 65.* ☎ *255-42-67-20. Sur la rive gauche. Tlj sf mer soir. Fermé 1re quinzaine d'oct. Plat du jour 7,50 € sf soir et dim. Menu 10 € ; plats 8-15 €. Apéritif offert sur présentation de ce guide.* Cuisine simple et relativement correcte, avec un accessit pour le veau et le cabri au four. Terrasse couverte avec belle vue sur la rivière.

**♀ *Restaurante-café São Gonçalo :*** *praça da República ; rive droite, à l'ombre de l'église.* ☎ *255-43-27-07.* Café-resto avec une grande salle et des tables en terrasse. Parfait pour boire un verre sur la belle place triangulaire de l'église, fort animée les soirs d'été et lors de la messe dominicale.

### Où se taper résolument la cloche ?

**|●| *Largo de Paço :*** *largo de Paço, 6.* ☎ *255-41-08-30.* ● *reservas@casadacalcada.com* ● *À côté du vieux pont sur la rive gauche. Congés : janv. Tlj. Menu déj (sf dim) 35 € ; autres menus 55-110 €.* Une adresse qui a tout ! Le lieu historique, un palais *(paço)* du XVIe s rebâti au XIXe s, aux intérieurs chic, chaleureux et feutrés. Le service, distingué, hôtelier, multilingue : la classe ! La cuisine, une œuvre d'art. Si vous n'aimez pas les tableaux un peu toc aux murs, vous vous rattraperez sur de superbes compositions qui mutent la bûchette de foie gras en une scène champêtre. Et ce n'est pas que beau : c'est subtil au palais et inventif à souhait. Amuse-bouche, contre amuse-bouche : le menu du midi est une véritable aubaine (au-delà, le portefeuille geint un peu). Une adresse qui a tout, vous dit-on !

### Où déguster une pâtisserie ?

**|●| *Confeitaria da Ponte :*** *rua 31 de Janeiro, 186.* ☎ *255-43-20-34.* ● *confeitariadaponte.pt* ● *À l'angle du vieux pont et de la grand-rue. Tlj 9h-22h.* 🛜 La meilleure pâtisserie de la ville, dit-on. Petite terrasse agréable surplombant le rio Tâmega.

## À voir. À faire

**🏛 *Museu Amadeu de Sousa Cardoso :*** *derrière l'église São Gonçalo. Tlj sf lun et j. fériés 10h (9h30 en basse saison)-12h30, 14h-18h. Entrée : 1 €.* Bel édifice doté d'un charmant cloître à colonnes. Ce musée abrite des œuvres du célèbre peintre cubiste portugais Amadeu de Sousa Cardoso (1887-1918), né près d'Amarante.

**🏛 *Igreja São Gonçalo :*** cette église du XVIe s renferme un beau mobilier baroque, dont un splendide buffet d'orgue. Dans la nef centrale, tombeau de São Gonçalo, vénéré par les femmes en mal d'enfant. Massif cloître au style classique bon ton mâtiné de plafonds à nervures gothiques.

### LE SAINT DES VIEILLES FILLES

*Celles qui recherchent un mari viennent volontiers ici prier São Gonçalo. On attire donc les hommes par la prière et surtout par les* papos do anjo, *ces merveilleuses pâtisseries du coin. Encore une gâterie.*

## Manifestation

– **Fête de São Gonçalo :** *1er w-e de juin.* Très populaire et colorée, qui favoriserait le mariage des femmes « mûres ».

# LA RÉGION VITICOLE DU HAUT-DOURO

- Pour la carte générale de la haute vallée du Douro, se reporter au début du chapitre suivant, « Le Nord-Est ».

L'Unesco eut le nez creux quand elle décida de classer en 2001 la région viticole du Haut-Douro dans sa liste du Patrimoine mondial de l'Humanité… De magnifiques balades se profilent à l'horizon, par voie fluviale (on peut remonter jusqu'à Barca d'Alva, en aval de Freixo de Espada a Cinta), en train (la voie suit les rives, chouette !) ou sur les infernales routes qui serpentent entre les collines en secouant les boyaux.

Depuis 2 000 ans, la vigne pousse dans cette vallée pentue, dotée d'un sol et d'un climat qui confèrent au porto des qualités uniques. Le schiste, merveilleux capteur naturel, restitue au raisin pendant la nuit la chaleur torride de l'été accumulée le jour. L'implantation des vignes en terrasses fait la splendeur du paysage. Un vrai travail d'orfèvre. Depuis les crêtes, la vigne trace les courbes de niveau comme sur une carte de randonnée. Le Douro d'un bleu profond court son cours en fond de vallée, tandis que les *quintas*, mi-fermes mi-châteaux, découpent sur le coteau leurs formes blanches et nobles. C'est ici que le porto subit sa fermentation, l'additionnement d'*aguardente* (eau-de-vie), avant d'être transféré à Vila Nova de Gaia par camion (finies les barques *rabelos* d'autrefois !) pour y vieillir tranquillement.

## LAMEGO (5100) 27 000 hab.

Légèrement au sud de la vallée, cette ville garde quelques jolis témoignages du passé : une ancienne cité fortifiée, une intéressante cathédrale, un joli théâtre. Dominant tout ce beau monde, le sanctuaire Nossa Senhora dos Remédios rappelle le Bom Jesus do Monte près de Braga.

### Arriver – Quitter

#### En bus

**Gare routière :** *derrière le musée, au sud*. Attention, billets en vente à 200 m, dans le kiosque à journaux à côté de l'office de tourisme.

➢ **Vila Real :** 5-6 bus/j. avec *Rede Expressos* et *Rodonorte*. Trajet : 40 mn.
➢ **Lisbonne :** 5-6 bus/j. avec *Rede Expressos* et *Rodonorte*. Trajet : 4h30.

### Adresse utile

**Office de tourisme :** *av. Visconde Guedes Teixeira.* ☎ 254-61-57-70. ● cm-lamego.pt ● (mairie). Tlj 9h-12h30, 14h-18h.

### Où dormir ?

**Camping Lamego :** *à 1,5 km du centre, en direction du sanctuaire (puis fléché).* ☎ 969-02-14-08. ● campinglamego@gmail.com ● Emplacement env 10 € pour 2. Double avec sdb 50 €. 📶 Enfin un bon petit camping dans cette région qui en manque cruellement ! Le site surplombe joliment la ville. On peut planter sa tente sur les carrés de pelouse étagés en terrasses, jouissant ainsi d'une vue apaisante. Sanitaires tout neufs. Le sanctuaire n'est qu'à 5 mn à pied par un petit sentier. Ajoutez à cela une poignée de coquettes chambres en dur et une cave à vins taillée dans le roc : voilà un bon point de chute pour budgets serrés !

🛏 **Hotel São Paulo :** *av. 5 de Outubro (200 m en contre-haut du cours).* ☎ *254-61-31-14. Fermé mai et sept. Doubles avec sdb et AC 40-45 € ; suite 55 €. Petit déj 5 €. Parking gratuit. Petit déj offert sur présentation de ce guide.* Dans un immeuble résidentiel. Déco sobre pour ces chambres vraiment propres, climatisées et avec salle de bains. Celles regardant la ville médiévale sont plus calmes que celles donnant sur l'avenue. Très correct pour faire étape. Accueil gentil.

## Où dormir ? Où manger dans les environs ?

🛏 **Quinta do Ervedal :** *à Santa Marinha do Zêzere.* ☎ *254-88-24-68.* 📱 *917-56-29-44.* ● *quintadoervedal@sapo.pt* ● *quintadoervedal.net* ● *Sur la rive nord du Douro ; bien fléché en contrebas de la N108. Double 65 €, petit déj inclus. Repas sur résa 17,50 €.* 📶 *Réduc de 10 % sur présentation de ce guide.* Admirable et noble demeure plantée à flanc de coteau avec une vue panoramique sur un méandre du Douro. Accueil francophone et très aimable des propriétaires, belles chambres décorées avec goût et meubles anciens. Pierres massives des murs, poutres et hauts plafonds : un côté chic qui n'empêche pas la détente dans la salle de billard, baby-foot et ping-pong, ou dans la belle piscine.

🛏 **Quinta da Santa Eufemia :** *à Parada do Bispo.* ☎ *254-33-20-20 ;* 📱 *919-04-03-55.* ● *quintasantaeufemia@sapo.pt* ● *qtasantaeufemia.com* ● *Gagner Peso da Regua et prendre la N313 direction « Armamar » ; le village et la quinta sont indiqués plus loin. Double avec petit déj env 60 € ; maisonnette 2-4 pers 80 €. Réduc de 10 % sur le prix de la chambre (2 nuits min) sur présentation de ce guide.* Face à la vallée, avec les vignes en contrebas, voici une adresse toute simple et sans prétention qui permet de séjourner au cœur des vignobles. Les 2 chambres d'hôtes, assez coquettes et avec salle de bains à partager, se trouvent à l'étage d'une vaste demeure familiale. Il existe aussi une maisonnette indépendante avec coin cuisine et canapé-lit. Le domaine produit (et vend) des vins du Douro et du porto. Les charmants proprios vous guideront volontiers à travers leur exploitation et vous feront visiter le sanctuaire voisin.

🛏 🍴 **Quinta do Terreiro :** *à Lalim.* ☎ *254-69-70-40.* 📱 *969-37-34-73.* ● *quintadoterreiro.com* ● *De Lamego, se diriger vers l'IP3 sans le prendre ; prendre la N226 vers Moimenta da Beira sur 4 km ; fléchage « Lalim » et « Turismo de habitação » à droite. Doubles 69-75 €, petit déj inclus. Repas possible ; plats env 15-30 €.* 📶 *Dans une ferme en pierre massive du XIIIe s, où sont toujours cultivées pommes, cerises et pêches, une dizaine de chambres sont disposées autour d'une cour. Toutes sont différentes et meublées avec goût. Tout confort, avec des sanitaires d'origine savamment restaurés. Jardin, TV, piscine et court de tennis. Belle vue sur la vallée.

## Où manger ? Où boire un verre ?

🍴 **Taberna do Porfirio :** *av. Dr Alfredo de Sousa, 6.* ☎ *254-61-41-99. Sur le cours central, au pied du sanctuaire. Tlj. Plats env 6-15 €.* Une bonne adresse rustico-tendance pour s'enfiler une planche de charcuterie et de fromage (en vente à l'entrée si vous souhaitez en rapporter) et des plats simples et copieux, comme les travers de porc. Belle salle claire dotée d'un long comptoir de granit et de piliers assortis.

🍴 🍷 **Pastelaria Scala :** *av. Visconde Guedes Teixeira.* ☎ *254-61-26-99. Sur* *le trottoir opposé à l'office de tourisme.* Une grande salle où les jeunes et moins jeunes de Lamego se retrouvent pour grignoter les fameuses *bolas* au jambon spécialités de Lamego (hmm !).

## À voir à Lamego et dans les environs

🍴🍴 **Sé** *(cathédrale)* : *tlj 8h-13h, 15h-19h.* Elle se distingue par sa façade du XIII$^e$ s et son portail gothique mêlé de Renaissance, imposant et délicatement sculpté. Intérieur à trois nefs aux plafonds en trompe l'œil du XVI$^e$ s. Quant au cloître, également du XVI$^e$ s, il offre de belles colonnes aux chapiteaux ouvragés sur son aile nord.

🍴🍴🍴 **Museu** : *dans l'ancien palais épiscopal. Tlj sf lun et certains j. fériés 10h-18h (dès 9h30 l'été). Entrée : 3 € ; gratuit 1$^{er}$ dim du mois.* Cet édifice majestueux regorge d'œuvres classées « trésors nationaux ». Passé les carrosses et chaises à porteurs, on gagne le 1$^{er}$ étage, où se trouvent les clous du musée : une série de magistrales peintures de Vasco Fernandes (dit Grão Vasco) qui ornaient jadis la cathédrale, quatre tapisseries brillamment restaurées évoquant le mythe d'Œdipe Roi, plusieurs chapelles baroquissimes récupérées dans le couvent des *Chagas de Lamego* avant sa démolition, des statues de Vierges enceintes du XIV$^e$ s (rare !)... Autre trésor national, ces superbes fresques d'azulejos du XVII$^e$ s, retrouvées par hasard dans un palais de Lisbonne, dissimulées sous une couche de papier peint !

🍴 **Le château et la vieille ville fortifiée** : faire une petite balade dans les rues hautes de la vieille ville, par l'escalier qui monte juste derrière l'office de tourisme. Hardi, petit ! Les ruelles ont du charme avec leur pavage grossier. Au sommet, la tour du château, sa muraille bien conservée avec une belle porte au nord et son minimusée militaire.

🍴🍴 **Santuário Nossa Senhora dos Remédios** : *en haut d'une colline boisée, au bout du cours central de la ville.* On y grimpe par un immense escalier double de 614 marches (pas une de moins) ou, pour les moins courageux, par la route. Des azulejos ornent les murs de soutènement des escaliers. L'édifice, lieu de pèlerinage datant du XVIII$^e$ s, serait l'une des plus belles constructions baroques de la péninsule. Intérieur d'inspiration baroque également et plafond « à la Wedgwood ».

🍴 **Capela de Balsemão** : *à 4 km de Lamego. Fléché « Balsemão » depuis le centre. Tlj sf lun, mar mat et 1$^{er}$ w-e de chaque mois 10h-12h30, 14h-17h30 (18h l'été).* Cette croquignolette chapelle du VII$^e$ s pavée de galets est un petit trésor wisigothique. Son plan de basilique est rare au Portugal, en particulier avec ses trois nefs parallèles. Sarcophage magnifique.

🍴 ❋ **Quinta da Massorra** : *à São João de Fontoura, au nord-ouest de Lamego, à 4 km à l'est de Resende sur la N222, (sortie 8 de l'A24 « Peso da Régua »).* ☎ 254-87-15-78. ● quintadamassorra.com ● *Visites tlj 10h-18h, certaines en français. Tarif : 5 €/pers (incluant la dégustation de 2 vins) ; gratuit moins de 8 ans.* Cette magnifique propriété de famille, étagée sur les collines du Douro, produit du vin, des fruits (cerises, prunes, pêches...) et des châtaignes. Le vin a déjà obtenu une médaille en 2013.

## LA ROUTE DE REGUA À PINHÃO

**Sans conteste le plus beau tronçon. On chemine au niveau du fleuve, dominé par les vignes en terrasses qui s'étagent sur les abruptes pentes. Les noms de maisons de Porto s'affichent de-ci de-là. N'hésitez pas à quitter la route principale par les routes secondaires qui donnent souvent de beaux points de vue aériens. À quelques kilomètres de Regua, vous pourrez peut-être observer un bateau passant l'écluse : sur la partie**

navigable du fleuve, entre Porto et Barca d'Alva, les embarcations gravissent une dénivelée de près de 150 m. Juste avant d'entrer dans Pinhão, on traverse un des ponts créés par Eiffel.

# PINHÃO (5085) 650 hab.

Ce village se niche dans la partie la plus envoûtante des vignobles du Douro, bercé par le fleuve qui le traverse. Sa gare est un morceau d'anthologie, hors du temps, célèbre pour ses azulejos polychromes. On peut y faire une excursion en train depuis Porto, départ le matin et retour en soirée.

## Infos utiles

➢ *En train depuis Porto :* depuis Campanhã, 5 trains/j. avec correspondance à Regua. Trajet : 2h30. Les 2 derniers trains, en soirée, poussent jusqu'à la gare de São Bento.
– *Petit bus touristique :* compagnie RCV Turismo (☎ 254-73-82-25 ; ● rcvturismo@sapo.pt ●). Tlj sf lun, 2-5 fois/j. selon saison. Durée : 1h20. Tarif : 11 €. Pour les non-motorisés, c'est une bonne option pour traverser le pont Eiffel et grimper jusqu'au sommet de la colline dans les vignobles, avec quelques haltes de dégustation.
– *Bateau sur le Douro :* Companhia Turistica do Douro, ☎ 254-73-27-02. ● companhiaturisticadodouro.com ● Billetterie sur le quai. En saison, 4 départs/j. 10h30-16h30 ; compter 20 € l'A/R en 2h. Une belle manière de découvrir ce coin magnifique, à bord de barques à moteur.

## Où dormir à Pinhão et dans les environs ?

🏠 |●| *Hotel Douro :* rua António Manuel Saraiva, 39, Pinhão. ☎ 254-73-24-04. ● geral@hotel-douro.pt ● hotel-douro.pt ● Face à la gare, très central. Doubles 55-60 €, petit déj compris. 📶 Des couloirs jaune coquille avec soubassements en azulejos aux chambres hyper propres et colorées avec peps (que vous choisirez si possible avec balcon face au Douro), c'est un sans-faute. Rien ne dément le dynamisme affable du patron, qui vous réservera un chaleureux accueil en français.

🏠 |●| *Casa Cimeira :* rua do Cimo do Povo, Valença do Douro. ☎ 254-73-23-20. 📱 914-550-477. ● geral@casacimeira-douro.com ● casacimeira-douro.com ● À 7 km de Pinhão par la N222, puis fléché à gauche. Double 60 € (prix été) avec petit déj. Repas sur résa 18 €. 📶 Dans un réseau de ruelles (très) étroites, cette belle bourgeoise articule sa vie et ses chambres autour d'une courette. La décoration sent le terroir, avec meubles anciens et vieille pierre. Salon avec cheminée tout aussi rural que chaleureux. Et puis il y a les produits du cru servis à table. Et puis la piscine pour finir la journée. Et puis l'accueil des proprios qui se mettent en quatre pour communiquer avec vous.

## Plus chic

🏠 |●| *Casa de Casal de Loivos :* à 7 km de Pinhão, dans le village de Casal de Loivos. ☎ 254-73-21-49. ● casadecasaldeloivos@ip.pt ● casadecasaldeloivos.com ● Tte l'année sf déc-fév. Doubles 105-110 €, petit déj inclus. Traverser le village vers le belvédère. C'est l'une des dernières maisons sur la droite (reconnaissable à ses 4 grilles ventrues en façade). Adorable demeure aristocratique du XVIIe s avec la plus belle situation rêvée (panorama à couper le souffle). Depuis 1733 dans la même famille. Ici, tout respire le charme et le bon goût, élégant mobilier ancien et 6 chambres lumineuses, cosy et confortables. Accueil affable et anglophone. Possibilité de dîner (prévenir) en terrasse aux beaux jours. La maison produit son propre vin. Piscine panoramique et organisation de balades sur le Douro. Que demander de plus ? Une de nos plus séduisantes adresses au nord !

🏠 |●| *LBV House Hotel :* rua da Galeira, à 3 km environ, sur la route de Casal de Loivos. ☎ 254-73-83-20. ● info@lbvhousehotel.com ● Doubles 85-105 € suivant saison. Une architecture délibérément contemporaine à flanc de colline, il fallait oser ! Cependant, la liaison avec l'environnement s'effectue habilement par l'utilisation des matériaux locaux, comme les murs de schiste contrastant avec le blanc immaculé et lumineux des lieux. Immenses parties communes et, curieusement, certaines chambres pas trop grandes... Cependant, toutes de grand confort et au plaisant design. Belle piscine, sauna et jacuzzi et le *Harvest*, un resto gastronomique.

### Très chic

🏠 |●| *Casa do Visconde de Chanceleiros :* à quelques km de Pinhão par la M590, sur la rive nord du Douro. ☎ 254-73-01-90 ; ● chanceleiros@chanceleiros.com ● chanceleiros.com ● Doubles 135-170 €, petit déj inclus. Repas 38 € (vin maison compris). En pleine campagne, un manoir du XVIIIe s face au Douro. À l'intérieur, décor d'azulejos. Accueil francophone. Chambres de charme, cuisine de qualité (en terrasse l'été). Bar et salle de billard. Grande piscine, superbe jardin.

## Où manger ?

### De bon marché à prix moyens

|●| *Cais da Foz :* Gouvães do douro. ☎ 254-73-17-37. Tlj midi et soir jusqu'à 21h30. Compter 12 €. Rejoindre le port, passer devant le *Veladouro* et emprunter la nouvelle passerelle pour atteindre cet éminemment populaire resto de l'autre côté de la rivière. Salle banale ou terrasse sous un dais végétal pour une bonne cuisine familiale livrée sans sourire, mais très généreusement. Un poil d'attente parfois, mais tout est fait à la demande. Délicieuse *bacalhau* maison aux deux jambons.

|●| *Restaurant Veladouro :* rua da Praia, 3, sur le port. ☎ 254-73-81-66. 📱 966-358-404. Plats 14-20 €. Resto abrité dans une maison traditionnelle en shiste et tenu par un couple accueillant et francophone. Bonne cuisine servie dans une agréable salle ou sur la terrasse au bord du Douro pour admirer le paysage au coucher du soleil notamment. Plats plus chers que la moyenne, mais d'excellente qualité. Notamment la *bacalhau* au gratin et le chevreau au four (la spécialité).

### De prix moyens à plus chic

|●| *LBV 79 :* sur le port, à côté du *Veladouro.* ☎ 254-73-81-87. 📱 964-913-768. Tlj midi et soir jusqu'à 22h. Compter 20-25 €. La nouvelle génération de restos touristiques, cadre résolument contemporain, bar branché au rez-de-chaussée, resto lumineux à l'étage, avec plantes grasses, photos vintage et l'habituel mur de bouteilles. Nappes et serviettes en tissu, vue sur le Douro pour une classique cuisine bien tournée. Spécialité de *cabrito assado.*

### Très chic dans les environs

🏠 |●| *Restaurant Conceitus (Quinta Nova) :* Covas do Douro. ☎ 254-73-04-30. 📱 969-860-056.

● *quintanovalwh@amorim.com* ● *quintanova.com* ● *Accès par la M590, puis la CM1268. Tlj sf dim soir-lun 13h-15h, 20h-22h. Menus 38-50 € (avec poisson et viande). Petiscos 10,75 €. Vin au verre à partir de 4,50 €.* Accroché à la colline, c'est le resto chic d'un célèbre vignoble, considéré comme l'une des meilleures tables du Douro. Grande terrasse protégée dans un environnement exceptionnel. Service classieux pour une fine cuisine traditionnelle. Exhaustif choix de vins (beaucoup primés à des concours), ça va de soi. Propose également quelques chambres (mais chères).

# LE NORD-EST

- **Vila Real**..................... 476
  - Parque natural do Alvão • Fundação de Mateus • Santuário rupestre (Fragas) de Panóias
- **Chaves**........................ 481
- **La route vers**
- **Bragança**..................... 487
  - Le canyon du rio Rabaçal • Vinhais
- **Bragança (Brangance)**.. 487
  - Parque natural de Montesinho
- **Miranda do Douro**..................... 493
- **La route entre Miranda do Douro et Vila Nova de Foz Côa** .................. 495
- **Vila Nova de Foz Côa**.................... 495
  - Le parc archéologique de la vallée du Côa
  - Quinta da Ervamoira

 Le *Trás-os-Montes* (« au-delà des monts »), tout au nord, est la province la plus isolée du pays. Une très belle région, rurale et en marge, injustement délaissée par les touristes, qui filent à toute allure vers la côte. Pourtant, le routard patient ne regrettera pas d'avoir emprunté le chemin buissonnier pour admirer ces paysages ardents à la palette de couleurs infinie : le vert foncé des chênes et des sapins est entrecoupé de vignes et de vergers, moucheté par le jaune vif des genêts et adouci par le tapis violet de la bruyère. Un vrai tableau ! Quelques villages endormis jalonnent la route entre Bragance et Chaves, deux jolies villes qui méritent bien une étape. Plus à l'est, vers Miranda do Douro, la végétation se fait rase, presque méditerranéenne, âpre et reposante à la fois.

Dans cet ancien réservoir de l'émigration portugaise, beaucoup sont revenus au pays pour couler une retraite peinarde, cultivant leurs vergers et lopins de vigne. Ce passé explique peut-être pourquoi la population d'ici est si ouverte et chaleureuse. La gastronomie vous laissera également un bon souvenir (et quelques kilos de plus !).

## VILA REAL (5000) 51 000 hab.

Ville étape pas désagréable, mais d'un intérêt touristique limité, si ce n'est sa situation au bord de la falaise des gorges du Corgo. Spécialité locale : de superbes poteries noires utilisées dans certains restos et que l'on peut acheter au rond-point d'entrée de la ville. C'est un passage obligé dans le coin lorsqu'on voyage en bus, mais l'hôtellerie n'y est guère réjouissante.

### Arriver – Quitter

**Gare routière :** rua Dom Pedro de Castro ; près de l'hôtel Miraneve. Compagnies *Rede Expressos* (☎ 707-22-33-44 ; • rede-expressos. pt •) et *Rodonorte/Santos Viagens* (☎ 259-34-07-10 ; • rodonorte. pt •). Vila Real est un nœud routier important.

➢ **Amarante :** 11-12 bus/j. avec *Rodonorte*. Trajet : 35 mn.
➢ **Bragança :** 8-20 bus/j. avec *Rodonorte*. Trajet : 1h30-1h45.
➢ **Chaves :** 5-9 bus/j. avec *Rodonorte*. Trajet : 1h10.
➢ **Lamego :** 3-7 bus/j. avec *Rede Expressos* et *Rodonorte*. Trajet : 40 mn.
➢ **Coimbra et Lisboa :** env 12 bus/j. (moins le w-e) avec *Rede Expressos* et *Rodonorte*. Trajet : respectivement 2-3h et 5h.
➢ **Porto :** env 15 bus/j. (moins le w-e) avec *Rede Expressos* et *Rodonorte*. Trajet : 1h30.

## Adresses utiles

❶ **Turismo municipal :** *av. Carvalho Araújo.* ☎ *259-32-28-19.* • *rtsmarao.pt* • *Tlj 9h30-12h30, 14h-17h30. Fermé le w-e hors saison.* Dans une belle demeure à la façade manuéline classée au patrimoine national : la maison de l'Arc.
■ **Centro de informação do parque natural do Alvão :** *largo dos Freitas.* ☎ *259-30-28-30.* • *icnf.pt* • *Derrière la mairie. Lun-ven 9h-12h30, 14h-17h30.* Renseignements, cartes et documentations sur le parc. À défaut de cartes détaillées, certaines randos sont balisées.
✉ **Poste :** *av. Carvalho Araújo.*
@ **Espaço Internet :** *av. 1º de Maio, 78 (à proximité de l'hôtel Miracorgo). Lun-ven 10h-13h, 14h-18h.* Dans une sorte de grande cabane de chantier, une dizaine de postes en accès libre.

## Où dormir ?

L'offre d'hébergements est très limitée et peu engageante : autant dormir ailleurs.

### Camping

⛺ **Parque de campismo :** *rua Dr Manuel Cardona.* ☎ *259-32-47-24.* ✴ *À 10 mn à pied du centre. Depuis l'av. 1º de Maio, tt droit, puis fléché à droite. Ouv de mars à mi-nov. Réception 8h30-17h (22h en été). Emplacement pour 2 env 18,50 €. Douche gratuite.* Sanitaires rudimentaires mais assez propres. Bien ombragé et herbeux. Grande piscine payante (réduc campeur). Tennis et restaurant.

### Prix moyens

🛏 **Hotel Miraneve :** *rua D. Pedro de Castro.* ☎ *259-32-31-53.* • *hotelmiraneve.com.pt* • *À côté du bruyant arrêt Rodonorte. Doubles 55-60 € avec petit déj et garage.* Agréables, propres et spacieuses, certaines chambres possèdent un petit balcon. D'aucunes ont la vue sur les montagnes... et la neige quand il y en a. Bon accueil. La meilleure option pour une halte de circonstance.

## Où manger ? Où déguster une bonne pâtisserie ?

### De très bon marché à bon marché

|●| **Pastelaria Gomes :** *av. Carvalho Araújo, un peu plus bas que l'office de tourisme.* ☎ *259-30-97-10. Tlj sf dim 8h-20h (minuit l'été).* En terrasse ou dans une salle aux tables en gradin, on déguste les pâtisseries de cette incontournable institution, ici depuis... 1925 !
|●| **Casa Lapão :** *rua da Misericórdia, 52-54.* ☎ *259-32-41-46. En bas de la rue à l'arrière de l'office de tourisme. Tlj 9h-19h.* Attention au péché de gourmandise ! Les pâtisseries conventuelles de ce petit salon de thé sont redoutablement bonnes...

# LE NORD-EST

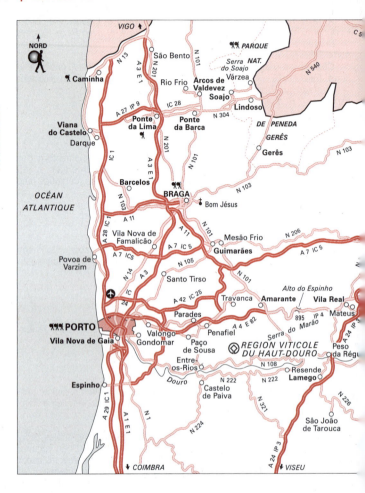

**|●| *Churrasqueira Real* :** rua Santa Sofia, 27. ☎ 259-37-11-65. *Dans une rue parallèle à la rue piétonne. Tlj 9h-minuit. Plats 5-10 €.* Une rôtisserie populaire, toujours très fréquentée et appréciée pour ses grillades (poulet, brochettes, côtelettes), mais également pour ses tripes, poulpes, escargots et autres joyeusetés. Bon, copieux, accueil sympa et service rapide. Que demander de plus ?

## Bon marché

**|●| *Terra de Montanha* :** rua 31 de Janeiro, 28 (ex-16/18 A). ☎ 259-37-20-75. ● vilareal@terrademontanha.pt ● *Depuis l'office de tourisme, une rue qui monte sur la droite. Tlj 12h30-14h30, 19h30-22h30. Menu 12,50 € ; plat env 15 €.* Ces gens de la montagne calment toutes les faims, même si elles sont de loup ! Dans un cadre jouant les musées

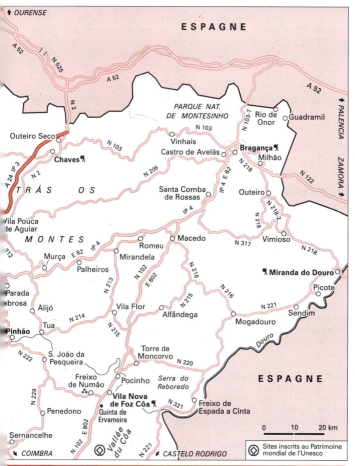

**LE TRÁS-OS-MONTES ET LA VALLÉE DU HAUT-DOURO**

folkloriques, des plats rustiques revisités qui tiennent longtemps au corps tout en régalant les papilles. On vous recommande, entre autres, les délicieuses *favas* (fèves) et la succulente *bacalhau a la montanha*. Bonne carte des vins. Service souriant et charmant quoiqu'un peu lent.

## À voir

✻ Sur le cours principal, la **cathédrale** est une ancienne église de couvent à l'aspect roman, quoique construite à l'époque gothique. Plus bas, l'**hôtel de ville** bâti au début du XIXe s en style Renaissance italienne avec un bel escalier en pierre à double révolution. À gauche de l'hôtel de ville, la **maison natale de Diogo Cão,** découvreur de l'embouchure du fleuve Congo au XIVe s. Un peu plus loin, sur l'esplanade du cimetière, vue sur les gorges encaissées au confluent des rivières Cabril et Corgo.

## Manifestation

– *La Dolce Vita :* autour du 10 juin. Billets en vente au Clube Automobile de Vila Real, av. de Europa. Une course d'incroyables bolides tout droit sortis du dessin animé *Les Fous du volant* ! En cherchant bien, on aperçoit Satanas et Diabolo...

## DANS LES ENVIRONS DE VILA REAL

➢ **Parque natural do Alvão :** *en voiture depuis Vila Real par la N313. En bus pour Mondim (compagnie* Automondinens*) depuis Amarante (face à l'ancienne gare ferroviaire).* Plusieurs randos balisées sur un site quasi lunaire et qui réserve quelques surprises naturelles, florales et animales (des loups !). Zone montagneuse de plus de 8 000 ha. Pour plus de renseignements, s'adresser au *Centro de informação* (voir « Adresses utiles »).

🏛🏛🏛 **Fundação de Mateus :** *à 3 km à l'est de Vila Real, en direction de Sabrosa.* ☎ 259-32-31-21 *(résa la veille fortement conseillée en saison).* ● casademateus.com ● *Tlj 9h-19h30 (17h l'hiver). Visite guidée slt, env ttes les heures (max 10 pers) : 10 € ; jardins seuls : 6,50 € ; réduc. Parking : 6 € (mieux vaut se garer en dehors de l'enceinte).*
Un des plus beaux *solares* (manoirs) du nord du Portugal bien connu des œnophiles, puisqu'il illustre l'étiquette du célèbre vin de Mateus (d'ailleurs, attention : le vin du domaine en vente ici n'a rien à voir !). Cette très élégante demeure baroque du XVIIIe s appartient aux Albuquerque, l'une des plus anciennes familles du pays. Alliance subtile du granit, de murs blancs éclatants et de fantaisies du Siècle des lumières. Entrée relativement chère quand même.

> **MAGELLAN NOUS MÈNE EN BATEAU !**
>
> Les erreurs journalistiques ont la peau dure ! Depuis un article de 1862, le monde entier est persuadé que Magellan est né dans le village de Sabrosa, au-dessus de la vallée du Haut-Douro. Les démentis d'historiens n'y ont rien fait : aujourd'hui encore, des touristes débarquent là pour commémorer le « traître » portugais qui a entrepris un tour du monde pour le compte... du roi d'Espagne (!). On visite son manoir supposément natal, on s'arrête devant une statue à son effigie... Mais Magellan n'est pas plus né ou mort à Sabrosa que Cyrano est né ou mort à Bergerac !

– **L'intérieur du manoir :** belle *salle d'entrée* avec blason de la famille au centre du plafond et lampions ouvragés du XVIe s. Dans la *bibliothèque*, créée par Nasoni au XVIIIe s, quelque 600 ouvrages. Plafond impressionnant en châtaignier. Jolies crèches en terre cuite avec des soldats, dans les couloirs menant aux chambres. Dans le *vestibule des quatre saisons*, des tableaux rappelant ceux d'Arcimboldo et surtout un plat hispano-arabe. Dans le *salon des hommes*, belle porcelaine chinoise (du temps où Macao était portugais !). Cabinet en ivoire et table en nacre et écailles de tortue d'inspiration moghole dans le *salon des femmes*. Dans le petit musée, reproduction des *Lusiades* de Camões, illustrée par Fragonard et Gérard en 1817.
– **Le petit bassin :** devant l'entrée du manoir. Clic-clac, photo.

– *Le parc :* joli jardin aux massifs de buis soigneusement taillés. Dans la partie sud, un long boyau de verdure, taillé dans un massif de résineux, constitue une belle fantaisie végétale. Dedans, une sorte de grotte lugubre taillée dans les branches enchevêtrées du monstre végétal aurait de quoi inspirer Tolkien... Chapelle familiale au plafond à caissons peints, un autel à étages (plus c'est haut, plus l'on approche Dieu ; et là, Marie est très, très haut...), et surtout, curiosité des lieux, le *reliquaire de S. Narcimar,* un vrai corps recouvert de soie et d'or, sauf la tête, en cire. Brrr...

*Santuário rupestre (Fragas) de Panóias :* *à 7 km de Vila Real.* ☎ *259-33-63-22. Accès mal signalisé. Après le solar de Mateus, garder la N322 ; à 1,5 km au-delà du pont d'autoroute (on traverse Constantim), tourner à gauche au fléchage ; l'accès au site est 500 m plus loin, en face du café Panóias. Tlj sf lun 9h-12h30, 14h-17h. Entrée : 2 €.* Monument national depuis 1910, ce sanctuaire est dédié à Sérapis, une divinité d'Asie Mineure, par le truchement d'un sénateur romain local qui en était originaire. Il se compose de trois rochers granitiques percés de cavités gravées d'inscriptions latines. On y sacrifiait rituellement des animaux... Quelques détails ? Ceux-ci étaient immolés et leurs viscères brûlés, puis le sang versé dans de petits bassins. Ce lieu témoigne de l'intense romanisation du Trás-os-Montes, lorsque les mines d'or étaient exploitées dans les environs.

# CHAVES  (8400)  41 200 hab.

• Plan *p. 483*

Station thermale de renom, cette ville a son charme pépère avec son pont romain, son petit centre médiéval agréable dominé par un beau donjon et son joli fort à plan étoilé. L'ancienne *Aquae Flaviae,* l'un des lieux de villégiature préférés des empereurs romains flaviens, a toujours ses eaux thermales à 73 °C. Mais aujourd'hui, des thermes concurrentiels jaillissent aussi un peu partout dans la région (Carvalhelhos, Pedro Salgadas, Vidago...). *O tempora, o mores !*

## Arriver – Quitter

### En bus

Attention, il y a 2 gares routières à Chaves !

*Estação Rodonorte* (*hors plan par A1,* 1) *: av. de Santo Amaro, à 100 m au nord de la praça do Brazil (grand rond-point à côté des thermes).* ☎ *276-31-81-43.* • *rodonorte.pt*
➢ *Porto :* 3-4 bus/j. Trajet : 3h.
➢ *Guimarães et Braga :* 1-6 bus/j. Trajet : 2h30-3h.
➢ *Lisbonne et Coimbra :* 3-4 bus/j. Trajet : 4-7h.
➢ *Vila Real :* bus ttes les 2h env. Trajet : 1h05.
➢ *Braga :* 6 bus lun-ven, 2 le w-e (période scol) et 1 le sam.
➢ *Bragança :* changement à Vila Real.

*Auto Viação do Tâmega* (*hors plan par B1,* 2) *: av. do Estádio, à côté de l'ancienne gare ferroviaire.* ☎ *276-33-23-84.* • *avtamega.pt* • Elle abrite *Eurolines,* mais dessert aussi les destinations suivantes :
➢ *Porto :* 3-6 bus/j. Trajet : 2h15. À partir de 5h30 sf w-e et j. fériés.
➢ *Lisbonne et Coimbra :* 2-3 bus/j. Trajet : respectivement 6-7h et 3-4h.
➢ *Braga :* slt ven 13h30 et dim 17h.

➢ **Vila Real :** env 5-6 bus/j. (3 le w-e). Trajet : 1h15.

➢ **Bragança :** 1 direct/j. Trajet : 2h10. Sinon, changer à Vila Real.

## Adresses et info utiles

**ℹ Office de tourisme** (plan A1) : terreiro de Cavalaria. ☎ 276-34-81-80. Tlj sf dim 10h-13h, 15h-17h30. Documentation sur la ville et la région. Accueil francophone très agréable. Pas souvent ouvert avant l'été.

✉ **Poste** (plan B1-2) : praça General Silveira.
– **Mercado municipal** (marché) : tlj, à côté du forte de São Neutel. Haut en couleur.

## Où dormir ?

### Camping

**⚑ Quinta do Rebentão** (hors plan par A2, **10**) : à Vila Nova de Veiga, à 4 km de Chaves sur la N2, direction de Vila Real, fléché à gauche. ☎ 276-32-27-33. • ccchaves@sapo.pt • Réception 8h-13h, 15h-20h. Fermé déc. Emplacement pour 2 avec tente et voiture 17 € en hte saison. CB refusées. Un joli site pour ce camping très accueillant, traversé par un ruisseau. Sanitaires propres. Snack sur place. Très calme et boisé, logé dans un vallon verdoyant. Piscine municipale et pataugeoire pour enfants à côté (tarif préférentiel). Petit circuit pédestre tout autour où l'on peut voir des animaux.

### De bon marché à prix moyens

**⌂ Hospedaria Florinda** (plan A1-2, **17**) : rua dos Açougues (largo do Anjo). ☎ 276-33-33-92. • hospedariaflorinda@gmail.com • hospedariaflorinda.com • Doubles 30-40 €, petit déj compris. Dans une ruelle tranquille de la vieille ville, à deux pas de tout, petit immeuble traditionnel avec balcon en bois abritant une gentille auberge à prix très modérés. 13 chambres simples, sans chichis, mais fort bien tenues, toutes avec salle de bains. Accueil discret et aimable. La bonne affaire des budgets serrés.

**⌂ Hotel Kátia** (plan B2, **11**) : rua do Sol, 28-32. ☎ 276-32-44-46. Fermé 24-25 déc. Doubles avec sdb 35-50 € selon bâtiment, taille et saison, parking et petit déj inclus. CB refusées. 🛜 Un petit déj offert sur présentation de ce guide. Une pension à 22 chambres et deux visages. Côté face, des chambres contemporaines joliment décorées dotées d'un petit salon et donnant sur la rue pour certaines. Côté pile, de plus petites chambres, moins modernes, sans fenêtres parfois et meilleur marché. Toutes d'une tenue irréprochable. Accueil cordial des patrons.

**⌂ Residencial Casa das Termas** (plan B2, **12**) : rua do Tabolado, edifício Caldas, bloco 7. ☎ 276-33-32-80. • residencialdastermas@hotmail.com • Doubles avec sdb 35-40 € ; familiale (4 pers) 55-60 € ; petit déj très copieux compris. 🛜 Café offert sur présentation de ce guide. Certes, l'immeuble n'a aucun charme, mais les chambres sont propres, vastes et confortables (TV satellite et AC). Familiale très spacieuse. Accueil particulièrement affable. Juste un peu bruyant côté rue car c'est la zone des bars.

**⌂ Residencial Jardim das Caldas** (plan A2, **13**) : alameda do Tabolado, 5. ☎ 276-33-11-89 et 80 (resto). • jardimdascaldas@mail.telepact.pt • jardimdascaldas.com • Fermé 20 déc-10 janv. Double 40 € ; un peu plus cher en août. Petit déj 4 €. 🛜 Dans un grand ensemble moderne, plutôt moche, un hôtel sans charme mais propre. Staff parlant le français. Balcons pour certaines chambres sur l'arrière, et même vue sur un patio pour d'autres. Mobilier fonctionnel. Au rez-de-chaussée, une kyrielle de bars... potentiellement bruyants.

**⌂ l●l Petrus Hotel** (plan A2, **14**) : rua da Familia de Camões, 20, edifício Solar Flaviense. ☎ 276-35-14-09. • info@petrushotel.com • petrushotel.com • Doubles

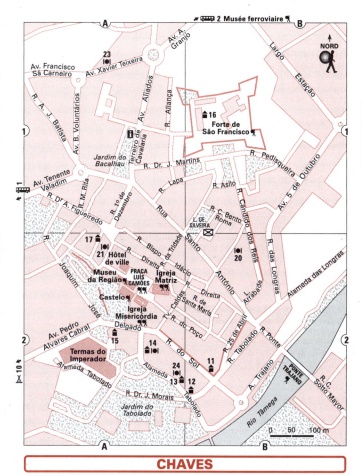

## CHAVES

- **Adresses utiles**
  - Office de tourisme
  - 1 Estação Rodonorte
  - 2 Auto Viação do Tâmega

- **Où dormir ?**
  - 10 Quinta do Rebentão
  - 11 Hotel Kátia
  - 12 Residencial Casa das Termas
  - 13 Residencial Jardim das Caldas
  - 14 Petrus Hotel
  - 15 Hotel AJ
  - 16 Hotel Forte de São Francisco
  - 17 Hospedaria Florinda

- **Où manger ?**
  - 14 Restaurante Petrus
  - 20 Adega O Faustino
  - 21 O Cândido
  - 23 O Principe
  - 24 Restaurante Carvalho

40-62 € selon saison. ½ pens : + 10 €/pers. Parking gratuit. 🛜 Une quarantaine de chambres parfaites pour ce 3-étoiles à la déco minimaliste. Grands aplats de couleurs chatoyantes sur les murs, qui changent suivant les chambres. Clim, téléphone, TV câblée et balcon. Fait également resto (voir plus bas « Où manger ? »).

â *Hotel AJ* (plan A2, 15) : *rua Joaquim José Delgado.* ☎ *276-30-10-50.* ● *reservas@hotelaj.pt* ● *hotelaj.pt* ● 🍴 *Doubles 50-60 €, suites 75-85 €, suivant saison, petit déj inclus. Parking gratuit.* 🛜 Cette ancienne demeure du XIXᵉ s, bien rénovée, abrite une soixantaine de chambres plutôt neutres et de bon confort, avec salle de bains en marbre. Original : parties communes décorées de grandes maquettes de monuments. Accueil aimable et prix vraiment doux au vu des prestations. Service de lavage, clim, coffre, minibar. En bas, un cyberbar et un resto orienté fruits de mer.

## De plus chic à beaucoup plus chic

â *Hotel Forte de São Francisco* (plan B1, 16) : *dans la forteresse.* ☎ *276-33-37-00.* 📱 *936-543-100.* ● *geral@fortesaofrancisco.com* ● *fortesaofrancisco.com* ● *Selon saison, doubles standard 70-105 €, deluxe 90-128 €, petit déj inclus. Promos sur Internet.* 🛜 Une belle réussite que cet ancien couvent du milieu du XVIIᵉ s devenu un 4-étoiles moderne et de toute beauté. Au fil des couloirs labyrinthiques entrecoupés de patios et décorés d'œuvres contemporaines, on découvre, de la standard à la *Junior Suite,* une soixantaine de chambres élégantes, spacieuses et de grand confort. Cerise sur le gâteau, l'accès à la superbe piscine, au spa et à la salle de gym sont inclus dans le prix. Tennis, salle de jeux, sauna... Resto mais un peu chérot et guindé.

## Où dormir dans les environs ?

â *Quinta da Mata* : *estrada de Valpaços (la 213), à* **Nantes,** *à 3 km de Chaves.* ☎ *276-34-00-30.* 📱 *919-448-035.* ● *quintadamata.net* ● 🍴 *Prendre la N213 en direction de Valpaços, la quinta est à gauche à la sortie de Nantes. ½ pens 85-100 € selon saison. Promos sur Internet.* 🛜 *Un apéritif maison offert sur présentation de ce guide.* Une magnifique demeure du XVIIᵉ s nichée dans l'épaisse serra do Brunheiro constellée de sources et cernée de champs. Tout y bruit des souvenirs du passé, de la magnifique pièce à vivre aux chambres décorées avec mobilier ancien et objets qui fleurent bon l'histoire. Peut-être y croiserez-vous José Manuel Barroso (l'ancien président de notre chère Commission européenne), puisque la proprio est de la famille ! Pour parfaire le séjour, sauna, belle piscine, 2 courts de tennis... Sans parler des petits déj extra, incorporant des produits de la ferme. Possibilité de balades à cheval, randos pédestres et à vélo.

## Où manger ?

Ce n'est pas ici que vous perdrez des kilos ! Chaves est fameux pour son jambon fumé, le *folar* (pain fourré à la charcuterie, aussi appelé « brioche de Pâques ») et les *alheiras* (sortes de saucisses à la viande).

### De très bon marché à bon marché

|●| *Adega O Faustino* (plan B2, 20) : *travessa Cândido dos Reis.* ☎ *276-32-21-42. Tlj sf dim. Repas env 13-15 €.* On entre par un grand portail rouge dans une immense cave à vins à peine aménagée en salle de resto, impressionnante charpente apparente et grandes tables rustiques posées sur le pavé. Derrière le comptoir, cinq énormes barriques. Cuisine typique, servie à toute heure de la journée sur des nappes en tissu. Accueil francophone et souriant. La carte, elle, est également en français et offre des plats originaux (aussi en demi-doses !).

Copieuse salade de poulpe et délicieuses croquettes. Une de nos adresses les plus insolites !

**|●| O Cândido** (plan A2, **21**) : *rua da Tulha, 14.* ☎ *276-32-52-95.* 📠 *934-482-063. Tlj midi et soir jusqu'à 22h. Menu 9 €, plats 6-11 €, vins 4-9 €.* Très central, petit resto de quartier offrant une réjouissante cuisine familiale à prix d'avant les rouges œillets... Sympathique patron, clientèle totalement locale et p'tits plats savoureusement mitonnés. Entre autres, la *bacalhau a la Cândido*, le *cozido*, la *fejoada*... Gouleyants *vino verde branco*.

**|●| O Principe** (plan A1, **23**) : *av. Xavier Teixeira.* ☎ *276-33-22-35.* 📠 *938-237-182. Tlj 12h-minuit. Menu déj en sem 7 € ; plats 8-16,50 €.* Lieu de rencontres des aficionados du *futebol* sur écran plasma, c'est aussi la meilleure *marisqueira* de la ville. Les crabes et autres écrevisses vous accueillent d'ailleurs dès l'entrée... Spécialité de *sapateira recheada* (crabe farci) et *parrilhada de peixe* (assortiment de poissons) pour deux ou trois (seulement 22 €). Fait aussi *cervejaria* avec un choix de bières en bouteilles des quatre coins du monde. Sinon, menu économique de bon aloi qui change quotidiennement.

**|●| Restaurante Petrus** (plan A2, **14**) : *resto de l'hôtel éponyme (voir la rubrique « Où dormir ? »). Tlj. Plats 9-13 €.* Une bonne adresse avec du classique mais aussi de bonnes spécialités locales dont de délicieuses *alheiras* (saucisses typiques de porc et de volaille épicées). Tables soigneusement dressées dans une salle sobre avec un mur de pierre grise. Bonne carte des vins à prix doux. Service très pro et charmant.

### De bon marché à prix moyens

**|●| Restaurante Carvalho** (plan A2, **24**) : *largo das Caldas.* ☎ *276-32-17-27.* ● *restaurantecarvalho@sapo.pt* ● *Tlj sf dim soir-lun. Plats 13,50-25 € (le bar sauvage) ; menu 20 €.* L'une des toutes meilleures tables de la ville, dont le menu met à l'honneur la gastronomie régionale : *alheira, arroz de fumeiro,* jambon de Chaves (ouf, quelques demi-doses !)... Bon choix de poisson frais. La salle mêle clinquant et rustique dans une atmosphère un poil tamisée : le sol de marbre répond ainsi aux nappes brodées figurant les travaux des champs. Service empressé et efficace.

# À voir. À faire

Le même billet, au prix modique de 1 €, donne accès aux principaux centres d'intérêt de Chaves : le château, le Musée régional, le Musée militaire et le Musée ferroviaire.

**🏃 Ponte romana de Trajano** (plan B2) : enjambe le rio Tâmega et conserve toujours 10 piles d'origine des Iᵉʳ-IIᵉ s. Les thermes mis à part, c'est ici l'héritage le plus important de l'empire ; 150 m de long, un vrai travail d'ingénieur pour l'époque ! Au milieu s'élèvent deux colonnes (elles, ce sont des copies), qui racontent en latin l'histoire du pont et des gens qui l'ont construit.

**🏃🏃 La vieille ville** concentre pratiquement tous les points d'intérêt. Balade paisible entre les maisons Renaissance aux balcons à encorbellement autour de la *rua Direita*. Quelques tavernes pour goûter aux petits vins locaux et au fameux jambon de la région. Élégante **praça de Camões** (plan A2) avec l'hôtel de ville gardé par la statue de Don Alfonso, comte de Barcelos et duc de Bragance, un pilori de style manuélin et, en face, l'**igreja Matriz de Santa Maria Maior** du XIIIᵉ s *(plan A2 ; tlj sf lun 8h-18h),* bâtie sur les vestiges d'un temple romain. Du beau roman pur jus à trois travées avec un joli portail, une splendide charpente en bois de châtaignier et de belles orgues ornées de figures grotesques (fixées sur une arche, ce qui rare !). À côté, tout petit **musée d'Art sacré** *(plan A2 ; tlj 9h-12h30, 14h-17h30 ; GRATUIT).* Intérêt limité.

L'hôtel de ville occupe une élégante bâtisse de la première moitié du XIXe s, jadis résidence d'un noble et acquise ensuite par la municipalité. Bel équilibre de la façade. À l'intérieur, voir l'escalier monumental.

À côté, dans le renfoncement de la place, l'*igreja Misericórdia* de la fin XVIIe s avec une harmonieuse façade ornée de colonnes torses et d'un portique à trois arcades. Le chœur est entièrement recouvert d'azulejos du XVIIIe s illustrant des scènes bibliques. Du baroque pur et dur, avec quelques influences des Philippines. Plafond richement ornementé avec une fresque de la Visitation. Certainement la plus belle église de la ville.

⚒ **Museu da Região Flaviense** *(Musée régional ; plan A2) : palacio dos Duques de Bragança, sur la pl. centrale de la vieille ville. Tlj 9h-12h30, 14h-17h30 (w-e 14h-17h30). Billet : 1 €, valable dans les autres sites de la ville.* Ancien palais des ducs de Bragance de 1739, puis transformé en caserne, prison militaire et musée. Façade assez sobre, à part le volumineux portail et l'énorme blason au-dessus. Petite section archéologique avec peu d'objets, mais de qualité. Notamment, meules de pierre et mortiers, bijoux et haches de l'âge de bronze, une borne milliaire et la *Vénus de Vidago* (symbole de la fertilité). Belle collection de stèles gravées. Autre salle présentant les œuvres modernes du peintre local Nadire Alfonso.

⚒ **Castelo** *(château ; plan A2) :* reconstruit en 1346 par dom Dinis. Il subsiste de la période précédente un massif et beau donjon abritant un petit **Musée militaire** *(lun-ven 9h-12h30, 14h-17h30 ; w-e 14h-17h30 ; même billet que pour le musée).* Souvenirs de la période coloniale, armes, dont un célèbre fusil mitrailleur russe dit « à camembert ». Les courageux grimperont jusqu'au sommet. Beau panorama sur les toits de Chaves et les jolis jardins bordés par les remparts. Quelques canons de bronze et vestiges archéologiques disséminés le long des allées.

⚒ **Forte de São Francisco** *(plan B1) : au nord du vieux centre. Accès libre.* Cet ancien couvent franciscain est enserré dans d'imposantes murailles à la Vauban datant de 1658 avec échauguettes. Ici eut lieu une âpre bataille qui scella définitivement le triste sort des armées napoléoniennes dans le pays. Ce bel écrin abrite désormais un hôtel de luxe.

⚒ **Le Musée ferroviaire** *(hors plan par B1) : av. antonio Granjo, dans d'anciens hangars de la gare, à 150 m au nord de la vieille ville (en direction de l'Espagne).* ☎ 249-13-02-55. *Lun-ven 9h-13h, 14h-17h. Entrée : 1 €.* Dédié à la ligne pionnière du *Corgo*, qui fut inauguré en 1856. Partie de Lisbonne, elle mettra certes encore... 65 ans pour atteindre Chaves ! La circulation des trains au nord du pays fut définitivement interrompue en 1990. Trois locomotives témoignent encore de cet âge d'or.

– **Termas do Imperador** *(thermes ; plan A2) : largo das Caldas.* ☎ 276-33-24-45. ● geral@termasdechaves.com ● termasdechaves.com ● *Bien fléchés. Tlj sf dim ap-m 8h30-11h, 16h-19h. Fermé 15 déc-15 fév. Forfaits journée à partir de 60 €.* Allez, mettez-vous dans le bain de Chaves ! Elle sourd de terre au rythme de 80 l/s à 73° C... On y pratique des soins moyennant des forfaits à la journée ou à la semaine. Et pour goûter à l'eau, rendez-vous au *jardim do Tabolado*, juste en face de l'entrée principale. Descendez la rampe

### L'ALCOOL NON, MAIS L'EAU FERRUGINEUSE, OUI !

*Si, tard dans la nuit, vous apercevez des jeunes stationnés devant les thermes, eh non, ce n'est pas la dernière boîte à la mode ! Une fontaine d'eau thermale accessible coule en permanence et permettrait, en buvant trois verres d'affilée, de dessoûler rapidement jusqu'au dernier des pochtrons. Pas dupe, la police patrouille souvent dans le secteur... Ah, la taquetaquetaquetique du gendarme !*

et là, gratuitement, une employée vous servira *ad libitum*. Excellent pour les rhumatismes, l'obésité, la goutte, le diabète, le foie, les intestins et l'hypertension.

## Manifestations

– *Grande foire artisanale :* ts les mer mat sur l'av. do Estádio.
– *Fête d'été de la ville :* 8 juin. Feu d'artifice près du pont Mario Soares visible depuis le pont romain.
– *Feira dos Santos :* autour de la Toussaint, pdt 3 j. Fête d'hiver de la ville.

## LA ROUTE VERS BRAGANÇA

Bordée de genêts, la route s'enfuit dans une campagne hérissée de rochers qui rythment les landes à perte de vue. Aux confins du Portugal et de l'Espagne, le cœur du *Trás-os-Montes* est une région oubliée par le reste du pays. On croise encore, de temps en temps, une charrette tirée par un âne. Quatre kilomètres avant le village de Rebordelo, on jouxte le *canyon du rio Rabaçal*. Au-delà, nombreuses échappées sur la serra de Nogueira et la serra da Coroa, paysages sauvages et austères. Plus loin, le village de *Vinhais* occupe un éperon rocheux, encore habillé de murailles crénelées tournées vers le sud. On y trouve un centre d'interprétation du *parc naturel de Monteshino* (lire plus loin « Dans les environs de Bragança »).

## BRAGANÇA (BRAGANCE)   (5300)   35 000 hab.

● Plan *p. 489*

Ah, l'admirable petite ville ! Bragança a un passé architectural superbe : une forteresse médiévale de toute beauté, plantée sur sa colline, avec son église et ses charmantes calades pavées. Héritage de la domination des ducs de Bragança depuis le début du XV$^e$ s, puis de la famille royale qui en était issue de 1640 à 1910. Mais Bragança ne s'endort pas jalousement sur ses lauriers de pierre, elle pomponne aussi ses atours avec modernisme. De monumentales statues aux ronds-points, des aménagements urbains de belle facture, les rives du rio Fervença joliment agencées, des jeux d'eau sur toutes les places. Malgré quelques bizarreries architecturales, l'ensemble a du charme. Et puis, lorsqu'on est sevré de pierre et de béton, on peut partir à la rencontre des environs plus bucoliques, champêtres, parfois sauvages.

### Arriver – Quitter

#### En bus

*Gare routière* (plan A1) : *dans l'ancienne gare ferroviaire, aménagée avec goût et modernisme, au bout de l'av. João da Cruz.* Compagnies *Auto Viação do Tâmega* (☎ 276-33-23-51 ; ● avtamega.pt ●), *Rede Expressos* (☎ 707-22-33-44 ; ● rede-expressos.pt ●) et *Rodonorte* (☎ 273-30-01-83 ; ● rodonorte.pt ●).

➢ **Braga et Guimarães :** 6-7 bus/j. avec *Rodonorte* et *Rede Expressos*. Trajet : respectivement 3h-3h30.
➢ **Chaves :** 1 direct/j. avec *Auto Viação do Tâmega*. Trajet : 2h20. Sinon, changer à Vila Real.
➢ **Coimbra et Lisbonne :** env 12 bus/j. avec *Rodonorte* et *Rede Expressos*. Trajet : respectivement

4h30 et 7h. Certains s'arrêtent à Lamego (trajet : 3h).
➢ *Porto :* env 1 bus/h avec *Rodonorte* et *Rede Expressos*. Trajet : 3h30 (2h45 avec les express du w-e).
➢ *Vila Real :* env 1 bus/h avec *Rodonorte* et *Rede Expressos*. Trajet : 1h45.
➢ *Paris et sa banlieue :* départ quotidien mar-sam avec *Internorte*, *Eurolines* et *Inter 2000*.

## Adresses utiles

🛈 *Office de tourisme* (plan A1, 1) *:* av. Cidade de Zamora. ☎ 273-38-12-73. ● cm-braganca.pt ● (mairie). Lun-ven 9h-12h30, 14h-17h ; sam 10h-12h30. Excellent accueil en français. Nombreuses infos sur la région du Trás-os-Montes.

🛈 *Centre d'info du parc naturel de Montesinho* (hors plan par A2, 2) *:* dans le parque florestal, au sud de la rivière. ☎ 273-32-91-35. ● icnf.pt ● Passer le pont, puis 2ᵉ à droite (en montant) et 1ᵉʳ portail à droite. Lun-ven 9h-13h, 14h-17h. Accueil sympa et compétent. Prodigue toutes les infos sur la faune, la flore, les randonnées à vélo ou à pied et les coins à voir. Carte du parc en vente (2,20 €) et topoguides (dont un payant). Gère aussi des hébergements (refuges simples pour 2-4 personnes ; compter en moyenne 20 €/personnes ; résa impérative).

✉ *Poste* (correios ; plan A1) *:* praça do Professor Cavaleiro Ferreira.

@ *Internet* (plan A1-2) *:* wifi en accès libre praça Camões ; sinon, à côté, postes gratuits à la bibliothèque municipale et au centre culturel. Lun-ven 9h-12h, 14h-19h, 21h-23h.

@ *Cybercentro :* au 2ᵉ étage du marché municipal (hors plan par A1). Tlj 10h-23h (20h dim). Un grand espace très fonctionnel.

## Où dormir ?

### Campings

⛺ *Camping Cepo Verde :* Gondesende, dans le parc naturel de Montesinho. ☎ 273-99-93-71. 📱 938-33-19-42. ● cepoverde@montesinho.com ● ♿ Prendre la N103, direction Vinhais, sur 10 km, fléché à droite, puis encore 1 km. Fermé 1ᵉʳ janv et 25 déc. Réception 10h-22h. Compter env 14 € pour 2 ; bungalows 35-45 € pour 2. 📶 (payant). Calme, le terrain s'étage à l'ombre des cerisiers. Sanitaires récents et correctement tenus. Piscine payante.

⛺ *Parque de campismo Inatel :* estrada de Rabal, à 6 km du centre-ville. ☎ 273-00-10-90 Depuis l'IP4, prendre la N103-7 direction Portelo sur 5 km ; fléché. Ouv de juin à mi-sept. Réception 8h-minuit. Emplacement pour 2 pers 19 € hors réduc de membres. Très joli camping d'une centaine de places en pleine nature traversé par une rivière (baignade possible !). La végétation est à l'image du lieu, récente, et donc rare si on n'a pas la chance de camper sous les immenses peupliers qui bordent la rive. Sanitaires propres.

### De bon marché à prix moyens

🏠 *Pousada da juventude* (hors plan par A1, 10) *:* forte de S. João de Deus. ☎ 273-32-92-31. ● braganca@movijovem.pt ● ♿ À 1 km du centre. Depuis la gare routière, monter vers la cathédrale moderne ; la longer sur la gauche ; l'AJ est 500 m plus loin au-dessus de l'av. 22 de Maio. Réception 8h-minuit. Selon saison, 11-13 €/pers en dortoir ; doubles 28-32 € ; apparts 4 pers avec kitchenette 55-60 €. Carte des AJ obligatoire (2 €/j., transformée en carte annuelle au bout de 6 nuits). 💻 📶 Laverie, cuisine, resto. Récente et luxueuse AJ où tout est bien aménagé avec un petit coin cheminée sympa l'hiver. L'été, pour prendre son petit déj, grande terrasse donnant sur un jardin. Excellent accueil.

🏠 🍴 *Residencial Tic Tac* (plan A1,

# BRAGANÇA / OÙ DORMIR ? | 489

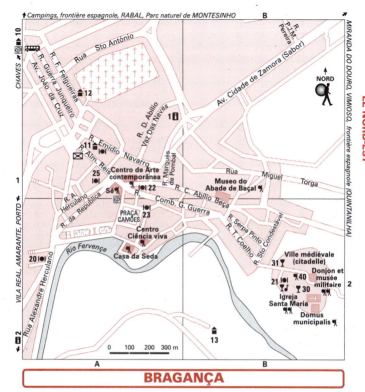

## BRAGANÇA

- **Adresses utiles**
  - 1 Office de tourisme
  - 2 Centre d'info du parc naturel de Montesinho
  - @ Internet

- **Où dormir ?**
  - 10 Pousada da juventude
  - 11 Residencial Tic Tac
  - 12 Hotel Tulipa
  - 13 Pousada São Bartolomeu

- **Où manger ?**
  - 20 O Pote
  - 21 Dom Fernando
  - 22 Poças
  - 23 O Manel
  - 25 Solar Bragançano

- **Où boire un verre ?**
  - 21 Duque de Bragança
  - 30 Vila Café
  - 31 O Celta Taberna

- **À voir**
  - 40 Museu ibérico do Máscara e do Traje

---

**11**) : *rua Emídio Navarro, 85.* ☎ *273-32-43-21. Doubles 35-45 €, petit déj inclus. Menu 10 € ; plats 5-9 €.* La pension de famille par excellence, où les propriétaires parlent seulement le portugais ; mais ça marche très bien par signes. Les chambres, une vingtaine en tout, sont bien tenues et d'un confort très correct (TV, AC). Le resto sert une cuisine simple et copieuse façon « les routiers sont sympas ».

■ *Hotel Tulipa* (plan A1, **12**) : *rua Dr Francisco Felgueiras, 8-10.* ☎ *273-33-16-75.* • hotel.tulipa@hotmail.com • tulipaturismo.com • *Doubles 42-55 €, petit déj inclus.* 🛜 Gentil petit hôtel situé au calme (à côté du cimetière, alors forcément !) et proposant des chambres standard très propres, sans fioritures mais rénovées récemment. En bas, agréable resto. Et l'accueil adorable ne gâche rien !

### Beaucoup plus chic

🏠 **Pousada São Bartolomeu** *(plan B2, 13)* : ☎ 273-33-14-93. ● guest@pousadas.pt ● pousadas.pt ● *Bien fléché depuis le centre-ville. Double 132 €, petit déj inclus (159 € avec repas).* 🖥 📶 Accrochée à flanc de colline, la *pousada* offre une vue imprenable sur la forteresse et les maisonnettes blotties dans ses murailles, qu'on savoure : depuis le bord de la superbe piscine ronde sous le soleil dardant, depuis le balcon dont jouit chaque chambre sous les rayons vespéraux, ou depuis la salle à manger avec ses nappes à fleurs. Seul point un peu critiquable, la déco, qui n'est pas de première jeunesse !

## Où manger ?

### De bon marché à prix moyens

🍽 **O Pote** *(plan A2, 20)* : *rua Alexandre Herculano, 186.* ☎ *273-33-37-10.* ● *restaurante.opote@gmail.com* ● *Tlj sf dim. Formule déj en sem 7,50 € ; menu 14,50 € ; plats 8,50-14 €. Apéritif offert sur présentation de ce guide.* Salle populaire et chaleureuse, avec quelques bancs et une cheminée. On y sert une bonne cuisine, copieuse et savoureuse, à base de produits du coin estampillés « km 0 ». Accueil sympa des propriétaires, qui ont vécu 20 ans en France.

🍽 **Dom Fernando** *(plan B2, 21)* : *rua Rainha D. Maria II, 197.* ☎ *273-32-62-73. À droite en entrant dans la citadelle. Tlj, le midi slt. Fermé oct. Menu 12 € ; plats 6-12 €.* Une petite maison dans une sympathique ruelle en calade de la citadelle. Une salle de bar au rez-de-chaussée pour les habitués le midi, une autre au 1er étage, coquette, claire, avec fenêtres sur rue. On y sert la *bacalhau assado* (morue) préparée de plusieurs façons, et d'autres poissons, comme les *trutas grelhadas* (truites grillées). Bon choix de bœuf aussi.

🍽 **Poças** *(plan A1, 22)* : *rua dos Combatentes da Grande Guerra, 200.* ☎ *273-33-14-28. Tlj. Menu 12 €. Café offert sur présentation de ce guide.* C'est bon, simple et copieux. Délicieux *arroz de tamboril, bacalhau à Poças, posta à Mirandesa,* servis dans une salle avec mezzanine.

🍽 **O Manel** *(plan A2, 23)* : *rua Oróbio de Castro, 27-29.* ☎ *273-32-24-80.* ♿ *Tlj sf dim. Fermé 1re quinzaine de nov. Menu touristique 15 € ; plats 7,50-12 €.* La salle du 1er étage est bien plus sympa. Parmi les spécialités de la maison : la *espetada mista* (brochette de porc, *chouriço* et veau) et, un délice, la *bacalhau à Lagareiro* !

🍽 **Solar Bragançano** *(plan A1, 25)* : *praça da Sé, 34.* ☎ *273-32-38-75. Tlj sf lun. Menu midi 12,50 € ; plats 8,50-14 €.* 📶 *Apéro offert sur présentation de ce guide.* Un superbe escalier en granit bordé d'azulejos conduit au 1er étage de cette magnifique demeure au cadre cossu. Vieux vaisseliers, nappes blanches brodées, boiseries... On peut y dîner aux chandelles sur fond de musique classique – romantique. Sans hésitation, un des meilleurs restos de viande de tout le pays – souvent primé dans les médias nationaux –, avec des spécialités telles que le *naco de vitela à Mirandesa*, le *cabrito de Montesinho*, les *alheiras de Sto Huberto*, le *coelho bravo à la Monsenhor...* Les desserts ne sont pas en reste, préparés maison par Anna Maria ! Agréable courette intérieure arborée ouverte en saison.

## Où boire un verre ?

🍷 🎵 **Duque de Bragança** *(plan B2, 21)* : *largo Duque Don Alfonso Cidadela, 92. Au bout de la 1re ruelle à droite, en entrant dans la citadelle. Tlj*

*14h-3h.* Un bar convivial aux allures de pub, avec une jolie déco british à l'intérieur et une terrasse pour les beaux jours. Concerts de temps à autre et service funky à souhait.

**🎬 Vila Café** *(plan B2, 30) : rua Dom Fernão. Tlj sf lun. Fermé de mi-déc à début janv. 🛜 Digestif offert sur présentation de ce guide.* Le lieu idéal pour admirer depuis la terrasse ombragée le superbe portail de l'église Santa Maria en sirotant une *limonada,* voire en grignotant quelques *petiscos.* Loue aussi une maisonnette de 3 chambres, avec cuisine et bains, à l'intérieur de la muraille (● *olardorei.com* ●).

**🎬 O Celta Taberna** *(plan B2, 31) : rua da Cidadela, 25. Ouv 14h-2h.* Un beau pub rustique à souhait. Bonne ambiance tard le soir : c'est le moment ou jamais de venir écluser une chope en terre cuite au son des cornemuses.

## À voir. À faire

– *Bon à savoir :* tous les musées sont gratuits le dimanche de 10h à 14h.

## La ville médiévale

Cerclée de remparts, la ville médiévale est l'une des plus jolies places fortes portugaises. Contrairement à beaucoup de cités de ce style, celle-ci n'a pas été vidée de ses habitants, et les boutiques à touristes y sont rarissimes. Tant mieux ! Elle a gardé son cachet et son authenticité. Des gens simples y vivent dans d'humbles maisons délicatement restaurées. Beau point de vue sur les alentours depuis le chemin de ronde. Les remparts, en fort bon état et bordés de jardins bucoliques, datent du XIIe s.

**🎬🎬 Le donjon** *(plan B2) :* belle architecture romane qui s'élève à plus de 30 m (on y grimpe en payant). Il abrite un petit **Musée militaire** très intéressant *(tlj sf lun et j. fériés 9h-12h, 14h-17h en été ; entrée : 2 €, gratuit ven mat).* Ne pas manquer le *pelourinho* (pilori), de style gothique, derrière le musée. Sa base, qui représente un sanglier, daterait de la préhistoire.

**🎬🎬 Igreja Santa Maria** *(plan B2) : en face du donjon. Tlj 9h-17h.* Portail baroque en granit de toute beauté, mis en valeur par le mur blanc de la façade. À l'intérieur, très beau plafond polychrome peint en trompe l'œil, supporté par d'austères voûtes en brique et un autel copieusement baroque. Éclairage payant un peu cher, mais ça vaut le coup !

**🎬 Domus municipalis** *(plan B2) : accolé à l'église. GRATUIT.* Édifice intéressant par son histoire. Unique hôtel de ville de ce genre dans la péninsule. De style roman, il témoigne d'une époque où les franchises communales étaient toutes-puissantes. Le *Domus* était une grande salle de réunion pour les conseils municipaux. À l'intérieur, la grande citerne alimentait les habitants en eau pendant les conflits avec l'Espagne. Condamnés à mourir de soif, ils ont souvent résisté grâce à cette citerne !

**🎬 Museu ibérico da Máscara e do Traje** *(musée ibérique du Masque et du Costume ; plan B2, 40) : rua Dom Fernão O Bravo, 24-26.* ☎ *273-38-10-08.* ● *museu. iberico@cm-braganca.pt* ● *Tlj sf lun : 9h-13h, 15h-18h en saison ; 9h-12h30, 14h-17h30 l'hiver. Entrée : 1 € ; gratuit moins de 10 ans.* Ce musée regroupe un ensemble très intéressant de masques et costumes utilisés pendant les traditionnelles fêtes d'hiver. Mais surtout, il donne corps à la collaboration transfrontalière entre Bragança et Zamora (son pendant espagnol), en permettant notamment de préserver ainsi leur forte culture identitaire régionale.

## La ville basse

🛉 **Museu do Abade de Baçal** (plan B1-2) : *rua Abílio Beça, 27. ☎ 273-33-15-95. • mabadebacal.com • Tlj sf lun et j. fériés 10h-17h (18h le w-e). Entrée : 2 €.* Installé dans une belle maison, ce petit musée présente des collections ethnographiques et archéologiques dignes d'intérêt. Côté peinture, belle série de *pelourinhos* (piloris) d'Alberto de Sousa.

🛉 **Centro de Arte contemporânea Graça Morais** (plan A1) : *rua Conselheiro Abílio Beça, 105. ☎ 273-30-24-10. Tlj sf lun 10h-12h30, 14h-18h30. Entrée : 2 €.* Un projet qui émane du dieu vivant de l'architecture portugaise, alias Souto Moura. La façade de l'entrée a gardé son caractère ancien, tandis que, sur l'arrière (rua Emilio Navaro), l'édifice pète de modernité tout en s'intégrant harmonieusement au quartier. Il abrite une expo permanente : Graça Morais « Peintures et dessins 1983-2005 ». Expos temporaires d'excellente qualité. Aussi un bar-cafèt' et une librairie bien fournie.

🛉 **Sé** (cathédrale ; plan A1) : rustique, sauf le retable, très lourdement décoré.

🛉 **Centro Ciência viva** (plan A2) : *rua do Beato Nicolao Dinis. ☎ 273-31-31-69. • braganca.cienciaviva.pt • Mar-ven 10h-18h, w-e 11h-19h. Fermé j. fériés. Billet (combiné avec la Casa da Seda) : 2,50 € ; réduc.* Minicité des sciences ayant pour thème les très en vogue énergies renouvelables. Visite hautement instructive. Une dizaine de postes Internet en libre accès.

🛉 **Casa da Seda** (plan A2) : *rua dos Batoques, 25. ☎ 273-38-22-07. Mar-ven 10h-18h, w-e 11h-19h.* Résultat de la récupération d'un ancien moulin. Tout, tout, tout, vous saurez tout sur le... ver à soie ! La façon dont on l'élevait et surtout moult détails sur l'industrialisation qui en découla. Celle-ci façonna les paysages que vous avez sous les yeux et fut la principale pourvoyeuse d'emplois de la région.

➤ **Promenade le long du rio Fervença** (plan A-B2) : *dans le centre-ville.* Très bien aménagé avec de petites passerelles (où se bécotent les tourtereaux), bassins, bancs originaux et fontaines rigolotes (tournez fort !). Un charmant café, *Corredor Verde,* tout au bout de la promenade.

## DANS LES ENVIRONS DE BRAGANÇA

🛉🛉 **Parque natural de Montesinho** : *à une dizaine de km au nord de Bragança. Rens auprès du centre d'info du parc (voir « Adresses utiles » plus haut).* 75 000 ha (la superficie de Madère) de terres sauvages. Amis de la nature et de l'isolement, soyez les bienvenus ! Le parc concentre tout ce qu'il y a de plus sauvage dans la péninsule. Et si peu de touristes. Certes, les incendies ont laissé leur empreinte dans ces merveilleuses forêts qui alternent harmonieusement avec des chaos granitiques. Mais la nature reprend vite ses droits. La végétation d'épineux colore vivement la montagne de jaune, d'ocre, de vert et de violet. Les ruisseaux et les cascades chantent, et, avec un peu de chance, on assiste au retour des troupeaux à la ferme. La vie rurale des nombreux villages y est préservée, aussi se fait-on discret pour profiter à fond de cette ambiance et de ce pays perdu et un peu mystérieux.
Outre la randonnée ou le vélo (certains chemins étaient empruntés par les pèlerins se rendant à Saint-Jacques-de-Compostelle), le parc offre également des parcours à thème (gastronomie, faune et flore, patrimoine), la découverte de fêtes folkloriques... Les aménagements du site, aires de pique-nique et hébergements sont nombreux et bien intégrés. À visiter pour en savoir plus : le **centre d'interprétation de Vinhais** (*☎ 273-77-14-16 ; ouv 9h-12h30, 14h-17h30*), dans le centre

du bourg, à 30 km à l'ouest de Bragança par la N103. Plein d'infos sur les randos, villages à visiter en priorité et logements au sein du parc.

➢ Entre Bragança et Miranda do Douro, 83 km de route sinueuse traversant l'un des beaux coins du nord-est du Portugal. Un paysage de lande à la provençale, décoré d'oliviers à flanc de colline et animé par des troupeaux de moutons...

## MIRANDA DO DOURO (5210) 7 500 hab.

À la frontière avec l'Espagne, telle une sentinelle, Miranda do Douro surplombe des gorges rocheuses fermées par un barrage, comme un symbole entre deux pays longtemps rivaux et aujourd'hui amis. À l'abri de ses robustes murailles, la ville haute offre une superbe cohérence architecturale et constitue une bonne première étape à la découverte du Portugal profond. Voilà pour le côté typique et traditionnel, qui nous a charmés. À côté, la ville basse est tournée vers un tourisme moins agréable, mais qu'importe : ce n'est pas là que vous traînerez vos guêtres.

### PORTUGNOL

*Ici, certaines personnes parlent encore le* mirandês, *un dialecte sorti de la nuit des temps et que l'on retrouve sur les plaques de rues. Une sorte de « portugnol » que même le Petit Prince de Saint-Exupéry s'est mis à jacter (il est traduit et vendu dans les librairies du village) ! C'est quand même la deuxième langue du pays avec 7 000 adeptes !*

## Arriver – Quitter

### En bus

🚌 **Gare routière :** *en contrebas du village en allant vers le barrage. Rodonorte/Santos Viagens (*☎ *273-43-24-44 ;* ● *rodonorte.pt* ●*).*

➢ **Bragança :** 1-2 bus/j. Trajet : 3-4h.
➢ **Braga :** 1-3 bus/j. Trajet : 5h.
➢ **Guarda :** 2-4 bus/j. Trajet : 6h.
➢ **Lisbonne et Coimbra :** 4-5 bus/j. Trajets respectifs : 7-8h et 6-7h.
➢ **Porto :** 3 bus/j. Trajet : 4h30-6h.

## Adresses utiles

**ℹ Office de tourisme :** *largo da Moagem ; kiosque en limite de la ville basse.* ☎ *273-43-00-25.* ● *cm-mdouro.pt* ● *En saison, mar-ven 9h-19h ; sam-lun 10h-13h, 14h-18h. Hors saison, tlj 9h-12h30, 14h-17h30.* Bon dépliant énumérant les édifices notables.

✉ **Poste** *(correios) : rua do Paço, face à la cathédrale.*
**@ Internet :** *quelques postes gratuits à la* **Casa de cultura mirendesa,** *rua Mouzinho de Albuquerque, 12 (rue principale de la vieille ville). Tlj 9h-12h30, 14h-17h30.*

## Où dormir ?

### Bon marché

🏠 🍽 **Pensão local Vista Bela :** *rua do Mercado, 63.* ☎ *273-43-10-54.* ● *pensao.vistabela@sapo.pt* ● *Dans la ville moderne, dans la rue parallèle à la falaise. Fermé 2ᵈᵉ quinzaine de janv. Double avec sdb 35 €, petit déj* *inclus.* 📶 Enfin un hôtel qui porte bien son nom ! Car on a une très belle vue sur les gorges rocheuses, le *rio* en bas et le barrage, depuis une bonne moitié des chambres de ce 2-étoiles, dont 2 avec terrasse et 2 avec balcon. Accueil aimable et en français. Beau mobilier, TV satellite et téléphone. Un étonnant rapport qualité-prix. Au rez-de-chaussée, bar qui peut faire resto selon l'affluence (compter 15 € pour dîner).

🏠 **Residencial Flor do Douro :** *rua do Mercado, 7.* ☎ *273-43-11-86.* ● *flordodouro@gmail.com* ● 🍴 *Dans la ville moderne, 100 m en face du pont. Doubles avec sdb 35-45 € selon taille ; familiale 60 € ; petit déj inclus.* 📶 *Café offert sur présentation de ce guide.* Au-dessus des boutiques, une pension réservant un bon accueil. Belles chambres, super propres et toutes assez différentes. Tant qu'à faire, demandez-en une avec balcon donnant sur les gorges du Douro ! Literie de bonne qualité.

🏠 **Pensão-residencial Santa Cruz :** *rua Abade Baçal, 61.* ☎ *273-43-13-74.* ● *santacruz.zip@gmail.com* ● *Rue sur la droite, 50 m après l'entrée de la vieille ville. Double avec sdb et petit déj 35 €.* Une belle maison avec sa quinzaine de chambres très sobres. On y entre en traversant une allée bordée de fleurs. Et le soir, après le départ des touristes, on se laisse bercer par le calme du centre historique. Fait aussi resto (menu à 10 €).

### Où manger ?

🍽 **O Mirandes :** *largo da Moagem.* ☎ *273-43-28-23. Au pied du pont, côté ville moderne. Tlj. En sem, menu du jour env 11 € ; plats 10-15 €.* Une petite maison au cadre intérieur un peu plus coquet que la moyenne. Cuisine fraîche et copieuse. Accueil attentionné.

## À voir. À faire

🎬 **Les gorges du Douro :** vue superbe depuis plusieurs points du village. Promenade en bateau également possible *(départs quotidiens à 16h en sem, 11h et 16h le w-e et en août ; départ au parc nautique, fléché à gauche avt le barrage ; balade de 1h30 : 16 €).*

🎬 **La cité médiévale :** une simple poignée de rues pavées qui possèdent beaucoup de charme. Deux grands classiques du lieu : les murs blancs chaulés sur lesquels tranchent des pièces d'architecture de granit. On note un linteau en accolade ici, des grotesques naïves là, un poteau d'angle torsadé de-ci, une margelle de fenêtre moulurée de-là. Notre best of, le largo Dom João II où l'on trouve le *paço municipal* (le musée) surmonté d'une galerie supérieure à colonnes massives, le bel hôtel de ville et le *solar dos ordases*. Ne ratez pas non plus la rua Costanilha, bordée de belles masures, qui part de cette place et descend vers l'ancienne porte principale de la cité.

🎬 **Museu da Terra de Miranda :** *praça de D. João III. Tlj sf lun et mar mat 9h30-12h30, 14h-18h (17h30 l'hiver). Entrée : 2 € ; gratuit dim mat.* Rien que l'édifice, une ancienne mairie des XV$^e$-XVI$^e$ s, force l'admiration. À l'étage, intéressante collection de costumes folkloriques et de masques de fête inspirés des traditions païennes (la culture celte arrivait bien jusque-là !). Ils sont accompagnés des instruments de musique ad hoc, comme cette cornemuse en peau de cabri. Section consacrée au tissage (les chaudes capes de berger sont une spécialité du coin) et reconstitution de la chambre d'une personne riche, si simple qu'on imagine aisément le dénuement des indigents. En bas, belle série d'outils agricoles, forge, cuisine d'époque, hutte de berger et étonnante planche à silex utilisée pour séparer le bon grain de l'ivraie. Bref, voilà un petit musée franchement intéressant.

✖ *Sé (cathédrale) :* *tlj sf lun et mar mat 10h-12h30, 14h-18h.* De proportion démesurée pour la taille du village. Les chapelles intérieures débordent de colonnes torses et cannelées, motifs floraux, un doux mélange de baroque et de classique. Buffet d'orgue agrippé à la tribune, d'un style baroque naïf. Dans le chœur, très belles stalles décorées de fresques champêtres. Des sculptures de Gregório Hernandes ornent le maître-autel.

# LA ROUTE ENTRE MIRANDA DO DOURO ET VILA NOVA DE FOZ CÔA

La N221 traverse une sorte de haut plateau, fertile et verdoyant au printemps. Après *Mogadouro*, petite ville à flanc de montagne, les plus pressés iront directement à Vila Nova de Foz Côa à travers des paysages peu motivants. Moyennant un « rallongi » d'une quarantaine de kilomètres, voici un somptueux itinéraire bis. À 30 km au-delà de Mogadouro, garder la N221 en direction de Freixo de Espada. Au détour d'un virage, ce gros village apparaît, sur un plateau planté de champs de vignes, d'oliviers et d'orangers et encerclé de collines.

## LE ROYAUME DES ENFANTS

À 30 km au sud de Miranda do Douro, à Bemposta, un curé créa en 1956 une république autogérée dont les citoyens étaient 2 000 à 3 000 enfants. Ils frappaient monnaie, géraient une station-service et un cirque fameux finançait la république. L'endroit accueillait les orphelins et les enfants des rues. Le président n'avait que... 12 ans ! Ce doux rêve prit fin dans les années 1980... Les enfants avaient grandi.

## Où dormir ?

▲ *Quinta do Salgueiro :* *N221.* ☎ *279-65-20-07.* ● *info@quintadosalgueiro.com* ● *quintadosalgueiro.com* ● *À 2,5 km avt Freixo de Espada en venant de Mogadouro. Selon saison, doubles 60-100 € ; séjour de 2 nuits min. CB refusées.* 🛜 Admirable maison, admirable piscine, admirable accueil. Margarida est une hôtesse comme on les aime, serviable, gentille et francophone. Quant à sa maison, c'est un rêve qu'elle a concrétisé avec beaucoup de goût en adjoignant une aile moderne à sa vieille et vénérable *quinta*. Les matériaux sont nobles (bois, schiste, ardoise), les chambres vastes, les parties communes agréables et le tout meublé avec goût. Les vallonnements alentour couverts d'oliviers ajoutent au charme du lieu, tout comme l'agréable piscine (allez, disons-le, panoramique !).

## VILA NOVA DE FOZ CÔA (5150) 732 hab.

Cette ville sans fard défraya la chronique mondiale au milieu des années 1990 lors de la découverte de gravures rupestres « datant de l'an pèbre ». Selon les spécialistes, c'est un des sites préhistoriques majeurs d'Europe, sinon du monde ! Aujourd'hui, le parc archéologique de la vallée du Côa est inscrit sur la liste du Patrimoine mondial de l'Unesco.

## Arriver – Quitter

### En bus

🚌 **Gare routière :** av. da Misericórdia. En face de l'hôpital. Compagnies Rede Expressos (☎ 707-22-33-44 ; ● rede-expressos.pt ●) et Rodonorte (● rodonorte.pt ●).
➢ **Bragança :** 1 bus/j., le soir, avec Rede Expressos. Trajet : 1h30.
➢ **Viseu, Coimbra et Lisbonne :** 3 bus/j., tlj, avec Rodonorte et Rede Expressos. Trajet : respectivement 2h, 4h et 6h15.
➢ **Miranda do Douro :** 3 bus/j. en sem (dont un très tardif), 1 seul dim, avec Rodonorte et Rede Expressos. Trajet : 2h.
➢ **Porto :** changement à Viseu.

## Adresses utiles

🛈 **Office de tourisme :** av. Cidade Nova. ☎ 279-76-03-29. ● cm-foz coa.pt ● (mairie). Tlj 9h-17h30. Pour tous les renseignements sur la ville et ses environs. Pour la visite des sites du Paléolithique, adressez-vous au centre du parc (lire plus loin « Dans les environs de Vila Nova de Foz Côa »).
@ **Internet :** quelques postes en accès gratuit à la **bibliothèque,** derrière l'office de tourisme. Lun-ven 9h-12h30, 14h-17h30. Le w-e, dépannage possible à l'office de tourisme sur un poste.

## Où dormir ?

### Bon marché

🛏 **Pousada da juventude :** caminho vicinal Currauteles, 5. ☎ 279-76-40-41. ● fozcoa@movijovem.pt ● ⚠ À 1 km au nord du centre. Fléché sur la N102. Pas de bus. Accueil 8h-minuit. Selon saison, 12-14 €/pers en dortoir ; doubles 26-34 € ; petit déj inclus. Snack. 🖥 AJ isolée en limite de ville, très agréable et surplombant les collines alentour. Tout est nickel-chrome. Les chambres (il y a même des familiales) sont d'un bon confort hôtelier.
🛏 **Residencial Marina :** av. Gago Coutinho, 4. ☎ 279-76-21-12. En face de l'office de tourisme, dans une maison blanche avec des volets verts. Double 35 €, petit déj non compris. Préférez les chambres donnant à l'arrière sur le patio de cette grande bâtisse, beaucoup plus calme. Intérieur sobre et bien entretenu. Accueil souriant.

### Prix moyens

🛏 **Quinta do Chão d'Ordem :** N102. ☎ 279-76-24-27. ● chaodordem. com ● À 7 km de Foz Côa en allant vers Guarda, fléché sur la gauche juste après Muxagata. Double 60 €. 🖥 Bienvenue dans cette agréable quinta, ancienne étape de l'ordre des Templiers ! La proximité de la route est vite oubliée une fois entré dans cette propriété séculaire, entourée de vignes et d'une forêt d'oliviers (2 043 exactement, parole de routard). La maison de maître a été parfaitement restaurée par les propriétaires, la famille Henriques. Elle abrite de grandes chambres et une dizaine d'appartements, piscine et tennis. Et, cerise sur le gâteau, Maria et Andrade vous font partager leur petite production d'huile et de porto issus d'une agriculture entièrement bio.

## Où manger ?

### Très bon marché

🍴 **A Marisqueira :** rua Dr Juiz Mountinho de Andrade, 35. ☎ 279-76-21-87. Dans la rue piétonne. Tlj sf dim. Menu bon marché le midi ; plats 6-12 € à la carte. Resto assez populaire. Quand c'est le jour du poulet grillé, on peut les voir rôtir sur un grand barbecue, dans la rue derrière.

**|●| Pasteleria A Tentação :** *largo do Tablado, 27.* ☎ *279-76-43-01. Sur une petite place en remontant la rue piétonne, une boulangerie-pâtisserie qui propose aussi des pizzas. Parfait pour emporter et grignoter face aux panoramas du coin.*

## Bon marché

**|●| O Bruico :** *N102.* ☎ *279-76-43-79. Sur la route de Guarda ; à 2,5 km du centre, tourner à gauche direction Pereiras de Poio, c'est tt de suite à droite. Tlj sf dim soir-lun. Plats et grillades 9-13 €.* Tout commence ici par un verre de porto offert dès l'entrée : rouge ou blanc, c'est au choix. Le reste se déroule dans une ancienne discothèque rythmée par des murs en schiste. Les libations sont comme un rêve de tigre, c'est-à-dire carnassières à souhait. Plat unique le midi et viandes grillées le soir. Tout y passe ! Veaux, bœufs, cochons, cabris. Bien apprêtés et copieusement servis. Pour peu qu'on craque pour l'un des originaux desserts, on s'en fait péter la sous-ventrèche !

# DANS LES ENVIRONS DE VILA NOVA DE FOZ CÔA

**◎ ✖✖✖** *Le parc archéologique de la vallée du Côa :*
**– Museu do Côa :** *sur le site de Canado Inferno, à 3 km du centre-ville, très bien fléché. Tlj sf lun 9h-13h, 14h-18h. Entrée : 5 € (12 € avec la visite d'un site) ; réduc dim ap-m.* Une mise en bouche avant la visite du parc. Les pièces les plus intéressantes sont des pointes d'outils trouvées lors des fouilles. Quelques moulages de gravures et une reconstitution encore timide de l'habitat de « nos ancêtres les Lusitaniens ».
**– Centro do parque :** *attenant au musée.* ☎ *279-76-82-60.* ● *pavc@igespar.pt* ● *arte-coa.pt* ● *Tlj 9h-18h30. Parc fermé lun, 1ᵉʳ janv, dim de Pâques, 1ᵉʳ mai et 25 déc. Résa IMPÉRA-*

### QUAND CRO-MAGNON FAIT BARRAGE

*En décembre 1994, lors de la construction d'un barrage dans la vallée du Côa, des gravures du Paléolithique âgées de plus de 30 000 ans (!) furent découvertes. La nouvelle fut cachée 2 ans, provoquant un scandale dans les milieux scientifiques et culturels. Le Sunday Times parla même de « conspiration » entre EDP (l'EDF portugaise) et l'IPPAR (chargé du patrimoine archéologique) pour préserver l'édification du barrage, au vu d'énormes enjeux économiques : l'ouvrage devait fournir 20 % de la consommation électrique du pays et assurer l'irrigation des terres. Et le barrage, aujourd'hui ? Les travaux ont repris en 2007... juste un peu plus loin !*

*TIVE (à l'avance) : mar-ven, visites mar-dim. Tarif (visite guidée) : 10 €/pers pour chaque site (12 € avec l'entrée au musée).* On se rend par ses propres moyens à chaque départ de visite, après quoi les agents du parc vous guident au pied des gravures.
**– Le site de Canado do Inferno :** *départ du Centro do parque arqueológico Vale do Côa. Visite : 2h et 1 km de marche.*
**– Le site de Ribeira de Piscos :** *départ de Muxagata, à 6 km au sud de Vila Nova de Foz Côa par l'IP2 (en direction de Guarda).* ☎ *279-76-42-98. Visite : 2h30 et 2 km de marche.* C'est le seul des trois où l'on puisse voir une représentation humaine.
**– Le site de Penascosa :** *départ de Castelo Melhor, à 15 km au sud-est de Vila Nova de Foz Côa par la N222 (en direction de Figueira de Castèlo Rodrigo).* ☎ *279-71-33-44. Visite : 1h30 et 200 m de marche (facile !).*

En été, c'est une fournaise qui peut atteindre les 50 °C à l'ombre (sauf qu'il n'y a pas d'ombre !). Alors, privilégiez le printemps ou l'automne. S'il pleut... les parapluies sont interdits, afin de ne pas rayer malencontreusement les roches. Chaque balade est assez sensationnelle. Les guides, efficaces et compétents, expliquent les gravures, leur origine et leurs techniques de fabrication (abrasion, piquetage ou silex), mais aussi la flore et la faune du site, les constructions et les légendes locales. Une visite à ne pas rater, à la rencontre d'aurochs, cervidés, équidés, cygnes, poissons et bien d'autres, venus de la nuit des temps.

¶¶ *Quinta da Ervamoira :* ☎ *279-75-92-29.* 📱 *935-26-34-90 (Sónia Teixeira, francophone).* ● *museuervamoira@gmail.com* ● *Tlj sf dim. 4 visites/j. (en français) ; tarif : 7,50 € (inclut une dégustation de porto) ; gratuit moins de 6 ans ; réduc.* Visite pratique à enchaîner avec celle du site rupestre de Penascosa. Immense propriété viticole *Ramos Pinto* de 200 ha d'où provient l'excellent porto *tawny* de 10 ans. Elle possède un charmant petit musée riche en vestiges romains et médiévaux découverts grâce aux fouilles archéologiques.

# COMMENT Y ALLER ?

## EN AVION

### Les compagnies régulières

▲ **AIR FRANCE**
*Rens et résas au ☎ 36-54 (0,34 €/mn ; tlj 6h30-22h), sur • airfrance.fr •, dans les agences Air France et dans ttes les agences de voyages (fermées dim).*
➢ Au départ de Paris, 4 vols directs/j. pour Lisbonne et vols quotidiens vers Porto et Faro.
Air France propose à tous des tarifs attractifs toute l'année. Vous avez la possibilité de consulter les meilleurs tarifs du moment sur Internet, directement sur la page « Meilleures offres et promotions ».
Le programme de fidélisation Air France-KLM permet de cumuler des *miles* à son rythme et de profiter d'un large choix de primes. Avec votre carte *Flying Blue*, vous êtes immédiatement identifié comme client privilégié lorsque vous voyagez avec tous les partenaires. Air France propose également des réductions Jeunes. La carte *Flying Blue Jeune* est réservée aux jeunes âgés de 2 à 24 ans résidant en France métropolitaine, dans les départements d'outre-mer, au Maroc, en Tunisie ou en Algérie. Avec plus de 1 000 destinations, et plus de 100 partenaires, *Flying Blue Jeune* offre autant d'occasions de cumuler des *miles* partout dans le monde.

▲ **AIGLE AZUR**
*Rens et résas au ☎ 0810-797-997 (service 0,06 €/min + prix appel). • aigle-azur.com •*
– Paris : 7, bd Saint-Martin, 75003. Ⓜ République.
➢ La compagnie française dessert Lisbonne (1 vol/j. mar et sam et 2 vols/j. le reste de la semaine), Porto (7 vols/sem) et Faro (2 vols/sem), au départ de Paris-Orly-Sud.

▲ **IBERIA**
– Paris : Orly-Ouest, hall 1. ☎ 0825-800-965 (0,15 €/mn). • iberia.com •
➢ Vols quotidiens depuis les principales villes françaises : Bordeaux, Lyon, Marseille, Nantes, Nice, Paris, Rennes, Toulouse et Strasbourg (1 seul vol/j.) vers Lisbonne et Porto avec changement à Madrid.

▲ **SN BRUSSELS AIRLINES**
*Rens et résas : ☎ 0892-640-030 (0,33 €/mn) depuis la France et 0902-51-600 (0,75 €/mn) depuis la Belgique. • brusselsairlines.com •*
➢ Vols réguliers au départ de Bruxelles, Lyon, Marseille, Nice, Strasbourg et Toulouse pour Faro, Lisbonne et Porto.

▲ **SWISS**
– Genève : à l'aéroport, ☎ 089-223-25-01. Tlj 5h-20h.
– Zurich : Bahnhofstrasse 25. ☎ 04-848-700-700. • swiss.com • Lun-ven 8h30-18h, sam 9h30-14h30.
SWISS assure des liaisons saisonnières entre Zurich, Lisbonne et Porto avec correspondances à Paris, Nice ou Lyon.

### Les compagnies *low-cost*

Plus vous réserverez vos billets à l'avance, plus vous aurez des chances d'avoir des tarifs avantageux Des frais de dossier ainsi que des frais pour le paiement par carte bancaire peuvent vous être facturés. En outre, les pénalités en cas de changement de vols sont assez importantes. Il faut aussi rappeler que plusieurs compagnies facturent maintenant les bagages en soute et limitent leurs poids. En cabine également, le nombre de bagages est strictement limité (attention, même le plus petit sac à main est compté comme un bagage à part entière). À bord, c'est service minimum et tous les services sont payants (boissons, journaux). Attention également au moment de la résa par Internet à décocher certaines options qui sont automatiquement cochées (assurances, etc.). Au final, même si les prix de base restent très attractifs, il convient de prendre en compte les frais annexes pour calculer le plus justement son budget.

▲ **EASYJET**
*Service clientèle :* ☎ *0820-420-315 (0,12 €/mn) tlj 8h-20h.* • *easyjet.com* •
➤ Vols quotidiens depuis Paris, Bordeaux, Lyon, Bâle-Mulhouse, Nice, Toulouse et Genève pour Lisbonne, Faro et Porto.

▲ **TRANSAVIA FRANCE**
*Centre d'appel :* ☎ *0892-058-888 (0,34 €/mn), tlj 8h-22h,* • *transavia. com* •
➤ La compagnie *low-cost* du groupe Air France-KLM dessert Lisbonne, Porto et Faro à raison de 1 vol/j. en été et de plusieurs vols/sem en hiver ; au départ de Paris-Orly-Sud, Nantes ou Lyon.

▲ **VUELING**
*Résas :* ☎ *0899-232-400 (1,34 € l'appel puis 0,34 €/mn) ou service clients : 0892-232-410 (prix d'un appel local).* • *vueling.com* •
➤ Vols depuis Paris-Orly pour Lisbonne et Porto.

## LES ORGANISMES DE VOYAGES

– Ne pas croire que les vols à tarif réduit sont tous au même prix pour une même destination à une même époque : loin de là. On a déjà vu, dans un même avion partagé par deux organismes, des passagers qui avaient payé 40 % plus cher que les autres... De plus, une agence bon marché ne l'est pas forcément toute l'année (elle peut n'être compétitive qu'à certaines dates bien précises). Donc, contactez tous les organismes et jugez vous-même.
– Les organismes cités sont classés par ordre alphabétique, pour éviter les jalousies et les grincements de dents.

### EN FRANCE

▲ **COMPTOIR DU PORTUGAL**
– *Paris : 16-18, rue Saint-Victor, 75005.* ☎ *01-53-10-30-15.* • *comptoir.fr* • Ⓜ *Cardinal-Lemoine. Lun-sam 9h30 (10h sam)-18h30.*
– *Toulouse : 43, rue Peyrolières, 31000.* ☎ *05-62-30-15-00.* Ⓜ *Esquirol. Lun-sam 9h30-18h30.*
– *Lyon : 10, quai Tilsitt, 69002.* ☎ *04-72-44-13-40.* Ⓜ *Bellecour. Lun-sam 9h30-18h30.*
– *Marseille : 12, rue Breteuil, 13001.* ☎ *04-84-25-21-80.* Ⓜ *Estrangin. Lun-sam 9h30-18h30.*
Pour découvrir le Portugal, Comptoir propose des séjours à Lisbonne et Porto ainsi que de jolis itinéraires en Algarve, le long de la côte lisboète ou dans la vallée du Douro.
Des voyages faits pour tous les férus d'histoire, d'art, de randos et de balnéaire avec des nuits réservées en agritourisme, *quintas* et maisons d'hôtes. Quelles que soient vos envies, leur équipe de spécialistes du Portugal est à votre écoute pour créer votre voyage sur mesure.
Comptoir des Voyages couvre plus de 70 destinations dans le monde et propose des voyages sur mesure dans une gamme de prix accessible avec une vraie immersion dans la culture locale notamment grâce à des hébergements de charme chez l'habitant.
Comptoir des Voyages est membre de l'association ATR (Agir pour un tourisme responsable) et a obtenu la certification Tourisme responsable AFAQ AFNOR.

▲ **NOMADE AVENTURE**
☎ *0825-701-702 (0,15 €/mn + prix appel).* • *nomade-aventure.com* •
– *Paris : 40, rue de la Montagne-Sainte-Geneviève, 75005.* ☎ *01-46-33-71-71.* Ⓜ *Maubert-Mutualité. Lun-sam 9h30-18h30.*
– *Lyon : 10, quai Tilsitt, 69002. Lun-sam 9h30-18h30.*
– *Marseille : 12, rue Breteuil, 13001. (0,15 €/mn). Lun-sam 9h30-18h30.*
– *Toulouse : 43, rue Peyrolières, 31000. Lun-sam 9h30-18h30.*
Nomade Aventure propose des circuits inédits partout dans le monde à réaliser en famille, entre amis, avec ou sans guide. Également hors de groupes constitués, ils organisent des séjours libres en toute autonomie et sur

mesure. Spécialiste de l'aventure avec plus de 600 itinéraires (de niveau tranquille, dynamique, sportif ou sportif +) faits d'échanges et de rencontres avec des hébergements chez l'habitant, Nomade Aventure donne la priorité aux expériences authentiques à pied, à VTT, à cheval, à dos de chameau, en bateau...

### ▲ NOUVELLES FRONTIÈRES

*Rens et résas au* ☎ *0825-000-747 (0,15 €/mn), sur* ● *nouvelles-frontieres. fr* ●, *dans les agences de voyages, et agences Nouvelles Frontières et Marmara.*

Depuis plus de 45 ans, Nouvelles Frontières fait découvrir le monde au plus grand nombre au travers de séjours, à la découverte de nouveaux paysages et de rencontres riches en émotions. Selon votre budget ou vos désirs, plus de 100 destinations sont proposées en circuits ou bien en séjours et voyages à la carte à personnaliser selon vos envies. Rendez-vous sur le site ou en agence où les conseillers Nouvelles Frontières seront à votre écoute pour mettre le voyage d'exception à votre portée et composer votre voyage selon vos souhaits.

### ▲ PROMOVACANCES.COM

*Rens sur* ● *promovacances.com* ● *ou au* ☎ *0899-654-850 (1,35 € l'appel puis 0,34 €/mn ; lun-ven 8h-minuit, sam 9h-23h, dim 10h-23h).*

N° 1 français de la vente de séjours sur Internet, Promovacances a fait voyager plus de 2 millions de clients en 10 ans. Le site propose plus de 10 000 voyages actualisés chaque jour sur 300 destinations : séjours, circuits, week-ends, thalasso, plongée, golf, voyages de noces, locations, vols secs... L'ambition du voyagiste : prouver chaque jour que le petit prix est compatible avec des vacances de qualité. Grâce aux avis clients publiés sur le site et aux visites virtuelles des hôtels, vous réservez vos vacances en toute tranquillité.

### ▲ TERRES LOINTAINES

– *Issy-les-Moulineaux* : *2, rue Maurice Hartmann, 92130. Sur rendez-vous uniquement ou par tél :* ☎ *01-84-19-44-45. Lun-ven 8h30-19h30, sam 9h-18h.* ● *terres-lointaines. com* ●

Terres Lointaines est le dernier-né des acteurs du Net qui compte dans le monde du tourisme, avec pour conviction « un voyage réussi est un voyage qui dépasse les attentes du client ». Son ambition est clairement affichée : démocratiser le voyage sur mesure au prix le plus juste. En individuel ou en petit groupe, entre raffinement et excellence, Terres Lointaines met le monde à votre portée. Europe, Amériques, Afrique, Asie, Océanie, la palette de destinations programmées est vaste, toutes proposées par des conseillers-spécialistes à l'écoute des envies du client. Grâce à une sélection rigoureuse de prestataires locaux, Terres Lointaines créé des voyages de qualité, qui laissent de merveilleux souvenirs.

### ▲ VOYAGES-SNCF.COM

– *Infos et résas depuis la France :* ● *voyages-sncf.com* ● *et sur tablette et mobile avec les applis V. (trains) et V. Hôtels (hôtels).*
– *Réserver un vol, un hôtel, une voiture :* ☎ *0899-500-500 (1,35 € l'appel, puis 0,34 €/mn).*
– *Une question ? Rubrique « Contact » ou au* ☎ *09-70-60-99-60 (n° non surtaxé).*

Voyages-sncf.com, distributeur de voyages en ligne de la SNCF, vous propose ses meilleurs prix de train, d'avion, d'hôtel et de location de voitures en France et en Europe. Accédez aussi à ses services exclusifs : billets à domicile (en France), Alerte Résa, calendrier des prix, offres de dernière minute...

### ▲ VOYAGEURS EN ESPAGNE ET AU PORTUGAL

*Le spécialiste du voyage en individuel sur mesure.* ● *voyageursdumonde.fr* ●
– *Paris : La Cité des Voyageurs, 55, rue Sainte-Anne, 75002.* ☎ *01-42-86-16-00.* Ⓜ *Opéra ou Pyramides. Lun-sam 9h30-19h. Comprend une librairie spécialisée sur les voyages.*
– *Également des agences à Bordeaux, Grenoble, Lille, Lyon, Marseille, Montpellier, Nantes, Nice, Rennes, Rouen, Strasbourg et Toulouse, ainsi qu'à Bruxelles et Genève.*

# autoescape.com

*partout dans le monde*

# Louez votre voiture au **meilleur prix**, partout au Portugal

Depuis 14 ans, nous sélectionnons les meilleurs loueurs et négocions des prix discount, au Portugal et partout dans le monde.

**-5%** de remise pour les Routards*
Pour toute réservation par Internet,
avec le code de réduction : GDR16

AUTOESCAPE, UNE MARQUE DU GROUPE EXPEDIA

## assistance téléphonique pour vous conseiller à tout moment

# 0 899 87 65 00

1,34€+0,34€/min

*réduction valable jusqu'au 31/12/2016, non cumulable avec toute remise ou promotion

Parce que chaque voyageur est différent, que chacun a ses rêves et ses idées pour les réaliser, Voyageurs du Monde conçoit, depuis plus de 30 ans, des projets sur mesure. Les séjours proposés sur 120 destinations sont élaborés par leurs 180 conseillers voyageurs. Spécialistes par pays et même par région, ils vous aideront à personnaliser les voyages présentés à travers une trentaine de brochures d'un nouveau type et sur le site internet où vous pourrez également découvrir les hébergements exclusifs et consulter votre espace personnalisé. Au cours de votre séjour, vous bénéficiez des services personnalisés Voyageurs du Monde, dont la possibilité de modifier à tout moment votre voyage, l'assistance d'un concierge local, la mise en place de rencontres et de visites privées et l'accès à votre carnet de voyage via une application iPhone et Android.
Voyageurs du Monde est membre de l'association ATR (Agir pour un tourisme responsable) et a obtenu sa certification Tourisme responsable AFAQ AFNOR.

## *Comment aller à Roissy et à Orly ?*

Toutes les infos sur notre site ● *routard. com* ● à l'adresse suivante : ● *bit.ly/ aeroports-routard* ●

## EN BELGIQUE

▲ **CONTINENTS INSOLITES**
– Bruxelles : rue César-Franck, 44 A, 1050. ☎ 02-218-24-84. ● *continents-insolites.com* ● Lun-sam 10h-18h (13h sam).
Continents Insolites, organisateur de voyages lointains sans intermédiaire, propose une gamme étendue de formules de voyages détaillées dans leur guide annuel gratuit sur demande.
– *Voyages découverte sur mesure :* à partir de 2 personnes. Un grand choix d'hébergements soigneusement sélectionnés, du petit hôtel simple à l'établissement luxueux et de charme.
– *Circuits découverte en minigroupes :* de la grande expédition au circuit accessible à tous. Des circuits à dates fixes dans plus de 60 pays en petits groupes francophones de 7 à 12 personnes. Avant chaque départ, une réunion est organisée. Voyages encadrés par des guides francophones, spécialistes des régions visitées.

▲ **NOUVELLES FRONTIÈRES**
● *nouvelles-frontieres.be* ●
– *Nombreuses agences dans le pays dont Bruxelles, Charleroi, Liège, Mons, Namur, Waterloo, Wavre et au Luxembourg.*
Voir texte dans la partie « En France ».

▲ **SENS INVERSE ÉCOTOURISME PORTUGAL**
– *Namur : rue J.-Grafé, 5, 5000.* ☎ *081-231-929.* ● *sensinverse.com* ●
Agence de voyages écotouristique qui propose des voyages accompagnés de guides locaux passionnés, et axés sur la découverte de l'environnement naturel, culturel, rural et humain de différentes régions de France comme à l'étranger, notamment au Portugal. L'équipe est très engagée dans la protection de la nature et la sauvegarde du patrimoine et des cultures. Tous leurs voyages ont comme point commun la marche à un rythme modéré et en petit groupe.

▲ **VOYAGEURS DU MONDE**
– Bruxelles : 23, chaussée de Charleroi, 1060. ☎ 02-543-95-50. ● *voyageurs dumonde.com* ● *Le spécialiste du voyage en individuel sur mesure.*
Voir texte dans la partie « En France ».

## EN SUISSE

▲ **STA TRAVEL**
● *statravel.ch* ● ☎ *058-450-49-49.*
– *Fribourg : rue de Lausanne, 24, 1701.* ☎ *058-450-49-80.*
– *Genève : rue de Rive, 10, 1204.* ☎ *058-450-48-00.*
– *Genève : rue Vignier, 3, 1205.* ☎ *058-450-48-30.*
– *Lausanne : bd de Grancy, 20, 1006.* ☎ *058-450-48-50.*
– *Lausanne : à l'université, Anthropole, 1015.* ☎ *058-450-49-20.*
Agences spécialisées notamment dans les voyages pour jeunes et étudiants. 150 bureaux STA et plus de 700 agents du même groupe

# COMPTOIR
## DES VOYAGES

**PORTUGAL**

Venez découvrir le Portugal de l'intérieur, en mettant la main à la pâte lors d'un cours de cuisine ou en vous baladant dans Porto avec un habitant de la ville. Nos conseillers spécialistes vous guident avant le départ sur les plus belles expériences à vivre et nos adresses coup de cœur du nord au sud du pays. Sur place, nos *greeters* vous accueillent avec le sourire pour faciliter l'immersion.

**PARIS • LYON • MARSEILLE • TOULOUSE**
**www.comptoir.fr** - 01 53 10 30 10

répartis dans le monde entier sont là pour donner un coup de main (Travel Help).
STA propose des tarifs avantageux : vols secs (Blue Ticket), hôtels, écoles de langues, work & travel, circuits d'aventure, voitures de location, etc. Délivre la carte internationale d'étudiant et la carte Jeune.

### ▲ TUI – NOUVELLES FRONTIÈRES
– Genève : rue Chantepoulet, 25, 1201. ☎ 022-716-15-70.
– Lausanne : bd de Grancy, 19, 1006. ☎ 021-616-88-91.
Voir texte dans la partie « En France ».

## AU QUÉBEC

### ▲ TOURS CHANTECLERC
• tourschanteclerc.com •
Tours Chanteclerc est un tour-opérateur qui publie différentes brochures de voyage : Europe, Amérique du Nord, Amérique du Sud, Asie et Pacifique sud, Afrique et le Bassin méditerranéen en circuits ou en séjours. Il s'adresse aux voyageurs indépendants qui réservent un billet d'avion, un hébergement (dans toute l'Europe), des excursions ou une voiture de location. Également spécialiste de Paris, le tour-opérateur offre une vaste sélection d'hôtels et d'appartements dans la Ville Lumière.

## EN TRAIN

➢ **Au départ de Paris, gare Montparnasse :** un TGV part chaque jour vers 12h30 pour Irún ; de là, correspondance autour de 18h50 avec un train de nuit pour Lisbonne ; arrivée le lendemain à Lisbonne, vers 7h30.

### Pour préparer votre voyage

– **Service bagages à domicile :** la SNCF prend en charge vos bagages où vous le souhaitez et vous les livre là où vous allez. Service disponible en France continentale, en Allemagne, en Suisse (enlèvement et livraison uniquement en gare) et au Luxembourg. Devis sur internet.
– **Billet à domicile :** commandez votre billet par Internet ou par téléphone au ☎ 36-35 (0,34 €/mn, hors surcoût éventuel de votre opérateur) ; la SNCF vous l'envoie gratuitement à domicile sous 48h, en France.

### Pour voyager au meilleur prix

Avec les **Pass InterRail,** les résidents européens peuvent voyager dans 30 pays d'Europe, dont le Portugal. Plusieurs formules et autant de tarifs, en fonction de la destination et de l'âge. • interrailnet.eu •
À noter que le Pass InterRail n'est pas valable dans votre pays de résidence (cependant l'InterRail Global Pass offre une réduction de 50 % de votre point de départ jusqu'au point frontière en France).
– Pour les grands voyageurs, l'**InterRail Global Pass** est valable dans l'ensemble des 30 pays européens concernés ; intéressant si vous comptez parcourir plusieurs pays au cours du même périple. Il se présente sous cinq formes au choix. Deux formules flexibles : utilisables 5 j. sur une période de validité de 10 j., ou 10 j. sur une période de validité de 22 j. (192-374 € selon âge et formule).
Trois formules continues : pass 15 j., 22 j. et 1 mois (325-626 € selon âge et formule). Ces cinq formules existent aussi en version 1re classe !
Les voyageurs de plus de 60 ans bénéficient d'une réduction sur le tarif de l'InterRail Global Pass en 1re et 2e classes (tarif senior). Également des tarifs enfants 4-12 ans et 12-16 ans.
– Si vous ne parcourez que le Portugal, le **One Country Pass** vous suffira. D'une période de validité de 1 mois, et utilisable, selon les formules, 3, 4, 6 ou 8 j. en discontinu : compter 154-232 € selon formule. Là encore, ces formules se déclinent en version 1re classe (mais ce n'est pas le même prix, bien sûr). Pour voyager dans 2 pays, vous pouvez combiner 2 One Country Pass. Au-delà, il est préférable de prendre l'InterRail Global Pass.

## NOUVEAUTÉ

### NOS 52 WEEK-ENDS COUPS DE CŒUR
### DANS LES VILLES D'EUROPE (paru)

Partir à la découverte des grands canaux à Amsterdam. Se rendre dans le plus vieux pub de Dublin. Sonder l'âme andalouse de Séville. Suivre la trace des écrivains russes à Saint-Pétersbourg. Pénétrer dans le bouillonnant marché du Capo à Palerme. Découvrir le design finlandais à Helsinki. Tester la scène électro à Vienne ou s'offrir une folle nuit dans les boîtes branchées de Barcelone… Que vous partiez en amoureux, entre amis ou bien en famille, vos pieds vont battre le macadam ! Entre culture, itinéraires secrets, gastronomie, *street food* et lieux tendance, voici un nouveau livre de photos. Notre best of des 52 plus belles villes d'Europe. On vous propose aussi bien les grands classiques que les suggestions les plus branchées, voire les plus inattendues. Bref, tous les éléments pour choisir votre prochain week-end *low-cost*. Vous saurez tout sur ces villes mythiques, le temps d'une escapade.

*InterRail* offre également la possibilité d'obtenir des réductions ou avantages à travers toute l'Europe avec ses partenaires bonus (musées, chemins de fer privés, hôtels, etc.).
Tous ces prix ne sont qu'indicatifs.

La SNCF propose des tarifs adaptés à chacun de vos voyages.

➢ *Prem's, Intercités Prem's :* des petits prix disponibles toute l'année, jusqu'à 90 j. avant le départ. Billets non échangeables et non remboursables (offres soumises à conditions). Impossible de poser des options de réservation sur ces billets : il faut les payer immédiatement.

➢ *Les tarifs Loisirs*
Une offre pour tous ceux qui programment leurs voyages mais souhaitent avoir la liberté de décider au dernier moment et de changer d'avis (offres soumises à conditions). Tarifs échangeables et remboursables. Pour bénéficier des meilleures réductions, pensez à réserver vos billets à l'avance (les réservations sont ouvertes jusqu'à 90 j. avant le départ) ou à voyager en période de faible affluence.

➢ *Les cartes de réduction*
Pour ceux qui voyagent régulièrement, profitez de réductions garanties tout le temps avec les cartes Enfant +, Jeune 12-17, Jeune 18-27, Week-end ou Senior + (valables 1 an).

## Renseignements et réservations

– *Internet :* • voyages-sncf.com •
– *Téléphone :* ☎ *36-35 (0,34 € TTC/mn).*
– Également dans les gares, les boutiques SNCF et les agences de voyages agréées.

# EN VOITURE

Avant de partir, on vous conseille de lire la rubrique « Transports intérieurs » dans le chapitre « Portugal utile », afin de connaître le système des autoroutes à péage électronique.
Grosso modo, on compte un peu moins de 1 800 km entre Paris et Lisbonne. Les habitués vous diront qu'il leur faut moins de 20h pour effectuer ce trajet. Surtout si, prudents, on roule à plusieurs en se relayant au volant. De Paris à la frontière espagnole, l'itinéraire le plus commode est l'autoroute jusqu'en Espagne ; puis les autoroutes du Pays basque jusqu'à Béhobie (810 km ; 780 km par la route nationale classique N 10) ; de là, un peu moins de 600 km vous séparent encore du Portugal (Vilar Formoso, par Burgos et Salamanque).
Les aires de repos sont bien équipées au Portugal (toilettes, supérettes, cafét').
• tolltickets.com • est un site où les automobilistes peuvent acheter en ligne les vignettes autoroutières, les *passes*, etc. pour un certain nombre de pays européens. Renseignements également sur les tunnels, les ferries et autres portions payantes du réseau routier.
Et pour la France, une carte avec le coût de tous les tronçons autoroutiers de l'Hexagone (• autoroutes.fr •).

## D'Irún à Lisbonne par Burgos, Salamanque et Vilar Formoso (940 km environ)

C'est l'itinéraire généralement choisi par les habitués : on vous le recommande, donc.
Après Saint-Sébastien, que l'on contourne par l'autoroute, la N1 escalade les monts de Guipúzcoa pour atteindre la plaine d'Álava : une déviation contourne Vitoria, l'une des villes importantes du nord de la péninsule Ibérique. De Saint-Sébastien, il est aussi possible de gagner cette région en empruntant l'autoroute par Bilbao (assez chères).
Ensuite, on s'engage dans le défilé de Pancorbo, au-delà duquel se profile Burgos. Puis on file droit à travers la Meseta jusqu'à Valladolid (369 km) avec l'E80, Tordesillas, Salamanque, puis Ciudad Rodrigo, avant de gagner le lendemain Vilar Formoso. Ensuite, IP5 et A23, et enfin IP1.
Pour rejoindre directement Lisbonne, de Salamanque, on peut aussi continuer vers Cáceres, Badajoz et Elvas (Portugal). La route Elvas-Estremoz-Lisbonne est excellente.

**sur iPhone et iPad**

Toutes les rubriques du guide dans 10 applis villes

**4,49 €** l'appli ville

Géolocalisation sans connexion Internet

Disponibles sur l'App Store :

Amsterdam
Barcelone
Berlin
Bruxelles
Londres
Marrakech
New York
Paris
Rome
Venise

## Du col du Perthus (Pyrénées-Orientales) à Lisbonne par Madrid et Saragosse (itinéraire conseillé, 1 400 km)

Du col du Perthus à Lisbonne par Saragosse, Madrid, Cáceres et Badajoz. Cet itinéraire concerne surtout nos lecteurs venant par le sud-est de la France.

## EN BUS

Qu'à cela ne tienne, il n'y a pas que l'avion ou le train pour voyager. À condition d'y mettre le temps, on peut aussi se déplacer en bus. Bien sûr, les trajets sont longs (24h pour le Portugal...) et les horaires élastiques. À bord, on peut faire sa toilette, et les bus affrétés par les compagnies sont assez confortables : AC, dossier inclinable (demander des précisions avant le départ). Et, en principe, des arrêts toutes les 3 ou 4h permettent de ne pas arriver en piteux état.

Cela dit, de nombreux lecteurs se sont plaints de conditions de voyage parfois assez pénibles (confort limite, mauvaise gestion des arrêts, retards...).

N'oubliez pas, pour positiver un peu, qu'avec un long trajet en avion on se déplace, en bus on voyage.

### Organismes de bus

▲ **CLUB ALLIANCE**
– *Paris : 33, rue de Fleurus, 75006.* ☎ *01-45-48-89-53.* ● *cluballiance voyages.fr* ● Ⓜ *Notre-Dame-des-Champs. Lun-sam 11h (14h sam)-19h.*
Ce voyagiste propose deux formules à destination du Portugal : la Saint-Sylvestre à Lisbonne et Le Portugal par la Galicie.

▲ **EUROLINES**
*Rens :* ☎ *0892-899-091 (0,34 €/mn + prix d'un appel ; lun-sam 8h-21h, dim 10h-18h).* ● *eurolines.fr* ● *Vous trouverez également les services d'Eurolines sur* ● *routard.com* ● *Eurolines propose 10 % de réduc pour les jeunes (12-25 ans) et les seniors. 2 bagages gratuits/pers en Europe et 40 kg gratuits pour le Maroc.*
– *Paris : 55, rue Saint-Jacques, 75005. Numéro d'urgence :* ☎ *01-49-72-51-57. Lun-ven 9h30-18h30 ; sam 10h-13h, 14h-17h. N° d'urgence :* ☎ *01-49-72-51-57.*
– *Gare routière internationale à Paris : 28, av. du Général-de-Gaulle, 93541 Bagnolet Cedex.* Ⓜ *Gallieni.*
Première *low-cost* par bus en Europe, Eurolines permet de voyager vers plus de 600 destinations en Europe et au Maroc avec des départs quotidiens depuis 90 villes françaises. Eurolines propose également des hébergements à petits prix sur les destinations desservies.
*Pass Europe :* pour un prix fixe valable 15 ou 30 j., vous voyagez autant que vous le désirez sur le réseau entre 51 villes européennes. Également un mini-*pass* pour visiter deux capitales européennes (7 combinés possibles).

▲ **NOVO.TRAVEL**
*Rens et résas :* ☎ *0899-180-018 (1,35 € l'appel puis 0,34 €/mn).* ● *novo. travel* ● *Lun-ven 10h-12h, 14h-18h.*
Spécialiste des voyages en autocar à destination de toutes les grandes cités européennes. Week-ends, séjours et circuits en bus toute l'année, grands festivals et événements européens, formules pour tout public, individuel ou groupe, au départ de toutes les grandes villes de France.

## UNITAID

UNITAID a été créé pour lutter contre le VIH/sida, le paludisme et la tuberculose, les trois principales maladies meurtrières dans les pays en développement. UNITAID intervient dans 94 pays en facilitant l'accès aux

# Votre voyage de A à Z !

**CHOISIR**

Trouvez la destination de vos rêves avec nos idées week-end et nos carnets de voyage.

**ORGANISER**

Préparez votre voyage avec nos 220 fiches destination, nos dossiers pratiques et les conseils de nos 530 000 membres.

**RÉSERVER**

Réservez avec les meilleurs partenaires votre vol, votre voiture, votre hôtel, votre location…

**PARTAGER**

Partagez vos expériences, photos, bons plans et avis d'hôtels avec 2.4 millions d'internautes chaque mois*.

* Source Nielsen/ Mediametrie/ Netrating

médicaments et aux diagnostics, et en en baissant les prix, dans les pays en développement. Le financement d'UNITAID provient principalement d'une contribution de solidarité sur les billets d'avion mise en place par six pays membres, dont la France. Les financements d'UNITAID ont permis à près de 1 million de personnes atteintes du VIH/sida de bénéficier d'un traitement et de délivrer plus de 19 millions de traitements contre le paludisme. Moins de 5 % des fonds sont utilisés pour le fonctionnement du programme, 95 % sont utilisés directement pour les médicaments et les tests. Pour en savoir plus :
● *unitaid.eu* ●

# FAITES-VOUS COMPRENDRE PARTOUT DANS LE MONDE !

- **L'indispensable** compagnon de voyage pour **se faire comprendre partout dans le monde**, rien qu'en montrant l'objet ou le lieu recherché à votre interlocuteur

- **Utilisable aussi** par l'enfant ! Dans n'importe quelle langue, dans n'importe quel pays…
  - **200 illustrations** universelles
  - **un index détaillé** pour s'y retrouver facilement

pplication LOok! Le Guide du routard pour iPhone est disponible sur l'AppStore!

# HOMMES, CULTURE, ENVIRONNEMENT

## ARCHITECTURE

### Art roman

Courant majeur du XIIe s, sous l'influence d'Henri de Bourgogne, très lié à l'abbaye de Cluny. Pas mal d'églises et de cathédrales portugaises ont des airs auvergnats ! Cet art de riposte donne une sensation de solidité, avec des lignes droites, comme des forteresses inattaquables. Le tout est souvent construit en granit, sans décoration superflue. Pour se faire une idée de cet art, rendez-vous à la **cathédrale** (sé) de **Coimbra** ou à celle de **Porto**.

### Art gothique

C'est à la fin du XIIIe s que se développe cet art dont les représentations les plus fameuses sont les monastères d'**Alcobaça** et de **Batalha.** Les constructions sont largement inspirées de l'architecture française, notamment à Alcobaça, qui reprend les plans de l'abbaye de Clairvaux, en Bourgogne. Les murs sont plus hauts, laissent passer plus de lumière, et les fondations sont encore plus solides. Si l'architecture ne fait pas dans la dentelle, les sculptures sont, elles, plus ciselées et plus fines.

### Style manuélin

Il doit son nom à **Manuel Ier,** qui monta sur le trône en 1495, en pleine époque des grandes découvertes. Curieusement, c'est un architecte d'origine française, **Boytac,** qui est à l'origine de ce style gothique tardif.
Entre gothique et Renaissance, le style manuélin présente des caractéristiques très particulières : à l'opposé des lignes rigides de la période gothique, les piliers se tordent en spirale, sur les voûtes apparaissent de grosses nervures en relief. On a longtemps considéré ce style comme une exaltation des conquêtes, à cause du choix des motifs inspirés du monde marin – cordages, ancres, nœuds –, de la faune et de la flore exotiques, sans oublier la croix de l'ordre du Christ. Mais des études récentes amènent à nuancer cette interprétation. Les éléments de ce décor faisaient aussi partie de l'univers quotidien du Portugais de la terre.
Ce style original, qui symbolise la nouvelle richesse du pays, disparaîtra aussi vite qu'il s'est épanoui, avec la mort du souverain. S'il ne s'est pas manifesté exclusivement dans l'architecture (orfèvrerie, sculpture), l'exemple le plus fameux reste la fenêtre de **Diogo de Arruda,** dans le couvent du Christ, à Tomar. Au XIXe s, de nombreux édifices comme la gare du Rossio à Lisbonne sont construits dans un style manuélin, divulguant ce genre typiquement portugais dans tout le pays.

### Art baroque

De barroco, mot portugais qui signifie « perle irrégulière ». Après la Renaissance, le style baroque prend tout son essor à la fin du XVIIe s et au cours du XVIIIe s, au moment où le Portugal retrouve son indépendance. Les éléments décoratifs se multiplient et l'architecture évolue ensuite vers le rococo.

C'est la grande époque de la *talha dourada,* ces bois dorés qui recouvrent l'intérieur des églises et, en particulier, les retables des autels et les colonnes torses qui les entourent. D'ailleurs, ce qui frappe le plus, dans le clair-obscur des églises où le baroque domine, c'est l'or. L'or du Brésil qui recouvre les statues de bois et rehausse les fresques, l'or rapporté par de grands navigateurs portugais, partis de Lisbonne et de Lagos. Pour se faire une idée, voir le *Palácio naciónal de Mafra* et sa débauche baroque.

## Azulejo (prononcer « azoulège »)

Ils font partie du paysage portugais. Pas seulement un art décoratif : du grand art, support indémodable de l'imaginaire de tout un peuple. On les découvre à chaque angle de rue, dans les jardins publics, les gares, les églises et même chez les particuliers. Ils reflètent superbement la lumière et donnent une réelle impression de fraîcheur.
Ces carreaux de faïence vernissée sont introduits au Portugal après la prise de Ceuta, au Maroc, en 1415 ; les azulejos sont d'abord arabes, puis andalous. D'ailleurs, leur nom vient de l'arabe *al zulaicha,* qui veut dire « petite pierre polie ». Les premiers azulejos fabriqués au Portugal datent de 1584 et sont polychromes.
Après le tremblement de terre de 1755, l'azulejo est judicieusement utilisé pour… restaurer les bâtiments endommagés. On fonde alors la Manufacture royale de céramique du Rato, à Lisbonne.
Très vite, la mode de l'azulejo se répand : ce ne sont pas seulement les palais ou les chapelles qui s'ornent d'azulejos, mais aussi les fontaines, les bancs, les bassins… Pour satisfaire la demande croissante, on fait appel aux Hollandais, qui imposent momentanément leur technique : carreaux à dessins bleus sur fond blanc (Delft). La décoration s'anime, les édifices se couvrent de scènes champêtres. Au XVIIIe s, *Oliveira Bernardes* crée une école qui rivalise avec les Hollandais…
Au XIXe s, les fabriques sont ruinées par les guerres napoléoniennes et les guerres civiles, et on assiste à un certain abandon de cet art jusqu'aux réalisations du grand maître *Ferreira das Tabuletas.* Il faut attendre le XXe s et le mouvement Art déco pour voir la céramique murale connaître un renouveau qui se confirme dans les années 1950, grâce à de grands artistes tels que *Jorge Barradas* et *Maria Keil.*
Cet art est toujours vivant, comme l'attestent les stations du métro de Lisbonne. En règle générale, les azulejos les plus originaux ou les plus attrayants ne se trouvent pas dans les magasins pour touristes. Ne vous laissez pas séduire par de prétendues reliques du XVIIe s et renseignez-vous auprès des Portugais pour connaître des adresses fiables. Les amateurs trouveront dans notre chapitre sur Lisbonne quelques indications sur des ateliers d'azulejos.
*Attention,* un trafic d'azulejos existe, de nombreuses façades d'immeubles sont pillées. Gare ! Une brigade *SOS Azulejos* a même été créée pour éviter leur vol !

## Art contemporain

Si, à l'époque salazariste, les bâtiments massifs ont eu la cote, les architectes se sont libérés par la suite. L'interminable pont Vasco da Gama (17 km) à Lisbonne en est l'un des symboles. *Alvaro Siza Vieira,* l'un des architectes majeurs de l'époque actuelle, classé parmi les minimalistes, est le digne héritier de Le Corbusier. Le style est fluide, aéré, très lumineux, aux courbes nettes et précises. La reconstruction du quartier du Chiado après l'incendie de 1988, le pavillon du Portugal de l'Expo universelle de 1998 à Lisbonne et l'église de Marco de Canavezes ou la Fundação de Serralues à Porto font partie de ses créations. Autres noms d'architectes portugais notoires : *Nuno Portas, Fernando Tavora* et *Eduardo Souto de Mora.* Ce dernier a d'ailleurs réalisé le stade de Braga pour la Coupe d'Europe de football 2004.

## BOISSONS

### Le vin

Les vins portugais sont injustement méconnus alors que leur qualité est plus qu'honorable. C'est le huitième producteur mondial, et on compte presque 200 cépages différents. Plus d'une trentaine de régions ont droit à l'appellation d'origine ! Ce sont des vins très typés, généralement avec un taux d'alcool plus élevé que les vins français. Un très bon moyen d'apprendre à les connaître est de se rendre à une dégustation de **Viniportugal** (voir la rubrique « À voir. À faire » dans la partie « Baixa et Rossio » à Lisbonne). Les exploitations sont souvent petites et produisent donc des vins très différents d'une région à l'autre. C'est pourquoi on préfère vous donner des infos sur les différentes régions productrices et sur les types de vins.

– Le plus étonnant et de loin le plus connu hors des frontières : le **vinho verde**, vin vert (car il le faut le boire au printemps suivant la récolte) produit dans le nord du Portugal (Minho et Douro), très léger, est pétillant et blanc (le meilleur), rosé (tout à fait correct) ou rouge foncé (pas terrible). Dans la même région (près de Ponte de Lima, Ponte da Barca...), on trouve aussi le **vinho maduro** (mûr) : vin sec mais non pétillant.

– La région du **Dão** (centre nord du pays) donne un vin rouge assez léger et très fruité. Le cépage principal est le *touriga nacional* (utilisé aussi pour la production de porto).

– La région du **Douro**, une toute petite région au nord, donne des vins parmi les plus puissants en goût de tout le Portugal. C'est également là qu'est fabriqué le fameux vin de Porto. À Lamego, production de mousseux, frais à l'apéritif.

– La région de l'**Alentejo** possède quantité de jeunes vignes d'une dizaine de cépages, les plus connus étant le *redondo*, le *borba*, le *monsaraz* et le *reguengos*. La culture et la vinification emploient des méthodes modernes. Cela donne des vins jeunes et typés, à la robe rouge-violet, avec des goûts fruités et fortement alcoolisés. L'un des meilleurs blancs reste le *vidigueira*.

– La région du **Bairrada** produit des vins « de table » mais riches, parfumés et assez corsés, qui passent très bien avec des plats de cochon ou de cabri.

– En **Estremadura** (région autour de Lisbonne et première productrice), on préférera nettement les blancs, à savourer au compte-gouttes le long des innombrables routes des vins qui sillonnent la région.

### Autres dérivés alcoolisés

– **Le moscatel :** vin blanc doré et doux de la serra d'Arrábida, dans la région de Setúbal au sud de Lisbonne. Se consomme plutôt en apéritif mais parfois en dessert, surtout lorsqu'il atteint 20 ou 30 ans d'âge.

– **L'amêndoa amarga ou amarguinha :** liqueur d'amande amère, typique de l'Algarve (sud du Portugal). Très doux.

– **La ginja :** alcool à base de griottes que l'on trouve dans presque tous les cafés ou *ginjinhas* à Lisbonne. Certaines de ces échoppes, minuscules, ne servent pratiquement que de la *ginja*, voire de l'*eduardinho* (un autre apéro où se mêle un peu d'absinthe). Quant à la *ginja* proprement dite, on peut en acheter un peu partout, notamment à Lisbonne (voir plus loin).

– **La liqueur Beirão :** liqueur nationale faite à base d'herbes et au goût légèrement anisé. Plutôt en apéritif.

---

### L'IMPORTANT, C'EST (D'AVOIR) LA CERISE !

*S'il y a une boisson proprement lisboète, c'est bien la* ginja. *Au moment de l'apéritif, cette boisson à base de griottes coule à flots dans les typiques* ginjinhas *de la ville. Et parfois, on la déguste dans une petite tasse... en chocolat.*

– **Le Brandy Mel :** doux mélange du brandy et du miel, légèrement sirupeux, mais qui s'avère un bon digestif.

## Les bières nationales

– **Sagres :** la numéro un des marques. La *Sagres* peut être blonde, rousse ou stout *(Bohemia),* avec un goût rappelant la *Guinness* pour cette dernière.
– **Super Bock :** existe en *lager,* en stout ou au citron.
– **Cristal :** une blonde légère.
– **Imperial :** une blonde qu'on trouve souvent à la pression.

## Le porto

Le vin de Porto provient de la vallée du Haut-Douro, située dans le nord du Portugal, à une centaine de kilomètres à l'est de la ville de Porto. Là, sur environ 240 000 ha, près de 25 000 viticulteurs cultivent une vingtaine de cépages, rouges et blancs.

La naissance du doux breuvage commence dans l'euphorie des vendanges. Le jus extrait des raisins passe par la fermentation, qui est rapidement arrêtée par l'adjonction d'un cinquième d'eau-de-vie au volume global. Le taux d'alcool se situe alors de 19 à 22°. Viennent le décuvage et le transfert du porto, dûment accompagné de son certificat d'authenticité, à Vila Nova de Gaia, où la zone des chais est une extension exceptionnelle de la région d'appellation contrôlée. C'est là que, paisiblement, solennellement, certains vins pourront atteindre la véritable perfection.

Il existe deux grandes familles de porto : le *blend* et la famille des « récoltes uniques », issues d'une vendange d'une année.
– Le **blend** est réalisé à partir de vins d'assemblage vieillis en fût, donc non millésimés. Une douzaine de cépages entrent dans ces compositions savantes, parmi lesquelles on trouve le *tinta roriz,* le *tinta barroca,* le *tinta cão...* ; le jeune, plus doux et plus rouge, est appelé **red,** quand le **ruby** ou le **tawny** sont respectivement plus vieux et, au fur et à mesure, un peu plus roux ou

> **PORTO EN APÉRO ?**
>
> *Le vin de Porto, développé depuis le XVIIe s, connaît son essor avec l'alliance anglaise dès 1703. La consommation s'accroît en France lors de la Première Guerre mondiale : les Français se sont vite épris de ce nouveau vin apporté par les soldats britanniques. Curieusement, au Portugal, on le boit à la fin d'un repas, et en Angleterre avec le fromage. En revanche, il devient un apéritif très courant dans les bistrots français au cours de la IIIe République.*

bruns ; il y a aussi le **white** issu de raisins blancs, un peu plus vieux que les précédents, que l'on choisira *extra-dry, dry* ou *sweet* selon les goûts. Ce sont les seuls qui doivent impérativement être bus très frais.
– Parmi les « récoltes uniques », on trouve les **reserva,** qui sont des *tawnies* qui ont vieilli au moins 7 ans en fût (mais qui n'évoluent plus une fois mis en bouteilles) ; les **décimaux,** qui sont des *tawnies* de 10, 20, 30, voire 40 ans, et qui ont gagné au contact du chêne leurs lettres de noblesse ; les **vintages,** considérés comme les rois du porto (et donc les plus chers !), réservés aux récoltes d'années exceptionnelles et qui passent 2-3 ans en fût pour se bonifier encore après l'embouteillage ; et enfin les **late bottled vintage** – *LBV* pour les connaisseurs –, vieillis de 4 à 6 ans puis mis en bouteilles, où ils peuvent espérer se bonifier, mais la qualité de la vigne est moins bonne que pour les *vintages*.

Il faut savoir aussi que la commercialisation du porto n'est légale qu'en bouteille et que la vente de vrac ne peut prétendre à l'appellation car souvent tirée de fonds de cuves plus ou moins arrangés.

### Le café

Il se boit tout au long de la journée, décliné sous toutes ses formes, avec ou sans lait.
– *Uma bica,* café très serré, équivalent de l'*espresso* italien, est issu du dialecte lisboète. À Porto, on peut donc quelquefois faire semblant de ne pas comprendre ce mot, rivalité oblige… Il faudra leur demander **um cimbalino** pour que tout s'arrange. On peut le demander *com cheirinho* (« avec un petit parfum ») pour un accompagnement d'eau-de-vie *(aguardente).* Pour une tasse un peu plus remplie, demander *uma bica cheia.* Attention aux cœurs sensibles : ce café ferait décoller une fusée !
– La **carioca** est un café plus léger.
– Le **garoto** est un crème que l'on demande *claro* ou *escuro* (clair ou foncé, soit avec plus ou moins de café), selon le goût.
– Le **galão** est un café au lait servi dans un grand verre, là aussi plus ou moins clair.

### Le thé

Les amateurs apporteront leur réserve : on en boit très peu au Portugal. Et si on en boit, il n'est pas terrible…

## *CALÇADA PORTUGUESA*

Vous constaterez vite que les trottoirs portugais sont fréquemment constitués de mosaïques faites de minipavés blancs et gris. Cette tradition portugaise remonte au XVIIIe s, voire avant, et s'est généralisée à partir du XIXe s. Offrant une souplesse et une variété d'assemblages sans pareilles. Car, une fois les blocs de pierre extraits de la carrière, tout le travail est réalisé à la main (à l'origine, par des forçats !), de la casse méticuleuse des petits cubes calibrés jusqu'à leur ajustement et leur mise en place. Le savoir-faire qu'exige cette tradition entaille les canons de la rentabilité.
La *calçada portuguesa* permet une richesse créatrice exceptionnelle, par la simple variation des formes des blocs de calcaire blanc ou par la combinaison habile avec les cubes de calcaire gris. Vous oublierez vite que leur blancheur éblouit cruellement sous le soleil, qu'on trébuche fréquemment sur leur surface irrégulière et qu'ils se font glissants sous la pluie.
Suggestion : mesdames, au cas où vous auriez un dernier doute, prévoyez autre chose que vos chaussures à talons ou même vos ballerines. Des baskets ou des chaussures de marche avec semelle ergonomique seront plus adaptées.

## CINÉMA

Bizarrement, le cinéma portugais est plus connu à l'étranger que dans son propre pays ! Le plus fameux des cinéastes portugais était sans doute **Manoel de Oliveira,** le doyen des cinéastes. Pour ses 100 ans, il recevait en 2008 une Palme d'or à Cannes couronnant toute son œuvre. En 2010, il présentait au même festival *L'Étrange Affaire Angelica.* Il est décédé en avril 2015. L'autre star du cinéma portugais est **João César Monteiro,** souvent primé dans les festivals internationaux et décédé en 2003. Oliveira et Monteiro sont des représentants du « cinéma novo » qui vit le jour après la chute de Salazar et la révolution des Œillets (1974). C'est un cinéma original, avec des thèmes récurrents : Dieu, l'amour, la foi, la mort. Aujourd'hui, une nouvelle génération prend le relais. Parmi elle, **Pedro Costa** et son terrifiant *Ossos* sur Lisbonne (présent également en compétition officielle au Festival de Cannes en 2006 avec *En avant jeunesse !* où l'on assiste à l'immersion de son héros, Ventura, dans les quartiers capverdiens de Lisbonne), mais aussi **Joaquim Sapinho, Manuela Viegas** ou encore **Teresa Villaverde.** Un des gros succès de ces dernières années est l'*Adam et Ève* de **Joaquim Leitão,** avec la délicieuse actrice portugaise **Maria de Medeiros,** qui a, depuis, tourné son premier film, *Capitaines d'avril,* relatant un épisode marquant de l'histoire du pays, la révolution des Œillets, avec Joaquim Leitão, mais comme acteur cette fois ! En 2007, elle présentait sur la Croisette un documentaire sur le cinéma, *Je t'aime, moi non plus.* Également *Odete* de **João Pedro Rodrigues** relate la vie d'une vendeuse-patineuse dans un supermarché et d'un amant désespéré par la mort de son amour.

Le Portugal a attiré aussi quelques cinéastes étrangers comme le réalisateur suisse **Alain Tanner,** qui, dans *Requiem,* balade son personnage dans les rues de Lisbonne sous un soleil de plomb entre rêve et réalité, passé et présent, selon une adaptation du roman éponyme de Tabucchi (disponible en coll. « Folio », n° 4383, Gallimard). N'oublions pas non plus *Lisbonne Story* de **Wim Wenders,** sorti en 1994, où un ingénieur du son parcourt la capitale pour trouver de la musique correspondant aux images du film muet tourné par un ami, mystérieusement introuvable. À signaler aussi, le cinéaste américain **Eugène Green,** né à New York en 1947, émigré en France dans les années 1960 et naturalisé français. En 2009, il tourne *La Religieuse portugaise* à Lisbonne et en portugais. Le film raconte l'histoire de Julie de Hauranne, une comédienne française venue à Lisbonne pour tourner une adaptation des *Lettres portugaises* de Gabriel de Guilleragues. Au printemps 2013 est sortie en France *La Cage dorée,* un superbe film de **Ruben Alves,** jeune acteur et réalisateur franco-portugais. Pour la première fois, un fils d'émigrés portugais réalise un film sur cette communauté portugaise méconnue et silencieuse. Ce film est une œuvre d'affection et de reconnaissance. Il raconte l'histoire d'un couple d'émigrés portugais installés en France depuis longtemps par nécessité économique. Lui (Joaquim de Almeida) est maçon, elle (Rita Blanco) est concierge dans un immeuble chic de Paris. Ils sont parfaitement intégrés, mais tous deux rêvent de revenir vivre dans leur pays. Un jour, un notaire leur apprend qu'un parent est décédé au Portugal en leur léguant un domaine viticole et une fortune. Leurs patrons respectifs vont alors tout faire pour les garder près d'eux, quitte à créer une vraie « cage dorée »... Ruben Alves a fait un très beau film sensible, brillant, intelligent et heureux, à travers lequel il rend un hommage vibrant à sa famille et à travers elle à la communauté portugaise de France.

# CUISINE

Si simple soit-il, un bon repas porte ici la trace de tous ces voyages, de tous ces territoires qui appartinrent un jour au Portugal, de la cannelle indispensable pour les pâtisseries à l'incontournable poudre de curry... Les tomates et pommes de terre du Nouveau Monde sont de toutes les fêtes, comme l'ail et l'oignon.

Les Maures ont planté des citronniers, des orangers et appris aux Portugais à mélanger les fruits au poisson et à la viande. Ce sont aussi les inventeurs de la **cataplana,** un plat du Sud délicieux, qui emprunte son nom à une sorte de tajine typique en cuivre composé d'un plat incurvé et d'un couvercle symétrique. Il permet de cuire lentement à l'étouffée avec des épices, donnant ainsi un goût divin aux fruits de mer, poissons, viandes et autres légumes cuits dedans. Mais pour s'ouvrir l'appétit, rien de tel qu'une bonne *sopa* de légumes ou de poisson (toujours faite maison et servie tiède, jamais chaude), ou encore quelques **petiscos** – version portugaise des tapas – du style *croquete de carne* ou *pastel de bacalhau,* ou une petite salade de poulpe, des légumes grillés avec un filet d'huile d'olive... : une mise en bouche payante, à tous points de vue ! Pour l'apéro, on trouve souvent aussi des escargots *(caracóis),* servis en entier avec tête, antennes, intestin... glurps !

Gardez de la place pour la suite, même si vous ne prenez, comme c'est le plus raisonnable, qu'une demi-portion. Et commencez vos découvertes culinaires, parmi lesquelles l'**açorda de mariscos,** sorte de panade servie avec de l'ail, de l'huile, des œufs, de la coriandre, des crevettes, des palourdes, des clovisses, des épices. Ou le **caldo verde,** potage de pommes de terre et de choux galiciens émincés, agrémenté de rondelles de saucisse plus ou moins épicée. Bien qu'originaire du Nord, ce potage est devenu national, et vous avez aussi peu de chances d'y échapper qu'à la morue !

Justement, la voilà, celle que vous attendiez tous : séchée ou salée, la **bacalhau** (la morue) est une invention typique de ces Portugais, qui ont, dit-on, « le rêve pour vivre et la morue pour survivre ». On dit aussi qu'il y a 365 manières de la préparer, pour varier chaque jour les plaisirs ! Les préparations les plus répandues sont : *bacalhau cozido* (bouilli), *assado* (rôti), *assado na brasa* (à la braise), *com nata* (à la crème), *à brás* (délicieuse « morue parmentière », à base d'oignons, de pommes de terre finement

### MORUE OU CABILLAUD ?

*La morue (bacalhau) ou cabillaud séché (c'est le même poisson) est incontestablement l'emblème de la cuisine portugaise. Et pourtant, elle est pêchée bien loin du pays, à Terre-Neuve, qui fut même baptisée « Terre-Neuve des Morues », en raison de ses pêches miraculeuses qui nourrirent les Portugais pendant des siècles. Aujourd'hui, les réserves canadiennes étant épuisées, les morues des étals sont... norvégiennes !*

coupées, d'œufs brouillés, d'olives noires, de persil) et *a gomes de sá* (morue, pommes de terre, oignons, huile, ail, olives noires, lait, œufs durs, cuit au four).
Sinon, les Portugais raffolent des poissons qu'ils mangent simplement grillés, en ragoût ou en **caldeirada,** sorte de bouillabaisse dont la préparation et les composants varient selon les régions. En général très copieuse, elle se mange comme plat unique.
Le porc reste leur viande préférée, que ce soit sous la forme de *lombo* (filet), de *costeletas* (côtes), de *febras* (tranches) ou du savoureux *leitão* ou cochon de lait. Le plat le plus célèbre vient de l'Alentejo : la **carne de porco alentejana,** véritable plat emblématique, très savoureux quand il est bien réalisé, à base de morceaux de filet de porc cuits avec des épices (coriandre), du saindoux, des baies de poivron rouge, de l'ail et de l'huile d'olive, le tout cuit à l'étouffée avec des palourdes. Dans le cochon tout est bon, ici comme partout. On se régalera de saucisses (à commencer par les **chouriços**), mais aussi, des fameuses **tripas à moda do Porto** (tripes de veau à la mode de Porto), avec de l'oreille et de la tête de porc. Puisqu'on est à Porto, restons-y avec la **Francesinha,** la « petite Française », sorte de croque-madame baignant dans la sauce. C'est d'ailleurs cette dernière qui fera toute la différence entre un pur moment de délectation culinaire ou... un *Titanic* version toast ! Côté viandes rouges, le **bife à portuguesa** tient le haut du pavé (sic !), car il s'agit d'un steak servi sur un lit de frites et nappé de tranches de bacon. Un classique à ne pas dédaigner les le **frango piri piri,** poulet grillé sur lequel on a appliqué une sauce à base d'huile d'olive et de piments. Il y a aussi le **frango no churrasco** (poulet cuit à la braise), coupé en deux, que l'on mange souvent dans les *churrascarias,* restaurants populaires que les Portugais adorent, ou que l'on peut emporter. Prenez plutôt un **cozido à Portuguesa,** sorte de pot-au-feu pour les longues soirées d'hiver. Mais on peut aussi le manger froid en gaspacho comme à Lisbonne. Comme pour tous les ragoûts, on met ce qu'on a. Dans le Nord, le **cabrito** bondit souvent directement du gril vers votre assiette : délicieux. Des plats nourrissants et riches en goût. Avec un verre de *vinho verde,* qui a gardé le goût de la pierre et de la terre qui l'a vu naître, et du pain savoureux type **broa de milo** (à base de maïs que l'on trouve essentiellement dans le Minho), c'est le bonheur assuré. Quant aux herbes, sachez reconnaître la fameuse triade aromatique que vous trouverez partout : persil, menthe et coriandre. À moins que vous ne succombiez devant le choix du rayon pâtisseries. En général, les gâteaux semblent

souvent avoir usé et abusé du jaune d'œuf et du sucre (beaucoup de sucre !), avec parfums de cannelle, de citron, d'orange, d'amande...

## Ce qu'il faut savoir

« Les Portugais mangent avec les yeux », c'est ce que quelques-uns d'entre eux nous ont déclaré, voyant notre étonnement devant la générosité pantagruélique des plats. Si un plat doit être copieux, c'est plus pour être rassuré que pour se gaver. D'ailleurs, vous observerez que les Portugais picorent plus qu'ils n'engloutissent les portions. Quelques voix s'élèvent tout de même contre cette pratique qui conduit au gaspillage.
– *N'ayez pas peur de jouer les demi-portions !* Bon nombre de restos proposent sur leur carte en portugais (mais pas toujours sur les cartes en langue étrangère) deux tailles de plats : *meia-dose* (demi-portion, généralement suffisant pour une personne) et *dose* (portion entière, que l'on peut prendre pour deux). *Si vous ne précisez pas, on peut vous servir une dose.* Bien si vous avez un énorme appétit ! Le prix d'une demi-portion est moins élevé bien sûr, mais parfois proportionnellement plus cher.
– Le *prato do dia* (plat du jour) est servi rapidement car il est déjà préparé, et coûte moins cher que ceux sur la carte.
– Certaines cartes de resto portent la mention « *refeição completa* », ou encore « *ementa turística* », ce qui correspond à une sorte de menu comprenant pour un prix fixe une soupe, un plat, une boisson et parfois un dessert ou café. Intéressant. On trouve même des *pratos economicos* servis au comptoir ! Pas cher et bon rapport qualité-prix.
– La plupart des restaurants ont des plages d'ouverture assez larges. De 12h à 15h (voire 15h30) au déjeuner et de 19h à 23h au dîner. Évidemment, évitez de débarquer à pas d'heure et à 15 personnes dans une petite auberge paumée !

## Quelques spécialités supplémentaires

Gourmets ou gastronomes de tous bords, nous faisons confiance à votre curiosité pour compléter cette liste indicative au cours de vos pérégrinations... Du nord au sud, toutes les régions ont « leur » spécialité.
– *Canja :* consommé de poulet avec riz et abats.
– *Gaspacho à alentejana :* soupe froide composée d'ail, d'huile, de vinaigre, de tomates, de pain dur, d'origan, de poivron vert, de concombre. Le tout non mouliné.
– *Açorda alentejana* (ou *sopa alentejana* – plus liquide) *:* pain dur, œufs, huile, ail, coriandre hachée, sel, eau.
– *Chanfana :* un ami portugais malicieux tint à nous donner la recette de ce ragoût : « Prenez la plus vieille bique et le plus mauvais des vins... » S'il est traditionnellement préparé à base de chèvre ou de mouton adultes, n'en croyez pas un mot, cette spécialité du centre du pays est délicieuse et gagne encore à être réchauffée.
– *Arroz de mariscos :* riz aux fruits de mer, délicieux quand il est bien préparé. L'*arroz de tamboril*, de l'Algarve, est préparé avec de la lotte. Autre version, plus économique, avec uniquement des *camarãoes* (crevettes).
– *Amêijoas à Bulhão Pato :* palourdes assaisonnées d'huile, d'ail, de coriandre, de sel, de poivre et de citron à la fin.
– *Les poissons :* grillés (*grelhados*), rôtis (*assados*), on ne s'en lasse pas. Sur la carte : *cherne* (mérou, mais attention, derrière ce nom se cache de plus en plus la vorace perche du Nil), *peixe espada* (poisson-épée, à ne pas confondre avec l'espadon), *espadarte* (espadon), *pescada* (merlan), *linguado* (sole), *raia* (raie), *enguias d'Aveiro* (anguilles), *polvo* (poulpe)... sans oublier la *sardinha*, les *lulas* (calamars) et autres *chocos* (seiches).

– **Frango na Púcara** (*Estremadura*) : petit poulet mijoté avec jambon, tomates, échalotes, beurre, moutarde, ail, porto, eau-de-vie, vin blanc, épices... dans un pot en céramique.
– **Feijoada de chocos :** haricots rouges cuisinés avec des calamars. Il faut oser, au moins une fois.
– **Feijoada à Trasmontana :** haricots blancs cuisinés avec des morceaux de porc (différentes parties de l'animal), plusieurs sortes de saucisses et épices. Très consistant !
– **Farinheras, alheiras :** des saucisses particulières, car préparées traditionnellement à base de volaille. Leur recette provient des anciennes communautés marranes (voir la rubrique « Religions et croyances » plus loin), forcées de contourner leur tabou du porc le plus discrètement possible. On les appelle d'ailleurs *maranhos* dans la région de Tomar.

## Des fromages

– **Queijo da Serra** (ou simplement *Serra*) : c'est peut-être le meilleur de tous, fabriqué avec le lait des brebis élevées sur les pentes de la serra da Estrela. Onctueux à souhait, on le trouve un peu partout. Plusieurs autres variétés DOP en Alentejo : celui de **Serpa**, coagulé avec une infusion de pétales secs de chardons, peut être à pâte semi-molle ou bien au goût fruité après affinage ; celui de **Nisa**, frais ou mûr, est idéal avec un verre de rouge et des olives ; celui de **Castelo Branco** est plus piquant mais tout aussi savoureux.
– Et de nombreux autres fromages de pays, de chèvre, de brebis et de vache, certains dans lesquels on plonge voluptueusement sa cuillère (*amanteigado*, littéralement « comme du beurre »), d'autres, à pâte affinée (*curado*), d'autres encore plus durs, et le cas à part du *solaio*, du côté de Porto, à la fois dur à l'extérieur et fondant à l'intérieur – parfait pour les indécis ! Vous aurez peut-être du mal à goûter un fromage frais que les Portugais mangent saupoudré de cannelle.

## Et des gâteaux

À ne pas manquer, si une petite faim vous conduit, l'après-midi, à l'entrée d'une **pastelaria,** où tous les âges se retrouvent pour savourer ces « douceurs conventuelles ».
– **Toucinho do céu** (« lard du ciel ») : sucre, amandes, jaunes d'œufs en plus grande quantité que les blancs, farine, beurre, confiture de *gila* (courge du Mexique)...
– **Papos de anjo** (« estomac » ou « jabot d'ange ») **de Trás-os-Montes :** confiture de fruits, œufs et jaunes supplémentaires, sucre, cannelle.
– **Barriga de freira** (« ventre de nonne ») : sucre, beurre et toujours beaucoup de jaunes d'œufs.
– **Queijo de figo :** des couches de figues sèches, amandes effilées, cannelle et chocolat.

> ### RIEN NE SE PERD !
> *Pourquoi trouve-t-on tellement de pâtisseries à base de jaunes d'œufs ? Parce que les nonnes des couvents, à qui l'on doit la création de ces petites merveilles, utilisaient beaucoup de blancs d'œufs pour amidonner leurs cornettes. Du coup, il fallait bien utiliser les jaunes d'une façon ou d'une autre... Mais les temps ont changé : les nonnes ne portent plus la cornette, aussi a-t-il fallu trouver une autre utilité au blanc d'œuf. C'est ainsi que la meringue a fait son retour en force dans les pâtisseries !*

– **Pudim francês ou pudim flan :** très proche de notre flan.
– **Leite-creme :** mêmes ingrédients que pour le flan, mais préparation plus crémeuse.
– **Arroz doce :** sorte de riz au lait.

– **Pastel** (pastéis, au pluriel) **de nata :** flan crémeux dans une pâte feuilletée, délicieux lorsqu'il est servi tiède et saupoudré de cannelle et de sucre glace.
– Sans oublier les spécialités locales comme les **queijadas de Sintra** (sorte de cheese-cake), les **ovos moles de Aveiro,** les profiteroles à la caroube **(alfarroba)** en Algarve, les prunes d'Elvas **(ameixas)** en eau-de-vie de l'Alentejo, les **rebuçados de ovos** (œufs caramélisés) de Portalegre, etc. Et, bien sûr, les **confitures typiques** que l'on trouve en vente dans les pâtisseries (mais aussi dans certains offices de tourisme) : figues, amandes, châtaignes, *doce de abóbora* (courge), *gila*...

## ÉCONOMIE

Le gouvernement portugais s'est efforcé, depuis son adhésion à l'Union européenne en 1986, de moderniser le pays selon les exigences de Bruxelles. Dans les années 1990, la croissance a surtout été dopée par les investisseurs étrangers, attirés par une main-d'œuvre bon marché. Parmi les secteurs porteurs, citons l'**industrie textile,** l'**automobile,** avec notamment la fabrication de composants pour les voitures, les **matériaux de construction,** les **machines-outils,** la **pétrochimie,** l'**industrie du papier,** le **liège** et les **vins,** naturellement.
Entre 2002 et 2004, le gouvernement de José Manuel Durão Barroso mène un programme drastique d'économies budgétaires que son successeur, Pedro Santana Lopes, essaiera de poursuivre en vain. Le socialiste José Socrates, Premier ministre de 2005 à 2011, annonce une politique de relance par investissements publics, alors même que sévit la récession. Défavorable à une aide européenne, il finit par démissionner. Or, le pays est au bord de la banqueroute. Les législatives anticipées de 2011, marquées par un fort taux d'abstention (près de 41 %), sont favorables à la droite : le président Aníbal Cavaco Silva est réélu au 1er tour et nomme le centre-droit Pedro Passos Coelho Premier ministre. C'est à lui qu'échoit la redoutable tâche de redresser l'économie du pays.

### Remonter la pente

Après avoir souvent été cité comme modèle au sein de l'Union européenne, le Portugal était, à l'instar de la Grèce et de l'Irlande (mais pour des raisons différentes), au bord du gouffre, avec **trois années consécutives de récession** (encore - 2,3 % en 2013) et un **taux de chômage** qui explosait, passant de 9 % en 2009 **à plus de 17 % en 2013.** Il est retombé à env 14 % en 2015.

> **UNE LOTERIE CONTRE LA FRAUDE FISCALE**
>
> *Pour jouer, il faut obligatoirement inscrire ses coordonnées sur une facture établie par un commerçant. Cette loterie hebdomadaire incite donc les Portugais à réclamer une facture et à l'envoyer au fisc. Malin !*

En mai 2011, l'Union européenne et le FMI accordent au Portugal un prêt de 78 milliards d'euros sur 3 ans. Ce prêt ne vient évidemment pas sans condition : l'objectif est de passer sous la barre des 3 % de déficit public d'ici à 2015. Parmi les mesures mises en place : forte hausse d'impôts, baisse des salaires et suppression de 30 000 postes dans la fonction publique, passage de 35 à 40h de travail hebdomadaire pour les fonctionnaires et âge de la retraite à taux plein repoussé à 66 ans. Les conséquences ne se font pas attendre : le climat social se détériore rapidement à coups de grèves générales, la pauvreté augmente et la consommation intérieure, sur laquelle tablait le gouvernement, reste en berne. La croissance est plombée par l'austérité, ce qui induit des recettes fiscales en baisse... et empêche la réduction du déficit !

Depuis 2014, l'économie portugaise est sortie de récession et le taux de chômage commence à baisser. Elle reste néanmoins extrêmement fragile et l'État pourrait bientôt être obligé de contracter un prêt supplémentaire pour tenter de résorber les dettes publiques... En attendant des jours meilleurs, de nombreux jeunes n'hésitent pas à partir chercher du travail ailleurs en Europe, dans les anciennes colonies ou plus loin. En 2015, le Portugal commence à rembourser ses dettes au FMI et à l'UE.

## ENVIRONNEMENT

### Les parcs

Le Portugal recèle quelques endroits charmants et préservés pour vos balades ; c'est un pays très montagneux. Le Nord est sans doute la région la plus riche pour une découverte « nature » du pays. Il existe un unique parc national, le **parque de Peneda-Gerês,** dans la région du Minho, qui regroupe plus de 72 000 ha, avec des sentiers de promenade très ludiques. Aux vallées se succèdent torrents et cultures en étages. C'est encore sauvage, avec pas mal d'animaux (aigle royal, entre autres). On trouve également des parcs naturels du côté de Bragança, de Vila Real et dans la **serra da Estrela,** la chaîne de montagnes la plus élevée du pays.
Pas loin de Lisbonne, près de Sintra et d'Arrábida, presque au bord de l'eau, à vous jolies falaises et garrigues ! Dans l'Alentejo, la **serra de São Mamede** offre des vues assez époustouflantes sur les riches vallées du fleuve Guadiana, et, côté littoral, le **parque natural do Sodoeste alentejan e da Costa vicentina,** au nord de Sagres, où la concentration d'oiseaux, principalement en automne et au printemps, vous réserve un spectacle superbe. Et il y a bien sûr, en Algarve, le **parque natural de Ria Formosa,** où se retrouvent pas mal d'oiseaux nicheurs. Pour organiser vos balades, voici deux bonnes adresses :

■ **Osmose :** rua da Liberdade, 38, 4º Dto, Bom Sucesso, 2615-313 **Alverca.** ☎ 219-57-71-99. ● osmose-natureza@sapo.pt ● users.skynet.be/osmose ● Afin de valoriser à la fois les paysages naturels du Portugal, le monde rural et les économies traditionnelles, l'association Osmose se propose de développer un écotourisme conçu autour du respect de l'environnement et de l'économie locale ; de la pratique de la randonnée pédestre et de la découverte des différents milieux et de l'éducation à l'environnement pour promouvoir une autre conception du voyage.

■ **Sistemas de Ar Livre** (SAL) **:** ☎ 265-22-76-85. ● sal.pt ● Randonnées pédestres accompagnées, à la journée, déclinées en 3 niveaux de difficulté. Payant. Sans résa.

Pour se renseigner sur l'état de préservation de la nature au Portugal, une autre bonne adresse (qui n'organise pas de circuits) :

■ **ICNF** (Institut de conservation de la nature et de la biodiversité) **:** av. Da Republica, 16, 1150-294 **Lisboa.** ☎ 213-50-79-00. Lun-ven 9h30-16h30. Vend des guides de randonnées pédestres avec plein d'infos sur tous les parcs naturels et zones protégées du pays. Descriptions, centres d'intérêt, faune, flore et architecture, parcours pédestres et publications disponibles.

## FADO

Quatre lettres langoureuses, qui s'attardent, pour suggérer une mélodie proprement portugaise. Le fado, c'est LA musique du Portugal. Autant qu'un chant, c'est un cri, une ambiance, un « état d'esprit » selon la célèbre *fadista* **Amália Rodrigues.** « Ni gai ni triste », d'après Pessoa lui-même, il incarne la mélancolie et la force de la destinée contre la volonté humaine. Pour le poète Luís de Camões, la *saudade* est

« un bonheur hors du monde », pour d'autres auteurs elle représente une sorte de nostalgie de l'avenir, un sentiment de vide dans l'instant présent. Son origine incertaine et tourmentée se rattache au mot latin *fatum,* qui, justement, signifie « destin ». Ce chant de la *saudade* célèbre la mélancolie née des différents revers de fortune qu'a connus le Portugal dans son histoire si riche : marins perdus en mer, ceux-là mêmes que les grands noms des découvreurs ont fait oublier ; disparition tragique du jeune roi Sébastien à la bataille de Ksar-el-Kébir (1578) ; perte du Brésil en 1822, date à laquelle le fado apparaît véritablement. Rapporté du Brésil par la Cour en exil, ce chant, qui était aussi dansé, s'est enraciné et transformé dans le quartier de la Mouraria de Lisbonne, l'ancien quartier des Maures.

> **SAUDADE**
>
> La saudade *(prononcer « saoudad ») imprègne l'âme des Portugais. On dit que, durant la colonisation de l'Afrique, les colons exprimaient ainsi leur mal du pays.* Saudade, *une tristesse empreinte de nostalgie dont Fernando Pessoa disait qu'elle était la « poésie du fado ».*

### La Severa maudite mais géniale

Née en 1820, dans le quartier de Madragoa à Lisbonne, **Maria Severa Onofriana** passe son enfance à l'ombre de sa mère, qui tient une *tasca* où l'on chante le fado. La maman est déjà bien connue dans le quartier... pour sa barbe. Tous les jours, elle se rase comme un homme. Maria Severa vit dans une maison au nº 2 de la *rua do Capelão* (surnommée la « rue sale ») de la Mouraria, quartier populaire et malfamé de la capitale. Un aristocrate lisboète, Francisco de Paula, tombe fou amoureux de Maria Severa. L'union de l'aristo et de la prolo fait scandale. Le couple s'installe dans un palais de Campo Grande. Lassée du luxe et de la vie oisive, la *fadista* des bas-fonds quitte son gentilhomme bohème et retourne à sa vie dissolue, mélange d'alcool, de fado et de misère. À 26 ans (1846), elle meurt d'une indigestion, dit-on, suite à un repas de pigeons farcis...
Le mythe de l'ange noir du fado est bel et bien né. Cette « dame aux camélias » version portugaise plonge dans le deuil toute une génération de fadistes et d'artistes. En hommage à Maria Severa, ceux-ci portent un châle noir à franges sur les épaules. Un phénomène social se produit : le fado issu des bas-fonds séduit à présent les beaux quartiers. Bourgeois et aristocrates s'entichent de ces mélopées mélancoliques et de cette histoire d'amour impossible. Pendant longtemps a perduré l'idée que le fado ne pouvait être chanté que par le peuple. Puis, après avoir habité les rues, le fado se professionnalise et conquiert la scène.

### Le fado à texte

Dans le même temps se singularise le fado de Coimbra, repris par le milieu intellectuel de la vieille université. Plus littéraire, il est chanté dans la rue par des interprètes masculins (encore aujourd'hui) vêtus de capes noires, et donne lieu parfois à des joutes musicales. L'*estado novo* de Salazar aura tôt fait de récupérer le fado érigé en art national. Il est chargé de chanter les valeurs morales de la grandeur portugaise. Le cinéma assure son triomphe et celui d'interprètes prestigieux. Trop choyé par la dictature, il connaît un réel discrédit après la révolution de 1974, cantonné aux maisons de folklore réservées aux touristes.

### Le fado enfin reconnu

Aujourd'hui, le fado retrouve grâce auprès d'un public tant portugais qu'étranger. Débarrassé d'une gangue idéologique qui ne lui a jamais vraiment correspondu, il se contente de véhiculer les mélodies errantes de l'âme lusitanienne, sur les poèmes de **Fernando Pessoa, David Mourão-Ferreira** ou **Florbela Espanca**.

Et de tant d'autres, connus ou méconnus, quand la nuit rassemble, au fond d'une ruelle de l'Alfama, voisins et habitués, debout, le verre à la main et la larme (d'émotion) à l'œil.

### Gloire des *fadistos* et des *fadistas*

Après **Amália Rodrigues** (1920-1999), qui a longtemps incarné l'image du fado, sur scène comme au cinéma, **Carlos do Carmo** a renoué avec une certaine tendance plus engagée. **José Afonso** avait lui aussi, en bon chansonnier polémiste, usé des méandres du fado comme détours à l'oppression politique. **Maria da Fé, José Mário Branco,** ou **Fernando Machado Soares,** pour celui de Coimbra, sont aussi des noms connus. Mais le plus important reste la place des jeunes talents, qui ne manquent pas et assurent une relève propre à séduire un nouveau public. Parmi les voix masculines, citons **Camané.** Le monde entier connaît la voix de **Teresa Salgueiro** du groupe Madredeus, sans que ce soit tout à fait du fado. On a découvert aussi l'image de **Mísia**, élevée au rang de chevalier de l'ordre des Arts et Lettres en 2004 par le ministre de la Culture français. La touche de spontanéité et de fraîcheur de **Cristina Branco** lui permet de lier, avec bonheur, tradition et modernité. Elle est connue sur la scène internationale, tout comme **Mariza,** nouvelle ambassadrice du fado collectionnant les récompenses et les salles combles. **Mafalda Arnauth** tire elle aussi les origines de son chant dans le fado, alors que **Kátia Guerreiro** et **Ana Moura** jouent volontiers dans un registre plus traditionnel.

## *FUTEBOL*

La deuxième religion du pays. Il alimente la moitié des conversations entre mâles portugais, et son omniprésence sur les écrans de télé de la moindre gargote hypnotise un public de passionnés. La vedette historique du pays s'appelle **Eusébio.** Disparu en 2014, le Ballon d'or 1965 était très apprécié des Portugais, et soutenait les bonnes causes humanitaires. Sa popularité était telle que trois jours de deuil national ont été décrétés suite à son décès. Depuis, d'autres stars du ballon rond affichent fièrement les couleurs de l'équipe nationale comme **Ricardo Carvalho** ou **Cristiano Ronaldo,** sans oublier l'entraîneur **José Mourinho,** qui a rejoint Chelsea en 2013. Sacré meilleur entraîneur du monde à quatre reprises, il est l'un des coaches les mieux payés au monde.

> ### DEUX PASSIONS PORTUGAISES
> *Football et religion. Pas étonnant qu'une douzaine d'équipes de prêtres* (padres) *aient des résultats fort honorables. Ils sont souvent connus pour jouer plutôt au futsal* (foot en salle).

Les *sócios* ou supporters-actionnaires se comptent par dizaines de milliers. Leurs cotisations enrichissent surtout les trois principaux clubs : à Lisbonne, Benfica (qui joue au légendaire Estádio da Luz), avec ses 32 titres de champion, et le Sporting Clube de Portugal, et à Porto, le FC local (vainqueur de la Ligue des champions en 1987 et 2004 et champion du Portugal à 27 reprises).

En 2004, la grande fierté des Portugais a été d'accueillir le Championnat d'Europe des Nations suivi par un milliard de téléspectateurs. Pour cette occasion, cinq stades ont été entièrement rénovés à Lisbonne, Porto et Guimarães, et cinq autres ont été construits à Aveiro, Braga, Coimbra, Faro et Leiria. Coût total des dépenses en travaux de rénovation et création d'infrastructures : 800 millions d'euros ! Un effort titanesque pour un pays de 11 millions d'habitants, mais une part de la dépense a été financée par le Fonds de développement de l'Union européenne. Néanmoins, l'argent investi en valait la chandelle : liesse populaire, succès commercial et sportif pour les Portugais arrivés en finale face aux Grecs.

Une belle fête ! En 2006, le Portugal peut se targuer d'avoir atteint la demi-finale de la Coupe du monde en Allemagne, perdue contre la France.

## GÉOGRAPHIE

Le Portugal, d'une surface de 91 906 km$^2$, est situé à l'extrême sud-ouest du continent européen, à l'ouest de la péninsule Ibérique. Mais le Portugal, c'est aussi les Açores (2 355 km$^2$) et l'île de Madère (741 km$^2$), situées au large des côtes, en plein océan Atlantique, le même océan qui vient lécher les côtes portugaises sur plus de 850 km. Avec une longueur d'environ 560 km et une largeur de quelque 220 km, le Portugal partage sa frontière à l'est avec l'Espagne, sur plus de 1 200 km. Les forêts représentent moins de 36 % du territoire.
Les plus grands fleuves du Portugal sont le Douro, qui se jette dans l'Atlantique à Porto, le Tage, dont l'embouchure est à Lisbonne, et le Guadiana, en frontière avec l'Espagne. On trouve aussi le Minho au nord et le Mondego au centre. Le Tage, fleuve mythique, marque une frontière naturelle entre le Nord et le Sud. Au nord, le relief est assez accidenté, avec de nombreuses chaînes de montagnes qui découpent le pays, comme la serra da Estrela, dont la Torre, un sommet de 1 993 m, serait le point culminant du pays s'il n'y avait le volcan Pico Alto (2 351 m), sur l'ilha do Pico, dans les Açores.
Au sud du Tage, plaines et collines courent jusqu'à l'océan, surtout au bas de l'Alentejo entre Évora et Beja, sur cette « plaine dorée » qui fait frontière avec l'Espagne et l'Algarve. Sur le littoral, les côtes sont escarpées, érodées, mais on trouve tout de même de petites dunes et des plages de sable fin. Pas de problème pour la bronzette !

## HISTOIRE

### Les origines

Du IX$^e$ au VII$^e$ s av. J.-C., les Phéniciens, puis les Grecs, s'installent dans la péninsule Ibérique, dont la côte ouest est occupée en grande partie par les **Lusitani.** Ils sont relayés d'abord par les Carthaginois au cours du III$^e$ s av. J.-C., puis par les Romains (en 139 av. J.-C.), qui administrent la région en profondeur. Au V$^e$ s apr. J.-C., les Barbares envahissent le pays, et les belles villes romaines ne sont plus que ruines.
En 711, les Maures, Arabes et Berbères, venus d'Afrique du Nord, franchissent l'actuel détroit de Gibraltar et se fixent, entre autres, dans le futur État du Portugal. C'est le début d'une période de prospérité, au cours de laquelle les Maures gouvernent avec tolérance et répandent leur culture. Très vite, cependant, un esprit de « reconquête » s'empare de la chrétienté. Des chevaliers français participent à cette sorte de croisade, tel **Henri de Bourgogne,** qui épouse la fille d'Alphonse VI, roi de León et de Castille. Il reçoit en dot le « comté portucalense », et devient ainsi comte du Portugal (1095). Son fils **Alphonse,** qui lui succède, après avoir remporté la victoire d'Ourique sur les Maures, se proclame roi du Portugal en 1139. Il fonde la dynastie de Bourgogne, qui régnera jusqu'en 1383. Après la prise de Faro, en 1249, les Maures quittent l'Algarve. Depuis lors, les frontières du Portugal reconnues par l'Espagne en 1297 sont sensiblement les mêmes au XXI$^e$ s, phénomène unique en Europe. L'occupation musulmane aura donc été plus courte qu'en Espagne (de deux siècles) et a laissé moins de traces...

### La dynastie de Bourgogne

Parmi les successeurs d'Alphonse-Henri, il faut citer **Denis I$^{er}$,** qui fonde en 1290 l'université de Coimbra et officialise comme langue portugaise celle parlée dans cette ville.

# HOMMES, CULTURE, ENVIRONNEMENT

La fin du XIVe s est marquée par de nombreux conflits avec la Castille, toujours menaçante, qui rêve d'annexer cet État voisin.

## Les grandes découvertes

Après la mort de **Ferdinand Ier**, en 1383, le grand maître de l'ordre d'Avis, qui s'est distingué dans la lutte contre la Castille, est proclamé roi par les Cortes sous le nom de **Jean Ier** en 1385. La dynastie des Avis règne sur le Portugal pendant 2 siècles, période de gloire et de prospérité. En effet, dès 1415, la prise de Ceuta est le premier jalon de l'expansion portugaise. Probablement mû par l'esprit des croisades, Jean Ier confie alors à son fils, l'infant Henrique, dit **Henri le Navigateur** (qui deviendra grand maître de l'ordre du Christ), le soin de mener à bien cette politique de conquête. Henri organise à Lisbonne, puis à Lagos en Algarve, les expéditions avec, pour consigne, d'aller le plus loin dans le sud de l'Atlantique le long de la côte africaine. En 1419, Madère est découverte ; de 1427 à 1452, c'est au tour des Açores, puis des îles du Cap-Vert en 1456. Les Portugais y créent des comptoirs, futures villes relativement indépendantes du pouvoir local. Après la mort d'Henri, en 1460, la course est lancée : **Bartolomeu Días** double le cap des Tempêtes, rebaptisé cap de Bonne-Espérance, puisqu'on avait compris que l'on pourrait atteindre par là les Indes. En conséquence, à Lisbonne, **Jean II** repousse les projets d'un certain **Christophe Colomb,** un Génois, qui va chercher des fonds ailleurs, en Espagne...

Le traité de Tordesillas (1494) partage le globe en deux demi-sphères d'influence, portugaise et castillane... En 1495 commence le règne de **Manuel Ier,** et les grandes découvertes se poursuivent : les Indes en 1498 *(Vasco de Gama),* le Brésil en 1500 *(Pedro Álvares Cabral),* puis en 1511 la Chine, en 1512 les Moluques, en 1543 le Japon...

Le Portugal est à la tête du plus grand empire d'Occident. Il recouvre les cinq continents. On parle le portugais du Brésil à Goa, du Mozambique à Macao. Les transformations qui ont découlé de ces découvertes sont énormes.

Des nouveaux pays conquis affluent de prodigieuses richesses : or d'Afrique et d'Amérique, tapis de Perse, soieries de Chine et épices des Indes (à l'époque, 1 g de poivre coûtait aussi cher que 1 g d'or). Les anciennes places commerçantes de Méditerranée déclinent au profit de ports occidentaux tels que Lisbonne. Mais, très vite, cette puissance va s'affaiblir : d'abord la population diminue de moitié, 1 million d'habitants étant partis dans les nouvelles colonies ; on troque les métaux précieux contre des céréales, mais on ne cultive plus les terres... Et c'est

> **L'ORIENT NE PERD PAS LE NORD**
>
> *Autrefois, les grands navigateurs « orientaient » leurs cartes, le haut indiquant l'Est (vers Jérusalem et le tombeau du Christ). Avec l'invention de la boussole, le Nord s'imposa comme référence au sommet des cartes. Mais l'expression « orienter » la carte est bizarrement restée dans le langage courant.*

> **LA CARAVELLE, UN BATEAU MAL FICHU**
>
> *Cette coquille de noix était lourde, trapue et bien peu maniable. Son tonnage faible ne pouvait contenir que peu de marchandises. Petite (à peine 20 m de longueur), elle ne transportait qu'une vingtaine de marins. Haute sur l'eau, elle était instable et sensible aux tempêtes. Et pourtant elle permit les plus grandes découvertes.*

dans ce contexte que le roi **Sébastien I****er** entreprend une hasardeuse expédition au Maroc contre les Maures. Il est tué en 1578, à Ksar-el-Kébir, et une bonne partie de l'armée est anéantie ou faite prisonnière... Deux ans plus tard, **Philippe II** d'Espagne est proclamé roi du Portugal. Mais en 1640, les nobles portugais se révoltent : le duc de Bragance devient souverain du Portugal. Cet empire, qui aura tenu 5 siècles, sera le dernier à s'effondrer, lors de la révolution des Œillets en 1974.

## « L'amitié » anglo-portugaise

Les liens entre le Portugal et l'Angleterre vont se resserrer et les échanges commerciaux s'accroître. Une certaine dépendance vis-à-vis de l'Angleterre se fait jour.

Au milieu du XVIIIe s, le marquis de Pombal, ministre de **Joseph I****er**, joue un rôle très important dans le développement du pays : il entreprend la reconstruction de Lisbonne après le terrible tremblement de terre de 1755 (relisez *Candide* de Voltaire), la réforme de l'administration, de l'enseignement et de l'armée, et crée le Trésor public ainsi que des manufactures. Lié à l'Angleterre, le Portugal participe à la première coalition contre la France révolutionnaire et au blocus continental. **Napoléon I****er** n'hésite alors pas à envoyer trois expéditions (*Junot*, *Soult* et *Masséna*), qui se heurteront à une vive résistance anglo-portugaise dont les Français viendront à bout. C'est une catastrophe sur le plan artistique : de nombreuses œuvres d'art sont volées ou détruites.

### LE TRAITÉ LE PLUS SOLIDE AU MONDE

*En 1386, le Portugal et l'Angleterre signèrent le traité de Windsor. Pendant la dernière guerre, le dictateur Salazar proclama sa neutralité. Winston Churchill invoqua toutefois le traité qui avait plus de 500 ans ! Le Portugal autorisa alors les Britanniques à installer une base navale et aérienne aux Açores en 1943. Ce fut un avantage considérable contre les sous-marins allemands.*

La famille royale s'étant enfuie au Brésil, il faut attendre 1821 pour que le roi rentre d'exil. En 1822, le Brésil proclame son indépendance et l'économie portugaise en prend un coup... Tout au long du XIXe s se succèdent coups d'État et guerres civiles, les rivalités politiques entre libéraux et monarchistes allant bon train. Les souverains de l'époque sont des personnages soit fantasques, tel **Ferdinand de Saxe-Cobourg-Gotha**, roi de Bulgarie, qui fait élever l'incroyable palais de la Pena, soit éphémères, comme **Pedro V**, qui représente un bref espoir de système libéral et démocratique, mais qui meurt trop vite.

### RIO DE JANEIRO, CAPITALE DU PORTUGAL

*En raison de l'invasion des troupes de Napoléon au Portugal, la famille royale s'établit à Rio de Janeiro en 1808. Rio fut la seule capitale située à l'extérieur d'un royaume. Les plages et l'ambiance durent plaire au roi puisqu'il ne rentra à Lisbonne qu'en 1821 (donc 6 ans après la chute de Napoléon !).*

## Salazar

En 1908, le roi **Charles I****er** et le prince héritier sont assassinés. Deux ans plus tard, le roi **Manuel II** abdique. C'est l'avènement de la république. Associée à un esprit urbain, voire essentiellement lisboète, et suspectée d'anticléricalisme, alors que la majorité de la population est rurale et croit encore aux miracles (celui de Fátima en 1917), elle ne parvient pas à rétablir l'ordre ni à assainir l'économie. En 1926, avec le soulèvement militaire de Braga, s'installe un pouvoir militaire fort. C'est dans ce contexte que le jeune **Salazar**, alors professeur d'économie, est sollicité pour remettre les finances à flot et tient le Portugal à l'écart de la crise de 1929 et de la Seconde Guerre mondiale.

Au niveau national, la popularité de Salazar repose sur une image de lui-même qu'il cultive avec soin : célibataire n'accumulant aucune richesse personnelle, généreux envers les pauvres, il devient difficilement attaquable ; ce qui fait sa réputation de « moine dictateur ». En fait, un seul but l'anime : le pouvoir. Devenu président du Conseil, il instaure en 1933 l'« État nouveau ». Il réussit à obtenir une certaine stabilité monétaire et entreprend une politique de grands travaux (le pont suspendu du Tage) ; le régime n'en reste pas moins dictatorial : la police d'État (la tristement célèbre **PIDE**) est toute-puissante, les prisons sont pleines de détenus politiques...

Il est intéressant de constater que le régime de Vichy avait si peu d'idéologie politique qu'il s'inspira grandement du salazarisme :
– retour aux valeurs traditionnelles avec l'éloge du monde paysan ;
– organisation des métiers sur le mode corporatif comme au Moyen Âge. Patrons et ouvriers appartiennent à la même corporation et travaillent dans le même dessein ; les grèves n'ont dès lors plus de raison d'être... ;
– rétablissement de la censure.

À partir de 1960, Salazar s'engage dans une politique militaire absurde en Afrique et, surtout, à contre-courant de celles menées par les autres puissances coloniales européennes ; ce qui a largement contribué à son isolement diplomatique.

Le Portugal mène ainsi pendant une quinzaine d'années une guerre coloniale sur plusieurs fronts (Guinée-Bissau, Mozambique, Angola et Timor) pour maintenir les lambeaux de son empire. Très coûteuse en hommes et en matériel, incapable d'enrayer la lutte de libération de ces pays, elle engloutit 50 % du budget et impose un service militaire de 4 ans qui pousse sa jeunesse à émigrer, en France notamment. Cette guerre inutile finit donc par mécontenter un certain nombre de jeunes officiers. Ils forment le Mouvement des capitaines. Victime en 1968 d'une hémorragie cérébrale (en tombant de sa chaise !), Salazar quitte le pouvoir et meurt en 1970. Avec le pâle **Caetano** à la barre, le pays va à la dérive.

### LA DERNIÈRE REINE FRANÇAISE

*Amélie, la petite-fille de Louis-Philippe, devint reine du Portugal quand son mari Charles $I^{er}$ monta sur le trône en 1889. Elle fut libérée de son mari volage en 1908 grâce à un attentat et, avec la proclamation de la République en 1910, elle fut condamnée à l'exil. Elle mourut en France en 1951.*

### UNE VIE BIEN CACHÉE

*Salazar jouait le côté célibataire ascétique n'écoutant que les conseils de la vieille gouvernante avec qui il vivait. En 1951, patatras ! Il tombe dingue amoureux d'une journaliste et romancière française, Christine Garnier, venue l'interviewer. La discrétion sera telle qu'on apprendra cette liaison bien après le décès du dictateur.*

## La révolution des Œillets

Lorsque, au matin du 25 avril 1974, se déclenche le coup d'État militaire organisé par le **général de Spínola** et le Mouvement des capitaines, la police politique n'oppose aucune résistance. Le reste est connu : l'explosion de joie populaire, la fête des Œillets le 1er mai, la fraternisation du peuple avec les soldats qui, éperdus de bonheur, brandissent un œillet rouge au bout du fusil. C'est la fête. Grandiose et pacifique.

Le Portugal connaît alors un processus de radicalisation qui s'engouffre dans le vide politique de l'après-fascisme. **Spínola,** premier président de la République, démissionne en septembre, remplacé par **Costa Gomes.** Un Premier ministre, **Vasco Gonçalves,** proche du PC, dirige le pays. Réforme agraire et nationalisations sont les grandes mesures sociales du régime, accompagnées de la fin de la guerre en Afrique et de la décolonisation. Une nouvelle Constitution est édictée, et un Conseil de la révolution est mis en place pour veiller à l'application des réformes et empêcher le retour du fascisme.

Sur le plan des libertés, le peuple portugais connaît pendant un an et demi une sorte de période libertaire où tout est possible, sans répression policière, sous l'œil bienveillant des militaires d'extrême gauche (notamment le Copcon du **commandant Otelo de Carvalho**). De nouveaux espaces de liberté sont conquis. Lorsque les habitants d'un quartier ont besoin d'un local pour créer une crèche, ils occupent une maison vide. Des patrons incompétents sont chassés. Les formes d'organisations autonomes de la population et des travailleurs comme les comités de locataires, commissions ouvrières, etc. se multiplient, réussissant parfois à se fédérer au niveau d'une ville, du pays. Les tensions entre ces formes de pouvoir à la base et les partis politiques traditionnels, dont le parti socialiste de **Mário Soares,** ne tardent pas à s'exacerber. De grandes manifestations d'ouvriers, de paysans et de soldats ont lieu tout l'été et tout l'automne 1975.

En novembre de la même année, l'aile modérée du mouvement des Forces armées met un coup d'arrêt à ce que l'ensemble de la classe politique qualifie de « situation anarchique ». Le coup provoque une démoralisation et une démobilisation rapide de la population.

De 1975 à 1985, sur le plan politique, le pays connaît une série de combinaisons politiques de gouvernements hybrides, où le parti socialiste s'allie soit avec la droite (le CDS), soit avec le centre (le parti social-démocrate). Entre-temps, le général **Eanes**, difficile à classer politiquement est élu par deux fois président de la République. L'érosion politique naturelle du pouvoir provoque en octobre 1985 la baisse de popularité de Mário Soares, qui chute de 35 à 20 % des voix. Malgré tout, ce dernier se présente à l'élection présidentielle qui suit et, contre les pronostics, est élu.

Réélu en 1991, il est obligé de composer avec un Premier ministre social-démocrate qui domine l'Assemblée : **Aníbal Cavaco Silva.** Le 14 janvier 1996, Mário Soares, non rééligible, quitte la présidence de la République. Après 50 ans de combats politiques et deux mandats présidentiels, il décide de devenir un « citoyen comme les autres ». **Jorge Sampaio,** membre du parti socialiste et ancien maire de Lisbonne, lui succède.

## L'Europe, toujours l'Europe, encore l'Europe

En même temps, le pays se lance dans une vaste offensive culturelle en Europe pour promouvoir son image. **Entré dans l'Union européenne en 1986,** le Portugal cherche immédiatement à s'intégrer. Le fleuron de cette campagne d'intégration, l'**Exposition universelle à Lisbonne en 1998,** commémore le premier voyage de Vasco de Gama aux Indes (en 1498). Le thème d'*Expo 1998,* « Les océans, un patrimoine pour le futur », est à lui seul tout un programme marquant bien la place de la mer dans l'identité nationale.

Aux législatives d'octobre 1999, le parti socialiste d'**António Guterres** remporte 44 % des votes exprimés, son plus beau score depuis la chute de Salazar, mais il ne dispose toujours pas de la majorité absolue. António Guterres doit donc gouverner avec le soutien du Parti populaire, de droite, ou de la CDU, d'obédience communiste, selon le cas. Mais en décembre 2001, aux élections municipales au cours desquelles d'importants bastions de la gauche (Lisbonne, Porto, Coimbra, Faro...) basculent vers la droite, il donne sa démission, provoquant une anticipation des élections législatives. Celles-ci ont lieu début 2002 et confirment la tendance des municipales. **José Manuel Durão Barroso,** dernier président du PSD, est alors nommé Premier ministre. Ce gouvernement doit affronter une

remontée du chômage et mettre en place un budget de rigueur, une politique pas très populaire mais nécessaire, notamment pour répondre aux exigences de Bruxelles. D'ailleurs, il sera nommé un an plus tard à la tête de la présidence de la Commission européenne (jusqu'en 2014) ; il n'y a pas de hasard !
L'organisation de la Coupe d'Europe de football en juin 2004 a également offert une possibilité de développement et d'ouverture supplémentaire sur l'Europe. Un élan sur lequel devait s'appuyer le Premier ministre socialiste, **José Socrates,** élu triomphalement en février 2005 (et réélu en 2009). Depuis, les choses ont bien changé, et il suffit de demander à n'importe quel Portugais ce qu'il pense de lui pour nuancer grandement cet éclat électoral. Après des débats houleux, les Portugais votent par référendum en 2007 pour la **dépénalisation de l'avortement** (vote à 59,25 %).
En 2008, tenant compte des évolutions politiques, économiques et de société de l'Europe, les députés portugais ont approuvé le 23 avril la loi autorisant la **ratification du traité de Lisbonne** (208 voix contre 21 !). Établissant de nouvelles règles qui régissent l'étendue et les modalités de l'action future de l'Union. Le Portugal est le 10e pays européen à le ratifier.
En 2009, c'est la crise. José Socrates est réélu de justesse suite aux législatives d'octobre 2009. Le taux de chômage s'envole et la récession se fait sentir.
En 2010, le pape Benoît XVI attire les foules, mais pas de miracles pour autant. Si, **Socrates autorise le mariage pour les homosexuels,** mais pas encore l'adoption !
En 2011, toujours la crise... Aníbal Cavaco Silva est réélu président de la République au premier tour. Pedro Passos Coelho (leader du parti social-démocrate) devient Premier ministre... et réduit son gouvernement : prémices de mesures de rigueur ?
En 2012 et 2013, le chômage continue sa progression (17 %). Les impôts également. Le pouvoir d'achat baisse de façon alarmante. Déjà, certains Portugais s'exilent vers les anciennes colonies. Le secteur public est traumatisé par d'importantes restructurations, grèves et manifestations se succèdent... Mais le déficit refuse obstinément de diminuer et le Portugal reste scruté à la loupe par les instances financières et par ses voisins européens.
L'année 2014 est marquée par une légère amélioration avec un taux de chômage redescendu à 15 % et, en 2015, le Portugal commence à rembourser ses dettes.

## MÉDIAS

### Votre TV en français : TV5MONDE, la première chaîne culturelle francophone mondiale

TV5MONDE est reçue partout dans le monde par câble, satellite et sur IPTV. Dépaysement assuré aux pays de la francophonie avec du cinéma, du divertissement, du sport, des informations internationales et des documentaires. Le site internet ● *tv5monde.com* ● et son application iPhone, sa déclinaison mobile *(● m. tv5monde.com ●),* offrent de nombreux services pratiques pour préparer le séjour, le vivre intensément et le prolonger à travers des blogs et des visites multimédias. Demandez à votre hôtel le canal de diffusion de TV5MONDE et n'hésitez pas à faire part de vos remarques sur le site ● *tv5monde.com/contact* ●

### Radio

On trouve quelques radios françaises « expatriées » comme *RFM Portugal.* Sur *Radio Europa,* à Lisbonne sur 90.4 FM, diffusion en soirée des programmes de *RFI.* Pas mal de musique également sur *Mega FM.* Il existe naturellement une *Radio fado,* pour les amoureux de cette musique mélancolique. Les fans de foot vibreront avec *Mais futebol.* Les autres iront sur les ondes publiques *Antenna 1, 2* et *3. TSF* est une radio généraliste très prisée également.

## Presse

On lit beaucoup la presse au Portugal. Une large part fait ses choux gras de l'actualité sportive, avec notamment *A Bola* (● abola.pt ●), journal in-con-tour-na-ble pour les fans de sport. Les autres journaux font la part belle à l'actualité nationale, avec des quotidiens comme *Diário de Notícias* (● dn.pt ●), le journal le plus lu, *Correio da Manhã* (● cmjornal.xl.pt ●) ou *Jornal de Notícias* (● jn.pt ●). Côté hebdos, on trouve l'*Expresso* (● expresso.sapo.pt ●), magazine généraliste, et *Público* (● publico.pt ●), le journal de l'intelligentsia portugaise.

## Télévision

Il existe deux chaînes publiques (*RTP 1* et *RTP 2*). Mais ce sont les deux chaînes privées, *SIC (Sociedade independente de comunicação)* et *TVI (Televisão independente)* qui mènent sur le front des audiences. SIC fait exploser l'audimat avec les *telenovelas* brésiliennes très olé-olé. TVI, la petite chaîne qui monte, a été à l'initiative de l'émission *Big Brother* version lusitanienne. Bon à savoir, tous les films et séries sont diffusés en v.o. et sous-titrés en portugais : de quoi suivre et même apprendre quelques rudiments de langage. Nous devrions en prendre de la graine !

# PERSONNAGES

– **Calouste Gulbenkian** *(1869-1955)* : destin étonnant que celui de cet homme d'affaires arménien, né près d'Istanbul et mort à Lisbonne. L'arménien est sa langue maternelle, mais il parle aussi le turc, le perse (sa mère est arménienne de Perse), le français et l'anglais. Il n'a jamais parlé le portugais. Il termine sa formation d'ingénieur et de sciences appliquées au King's College de Londres en 1887. À 20 ans, il effectue un voyage « initiatique et technique » en Transcaucasie (1890) de la mer Noire à Bakou où il découvre les immenses possibilités pétrolières du Moyen-Orient. En 1889, il publie un récit de voyage écrit en français et édité par Hachette (l'éditeur du *Routard* !) : *La Transcaucasie et la Péninsule d'Apchéron, souvenirs de voyage*. Son destin est déjà fixé : c'est le pétrole qui guidera ses pas. Il crée en 1912 la Turkish Petroleum Company, dans laquelle il associe la Royal Dutch-Shell, la Banque de Turquie, et la Deutsche Bank. Citoyen britannique (depuis 1902), il est aussi conseiller commercial à Paris pour l'Empire ottoman et la Perse. Dès la Première Guerre mondiale, il touche 5 % sur les revenus pétroliers de sa société. Ses revenus pétroliers dans les années 1930-1950 lui rapportaient en livres sterling l'équivalent annuel de 200 millions d'euros d'aujourd'hui ! Faites le calcul mensuel ! Après 1919 et l'éclatement de l'Empire ottoman, la TPC devient l'*Irak Petroleum Co*. Sa fortune augmente vite. Amateur d'art, collectionneur exigeant, Gulbenkian consacra une partie de ses fabuleux revenus à l'achat des plus belles œuvres artistiques du monde. De 1927 à 1940, il vit en France, entre son hôtel particulier de l'avenue d'Iéna et son manoir des Enclos à Deauville. Séduit par la stabilité du régime salazariste, Gulbenkian vient s'installer à Lisbonne en 1942 (en pleine guerre) où il restera jusqu'à sa mort, en 1955. Il eut la bonne idée de léguer la plus grande partie de sa fortune et toutes ses collections à l'État portugais.

> ### MONSIEUR 5 %
>
> *Derrière sa réputation de mécène discret et amateur d'art éclairé, Calouste Gulbenkian était d'abord un aventurier et un fin stratège financier, ayant flairé que les champs pétrolifères du Caucase pourraient rapporter gros. C'est ainsi qu'il sut négocier les concessions pétrolières qu'il détenait contre une rente de 5 % des bénéfices annuels à l'origine de son immense fortune.*

## HOMMES, CULTURE, ENVIRONNEMENT

– **Henri le Navigateur** *(1394-1460)* **:** voir « Sagres » dans le chapitre « L'Algarve ».
– **Afonso de Albuquerque** *(1453-1515)* **:** illustre navigateur portugais, surnommé « le Lion des mers d'Asie ». Né à Alhandra (près de Vila Franca de Xira, Ribatejo), il s'empare de Goa (Inde) en 1510 et y implante l'un des plus solides comptoirs portugais (qui restera aux mains des Portugais jusqu'en 1961). Véritable fondateur de l'« Empire portugais d'Asie », son tombeau se trouve dans l'église Nossa Senhora de Graça à Lisbonne.
– **Pedro Álvares Cabral** *(1467-1526)* **:** né à Belmonte. Le navigateur découvrit officiellement le Brésil, en mars 1500. Son tombeau se trouve à l'église de Graça à Santarém.
– **Vasco de Gama** *(1469-1524)* **:** le 22 mai 1498, quatre nefs portugaises accostent à Calicut, sur la côte sud-ouest de l'Inde. Une première mondiale ! Vasco de Gama prouve ainsi que l'on peut atteindre l'Asie par la mer, en contournant l'Afrique par le cap de Bonne-Espérance. La route des Indes est ouverte. Six ans seulement après la découverte de l'Amérique par Christophe Colomb, il accomplit le vieux rêve de l'Occident d'atteindre l'Orient (par la mer et par la route de l'Est). Une découverte fabuleuse, qui aura des retombées immédiates sur l'économie portugaise : en 1503, le poivre se vendait cinq fois moins cher à Lisbonne qu'à Venise. On comprend que le Portugal le considère encore comme un héros. Son tombeau se trouve aujourd'hui au mosteiro dos Jerónimos à Lisbonne. Son nom et ses titres de noblesse (dont celui de comte de Cascais) sont toujours portés par l'un de ses descendants, dom Vasco de Teles da Gama, collectionneur et antiquaire à Lisbonne.
– **Fernand de Magellan** *(1480-1521)* **:** connu au Portugal sous son vrai nom, Fernão de Magalhães. Après avoir vécu dans les comptoirs portugais d'Asie, il conçoit le projet de rejoindre ces fameuses îles aux Épices et tente sa chance auprès de l'Espagne voisine. Le jeune Charles Quint accepte de financer l'expédition. Objectif de Magellan : atteindre les Moluques par l'ouest, en supposant qu'il existe un passage au sud de l'Amérique. Le 20 septembre 1519, cinq navires avec à leur bord 237 hommes quittent Sanlúcar de Barrameda (Andalousie). Après une traversée de l'Atlantique, ils découvrent au cours de

### MAGELLAN, TRAÎTRE OU HÉROS ?

*Il apparaît comme le plus audacieux, le plus universel des explorateurs portugais. Mais voilà : Magellan ne navigua pas pour le roi du Portugal, mais pour le compte de la Couronne d'Espagne. Du coup, aujourd'hui encore les Portugais ne le vénèrent pas vraiment : il est considéré comme une sorte de traître à la nation. Magellan est pourtant le premier navigateur à réaliser presque un tour du monde (même si c'est son adjoint qui a vraiment eu le titre, puisque Magellan est mort en cours de route !).*

l'hiver 1520 un passage permettant de rejoindre le Pacifique. C'est aujourd'hui le détroit de Magellan en Patagonie. Après une traversée de 3 mois, le 6 mars, trois îles apparaissent à l'horizon. C'est l'archipel des Mariannes. Puis, arrivé aux actuelles Philippines, il obtient une exclusivité commerciale pour l'Espagne auprès du roi de Cebu. Mais en avril 1521, Lapu-Lapu, le roi de l'île de Mactan, s'insurge contre la présence des Espagnols. Au cours d'un violent combat, Magellan succombe sous les coups le 27 avril. Il n'était qu'à un saut de puce des Moluques. L'ancien mutin Sebastián el-Cano achève ce premier tour du monde et reçoit tous les honneurs. Le 8 septembre 1522, soit presque 3 ans après leur appareillage, la *Victoria*, portant 18 Européens et 3 indigènes des Moluques, entre dans le port de Séville.
– **António de Spínola** *(1910-1996)* **:** son monocle, son allure noble et sa circonspection ont contribué à donner une image mesurée, digne et sobre à la révolution des Œillets. Avant d'être un homme politique portugais, il fut gouverneur de la

Guinée (1968-1973). Il se rendit célèbre en dirigeant le coup d'État militaire du 30 avril 1974, qui renversa la dictature de Salazar. Devenu président du Portugal, Spínola s'opposa aux forces de gauche, ce qui entraîna sa démission et son exil.

– *António Lobo Antunes* (né en 1942) : écrivain et psychiatre, très marqué par son expérience de soldat et de médecin en Angola pendant la guerre de décolonisation. Il a obtenu le prix Camões en 2007. Ses romans poignants – *Le Cul de Judas, Le Retour des caravelles, La Splendeur du Portugal* – saisissent l'âme du Portugal. La tristesse d'un monde qui s'effondre (l'Empire portugais) dans le fracas des armes n'est que prétexte à dire aussi le plaisir de survivre, tant bien que mal, à cette amertume historique.

– *Amália Rodrigues* (1920-1999) : la plus fameuse des chanteuses de fado. Née dans une famille modeste mais dotée d'une prestance et d'une allure de princesse, Amália fut malmenée après la révolution des Œillets par des sectaires qui la traitèrent de fasciste. Or elle ne faisait pas de politique, rien que du grand art et des tournées dans le monde entier : le fado fut toute sa vie. Cette *fadista* émouvante sur la scène comme au cinéma méritait d'être enterrée au Panthéon national.

– *Maria de Medeiros* (née en 1965) : actrice de théâtre avant tout, née à Lisbonne et révélée au cinéma par *Pulp Fiction*, de Quentin Tarantino, où elle jouait la petite amie de Bruce Willis. Elle a réalisé son premier film, *La Mort du Prince* (1991), évoquant l'œuvre de Pessoa, puis son deuxième sur la révolution des Œillets, *Capitaines d'avril*, en 1999. En 2007 est sorti *Je t'aime, moi non plus* autour du travail de l'artiste et du critique.

– *Maria João Pires* (née en 1944) : pianiste de renom, née à Lisbonne, célébrée sur la scène internationale, porte-parole pacifiste des « antiguerre » en Irak en 2003.

– *Fernando Pessoa* (1888-1935) : écrivain né à Lisbonne, auteur du fameux *Livre de l'intranquillité* (Christian Bourgois, 1999), célèbre marcheur, routard avant l'heure aux 72 personnalités ! On retrouve sa statue en bronze à Lisbonne, rua Garrett, accoudée à la terrasse du café *A Brasileira*. C'est l'écrivain portugais le plus traduit et connu dans le monde.

– *José Mourinho* (né en 1963) : originaire de Setúbal, il était en 2007 l'entraîneur de football le mieux payé au monde. Avant de partir pour le club anglais de Chelsea, il a tout gagné avec le FC Porto : Coupe de l'UEFA, Ligue des champions et championnat du Portugal. Après le Real Madrid, il est désormais retourné entraîner l'équipe de Chelsea. Stratège hors pair, il laisse rarement insensible par ses coups de gueule et son art de la provocation.

– *Manoel de Oliveira* (né en 1908) : cinéaste prolifique (presque un film par an !). Deneuve, Malkovich, Piccoli tournent avec lui, les yeux fermés, des films d'auteur.

– Je suis une *brune qui ne compte pas pour des prunes*, j'aime les *Banana split*, j'ai été jurée de la *Nouvelle Star* (M6), qui suis-je ? Wanda Maria Ribeiro Furtado Tavares de Vasconcelos, dite **Lio,** née en 1962 à Mangalde. Lio fut actrice au théâtre (*Le Bébé*), a fait du cinéma (*Mariages !*) et a publié ses Mémoires, *Pop Model*.

– *Agustina Bessa Luís* (née en 1922) : souvent surnommée « la Marguerite Yourcenar portugaise ». Tous ses livres ont paru aux éditions Métailié, dont *La Sibylle*, son chef-d'œuvre. Grande figure de la littérature portugaise, elle a dirigé un journal à Porto et a collaboré à certains films de Manoel de Oliveira.

– *Linda de Suza* (née en 1948) : de son vrai nom Teolinda Lança, née près de Beja, dans l'Alentejo. Elle a ému les foules avec sa *Valise en carton* dans les années 1980, racontant son arrivée en France et ses débuts dans la chanson *Chez Louisette*, à Paris.

– *José Saramago* (1922-2010) : écrivain, Prix Nobel de littérature 1998. Originaire du Ribatejo. Autodidacte, ancien manutentionnaire, il s'est révélé à l'écriture, avec pour thème majeur le Portugal, son histoire épique, ses rêves et sa dure réalité. Il a fait scandale, notamment avec *L'Évangile selon Jésus-Christ*.

– *Joana Vasconcelos* (née en 1971 à Paris) : voici la jeune artiste peintre-vidéaste-sculpteuse qui monte, qui monte... Elle s'amuse à « déconstruire » des œuvres

du quotidien, à les exposer à des échelles variables, minuscules ou surdimensionnées dans des couleurs très pop. Certaines de ses œuvres ont été présentées à la Biennale de Venise et sont exposées au musée Berardo (voir plus haut, à Lisbonne, dans le quartier de Belém), ainsi qu'au château de Versailles en 2012. Plus d'infos sur son site : ● *joanavasconcelos.com* ●
– Et encore plusieurs autres personnes célèbres à retrouver dans les rubriques « Cinéma », « Fado », « *Futebol* » (voir plus haut) et « Livres de route » (plus bas).

## POPULATION

En 2015, le Portugal comptait quelque 10,6 millions d'habitants, les Açores et Madère compris. Suivant une évolution propre au vieux continent, le pays enregistre une augmentation du nombre de personnes âgées, pour une baisse parallèle du nombre de jeunes et du taux de natalité (1,5, l'un des plus bas d'Europe). L'essentiel de la population est concentré le long de la façade atlantique, autour de Lisbonne principalement.
Longtemps voué à l'émigration, vers les colonies, en Afrique, vers le Nouveau Monde et vers la France, le pays fait aujourd'hui appel à une population immigrée contrôlée par l'État pour juguler le manque de main-d'œuvre. La majorité des immigrés provient d'Europe de l'Est (d'Ukraine notamment), des anciennes colonies d'Afrique et du Brésil. Le Portugal compterait aujourd'hui environ 300 000 immigrés en situation régulière. Et, dans le même temps, le pays voit ses ressortissants chercher du travail ailleurs, comme par le passé.

## RELIGIONS ET CROYANCES

Selon une croyance (!), « être portugais, c'est être catholique mais pas forcément pratiquant ». Il est vrai que la ferveur religieuse du Portugal n'a rien à envier aux pays européens profondément catholiques. Inutile d'évoquer Fátima, le Lourdes portugais, et les pèlerinages toujours très suivis de Bom Jesus, du monastère d'Alcobaça ou encore de Batalha. Tous les dimanches, de nombreux fidèles se pressent

### UN ÉCONOMISTE INTÉGRISTE

*La politique de Salazar était animée par des préjugés chrétiens. L'endettement était pour lui assimilé au péché ! Donc la rigueur et l'autarcie s'imposaient. Cette stagnation a développé un chômage terrible qui amena deux générations de Portugais à fuir leur pays.*

dans les églises. Mais, depuis quelques années, ces dernières sont moins fréquentées. Si environ 85 % de la population est catholique, on remarque toutefois la montée des sectes religieuses telles que les Témoins de Jéhovah. D'autres sectes en provenance directe du Brésil font leur apparition progressivement, au grand dam des prêtres qui voient l'Europe et le progrès social et économique comme les pourfendeurs de la religion catholique. À moins que ce ne fût la séparation de l'État et de l'Église, au sortir de la dictature salazariste en 1976, qui marqua une ouverture progressive du pays vers d'autres cieux. Quant à la religion musulmane, on estime qu'elle regroupe entre 40 000 et 60 000 fidèles.

### Juifs et marranes

Protégées sous la première dynastie portugaise (1139-1383), les communautés juives virent leur sort rattrapé par celui des juifs d'Espagne au cours du XVe s. Lors de l'expulsion décrétée par les Rois catholiques, environ 50 000 juifs espagnols, moyennant finances, trouvèrent refuge au Portugal. Le roi Manuel Iᵉʳ, sous la pression castillane – il devait épouser une infante d'Espagne –, fut contraint de promulguer un édit d'expulsion fixé au 30 juillet 1497.

À vrai dire, peu de juifs réussirent à quitter le pays. Le roi tenait à les conserver, car il les jugeait essentiels à la bonne marche administrative et économique du royaume. Il interdit donc aux navires d'embarquer les juifs qui se pressaient sur les quais de Lisbonne peu avant la date fatidique, et ordonna leur conversion de force, contre l'avis de l'Église.

En août 1497, il n'y avait donc plus « officiellement » de juifs au Portugal, et le mariage avec l'infante, pas vraiment dupe cependant, pouvait avoir lieu. Mais deux nouvelles castes avaient été créées de fait : les nouveaux chrétiens, juifs convertis, protégés au début par le roi, mais soupçonnés pendant des siècles de judaïser en secret, et les marranes, « cryptojuifs » qui se réfugièrent pour beaucoup dans les montagnes du centre et du nord du Portugal. Leur existence ne fut révélée officiellement que sous la République portugaise, en 1925 !

Les plus chanceux purent s'exiler à Amsterdam (comme les ascendants du philosophe Baruch Spinoza), en France (les ancêtres de Pierre Mendès France et la famille Pereire...) ou au Brésil. En 1536, le pape autorisa la mise en place d'une Inquisition portugaise, et les juifs disparurent définitivement de la place publique, confinés dans la clandestinité pour de longs siècles.

## LA LOI DU RETOUR

*En 1536, de nombreux juifs furent contraints à l'exil, chassés par l'Inquisition. Pour réparer cette injustice, en 2013, le gouvernement a offert à leurs descendants la possibilité d'obtenir automatiquement la nationalité portugaise.*

Pendant la Seconde Guerre mondiale, de nombreux juifs européens persécutés par le nazisme furent sauvés de la déportation grâce à l'accueil du Portugal et à l'action de certains diplomates, dont Aristides de Sousa Mendes, consul à Bordeaux. Quoique surveillés par la police politique de Salazar, ils vécurent à Lisbonne presque normalement ou aux alentours de la capitale, sans être livrés aux autorités allemandes. Salazar ne tint pas compte des pressions du Reich car, orgueilleux, il n'aimait pas qu'on lui dictât sa conduite. Plus de 100 000 de ces réfugiés embarqueront ensuite pour l'Argentine ou le Brésil.

## UN « JUSTE » INJUSTEMENT MÉCONNU

*En 1940, Aristides de Sousa Mendes, consul du Portugal à Bordeaux, accorda 30 000 visas portugais aux réfugiés qui décidèrent d'échapper aux nazis malgré une circulaire de Salazar l'interdisant formellement. Le dictateur portugais ne lui pardonna jamais. L'aristocrate catholique mourut dans la misère en 1954, refusant toute aide de l'État d'Israël.*

On ne compte aujourd'hui guère plus de 3 000 juifs au Portugal. Mais la tradition et les cultes ne sont pas éteints.

### *Pour plus d'infos*

– ***Histoire des juifs portugais,*** de Carsten Wilke (Chandeigne, 2007, 272 p.).
– ***La Foi du souvenir, labyrinthes marranes,*** de Nathan Wachtel (Seuil, coll. « La Librairie du XXIᵉ siècle », 2001, 448 p.).
– ***Marrane !*** d'Eduardo Manet (Hugo & Cie, 2007). Un roman où le jeune Eduardo découvre qu'il n'est ni juif ni catholique, mais tout simplement marrane. Une quête des origines.

## SAVOIR-VIVRE ET COUTUMES

### Repas
Les heures des repas sont légèrement plus tardives que les nôtres : le déjeuner a lieu vers 14h et le dîner vers 20h. Attention, en dehors de Lisbonne et des stations balnéaires, les restos ferment plutôt vers 22h.

### Fumer
La législation sur le tabac interdit de fumer dans les lieux publics depuis le 1$^{er}$ janvier 2007 en dehors des espaces réservés (100 m$^2$ réservés dans les bars et les restos).

### Courtoisie et art de la parlote
Un petit conseil en passant : les Portugais apprécient rarement nos efforts surhumains pour nous adresser à eux en espagnol. Pour des raisons historiques évidentes, les deux langues n'ont pas toujours fait bon ménage. L'effort s'avère d'ailleurs souvent inutile, puisque primo on comprend généralement mal la réponse, à moins de maîtriser un max, secundo l'ami interlocuteur répond, une fois sur deux, dans un français parfait.
Tout le monde vous le dira, les Portugais sont rarement à l'heure pour les rendez-vous. Leur gentillesse et leur disponibilité vous feront vite oublier ces quelques minutes de retard. Si vous ne connaissez pas la personne à laquelle vous vous adressez, faites précéder le nom de votre interlocuteur d'un « *Senhor* » pour un homme ou d'un « *Senhora* » pour une femme. Avec l'habitude, on vous tapera facilement sur l'épaule et on vous appellera par votre prénom, c'est bon signe ! Puis on vous fera la conversation, car ici plus qu'ailleurs on aime papoter, quitte à s'arrêter tous les 3 m dans la rue pour vous expliquer le pourquoi du comment droit dans les yeux.

### *Romaria*
Essayez d'assister à l'une de ces fêtes : c'est parmi les manifestations les plus typiques du Portugal. Il s'agit en fait de processions religieuses, avec fêtes en série qui célèbrent le saint de la ville. Toutes ces manifestations s'accompagnent de rites et de coutumes variant d'une région et d'une ville à l'autre. Le soir, en revanche, on célèbre plutôt Bacchus et tous les dieux de la bonne chère !

### *Tourada*
Voir cette rubrique plus bas.

### Jours de la semaine
Au Portugal, la semaine commence le dimanche (*domingo* ou *dom.*). Le lundi étant le deuxième jour, on l'appelle *segunda-feira* (ou encore *2ª*). Puis viennent *terça-feira, quarta-feira, quinta-feira* et *sexta-feira*. Et pour changer un peu, le dernier jour de la semaine est *sábado,* le samedi (pour voir si vous avez bien suivi).

### Noms de famille
Comment distinguer le nom d'usage parmi les nombreux noms que déclinent les Portugais lorsqu'on leur demande leur nom complet ?
Le nom est souvent composé de deux prénoms et de deux noms (le dernier nom de la mère suivi du dernier nom du père) : le nom d'usage est alors généralement formé du premier prénom et du dernier des noms. Cette règle est cependant très

souple et vous pourrez rencontrer quelqu'un ayant quatre ou cinq noms de famille et se faisant appeler par son deuxième prénom ou par ses deux prénoms.
Sachez toutefois que le prénom vient normalement avant le nom (y compris dans la plupart des classements alphabétiques) et qu'il est toujours plus aisé de joindre quelqu'un si l'on connaît son nom complet.

## SITES INSCRITS AU PATRIMOINE MONDIAL DE L'UNESCO

Organisation des Nations Unies pour l'éducation, la science et la culture

En coopération avec le centre du patrimoine mondial de l'UNESCO

Pour figurer sur la liste du Patrimoine mondial, les sites doivent avoir une valeur universelle exceptionnelle et satisfaire à au moins un des 10 critères de sélection. La protection, la gestion, l'authenticité et l'intégrité des biens sont également des considérations importantes. Le patrimoine est l'héritage du passé dont nous profitons aujourd'hui et que nous transmettons aux générations à venir. Nos patrimoines naturel et culturel sont deux sources irremplaçables de vie et d'inspiration. Ces sites appartiennent à tous les peuples du monde, sans tenir compte du territoire sur lequel ils sont situés. Pour plus d'informations : ● whc.unesco.org ●
Au Portugal, les sites que nous traitons dans ce guide sont :
– *le monastère des Hiéronymites (mosteiro dos Jerónimos),* chef-d'œuvre de l'art manuélin – Vasco de Gama et Luís de Camões y sont enterrés –, et *la tour de Belém* (1983), ancienne tour de garde à Lisbonne ;
– *le monastère de Batalha* (1983), édifié pour célébrer la victoire des Portugais sur les Castillans en 1385, de style gothique, influencé par l'art manuélin ;
– *le couvent du Christ* (1983) à Tomar, l'ancien antre des templiers et symbole manuélin de l'ouverture au monde ;
– *le centre historique d'Évora* (1986), l'ancienne résidence des rois du Portugal et ce petit quelque chose qui rappelle le Brésil ;
– *le monastère d'Alcobaça* (1989), monastère du XIIe s avec les tombeaux des héros Pedro et Inés, et chef-d'œuvre du gothique cistercien ;
– *le paysage culturel de Sintra* (1995), la villégiature de Ferdinand II au XIXe s, son château aux influences éclectiques, son jardin, ses couleurs, ses odeurs... ;
– *le centre historique de Porto* (1996), sa gare et ses azulejos, sa cathédrale... ;
– *l'art rupestre préhistorique de la vallée du Côa et de Siega Verde* (1998), des gravures du Paléolithique supérieur – c'était il y a plus de 12 000 ans ;
– *la région viticole du Haut-Douro* (2001), une organisation hors pair du paysage (exception faite peut-être des rizières et des plantations de thé chinoises !) qui donnera le célèbre porto ;
– *le centre historique de Guimarães* (2001), une plaisante ville médiévale ;
– *la ville de garnison frontalière d'Elvas* (2012) en Alentejo, proche de la ville espagnole de Badajoz ;
– *la vieille université de Coimbra – Alta et Sofia* (inscription provisoire en 2013).

## TOURADA

La course de taureaux portugaise est très différente de la corrida espagnole. Il n'y a pas de lutte à mort entre le taureau et l'homme. Au milieu du XVIIIe s, en effet, à la suite d'une *tourada* au cours de laquelle un noble avait perdu la vie, la mise à mort fut interdite. Cette tauromachie n'en est pas moins cruelle pour autant, car les bêtes, salement blessées, sont abattues quelque temps plus tard.
Autre différence avec la corrida espagnole : au Portugal, elle s'effectue généralement à cheval. L'occasion d'observer la race équine portugaise par excellence : le cheval lusitanien. Autrefois, la corrida à cheval était exclusivement réservée à

l'aristocratie. L'art de la tauromachie à pied était pratiqué par les domestiques, qui aidaient généralement leurs maîtres dans leurs combats afin de les sortir de situations... difficiles.

La *tourada* commence par la course à cheval, pendant laquelle les cavaliers *(cavaleiros)* plantent entre les cornes du taureau six banderilles *(farpas)*. Après avoir reçu les ovations de la foule, le cavalier laisse la place aux *peãos*, hommes à pied, qui, par des figures de cape, fatiguent la bête.

Enfin vient la partie bouffonne de la *tourada* : l'*arrojado*. Les *forcados* (autrefois, ils avaient une fourche), au nombre de huit, essaient de maîtriser l'animal en saisissant la bête par les cornes (protégées par du cuir et terminées par un bout de bois arrondi), le garrot et la queue. Les chocs sont parfois assez violents.

Les courses de taureaux ont lieu généralement une fois par semaine, de Pâques à octobre. Les plus réputées sont celles de Lisbonne, Santarém ou Vila Franca de Xira.

# PORTUGAL UTILE

## AVANT LE DÉPART

### Adresses utiles

#### En France

**🛈 AICEP – Office national de tourisme portugais :** ☎ 01-56-88-31-90 *(lun-ven 9h30-13h, 14h-17h30).* ● *aicep.paris@portugalglobal.pt* ● *Documents et brochures à télécharger sur le site* ● *visitportugal.com* ●

■ *Consulat :* 6, rue Georges-Berger, 75017 Paris. Permanence tél : ☎ 01-56-33-81-00 *(lun-ven 8h30-17h).* ● *consuladoportugalparis.com* ● Ⓜ *Monceau.* Pour toute information, téléphoner ou consulter le site.

■ *Ambassade du Portugal :* 3, rue de Noisiel, 75116 Paris. ☎ 01-47-27-35-29 *(lun-ven 10h-18h)* ● *embaixada-portugal-fr.org* ● Ⓜ *Porte-Dauphine.*

■ *Centre culturel Calouste-Gulbenkian :* 39, bd de la Tour-Maubourg, 75007 Paris. ☎ 01-53-85-93-93. ● *gulbenkian-paris.org* ● Ⓜ *La Tour-Maubourg, Varennes ou Invalides. Pour les expos : tlj sf mar 9h (11h w-e)-18h.* La fondation d'un homme riche et célèbre tombé amoureux du Portugal, de sa langue et de sa culture (voir le somptueux musée éponyme de Lisbonne). Manifestations culturelles, concerts, conférences, expos et bibliothèque.

■ *Instituto Camões :* 6, passage Dombasle, 75015 Paris. ☎ 01-53-92-01-00. ● *ccp-paris@camoes.mne.pt* ● Ⓜ *Convention. Lun-ven 10h-13h, 14h-17h.* Dispense des cours de portugais le soir.

■ *Librairie portugaise et brésilienne :* 19-21, rue des Fossés-Saint-Jacques/ pl. de l'Estrapade, 75005 Paris. ☎ 01-43-36-34-37. ● *librairieportugaise.fr* ● Ⓜ *Place-Monge ou Cardinal-Lemoine. Tlj sf dim 11h-13h, 14h-19h.* Une librairie tenue par Michel Chandeigne, un passionné du Portugal et du Brésil, également éditeur courageux et exigeant. Tous les classiques de la littérature portugaise, et les ouvrages les plus récents (romans, essais, histoire).

#### En Belgique

**🛈 Office de tourisme :** *rens par tél slt, au* ☎ 078-79-18-18. ● *info@visitportugal.com* ●

■ *Ambassade du Portugal :* 12, av. de Cortenberg, Bruxelles 1040. ☎ 02-286-43-70. ● *ambassade@ambassade-portugal.be* ● *Lun-ven 9h-16h.*

#### En Suisse

**🛈 Informations touristiques (consulat) :** Zeltweg, 13, 8032 Zurich. ☎ 44-200-30-40 *(commande de brochures).* ● *mail@zurique.dgaccp.pt* ● *Lun-ven 9h-15h.*

■ *Ambassade du Portugal :* Weltpoststrasse, 20, 3015 Berne. ☎ 41-31-352-86-68 ou 74 *(section consulaire).* ● *mail@scber.dgaccp.pt* ● *Pour les visas, lun-ven 9h-14h30.*

#### Au Canada

**🛈 Bureau du tourisme du Portugal :** *à Toronto,* ☎ (416) 921-7376. ● *info@visitportugal.com* ● *Lun-ven 9h-17h ou 18h.*

■ *Ambassade du Portugal :* 645 Island Park Dr, Ottawa (Ontario) K1Y 0B8. ☎ (613) 729-2270 *(service consulaire).* ● *embportugal@embportugal-ottawa.org* ● *Lun-ven 9h-13h.*

### Formalités

Pour les ressortissants de l'Union européenne et de la Suisse, carte nationale d'identité ou passeport en cours de validité. Pour les ressortissants canadiens, un passeport valide est nécessaire. Pour les mineurs non accompagnés, une carte nationale d'identité est suffisante. Permis de conduire modèle de la Communauté européenne ou permis international. Carte verte d'assurance. Pour tout véhicule prêté, carte grise, bien sûr, et autorisation écrite du propriétaire.

> Pensez à scanner passeport, visa, carte de paiement, billet d'avion et *vouchers* d'hôtel. Ensuite, adressez-les-vous par e-mail, en pièces jointes. En cas de perte ou de vol, rien de plus facile pour les récupérer dans un cybercafé. Les démarches administratives en seront bien plus rapides. Merci tonton *Routard* !

## Assurances voyages

■ **Routard Assurance :** *c/o AVI International, 40-44, rue Washington, 75008 Paris.* ☎ 01-44-63-51-00. ● *avi-international.com* ● Ⓜ *George-V.* Depuis 20 ans, *Routard Assurance,* en collaboration avec *AVI International,* spécialiste de l'assurance voyage, propose aux voyageurs un contrat d'assurance complet à la semaine qui inclut le rapatriement, l'hospitalisation, les frais médicaux, le retour anticipé et les bagages. Ce contrat se décline en différentes formules : individuel, senior, famille, light et annulation. Pour les séjours longs (2 mois à 1 an), consultez le site. L'inscription se fait en ligne et vous recevrez, dès la souscription, tous vos documents d'assurance par e-mail.

■ **AVA :** *25, rue de Maubeuge, 75009 Paris.* ☎ *01-53-20-44-20.* ● *ava.fr* ● Ⓜ *Cadet.* Un autre courtier fiable pour ceux qui souhaitent s'assurer en cas de décès-invalidité-accident lors d'un voyage à l'étranger mais surtout pour bénéficier d'une assistance rapatriement, perte de bagages et annulation. Attention, franchises pour leurs contrats d'assurance voyage.

■ **Pixel Assur :** *18, rue des Plantes, BP 35, 78601 Maisons-Laffitte.* ☎ 01-39-62-28-63. ● *pixel-assur. com* ● *RER A : Maisons-Laffitte.* Assurance de matériel photo et vidéo tous risques (casse, vol, immersion) dans le monde entier. Devis basé en ligne basé sur le prix d'achat de votre matériel. Avantage : garantie à l'année.

## ARGENT, BANQUES, CHANGE

La monnaie du Portugal est l'*euro.* Taux de change: 1 € = 1,04 Fs = 1,35 $Ca.

### Les banques

Elles sont ouvertes du lundi au vendredi de 8h30 à 15h (certaines banques privées sont même ouvertes jusqu'à 18h). À noter que pour changer les chèques de voyage, il faut s'acquitter d'une commission assez élevée (de l'ordre de 5 %), y compris à la poste. Ils sont par ailleurs difficilement acceptés par les hôteliers.

### Les cartes de paiement

> **Avertissement**
> 
> Si vous comptez effectuer des retraits d'argent aux distributeurs, il est très vivement conseillé d'avertir votre banque avant votre départ (pays visités et dates). En effet, votre carte peut être bloquée dès le premier retrait pour suspicion de fraude. C'est de plus en plus fréquent. Bonjour les tracasseries administratives pour faire rentrer les choses dans l'ordre, et on se retrouve vite dans l'embarras !

En cas de perte ou de vol, quelle que soit la carte que vous possédez, chaque banque gère elle-même le processus d'opposition et le numéro de téléphone correspondant ! Avant de partir, notez donc bien le numéro d'opposition propre à votre banque (il figure souvent au dos des tickets de retrait, sur votre contrat, ou à côté des distributeurs de billets), ainsi que le numéro à 16 chiffres de votre carte. Bien entendu, conservez ces informations en lieu sûr et séparément de votre carte.
Par ailleurs, l'assistance médicale se limite aux 90 premiers jours du voyage et l'assistance véhicule aux cartes haut de gamme (renseignez-vous auprès de votre banque). N'oubliez pas aussi de VÉRIFIER LA DATE D'EXPIRATION DE VOTRE CARTE DE PAIEMENT avant votre départ !

– **Carte Visa :** *numéro d'urgence (Europ Assistance) : ☎ (00-33) 1-41-85-85-85 (24h/24). ● visa.fr ●*
– **Carte MasterCard :** *numéro d'urgence : ☎ (00-33) 1-45-16-65-65. ● mastercardfrance.com ●*
– **Carte American Express :** *☎ (00-33) 1-47-77-72-00. ● americanexpress.com ●*

– **Pour toutes les cartes émises par La Banque postale :** *composez le ☎ 0825-809-803 (0,15 €/mn) depuis la France métropolitaine et les DOM-TOM, et le ☎ (00-33) 5-55-42-51-96 depuis l'étranger. ● labanquepostale.fr ●*

> Petite mesure de précaution : si vous retirez de l'argent dans un distributeur, utilisez de préférence les distributeurs attenants à une agence bancaire. En cas de pépin avec votre carte (carte avalée, erreurs de code secret...), vous aurez un interlocuteur dans l'agence, pendant les heures ouvrables du moins.

En zone euro, pas de frais bancaires sur les paiements par carte. Les retraits sont soumis aux mêmes conditions tarifaires que ceux effectués en France (gratuits pour la plupart des cartes).
Une carte perdue ou volée peut être rapidement remplacée. En appelant sa banque, un système d'opposition, d'avance d'argent et de remplacement de carte pourra être mis en place afin de poursuivre son séjour en toute quiétude.

### *Western Union Money Transfer*

En cas de besoin urgent d'argent liquide (perte ou vol de billets, chèques de voyage, carte de paiement), vous pouvez être dépanné en quelques minutes grâce au système *Western Union Money Transfer*. Pour cela, demandez à quelqu'un de vous déposer de l'argent en euros dans l'un des bureaux *Western Union* ; le correspondant en France de *Western Union* est *La Banque postale (fermée sam ap-m, n'oubliez pas ! ☎ 0825-009-898).* L'argent vous est transféré en moins d'un quart d'heure. La commission, assez élevée, est payée par l'expéditeur. Possibilité d'effectuer un transfert en ligne 24h/24 par carte de paiement (*Visa* ou *MasterCard* émise en France).
● *westernunion.com ● Western Union au Portugal : ☎ 800-832-136 (8h-20h). Se présenter avec une carte d'identité.*

# ACHATS

La plupart des magasins ferment le week-end à partir du samedi 13h, à l'exception de certaines chaînes de supermarchés, comme *Pingo Doce,* qui sont ouverts tous les jours jusqu'à 21h, et *Minipreço,* du lundi au dimanche de 9h à 21h-22h. À noter encore que les *Intermarché, Continente, Leclerc, Corte Inglés, Lidl, Jumbo, Modelo, Alisuper* et autres restent ouverts le dimanche en saison touristique. Quant aux boutiques en ville, elles ouvrent généralement du lundi au vendredi de 9h à 19h, avec une pause pour le déjeuner, et le samedi de 9h à 13h.

L'artisanat du Portugal est riche, avec en vedette les éternels *azulejos*, fameux carreaux de céramique assemblés en fresque murale. Toujours très populaires, y compris pour habiller les murs des constructions neuves, ils peuvent être commandés auprès d'artisans, en fournissant le modèle, mais attention à la facture ! Et gare aux délais d'attente ; néanmoins, certains ateliers expédient à l'étranger.

Vous craquerez peut-être pour du linge de maison en dentelle (confectionné au crochet ou au fuseau), l'une des autres spécialités nationales, ou encore pour les *céramiques,* la *vannerie,* le *cuir,* etc. Il y en a pour tous les goûts aux quatre coins du pays.

Au rayon papilles, quelques spécialités de *charcuteries,* de *fromages* locaux et des boissons alcoolisées bien sûr. Impossible de revenir sans une bouteille de *porto,* mais vous pourrez aussi faire bien plus original en vous approvisionnant en *vinho licoroso* (vin liquoreux), *amêndoa amarga* ou *amarguinha* (liqueur à l'amande), *ginginha* (apéro à base de griottes), *aguardente* (eau-de-vie), *faváios* (le meilleur est à Óbidos ou à Setúbal), *absinto* (absinthe) même, pour les plus fouineurs, sans oublier les très nombreux et excellents vins du Portugal (lire la rubrique « Boissons » dans le chapitre « Hommes, culture, environnement »).

### ET LE FAMEUX COQ DE BARCELOS DANS TOUT ÇA ?

*Il ne s'agit pas vraiment d'un symbole du pays, mais plutôt du succès commercial d'une légende : pour clouer le bec à ses juges, un homme condamné à tort avait prédit qu'un coq chanterait lorsqu'il serait pendu. Ce qui, bien sûr, se produisit. Vous trouverez des répliques du gallinacé noir, rouge et jaune absolument partout dans le pays, aux formats poupées russes, de la microfigurine à la taille réelle.*

## BUDGET

**Recommandation à ceux qui souhaitent profiter des réductions et avantages proposés dans *Le Routard* par les hôteliers et les restaurateurs.**

À l'hôtel, pensez à les demander au moment de la réservation ou, si vous n'avez pas réservé, **à l'arrivée.** Ils ne sont valables que pour les réservations en direct et ne sont pas cumulables avec d'autres offres promotionnelles (notamment sur Internet). Au restaurant, parlez-en **au moment** de la commande et surtout **avant** que l'addition soit établie. Poser votre *Routard* sur la table ne suffit pas : le personnel de salle n'est pas toujours au courant et une fois le ticket de caisse imprimé, il est souvent difficile de modifier le total. En cas de doute, montrez la notice relative à l'établissement dans le *Routard* de l'année et, bien sûr, ne manquez pas de nous faire part de toute difficulté rencontrée.

### Hébergement (prix pour deux personnes, petit déj inclus le plus souvent)

En saison (à Pâques et de juin à octobre), les prix peuvent grimper de 30 à 50 %.
– *Très bon marché :* campings et auberges de jeunesse (de plus en plus privées) : de 15 à 25 €. Pour les campings nous indiquons le prix de l'emplacement pour deux, tente et véhicule inclus.
– *Bon marché* (certaines chambres chez l'habitant et pensions) *:* 25-45 €.
– *Prix moyens :* de 45 à 70 €.

– **Plus chic :** de 70 à 95 €.
– **Beaucoup plus chic :** de 95 à 150 €.
– **Très chic :** au-delà de 150 €.

## Repas (prix par personne)

Attention aux amuse-gueules *(petiscos)* que l'on vous apporte d'office avant le repas, comme le fromage, les olives, la charcuterie, etc. On ne vous les offre pas car vous avez l'air sympathique : ils vous seront facturés (leur prix est théoriquement mentionné sur la carte), sauf si vous les refusez expressément ; dans ce cas, le serveur les retire de la table. Idem pour le pain et le beurre. Le principe, c'est que l'on ne paie que ce que l'on consomme. Vous pouvez bien sûr, si vous les trouvez appétissants, vous ruer dessus. Impeccable en guise d'apéro ! À noter que l'IVA (équivalent de notre TVA) est de 23 % !
– **Très bon marché :** moins de 10 €.
– **Bon marché :** de 10 à 15 €.
– **Prix moyens :** de 15 à 25 €.
– **Plus chic :** de 25 à 45 €.
– **Beaucoup plus chic :** au-delà de 45 €.

## Quelques prix de produits courants

– Un litre d'essence sans plomb : environ 1,50-1,60 €.
– Un litre de gasoil : environ 1,40 €.
– Un café dans un bar : 0,50-0,80 €.
– Un litre d'eau minérale : environ 0,40 €.
– Un timbre (carte postale vers l'Europe) : 0,70 €.

## Visites, musées

Dans les grandes villes (Lisbonne, Porto), des cartes de réduction sont souvent disponibles, offrant les transports illimités et les entrées de musées. Lire la rubrique « Musées » plus loin.

# CLIMAT

La présence de l'Atlantique apporte à la fois douceur et humidité au pays quasiment toute l'année. Toutefois, d'importants décalages se font sentir entre le Nord et le Sud, et entre le littoral et l'intérieur, ce dernier étant aussi froid l'hiver qu'il est chaud l'été (environ 40 °C). Les frileux choisiront les plages du Sud, même en hiver. La température de l'eau est en moyenne de 15 °C sur la côte ouest (il est quasiment impossible de se baigner entre Porto et Lisbonne) et de 21 °C en Algarve, la méridionale. En ce qui nous concerne, nous préférons les couleurs de la nature au printemps et à l'automne.
Dans le Sud, il n'est pas rare que des précipitations – raisonnables – sévissent en avril et mai. Pensez à emporter un imperméable et quelques petites laines.
***Attention : hôtels et appartements sont rarement équipés de chauffage pour l'hiver,*** et les Français habitués à un certain confort peuvent parfois souffrir du froid.

# DANGERS ET ENQUIQUINEMENTS

☎ **112 :** c'est le numéro d'urgence commun à la France et à tous les pays de l'UE, à composer en cas d'accident, agression ou détresse. Il permet de se faire localiser et aider en français, tout en améliorant les délais d'intervention des services de secours.

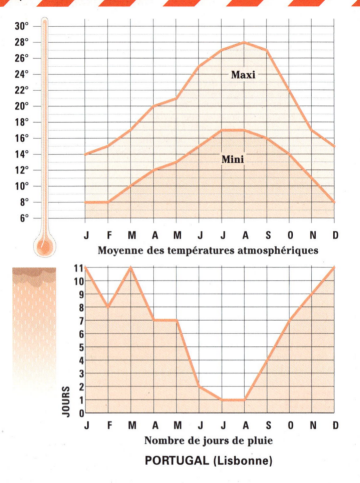

**PORTUGAL (Lisbonne)**

– **Perte ou vol de votre carte d'identité ou de votre passeport :** allez directement au bureau de gendarmerie du district où l'incident a eu lieu *(Guarda Naciónal Republicana – GNR)* et déclarer le vol ou la perte de papiers, en payant sur place un timbre fiscal *(selo fiscal)* de 10 €, à la suite de quoi on vous délivrera un certificat. C'est ce document officiel, et uniquement celui-ci, qui servira pour l'assurance, ou pour aller voir votre ambassade afin d'établir un laissez-passer retour valable uniquement pour le pays dont vous êtes originaire.
– Dans les villes, on observe souvent la présence de **gardiens de voitures.** Il s'agit d'une arnaque qui consiste à vous soutirer quelques euros sous le prétexte de voir votre voiture abîmée. Ce sont, pour la plupart, des marginaux qui se financent ainsi. La police ferme les yeux, hélas !
– Pas mal de lecteurs nous demandent d'insister sur la **conduite dangereuse** au Portugal. Non-respect des panneaux routiers, doublement intempestif sans visibilité, limitations de vitesse non respectées... Attention aussi aux passages piétons, devant

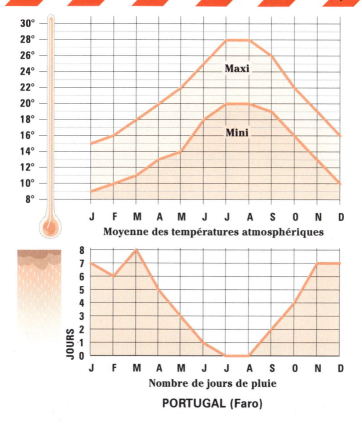

Moyenne des températures atmosphériques

Nombre de jours de pluie

**PORTUGAL (Faro)**

lesquels nombre d'automobilistes pilent assez facilement. Du coup, les piétons sont assez imprudents et traversent souvent de manière assurée ou sans regarder.
– L'addition ne reflète pas le repas ? La chambre de l'hôtel diffère de celle convenue lors de la réservation ? Et le personnel n'est pas disposé à vous satisfaire ? Une seule solution : « *Quero fazer uma reclamação.* » Depuis janvier 2006, **le livre de réclamations** est obligatoire dans tous les établissements fournissant biens ou services au public ; en plus des cafés et restaurants, on peut désormais y avoir accès dans tout commerce, établissement touristique, lieu de spectacle ou parking gardé. En cas de problème lors de la prestation d'un service ou de l'achat d'un bien, n'hésitez pas à rédiger une réclamation en triple exemplaire comportant vos nom, adresse et numéro de pièce d'identité, ainsi que le motif de la plainte. Un des exemplaires vous sera remis. Et au cas où l'accès au *livro das reclamações* vous serait refusé, appelez la police... et profitez-en pour vous plaindre également de ce refus !

## DÉCALAGE HORAIRE

Il y a 1h de décalage entre le Portugal et la France : quand il est 12h à Paris, il est 11h à Lisbonne été comme hiver.

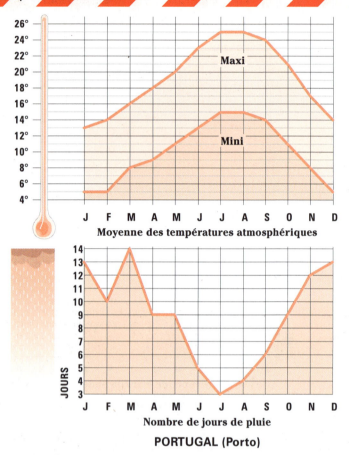

**PORTUGAL (Porto)**

## ÉLECTRICITÉ

Le courant est du 220 V. Les prises sont de type continental, comme en France ; en revanche, dans certains campings, un adaptateur est nécessaire pour se relier aux bornes électriques. Et pour nos amis canadiens, un adaptateur sera toujours nécessaire.

## FÊTES ET JOURS FÉRIÉS

– *1er janvier :* Jour de l'an.
– *17 février :* Mardi gras.
– *25 mars 2016 :* Vendredi saint et Pâques. Tout est fermé ou presque.
– *25 avril :* fête de la révolution des Œillets (fête de la Liberté).
– *1er mai :* fête du Travail.
– *Juin (date variable) :* Fête-Dieu.

– *10 juin* : fête nationale, décès du poète Luís de Camões.
– *13 juin* : férié à Lisbonne seulement, pour la fête du saint patron de la ville, *santo António*.
– *24 juin* : fête municipale à Porto et mémorable célébration de la Saint-Jean.
– *15 août* : Assomption.
– *5 octobre* : fête de la République.
– *1er novembre* : fête de la Toussaint.
– *1er décembre* : fête de la Restauration de l'indépendance (en 1640).
– *8 décembre* : fête de la Vierge.
– *25 décembre* : Noël.

### SAINT ANTOINE DE... LISBONNE !

*Il a beau être mort à Padoue, ce qui lui a collé son nom pour l'éternité, il reste le saint le plus populaire de Lisbonne, sa ville natale (toujours sollicité en cas de perte d'objets). Le jour de sa fête (le 13 juin), les enfants vendent, comme des petits pains, les pãozinhos de Santo António. Les amoureux s'offrent un pot de basilic porte-bonheur.*

## HÉBERGEMENT

Depuis 2011, suite à un décret de mars 2008, une nouvelle classification des hébergements se met progressivement en place, qui définit plus clairement les établissements hôteliers. Les propriétaires ou gérants qui n'ont pu, ou voulu, suivre disparaissent ou affichent *room* ou *quartos*. Pour les autres, les démarches et la mise aux normes pour obtenir le nouveau classement peuvent prendre du temps. Certains passeront peut-être en *alojamento local (AL), agro turismo (AT), casa de campo* ou *hotel rural (CC* ou *HR* ; même s'ils se trouvent dans un village et non dans la campagne comme on pourrait le supposer) ; d'autres en hôtel ; les nouveaux sigles et « hôtel » devant apparaître sur l'enseigne ou la façade près de la porte.

Les adresses que nous recommandons en profiteront peut-être pour changer de titre ou de catégorie d'ici votre passage et nous sommes sûrs que vous ne nous en tiendrez pas rigueur. De toute façon, sauf pour les hôtels, et selon le nombre d'étoiles (de 1 à 5), les prix ne devraient pas être différents de ceux pratiqués antérieurement.

On n'est pas obligé, lorsqu'on prend une chambre, de dîner à l'hôtel. Le prix de la chambre seule comprend souvent le petit déjeuner *(pequeno almoço),* mais pas toujours.

Enfin, signalons l'excellent rapport prix-confort-soin-accueil-propreté de l'ensemble hôtelier portugais, et cela du nord au sud du pays. Vraiment un exemple à suivre !

### Les campings

Le Portugal dispose d'un bon réseau de campings. Les municipaux ne sont pas toujours très beaux, mais sont corrects et pas trop chers. En revanche, ceux appartenant à la chaîne **Orbitur** (● orbitur.pt ●) sont plus chers, mais en général mieux organisés et plus propres que les autres.

Ceux de la chaîne *Orbitur* accordent des réductions aux détenteurs de la carte *Jeune*, ainsi qu'aux détenteurs de la carte *Orbitur* (21 €, valable 1 an). À noter que presque trois quarts des campings portugais sont situés près des côtes et que, dès les beaux jours, en été, ainsi que les week-ends, ils se remplissent vite. Arriver de préférence dès le vendredi.

Quoi qu'il en soit, se procurer le *Roteiro Campista, Camping Portugal,* mis à jour chaque année. Il indique les tarifs, les voies d'accès, les prestations fournies, etc.

En vente en librairie sur place, dans certains offices de tourisme et dans la plupart des campings. Quelques infos également sur le site ● *roteiro-campista.pt* ●
Quant au *camping sauvage,* il est interdit sous peine d'amende (la police municipale en fait vraiment la chasse !), et cela est valable tant pour planter sa tente que pour le stationnement des *camping-cars* en dehors des zones habilitées.

## Les auberges de jeunesse

Les *pousadas da juventude* voient se développer parallèlement des AJ privées aux quatre coins du pays. Ces dernières sont généralement plus petites, de confort inégal, mais ce qui les distingue, c'est l'atmosphère festive ! Si la carte des AJ n'y est pas demandée, les prix sont quand même plus élevés.
On peut acquitter un droit à la nuitée (2 € par personne) qui se transforme en carte annuelle au bout de 6 nuits.
Lire aussi en début de chapitre la rubrique « Avant le départ. Carte d'adhésion internationale aux auberges de jeunesse (carte FUAJ) ».

## Les différents types d'habitation

La *quinta* (« ferme » en français), belle propriété de maître, est une sorte de manoir rural, comme dans le nord du pays avec ces maisons de propriétaires de vignobles de la vallée du Douro. On trouve l'appellation *quinta* aussi en Alentejo et en Algarve, terme sans doute plus « vendeur » sur le plan touristique quand une grosse maison se transforme en chambres chez l'habitant à la campagne... Un *solar* est un manoir. Le *paço* est un grand ou modeste palais urbain (hormis celui de Buçaco). Enfin, un *monte* est un long corps de ferme tout blanc (un peu cousin de l'hacienda espagnole) d'une exploitation agricole et/ou d'élevage, généralement perchée sur une colline en Alentejo et à l'intérieur de l'Algarve. Loger dans un blanc *monte* transformé en hôtel fait partie des plaisirs qu'offre le Portugal.

## Les chambres chez l'habitant

On en trouve quasiment partout. Soit des panneaux vous annoncent *alugam-se quartos* ou *rooms,* soit les offices de tourisme régionaux vous en fournissent la liste. Relativement bon marché.
Plusieurs spécialistes tels *Roots Travel, Air BnB* ou *BedyCasa.*

■ **BedyCasa :** ● *bedycasa.com* ● BedyCasa offre une manière différente de voyager au Portugal, plus authentique et plus économique. La chambre chez l'habitant permet aux voyageurs de découvrir une ville, une culture et des traditions à travers les yeux des locaux. En quelques clics sur BedyCasa, il est possible de réserver un hébergement, ainsi que de lire des témoignages d'autres voyageurs pour guider son choix. BedyCasa, c'est aussi un label communautaire, une assurance et un service client 6 jours sur 7 gratuit.

## Plus chic, le *turismo de habitação*

Surtout développé dans la moitié nord du Portugal, à l'initiative de quelques propriétaires de *quintas* et de *solares,* très concentrés notamment dans le Minho.
Plus ou moins l'équivalent de nos chambres d'hôtes de charme et de prestige. Chic donc, mais moins cher que la *pousada.* De plus, la formule chambre d'hôtes permet des contacts avec les propriétaires, la plupart issus de vieilles familles portugaises. Une seule association, incontournable dans son domaine car elle regroupe la plupart de ce type d'établissements : *Solares de Portugal.*

■ **Solares de Portugal :** praça da República, 4990 **Ponte de Lima.** ☎ 258-93-17-50. ● *solaresdeportugal. pt* ●

## Les *pousadas*

La **pousada**, c'est l'équivalent portugais du *parador* espagnol : un établissement chic (géré par l'État), installé soit dans un monument historique (ancien monastère, château, etc.), soit dans une construction récente, mais valorisée par son site exceptionnel. On ne peut y rester en général plus de 5 jours consécutifs. Possibilité de rêver sur ● *pousadas.pt* ●, qui recense l'ensemble des *pousadas* du pays. Les prix varient sensiblement selon la catégorie de l'établissement et la saison. Réserver le plus longtemps possible à l'avance auprès de votre tour-opérateur.
À noter que, avec la « crise », certaines *pousadas* ont récemment fermé leurs portes.

# LANGUE

Peu de soucis pour le voyageur : beaucoup de Portugais parlent bien, voire très bien le français, et quand ce n'est pas le cas ils se débrouillent en anglais ou en espagnol. Pour vous aider à communiquer, n'oubliez pas notre **Guide de conversation du routard** en portugais. Pour info, « ão » se prononce « aou », « nh » se prononce « gne » et le « o » se prononce « ou ». Cela peut aider !

### KESKIDI ?

*L'huître portugaise a inspiré nos zélés argotiers parigots qui lui trouvaient une forme d'oreille. D'où l'origine de l'expression : « Avoir les portugaises ensablées » !*

## Quelques mots et formules qui vous seront utiles

### Politesse

| | |
|---|---|
| oui, non | *sim, não* |
| s'il vous plaît | *por favor / faz favor* |
| merci (par un homme) | *obrigado* |
| merci (par une femme) | *obrigada* |
| pardon ! | *desculpe !* |
| bonjour (le matin) | *bom dia* |
| bonjour (l'après-midi) | *boa tarde* |
| bonsoir, bonne nuit | *boa noite* |
| au revoir | *adeus* |

### Expressions courantes

| | |
|---|---|
| je m'appelle | *meu nome é / chamo me* |
| je ne comprends pas | *não entendo / não compreendo* |

### Vie pratique

| | |
|---|---|
| où se trouve... ? | *onde está... ?* |
| appelez un médecin | *chame um médico* |
| je suis malade | *estou doente* |

### Transports

| | |
|---|---|
| gare | *estação* |
| train | *comboio* |
| wagon | *carruagem* |
| car | *camioneta* |
| autobus | *autocarro* |
| tramway | *eléctrico* |

| | |
|---|---|
| à gauche | *a esquerda* |
| à droite | *a direita* |
| tout droit | *em frente* |

*Argent*

| | |
|---|---|
| combien coûte... ? | *quanto custa... ?* |
| puis-je payer avec la carte *Visa* ? | *posso pagar com cartão Visa ?* |
| quel est le prix... ? | *qual é o preço... ? / quanto é ?* |

*À l'hôtel et au restaurant*

| | |
|---|---|
| nous voudrions une chambre | *queriamos um quarto* |
| puis-je voir la chambre ? | *posso ver o quarto ?* |
| j'ai réservé... | *tenho reservado...* |
| toilettes, salle de bains | *casa de banho* |
| une douche | *um duche* |
| lavabo | *lavatório* |
| petit déjeuner | *pequeno almoço* |
| le déjeuner | *o almoço* |
| le dîner | *o jantar* |
| le plat du jour | *o prato do dia* |
| menu | *carta, ementa* |
| l'addition | *a conta* |
| chaud / froid | *quente / frio* |
| eau / vin | *água / vinho* |

*Nombres*

| | |
|---|---|
| 1 | *um* |
| 2 | *dois* |
| 3 | *três* |
| 4 | *quatro* |
| 5 | *cinco* |
| 6 | *seis* |
| 7 | *sete* |
| 8 | *oito* |
| 9 | *nove* |
| 10 | *dez* |

# LIVRES DE ROUTE

## Histoire, récits de voyage, documents

– **Les Lusiades** (*Os Lusíadas* ; XVIe s), de Luís de Camões, Robert Laffont, coll. « Bouquins bilingues » (1999, 582 p.). Chronique épique et poétique narrant les grandes heures de l'histoire du Portugal et les hauts faits d'armes des Lusitaniens sur toutes les mers du monde.
– **Le Tremblement de terre de Lisbonne,** de Jean-Paul Poirier, Odile Jacob (2005, 284 p.). Un livre clair et précis sur ce séisme qui demeure un traumatisme national.
– **Mythologie de la Saudade. Essais sur la mélancolie portugaise,** d'Eduardo Lourenço, Chandeigne (1998, 208 p.). Pour les méandres de l'âme lusitanienne.
– **Portugal,** de Christian Auscher, Points-Planète (1992, 252 p.). Même daté, ce livre reste l'un des plus fins jamais écrits sur le Portugal.
– **Lisbonne hors les murs : l'invention du monde par les navigateurs portugais 1415-1580,** Autrement (1992, 300 p.). Pour découvrir... les découvertes portugaises !
– **Histoire de Lisbonne,** de Dejanirah Couto, Fayard (2000, 382 p.). Voilà un livre de fond sur cette « reine du Tage » qui fut la clé de la puissance maritime du Portugal.

Très belles pages sur la fondation de Lisbonne, la rencontre des trois cultures – chrétienne, juive et arabe –, les origines du fado et le tremblement de terre de 1755.
– **Femme de Porto Pim et autres histoires,** d'Antonio Tabucchi, récits, Christian Bourgois (1987, rééd. chez 10/18 en 1993, 108 p.). L'auteur voyage dans l'archipel portugais de l'Atlantique, à la recherche des baleines et des derniers baleiniers.
– **Lisbonne, livre de bord. Voix, regards, ressouvenances,** de José Cardoso Pires, Gallimard, coll. « Arcades » (1998, 93 p.). L'auteur fait revivre, au cours de pérégrinations personnelles dans Lisbonne, ses souvenirs d'enfance, ses lectures et auteurs favoris dont on peut presque entendre les voix et les pas. Magique !
– **Saveurs de Porto,** L'Escampette (2003, 156 p.). Une anthologie de textes d'écrivains, illustrés de photographies, qui nous fait découvrir la « capitale du Nord ».

## Romans, fictions

– **Lisbonne, voyage imaginaire,** de Nicolas de Crécy et Raphaël Meltz, Casterman (2002, 80 p.). Album illustré où l'auteur (Raphaël Meltz) raconte le voyage à Lisbonne qu'il n'a pas fait. Ce texte plein d'humour construit de citations d'auteurs portugais, de carnets de voyage, d'articles de journaux et de rapports nous apprend plein d'anecdotes sur la réputation de Lisbonne dans les siècles passés.
– **Ode maritime** (1915), de Fernando Pessoa, La Différence bilingue (2009, 84 p.). Monologue signé Alvaro de Campos, l'un des nombreux doubles littéraires de Pessoa, ce poème philosophique met en relation l'interrogation sur l'identité, l'existence du moi, avec la mer elle-même, ses légendes, son histoire, sa cruauté, son caractère perpétuellement mouvant.
– **Les Maia** (1888), d'Eça de Queiroz, Chandeigne (1997, 800 p.). LE chef-d'œuvre du roman portugais. Une sulfureuse histoire d'amour, la vision d'une société bourgeoise décadente, l'ironie constante de l'auteur sont les principaux ingrédients de cette saga familiale qui a immortalisé Lisbonne dans la littérature.
– Les romans d'**António Lobo Antunes,** publiés aux éditions Bourgois et Métailié et en collection « Points Seuil », donnent un éclairage sans complaisance sur la ville de Lisbonne et sur le passé colonial du Portugal. Un de ses traducteurs en France, Carlos Batista, a publié **Poulailler** (Albin Michel), qui raconte la vie d'un immigré portugais en France, et quelques visions originales de Fátima et du cimetière des Plaisirs de Lisbonne.
– Pour vous changer les idées, **Le Dernier Kabbaliste de Lisbonne,** de Richard Zimmer (Pocket n° 13011, 2005), un roman policier historique qui débute en 1506 à Lisbonne par le massacre des juifs ; **Train de nuit pour Lisbonne,** de Pascal Mercier (10/18, 2008), magistrale évocation de la ville sous Salazar ; **Requiem,** d'Antonio Tabucchi (Gallimard, coll. « Folio », 2006), où l'auteur déambule dans la ville et rencontre des vivants et des morts, dont Pessoa ; **Electrico W,** de Hervé Le Tellier (Jean-Claude Lattès, 2011), roman à suspense sur l'amour, la séduction, le désir qui relient plusieurs personnages et dont les scènes se déroulent en particulier autour du Bairro Alto.
– Pour saisir l'âme de Porto et de la vallée du Douro, reportez-vous aux ouvrages, tous publiés aux éditions Métailié, d'**Agustina Bessa Luís,** surnommée la « Marguerite Yourcenar portugaise ». Quant à l'âme de Lisbonne, plongez-vous dans l'étrange roman **Lisbonne dans la ville noire,** de Jean-Yves Loude (Actes Sud). Il nous fait découvrir une ville métissée, tout en musique et odeurs.
– **Contes et nouveaux contes de la montagne,** éd. José Corti (1995, 320 p.). Le chef-d'œuvre de Miguel Torga (1908-1995), décrivant comme nul autre la vie des paysans portugais du Nord.
– Et pourquoi ne pas vous lancer dans les ouvrages du Prix Nobel de littérature 1998, José Saramago ? Les férus de romans historiques opteront pour l'**Histoire du siège de Lisbonne** (1989 ; Seuil, coll. « Points », n° 619, 1999, 342 p.) ; ceux qui aiment les romans « à réflexion » choisiront **L'Aveuglement** (Seuil, coll. « Points », 2000), ou, un bijou, **Pérégrinations portugaises** (1994 ; Seuil, 2003, 438 p.).

– **La Reine morte,** d'Henry de Montherlant, Gallimard, coll. « Folio » (n° 12, 192 p.). Un classique de notre enfance qui relate l'histoire d'Inés et de Pedro, fils d'Alphonse IV, roi du Portugal, qu'on chercha à écarter de sa jeune maîtresse. Une histoire que vous revivrez à Alcobaça !

## MUSÉES

En général, les **musées nationaux** (IMC) sont fermés le lundi, certains jours fériés (1er janvier, dimanche de Pâques, 1er mai et les 24-25 décembre notamment).
– Ils sont parfois gratuits pour les enfants de moins de 12 ans et souvent gratuits pour tous le 1er dimanche du mois.
– La carte *Jeune* permet des réductions souvent plus intéressantes (60 % pour les musées nationaux). La carte internationale d'étudiant ISIC offre le demi-tarif dans presque tous les musées, mais il faut le demander.
– Les personnes de plus de 65 ans et les handicapés paient demi-tarif dans les musées nationaux, parfois rien dans d'autres privés ou publics.
– Enfin, des cartes comme la *Lisboa Card* ou la *Porto Card* permettent des réductions importantes, voire la gratuité dans certains musées, y compris dans certaines villes alentour. Elles permettent aussi de ne pas faire la queue à l'entrée des sites. Sur ● museusportugal.org ● toutes les informations pratiques : tarifs de l'année, réductions, horaires, etc. sur les musées nationaux et leur liste.

## POSTE

Les boîtes aux lettres portugaises doivent figurer parmi les plus visibles du monde ! Des minitours de contrôle rouge pompier (courrier ordinaire) ou bleu marine (courrier express), avec inscrit « **Correios** » dessus. Immanquable, même en y mettant de la mauvaise volonté. Pour un courrier vers l'Europe, compter 0,20 € en courrier ordinaire. « Timbre » se dit **selo.**

## POURBOIRE

Il n'est pas obligatoire, mais il est bienvenu.

## SANTÉ

– **Urgences :** ☎ *112.*
– Pensez à vous procurer la **carte européenne d'assurance maladie.** Voir en début de guide le chapitre « Les questions qu'on se pose avant le départ ». Les médecins généralistes et spécialistes n'appartiennent pas à la Sécurité sociale « portugaise » *(A Caixa),* et une consultation coûte de 25 à 35 €. Pour être remboursé, il faut se faire soigner à l'hôpital... généralement bondé, et parfois attendre son tour une journée entière (voire plus !) pour avoir une chance d'être reçu. Alors on vous souhaite d'être en bonne santé.
En cas d'urgence, dirigez-vous vers les centres SAP/CATUS, qui sont des « Services d'assistance permanents ». Toutes les municipalités en possèdent au moins un et, dans les grandes villes, il y en a même plusieurs. Ils sont signalés par une croix rouge.

## SITES INTERNET

### Pratique

● *routard.com* ● Rejoignez la plus grande communauté francophone de voyageurs ! Échangez avec les routarnautes : forums, photos, avis d'hôtels. Retrouvez

aussi toutes les informations actualisées pour choisir et préparer vos voyages : plus de 200 fiches pays, une centaine de dossiers pratiques et un magazine en ligne pour découvrir tous les secrets de votre destination. Enfin, comparez les offres pour organiser et réserver votre voyage au meilleur prix.
- *visitportugal.com* ● En français. Le site officiel du tourisme portugais, très bien conçu et d'une extraordinaire richesse, avec des rubriques logement, activités culturelles, sportives, balnéaires, itinéraires avec les lieux à visiter, détours conseillés, numéros utiles, infos pratiques, spécialités locales...
- *pai.pt* ● Les Pages jaunes, en portugais. Toutes les adresses utiles.
- *maisturismo.pt* ● Besoin d'un hôtel avec des critères précis (une piscine, une kitchenette, une garderie, etc.) ? Ce site répond à vos exigences.
- *microsites.juventude.gov.pt/portal/pt* ● Le site officiel des auberges de jeunesse portugaises. Très bien fait, avec descriptions et résas possibles de n'importe quelle auberge. Version anglaise et espagnole.

Voir aussi les sites des adresses mentionnées dans « Adresses utiles » en début de chapitre.

## Sur le cheval lusitanien

- *lusitanien.net* ● En français. Un des symboles de la culture équestre mondiale. Et la fierté du Portugal. Tout un site dédié au plus ancien cheval de selle, avec son histoire. Où en trouver ? Où les monter ? En France et au Portugal.

# TÉLÉPHONE ET TÉLÉCOMS

– *France → Portugal :* 00 + 351 + numéro du correspondant. Que l'on téléphone de France ou à l'intérieur du pays, le numéro est le même.
– *Portugal → France :* 00 + 33 (indicatif de la France) + numéro du correspondant sans le 0. Pour la Suisse, 00 + 41, et pour la Belgique, 00 + 32, et tout pareil ensuite !
– **Pour appeler en PCV** (demander « *Pagar no destino* ») *:* ☎ *171* en Europe ; ou ☎ *800-800-330* – numéro gratuit depuis une cabine – qui donne accès à un opérateur en France.

Les numéros de téléphone en 707 et 808 coûtent le prix d'un appel local. Les numéros en 800 sont gratuits.

## Portables

Les principaux réseaux de téléphone portable sont *Vodafone, Optimus* et *TMN.* Un numéro de téléphone portable compte 9 chiffres.

### Urgence : en cas de perte ou de vol de votre téléphone portable

Suspendre aussitôt sa ligne permet d'éviter de douloureuses surprises au retour du voyage ! Voici les numéros des quatre opérateurs français, accessibles depuis la France et l'étranger :

– **SFR :** *depuis la France,* ☎ *1023 ; depuis l'étranger,* 📱 *+ 33-6-1000-1023.*
– **Bouygues Télécom :** *depuis la France comme depuis l'étranger,* ☎ *+33-800-29-1000.*
– **Orange :** *depuis la France comme depuis l'étranger,* 📱 *+ 33-6-07-62-64-64.*
– **Free :** *depuis la France,* ☎ *3244 ; depuis l'étranger,* ☎ *+ 33-1-78-56-95-60.*

Vous pouvez aussi demander la suspension de votre ligne depuis le site internet de votre opérateur.

*Bons plans pour utiliser son téléphone à l'étranger*

– **Acheter une carte SIM/puce sur place :** c'est une option avantageuse pour certaines destinations. Il suffit d'acheter à l'arrivée une carte SIM locale prépayée chez l'un des opérateurs représentés dans les boutiques de téléphonie mobile des principales villes du pays et souvent à l'aéroport. On vous attribue alors un numéro de téléphone local et un petit crédit de communication. Avant de signer le contrat et de payer, essayez donc la carte SIM du vendeur dans votre téléphone – préalablement débloqué – afin de vérifier si celui-ci est compatible. Ensuite, les cartes permettant de recharger votre crédit de communication s'achètent facilement dans les bureaux de tabac. C'est toujours plus pratique pour trouver son chemin vers un B & B paumé, réserver un hôtel, un resto ou une visite guidée, et plus économique.
– **Se brancher sur les réseaux wifi** est le meilleur moyen de se connecter au Web gratuitement ou à moindre coût. La majorité des hôtels, restos et bars disposent d'un réseau, payant ou non. Une fois connecté au wifi, à vous les joies de la **téléphonie par Internet !** Le logiciel *Skype* vous permet d'appeler vos correspondants gratuitement s'ils sont eux aussi connectés, ou à coût très réduit si vous voulez les joindre sur leur téléphone. Autre application qui connaît un succès grandissant, *Viber* permet d'appeler et d'envoyer des SMS, des photos et des vidéos aux quatre coins de la planète, sans frais. Il suffit de télécharger – gratuitement – l'appli sur votre smartphone, celle-ci se synchronise avec votre liste de contacts et détecte ceux qui ont *Viber*. Même principe, mais sans la possibilité de passer un coup de fil, *Whatsapp Messenger* dispose des mêmes fonctionnalités. La première année d'utilisation est gratuite, ensuite elle coûte 0,99 US$/an.
– De plus en plus de fournisseurs de téléphonie mobile offrent des **journées incluses dans votre forfait,** avec appels téléphoniques, SMS, voire MMS, et même connexion Internet en 3G limitée pour communiquer de l'étranger vers la France. Les destinations incluses dans votre forfait évoluant sans cesse, ne manquez pas de consulter le site de votre fournisseur.

## Cartes téléphoniques

On peut acheter dans n'importe quelle poste des cartes téléphoniques *Portugal Telecom* d'une valeur de 3, 5 ou 10 € et les utiliser quasiment partout dans le pays. On trouve aussi dans tous les kiosques à journaux les cartes à code qui permettent d'appeler l'étranger pour un moindre coût.

## Fax

La poste *(correios)* assure ce service dans chaque bureau.

# TRANSPORTS INTÉRIEURS

## Routes

Le réseau routier est en bon état et on circule parfaitement bien sur l'ensemble du pays. Attention, la police veille : certains de nos lecteurs ont dû payer une très grosse amende (et si l'on ne paie pas, le véhicule est saisi !).
Voici quelques repères routiers :
– taux d'alcoolémie : **0,5 g/l.**
– Ceintures de sécurité obligatoires à l'avant et à l'arrière. Gilet de sécurité fluorescent et triangle de présignalisation obligatoires à bord du véhicule.
– Les *routes principales* (ancêtres des autoroutes) sont symbolisées **IP** (itinéraire principal) ou encore **IC** (itinéraire complémentaire). Limitation de vitesse : **100 km/h. Les routes IP4 et IP5,** à trois voies, **sont les plus dangereuses du Portugal.** Mal signalisées, souvent en descente, sans rail de sécurité, elles sont tristement célèbres pour leur nombre élevé d'accidents, souvent très graves.

Soyez très prudent. D'autre part, sur l'IP4 et l'IP5, les feux de croisement doivent être allumés obligatoirement de jour comme de nuit.
– Vous trouverez aussi les *routes nationales* = **N**. Pour les *routes municipales*, le symbole est **M**. Limitation de vitesse : *90 km/h.*
– En ville et dans les agglomérations, la vitesse ne dépasse pas *50 km/h.* Petite fourberie finalement bien utile : les agglomérations se couvrent de feux tricolores, qui passent au rouge devant vous dès que vous dépassez la vitesse autorisée.
– En cas de panne ou d'accident sur les autoroutes, le numéro d'***urgence*** est le ☎ *808-508-508.*
– Les cartes les plus précises sont au 1/400 000 (on recommande la *Michelin* la plus récente) avec index des noms de lieux et plans des principales villes.
– Les ***autoroutes*** signalées par un ***A*** *(autoestrada)* s'entremêlent parfois avec les autoroutes ***E*** *(Europa).* Limitation de vitesse : *120 km/h.*
***Les autoroutes sont payantes.*** On rencontre sur les autoroutes portugaises deux types de péages. Le premier est le ***péage traditionnel*** où l'on prend un ticket à la barrière, puis le paiement se fait à la sortie. Attention les voies *Via Verde* sont réservées aux abonnés. Il y a cinq classes de tarifs sur les autoroutes ; à noter que les véhicules dont l'essieu mesure plus de 1,10 m (type monospace) paient pour la classe 2 (soit plus du double des voitures de tourisme ordinaires).
Le second est ***électronique :*** « *electronic toll only* ». Au premier abord, ce système peut sembler étrange. Il est en réalité très simple d'utilisation et permet de gagner du temps sur les trajets. Les péages électroniques disposent de caméras qui repèrent à chaque passage les plaques d'immatriculation ou un boîtier électronique spécifique installé dans le véhicule, loué pour un an. Ils sont signalés par de grands panneaux bleus indiquant les prix par catégories, la voiture étant le moins cher. Compter 0,50 à 1,55 € par passage. Ces portiques sont très fréquents et l'addition, qui tombera quelques semaines plus tard, monte très vite !
Une fois la frontière passée, un panneau vous indiquera un péage réservé aux véhicules étrangers. Là-bas, on vous expliquera le fonctionnement des péages électroniques. Pour faire simple, vos coordonnées bancaires seront enregistrées en insérant votre carte dans une borne et vos plaques d'immatriculation numérisées. En repartant, un ticket est délivré. Il sert de justificatif et est donc à garder précieusement. Il est valable 30 jours. En cas de voyage prolongé, il faudra s'enregistrer à nouveau.
Sinon, il est possible d'acheter des titres de passages prépayés à activer via SMS (● portugaltolls.com ●) ou de louer un boîtier électronique pour en équiper votre véhicule (location sur ● portugaltolls.com ●) : compter 27,50 € de caution remboursable à la restitution, plus 6 € de location la première semaine, et 1,50 € pour chaque semaine suivante. Consommation en fonction de l'utilisation.
***Attention :*** avec la suppression progressive des barrières de péage, l'utilisation de ces dispositifs est devenue obligatoire pour accéder aux tronçons signalés par des panneaux « *Electronic toll only* ».
***Si vous circulez avec un véhicule de location :*** la plupart des loueurs, pour vous simplifier la vie, fournissent d'office le dispositif électronique. À l'aéroport de Porto, il est carrément obligatoire pour se rendre au centre-ville. Les frais sont ensuite débités sur votre carte de paiement (on reçoit la facture 2 semaines après avoir rendu la voiture). ***Lorsque vous signez le contrat, vérifiez bien la date de prise du véhicule,*** afin que l'on ne vous fasse pas payer l'utilisation autoroutière du prédécesseur. Si le dispositif n'est pas fourni, vous devez penser à régler la section de péage électronique empruntée entre 48h et 5 j. (attention aux week-ends et jours fériés !) auprès d'un bureau de poste *(correios).*
Attention : le ticket d'autoroute n'est valable que 12h !

# Location de voitures

La location est possible pour toute personne âgée de plus de 21 ans et titulaire d'un permis valide depuis plus d'un an (permis international pas nécessaire).

Toutes les compagnies de location de voitures comme *Hertz, Avis* ou *Budget* sont disponibles depuis la France et au Portugal.

■ *Auto Escape :* ☎ 0892-46-46-10 (0,34 €/mn). ● autoescape.com ● *Vous trouverez également les services d'*Auto Escape *sur* ● routard.com ● Auto Escape *offre 5 % de remise sur la loc de voiture aux lecteurs du Routard pour toute résa par Internet avec le code de réduction « GDR15 ». Résa à l'avance conseillée.* L'agence *Auto Escape* réserve auprès des loueurs de véhicules de gros volumes d'affaires, ce qui garantit des tarifs très compétitifs.

■ *BSP Auto :* ☎ 01-43-46-20-74 *(tlj).* ● bsp-auto.com ● *Réduction spéciale aux lecteurs de ce guide avec le code « routard ».* Les prix proposés sont attractifs et comprennent le kilométrage illimité et les assurances. *BSP Auto* vous propose exclusivement les grandes compagnies de location sur place, vous assurant un très bon niveau de services. Le plus : vous ne payez votre location que 5 jours avant le départ. Et aussi :

■ *Hertz :* ☎ *0825-861-861 (0,15 €/mn).* ● hertz.com ●
■ *Avis :* ☎ *0821-23-07-60 (0,12 €/mn).* ● avis.fr ●
■ *Budget :* ☎ *0825-00-35-64 (0,15 €/mn).* ● budget.fr ●
■ *Europcar :* ☎ *0825-358-358 (0,15 €/mn).* ● europcar.fr ●

### Essence

L'essence se dit « *gasolina* », sans plomb « *sem chumbo 95* » ou « *98 octanes* », le diesel se dit « *diesel* » ou « *gasóleo* ». Les prix des carburants sont légèrement supérieurs à ceux de la France et assez homogènes dans tout le pays. Mais ils ne sont pas plus élevés sur autoroute qu'ailleurs.

## Le train *(comboio)*

Un indicateur des horaires, avec carte du réseau, paraît deux fois par an (un en hiver, un en été) et est disponible dans les gares et les offices de tourisme, sur place, au ☎ *808-208-208* (n° Azur) et sur Internet (● cp.pt ●). Vérifiez toujours les horaires à l'avance sur le site : les préavis de grève y figurent. Par ailleurs, il y a des arrêts où il n'est possible que de monter ou que de descendre... Les trains portugais étant bondés à certaines périodes, pensez à réserver suffisamment à l'avance.

Pour les **rapides** (*Alfa Pendular* et *Intercidades*), **la réservation est obligatoire.** Les billets sont en vente dans les gares, les agences de voyages, dans les distributeurs *Multibanco,* et même sur Internet (● cp.pt ●). Il existe des wagons de 1re classe *(conforto)* et de 2e classe *(turística).*

Des billets *(Rover Tickets* en anglais) de 7, 14 ou 21 j., permettant de se déplacer à volonté pour un prix fixe et en 1re classe uniquement, sont en vente dans les gares principales et dans les agences de voyages. Mais il ne semble pas que ces formules soient très rentables... Valable uniquement sur les *Regionais, Inter-Regionais* et dans la région de Coimbra.

Plusieurs catégories de trains : les **Regionais** *(Regional),* qui constituent le réseau le plus étendu, les **Inter-Regionais** (ce sont des omnibus) et les **Intercidades** (plus rapides que les premiers). L'*Alfa Pendular* est le train qui relie l'extrême Sud (Faro) à l'extrême Nord (Braga) en passant par Lisbonne, Coimbra et Porto (entre autres). Rapide, très propre, silencieux et confortable.

En plus de la ligne Lisbonne-Coimbra-Guarda, les deux trajets les plus fréquentés sont Lisbonne-Porto et Lisbonne-Faro.

– *Infos complètes sur les trains :* pour tt le Portugal, sur ● cp.pt ● ou au ☎ *808-208-208 ou (00-351) 707-210-220 depuis l'étranger (en portugais).*

➢ *Lisbonne-Faro (et l'Algarve) :* 2 départs/j. avec l'*Alfa*, le mat et en fin d'ap-m, et 3 autres *Intercidades*/j. Compter 3-4h de trajet. À Tunes, correspondance pour Silves, Portimão et Lagos.

| Distances en km | AVEIRO | COIMBRA | ELVAS | ÉVORA | FARO | LAGOS | LEIRIA | LISBONNE | NAZARÉ | PORTALEGRE | PORTIMÃO | PORTO | SANTARÉM | SETÚBAL | TOMAR | VIANA DO CASTELO | VISEU |
|---|---|---|---|---|---|---|---|---|---|---|---|---|---|---|---|---|---|
| **AVEIRO** |  | 60 | 300 | 300 | 483 | 500 | 120 | 250 | 160 | 240 | 480 | 70 | 183 | 285 | 138 | 145 | 90 |
| **COIMBRA** | 60 |  | 240 | 250 | 435 | 450 | 72 | 200 | 112 | 183 | 435 | 115 | 135 | 240 | 82 | 190 | 83 |
| **ELVAS** | 300 | 240 |  | 86 | 311 | 327 | 217 | 210 | 240 | 60 | 310 | 353 | 195 | 180 | 173 | 427 | 318 |
| **ÉVORA** | 300 | 250 | 86 |  | 227 | 244 | 190 | 135 | 204 | 100 | 226 | 354 | 117 | 105 | 182 | 428 | 334 |
| **FARO** | 483 | 435 | 311 | 227 |  | 82 | 375 | 277 | 386 | 328 | 65 | 538 | 300 | 237 | 366 | 612 | 518 |
| **LAGOS** | 500 | 450 | 327 | 244 | 82 |  | 390 | 293 | 400 | 345 | 20 | 555 | 320 | 255 | 382 | 628 | 534 |
| **LEIRIA** | 120 | 72 | 217 | 190 | 375 | 390 |  | 140 | 37 | 160 | 375 | 176 | 76 | 178 | 47 | 250 | 156 |
| **LISBONNE** | 250 | 200 | 210 | 135 | 277 | 293 | 140 |  | 120 | 220 | 276 | 305 | 80 | 48 | 133 | 379 | 285 |
| **NAZARÉ** | 160 | 112 | 240 | 204 | 386 | 400 | 37 | 120 |  | 183 | 385 | 216 | 90 | 160 | 85 | 290 | 196 |
| **PORTALEGRE** | 240 | 183 | 60 | 100 | 328 | 345 | 160 | 220 | 183 |  | 327 | 295 | 154 | 195 | 116 | 370 | 260 |
| **PORTIMÃO** | 480 | 435 | 310 | 226 | 65 | 20 | 375 | 276 | 385 | 327 |  | 537 | 300 | 236 | 365 | 610 | 517 |
| **PORTO** | 70 | 115 | 353 | 354 | 538 | 555 | 176 | 305 | 216 | 295 | 537 |  | 240 | 340 | 195 | 76 | 131 |
| **SANTARÉM** | 183 | 135 | 195 | 117 | 300 | 320 | 76 | 80 | 90 | 154 | 300 | 240 |  | 115 | 66 | 312 | 218 |
| **SETÚBAL** | 285 | 240 | 180 | 105 | 237 | 255 | 178 | 48 | 160 | 195 | 236 | 340 | 115 |  | 170 | 415 | 320 |
| **TOMAR** | 138 | 82 | 173 | 182 | 366 | 382 | 47 | 133 | 85 | 116 | 365 | 195 | 66 | 170 |  | 268 | 157 |
| **VIANA DO CASTELO** | 145 | 190 | 427 | 428 | 612 | 628 | 250 | 379 | 290 | 370 | 610 | 76 | 312 | 415 | 268 |  | 205 |
| **VISEU** | 90 | 83 | 318 | 334 | 518 | 534 | 156 | 285 | 196 | 260 | 517 | 131 | 218 | 320 | 157 | 205 |  |

➢ *Lisbonne-Porto :* plusieurs départs/j. avec l'*Alfa* et l'*Intercidades* vers Porto via Santarém, Entroncamento, Coimbra et Aveiro (entre autres). Compter moins de 3h de trajet avec l'*Alfa,* un peu plus avec l'*Intercidades.* Slt 3 trains continuent jusqu'à Braga. 1 seul train pour Regua au départ de Porto.
➢ *Lignes internationales :* compter une vingtaine d'heures en train entre Paris et Lisbonne, et une bonne nuit entre Madrid et Lisbonne. Départs tlj. Également des trains au départ de Porto vers Vigo, en Galice ; durée : 2h25.

## L'autocar *(autocarro)*

Le Portugal présente un réseau de bus dense servi par de grands autocars confortables (*Pullman* avec AC pour les longs trajets), et plus fréquents que les trains, mais aussi souvent plus chers. Il est nécessaire de réserver plusieurs jours à l'avance en haute saison et la veille en mi-saison, au risque de ne pas partir le jour souhaité. Réductions fréquentes pour les étudiants.
Les bus de la compagnie nationale **Rede Expressos** (de loin la plus répandue) effectuent des liaisons directes entre les villes importantes (*☎ 707-22-33-44 ou ● rede-expressos.pt ● pour les horaires et les tarifs).* Et il y a même le wifi à bord de nombreux bus ! Mais d'autres compagnies privées desservent aussi pas mal de destinations intérieures : **Eva, Renex, Rodonorte, Internorte...** Dans certaines régions, il existe des compagnies locales. Voir aussi la rubrique « Arriver – Quitter » des villes principales qui vous intéressent. À Lisbonne, on peut prendre des bus à partir de bon nombre de stations de métro ou de gares ferroviaires, sans compter les gares routières. Également des

liaisons avec l'étranger (**Eurolines,** ● eurolines.fr ●) : Madrid, Paris, Bruxelles, Genève... en direction de Lisbonne, Porto, Faro et d'une vingtaine d'autres villes. Très pratique. Pas mal de réductions pour les étudiants et les seniors.

### L'auto-stop

Les auto-stoppeurs en seront pour leurs frais, l'auto-stop est très peu pratiqué et assez difficile. Aussi, nous ne conseillons pas ce mode de transport.

## URGENCES

– **Urgences (santé) ou pompiers :** ☎ *112 ou 115* (plusieurs langues). Pour demander l'hôpital, dites « *O Hospital* ».
– **Numéro d'urgence pour les touristes :** ☎ *800-296-296.*
– **En cas de panne ou d'accident sur les autoroutes :** ☎ *808-508-508.*

> ☎ **112 :** c'est le numéro d'urgence commun à la France et à tous les pays de l'UE, à composer en cas d'accident, d'agression ou de détresse. Il permet de se faire localiser et aider en français, tout en améliorant les délais d'intervention des services de secours.

# NOTES PERSONNELLES

NOTES PERSONNELLES

# NOTES PERSONNELLES

# *les ROUTARDS sur la FRANCE 2016-2017*

(dates de parution sur • *routard.com* •)

## Découpage de la FRANCE par le ROUTARD

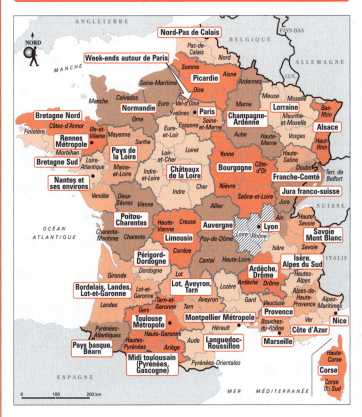

## Autres guides nationaux

- La Loire à Vélo
- La Vélodyssée (Roscoff-Hendaye ; avril 2016)
- Nos meilleurs campings en France
- Nos meilleures chambres d'hôtes en France
- Nos meilleurs restos en France
- Nos meilleurs sites pour observer les oiseaux en France
- Tourisme responsable

## Autres guides sur Paris

- Paris
- Paris à vélo
- Paris balades
- Restos et bistrots de Paris
- Le Routard des amoureux à Paris
- Week-ends autour de Paris

# *les ROUTARDS sur l'ÉTRANGER 2016-2017*

(dates de parution sur • *routard.com* •)

**Découpage de l'ESPAGNE par le ROUTARD**

**Découpage de l'ITALIE par le ROUTARD**

**Autres pays européens**

- Allemagne
- Angleterre, Pays de Galles
- Autriche
- Belgique
- Budapest, Hongrie
- Crète
- Croatie
- Danemark, Suède
- Écosse
- Finlande
- Grèce continentale
- Îles grecques et Athènes
- Irlande
- Islande
- Madère
- Malte
- Norvège
- Pologne
- Portugal
- République tchèque, Slovaquie
- Roumanie, Bulgarie
- Suisse

**Villes européennes**

- Amsterdam et ses environs
- Berlin
- Bruxelles
- Copenhague
- Dublin
- Lisbonne
- Londres
- Moscou
- Prague
- Saint-Pétersbourg
- Stockholm
- Vienne

# les ROUTARDS sur l'ÉTRANGER 2016-2017
(dates de parution sur • routard.com •)

## Découpage des ÉTATS-UNIS par le ROUTARD

## Autres pays d'Amérique

- Argentine
- Brésil
- Canada Ouest
- Chili et île de Pâques
- Équateur et les îles Galápagos
- Guatemala, Yucatán et Chiapas
- Mexique
- Montréal
- Pérou, Bolivie
- Québec, Ontario et Provinces maritimes

## Asie et Océanie

- Australie côte est + Ayers Rock (mai 2016)
- Bali, Lombok
- Bangkok
- Birmanie (Myanmar)
- Cambodge, Laos
- Chine
- Hong-Kong, Macao, Canton
- Inde du Nord
- Inde du Sud
- Israël et Palestine
- Istanbul
- Jordanie
- Malaisie, Singapour
- Népal
- Shanghai
- Sri Lanka (Ceylan)
- Thaïlande
- Tokyo, Kyoto et environs
- Turquie
- Vietnam

## Afrique

- Afrique de l'Ouest
- Afrique du Sud
- Égypte
- Kenya, Tanzanie et Zanzibar
- Maroc
- Marrakech
- Sénégal
- Tunisie

## Îles Caraïbes et océan Indien

- Cuba
- Guadeloupe, Saint-Martin, Saint-Barth
- Île Maurice, Rodrigues
- Madagascar
- Martinique
- République dominicaine (Saint-Domingue)
- Réunion

## Guides de conversation

- Allemand
- Anglais
- Arabe du Maghreb
- Arabe du Proche-Orient
- Chinois
- Croate
- Espagnol
- Grec
- Italien
- Japonais
- Portugais
- Russe
- G'palémo (conversation par l'image)

## Les Routards Express

Amsterdam, Barcelone, Berlin, Bruxelles, Budapest (nouveauté), Dublin (nouveauté), Florence, Istanbul, Lisbonne, Londres, Madrid, Marrakech, New York, Prague, Rome, Venise.

## Nos coups de cœur

- Nos 52 week-ends dans les plus belles villes d'Europe (nouveauté)
- France
- Monde

# NOS NOUVEAUTÉS

## AUSTRALIE CÔTE EST + AYERS ROCK
### (mai 2016)

Le pouvoir attractif de l'Australie est évident. Des terres arides à l'emblématique Ayers Rock, cet immense « rocher » émergeant au milieu de rien, des îlots paradisiaques sur la Grande Barrière de corail... Les animaux, parfois cocasses – kangourous, koalas, crocodiles, araignées Redback... –, côtoient la plus vieille civilisation du monde, celle du peuple aborigène. Pour les adeptes de la mer, il faudrait 27 ans pour visiter toutes les plages du pays, à raison d'une par jour ! La plus longue autoroute du monde suit 14 500 km de côtes, sans jamais lasser. Pour les accros de culture, l'Opéra de Sydney s'impose, avant de découvrir de fabuleux musées. Sans oublier l'ambiance des cafés de Melbourne, véritable petite San Francisco locale. Vous saurez tout sur le fameux Programme Vacances Travail (Working Holiday Visa), permettant d'alterner petits boulots et voyage au long cours. Mais le plus important se trouve dans la franche convivialité du peuple australien.

## LA VÉLODYSSÉE
### (ROSCOFF-HENDAYE ; avril 2016)

De Roscoff à Hendaye, tout au long de la façade Atlantique, la plus longue véloroute de France dévale du nord au sud sur plus de 1 200 km. Choisissez votre parcours parmi 12 itinéraires divisés en étapes de 20 à 40 km, essentiellement en voies vertes fléchées et sécurisées. Un parcours nature, caractérisé par la diversité de ses paysages : eau salée de l'Atlantique et eau douce des lacs aquitains, forêts bretonnes et pinèdes landaises, marais salants, parcs à huîtres, plages de sable fin et marécages où viennent nicher les oiseaux... La Vélodyssée prend racine dans les genêts du Finistère, suit les agréables berges du canal de Nantes à Brest, puis se confond avec le littoral atlantique pour finir en beauté au Pays basque. Les plages à perte de vue et le charme des villes qui jalonnent le parcours sont autant de haltes à ne pas manquer.
Un guide pratique : à chaque étape sa carte en couleurs. Avec un carnet d'adresses pour louer un vélo, se loger et, bien sûr, se restaurer.

# routard assurance
## Selon votre voyage :

**ROUTARD ASSURANCE COURTE DURÉE**
**pour un voyage de moins de 8 semaines**

> **FORMULES**
Individuel / Famille** / Séniors
**OPTIONS :**
Avec ou sans franchise

Consultez le détail des garanties

> Lieu de couverture : tout pays en dehors du pays de résidence habituelle.
> Durée de la couverture : 8 semaines maximum.

**Souscrivez en ligne sur www.avi-international.com**

**ROUTARD ASSURANCE LONGUE DURÉE**
**« MARCO POLO »**
**pour un voyage de plus de 2 mois**

> **FORMULES**
Individuel / Famille** / Séniors
> **SANS FRANCHISE**
> **NOUVEAUTÉS 2015**
Tarifs Jeunes 2015 - Bagages inclus
À partir de 40 € par mois

Consultez le détail des garanties

> Lieu de couverture : tout pays en dehors du pays de résidence habituelle.
> Durée de la couverture : 2 mois minimum à 1 an (renouvelable).

**Souscrivez en ligne sur www.avi-international.com**

\* Nous vous invitons à prendre connaissance préalablement de l'ensemble des Conditions générales sur www.avi-international.com ou par téléphone au 01 44 63 51 00 (coût d'un appel local).
\*\* Une famille est constituée de 2 conjoints de droit ou de fait ou toutes autres personnes liées par un Pacs, leurs enfants célibataires âgés de moins de 25 ans vivant à leur domicile et fiscalement à leur charge. Par ailleurs, sont également considérés comme bénéficiaires de l'option Famille, les enfants de couples divorcés s'ils sont fiscalement à charge de l'autre parent.

## SOUSCRIVEZ EN LIGNE ET RECEVEZ IMMÉDIATEMENT
## TOUS VOS DOCUMENTS D'ASSURANCE PAR E-MAIL :
- votre carte personnelle d'assurance avec votre numéro d'identification
- les numéros d'appel d'urgence d'AVI Assistance
- votre attestation d'assurance si vous en avez besoin pour l'obtention de votre visa.

Toutes les assurances Routard sont reconnues par les Consulats étrangers en France comme par les Consulats français à l'étranger.

**Souscrivez en ligne**
**sur www.avi-international.com**
**ou appelez le 01 44 63 51 00\***

AVI International (SPB Groupe) - S.A.S. de courtage d'assurances au capital de 100 000 euros - Siège social : 40-44, rue Washington (entrée principale au 42-44), 75008 Paris - RCS Paris 323 234 575 - N° ORIAS 07 000 002 (www.orias.fr). Les Assurances Routard Courte Durée et Routard Longue Durée ont été souscrites auprès d'AIG Europe Limited, société de droit anglais au capital de 197 118 478 livres sterling, ayant son siège social The AIG Building, 58 Fenchurch Street, London EC3M 4AB, Royaume-Uni, enregistrée au registre des sociétés d'Angleterre et du Pays de Galles sous le n°01486260, autorisée et contrôlée par la Prudential Regulation Authority, 20 Moorgate London, EC2R 6DA Royaume-Uni (PRA registration number 202628) - Succursale pour la France : Tour CB21 - 16 place de l'Iris - 92400 Courbevoie.

# routard assurance
## Voyages de moins de 8 semaines

| RÉSUMÉ DES GARANTIES* | MONTANT MAXIMUM DES GARANTIES |
|---|---|
| **FRAIS MÉDICAUX** (pharmacie, médecin, hôpital) | 100 000 € U.E. / 300 000 € Monde entier |
| Agression (déposer une plainte à la police dans les 24 h) | Inclus dans les frais médicaux |
| Rééducation / kinésithérapie / chiropractie | Prescrite par un médecin suite à un accident |
| Frais dentaires d'urgence | 75 € |
| Frais de prothèse dentaire | 500 € par dent en cas d'accident caractérisé |
| Frais d'optique | 400 € en cas d'accident caractérisé |
| **RAPATRIEMENT MÉDICAL** | Frais illimités |
| Rapatriement médical et transport du corps | Frais illimités |
| Visite d'un parent si l'assuré est hospitalisé plus de 5 jours | 2 000 € |
| **CAPITAL DÉCÈS** | 15 000 € |
| **CAPITAL INVALIDITÉ À LA SUITE D'UN ACCIDENT**** | |
| Permanente totale | 75 000 € |
| Permanente partielle (application directe du %) | De 1 % à 99 % |
| **RETOUR ANTICIPÉ** | |
| En cas de décès accidentel ou risque de décès d'un parent proche (conjoint, enfant, père, mère, frère, sœur) | Billet de retour |
| **PRÉJUDICE MORAL ESTHÉTIQUE** (inclus dans le capital invalidité) | 15 000 € |
| **ASSURANCE RESPONSABILITÉ CIVILE VIE PRIVÉE** | |
| Dommages corporels garantis à 100 % y compris honoraires d'avocats et assistance juridique accidents | 750 000 € |
| Dommages matériels garantis à 100 % y compris honoraires d'avocats et assistance juridique accidents | 450 000 € |
| Dommages aux biens confiés | 1 500 € |
| **FRAIS DE RECHERCHE ET DE SAUVETAGE** | 2 000 € |
| **AVANCE D'ARGENT** (en cas de vol de vos moyens de paiement) | 1 000 € |
| **CAUTION PÉNALE** | 7 500 € |
| **ASSURANCE BAGAGES** | 2 000 € (limite par article de 300 €)*** |

\* Nous vous invitons à prendre connaissance préalablement de l'ensemble des Conditions générales sur www.avi-international.com ou par téléphone au 01 44 63 51 00 (coût d'un appel local).
\*\* 15 000 euros pour les plus de 60 ans.
\*\*\* Les objets de valeur, bijoux, appareils électroniques, photo, ciné, radio, mp3, tablette, ordinateur, instruments de musique, jeux et matériel de sport, embarcations sont assurés ensemble jusqu'à 300 €.

**PRINCIPALES EXCLUSIONS*** (communes à tous les contrats d'assurance voyage)
- Les conséquences d'événements catastrophiques et d'actes de guerre,
- Les conséquences de faits volontaires d'une personne assurée,
- Les conséquences d'événements antérieurs à l'assurance,
- Les dommages matériels causés par une activité professionnelle,
- Les dommages causés ou subis par les véhicules que vous utilisez,
- Les accidents de travail manuel et de stages en entreprise (sauf avec les Options Sports et Loisirs, Sports et Loisirs Plus),
- L'usage d'un véhicule à moteur à deux roues et les sports dangereux : surf, rafting, escalade, plongée sous-marine (sauf avec les Options Sports et Loisirs, Sports et Loisirs Plus).

**Souscrivez en ligne sur www.avi-international.com ou appelez le 01 44 63 51 00***

AVI International (SPB Groupe) - S.A.S. de courtage d'assurances au capital de 100 000 euros - Siège social : 40-44, rue Washington (entrée principale du 42-44), 75008 Paris - RCS Paris 323 234 575 - N° ORIAS 07 000 002 (www.orias.fr). Les Assurances Routard Courte Durée et Routard Longue Durée ont été souscrites auprès d'AIG Europe Limited, société de droit anglais au capital de 197 118 478 livres sterling, ayant son siège social The AIG Building, 58 Fenchurch Street, London EC3M 4AB, Royaume-Uni, enregistrée au registre des sociétés d'Angleterre et du Pays de Galles sous le n°01486260, autorisée et contrôlée par la Prudential Regulation Authority, 20 Moorgate London, EC2R 6DA Royaume-Uni (PRA registration number 202628) - Succursale pour la France : Tour CB21 - 16 place de l'Iris - 92400 Courbevoie.

# INDEX GÉNÉRAL

## A

ABC du Portugal .................... 33
ABOBOREIRAS ..................... 342
Achats .................................... 543
AFFIFE (praia de) .................. 437
AIRE E CANDEEIROS (parc
  naturel des serras de) ........ 338
ALBUFEIRA ........................... 212
ALCAINS ............................... 391
ALCANTARILHA .................... 216
ALCARIA RUIVA .................... 261
ALCOBAÇA ........................... 331
ALCOUTIM ............................ 211
Aldeia da Terra ..................... 289
ALDEIA DO MECO
  (praia) ................................ 180
Aldeias do xisto (les) ...... 365, 367
ALEGRETE ........................... 304
ALENTEJO (l') ....................... 255
ALGARVE (l') ........................ 185
ALGARVIAS ........................... 344
ALJEZUR ............................... 245
ALMÁDENA ........................... 238
ALMEIDA .............................. 387
ALMOGRAVE
  (praia do) .................... 253, 254
ALMOUROL
  (château d') ....................... 347
Alqueva (barrage d') ............. 272
ALTER DO CHÃO .................. 303
ALVADOS (grutas de) ............ 339
ALVÃO
  (parque natural do) ............ 480
ALVARRÕES ......................... 306
ALVITO .................................. 268
ALVOR ................................... 222
AMADO (praia do) ................. 245
AMARANTE ........................... 467
Amarella (serra) .................... 446
AMIEIRA MARINA ................. 273
AMOREIRA (praia de) ........... 247
Architecture .......................... 514
AREOSA ............................... 434
Argent, banques, change ...... 542
ARMONA (ilha da) ................. 203
AROUCA ............................... 380
Arouca (mosteiro de) ............ 380
Arrábida (convento da) ......... 181
ARRÁBIDA (parc naturel
  da serra da) ....................... 181
ARRAIOLOS ......................... 289
ARRIFANA (praia de) ............ 247
Avant le départ ...................... 33
AVEIRO ................................. 374

## B

BALEAL ......................... 316, 318
Balsemão (capela de) ........... 472
BARCELOS ........................... 428
BARRETA (ilha de) ................ 195
BARRIL (praia do) ................. 208
BARROCAL
  (arrière-pays du) ................ 200
BATALHA (monastère de) ...... 335
BEIRAS (pays de) ................. 349
BEJA ..................................... 263
BELMONTE ........................... 390
BERLENGA (ilha) .................. 317
BOA VIAGEM
  (serra da) ........................... 372
Boissons ............................... 516
BOMBARRAL ........................ 323
Bom Jesus do Monte
  (santuário do) .................... 459

| | | | |
|---|---|---|---|
| BORBA | 296 | BUÇACO (forêt de) | 367 |
| BORDEIRA (praia de) | 245 | BUDENS | 238 |
| BRAGA | 450 | Buddha Eden (jardin oriental) | 323 |
| BRAGANÇA (BRAGANCE) | 487 | Budget | 544 |
| BRAVÃES | 444 | Bulhoa (mégalithe de) | 277 |
| BREJÃO | 251 | BURGAU | 237 |
| BUARCOS | 370 | | |

## C

| | | | |
|---|---|---|---|
| CABEDELO (praia de) | 437 | Castro Marim (château et parc naturel de) | 211 |
| CACELA VELHA | 208 | CENTRE (le) | 313 |
| CACILHAS | 172 | CERDEIRA | 367 |
| Calçada portuguesa | 518 | CHAVES | 483 |
| CALDAS DA RAINHA | 324 | CHIQUEIRO | 367 |
| CALDAS DE MONCHIQUE | 234 | Cinéma | 518 |
| CALDAS DO GERÊS | 446 | Citânia de Briteiros | 460 |
| CALHEIROS | 448 | Climat | 545 |
| CAMINHA | 438 | Côa (parc archéologique de la vallée du) | 497 |
| CAMPO DO GERÊS | 445, 446 | COIMBRA | 348 |
| CAMPO MAIOR | 299 | CONDEIXA-A-NOVA | 364 |
| Canado do Inferno (site de) | 497 | CONIMBRIGA (site de) | 364 |
| CANDAL | 367 | CONSTÂNCIA | 348 |
| CAPUCHOS | 332 | CORCITOS | 199 |
| Capuchos (convento dos) | 166 | CORTE GAFO DE CIMA | 260 |
| CARRAPATEIRA | 244 | CORTELHA | 197 |
| CARVALHAL (praia do) | 251 | Cós (mosteiro de) | 335 |
| CARVOEIRO | 216 | COSTA DA CAPARICA | 176 |
| CASAL NOVO | 367 | COSTA NOVA | 373 |
| CASAL DE LOIVOS | 473 | COSTA VERDE (la) | 392 |
| CASCAIS | 146 | CÔTE VICENTINE (la) | 237 |
| CASTELEJO (praia do) | 240 | Coups de cœur (nos) | 12 |
| CASTELO BOM | 387 | CRATO | 303 |
| CASTELO BRANCO | 390 | Cuisine | 519 |
| CASTELO DE VIDE | 307 | CULATRA (ilha da) | 195 |
| CASTELO MELHOR | 387 | | |
| CASTELO MENDO | 387 | | |

## D-E

| | | | |
|---|---|---|---|
| Dangers et enquiquinements | 545 | Électricité | 548 |
| DARQUE | 432 | ELVAS | 297 |
| DARQUE CABEDOLO | 432 | ENTRE AMBOS OS RIOS | 445 |
| Décalage horaire | 547 | Environnement | 524 |
| DEGOLADOS | 300 | ERICEIRA | 167 |
| DOURO (région viticole du Haut-) | 470 | Ervamoira (quinta da) | 448 |
| Économie | 523 | ESPICHE | 227 |
| | | Espichel (cabo) | 180 |

| | |
|---|---|
| ESPINHO | 403 |
| ESTÔMBAR | 220 |
| ESTÔMBAR-LAGÔA | 217 |
| ESTORIL | 144 |
| ESTRELA (serra da) | 387 |
| ESTREMOZ | 290 |
| ÉVORA | 277 |
| EVORAMONTE | 293 |

## F

| | |
|---|---|
| Fado | 524 |
| FALÉSIA (praia da) | 216 |
| FARO | 188 |
| FARO (praia ou ilha de) | 195 |
| FAROL (ilha do) | 195 |
| FÁTIMA | 339 |
| FERRAGUDO | 221 |
| Fêtes et jours fériés | 548 |
| FIGUEIRA DA FOZ | 369 |
| Flor da Rosa (monastère de) | 303 |
| FOZ DE ARELHO (escola de Vela da Lagoa) | 324 |
| FRAGA DAS PASTORINHAS | 446 |
| FREGUESIA DE SÀ | 442 |
| FREITA (serra da) | 380 |
| FURNAS (praia das) | 254 |
| FUSETA | 201 |
| *Futebol* | 524 |

## G-H

| | |
|---|---|
| GAFANHA DA NAZARÉ | 379 |
| GALÉ (praia) | 216 |
| GATÃO | 468 |
| GEMEIRA | 449 |
| Géographie | 527 |
| GERÊS | 446 |
| GOUVEIA | 388 |
| GUARDA | 384 |
| GUIMARÃES | 460 |
| GUINCHO (praia do) | 151 |
| HAUT-DOURO (région viticole du) | 470 |
| Hébergement | 549 |
| Histoire | 527 |

## I-L

| | |
|---|---|
| ILHAVO | 379 |
| INGRINA (praia da) | 240 |
| Itinéraires conseillés | 28 |
| JUNQUEIRA | 332 |
| LAGOS | 224 |
| LALIM | 471 |
| LAMA | 446 |
| LAMEGO | 470 |
| Langue | 551 |
| LAVADORES (praia de) | 424 |
| LAVRA | 403 |
| LINDOSO | 446 |
| LISBONNE | 38 |

**LISBONNE**

| | |
|---|---|
| Ajuda | 130 |
| Alfama (quartier de l') | 96 |
| Aqueduto das Aguas Livres ✱ | 93 |
| Arco da rua Augusta ✱✱ | 57 |
| Atheneu (l') ✱ | 95 |
| Bairro Alto (quartier) ✱✱✱ | 59, 75 |
| Bairro Estrela d'Ouro ✱ | 112 |
| Baixa (quartier de la) ✱ | 48, 56 |
| Beco do Chão Salgado ✱ | 133 |
| Beco do Forno ✱ | 114 |
| Belém | 130 |
| Belém (torre de) ⊗ ✱✱✱ ✱✱ | 138 |
| Bica (funiculaire da) ✱✱ | 76 |
| Cais do Sodré | 59 |
| Campo de Ourique (quartier) | 76, 82 |
| Campo Grande (quartier) | 121 |
| Capela do Restelo ✱ | 135 |
| Carcavelos ⌇ | 140 |
| Carmo (quartier du) | 73 |
| Casa dos Bicos | 106 |
| Casa Fernando Pessoa ✱ | 83 |
| Casa-museu Amália Rodrigues ✱ | 82 |
| Casa-museu da Fundação Medeiros e Almeida ✱✱ | 94 |
| Castelo São Jorge ✱✱✱ ✱✱ | 109 |
| Castelo São Jorge (quartier) ✱✱ | 96 |
| Cemitério dos Prazeres ✱✱ | 83 |
| Centro cultural de Belém ✱ | 134 |

## LISBONNE

- Centro de Arte moderna José de Azeredo Perdigão ............ 126
- Chiado (quartier du) ............... 59, 73
- Cidade Universitária (station de métro) ...................... 94
- Coliseu dos Recreios ............... 95
- Convento de Madre da Deus ............... 115
- Convento de São Pedro de Alcântara ............... 76
- Convento-museu do Carmo ............... 74
- Docas (les docks) .............. 76, 85
- Elevador de Santa Justa ............... 74
- Estação do Oriente ............... 120
- Estufa Fria ............... 122
- Feira da Ladra ............... 111
- Fundação Arpad Szenes – Vieira da Silva ............... 93
- Fundação Ricardo Espírito Santo Silva – Museu de Artes decorativas portuguesas ............... 109
- Garde nationale républicaine (relève de la) ............... 137
- Graça (quartier de) ............. 96, 111
- Gulbenkian (parc de la Fondation) ............... 126
- Hospital das Bonecas ............... 56
- Igreja da Conceição Velha ............... 106
- Igreja da Graça ............... 112
- Igreja de Santa Engrácia – Panteão nacional ............... 111
- Igreja do convento de São Domingos ............... 56
- Igreja Santo António ............... 108
- Jardim Amália Rodrigues ............... 122
- Jardim Botânico ............... 92
- Jardim de Água ............... 120
- Jardim do Campo Grande ............... 127
- Jardim do Torel ............... 95
- Jardim et basílica da Estrela ............... 82
- Jardim Garcia de Orta ............... 120
- Jardim Museu Agrícola Tropical ............... 136
- Jardim zoológico ............... 127
- Lapa (quartier de) .............. 76, 82
- Largo da Graça ............... 112
- Largo da Severa ............... 115
- Largo de São Carlos ............... 75
- Largo dos Trigueiros ............... 114
- Liberdade (quartier de l'avenida da) ............ 87
- Lisboa Story Center ............... 58
- Madragoa (quartier de) ............. 76, 82
- Mãe d'Água ............... 93
- Miradouro da Nossa Senhora do Monte ............... 112
- Miradouro de Santa Catarina ............... 76
- Miradouro de Santa Luzia ............... 109
- Miradouro São Pedro de Alcântara ............... 76
- Monumento das Descobertas ............... 138
- Mosteiro dos Jerónimos ............... 134
- Mosteiro e claustro de São Vicente de Fora ............... 110
- Mouraria (quartier de la) ......... 96, 113
- MUDE, Museu do Design e da Moda ............... 57
- Museu Antoniano ............... 108
- Museu arqueológico do Carmo ............... 74
- Museu Bordalo Pinheiro ............... 127
- Museu Calouste Gulbenkian ............... 123
- Museu Colecção Berardo ............... 135
- Museu da Água ............... 116
- Museu da Cerveja ............... 58
- Museu da Ciência ............... 93
- Museu da Electricidade ............... 139
- Museu da História natural ............... 93
- Museu da Marinha ............... 136
- Museu da Marioneta ............... 84
- Museu da Música ............... 129
- Museu da Presidencia da República ............... 136
- Museu das Crianças ............... 127
- Museu de Artes decorativas portuguesas – Fundação Ricardo Espírito Santo Silva ............... 109
- Museu de Lisboa ............... 126
- Museu do Design e da moda, MUDE ............... 57
- Museu do Fado ............... 106
- Museu do Oriente ............... 85
- Museu do Teatro Romano ............... 108
- Museu dos Coches ............... 137
- Museu et igreja São Roque ............... 74
- Museu militar ............... 111
- Museu nacional de Arqueologia ............... 136
- Museu nacional de Arte Antiga ............... 83
- Museu nacional de Arte Contemporânea do Chiado ............... 75
- Museu nacional de Etnologia ............... 138
- Museu nacional do Azulejo ............... 115
- Museu nacional do Teatro ............... 127
- Museu nacional do Traje e da Moda ............... 127
- Núcleo arqueológico da rua dos Correeiros ............... 57
- Oceanário de Lisboa ............... 119
- Palácio Fronteira ............... 128
- Palácio nacional da Ajuda ............... 140
- Panteão nacional ............... 111
- Parque das Nações (parc des Nations) ............. 116, 118
- Parque do Tejo ............... 120
- Parque Eduardo VII ............... 122
- Parque florestal de Monsanto ............... 130

**INDEX GÉNÉRAL | 575**

**LISBONNE**
- Parque recreativo do Alto da Serafina ......... 130
- Passeio marítimo de Oeiras ........ 140
- Páteo Alfacinha ......... 139
- Pavilhão Atlântico ......... 120
- Pavilhão de Portugal ......... 120
- Pavilhão do Conhecimento – Ciência viva ......... 120
- Pollux (grand magasin) ......... 56
- Ponte 25 de Abril ......... 140
- Ponte Vasco da Gama ......... 120
- Praça da Figueira ......... 56
- Praça das Amoreiras ......... 93
- Praça das Flores ......... 76
- Praça do Comércio ......... 57
- Praça do Município ......... 58
- Praça Dom Pedro IV ......... 55
- Praça dos Restauradores ......... 95
- Praça dos Touros ......... 126
- Príncipe Real (square de la place do) ......... 76
- Rato (quartier de) ......... 87
- Rossio (gare du) ......... 95
- Rossio (quartier du) ......... 48
- Rua da Graça ......... 112
- Rua das Portas de Santo Antão ......... 95
- Rua de São Pedro Martir ......... 114

**LISBONNE**
- Rua do Capelão ......... 114
- Rua Virgínia Rosalina ......... 112
- Sant'Ana (quartier de) ......... 87, 95
- Santos (quartier de) ......... 76, 82
- Sé Patriarcal (la cathédrale) ......... 107
- Sociedade de Geografia de Lisboa ......... 95
- Tage (croisières sur le) ......... 59
- Tage (promenade piétonne le long du) ......... 58
- Teatro nacional Dona Maria II ......... 55
- Teatro Politeama ......... 95
- Torre de Belém ......... 138
- Torre Vasco da Gama ......... 120
- Vida Portuguesa (A) ......... 75
- Vila Berta ......... 112
- Vila Sousa ......... 112
- Viniportugal ......... 58

Livres de route ......... 552
Lorvão (mosteiro de) ......... 365
LOULÉ ......... 197
LOUSÃ ......... 365
Lu sur routard.com ......... 27
LUSO ......... 367
LUZ ......... 227
LUZ DE TAVIRA ......... 206, 208

# M

- MADALENA (praia da) ......... 424
- MAFRA ......... 170
- MALHÃO (praia do) ......... 254
- MANTEIGAS ......... 388
- MARIALVA ......... 387
- Marim (quinta de) ......... 203
- MARINHA (praia de) ......... 218
- MARVÃO ......... 304
- Mateus (fundação de) ......... 480
- Meada (le menhir de) ......... 312
- MEADELA ......... 434
- Médias ......... 532
- MÉRTOLA ......... 260
- MEZIO ......... 446
- Milreu (ruínas da) ......... 195
- MINHO (le) ......... 392
- MIRA (praia de) ......... 373
- Mira de Aire (grutas de) ......... 339
- MIRANDA DO DOURO ......... 493
- MIRE DE TIBÃES ......... 456, 460
- Mire de Tibães (mosteiro de Tibães) ......... 460
- MOGADOURO ......... 495
- MOINHOS DE GAVINHOS ......... 365
- MONÇÃO ......... 442
- MONCHIQUE ......... 235
- MONSARAZ ......... 273
- MONSERRATE (parque et palácio de) ......... 165
- MONTESINHO (parque natural de) ......... 492
- MOURA ......... 271
- Mouros (castelo dos) ......... 164
- Musées ......... 554

# N-O

- NANTES ......... 484
- NAZARÉ ......... 325
- NESPEREIRA ......... 464
- NORD-EST (le) ......... 476

| | | | |
|---|---|---|---|
| ÓBIDOS | 319 | OLHOS DE ÁGUA (praia) | 216 |
| ÓBIDOS (lagune d') | 324 | Os Almendres (cromlech d') | 288 |
| ODECEIXE | 247 | OURA (praia da) | 216 |
| ODECEIXE (praia de) | 249 | OURÉM | 341 |
| OLHÃO | 200 | Outeiro (mégalithe d') | 277 |

## P

| | | | |
|---|---|---|---|
| PALMELA | 181 | Personnages | 533 |
| Panóias (santuário rupestre de) | 481 | PINHÃO | 473 |
| | | PINHEL | 387 |
| PARADA DO BISPO | 471 | POÇO BARRETO | 233 |
| PARADELA | 447 | POÇO REDONDO | 343 |
| Pegões (aqueduc dos) | 347 | PONTA DA PIEDADE | 231 |
| Pena (Palácio nacional da) | 163 | PONTE DA BARCA | 443 |
| PENA (parque da) | 162 | PONTE DE LIMA | 392, 447 |
| Penascosa (site de) | 497 | Population | 536 |
| Peneda (Nostra Senhora da ; sanctuaire) | 446 | PORTAGEM | 306 |
| | | PORTALEGRE | 300 |
| PENEDA-GERÊS (parc national de) | 444 | PORTEL | 289 |
| | | PORTELA DE HOMEM | 446 |
| PENHA | 464, 467 | PORTIMÃO | 218 |
| PENHAS DA SAÚDE | 388 | PORTO | 394 |
| PENHAS DOURADAS | 389 | PORTO DE MÓS | 338 |
| PENICHE | 313 | Poste | 554 |
| Peninha (mosteiro da) | 166 | Pourboire | 554 |

## Q-R

| | | | |
|---|---|---|---|
| QUATRO ÁGUAS | 207 | Religions et croyances | 536 |
| QUELUZ | 141 | RIA FORMOSA (lagune de) | 195 |
| Questions qu'on se pose avant le départ (les) | 33 | RIBEIRA DA AZENHA | 253 |
| | | Ribeira de Piscos (site de) | 497 |
| QUIAIOS | 372 | RIO MAIOR (salines de) | 324 |
| Rabaçal (canyon du rio) | 487 | ROCA (cabo da) | 152 |
| Réal (capela São Frutuoso) | 460 | ROCHA (praia da) | 221 |
| REGUA | 472 | Rota do Cabo (GR 11) | 180 |
| REGUENGOS | 276 | | |

## S

| | | | |
|---|---|---|---|
| SADO (réserve naturelle de l'estuaire du) | 184 | SANTA MARINHA DO ZÊZERE | 471 |
| SAGRES | 241 | SANTAR | 384 |
| SALEMA | 238 | Santé | 554 |
| SANGALHOS (Alíança Underground Museum) | 379 | Santo António (grutas de) | 339 |
| | | SANTO ANTÓNIO DAS AREIAS | 306 |
| SANTA MARGARIDA | 207 | | |

| | |
|---|---|
| SANTO ANTÓNIO DOS OLIVAIS | 354 |
| SANTO ESTEVÃO | 233 |
| SÃO BRÁS DE ALPORTEL | 196 |
| São Domingos (mina de) | 262 |
| SÃO JOÃO DE FONTOURA | 472 |
| São Lourenço (capela de) | 200 |
| SÃO MAMEDE (serra de) | 303 |
| SÃO MARTINHO DO PORTO | 329, 334 |
| SÃO PEDRO DE CORVAL | 277 |
| SÃO PEDRO DE MOEL | 339 |
| SÃO RAFAEL (praia de) | 216 |
| SÃO SALVADOR DE ARAMENHA | 306 |
| SÃO VICENTE (cabo de) | 243 |
| Sardão (cabo) | 254 |
| Savoir-vivre et coutumes | 538 |
| SENHOR DOS AFLITOS | 283 |
| Senhor Jesus da Pedra (sanctuaire) | 323 |
| SERPA | 268 |
| SESIMBRA | 178 |
| Sete Vale Suspensos (percurso dos) | 218 |
| Seteais (hotel palácio de) | 166 |
| SETÚBAL | 182 |
| SETÚBAL (péninsule de) | 172 |
| SILVES | 232 |
| SINTRA | 152 |
| SIRVOZELO | 447 |
| Sites inscrits au Patrimoine mondial de l'Unesco | 539 |
| Sites internet | 554 |
| SOAJO | 446 |
| SOAJO (serra do) | 446 |
| SUD-OUEST ALENTEJAN (parc naturel du) | 237 |

# T-U

| | |
|---|---|
| TALASNAL | 366, 367 |
| TAVIRA | 203 |
| TAVIRA (ilha da) | 208 |
| TELHEIRO | 275 |
| Téléphone – Télécoms | 555 |
| Tibães (mosteiro de) | 460 |
| TOCHA (praia de) | 373 |
| TOMAR | 341 |
| *Tourada* | 539 |
| Transports intérieurs | 556 |
| TRÁS-OS-MONTES | 476, 487 |
| Urgences | 560 |

# V

| | |
|---|---|
| Vale de Milho (parcours de golf) | 218 |
| VALENÇA (DOMINIO) | 441 |
| VALENÇA DO DOURO | 473 |
| VALHELHAS | 388 |
| VARCHE | 298 |
| VÁRZEAS DE QUERENÇA | 199 |
| VAU | 321 |
| VELA | 388 |
| VERDE (praia) | 211 |
| VIANA DO ALENTEJO | 289 |
| VIANA DO CASTELO | 431 |
| VICENTINE (côte) | 237 |
| VIDIGUEIRA | 268 |
| VIDOEIRO | 445 |
| VILA CHÃ DO MARÃO | 468 |
| VILA DO BISPO | 240 |
| VILA FERNANDO | 298 |
| VILA FRANCA DO LIMA | 438 |
| Vila Nogueira de Azeitão (caves de José Maria da Fonseca-Adega) | 181 |
| VILA NOVA DE CACELA | 204 |
| VILA NOVA DE FOZ CÔA | 495 |
| VILA NOVA DE GAIA | 403, 425 |
| VILA NOVA DE MILFONTES | 251 |
| VILA NOVA DE VEIGA | 482 |
| VILA REAL | 476 |
| VILA REAL DE SANTO ANTÓNIO | 209 |
| VILA VIÇOSA | 294 |

| Vinhais (centre d'interprétation de) | 492 |
| VISEU | 381 |
| Vista Alegre (museu histórico da) | 379 |

# X-Z

| Xerez (cromlech do) | 277 |
| ZAMBUJEIRA (praia do) | 251 |
| ZAMBUJEIRA DO MAR | 249 |
| Zambujeiro (dolmen de) | 289 |

## LISTE DES CARTES ET PLANS

- Alentejo (l') .................. 256-257
- Algarve (l') .................. 186-187
- Beiras (le pays de) ............. 349
- Beja ............................ 264-265
- Braga ........................... 453
- Bragança ....................... 489
- Caminha ........................ 439
- Cascais ......................... 149
- Castelo de Vide ................ 309
- Chaves .......................... 483
- Coimbra ..................... 350-351
- Coups de cœur .................. 12
- Distances par la route ........... 2
- Ericeira ......................... 169
- Estrela (la serra da) ........... 389
- Évora ......................... 280-281
- Faro ............................ 191
- Guimarães ...................... 463
- Itinéraires .................. 28, 30
- Lagos ........................... 225
- Lisbonne – plan d'ensemble, *plan détachable* ........... verso
- Lisbonne – plan centre, *plan détachable* ........... recto
- Lisbonne – zoom Alfama, *plan détachable* ........... verso
- Lisbonne – Belém, *plan détachable* ........... verso
- Lisbonne – le métro, *plan détachable* ........... recto
- Lisbonne – parque das Nações (le parc des Nations) ............. 117
- Lisbonne (de) à Coimbra et Figueira da Foz ......... 315
- Minho (le) et la Costa Verde ........... 393
- Nazaré .......................... 327
- Ouest de Lisbonne (l') et la serra de Sintra .... 142-143
- Porto – plan d'ensemble ............... 396-397
- Porto – plan centre ..... 400-401
- Portugal (le) .................... 9
- Setúbal (la péninsule de) ....... 174-175
- Sintra – zoom .................. 157
- Sintra (la serra de) ............. 155
- Sud-ouest alentejan et de la côte vicentine (le parc naturel du) ......... 239
- Trás-os-Montes (le) et la vallée du Haut-Douro ......... 478-479
- Viana do Castelo ............... 433

**Nous tenons à remercier tout particulièrement Loup-Maëlle Besançon, Thierry Bessou, Gérard Bouchu, François Chauvin, Grégory Dalex, Fabrice Doumergue, Cédric Fischer, Carole Fouque, Michelle Georget, David Giason, Claude Hervé-Bazin, Emmanuel Juste, Dimitri Lefèvre, Fabrice de Lestang, Romain Meynier, Éric Milet, Pierre Mitrano, Jean-Sébastien Petitdemange et Thomas Rivallain pour leur collaboration régulière.**

Perrine Attout
Emmanuelle Bauquis
Jean-Jacques Bordier-Chêne
Michèle Boucher
Sophie Cachard
Caroline Cauwe
Lucie Colombo
Agnès Debiage
Jérôme Denoix
Tovi et Ahmet Diler
Clélie Dudon
Sophie Duval
Perrine Eymauzy
Alain Fisch
Cécile Gastaldo
Bérénice Glanger

Adrien et Clément Gloaguen
Bernard Hilaire
Sébastien Jauffret
Jacques Lemoine
Jacques Muller
Caroline Ollion
Justine Oury
Martine Partrat
Odile Paugam et Didier Jehanno
Émilie Pujol
Prakit Saiporn
Jean-Luc et Antigone Schilling
Alice Sionneau
Caroline Vallano
Camille Zecchinati

**Direction:** Nathalie Bloch-Pujo
**Contrôle de gestion:** Jérôme Boulingre et Alexis Bonnefond
**Secrétariat:** Catherine Maîtrepierre
**Direction éditoriale:** Catherine Julhe
**Édition:** Matthieu Devaux, Géraldine Péron, Olga Krokhina, Gia-Quy Tran, Julie Dupré, Jeanne Cochin, Emmanuelle Michon, Flora Sallot, Quentin Tenneson, Clémence Toublanc et Sandra Vavdin
**Préparation-lecture:** Marie Sanson
**Cartographie:** Frédéric Clémençon et Aurélie Huot
**Fabrication:** Nathalie Lautout et Audrey Detournay
**Relations presse France:** COM'PROD, Fred Papet. ☎ 01-70-69-04-69.
● *info@comprod.fr* ●
**Direction marketing:** Adrien de Bizemont, Lydie Firmin et Clémence de Boisfleury
**Contacts partenariats:** André Magniez (EMD). ● *andremagniez@gmail.com* ●
**Édition des partenariats:** Élise Ernest
**Informatique éditoriale:** Lionel Barth
**Couverture:** Clément Gloaguen et Seenk
**Maquette intérieure:** le-bureau-des-affaires-graphiques.com, Thibault Reumaux et npeg.fr
**Relations presse:** Martine Levens (Belgique) et Maureen Browne (Suisse)
**Régie publicitaire:** Florence Brunel-Jars.

> Pour que votre pub voyage autant que nos lecteurs,
> contactez nos régies publicitaires:
> ● *fbrunel@hachette-livre.fr* ●
> ● *veronique@routard.com* ●

### Remarque importante aux hôteliers et restaurateurs

Les enquêteurs du *Routard* travaillent dans le plus strict anonymat. Aucune réduction, aucun avantage quelconque, aucune rétribution n'est jamais demandé en contrepartie. Face aux aigrefins, la loi autorise les hôteliers et restaurateurs à porter plainte.

### Avis aux lecteurs

Le *Routard*, ce n'est pas comme le bon vin, il vieillit mal. On ne veut pas pousser à la consommation, mais évitez de partir avec une édition ancienne. Les modifications sont souvent importantes.
Les réductions accordées à nos lecteurs ne sont jamais demandées par nos rédacteurs afin de préserver leur indépendance. Les hôteliers et restaurateurs sont sollicités par une société de mailing, totalement indépendante de la rédaction, qui reste donc libre de ses choix. De même pour les autocollants et plaques émaillées.

### Avec routard.com, choisissez, organisez, réservez et partagez vos voyages!

✓ Rejoignez la plus grande communauté francophone de voyageurs : plus de **2 millions** de visiteurs !
✓ Échangez avec les routarnautes : forums, photos, avis d'hôtels.
✓ Retrouvez aussi toutes les informations actualisées pour choisir et préparer vos voyages : plus de 200 fiches pays, une centaine de dossiers pratiques et un magazine en ligne pour découvrir tous les secrets de votre destination.
✓ Enfin, comparez les offres pour organiser et réserver votre voyage au meilleur prix.

---

## Les **Routards** *parlent aux* **Routards**

Faites-nous part de vos expériences, de vos découvertes, de vos tuyaux. Indiquez-nous les renseignements périmés. Aidez-nous à remettre l'ouvrage à jour. Faites profiter les autres de vos adresses nouvelles, combines géniales... On adresse un exemplaire gratuit de la prochaine édition à ceux qui nous envoient les lettres les meilleures, pour la qualité et la pertinence des informations. Quelques conseils cependant :
– Envoyez-nous votre courrier le plus tôt possible afin que l'on puisse insérer vos tuyaux sur la prochaine édition.
– N'oubliez pas de préciser l'ouvrage que vous désirez recevoir.
– Vérifiez que vos remarques concernent l'édition en cours et notez les pages du guide concernées par vos observations.
– Quand vous indiquez des hôtels ou des restaurants, pensez à signaler leur adresse précise et, pour les grandes villes, les moyens de transport pour y aller. Si vous le pouvez, joignez la carte de visite de l'hôtel ou du resto décrit.
– N'écrivez si possible que d'un côté de la lettre (et non recto verso).
– Bien sûr, on s'arrache moins les yeux sur les lettres dactylographiées ou correctement écrites !
En tout état de cause, merci pour vos nombreuses lettres.

### 122, rue du Moulin-des-Prés, 75013 Paris
● *guide@routard.com* ● *routard.com* ●

---

## **Routard Assurance** *2016*

Née du partenariat entre *AVI International* et le *Routard*, *Routard Assurance* est une assurance voyage complète qui offre toutes les prestations d'assistance indispensables à l'étranger : dépenses médicales, pharmacie, frais d'hôpital, rapatriement médical, caution et défense pénale, responsabilité civile vie privée et bagages. Présent dans le monde entier, le plateau d'assistance d'*AVI International* donne accès à un vaste réseau de médecins et d'hôpitaux. Pas besoin d'avancer les frais d'hospitalisation ou de rapatriement. Numéro d'appel gratuit, disponible 24h/24. *AVI International* dispose par ailleurs d'une filiale aux États-Unis qui permet d'intervenir plus rapidement auprès des hôpitaux locaux. À noter, *Routard Assurance Famille* couvre jusqu'à 7 personnes, et *Routard Assurance Longue Durée Marco Polo* couvre les voyages de plus de 2 mois dans le monde entier. *AVI International* est une équipe d'experts qui répondra à toutes vos questions par téléphone : ☎ 01-44-63-51-00 ou par mail ● *routard@avi-international.com* ●
Conditions et souscription sur ● *avi-international.com* ●

---

Édité par Hachette Livre (58, rue Jean-Bleuzen, CS 70007 92178 Vanves Cedex, France)
Photocomposé par Jouve (45770 Saran, France)
Imprimé par Lego SPA Plant Lavis
(via Galileo Galilei, 11, 38015 Lavis, Italie)
Achevé de l'imprimer le 11 janvier 2016
Collection n° 13 - Édition n° 01
89/1800/3
I.S.B.N. 978-2-01-912427-4
Dépôt légal : janvier 2016

PAPIER À BASE DE FIBRES CERTIFIÉES

hachette s'engage pour l'environnement en réduisant l'empreinte carbone de ses livres. Celle de cet exemplaire est de :

**700 g éq. CO$_2$**
Rendez-vous sur
www.hachette-durable.fr